# Educational Psychology

## Developing Learners

(6th Edition)

Education Classic Series

教育学经典译丛

主编 褚宏启

EDUCATION

# Educational Psychology

## Developing Learners

# 教育心理学

[美] 珍妮·埃利斯·奥姆罗德（Jeanne Ellis Ormrod） 著

（第六版）

(6th Edition)

龚少英 主译

中国人民大学出版社
·北京·

# 总　序

尽管教育领域存在很多问题，尽管人们对教育如何改革存在不少争议，但没有人否认教育对人的发展、对国家发展、对社会发展的重要性。尽管人们一度对教育学科的前途命运忧心忡忡，但教育学科的不断分化和发展却是不争的事实。世界各国对教育越来越重视，教育改革与发展如火如荼，教育理论研究日益繁荣，相关著述大量出版和发表。

教育研究的繁荣和教育学科的分化，既是教育实践推动的结果，又是推动教育实践的原因。实践呼唤理论发展，实践推动理论发展。教育是一项伟大而崇高的事业，在教育事业的发展中，在教育实践与教育理论的互动中，教育理论研究不断分化，产生了很多新的分支学科，在教育学的每个分支学科中，都有一些优秀的研究成果。这些优秀成果是各个分支学科的代表性著作，代表着世界范围内教育各分支学科的研究深度和理论高度，是后人传播和生产教育知识时不能绕过去的知识界碑，是教育改革与发展必须吸收和借鉴的理论营养，是全人类共同拥有的文化财富。

在经济全球化和教育国际化的大背景下，系统引进翻译世界范围内教育学科最有代表性的著作，有利于我们整体把握世界范围内教育理论研究的总体状况，有利于我们全面吸收世界范围内教育理论研究的最新、最优秀的成果，有利于提高我国本土教育研究的理论水平，有利于完善我国高校教育学科的课程体系，有利于提升我国教育改革与发展的实践水准。把世界上最好的教育研究成果全面、系统地译介进来，为我所用，是我们组织翻译这套“教育学经典译丛”的基本宗旨。

20 世纪 80 年代尤其是 90 年代以来，西方的教育理论著作不断被译介到我国，拓展了国人的教育理论视野，促进了教育思想与观念的传播与交流。进入 21 世纪，译介西方教育理论著作更呈加速之势，呈现出一片繁荣景象。回顾 20 多年译介西方教育理论著作的历程，有得有失，有很多经验教训值得总结。现在到了以平和、冷静的心态进行深度总结的时候了。

目前引进的国外教育理论著作，最大的不足是没能对世界范围内教育分支学科的发展进行全面、系统的介绍。虽然不少译丛都强调译介的“系统性”，但是，有的译丛失之于少，作品量小，不足以构成一个相对完整的分支学科体系；有的译丛失之于杂，作品量较大，但缺乏学科体系建构方面的高端设计；有的译丛侧重于某一个分支学科；有的译丛偏重于教材的系统介绍，而对非教材类的代表性著作关注不够。结果导致：尽管各类译著总量很大，但系统性却不够。我们现在推出的这套“教育学经典译丛”力图弥补这种缺失。

本译丛最突出的特点是其系统性。所选书目力图涵盖教育学的所有主要分支学科，诸如教育基本原理、教育哲学、教育史、课程与教学论、教育社会学、教育管理学、教育经济学、教育财政学、教育政治学、教育法学、教育心理学、教育评价学、教育政策学、教育未来学、教育技术学、教育文化学、教育人类学、教育生态学、学前教育学、高等教育学、职业教育学等，力图构成一个相对完整的教育学科知识框架。

本译丛的另一个特点是权威性。这也是"教育学经典译丛"的内在要求。在选择书目方面，力求新、精、实。"新"是指入选书目能代表该分支学科最新的研究成果，能引领该研究领域未来的发展方向；"精"是指入选书目皆为同类著作中的精品，我们力求为读者呈献最有价值的教育理论知识；"实"是指入选书目在内容上对我们确有借鉴价值，能对我国的教育研究和实践产生积极影响。

为保证译丛质量，我们成立了一个由重点高校和科研机构的知名学者构成的编委会，负责确定书目和组织翻译，从选题、翻译、校订各个环节予以严格把关。译丛能够面世，得益于多方的支持与协作。感谢中国人民大学出版社为这套译丛所提供的出版机会，感谢国内外学者为选定书目所奉献的智慧，感谢丛书的译者、校者和出版社的编辑人员所付出的辛勤劳动。

翻译是一种重要的知识传播方式，并会对其后的知识生产方式、消费方式、使用方式产生重要影响。希望《教育学经典译丛》的出版，能对我国教育理论知识的传播、生产、消费、使用产生实质性的影响，希望更多的人从中受益，也希望更多的人为译丛的高质量出版贡献力量。

褚宏启

2006年12月18日

# 前　言

作为教师，我们在儿童和青少年的生活中发挥重要作用。我们中有些人帮助他们学会阅写，有些人帮助他们通过身体运动、视觉艺术或音乐表达自己，有些人帮助他们通过探索科学、数学、地理、历史或文学理解他们的自然世界和社会世界。但不管我们教什么科目，我们的目的是帮助我们的下一代变成有知识、有自信和有创造性的公民。

就我看来，教学是我们可以选择的最有价值的职业，但常常也是最有挑战性的职业。学生不会总是准备好或渴望学习课堂主题。我们如何帮助他们获得成为有创造性的成人所需的知识和技能？我们可以使用哪些策略激发他们学习？什么任务和教学材料适合不同发展水平的儿童？多年以来，研究者和实践者共同合作来回答这些问题。我们很幸运能从许多这些专家提供的见解中受益。

我从 1974 年开始一直教教育心理学。我爱我教学的每时每刻。儿童和青少年怎样学习和思考，随着他们成长和发展，他们怎样变化，为什么他们做他们所做的，他们是如何彼此不同的，我们对这些问题的理解对课堂实践并最终对年轻人的生活有重要含义。

我是根据我教大学班级的方式写这本教材的，因为我希望教育心理学领域吸引你就如它吸引我一样。我设法使本书有趣、有意义、激发思维并且信息丰富。对于将来的教师如何能更好地学习和应用教育心理学我有明确的观点。当我写这本教材的前面 5 版时，这一观点一直指导着我。更具体一点，我相信你能够建构对教育心理学原理更准确和有用的理解，当你：

- ✧ 集中关注本学科的核心原理。
- ✧ 在你自己的学习和行为实践中理解这些原理。
- ✧ 使用这些原理理解儿童和青少年的学习和行为。
- ✧ 一贯地运用这些原理于课堂实践。

我已经将大量栏目融合到本书，以鼓励你去做所有这些事情。我希望你从教育心理学已经提供的内容中学到许多，不仅关于你将要教的学生，也包括你自己——即使作为成人还继续学习和发展的人。

## 聚焦核心观念并帮助你理解和应用这些观念

### 聚焦潜在假设和核心观念

本教材不是粗浅地探索教育心理学的每一个方面，而是对那些在教育实践中有广泛应用的基本的概念和原理进行深入探讨。第六版教材内容安排紧凑、重点突出、更为好用。本教材明确关注课堂上最重要的核心概念和原理。贯穿本书，在名为“基本原理”或“基本假设”的部分对原理和核心概念进行了清晰界定和深入讨论，然后经常会在原理/假设表格中进行总结。每一个表格包含了教育含义和具体例子。

### 帮助你理解核心概念如何在你自己的学习中运作

本教材的一个重要目标就是要帮助读者发现更多关于他们作为思考者和学习者的自己。本教材这方面的一个重要成分是嵌入整本书的亲身体验练习。这些练习帮助你发现重要的观点，构建对教育心理学更全面、更有意义的理解。

### 帮助你理解如何将核心观点转化成课堂实践

贯穿整本教材，心理学概念和原理被一致地应用到课堂实践。在许多栏目，包括原理/假设表格、发展趋势表格和走进课堂以及分析教师策略栏目也对应用进行了总结和解释。创建一个建设性的课堂环境栏目尤其重视帮助你明白整本书的核心概念如何与课堂管理相关联。所有这些为各种学科领域和各年级水平提供了实用的策略和具体的例子。

## 聚焦于帮助你真正明白和更好地理解儿童和青少年

### 真实的学生和他们的作品

本书的另一个重要目标是将教育心理学的概念和原理在真实的学生中和他们的课堂上情境化。每章以个案研究开始也以个案研究结束，额外的课堂小插图嵌在整本书中。与一般的教育心理学教材不同，本书频繁地使用来自儿童的日志、写生和学校作业等真实的作品。

### 解释学生作品和行为

这个栏目为你提供评价和解释学生作品的练习。解释学生作品和行为栏目不仅为你提供额外的章节内容的真实插图，还为你提供将你的教育心理学知识应用到真实情境中的机会。而且因为解释真实的儿童作品是与儿童一起工作或教育儿童的那些人的一项核心工作，这一栏目给你提供评估方面直接的、具体的实践。

### 发展趋势

本书的另一个独特栏目是发展趋势表。这本教材是唯一讨论发展以及它对理解和应用教育心理学各亚领域核心概念含义的教育心理学教材。从第 2 章至第 16 章，每章至少一个表格。这些表格总结了四个年级水平（K～2，3～5，6～8，9～12）典型的年龄特征，并提供了进行实践的建议性策略。这一栏目有助于你关注发展差异，也有助于你将实践与发展水平相匹配。

### 第六版的改变

第五版中的绝大多数内容在第六版中保留下来了。但我也对几个主题进行了重新组织：

- 对脑的讨论（以前分散在第 2 章和第 6 章中）现在合并到第 2 章。
- 对信息加工理论的讨论（以前分散在第 2 章和第 6 章中）现在合并到第 2 章。
- 对气质的讨论（以前在第 5 章）已经移到第 3 章中新的“人格发展”部分。
- 思维倾向的讨论（以前在第 12 章）已经移到第 5 章中新的“认知风格和思维倾向”部分。
- 对自我决定的讨论（以前在第 12 章）已经移到第 11 章中“人类的基本需要”部分。
- 两个个案研究已经移到新的位置：“隐藏的宝藏”（以前在第 1 章）现在放在第 3 章的开头，“在观看者的眼中”（以前在第 2 章）被重新命名为“视觉单元”，现在放在第 7 章的末尾。

我更新了全书的每一章，包括新观点、研究发现和课堂策略。我也压缩了似乎不必详细或多言的几个部分。在内容上的变化尤其显著的地方如下：

- 第 1 章：开头新的个案研究解释为什么在小学很有前途的学生一旦进入大的市区高中就会突然有困难。
- 第 2 章：就环境对发展的影响进行了扩展讨论；新增“关注英语语言学习者的独特需要”；在末尾新增需要运用皮亚杰和维果斯基的理论的个案研究。
- 第 3 章：新增的“人格发展”部分将关于气质、依恋、教养方式、儿童虐待和社会化中的文化差异整合在一起，扩展了对帮派的讨论。
- 第 4 章：扩展了对与贫困相关的风险因素的讨论。
- 第 5 章：新增“认知风格与思维倾向”，关于自闭症的扩展部分现在被称为“自闭症谱系障碍”，包括了阿斯伯格综合征。
- 第 6 章：对各种学习观进行高度浓缩；对如何获得程序性知识进行了扩展讨论。
- 第 7 章：新增“世界观”和“支持理论建构”；扩展了对促进概念转变策略的讨论。
- 第 8 章：开头的新个案研究关注在州强制课程标准以及州能力测验背景下教学生掌握数学技能的挑战，对高级认知加工中的多样性进行了扩展讨论。
- 第 10 章：对反射神经元进行了简短讨论，新增“情绪调节”。
- 第 11 章：对“基本人类需要”进行了扩展，包括了对唤醒和马斯洛的需要层次论的新讨论（由于缺少实证支持，马斯洛的层次论在第四和第五版中主要被放入学习指南与读物中，但它涉及某些教师资格考试，又使它必然回到教材中来）。
- 第 13 章：在课内活动讨论中，包括了真实性活动、基于项目的学习、基于问题的学习。
- 第 14 章：新增“关注帮派相关问题”。
- 第 16 章：新增美国“不让一个孩子掉队法案”。

这一版本的另一个显著变化包括给学生提供模拟资格考试练习的实践练习。在美国，许多州的州教师执照要求包括通过由教育测试服务（ETS）推出的学与教的应用原理（PLT）测试之类的考试。这些考试中的许多项目包括解释个案研究。新的栏目“资格考试练习”呈现在每章的末尾。这些练习包括一个个案研究，并附有反应建构问题（一般需要一至两段反应）和一个基于个案的多项选择问题。

# 目 录

* **　请参见 http：//www.crup.com.cn/gggl。

# 第1章

# 教育心理学与教师决策

**本章内容要目：**



教育其他人，尤其是教育我们的后辈，可能是地球上最有价值的职业。这也是一种非常复杂的、具有挑战性的职业。想象你站在一个有着 25 个孩子或青少年的班级中，你的目标是让你的学生学会一些东西，例如怎样区分名词和代词、解释柱状图、运篮球，或者诊断一台失灵的机器的问题所在。一些学生在你的课堂上非常投入，但是其他的学生看起来并非如此。萨拉和马塔这一对最好的朋友正在窃窃私语和咯咯发笑，克利夫顿和莱莉莎似乎正想入非非，丹尼、乔和弗里德里希正在相互推搡，他们的行为马上就要演变成严重冲突。在教室后面，尼柯尔双手交叉放在胸前，身体深深陷入椅子，一副“你拿我没办法”的表情。

有效的教学包括使用学生能理解和掌握的方式呈现一个主题或一种技能。有效的教学也包括许多其他事情。例如，教师必须吸引学生的注意（考虑克利夫顿和莱莉莎），激发学生想要学习课堂主题的欲望（考虑尼柯尔），将现有的人际关系——有些是友好的，有些不是——转化成有凝聚力的、尊重的、建设性的学习团体。而且，有效教学需要决定学生现在处于学习和发展中的哪一点——他们知道什么？不知道什么？他们能做什么？不能做什么？他们已具备哪些认知和社交技能，还有哪些没有获得？等等。有效教学还需要适应学生的各种背景、信念和家庭环境，以及一些学生可能具有的身体、认知和行为方面的障碍。

掌握教学的多维特点当然需要时间和实践，但是也需要关于人类学习、动机、发展趋势、个别和群体差异以及有效教学和评估实践的知识。这些课题都是教育心理学的研究领域。这本书将帮助你理解儿童和青少年——他们怎样进行学习和发展，他们是如何彼此相似又各不相同，在教室里什么课题和活动会令学生兴奋，等等。这本书也会为计划和执行教学、创造一个维持学生学习动机和完成学习任务的环境，以及评估学生的进步和成绩的策略提供一个工具箱。

在本章，我们将涉及以下问题：

- 关于儿童、学习、动机和教学实践，你可能有哪些错误观念?
- 作为一名课堂教师，你能利用哪些资源帮助你作出好的决策?
- 你怎样才能在整个教师职业生涯中持续增进你的知识和技能?
- 哪些基本原理可以促进教学主题（包括教育心理学本身的学习)?

我们通过了解一个名叫安娜的学生从初中升入高中时发生的事情，为讨论上面的前两个问题作一个铺垫。

4 **个案研究：开始高中生活**

在1999年的《美国教育研究期刊》（*American Educational Research Journal*）描述的一项研究中，研究者梅丽莎·罗德里克和艾里克·坎贝恩（Melissa Roderick and Eric Camburn）追踪了芝加哥公立学校系统的学生，研究当他们从相对小的小学或中学进入大得多的高中时，他们的学业进步的情况。罗德里克和坎贝恩发现许多学生在他们高中的第一年即9年级的成绩急剧下降。

作为一个案例，让我们想想在安娜——一个聪明的墨西哥裔美国学生身上发生了什么？安娜在童年期和青少年早期肯定经历了多于一般同龄人的生活挑战。她的父母离婚了，她的几个朋友是街头暴力的受害者。但是在这些创伤性事件中，邻近的K—8学校①的教师和其他教员给予安娜社会支持和情绪支持。安娜的母亲将学校描述为“不是一所学校……更像第二个家，像孩子祖父母的家”（Roderick & Camburn，1999，p. 304)。老师们也为学生提供有规律的反馈和指导，帮助他们提高学业技能。到8年级的时候，安娜在标准成就测验中的成绩表明她的阅读已经达到了9年级水平，这似乎证明她已经作好应付高中生活的准备了。

一开始，安娜非常期待她在一个大城市高中的第一年。“我的姐姐告诉我，在高中将更有乐趣，因为你沉浸在很多新奇的事情中……而且，他们对待你再也不像对待小孩子”（Roderick & Camburn，1999，p. 304)。尽管安娜在小学和中学掌握了一定的学业技能，但是她很快就发现自己在班上处于痛苦挣扎中，她第一学期的最终成绩有几个D和一个F。安娜似乎被高中施加给她的新要求压倒了，这反映在她与一位研究者在一次面谈中她所给出的解释中：

> 有关地理成绩，“她说我得了一个比较低的成绩的原因是我忘记了一次作业，我必须完成另一个报告，因此，我忘记了作业”。“英语我得了C……因为我们被要求定期写日志，而我老是忘记，因为我没有带锁的柜子。现在我有了，但我的同伴让她的表妹使用它，我的两本书放在那里丢了……我忘记要买一个笔记本，然后我要把它们折成一页一页的纸，我会丢失它们。”至于生物，“我失败的原因是因为我把文件夹丢了……那里面有我需要的每一样东西。因此，我必须重新做。到我不得不交新文件夹的时候，老师说已经太迟了……因为我丢了文件夹，而文件夹里有每一样东

① 包括从学前班到8年级的学校。——译者注

西，所有的工作……那就是我为什么得 F 的原因”。（Roderick & Camburn，1999，p. 305）

安娜的数学老师提议为有困难的学生找辅导教师，但是安娜认为她的大多数老师不关心人、对学生的即时进步不关注、在评价学生成就方面也不灵活。她到学校的咨询室去了两次，但是咨询者没有一次能够接见她。

尽管开始比较困难，但安娜希望获得高中文凭，进入大学。遗憾的是，她第一年的成绩差是很典型的。罗德里克和坎贝恩（1999）在对27 000多名学生的研究中发现，超过 40%的 9 年级学生在第一学期至少有一门课程没有通过，而在高中生涯的早期成绩水平比较低的学生在毕业前辍学的危险是非常高的。

✧ 为什么安娜在 9 年级的学业成绩下降得如此厉害？结合案例中呈现的信息和你们自己在初中和高中的经历，找出可能导致她成绩下降的几个因素。

✧ 根据安娜的成就测验结果，她所掌握的阅读技能似乎足以使她在高中取得成功。那么她还缺少什么重要的技能？

✧ 安娜的老师可能已经做了哪些事情帮助她在高中取得成功？

## 作为决策的教学

刚才提到的问题有多个可能的答案。安娜的学业成绩可能因为许多原因而下降：可 5
能在高中课堂的科目和布置的任务比初中的更具有挑战性，也可能高中教师教课太多以至于很少有时间对学生进行一对一的辅导。假设安娜现在正在与许多同学一起听她不懂的课，那么比起学校科目，她可能更关注交朋友和适应新的同伴群体。

请注意，安娜老是忘记作业、丢失课堂学习材料。这种行为是否让你认为她缺乏学习动机？她的老师很有可能下这样一个结论。但是记住，安娜想取得高中学位进入大学，很明显，她是有学习动机的。更有可能的一个解释是她还没有掌握足够的进行独立学习所必需的自我调节技能，而独立学习是绝大多数高中课程的特点——管理多门课程的材料和作业、在学习时间将分心的可能性降低到最低限度、坚持寻求必要的帮助等。

许多青少年在高中做得相当好，在不同的环境下安娜可能也能做得非常好。虽然学生自己理所当然地在他们的学业成功中扮演重要角色，但是为了使学生的成功变得更有可能，教师有许多事情可做。例如，他们可以让学生对课堂主题产生兴趣，感到兴奋；他们也可以用学生真正理解的方式而不是单纯记忆的方式呈现信息；他们可以教给学生管理学习的策略——明了作业、确定在家学习的合适时间和地点等；他们也可以经常监督学生的进步，提供持续不断的反馈，帮助学生改进。

在一个典型的工作日，教师扮演多种角色，包括学科专家、监护人、咨询者、学习动机激发者、行为管理者、知心朋友、调停员和评价者。但是最重要的是，教师是一个决策者。他们必须不断地在帮助学生学习、发展和成功的许多可能策略中进行选择。实际上，有研究者（C. M. Clark & Peterson，1986）估计教师在课堂上必须每两分钟进行一次不一样的决策！而且，许多决策对学生的学习和长远成功影响很大。

明智的教育决策不是凭空作出的。相反，关于哪些课堂策略是有效的以及哪些是无效的研究证据、儿童怎样学习和发展的坚实理论，以及每一个学生现在知道什么和能做什么的过程性评估是进行决策的基础。在接下来的部分，我们将一一审视教育决策的这些来源——研究、理论和评估。

## 6 使研究服务于课堂决策

你已经成为一名学生多年了，在此过程中你已经毋庸置疑地学会了大量关于儿童怎样学习和随着时间发展变化的知识，以及关于教师怎样促进他们的学习和发展的知识。但实际上你知道多少？为了帮助你了解真相，我设计了一个简单的测试，奥姆罗德自己的心理学调查（Ormrod's Own Psychological Survey，OOPS）。

---

判断下面每一个陈述是对还是错。

对/错

______ 1. 有些儿童主要是左脑思维者，而其他儿童主要是右脑思维者。

______ 2. 当我们比较男孩和女孩时，一般来说，我们发现两个群体的数学和言语能力相似。

______ 3. 学习和记忆一个新事实的最好方法是一遍又一遍地重复。

______ 4. 虽然学生一开始有许多关于世界的错误观念，但是一旦教师呈现与他们已有信念矛盾的信息后，他们就会很快修正他们的旧有观念。

______ 5. 在听讲座时记笔记通常会干扰而不是促进学习过程。

______ 6. 学生经常对他们关于一个主题知道多少做出错误的判断。

______ 7. 当教师奖赏一个学生的适当行为时，其他学生的行为可能也会改进。

______ 8. 焦虑有时候有助于学生更好地学习，更好地完成任务。

______ 9. 当教师让学生辅导其同伴的学业时，辅导者从这个过程中获益很少。

______ 10. 教师评价学生学习的方式会影响学生的学习内容和学习方式。

---

现在让我们看看你做得怎样。每个项目的答案和解释如下：

1. 错。随着医学的发展，研究者已经获得了大量关于人脑怎样工作，以及它的哪些部位专管人类思维的哪些方面的知识。大脑的两半球确实在某种程度上有不同的特性，但它们在处理哪怕是最简单的日常生活任务时都在不断地沟通和合作。客观地说，没有专门的左脑思维和右脑思维。在第 2 章，我们将着眼于脑及其发展。

2. 对。尽管一般人的信念与此相反，但男孩和女孩在完成数学和言语学业任务时非常相似。男孩和女孩在这些领域的平均成绩的差异通常很小，不值得教师担忧。

3. 错。虽然无数次地重复信息比什么都不做好，但重复特殊的信息是一种相对无效的学习方法。如果学生把信息与他们已经知道的事情联系起来，学习信息将更容易，记得也更长久。一种特别有效的策略是精细加工：使用先前的知识以某种方式扩展新观念。在第 6 章，我们将重新回到精细加工这个主题，更深入地讨论它。

7 4. 错。在第 7 章你会发现，学生拥有许多关于这个世界的错误观念（例如：他们可能相信河流总是由南流向北，或者地球只是在烤薄饼是圆的这个意义上是圆的）。即使面对相反的证据或者教学，他们还是经常顽固地坚持这些错误观念。作为教师，我们的最大挑战之一是帮助学生抛弃他们的错误观念，接受更加正确和有用的观点。在第 7 章，我们将确定促进概念转变的策略。

5. 错。一般来说，记笔记的学生比不记笔记的学生能从讲座中学到更多。记笔记至少在两方面可以促进学习：它帮助学生更有效地将信息存储到记忆中，它使学生能够在以后复习这些信息。在第 8 章，我们将论及记笔记和其他学习策略的研究。

6. 对。与流行观点相反，对他们知道什么和不知道什么，学生通常不是最好的判断者。例如：许多学生认为如果他们已经花了足够的时间学习课本章节，他们一定非常了解这些内容。然而，如果他们无效地花费他们的大部分学习时间（可能通过“阅读”而不是思考其他事情，或者通过不动脑子地复制定义），他们可能知道的远比自己所认为的少得多。我们将在第 8 章论及“知道错觉”。

7. 对。当教师用独特的方式奖赏一个学生良好的行为时，我们可以观察到其他学生开始表现出类似的行为举止。我们将在第 10 章阐述观察学习在学习中发挥的许多作用。

8. 对。许多人认为焦虑总是一件坏事。然而对于某些课堂任务，尤其是对相对容易的任务，适中水平的焦虑实际上能够促进学习和作业。在第 11 章，我们将发现焦虑的特殊效应，即是否对学习有所帮助取决于情境。

9. 错。当学生辅导同伴的时候，辅导者和被辅导者受益一样多。例如，在一项研究中，数学比较差的 4 年级学生辅导 1 年级和 2 年级的学生，辅导者自己在数学技能方面有很大提高（Inglis & Biemiller，1997）。在第 13 章，我们将仔细审查学生—学生辅导的效果。

10. 对。学生学习什么以及怎样学部分依赖于他们期望他们的学习怎样被评价。例如，学生花更多时间学习他们认为将要在测验中出现的内容，而不是他们认为测验不会考的内容。而且，如果他们预期评估活动需要组织和综合，他们更有可能在学习时组织和综合课堂材料。在第 15 章，我们将确定课堂评价实践影响学生学习的各种方式。

OOPS 的项目你回答正确的有多少？是否有些错误的项目看起来非常令人信服以至于 8
你将它们标记为正确的？是否有些正确项目与你的信念相反？如果两种情况都有，你一点也不孤单。大学生经常把那些看起来明显但实际上错误的陈述看作对的（Gage，1991；Lennon，Ormrod，Burger & Warren，1990）。而且，当某些发现明显与许多学习教师教育课程的学生的个人信念和经验矛盾时，他们就会拒绝那些研究发现（Gregoire，2003；Holt-Reynolds，1992；Wideen，Mayer-Smith & Moon，1998）。

人们容易被“常识”说服，并且认为看起来有逻辑的事物必定就是事实。然而，常识和逻辑并不总是能告诉我们关于人们实际上怎样学习和发展的真实情况，它们也不会总是给予我们关于怎样最好地帮助学生在课堂上取得成功的正确信息。教育心理学家相信关于教和学的知识应该来自更加客观的信息来源，即心理学的和教育的研究。

## 根据研究下结论

此书中的大多数观点直接或间接地建立在研究结果之上。大多数研究属于三类大的研究范畴之一：描述性的、相关的或实验的。这三类研究获得不同类型的信息，得出不同类型的结论。

**描述性研究**　一项描述性研究正如它的名称一样：它描述一种情形。描述性研究可 9
能给我们提供关于学生、教师或学校特点的信息，也可能给我们提供关于某些事件或行为发生频率的信息。描述性研究允许我们就事物现在的状况下结论。表 1—1 的左侧一栏列举了一些我们能够使用描述性研究来回答的问题的例子。

有些描述性研究实际上主要是量化的：它们获得反映百分比、频率，或与某些特征或现象相关的平均数据。例如，我们倾向于从问卷或标准化测验中获得信息。另外一些描述性研究是更加质化的：它们获得非数量信息——可能是言语报告、书写文件或图片的形式，它们以不能被简化为数量的方式捕捉复杂的情形。例如，我们可能从一对一的访谈或特定儿童、班级和文化群体的深度个案研究中获得大量质化的信息。罗德里克和坎贝恩的开放个案研究包括了量化的信息（例如每个学期至少没通过一门课程的学生百分比）和质化的信息（例如学生对他们高中经历的反思）。

**表 1—1　我们根据描述性的、相关的和实验的研究可能回答的问题**

| 描述性研究 | 相关研究 | 实验研究 |
|---|---|---|
| 有多少百分比的高中学生能够进行抽象思维？ | 年龄大的学生是否比年龄小的学生更能够进行抽象思维？ | 抽象思维技能是否能够通过特别设计的教育计划得到改进？ |
| 我所在的学校有哪些类型的攻击行为发生？发生频率如何？ | 如果学生经常在家或家附近看到暴力行为，他们是否在学校更具有攻击性？ | 哪种方法减少攻击行为最有效——强化适当的行为、惩罚攻击行为或者将两者结合起来？ |
| 被普遍用于教小学生各年级阅读的课本中的性别刻板印象是怎样的深入人心？ | 好的读者是否也是好的拼写者？ | 在阅读理解中两种阅读训练哪一种会产生更好的效果？ |
| 我们国家的学生在最近一次标准成就测验中表现如何？ | 在多选题测验中获得最高分的学生是否在涉及相同材料的论述题中也能得最高分？ | 是否不同类型的测验（如多选题和论述题测验）鼓励学生使用不同的方法进行学习，从而影响学生实际所学？ |

**相关研究**　相关研究探索不同事物之间可能的关系。例如，它可能告诉我们两个人相互之间如何密切联系，或者告诉我们某些人类行为与特定环境条件联系在一起发生的一致性方面的信息。一般来说，相关研究使我们能够作出有关相关的结论：两个特征或现象在多大程度上可能被发现在一起或一起变化。当一个变量随着另一个的增加而增加（正相关），或者一个变量随着另一个变量的增加而减少（负相关）时两个变量就相关。

10 表 1—1 的中间一栏列举了我们使用相关研究能够回答的问题。注意这些问题问的是两个变量之间的关系——在年龄和抽象思维之间、在学生攻击和在家看到的暴力之间、在阅读和拼写之间，以及在多选题和论述题分数之间。

两个变量之间的相关允许我们在知道一个变量的情形时预测另一个变量。例如，如果我们发现年龄大的学生比年龄小的学生更会抽象思维，我们就可以预期 10 年级学生将比 4 年级学生从民主政府的抽象讨论中获益更多。如果我们在多选题和论述题分数之间发现有正相关，我们就可以预期在生物课堂论述题测验中做得好的学生可能在包括相同主题的多选题形式的全国测验中也会表现良好。罗德里克和坎贝恩的研究既是相关研究也是描述性研究，此研究揭示高中早期的失败与后来的学校失败和辍学相关，也可以预测后两者。

一般来说，相关研究表明相关关系的存在，但不能告诉我们为什么会有相关关系。相关研究也不会告诉我们什么因素——以前的学习经验、人格、动机，或可能我们没有想到的其他因素——是我们发现的相关关系的原因。换句话说，相关并不一定意味着因果。

**实验研究**　描述性研究和相关研究主要研究周围环境中自然存在的事物。相反，实验研究或实验是研究者改变或操纵环境（经常被称为自变量）的一个或多个方面，然后测量这种变化对其他事物的作用。在教育研究中，受到影响的“其他事物”（经常被称为因变量）通常是学生行为的某些方面——可能是期末的成绩、完成一项复杂体育活动的技能、尝试解决数学难题的坚持性，或者与同伴交往的能力。在一个好的实验中，研究者分离和控制变量，探测当保持其他潜在影响变量恒定时，某个自变量的可能效应。

实验研究经常包括接受不同处理的两个或更多的组。下面是一些例子：

- 研究者使用两种不同的教学方法教两组不同的学生阅读理解技能（教学方法是自变量）。然后研究者评价学生的阅读能力（因变量），并比较两个组的平均成绩。
- 研究者给三组不同的学生不同量的木工技能练习（练习的量是自变量）。研究者随后对每一学生的木工作品质量进行评分（因变量），并比较三组学生的平均质量分。
- 研究者对一组学生进行改进学习习惯的集中训练，对另一组学生不进行训练，或者训练与学习习惯无关的科目（学习习惯的训练与否是自变量）。然后研究者评价学生的学习习惯，并得到他们的平均成绩（两个因变量），看训练计划是否有效。

每一个例子都包括一个或多个处理组，他们是有计划的干预的接受者。第三个例子还包括一个不接受任何干预或者接受不太可能影响被讨论的因变量的安慰剂干预的控制组。在许多实验研究中，被试被随机分配到各组，例如，通过从帽子中抽名字。这种随机分配适合获得在可能影响因变量的其他变量（如能力水平、人格特征、动机）大致相等的组。

当实验研究的设计和实施非常精心时，我们就能够得出关于行为为什么发生的因果关系的结论。表1—1的右边一栏列举了实验研究可能回答的问题的一些例子。注意，每个问题涉及一个因果关系——教育训练对抽象思维的影响、奖励和惩罚对攻击行为的影响、阅读训练对阅读理解发展的影响，以及测试项目形式对学生学习的影响。

正如你可以从表中例子看到的一样，在相关研究和实验研究之间的一个重要区别是：相关研究让我们得出关于联系的结论，只有实验研究能使我们作出关于原因和结果的推论。最后，当我们相信我们在教室里要做的某些事情可能以因果方式对学生的学习和行为产生积极影响时，作为教师的我们可能是最有效的。

然而因为实际或伦理原因，教育中的许多重要问题不容易通过精心控制进行实验研究。例如，我们可以合理地假设如果儿童接受个别指导，他们能够更好地掌握困难的数学概念，但是大多数公立学校系统不能提供这种奢侈的指导，而且为某些学生提供指导，同时拒绝对有同样需要的学生给予指导也是不公平的。当然，通过有意将儿童置于暴力环境中研究攻击的影响更是非常不道德的。因而，一些重要的教育问题只能使用描述性研究或相关研究进行探讨，即使这种研究不能帮助我们获得精确的因果关系。

**小忠告** 当我们审视一项研究的结果时，只有当我们剔除了对我们观察到的这些结 *11*
果所有其他可能的解释时，我们才可以决定一个特定条件或干预导致一个特定结果，即在它们之间存在因果关系。例如，霍梅顿学区想要找出两个阅读训练计划——“阅读真好”（*Reading Is Great*，RIG）和“阅读与你”（*Reading and You*，RAY）——中哪一个会促进3年级学生更好地阅读。学区要求每个3年级教师从中选择一个训练计划，并且在整个学年使用它。然后学区比较学年末在RIG和RAY课堂的学生的成就测验分数，发现RIG学生的阅读理解分数显著高于RAY学生。我们可能很快得出结论：RIG

比 RAY 能更好地促进阅读理解。换句话说，因果关系存在于教学方法和阅读理解之间。但是果真如此吗？

并不必然如此。事实是学区没有剔除对学生阅读理解差异的所有其他可能的解释。记住，3 年级教师选择了他们所使用的教学训练计划。为什么有些教师选择 RIG，而另一些选择 RAY？是否 RIG 教师选修了更多的阅读教学研究生课程，是否他们对于使用新的方法更加开明和热情？是否他们对学生有更高的期望，还是他们把更多的时间用于阅读教学？或者 RIG 教师可能让阅读成绩比较好的学生首先开始接受训练？如果 RIG 课堂和 RAY 课堂在这些方面的任何一项互不相同，或者可能在我们没有想到的其他方面不同，那么学区就不能排除为什么 RIG 学生比 RAY 学生获得了更好的阅读技能的其他解释。研究阅读训练对阅读理解因果影响的一种更好的方法是将 3 年级班级随机分配到 RIG 和 RAY 训练中，从而使两个组在学生的阅读能力和教师的背景、动机、期望、对阅读教学的投入等方面更为相近。

关于什么因素影响学生在特定情境的学习、发展和行为，特别要谨慎不要过于迅速地跳到结论。仔细审查研究描述，并且总是在头脑中思考这些问题：研究者分离和控制了可能影响结果的其他变量吗？他们排除了对结果的其他可能的解释吗？只有当这些问题的答案是不可否认的“是”时，那么你就可以得出一个因果关系的结论。

## 应用心理学理论于课堂决策

随着研究者对事物是怎样的（描述性研究）、什么变量与其他变量相联系（相关研究），以及哪些事件导致哪些结果（实验研究）了解得越来越多，他们开始发展理论来整合和解释他们的发现。在理论中，研究者们推测包含在思维、学习、发展、动机或人类其他机能之下的潜在的（经常是无法观察的）机制。

理论通过给我们提供关于这些机制的观点，最终能够帮助我们创设能最大限度促进学生学习和学业的环境。举个例子来说，在第 6 章，我们将发现人们怎样学习的理论——信息加工理论——提出注意是学习过程中的一个重要成分。更明确一点，如果一个学习者注意新信息，信息就从人类记忆系统的第一个成分（感觉登记）进入第二个成分（工作记忆）。如果学习者没有注意，信息就从记忆系统中消失，就如俗话所说，实际上是一只耳朵进，一只耳朵出。信息加工理论中注意的重要性意味着引起和维持学生注意的策略——可能是提供有趣的阅读材料、呈现引人入胜的问题，或者赞扬好的表现——有可能提高学生的学习和成绩。

心理学理论，即使曾经有过，也很少一成不变。相反，随着额外数据的发现，它们得到不断的扩展和修正，而且，在有些情况下，一个理论可能被抛弃，转而赞成另一个能更好解释研究者所观察到的现象的理论。而且，不同理论关注人类功能的不同方面，心理学家还没有将它们整合成一个单一的能合理解释构成人类存在的所有不同的现象和经验的“大型理论”。

我们将贯穿全书审视与思维、学习、发展、动机和行为相关的理论。虽然这些理论在将来必定会改变，但以现在的未完成的形式而言，它们是十分有用的。它们帮助我们将数以千计的研究整合成对儿童怎样学习和发展的简洁理解，允许我们推论和预测学生在特定课堂情境中倾向于怎样做、怎样达到目标。一般而言，理论能帮助我们解释和预测人类行为，从而为我们关于怎样最好地帮助儿童和青少年在学校实现学业和社会性成功提供了大量的观点。

## 常规评估在课堂决策中的重要性

大多数教师可能以作业、项目、报告和小测验的形式对他们的学生知道什么和会做什么进行定期评估。但是有效的教师并不将他们自己局限于这些正式的、计划好的评估中。他们在各种不同的情景中不断观察学生——在教室里、在自助餐厅里、在操场上、在野外旅行中、在课外活动中，与家庭成员在家长－教师会和学校开放室——可能在想什么、信仰什么、感觉什么和学习什么的线索。学生的意见、问题、面部表情、身体语言、学习习惯，以及与朋友和同班同学的交往可以为我们提供关于他们的学习、发展和动机的颇有价值的洞察。例如，我们对开放个案研究中安娜的长期遗忘的非正式观察可能导致我们教给她一些具体的明了作业和安排学习时间的策略。

我们将在第 15 章和第 16 章深入探讨评估这一主题，但是你会在每一章发现评估的含义。贯穿本书的解释学生的作品和行为栏目将邀请你透过儿童做什么、说什么的表象形成关于儿童知识、能力、思维和情绪的假设。为了让你体验评估的过程，尝试下面的练习：

### 解释学生作品和行为——来到晚餐的宠物 12

7 岁的贾斯汀写了这个故事。当你阅读故事时，考虑你能得出什么结论

- 贾斯汀在写作上的进步
- 贾斯汀的家庭
- 贾斯汀的家庭生活特点

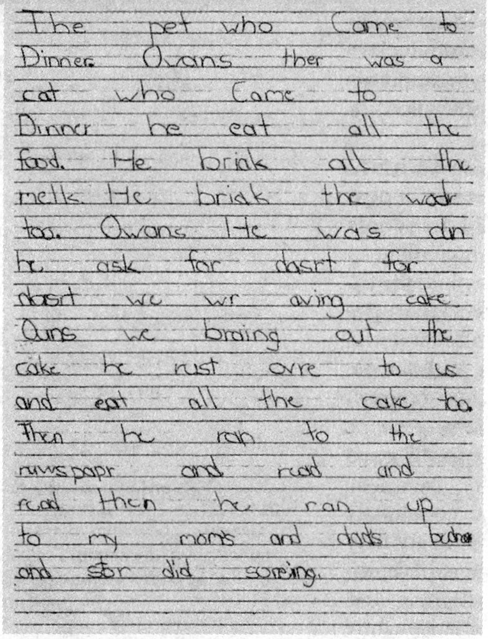
The pet who Came to Dinner. Owans ther was a cat who Came to Dinner he eat all the food. He briak all the melk. He briak the wodr too. Owans He was dn he ask for dasrt for dasrt we wr aving cake. Ouns we braing out the cake he rust ovre to us and eat all the cake too. Then he ran to the nuwspapr and road and road Then he ran up to my moms and dads bdroo and stor did soreing.

很显然，贾斯汀已经学会了怎样拼写一些单词，但还没有学会许多其他单词，例如，他将“once”拼写成“owans”或“ouns”，将“drink”拼写成“briak”，将“water”拼写成“wodr”，将“rushed”拼写成“rust”，将“started”拼写成“stor did”。总的来说，他知道哪个字母代表言语中的哪个声音。然而，他有时将字母”d”反转，以致看起来像”b”，当他拼写单词时，有时会漏掉一个字母（注意：他拼写 drink 是从 b 开始，而且漏掉了 n）。贾斯汀已经学会了一些一般的英语拼写模式，例如，他对“snoring”（“soreing”）的错误拼写包括一个不发音的 e（它出现在单词“snore”中）和一个正确的“ing”结尾的拼写。他已经学会了适当地使用时间和省略，但是他并不总是知道什么时候一个句子应该结束，另一个句子应该开始。他已经学会了讲简单的故事，但是他还没有学会故事的标题应该单独一行出现在一页的顶端中间。

贾斯汀的故事也告诉我们关于他的家庭和家庭生活的一点点事情。例如，很显然，

他与他的父母生活在一起。家庭比较注意营养（在正餐有“melk”），有足够的经济能力供应主菜后的甜点（“dasrt”）。贾斯汀也谈到宠物阅读报纸（“nuwspapr”），表明阅读是家庭熟悉的一项活动。

12 关于贾斯汀的这些推论正确吗？并不必然。我们对我们学生下的结论就像发展和学习的理论，合理的猜测只能建立在现有的证据上。我们必须把这种结论作为尝试性假设进行进一步的检验，而不是不可争辩的事实。不过，在我们不断作出决策帮助学生学习、成长的时候，这些推论能给我们提供一些指导。

## 适应课堂中的多样性

所有学生都是独一无二的个体，他们带着不同的长处、弱点和文化传统来到课堂。这种多样性的一部分可能反映了群体差异——学生是男还是女、属于一个还是另一个种族、来自中产阶级家庭还是低收入家庭、住在城市还是农村，等等。但是多样性也出自个体差异——智力、人格和身体敏捷性的差异，以及诸如此类的差异——它们在任何一个群体内都能被觉察到。当确定与每个学生进行工作的策略时，我们必须考虑两种多样性。

让我们再次回到开头的个案研究。安娜有墨西哥传统——可能导致我们猜想她会更喜欢与别人工作而不是一个人，可能在一个学习小组或在一个合作学习任务中会表现得更好。而且，安娜有比较好的阅读技能，意味着她可能能够通过课本和其他书写材料进行有效学习。我们应该再一次使用这些知识作为形成假设的基础——而不是不可违逆的结论——关于哪些策略对每个学生可能是有效的。只要我们在对我们的学生了解更多时不断修正我们的假设和策略，我们就能够使课堂上的效果达到最好。

在许多情况下，我们能够在一般的课堂实践和活动情境中适应学生的独特特征。但有些学生，被称作有特殊需要的学生，是十分不同的，他们需要特别适应教学的材料或练习以帮助他们最大限度地学习和发展。现在，这些学生中的许多（比以前更多）在普通的教育班级中，进行一种被称为全纳的实践。不管年级水平或你教的科目内容，你应该预期在你的班上将有各种有特殊需要的学生。

我们将在第 4 章和第 5 章深入探讨群体差异、个体差异以及特殊需要。然而，学生差异是一个非常重要的主题，以至于我在此书的每一章都包括了一个部分在其中。讨论
13 男孩和女孩之间以及各种文化和种族群体之间的差异是老生常谈，我们将时常谈及来自低收入家庭的学生的特殊需要。而且，每一章都包括了一个全纳情境中的学生的表格，它为五类常见的具有特殊教育需要的学生提供教学策略。表 1—2 是对这五类学生的描述和举例。无论如何，记住任何特殊需要类型包括在许多方面——在他们的人格、兴趣、一般生活经验等互不相同的学生。

14 **表 1—2　　全纳情境中的学生——有特殊教育需要学生的分类**

| 总的分类 | 描述 | 具体类型 | 例子 |
|---|---|---|---|
| 有特殊认知或学业困难的学生 | 这些学生的学业成绩表现出不均衡，他们在完成某些类型任务时有非同一般的困难，但在完成另外一些任务时会非常成功。 | • 学习障碍。<br>• 注意缺陷多动障碍(ADHD)。<br>• 言语和交流障碍。 | 詹姆斯在学会阅读方面有很大困难，但是他在数学和科学上却很容易抓住要点。 |

续前表

| 总的分类 | 描述 | 具体类型 | 例子 |
|---|---|---|---|
| 有社交或行为问题的学生 | 学生表现出社交的、情绪的或行为的严重困难，明显干扰他们的学业成绩。 | • 情绪和行为失调。<br>• 孤独症。 | 艾米有频繁的攻击性行为，此时她踢打任何一个碰巧在她旁边的人。她很少以社会可接受的方式与老师或同学交往。 |
| 认知和社会功能普遍迟滞的学生 | 学生在所有的学业领域表现出低成就，社交技能是年龄小得多的儿童的水平。 | • 智力落后。 | 玛格丽特11岁了，但是她的学业技能类似于一个7岁儿童，她经常不假思索地说出她脑子里的任何想法，不会考虑其他人对她的意见会有怎样的反应。 |
| 有身体障碍或感知困难的学生 | 这些学生有被诊断的由身体问题或药物问题引起的残障。 | • 身体和健康损伤。<br>• 视觉损伤。<br>• 听力丧失。<br>• 严重的和多重的障碍。 | 乔纳森在一次汽车事故中遭受脑损伤后，很容易疲劳，容易忘记他在课上学过的许多东西。 |
| 认知发展超前的学生 | 这些学生通常在一个或多个领域有高能力。 | • 天才。 | 迈克在写作上表现出了优异的能力和创造性，例如，他赢得了几个地方的和全国的写作竞赛。 |

## 教师发展

作为一个新教师，你可能一开始发现你的角色有点难以承受。毕竟，在你的课堂有20～30个（甚至更多）学生，他们可能有不同的背景、能力水平和需要。在这种情境中，你作为决策者的角色实际上是一个具有挑战性的角色。在开始的几个星期或几个月，你可能需要非常依赖课程发展专家提供的标准课程（Berliner，1988）。但是一旦你获得经验，你最终能够对常规情况和问题作出快速有效的决策，你就会有时间和精力去创造性地、灵活地思考怎样才能最好地教学（Borko & Putnam，1996；Patrick & Pintrich，2001）。

我将贯穿全书描述许多能够帮助你的学生学习和发展的方法。但是，你的学习和发展，尤其是在你作为教师的角色中，也是同样重要的。根据教师效能，我提供以下策略：

• **继续学习教师教育课程**　在教学过程中额外的课程学习是使自己紧跟与课堂实践相关的最近理论观点和研究结果的好方法。一般来说，见习教师教育和在职专业发展确实能提高教学效果（Brouwer & Korthagen，2005；Darling-Hammond，1995；Guskey & Sparks，2002）。

• **尽可能多地学习你所教的科目**　当我们考虑有效教师——例如，那些教学方法 15
灵活的、帮助学生透彻理解课堂主题的、对他们教学的任何内容表达出热情的教师——我们一般发现他们对所教的主题非常了解（Borko & Putnam，1996；Cochran & Jones，1998；Hill，Rowan & Ball，2005；Phillip，Flores，Sowder & Schappelle，1994；Windschitl，2002）。

• **尽可能多地学习教你那门课程的特殊策略**　除了知道一般的教学策略，了解你正在教的主题的特殊策略——作为教育学内容知识被大家共同知道的策略——也是很有用的。有效的教师一般有大量的教各种主题和技能的策略（Brophy，1991；Cochran & Jones，1998；L. S. Shulman，1986）。而且，他们通常能够预期——也能够处理——在掌握一种技能或知识的过程中，学生将会遇到的困难以及学生将要犯的错误（Borko & Putnam，1996；D. C. Smith & Neale，1991）。一些教师将他们在特定情境中发展和使用的策略写进日志或其他记录中，以便当需要时再使用这些策略（Berliner，1988）。

- **相信你能对学生的生活产生很大影响** 在第10章，我们将考虑自我效能感的特点：人们相信他们能够执行某一行为或实现某一目标的程度。如果学生相信他们能够学会某些东西，换句话说，如果他们有高自我效能感，他们更可能努力学习它。但是，你也必须有高自我效能感。相信你将能够当好一名教师将会帮助你在遇到暂时困难时坚持不懈，并最终使课堂变得有效（Ashton，1985）。达到高水平的学生可能是他们的教师对他们自己能够为学生做的事情感到有信心的那些学生（Brophy，2006；J. A. Langer，2000；Tschannen-Moran，Woolfolk Hoy & Hoy，1998）。

教学和其他任何复杂技能一样，要花时间，要进行实践才能掌握。你，像其他任何学习者一样，必定会犯一些错误，尤其在开始。但是你会随着时间提高。如果将课堂决策建立在被证明的原理和合理的教育实践之上，你毫无疑问能够对你的学生的生活产生重要作用。

- **不断反思和批判性地检验你的假设、推论和教学实践** 在第8章，我们将阐述批判性思维，评价一个人的信息和推理思路的正确性和价值的过程。我们将焦点集中在鼓励学生批判性地思考课堂内容上。然而，我们教师进行批判性思考也是非常重要的。教师不仅要批判性地思考为什么我们的学生以特定的方式表现其行为举止以及达到特定水平，也要批判性地思考我们自己的课堂实践可能正在对他们的行为和成就产生怎样的影响。有效教师进行反思性教学：他们不断检验和批评他们的假设、推论和教学实践，面对新的事实，他们定期调整他们的信念和策略（T. Hogan，Rabinowitz & Craven，2003；Larrivee，2006；Silverberg，2003）。

- **进行自己的研究** 关于学习、动机、发展和教学实践的研究文献每年突飞猛进地增加。然而，教师有时会遇到一些现有研究发现没有解决的问题，在这种情况下，我们有另一种选择：我们可以做我们自己的研究。当我们抱着寻求更有效的干预我们学生生活的措施这一目的对我们自己学校中的问题进行系统研究时，我们就是在进行行动研究。

行动研究在教师、教育管理者和其他教育专业人员中变得越来越受欢迎。它可以采取多种形式——可能是评估一种新的教学方法的有效性，收集学生关于学校范围问题的看法，或者对某个特定学生进行深度个案研究（Cochran-Smith & Lytle，1993；Mills，2007）。许多学院和大学现在提供行动研究课程，你可以找到关于这一主题的便宜的平装本的书（e. g.，Mills，2007；Stringer，2004）。

- **尽可能多地了解你正在教的群体的文化** 在接下来的章节中（尤其是第5章），我们将识别来自不同文化群体的学生可能不同于你作为一个儿童时的思考和行为。但是教材只能提供许多可能差异的一个例子。如果你参加当地社区活动，经常与社区成员进行交流，你就能够更好地了解学生的文化信念和实践。

你将在本书发现“走进课堂”栏目识别和举例课堂实践的具体策略。

### 走进课堂——成为一名更有效的教师

- 使用课程发展专家提供的一些标准课程，尤其在课堂教学的头几个星期或几个月。

  一名科学教师就怎样使科学变得生动参考与教材配套的教学手册。

- 一旦你获得经验，就可以修改标准课程，创建你自己的课程，更好地满足学生的需要，实现教学目标。

  当一名高中社会研究教师开始使用一本新的地理教材时，他细读配套的教师手册。他注意到手册的教学计划几乎只关心地理概念和规则的无意义记忆。他开发了他自己的课堂活动鼓励学生将地理应用到现实情境，而不是使用手册上的课。

- 坚持记下你使用的教学策略及其相对效果的日志。

  作为帮助入睡的一种方式，新教师反思课堂上的一天。他拿起旁边桌子上的笔记本和钢笔，大略地记下在那一天的课堂教学中确实有效和确实无效的策略。

- 从经验更加丰富的同事处寻求建议。

  一名 4 年级教师正在教学生长除法，但是在一个星期后，她发现他们仍然不理解除法过程。在教师休息室里，她与两名教师商讨关于她怎样才能不同地处理这一主题的主意。

- 继续你的教育，正式的或非正式的。

  一名中学科学教师利用为教师特别设计的到哥斯达黎加的全包旅行，在那里她将研究植物、动物和雨林生态学。她也会拍许多照片，收集大量标本展现给学生。

- 进行自己的研究回答关于你的学生和关于你的教学实践有效性的问题。

  在整个一学年中，一名 2 年级的教师交替使用 3 种不同方法教每周的单词拼写课。在学年末，他比较了 3 种方法中的每一种学生的拼写测验成绩，发现一种方法比其他方法导致了显著更高的得分。

- 记住教学和其他任何复杂的技能一样需要时间和实践才能掌握。

  一名教师不断尝试在专业期刊上描述的新的教学技术。当他这样做时，他给他的有效教学策略库增加了新内容，变得越 *16*
  来越能够调整他的方法以适应他班上各种学生。

## 有效学习的策略

当你读这本书的时候，你将会获得许多怎样帮助学生更有效地学习你想教给他们的东西的洞见。同时，我希望你也获得你自己怎样能够更好地学习和记忆课程资料的洞见。让我们看看你在阅读和学习这本书的时候你可以使用的四种策略：

- **将你阅读的内容和你已经知道的事物联系起来。**设法将书中的观点与你已经知道或你相信的事物联系起来。例如，将新的概念和原理与你自己过去的经验、你以前的课程学习，或者你关于人们和他们的行为的一般知识联系起来。在这个过程中，我有时会通过要你反思你以前的经验、知识和与某个主题相关的信念帮助你。

然而，小心点。就如我先前的 OOPS 测验可能已经显示给你的那样，你现在“知道”和相信的一些东西可能有几分正确但不太正确或完全不正确。那么，当你读这本书的时候，思考有些观点和研究发现可能实际上与你先前的“知识”怎样矛盾。在这种情况下，我希望你会修正你对我们正在讨论的任何主题的理解。

- **将抽象的概念和原则与具体例子紧密联系起来。**就如我们在第 2 章将要发现的那样，当儿童长得更大时，他们逐渐变得能够思考抽象的概念，但是当各种年龄的人把抽象概念与具体对象或事件联系起来时，他们能更容易地理解和记忆抽象信息。因而，我会经常使用个案研究或简洁的插图而不是描述具体的儿童行为来阐明新概念。另外，我会偶尔要你观看在奥姆莱德（Ormrod）教师预备课程网站 http：//www. prenhall.com/ormrod 上的视频剪辑。我将用一个标记表示这个要求。观看视频剪辑上用行动表示的心理学概念和原理能够提高你的记忆，并且当你在你自己与儿童和青少年的工作中见到它们时，帮助你识别它们。

有时自己亲自用行动理解一个概念或原则效果更好。因而，我会偶尔以亲身体验练习的形式为你提供阐述重要观点的经验。你已经完成了这些练习中的一个——OOPS——你将在此书中遇到许多其他的练习。

- **对你阅读的内容进行精细加工，超越它或给它增加信息。**在这章的早些时候，我提到过精细过程——使用先前知识扩展新信息——提高新信息的学习和记忆效果。因此，设法超越你阅读的信息进行思考。从已呈现的观点进行推论，产生概念的新例子。识别你自己对各种学习、发展和动机理论的教育应用。

17 - **定期进行自我检查，确信你理解和记住了你读过的内容。**有时即使最勤奋的学生也没有集中注意在他们阅读的内容上——他们实际上正在思考其他事情，因为他们的眼睛离开了书本。因此每隔一会儿停下来一次（可能每隔 2～3 页一次）确保你已经真正理解和学会了你正在读的内容。尝试总结材料，问你自己问题，确信每一件事对你具有逻辑意义。当你读完了一章，可以通过完成每章末尾的教师资格考试练习来进一步检查你的理解。

每一章的另外一个特点是概览，突出本章重要观点的一个部分。在接下来的概览部分，我确定了第 1 章最重要的一些要点。

## 概　览

作为教师，我们必须就在课堂上怎样教学、如何与学生互动、如何对学生作出反应进行数不清的日常决策。虽然我们有时能够使用简单的常识作出决策，但这种常识有时会导致我们作出无根据的，甚至是错误的结论。当我们将决策建立在现有的研究发现、学习和发展的当代理论以及与即将学习的学科内容相关的每个学生的优势和缺点的知识之上时，我们最有可能作出好决策——那些从长远来说将学生的学习和发展最大化的决策。

有效的教师批判性地、反思性地考虑他们的假设、信念和课堂策略，一旦他们获得新信息，他们就会不断修正他们想法和做法。这种信息来自各种途径，包括有规律地对学生进步进行评估，通过进修高级课程、参加在职培训持续不断地增加知识、提高技能，向同事请教，以及现场研究。

教学对新教师而言，是一个看似不可战胜的复杂过程。然而，记住即使最熟练的老师也必须以新手开始他们的教学生涯，而且他们可能带着与你此时同样的担心和不确定性进入他们的第一节课的课堂。相信随着时间推移、实践增多，以及对儿童和青少年怎样学习和发展的深入理解，对教学策略的扩展，对每个学生的兴趣牢记在心，你也能够成为年轻人生活中的重要人物。

18

## 资格考试练习：新软件

古尔特里（Gualtieri）先生，一位高中数学教师，某个星期一上课一开始就宣布："我们学校刚刚为学校的计算机实验室买了一个教学软件。被称作'超越问题'的这个软件将会给你提供一些应用今年我们将要学习的数学概念和程序的练习。我强烈支持你们每周放学后留下一至二次，使用软件对我布置给你的作业有困难的地方进行额外练习。"

古尔特里先生坚信新的教学软件将帮助他的学生更好地理解和应用数学。为了检验这个假设，他记录了学生报告放学后到计算机实验室去和报告没有去的情况，然后他考虑两组学生在他下一次课堂测验的完成情况。使他惊讶的是，他发现放学后留下来使用计算机软件的学生得分低于那些没有使用软件的学生。"这怎么可能？"他迷惑不解，"难道计算机软件的坏处多于好处？"

**1. 反应构建问题**

古尔特里先生疑惑是否计算机软件实际上是对学生有害而不是帮助学生。设想软件是由经验丰富的教育者精心设计的。假设古尔特里先生的课堂测验也是对他的学生对一直在学的材料学得怎样的一个好测验。

A. 解释为什么古尔特里先生不能从他已经有的证据得出因果关系的结论。将你的反应建立在心理学和教育学研究的原理之上。

B. 对古尔特里先生已经得到的结果提出另一种可能的解释。

**2. 多项选择问题**

下面结果中的哪一个将为"超越问题"软件提高学生数学成绩提供最有说服力的证据？

A. 在组约市有十所高中购买了"超越问题"软件，学生可以自由使用。在这些高中的学生比没有购买这个软件的学校的学生获得了更高的数学学业成绩。

B. 一所高中购买了"超越问题"软件，但是 8 名数学教师只有 4 名决定让学生使用它。这 4 名教师的学生的数学成绩得分显著高于其他 4 名教师的学生。

C. 在一所大型高中所有 10 年级学生在 9 月参加了一次数学成就测验，在接下来的两个月的某些时间点，他们每个人花了 20 个小时使用"超越问题"软件。在 12 月，所有学生都参加同样的数学成就测验，平均起来，学生的得分显著高于他们 9 月的成绩。

D. 在一所高中的学生被随机分配到两个组。一组使用"超越问题"软件学习，另一组使用一个设计用来教写作技能的写作软件学习写作。"超越问题"组在后继的数学成就测验中的得分显著高于写作软件学习组。

# 第2章

# 认知和语言发展

**本章内容要目：**

- 个案研究：经济活动
- 人类发展的基本原则
- 脑在学习和发展中的作用
- 皮亚杰的认知发展理论
  - 皮亚杰的基本假设
  - 皮亚杰的认知发展阶段
  - 关于皮亚杰理论的现代观点
- 维果斯基的认知发展理论
  - 维果斯基的基本假设
  - 关于维果斯基理论的现代观点
- 语言发展
  - 有关语言发展的理论观点
  - 语言发展的趋势
  - 学习第二语言
- 认知和语言发展的多样性
  - 文化与种族差异
  - 关注英语学习者的独特需要
  - 适应有特殊需要的学生
- 概览
- 资格考试练习：石头课

21 想想你小学低年级时学过的课程，以及老师使用的教学策略。再回想高中的课程，它们在学科内容和教学方法上有什么不同？你一定能想起来许多差别。在小学低年级，你可能主要关注基本知识和技能，比如学习字母—读音对应，阅读简单的散文，学习使用正确的大写字母和标点，以及两位数的加减法，等等。老师会给学生提供大量结构性材料和指导，安排小而具体的学习任务，通过练习使学生最终掌握一定的知识和学习方法。到了高中，就要学习比较复杂的课程内容，比如生物分类系统，历史事件，文学作品和诗歌中的象征主义等比较抽象的多方面的材料，老师会给学生施加掌握这些内容的压力。这种差异反映了课堂教学一定要具有发展的依赖性，也就是说必须考虑到某个年龄段学生所具有的生理、认知、社会以及情绪特征。

我们在本书各章中，都要讨论儿童思维和行为的发展差异。但在第 2 章和第 3 章主要讨论儿童和青少年发展的本质。本章我们将着重讨论发展的一般原则，然后重点关注思维和推理（认知发展）以及理解和使用语言（语言发展）的发展变化。我们主要讨论下列几个问题：

- 哪六个基本原则帮助你理解儿童期和青少年期的学生发展的一般过程？
- 随着儿童长大，其大脑以什么样的方式变化？这种变化对作为老师的你来说有什么意义？

- 关于如何评估和促进儿童的认知发展，认知发展的两个经典理论——皮亚杰和维果斯基的理论——提供了什么见解？
- 你期望不同年级的学生一般具备什么语言能力？你如何促进这种能力的获得？
- 你采用什么策略能够有助于适应学生认知和语言发展的差异？

## 个案研究：经济活动

在桑迪先生的高中地理课上，学生在努力完成阅读任务，并且向老师抱怨自己的失败感。

“课本太难了，我一点儿也不理解！”露西抱怨道。

“我也是！”迈克嚷道，“我真的努力了，桑迪先生，可是大多情况下，我都不理解自己所读的东西。”其他学生也点头表示同意。

“好，”桑迪先生回答道，“我们来看看同学们为什么会有这些困难。看看第 55 页的‘经济活动’部分，就是昨天布置的部分阅读材料”。

全班细读书中的摘录： 22

> 在经济活动中，人们试图获得食物并满足其他需要，这是人类所有活动中最基本的活动，只要有人的地方就存在着经济活动。经济活动可以分成四个部分，初级活动是直接获取地球上的资源，如秘鲁海岸的捕鱼活动，在利比亚的油井开采石油，在明尼苏达的铁矿里萃取铁矿石，在智利的森林里伐木，以及在中国种植小麦等，这些都是初级生产活动的例子。这些活动获取的物质商品因为在生产中付出了努力，并且存在消费需求，从而获得了价值。
>
> 对这些产品的加工属于次级活动。通过这种活动，物质的形状发生了改变并增加了可用性，从而进一步增加了价值。初级产品，如棉花，可以加工成布匹，这些布匹经过剪裁可以加工成衣服。布匹加工和衣服加工都是次级活动。
>
> 提供服务的经济活动可以看作三级活动。批发和零售服务把初级产品和次级产品卖给消费者。还有其他活动如政府、银行、教育、医疗和法律方面的服务以及新闻报道和艺术都属于三级活动。
>
> 科技发达的国家的服务经济非常复杂和庞大，所以有时候也包括四级活动。比如社会服务机构和公司提供信息，就属四级活动部分（Clawson & Fisher，1998，p. 55）。

“讲讲你们阅读这一段时遇到的问题，”桑迪先生说道，“也许我能帮助你们更好地理解它”。

学生们急切地表达他们的困难。

“我从没有听说过这些词，‘tertiary’是什么意思？什么叫‘quaternary’？”

“什么是‘commodities’？”

“要学的东西太多了。您希望我们记住所有这些内容吗？”

“好的，我明白你们的意思。”桑迪老师回答道，“我想这些材料对你们来说是有些抽象。我并非想要你们记住所有这些内容。重要的是掌握要点，这些材料是讨论各种不同经济活动的相互依赖关系。我说说我的看法。我们从初级活动开始，它涉及对自然资源的直接利用。”桑迪先生在黑板上写下“初级活动——使用自然资源”，“谁能告诉我，在宾夕法尼亚州我们利用自然资源的例子?”

“煤。”萨姆说。

“牛奶。”克里斯坦补充到。

“还有蔬菜。”尼奇说。

“很好。”桑迪先生大声说道，“在次级活动中，人们把这些自然资源改造成可以使用的其他东西。”桑迪在黑板上写道：“次级活动——把自然资源改造成其他产品”。“让我们找出这种类型经济活动的例子。”

✧ 为什么学生理解这些课文内容有困难？这些课文的什么特征妨碍了他们的理解？

✧ 桑迪先生使用什么策略帮助学生理解这些关于经济活动的材料？

## 23 人类发展的基本原则

桑迪选择的大学水平的课文内容，对于高中学生来说显然非常具有挑战性。正如他所指出的，课文材料是很抽象的，几乎完全脱离学生的日常生活。书中所用的一些词汇也不容易掌握，如“三级、四级和商品（tertiary，quaternary，commodities）”等。很难知道桑迪所选择的材料是否在发展上适合他班上的学生。但是桑迪老师教学所用的方法可能是适合学生发展水平的。首先，他告诉学生阅读和思考这些材料应该怎么做，特别是告诉学生要掌握阅读材料的要点。其次，他教给学生阅读中要做的两件事情，即写下关键概念和举出新例子。

当我们学习到后面各章的认知和语言发展理论时，就能更好地理解这种情况。但在讨论具体的理论之前，我们需要先思考一些似乎在任何发展领域都正确的一般原则。

- **发展序列是可以预测的。** 人类的发展过程常常具有发展的里程碑特征，这些里程碑，比如新出现的更高级的行为，常常以可以预测的次序出现。例如，儿童常常在学会坐和爬之后，才能学会走。他们只有在学会有逻辑地思考具体物体和可观察的事件之后，才能开始有逻辑地思考抽象的思想。在一定程度上，我们只考虑发展的普遍原则，即尽管儿童生长的环境存在相当大的差异，但随着时间推移，儿童的发展变化都会表现出相似的模式。

- **儿童发展的速度不同。** 许多描述性研究告诉了我们儿童达到各种发展里程碑的平均年龄。例如，一般儿童到了3岁会画正方形和三角形，到了7或8岁，开始使用重复作为一种学习信息的方式。女孩10岁或男孩11岁半时开始进入青春期（McDevitt & Ormrod，2007）。但并非每个儿童到了平均年龄，都能达到这种发展的标志。他们有些发展得早些，而另一些发展得晚些。因而，我们在任何一个年级水平，会很容易看到在学生的发展成就上存在相当大的差异。

确定了儿童在某个年龄段出现什么行为，以及思维的方式，我们就可以预期儿童在特定年龄水平所能达到的能力，并且根据这种预期来设计教育课程和教学策略。同时，我们不应该单独根据年龄贸然断定某一学生能做什么或不能做什么。

- **发展经常以爆发和高原期为标志。** 发展并不必然以恒定的速度进行。相反，在相对较慢的生长期（高原期）中间，同样可能出现较快的增长（爆发）。例如，蹒跚学步的孩子可能在数月之内只会用有限的词汇和“单字句”说话，而大约在第二个生日时语言使用会出现爆发，如仅仅几周时间，他们掌握的词汇就会快速扩展，使用的句子也越来越长。另外一个例子是，在小学早期，儿童每年仅长高 4～6 厘米。与此相反，青少 24
年时期的生长出现了爆发期，每年长高多达 20 厘米（Berk，2003；A. C. Harris，1986）。

一些理论学家把这种不均衡的生长和变化模式，作为在发展过程中存在本质上截然不同的阶段的证据。阶段理论认为，发展具有可以预测顺序的阶段性特征，较早的阶段为后面的阶段提供基础和发展的前提。在本章我们讨论皮亚杰（Piaget）的工作以及第 3 章讨论埃里克森（Erikson）和科尔伯格（Kohlberg）的理论时，你会了解到阶段理论的例子。

- **遗传在一定程度上引导发展。**事实上，发展的各个方面会受到儿童的遗传基础的直接或间接的影响，可是，儿童的遗传特征并不是在出生时都会表现出来的。遗传通过成熟的方式持续引导儿童的发展，这种成熟是随着儿童的生长由遗传控制的变化展开的。例如，走、跑和跳这些运动技能主要是神经发育、力量增强和肌肉控制增强的结果，这种变化大部分是由遗传的生理指令决定的。更进一步的，如果儿童在遗传上被赋予一种易患病的体质，他就会对某种事物和社会事件以一定的方式作出反应，可能是平静的或急躁的，开朗的或害羞的，冒险的或谨慎的，愉快的或担忧的。在第 3 章气质中我们会谈论这些内容。

- **环境因素对发展起到实质性作用。**环境条件甚至影响到主要由遗传决定的特征。例如尽管身高和体格主要由遗传特征决定，但是儿童食物的营养价值也会影响到儿童最终的身高和体格。尽管儿童的行为部分是由遗传的气质特征决定的，但是周围环境鼓励儿童以某种方式作出行为，也同样具有很大影响，甚至比遗传影响更大些。

任何大型社会（例如州、省或国家）都包含各层环境，它们以某种方式影响儿童的发展（Bronfenbrenner，1989，2005；Bronfenbrenner & Morris，1998）。在最基础的水平，大多儿童是属于家庭的，家庭以多种方式潜在地支持儿童的发展，例如提供良好的营养，帮助完成家庭作业，与老师配合解决学习和行为问题，等等。围绕家庭的是其他层次的环境，包括邻里和社区，它们能提供其他形式的支持，比如幼儿园、课后家庭作业帮助计划、图书馆、博物馆、动物园和本地实习医师服务等。更大范围的环境，如州（或省）和国家，提供管理学校政策的法律支持，返还地方学校的税收资金，提供信息的支持以及新教学策略的训练等方式，从而影响到本地区居住的儿童。图 2—1 描述了
各种可能对儿童产生影响的不同层次的环境。 25

渗透进各种环境影响的还有儿童所处的文化，它是体现儿童所在的久存的社会群体特色的一种行为和信念系统。文化普遍渗透到儿童所处环境的许多方面，例如家庭成员所鼓励的行为，父母使用的纪律训练，儿童所接触到的书籍、所看的电视，等等。但文化既存在于外部世界，也存在于人的内部世界，它提供了一个总体的框架，儿童靠它能逐渐决定什么事情是正常的还是不正常的，是真实的还是虚假的，是合理的还是不合理的，是好的还是坏的（M. Cole，2006；Shweder et al.，1998）。

- **遗传和环境存在交互作用。**历史上，许多研究者曾试图确定人的哪些特征（智力、人格等）是由遗传决定的，哪些特征是环境影响的结果。这个问题常常被叫做天性和教养的关系。但有趣的是，心理学家逐渐意识到，环境和遗传以一种我们从来不能解开的方式相互作用（Gottlieb，2000；Halpern，2006；Kolb，Gibb & Robinson，2003）。

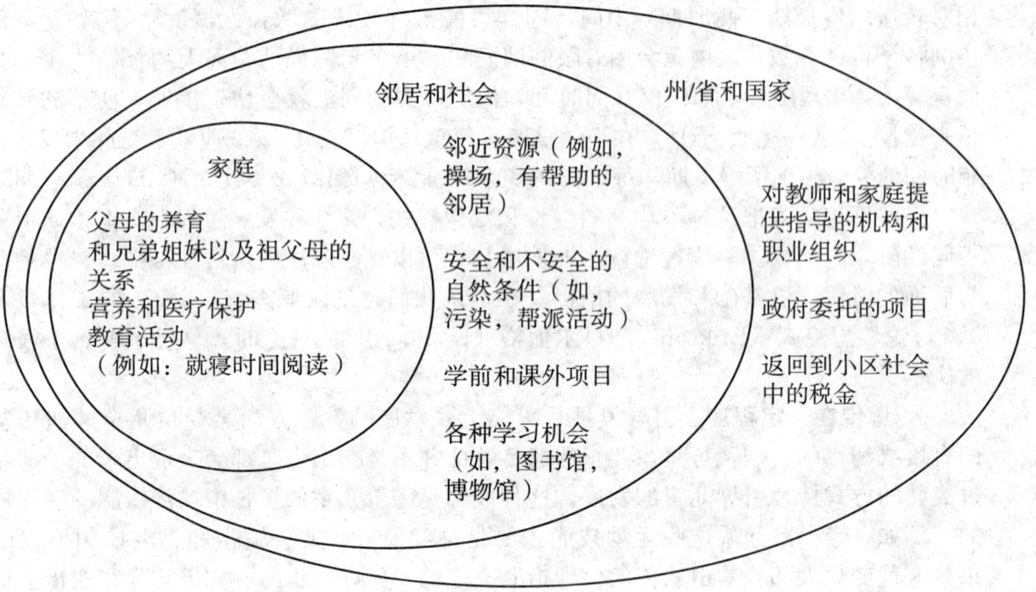


**图 2—1　各层次环境影响的例子**

首要的是，基因要发挥它们的作用，就需要环境的支持。例如，一个儿童具有长高个的基因，但还需要后天的营养支持才能长高。而且儿童的遗传特征会导致其他人以特定的方式对待他们（Scarr & McCartney，1983）。例如，一个外表很有吸引力的儿童比没有吸引力的儿童更容易被同伴接受，一个气质上非常好动的孩子比一个文静的孩子更容易受到纪律的严格约束。而且儿童可以在一定程度上选择他们的环境，特别是随着他们长大，他们会倾向于选择与他们的遗传气质和能力匹配的环境（Scarr & McCartney，1983）。

对于某些特征和能力，遗传基础可能设置了一个发展的敏感期，即在发展的某一点上，一个成长中的儿童可能特别容易受到环境条件的影响（你也会看到关键期这个术语）。就如我们在本章后面看到的，一些理论家发现了这样的证据，就是儿童在早年处于一种语言环境中要比在青少年期或成人时期更容易学会这种语言。关于大脑发育中可能存在的敏感期的其他推测，我们在下一部分就要讲到。

## 脑在学习和发展中的作用

人脑是包含1 000亿个神经细胞的相当复杂的器官（Goodman & Tessier-Lavigne，1997；Siegel，1999）。这些神经细胞，叫做神经元，大小只有在显微镜下才可以看见，并且以无数种方式交互连接。一些神经元从身体其他部分接受信息，一些神经元综合和解释这些信息，另一些神经元则传递这些信息，并告诉身体该怎么对周围环境作出反应。

26 尽管神经元在大小和形状上各不相同，但它们却有一些共同的特征（见图 2—2）。像体内的其他细胞一样，它们都有细胞体，细胞体包含细胞核，负责细胞的健康。此外，它们拥有大量叫做树突的树枝状结构，负责从其他神经元接收信息。它们也有轴突，一种长得像臂状的结构，把信息传递到其他神经元。轴突可能多次出现分支，它细小的枝干末端有终端小球，包含某些化学递质。一些神经元的大多轴突都有一种白色的叫做髓鞘的脂质覆盖物。

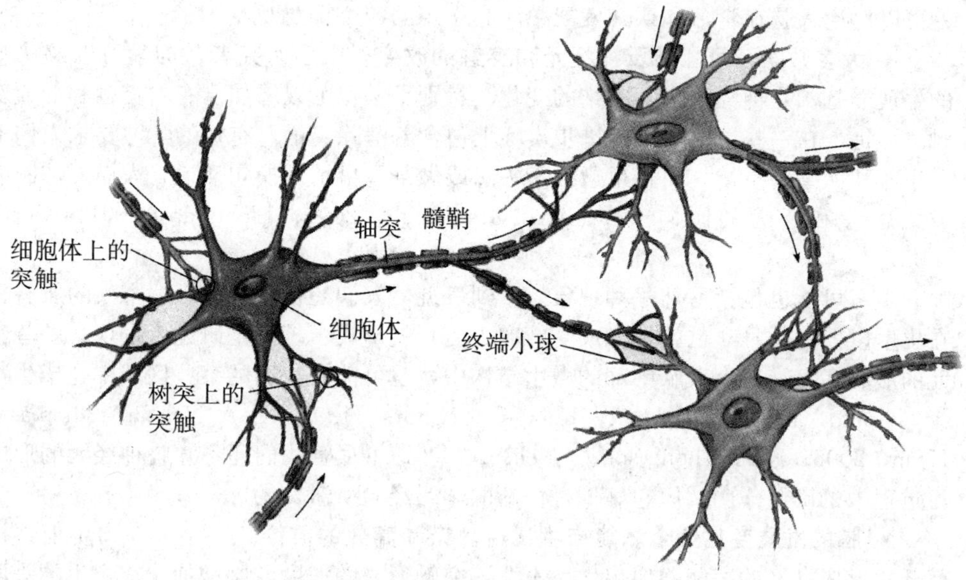


**图 2—2　神经元及其相互联系**

当神经元的树突被（来自脑的或从身体其他部分延伸而来的）其他神经元激活时，树突就会带上电荷。如果总的电荷达到一定水平，神经元就会放电，把神经电脉冲沿着轴突发送到末端小球。如果轴突有髓鞘，脉冲传递速度就很快，因为它会从髓磷脂的一个间隙跳跃到另一个，就像青蛙的跳跃一样。如果轴突没有髓鞘，脉冲传递速度就很慢。

奇特的是，神经元之间并非是互相接触的。相反，它们通过叫做突触的细小的空间传递化学信号。当电脉冲沿着神经元的轴突运动时，它向终端小球发出信号，释放被称为神经递质的化学物质。这些化学递质传递到对面的突触，并且激活临近的树突或细胞体。任何单一的神经元都与成百上千的其他神经元有突触联系（Goodman &Tessier-Lavigne，1997；Lichtman，2001）。

在人脑的不同部位的神经元组对不同的事物具有特异性。在人脑较低或中间部位的神经元结构，对基本的生理过程（例如，呼吸、心跳），身体运动（例如，行走、骑自行车）和基本的知觉技能（例如，协调眼动，把注意转向对生命具有潜在威胁的刺激）等具有特异性。复杂的有意识的思维活动主要发生在皮层，就是像崎岖不平的假发覆盖在大脑的顶部和周边的部位（见图 2—3）。皮层靠近前额的部分就是前额皮层，主要负责人类特有的许多活动，包括持续性注意、推理、计划、决策、复杂活动的协调以及多余思想和行为的抑制。皮层的其他部位也很重要，它们都积极参与到解释视觉和听觉信息、识别物体和事物的空间特征，以及理解关于客观世界的一般知识的过程中。

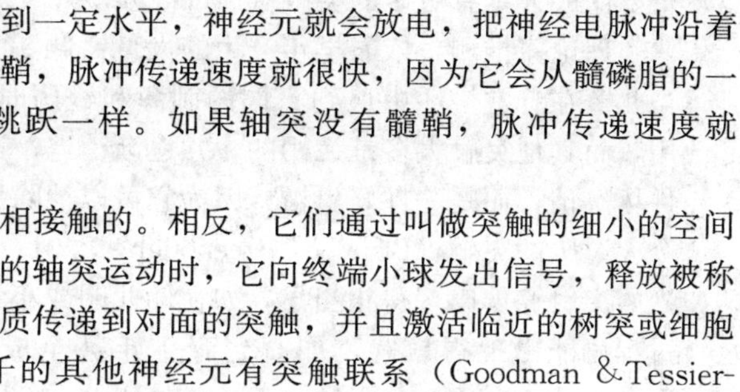


**图 2—3　人脑的皮层**

27

了解了大脑的基础知识，我们

就可以讨论大脑在学习和认知发展中所起作用的四个重要观点。

- **大多数学习可能涉及神经元和突触的改变。**很多研究者认为学习以及认知发展的生理学基础是神经元之间联结的变化。特别是学习可以增加已有的突触和形成新的突触。可是，在一些情况下取得进步实际上包含着消除突触。有效的学习要求人们不仅需要思考和做某些事情，而且也包括不去想或做某些事情。换句话说，人们要抑制以某种方式思考和行为的倾向（Bruer & Greenough，2001；Lichtman，2001；Merzenich，2001）。

学习可能也包括另外一种现象。直到最近，人们还普遍认为，一个人的所有神经元在出生以前的数月，也就是形成受精卵之后，就形成了。可是研究者发现，一些新神经元的形成在海马这个大脑中部的微小结构中，也可能在皮质的某些区域中，毕生都在持续（Gould，Beylin，Tanapat，Reeves & Shors，1999；C. A. Nelson，Thomas & de Haan，2006；R. A. Thompson & Nelson，2001）。尽管我们还不知晓神经元的形成在学习过程中的确切作用，但它好像是被新的学习经验所激发的。

- **脑的发展变化使个体能产生日益复杂和高效的思维。**一个人在出生前，神经元就开始形成良好的突触。但出生后不久，突触形成的速度急剧增加。在人生的头两三年内，神经元萌生出各个方向的新的树突，并且与周围许多神经元建立联系。这种早期的突触发生大多是由基因程序驱动的，而不是学习经验的结果。由于突触的发生，小学儿童要比成人具有更多的突触（Bruer，1999；C. A. Nelson et al.，2006）。

理论家推测，依靠早年产生的大量突触，儿童才有潜力适应周围各种环境和条件。当儿童在日常生活中遇到不同的刺激和经历时，一些突触就可以发挥作用，并重复使用，而其他突触大多是无用的，并逐渐消退，这种过程叫突触修剪。突触修剪并不是一件坏事情，而是一件好事情，因为它可以消除那些与周围典型环境和行为模式不一致的令人讨厌的突触（Bruer & Greenough，2001；Byrnes，2001）。在大脑的一些部位，强烈的突触修剪出现得相当早，如在幼儿园或小学早期就进行了。而在另一些部位，这种过程可能出现得较晚，如直到青少年甚至成年以后（Bortfeld & Whitehurst，2001；Bruer，1999；Huttenlocher & Dabholkar，1997；M. H. Johnson &de Haan，2001）。但是即使突触修剪出现了，包括儿童和青少年在内的所有年龄段的人，作为对经验的回应，都会继续形成一些新的突触。（R. D. Brown & Bjorklund，1998；Fischer & Rose，1996；O'Boyle & Gill，1998）。

脑中另一个重要的发展过程是髓鞘化。当神经元开始生长时，它们的轴突是没有髓鞘的。当随着时间变化它们获得了髓磷脂后，轴突放电就迅速一些，这极大地增强了大脑的总体效率。特别是在皮层，这种髓鞘化一直持续到成年早期（Merzenich，2001；Paus et al.，1999）。

另外，以激素水平的显著变化为标志的青春期的出现，影响到大脑结构的继续成熟，并且也可能影响到神经递质的产生和效力（Eisenberg，Martin & Fabes，1996；Kolb et al.，2003；E. F. Walker，2002）。理论家推测这种变化可能对青少年许多领域的功能，比如注意、计划和冲动控制产生影响。

- **大脑许多部位的协同活动使得人类能够进行复杂的思维和行为。**一定程度上，大脑皮层的左右半球有不同的特异性。对大多数人（也许80%）来说，左半球主要负责语言和逻辑思维，而右半球在视觉和空间任务中占优势（Byrnes，2001；Ornstein，
28 1997；Siegel，1999）。然而与人们的观念相反，人们罕有独用大脑一部分甚至一个半球

进行思维的。没有像“左大脑”或“右大脑”这样的东西：两个大脑半球在日常任务中经常协同发挥作用。事实上，大脑的各个部分都连续地相互交换信息。事实上，对任何事物的学习和思维都是分布于大脑许多个部位的。哪怕看起来很简单的一个任务，比如在口语和书面语中识别一个特定的单词，也会涉及皮层的许多区域（Bressler，2002；Byrnes，2001；Rayner，Foorman，Perfetti，Pesetsky & Seidenberg，2001）。

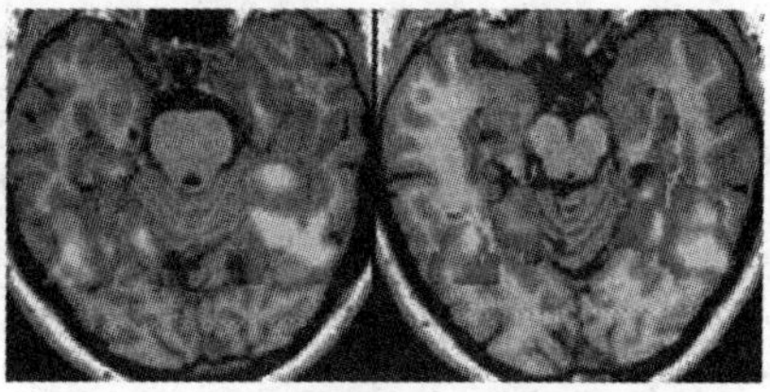

**图 2—4　人观看单个物体的图片时，计算机产生的人脑不同部位的典型活动模式**

资料来源：“Distributed and Overlapping Representations of Faces and Objects in Ventral Temporal Cortex” by J. V. Haxby，M. I. Gobbini，M. L. Furey，A. Ishai，J. L. Schouten，and P. Pietrini，2001，*Science*，293，p. 2427. Reprinted by permission of the American Association for the Advancement of Science。

图 2—4 表示由计算机产生的大脑活动模式图，这是在要求 6 个成人观看单个物体的不同图片时测量到的（Haxby et al.，2001）。模式图表现出从大脑顶部角度观看，大脑有两个水平的“切片”。尽管大脑活动模式的差异依赖于观看物体种类（例如，脸、猫、房子和鞋子）的不同，但是对每一个物体，大脑左右半球的多个部分都是激活的。

• **大脑终生都保持适应性。**一些好心的教育家提出，在幼儿园和小学早期，大脑发育中的突触增生是敏感期。因而他们力劝在这个时期，应该最大限度地丰富儿童的教育经验，如提供阅读指导、小提琴课程、艺术课程等。但是在他们贸然提出这个观点前，应该考虑到，尽管充足的营养和日常的刺激对大脑的正常发展是非常重要的，但是也没有证据表明，早年丰富的信息和非常熟练的经验从长远来说增强了大脑的能力（Bruer，1999；R. A. Thompson & Nelson，2001）。确实，如果婴儿没有正常地暴露于光模式中（如出生时是白内障），那么他们就会丧失正常的视觉能力；如果儿童直到 5 岁还没有听到过人们说话，那么就可能永远无法习得复杂的精细语法（Bialystok，1994a；Bruer，1999；Levay，Wiesel & Hubel，1980）。但是，看到光和听到人们说话是正常的经验，而不是特殊的情况。没有证据表明，对传统的学科，比如阅读和数学，存在着敏感期（Bruer，1999；Geary，1998；Greenough，Black & Wallace，1987）。

从生理学的观点看，大脑适应不断变化的环境的能力，也就是它的学习能力，毕生都在持续发展（Kolb et al.，2003；C. A. Nelson et al.，2006）。确实，人生早期对发展是很重要的，但以后的岁月也很重要。对大多数课程和技能，没有单一的“最好”或“唯一”的学习时间（R. D. Brown & Bjorklund，1998；Bruer，1999；Byrnes & Fox，1998）。

即使研究者现在逐渐明确了大脑是如何发展和工作的，但现代脑生理学知识还不能告诉我们怎么最好地促进学生的学习和认知发展。例如大脑研究还不能告诉我们，对一个特定社区和文化下的儿童来说，掌握哪些信息和技能是最重要的（L. Bloom & Tinker，2001；D. J. Chalmers，1996；Gardner，2000b）；也不能给我们提供线索，了解使用什么教学策略，才最可能促进儿童的心智增长（Bandura，2006；Byrnes，2001；Mayer，1998）。事实上，那些谈论“利用大脑研究”或“基于大脑的学习”的教育家，大多实际上是在谈论心理学家从人类行为研究而不是从脑解剖学或生理学研究中得到的东西。

基本上，我们如果想要理解人类学习和认知发展的本质，就必须要看心理学家而不是神经学家发现了什么。多年来，心理学家提供了关于儿童随着时间发展其思维过程如何变化以及为什么这样变化的解释。让·皮亚杰和列夫·维果斯基的理论很有影响力，这两个理论从不同角度探讨认知发展，但都给我们提供了如何最好地促进儿童认知发展的相当多的指导。

## 皮亚杰的认知发展理论

你认为自己是一个有逻辑头脑的人吗？你的逻辑性如何？在下面的练习中试试你的
29 逻辑推理能力吧。

**亲身体验·珠子、人和篮球**

花点时间解决下列问题：

1. 在右边有 10 个木制的珠子。8 个是褐色的，2 个是白色的。是褐色珠子多还是木制珠子多？
2. 如果所有儿童都是人，
   并且所有人都是活的生物，
   那么所有的儿童一定是生物？
3. 如果所有儿童都是篮球，
   并且所有的篮球都是软糖，
   那么所有的儿童都是软糖？

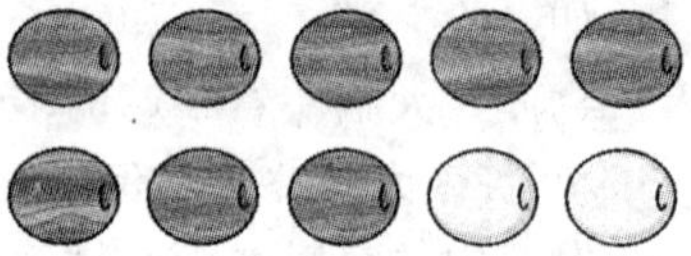

毫无疑问，你会发现第一个问题是很容易的，当然是木制珠子比褐色珠子多。你可能发现第二个问题有点困难，但也能相当快地得出结论，所有的儿童都是生物。第三个问题就有点棘手：如果沿着第二个问题的思路进行推理，那么结论显然会导致认为儿童都是软糖，显然这和实际知识是相矛盾的。

在 20 世纪 20 年代早期，瑞士生理学家让·皮亚杰开始研究儿童对类似上述问题的反应。他发现 4 岁儿童在解决珠子问题时存在困难，他们很可能说褐色珠子多。但 7～8 岁儿童几乎总是能正确地回答这个问题。他也发现 10 岁儿童解决涉及实际现象的逻辑问题（例如生物的分类和亚分类），要比解决假设和与事实相矛盾的问题更容易。只有到了青少年时期才能有效解决第三类问题。通过各种引发思维的问题和任务，皮亚杰和他的同事发现了儿童如何思维以及如何理解周围的世界（e.g.，Inhelder & Piaget，1958；Piaget，1928，1952，1959，1970，1980）。

### 皮亚杰的基本假设

皮亚杰引入许多思想和概念来描述和解释他在儿童和青少年身上所观察到的逻辑思维变化。

- **儿童是主动的和有动机的学习者。**皮亚杰认为儿童天生对周围世界充满好奇心，并且会主动寻找信息帮助他们理解周围世界。他们会用遇到的事物做实验，操纵并观察行为的结果。
- **儿童从经验中构建知识。**儿童不只是把他们学到的孤立的事情收集到一起，而是把自己的经验整合进看待世界运转的整体看法中去。例如，他们通过观察发现，当把食物、玩具和其他物体从手里松开时，它们总会向下掉。儿童开始构建对重力的初步理解。通过和家养宠物嬉戏、参观动物园、看图画书等，他们逐渐发展出对动物的更为复杂的理解。因为皮亚杰提出儿童从经验中建构自己的信念和对世界的理解，所以他的理论有时候称为建构主义者理论，或者一般叫做建构主义。

用皮亚杰的术语说，儿童学习和能够处理的那些事物被组织成图式。所谓图式就是一组相似的行为或思想，可以重复利用以应付周围的环境。起初，图式本质上说主要是行为的，但后来逐渐变成心理的，最终是抽象的。例如，一个婴儿可能开始拥有“把东西放到嘴里”的图式，他们可能会以这样的方式对待很多不同的东西，如把拇指、饼干和玩具都往嘴里放；一个 7 岁的孩子可能拥有辨识一条蛇的图式，蛇是体长身细、无腿而光滑的；一个 13 岁的孩子可能拥有上流社会构成的图式，借此能把同伴分成是令人敬畏的或是愚蠢的。

随着时间的发展，儿童的图式不断被经验所修正，并且互相整合，例如儿童开始考 30
虑它们之间的层级关系。他们知道狮子狗和猎犬都是狗，狗和猫都是动物。越来越有组织化的知识体系和思维过程使儿童能够以更为复杂和符合逻辑的方式思维。

• **儿童通过两种互补的方式——同化和顺应进行学习。**尽管儿童的图式随着时间而变化，但儿童发展图式的方式却是一致的。皮亚杰提出学习和认知发展是同化和顺应两个互补的过程交互作用的结果。同化是指采用与已经存在的图式一致的方式处理事物。例如一个婴儿可能采用把东西放到嘴里的图式来对待一个新的玩具泰迪熊；一个 7 岁的孩子可能在后院把一个光滑的物体看做一条蛇；一个 13 岁的孩子可能把同学的衣服分成是时尚的还是过时的。

但是有时候儿童很难把一个新事物与已经存在的图式联系起来。这种情况下顺应的形式就出现了。儿童或者修正已经存在的图式来解释一个新事物，或者形成一个全新的图式。例如一个婴儿可能不得不把嘴张大些以适应玩具泰迪熊肥大的爪子；一个 13 岁的孩子不得不根据目前流行的和不流行的东西修正自己关于时尚的图式；一个 7 岁的孩子发现一个长而细的光滑的东西，但不可能是一条蛇，因为它有 4 条腿，之后经过探索，他可能对这种动物形成一种火蜥蜴的新图式。

在儿童发展知识和理解周围世界过程中，同化和顺应是联合发挥作用的。儿童在现有的知识（图式）范围内去解释每个新事物，同时可能修正并形成关于新事物的新知识（顺应）。没有同化也很难产生顺应，因为儿童只有能把经验与现有的知识和信念联系起来时，才能从新经验中获益或产生顺应。

• **与物理和社会环境的交往对儿童认知发展是非常重要的。**按照皮亚杰的观点，儿童主动地以物理世界为对象进行实验，对认知发展是很重要的。依靠探索和操纵周围物体，例如玩弄沙子和水，用球和球棒进行游戏，在科学实验室里做实验等，儿童能够学会体积和重量的一些本质特征，发现与重力和引力有关的原理，获得对因果关系更好的理解。所以，皮亚杰的理论告诉我们，发现学习应该是课堂教学很重要的方面（参考第 13 章发现学习部分）。

依照皮亚杰的观点，社会交往对认知发展同样是很重要的。通过与他人的交往，包括愉快的（如和别人的谈话）以及不愉快的（如分享和公平比赛中的冲突）交往，使得儿童逐渐意识到每个人都以不同的方式看待事物，他们自己关于世界的观点并不一定是完全正确的或符合逻辑的。当有人给小学儿童指出来时，他们可能开始认识到自己所说的和所做的存在逻辑上的不一致。高中学生通过与同伴或成人讨论社会和政治问题，可能修正他们关于这个世界应该是什么样子的理想化的观念。

• **平衡促进思维过程逐渐复杂化。**皮亚杰提出，儿童经常处于平衡状态。他们能够使用已有的图式很舒适地解释新事物并作出反应。但这种平衡并不会一直继续下去。随着儿童逐渐长大，有时当他们在解释遇到的新事物时，可能会感觉到自己的知识和技能不够。这种情形叫不平衡，这种心理的不舒适，促使他们试图理解所观察到的事物。通过替代、重组或整合原有图式（即同化），儿童最终能够理解和解释以前困惑的事情。这个从平衡到不平衡，再到平衡的过程，叫做平衡作用。在皮亚杰的理论中，平衡作用和儿童获得平衡的内在的愿望，促使思维和知识达到更复杂的发展水平。

作为一个例子，让我们再回到前面的木珠子问题。想象我们给4岁的艾比看10个
31 木珠子（8个褐色和2个白色），并问她“是褐色的珠子多还是木珠子多?”艾比说褐色珠子多，并表现出对这个回答很满意。这时候她是处于平衡状态的。显然艾比在思维中难以把褐色的珠子同时看作属于褐色的和木制的两个类别，她实际上是在把褐色的珠子和余下的白色的珠子作比较。于是我们要求艾比数一下褐色珠子有多少，再数一下木制珠子有多少，她都数对了。我们说：“艾比，有8个褐色珠子，10个木制珠子，那么是褐色珠子多还是木珠子多呢?”如果艾比能够意识到她刚才推理的矛盾，即8个不可能比10个多，那么她就经历了不平衡状态。这时候她可能会重新组织自己的推理以适应这种观念，即一些珠子既是褐色的，也是木制的，那么它们就应该同时包括在这两种分类之中。

• **不同年龄阶段的儿童以本质上不同的方式进行思维的部分原因是脑的成熟变化。**我们很早就了解到大脑如何随着年龄增长而变化，皮亚杰推测大脑确实随着年龄增长而出现了显著的变化，而且这种变化使得复杂的思维过程成为可能。他提出，儿童到了2岁，大脑出现了主要的神经学上的变化，到了六七岁和青春期又出现了两次这种变化。大脑每次神经学上的变化，都使个体出现了新的能力，以致儿童发展中出现了反映思维逐渐复杂化的一系列阶段。众所周知，大脑从出生到青少年时期，确实在持续发展，但这种变化是否与皮亚杰所说的认知发展有特定的关系，还是一个有待解决的问题。

## 皮亚杰的认知发展阶段

皮亚杰理论的一个重要方面是，他描述了认知发展的四个不同阶段，每个阶段都有自己独特的思维模式。因为每一阶段都是建立在前一阶段完成基础上的，所以儿童以同样的不变的顺序出现四个阶段。图2—5概括了这四个阶段。图中的年龄是一个平均值，有些儿童发展到某个阶段可能早一些，而另一些儿童可能晚一些。而且，儿童有时处在从一个阶段到另一个阶段的过渡中，所以可能会同时表现出两个相邻阶段的特征。

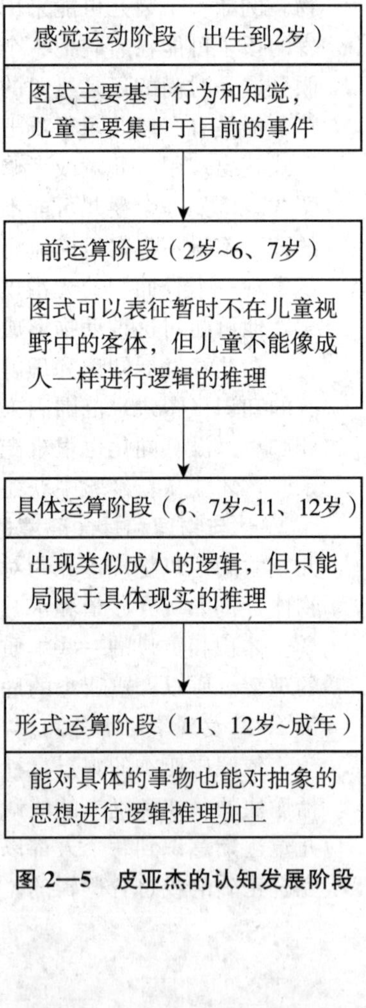


**图2—5 皮亚杰的认知发展阶段**

鉴于后面讨论到的一些原因，一些心理学家质疑认知发展是否如皮亚杰所提出的那样是分阶段的。然而，因为皮亚杰所提出的认知发展阶段有利于我们理解儿童在不同年龄水平下思维发展的本质，所以我们进一步详细讨论这些阶段。

**感觉运动阶段（出生到2岁）**

想象我们给6个月大的克伦一个彩色的毛织品小丑玩具，她就像接触玩具熊和一堆积木那样接触这个小丑玩具。换句话说，她使用“伸出手抓握”的图式来对待这个新事物，克伦把玩具小丑放开，看着它落到地板上，这个过程就是运用“让它离开，视觉追随一种运动物体”的图式。现在设想一下，我们把玩具小丑放到一个盒子里，克伦看不到它。这时候克伦好像忘记了这个小丑玩具，转而去玩别的东西，就好像她不能想到看不见的东西一样。

皮亚杰提出，在感觉运动阶段，儿童的兴趣集中在他们当下能看到和接触到的东西上。他们的图式主要基于行为和知觉。然而重要的认知能力这时候开始出现了，特别是当儿童开始通过尝试错误探索周围环境的时候。例如，第一个生日前，他们发展出客体永存，意识到即使把物体从他们的视野中挪开，它仍是存在的。重复观察到不同行为导致不同结果之后，这个阶段的儿童开始发展出对因果关系的理解。

皮亚杰提出，儿童在出生后第二年的后半年，出现了真正的思维。特别是儿童获得了符号思维，这是一种根据内在心理特征或符号对物体进行表征和思考的能力。这些符号通常是他们听到的词，或者早期的“单词句”形式。这时，克伦能够思考一个不直接
呈现在她面前的小丑玩具，部分原因是因为她知道小丑这个词。一旦儿童获得了符号思 32
维能力，他们就能够在心理上与周围物体打交道，就可以首先预测如果他们对一个物体做了什么，就会发生什么，然后把计划付诸行动。

**前运算阶段（2岁～6、7岁）**

在前运算阶段早期，儿童的语言技能迅速发展，词汇量的快速增加使他们可以表征和思考更广范围的物体和事情。语言也为言语交流这种新的社会交往形式奠定了基础。儿童能够利用语言表达他们的思想和接受信息，而这种交往形式在以前是不可能的。

然而，前运算思维也有一定的局限性，特别是与后面出现的具体运算阶段相比来说。例如，这个阶段的儿童表现出前运算自我中心主义，就是不能从别人的角度看待问题。他们可能很难理解为什么要和同学共享学校的物品，或者为什么小心不要伤害到别人的感情。这种自我中心主义有时候以自我中心言语的形式表现出来，这就是为什么儿童说什么事情的时候，从来不考虑听者可能知道什么和不知道什么的原因。

前运算阶段思维也是非逻辑性的（至少从成人观点看），尤其是在学前期更是如此。回想一下，4岁的艾比坚持认为包含较多褐色珠子的8个珠子比木珠子多。这反映了她不能进行类包含的思维（见表2—1）。考虑下面的情形：

给5岁的内森三个杯子，如图2—6所示。问他A杯和B杯里的水是否一样多。他自信地回答说是一样多。然后，我们把B杯里的水倒入C杯里，再问他A杯里的水是否和C杯里的水同样多，内森却回答说，“不，那个杯子（指着A杯）的水多，因为它比较高”。

内森的回答反映了守恒的缺乏：他没有意识到，杯子里的水没有倒走，也没有添加，两个杯子里的水量肯定是一样多的。像内森这么小的孩子，经常把物体的外观变化与容量的变化搞混。

儿童到了前运算阶段后期，大约四五岁时，表现出一些成人逻辑思维早期的征兆。例如，他们有时候对类包含问题（如珠子问题）和守恒问题（如水杯问题）得出正确的结论，但他们依据的是预感和直觉，而不是有意识知觉下潜在的逻辑推理，也还不能解释他们的结论为什么是正确的。

图 2—6　液体守恒：A 杯子和 C 杯子里的水一样多吗？

**具体运算阶段（6、7 岁～11、12 岁）**

皮亚杰提出儿童进入到具体运算阶段后，其思维过程组织成运算这种更大的心理加工系统，从而使他们能比过去以更加符合逻辑的方式进行思维（见表 2—1）。他们意识到自己的观点和感情，别人不一定也有，而且也可能反映出的是自己的看法而不是现实。他们也表现出守恒，能够理解尽管物体的形状和排列变化了，但没有添加也没有去掉什么，那么物体的量就是不变的。他们也能够进行演绎推理，能从给定信息中得出符合逻辑的推论。

儿童要把已经获得的思维能力精细化还要花很多年。例如，一些守恒形式，比如液体守恒和数的守恒，在六七岁出现，其他形式的守恒则要到晚些时候才出现。考虑图 2—7 中的问题。一个成人使用天平给孩子演示，两个泥球重量一样。然后把一个小球拿下来，压成饼状。这个饼状体和原来那个球，两个一样重还是不一样重呢？儿童没有意识到球变成扁平的饼状后和之前的圆球一样重，这种重量守恒一直要到 9～12 岁之间的某个时候才能获得（Sund，1976）。

33 **表 2—1**　　比较和对比——前运算思维对具体运算思维

| 前运算思维 | 具体运算思维 |
|---|---|
| **前运算的自我中心**<br>学生认为他们自己的观点是唯一可能的。<br>例子：一个学生讲一个故事，而不考虑听者可能已经拥有的知识。 | **自己观点和他人观点的区别**<br>学生认识到他人拥有的观点和自己的可能是不同的，而他们自己的观点可能是错误的。<br>例子：一个学生试图证明自己思维的正确（例如，我对了吗？） |
| **类包含的缺乏**<br>学生只能够在一定时间内根据一种方法对物体进行分类。<br>例子：给一个学生看 10 个木制的珠子，其中 8 个是褐色的，2 个是白色的。学生会说褐色的珠子比木制的珠子多。 | **类包含**<br>学生能意识到物体可以同时是一种分类的成员和它的亚类的成员。<br>例子：给学生看 10 个木制的珠子，8 个褐色和 2 个白色的，他能意识到从逻辑上看，木制的珠子比褐色的珠子多。 |
| **守恒的缺乏**<br>学生相信当一个物质的形状改变或重组时，其数量（例如，数和质量）会改变。<br>例子：一个学生宣称两排同样间隔的 5 枚硬币，有同样的数量，但一排展开后，就比另一排多，她就说展开的一排硬币多。 | **守恒**<br>学生意识到没有增加或减少，数量就保持不变。即使物质改变形状或重新排列。<br>例子：一个学生宣称不管如何排列，两排各 5 枚硬币，则两排有同样的硬币数。 |

续前表

| 前运算思维 | 具体运算思维 |
|---|---|
| **不可逆性**<br>学生不能认识到某些过程可以是可逆的或未完成的。<br>例子：一个学生把加法和减法看做不相关的过程。 | **可逆性**<br>学生理解某些过程是可逆的。<br>例子：一个学生认识到减法是加法的逆运算，例如，他认识到 7－4＝3 本质上是 3＋4＝7 的逆转。 |
| **不能进行关于转化的推理**<br>学生集中于静态的情境，他们在思考变化的过程上有困难。<br>例子：一个学生不相信毛虫能变成蝴蝶，相反他们坚持毛虫爬走了，蝴蝶出来代替了它（K. R. Harris，1986）。 | **能进行关于转化的推理**<br>学生能进行变化及其效果的推理。<br>例子：学生能理解毛虫能通过变形的过程变成蝴蝶。 |
| **转换推理**<br>学生可以把不相关的事实联系起来进行推理，他们简单的因为两个事情在时间或空间上一起出现，就推测它们之间存在着因果关系。<br>例子：一个学生相信云彩使月亮变大（Piaget，1928）。 | **演绎推理**<br>学生能从两个或多个信息中进行逻辑推理。<br>例子：学生推测，如果所有的儿童都是人，所有的人都是生物，那么所有的儿童一定都是生物。 |

尽管表现出具体运算思维的学生，显示出一些逻辑思维的迹象，但他们的认知发展 34
仍然没有完成（见表 2—2）。例如，他们很难理解抽象的思想，还要为解决包含多重假设和变量的问题而努力。这种能力要到最后一个阶段，即形式思维阶段才出现。

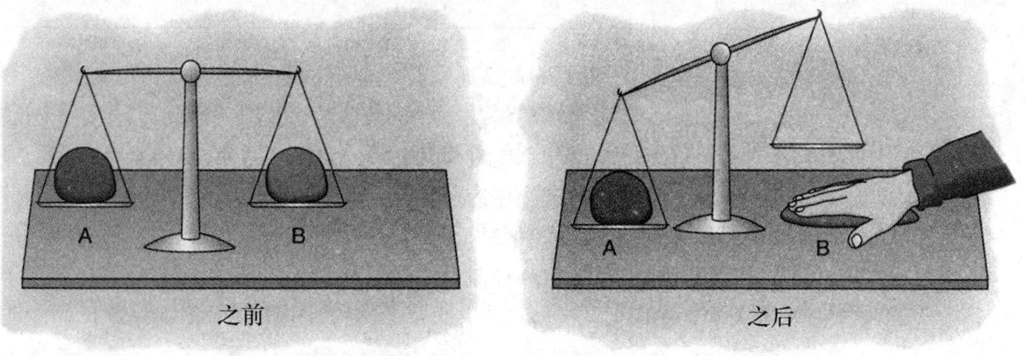


**图 2—7　重量守恒：A 球和 B 球最初重量是相同的。**
**当 B 球被压成扁平形状后，它和 A 球相比哪个重？**

**形式运算阶段（11、12 岁～成年）**

儿童和青少年在形式运算阶段能对没有或很少有具体事实基础的概念进行思维，进而认识到在逻辑思维中正确的，并不等于在现实世界中就是正确的。例如，早先提到的儿童—篮球—软糖问题：如果所有儿童都是篮球，并且所有篮球都是软糖，那么形式运算思维者就会从逻辑上得出结论：所有儿童一定都是软糖，即使在现实世界中儿童不是软糖。对于复杂的科学和数学推理非常重要的能力，比如形成和检验多重假设，分离和控制变量，以及比例推理等，也是在形式运算阶段出现的（见表 2—2）。

表 2—2　　比较和对比——具体运算思维对形式运算思维

| 具体运算思维 | 形式运算思维 |
| --- | --- |
| **依赖具体的事实**<br>学生能对他们可以观察和容易想象的事物进行逻辑推理；不能对抽象的、假设的和与事实相反的思想进行推理。<br>例如：学生很难理解负数的概念，很疑惑一个数怎么可能比零小。 | **能进行抽象、假设和与事实相反的推理**<br>学生能够对那些不与具体可观察事实存在联系的事物进行推理。<br>例如：学生可以理解负数，在数学公式中能有效地应用。 |
| **不能形成和检验多重假设**<br>当为一种科学现象寻找解释时，学生只提出和检验一个假设。<br>例如：当问学生什么使得钟摆摆动得快或慢时，一个学生回答说钟摆的重量是决定因素。 | **形成和检验多重假设**<br>当对一种科学现象进行解释时，学生能够就因果关系提出和检验几个假设。<br>例如：当问学生什么使钟摆摆动得慢和快时，学生回答说摆锤的重量、线的长度和最初的推力是可能的因素。 |
| **不能分离和控制变量**<br>学生在证明或推翻一项关于因果关系的特定假设时，同时改变两个或多个变量，这就混淆了它们可能的作用。<br>例如：在检验钟摆摆动速率的影响因素时，一个学生增加了钟摆摆锤的重量，同时也缩短了摆绳的长度。 | **分离和控制变量**<br>当试图证明或推翻一项假设时，学生一次检验一个变量，同时保持其他变量恒定。<br>例如：在检验影响钟摆摆动速率的因素中，一个学生保持钟摆长度和初始推力的恒定，来检验钟摆重量的影响；然后再保持重量和推力恒定，检验长度的影响。 |
| **比例推理的缺乏**<br>学生不理解比例的一般属性。<br>例如：一个学生不理解老师演示的把分数转化为小数的过程。 | **比例推理**<br>学生理解比例，并且能在数学问题解决中有效的应用比例。<br>例如：学生可以很容易地使用分数、小数和比率。 |

在皮亚杰看来，学生的形式运算思维得到发展，他们的数学能力就很可能提高。类似数学应用题这样抽象的问题，应该很容易解决了。而且学生应该能够理解负数、π、无穷大这些概念。学生应该能够理解温度为什么能在零度以下，两个平行线从不会相交等。另外，因为他们能够理解比例，所以在解决问题中就能使用分数、小数和比率。

35 形式运算思维的发展也促进了科学推理能力。三种形式运算能力，即关于假设想法的逻辑推理，形成和检验假设，以及分离和控制变量等，使得处于形式运算阶段的学生可以使用科学方法，提出有关观察对象可能的解释，并采用系统的方法进行检验。看看下面的例子。

## 亲身体验·钟摆问题

在缺少其他引力的情况下，由一根绳子悬挂着的一个物体，即钟摆，以恒定的速率摆动。一些钟摆来回摆动得很慢，而另一些钟摆来回摆动得很快。钟摆的什么特征决定了它摆动的快慢？写出来至少三个有关影响钟摆摆动速率的变量的假设。

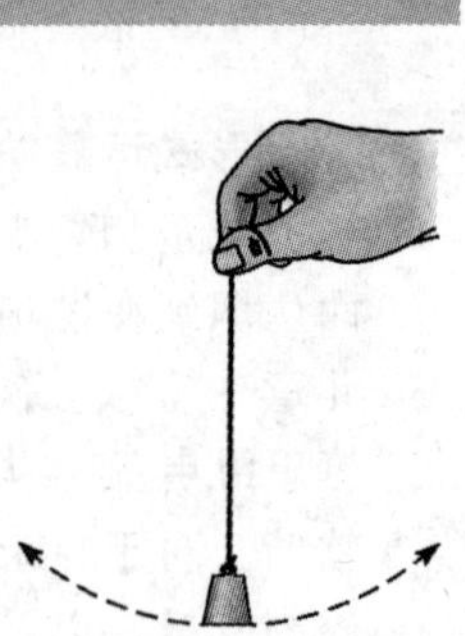

现在收集一些小而重的物体（一块橡皮，一个金属螺钉或一个钓鱼坠）和一段绳子。把一个物体系到绳子的尾端，并让你的钟摆运动起来。做一个或几个实验来检验你的假设。

你能得出什么结论？什么变量影响到钟摆摆动的速率？

你提出了什么假设？有关影响钟摆速率的变量的假设有四个：物体的重量，绳子的长度，施加于钟摆的推动力和摆锤放下时的高度。

你采用系统的方式检验了每一个假设吗？能进行形式运算思维的学生能够分离和操纵这些变量，在某一时间内保持其他变量恒定，而只检验其中一个变量。例如，如果你要检验重量是影响钟摆速率的变量的假设，那么就要保持绳长、推动钟摆的力和释放钟摆的高度恒定，从而检验不同重量的物体是否会导致钟摆速率的差异。同样，如果你假设绳长是影响摆速的重要因素，那么就可以改变绳子的长度，同时保持使用同样一个物体，并使钟摆以一致的方式运动。如果仔细控制和分离了各个变量，那么就可以得出正确的结论：仅有绳的长度影响了钟摆的运动速率。

因为能够进行形式运算推理的学生可以处理假设的和与事实相矛盾的观念，所以他们就能够想象世界可能是不同于它事实上的样子，而且可能更好一些。因而，他们对社会、政治和道德问题变得更加理想主义。许多青少年开始表现出对世界问题的关心，并投身于有价值的事业，如全球变暖、世界饥饿和动物权利。可是，他们对改变现状所提供的建议，表面上似乎是合乎逻辑的，但在现实世界中却是不实际的。例如，一个十几岁的青少年提出，只要人们互相爱护，种族主义一夜之间就会消失，或者一个国家应该解散军队，销毁所有武器，就可以换来世界和平。皮亚杰认为，青少年的理想主义反映了形式运算的自我中心主义，即不能把自己的逻辑抽象概念与他人的观念和实际的意义分离开。只有经验才能告诉青少年在一定的时间范围和有限资源条件下，什么才是可能的，他们也才能最终开始调和自己的乐观主义和现实主义。

现在你已经学习了皮亚杰提出的每一个认知发展阶段，做做下面的测试练习吧。 36

这里，扎克描绘了一种与事实相反的情景：鼻子并不能离开人而单独存在，当然它们也不会像人一样思维和行动。而且扎克的时间陷阱想法是抽象的，本质上是一种假设。这种思维过程与形式运算阶段有关。

## 关于皮亚杰理论的现代观点

也许皮亚杰对理解认知发展最大的贡献是他所提出的问题的本质，以及试图寻找儿童如何思维和推理的答案。而且，他的一些基本假设，例如儿童自我构建关于世界的知识，必须把新经验与已有知识建立联系，遇到迷惑不解的现象能够激起他们修正自己的理解等，这些理论和假设都经受住了时间的考验。

可是，皮亚杰对推动发展过程的描述，特别是有关同化、顺应和平衡作用的概念，是不清楚的（diSessa，2006；Klahr，1982）。与物理世界环境的交往或许是有价值的，但可能没有皮亚杰所认为的那么重要。例如，有重大身体残疾的儿童，不能主动地对自己周围的物体进行实验，但完全依靠观察周围发生的事情就能学会很多知识（Bebko，Burke，Craven & Sarlo，1992；Brainerd，2003）。相反，社会交往，包括与同伴以及成 37
人的交往，可能远比皮亚杰所意识到的影响更大（Callanan & Oakes，1992；Gauvain，2001）。我们即将讨论的维果斯基的理论，就描述了个体与成人以及同伴的交往能够以多种方式促进认知发展。

## 解释学生的作品与行为——鼻子军队

12 岁的扎克与佛瑞德画了一系列漫画书，其中以“鼻子”特写的人作为主要人物。这里是扎克所画的一册漫画书的两页，描写了一系列鼻子（由拿破仑鼻子带领）、一个时间弯曲陷阱，以及坏人黑暗方的新式邪恶武器。看完之后，请指出：

- 孩子所表现出的逻辑推理能力。
- 这种推理和皮亚杰的哪个认知发展阶段有关。

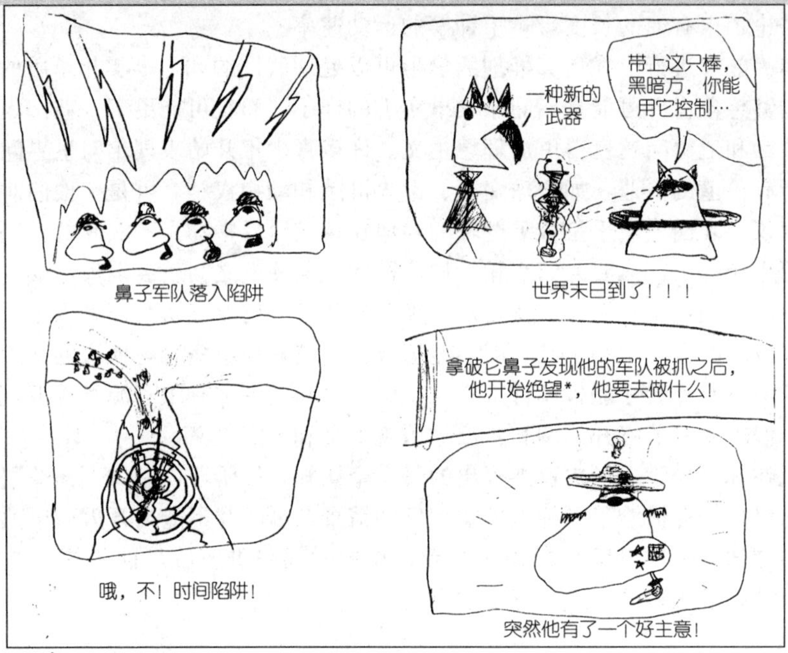


* 原文为 despare，意应为 despair，扎克书写错误。

皮亚杰的认知发展过程阶段理论的思想激起了后来的许多研究。总体上，研究支持皮亚杰关于不同能力是以序列方式出现的观点（Flavell，Miller & Miller，2002）。例如，对抽象思想的推理，是在儿童能够对具体物体和事件进行推理之后才出现的。能够完成各种守恒任务的顺序也是像皮亚杰所描述的那样。但研究者对各种能力实际出现的年龄提出了疑问。他们同样发现儿童的逻辑推理能力相当大程度上依赖有关领域的经验和知识。而且很多研究者对皮亚杰描述的认知发展是以一种不连续的方式和不连续的阶段出现，也存在严重的怀疑。

**不同年龄组的能力**

婴儿和学前儿童显然要比皮亚杰描述的感觉运动和前运算阶段所具有的能力更强。例如，婴儿在两个半月时就表现出客体守恒的迹象，并且在以后的几个月内进一步稳固对客体守恒的理解（Baillargeon，2004；Cohen & Cashon，2006）。而学前儿童也并不总是表现出自我中心主义，例如，他们经常能够识别出其他人的情绪，并且有时候意识到别人并不知道他们所知道的东西（Lennon，Eisenberg & Carroll，1983；Wellman，Cross & Watson，2001）。在某些情况下，幼儿园的孩子能够理解种类包含和守恒（M. Donaldson，1978；Gelman & Baillargeon，1983；Rosser，1994）。

皮亚杰可能也低估了小学生的能力。许多小学生偶尔表现出一些抽象和假设思维的能力（S. Carey，1985；Metz，1995）。而且，当某种任务在某些方面加以简化时，一些小学生也能分离和控制变量（Barchfeld，Sodian，Thoermer & Bullock，2005；Metz，1995；Ruffman，Perner，Olson & Doherty，1993）。1 年级和 2 年级学生如果能把比例与日常事物联系起来，他们就可能有使用比例的能力（例如，像分数 1/2，1/3 和 1/4）（Empson，1999；Van Dooren，De Bock，Hessels，Janssens & Verschaffel，2005）。

皮亚杰可能过高估计了青少年的能力。形式运算思维过程的出现要比皮亚杰所说的更渐进一些，甚至高中生也不能像皮亚杰所以为的那样能够有规则地使用形式运算思维（Flieller，1999；Kuhn & Franklin，2006，Schauble，1996；Tourniaire & Pulos，1985）。而且，学生可能在某些内容上表现出形式运算思维，而在另外一些内容上则表现出具体形象思维。形式运算思维的证据一般在物理学科中要比在历史和地理学科中出现得早。学生在对历史和地理学科中的抽象和假设观念进行思考时常常有困难，这种情况一直到高中才会好一些（Lovell，1979；Tamburrini，1982）。大家可以回想一下前面提到的桑迪老师的高中地理课，学生理解抽象的大学课本就表现出相当大的困难。

**经验和先前知识的作用**

外在的训练和其他经验可以有助于儿童比皮亚杰认为的更早些获得推理能力（Brainerd，2003；Kuhn，2006）。例如，四五岁的儿童在有了守恒任务的经验后，就开始表现出守恒，特别是他们自己操作这些守恒实验的材料，并和已经表现出守恒的其他人讨论后，就更容易获得守恒概念（Field，1987；Halford & Andrews，2006；Mayer，1992）。希格勒和斯维提娜（Siegler & Svetina）在 2006 年所做的一项研究中发现，5 岁孩子如果重复听到有关类包含逻辑的解释，他们就会很快掌握类包含的概念。例如，如果一个成人告诉儿童说："狗是一种动物，如果有一些狗和一些动物，那么动物一定要比狗多。"

经验也同样有助于儿童获得形式运算推理能力。具体的操作有助于 9 岁的儿童掌握
关于比例的一般性质（Fujimura，2001）。如果教给 10～11 岁儿童一些解决问题的策 38
略，他们就能够很容易地解决涉及假设观念的逻辑问题，而且经过练习逐渐能够分离和控制变量（Kuhn & Franklin，2006；S. Lee，1985；Schauble，1990）。

**对皮亚杰的阶段论的再思考**

根据所有的证据，再讨论认知发展离散的阶段仍然有意义吗？一些当代理论家提出基于阶段的认知发展理论，可能较为充分地解释了当前关于儿童逻辑思维发展的研究结果（e. g.，Case & Okamoto，1996；Fischer & Immordino-Yang，2006）。但现在很多人认为，根据渐进的趋势而不是离散的阶段来描述认知发展可能更为准确。他们进一步提出，皮亚杰的阶段理论描述了儿童能够怎么思维，而不是他们如何典型地去思维，而且认知发展的本质对于不同的背景、不同的领域和不同的文化是有特异性的（Flavell，1994；Halford & Andrews，2006；Klaczynski，2001；Rogoff，2003）。我们在第 6 章讨论信息加工理论时，会再检验这些研究者提出的一些发展趋势。

尽管对皮亚杰的理论有这样一些考虑，但是他所提出的衡量儿童推理能力（包括守恒、分类、分离和控制变量等）的各种任务对于我们了解学生在思考周围世界时使用的逻辑是很有价值的。而且教育家发现皮亚杰的许多思想，例如自我中心，不平衡，从具

体到抽象等，在教学中是非常有用的。“走进课堂”的特别内容——“皮亚杰理论的应用”为把皮亚杰的理论应用到实际中提供了很多建议。

39

**走进课堂——皮亚杰理论的应用**

- 为学生提供客观事物的易得的经验，特别是在教小学生时，要允许和鼓励他们自己探索和操纵事物。

  一个幼儿园老师和学生在用一些小物体（如木块，纽扣，硬币），来探索像数量守恒和加减法的逆运算等这些基本的算术原理。

- 当学生表现出自我中心思维的征兆时，老师要表示出困惑或向他解释其他人和他的想法不一样。

  一个 1 年级的学生问老师“这是什么?”，而那个物体不在老师视野范围内。老师反应说，“东西在哪？我看不到你所说的东西。”

- 要学生解释他们的推理，并且对不合逻辑的解释提出挑战。

  在 7 年级的科学课上学习关于钟摆问题时，一个合作小组做实验检验在重量、长度和初始摆落的高度中，哪些因素决定了钟摆摆动的速率。当小组中一个学生提出重量影响摆动速率时，老师指出该组的学生在实验中同时改变了重量和长度。

- 确保学生获得了进行数学和科学推理的能力（如，数的守恒，可逆性，比例推理，分离和控制变量），然后能完成依赖这些能力的复杂任务。

  在 6 年级数学课的分数单元中，学生对2/3，4/6 和 8/12 都是相等的感到很困惑。在开始教授如何用不同的分母进行加和减之前，要让学生理解这种相等的道理，老师就用具体的物体（如可以分成小份的比萨饼，塑料棒等）来帮助学生理解两个不同的分数可以是相等的。

- 把抽象和假设的概念与具体的物体和可观察的事情联系起来。

  为了让学生理解重的和轻的物体以同样的速度下落，在高中科学课上老师让学生从二楼窗户扔下不同重量的物体。

## 维果斯基的认知发展理论

列夫·维果斯基从 19 世纪 20 年代到他 37 岁患肺结核英年早逝为止，做了许多有关儿童思维的研究。直到数十年后，他的著作被译成英文，许多西方心理学家才熟悉了他的工作（e.g.，Vygotsky，1962，1978，1987，1997）。尽管维果斯基没有机会充分发展他的理论，但是他的思想对我们今天关于儿童发展的认识，以及学习和教育实践有着显著的影响。

### 维果斯基的基本假设

你应该记得，皮亚杰提出，儿童是通过同化和顺应的过程，逐渐发展出比较高级和综合的图式。在皮亚杰看来，儿童很大程度上可以控制自己的认知发展。相反，维果斯基认为社会中的成人能够采用一种有目的的和稍微系统的方式促进儿童的认知发展。成人要持续使儿童从事有意义和挑战性的活动，并帮助他们成功完成这些活动。因为维果斯基强调社会和文化在促进儿童认知发展中的重要性，所以他的理论有时候被称作社会文化观。下面一些主要假设概括了这种社会文化观的主要内容。

- **通过非正式的交谈和正规的学校教育，成人将他们对世界的文化解释以及对世**

**界作出反应的方式传递给儿童。**让我们再回到开始的个案研究。教地理课的桑迪老师在课堂上使用的课本描述了四种经济活动的方式：初级、次级、三级和四级。依靠呈现这些概念，让学生理解社会学家怎么对经济活动形成概念和分类（即他们如何思维）。维果斯基提出，当成人和儿童进行交往时，他们实际上在与儿童分享关于物体、事件或更一般的人类经验的意义。在这个过程中，他们改变或调节着儿童遇到的情境。意义通过包括语言（口头语言，写作等）、数学符号、艺术、音乐、文学等在内的各种机制传递给儿童。

非正式的交谈也是很普遍的方法，成人利用这种方法可以传递该文化下解释情境的 40
相关方式。但更重要的是通过正式的教育，老师可以在各门学科中系统地传授思想、概念和各种术语（Vygotsky，1962）。尽管维果斯基像皮亚杰一样看到了让孩子们自己去发现的价值，但他也认识到由成人来描述以前历代所作出的发现的价值（Karpov & Haywood，1998；Vygotsky，1962）。

一定程度上，特定的文化传递独特的思想、概念和信念，在不同文化背景下的儿童就会获得不同的知识、技能和思维的方法。所以，维果斯基的理论就会导致我们认为儿童之间会产生很大的差异，至少在认知发展上要比皮亚杰的理论下存在的差异大。例如，一些文化使用各种地图，如公路线路图，地铁系统地图，大型购物中心布局图，并在很早就经常让儿童接触到这些地图，而其他一些文化则很少使用地图（Trawick-Smith，2003；Whiting & Edwards，1998）。

• **每种文化都传递物理和认知工具，这使日常生活更具生产性和效率。**成人不仅教给儿童解释经验的方法，而且也传递特定的工具，帮助儿童处理他们遇到的各种任务和问题。一些工具（如剪刀、缝纫机和计算机）属于物理的工具；一些工具（如写作系统、地图和电子制表软件）包括物理属性也包括符号属性；还有一些（如学习课本的策略或者从 1 美元计算找零）则没有一点物理的基础。按维果斯基的观点，获得那些本质上至少部分是符号或心理的认知工具，可以极大地增强儿童的认知技能。

• **思维和语言在生命的早期逐渐变得相互依赖。**一种很重要的认知工具就是语言。对成人而言，思维和语言紧密地联系在一起。我们经常使用语言提供的特定词汇进行思维，例如，当我们想到家庭的宠物，我们的思维中就会包含猫和狗等词汇。另外，我们和其他人进行交谈时，通常是在表达我们的思想。因为我们有时表达某事，就是说出我们的想法。

维果斯基提出婴儿和幼儿的思维和语言的功能是分离的。在幼年，思维是独立于语言而出现的，而且当语言初出现时，它主要是作为一种交流的手段而不是思维的机制。但大约 2 岁时，思维和语言逐渐交织在一起：儿童开始在说话中表达他们的思维，并开始用词来思考。

当思维和语言开始融合时，儿童经常跟自己谈话，这种现象叫做自我交谈（有时候也叫做自我言语）。回忆一下皮亚杰的自我中心言语的概念，主要是基于他的观察，即儿童经常在交谈时从不考虑听话者的观点。维果斯基提出，在这种情况下，儿童可能在跟自己而不是他人谈话。自我交谈在认知发展中有这样的功能，即依靠跟自己交谈，儿童开始学会引导自己的行为，并采用成人以前指导的方式，去完成困难的任务和复杂的操作。自我交谈最终发展成内部言语，其中儿童是在心理上而不是出声地跟自己交谈。他们能够继续用言语指引自己完成任务和活动，而其他人则看不到或听不到。

最近的研究支持维果斯基关于自我交谈或内部言语的发展和作用的观点。儿童可以听得见的自我交谈的频率在学前和小学阶段逐渐减少，但这种减少是伴随着细语咕哝声和寂静的嘴唇磨动的，这反映了外部言语向内部言语的转变（Bivens & Berk，1990；Winsler & Naglieri，2003）。而且，当儿童从事更有挑战性的任务时，这种自我交谈就会增加，因为他们要付出更大的努力才能成功完成这种任务（Berk，1994；Schimmoeller，1998）。从自己的经验中你可以知道，甚至成人在面对挑战时也会偶尔出现自我交谈。

• **复杂的心理过程随着社会活动而开始；儿童在发展中，逐渐把在社会情景中使用的过程内化，并开始独立使用这些复杂的心理过程。**维果斯基提出，许多复杂的思维
41 过程都有其社会交往的根源。当儿童与成人以及有知识的人谈论有关物体、事件、任务和问题时——这在日常生活情境中是经常发生的——他们随之就把周围的人谈论和解释世界的方式融合进自己的思维中去，而且开始使用词语、概念、符号和策略等这些该文化下典型的认知工具。

让我们再次回到桑迪老师的课堂。课本中提到的一些概念（比如初级活动、次级活动、三级活动和四级活动）是社会科学家们提出来的，有助于人们理解各种经济活动是如何相互依赖的。但是桑迪老师发现他的学生在理解这些概念存在困难时，就鼓励他们使用一种学习策略，即把新的概念与已有的知识相联系，并且能够自己应对那些有挑战性的课文段落（遗憾的是他做得太晚了，学生已经经历了应付这种阅读任务较强的挫败感）。

社会活动发展为内部心理活动的过程叫内化（internalization）。刚刚描述的从自言自语到内部言语的发展就说明了这个过程。随着时间进程，儿童逐渐把成人使用的方法内化，以便最终形成自己的方法。需要注意的是，儿童没有必要完全准确地把他们在现实世界中所看到和听到的东西全部内化。相反，内化经常涉及把思想和过程转化为自己所独有的东西。例如，在桑迪老师的课堂上，不同的学生在解释三级活动时是不同的，并且倾向于以个人特殊的方式利用学习策略。

并不是所有的心理过程都出现在儿童和成人交往时，有一些也出现在儿童与同伴的交往中。例如，儿童就许多事情经常与同伴争论，比如怎么更好地开展一项活动，玩什么游戏，谁对谁做什么等。根据维果斯基的观点，儿童的争论有助于他们发现可以用多种方法看待同样的事情。最终，儿童能够大体上内化这种争论过程，并发展出他们自己从许多不同角度考虑一种情境的能力。

• **如果有年长者和能力更强的人帮助时，儿童可以完成有挑战性的任务。**维果斯基把儿童在某一时间点上能力的发展区分为两种水平，即儿童实际的发展水平与潜在的发展水平。实际的发展水平是没有他人帮助时儿童能够独立完成任务的上限。潜在的发展水平是在更有能力的人帮助下儿童所能完成任务的上限。维果斯基提出，为了使儿童获得真正意义上的认知发展，我们应该测量儿童单独完成与在他人帮助下完成任务的能力。

儿童与成人合作要比他们自己单独做，能够容易完成那些更困难的任务。例如，我们在开始的案例中看到，儿童在老师的帮助下要比自己单独学习能够阅读更复杂的文章。请注意，不能独立解决有余数的除法问题的学生，通过与老师的交流开始学会正确的解题步骤。

老师：（在黑板上写上 $6\ \sqrt{44}$）44 除以 6，什么数乘以 6 接近 44?

学生：6。

老师：6 乘以 6 是多少？（写下 6）

学生：36。

老师：36。你能找到另外一个比较接近的吗？（擦掉 6）

学生：8。

老师：6 乘以 8 得多少？

学生：48。

老师：48。太大了。你能想出其他数吗？

学生：6 乘以 7 等于 42。(Pettito，1985，p. 251)

• **挑战性任务极大地促进儿童的认知发展。**儿童独自不能完成，但在他人帮助和指导下可以完成的任务范围，在维果斯基的术语中叫做最近发展区（zone of proximal development，简称 ZPD）（见图 2—8）。儿童的最近发展区中包括刚刚开始出现和发展 42
的学习和问题解决能力，这种能力是以一种不成熟的和萌发的形式出现的。当然，每个儿童的最近发展区随时间而改变，儿童掌握了一些任务后，更复杂的任务就会出现在最近发展区内。

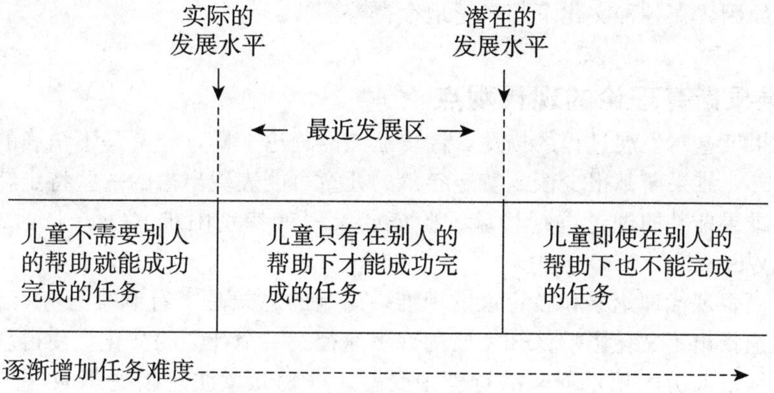


**图 2—8 在儿童的最近发展区的任务促进儿童认知发展的最大化**

维果斯基提出儿童从他们能独立完成的任务中学到的东西很少。相反，他们的发展主要依靠尝试完成那些只有在别人的帮助和支持下才能完成的任务。就是说，在他们尝试完成在最近发展区内的困难任务时才能得到发展。简而言之，是生活中的挑战而不是容易的成功促进了认知发展。

然而，如果挑战性任务是有益的但属于不可能完成的任务，甚至在大量的帮助和指导下也难以完成，那么这对发展来说无论如何都是无益的。本质上来说，最近发展区为儿童在认知上能学会什么设置了一个上限。

作为老师我们应该给儿童安排一些在他人帮助下可以完成的任务。在某些情况下，这种帮助来自于技能更熟练、更有能力的个体，如成人或年龄较大的学生。在另一些情况下，可以由能力相仿的学生一起来完成这些任务，在共同的努力中每个学生都作出自己独有的贡献。必要时要给予最近发展区不同的学生个别的任务，以便他们都有机会能最佳地促进自己的认知发展。

• **游戏有助于儿童扩展认知能力。**我的在上幼儿园的孩子杰夫和他的朋友斯科特一起玩餐馆游戏。在地下室的一角，他们用玩具水槽和火炉制造出了一个餐馆厨房，里面备了一些塑料碟子、餐具和“食物”。在另一片地方，他们摆放了一些适合儿童身材的桌子和椅子，并为客人准备了菜单。他们曾经邀请父母在他们的餐馆就餐，让我们点菜，上菜，最终送上账单。(幸运的是，他们似乎为我们付上的几分钱的餐费而非常高兴。)

在这个餐馆游戏中，两个孩子扮演了成人的角色（如餐馆管理人员、侍者和厨师），并演习一些成人的行为。在实际生活中这些当然是不可能的。5岁的孩子没有开餐馆所需要的做饭、阅读、写作、数学或组织等技能。可是在模拟环境中，这些却是孩子们能完成的任务。用维果斯基的话说，就是：

> 在游戏中一个孩子总是大于他的实际年龄，行为高于实际日常生活水平，在游戏中好像是比自己高大的一个人。(Vygotsky，1978，p. 102)

而且，儿童在游戏中的行为要符合一定的标准或期望。在小学早期，儿童经常在游戏中表现得像一个爸爸、老师或侍者所做的那样。在后来的一些有组织的小组游戏和活动中，儿童还要遵循某些特定的规则。经历了遵循这些行为规则的限制，儿童学会了提前计划，行动前思考，以及成功参与成人世界必要的自我约束技能。

43 游戏也不是浪费时间。相反，它为成人世界提供了一种有价值的训练场所，也许正是这个原因，在各种文化下都广泛地存在着游戏。

## 关于维果斯基理论的现代观点

维果斯基对发展过程的描述，像皮亚杰的理论一样，经常是不精确的，而且缺乏细节。另外，维果斯基很少谈到特定年龄的儿童可能表现出来的一些特定特征。所以，研究者对维果斯基的理论进行检验、验证或反驳就特别困难（Gauvain，2001；Haenan，1996；Wertsch，1984）。

然而，现代理论家和教育家发现维果斯基的思想是富有洞察力和有帮助的。首先，他的理论指出了文化影响认知发展的许多途径。一个社会的文化，使得新一代的每个人都可以从以前历代积累下来的智慧中受益。鼓励儿童注意某些刺激（而不是另一些），参与某些特定的行为活动（而不是另一些），从而引导儿童向一定方向发展。社会文化为儿童提供了一个透镜，使他们能够以符合文化的方式观察和解释自己的经验。我们在儿童的许多日常活动中，比如他们阅读的书籍，讲的笑话，在假装游戏中扮演的角色，以及他们从事的课外活动中，都能看到文化所带来的影响，而且我们还必须记住，文化也渗透进他们不可观察的思维过程中。

“走进课堂”栏目中“维果斯基理论的应用”给出了老师应该如何应用维果斯基理论的具体例子。在下面内容，我们会考虑现代理论家和教育者在维果斯基理论基础上建立的方法，在后面的章节我们也会应用维果斯基的理论。

### 44 意义的社会建构

就如前面提到的，维果斯基提出成人帮助儿童把意义与具体的物体和事件联系起来，最近理论学家们进一步详细阐述了这种思想。成人通过与儿童一起讨论共同经历的一种现象或事件，帮助他们理解周围的世界（Crowley & Jacobs，2002；Eacott，1999；Feuerstein，1990；John-Steiner & Mahn，1996）。这种交往，有时候叫做中介学习经验（mediated learning experience），即鼓励儿童用特定的方式思考某一现象或事件，给它贴上标签，认识到潜在的原理，从中得出一定的结论等。

## 走进课堂——维果斯基理论的应用

- 鼓励学生在困难任务中出声思考。

  当学生做 X=2（4×9）2÷6+3 这样复杂的数学方程题时，一个初中的老师教给学生一种记忆术，在做题中出声重复，帮助自己记住进行各种运算的顺序（括号、乘方、乘和除、加和减）。

- 给学生提供可以使用的认知工具，以使任务变得容易些。

  在高中化学课上老师把两个同样大小的充气气球分别放进两个盛水的烧杯里，一个烧杯加热到 25℃，另一个加热到 50℃。学生都认为在较热的水里的气球膨胀得快一些。老师问道，“在 50℃水里的气球膨胀快了多少？现在我们就用查尔斯定律来解决这个问题”。

- 提供一些学生只有在别人帮助下才能完成的任务。

  5 年级老师给学生布置第一次研究论文任务，他知道还必须给予许多指导他们才能完成。

- 提供充分的支持或“支架”，使学生能够顺利完成具有挑战性的任务。当他们比较熟练以后，逐渐撤除这种支持。

  一个小学体育课老师，开始上翻筋斗课时，她很慢地给学生演示怎么前翻和后翻，并指导学生完成正确的动作。学生熟练一些后，她就站在垫子后面，给学生言语反馈要怎么改进动作。

- 让学生以小组为单位，集体完成复杂和多面的任务。

  一个中学艺术课老师，要求学生 4～5 人为一个小组，设计一个描述各种生态系统的大型壁画，如热带雨林、沙漠、草地、苔原等，以及生活在其中的动植物。学生在学校走廊的墙上完成这些壁画。

- 让学生参与自己文化中常见的成人活动。

  一个高中发行了一张月度校报，包括新闻文章、社论、漫画、新闻通报、地方商业广告和分类广告等。学生假扮各种角色，包括记者、漫画家、商人、编辑、校对、摄影和发行人等。

- 给孩子们时间，让他们在游戏中练习成人角色和行为。

  幼儿园老师用普通家庭的东西装饰教室（如，漂亮的衣服、炊具、玩具电话等），以便孩子们能在自由活动时间玩“过家家”游戏。

考虑下面谈话的例子，其中一个 5 岁的孩子和他的妈妈在自然历史博物馆里谈论一种史前动物展览。

男孩：哇，太棒了！看，多大的牙齿。妈妈，看它的牙齿多大啊。
妈妈：看起来像剑齿，你认为它吃肉还是植物？
男孩：妈妈，看它的牙，看它嘴里的牙，多大啊。
妈妈：看起来是剑齿，不是吗？你认为它吃肉还是植物？
男孩：哟！哟！（指着锋利的牙齿）
妈妈：你认为它吃肉还是植物？
男孩：肉。
妈妈：你是怎么知道的？
男孩：因为它有锋利的牙齿（发出咆哮的声音）。（Ash，2002，p. 378）

即使没有母亲的帮助，这个男孩也肯定能从博物馆的展览中学到一些关于剑齿虎的特征。不过母亲的帮助让他更好地理解了这些经验。比如，使用“剑齿”这个概念，并帮助他把牙齿特征和对食物的选择联系起来。注意，他母亲一直坚持让儿子把牙齿和食物联系起来。他母亲在交谈中继续问关于吃肉还是植物的问题，直到男孩最终正确推论出来，剑齿虎一定是一种肉食动物。

除了与成人共同构建事件的意义外，儿童之间也经常通过谈论来增进他们对自己经验的理解。学校为小学生提供一种理想的环境，学生可以谈论并交换他们的想法，最后就如何最好地解释和理解一个问题达成一致。思考卡莎·科尔曼的3年级课堂的一次讨论。学生正在争论怎么解决－10＋10＝？的问题。他们正在用下面的数轴来进行讨论。

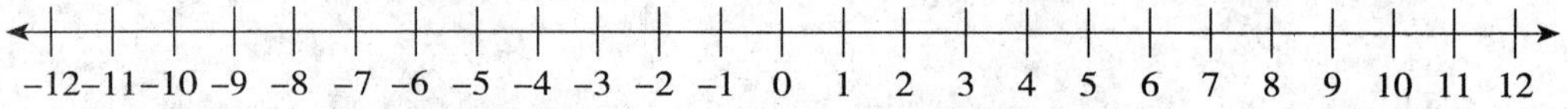


一些学生，包括泰莎都认为答案是0，但在怎么使用数轴得到这个答案上出现了异议。下面摘录的是在科尔曼女士帮助下，泰莎和她的同学常之间的讨论内容。

> 泰莎：你必须往右数，如果你往右数，就得不出0。于是你又必须往左数。
>
> 科尔曼女士：你能再解释清楚点吗？我不太明白你的意思。
>
> 泰莎：因为你往右边数（指着右边），那么就是越来越大的数……
>
> 常：我不同意泰莎所说的……泰莎说如果往右数，数会是，我不太理解。她说："如果往右数，数字会变大。"我不知道是什么意思。负10加上10等于零……往右数是什么意思？
>
> 45 泰莎：如果从10往上数，就得不到零。如果从10往左数，就得到零。
>
> 常：好，负10是个比零小的负数。
>
> 泰莎：我知道。
>
> 常：那你怎么说，增加一个比零小的负10后得不到零？哪一个数比10小？
>
> 泰莎：哈哈！我明白了！这是正数……，必须往右数。
>
> 科尔曼女士：你是说要得到零，就必须往右数，是吗？从哪儿开始，泰莎？
>
> 泰莎：负10。(P. L. Peterson，1992，pp. 165－166)

同学们进行讨论怎么用数轴更精确地解决问题。最后，泰莎提供了一个修改后的完整答案。她指着数轴上的正确位置说："从－10开始，加上1，2，3，4，5，6，7，8，9，10。"她数一个数字，往右移动一下手指。数到10的时候，手指移动到数字线上的0点，她得出结论说："负10加10等于零。"(P. L. Peterson，1992，p. 168)

注意，科尔曼女士决不把自己的解释强加于问题本身或者泰莎和常对问题的讨论中。相反，她让两个孩子自己搞清楚问题，最后一致得出最好的解决问题的办法。

现代许多理论家确信，共同的意义获得的争论在帮助儿童对自然、社会和理论进行更复杂的理解上是非常有价值的。我们在第7章将要进一步深入讨论这种通常叫做社会建构主义的思想。

**支架（Scaffolding）**

理论家们考虑到了提供给学生完成挑战性任务和活动的各种帮助。支架经常用来指成人或其他更有能力的人提供的某种形式的指导或结构，以使儿童能够完成他们最近发展区内的任务。为了更好地理解这个概念，我们来思考怎么在新建一幢大楼时应用支架。支架是一个外部结构，用来为工人提供支撑（例如他们站立的地方），直到大楼本身足够稳固地支撑他们。当大楼稳固以后，支架就不必要了，并且要逐渐拆除。

与此类似，成人在儿童完成一个新任务时，可以为儿童提供最初的支架。在老师和学生关于44除以6的对话中，老师为学生提供了解决问题的线索，比如找到接近44但比44小的6的倍数。下面是其他的支持机制，能帮助学生掌握他们最近发展区内的任务。

- 帮助学生提出应对一个新任务的计划。
- 用学生容易模仿的形式演示对任务的正确操作。
- 把一个复杂的任务分成一些小而简单的任务。
- 为完成任务提供具体的指导。
- 提供计算器、计算软件（单词处理程序、电子制表软件等）或者其他使任务的某些方面变得更容易的技术。
- 保持学生的注意力集中于任务的有关方面。
- 提问那些使学生以产生性的方式思考的问题。
- 保持学生完成任务的动机。
- 提醒学生完成任务中目标是什么（例如解决问题的方案是什么）。
- 对学生的进展经常提供反馈。（A. Collins，2006；Hmelo-Silver，2006；Lajoie & Derry，1993；Lodewyk & Winne，2005；P. F. Merrill et al.，1996；Rogoff，1990；Rosenshine & Meister，1992；D. Wood，Bruner & Ross，1976）

当学生能够熟练地完成一项任务后，支架就要被修正以促进新出现的技能（Punt- 46
ambekar & Hübscher，2005）。随着时间发展，支架的作用就逐渐停止或衰退，直到学生完全靠自己独立完成任务。

有时候支架包括给学生提供完成任务所用的新的认知工具。在写作中，如果给学生提供新的认知工具，对于学生学会写作具有重要的意义（Scardamalia & Bereiter，1985；Zellermayer，Salomon，Globerson & Givon，1991）。在莎伦·麦克玛纳老师的三四年级的混合课堂上，学生获得了多种工具，能够直接或间接地帮助他们制订写作计划，确定写作的中心思想，使所写的故事和文章更有趣，细节丰富，容易理解。例如麦克玛纳老师给学生提供了绘图笔记纸张，可以帮助学生在写作中进行头脑风暴式的思考，在开始写作前构思，并为学生提供评价草稿的多种标准。

**引导参与成人活动** 47

在你小时候，你有时会帮助父母或年长的哥哥姐姐在厨房里烤东西吗？再大些的时候，“厨师”会让你倒东西，测量和混合不同的食品成分吗？在你做这些事情的时候，“厨师”会给你指导和建议吗？

事实上，在所有文化下都允许或者事实上都需要儿童在一定程度上参与成人的活动。儿童的早期经验就是参与成人活动的产物。他们参与成人的活动通常需要引导、支持和指导，这种情况有时又叫指导性参与（Rogoff，2003）。按照维果斯基的观点，逐渐参与成人的活动使儿童能够运用在他们最近发展区内的行为和思维技能，也有助于儿童把新获得的技能和思维能力与特定的情景联系起来，以便在以后更容易地利用（详细内容参考第8章）。等到儿童获得了更多能力，他们就逐渐在活动中占据中心地位，直到最终成为完全参与者（Gaskins，1990；Guberman，1999；Lave

& Wenger，1991)。

在课堂中开展类似成人的活动可以有多种形式。例如，可以要求学生进行实验室实验，给政府官员写信，或在互联网上搜索信息，并且总是为学生成功完成这些任务提供支持。让学生参与这些活动时，我们也可以使用一些成人在类似活动中频繁使用的语言。例如，当学生做科学实验时，应该使用假设、证据和理论等词汇，来帮助他们评估自己的程序和结果（Perkins，1992)。

**学徒（apprenticeships)**

学徒就是指导参与的一种特别集中的形式，其中一个新手和专家一起工作很长时间，学习怎么完成某一领域里复杂的任务。在这个过程中专家为新手提供很多结构和指导，当新手的能力增长后，逐渐撤除支架，让新手担负更多的责任（A. Collins，2006；Rogoff，1990，1991)。许多文化都使用学徒的形式，逐渐把成人社会中的一些特殊技能和手艺，如编织和裁剪等，传授给儿童（Lave & Wenger，1991；Rogoff，1990)。在教儿童如何演奏乐器中也经常采用学徒的形式（D. J. Elliott，1995)。

通过学徒的形式，学生不仅可以学会如何完成一项任务，而且可以学会怎么思考一项任务，这就是被称为认知学徒（cognitive apprenticeship）的情况（J. S. Brown，Collins & Duguid，1989；A. Collins，2006；Roth & Bowen，1995)。例如，学生可以和老师共同完成一项具有挑战性的任务或难题，在野外收集生物学样本，解决一个数学难题，或把一段很难的德文段落翻译成英语。在对有关任务和问题的各方面进行讨论的过程中，老师和学生一起分析有关情景，找到最好的方法，老师可以在思考或加工情景的有效方法上为学生提供模范。

48 尽管在各种情景下，这种学徒形式有所差异，但大致都具有如下特征。

- 示范：老师演示完成任务的过程，同时大声说出思维过程，学生观察和听讲。
- 教练：当学生完成任务时，老师频繁给出建议、暗示和反馈。
- 支架：老师为学生提供各种形式的支持，如简化任务，把任务分成较小的可以处理的成分，或提供不太复杂的仪器。
- 清晰化：学生解释自己在做什么，为什么那样做，允许老师检验学生的知识、推理和问题解决策略。
- 反思：老师要求学生把自己完成任务的情况和专家进行比较，或者和这个任务完成的理想模式进行比较。
- 增加任务的复杂性或多样性：当学生完成任务比较熟练后，老师提供更复杂、更有挑战性的任务要求学生完成。
- 探索：老师鼓励学生自己提出问题的框架，并使已经获得的技能扩展和精细化。

因为学徒形式明显具有劳动强度大的特点，所以在班级中的应用并不总是很实际，在逻辑上也不太可行（De Corte，Greer & Verschatfel，1996)。即使这样，我们肯定可以应用学徒制的一些形式，帮助学生发展较为复杂的技能。例如可以使用如下帮助，促使学生像专家一样进行写作（Scardamalia & Bereiter，1985)。

- 我的要点是……
- 一个例子是……
- 为了使这些更生动，我要……
- 我不太明白现在你所说的，那么……
- 这不是很令人信服，因为……

• 我可以把这些联系在一起……

这些提示为学生提供专业作家可能提供的相同种类的支架，从而帮助学生发展出更加高级的写作策略（Scardamalia & Bereiter，1985）。

**同伴交往**

当代理论家认为，同伴交往在发展中起到与成人交往不同的作用。成人总是比同年龄伙伴具有更多的技能和经验，他们更像是熟练的老师。因而，当孩子们在完成较为复杂的新任务时，成人总是他们可以选择的伙伴（Gauvain，2001；Radziszewska & Rogoff，1988）。可是与同伴一起工作也有有利之处，我们注意到大致有四个方面。第一，就一个情境或问题与观点不同的同伴讨论，有利于儿童构建关于某个问题的较为复杂的理解。第二，讨论总涉及争论和矛盾，儿童可能把这种争论过程内化，从而获得从多重角度来看待其他情况的能力。第三，儿童一块儿工作要比单独工作能够完成更为困难的任务。这种情形下，他们会相互努力提供支持。第四，儿童与同伴共同完成一项认知任务时，能学会有价值的社会行为，比如怎么计划一项共同事业，如何调整各自不同的角色等（Gauvain，2001）。

皮亚杰和维果斯基使我们深刻理解了儿童的学习和思维，他们各自的理论都对现代学习、思维和认知发展的理论观点有着深远的影响。皮亚杰和维果斯基的理论一定程度上互相弥补，前者帮助我们理解儿童如何推理，而后者为我们提供了成人如何帮助他们更有效地进行推理的思想。

皮亚杰和维果斯基都主张语言在认知发展中起着非常重要的作用。皮亚杰提出，字词有助于儿童心理上对外部客体和事件进行表征和思维，语言对思想的社会交流是必要的，能使儿童思维不那么自我中心，而更符合逻辑。在维果斯基看来，语言对认知发展 *49*
是更重要的。儿童的思维过程是本质上仍属言语的社会交往的内化版本，而且，在儿童和成人的谈论中，他们学会了自己文化所赋予特定事件的意义，所以他们逐渐以文化特异性的方式解释世界。另外，通过自我交谈和内部言语这两种基于语言的现象，儿童开始采用他人以前指导他们的方式来引导自己的行为。

许多当代理论家认同皮亚杰和维果斯基的观点，即获得语言是认知发展中一个重要的，或许是最重要的因素（K. Nelson，1996；Premack，2004；Spelke，2003）。我们更多地了解语言发展，也就能够更好地理解认知发展了。

## 语言发展

对人类来说，有效地使用语言是一件非常复杂的事情。我们必须知道数千个单词，并把它们以特定的方式组合在一起。必须能够准确清晰地发出像"ay"和"ee"这样的元音，以及一些辅音和辅音混合，如"buh"、"duh"和"struh"。为了能够有效地交流，我们还必须遵守一定的社会习俗。例如，必须对别人的问候（如，你好吗?）以自己的问候来回应（如，"我很好，谢谢，你怎么样?"），并且等到对方把一句话说完后，我们才能开口。

作为老师，我们需要了解不同年级学生可能掌握的语言知识和技能，并对他们的表现形成合理的期望。在后面几页，我们要考察语言发展的理论观点，以及语言的不同方面怎么随着时间而变化。我们也会考察与第二语言和双语有关的一些研究结果。

## 有关语言发展的理论观点

毫无疑问，环境在儿童的语言发展中起着重要的作用。只有周围的人们在用语言交谈，儿童才能学会一种语言。儿童听到的语言越丰富，也就是周围人们说的词汇越多样，句法越复杂，他们自己的词汇发展就越快（B. Hart & Risley，1995；Hoff，2003）。可是儿童并非简单地吸收他们听到的语言。相反，他们使用所听到的语言来建构自己对语言的理解，包括词汇的意义，词汇联结成有意义句子的规则，等等（Cairns，1996；Cromer，1993；Karmiloff-Smiff，1993）。所以，在语言发展中我们能看到皮亚杰所说的有关建构的知识。

大多发展理论家同意，语言发展一定程度上也涉及遗传的作用。人类具有比地球上的任何其他物种掌握更复杂语言的能力。可是，关于人类遗传了什么使他们学会一种语言，是存在相当大争议的。至少，儿童继承了一个关键的前提条件，例如对人类声音的兴趣和在众多言语声音中听出细微差异的能力，这些使语言的学习成为可能（DeCasper & Fifer，1980；Jusczyk，1995；Kuhl，2004；Locke，1993）。另外，一些理论家认为，我们遗传的部分就是语言获得装置，一种语言特异性学习机制，使人类婴儿和幼儿在相当短的时间内掌握语言的复杂性（Chomsky，1972；Gopnik，1997；Karmiloff-Smith，
50 1993；Lenneberg，1967）。其他理论家认为，儿童学习语言的方式是与学习环境和文化中的其他事物相同的，即他们是通过探测和利用从社会环境中输入的规律性的模式来学习的（Saffran，2003；Saffran，Aslin & Newport，1996）。

研究证据确实指出了语言特异性的发展机制，至少在语言学习的某些方面如此（Flavell et al.，2002；Maratsos，1998；Siegler & Alibali，2005；Trout，2003）。所有文化下的儿童都能很快地学会语言，并且获得复杂的句法结构，即使那种结构对有效交流来说是不必要的。另外，存在心智障碍的儿童因为他们特定的失能而在语言发展上表现出显著的差异（N. G. S. Harris，Bellugi，Bates，Jones & Rossen，1997）。我们来比较一下两种基于遗传的失能，唐氏综合征和威廉姆斯综合征。这两种疾病的儿童 IQ 分数典型地处于同年龄组的底端 2%。可是，唐氏综合征儿童也存在与认知发展一致的语言发展迟滞，而威廉姆斯综合征儿童有比较好的语言能力，以至于人们开始会觉得他们具有正常的智能。只有在特定语言机制引导语言发展，却独立于其他方面认知发展的情况下，这两组儿童在语言技能上的差异才合乎情理。

另一个潜在支持语言发展遗传论的证据是存在明显的敏感期，在此期间，儿童从接触的第一语言中获益最大。例如，儿童掌握动词时态有一个最容易的时间，以及在人生的第一个 5～10 年内，处在第一语言环境中最容易学会发各种单词的音（Bialystok，1994a；Bortfeld & Whitehurst，2001；Bruer，1999）。这种敏感期可能反映了语言学习的生理内置的时间框架，或者语言特定方面的学习预先决定的最佳时间，是大脑具有快速适应早期听力环境所采用形式的倾向而导致的（Kuhl，2004；Kuhl，Conboy，Padden，Nelson & Pruitt，2005）。

## 语言发展的趋势

绝大多数儿童始终处于一个语言丰富的环境中。这种情况下，儿童在他们第一个生日时，开始使用可以识别的单词，到第二个生日时可以把这些词连接在一起。到学龄前，能组织比较长的和复杂的句子。到了 5～6 岁他们上学的时候，他们使用在很多方

面类似成人的语言。然而，他们的语言能力在整个童年期和青春期继续发展和成熟。表 2—3 列出了不同年级儿童语言使用能力的例子。

**词汇的发展**

学龄儿童语言的一个明显的变化是词汇的增加（见表 2—3）。儿童在学校里通过直接的词汇教学学习很多单词，但他们也可能从自己听到或读到的词汇的上下文中进行推测，从而学习更多的单词（Nippold，1988；Pinker，1987；Thelen & Smith，1998）。

学生掌握的关于词汇意义的知识，即语义，并不总是全或无的情况。有时，最初的理解是模糊的和不准确的。一种普遍的错误是概括不足。当与一个词有关的意义是受限制的时，这种情况就会出现。例如，我曾经问我 6 岁的儿子杰夫，动物是什么。他回答说："有一个头、一个尾巴、牙齿、脚、爪子、鼻子、耳朵、许多头发。"像杰夫这么大的小学生经常把动物的意义局限于哺乳动物，如狗和马，而坚持认为鱼、鸟和昆虫不是动物（S. Carey，1985；Saltz，1971）。另一个普遍的错误是过度概括，当意义与一个词的联系太广泛时，就会出现这种情况，以至于在不合适的时候使用一个词。例如，我要求杰夫给我举昆虫的例子时，他把黑寡妇蜘蛛也包括在里面。他过度概括化了，因为昆虫有六条腿，而八条腿的蜘蛛不符合。

**表 2—3　发展趋势——不同年级水平的语言特征和能力的例子** 51

| 年级水平 | 年龄相关的典型特征 | 建议策略 |
|---|---|---|
| K～2[1] | • 到 6 岁时掌握 8 000～14 000 个词。<br>• 难以理解复杂的句子（如复合句）。<br>• 解释信息时过分依赖词序和情景而不是句法。<br>• 良好"聆听者"的肤浅的理解（如站着不动）。<br>• 对信息和要求的字面意义的理解（如不能意识到"班级太吵了"意味着"保持安静"）。<br>• 讲故事的能力增加。<br>• 掌握很多发音；发 t，th，sl，和 str 的音很困难。<br>• 规则词尾（-s，-ed，-er）和不规则词（如 sheeps，goed，gooder）的偶然使用。<br>• 谈话中基本的礼节（如轮换说话，回答问题）。<br>• 不愿和成人开始谈话（对许多亚裔和墨西哥裔背景的学生而言）。 | • 阅读与年龄适应的故事书，以增加词汇。<br>• 当学生用词不准确时，给予正确的反馈。<br>• 训练听力技能（如安静地坐着，注意，试图理解和记住）。<br>• 问后续问题，确保学生准确理解了重要信息。<br>• 要求学生对最近发生的事情进行描述（如，给我讲讲上周你们的野营旅行的事）。 |
| 3～5 | • 增加了对时间词（如以前，以后）和比较词（如较大，与……一样大）的理解。<br>• 偶然弄错什么时候使用 the 和 a。<br>• 不规则词形的知识不完全。<br>• 逐渐意识到句子什么时候在语法上正确或不正确。<br>• 到 9 岁时掌握了一种语言的所有发音。<br>• 能维持一个具体话题的谈论。<br>• 在解释时逐渐增加了考虑听话者以前知识的能力。<br>• 用情节和因果关系构造一个故事。<br>• 进行语言创造性和词的游戏（如押韵、字词游戏）。 | • 教不规则字词形式（如 ring 的过去式是 rang，bring 的过去式是 brought）。<br>• 开始演讲部分的教学。<br>• 使用小组讨论作为探讨学科问题的方式。<br>• 让学生口头或书面创作短故事。<br>• 在小学高年级如果发音问题明显时，咨询言语一语言病理学家。<br>• 鼓励利用双关语或同音异义词（如发音相似的词）讲笑话和作诗。 |

① K 是指学前班，是"Kindergarten"的首字母。儿童上完幼儿园（preschool）后进入小学上 1 年"kindergarten"，接着上 1 年级。美国的小学包括"Kindergarten"。本书表格中年级水平中的 K 都是指学前班。——译者注

续前表

| 年级水平 | 年龄相关的典型特征 | 建议策略 |
|---|---|---|
| 6～8 | • 到 12 岁时掌握 50 000 个词。<br>• 对在各门学科中使用的术语知道得越来越多。<br>• 什么时候使用连接词（如但是、可是、尽管和除非……还）还有一些混淆。<br>• 具有理解复杂的复合句的能力。<br>• 出现了理解字面外意义的能力；理解简单的谚语，发现反语的能力越来越强。<br>• 出现了就抽象话题进行长期谈话的能力。<br>• 元语言意识的显著增长。 | • 布置介绍新词汇的阅读材料。<br>• 介绍一些在各门学科中专家使用的各种术语（如语言艺术中的明喻，科学中的分子）。<br>• 进行结构性辩论以探索有争议的问题。<br>• 提供谚语，要求学生思考它们的潜在的意义。<br>• 探讨词汇和语言作为一种实体其自身的本质。 |
| 9～12 | • 掌握 80 000 个词。<br>• 掌握许多与各门学科有关的词汇表单词。<br>• 句法的精致化，主要是正规教育的结果。<br>• 掌握多种连接词（如尽管、但是、然而）。<br>• 理解象征性语言（如隐喻、谚语、夸张）。 | • 持续使用与各门学科有关的术语。<br>• 区别相似的抽象词（如天气和气候，速度和加速）。<br>• 探讨复杂的句法结构（多重嵌套从句）。<br>• 讨论诗歌和小说背后的潜在意义。<br>• 当学生使用本地方言而不是标准英语时，鼓励他们在非正式的交谈中使用本地方言，并进行创造性写作，而在正式场合使用标准英语。 |

资料来源：Bowey 1986；L. Bradley & Bryant，1991；Capelli，Nakagawa & Madden，1990；S. Carey，1978；Delgado-Gaitan，1994；Karmiloff-Smith，1979；Maratsos，1998；McDevitt et al.，1990；Mcdevitt & Ford 1987；Nippold，1998；O'Grady，1997；Owens，1996；Reich，1996；Sheldon，1974；Stanovich，2000；Swanborn & de Glopper，1999；Thelen & Smith，1998。

52 随着年龄、经验和教育的增加，学生对词汇的理解继续精细化。许多一开始很具体的界定变得抽象化。例如，杰夫 4 岁时，把夏天定义为一年中不上学，外面很热的那段时光。但是，上了初中后，他获得了抽象推理能力并在科学课上学习了季节，他能根据地球相对于太阳的倾斜来界定夏季——这是更抽象的概念。

一定程度上，我们当然必须使课堂教学和阅读材料适合学生的词汇水平。可是，我们也不应该把教学仅仅限定于学生已经知道的词汇。促进学生语义发展的一个方法是直接教授词汇和定义。例如，让儿童用自己的语言来为一个新词下定义，并且在不同情境中使用新术语。我们也应该纠正出现在儿童言语中的错误概念（如概括不足或过度概括）。我们必须鼓励学生阅读，阅读，再阅读。儿童和青少年都是通过很多阅读活动掌握大量新词的（Stanovich，2000；Swanborn & de Glopper，1999）。在第 7 章讨论概念学习时，我们会再次讨论词义教学的策略。

**句法的发展**

句法规则可以让我们把字词连接在一起形成符合语法的句子。这些规则极其复杂，但大部分我们根本意识不到（Chomsky，1972；N. C. Ellis，1994）。儿童到了开始上学时，已经掌握了很多句法规则。整个小学阶段，他们对复杂句法结构（如被动句，带有多个从句的句子）的理解和使用继续发展，直至中学和高中，句法进一步更精细化（参见表 2—3）。到

6 年级或 7 年级，学生在写作中要比口语中使用更复杂的句法（Owens，1996）。

在后来的年级中，大多句法发展可能是正式的语言教学的结果，如语言艺术课、英语作文课和外语课（Maratsos，1998）。因此，直到高中阶段，我们都应该继续进行语法和作文的教学和训练。当学生有大量的机会运用口头或纸笔表达自己的思想，当他们在言语和写作中接受关于歧义和句法错误的直接反馈时，更有可能提高言语和写作水平。

**听力理解的发展**

学生的听力理解能力显然受到他们的词汇和句法知识的影响，可是也受其他因素的影响。例如，儿童关于听力理解的概念在小学阶段是有变化的。小学低年级儿童认为如果他们安静地坐下来听老师讲话而不打断老师，就是一个很好的听众。直到 11 岁他们才意识到一个好的听众需要理解听到的内容（McDevitt，Spivey，Sheehan，Lennon & Story，1999）。另外，小学儿童在不理解老师所讲的内容时该做些什么，观念上也是不同的。许多儿童，尤其年龄小的儿童，显然认为要求老师说得更清楚一些是不合适的，也许是因为他们以前在校或在家常被阻止发问所致（McDevitt，1990；McDevitt et al.，1990）。就像在亚洲社会和墨西哥社会，这种观念是特别普遍的，因为儿童所处的文化教育他们先开口和成人说话是不尊敬的（Delgado-Gaitan，1994；Grant & Gomez，2001）。

儿童的听力理解也经常受到所听内容上下文的影响。使用各种非言语的语境线索，他们可以辨别出在某种情境下一个人所说的话和实际的意思是不一致的。例如，他们可能意识到，一个老师问："谁的夹克掉在了地上？"实际上是要求夹克掉在地上的人把夹克捡起来放到该放的地方。不幸的是，年幼的儿童有时候过分依赖情境，以至于他们不能很仔细地听以便准确地理解口语信息。他们可能基于对我们意图的信念，听到的是他们以为我们在说什么，而不是听到我们真正的意思（Donaldson，1978）。所以我们不仅要问学生他们是否理解所听到的内容，而且也要求他们用自己的话复述听到的信息，以检查他们的理解。

随着儿童长大，他们更少依赖情境去理解 53
他人传达的信息。随着抽象思维能力的逐渐提高，他们能更好地理解字面之外的含义（Owens，1996；Winner，1988）。相反，儿童在小学阶段早期只从字面意义理解他们听到的话，例如，他们从字面上理解"你的眼睛比你的胃大"这样的表达（见图 2—9）。他们不能成功地理解谚语"Look before your leap"（三思后行）或"Don't put the cart before the horse"（不要本末倒置）的意思。在奥姆罗德教师的课程中，你可以观察到儿童理解谚语的能力是怎样随着年龄而发展的。10 岁的肯特似乎不大

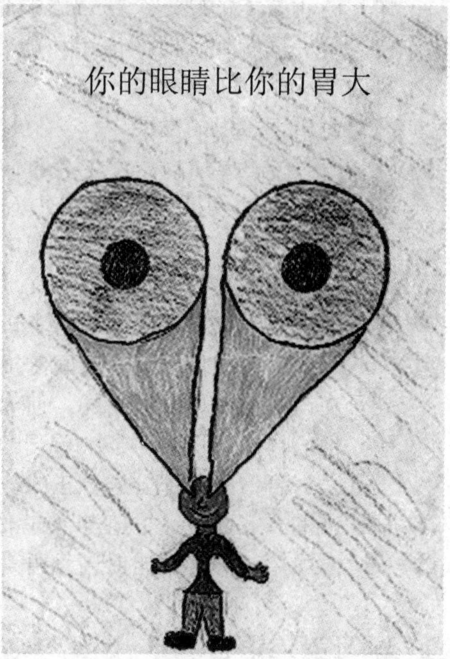


**图 2—9　成人象征性地使用这种普通的表述，也许为了描述一种情景，即一个人点了他可能吃不完的菜。而 8 岁的杰夫却从字面意思上解释**

理解古老的谚语“A rolling stone gathers no moss”（滚石不生苔）。而 14 岁的艾莉西娅却能给出一个合理的解释，“或许你经过太快了，就收集不到什么东西”。学生以概括而抽象的方式解释谚语的能力甚至到高中阶段还在继续发展（Owens，1996）。

**口头交流技能的发展**

在学龄前和小学阶段早期，许多儿童很难发 s 和 th 的音（见表 2—3）。到了八九岁，许多学生都掌握了英语发音。如果过了这段时间，仍然存在发音困难，就应该咨询一下学校的言语病理学老师有关的治疗策略。

然而，正确发音并不是学生进行有效交流唯一需要掌握的东西，还必须考虑到接收信息者的特征，如年龄、先前知识和观念。像前面提到的，年幼儿童在说话时不考虑听者（皮亚杰称之为自我中心言语）。甚至在小学高年级，儿童在讲话时也很少考虑到听者可能拥有的先验知识（Glucksberg & Krauss，1967；McDevitt & Ford，1987）。作为老师，当我们不理解学生所说的话时，必须要让他们知道，例如当他们说话时提到的人我们并不认识时，就要求他们解释他们在谈论谁，当他们描述事情和观点模糊时，就要求他们表达清楚。

另一个有效口语交际的组成部分是语用学，一种与他人进行适当的口头交际的社会习俗。语用学不仅包括礼仪规则，例如与他人交谈讲次序，离开的时候说再见等，也包括开始和结束谈话、转换话题、讲故事和有效争论的策略。整个小学阶段，儿童继续完善自己语用学的知识（Owens，1996）。据我的观察，这个过程会持续到初中、高中阶段，甚至持续更长的时间。当学生没有掌握一定的社会习俗，比如他们经常在没有提醒的情况下打断或改变主题，其他人可能会觉得他们的行为令人生气或不习惯。语用技能的缺乏会严重影响学生与同伴的关系。因此，我们应该注意观察学生在与老师和同学交往时的语用技能，并指导学生对这些未掌握的技能加以训练，是很重要的。

**元语言意识的发展**

在整个上学阶段，学生有时通过朗诵韵诗、唱圣歌、讲笑话和双关语等进行语言游戏（Christie & Johnsen，1983；Owens，1996）。这些语言游戏几乎可以肯定是有益的。举例来说，律诗有助于学生发现声音和字母之间的关系，而笑话和双关语，帮助学生理解单词和短语往往不止一种意义（L. Bradley & Bryant，1991；Cazden，1976）。在后一种情况下，学生发展了元语言意识：即思考语言本身的特征的能力。

元语言意识似乎随着时间的推移出现得很缓慢。在小学阶段学生逐渐能够判断何时句子在语法上是可以接受的，何时不可以（Bowey，1986）。随着进入小学高年级和初中，他们逐渐认识到句子中单词的不同功能（如名词、动词、形容词等），这在很大程度上是对言语的各部分进行正式教育的结果。当高中学生学习了单词的象征性特征，例如谚语的非字面含义，诗与文学作品的象征意义，等等，他们的元语言意识进一步增强。学习第二语言也能促进元语言意识，下面会讨论这个问题。

54

## 学习第二语言

随着成人的工作场所变得越来越国际化，儿童除了母语之外还要学习一种或多种语言的需要比以往任何时候都大。如前所述，可能存在学习语言的敏感期，因而儿童早年就接触语言是非常重要的。但并不是所有的理论家都相信，第二语言学习也存在早期的敏感期（相反的观点，请见 Hakuta，Bialystok & Wiley，2003；Merzenich，2001；C.

A. Nelson et al.，2006；Stevens，2004）。一般的，儿童早期接触到第二语言对掌握正确的发音，尤其是掌握那些与儿童的母语非常不同的语言，以及掌握复杂的语法结构是非常重要的（T. K. Au，Knightly，Jun & Oh，2002；Bialystok，1994a，1994b；Neville & Bavelier，2001）。但是，除了这些可能的限制，儿童和青少年有可能流利地掌握第二语言，无论他们何时开始学习。

尽管有可能学习第二语言并没有严格的敏感期，但是在儿童最初几年开始第二语言学习具有一定的优势。一方面，学习第二语言似乎有利于在其他学习领域如阅读、词汇和语法学习中获得成功（Diaz，1983；Reich，1986）。外语教学也能使儿童对世界的国际化和多文化性质更敏感。那些在小学就开始学习第二语言的学生对说某种语言的人表现出更积极的态度，则更可能在高中报名参加外语班（Reich，1986）。

**双语** 全世界至少有一半的儿童是通晓双语的，即他们能流利地讲两种或两种以上语言（Hoff-Ginsberg，1997）。一些双语儿童生活在经常使用两种语言的家庭。另一些儿童在一个社区住了一段时间，然后迁移到说不同语言的其他社区。还有一些儿童生活在一个双语社会，例如，在加拿大（说英语和法语），威尔士（说英语和威尔士语），或在美国的某些族裔社区（西班牙语或汉语与英语一起使用）。双语并不一定涉及两种口语。

研究表明，双语者具有明显的优势。双语儿童似乎领先开始发展元语言意识（Bialystok，2001；Diaz & Klingler，1991；Garcia，1994；C. E. Moran & Hakuta，1995）。例如，在小学阶段早期，双语儿童有更强的语音意识，即意识到单个声音或音素组成口语单词。这种意识可能使他们在学习阅读上有一个良好的开端（X. Chen，Anderson，et al.，2004；Rayner et al.，2001）。而当孩子真正能流利使用两种语言时，他们往往在需要高级认知功能的情境中有更好的表现，例如，完成智力测验或需要创造力的任务（Bialystok & Senman，2004；Diaz &Klingler，1991；E. E. Garcia，1994；C. E. Moran & Hakuta，1995）。

双语者也会有个人的和文化的优势。在任何一个说英语的国家，掌握口头和书面英语，对于取得长期的教育和专业的成功都是非常重要的。但是，当该国的一名居民属于一个使用不同语言的文化组织时，要在该文化中维持社会关系，就需要他所用语言方面的知识（McBrien，2005）。举例来说，在许多土著美国人团体中，使用祖先的语言在传递口述历史和文化遗产，以及处理地方事务上，是非常重要的（McCarty & Watahomigie，1998）。在美国的波多黎各儿童经常在家中讲西班牙语，是表示对长辈尊重的一种方式（Torres-Guzmán，1998）。

双语在课堂上也有别的社交好处。在课堂上，不同学生只能说两种语言中的一种 55
（也许有人只能讲英语而其他人只能说西班牙语），教学生两种语言能增加学生的交往和跨文化的理解（A. Doyle，1982；Padilla，2006）。

**促进双语** 第二语言教学的最好办法应视情况而定。对于说英语的学生学习第二语言，而他们仍然生活在本国，那么沉浸在第二语言环境中，即在课堂上专注地听和说，就是最可选择的方法。完全沉浸于某种语言环境能帮助学生比较快地精通第二语言，而对其他领域课程的任何不良影响似乎也是很短暂的（Collier，1992；Cummins，2004；Cunningham & Graham，2000；Krashen，1996）。

相比之下，不说英语的学生移民到一个说英语的国家，完全沉浸在英语中，可能实际上不利于学业的进展。对于这样的学生，采用双语教学，即在学科教学中接受用自己母语进行的指导，同时学习英语口语和写作，会导致较高的学业成就、较强的自尊和更好的学业态度（Marsh，Hau & Kong，2002；C. E. Snow，1990；S. C. Wright，Taylor & Macarthur，2000）。

为何沉浸式教学对一些学生更有效而双语教学又对另一些学生更好呢？正如我们所知，语言为认知能力发展提供了重要的基础，它提供了心理上表征世界的符号，使儿童能与他人交换意见，帮助他们内化复杂的认知策略，等等。在一个说英语的国家，学生在学校沉浸在另一种语言中，但是他们在家，和朋友在一起，在社区中，还有许多机会继续使用和发展他们的英语。但相比之下，移民到说英语国家的人只有很少的机会在家以外的地方使用母语。如果在学校对他们只使用英语教学，在熟练使用英语之前很可能已经失去熟练使用母语的能力，这个过程中他们的认知发展也会受到损害。在这种情况下，旨在促进两种语言的发展的双语教学，更有可能同时促进认知发展和语言发展（Pérez，1998；Winsler，Díaz，Espinosa & Rodriguez，1999；S. C. Wright et al.，2000）。

既然第二语言学习和双语教学具有这些优势，我们应该认真考虑在所有学生中促进双语。这样做不仅有利于促进学生的认知及语言发展，而且还增加具有不同语言和文化背景的学生之间的交流、互动和人际间的理解。

## 认知和语言发展的多样性

虽然各种认知和语言能力出现的顺序往往是可预测的，但是对于每个儿童来说，它们形成的速度因人而异。因此，我们很容易发现在任一特定年龄都会存在相当大的发展差异。例如，从皮亚杰的理论观点来看，我们会发现小学阶段同时存在前运算思维和具体运算思维的迹象，在初中和高中阶段也存在具体运算思维和形式运算思维的证据。从维果斯基的观点来看，我们难免会发现学生有着不同的最近发展区，例如一些任务对某些学生很容易但可能对另一些人相当具有挑战性。我们也会发现学生语言能力的多样性，例如，学生的词汇量不同，部分原因是他们先前通过读故事书，参观博物馆等接触到不同单词（e. g.，Hoff，2003；Raikes et al.，2006）。

56 作为老师，我们必须不断意识到各个学生拥有和缺乏的特定的认知和语言能力，并据此调整自己的教学。有三类学生特别值得注意：一是少数族裔学生，二是英语语言学习者，三是有特殊教育需要的学生。

### 文化与种族差异

在皮亚杰的早期著作中，他认为发展阶段理论具有普遍性，对世界各地的儿童和青少年都适用，但后来的研究表明认知发展过程在不同文化间是存在一定差异的。例如，那些以经营陶器为生的墨西哥家庭的儿童获得守恒能力要比皮亚杰预期的早（Price-Williams，Gordon & Ramirez，1969）。显然，制作陶器经常需要儿童判断要使用多少陶土和水——不管陶土的形状或盛水的容器具体如何，这种判断必须相当准确。在其他文化特别是在儿童不需上学的文化里，儿童的守恒能力和其他具体的运算能力的发展都比西方社会的儿童要晚几年（Artman & Cahan，1993；Fahrmeier，1978）。

形式运算推理能力，如抽象推理、分离和控制变量等，也因文化而异（Flieller，1999；Rogoff，2003）。西方主流文化通过在一些学科如科学、数学、文学、社会学进行正规教育来积极培养这些技能。但是，在其他文化中，这些技能可能与人们的日常生活和行为联系得很少（M. Cole，1990；J. G. Miller，1997）。

不同的文化也会传承不同的认知工具。例如，如果地图（如公路、地铁和购物商场地图）在社区和家庭生活中起着重要作用，那么那里的孩子更容易获得识别地图的能力（Trawick-Smith，2003；Whiting & Edwards，1988）。而在文化活动严格由钟表和日历来控制的文化中，儿童更易获得时间观念（K. Nelson，1996）。

文化差异一定程度上也解释了语言发展的多样性，这一点甚至也适用于说英语的家庭抚养的孩子。有些孩子表达时使用方言，这是某一特定族群或地域群体使用的特定英语表达形式。儿童更易从家庭和种族群体中掌握交流与对话的社会习俗。第 4 章中我们会更仔细地考察这些差异。

有时候文化和种族群体也会培养语言发展的某些方面的特点。例如，许多市中心区的非洲裔美国人社群在他们的日常谈话、笑话和故事中大量使用形象性语言，如明喻、暗喻、夸张（Hale-Benson，1986；Ortony，Turner & Larson-Shapiro，1985；H. L. Smith，1998）。下面一则轶事解释了这一点。

> 一次母亲从教堂回来，我问她："妈妈，这次弥撒做得好么？"她答，"儿子啊，当牧师停止布道，男人们都在哭，女人们都跪在地上时，确实做得很好"。（H. L. Smith，1998，P. 202）

有如此丰富的口语表达传统，难怪许多市中心区的非洲裔美国青年如此擅长使用象征性语言（Ortony et al.，1985）。

## 关注英语学习者的独特需要

尽管联邦移民政策一直引起很多争议，事实上许多西方国家每年都接受了很多移民家庭。许多移民家庭的孩子对英语知之甚少。他们不仅要学习一种新语言，还要应付那些他们可能缺少学业背景知识的新学校课程（Krashen，1996；Mckeon，1994）。

正如我们所见，双语教学计划，即英语作为第二语言进行教学，学校课程内容用学生的母语教学，对于这些孩子来说，显然比沉浸计划（immersion programs）更有效。理想情况下，从学生母语教学到英语教学的转变应在数年时间里逐步进行，保证学生能在两种语言上都达到熟练水平（Padillia，2006）。基础交际英语中的简单知识对于学习 57
纯英语课程是不够的。最终，学生必须掌握足够的英语词汇和语法，才能很容易地理解和学习英语教材和讲稿，这个过程需要花费很长时间，一般是 5～7 年（Cummins，1981，1984，2000）。

我们必须记住，学生的母语是他们的自我同一感，即理解自己是谁的重要部分（Nieto，1995a；Tatum，1997）。一个叫玛利索尔的高中学生如此叙述这一点：

> （作为一个波多黎各人）我很骄傲。我想自己能说西班牙语的时候就说西班牙语。我曾经和一位老师有许多矛盾，因为她不让我们在课上讲西班牙语，我觉得那是侮辱，你明白吗？（Nieto，1995a，p. 127）

把儿童的文化和他们的母语一起融进课程中去，有利于促进他们的学业成功（Igoa，1995；U. S. Dept. of Education，1993）。"走进课堂"栏目"与英语初学者合作"中的策略就考虑到语言、身份和文化因素的共同作用。

57 **走进课堂——与英语初学者合作**

- 在学生的母语中，教授早期阅读技能。

  如果是最近从墨西哥移民过来的家庭的学生，1 年级的老师应该教字母和声音的关系以及西班牙语中的词的解码技能(如印刷字 dos，即词 two，可以分解为声音“duh”,“oh”和“sss”)。

- 使用英语交流时要比用别的方式交流时说得慢些，并且清晰地发出每一个字音。

  一个 3 年级老师总是说“going to”，而不是说“gonna”，说“want to”而不说“wanna”。

- 使用直观教具辅助补充言语解释。

  一个高中历史老师在讲解古代埃及历史时，使用从互联网上下载的图。

- 在小组学习活动中，鼓励说同样语言的学生使用母语互相交流。

  在一堂科学课上，老师把学生分成不同合作组来学习重量、长度和推力怎么影响钟摆摆动的速率，她把三个母语是汉语的学生分到一个小组。建议他们做实验时可以用英语也可以用汉语进行交流。

- 让学生成对地进行学习以理解课文材料。

  两个中学生在读地理课本，一个大声读，而另一个听和做笔记。他们不时停下来讨论所读材料，并互换角色。

- 让学生阅读、写作和报告他们自己祖国的事情。

  一个中学社会课老师让学生研究自己或祖先移民过来的国家。学生制作展板，展示自己的材料，并在一个班级主办的由各个班级参加的国际日上自豪地谈论有关自己的内容。

## 适应有特殊需要的学生

我们特别注意到那些有特殊教育需要的学生在认知和语言发展中的差异。例如，可能有几个学生表现出特别超前的认知发展能力，而另一些学生在某个特定领域或跨领域的认知能力水平，远远低于他们的同伴。另外，有些学生可能表现出言语或语言发展的其他方面的损伤，这显著影响了他们的课堂成绩。

表 2—4 呈现了有各种特殊需要的学生在认知或语言发展上的一些特征，也提出了一些旨在帮助这些学生取得学业成功的策略。

58 **表 2—4　　在全纳环境中的学生——有特殊教育需要的学生的认知和语言发展**

| 类别 | 可观察到的特征 | 建议的课堂策略 |
|---|---|---|
| 有特殊认知或学业困难的学生 | • 抽象推理可能有困难。<br>• 自我谈话的内化延迟（对一些多动症学生而言）。<br>• 听力理解困难。<br>• 言语交流困难（如使用句法）。 | • 使用具体的事物和经验帮助学生理解抽象的概念。<br>• 鼓励学生使用自我谈话帮助自己应对挑战性情境。<br>• 当学生在听力理解或口语上存在异常困难时，寻求言语病理学家的帮助。 |
| 有社交或行为问题的学生 | • 在认知任务上成绩很差（对自闭症学生而言）。<br>• 语言发展延迟（对一些自闭症学生而言）。<br>• 理解象征性语言和反语困难（对大多数自闭症学生而言）。 | • 对语言和认知技能延迟者提供大量的指导和训练（也可以应用适应于认知或学业困难学生的策略）。 |

续前表

| 类别 | 可观察到的特征 | 建议的课堂策略 |
|---|---|---|
| 认知和社会功能普遍迟滞的学生 | • 年幼儿童的推理能力特征。<br>• 语言发展迟滞（如在词汇和听力技能上发展迟滞）。 | • 以具体和动手的形式提供新的信息。<br>• 用具体和明确的术语进行教学。 |
| 存在身体障碍或感知困难的学生 | • 可能的认知或语言缺陷（如果存在大脑损伤）。<br>• 存在感觉损伤的儿童可能出现语言发展迟滞（如，盲童不能看到他人正在谈论的东西，听力损伤的儿童接受符号语言的机会很有限）。 | • 识别特定的认知或语言缺陷，并相应地调整教学和训练措施。<br>• 在学生缺乏的认知和语言技能上提供大量的教学指导。 |
| 超前认知发展的学生 | • 在很早出现形式运算思维（如抽象思维）。<br>• 许多正常的课堂任务低于学生的最近发展区。<br>• 高级词汇。<br>• 在言语中出现更复杂的语言结构。 | • 给学生提供机会在更大的深度和广度上探讨课堂内容。<br>• 为学生提供机会，使之以更快的步调学完课程。 |

资料来源：Beirne-Smith，Ittenbach & Patton，2002；Berk & Potts，1991；Carter & Ormrod，1982；Cone，Wilson，Bradley & Reese，1985；Diaz & Berk，1995；A. W. Gottfried，Gottfried，Bathurst & Guerin，1994；M. Harris，1992；Hobson，2004；Mastropieri，Scruggs & Butcher，1997；Mercer & Pullen，2005；Morgan & Jenson，1988；Piirto，1999；Turnbull，Turnbull & Wehmeyer，2007；Winner，1997。

## 概　览

纵然我们对人类大脑的发展，皮亚杰和维果斯基的理论以及语言发展理论进行的探讨引导我们思考了发展的各个方面，但某些一般性的主题仍然以这种或那种形式重复出现。

儿童主动建构，而不是被动吸收知识。皮亚杰把认知发展描述为个体建构自己对世界的独特理解的过程。维果斯基和他的追随者提出儿童和成人一起通过活动，理解和发现事件的意义。建构过程在语言发展中也是很重要的，例如，掌握词汇意义和句法规则也需要建构。我们会在第 7 章进一步讨论知识的建构过程。

随着年龄增长，儿童逐渐能够进行复杂的思维。皮亚杰和维果斯基都提出，儿童随着年龄长大会获得许多新的认知能力。皮亚杰把这个过程描述为四个本质上不同的阶段，而维果斯基则推测儿童把在社会交往中使用的许多过程内化。不管我们采用哪个理论家的观点，我们可以合理地推测大脑内部的发展变化，如突触修剪，神经元的逐渐髓鞘化，青春期后荷尔蒙变化等，为获得新的认知能力提供了更复杂的心理“硬件”。

语言为许多认知发展提供基础。单词为皮亚杰所谓的符号思维提供基础。各门学科特定的单词和短语，例如平方根、原子、三级活动等，都变成了认知工具，按照维果斯基的观点，这可以帮助儿童利用并且以历代积累的智慧为基础进行思维活动。 59

语言也以不同的方式促进认知发展。它使得儿童可以与成人和同伴交流思想。按照皮亚杰的观点，在儿童生活中的人们可以提供信息和观点，制造不平衡状态，促进儿童更好地采择观点。按维果斯基的观点，复杂思维过程的内化，只有儿童首先在自己和他人的言语交流中使用这样的过程之后才会出现。

挑战性情境和任务促进认知发展。在维果斯基的最近发展区概念中，挑战性任务的重要性是很明显的，就是儿童能从那些仅在有能力的他人帮助下才能完成的任务中受益。在皮亚杰的理论中挑战性任务的形式虽然与维果斯基理论中不同，但也属皮亚杰理论的核心内容，即儿童在遇到利用自己现有图式无法充分理解的某种现象时，才能发展更复杂的知识和思维过程，换句话说，这些现象创造了不平衡。

然而，我们不一定要把这种挑战性的概念想得太远。我们在早先讨论大脑发展时提到，每天用大量的信息轰炸儿童，还不如在正常的环境中采用适度的刺激能培养儿童的认知发展。此外，要求儿童在学校每天应付一个又一个挑战，会使儿童感到不安，特别是儿童如果频繁地遭遇挫折和失败，反过来会影响他们的自尊。在下一章里我们会讨论儿童的自尊以及更一般的自我意识（sense of self）的发展。

*60*

**资格考试练习：石头课**

亨妮塞女士正在 1 年级课堂上进行课堂演示。她给学生展示一个装满水的大玻璃瓶，同时给他们看两块石头。一块石头是直径大约 2cm 的小花岗岩，另一块是直径大约 10cm 的大块浮岩（如火山熔岩）。因为她不让学生触摸这些石块，所以学生不知道浮岩里有很多小气孔，因而浮岩要比花岗岩轻些。演示继续进行：

老　师：谁来猜一下这两块石头放进水里会怎么样？好，布莱娜。

布莱娜：我觉得它们会沉下去，因为我知道它们会沉下去。我多次看到石头沉下去。每次我把石头扔到水里，它总是会沉下去。

老　师：你好像还有别的要说？

布莱娜：嗯，水不能像支撑小船一样支撑石头，我知道它们会沉下去。

老　师：你好像很肯定，让我试试另一样东西。

布莱娜：你把它扔进去，先验证一下我的想法。（老师把小石头放到瓶子里，它沉下去了。）看，我告诉你它会沉下去的。（老师把大的浮岩放下，拿起另一个东西。）你也检验一下大的，因为小的沉下去了，大的也会沉下去。（老师把浮岩放进水里，它漂起来了。）不，不，不对，跟我想的不一样！（布莱娜抱紧头）这跟我想的不一样！　(M. G. Hennessey, 2003. pp. 120－121)

**1. 反应建构的问题**

当布莱娜看到浮岩漂起来时，她很惊讶，可能有点困惑。

A. 用皮亚杰认知发展理论的一个或多个概念来解释，为什么布莱娜看到浮岩漂起来，会做出如此强烈的反应。

B. 利用皮亚杰的理论，解释为什么亨妮塞老师要有意呈现会令孩子们惊讶的现象。

**2. 多重选择问题**

设想你给高中的学生而不是 1 年级的孩子做同样的演示。如果遵循维果斯基的认知发展理论，你准备采用下列哪种方法帮助学生理解漂浮的岩石。

a. 在进行演示前，让学生画出瓶子和两块石头。

b. 在把两块石头放入水里前，把一些轻的东西（如一根羽毛、一片纸或一小块海绵）放入水里。

c. 教密度的概念，并且解释一个物体相对于水的平均密度大小决定了它会沉下去还是浮起来。

d. 表扬那些能正确预测较大石头会浮起来的学生，即使他们开始给出的解释是不正确的。

63

# 第3章

# 人格和社会性发展

**本章内容要目：**

- 个案研究：隐藏的宝藏
- 人格发展
  - 气质
  - 父母的影响
  - 文化期待和社会化
- 自我意识的发展
  - 影响自我意识的因素
  - 自我意识的发展变化
- 同伴关系的发展和对人际关系的理解
  - 同伴在儿童发展中的作用
  - 同伴关系的特征
  - 社会认知
  - 攻击
  - 培养社会技能
  - 增进不同群体间的社会互动
- 道德和亲社会性发展
  - 道德和亲社会行为的发展趋势
  - 影响道德发展的因素
  - 在课堂上鼓励道德行为和道德发展
- 人格和社会性发展的多样性
  - 文化和种族差异
  - 性别差异
  - 社会经济地位差异
  - 适应有特殊需要的学生
- 概览
- 资格考试练习：红字

学校不仅仅是一个获得认知技能和语言技能的场所，也是个人发展的场所。在这个场所中，儿童和青少年习得与众不同的行为模式，并构建自我理解，这种自我理解最初出现于婴儿期和学前期。学校的社会性本质使其成为社会性发展的一个理想情境。在这样的背景下，年轻人可以更好地理解他们的人类同胞，与成人和同伴建立有成效的关系，并逐渐内化他们社会的行为规范。在本章中，我们探讨人格和社会性发展的多个不同方面，接下来我们将考虑以下问题：

- 什么样的遗传和环境因素可能会影响学生独特人格的形成？在班上，你如何协调你所遇到的一些不同的人格类型？
- 学生自己的信念是如何影响他们的课堂行为和学业成就的？你怎样能够帮助学生积极地看待他们自己及他们的能力？
- 同伴关系会随着年龄的增长发生怎样的变化？你如何帮助学生获得良好的社会技能、形成支持性的友谊关系？

- 在何种程度上，学生的行为才可能既利他又利己？你会用什么策略来提升对他人需要的理解并鼓励学生的道德行为和亲社会行为？

**个案研究：隐藏的宝藏**

6 岁的鲁皮塔刚到帕迪拉小姐的幼儿班上学。鲁皮塔是移民工人的女儿，在墨西哥由她的祖父母养大，祖父母的经济来源有限，很少给她买玩具、字谜、蜡笔和剪刀等一类的游戏用品。由于鲁皮塔缺乏学业技能，帕迪拉小姐在课上很少叫到她。到学年中的时候，帕迪拉小姐考虑让鲁皮塔在幼儿园再待一年。

在班上鲁皮塔总是很安静，行为表现很好。事实上，她这么安静以致帕迪拉小姐有时忘记了她的存在。但研究者的录像机捕捉到了鲁皮塔的另一面。有一次，在自由时间内鲁皮塔很快完成了她的西班牙语作业，并开始玩字谜游戏。一个同学走过来，他和鲁皮塔开始玩一盒子玩具。旁边的助理老师问那个男孩他是否完成了自己的西班牙语作业，暗示男孩应该回去完成作业，但男孩似乎没明白老师话里的含义。鲁皮塔温和地劝这个男孩回去完成作业，然后鲁皮塔转向她的猜谜游戏并顺利地一下子填满了字谜的大部分内容。两个同学填字谜时遇到了问题，要鲁皮塔帮忙。鲁皮塔很熟练并耐心地指给他们如何找出字谜、如何互相帮助。

当帕迪拉小姐看到这段录像时，她很吃惊。录像里面鲁皮塔是一个能干的女孩儿，有着很强的教导和领导技能。帕迪拉小姐欣然承认："我过去确实忽视了她……和其他三个孩子。他们其实已经达到我的期望，但我却没去寻找其他别的东西。"帕迪拉小姐和助理老师开始和鲁皮塔一起亲密合作来提高她的学业技能并经常允许鲁皮塔领导集体活动。在这个学年结束时，鲁皮塔获得的成就测验分数 *64*
表明她在语言和数学方面有突出能力，并顺利升入 1 年级。（Case described by Carrasco，1981）

- ✧ 为什么帕迪拉小姐最初会低估鲁皮塔的学业潜能？如果鲁皮塔的许多优点没有受到注意，在她身上会发生什么？
- ✧ 鲁皮塔表现出了哪些独特的人格特征？其中哪些特征可能会促进她在课堂获得成功？哪些又可能对她的课堂成功造成潜在的干扰？

## 人格发展

许多年来，帕迪拉小姐在幼儿园几乎都能遇到缺乏某些基础知识和技能的孩子，早期的学业成功就依赖于这些知识和技能——色彩和形状的名称、字母表、数数等。其中有些孩子，像鲁皮塔一样可能来自低收入、少数民族背景的家庭。按照帕迪拉小姐的经验，能够回答问题并对课堂讨论有贡献的孩子通常都会起身说话或举手，但鲁皮塔很安静克制。有了这样的想法，帕迪拉小姐最初认为鲁皮塔不具备升入 1 年级所需要的知识和技能。如果研究者的录像没有捕捉到鲁皮塔表现的社会技能和玩字谜游戏的熟练程度，那么她很有可能在整个学年的大部分时间里都是一个"局外人"，在学业技能上得到很少的帮助，她的许多积极人格特征也很少有机会表现[1]。

早在儿童上学前，儿童就开始在人格（personality）上表现出显著差异——即他们在各种不同的情境中的行为会体现某种一致性。例如，鲁皮塔表现的是安静和良好行为，而她的一些同伴则可能吵吵闹闹难以约束。鲁皮塔对完成自己的任务也很上心，但她的一个同学则必须要他人提醒来完成西班牙语作业。鲁皮塔很机敏，能很快觉察到他人行为的细微差异并作出恰当回应。可和她同龄的同学可能却很少觉察出他人的言语和非言语信息。鲁皮塔的责任心和在社会性方面表现出的才能无疑将使她很好地应对今后的日子。她安静的天性或许对她有利也或许对她不利，这取决于课堂任务和要求。在帕迪拉小姐班上，安静的天性对鲁皮塔不利，因为她几乎被老师忽视，且很少得到她进步所需要的学业帮助。

儿童的人格是遗传——特别遗传所得的气质类型——和诸如父母的行为和文化期待等环境因素共同作用的结果。你将会发现，遗传和环境经常是交互作用的。

## 气质

通常，一个孩子的气质（temperament）是他或她以特定方式回应和应对环境事件时所体现的总体倾向性。儿童几乎是从出生时就具有特定的气质类型。例如，有些孩子（像鲁皮塔）很安静克制，但另一些孩子则更活跃好动。研究者已经确定了生命早期出现并长期存在的多种气质类型，包括总的活动水平、适应性、坚持性、冒险性、随和性、害羞、害怕、拘谨、易激惹和注意力分散。大多数心理学家都认为，这样的气质差异是基于生物的，有其基因起源（Caspi & Silva，1995；Keogh，2003；Pfeifer，Goldsmith，Davidson & Rickman，2002；Rothbart，Ahadi & Evans，2000；A. Thomas & Chess，1977）。

65 儿童遗传所得的气质会影响他们的学习机会，也会影响那些塑造他们人格和社会性发展的环境因素（N. A. Fox，Henderson，Rubin，Calkins & Schmidt，2001；Keogh，2003）。比如，精力充沛且喜欢冒险的儿童，比那些安静且克制的儿童会寻求更多样的经历。活泼外向的孩子学习社会技能、建立有利人际关系的机会也更多。

许多气质变量会影响学生如何参与、应对课堂活动，从而间接地影响他们的学业成就（Keogh，2003）。比如，学生如果有毅力，适当的（不是过度）精力充沛，且能无视细微的分心物，他们就更可能达到学业的较高水平。学生如果能够与教师和同伴等可以提升他们自尊并支持他们努力学习的人建立友好的、有成效的关系，他们同样也能实现更大的学业成功。

没有能够最大化课堂成就的“最好的”单个气质。相反，当儿童的行为能够良好地匹配而非错配课堂期待，他们才更可能在学校获得成功。例如，当老师让学生积极参与小组讨论和项目时，精力高度充沛的外向型儿童更可能有出众的表现——而较安静的学生可能会感到焦虑或害怕。当教师要求儿童做许多独立的课堂作业时，较安静的学生会做得更好，而有些精力充沛的孩子就可能被认为是在捣乱（Keogh，2003）。

作为教师，我们必须承认，在某种程度上，学生课堂上的行为方式——他们的活跃程度、社会性，他们的冲动控制等——反映了气质上的差异，而他们并不能完全掌控这些差异。如果我们牢记这一点，我们就能更好地容忍学生的行为习惯，也更愿意调整我们的教学和课堂管理策略来适应学生个体的行为风格（Keogh，2003）。栏目特写“营造一种有成效的课堂氛围——适应学生的不同气质”中的一些例子展现了我们可能用到的策略。

## 营造一种有成效的课堂氛围——适应学生的不同气质

- 对于精力高度充沛的学生，要尽量减少活动间的空闲时间。

  一个 3 年级学生的端坐时间似乎不会超过几分钟。一天的学校生活中，作为让他释放压抑能量的一种方法，他的老师会让他做一些小工作（如擦黑板、削铅笔、清洁绘画用品），并让他知道如何安安静静地做完这些事情，以免打扰其他同学。

- 对待非常害羞的学生要特别温和、特别关注。

  学年中间，一位老师有了一名新学生——一个才从很远的州搬到城里的女孩——转到他所带的 9 年级的一个班上。大约在接下来的一个星期内，这位老师注意到，女孩每天总是独自来教室，课前或课后从不参与同伴的交流。有一天他看到她在食堂独自吃午餐，他拿着自己的午餐坐在女孩身边，鼓励她谈谈她以前的学校和社区。第二天课上他布置了一个小组合作学习任务，学生将在接下来的两个星期内定期共同学习。他将合作小组分为每组 3～4个学生，以保证新来的女孩所在组的两个伙伴是友好的孩子，并会维护她。

- 当学生适应新环境遇到问题时，对非常规活动要给他们提前预警，并给予额外的指导和保证。

  一个幼儿园老师发现，如果教学日有序且可预测，他班上的两个孩子会有较良好的行为，可一旦班级没有按照通常的惯例运作，这两个孩子就会变得焦虑不安。

  为了让这两个孩子为周五去拜访消防站的野外郊游做好准备，他在这周开始就讨论这次郊游，向孩子解释拜访中班级将会做什么，会看到什么。他还请了其中一个易焦孩子的父亲作为那天的家长助理。

- 如果学生似乎受到噪声或喧嚣环境的干扰，为学生寻找或建立一个更安静祥和的环境。

  有些中学的学生发现学校的食堂地点不固定，随处都可以成为食堂。他们的数学老师让她的课堂成了学生偶尔可以吃东西的地方。有些时候，她甚至和学生一起吃。而有时候她会坐在自己的椅子上批改卷子，但学生们知道如果他们有问题或者关心的话题，她会很乐意停下来和他们聊天。

- 教给那些行为冲动的学生自我控制的策略。

  一个高中学生在她的历史课上经常大声评论、大声说出自己的观点。有一天，老师在课后将她带到一边，和蔼地向她说明，她缺乏克制，会干扰她同学参与讨论。为了让该生敏感地意识到问题所在，这个老师让她每天记录下她不先举手就说话的次数。一周后他们再次见面，老师建议她采用自我谈话的方法来帮助自己积极参与，而不是主导整个讨论。

注：有些策略是基于 Keogh（2003）提出的建议。

66

### 父母的影响

父母们每天通过做与不做许多事情对儿童人格产生重大影响。此处，我们将关注亲子关系影响尤为深远的三个方面：依恋、教养方式、虐待儿童。

**依恋**　许多家长和其他重要的家庭成员（如祖父母、年长的同胞）会和新生儿进行亲密互动，并持续可靠地为婴儿的身体和心理需要提供保障。当他们在做这些事情的时候，通常就会形成一种被认为是依恋（attachment）的强烈的、亲密的看护者—儿童纽带（Ainsworth，Blehar，Waters，Wall，1978）。

在生命早期对父母或其他看护者形成亲密依恋的婴儿会发展成随和、独立、自信的孩子，能轻易地适应课堂环境，和老师、同伴建立起有效的关系，并形成内在良心指导自己的行为。相较而言，早期没有与父母一方或其他个体形成亲密依恋的孩子在日后会显得不成熟、依赖、不受欢迎、易捣乱，并出现攻击行为（Hartup，1989；Kochanska，Aksan，Knaack & Rhines，2004；Mikulincer & Shaver，2005；S. Shulman，Elicker & Sroufe，1994；Sroufe，Carlson & Shulman，1993）。

即使在青少年期，对父母一方或其他成年看护者的依恋仍然很重要。在中学阶段，多数青少年会继续认为他们与父母和其他家庭成员的关系很重要、很宝贵（J. P. Allen，McElhaney，Kuperminc & Jodl，2004；R. M. Lerner，2002；Nestemann & Hurrelmann，1994）。虽然青少年经常和父母持反对意见，但适应良好的孩子即使反对也更多是在一种亲密、支持性的亲子关系背景下（J. P. Allen et al.，2003）。

**教养方式** 研究者发现，许多家长在抚养孩子时会表现出某种一致的行为模式。不同的教养方式与儿童不同的行为和人格差异有关（Baumrind，1971，1989，1991；Maccoby & Martin，1983）。表 3—1 描述了四种常见的教养方式（parenting styles）——权威型、专制型、放任型和冷漠型——及其与儿童各种人格特征间的关联。

可以从表中看出，对大部分儿童而言，最理想的教养方式应是权威型（authoritative parenting）。采用这种教养方式的父母营造了一个温馨支持的家庭，对儿童的表现有较高期待和要求，会解释为何有的行为是可接受的，有的行为又是不可接受的，一贯地实施家庭规则，让孩子参与决策，提供适合年龄的独立机会，这样家庭中的孩子很快乐、有活力、自信又自立。他们较易交朋友、有良好的社会技能并关心他人的权力和需要。他们愿意在学校有好的表现，因此也常是优秀生。作为教师，权威型教养方式为我们提供了一个很好的榜样，使我们明白应该如何掌管我们的课堂（J. M. T. Walker & Hoover-Dempsey，2006）。我们将在第 14 章了解这些权威型策略。

此处必须指出的很重要的一点是，多数有关教养方式的研究都是相关研究，揭示了家长的行为和儿童个性特征间的相关，但并不必然证明两者的因果关系。一些实验研究证实，特定的教养方式可能确实会在某种程度上影响孩子的人格（W. A. Collins et al.，2000）。另外一些研究案例中，父母的管教策略则变成了儿童行为的结果而非原因。例如，比起较安静、克制的儿童，气质属活泼或冒险型的儿童通常需要家长更多的控制（J. R. Harris，1998；Jaffee et al.，2004；Stice & Barrera，1995）。

权威型教养下的儿童适应良好，部分是因为他们的行为在西方文化下许多人的眼中是理想的：他们恭敬地聆听他人，到了入学年龄能遵守规则，尝试独立，而且努力追求学业成功。但权威型的父母并非总是最好的；其他教养方式可能更适合某些特殊的文化。比如，控制性很强（显然是专制型）的亚裔美国父母的孩子在学校常表现得相当不错。在许多亚裔美国家庭中，对服从的高度要求通常是发生在一种温情支持性的母子关系背景下。此外，儒家思想也教导儿童，父母总是正确的，服从和克制自己的情感对家庭和谐至关重要（Chao，1994，2001；Lin & Fu，1990）。

家庭经济状况贫困则可能也需要专制型教养方式。低收入的市中心贫民区可能到处都存在危险，父母严格要求和指导孩子的活动可能更好些（Hale-Benson，1986；McLoyd，1998）。另外，贫困经济状况带来的压力如此沉重，会限制父母为了让孩子了解家庭规则所做的努力（Bronfenbrenner，Alvarez & Henderson，1984）。对那些看起来似乎是不公平的规则，需要花大量的时间精力和孩子交流与协商为何有较高的行为要求——也许所花的时间和精力会超过压力情境所允许的范围。

**表 3—1　　比较/对比——常见的父母教养方式** 67

| 当父母采用这种教养方式…… | 儿童可能…… |
|---|---|
| 权威型：<br>• 提供一种温情、支持性的家庭氛围<br>• 对儿童的行为有高期待和严要求<br>• 解释为何有些行为是可以接受的，有些又是不可接受的<br>• 一贯地实施一致的家庭规则<br>• 让孩子参与家庭决策<br>• 当孩子能够承担更多责任、更独立时，逐渐放松限制 | • 快乐<br>• 自信<br>• 好奇<br>• 独立并自立<br>• 能够进行相当程度的自我控制<br>• 可爱，具备有效的社会技能<br>• 尊重他人需要<br>• 有动机且在学校能获得成功 |
| 专制型：<br>• 比起权威型父母，较少表达温情<br>• 对孩子的行为有高期待和高要求<br>• 设定行为规则却不考虑儿童的需要<br>• 希望儿童毫无疑虑地遵守规则<br>• 亲子讨论中几乎没有平等的互让 | • 不快乐<br>• 焦虑<br>• 自信水平低<br>• 缺乏创造性<br>• 依赖他人<br>• 缺乏社会技能和亲社会行为<br>• 应对他人时行为强迫<br>• 不顺从 |
| 放任型：<br>• 提供一种温情、支持性的家庭氛围<br>• 对孩子的行为几乎没什么期待或要求<br>• 很少惩罚不恰当行为<br>• 允许孩子自己作出许多决定（如关于饮食、就寝时间等） | • 自私<br>• 缺乏动机<br>• 依赖他人<br>• 要求他人注意<br>• 不服从<br>• 冲动 |
| 冷漠型：<br>• 即使有的话，提供给孩子的情感支持也非常少<br>• 对孩子的行为几乎没什么期待或要求<br>• 对孩子的生活几乎不感兴趣<br>• 似乎完全沉浸于自我关注的个人问题中 | • 不服从<br>• 苛求<br>• 自我控制水平低<br>• 难以应对挫折<br>• 缺乏长期目标 |

资料来源：Baumrind，1971，1989；W. A. Collins，Maccoby，Steinberg，Hetherington & Bornstein，2000；Dekovic & Janssens，1992；Gonzalez & Wolters，2005；Lamborn，Mounts，Steinberg & Dornbusch，1991；Maccoby & Martin，1983；L. S. Miller，1995；Paris，Morrison & Miller，2006；Rohner，1998；Simons，Whitbeck，Conger & Conger，1991；L. Steinberg，1993；L. Steinberg，Elmen & Mounts，1989；J. M. T. Walker & Hoover-Dempsey，2006。

作为教师，我们必须注意，不要对家长如何抚养子女伸出指责的手指，或以其他方式肆意评价。有些家长可能是从他们的父母那里学习到那些无效的教养方法。另一些家长可能在自己的生活中遇到了挑战——也许是心理疾病、婚姻冲突或严重的经济问题——这些都会削弱家长养育、支持自己子女的能力。当然，非权威型教养方式有时还是具有一定的文化适应性的。虽然我们的确可以为家长实施有效的管束提供有价值的信息，但我们也必须谨慎，对于家长如何与自己的孩子互动，我们不要一味地赞扬或者一味地指责。

不管怎样，教养方式对儿童人格的影响似乎是中等的（并非强烈的）（W. A. Collins 68
et al.，2000；Weiss & Schwarz，1996）。如果他们的家庭不是完全忽视或虐待孩子，那么，尽管家长的教养方式不尽完美，但许多孩子还是会茁壮成长起来（J. R. Harris，

1995，1998；Lykken，1997；Scarr，1992)。具有某种气质类型的儿童——比如，那些适应力强的、有毅力且外向的孩子——特别能忍受不利的家庭环境（D. Hart，Atkins & Fegley，2003；Keogh，2003)。

**儿童虐待**

在一些不幸的例子中，家长对孩子的行为构成了儿童虐待（child maltreatment)。有些案例中，家长忽视孩子：他们没能提供有营养的饮食、合适的衣服以及其他基本的生活必需品。另外，有些家长（或者可能是其他家庭成员）对儿童进行身体虐待、性虐待或情感虐待。长期饥饿、寒冷季节缺乏温暖衣物、没有必要的医疗、频繁或严重的身体伤害（如淤伤、烧伤、骨折)，及其他特殊的性伤害等都可能预示着这种忽视和虐待（Turnbull et al.，2007)。

父母的忽视和虐待对儿童的人格和社会性发展会产生深重的负面影响。一般来说，时常被忽视或受虐待的儿童自尊水平低、社会技能发展较差、学业成就也较低。许多孩子容易发怒、有攻击性、较叛逆。另外一些则有抑郁、焦虑、社交退缩甚至自杀的可能（Dodge，Pettit，Bates & Valente，1995；Maughan & Cicchetti，2002；Nix et al.，1999；R. A. Thompson & Wyatt，1999)。

不论从道德上还是法律上，教师都有责任向适当个人和组织（如校长或儿童保护组织）报告任何可能的虐待儿童和忽视儿童的案例。能够提供帮助的两个渠道分别是国家儿童虐待热线 1－800－4－A－CHILD（1－800－422－4453）和美国儿童救助网站（Childhelp USA）－www.childhelpusa.org。

## 文化期待和社会化

正如我们所知，文化团体能够借助它们推崇的教养方式来影响儿童的人格。但文化也能够通过被称为是社会化（socialization）的过程对儿童的人格和社会性的发展产生更为直接的影响。即一个文化团体的成员们努力帮助成长中的儿童接纳这个团体所推崇的行为和信念。儿童通常从教授他们个人卫生和基本礼貌等（如说“请”和“谢谢”）的个体，如父母和其他家庭成员那里习得最早的相关文化规范和行为期待。一旦儿童到了上学年龄，老师就成为同样重要的社会化动因。例如，在西方主流社会，老师通常期待并鼓励种种特定行为——对权威人物表示尊重、听从教诲、独立工作、在需要时向他人求助、控制冲动等（Helton & Oakland，1977；R. D. Hess & Holloway，1984)。全球的文化都提倡许多类似行为，但并不完全赞同所有以上行为。作为例子，让我们回到开始的那个案例研究。回想一下鲁皮塔安静地坐在教室里，很显然哪怕是当她在做指定的需要帮助的任务时也是如此。许多墨西哥移民更习惯于安静地默默地观察，而不是要成人解释。再回想一下，鲁皮塔宁愿放下自己的任务，去和一个同学一起玩，并帮助其他两个同学玩字谜。一般而言，比起自己一个人玩，有着墨西哥血统的孩子和同伴一起玩会感到更惬意（我们将在第 4 章详细分析这些差异)。

研究者还观察到在人格和社会性方面的一些其他文化差异。比如，欧裔美国家庭经常鼓励果断（assertiveness）和独立，但其他国家移民的家庭（如墨西哥、中国、日本、印度）则鼓励克制、服从、尊敬长辈（Chao，1994；Goodnow，1992；Joshi & Ma-
69 cLean，1994；Rothbaum，Weisz，Pott，Miyake & Morelli，2000)。中国文化环境下抚育的孩子会比较害羞，赞比亚孩子则爱笑、外向（X. Chen，Rubin & Sun，1992；Hale-Benson，1986；D. Y. F. Ho，1986，1994)。但在某一文化中也存在相当多的差异

性，不同的家长、教师和其他一些成人，他们提倡的行为和信念也会不同。

当学生在学校受到期待的行为与他们在家中受到期待的行为不一致时，或教师推崇的信念系统和家长的不一致时，儿童最初可能会体验到某种文化冲击（culture shock）。至少在学校的最初几天或几个星期内，儿童可能会困惑，也比他们平时更少创造性。有些适应性较差的或具有易激惹气质的儿童甚至可能会变得生气或反抗（R. D. Hess & Holloway，1984；Kumar，Gheen & Kaplan，2002）。

作为教师，我们尤其要鼓励学生展现那些对长期学业成功至关重要的行为，如遵守校规、听从教诲、独立工作。例如，当我们希望学生独立工作时，即使是那些在家没有受到这种期待的孩子，其工作习惯也会有所改善（J. L. Epstein，1983）。同时，当我们的期望和学生家庭或文化团体的期望不同时，学生还将需要我们的指导、支持和耐心。

## 自我意识的发展

随着符号思维和（最终）抽象推理能力的发展，人类时常会对自己是什么样的人下结论。作为一个例子，来试试下面的练习。

**亲身体验·描述你自己**

在一张纸上，列出至少10个可以描述你是哪种人的形容词或短语。

---

你曾如何描述自己？你是个好学生吗？你的外貌有吸引力吗？你友好吗？可爱吗？忧伤吗？聪明吗？有趣吗？不协调吗？心胸宽广吗？你的部分回答可能反映了某些人格特质。但你的全部答案是探究你的自我意识（sense of self）——关于你作为一个人的知觉、信念、判断和情绪的窗口。很多理论家区分了自我意识的两个方面：自我概念（self-concept）——对自己的个性、优点、缺点的评价——和自尊（self-esteem）——对自己重要性和价值的判断和感受。这两个术语在日常应用中有很大重叠，也经常相互混用（Byrne，2002；Harter，1999）。

学生对于自我价值（self-worth）有一个整体的综合感觉：他们相信自己是优秀的、有能力的或者自己有点笨、没什么价值。同时他们通常又会意识到，自己既有优点也有缺点——即有些事情能做好，有些事情做不好。小学阶段的儿童对自己的两个方面能作出整体区分，日常任务中他们的能力如何以及家庭和朋友喜欢他们的程度如何。随着年龄的增长，他们所进行的区分也会越来越细致。到了小学高年级阶段，他们意识到自己在学业、体育活动、课堂行为、同伴接纳和外貌吸引力方面都可能或多或少地有能力或“良好”。进入青春期，他们同样会对自己交朋友的能力、完成类似成人工作任务的能力和他们的恋爱魅力等有总体的自我评价（Davis-Kean & Sandler，2001；Harter，1999）。

图3—1总结了随着年龄最终出现的8种成分，每种成分都或多或少地影响到学生的总体自我意识。对部分学生而言，他们看重学业成就；而对于另外一些学生而言，在同伴中是否受欢迎才是重要的。对于全世界许多年轻人而言，体貌的吸引力对总体自尊有重大影响（Hart，1988；Harter，1999）。

儿童和青少年倾向于采用能够反映自我信念的方式行动。总体来看，有着积极自我知觉的学生更可能在学业、社会性乃至体貌方面获得成功(Caldwell, Rudolph, Troop-Gordon & Kim, 2004; Ma & Kishor, 1997; Marsh & Craven, 2006; Valentine,
70 DuBois & Cooper, 2004)。比如,如果他们认为自己是好学生,就更会集中注意力、听从指导、独立工作并且坚持解决难题、选修有挑战性的课程。如果学生们认为自己很友好、受他人欢迎,他们更可能寻求与同学结伴或可能争取进入学生会。如果认为自己体能不错,他们也会更渴望参加课外的体育活动。

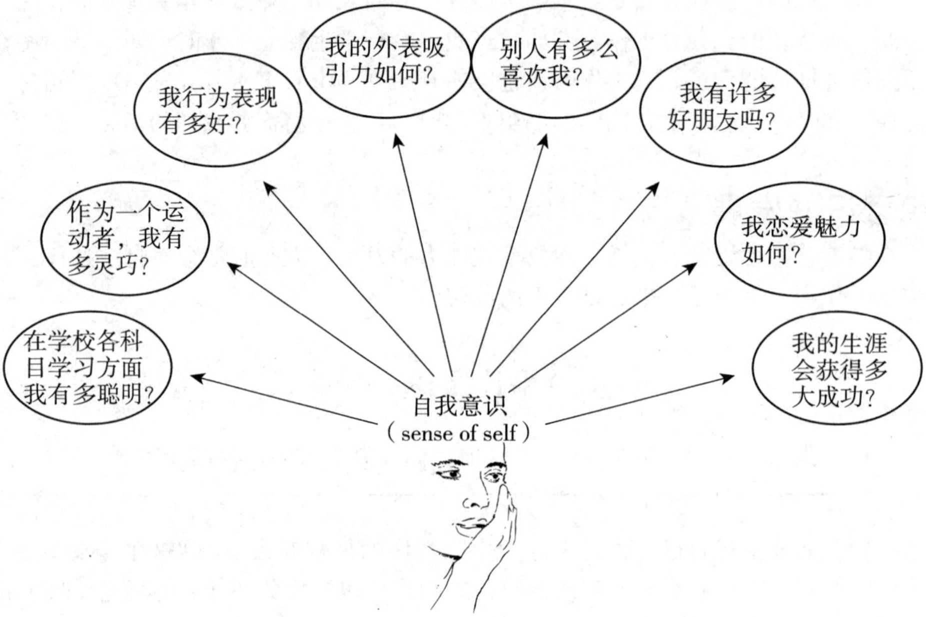


**图 3—1　青春期学生的自我意识至少包括 8 种不同成分**

像他们对世界的信念一样,学生对自己的信念大部分是自我构建的。因而,他们的自我评价可能准确也可能不准确(Dunning, Heath & Suls, 2004; Harter, 1999)。当学生对自己的评价很准确时,他们就处于选择适合自己年龄活动的有利位置并会朝向现实目标努力(R. F. Baumeister, Campbell, Krueger & Vohs, 2003; Harter, 1999)。稍微夸大的自我评价同样有益,因为它会激励学生努力追求有挑战性并且有可能实现的目标(Bjorklund & Green, 1992; Schunk & Pajares, 2004)。然而,过分夸大的自我评价可能会给一些学生带来一种轻视同学、毫无根据的优越感,这会导致他们欺负同伴或以其他攻击性方式对待同伴(R. F. Baumeister et al., 2003; R. F. Baumeister, Smart & Boden, 1996)。过分低估会让学生回避许多能够促进他们认知和社会性发展的挑战(Assor & Connell, 1992; Schunk & Pajares, 2004)。

## 影响自我意识的因素

仅仅告诉学生他们是好学生、聪明或受欢迎,不可能减少他们的低自尊感(Crocker & Knight, 2005; Damon, 1991; Marsh & Craven, 1997)。而且,意义不明的抽象陈述,如"你很特别"对年幼儿童具体的实际经历没什么意义(McMillan, Singh & Simonetta, 1994)。但是,至少有三个因素肯定会影响学生形成的自我概念的种类:学生先前的表现、其他个体的行为以及在某些情况学生所属的一个较大团体所取得的成就。

每一个因素都能为作为教师的我们在提升学生自我意识方面给予启示。

**先前表现**

我们已经了解，学生的自我概念会影响他们的行为方式。反过来也是一样：学生的自我评价受到他们过去成功经验的影响（Damon，1991；Marsh & Craven，2006）。如果学生在先前的数学课上获得成功，他们更可能相信他们有学数学的天赋；如果他们交过朋友并维系友谊，他们会相信自己是可爱的个体；如果他们在体育竞赛中曾经有过胜利，他们也会相信自己的体育能力不错。

学生常常通过他们在特定活动中的成功和失败获得对自己在某一领域总体能力的初 71
步了解。例如，他们会发现自己能够轻易——或一直争取——解决简单的加减应用题。或者，他们可能会发现自己比多数同伴跑得快——或跑得慢。借助这些经验，他们获得了能把特定事情做好到何种程度的自我效能感（a sense of self-efficacy）。随着时间的发展，学生对不同任务和活动的特定自我效能感促成他们形成更为综合的自我意识（Bong & Skaalvik，2003；Schunk & Pajares，2004）（我们将在第 10 章详细探讨自我效能感）。

自我知觉和行为间的相互作用可能形成一个恶性循环：不良的自我意识导致有成效的行为减少，这又使得成功概率降低，成功概率减少又继续促成不良的自我意识。要打破这一循环，我们必须保证，学生在学业、社会性和身体三方面的任务中有许许多多的成功机会，或者至少让他们在以上任务中有展现显著进步的机会（Damon，1991；Leary，1999；Marsh & Craven，1997）。例如，我们可以给学生指派一些适合他们发展水平和认知能力的任务，并且我们要确保，在分配新任务之前，学生已经掌握了必要的先决知识和技能。但我们也须牢记，在非常容易的任务中获得的成功是不可能产生这么大的影响。反而，我们应该分配一些有挑战性的任务，给予他们成功完成任务所需的结构和支持，即支架（Bouchey & Harter，2005；Dunning et al.，2004）。事实上，类似挑战带来的偶然失败——假使学生最终获得了胜利——也将最终促成一种更切实、更有韧性的自我意识，进而从容对待失败（Bandura，1989；Dweck，2000）。

**他人行为**

他人行为至少在两个方面影响学生的自我概念。第一，学生如何评价自己在某种程度上有赖于他们如何将自己的表现与他人，尤其是同伴的表现进行比较（Guay，Boivin & Hodges，1999；Marsh & Hau，2003；Nicholls，1984）。青少年特别倾向于通过和同学比较来评判自己。比起一直觉得自己落后的孩子，认为自己比其他人达到更高水平的孩子能发展出更积极的自我意识。那么，为了帮助学生发展积极的自我意识，我们或许希望尽可能减少竞争以及孩子可能将自己和他人进行不当比较的情况。

第二，学生的自我知觉还受到他人如何对待自己的影响（Dweck，2000；Harter，1996）。成人和同伴通过多种行为交流他们对某个人的评价。例如，当家长和老师对儿童的表现有较高期望并为儿童追求有挑战性的目标提供支持与鼓励时，家长和老师就能培养儿童更积极的自我概念（Eccles，Jacobs，Harold-Goldsmith，Jayaratne & Yee，1989；M. J. Harris & Rosenthal，1985）。同时，同伴会就儿童的社会能力和体育能力进行交流，也许是找出某个孩子的友伴，也许是当着其他孩子的面取笑某个儿童（Caldwell et al.，2004；Harter，1999；Rudolph，Caldwell & Conley，2005）。

作为教师，我们不会总能控制他人对待我们学生的方式，但我们却能确保我们会以 72

促进学生自我意识的方式对学生作出回应。比起行事得当的学生，经常犯错误、行为不端的学生通常更能立即引起我们的注意。因此，我们必须作出一致的努力，做些好的事情来抓住学生的注意力，并经常表扬他们。一般来说，我们必须以尊重的态度对待学生们——例如，可以询问他们有关学业科目方面的个人观点、意见，寻求他们对重要班级决策的观点，并对他们幸福感表达真正的兴趣（见第 14 章）。

同时，只要我们让学生明白哪些时候他们做了无用的事、不恰当的事，学生们就能改进他们的不足。那么不可避免，我们偶尔也会给予消极反馈。诀窍在于给予消极反馈的同时要视学生为人类，给予尊重和关爱。例如，当学生在学业任务中犯了错，我们可以指出在学习过程中犯错很自然，并为他们提供在完善知识和技能方面的有价值的信息（Clifford，1990；Dweck，2000）。当学生在课堂上的行为不恰当时，我们要和他们沟通：虽然我们喜欢他们，但我们也不赞同他们现在的行为，也许可以这样说："总的来说，你是一个非常善良的人，盖尔，但你刚才取笑珍妮的新衣服却伤害了她的感情。"

**团体成员和成就**

成为一个或更多团体（如加入一个受欢迎团体）的成员同样会影响学生的自我意识。如果你回想一下你在学校的日子，也许就能记起来，你曾因整个班级一起达成某个目标而感到自豪过，课外俱乐部曾完成的一项社区服务活动也曾让你感到骄傲，或者也曾为学校的一个运动队获得了州际冠军而狂喜。总体而言，如果身为成功团体的一员，学生更可能拥有高自尊（Harter，1999；Wigfield，Eccles & Pintrich，1996）。

学校团体不是学生生活中唯一的重要团体。有些文化也会鼓励孩子为他们家庭取得的成就感到自豪，或者甚至是反过来说，为他们自己取得的成就自豪（Olneck，1995；Pang，1995）。此外，许多孩子不仅了解他们的种族团体且为他们的团体感到骄傲，并愿意接纳团体的某些行为。换句话说，他们有强烈的种族认同感（ethnic identity）（Phinney，1993；Sheets & Hollins，1999；Tatum，1997）。

学生的种族认同感偶尔会导致他们拒绝主流的西方价值观。例如，在一些少数民族团体中，同伴可能会指责成绩好的学生在"扮演白人"——一个标签，本来的意思是"你不是我们中的一员"（Cross，Strauss & Fhagen-Smith，1999；Graham，1997；Ogbu，1992）。然而主要是，有着强烈而积极的种族认同感的学生在学校不论是学业还是社会交往方面都做得很好（Chavous et al.，2003；Spencer，Noll，Stoltzfus & Harpalani，2001）。此外，儿童和青少年对自己种族的自豪感可以在情绪上缓解他们作为少数民族有时可能会遇到的侮辱和歧视（Allen & Aber，2006；Caldwell，Zimmerman，Bernat，Sellers & Notaro，2002；DuBois，Burk-Braxton，Swenson，Tevendale & Hardesty，2002）。以伊娃，一个非洲裔美国高中生的一段话作为例子：

> 我为自己是个黑人感到自豪，为一切感到自豪。但是，嗯，我明白，你知道，这世界上还有种族歧视的行为和事件，但我不认为这是个理由，你知道。我感觉即使我能成功……我只知道我不会让（种族主义）阻止我……做个黑人挺好。我很自豪自己是个黑人，但你也要面对现实。将会发生什么，你知道，生活中黑人现在还没有真正获得胜利，但我知道我将会胜利，我不知道——我只知道我会胜利的。（Way，1998，p. 257）

那么，我们显然可以让学生关注他们所属群体取得的成就来提升他们的自我意识，包括那些校园之外的团体。后面的几章里面，当我们考虑如何创建一个更加多元文化的课堂环境（第 4 章）和在学校创建一种大同的群体感时，我们将讨论如何来实施以上做法。

## 自我意识的发展变化

我们已经了解了自我概念随着时间变化的一种方式：逐渐地，儿童会在自己的许多
“方面”发生变化——学业方面、社会性方面、外貌特征方面等。但发展理论家早已揭 73
示，儿童和青少年对自己的信念和感受同样会以其他方式发生变化。埃里克·埃里克森
(Erik Erikson) 指出，人们对自己和他人的看法在童年期、青少年期乃至贯穿整个人生
都会发生重大改变。下面显示了埃里克森八个心理社会发展阶段的经典理论。 74

### 埃里克森心理社会发展理论

埃里克·埃里克森（1963，1972）认为，人会经历八个发展阶段。每个阶段都有特定的发展任务，个体在每个阶段的表现会影响他的整体发展。虽然当代的发展理论家指出，完成发展任务的年龄跨度可能比埃里克森提出的更灵活，但他们认为埃里克森提出的理论观点仍非常有价值。

**信任对不信任（trust vs. mistrust）（婴儿期）**。根据埃里克森的观点，婴儿期的主要发展任务是要了解，其他人尤其是主要的看护者是否定期满足他们的基本需要。如果看护者能持续提供食物、安抚和关爱，婴儿就会学习到信任——即他人是可靠、可依赖的。反之，如果婴儿被忽视，甚至是被虐待，他就会习得不信任——即这个世界是不可靠的、不可预测的，甚至可能是危险的。

**自主对羞怯和怀疑（autonomy vs. shame and doubt）（学步期）**。随着身体协调性和动作能力的发展，孩子变得能够满足自己的部分需要。他们开始自己给自己喂食、穿衣、上厕所。如果看护者鼓励这种自给自足的行为，儿童就会发展出自主感——一种能自己处理很多问题的感觉。但如果看护者要求过高过急，拒绝让儿童做他们能做的任务，或者嘲笑他们早期尝试自给自足，儿童就可能会发展出对自己解决问题能力的羞怯和怀疑。

**主动对内疚（initiative vs. guilt）（学前期）**。学前期儿童逐渐能自己完成任务。随着独立性的发展，逐渐出现许多可以追求的选择和活动。有时孩子会担当他们能够完成的任务，但有时他们也会承担超越自己能力的任务或干扰他人计划和活动的任务。如果家长和学前教师鼓励并支持孩子的努力，同时帮助他们作出现实、正确的选择，儿童就会形成主动性——即独立计划、承担各种活动[a]。但反之，如果成人阻止儿童追求独立活动或打消他们愚蠢、麻烦的念头，儿童就会发展出对自己需要和欲望的内疚感。

**勤奋对自卑（industry vs. inferiority）（学龄初期）**。埃里克森认为，小学阶段对自信的发展至关重要。理想而言，小学为学生提供了许多机会，以画画、解决加法问题、造句等有成效的方式达到教师、家长和同伴的认可。如果儿童受到鼓励做事，然后因为自己的成就受到表扬，他们就会坚持完成任务，将任务放在享乐之前，表现出勤奋。如

果儿童的努力受到嘲笑或惩罚或如果他们发现他们不能达到老师和家长的期望，孩子就会对自己的能力表现出自卑。

**同一性对角色混乱（identity vs. role confusion）（青少年期）。**随着孩子从儿童期向成年期过渡，他们开始思考自己在成人世界扮演的角色。最初，他们有可能体验到某种角色混乱——对自己将要以特定的方式适应社会的混杂想法和感受——可能也会尝试各种行为和活动（如修理汽车、为邻居带孩子、参加特定的政治或宗教团体）。埃里克森最终提出，不论他们是谁，他们的生活走向何方，多数青少年都会形成同一性[b]。

**亲密对孤独（intimacy vs. isolation）（成人早期）。**一旦个体建立了自己的同一性，他们就会对他人作出长期承诺，并能够形成亲密感、互惠关系（如通过亲密友谊或婚姻），且愿意因这种关系所需而做出牺牲和妥协[c]。如果个体不能形成亲密关系（也许是因为他们不愿或不能牺牲自己的需要），可能就会形成孤独感。

**繁殖对停滞（generativity vs. stagnation）（成年中期）。**在成年中期，基本的发展任务是为社会作贡献并协助指导下一代。当一个人在这段期间作出贡献，可能是养家或为了社会的进步而努力，一种繁殖感——一种创造性和成就感就产生了。相比较，一个人如果以自我为中心且不能或不愿帮助社会进步，就会发展出一种停滞感——对相对缺乏繁殖感的不满。

**完善对绝望（integrity vs. despair）（退休后）。**最后的发展任务是回顾：人们会回顾他们的一生和成就。如果他们相信他们的生活幸福且有价值，他们会发展出满足感和完善感。反之，如果回顾一生，他们觉得自己的生活充满了失望和未达成的目标，他们可能会发展出绝望感。

---

[a] 埃里克森没有考虑文化在发展中的重要作用。许多文化特意打击年幼儿童的自主、主动和自信，有时其实是为了保护儿童远离环境中真正的危险（X. Chen et al.，1992；Dennis，Cole，Zahn-Waxler & Mizuta，2002；Harwood，Miller & Irizarry，1995；G. J. Powell，1983）。

[b] 许多人可能没有像埃里克森所说的那么早或那么轻易地形成同一性。

[c] 埃里克森的阶段论最初是建立在男性经验的基础上；对许多女性而言，注重亲密感的同时会伴随注重同一性，在有些情况下甚至会先于同一性（Josselson，1988）。

**儿童期**

小学儿童倾向于以具体、容易观察到的特征和行为来思考自己（D. Hart，1988；Harter，1983）。例如，当我的儿子阿历克斯9岁时，他这样描述自己：

> 我有棕色的头发和眼睛。我喜欢穿短袖衬衣。我是卷发。我是被收养的。我在丹佛市出生。我喜欢各种动物。运动方面我主要喜欢棒球。在学校我表现得相当好。我有只蜥蜴，我还将拥有第二只蜥蜴。

在拥有不同种族和文化的社区中，在不同的肤色、语言、风俗等明显的地方，儿童也可能将自己划分归入这个或那个种族或民族团体（Phinney，1990；Sheets，1999）。例如，虽然我女儿蒂娜以前是在一个欧裔美国家庭成长，但基因上她一半是地道的美国血统，一半是西班牙血统。在她2年级画的一幅自我画像中（见图3—2），她清楚地知道，自己的头发和肤色比她班上同学的要深。

在学前和小学阶段，多数孩子的自我意识总体是积极的（Robins & Trzesniewski，2005）。他们经常相信，他们比现实中的自己更有能力，而且他们能轻易克服最初的失败（Harter，1999；Lockhart，Chang & Story，2002；Paris & Cunningham，1996）。当孩子在小学阶段有更多机会将自己和同伴进行比较时，当他们在认知上更有能力做这种比较时，他们的自我评估会逐渐现实起来（Chapman，Tunmer & Prochnow，2000；Harter，1999）。他们也开始综合自己的许多自我观察形成对自己是何种人的总体看法——也许是友好的、善于体育运动、聪明的或愚笨的——而且，不论是好是坏，这种综合会导致逐渐稳定的自我概念（D. A. Cole et al.，2001；Harter，1999）。

**图 3—2　早在小学阶段，生活在不同种族背景下的学生就开始意识到了自己所属的特定种族团体的身份。注意 7 岁大的蒂娜是如何描述自己是个比坐在她后面的同学有着更深颜色的头发和皮肤的孩子的**

**青少年早期**

当学生进入青少年期，获得更多的抽象思维能力时，他们逐渐会根据总体的、相对稳定的特质来思考自己。考虑一下我女儿蒂娜在 6 年级时的自我描述：

> 我很酷。我很棒。我太酷了。我 12 岁。我是男孩发烧友。我在布伦特伍德（Brentwood）中学上学。我很受朋友欢迎。我拉小提琴。我最好的朋友是林赛。我有只沙鼠叫泰。我是被收养的。我长得漂亮。

虽然蒂娜列出了几条有关自己的具体特征，但她已经明显地发展出了相当抽象的自我概念。她关注的是酷、受欢迎程度和美丽，而不是智力或学业成就（或者，我需要补充，谦虚），这种情况非常典型：社会接纳和身体外貌对于许多年龄小的青少年而言比学业能力重要得多（D. Hart，1988；Harter，1999）。

当学生从小学升入初中时，他们的自我概念和自尊经常下降，但女孩下降得更明显（D. A. Cole et al.，2001；Harter，1999；Robins & Trzesniewski，2005）。伴随青春期到来的生理变化可能是一个影响因素：一旦到达青春期，男孩和女孩同样都倾向于认为自己有点缺乏吸引力（T. A. Bender，1997；Cornell et al.，1990；Harter，Whitesell & Junkin，1998）。学校环境的变化——友谊关系的中断、更加薄弱的师生关系、更严格的学业要求等——可能也会带来消极影响（关于这一点的更多内容参见第 11 章）。

随着早期青春期的到来，两个新的现象预示了自我意识。第一，学生的认知能力更强，能够思考他人如何看待自己（Harter，1999）。他们最初可能会在这个方面走极端，认为在任何社会情境中，其他人的注意力都集中在自己身上（Elkind，1981；Lapsley，1993；R. M. Ryan & Kuczkowski，1994）。青少年自我意识的这种自我中心有时又被称为假想观众（imaginary audience）。因为他们相信自己是注意的中心，十几岁的青少年（尤其是女孩）经常沉迷于自己的外貌中，对自己相当挑剔。当社会技能不合适时，对

尴尬的极端敏感会导致一些青少年采用过度暴力来回应刺耳的言语或是其他令人觉得羞
75 辱的情况（Lowry，Sleet，Duncan，Powell & Kolbe，1995）。考虑一下当一个青少年——一个由学习障碍造成阅读理解困难的学生被一个没头脑的同学羞辱时，会发生什么：

> 当其中一个孩子向我走来，决定对我的阅读说点什么，最终的转折点来了。他说："小子，你一定很蠢！"嗯，事情就变得糟糕起来，因为我转身给了他一拳。(Zambo & Brem，2004，p. 6)

青春期早期第二个值得一提的现象是个人神话（personal fable）的出现：青少年经常相信，他们和其他任何人完全不同（Elkind，1981；Lapsley，1993）。他们容易认为自己的感受是独一无二的，他们周围的人从未体验过这些情绪。因而，他们可能坚持认为，没有任何人，尤其是老师和家长，可能了解他们的感受。此外，他们也会相信，他们不会受到生活中的一般危险的影响，他们有点不易受伤害、是不朽的。因而，许多青少年会进行看起来有点傻的冒险，诸如试用毒品和酒精、进行无保护的性活动或高速驾驶（Arnett，1995；DeRidder，1993；Jacobs & Klaczynski，2002；S. P. Thomas，Groër & Droppleman，1993）。恐吓策略——也许谈到死于过量使用毒品、因无保护性活动感染艾滋病或者高速追尾死亡的青少年——对他们的行为没有什么影响。他们会说："这不会发生在我身上。"

虽然假想观众和个人神话在青春期早期过后会慢慢消失，但这些现象的残余在整个高中阶段都会继续存在。有些孩子，尤其是男孩，坚持危险行为，所以，青春期男孩死于交通事故、过量使用毒品和类似事件的可能性是女孩的两倍（Frankenberger，2000；Lapsley，1993；Nell，2002）。

**青春期后期**

大部分青春期后期的青少年会从青春期和学校氛围渐少温暖的双重厄运中彻底恢复，享受积极的自我概念和全面心理健康（Harter，1999；S. I. Powers，Hauser & Kilner，1989）。他们会逐渐反思自己的个性和能力，并开始和自我知觉中出现的不一致斗争。一个 9 年级的学生这样解释：

> 我真的不理解我的转变怎么这么快，以前和朋友一起时很快乐，然后回家就感觉焦虑，然后和父母一起就会觉得沮丧、讽刺他们。哪个才是真正的我？（Harter，1999，p. 67）

渐渐地，大约到了 11 年级，多数学生会将他们的各种自我知觉整合成一种复杂而多面，且对矛盾之处进行协调的自我意识。例如，他们可能会得出结论，不同的情绪意味着他们多愁善感，不同场合中不一致的行为说明他们灵活（Harter，1999）。

在他们尝试统领自己的许多方面时，很多较年长的青少年开始形成一个总体的同一性（identity）：对自己是谁、他们认为什么事情重要和他们将在生活中实现什么目标的一种自我构建的定义（Erikson，1963，1972；Wigfield et al.，1996）。不同的团体——也许是学校非正式的小团体、有组织的俱乐部或小组、民族街区或社区——可能在同一性形成中起到了关键作用（Phinney，1989；Wigfield，Byrnes & Eccles，
76 2006）。这样的团体不仅帮助青少年对自己是谁下定义，也会认可那些青少年可能会采纳的价值观和目标。

在追求长期同一性的过程中，青少年最初可能会表现出暂时的同一性（例如，坚持

穿某个品牌的衣服，或梳一种特定发型），以便自己和特定同伴团体紧密联系。例如，我儿子阿历克斯在 15 岁时描述他自己为一个“滑板者”——一个将滑板作为一种生活方式和交通方式的人——即使不喜欢也要坚持穿过大号的衬衣、包臀宽松裤（和那种有几英寸长的拳击短裤）。较年长的青少年，尤其是来自少数民族群体的，可能也会体验不同形式的民族同一性。例如，在最终退回到一个更放松、开放和有益的民族同一性之前，有些孩子最初可能会接纳一种相当强烈的、刻板的，甚至是敌意型的民族同一性（Cross et al.，1999）。

埃里克森提出，多数人在青春期末期会形成一种总体的统合感。当今的很多理论家不同意这种观点，他们认为，同一性在一段时间内需要青少年继续努力才能形成。有些青少年在整合自己的各种自我知觉时遇到很大困难，并继续和“我到底是谁”这个问题斗争，对于那些先前体验到有关自己优点和缺点的冲突信息的青少年而言，情况尤其如此（Siegel，1999）。对于那些不能很容易地将自己民族团体的期望和处于主流西方社会中的当前角色进行协调的个体，情况也是如此（Kiang & Harter，2005）。甚至到了高中末期，在西方文化下只有一小部分少数民族青少年开始严肃思考他们将在社会中承担的最终角色，开始明确毕生目标（Archer，1982；Durkin，1995；Marcia，1980，1988）。

在形成真正的成人同一性之前，大部分年轻人需要花大量时间探索有关生涯、政治信仰、宗教归属等各种选择。玛西亚（Marcia，1980，1991）描述了能反映青少年寻求认同感的四种不同的行为模式：

- ✧ 同一性扩散（identity diffusion）。青少年没有投入进某个特定的生涯道路或者意识形态体系，可能会产生一些有害信仰或角色行为，但个体还没有真正开始严肃探讨有关自我定义的问题。
- ✧ 同一性早闭（foreclosure）。青少年对一项职业、一套特定的信仰，或以上两者都作出了坚定的承诺。这些决定大多是基于他人，尤其是家长指定的，没有迫切探索其他的可能性。
- ✧ 同一性延缓（moratorium）。青少年没有对特定生涯或某套信仰形成强烈的承诺，但开始积极探索和考虑各种职业和意识形态。本质上，个体正在经历同一性危机。
- ✧ 同一性获得（identity achievement）。经过延缓期后，青少年开始有明确的职业选择、对特定政治或宗教信仰形成承诺，或者具备以上两者。

同一性扩散会使年轻人失去明确的生活方向感，感到被排斥——最初没有探索就进行同一性选择——排除那些有潜在有益的选择。最佳状态是在最终定下一个明确的同一性之前经历一段延缓期——一种可能会延续到成年早期的探索（Berzonsky，1988；Marcia，1988）。

表 3—2 展现了儿童和青少年自我意识的发展变化，并为作为教师的我们提高不同年级学生的自我概念给出了建议。

77 表 3—2 发展趋势——不同年级的自我意识

| 年级 | 不同年龄的典型特征 | 推荐策略 |
|---|---|---|
| K～2 | • 自我概念大都局限于具体的、易观察的特征。<br>• 倾向于高估将来获得成功所需的能力和机会。 | • 鼓励学生施展自我，解决自己认为能够完成的挑战性任务。<br>• 为成功的可能提供足够的支持。 |
| 3～5 | • 逐渐意识到并能够区分特定的优点和缺点。<br>• 将诸如骄傲和羞怯等情绪和各种自我概念相联系。 | • 将学生的注意力放在逐步提高上。<br>• 鼓励为个人和团体成就而骄傲，了解来自一些民族团体的学生更愿意将注意力只放在团体成就上（见第 4 章）。<br>• 只有当所有学生都有骄傲的资本时，让学生看到别人的努力。 |
| 6～8 | • 自我概念逐渐抽象。<br>• 对许多孩子（尤其对女孩）而言，升入中学后自尊水平会下降。<br>• 对他人的想法非常敏感（假想观众）。<br>• 过分相信自己是独特的，常伴有冒险行为、不易受一般危险的伤害等想法（个人神话）。 | • 学生进入中学后，要对他们的能力和成功潜能特别支持，积极看待他们的能力。<br>• 当学生表现出特别的自我意识时要有耐心；教给他们向他人好好展现自我的策略。<br>• 坚决制止校内出现的冒险行为。 |
| 9～13 | • 继续冒险行为（尤其是男孩）。<br>• 自尊逐渐提升。<br>• 逐渐将各种自我概念整合成整体的、多面的自我意识。<br>• 寻求“真正的我”和成人同一性。 | • 在讨论危险行为的潜在后果时，要陈述事实但不要让学生感到过于焦虑或沮丧，以至于他们不能有效学习和记忆（如避免恐吓策略）。<br>• 给学生机会去考察和体验成人的各种角色。 |

资料来源：Dweck，2000；Elkind，1981；Harter，1999；Lockhart et al.，2002；Marcia，1980；Nell，2002；Robins & Trzesniewski，2005。

# 同伴关系的发展和对人际关系的理解

学校绝对是一个社会化的场所。事实上，对许多学生而言，和同伴互动并取得同伴的接纳比课堂学习和成绩更重要（B. B. Brown，1993；Dowson & McInerney，2001；W. Doyle，1986a）。

然而，社交成功和学业成功两者不是非此即彼的情形。相反，在学校和同伴愉快相处的学生更可能取得高水平成就（Gest，Domitrovich & Welsh，2005；Guay et al.，1999；Patrick，Anderman & Ryan，2002；Pellegrini & Bohn，2005）。

## 同伴在儿童发展中的作用

同伴关系，尤其是友谊，在儿童和青少年的人格和社会性发展中有着多方面的重要作用。第一，同伴关系为学习和体验大量社交技能，包括协商、劝解、合作、妥协、控制情绪和解决冲突提供了场所（Asher & Parker，1989；Erwin，1993；Gauvain，2001；Maxmell，Jarrett & Dickerson，1998；Sutton-Smith，1979）。

第二，同伴时常会提供急需的社会支持和情感支持。学前期间，儿童主要将同龄伙
78 伴视为游戏伙伴，但随着他们长大，他们会发现朋友可以给予安慰和安全感（Berndt，2002；Pellegrini & Bartini，2000；Youniss & Volpe，1978）。一旦儿童到达青春期，他

们就会逐渐依赖同伴，而不是成人，来获得情感支持，尤其是遇到麻烦或困惑时（Levitt，Guacci-Franco & Levitt，1993；Rubin，Bukowski & Parker，1998；Wentzel，Barry & Caldwell，2004）。这样的支持对那些来自缺乏关爱或过度惩罚家庭的孩子而言可能尤为重要（Berdan & Keane，2005）。

很多青少年，特别是女孩，会向朋友展示他们内心最深处的想法和感受（Levitt et al.，1993；Patrick et al.，2002；A. J. Rose，2002）。在没他人能够理解他们时，朋友经常会理解青少年的观点——专注于身体外貌、关心异性等。彼此分享自己的想法和感受，青少年们可能会发现，他们不像自己原来所想的那样独特，也可能会逐渐抛弃先前提到的个人神话（Elkind，1981）。

同伴在人格和社会性发展中起到的第三个重要作用是：他们作为社会化的动因有助于塑造儿童的行为和信念。年轻人可以以各种方式使彼此社会化（Erwin，1993；Ginsberg，Gottman & Parker，1986；J. R. Harris，1998；A. M. Ryan，2000）。他们对空闲时间有各种选择，也许是相聚在一个学习小组，或在角落里吸烟。他们也会有新的主意和观点，也许是怎样在滑板上做一个“翱骊（Ollie）”动作（一种滑板动作——译者注），或者为成为一个素食主义者而争论。同伴也会成为角色榜样，为可接受的行为提供标准，表明什么是可能的、什么是别人钦佩的，什么很酷。他们彼此强化自己年龄、性别或自己的民族团体所推崇的行为方式。他们也可能借助嘲笑、说闲话或排斥来彼此约束，不超越彼此认可的界限。这样的同伴压力（peer pressure）在初中阶段影响最大。和家庭的情感联系薄弱的孩子特别容易受到同伴压力的影响（Berndt，Laychak & Park，1990；Erwin，1993；R. M. Ryan & Lynch，1989；Urdan & Maehr，1995）。

**同伴压力的真正范围**

一个常见的误解是，同伴压力肯定是件坏事。实际上，同伴压力有好有坏。很多同伴鼓励一些优良品质，如真诚、公平、合作和节制（Berndt & Keefe，1996；Damon，1988；McCallum & Bracken，1993）。但是，另外一些同伴则鼓励攻击、犯罪活动和其他反社会行为（Chen，Chang，He & Liu，2005；Espelage，Holt & Henkel，2003；D. C. Gottfredson，2001）。有些同伴会提高学业成绩，而另外一些则认为看重学业成绩是不受欢迎的，可能会戏弄“聪明”学生或鼓励朋友逃课、逃学（Altermatt & Pomerantz，2003；B. B. Brown，1993；E. N. Walker，2006）。如果学生在家中、校内和同伴间关于行为可否接受、是否恰当，感受到了冲突，他们最可能遇到学业问题和社交问题。

虽然同伴压力是影响发展的一个确定因素，但它对儿童行为的总体影响可能被过分夸大了（Berndt & Keefe，1996）。多数儿童是从家庭那里习得一整套的价值观和行为准则，而且和同伴一起时，他们不必要抛弃这些价值观和准则（B. B. Brown，1990；W. A. Collins et al.，2000；Galambos，Barker & Almeida，2003）。此外，他们还倾向于选择那些和自己在动机、行为风格、学业成绩、课余活动方面类似的人做朋友（W. A. Collins et al.，2000；Kindermann，McCollam & Gibson，1996；A. M. Ryan，2001）。

奇怪的是，这种服从他人要求和期待的压力大多来自内部而非外部。尤其是多数儿童和青少年忙于自我社会化（self-socialization），会给自己施压以接纳他们认为别人觉得可接受的行为（B. B. Brown，1990；Durkin，1995；Juvonen，2006）。这一过程无疑是先前提到的假想观众现象的一个因素。考虑到别人可能对自己的评价和强烈相适应，青少年会变得非常服从，严格模仿同伴在着装、音乐、俚语和行为方面的选择（Hacker & Bol，2004；Hartup，1983；Owens，1996）。

年轻人当然不会接纳同伴的全部行为。他们会选择一些角色榜样，随大流地权衡正反两方面的意见，评价他们得到的建议并逐渐构建他们自己关于哪些行为适合自己，哪些不适合自己的观点。有些情况下，他们过着双重生活，这使得他们能够达成他们看重的目标——可能是实现学业成功或维持家庭的良好关系——同时也让同伴感觉自己仍然
79 很酷（Juvonen，2006；Mac Iver，Reuman & Main，1995）。例如，虽然学生们如实地上课、做作业，但他们可能假装对学校活动没兴趣，开玩笑或者用一些愚蠢的行为扰乱课堂，取得高分也会表现出惊讶（B. B. Brown，1993；Covington，1992）。另外，在公共场合中他们可能故意表现强硬，而将他们较软弱的一面留待更私下的场合，正如一个6年级学生所言：

> 你仍不得不有些恶劣态度。你不得不去装——这就像部电影。你必须去表演。然后在家你就是个规矩孩子，你不做坏事或别的什么。但当周围都是朋友时，你必须要刻薄，像这样去装，摆布所有人。（Juvonen & Cadigan，2002，p. 282）

作为教师，我们必须谨记，大部分学生急迫想让同伴看好他们。我们能用各种方式帮助他们维持一个良好的公众形象。例如，我们可以帮助他们获得所需的技能——公共发言技巧、个人卫生等——让自己给人以好印象。我们可以安排小组活动，使每个学生的独特天赋都能得到展现。当他们重视的同学嘲笑学业成绩时，我们也能让学生私下向我们展现自己的成就——通过书面作业或一对一的谈话——而不是当着同学的面。

## 同伴关系的特征

当然，有些同伴比其他同伴更有影响力。让我们来看看四种不同风格的同伴关系——友谊、较大社会团体、帮派和恋爱关系——然后考虑一下受欢迎和社会排斥的本质与影响。

### 友谊

密友一般在年龄上更接近，且通常是同一性别，虽然有些儿童和青少年也有异性密友（Gottman，1986；Hartup，1992；Kovacs，Parker & Hoffman，1996；Maccoby，2002）。朋友一般也来自同一种族。当可得的同伴数量相对较少时，跨种族的友谊会更普遍，因为这种友谊一般可能是在小型班级或农村社区中（Hallinan & Teixeria，1987；Roopnarine，Lasker，Sacks & Stores，1998）。

朋友间进行的活动一般彼此都会觉得有意义、有意思，逐渐地他们获得了一套共同经验，使得他们可以分享特定的生活观点（Gottman，1986；Suttles，1970）。因为朋友通常会将自己的感情投入友谊中，他们会努力从彼此的角度看待问题，解决对他们的友谊造成分裂威胁的争端。结果，他们的社会观点采择能力和冲突解决技能会逐渐提高（Basinger，Gibbs & Fuller，1995；DeVries，1997；Newcomb & Bagwell，1995）。亲密的友谊关系也会促进自尊，尤其是在中学时，亲密友谊会让学生产生认同感，一种表明他们属于一个特定群体的感觉（Berndt，1992；Knapp & Woolverton，1995）。

**较大的社会团体**

除了密友，多数儿童和青少年也喜欢和同伴待在一起。随着时间的推移，许多孩子形成了较大的社会团体，定期聚在一起。最初，这样的团体通常是由同一性别的孩子构成，但在青春期，类似团体时常会既有男孩又有女孩（Gottman & Mettetal，1986；J. R. Harris，1995）。

一旦儿童或青少年组合成一个团体，他们就喜欢和其他团体成员而不是非团体成员一起，形成对团体内个体的忠诚感。有些时候，儿童和青少年也会对其他团体的成员产生敌视和对抗感（J. R. Harris，1998；Sherif，Harvey，White，Hood & Sherif，1961）。如果你回想一下自己的青春期，你可能会记起，你和你的朋友们给不同团体的成员起名字——也许是“智囊”、“运动员”、“瘾君子”或者“怪胎”——而且你可能会不喜欢这些团体（Eckert，1989；J. R. Harris，1995）。即使是低年级的儿童也知道社会团体有着很多不同的社会地位（Bigler，Brown & Markell，2001；Nesdale & Flesser，2001）。

当学生进入青春期，较大的社会团体就成为他们社会性世界的一个尤为突出的特征。小团体（cliques）——一些有着一般稳定性友谊关系、具有3～10个成员的团体， 80
是大部分自发的社会交往发生的情境（Crockett，Losoff & Peterson，1984；J. L. Epstein，1986；Kindermann et al.，1996）。小团体的界限是相当严格和排外的——有些人是“自己人”，其他则是“外人”——而且不同小团体的成员身份经常会影响学生的社会地位（Wigfield et al.，1996）。

集群（crowds）的规模比小团体要大不少，且可能没有小团体中那种精心划定的界限和那么紧密的凝聚力。集群中的成员倾向于分享共同的兴趣（如体育运动中运动员很活跃）、对学业成就的态度和偶尔共同的民族背景（L. Steinberg，1996）。有时一个集群会以亚文化群（subculture）的形式——一个坚持以采纳一种非常不同的生活方式来表现其强大主导文化的团体（J. S. Epstein，1998）。有些亚文化群相对温和。例如，我儿子阿历克斯所属的穿宽松裤的滑板一族花大量空闲时间玩滑板，几乎称每个人都是“老兄”。其他亚文化群则更麻烦，像是那些信奉种族主义和反犹太行为（如光头仔们）的人和那些有邪恶崇拜和邪恶宗教仪式的人。当青少年觉得未融入主导文化时——也许是学校文化或通常是社会文化，他们更可能投奔那些问题亚文化群——并想以某种方式使自己和主导文化区别开来（C. C. Clark，1992；J. R. Harris，1998）。

到了高中高年级，更强的抽象思维能力使得很多青少年更多地将他人也视为独特的个体，更少将他人进行特定的分类。青少年会突然发现他们和来自不同背景的人有着共同的特征。或许最后，和特定同伴团体的联系将会消失，团体间的仇视也会减弱，年轻人对那些和他们相关的人也会更灵活（B. B. Brown，Eicher & Petrie，1986；Gavin & Fuhrman，1989；Larkin，1979；Shrum & Cheek，1987）。

**帮派**

帮派（gangs）是指以成人礼、特定颜色和标志，“拥有”特定领土，并与一个或多个竞争团体有世仇为特征，有凝聚力的社会团体。通常，帮派统治有严格的行为规则和苛刻的违规惩罚。帮派经常允许攻击行为和其他反社会行为，以此作为实现个人或团体目标的正当途径。近年来，帮派逐渐变得普遍，尤其是在低收入的市中心贫民街区（DeVoe et al.，2003；Kodluboy，2004）。

青少年，有时包括年幼儿童会出于各种原因加入帮派（C. C. Clark，1992；Kodluboy，2004；Parks，1995；Simons et al.，1991）。有些孩子这样做是为了表示对家庭、朋友或邻里的忠诚。有些则是为了寻求帮派成员身份带来的地位和名望。有些学业不良的青少年，将帮派视为另外一种选择，借此他们可能会获得认可和尊重。很多帮派成员和自己家庭的关系问题重重或者一直被同伴拒绝，转而投向帮派以获得他们在别的地方得不到的情感支持。

作为教师，我们一定能对我们班上可能存在的帮派成员的生活产生影响（S. G. Freedman，1990；Parks，1995）。首要的是，我们必须让这些学生知道我们真的关心他们和他们的幸福。例如，我们可以在他们有麻烦时作为诚心的听众，也可以给学生提供实现学业和社交成功所必需的支持。我们也必须对这些学生的背景加以了解——他们的文化价值观、经济状况等——这样我们才能更好地理解他们要应对的事情。而且，我们一定要与我们的同事积极努力合作，以最大限度减少校内的帮派暴力活动（我们将在第 14 章讨论应对策略）。

**恋爱关系**

甚至在低年级阶段，许多学生就开始谈论男朋友或女朋友。异性将一直是小学阶段的一个兴趣主题。

随着青少年期的来临，青春期的生理变化会伴随着新的、时常不确定的感受和性
欲。那么，不奇怪，恋爱将时常浮现于青少年心头，也成为他们在校的一个频繁话题
81 （B. B. Brown，Feiring & Furman，1999）。从发展的角度看，恋爱关系无疑有一定益处：
它能满足年轻人对伴侣、爱和安全的需要；也能为体验新的社交技能和人际行为提供机
会（Furman & Simon，1999；B. C. Miller & Benson，1999）。同时，恋爱也能对青少年
的情感造成破坏。比起年幼儿童和成人，青少年的心境更容易走极端。而且，对许多青
少年来说，这种不稳定可能部分是由于陷入恋爱或没恋爱带来的兴奋和挫折所造成的
（Arnett，1999；Larson，Clore & Wood，1999）。

最初，恋爱更多地经常出现在学生的心里而非现实中（Gottman & Mettetal，1986）。看看珊迪是如何回忆她初次恋爱的：

> 大概是五六年级的时候，我们整个的小团体……就像，“好的，”你知道，“我们准备好升入初中，”你知道，“是时候我们都必须找个男朋友了。”所以我记得，那很有趣。像是卡罗尔，有两个男孩整个班都迷恋他们，你知道……因此，嗯，我猜是卡罗尔和辛迪，他们像是，我们团体的头儿，你知道，他们是，是的，他们就是头儿，他们两个就找了蒂姆和乔，一人一个，你知道。卡罗尔选了蒂姆而辛迪选了乔。然后，你知道，其他每个人，然后就跟着这样走了，每个人都找了一个。我记得当时想，“哎，我会找谁呢？我甚至还没喜欢谁。”你知道。我记得，所有人坐成一圈，我们在说，“好的，我们能为珊迪找什么人呢？”看看，所以最后我们决定，你知道，我们试着在艾尔和戴夫中选一个，所以最后我就选了戴夫。（Eckert，1989，p. 84）

中学生的恋爱可能也会对触不可及的人产生迷恋——或许是最喜欢的老师、电影偶像或摇滚明星（B. B. Brown，1999；B. C. Miller & Benson，1999）。

渐渐地，许多青少年开始约会，尤其是他们朋友也在约会时。他们早期时常会根据外貌的吸引力或者社会地位来选择约会对象，而且约会可能仅仅是有限的、表面的

互动（Furman，Brown & Feiring，1999；Pellegrini，2002）。当学生进入高年级阶段，有些就会和异性成员形成更强烈、更充满深情的长期关系，这些关系时常（但并非总是）导致某种程度的性关系（B. B. Brown，1999；J. Connolly & Goldberg，1999）。在过去几十年内，初次性行为的年龄稳步下降，也许部分原因是媒体经常宣扬未婚伴侣间的性活动是可接受的（Brooks-Gunn & Paikoff，1993；Larson et al.，1999）。在美国，初次性行为的平均年龄现在大约是16岁，而且大部分青少年在18岁时就变得性活跃起来，虽然由于性别（男孩开始得早些）和文化背景的因素，这一年龄有较大变化（Hofferth，1990；Katchadourian，1990；Lippa，2002；D. S. Moore & Erickson，1985）。

当青少年进入高中（有时甚至是更早时候），有些学生发现自己对同性有吸引力，而不是对异性，或者除了异性外。青少年对男同性恋、女同性恋或双性恋会感到特别困惑。有些人努力去忽视或掩饰自己觉得异常的念头。有些人则会接受自己的性渴望并努力去形成认同，他们会感到和同伴不同，和同伴孤立起来。许多孩子会有愤怒和抑郁的感觉，有些人则沉迷于自杀的想法，辍学率也高于平均水平（Elia，1994；Morrow，1997；S. L. Nichols，1999；C. J. Patterson，1995）。

青少年经常对自己的早期性经历感到混乱（Alapack，1991），周围的人——家长、老师、同伴——经常不确定怎样探讨这个话题（Alapack，1991；Katchadourian，1990）。当家长和老师真的开始讨论性这个话题，他们时常会以有问题开头，比如不负责任的行为、物质滥用、疾病和意外怀孕。他们很少谈到男同性恋、女同性恋和双性恋，除非是在已患有获得性免疫缺陷综合征（AIDS）和其他危险的情况下（M. B. Harris，1997）。

作为教师，我们和学生讨论性的涉及范围必须由学校政策和我们所任职的社区价值观加以指定。同时，尤其如果我们教初中或者高中，我们必须明白，恋爱关系和性关系，不论是真的还是想象的，是学生兴奋、挫折、困惑和分心的一大源头。我们必须要借给那些向我们寻求咨询和支持的学生一个同情的耳朵和一个开放的心态。

**受欢迎和社会孤立**

当我女儿蒂娜上初中时，她有时告诉我："没人喜欢受欢迎的孩子。"和蒂娜看起 *82*
来自我矛盾的话一致，研究结果也同样发现这一现象。当学生被要求找出他们同龄中最受欢迎的人，他们会找出那些在学校拥有主导社会地位的同伴（可能是那些属于有名望的社会团体的成员），但这些同伴在很多时候有攻击性、自负。真正的受欢迎学生（popular students）——那些许多同学选出来、喜欢和他一起做事的学生——可能有或可能没有很高的社会地位，但他们友好、值得信赖（Cillessen & Rose，2005；Parkhurst & Hopmeyer，1998）。这样受欢迎的学生通常有着良好的社会技能，像本部分第一个案例中的鲁皮塔一样。他们知道如何发起并维持对话，对别人给他们的微妙社交和情感暗示十分敏感，而且能够调整自己的行为以适应变化的环境。他们也常向他人表示真正的关心——比如，会和同伴分享、合作，同情他们（Crick & Dodge，1994；Mostow，Izard，Fine & Trantacosta，2002；Rose & Asher，2004；Wentzel & Asher，1995）。

和受欢迎学生的相比较，被拒绝学生（rejected students）指那些被同学们选为最不喜欢的社交伙伴。社会技能少的学生——比如，那些冲动的、有攻击性的，或者不断试图寻求别人注意的学生——一般都会体验到同伴拒绝（Asher & Renshaw，1981；Bolger & Patterson，2001；N. Eisenberg，Pidada & Liew，2001；Pellegrini，Bartini & Brooks，1999）。另外，少数民族学生经常发现自己成为别人贬低或其他形式的种族主义歧视的对象，低收入家庭的孩子一样如此（Nieto，1995b；Olneck，1995；Pang，1995；Phelan，Yu & Davidson，1994）。在较长一段时间内持续受到同伴拒绝的学生可能在心理上和身体上都会从课堂活动退缩回来，或者他们可能会作出一些不恰当的引人注意的行为，结果他们的课堂学习通常也受到影响（Buhs，Ladd & Herald，2006；Ladd，2006）。

研究者提出了另外一种分类：被忽视学生（neglected students）是那些同学很少选他们作为自己最喜欢或最不喜欢一起做事的人（Asher & Renshaw，1981）。被忽视学生可能较安静、不和别人交际。有些喜欢独处，有些则可能非常害羞或可能不知道如何发起互动，但也仍有些孩子满足于自己只有一个或两个亲密朋友（Gazelle & Ladd，2003；Guay et al.，1999；Rubin & Krasnor，1986）。对一些学生而言，被忽视的地位只是暂时的。另外一些则是长期处于社交圈子之外的学生——例如经常是那些有残障的学生——这些学生更可能产生抑郁（Gazelle & Ladd，2003；Yuker，1988）。

作为教师，我们对那些受社会孤立的学生给予特别的温暖和关注，就能帮助他们抵消同伴拒绝和忽视可能带来的难堪（Wentzel，1999）。实际上，当我们表现出我们喜欢特定学生时，他们的同学也更可能接受他们，以积极的方式对待他们（Chang，2003；Chang et al.，2004）。我们能帮助他们学习人际交往的技能。因为他们受社会孤立，被拒绝和忽视学生很少有机会发展他们中很多人都急需的社会技能（Coie & Cillessen，1993）。

当然，在友谊的重要性方面，儿童有着不同的看法。下面的活动中，我们来看看一个学生是如何谈论朋友的。

**理解学生的作品和行为——朋友**

在下边空白部分的手写例子中，7 岁的安德鲁解释他认为朋友是为了什么。在你阅读他的作文时，考虑

- 他认为朋友是为了什么？
- 他在交朋友、维持友谊方面有多成功？

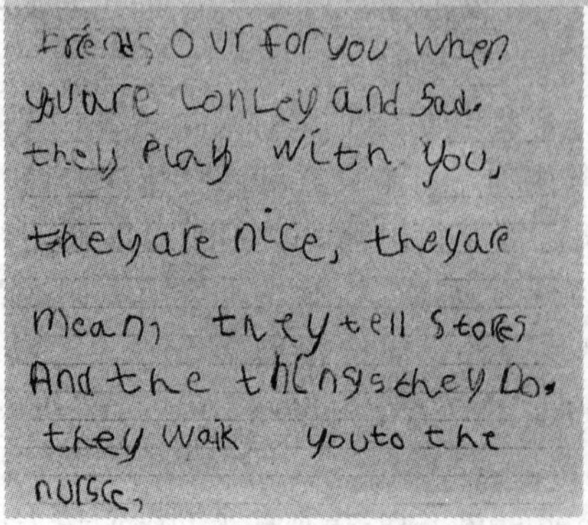


83

安德鲁似乎认为朋友部分是伙伴和娱乐的源头（“在你孤独的时候”还有他们，“他们和你一起玩”，“他们讲故事”），部分是可以提供支持的人（“他们会陪你找护士”）。他意识到友情有时也不稳定（朋友可能很“好”也很“坏”），但事实是安德鲁看到同伴的积极因素多于消极因素，这说明他发现花时间和同伴待在一起的价值了（实际上，安德鲁很受同学欢迎）。

## 社会认知

建立和维持积极人际关系的一个重要成分是儿童和青少年对他人及其行为进行思考的方式。例如，在第一个案例中鲁皮塔放下自己的猜谜游戏和一个同学一起玩。一位助理教师靠近并问这个同学是否完成了布置的课堂作业。鲁皮塔意识到她的朋友没有理解助理老师话里的含义并劝他回去做作业。当学生们思考周围的人们或许将如何思考、行为、反应（像鲁皮塔一样）时，他们就在进行社会认知（social cognition)。那些经常在人际情境下考虑别人的想法和感受的学生，他们的社会技能可能更熟练，也更易交朋友，对自我有更好地理解（Bosacki，2000；Izard et al.，2001)。

这里我们将了解一下社会认知影响学生和同伴交往能力的两个方面：社会观点采择和社会信息加工。

### 观点采择

为了真正了解他人并和他人相处，学生必须能站到他人的立场上——即从他人的角度看待世界。例如下面这个情境。

**亲身体验·最后被选上**

肯尼和马克是足球队的联合队长。他们为队伍选人还剩一个名额。两人什么都没说，马克朝肯尼眨眨眼，并看了一下汤姆，他是球队剩下的候选孩子中的一个。马克回看了一眼肯尼并微笑。肯尼点点头，选了汤姆进他们球队。汤姆看到了马克和肯尼相互眨眼微笑。汤姆，通常是球队活动中最后被选中的一批人中的一个，想知道肯尼为何要他到球队来……

- 为何马克向肯尼微笑？
- 为何肯尼点头？
- 为何肯尼选汤姆进球队？你是怎么知道的？
- 你认为汤姆知道肯尼为什么选他进球队吗？你是怎么知道的？……
- 你觉得汤姆会怎么想？(Bosacki，2000，p. 711)

---

要回答这些问题，你必须从这三个当事人的角度来考虑当时的情形。例如，暂时把自己当成是汤姆，你可能会意识到，作为一个从未入选足球队的孩子，汤姆开始可能会觉得尴尬、难过或泄气。(由于这个原因，让一些学生选其他学生进球队，像是体育课上可能出现的情况，一般不推荐这样做。）观点采择（perspective taking）帮助孩子理解有时可能让人困惑的行为，并帮助他们作出应对，以最大可能取得满意的结果和维持积极的人际关系。

随着儿童逐渐长大，他们能更熟练地推断他人的想法。儿童发展出了心理理论(theory of mind)，包括对复杂精神状态和心理状态——想法、信念、感受、动机等的逐渐了解。心理理论使得他们能够理解和预测生活中重要他人的行为，并由此和他人进行有效互动（Flavell，2000；Gopnik & Meltzoff，1997；Wellman & Gelman，1998)[2]。表3—3 中呈现了社会观点采择和心理理论在儿童期和青少年期的变化方式。接下来的部分，我们将详细讨论其中的一些变化。

**儿童期。**正如你可能会根据所了解的有关认知发展的知识来猜测，年幼儿童可能会以相当具体的方式来看待他人，将注意重点放在那些可观察的特征和行为上（如，再看看7岁的安德鲁有关朋友的作文）。但是，他们确实对他人的内部世界有一定了解。早在四五岁时，孩子就意识到他们所了解的东西可能和别人了解的东西不一样（Wellman et al.，2001；Wimmer & Perner，1983）。他们也有一定的推断他人心理状态的能力——比如，推测具有特定行为方式的人有着特定的感受或意图（P. L. Harris，2006；Schult，2002；Wellman et al.，2000）。

当儿童进入小学阶段，他们对他人的心理状态能够进行更复杂的推断。例如，他们可能意识到人们的行为并不总是能反映他们的想法和感受（如有人看起来很高兴但实际上很伤心），也明白人们有时对某个情形会有混杂的感受（Gnepp，1989；Selman，1980）。儿童也理解，人们会以某种方式解读各种事件——而不是以客观的方式简单的"记录"事件。换句话说，儿童会逐渐明白，思考和学习是积极的、建构的过程（M. Chandler & Boyes，1982；Flavell et al.，1995；Wellman，1990）。

84 **表3—3　发展趋势——不同年级的观点采择和心理理论**

| 年级 | 不同年龄的典型特征 | 推荐策略 |
|---|---|---|
| K～2 | • 意识到心理事件不是物理实体。<br>• 意识到他人的知识和想法可能和自己的不一样。<br>• 能根据他人的行为，推断他人想法、感受和意图，虽然是以一种简单的方式（如"她难过了"）。 | • 经常谈论人们的想法、感受和动机；用诸如思考、回忆、感受、想要等词语。<br>• 在读故事书时，问些有关想法、感受和动机的问题。 |
| 3～5 | • 逐渐认识到他人会自己诠释各种经历，因此可能会产生一些误解。<br>• 意识到他人的行为可能会掩饰他们真实的感受。 | • 学生在读文学作品时，要求他们思考不同角色如此行为的原因。<br>• 让学生思考历史事件中的人物可能在想些什么、感受到了什么。<br>• 要求学生思考彼此的观点，并找出满足每个人需要的解决办法，来帮助他们解决人际冲突（如第10章有关同伴调解的讨论）。 |
| 6～8 | • 逐渐对他人的想法和感受感兴趣。<br>• 认识到人们可能有多种可能冲突的动机和情绪。<br>• 能递归地思考自己和他人的想法。 | • 鼓励学生从各种历史人物和文化团体的角度来看待历史事件和当前事件；采用角色扮演活动提高他们的社会观点采择能力。<br>• 在讨论文学作品时，谈谈他人的复杂（有时是冲突的）动机。 |
| 9～12 | • 认识到人是其环境的产物，过去的事件和当前的环境会影响人格和行为。<br>• 意识到人们并不总能明白自己所谓的原因。 | • 在讨论真实和虚构事件时，探索他人观点和动机可能的起源。<br>• 设计辩论，在辩论中学生必须要进行和自己观点相左却要令人信服的论证。<br>• 开展有关心理学的课程和单元，重点放在内部活动上，如认知、动机和情绪。 |

资料来源：Astington & Pelletier，1996；Bosacki，2000；Brophy & Alleman，1996；Brophy & VanSledright，1997；Eisenberg，Carlo，Murphy & Van Court，1995；Flanagan & Tucker，1999；Flavell，2000；Flavell，Green & Flavell，1995；Flavell & Miller，1998；Flavell，et al.，2002；Harter & Whitesell，1989；Perner Wimmer，1985；Ruffman，Slade & Crowe，2002；Schult，2002；Selman，1980；Wellman，1990；Wellman et al.，2001；Wellman，Phillips & Rodriguez，2000；Woolfe，Want & Siegal，2002；Woolley，1995。

**青少年早期。**随着儿童进入青春期，他们开始明白，人们对事件和其他个体会有模棱两可的感受（Donaldson & Westerman，1986；Flavell & Miller，1998；Harter & 85
Whitesell，1989）。他们也会意识到，人们也可能同时会出现多种可能冲突的意图（Chandler，1987）。例如，当你做“最后选择”练习时，你可能猜想，汤姆对入选球队会产生混杂的感受。他可能会认为，自己是个差劲的运动员（他经常是最后一个被选上的），因此可能想知道为何马克和肯尼选了他。他可能也想知道马克微笑是什么意思。也许这意味着马克对找到一个仍然是候选的有能力的球员感到高兴，或这是个恶意的讯号，让汤姆在足球场上出洋相。尽管有这些担忧，汤姆可能还是很高兴有机会玩他最喜欢的运动。年幼的青少年会逐渐对类似事件变得有想法起来（Bosacki，2000）。

由于认知能力、记忆力和社会知觉（social awareness）的发展，年幼的青少年能够进行递归思考（recursive thinking）（Oppenheimer，1986；Perner & Wimmer，1985）。即，他们能够思考他人是怎样看待自己的，并逐渐能通过多次重复来了解他人对自己的想法（如，“你认为我觉得你想……”）。这不是说青少年（或是成人）总是运用这个能力。事实上，仅从自己的观点思考，而不考虑他人想法，在青春期早期是个普遍现象（回想一下先前我们讨论过的“假想观众”）。

**青春期后期。**年长的青少年从大量社会经历中掌握了丰富的知识基础。因而，在推断人们的心理特征、意图和需要方面，他们变得比以前更加熟练（Eisenberg，et al.，1995；Paget，Kritt & Bergemann，1984）。另外，他们也更适应影响行为的复杂动力系统——不仅仅是想法、感受和当前形势，还包括过去的经历（C. A. Flanagan & Tucker，1999；Selman，1980）。他们还会意识到，其他人并不总是会明白他们为何这样做（Selman，1980）。我们看到的出现在高中的种种，就是一个萌芽的心理学家：一个能敏锐破译和解释他人动机和行为的个体。

我们有时在学生的书面作业里能看到他们闪现的社会观点采择能力。

我们怎样才能帮助学生提高观点采择能力？一个方法就是创造机会，让学生体验多 86
元的并且可能是同样合理的观点和信念。另一个方法是经常谈论人们的想法、感受和动机等（Ruffman et al.，2002；Woolfe et al.，2002）。在这一过程中，我们当然必须采用适合他们年龄的语言（J. Chalmers & Townsend，1990；Wittmer & Honig，1994）。对于 1 年级的孩子，这些语言可能是想、要或难过。对于 5 年级的孩子来说，我们可能应说误解、受挫或混杂感受。高中生的认知和社会推理能力使得他们能理解一些相当抽象和复杂的心理学术语，如被动攻击或有个内部的道德指南针。这些和另外一些策略参见表 3—3 的右边一列。

让学生以书面作业的形式采择别人的观点，就像卡梅尔和克莱格做的一样，也很有帮助。这样一些作业和激发学生更深入思考人际情境的课堂讨论一起使用最有效。下面来自一位小学老师的报告表明，坚持让学生思考他们行为对他人的影响有多重要：

> 在体操课上，5 个男生行为不端，被逐出课堂。他们顶嘴、大吼大叫，甚至诅咒，向教学楼扔鸡蛋来侮辱体操老师和其他同学……当这些男孩到我班上来时他们非常沮丧……我告诉他们此刻我不会批评他们，但我想让他们回家写一篇文章描述今天发生的事……（这些文章）写得非常诚恳，他们清楚地描述了自己的所作所为，但让我吃惊的是，文中没有任何悔过或想要考虑到教师立场的倾向。读了这些文章，我决定在班上讨论这件事情……孩子们对涉事人员的问题和想法下定义。我 87

花了相当多的时间问他们是否考虑到教师的想法，他们是否认识在类似这个体操馆的地方工作的人，他们到底做了什么，那个人的感受如何等。渐渐地，这些男生们的怒气消退了。为了使他们不设防，我从没批评过他们，因为那时我在想我可能会失去他们。相反，我试图提高他们对他人观点和感受的理解力，而这些理解可能和他们自己的不一样……在体操课上，男孩的行为得到了改善，并且类似事件再没发生（Adalbjarnardottir & Selman，1997，pp. 423—424）。

**社会信息加工**

当要考虑他人的想法、感受和所为时，儿童和青少年需要考虑很多东西。理解和应对社会事件时涉及的各种心理过程被统称为社会信息加工（social information processing）[3]。在其他事件中，社会信息加工涉及关注他人表现的特定行为并试图诠释和理解这些行为。例如，当学生和同学互动时，他们可能会聚焦于特定的评价、面部表情和身体语言，并试图通过无心的评价或腼腆的咧嘴笑，来了解一个同学真正的意图。学生也会考虑在一次互动中他们希望达成的一个或更多目标——也许是维持一段友谊或给某人一个教训。考虑到自己的诠释和目标，学生会利用先前的知识和经历来确定许多可能的回应，并选择在他们看来有成效的行为过程（Arsenio & Lemerise，2004；Crick & Dodge，1996；Dodge，1986；Pettit，2004）。正如我们在下面部分会看到的一样，对社会信息加工的理解非常有助于解释为何有些学生通常对同伴具有攻击性。

## 攻击

攻击行为指故意对他人实施身体伤害（也许是击打、猛推或打架）或心理伤害（也许是让人难堪、羞辱或者排斥）的行为。身体攻击（physical aggression）——一种能造成潜在身体伤害的行为——较常见于男孩。关系攻击（relational aggression）——一种能对友谊和其他人际关系造成负面影响的行为（如排斥某一同伴、散布恶意谣言）——较常见于女孩（Crick，Grotpeter & Bigbee，2002；French，Jansen & Pidada，2002；Pellegrini，2002）。一般而言，攻击水平在童年期和青少年期会逐渐下降，但当学生从小学过渡到中学或初中时，攻击水平会在短期内有所增加（Pellegrini，2002）。

研究者已经确定了两组不同攻击性的学生（Crick & Dodge，1996；Poulin & Boivin，1999；Vitaro，Gendreau，Tremblay & Oligny，1998）。那些实施主动攻击（proactive aggression）的孩子通常会故意发起攻击行为以达成想要的目标。而那些实施反应性攻击（reactive aggression）的孩子，他们实施攻击行为主要是应对挫折或挑衅。在这两种类型中，那些表现出主动攻击的学生在维持和他人的友谊关系时更可能遇到问题（Poulin & Boivin，1999）。那些针对特定同伴表现大量攻击行为的孩子通常被称为欺负者（bullies）。不幸被欺负的受害者时常是那些生理未发育成熟的、焦虑的、没朋友的和缺乏自信的孩子——有些孩子也可能是有障碍的儿童——因此他们相对缺乏防御能力（Hyman et al.，2006；Newman & Murray，2005；D. Schwartz，McFadyen-Ketchum，Dodge，Pettit & Bates，1999）。

有些儿童和青少年由于遗传作用，比他们的同伴更具有攻击的可能，而另一些则由于神经系统受损而表现出高度的攻击性（Raine & Scerbo，1991；D. C. Rowe，Almeida & Jacobson，1999）。但环境因素也能培养攻击行为。许多攻击性的学生生活在家庭功能失调的环境中，也许包括频繁的冲突和生气表现，体罚或虐待儿童，总体缺乏温情和恰当的社会行为（Christenson，2004；P. L. Harris，2006；Pettit，2004）。另外，经常面对社区暴力或者各种媒体（如电视和视频游戏）暴力似乎也会增加年轻人的攻击行为（C. A. Anderson et al.，2003；Guerra，Huesmann & Spindler，2003；Pearce，Jones，Schwab-Stone & Ruchkin，2003）。

此处有必要指出，许多在家中或其他地方面对暴力的儿童和青少年也并非具有特别 88
的攻击性（Margolin & Gordis，2004）。特定的认知和动机因素似乎是形成攻击行为的基础，这些因素包括：

• 观点采择能力差。具有高度攻击性的学生从他人角度审时度势的能力，或是同情被欺负者的能力可能比较有限（Coie & Dodge，1998；Damon & Hart，1988；Marcus，1980）。

• 对社会性线索的误解。对同伴表现身体攻击或者关系攻击的学生倾向于将他人的行为理解为具有敌意，特别是当这些行为的意义不明时。这种敌对性归因偏差（hostile attributional bias）在那些反应性攻击的孩子身上尤其多见（Crick & Dodge，1996；Dodge et al.，2003；Orobio de Castro，Veerman，Koops，Bosch & Monshouwer，2002）。产生误解时常也是因为所居住的家庭或邻里地区较常发生攻击和暴力行为（E. Chen，Langer，Raphaelson & Matthews，2004）。

• 自私自利目标的盛行。对于多数学生而言，建立并维持人际关系处于高度优先的地位。对于攻击性的学生而言，更自私自利的目标——也许是维持膨胀的自我形象，寻求报复或获得权力和主导地位——时常处于优先考虑（R. F. Baumeister et al.，1996；Cillessen & Rose，2005；Erdley & Asher，1996；Pellegrini，2002）。

• 无效的社交问题解决策略。攻击性的学生常常很少能了解如何去劝说、协商或妥协。相反，他们更可能诉诸击打、猛推、强行闯入游戏活动，以及其他一些无效策略（Lochman & Dodge，1994；Neel，Jenkins & Meadows，1990；Schwartz et al.，1998）。

• 相信攻击的正确性和有效性。许多攻击性的学生相信，暴力和其他形式的攻击行为是解决冲突和报复他人不当行为的途径（Astor，1994；E. Staub，1995；Zelli，Dodge，Lochman & Laird，1999）。那些表现高度主动攻击行为的孩子也倾向于相信，攻击行为会带来积极的结果，比如，攻击行为可以提高他们的社会地位（Dodge，Lochman，Harnish，Bates & Pettit，1997；Pellegrini & Bartini，2000）。

攻击的发起者和受害者经常会在路上出现问题。除非成人主动干预，随着年龄增长，许多有攻击性的学生（尤其是那些主动攻击的孩子）表现出一种持续的攻击模式和暴力模式，而且几乎可以确定，这样的模式会使这些孩子在今后会出现长期的适应不良和同伴交往问题（Dodge et al.，2003；Kupersmidt & Coie，1990；Ladd & Troop-Gordon，2003）。同时，那些频繁成为被欺负对象的孩子会变得焦虑、抑郁，甚至可能自杀，而且他们的课堂表现也会因此恶化（Hyman et al.，2006；D. Schwartz，Gorman，Nakamoto & Toblin，2005）。长此以往，他们的自尊水平下降，有些孩子开始相信，他们自己应该对自己所受的滋扰负责（Troop-Gordon & Ladd，2005）。他们可能害怕报复，如果他们向成人警示自己的困境，也很少对事情会改善报以乐观态度（Newman & Murray，2005）。下面，一个男孩描述了这种不会赢的情形：

> 呃，我告诉了一个老师（我被欺负了），但这只能让我陷入更多被欺负的麻烦中，因为他们选中了我，他们打我，他们叫我的外号。除了我在班上的朋友，每个

人都是欺负者。他们叫我“臭弹”、“臭家伙”、“脏小子”和类似的名字（Bergamo & Evans，2005）。

作为教师，我们必须在有些学生欺负别的学生时加以干预，而且我们必须对路上出现的一些额外的欺负事件保持警觉。经常被欺负者需要我们和同学的社会支持和情感支持。有些可能也需要和学校咨询员进行一次或多次的面谈，也许是谈谈易受伤害的感受、抑郁，也许是学习能够最大限度减少将来被欺负的技能。

实施攻击的作恶者同样需要加以干预。我们对攻击性学生使用的特定策略必须要针对那些深藏在攻击行为背后的想法和动机（Crick & Dodge，1996）。作为促进观点采择
89 能力，帮助学生更恰当地理解社会情境，并教授有效社会问题解决技能的这些策略，对减少攻击和其他破坏行为也都能起到潜在作用（Cunningham & Cunningham，1998；Guerra & Slaby，1990；Hudley & Graham，1993）。让学生处于一个他必须要明确帮助而不是伤害他人的情境中——例如，让他们教育年幼儿童——也很有效（J. R. Sullivan & Conoley，2004）。

如果学校环境相对安宁，对攻击性学生的干预可能会更有效。但是在有些学校，暴力和攻击很常见，学生可能会相信攻击行为是确保他们不变成其他人攻击对象的唯一途径。不幸的是，他们可能是对的：扮成一副强壮的、看似无懈可击的样子（有时被认为是“狐假虎威”）对他们的生存至关重要（Williams，2001a）。我们将在第 14 章讨论与学校攻击相关的对策。

## 培养社会技能

作为教师，我们处于一个极好位置来评价学生在社会情境中的想法和行为，并能帮助他们和他人有效互动。“创建一个建设性”的班级环境——促进有成效的同伴关系的发展部分呈现了几个可供我们应做的例子。下面是更一般的对策：

- **为社会互动和合作提供大量机会。**仅仅通过和他人互动，学生就获得了大量有关社会行为是否有效的知识。例如，学生的游戏活动——不论是学前儿童和幼儿园孩子的想象游戏还是大一点的儿童和青少年有规则的游戏——都能提高合作、分享、观点采择和冲突解决能力（Creasey Jarvis & Berk，1998；Gottman，1986；Rubin，1982）。而且，那些需要学生和他人合作来达成某一共同目标的作业和活动能培养为他人提供帮助的技能，并增进学生对同伴间公正和公平的看法（Damon，1988；Lickona，1991；N. M. Webb & Farivar，1994）。

- **帮助学生准确并有成效地诠释社会情境。**当学生一直有与人相处的问题时，就有必要开展有关社会认知的外部训练。例如，在一项研究（Hudley & Graham，1993）中，来自两个低收入市中心贫民区的男孩参加了一系列培训课程——在这些课程中通过角色扮演、讨论个人经历、头脑风暴和类似的活动——他们锻炼了推理他人意图的
90 能力和确定恰当行为途径的方法。他们也学会了提醒自己在不同情境下采用不同行为的策略。例如，他们可能自己会想，“当我不确定他的意思是什么时，我应该将这件事当成一个偶然事件来处理”。接受培训后，比起没有接受培训的控制组学生，实验组的学生在人际情境中将他人意图理解为敌意或采取攻击性报复措施的可能性更小。

- **教授特定的社会技能，为学生提供练习这些社会技能的机会，并给予反馈。**通

过外部言语教导和呈现预期行为的榜样，我们能教给学生恰当的行为方式。当我们也要求学生练习他们新学到的社会技能（也许是角色扮演），并对他们的行为给予具体的反馈时，这种教导会显得特别有效（S. N. Elliott & Busse，1991；Themann & Goldstein，2001；S. Vaughn，1991；Zirpoli & Melloy，2001）。

- **对恰当行为贴标签并给予表扬。** 如果我们特地给学生的好行为贴标签，学生将能更好地理解良好的社会技能（Vorrath，1985；Wittmer & Honig，1994）。例如，我们可以说，“谢谢你给了这么多帮助”或者“我很高兴你们两个在完成你们的任务时能合作得这么好”。在有些时候，我们还可以公开表明学生有积极的社会素养（Wittmer & Honig，1994）。例如，8 岁的儿童被告知，“你是那种在能力所及范围内都会帮助他人的孩子”，他们更可能在后期和他人分享自己的所有（Grusec & Redler，1980）。

- **对可接受的课堂行为建立并实施严格的规则。** 除了估计恰当的社会行为，我们必须积极地阻止诸如不顾及他人、攻击和有偏见的评价等不当行为。我们必须对课堂行为进行明确的规范，并且要求个体承担违反这些规范的结果（关于此点的更多内容请参见第 9 章和第 14 章）。当建立并实施有关攻击和其他反社会行为的严格规则，并同步教授恰当的社会技能时，我们将会看到学生在行为方面有显著的改善（e. g.，Bierman，Miller & Stabb，1987；Braukmann，Kirigin & Wolf，1981；Schofield，1995）。

### 创建一个建设性的班级环境——促进有成效的同伴关系的发展

- 让学生组对或组成小组来完成一些作业。

  一个中学老师让学生三人一组完成一项复杂的图书馆研究计划。她这样安排作业是为了让小组每个成员都能有明确分工。

- 鼓励观点采择。

  一个 4 年级的老师让全班为一个新生到来做准备。首先是讨论这个新生可能遇到的不稳定感、忧虑和孤独感，然后帮助全班明确能让这个新生产生舒适感的各个步骤。

- 提供有关解释他人行为并对他人行为作出恰当回应的练习。

  一个特殊教育老师每周和三个曾经由于轻微的挑衅而猛揍过别人的男孩会面。通过一系列的角色扮演活动，她让这几个孩子演出不同的场景，在这些场景中一个学生将会给另外一个学生带来不便或者伤害。然后她让这些孩子进行头脑风暴，想出以上“攻击”行为背后可能的动机。这个小组也对一些能够相对有效解决每个情境出现的问题及维持友好关系的活动进行讨论和练习。

- 当学生有人际冲突时，提供指导以帮助他们解决问题，让每个人都能满意。

  当一些 2 年级的孩子在争论该轮到谁来使用教室电脑时，他们的老师鼓励他们想出一个方案，使每个人都能公平合理地使用电脑。

- 增进不同群体间的社会互动。

  一个中学科学老师决定为每周的实验活动对学生进行配对。她每个月都改变学生的配对，频繁地让来自不同种族背景的学生组对。

- 持续示范对多样性的尊重。

  一个高中英语老师认真且耐心地听着一个学生无序地结结巴巴地说话。她一度紧紧盯着一个咯咯嘲笑这个痛苦学生的同学。

## 增进不同群体间的社会互动

即使学生拥有良好的社会技能，我们也可能会发现，许多学生的互动仅限于紧密联系的小团体中，而其他一些孩子则处于社会孤立地位。例如，当学生们吃午餐或者在学校里面进行互动时，他们经常按照种族对自己进行划分（Schofield，1995）。实际上，一旦学生到了中学阶段，种族隔离就开始加剧。当来自不同少数民族群体的青少年开始密切关注并回顾有关种族主义和种族认同等事件时，他们经常会发现和其他团体成员比较经历和观点会很有帮助（Tatum，1997）。

然而，学生还要从同学那里习得大量不同于自己的价值观。下面是一些能够增进跨群体互动的策略：

- **建立一种让学生能形成新友谊关系的情境。**我们可以做很多简单的事情帮助来自不同背景的学生相互认识。我们能安排一些迫使他们一起学习或游戏的情境——例如，开发结构化的合作学习活动，让所有成员分担同等的责任，或为团体游戏提供游戏装置（Oskamp，2000；Schofield，1995）。我们可以给有特殊需要的学生安排搭档——也许是能分享课堂笔记的搭档，或者是能提供一对一辅导的搭档，甚至是最简单不过的给学生安排班级座位，以及频繁更换座位表，都能增加学生交朋友的数量（Schofield，1995）。

91 - **最大限度减少或消除社会互动障碍。**当存在身体、语言或社会性方面的障碍时，学生和同伴进行互动的可能性就会降低。我想起一个初中生，由于她无法让自己的轮椅爬上食堂的台阶，总是独自一人吃午饭。显然，我们必须要为有障碍的学生自由活动移除各种身体障碍做不懈的努力。我们也可以为讲不同语言（包括美式手语）的学生群体教授另外一种语言的一些基本词汇和简单短语。而且当然，对于有时会造成不同种族团体分离的偏见和压力，我们也要给予积极重视（关于此点的更多内容请参见第4章）。

- **鼓励并促进参与课外活动。**课外活动为学生和更广泛范围的同伴进行互动和合作提供了额外机遇（Feldman & Matjasko，2005；Genova & Walberg，1984；Mahoney，Cairns & Farmer，2003）。而且，参与活动还能帮助学生找到交流的共同语言，正如一个高中生所言：

> 如果你感觉你在放学后还有事情要做，这确实很棒。你要在大厅和人交谈，像是，“噢，今天这是开会吗?”或者，“我们下周要做什么?”这会给你一种感觉，有人和我在一个俱乐部里。（Certo，Cauley & Chafin，2002，p. 20）

但是，我们必须注意，没有哪个单一的学生团体可以主宰任何特定活动的成员资格或者领导地位（Sleeter & Grant，1999）。并且，为了确保能平等参与活动，学校可能需要为那些除了参加活动别无选择的学生放学后的交通问题做好安排（Schofield，1995）。

- **增进非障碍学生对有特殊需要学生的理解。**由于非障碍学生相信有障碍的学生应该能够控制自己的不当行为，所以有时他们会为这些同学的行为感到憎恶或生气（Juvonen，1991）。例如，他们对有认知困难或情绪和行为障碍学生的容忍程度可能要低于对那些有明显身体障碍的学生（B. Cook & Semmel，1999；Morrison，Furlong & Smith，1994）。虽然我们必须尊重单个学生的医疗和精神状况隐私权，但是我们也当然能使非障碍学生对由于障碍造成的有特殊需要学生的各种困难变得敏感。同时，我们也必须向非障碍学生表明——并在观念上给他们机会让他们自己发现——障碍学生在许多方面都和正常孩子一样，和其他同龄的孩子一样，他们有同样的想法、感受和需要。

- **帮助改变先前具有反社会性学生的声誉。**不幸的是，学生的坏名声经常在他们的行为已经改善之后还长期存在，因此他们的同学可能继续不喜欢并排斥他们（Bierman et al.，1987；Juvonen & Weiner，1993）。所以，当我们努力改善具有攻击性和反社会性学生的行为时，我们必须同时要努力改善他们的声誉。例如，我们可以鼓励他们积极参与课外活动，或让他们参与结构化合作学习团体，在团体中他们能使用新获得的社会技能。我们也应该通过我们的言语和行动表明，我们喜欢并欣赏他们，我们的态度也要变得富有感染力（Chang，2003；Chang et al.，2004）。我们必须以一种方式或别的方式，来帮助学生发现，先前反社会的同学已经发生转变。
- **鼓励对别人的普遍尊重感。**能有效培养不同团体间友谊的教师经常是那些反复交流同一信息的老师：我们必须完全尊重作为人类的他人。费尔南多·阿莱尔斯（Fernando Arias），一个高中职业教育老师这样认为：

> 在我们学校，我们的哲学是，我们要像期望自己被如何对待一样，去对待每个人……我们学校是独一无二的地方，在这里我们有怀孕的年轻女孩来上学。我们有特殊教育学生。我们有正常的孩子，我们还有辍学复原计划……我们都是平等的。我们都有平等的机会。（Turnbull，Pereira & Blue-Banning，2000，p. 67）

真正有成效的人际关系取决于学生尊重他人权利和需要的能力，也取决于对即将经历艰难时刻同学的支持。这种能力构成了学生道德和亲社会发展的各个方面。 92

## 道德和亲社会性发展

在开篇的那个案例研究中，鲁皮塔帮助一个同学理解助理老师的话外之意，并协助另外两个同学解决猜谜问题。这种行为就是亲社会行为（prosocial behavior）的例子，一种旨在让他人获益甚于自身获益的行为。亲社会行为——加上诸如诚实、公平和尊重他人的权利与需要等品质——都属于道德（morality）范畴。

学生对道德行为和不道德行为的信念——即，他们对正确与错误的信念——影响他们的在校行为。例如，如果学生尊重他人的人身安全和财产，他们就不太可能实施攻击、破坏公物或者盗窃。学生的道德信念也会影响他们对所学课程内容的认知和情绪反应——例如，他们对不同历史时期种族灭绝记载，或者对文学作品中种族主义或反犹太言论的反应。总体而言，以道德和亲社会方式思考和行为的学生能从教师和同伴那里得到更多支持，结果长此以往，他们能取得更大的学业和社会成功（Caprara，Barbaranelli，Pastorelli，Bandura & Zimbardo，2000）。

作为教师，我们在学生的道德和社会性发展中起到了重要作用。考虑一下那个为新生到来而让全班做准备的老师，他首先让大家讨论新生到来时可能遇到的不确定感、忧虑和孤独感，然后帮助全班明确采用哪些步骤能使新生感到舒适安心。这个老师增强了学生观点采择能力的发展，并为学生以亲社会的方式对待新生铺平了道路。现在再想一下那个无视课堂内、教学楼里自私和攻击言行的老师，他采用的理论是学生应该自己解决自身出现的问题。对于促进学生的社会性和道德发展，这个老师几乎没做什么。而且实际上，他可能无意中还传达了这样一种信息：那就是反社会行为是可以接受的（Nucci，2001）。

## 道德和亲社会行为的发展趋势

随着年龄的增长，多数孩子的行为都会更加地道德和亲社会。表 3—4 中描述了在不同年级，道德和亲社会行为的表现形式。表中有些记录反映了以下发展趋势：

- **儿童在早期就开始采用内部标准评价行为。**甚至是学龄前的孩子都能在一定程度上明白，造成身体或心理伤害的行为是不对的（Helwig，Zelazo & Wilson，2001；J. M. Kim & Turiel，1996）。到了 4 岁，不论权威人物可能说什么，也不论一定的行为会不会带来怎样的结果，多数孩子都能明白，给他人造成伤害是错的（Laupa & Turiel，1995；Smetana，1981；Tisak，1993）。

- **儿童区分有违道德和有违习俗之间的能力逐渐增强。**事实上，任何一种文化都不鼓励某些行为——道德违背（moral transgressions）——因为这会造成损失或伤害、违反人权，或有违平等、自由或公正的基本原则。任何文化也不鼓励其他一些行为——习俗背离（conventional transgressions）——即，虽然不是不道德的，但违背了关于一个人所应有行为方式的普遍看法（如儿童不应顶撞成人或者吃饭时打饱嗝）。习俗背离通常具有文化特异性。例如，虽然打饱嗝在主流西方文化中让人反感，但在某些文化下人们打饱嗝表示对厨艺的赞美。相较而言，许多道德违背的事件都具有跨文化一致性（Nucci，2001；Turiel，2002）。

即使是学前儿童也意识到，不是所有错的行为都是出自同一模式，而且违反道德标准的后果比其他不端行为更严重（Nucci & Weber，1995；Turiel，1983；Yau & Smetana，2003）。童年早期，儿童对社会习俗的意识非常少，但在整个小学阶段会逐渐增加（Helwig & Jasiobedzka，2001；Laupa & Turiel，1995；Nucci & Nucci，1982）。然而，儿童和成人对何种行为构成道德违背，何种行为属于习俗范畴，以及何种行为仅仅是个人选择问题并非总是持一致意见。例如，成人一般视使用毒品为道德违背，但有些青少年认为这是可以接受的，只要使用毒品没有伤害到其他人（Berkowitz，Guerra & Nucci，1991；Nucci，2001）。

- **上学期间，儿童对他人伤害和忧伤的情绪反应能力会增加。**儿童早在他们上学前就开始表现出内疚（guilt）——一种当他们知道他们造成损失，或给他人带来痛苦或忧伤的不适感（Kochanska，Gross，Lin & Nichols，2002）。到了小学中年级，多数孩
94 子会产生羞愧感（Shame）：当他们没能达到自己或他人已经建立起来的道德行为标准，他们就会感到很尴尬或丢脸（Damon，1988；Harter，1999；M. L. Hoffman，1991）[4]。内疚和羞愧感，虽然都是不愉快的情绪，但却都是儿童正在发展是非感，并将努力纠正错误行为的良好标志（Eisenberg，1995；Harter，1999；Narváez & Rest，1995）。

内疚和羞愧感出现于儿童确信他们已经做错事时。相较而言，共情（empathy）——与处于不幸境地的他人有着相同的体验——在没有做错事的时候出现。共情的能力出现于学前期，它的发展贯穿于整个童年和青少年期（Eisenberg，1982；Eisenberg，et al.，1986；1995）。在小学低年级阶段，学生主要对那些认识的人产生共情，比如朋友和同学。但到了小学高年级阶段，他们可能也开始对自己不认识的人产生共情——也许是穷人、无家可归者，或其他身处灾难中的人（Damon，1988；Eisenberg，1982；Hoffman，1991）。

真正亲社会的儿童——那些自己没有做错事却帮助他人的孩子——通常他们的观点采择和共情能力都很强（Damon，1988；Eisenberg，Zhou & Koller，2001；Hoffman，1991）。一般共情引起同情（sympathy）时会激发亲社会行为，借此儿童不仅能揣测他人的感受，还会关心个体的幸福感（Baston，1991；Eisenberg & Fabes，1998；Turiel，1998）。

**表 3—4　　发展趋势——不同年级的道德推理和亲社会行为** *93*

| 年级 | 不同年龄的典型特征 | 推荐策略 |
|---|---|---|
| K～2 | • 有能力区分违反人权和尊严的行为与违反社会习俗行为间的差异。<br>• 在一定程度上意识到，造成身体或心理伤害的行为在道德上是错误的。<br>• 对造成明显伤害或损失的不端行为感到内疚。<br>• 对处于忧伤中的人们，尤其是熟识的人给予同情或试图安慰他们。<br>• 比起他人需要，更关注自己的需要。 | • 制定明确的行为准则。<br>• 当学生行为不端时，告诉他们这样的行为不可接受，让他们注意到他们可能给他人造成的伤害和悲伤。<br>• 鼓励学生在他们有能力的情况下安慰他人。<br>• 示范同情的反应；解释你正在做什么，为何这样做。<br>• 认识到有些自私行为在那个年龄段是常见的；当发生这些行为时，鼓励更为亲社会的行为。 |
| 3～5 | • 知道什么是符合社会习俗的行为。<br>• 对于道德上的错事会感到羞愧和内疚。<br>• 对受伤或有需要的陌生个体的同情增加。<br>• 明白个体必须努力满足他人的需要和自己的需要；对合作和妥协的了解增加。<br>• 以帮助他人为目标的想法增加。 | • 就规则如何能够有利于班级和其他团体情境更顺利的发展进行讨论。<br>• 解释学生如何能时常满足自己需要，同时又能帮助他人（如当要求学生为年幼儿童做“读书伙伴”时，解释这样做可以帮助年幼的孩子更好地读书）。<br>• 在表扬利他行为时使用亲社会形容词（如善良、有帮助等）。 |
| 6～8 | • 把规则和习俗看做准则而必须遵守的倾向。<br>• 有意取悦或帮助他人，但有将“助人”要求简单化的倾向。<br>• 有相信悲伤的个体（如无家可归者）对自己的命运负有完全责任的倾向。 | • 让亲社会行为（如给予、分享、关爱他人）成为班级优先考虑的事情。<br>• 让学生参与那些对他们学校或社区有益的团体活动。<br>• 由于违背道德而强加管束时，记住，对那些在同情和道德推理方面有所欠缺的孩子进行引导可能尤为重要。 |
| 9～12 | • 理解规则和习俗有助于社会运转更为顺畅。<br>• 逐渐注意到履行职责和遵守社会规则是一个整体，而不是简单地取悦特定的权威人物。<br>• 对悲伤的人有发自内心的同情。<br>• 相信社会有义务帮助有需要的人。 | • 探索社会研究、科学和文学中的道德问题。<br>• 鼓励进行社区服务以引发助人的承诺感，通过团体讨论或者书面作文让学生反思他们的经历。<br>• 让学生看一些描述英雄人物积极努力地帮助他人的自传或其他文学作品。 |

资料来源：Damon，1988；Eisenberg，1982；Eisenberg & Fabes，1998；Eisenberg，Lennon & Pasternack，1986；Farver & Branstetter，1994；C. A. Flanagan & Faison，2001；Gibbs，1995；D. Hart & Fegley，1995；Helwig & Jasiobedzka，2001；Helwig et al.，2001；Hoffman，1975，1991；Kohlberg，1984；Krebs & Van Hesteren，1994；Kurtines，Berman，Ittel & Williamson，1995；Laupa & Turiel，1995；Nucci & Weber，1995；Rushton，1980；Smetana & Braeges，1990；Turiel，1983；1998；Yates & Youniss，1996；Yau & Smetana，2003；Youniss & Yates，1999；Zahn-Waxler，Radke-Yarrow，Wagner & Chapman，1992。

• **随着年龄增长，对道德事件的推理逐渐变得抽象和灵活。**为了探查儿童如何思考道德事件，研究者有时会采用道德两难法（moral dilemmas），在道德两难情境中两个人或更多人的权利或需要可能彼此矛盾，而且没有明确的对错之分。以下面的练习为例。

## 亲身体验·海因茨两难问题

在欧洲，有个女人由于一种罕见的癌症快要死了。医生认为有种药可能会挽救她，就是同城的一个药剂师最近发现的一种镭。这个药剂师要价2 000英镑，是制药成本的十倍。生病女人的丈夫海因茨，去每个他认识的人那里借钱，但他只能凑到药剂师开价的一半。他告诉药剂师他的妻子快要死了，并求药剂师卖便宜点或者让他迟点付钱。但药剂师拒绝了。因此海因茨绝望了，他闯进药剂师的店里为妻子偷来了药。（Kohlberg，1984，p. 186）

海因茨应该偷药吗？如果你是海因茨你会怎么做？哪种情况更糟——偷属于别人的东西还是让一个本可以避免死亡的人死去？为什么？

---

这里有三种解决海因茨两难问题的方法，分别是由小学生和中学生提供的。我加了些假名字以简化讨论。

詹姆斯（5年级学生）：也许他妻子是个重要人士，并开了间商店，这个男的从她那买东西，别的地方买不到。警察会批评店主他没有救那个妻子。他没有救一个重要人士，这就像是用把枪或刀杀人。你需为此做电椅。（Kohlberg，1981，p. 265—266）

杰西（一个高中生）：如果他足够关心自己的妻子要为她偷药，他就该偷药。如果不够关心，他就应让她死去。这取决于他。（Kohlberg，1981，p. 132）

朱利斯（一个高中生）：在那样的特殊情况下，海因茨的所为是正确的。从法律的角度看，他做得不正确，但从道德的角度而言他是对的。如果他想尽了每种可能，我认为值得那么做去拯救一条生命。（Kohlberg，1984，pp. 446—447）

对评判海因茨为何应偷救命药，每个男孩都给出了不同的理由。詹姆斯的解决是仅仅基于一个人的需要——“店主”。虽然不太清楚店主是谁，但詹姆斯显然不关心
95 海因茨那快死的妻子。杰西，也同样采用了一种自利观点，认为是否去偷药取决于海因茨有多爱他妻子。只有朱利斯在评判为何海因茨应该违法时考虑到了人的生命的价值。

在获得有关道德两难问题的成百条回答后，一个创新的发展研究者，劳伦斯·科尔伯格（Lawrence Kohlberg）提出，道德推理的发展经历三个水平六个阶段：前习俗（preconventional）、习俗（conventional）和后习俗（postconventional）三个水平（见表3—5）。处于前习俗道德（preconventional morality）的孩子还没有采纳或内化对于什么是错什么是对的社会习俗，主要关注特定行为可能带来的外在结果。詹姆斯对海因茨两难问题的回答就是典型的前习俗（阶段1）思维。詹姆斯考虑了海因茨的行为对一特定个体造成的结果，但没有涉及行为的法律或道德标准。科尔伯格认为杰西的回答也属于前习俗水平（阶段2）。杰西开始认识到挽救他人生命的重要性，但这样做完全取决于

海因茨是否爱他的妻子。换句话，他的决定仅仅取决于他的感受。

习俗道德（conventional morality）的特征是接纳有关是非的社会习俗。处于这一水平的个体会遵守规则、遵从社会规范，即使是服从或不服从不会造成什么后果。虽然，遵守规则和习俗有点严格，个体也几乎不会质疑规则的正确性或公正性。

相较而言，处于后习俗道德（postconventional morality）水平的人们认为，规则是有用且可变的机制，理想而言它能维持一般的社会秩序并保护人权；规则并非是绝对的、必须毫无疑问遵守的命令。处于这一水平的人们依靠自己有关对和错的抽象原则生存——这些原则通常包括像是生命、自由、公正等基本的人权。他们可能会不遵守那些有违他们原则的规则，正如我们看到的朱利斯（阶段 5）有关海因茨两难问题的回答："从法律的角度看，他做得不正确，但从道德的角度而言，他是对的。"

继科尔伯格的发现后，学者们进行了大量有关道德发展的类似研究。其中有些支持了科尔伯格关于道德推理的连续阶段论：总体而言，人们的道德发展阶段似乎按照科尔伯格提出的顺序向前发展（Boom，Brugman & van der Heijden，2001；Colby & Kohlberg，1984；Snarey，1995；Stewart & Pascual-Leone，1992）。尽管如此，当代心理学家还是发现了科尔伯格理论中的几点不足。第一，科尔伯格将道德事件（如造成伤害）和社会习俗（如制定规则以便社会顺利运转）囊括入他的道德发展观中。然而，我们已发现，儿童认为这两个领域是有差异的，并且他们关于这两个领域的观点也会随着时间发生变化（Nucci，2001）。第二，对道德的一个非常重要的方面：帮助他人和对他人表示怜悯，科尔伯格几乎没有给予关注（关于此点的更多内容请参见我们随后对性别差异的讨论）。最后，科尔伯格也低估了年幼儿童的能力，正如我们早先发现的一样，他们在幼儿园或 1 年级之前很久就获得了有关是非的一些内部标准。第三，在很大程度上，科尔伯格忽视了在特定背景下孩子们判断有关道德是非时会考虑的情境因素（Rest，Narváez，Bebeau & Thoma，1999）。例如，把撒谎没带来什么消极影响（也就是说，撒的仅仅是一个"善意的谎言"）和如果撒谎给他人造成伤害进行比较，儿童会更倾向于认为后一类型的撒谎是不道德的（Helwig et al.，2001；Turiel，Smetana & Killen，1991）。

许多当代发展心理学家相信，道德推理涉及一般趋势而非明确的阶段。似乎儿童和 *97*
青少年是逐渐获得在不同的情境下指导他们的道德推理和决策的几种不同标准。这些标准包括满足其个人兴趣的需要、遵守社会规则和习俗的欲望，以及最终对有关人权和社会总体需要的抽象理想的理解（Rest et al.，1999）。随着年龄的增长，年轻人逐渐开始运用更高级的标准，但有时也可能是一个相当原始的标准——满足自身需要而不考虑他人——可能偶尔也会处于优先考虑（Rest et al.，1999；Turiel，1998）。

• **随着儿童逐渐长大，他们越来越按照自我选择的道德标准行事。**儿童的道德行为和他们的道德推理相关（Blasi，1980；Eisenberg，Zhou & Koller，2001；Reimer，et al.，1983）。例如，在科尔伯格看来，那些处于较高道德推理阶段的儿童和青少年，较少可能去欺骗或侮辱他人，更可能去帮助有需要的人，也更可能不听从那些对他人造成伤害的人的话（F. H. Davidson，1976；Kohlberg，1975；Kohlberg & Candee，1984；P. A. Miller，Eisenberg，Fabes & Shell，1996）。

但是，道德推理和道德行为之间的相关并非很高。儿童的观点采择能力和情绪（羞愧、内疚、共情、同情）也会影响他们作出道德行为或其他行为的决定（Batson，1991；Damon，1988；Eisenberg，Zhou & Koller，2001）。儿童的个人需要和目标通常也会发挥影响。例如，虽然儿童可能想做正确的事情，但可能也会关心他人是否赞同他们的行为，以及这样做可能带来的积极或消极的结果。如果获益较多（如他们会获得他人的赞扬或尊重）而个人代价较低（行为几乎不需要什么牺牲）的话，儿童更倾向于按照他们的道德标准行事（M. L. Arnold，2000；Batson & Thompson，2001；Narváez & Rest，1995）。

96 **表 3—5　　比较/对比——科尔伯格道德推理的三水平六阶段**

| 水平 | 年龄范围 | 阶段 | 道德推理的本质 |
|---|---|---|---|
| 水平 1：前习俗道德 | 见于学前儿童，大多数小学生，一些初中生和少数高中生 | 阶段 1：惩罚一避免和服从 | 人们按照什么对他们最好来做决定，而不考虑他人的需要或感受。他们只遵守那些由更强大的个体建立的规则，而且如果不会被抓到的话，他们也可能不遵守规则。“错误”行为是会受到惩罚的行为。 |
| | | 阶段 2：利益互换 | 人们认识到他人也会有需要。如果自己的需要同时也会满足时，人们也可能尝试满足他人需要（“你帮我挠背；我也会帮你挠背”）。他们主要从自己所受后果的角度继续对正确和错误下定义。 |
| 水平 2：习俗道德 | 见于少数小学高年级学生，一些初中生和许多高中生（阶段 4 在高中前通常不会出现） | 阶段 3：好男孩/好女孩 | 人们按照什么样的行为会取悦他人，尤其是权威人物（如，教师、受欢迎同伴）而做决定。他们关注通过分享、信任和忠诚维持关系。并且他们在做决定时会考虑到他人的观点和意图。 |
| | | 阶段 4：法律和秩序 | 人们向作为一个整体的社会寻求是非的指导方针。他们知道规则是维持社会顺利运转的必要手段，并相信自己有责任遵守规则。但是，他们认为规则是不可变的；他们没必要承认社会需要是变化的，因此规则也应发生变化。 |
| 水平 3：后习俗道德 | 大学前几乎没有 | 阶段 5：社会契约 | 人们承认规则代表了许多个体对恰当行为的一致意见。规则被视为是维持一般社会秩序、保护个体权利的有用机制，而不是一种由于是“法律”而必须遵守的绝对命令。人们也承认规则有灵活性；那些不再为社会最优利益服务的规则能够并且应该得到改变。 |
| | | 阶段 6：普遍的伦理原则（一个假设的理想阶段，几乎没有人能达到） | 人们遵从一些超越特定规范和规则的抽象的普遍原则（如所有人都是平等的，尊重人格、对公正的承诺）。他们根据强烈的内在良心作出回应，并愿意不遵守那些有违他们伦理原则的法律。 |

资料来源：Colby & Kohlberg，1984；Colby，Kohlberg，Gibbs & Lieberman，1983；Kohlberg，1976，1984，1986；Reimer，Paolitto & Hersh，1983；Snarey，1995。

## 影响道德发展的因素

发展研究者已经识别出与道德推理和道德行为发展相关的几个因素：一般的认知发展、对推理和逻辑推论的使用、道德问题和道德两难故事以及自我意识。

**一般认知发展**

让我们再次回到朱利斯对海因茨两难问题的回答："从法律的角度看，他做得不正确，但从道德的角度而言，他是对的。"高级道德推理——有关道德规律及诸如平等、公正和基本人权等理想的细致推理——需要对抽象观念进行大量反思。因此，道德发展在某种程度上依赖于认知发展（Kohlberg，1976；Nucci，2006；Turiel，2002）。例如，那些智力上属于天才的儿童，比起他们的同伴，一般更可能思考有关道德的问题，并努力去处理当地社区或整个世界中的不公正（Silverman，1994）。但认知发展不能确保道德发展（Kohlberg，1976；Silverman，1994）。

**使用推理和逻辑推论**

当儿童考虑到特定行为给他人带来的伤害和忧伤时，他们更可能在道德发展上取得进步。给出儿童特定行为不可接受的理由，侧重考虑他人观点，这一过程就是"引导"（M. L. Hoffman，1970，1975）。

引导是以受害者为中心的：引导可以帮助学生聚焦于他人的忧伤，并承认他们自己是忧伤的源头（M. L. Hoffman，1970）。在管束儿童时使用的引导一致，特别是同时伴有对不良行为的温和惩罚——例如，坚持学生要为自己的过失做出补偿——看来能促进儿童遵守规则，增进共情、同情和利他主义的发展（G. H. Brody & Shaffer，1982；M. L. Hoffman，1975；Nucci，2001；Rushton，1980）。

**道德问题和道德两难问题**

科尔伯格在道德发展理论中指出，儿童在面对那些他们在当前道德推理阶段不能恰当处理的道德两难的挑战时——换言之，当他们遇到造成不平衡的情境时，他们的道德会得到发展。在帮助儿童处理这些两难情境时，他认为，教师应该提供高于儿童当前水平的一个阶段的推理。例如，假想一个主要关注获得同伴赞同（阶段3）的十多岁男孩 *98*
经常让受欢迎的拉拉队队长抄他的作业。他的老师可能会呈现法律秩序逻辑（阶段4），表明布置家庭作业的目的在于帮助学生更有效地学习，所有学生应该在没有他人帮助的情况下完成作业。如果老师呈现的有争议问题难度大大超过儿童当前的推理水平，那么儿童在理解相关逻辑关系时就会遇到麻烦，并因此几乎不能从中获益。

虽然当代许多发展心理学家反对科尔伯格将道德发展划分为几个不连续的阶段，但研究者证实了科尔伯格有关不平衡会激发道德发展的观点。例如，对争议话题和道德问题进行课堂讨论看来能促进观点采择能力的提高，以及向更高级道德推理阶段的过渡（DeVries & Zan，1996；Power，Higgins & Kohlberg，1989；Schlaefli，Rest & Thoma，1985）。这一发现中隐含的重要一点是：儿童的道德推理不仅仅来自成人传递的特定道德价值观和说教（Damon，1988；Higgins，1995；Turiel，1998）。相反，它是儿童自发产生的，是个人建构的信念——那些随着时间流逝，他们会经常回顾、修订并最终完善的信念。

**自我意识**

如果儿童认为他们确实能够帮助其他人——换言之，当他们对于自己起到影响作用的能力有高度的自我效能感时，他们就更可能实施道德行为（Narváez & Rest，

1995)。另外，在青少年期有些孩子开始将对道德价值观的承诺整合到总的自我同一性中（M. L. Arnold，2000；Blasi，1995；Nucci，2001）。他们认为自己是有道德、有爱心的个体，关注他人的权利和幸福。他们的利他行为和同情行为不仅限于他们的朋友和熟人，也会延展到社区中。在一项研究中（D. Hart & Fegley，1995），研究者对那些助人行为特别投入——自愿花许多时间在特奥会、社区政治组织、疗养院等地方帮忙——的市中心西班牙裔和非洲裔美国青少年进行了深度访谈。这些孩子没有表现出比他们的同伴更高水平的道德推理（如科尔伯格理论定义的那样），但他们更可能用一些道德品质和道德目标（如帮助他人）来描述自己，也更可能提到他们为之奋斗的特定理想。

## 在课堂上鼓励道德行为和道德发展

一些个体认为，社会正处于道德急剧下滑的阶段，并敦促家长和教育者通过家庭和学校的教育，以及对儿童行为的严格控制来传授良好的道德品质（正直、廉正、忠诚、有责任感等）。实际上，没有证据表明现在这一代的年轻人比前一代在某一方面的道德水平和亲社会水平更低（Turiel，1998，2002）。另外，对什么是合乎道德的行为向学生进行训诫，并对学生的行为强加严格控制，这样做对灌输给学生一套特定的道德价值观几乎没有用处（Damon，1988；Higgins，1995；Turiel，1998）。阅读一些道德小故事也不会起到很大作用（Narváez，2002）。

但有些策略却不同。“走进课堂——促进道德和亲社会发展”向我们提供了一些例子。下面是基于一些研究发现的几条一般建议：

- **说明某些行为不可接受时要给出理由。**虽然对不道德的行为和反社会行为要给予强制性后果，但惩罚本身时常使儿童主要关注他们自己受到的伤害和痛苦（M. L. Hoffman，1975）。为了促进道德发展，我们必须在实施惩罚的同时给以引导，让学生关注他们的行为给他人造成的伤害和痛苦。例如，我们可以描述一项行为是如何给他人造成了身体上（“拉扯自己的头发，就像你刚才拉扯马伊的头发一样，真的很疼”）或情感上（“你叫约翰的外号，伤害了他的感情”）的伤害。我们也可以让学生看到他们是如何给别人造成了不便（“因为你弄坏了玛丽的夹克，她父母正叫她在屋里忙得团团转，来赚钱买件新的”）。另外一种方法是解释他人的观点、意图或动机（“你刚才嘲笑的这项科学研究计划可能没你的计划那样完美，但我知道卡梅伦花了很长时间在这项计划上，而且为自己所做的感到相当自豪”）。

99

### 走进课堂——促进道德发展和亲社会发展

- 鼓励利他行为，出现利他行为时给以认可。

  一个幼儿园老师表扬了一个安慰感情受伤的同学的学生。

- 示范亲社会行为。

  一个初中老师提到，他将在周六为“人类栖息地计划”（Habitat for Humanity Project）工作，并问他的学生是否有人愿意和他一起去。

- 讨论有关不恰当行为的原因，强调这种行为带来的伤害和不便。

  一个2年级的教师向莎拉说明，因为她总是粗心大意地将嚼过的口香糖丢在玛格丽特的凳子上，玛格丽特的妈妈现在必须花钱把玛格丽特的裤子送去进行专业洗涤。这位教师，莎拉和玛格丽特协同努力想出了办法，让莎拉为她对玛格丽特及玛格丽特家造成的不便和损失给予补偿。

- 将道德问题和道德两难问题融入课堂讨论。

  在讨论越南战争时，一位高中历史老师提到，许多美国年轻人去了加拿大以逃避征兵。她让学生决定，他们认为这种行为是否正确，并给出理由。

- 处理道德上不可接受的行为时，要敏感地注意到文化差异。

  一位老师看到她的一个学生无意中碰掉了同学挂着的夹克。老师向这个学生提起了这件事，但学生否认他和掉下的夹克有关。想起在这个学生的文化中，为了挽回面子，撒谎是可以接受的，这位老师并没有马上惩罚这个学生。相反，她让这个学生帮她把夹克重新挂到挂钩上。随后，就为自己的行为负责这一重要话题，她和这个学生进行了单独谈话，并说明在她的班级里，歪曲事实是不可接受的。

- **鼓励观点采择、共情和亲社会行为。**在任何班级，学业课程和日常事件为观点采择、共情和亲社会行为的发展提供了许多机会。例如，在讨论时事（如战争、饥荒、洪水）时，我们可以让学生接触一些他人的需要远远大于自己需要的情况。在帮助学生解决班级冲突时，我们鼓励他们从同学的角度看待现实情况，并鼓励他们通力合作找出一个公平的解决办法（见第10章有关同伴调解的讨论）。

- **让学生看到许多道德行为的榜样。**如果看到他人（包括自己的老师!）的行为是道德行为而不是非道德的，儿童和青少年更可能表现出道德和亲社会行为。例如，当青少年看到成人或同伴非常慷慨，并对他人表示关心，他们就可能照着做（Rushton，1980；C. C. Wilson，Piazza & Nagle，1990）。当他们看一些强调观点采择和亲社会行为（如“芝麻街”、“巴尼和朋友”）的电视节目时，他们更可能自己也表现出类似行为（Hearold，1986；Rushton，1980；Singer & Singer，1994）。有关亲社会行为的强大榜样也可以在文学作品中找到，例如，在哈伯·李（Harper Lee）的《杀死一只知更鸟》（*Kill a Mockingbird*）和约翰·冈瑟（John Gunther）的《生命的怒吼》（*Death Be not Proud*）中（Ellenwood & Ryan，1991；Nucci，2001）。

- **让学生多多讨论和学业科目有关的道德问题。**社会和道德两难问题经常会出现 100
在学校课程中。考虑以下可能出现在学业主题中的问题：

  ✧ 如果会导致无辜人死亡，对恐怖主义行为采取军事报复是否正当?

  ✧ 应该使用实验老鼠来研究癌症引发因素的影响吗?

  ✧ 哈姆雷特为了报杀父之仇而杀死克劳迪亚斯的行为正当吗?

这样的两难境地并非总是有明晰的正误答案。作为教师，我们可以使用各种方式鼓励学生讨论这些问题（Reimer et al.，1983）。我们必须营造一种信任的、没有威胁的课堂氛围，在这样的氛围下学生可以自由表达他们的信念，而不害怕指责和尴尬。我们也可以帮助学生了解两难境地的各个方面，包括相关不同个体的需要和观点。当我们鼓励学生在思考的时候探讨他们思考的原因——即，澄清并反思他们作出判断的道德原则，我们的学生最有可能进行富有成效的讨论。

- **让学生主动参与社区服务。**正如我们所见，当学生具有帮助他人的高度自我效能感，以及致力于将道德理想整合入总的自我同一性时，他们就更可能坚持强烈的道德原则。这种自我知觉的出现当然并非是意外。当儿童拥有他们成功实施活动所需的支持和指导时，他们就更可能具备进行亲社会行为的高度自我效能感。而且，甚至当他们在青春期前就开始积极为他人服务时，他们也更可能将道德价值观整合进他们总的自我意识中（Nucci，2001；Youniss & Yates，1999）。通过实时的社区服务活动——有时统称为服务学习（service learning）——小学生和中学生同样会明白，他们有技能和责任去帮助那些没有他们幸运的人，以及通过别的途径让他们所生活的世界变得更美好。在这一过程中，他们也开始将自己看做一个有爱心、有同情心、有道德的公民（Youniss & Yates，1999）。

## 人格和社会性发展的多样性

在本章中，我们明确了学生在不同年龄段的许多不同的思维和行为方式。但我们也看到了一个年龄段内出现的许多差异。有些差异，当然，是由于气质、家庭环境和其他个体变量造成的。但研究者也发现，在各种文化和种族团体之间，男孩女孩之间，以及不同社会经济地位团体之间也存在重大差异。

### 文化和种族差异

我们可能经常看到的文化和种族团体差异的一个特征是自我意识。正如我们所见，有些文化鼓励孩子为家庭和社会团体取得的成就感到骄傲，甚于为个人成就感到骄傲。而且，虽然有些青少年有着强烈的种族认同感，但不是所有来自少数民族团体的学生都会有类似感受，而且一些学生（尤其是有着多重文化背景的学生）种族认同感的强烈程度会随着背景和情境的变化发生改变（A. M. Lopez，2003；Yip & Fuligni，2002）。另外，有些少数民族团体的成员，虽然总体而言有较高的自尊水平，但却对自己获得学业成功的能力没什么信心（Elrich，1994；Graham，1994；van Laar，2000）。因而，对于有着少数民族背景的一些学生，我们也可能需要付出特别的努力以培养他们积极的自我知觉，通常是提供足够支持以确保学生在学业任务上取得成功，或者让学生知道为何要为自己的文化遗产感到自豪（Phinney，1989；S. Wright & Taylor，1995）。

人际技能也具有跨文化差异性。例如，有些种族群体［如居住在南卡罗来纳州海岸的非洲裔美国人和在美国西南部的许多纳瓦霍人（Navajos）］非常重视维持群体和谐，和平解决人际冲突，而且来自这些群体的儿童可能也非常善于进行协商和维护和平（Guthrie，2001；Witmer，1996）。相较而言，其他一些文化（如加拿大北部和南太平洋地区的一些团体）通常采用一些看似反社会的行为——尤其是戏弄和嘲笑——来教育儿童“保持冷静”并处理责难（Rogoff，2003）。

由于学生背景的不同，有关是非的概念也存在差异。比如，有些种族群体（包括许多有着亚裔和非洲裔根源的美国人）比起其他群体，更看重忠诚和亲社会行为（Greenfield，1994；Markus & Kitayama,，1991；P. B. Smith & Bond，1994；Triandis，1995）。有些种族群体则强调体贴他人（如，“请保持安静，好让你姐姐学习”）的重要性，而其他群体则重视容忍那些不顾他人的行为（如，“在你学习的时候尽量别让你弟弟的收音机打扰到你”）（Fuller，2001；Grossman，1994）。此外，主流的西方文化认
101 为，为了逃避不当行为带来的惩罚而撒谎是错误的，但在其他某些文化中，撒谎是挽回面子的可行之法（Triandis，1995）。那么，作为教师，我们必须牢记，我们的学生对于

道德行为的理解有时可能和我们不同。与此同时，我们当然不应该接受违背诸如平等和尊重他人权利及幸福等基本原则的行为。

## 性别差异

有些研究者发现在总体自尊上存在性别差异，男孩比女孩对自己的评价要高，尤其是在青少年时期。比起女性青少年，男性青少年对自己外貌吸引力的自我知觉更积极。总体而言，多数学生的自我知觉倾向于和有关男性与女性所“擅长”的刻板印象一致。例如，即使实际水平其实一样，在数学和体育方面，男孩更倾向对自己有较高评价，而女孩倾向于在阅读和文学方面有较高自我评价（D. A. Cole et al.，2001；Eccles，Wigfield & Schiefele，1998；Harter，1999；Herbert & Stipek，2005；Wigfield et al.，1996）。

在人际行为方面也会出现性别差异。男孩倾向于待在大团体中，而女孩则喜欢参加和密友一起的小型且更亲密的聚会（Maccoby，2002）。正如前面提到的，攻击在男孩身上有不同的表现形式，男孩更倾向于采用身体攻击，而对于女孩，她们更可能进行关系攻击，破坏友谊及损毁他人名誉。

一般而言，比起男孩，女孩更可能感到负罪、羞愧和共情——与道德行为相关的情绪（Lippa，2002；A. J. Rose，2002；Zahn-Waxler & Robinson，1995）。但是，女孩和男孩对于含有道德意味情境的推理是否也不同呢？科尔伯格向两种性别的年轻成人呈现了很多不同的道德两难情境，他发现女性的推理水平一般处于第 3 阶段，而男性则更可能进行第 4 阶段的道德推理（Kohlberg & Kramer，1969）。然而，心理学家卡罗尔·吉利根（Carol Gilligan）认为，科尔伯格的阶段论没有准确描述女性的道德发展（Gilligan，1982，1987；Gilligan & Attanucci，1988）。吉利根还特别指出，科尔伯格的阶段论体现的是公正取向——强调公平和平等的权利——这通常是男性道德推理的特征。相较而言，社会化的女性对道德问题采用的是关怀取向——即注重人际关系，为他人的幸福承担责任。为了了解这两种取向的不同作用，试试下面的练习。

### 亲身体验·豪猪两难

一群勤劳而节俭的鼹鼠，花了一个夏天的时间挖了一个地洞，以便在洞中过冬。一只懒惰又缺乏远见的豪猪没有准备冬天的避难所，它接近这群鼹鼠，祈求能共用他们的地洞。鼹鼠觉得豪猪可怜，就同意让它进来。不幸的是，鼹鼠没有料到豪猪身上尖利的刺会刺到它所靠近的角落。一旦豪猪住进来，鼹鼠就经常被刺到。问题是，鼹鼠该怎么做？（Meyers，1987，p. 141，改编自 Gilligan，1985）

---

根据吉利根的观点，男性倾向于将这个问题视为涉及破坏某人权利。他们可能会指出，地洞是属于鼹鼠的，鼹鼠理所当然能赶豪猪出去。如果豪猪拒绝离开，有些人会争辩道，鼹鼠绝对有权伤害豪猪，甚至可能杀死豪猪。相比较而言，处理这个两难问题时，女性更可能表现出同情和关爱。她们可能会建议鼹鼠用一条毯子把豪猪包起来，这样它的刺就不会烦扰到任何鼹鼠了（Meyers，1987）。

吉利根提出了一个很好的观点：男性和女性的社会化过程经常是不同的，正如你会在第 4 章发现的一样。此外，基于对其他人的同情以及对他们权利的考虑，吉利根拓展了我们对道德这一概念的理解（L. J. Walker，1995）。但事实上，多数研究没有发现在道德推理方面存在较大的性别差异（Eisenberg，et al.，1996；Nunner-Winkler，1984；L. J. Walker，1991）。正如吉利根本人承认的一样，在道德推理过程中，男性和女性同样会关注公正和同情（L. M. Brown，Tappan & Gilligan，1995；Gilligan & Attanucci，1988；Turiel，1998）。

103

## 社会经济地位差异

来自各个阶层的儿童和青少年在成长过程中面对许多挑战——也许他们必须要应对某种严重的疾病、单亲家庭或家庭冲突——但那些来自低收入家庭的孩子则要经受更多。也许由于这些挑战，儿童和青少年会拥有较低的自尊，比起较富有的同伴，他们更容易抑郁（Becker & Luthar，2002；Seaton et al.，1999；R. D. Taylor，Rodriguez，Seaton & Dominguez，2004）。

然而，低收入环境并非总会导致不利结果。很多成长于低收入家庭的儿童和青少年享有积极的自我概念、良好的人际技能和强烈的道德准则（D. Hart & Fegley，1995；Masten & Coatsworth，1998）。对于这些青少年，能给予支持的老师和其他成人至关重要，关于此点我们将在第 4 章的适应性强的学生（resilient students）中有所讨论。

## 适应有特殊需要的学生

一些学生有和他们的人格与社会性发展相关的特殊教育需要。很多有认知、社会性或身体方面障碍的学生比他们的同学有更低的自尊（Brown-Mizuno，1990；T. Bryan，1991；Marsh & Craven，1997）。智力发育迟滞的学生一般对社交情境下的行为表现的理解有限（Greenspan & Granfield，1992）。有情绪障碍和行为障碍的学生的观点采择和社交问题解决能力可能也很差，因而他们可能没有或有很少的朋友（Harter et al.，1998；Lind，1994）。此外，有多种障碍的学生——尤其是那些有多动症、自闭症、情绪和行为障碍或智力落后的学生——在对他人行为和身体语言的准确推测方面可能存在问题（Hobson，2004；Leffert，Siperstein & Millikan，2000；Lochman & Dodge，1994；Milch-Reich，Campbell，Pelham，Connelly & Geva，1999）。具体特征和推荐的课堂策略详见表 3—6。

102 **表 3—6　　全纳环境中的学生——有特殊教育需要学生的人格和社会性发展**

| 类别 | 可能观察到的特征 | 推荐的课堂策略 |
|---|---|---|
| 有特定认知或学业障碍的学生 | • 低自尊与学业领域的困难相关（尤其是如果一种学习障碍还未被诊断）。<br>• 对同伴压力的怀疑加剧（对有学习障碍或多动症的学生而言）。<br>• 在观点采择或准确理解社会情境方面存在问题（对有些有学习障碍或多动症的学生而言）。<br>• 在有些情况下，社会技能较差和缺乏友谊；倾向于不考虑自己行为的可能结果而行事（尤其对有多动症的学生而言）。 | • 促进学业成功（如，为课堂任务提供额外的支持）。<br>• 给学生炫耀自己做得好的机会。<br>• 采用引导促进观点采择能力（如，让学生注意到他们的行为是如何对他人造成伤害或痛苦的）。<br>• 教授任何缺乏的社会技能。 |

续前表

| 类别 | 可能观察到的特征 | 推荐的课堂策略 |
|---|---|---|
| 有社交或行为问题的学生 | • 被同伴拒绝；缺乏友谊。<br>• 和他人的情感联系有限（对有自闭症的学生而言）。<br>• 在观点采择和辨别他人情绪状态方面有困难。<br>• 缺乏理解社会线索的能力（如，在单纯的互动中对敌意的觉知）。<br>• 社会技能和社交问题解决能力不良；对自己社会能力的真正不良程度的认识有限。<br>• 冲动控制能力差；控制感情方面有困难。<br>• 对他人的共情较少。 | • 明确教授社会技能，提供练习机会，并给予反馈。<br>• 对于可接受的课堂行为，建立并加强严格规定。<br>• 对得当行为贴标签并加以表扬。<br>• 教授解决社交问题的策略（如通过调解训练，见第 10 章）。<br>• 为学生交新朋友提供机会（如通过结构化、有效监管的合作学习活动）。<br>• 帮助学生认识到各种情绪的外显信号。<br>• 使用引导来促进共情和观点采择能力的发展。 |
| 在认知和社会功能方面发展迟滞的学生 | • 普遍低自尊。<br>• 社会技能典型属于较年幼孩子的。<br>• 在识别和理解社会线索方面有困难。<br>• 有关是非的观点是具体的，经常是前习俗水平的。 | • 为学业成功提供支持。<br>• 教授社会技能，提供练习机会并给予反馈。<br>• 用明确、具体的语言制定课堂行为规则。<br>• 对得当行为贴标签并加以表扬。 |
| 有身体障碍或感知困难的学生 | • 几乎没有朋友，可能出现社会孤立。<br>• 几乎没有机会进行观点采择和社会技能的发展。 | • 最大限度地提供学生和同学互动的机会。<br>• 指派伙伴——可以帮助学生完成任务的同学，这些学生由于某种障碍无法独立完成任务。<br>• 教授任何缺乏的社会技能。 |
| 认知能力发展超前的学生 | • 对学业任务有高自尊（尤其是男生）。<br>• 高于一般水平的社会性发展和情绪适应能力（虽然有些极具天赋的学生由于与同伴过于不同，可能会出现困难）。<br>• 展现能力的需要和获得同伴接纳之间存在冲突（尤其是女生）。<br>• 更好的观点采择。<br>• 对于一些学生而言，更高度发展的道德推理能力。<br>• 比起同伴，在更年幼阶段出现对道德和伦理问题的关注。 | • 敏锐地注意到学生对他们的特殊能力可能影响到他们与同学同伴关系的关注。<br>• 鼓励学生进行有关伦理问题和道德两难问题的对话。<br>• 让学生参与处理社区、国家或国际中的社交问题的项目。 |

资料来源：Barkley，1998；Beirne-Smith et al.，2002；Bierman et al.，1987；Cartledge & Milburn，1995；Coie & Cillessen，1993；Dempster & Corkill，1999；Gresham & MacMillan，1997；Grinberg & McLean-Heywood，1999；P. L. Harris，2006；Harter et al.，1998；Heward，2006；Hobson，2004；Juvonen & Weiner，1993；Keogh & MacMillan，1996；MacMaster，Donovan，MacIntyre，2002；Marsh & Craven，1997；Mercer & Pullen，2005；Milch-Reich et al.，1999；Schonert-Reichl，1993；Schumaker & Hazel，1984；Shavinina & Ferrari，2004；Turnbull et al.，2007；Winner，1997；Wong，1991a；Zirpoli & Melloy，2001。

## 概　览

尽管本章讨论的话题各不相同，但从头到尾还是有几个总的主题非常明显：

■ 和他人的互动能促进人格和社会性的巨大进步。社会互动，不仅对儿童的认知和语言发展（见第 2 章），而且对他们的人格和社会性的发展都至关重要。例如，通过观察他人，与他人互动，学生会获得大量有关自己优缺点的信息。同伴关系能够提供一个平台，在这个平台上儿童可以练习既有社会技能、尝试新技能。就有争议的话题和道德问题进行对话能促进观点采择更快的发展，形成更高级的道德推理。

■ 说明可接受行为的标准以及遵守这些标准的原因对获得最优发展至关重要。适应良好的儿童经常是那些成长于权威环境下的孩子，在这样的环境下，有着恰当行为的准则，以及遵守准则的原因，而且违反准则定会带来消极结果。当惩罚同时伴随引导——即解释个体的行为如何给他人造成身体或情绪上的伤害时，能提高观点采择和道德发展水平。作为教师，我们在和学生交流时必须明确指出在校内哪些行为是可以接受的，哪些是不可接受的，并解释为何不能容忍特定行为。

■ 温暖、支持性的环境能够最好地促进发展。正如我们发现的一样，充满爱心但又严格的环境是权威教养方式的一个重要方面。另外，积极反馈在学生自我意识的发展中有着重要作用。而且，在一个能自由、公开、诚实地表达自己观点的课堂中，学生更可能表达自己有关道德问题的见解。

■ 学生的人格、社会性和道德理解是自我建构的。就像儿童和青少年建构自己有关这个物质世界的知识和信念一样，同样他们也建构有关自己（如，他们的自我概念和同一性）、他人本质（如，他们对同伴动机和意图的解释）及道德（如，他们对正确和错误的定义）的信念。作为教师，我们必须为学生创造大量机会，以检查和复查他们对自我和他人的理解。下面练习中呈现的课程即是一个例证。

*104*

### 资格考试练习：红字

过去几天里，苏瑟姆女士在 11 年级的英语课上一直在和学生们一起阅读纳撒尼尔·霍桑（Nathaniel Hawthorne）的《红字》（*The Scarlet Letter*）。这部小说的背景是 17 世纪的波士顿，主要描述的是两个有不正当男女关系的主人公：赫斯特·普林（Hester Prynne），一个过去两年内没见过丈夫，没收到丈夫任何消息的年轻女人，和亚瑟·丁梅斯代尔（Arthur Dimmesdale）牧师，一个虔诚而受人尊敬的当地牧师。当赫斯特怀孕时，她因通奸罪入狱，并很快生下一个孩子。眼下，课堂正在讨论第三章，这一章中地方长官和镇里长官们，包括丁梅斯代尔，在逼迫赫斯特说出孩子父亲的名字。

苏瑟姆女士：孩子的父亲……你怎么知道是丁梅斯代尔……亚瑟·丁梅斯代尔牧师？为什么不是约翰·威尔森（John Wilson）牧师或者总督贝林汉（Bellingham）？……第三章课文中有哪些线索？……尼可你说说？

尼可：他表现得非常退缩。他甚至不想牵扯到这件事中。他想让其他人询问她，因为他不想看她的脸，让她说出他的名字。

苏瑟姆女士：好的。还有别的吗？……

学生：那个孩子。

苏瑟姆女士：那个孩子怎么了？

学生：她开始哭，而且她的眼睛紧跟着牧师。

苏瑟姆女士：这是我最喜欢的霍桑风格中的一段……（苏瑟姆女士读了小说中描写丁梅斯代尔性格的一段文字。）在你们的日志中，记下这段描写中一些重要的特征。哪些措辞对你理解丁梅斯代尔的性格至关重要？你是怎么看他的？如果你要给他画一幅肖像画，你确信哪些是他的特征？……简单写些东西，或画幅画，如果你愿意。（苏瑟姆女士在教室中来回走动，观察学生的行为，直到他们完成写作。）

苏瑟姆女士：你们心中对这个男人形成了什么样的图画……如果你要导演一部《红字》电影？

麦克：我心中没有什么人物，只有特征。大约5英尺10英寸高，梳着整齐的短发，衣着体面。他看起来真的很紧张、没经验。他脸上满是愧疚。总是紧张，一直发抖。

苏瑟姆女士：他脸上有愧疚的表情，他的嘴唇一直在哆嗦，总是发抖。

麦克：他对自己非常不确信。

马特：出了很多汗。总是这样。（他表演了丁梅斯代尔可能如何擦自己的额头。）他是……他用自己的手帕……

苏瑟姆女士：事实上，我们没有看到他擦自己的额头，但我们的确看到他做了什么？做了什么呢？你们还记得吗？如果你们回到课文，他把自己的手捂在胸口，似乎他正在经受某种痛苦。

学生：金属框眼镜……我不知道为什么。他像是……

麦克：他有点老套……短裤。米歇尔·福克斯（Michael J. Fox）的老爹。……（麦克指的是电影《回到未来》里面一个老套的角色。）

苏瑟姆女士：穿着短裤和其他东西。

学生：是的，乔治·麦克弗雷（George McFly）。（学生指出了这部电影中一个老套人物的名字。）

苏瑟姆女士：乔治·麦克弗雷年轻的时候。但同时……当我们将代表这个女人特征的所有图片都挂在墙上，我不知道她是否像这个班上或其他班上的某个人。我猜是第四节中的某个人……他说，"好吧，她确实值得这样。"这值得拿你不朽的灵魂冒险，你知道？……显然她有罪，但他也有罪，对吗？而且如果她值得如此，我们不也必须认为他在某种程度上也值得她拿自己的灵魂为此而冒险吗？ 105

学生：也许他人格高尚……

苏瑟姆女士：显然他是，你知道，一个有魅力的牧师。他能迷住大众。

学生：是他的眼睛。对，那双眼睛。

苏瑟姆女士：那双忧郁的棕色眼睛。是的，绝对是那双忧郁的棕色眼睛。

**1. 反应建构问题：**

在这段课堂对话中，苏瑟姆女士和她的学生探讨了小说中角色，尤其是亚瑟·丁梅斯代尔，可能的想法和感受。换句话说，他们在进行社会认知。

A. 找出学生讨论中体现社会认知的两个例子。

B. 对于找到的每个例子，说明它揭示了说话者社会认知的哪些方面。

**2. 多项选择问题：**

苏瑟姆女士做了一些有助于提高学生观点采择能力的事情。下面例子中的哪项是最佳体现？

a. 她示范了对这部小说的热情（“这是我最喜欢的霍桑风格中的一段”）。

b. 她建议学生在日志中给小说的一个核心人物——丁梅斯代尔，画幅画。

c. 她指出，丁梅斯代尔正“把手捂在胸口，似乎正在经受某种痛苦”。

d. 她赞同麦克将丁梅斯代尔比作电影《回到未来》中的一个人物。

## 注　释

1. 这样的情境是自我实现预言（self-fulfilling prophecy）的一个例子：教师对学生成就的期望会影响学生最终达到的成就。我们将在第 12 章看到自我实现预言。

2. 儿童对自己思维过程的理解被称为元认知，我们将在第 8 章讨论这一主题。

3. 社会信息加工是信息加工理论更为社会定向化的一种表述，我们将在第 6 章讨论信息加工理论。

4. 埃里克·埃里克森认为，如果成人试图强加给孩子一些不现实的行为期待，羞愧感在儿童学步期可能就出现了。然而，一般而言，羞愧感出现于小学阶段，那时孩子在认知上更有能力考虑他们的行为如何与他们自己的期待一致或者不一致（Harter，1999）。

# 第4章 群体差异

**本章内容要目：**



在前面的章节中，我们探讨了不同文化群体中存在的差异，包括认知工具、推理技巧、语言练习、人际互动和道德价值。我们也发现，男孩和女孩在自我意识、冒险行为和攻击行为上存在着差异。我们还注意到，与来自富有家庭的同伴相比，低收入家庭的孩子往往会面对更多的挑战。在本章，我们将进一步深入探讨群体差异（group differences），我们很容易在不同文化、不同民族、不同性别或不同社会经济背景的学生之间看到这些差异。我们也会看到，教师的指导和支持对于处于风险中的学生是非常重要的。本章我们将了解以下问题：

- 群体差异的研究结果在多大程度上能帮助你对特定学生作出推论?
- 你可以使用哪些策略促进来自不同文化和种族背景的学生的课堂适应和学业成绩?
- 在你的课堂中，你可能在男生和女生之间看到哪些重要差异?你能做些什么使得男生和女生的学校学习效果达到最佳?
- 来自低收入家庭的学生往往会面临怎样的挑战?你如何帮助他们应对这些挑战?
- 什么样的特征可以帮你识别学校生活有失败风险的学生，并帮助他们顺利迈向学业成功之路?

**个案研究：杰克为什么不去上学?**

杰克是一名 7 年级的美洲原住民学生，居住在美国西南部的纳瓦霍部落。在这个农业地区，他每天必须行程一百多英里去上学。他喜欢上学，学习也很刻苦，并且与同学相处融洽。但是杰克已经整整一周没有来学校了。事实上，他也没有在家里，他的家人（他家里没有电话）并不知道他到底去了哪里。

唐娜·黛丽是一位与杰克相识多年的教育者，杰克的英语老师向他这样描述道：

> 那位 7 年级学生已经离家 5 天了，而他的父母对此毫不关心。这周，我的纳瓦霍族学生中几乎有 1/3 都没有来上课。他们的父母不支持他们接受教育。当他们不在班上时，我怎么上课？（Deyhle & LeCompte，1999，p. 127）

几周后，杰克的姐姐道出了她的父母终于开始寻找杰克的原因：

> 他和朋友一起去看《第一滴血 2》，并再没有回家。如果他有麻烦我们
> 110 会知道的。但是现在，家里需要他明天去放羊。（Deyhle & LeCompte，1999，p. 127）

春天来了，那是每个家庭种植庄稼和修剪羊毛的时间，并且所有的家庭成员都要帮忙。杰克的行踪很快被发现了，正如唐娜之后所写道的：

> 那天傍晚，杰克和他的父母从镇上回家，路过我家并停了下来……出于纳瓦霍人的礼貌，他们一直等在车里，直到我知道他们来了并邀请他们进屋。当他们从车里出来，他的爸爸说："我们找到他了。"他的母亲转向他，挖苦他说："现在上学可能看起来会更容易一些。"杰克在家待了几天，帮着家里灌溉玉米地，然后他决定回学校上学。（Deyhle & LeCompte，1999，p. 128）

✧ 杰克的父母并不是坚持要他每天上学。你能按照他英语老师的思路来解释杰克为什么逃学，并得出是"因为他的父母不关心他的教育"这样的结论吗?

✧ 表面上看，杰克的父母对他不回家表现得漠不关心。但是大多数父母都十分关心孩子们的安危，有没有其他原因可能用来解释杰克的父母为什么迟迟不去找他?

✧ 杰克的母亲说了什么，来暗示她认为上学是重要的?

## 时刻考虑群体间的差异

如果你是在主流西方文化下长大的，你可能会认为杰克和他的父母都对他的教育漠不关心。如果这样，你得出的这一结论可能是基于你所处的文化中两种普遍的信念：（a）学校教育优先于家庭或其他地方的活动，（b）有责任心的家长要坚决支持孩子去学校。但事实上，大多数纳瓦霍儿童和成人——包括杰克和他的父母——完全认识到接受良好教育的重要性。为了真正了解杰克家发生了什么，我们需要了解一下纳瓦霍文化。纳瓦霍人非常重视个体自主性（autonomy）：人们必须尊重他人作出自己

选择的权利（甚至是儿童的这种权利）（Deyhle & LeCompte，1999）。从这一角度来看，好的教养并不是意味着要求孩子去做某些事情或是以某种方式行动，因此杰克的父母并没有坚持要杰克看完电影后回家。纳瓦霍的家长给孩子们提供建议和指导，可能会通过较为温和的挖苦（teasing）方式（“现在上学可能看起来更容易一些。”）来让孩子作出有效的选择。如果孩子不管父母的指导而作出不好的选择，他们往往会从事情的后果中学到很多。

除了个体自主性，纳瓦霍人还重视合作和相互依靠，他们相信团体成员应该为了共同利益而一同努力。即使杰克喜欢上学，但他回家之后首先要做的是帮助家人。在纳瓦霍人看来，人们必须自愿地去合作；被强迫而去帮助他人根本不是真正意义上的合作（Chisholm，1996）。在其他美洲原住民部落中也可以发现，对个体自主性的尊重和合作互依（Rogoff，2003）。

我们来看前文说到的，杰克和他家人去拜访唐娜·黛丽时，他们停车后一直等在车里而没去敲门。尽管这种行为可能会让你感到惊讶，但是这在纳瓦霍人看来是非常适当的。如果他们去敲唐娜家的门，这就意味着他们把自己的欲望——他们希望与唐娜交谈——强加于主人身上。他们在车中等待，就给了唐娜作出选择的机会，接受或者拒绝他们的拜访，这就保护了她的自主性。如果她不希望他们来访，那么她就可以无视他们在外面。最终，他们会离开，这可以使每个人自始至终都保持尊严（Deyhle & LeCompte，1999）。

当学生和他的家人在信仰、价值观和社会习俗方面与我们大相径庭时，我们很容易认为他们是古怪、毫无动机或粗心大意的。这种结论往往既不正确，也没有建设性。当了解他们行事的基本原则和风俗习惯后，作为老师，我们可以更好地帮助学生们学习、发展和成长。 111

当我们考虑到群体差异时，我们必须牢记两个要点。第一，在任何群体内部，都存在着很多的个体差异。我所描述的不同群体学生间的差异，是指平均意义上的，尽管一些学生可能与平均水平相差甚远。第二，两个群体之间会存在许多共同之处。以言语能力的性别差异为例。许多研究都发现女孩较男孩拥有稍强的言语能力（Halpern & LaMay，2000）。这种差异往往具有统计学上的显著性，也就是说这种差异并不是由于1%的侥幸机会而表现出来的。但是男孩和女孩在总体言语能力上的平均差异是非常小的，他们之间有很大程度的重合。图 4—1 表明了男孩和女孩言语能力一般测量结果的重合。可以看到，尽管女孩们具有平均优势，但仍然有一些男孩的言语能力比大多数女孩要强。

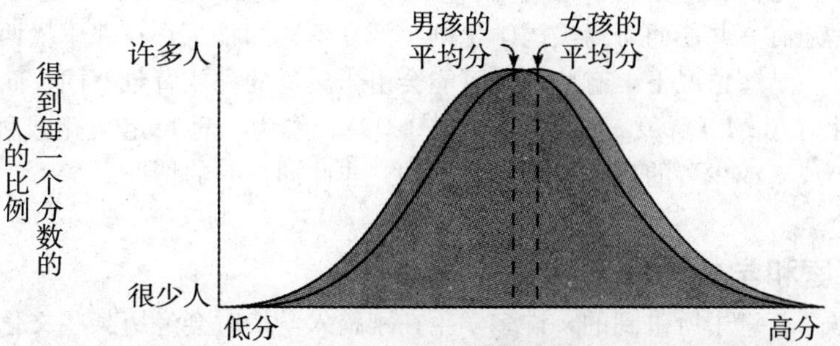


**图 4—1　在言语能力上男孩和女孩的典型差异**

如果我们要使所有学生的学习和发展最优化，我们必须意识到群体之间的差异，这些差异可能会影响到他们的学习和课堂表现。我们所面临的挑战是要将群体差异牢记心头，同时还需要时刻提醒自己，并不是所有的特殊群体的成员都会表现出典型的群体特征[1]。在一个民主社会中，当我们对待不同的学生时，教育需要公平（equity）——摆脱偏见或偏爱。真正公平的教育适合任何一位具有鲜明特点的学生。

## 文化和种族差异

我们在第2章中提到，文化这一概念包含着行为体系和信仰体系，它体现着具有悠久历史的社会群体的特征。文化背景影响着我们所获得的视角和价值观，影响着我们所发现和掌握的重要技能，还影响着我们所追求的成人角色。它同样引导着我们的语言发展和沟通技能，影响着我们的情绪表达和调节，以及我们自我意识的形成。

文化并不是静态的实体。随着文化融合新观点、进行变革、产生新的思维方式，特别是当它们接触其他文化时，它们会不断地改变。（O. Lee，1999；Rogoff，2003）。此外，在一种特定的文化中，个体间的态度和行为会有很大的差异，个体成员可能会采纳某些文化价值和社会习惯，而拒绝另一些（Tudge et al.，1999；Turiel，2002）。

有时候，文化是指那些在广大地理区域内被广泛共享的行为和信仰。例如，主流西方文化包括很多北美和西欧人所共有的行为、信仰和价值观。这种文化中的成员通常重视自立、学业成就、民主决策以及尊重他人的个体权利和财产等。

然而，北美和西欧的国家也会有许多文化差异，这在很大程度上是由于他们的人民来自不同的种族群体。通常，一个种族群体是一个拥有共同文化的个体群，他们遵循以下特征：

- 它可能在现在所居住国家建国之前便已经出现，也可能是从这个国家之外迁移而来。它可能由相同种族、民族起源（national origin）或宗教背景的人组成。
- 它的成员拥有相同的互相依赖感——一种生命紧密联系在一起的感觉。（NCSS
112 Task Force on Ethnic Studies Curriculum Guidelines，1992）

我们不能直接根据身体特征（如肤色）或出生地来判断学生们的种族。例如，我的女儿蒂娜，她出生在哥伦比亚，拥有西班牙和美洲原住民祖先，由两名欧裔美国人父母抚养。因此，从种族上看蒂娜更可能是欧裔美国人。通常，我们可以通过观察学生们参与并持续参与何种文化和种族活动，来判断他们是属于哪一种族，属于哪种文化（Gutiérrez & Rogoff，2003）。例如，有些墨西哥裔美国学生居住在狭小的、联系紧密的社区中，他们在那里讲西班牙语，传统的墨西哥习俗和信仰渗透在他们的日常生活中；但是还有一些墨西哥裔美国学生则生活在不同的社区，在那里墨西哥传统往往被抛弃。此外在某些情况下，有些学生可能会由于父母的种族背景不同，而积极融入两种或多种文化（A. M. Lopez，2003；Root，1999）。作为一种特定文化或种族群体的成员，是一种“或多或少”的现象，而不是一种“非此即彼”的情况。

### 跨越家庭和学校中的不同文化

回顾第3章中所讲到的，许多学生在刚踏入学校时会经历某些文化冲击。这种文化冲击在一些孩子的身上体现得格外强烈。在北美和西欧，大多数学校都是处于主流西方文化之中，在这种文化下长大的孩子能够很快地适应课堂环境。但是那些来自其他不同文化中的学生们——例如，许多新近的移民——可能会经历家庭和学校之间的文化失调（cultural mismatch）（C. R. Harris，1991；Igoa，1995）。特别是，他们可能发现学校是一个混乱的地方，在学校他们不知道从别人那里期望得到什么，或者别人期望他们怎么做。例如，在性别角色存在很大差异的文化中长大的孩子们——也就是说，在那种文化中，人们期望男性和女性以十分不同的方式行为——可能会在学校中适应困难，因为在学校里男孩和女孩被寄予了相似的期望（Kirschenbaum，1989；Vasquez，1988）。家庭和学校文化间的差异，会妨碍学生适应学校生活，并且最终会影响到他们的学业成就（García，1995；Ogbu，1992；Phelan et al.，1994）。

当教师误解了少数民族学生的行为时，文化失调就复杂（compounded）了。下面我们来看一个例子。

## 亲身体验·餐厅里的喧闹

在下文中，一位名叫萨姆的少年向他的朋友乔描述在学校自助餐厅中发生的事情：

> 我排队站在布巴的后面。跟平常一样，队伍向前缓缓移动，我们大家都有点不安分。这时，布巴转过身来说，“嘿，萨姆！怎么了伙计？你长得太丑了，医生把你接生下来的时候扇了你的脸！”周围的人都在笑，但是当我回击的时候他们笑得更厉害了，我说：“是吗？你是那么的丑，医生转过身去打了你妈妈！”事情变得越来越疯狂，布巴说：“那好，伙计，至少我爸爸不是女童子军。”我们都陷入其中。一会儿，更多的人掺和进来——4 个、5 个、6 个。这真是一场骚乱！人们帮助那些看上去处于劣势的人。突然，体育老师雷纳德先生过来试图平息这件事情。接下来我们去了办公室。校长让我们在接下来的一周每天放学都要留下来。他太严肃了！另外，他还让我们通知家长，想要让他们星期一到他的办公室谈一谈。哥们！我回家后该怎么办！这是我这学期收到的第三份通知了。当我们离开校长的办公室时，我又跑去找布巴。我们决定继续我们的争吵，但这次要等我们离开校园之后了。

学校的餐厅里到底发生了什么？男孩们在打架吗？还是他们只是想要放松一下呢？

---

你刚才看到的这个故事描述了“相互咒骂”，一种友好的侮辱式的交流，这种交流 *113*
方式在一些非洲裔美国人社区的男青年之间经常可以看到的（e. g.，DeLain，Pearson & Anderson，1985；R. E. Reynolds et al.，1982）。有些男孩利用这种交流来获得他在同龄人中的地位——那些可以想出最厉害的侮辱语言的人就是胜者——而其他人则只是消遣娱乐。如果你认为发生在餐厅里的是一起激烈争斗（knock-down-drag-out fight），那么你并不是唯一这样认为的人；在一项研究中，很多 8 年级的学生也都这样认为（R. E. Reynolds et al.，1982）。但是请你站在讲述故事的萨姆的位置，设身处地地去想一下。如果你只是因为玩一个你认为好玩的拌嘴游戏而受到惩罚，可以想象你可能会感到生气和被疏远（alienated）。

当我们不了解学生的文化传统时，我们可能会误解他们的某些行为，那样我们与他们之间的关系也会随之遭遇危机（Gay，2006；Hughes，Hill & Wong，2005）。例如，在一些美洲土著文化或亚洲文化中，人们很少通过面部表情来表达他们的情感（Camras，Chen，Bakeman，Norris & Cain，2006；Montgomery，1989）。想象一下你的班上有几个学生有这样的文化背景。如果在同学们微笑或不高兴时，他们却很少微笑或皱眉，你是否可能会误认为他们是无趣的、漫不经心的，或者是自由散漫的？如果是的，那么跟其他表情丰富的学生相比，要让这些学生变得活跃是不是可能更不容易？

随着学生经历学校文化，他们越来越明白他们的老师和同伴期望怎样的行为和思想，并且许多学生最终会变得善于在家庭文化和学校文化中进行转换（Hong，Morris，Chiu & Benet-Martínez，2000；LaFromboise，Coleman & Gerton，1993；Phelan et al.，1994）。一个墨西哥裔美国学生的回忆为此提供了例子：

> 在家里跟我的父母和祖父母在一起的时候，我只能说西班牙语，事实上，这是他们真正能理解的语言。所有的事情都是墨西哥式的，但同时他们又希望我能讲流利的英语……但是在学校里，我感觉完全不同，因为每一个人包括我在内都是美国人。然后在下午放学回家之后，我又是墨西哥人了（Padilla，1994，p. 30）。

并不是所有的学生对此都能很容易地适应学校文化。有些学生会极抗拒适应学校文化，这可能是因为他们认为这与他们自己的文化背景或认同不一致——甚至是相矛盾（W. E. Cross et al.，1999；Ogbu，1999；Phelan et al.，1994）。还有一些学生努力去适应学校生活，却发现家庭和学校的差异是难以解决的问题，正如你从下面一段文字中将要看到的，这是一名老师写的报告，他从事对巴基斯坦和阿富汗移民来的穆斯林学生的教育。

> 在准备斋月节（Ramadan Feast）的日子里，学生们和大人一起斋戒。在黎明前他们被父母叫醒。吃过早餐之后又回去睡觉，等到了时间再起床去上学。在学校里，他们不吃不喝——甚至是一滴水都不沾——直到日落。中午的时候，尤其是在暖和的天气里，他们会有些情绪低落。我注意到，他们在极力克制自己不在公立学校中祈祷，尽管这种祈祷是他们文化态度的一部分。他们会谈及他们有每天祈祷 5 次的义务。在他们的文章中流露出其中的矛盾：
>
> “我经常会想到我的祖国。我想有天我会去那里，看看她并且在毫无问题的情况下实践我的信仰。在这里，我们没有足够的牧师。我们称呼他们为毛拉（mullah）。在这里我们只有一座清真寺。毛拉是一个重要的角色，因为我们向他学习古兰经（Koran）。我不能实践我的信仰。在日出之前，我可以和我家人一起祷告。但是在学校里，我们不能对老师说：‘求求你，老师，我们需要祷告。’”（Igoa，1995，p. 135）

作为老师，我们需要尽可能地学习了解从不同文化背景来的学生们那些各自不同的生活方式。拥有这种知识，我们能够作出合理的调整来帮助学生们完成生活适应，并且在班级中健康成长。

## 文化和种族多样性的例子

在非洲裔美国人、拉丁裔美国人、亚裔美国人、美国土著人和欧裔美国人之间存在着巨大的文化差异。因此，我们必须留意可能会形成关于任何群体的刻板印象。同时，
114 对文化差异的了解可以帮助我们更好地理解学生们为什么会那么做。心理学家和教育者

已经了解了许多从不同背景来的学生可能持有的一般想法和行为。

语言和方言　一种明显的文化差异是语言。在美国，六百多万学生会在家里使用除英语之外的语言，并且在一些大城市的学校系统中，有一百多种语言在使用（McKeon，1994；National Association of Bilingual Education，1993；U. S. Bureau of the Census，1994）。那些入学前没有接触过英语的孩子们，如果在一个英语班级中学习，那么他们自然而然会在家庭作业和班级评定方面遇到困难（回忆我们在第2章中关于双语教育的讨论）。

即使孩子们在家里说英语，但是他们所说的也可能与学校所认可的标准英语有所区别。更明确地说，他们可能说某种方言（dialect），这些方言带有一些独特的发音和语法结构。方言往往与特定的地区或者与特定的种族和文化群体相联系。研究最广的种族方言可能要算是非洲裔美国英语了，它又被称为黑人英语、黑人英语方言和“Ebonics”（非洲裔美国人所讲的英语方言）。这种方言，事实上是指一组相似的方言，在美国和其他英语国家的许多非洲裔美国社区里使用。

研究者们曾经认为，非洲裔美国人的方言代表了一种较标准英语而言不太复杂的语言形式，并且力劝教育者教会学生尽快地正确使用它。但是现在研究者们认为，非洲裔美国人的方言事实上是一种非常复杂的语言体系，它拥有语法规则和特有的成语和谚语。另外，这些方言和标准英语一样，可以促进交流和复杂的思维（DeLain et al.，1985；Fairchild & Edwards-Evans，1990；Owens，1996）。

当地方方言被社区居民作为优先语言时，它便会成为人们日常交流中最有效的沟通方式。另外，许多儿童和青少年也会将他们的方言视为他们民族认同必不可少的一部分（Garrison，1989；McAlpine，1992；Ogbu，1999）。在阿拉斯加有一所公立寄宿学校，那里的美国原住民学生之间发生了一件事情，可以作为一个例子。

> 学校里许多学生都讲带着土著口音的英语，好像不能发出英语中的特定语音。新来了一些语言教师被委派来纠正这个问题。教师们一直与学生一起，尽力去改变他们的发音方式和语调，但是教师们的努力却付诸东流。
>
> 一天晚上，宿舍里的男孩们似乎非常开心，阵阵笑声从门缝中传出。一位管理员小心翼翼地走过去，在门外静静地听着，他希望能够发现笑声的原因。他听到门口传来讲话声，说的是标准英语，在给人们讲解着什么。其他人觉得这是很有趣的事情。当这位管理员推门进去的时候，他发现一位学生正在讲话。“约瑟夫，”他说，“你被纠正过来了！你英语说得真是太好了！”约瑟夫又回到方言的口音说：“不，我只是在模仿你。”管理员问道，“如果你会说标准英语，却为什么不说呢？”约瑟夫回答道：“我能说，但是那听起来太可笑了，我感到说不出口。”（Garrison，1989，p. 121）

事实上，许多主流西方文化中的人们会将较高的社会地位与讲标准英语的人联系在一起，他们不太喜欢讲方言的人（Gollnick & Chinn，2002；Purcell-Gates，1995；H. L. Smith，1998）。另外，那些熟悉标准英语的儿童比不熟悉的儿童更容易学会阅读（Charity，Scarborough & Griffin，2004）。因此，许多专家建议所有学生提高标准英语的熟练水平（Casanova，1987；Craft，1984；Ogbu，1999）。

来自不同方言环境的青少年儿童，当他们同时掌握了标准英语和方言的时候，可以在合适的场合最有效地使用它们（Gollnick & Chinn，2002；Ogbu，1999；Warren & 115

McCloskey，1993)。例如，尽管我们可能鼓励在写作和正式场合中使用标准英语，但是我们会发现方言非常适合于文学创作或非正式的课堂讨论（Smitherman，1994)。一位非洲裔美国学生的老师向他的学生解释，熟练掌握两种方言是双语的一种形式：

> 我不想让他们对自己的所知感到惭愧，但是我也想让他们知道并且适应学校和社会的要求。当我把它纳入到“翻译”中时，他们感到很兴奋。他们看到从一个转变为另一个的可能。他们对标准英语并不陌生。……他们总是在电视上听到标准英语。我在课堂上使用的也是标准英语。但是在标准英语和他们的语言之间缺乏联系。我认为，当他们可以了解这种关系，并知道他们自己可以完成这种转换时，他们就对这两种语言都掌握得更好了。他们会双语！（Ladson-Billings，1994a，p. 84)

**交谈还是保持沉默**

相对来说，主流西方文化是一种喜欢交谈的文化。人们经常跟其他人说些什么，即使他们没什么好交流的，短暂的交谈是维持人际关系、打破尴尬沉默的一种方式（Irujo，1988；Trawick-Smith，2003)。在一些非洲裔美国人社区也是如此，人们频繁地说着什么，并且常常精力充沛、热情高涨（Gay，2006；Lein，1975)。

然而在某些别的文化中，沉默是金。巴西人和秘鲁人经常默默地向客人致敬，阿拉伯人用停止讲话来暗示自己想要独处，还有许多美国土著人社区普遍认为沉默是重要的（Basso，1972；Menyuk & Menyuk，1988；Trawick-Smith，2003)。在许多日本人和魁北克北部的因纽特人看来，喋喋不休是不成熟或低智商的表现（Crago，1988；Minami & McCabe，1996)。例如，在一所因纽特人的学校中，研究者询问一名老师关于一个男孩的情况，这个男孩的语言能力看上去超过了他的年龄。这位老师回答道：

> 你是觉得他可能存在学习问题吗？有些这样的学生，他们没有足够高的智力来使他们停下来。他们不知道什么时候该停止说话。(Grago，1988，p. 219)

孩子们在什么时候跟大人讲话合适，对此不同的文化和种族持有不同的观点。在主流西方文化中，一般的期望是，无论何时孩子们只要有观点或问题，都可以随时说出来。但是在墨西哥乡村文化或阿拉斯加的“Yup'ik”文化中，则要求儿童闭上嘴巴，安静地观察大人来进行学习。他们很少问问题，或者打断大人们正在做的事情（E. E. Garcia，1994；Gutiérrez & Rogoff，2003)。在许多文化中，儿童在很早的时候就知道，只有在他们被要求开口时才能与成年人交谈。这在许多墨西哥裔美国人和东南亚人社会以及一些美国东南部的非洲裔美国人社会中都能看到（Delgado-Gaitan，1994；Grant & Gomez，2001；Ochs，1982)。事实上，在一些文化中儿童被告之直接冒失地与大人讲话是无礼的，甚至可能是叛逆的（Delgado-Gaitan，1994；Hidalgo，Siu，Bright，Swap & Epstein，1995；Lomawaima，1995)。

**目光接触**

对于我们许多人来说，看着对方的眼睛表明我们在专心交流或认真地听他在说什么。但是在许多美国土著人、非洲裔美国人、墨西哥裔美国人和波多黎各人社会中，一个儿童看着成年人的眼睛被认为是无礼的。在这些社会中，儿童被告知在大人面前要向下看（Gilliland，1988；Irujo，1988；Torres-Guzmán，1998)。这种文化习得行为能够造成差异，下面的这段话描述了一位老师对此的认识：

一位老师这样描述一名美国土著学生："他从来不说话，甚至当她向他打招呼时也是如此。"一天，他走进来，她看着别的地方说："你好，吉米。"他友好地答道："你好，雅各布斯小姐。"她发现，如果她看着书本或墙壁的时候，他可以一直谈下去，但是当她看着他时，他就变得害怕了。(Gilliland，1988，p. 26) 116

**个人空间**

在一些文化中，例如在一些非洲裔美国人社会和西班牙人社会，当人们交谈时彼此靠得很近，还可能会时不时地触碰对方（Hale-Benson，1986；Slonim，1991；D. W. Sue，1990）。相反，欧裔美国人和日本裔美国人往往会与他人保持适当的距离——他们保持一定的个人空间——特别是当他们彼此不太熟悉时（Irujo，1988；Trawick-Smith，2003）。作为老师，我们必须对学生的个人空间保持敏感，以使从不同文化环境来的学生在和我们、和同学交流时感到舒适。

**提问**

在许多西方班级中，通常交流是一个 IRE 循环：老师通过问一个问题来发起（initiate）互动，学生回答（respond）所提的问题，然后老师对这个回答做出评价（evaluate）（Mehan，1979）。在中等收入的欧裔美国人家庭的亲子关系中也经常有类似的交流。例如，当我的孩子在学步期和学前期的时候，我经常问他们这样的问题，比如"你几岁了？""母牛怎么叫？"如果他们答对了，我就会夸奖他们。但是在其他环境中长大的孩子们——例如，在许多低收入家庭，在一些墨西哥裔美国人、美国原住民和夏威夷社会——刚进学校时对这种"提问回答"的谈话方式并不熟悉（Losey，1995；Rogoff，2003）。而且，当所提的问题是老师已经知道的时，一些儿童可能会感到很迷惑（Crago，Annahatak & Ningiuruvik，1993；Heath，1989；Rogoff，2003）。

问题并不是儿童不习惯于提问，而是他们以前很少经历这种类型的提问。例如，美国东南部一些非洲裔美国人社会的父母更会问一些包含对比和类推的问题。他们可能会问，"那个像什么？"而不是"那是什么？"（Heath，1989）。另外，这些地方的孩子们被告知，不要回答陌生人所提出的关于个人和家庭生活的问题——像"你叫什么名字？"和"你住在哪里？"这样的问题。这些父母的抱怨，反映了学生和他们的欧裔美国教师之间存在多大的不协调：

- "我的孩子，他不敢说话，因为没人按照他所了解的方式行事。可回到家里他就一直说个不停。"
- "戴维斯小姐抱怨尼德不回答问题。可他说她问一些她已经知道的无聊问题。"

老师们对这些孩子的意见，反映出他们对这些孩子的文化缺乏了解：

- "我几乎认为他们中的一些孩子听力有问题；他们好像没有听到我提问。我问了问题后就在那里空等着。但是当我通知事情或讲他们喜欢的故事时，他们似乎总是可以听到。"
- "最简单的问题是，他们上课时不回答问题；但是在操场上，他们可以毫无问题地解释一个球类游戏的规则，或者描述一个有趣的东西。因此，我知道他们并不是像在我课堂上表现得那么沉默寡言。"(Heath，1980，pp. 107—108)

**等待还是打断**

老师们经常问学生问题，然后等待他们回答。但关键是你要等多久？许多老师只等一秒钟，甚至更短；然后他们就会公布答案，或者叫另外一个学生回答（M. B. Rowe，1974，1987）。但是有些文化中，人们会等待一段较长的时间然后回答问题，以表示尊重，正如一位北夏安族人所写的：

> 即使我很快就想到了你提的问题的答案，我也不会马上回答。因为那意味着你的问题不值得思考。(Gilliland，1988，p. 27)

如果给几秒钟考虑的时间，从这种文化背景中来的学生更有可能参与课堂活动并回答问题（Grant & Gomez，2001；Mohatt & Erickson，1981；Tharp，1989）。延长等待
117 时间，不仅仅可以让学生们表示他们的尊重，它还可以给英语不太熟练的学生一些心理翻译的时间（Gilliland，1988）。另外，增加等待时间可以促进思考和学习，在第 6 章中你将看到相关内容。

与之相反，从另外一些文化背景中来的孩子们，他们可能会打断成年人或同伴们的讲话——这种行为在我们大多数人看来可能是没有礼貌的。例如，在一些非洲裔美国人、波多黎各人和犹太人家庭中，大人和孩子有时会同时讲话。在这种环境中，等待可能意味着你被交谈排斥（Condon & Yousef，1975；Farber，Mindel & Lazerwitz，1988；Hale-Benson，1986；Slonim，1991）。在一些夏威夷社会中，打断谈话代表了他对此谈话的卷入度（Tharp，1989）。

**公共表现和个人表现**

在许多课堂中，学习是一件公共的事情。学生个体经常被期望能在全班人的目光中回答问题或展示技能，并且鼓励他们在不明白的时候提问。许多教师所采用的这些理所当然的方式可能会使某些民族的学生感到困惑，甚至使他们感到疏远（Eriks-Brophy & Crago，1994；Garcia，1994；Lomawaima，1995）。许多美国土著儿童通常会在私底下练习一种技能，并且只有在他们已经熟练掌握这种技能的情况下才会在众人面前展示（Garcia，1994；S. Sanders，1987；Suina & Smolkin，1994）。在一些美国土著人和夏威夷社会中，孩子们会觉得一群孩子一起回答大人的问题要比单个面对大人要更轻松些（K. H. Au，1980；L. S. Miller，1995）。

这些偏好对课堂评估实践有重要启示。首先，我们可以让学生们私下练习新的技能，然后让他们在一对一的单独场合中展示给我们看。另外，可以让学生们齐声回答一些简单的问题（例如，那些只需要一个单词来回答的问题）。

**关于嘲弄的看法**

尽管一些人认为，嘲弄（teasing）是粗俗的、不恰当的行为，但是在一些文化中嘲弄是一种普通的社会交往形式。例如，在前文《餐厅里的喧闹》中所描述的，两名非洲裔美国男孩互相嘲弄，都想自己能够获胜。在开篇的案例研究中，杰克的妈妈挖苦他说，“现在上学可能看上去简单一些了！”如果使用得当，在特定文化群体中，嘲弄能够拥有许多功能——它可以提供消遣，提高语言创造力，还可以给予人适当的压力来从事更有效的行为，它还可以帮助孩子们学会如何从容地应对批评（Rogoff，2003）。

**合作和竞争**

在一个传统的西方课堂中，学习往往是一种独立进行的、需要自己努力的事情：当学生们很好地表现时，他们就会受到赞扬、获得粘贴物、得到好的等级，而不论他们的

同学表现如何。有时，个人的学校成绩是富有竞争性的，因为对学生的评定需要与其他学生进行对比才能给出。例如，老师们可能会评出最好的作文或美术作品，或者他们可能会按照曲线分布来进行评定，一些学生完成得非常好，而其他人则不可避免地会差一些。

然而，有些文化（例如，在许多美国土著人、墨西哥美国人、东南亚人、太平洋岛国社会中）则强调团体成功而不是个人成就，人们认为村庄或部落的成功比个人成功更加重要。从这些文化中来的学生，他们往往会努力学习那些能帮助他人的知识或技能（Li，2005；Wigfield，Tonks & Eccles，2004）。他们也更加习惯于合作，他们更加追求集体而不是个人利益（Garcia，1992；Lomawaima，1995；Tharp，1994）。在开篇的案例研究中，我们看到杰克要从学校回到家中帮家人播种玉米，这就是一个例子。祖鲁族的单词“ubuntu”概括了这样一种合作精神，反映了这样一种信念：人主要通过与他人的联系来获得做人的意义，因此每个人都有为共同幸福而努力的责任。

当要求与同学竞争时，来自合作文化的学生可能会有所抵触，正如 16 岁的玛丽亚解释的那样：

> 我喜爱体育，但不是竞技体育。（我兄弟）也是一样。我想我们是从父母身上学到的这一点。他们都想通过某种方法让我们家的每个人都是胜利者，没有人会为 *118*
> 了什么而去竞争。(Pipher，1994，p. 280)

当这些学生因为帮助别人完成作业或因分享答案而受到老师责备的时候，他们可能会表现得很困惑，当他们所取得的个人成绩被大家所知道的时候，他们也会表现得不自在（Deyhle & Margonis，1995；Lipka，1998；Rogoff，2003）。强调合作而不是竞争的团体活动常常能够提高这些学生的学业成绩（García，1995；Losey，1995；McAlpine & Taylor，1993；L. S. Miller，1995）。

**家庭关系和期望**

在一些群体中——例如，许多西班牙、美国土著和亚洲社区，以及一些乡村的欧裔美国人社区——家庭纽带和成员之间的关系非常重要，扩展的家庭成员通常住得很近。在这种文化中长大的学生，往往认为自己对家庭的幸福负有责任，并且对其他家庭成员有强烈的忠诚感。他们也会尽力让他们父母高兴。受此种文化熏陶的学生，当他们的家庭需要帮助时，他们也就会经常为此离开学校（Banks & Banks，1995；Fuligni，1998；Timm & Borman，1997）。

在大多数文化中，学校成就非常受重视，父母鼓励孩子在学校中好好表现（Duran & Weffer，1992；Goldenberg，Gallimore，Reese & Garnier，2001；R. R. Pearce，2006）。但是在一些情况下，课堂成就可能不如在其他方面所取得的成就更受重视。例如，在一些传统的美国土著人和玻利尼西亚人社区，与阅读或数学等学术成就相比，成人更希望孩子们能在艺术、舞蹈和其他与他们文化相关的方面取得成就（Kirschenbaum，1989；Reid，1989）。一些非洲裔美国人和美洲土著人家庭认为，早怀孕是让家人感到高兴的事情，即使那些准妈妈高中都还没有毕业。（Deyhle & Margonis，1995；Stack & Burton，1993）。

我们必须对这种情况特别留意——我们所认为的重要成就在学生家庭中并不受重视。不论何时，我们要让学生们知道，学校环境和班级活动如何与他们的文化背景和他们自己的生活目标相关联。我们还必须要与学生的父母保持联系。因为有些父母，特别是少数民族孩子的父母，可能会害怕（be intimidated）学校老师，老师往往需要在建立有成效的父母—教师关系中迈出第一步。当老师和家长都认识到，家庭和学校都希望学生在班级中取得成功，他们更有可能共同合作来提高学生的成绩（Banks & Banks，1995；Salend & Taylor，1993；R. L. Warren，1988）。第14章介绍了许多与家长有效合作的策略。

**时间观念**

许多人把他们的生活时间表安排得井井有条：他们会准时赴约、按时吃饭。然而，并不是所有的文化都强调“准时”。例如，许多西班牙和土著美国群体并不严格遵守时间表（H. G. Burger，1973；Garrison，1989；Gilliland，1988）。毫不意外，这种文化中来的儿童可能有时会上学迟到，也可能对按时完成作业的要求不太习惯。

为了在主流西方社会中取得成功，学生们最终都需要学会遵守时间。同时，我们必须认识到，并不是所有的学生都会在第一次进教室的时候注意到钟表上的时间。诚然，我们希望学生们能按时上课、按时交作业。但是当学生们还没有立即养成这种习惯时，我们必须要有耐心，要理解他们。

**世界观**

到目前为止我们已经发现的文化和种族差异以一种或几种方式在学生的行为中体现出来。但是我们对文化的界定中包括了行为，以及能够表现社会群体特征的信仰体系。我们的一般信仰和关于世界的假设——也就是我们的世界观——是我们日常思维的一部分，我们认为它们是天经地义的，以致我们没有清晰地意识到它们（Koltko-Rivera，2004；Losh，2003）。有些信仰渗透在传统的西方学校中，但是它并不被大家所共享。看看下面这些例子：

- 1992年夏天，飓风横扫南佛罗里达之后，许多四五年级的学生认为这次飓风是自然原因导致的，但是一些有少数民族文化背景的学生从他们家人、邻居或教
119 民中听到并且相信人的行为或超自然的力量在飓风的产生及其破坏中也起了作用。（O. Lee，1999）
- 来自梅诺米尼（原居于美国密执安和威斯康星州的一支印第安人）文化的4年级学生经常能够在科学课上取得好成绩，但是到8年级的时候，他们的成绩就会出现相当大的滑坡。梅诺米尼文化教育孩子，他们是自然的一部分，而不关心如何掌控自然，孩子们越来越发现学校的科学课与这种观点不一致。（Atran，Medin & Ross，2005；Medin，2005）
- 美国高中生谈论美国历史时，欧裔美国人往往会描述那些为人民争取自由、平等和民主的历史事件。相反，一些非洲裔美国人则往往会描述那些有关种族主义、压迫态度和行为的历史事件。

当人们与受不同文化影响、怀有不同信仰的人打交道时，他们都会意识到文化和种族的差异。下文描述了一个8岁儿童和他的家人在国外短期生活时所学到的东西。

120 文化的最显著特征就是语言，托尼在表中列出了美国和澳大利亚在这方面的差别。他通常注意到许多日常事物（例如，货币、汽车、房子和食物）和活动（如上学和运动）的区别。他认识到澳大利亚人与美国人的不同是由环境造成的——房子建有立柱是为了让屋子更凉快些，有些儿童通过收音机和信件上学是因为他们住在偏远的地方，确定方向的方法不同是因为可以看到的星座不同。另外，他也学习到一些关于澳大利亚所

## 解释学生作品和行为——澳大利亚

因为父亲工作的原因，托尼全家到澳大利亚逗留了几个月，8 岁的托尼进入一所澳大利亚学校上学。回到新罕布什尔州的家后，托尼列了一张表，将澳大利亚和美国的差异写了出来。下文是他所写差异的一部分。当你看这些内容的时候，注意：

- 从托尼在新文化中发现的事物中寻找模式。
- 识别一个或多个托尼没有注意到的文化差异，并且推测造成他疏忽的原因。

你知道在澳大利亚……

糖屑在这里被称为百千（Sprinkles here are called hundreds and thousands）

曲奇被称作饼干，它们有各种风味。

学校里，星期五是运动日，在这天下午整个学校的学生都在从事不同的运动，游泳、跑步、踢足球。

这里的钱币是用塑料制成的，上面有个小洞，你能从洞中看过去。这里没有硬币。

这里的土著人被称为“aboriginals”，4 万年前他们的祖先就开始生活在澳大利亚了。人们认为他们是最早的人类。

汽车沿着马路左侧行驶，方向盘在汽车的右侧。

这里的房屋大多只有一层，许多都有阳台或走廊，有一些甚至还有立柱，来帮助冷却室温。

“Netball”是一种类似于篮球的运动，但是你不能运球，这里的大多数人都玩这种运动。板球和橄榄球是人们最喜欢看的运动。

有些儿童住在距离他人几百英里远的地方，他们上课，参加男生女生聚会都要通过电台。他们通过信件来从老师那里了解功课，这些信件通过普通飞机或直升机送到他们手里。

护士被称为姐妹（sisters）。

一种很受欢迎的三明治是用蔬菜和黄油做的，就像美国的坚果黄油和果冻。那东西很咸，我们必须习惯吃它。但我们确实不喜欢它。

这里有许多的动物，这些动物是由很久以前来到这里的人们带来的。它们有些脱离了束缚，现在被叫做野生动物。现在这些动物成了一个问题，它们和本地动物争夺食物。这些动物包括猪、骆驼、兔子和狐狸。

就像你们可以通过天空中的北斗星判断北方，我们则可以根据南十字星来判断南方。这个星座也出现在澳大利亚的国旗上。

特有的事物（例如，那里的土著人和野生动物）。然而，据我们所知，托尼并没有注意到关于信仰和世界观的文化差异。

总体上说，托尼注意到了具体事物的差异。这些差异在他的日常生活中显而易见，尽管有些是他在家里或学校中接受教育的结果（例如，乡村的教育、土著人和野生动物）。思考和理解文化的信仰体系和世界观，对于托尼来说是困难的，因为这都是抽象的（8 岁的儿童很难具有抽象思维，见第 2 章），并且这也不是这个年龄段儿童所讨论的问题。

### 创造一个更加多元文化的班级

很显然，我们必须对那些来自不同文化学生的不同行为和思维方式保持敏感。但是同样重要的是，我们也必须帮助学生们发展这种敏感性：当他们长大成人，他们将要与来自不同文化的人打交道。“走进课堂”中的“创造多元文化的班级”，可以提供一些我们能做的具体例子，这既可以帮助我们自己，也可以帮助学生们去了解文化群体的多样性。下面是一些更加一般性的策略：

- **审视自己的文化透镜。**在开篇的案例研究时，杰克的英语老师抱怨“他的父母漠不关心”，并且认为纳瓦霍族的父母亲“不支持他们（孩子们的）教育”（Deyhle & LeCompte，1999，p. 127）。很明显，这个老师用非纳瓦霍人的视角来看待她的学生和
121 家长。我们自己文化中所有的假设和世界观——例如，认为好父母要积极指导和控制他们孩子的行为——是如此深入到我们的生活中，以致我们认为这些都是常理，甚至是事实，而不是信仰。这些信仰成为一种文化透镜，我们通过它们来看待这个世界，并且它们可能会让我们认为其他文化是非理性的，是低我们一等的。一位著名的社会文化理论家芭芭拉·罗戈夫（Barbara Rogoff）曾经这样写道：“就像鱼一样，直到离开水后它才意识到水的存在，人们经常认为他们自己的行为方式是天经地义的”（2003，p. 13）。只有当我们处于另一种不同文化中时，我们才能真正开始理解我们是如何受文化所影响的。

当我们试图去理解那些来自不同文化的学生为何那样想那样做时，我们就能与这些学生一起有效地工作。直到当我们了解这些文化，我们才能够不对学生的所作所为和他们的家庭进行价值判断（Rogoff，2003）。

## 走进课堂——创造多元文化课堂

- 学习学生成长中所处的文化

  一位教师接受邀请与他的几位学生及他们的家人共进晚餐，在新墨西哥西部的纳瓦霍族人，他们一个晚上会在一个家庭中共进晚餐。通过这次邀请，这位老师发现了他的学生们为什么总是打断别人并接别人的话：他们的父母也以这样的方式相互交谈（Ormrod & McGuire，2007）。

- 基于学生们的文化背景

  一位语言老师让一个城中心区非洲裔美国学生班级评票选出他们最喜欢的说唱（Rap）歌曲。她把歌词写到幻灯片上，然后让学生们为她逐行翻译。通过这样做，她让学生们知道他们的方言与标准英语是相互关联的，并且她让他们为自己会双语而感到骄傲（Ladson-Billings，1994a）。

- 使用那些能够代表所有民族的积极向上且有能力的课堂素材。

  一位历史教师细读一本历史课本，以确保以一种非刻板的方式来描述所有的种族群体。他用读物作为课本的补充，这些读物强调不同民族成员在历史中都扮演了重要的角色。

- 让学生们接触不同民族成功的角色榜样。

  一位老师邀请了几位不同民族成功的专业人士和她的学生们谈论他们的职业。当一些学生对这些职业中的一种或几种表现出特别的兴趣时，她安排这些学生们与这些专业人士一起去他们的工作室。

- 给不同背景的学生提供机会让他们更好地了解彼此。

  亚拉巴马州的一所著名的非洲裔美国人学校和马萨诸塞州的一所著名的欧裔美国人学校发起了一项“姐妹学校”计划，通过此项计划学生们可以通过邮件和在线的方式进行沟通，交流新闻、故事、照片、艺术计划和其他具有地方特色的事物。

- **将多种文化的价值观、信仰和传统融入课程中。**真正的多元文化教育并不仅仅

是烹饪民族食品，庆祝五月节，或者在黑人历史月（Black History Month）中了解著名的非洲裔美国人。它更应该通过课程将多种文化群体的观点和经验进行整合，使所有的学生以他们自己的文化传统为荣（Banks，1995；García，1995；Hollins，1996；Tatum，1997）。

作为老师，我们可以将来自不同文化的内容整合到学校的许多课程中去。例如：

- ✧ 在文学课上，阅读不同民族的作家和诗人的作品。
- ✧ 在数学课上，用数学法则来解决多元文化任务和问题（例如，用几何和方格纸来设计纳瓦霍地毯）。
- ✧ 历史课上，从不同的角度来看待战争和其他历史大事（例如，从美国土著人的视角看北美的西部移民先驱，从西班牙人的角度看西班牙—美国战争，从日本人的角度看第二次世界大战）。
- ✧ 在社会研究课上，了解不同的宗教信仰，以及它们对人们行为的影响（例如下面框中案例）。
- ✧ 在当代时事课上，讨论诸如歧视和压迫等话题。

> 13岁的梅琳达描述了日本神道教，来完成语言艺术和社会研究课程。学生们必须超越事实得出自己的结论，并且要将他们学到的与自己的生活相联系。从梅琳达论文中所摘录出的文字可以看出，她尽量这么做了。
>
> 神道教中的神被称为“Kami”。人们相信这些精神可以在火、风和水的基本力量中找到。他们大多数会影响农业生产，这关系到古代人的生存。人们依靠他们种植的东西过活。所以，神灵会帮助他们种庄稼，否则他们会死亡。人们自然而然会对那些能帮助他们生存的事物顶礼膜拜，并且会敬畏那些可以影响他们耕种作物的力量，这在早期历史中是普遍存在的。这些基本力量甚至影响到现代人的生存。我们仍然需要农业来维持生存，并且自然力量确实决定了庄稼的生长。
>
> 神道教徒们从来不发展强大的教条，不像许多其他的宗教那样相信有死后世界。然而，他们发展出一些道德标准，比如虔诚、真挚、纯洁……
>
> 所有的神道教徒都有一套良好而简单的准则或行为方式。他们想要受人尊重，懂得为他人着想，支持政府，并且保持家庭的健康和安全。我认为，这些对所有人来说都是好的准则，不管他信不信神道教……

在探讨文化多样性时，我们应该既看到差异，也要看到它们的共同之处。例如，我们研究不同文化群体的人如何庆祝新年，发现“辞旧迎新”是许多文化所共有的庆祝主题（Ramsey，1987）。此外，这也有利于探讨所有文化的青少年面对的共同话题：学会尊重老人、形成相互信任的同伴关系、找到一个有意义的社会位置（Ulichny，1996）。多元文化教育的一个重要目标就是要传达这样的思想，人的共性大于差异。

但是最终，我们要帮助学生们认识到，多种多样的文化群体之间需要互相学习。例如，西方国家民主政府的一些重要实践——派出代表特定群体的委员，只允许一人在管理委员会上发言一次，政府和军队人员分离——采纳的就是18世纪美国土著人（特别是易洛魁族联盟）的统治方法（Rogoff，2003；Weatherford，1988）。

- **努力打破学生们的种族刻板印象。**就算是思想最为开放的人，有时也会受到种族刻板印象的影响。看下面的例子。

## 亲身体验·第一印象

想象从下面这三个地方来的人。注意进入你脑海的第一印象。

荷兰

墨西哥

夏威夷

122 现在，用是否来回答这些问题：

✧ 荷兰人穿木鞋吗?

✧ 墨西哥人戴宽边帽吗?

✧ 夏威夷人穿草裙或者戴花冠吗?

---

如果你的答案中有“是”，那么你的一个或几个印象反映出了民族刻板印象。大多数荷兰人、墨西哥人和夏威夷人并不穿木鞋、戴宽边帽或者穿草裙、戴花冠。

尽管我们和学生们确实应该意识到不同种族之间的真实差异，但是持有刻板印象——一种固有的、简单的和不准确的印象——则是不利的。作为老师，我们必须一致努力去开发并且选择一些代表了所有文化群体的积极面和胜任能力的课程材料。例如，我们选择那些描绘不同民族的人们融入主流社会的课本、小说作品和录影带，而不是那些把他们描绘成与世隔绝的古怪人的材料。我们必须竭力避免或修改那些以简单化、传奇化、夸张或其他刻板印象方式描述少数民族的课程教材（Banks，1994；Boutte & McCormick，1992；Ladson-Billings，1994b；Pang，1995)。

刻板印象不仅存在于课堂材料中，它还存在于学生的家人和邻居的头脑中。在一些情况下，家人通过带有偏见的评论和行为表现出刻板印象（Branch，1999；F. H. Davidson & Davidson，1994)。在另一些情况下，两个群体之间的一段冲突和仇恨史可以使儿童们认为，对立群体的人们拥有令人不快的品质（Pitner，Astor，Benbenishty，Haj-Yahia & Zeira，2003)。

我们可以通过一些简单但有效的方式来帮助学生们打破种族刻板印象。第一，我们可以创造机会让学生们与其他民族的人相互交往，通过团体活动或社区服务计划传递这样的信息：“我们是在一起的”（Oskamp，2000；Ramsey，1995)。第二，我们可以探讨文化差异的历史根源——例如，向学生们解释，文化差异有时反映的是不同经济和社会环境，是特定的群体在此环境中经历历史长河而建立起来。第三，我们必须强调，任何群体中的个体成员之间都是各不相同的——例如，并不是某种族群体的所有成员都有相同的文化行为、信仰和价值观（Gutiérrez & Rogoff，2003；O. Lee，1999)。

• **时刻牢记，有些学生可能有多重文化的联系。**有些好心的教育者在努力对多元文化保持敏感时，他们可能会犯这样的错误，认为他们的学生只属于某一个特别的分类：非洲裔美国人、亚裔美国人、欧裔美国人、西班牙裔等。我们必须注意，我们不能
123 程序式地假设——可能根据肤色、姓氏或者祖国——学生属于一个特定群体。正如前文提到的，许多学生积极融入两个或多个文化群体。可能他们有一个混合的民族或种族传统，还可能像现在的移民，他们既想和他们当地移民邻居进行有效的交流，也想能融入主流西方社会（C. R. Cooper，Jackson，Azmitia，Lopez & Dunbar，1995；Herman，2004；Tatum，1997)。作为老师，我们要认识到，对于我们自己和我们的学生，在这

个多种族多元文化交流日益增多的时代，许多人不能被简单地分类（Herman，2004；A. M. Lopez，2003；Root，1999）。

• **促进不同种族和民族学生之间的有效交流。**由于多种原因，一些学生对待不同种族或民族的同学非常冷淡。例如，在奥姆罗德教师的预备课程中，13 岁的库里斯德提及种族主义，他说："人落后于他人是因为他们不作为。"但是当不同群体的学生经常进行交流时——特别当他们是平等的，为同一目标努力，并且将他们自己看作相同团体的成员时——他们更容易接受彼此，甚至可能尊重彼此的差异（Dovidio & Gaertner，1999；Oskamp，2000；Ramsey，1995）。

这种交流有时可以发生在有计划的课堂活动中——例如，在课堂讨论中，学生们讲述他们本民族的传统、习俗和信仰。我们也可以通过使用第 3 章提到的一些策略来促进不同民族学生之间的友谊：使用合作学习活动，彼此教一些本民族语言中简单的单词或短语，鼓励参与学校范围的课外活动，等等。学会悦纳一个班级内的文化差异，学生们就向接受世界多元文化迈出了第一步（Casanova，1987；Craft，1984；Pettigrew & Pajonas，1973）。

特别是随着学生们逐渐长大，他们开始有足够的认知能力来反思自己和他人的想法与感受时，他们会敞开心扉去讨论自己社区和学校中发生的偏见和种族主义，并且常常会从中获益匪浅。有些主流西方文化的学生，起初与少数民族同伴讨论这个话题时可能会感到不适，但是冰层一旦被打破，更深的跨文化理解和交流就会易于实现（K. Schultz，Buck & Niesz，2000；Tatum，1997）。

• **将文化多样性带到文化相似的课堂。**当然，并不是所有的学校都有来自不同文化的学生。例如，在美国很多欧裔学生进入的学校中很少有有色人种的学生（Berliner，2005）。在这种情况下，我们可能要将学生带出学校的围墙。例如，我们可能让他们从事社区行动计划，这些计划为特定的种族群体服务——可能是在幼儿园、疗养院或城市文化中心。或者我们可以发起兄弟院校计划，让从两个种族社区来的学生进行定期的交流，交换信件、照片、故事、地方新闻等（Koeppel & Mulrooney，1992）。

• **培养民主思想。**任何多元文化教育计划必须包含民主思想，例如人权、平等、公平和对不同观点的接纳（NCSS Task Force，1992；Sleeter & Grant，1999）。事实上，每个国家都包含多种文化，这种多样性提供了丰富的思想和观点，而这些观点和思想必然将形成一个更加富有创造力的社会，当我们帮助学生理解了这些，我们就为学生在一个民主社会中有效地行动做了更好的准备。下图所示的学生写作案例正说明了这种理解。

教育学生尊重多元视角并不意味着我们对所有的信仰一视同仁地接受。例如，我们当然不应该接受一种明显侵犯人们基本人权的文化。尊重，意味着我们和学生们应该尝试着设身处地在那种文化的信仰和假设背景下去理解这一文化群体的行为。

| 16 岁的兰迪在美国历史课上写的一篇短文表明了他对文化差异的接纳。 |
| --- |
| 对我来说，多样性不仅是生活事实，它还是生活。差异性和独特性使人们过着充实的生活。学习和赞美其他人的不同之处可能是进入生活的一把钥匙，没有它，将有很多门会关闭，将你排除在外，使你无法获得成功。一个地方的多数在另一个地方可能是少数，认识到这点可以帮我们开阔视野，帮助我们应对各种情况。 |

## 124 性别差异

当你还是小学生时，你注意到在你的同班同学间有哪些性别差异[2]？当你上高中时呢？现在你作为大学生又发现了哪些差异？在学习能力方面，男孩和女孩之间的一致性可能比你想象的要大，但是在其他方面他们的差异可能比你想象的要大。

### 关于性别差异的研究发现

研究者已经发现，男女之间在体格、认知、人格和社会性方面有许多差异。

**体育活动和动作技能**

男孩在气质上较女孩更加好动。因此，他们更不容易长时间坐着不动，也不太喜欢阅读（一种久坐的行为），更容易出现课堂纪律问题（W. O. Eaton & Enns，1986；B. A. Freedman，2003；Gay，2006）。青春期前，男孩和女孩可能在体育和心理动作技能（psychomotor）成长方面有相似的潜力（potential），尽管女孩在精细动作技能方面有微弱的优势（例如，写数字和字母）。然而总体上看，通过有组织的体育活动，男孩的体育和运动技能能有更大的发展。青春期后，男孩在身高和肌肉力量方面就有了生理上的优势——就是说，因为雄性荷尔蒙的作用，他们更高，更壮（Halpern，2006；Hyde，2005；J. R. Thomas & French，1985）。

当然，在促进学生的身体健康时，这些差异并不能作为哪一性别更好的依据。体育课程和运动计划应该为男孩和女孩提供相同的机会，最大限度地提高他们的身体健康水平和运动技能。

**认知和学业能力**

平均来看，男孩和女孩在一般智力测验上表现相似，部分原因是因为编制测验的人剔除了那些只适用于某一个群体的项目（Halpern & LaMay，2000）。然而，研究者确实在一些专门认知能力上发现了性别差异。最为一致地观察到的性别差异是视觉空间能力，即对两维和三维图形进行想象和心理操作的能力。下面的练习列举了三个例子。

**亲身体验·视觉空间思维举例**

1. 左边的图形是面旗子。右边的哪一个或哪几个图形与这面旗的图案是相同的？哪一个或哪几个图形与这面旗子是对称的？

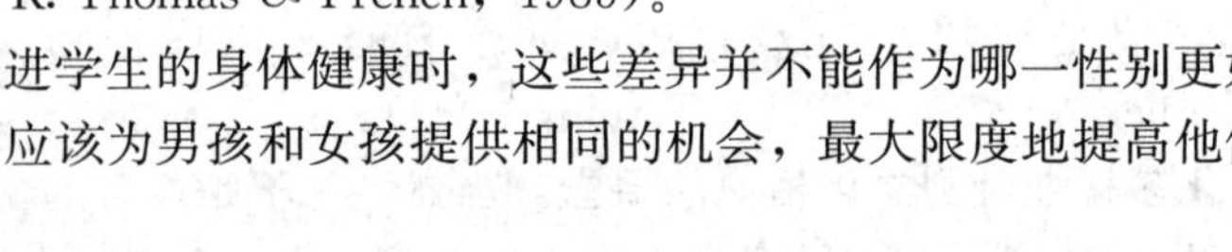

参照图　　a　　b　　c

2. 将左边的图形按照虚线折叠，将得到一个三维物体。右边的四个图形中的哪一个或哪几个是从某个特定角度看到的这个三维物体的样子？

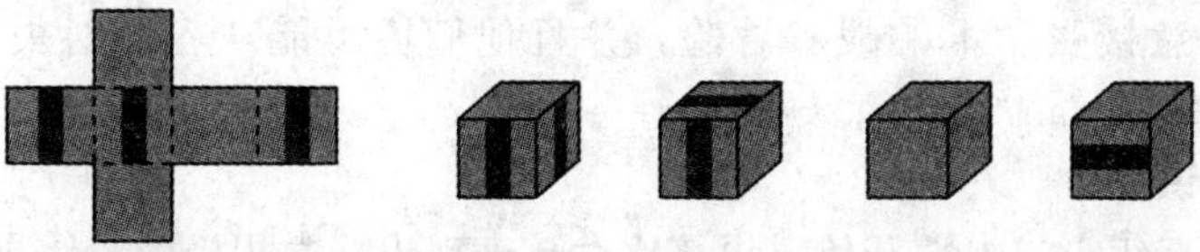

参照图　　a　　b　　c　　d

3. 将左边的物体在三维空间中进行旋转，它可以变成右边 3 个物体的哪个或哪几个？

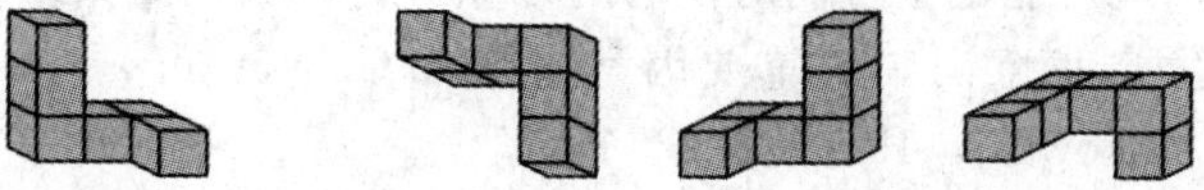

参照图　　a　　b　　c

答案：1. 旗子 c 是相同的；旗子 a 和 b 是对称的。2. 依据视角方向，物体应该看起来像是 a 或者 d。3. 物体可以旋转成 a 或者 c。

任务 1、2、3，分别选自 Thurstone & Jeffrey，1956；G. K. Bennett，Seashore & Wesman，1982；and R. N. Shepard & Metzler，1971.

---

一系列研究发现，平均而言，男性在视觉空间任务上的表现要好于女性。相反，女性在某些（而不是全部）语言技能上有优势。例如，平均而言，女孩有更大的词汇量，并且可以更快地确定表达思想所用的词汇（Halpern，2004，2006；Halpern & LaMay，2000；Lippa，2002）。然而，在具体的认知能力方面表现出的大多数性别差异往往都很小，两个群体之间有相当大的重叠（如图 4—1 所示）。另外，男孩较女孩在认知能力上的组内差异更大，导致在总体人口的高低两个极端中男孩较女孩更多（Feingold，1992；Halpern & LaMay，2000；Hedges & Nowell，1995）。

尽管能力水平可能相似，女孩在学校中往往可以得到更高的成绩等级（Halpern & LaMay，2000；Wigfield et al.，1996）。但是，如果用成就测验而不是用等级来测量成就，研究结果就出现了不一致。发现的差异有：女孩在阅读和写作方面有优势，在青春期后男孩往往在解决数学问题上占上风（Halpern，2006；Halpern & LaMay，2000；Hedges & Nowell，1995；Penner，2003）。

视觉空间能力、口语表达能力和数学能力上的性别差异不仅很小，而且有研究者发现这些差异在近些年变得越来越小。换句话说，男孩和女孩在学业表现上越来越相似（Eisenberg et al.，1996；Gustafsson & Undheim，1996；Spelke，2005）。因此，我们应该期望男孩和女孩在不同的课程领域拥有相似的学术能力。

**学业活动动机**

平均来看，女孩在学校中表现得更好：他们更多地参与课堂活动，更加勤勉地完成学校的作业，并且更可能从高中毕业（Duckworth & Seligman，2006；Halpern，1992，2006；H. M. Marks，2000；McCall，1994）。另外，女孩比男孩对获得大学教育更感兴趣，并且在许多国家，确实有更多的女性而不是男性进入大学（Binns，Steinberg，Amorosi & Cuevas，1997；Halpern，2006）。然而，对于追求学业成就的这种热情使得女孩们喜欢那些她们知道可以取得成功的任务，并且有些女生认为失败是巨大的打击。

男孩则更愿意接受学术挑战和冒险，并且他们更可能从容应对失败（Dweck，2000；Yu，Elder & Urdan，1995）。

**自我意识**

从小学高年级或中学开始，男孩比女孩表现出略微积极的整体自我意识。造成这种
126 性别差异的部分原因是由于男生往往会过高估计自己能力，或者是因为女孩往往会过低估计自己的能力（Bornholt，Goodnow & Cooney，1994；D. A. Cole，Martin，Peeke，Seroczynski & Fier，1999；Harter，1999；Pajares & Valiante，1999）。造成这种性别差异的部分原因还可能是学生们对他们的外貌进行判断的结果。就像第3章中介绍的，外貌经常是学生自我意识中的重要因素（D. A. Cole et al.，2001；Harter，1999；R. M. Ryan & Kuczkowski，1994）。

青春期的男孩和女孩的自我知觉则往往与社会称许的刻板印象相一致。男孩往往在数学和体育方面给自己较高的评价，而女孩则在阅读和社会研究方面给自己较高的评价。即使男孩和女孩实际的能力水平是一样的，自我知觉的性别差异仍然持续存在（D. A. Cole et al.，2001；Herbert & Stipek，2005；Wigfield et al.，2006）。

**人际行为和人际关系**

男孩和女孩的同伴交往方式不同。最被人所认可的性别差异之一就是攻击。在童年早期和整个中小学期间，男孩比女孩有更多的身体攻击（Lippa，2002；Loeber & Stouthamer-Loeber，1998）。在未经挑衅而发生的攻击（unprovoked aggression）方面，这种性别差异特别大。例如，男孩比女孩更可能在没有原因的情况下欺负同伴（Lippa，2002；Pellegrini，2002）。然而，女孩也会通过非身体的方式攻击他人。正如第3章所述，女孩更倾向于使用关系攻击（relational aggression），那些对人际关系有消极影响的行为——例如，散布谣言或是冷落他人（Crick et al.，2002；D. C. French et al.，2002）。女性同龄人经常受到这种不友好的评价和行为的伤害（Rudolph et al.，2005）。

在男孩和女孩的人际行为和人际关系中也可以看到一贯的差异。男孩往往加入一些相关的大型群体，参加一些打斗游戏、有组织的群体游戏和身体冒险活动（Maccoby，2002；Pellegrini，Kato，Blatchford & Baines，2002）。他们享受竞赛的乐趣，并且对自己完成个人和团体目标的努力过分自信（Benenson et al.，2002；Eisenberg et al.，1996；Maccoby，2002）。特别是当他们长大一些，他们喜欢在自己与朋友之间保持一些个人空间。对一些男孩来说，这是他们形成异性恋的一种途径。男孩经常会试图在社会情境中掩饰他们的情绪（Eisenberg et al.，1996；Lippa，2002；K. M. Williams，2001a）。

男孩倾向于竞争，而女孩更倾向于团结合作。因此，她们往往和教师形成更紧密的联系，当课堂活动是合作的而不是竞争的时候，女孩往往表现得更好（Inglehart，Brown & Vida，1994；Pianta，2006）。女孩似乎更能与他人的心理状态保持协调，并且对他人传递的微妙的非语言信息——身体语言——更加敏感（Bosacki，2000；Deaux，1984）。女孩在很多业余时间里都与一两个亲密好友在一起，与她们分享内心的想法和感受（Block，1983；Eisenberg et al.，1996；A. J. Rose，2002）。她们往往注重保持群体的和谐，并使自己的愿望服从他人的愿望（Benenson et al.，2002；Rudolph et al.，2005）。

127 正常情况下，像我的朋友们，我们只是结束它。并没有解决它，你只是……

像，“好的，不管怎样，”你明白吗？我们结束它。女孩子们，你们往往谈论它，慢慢地解决。为你做错的事情道歉。这是整个过程。

**课堂行为**

正如前文提及的，在课堂中男孩更可能表现出不良行为，并且总体上看他们更加活跃（Altermatt，Jovanovic & Perry，1998；Sadker & Sadker，1994）。男孩更喜欢说话，更喜欢问问题，有时候甚至等不及点到他们就说。他们往往支配小组讨论和工作会议。女孩则更加沉默寡言。她们不太会公开地表达思想和问问题，可能因为她们害怕被别人认为很傻，或者可能因为她们担心看起来太聪明而减少她们的受欢迎程度（Jovanovic & King，1998；Sadker & Sadker，1994；Théberge，1994）。如果她们想说些什么，她们往往会等点到她们的名字的时候再说。

当男孩和女孩一起完成任务时，男孩比女孩扮演更为主动的角色，并且可能会忽视女孩的想法和要求（Eccles，1989；Harter，1999；Jovanovic & King，1998）。例如，在科学实验中男女搭配合作时，男孩操作设备做实验而女孩观察或记录。当计算机课上男女搭配合作时，男孩坐在电脑前操作，而女孩坐在后面看着（Arenz & Lee，1990）。因此，有时男生和男生一组，女生和女生一组，这样的分组效果可能会更好，可以确保女孩积极参与课堂活动（Kahle & Lakes，1983；MacLean，Sasse，Keating，Stewart & Miller，1995）。女孩更喜欢在小组讨论中发表自己的见解（Théberge，1994），也更愿意在同性别小组中担当领导者的角色，从而发展有价值的领导技能（Fennema，1987）。[3]

**职业抱负**

从历史上看，男孩比女孩在事业上更加野心勃勃（Deaux，1984；Lueptow，1984）。近年来，许多女孩——特别是西方国家的女孩——也开始重视她们的职业发展（Bandura，Barbaranelli，Caprara & Pastorelli，2001；Lapan，Tucker，Kim & Kosciulek，2003）。然而，男孩和女孩通常喜欢注意那些与刻板印象相符的职业，部分原因是他们有更强的自信在这方面取得成功（Bandura et al.，2001；Liben，Bigler & Krogh，2002；Olneck，1995）。

有些性别差异在特定的年龄阶段特别普遍。表4—1列举了几种在不同的年级经常可以见到的差异，并提供了相关的课堂策略。

## 性别差异的来源

理论家们探讨了造成性别差异的几个因素。遗传的特征和倾向在某些性别差异中确实起到了一定作用，然而环境因素可能对另外一些性别差异扮演着更为重要的角色。在许多情况下，生理（如遗传）和经验（如环境）相互影响互为基础，从而增强了彼此的作用（Lippa，2002）。我们来看一个简单的例子。正如我们之前发现的，由于生理原因（特别是，高的睾丸激素水平），青春期的男孩往往比女孩更加健壮。因此，男孩更会玩某些体育项目（例如，美式足球），从事一些手工劳动（例如，汽车修理）。而且，从事这些活动又锻炼了他们的体力，因此他们的生理优势增大。此外，成长中的男孩经常看到男人从事这些活动，他们开始认为这些活动是男人应该做的。并且，社会使得这些刻板印象按照不同的方式延续下来——通过家庭事务分配、职业建议、电视或电影中的角色，等等——使得男孩参与而女孩避开这些活动。

在此，我们来看一些具体的途径，通过这些途径，生理和环境因素影响着性别差异的发展。我们也会看到，儿童们如何通过自我社会化来促成性别差异。

128 **表 4—1　　发展趋势——不同年级的性别相关特征**

| 年级水平 | 年龄典型特征 | 建议策略 |
|---|---|---|
| K～2 | • 身体能力、一般智力和许多具体的认知能力，男孩和女孩大概相同。<br>• 认识到不管服装、发型等如何变，性别是不变的。<br>• 对性别适当行为有僵硬的刻板印象；热衷于遵从这些刻板印象。<br>• 主要按照性别形成游戏小组。<br>• 不同的假想游戏主题（例如，男孩喜欢英雄故事、女孩喜欢浪漫情节）。<br>• 男孩比女孩更加主动、有活力；男孩较少意识到有些活动是有潜在危险的。 | • 平等地培养男孩和女孩的体育技能。<br>• 在所有学业课程中，期望和鼓励男孩和女孩都能取得同等的成功。<br>• 提供足够的多种多样的游戏活动材料（例如，家庭物品、衣物、玩具卡车、建筑积木、球）。<br>• 密切关注学生们玩有潜在危险的游戏；告知哪些行为是安全的，哪些不是。 |
| 3～5 | • 对数学能力的自我评价出现性别差异，即使取得相同的数学成绩，男孩较女孩对自己有更高的评价。<br>• 主要按照性别形成游戏小组。<br>• 男孩比女孩更常玩有组织的小组游戏。<br>• 男孩比女孩表现出更多的竞争、攻击和冒险。<br>• 女孩更早进入青春期（平均年龄 10 岁）。<br>• 一些早熟的女孩会感到自己与同龄人不一样，这种倾向会让她们更可能感到低自信和沮丧。 | • 让学生相信男生和女生在所有学业课程中都有相同的潜力。<br>• 为群体游戏提供器材（球、球棒、球门球网等）。<br>• 为游戏行为确立并强化合理的限制，以保证学生的人身安全。<br>• 当女孩出现进入青春期的标志，对此要格外的敏感并提供支持（例如，如果需要，允许她们去休息室）。 |
| 6～8 | • 男孩较晚进入青春期(平均年龄 11 岁半)。<br>• 男孩比女孩有更强的体育能力，也更多的参与体育运动；参与体育运动的男孩受到更多的尊重。<br>• 视觉空间能力差异开始表现出来，男孩有更强的视觉空间能力（平均而言）。<br>• 总体的自尊水平、身体吸引力和运动能力评价开始出现性别差异，男孩的自我评价较高，而外貌对女孩更重要。<br>• 对哪些行为是性别适当行为的看法更加灵活，尤其对女孩来说。<br>• 男孩的社会群体更大，并且亲密程度不如女孩。<br>• 当人际关系恶化时，女孩的情绪困扰要比男孩大。 | • 当他们在体育课或课外活动中需要换衣服或淋浴时，要尊重学生们的个人隐私。<br>• 鼓励男孩和女孩参加课外体育活动；鼓励他们既要参加男孩运动也要参加女孩运动。<br>• 在数学课和科学课中，利用实物来提高视觉空间理解。<br>• 称赞学生，特别是女生，当她们表现良好时，或当她们尽力改善他们的外表时。 |

续前表

| 年级水平 | 年龄典型特征 | 建议策略 |
| --- | --- | --- |
| 9～12 | • 女孩对外表吸引力的自我评价逐步提高。<br>• 女孩对大学教育比男孩更加感兴趣。<br>• 男孩更加追求手工技能（例如，使用工具和机器），女孩更加追求社会或艺术职业（例如，教学、咨询、写作）。<br>• 女孩比男孩表现出更多的亲社会行为，尽管二者有同等的表现出亲社会行为的能力。<br>• 对于偶尔的性行为，男孩比女孩持有更积极的态度，男孩的性经验也更早。<br>• 物质滥用（酒精或药物）情况，男孩比女孩更严重。<br>• 女孩比男孩更容易出现忧郁和饮食紊乱的情况。 | • 在课程选择上，鼓励学生们打破刻板印象的束缚（例如，女孩选择高等数学，男孩选修文学创作）。<br>• 提供信息说明高等教育的益处（例如，让高中刚毕业的学生们谈一谈他们的大学生活）。<br>• 让学生们接触不同的工作和职业——通过客座讲座、参观社区公司和机构等。<br>• 鼓励和肯定男孩和女孩的亲社会行为。<br>• 与同事和父母一起向学生们说明什么是不健康和冒险的校外行为。<br>• 当你怀疑有物质滥用、抑郁、饮食紊乱或其他可能威胁生命的情况，提醒学校心理辅导员。 |

资料来源：Benenson & Christakos，2003；Binns et al.，1997；Bussey & Bandura，1992；D. A. Cole et al.，2001；Davenport et al.，1998；Eisenberg et al.，1996；Fabes，Martin & Hanish，2003；M. E. Ford，1996；Halpern，2004，2006；Hardy，2002；J. R. Harris，1995；Harter，1999；Hegarty & Kozhevnikov，1999；Herbert & Stipek，2005；Hyde，2005；Liben & Bigler，2002；Lippa，2002；Maccoby，2002；McDevitt & Ormrod，2007；Rogoff，2003；Rudolph et al.，2005；R. M. Ryan & Kuczkowski，1994；Sadker & Sadker，1994；Stein & Reichert，1990；J. R. Thomas & French，1985；Trautner，1992；Wigfield et al.，2006；Wigfield et al.，1996。 129

**生理的作用**

显然，遗传决定着男女之间基本的生理差异（有些是出生时就有的，有些是青春期发展出来的）。同样由于遗传，女孩较早进入青春期，而男孩最终会更高更强壮。这种差异是性激素的不同水平造成的，特别是雌性激素之于女生、雄性激素之于男生。

激素也可能会对一些非生理性的性别差异产生影响。身体攻击方面的性别差异就具有生理基础：这种现象在不同文化、不同物种中都能看到，体现在人类身上，这种现象与睾丸激素水平有关（Lippa，2002）。另外，在视觉空间能力和口语能力方面微弱的性别差异，也可能是受激素的影响，它影响到了不同脑区的神经发育（Halpern，2006；Lippa，2002；O'Boyle & Gill，1998）。激素甚至会影响儿童对男性刻板行为和女性刻板行为的偏爱。例如，如果女孩在母亲怀孕期间受到了过多的睾丸激素水平的影响，那么她们往往会偏爱传统的“男孩”玩具和活动（Hines et al.，2002；Lippa，2002）。

**社会化**

环境方面，每一种文化都会教给孩子哪些行为更适合男性，哪些行为更适合女性（Fuller，2001）。作为一个例子，尝试一下下面的练习。

## 亲身体验·想象

对下面的每一个体，在脑中描绘一幅画卷。集中注意每一个体进入头脑的第一印象。

秘书　　　　科学家

银行行长　　时装模特

小学教师　　建筑承包商

你将哪些个体描绘成男性，哪些个体描绘成女性？

---

如果你像大多数人一样，那么你脑中的秘书、教师和时装模特是女性，而银行行长、科学家、建筑承包商则是男性。性别刻板印象——关于男性和女性典型行为的固定理念——通过我们的社会延续，甚至是学前儿童都能够意识到它们的存在（Bornholt et al.，1994；Eisenberg et al.，1996）。

社会中的多个方面都会一同教给儿童遵从性别刻板印象。例如，研究一致表明父母对待儿子和女儿的方式就有所不同。父母对自己的女儿时刻保持关注，并且对她们的帮助要求有更多的回应；他们允许他们的儿子离家更远，并且希望他们独立解决问题（Rogoff，2003；Ruble，1988；Sprafkin，Serbin，Denier & Connor，1983）。此外，许多父母鼓励典型的性别游戏活动，这些活动可能促进一些技能胜过另一些技能（Frost，Shin & Jacobs，1998；Liss，1983；Lytton & Romney，1991）。例如，女孩玩娃娃和绒毛动物，还会玩过家家游戏——这些玩具和活动促进了言语和社会技能的发展。相反，男孩玩积木、模型飞机和科学器械，还会玩足球、篮球和摄影游戏——这些玩具和活动促进了视觉空间能力的更大发展。此外，男孩经常会因攻击行为和体育运动的成功而获得强化，然而女孩则因养育和其他类似女性的行为而受到强化（Block，1983；Erdley，Qualey & Pietrucha，1996；Fagot，Hagan，Leinbach & Kronsberg，1985；J. R. Thomas & French，1985）。尽管有些父母试图同样对待他们的子女，但仍然受到刻板印象的影响，正如我的学生在自传短文中写道的：

130 我的父母总是格外努力使他们的三个孩子既具有男性性格也具有女性性格，希望能够打破社会上的“男性”和“女性”行为模式。事实上，我和我的妹妹丽莎都有卡车玩具和足球，并且父母希望我们修剪草坪、倒垃圾。另一方面，我的弟弟克雷格有洋娃娃和指甲油，并且父母希望他刷碗和打扫房屋。但是我和丽莎的卡车是粉红色的，我们的足球是紫色的，并且当克雷格长大之后，我们就再也不修剪草坪了。同样，父母不让我弟弟把洋娃娃带出家门，并且出门的时候让他把指甲油去掉。妈妈经常让我和丽莎刷碗打扫房屋，因为我们干起来更快。（Courtesy of Kim Sandman）

许多父母相信他们的儿子和女儿有不同的优势，这些信念会影响到孩子们对自己的认识。例如，与公共刻板印象一致，一些父母认为男孩在数学和科学方面更优秀，而女孩在阅读方面更好，尽管在学业成就上并不存在这样的性别差异（Bleeker & Jacobs，2004；Eccles et al.，1993；Herbert & Stipek，2005）。

社会方面，包括大众传媒，也会影响刻板印象的发展，这部分是通过提供成年人榜样来实现的，这些榜样表现出性别上的行为差异。儿童更多地看到女人而不是男人在阅读（B. A. Freedman，2003）。男性在历史和科学课本中出现的次数更多（Eisenberg et al.，1996；Sadker，Sadker & Klein，1991）。此外，电影、电视节目和书籍经常按照性别刻板印象来描述男性和女性：男性是具有攻击性的领导者和成功的问题解决者，而女性则是居家的、端庄的，是顺从的跟随者（Furnham & Mak，1999；Huston et al.，1992；Sadker & Sadker，1994；T. L. Thompson & Zerbinos，1995）。根据这些一致的信息，许多儿童肯定很容易就会得出这样的结论：男性是真正的行动者和推动者，他们影响着整个世界。

作为教师，我们必须作出一致的努力去开发并选择那些可以代表男女性积极方面的课程材料。学生持续一贯地接触这些非性别主义的材料，可以减少性别刻板印象（Fennema，1987；Horgan，1995；Sadker & Miller，1982）。

**同伴行为**

儿童们的玩伴和同学经常会鼓励传统的刻板印象的存在。同伴们往往对那些按照"性别一合适"方式行事的儿童给予更加积极的反应，而对于不这样做的儿童给予更消极的反应，这种同伴压力在男孩中更加普遍（Bussey & Bandura，1992；Eisenberg et al.，1996；Fagot，1985）。同伴也可能会嘲笑或疏远那些在"性别一不合适"科目上取得优势的同龄人，例如在科学和数学课上取得好成绩的高中女孩（Casserly，1980；Sadker & Sadker，1994；Schubert，1986）。结果，许多学生只有当在反刻板印象的活动中所取得的成功不为同学所知时，才会从事这些活动（Eccles，1989；Huston，1983；Ruble，1988）。

儿童在群体中互动和游戏，这也会让男孩和女孩习得不同的行为（Benenson et al.，2002；Maccoby，2002）。正如前文所述，男孩与女孩相比往往聚集成较大的群体。在大群体中，儿童必须充满自信，并且可能更需要具有竞争性（也就是，"男孩"特征），以此来达到他们的目标，满足他们的愿望。然而，在2人组或3人组中，儿童们可以通过合作和相互让步来满足她们的需要（也就是，"女孩"特征）。

**教师行为**

近年来，性别差异意识越来越强，这使得许多教师关注到平等对待男生和女生的问题。尽管如此，对待男孩和女孩的微妙差异仍然存在。例如，老师们往往给予男孩更多的注意，可能因为男孩问更多的问题，还会表现出更多的纪律问题。老师们也会给男孩更多的反馈（有表扬也有批评）（Altermatt et al.，1998；Eisenberg et al.，1996；Jones & Dindia，2004；Sadker & Sadker，1994）。

在大多数情况下，教师们可能没有意识到他们对待男生和女生的差别。平等对待的前提是要意识到不平等的存在，然后我们才能试图去纠正这种不平等。例如，通过与所 131
有学生的频繁接触，给予他们各种形式的反馈，以使他们取得进步，并且对他们在不同性别刻板科目领域中抱有一样的期望。"走进课堂"的"促进性别平等"提供了几个具体的建议。

**自我社会化**

当幼儿越来越意识到男孩女孩、男人女人的典型特点和行为时，他们开始将男性和女性特征知识一起纳入到自我建构的理解（或性别图式）中。反过来，这些性别图式成为他们自我意识的一部分，并且对他们自己的行为——他们应该怎样穿戴，该玩什么玩具，该有怎样的兴趣，选择什么学术领域等——提供指导。当儿童们到了上学的年龄，

## 走进课堂——促进性别平等

- 运用你所掌握的典型的性别差异知识，给予男生和女生更多的平等，不要形成男生和女生在不同活动中表现得如何好的期望。

  一位体育老师认识到她班里的大多数女生过肩投球的经验可能不如男生多，因此她给她们介绍基本的动作，并安排额外的练习。

- 注意课本中的性别刻板印象。通过指导材料来抵消这些偏向，在材料中按照反刻板的方向来描述两性特征。

  一位英文老师提供了哈珀·李的小说《杀死一只知更鸟》，文中一名叫做爱迪克斯·芬迟的律师被描述成彬彬有礼、充满爱心、富有同情心的男人，而他 8 岁的女儿斯考特被描述成勇敢的、富有冒险精神的女孩。老师还提供了卓拉·尼奥·赫斯特的文章《凝望上帝》，文中一位非洲裔美国妇女，她从一个依赖别人来满足需要的十几岁女孩成长为一名自食其力的女人。

- 偶尔让学生们分成单性别小组或同性配对来完成任务。

  一位科学老师将学生按照 3 个男生或 3 个女生的方式分组，来分配实验任务。

- 时刻留意自己是否会在无意中区别对待男孩和女孩。

  一名法语老师决定统计一下他课堂上点男生和女生的次数。他发现他点男孩的次数是女孩的 3 倍，部分原因可能是男生举手较多。为了避免这种习惯，他制订了新的程序：当他点名时，男孩女孩交替点名，有时他会点那些没举手的学生。

他们按照性别"适当"行事的压力更多地来自自我而不是他人（Bem，1981；Bussey & Bandura，1992；Martin & Ruble，2004）。例如，当老师们积极鼓励儿童们按照非性别刻板的方式行事时，他们可能在短时间内会这样做，但是很快就会回到他们之前的典型性别行为方式（Lippa，2002）。

因为性别图式是自我建构的，所以其内容可能会随着个体不同而有较大差异（Liben & Bigler，2002）。例如，在青春期，有些女孩会将时尚媒体（电影、时尚杂志等）中不现实的美丽标准纳入到她们的"女性"图式中。当她们用这些标准衡量自己时，她们总是比不过别人，这样她们对身体吸引力的自我评价就会降低。为了拥有她们认为的理想的苗条身材，她们可能罹患进食失调症（Attie，Brooks-Gunn & Petersen，1990）。同样，一些十几岁的男孩也会为了达到自我建构的男性行为的男子汉标准而犯错，他们可能会在学校中表现成一个硬汉，他们还会吹嘘（可能会真实的，但更多不是真的）自己有很多性伙伴（K. M. Williams，2001a）。

当然，并不是所有的学生都有苛刻的或是不现实的关于自己性别的刻板印象。事实上，随着学生们逐渐长大，许多人开始对男女"应该"做什么的看法越来越有灵活性（Martin & Ruble，2004）。拥有更加灵活的性别图式的青少年更有可能怀有反刻板印象的兴趣以及追求反刻板印象的职业道路（Liben & Bigler，2002）。

132 最后，我们必须帮助所有学生们认识到，性别刻板印象仅仅是刻板印象而已，并不必然限制男性和女性能做什么和应该做什么。我们可以通过不同的方式来帮助他们：

- 多向学生们呈现那些表现反刻板印象行为的成年人。
- 讨论所有学科对学生今后发展的重要性。
- 帮助学生们懂得，刻板印象知识不需要认可。
- 向学生们解释刻板印象的根源——例如，对男性和女性的不同期望是从历史流传下来的，以前户外工作需要强壮的体魄（更适合男性），而室内工作则往往与养育和照顾孩子有关（这更适合女性）。

- 组织学生们讨论刻板印象给社会带来的消极后果——例如，注意到遵从这种角色会导致人才的大量浪费。（Bem，1983，1984；Fennema，1987；A. Kelly & Smail，1986）

## 社会经济差异

社会经济地位（socioeconomic status，英文缩写为 SES）这个概念包含一系列变量，包括家庭收入、父母受教育程度和父母的职业。一个家庭的社会经济地位——高、中或低——可以让我们了解这个家庭在社区中的身份：家庭成员在居住地以及购买物品上有多大的灵活性，他们对政治决策有多大影响，他们可以给孩子们提供什么样的教育机会，等等。当我在前面章节中谈及低收入和中等收入学生和家庭时，我实际上是在讨论社会经济地位。

学生们的学校表现与他们的社会经济地位相关：高社会经济地位的学生们往往有较高的学业成就，而低社会经济地位的学生们往往有更大的辍学风险（J. -S. Lee & Bowen，2006；McLoyd，1998；L. S. Miller，1995；Sirin，2005）。随着年级的增长，来自 133
低社会经济地位家庭的学生与来自高社会经济地位家庭的学生的差距越来越大（Jimerson，Egeland & Teo，1999）。研究者发现来自不同种族学生的学业成绩有差异，然而造成这种差异的原因似乎更多的是学生们的社会经济地位差异而不是文化差异本身（Byrnes，2003；N. E. Hill，Bush & Roosa，2003；Murdock，2000）。

对于高社会经济地位家庭的学生，生活也不是十全十美的（Luthar，2003；Luthar & Becker，2002；Luthar & Latendresse，2005）。例如，高收入家庭的父母对孩子的成就有过高的期望从而施加更大的压力，这使得这些孩子要遭受更多的焦虑和抑郁。另外，这些父母可能从事对自身要求很高的工作，这使得他们在身体和情感上与孩子们保持一定的距离，因此这限制了他们给孩子们提供指导和支持。但是最终，那些贫困——特别是长期贫困的——家庭的孩子们在获得学业成功和个人幸福时会面临巨大的障碍。

### 与贫困相关的风险因素

贫穷比你想象的更为普遍。1995 年，在美国被划分为贫困的儿童占到了一个令人惊讶的比例——每十个中有两个（Hernandez，1997；Lewit，Terman & Behrman，1997）。来自低社会经济地位家庭的儿童青少年属于各种各样的群体。许多居住在市中心附近，还有一些住在乡村地区，其他的居住在富足的偏远城镇上不起眼的公寓或住宅中。有一些学生的家庭能够满足生活的基本需要（例如，食物、棉衣和避身之所），但是他们几乎没钱来享受生活。还有许多人生活在绝对贫困中，这些学生大多数有学业失败的风险，并且最需要我们的关注和支持。

有些因素往往会导致低 SES 学生的较低的学业成就。有些学生只面临一两个挑战，他们一般能适应良好，但是有些学生则要面对许多甚至全部挑战，他们则往往会面临学业失败和其他消极结果带来的高风险（Gerard & Buehler，2004；Grissmer，Williamson，Kirby & Berends，1998）。

#### 低营养和健康

低收入家庭很少有足够的经济条件来确保他们的孩子能够获得充足的营养和健康的

护理。在生命早期（包括出生前的九个月）营养差会导致注意力、记忆力和学习能力的损伤（D'Amato，Chitooran & Whitten，1992；L. S. Miller，1995)。这既可能会直接影响学业成就——例如妨碍早期大脑发育，也可能会间接影响学业成就——例如，使学生在课堂上无精打采和缺乏注意力（Byrnes，2001；Sigman & Whaley，1998；R. A. Thompson & Nelson，2001)。缺乏健康保健，意味着影响到课率和学业表现的一些情况便会随之而来，例如哮喘和听力问题（Berliner，2005)。

**缺乏居住空间和频繁搬家**

许多贫穷儿童居住在狭小的空间中，他们可能与家人共享仅有的一两间房屋(G. W. Evans，2004；Hawkins，1997)。此外，经常搬家的儿童势必会经常转学。在这个过程中，他们失去了已有的社会支持网络，并且可能会落下一些涉及重要学业技能的功课（J. R. Harris，1998；Mantzicopoulos & Knutson，2000)。

**接触有毒物质**

特别是那些生活在贫穷城区的贫困儿童，他们的房子和居住环境可能会让他们接触到过量的环境中的毒素，这些物质会危害他们的健康和长期认知发展。例如，在旧的缺乏维护的建筑中，儿童可能会暴露在破碎油漆释放出的含有铅的灰尘中。另外，城市供水可能含有杀虫剂或少量的工业废水。当地的空气被发电厂和工业焚化炉所污染。通过这些渠道，儿童会暴露在有毒物质中——不只是铅和杀虫剂，还有汞和镉——这些会导致认知能力和学习能力的长期缺陷（Hubbs-Tait，Nation，Krebs & Bellinger，2005；Koger，Schettler & Weiss，2005)。

**不健康的社会环境**

134 平均来看，低 SES 地区和社区会有更多的帮派和有组织的犯罪行为，更频繁的社区暴力和恶意破坏，更普遍的酗酒和药物滥用，以及更多数量的反社会同伴。此外，那里的有益的休闲场所——例如图书馆、康乐中心和体育社团——和积极的成年人榜样也较少。这一切都会使来自低收入家庭的儿童和青少年的成长面临更多的挑战(T. D. Cook，Herman，Phillips & Settersten，2002；J. R. Harris，1998；Leventhal & Brooks-Gunn，2000；R. J. Rose et al.，2003)。

**情绪压力**

尽管不同收入水平家庭的儿童肯定都会在他们生命中的不同时间点感受到压力情境，但是从贫困家庭走出的孩子们所经历的会更多（McLoyd，1998)。因此，低社会经济地位家庭的学生对压力和其他情绪问题的评价等级要高于一般水平（Caspi，Taylor，Moffitt & Plomin，2000；G. W. Evans & English，2002；Morales & Guerra，2006)。

很显然，经济困难是压力的一个来源。儿童们可能在想下一顿饭从何而来？或者不交房租多久之后，房东才会赶他们走？低社会经济地位家庭中的单亲家庭数量众多是另外一个导致焦虑的因素。单身父母可能会由于个人问题而心烦意乱，从而无法给予孩子很多的慈爱，或无法提出前后一致的规范（discipline）（Halpern，2005；Parke et al.，2004)。一般来讲，与富裕家庭比起来，低收入家庭往往更加杂乱无章（G. W. Evans，Gonnella，Marcynyszyn，Gentile & Salpekar，2005)。

并不是所有低收入家庭的孩子都长期生活在压力中，有些家庭可以提供一贯的支持、指导和规范，这些家庭中的孩子通常可以健康成长（N. E. Hill et al.，2003)。然而，我们还是必须始终关注那些表明学生正在家中经历不寻常压力的迹象，并且给予他们力所能及的支持。在有些情况下，情感支持可能仅仅是做一个乐意的倾听者就够了。

在其他一些情况下，我们可能需要与学校的咨询员或社工协商，以获取学校系统可能的支持和当地社区的支持。

**背景知识的隔阂**

一些从低社会经济地位家庭来的学生缺少一些基本的知识和技能（例如，对字母和数字的熟悉），而这些知识和技能则是在学校学习取得成功所需要的（Case & Okamoto，1996；Hauser-Cram，Sirin & Stipek，2003；McLoyd，1998）。早期的教育机会——书本、教育玩具、参观动物园和博物馆，等等——可能会发展这些技能，而这与家庭的经济条件息息相关。如果父母整天全心致力于提供那些生活必需品，例如食物和衣服，那他们可能就很少有时间和精力去关注孩子们的智力发展。另外，有些父母的读写能力很差，也就无法在这方面帮助孩子（Portes，1996）。然而，我们必须注意不能过度泛化：有些低收入的父母接受过相当高的教育（可能有大学学历），他们也许能够给孩子们读书，并且提供其他丰富的教育经验（Goldenberg，2001；Raikes et al.，2006；Sidel，1996）。

**父母很少参与学校活动和家庭作业**

绝大多数低收入家庭的父母希望他们的孩子接受良好的教育（Corbett，Wilson & Williams，2002；H. W. Stevenson，Chen & Uttal，1990）。有些低社会经济地位家庭的父母主动投资孩子们的教育，结果这些儿童能够达到较高的水平（Gutman & McLoyd，2000；Jimerson et al.，1999）。但是还有许多父母由于种种原因不能投入其中。经济因素可能会妨碍某些父母参加学校的会议和活动；父母可能在就业、请到合适的保姆和接送孩子方面遇到困难（Finders & Lewis，1994，Heymann & Earle，2000；Salend & Taylor，1993）。因为有些父母只受到过有限的教育，所以他们可能没有足够的知识和技能来帮助他们的孩子完成学校布置的作业（Finders & Lewis，1994；Hernandez，2004）。此外，还有一些父母可能在上学的时候有过不好的经历，因此当他们身在学校时会感到不舒服（Finders & Lewis，1994；J.-S. Lee & Bowen，2006）。还有些父母， 135
他们可能是心理疾病或物质滥用的受害者，这限制了他们在经济、学业等方面支持孩子们的能力（Cazden，2001；Mistry，Vandewater，Huston & McLoyd，2002；Petterson & Albers，2001）。6 岁的詹娜住在波士顿附近的庇护所，她向她一二年级的同学坦白了她父母的物质滥用问题，其中包括一个叫罗彬的女孩：

> 詹娜：我爸爸在跟他朋友谈话，他干这个，他在这个计划中。我父亲做这个……做一些不好的事情，他在一个计划中，我不能告诉你们为什么……那是些白色的东西……它是 C 开头的单词，但我不想说。它被叫做……可卡因……这就是为什么他会在那个计划中，他再也不会出来。
>
> 罗彬：你说的是什么意思，你父亲在做什么？我不明白。
>
> 詹娜：一些不好的事情，像妈妈走进储藏室……我说，“你在干什么？”她说，“你不需要知道。”她在偷偷摸摸地抽烟。我说，“那对你没有好处……”（Cazden，2001，p. 25）

从詹娜的同学对于这件事的天真无邪的反映中可以看出，詹娜的同学们思想开明，并且具有支持心，就像詹娜的老师解释的那样：

> 孩子们认真地听着她的解释，空气中弥漫着严肃的气氛。他们想要理解她，并想询问她所说的词的意思。他们共感共情，并且提供支持；随着讨论的深入，我有

> 些不安，因为詹娜非常镇静。她并没有感到惭愧，她只是在讲述她的故事。(Cazden，2001，p. 25)

作为老师，我们必须对于在何时何地遇到低收入家庭学生的父母有所准备。我们还应该特别注意和他们建立和谐、信任的关系（关于这方面的更多策略将在第 14 章有所介绍）。此外，我们必须认识到，并不是所有的父母都支持他们孩子的学业进步，在这种情况下我们必须与同事和社区代理合作，来寻找其他的支持机制。一种有效的策略是提供结构性校外家庭作业协助计划（structured after-school homework assistance program)，计划中的学生们获得帮助来完成作业、获得专心完成作业的技能，以及监控他们自己的进步（Belfiore & Hornyak，1998；Cosden，Morrison，Albanese & Macias，2001）。

**低质量的学校**

不幸的是，最需要良好教育的学生往往得不到良好教育。低收入地区和社区的学校往往得到较少的资金，结果，学校的教学设备经常很差，维护也不好。教师离职比例高，训练策略粗糙、低效。此外，与富裕的学校相比，这些学校的一些教师对学生们的期望较低；他们提供较少的挑战性课程，布置较少的作业，所提供的发展高级思维能力的机会也比富裕学区要少（Eccles et al.，1998；G. W. Evans，2004；McLoyd，1998；Skiba & Knesting，2001）。

当然，低收入地区的学校并不是全部如此。事实上，老师能够在儿童教育品质上创造巨大的差异，甚至在最贫困的学校也可以。来看一位老师，研究者称其为 A 女士的例子：

> A 女士是一名老师，她所在的 Ray 学校是北美一座大城市的小学。这所学校修建得像个堡垒，窗户上有铁棍，因此学校很难吸引人并受到欢迎。它附近的建筑包括一些旧的出租房、一家废品旧货栈、一家汽车维修店和一家妓院。学校中不到 1/10 的学生最终可以完成高中学业。
>
> 尽管如此，A 女士和她的 1 年级班上的学生还是创造出了奇迹。她对他们富有感情，强调合适的不失身份的行为，并且她还会和那些没带午饭的学生们分享自己的午餐。她一直强调学习和教育的重要性，并且对取得成就抱有高期望。她确保她的学生学会阅读，并且当学生需要额外帮助时，她会在放学后跟他们一起留在学校。
>
> 与其他班级的学生相比，A 女士班的学生比其他班的学生获得更高的成绩，不仅在他们的第一年，几年之后仍是如此。平均来说，他们的 IQ 得分在 3 年级到 6 年级之间有所增长（一个女生的分数从 93 涨到 126)，然而 Ray 学校的其他学生大
> 136 多数智力分数会降低。多年之后，当研究者追踪 A 女士的一些学生时，发现这些学生与典型的 Ray 学校毕业生相比，不管是经济上还是职业上都更为成功。并且他们每一个人都记得她的名字。(Pedersen，Faucher & Eaton，1978)

## 培养适应力

感谢 A 女士那样的老师，许多低收入家庭的学生尽管历经艰难，还是取得了学业成功（Humphreys，1992；Nieto，1995b；B. Williams & Newcombe，1994）。有些适应性强的学生学到了一些行为方式和应对技巧，这可以帮助他们战胜不利的环境。作为一

个群体，适应性强的学生拥有招人喜爱的人格、积极的自我意识、高且现实的目标。他们相信成功来自努力，他们将遭遇视作一种不变的提醒，让他们认识到接受良好教育的重要性（Masten & Coatsworth，1998；McMillan & Reed，1994；Werner，1995；Werner & Smith，2001）。

越来越多的研究给了我们保持乐观的理由，如果我们致力于帮助他们，那些低收入背景的学生们也能够取得学业成功，获得幸福（Becker & Luthar，2002；Goldenberg，2001；G. Phillips，McNaughton & MacDonald，2004）。研究者们已经发现了一些能提高学生适应能力的因素。根据他们的发现，我提出以下建议：

- **成为学习和情感支持的可靠来源。**适应性强的学生常有一个或几个他可以信任，或是他遇到困难可以求助的人（Masten，2001；McLoyd，1998；Werner，1995）。这些人可能是家人、邻居或学校中的某人。例如，适应性强的学生经常会提及他们的老师，这些老师关心他们，并且对他们的学业成功有所帮助（R. M. Clark，1983；McMillan & Reed，1994；D. A. O'Donnell，Schwab-Stone & Muyeed，2002）。作为老师，我们表现出对学生们的喜爱和尊重，我们能够并乐于倾听他们的心声，对他们的表现保持高度的期望，无论是课内还是课外都要给予他们成功所需要的鼓励和支持，这样做最能提高低社会经济地位学生的适应力（Masten & Coatsworth，1998；McMillan & Reed，1994；Milner，2006；Werner，1995）。

- **基于学生们的长处。**尽管来自低社会经济地位家庭的有些学生可能在基本的学业技能上会落后于他的同学们，例如阅读、写作和计算等，但是他们可能将其他的优点带入课堂。例如，他们更加了解日常生活（Torrance，1995）。如果他们利用兼职来帮助家里实现收支平衡，那么他们可能更理解劳动世界（working world）。如果他们是单亲家庭的子女，那么他们可能更加熟悉做饭、打扫房间和照顾年幼的弟妹。如果他们的经济状况很差，那么他们可能更加了解什么是饥饿，什么是寒冷。因此，他们可能更能对战争或饥荒带给人类的恐慌产生共情，更加尊重人们的最基本需要。

作为老师，我们必须记住，贫困家庭的孩子可能比富裕家庭的孩子在某些方面具有更多的知识和技能。这些知识和技能可以为教授课堂内容提供基础（Varelas & Pappas，2006）。此外，如果这些学生愿意谈论他们所面临的困难，这会使他的同学对我们社会中存在的不公平现象更加敏感。

- **识别并提供那些缺乏的但是对成功学习很重要的资源和经验。**有些贫困家庭出身的学生可能缺乏基本的生活必需品——富有营养的食物、保暖的衣服、足够的健康照料、学习用品等——这些必需品对于他们的学业成就是至关重要的。许多政府项目和社区代理能够帮助提供这些必需品。学校社区为那些低收入家庭的儿童提供免费或低价的食品计划。此外，慈善组织经常分发募集来的温暖冬衣。许多社区还有低价的健康诊 137
所。有些办公用品商店和大型折扣连锁店为需要的儿童捐赠笔记本、钢笔和其他学习用品。事实上，大多数社区会为经济条件有限的儿童和青少年提供各种资源。

除了关注低收入学生和家庭的社区资源外，我们还应该识别贫困学生们可能还不具备的基本经验。参观动物园、水族馆、自然历史博物馆、农场，游览山川或拥抱海洋对他们是很适宜的。当然，我们应该确定并教给学生他们所缺乏的基本技能，而不管是为何而缺乏的。当我们这样做时，我们可以看到学生们课堂表现上的显著改进（S. A. Griffin，Case & Capodilupo，1995；McLoyd，1998；G. Phillips et al.，2004）。然而，我们必须注意不能仅仅关注基本技能，特别是当我们这样做意味着大量的操练和练习时。如果学生们很少有去完成复杂学业任务的机会——阅读理解、解决现实问题等，他们的学业进步将会出现后劲不足的情况（Cazden，2001；B. Williams & Woods，1997）。

### 关注无家可归的学生

无家可归的儿童会比其他低社会经济地位的学生面临更多的挑战。许多无家可归的儿童存在健康问题、低自尊、注意范围窄、语言技能贫乏，以及不恰当行为等问题（Coe，Salamon & Molnar，1991；McLoyd，1998；Pawlas，1994）。有些学生因为家里没有洗澡设备和合适的衣服，而可能很勉强地来上学（Gollnick & Chinn，2002）。有些学生可能会由于频繁的转学，而使得他们的学习技能大大落后于他人。

作为老师，我们教育那些无家可归的学生时，也会面对不寻常的挑战。为了让他们可以在学业和社会交往方面取得成功，应该给予他们额外的支持，相关的建议如下（Pawlas，1994）：

- 将新生与那些可以给他们说明准绳的同学配对——例如，介绍和解释学校的规章制度。
- 提供笔记本、夹板或其他的便携“课桌”，学生们可以用它们在庇护所做作业。
- 征集成年或青少年志愿者在庇护所当辅导老师。
- 在庇护所而不是学校与父母会面。
- 与庇护所官员分享家庭作业布置情况、校历和时讯等情况。

然而，使用这些策略时我们必须注意到，有些学生和家庭可能会因为他们无家可归这一状况感到窘迫。因此，尊重他们的隐私和自尊是首要的事情。

## 有风险的学生

你还记得小学的时候，班上哪位同学经常不完成课堂练习和课后作业吗？你还记得高中的时候，班上哪位同学学习不好而且很少参加课外活动吗？这些学生最终有多少人高中毕业呢？你知道他们现在做什么吗，还是他们已经淡出你的视野？

有些基本技能是走上成人社会后获得成功所必不可少的，但是有些学生却很可能无法掌握这些技能，这些学生就是有风险的学生（students at risk）。他们中的许多人高中没毕业就辍学了，而很多毕业生也缺乏基本的阅读或数学技能（Slavin，1989）。这些人不能很好地为家庭、社区或社会作出有效的贡献。

最近20年，那些高中毕业前辍学的学生比例持续上升——从1970年的24%到2000年的29%（Carnoy，Elmore & Siskin，2003）。因此，尽管当今许多学生取得的学业水平很高，但是还有许多学生则失败了。

一个普遍的假设是，辍学在很大程度上是学生自己造成的（V. E. Lee & Burkam，2003；U. S. Dept. of Education，1992）。但是，正如我们将看到的，学校的特点也发挥了重要的作用。

### 138 有风险的学生的特点

有些有风险的学生是那些有特殊的教育需求的学生。例如，他们可能有学习障碍或情绪和行为问题，这些因素会干扰他们的学习和成就。另外有些有风险的学生，他们的文化背景与学校主流文化不相融。此外还有些有风险的学生的家庭不支持也不鼓励他们获得学业成功。

有风险的学生来自不同社会经济水平的家庭，但是穷人家的孩子、单亲家庭的孩子更容易在高中毕业前辍学。男孩比女孩更易辍学，非洲裔美国人、西班牙裔和土著人比欧裔美国人和亚裔美国人更容易辍学。大城市和乡下的学生比郊区学生更容易辍学；一些大城市的高中毕业率低于40%。有些学生的家庭很少讲甚至不讲英语，并且学生自己的英语知识也非常有限，这些学生是具有最大风险的学生。（Hardre & Reeve，2003；L. S. Miller，1995；National Research Council，2004；Roderick & Camburn，1999；Rumberger，1995；L. Steinberg，Blinde & Chan，1984；U. S. Dept. of Education，1997）。

有风险的学生，特别是那些最终辍学的学生，往往具有以下几种特点：

- **学业失败的经历。**那些辍学的学生可能有学业成绩差的经历，并且可能追溯到3年级（K. L. Alexander，Entwisle & Dauber，1995；Garnier，Stein & Jacobs，1997）。平均来看，他们阅读和学习效率较低，获得更低的等级，得到更低的成就测验分数，并且比其他毕业的学生更容易留级（Battin-Person et al.，2000；Jozefowicz，Arbreton，Eccles，Barber & Colarossi，1994；Raber，1990；L. Steinberg et al.，1984；Wilkinson & Frazer，1990）。

- **与同学相比，年龄较大。**因为成绩不好的学生更容易留级，因此他们往往比同学更大一些（Raber，1990；Wilkinson & Frazer，1990）。有些，但不是全部，研究表明大龄学生与其他学生比起来更容易辍学（D. C. Gottfredson，Fink & Graham，1994；Roderick，1994；Rumberger，1995）。很可能，当学生们发现自己必须加入的班级中的同学们在身体和社会成熟方面都比他们差时，学校对他们就变得更没有吸引力了。

- **情绪和行为问题。**潜在的辍学学生与较成功的学生相比，他们往往具有较低水平的自尊。他们还更倾向于出现课堂纪律问题、使用药物，以及从事犯罪行为（Finn，1991；Garnier et al.，1997；Jozefowicz et al.，1994；Rumberger，1995；U. S. Dept. of Education，1992）。

- **经常与低成就同伴交往。**辍学的学生往往会与低成就的，甚至有些还是反社会的同伴交往（Battin-Pearson et al.，2000；Hymel，Comfort，Schonert-Reichl & McDougall，1996）。这些同伴往往认为上学不值得，并且很可能会使学生们的注意力离开学业追求。

- **缺少对学校的心理依恋。**学业失败的有风险的学生们更不容易认同他们的学校，也不会认为他们是学校必不可少的一分子。例如，他们较少参加课外活动，通常会表现出对学校的不满（Christenson & Thurlow，2004；Hymel et al.，1996；Rumberger，1995）。

- **逐渐脱离学校。**辍学并不是一个全或无的事情。事实上许多高中辍学的学生在正式离校之前已经表现出一些较小形式的辍学。将来会辍学的学生，他们会比其他同学更频繁地逃学，甚至在小学低年级就会出现这种情况（Christenson & Thurlow，2004；Finn，1989）。此外，他们更可能被停学（suspended from school），还可能表现出一种长期的循环模式，即辍学、返校、再辍学。

但是，这些特征绝不是评判哪些学生会辍学的指标。例如，有些辍学者，他们来自中等收入的双亲家庭，并且在辍学之前一直积极参与学校活动（Hymel et al.，1996；Janosz，Le Blanc，Boulerice & Tremblay，2000）。 139

## 学生为什么辍学

学生辍学出于多种原因。有些是因为他们缺少家庭和同伴对学校成功的鼓励和支持。还有的是因为不利的生活环境，例如他们可能有健康问题，为了帮助家里而打工，或者因为怀孕。许多人辍学仅仅是因为对学校的不满意：他们功课不好，跟同学相处不好，发现学校环境太危险或太具有限制性，或者觉得课程无聊，还有认为课程跟自己的需要无关（Hardre & Reeve，2003；Portes，1996；Raber，1990；Rumberger，1995；L. Steinberg et al.，1984）。不幸的是，教师的所作所为也会成为学生辍学的原因之一，正如下文的一段对话所揭示的。这是访谈者罗恩和两名有风险的高中生乔治和拉斯德的一段谈话。

罗　恩：你认为有些人为什么会辍学呢？

乔　治：我觉得，退学是因为学校带给那些人太多的压力。就像，有时候老师可能会经常站在一名学生的后面，以至于使得这个学生不想学习……还有当他们想好了并且说，“我要好好干……”结果他们做的并没有想象的好，当他见到对他的评定时，他说，“你的意思是我的努力都是白费？我不上学了。”……

拉斯德：我觉得有人辍学，是因为他们的年龄太大了，不适合上高中了。我觉得，他们认为他们应该去担负责任，该去找份工作了。还有，就像乔治说的，有时候老师，你知道的，老师会让你放弃，告诉你无论如何是无法毕业的。

罗　恩：老师怎么告诉你，让你要放弃的呢？

拉斯德：没有，有时候他们建议你去获得 GED（一般等价文凭，general equivalency diploma）[4]。就像，有些人说：“你为什么不拿个 GED 算了。”然后，工作或是干别的。

罗　恩：你说过，有人因为年龄太大而辍学。为什么说年龄太大呢？

拉斯德：因为他留级次数太多了。(Farrell，1990，p. 91)

## 支持有风险的学生

因为那些有学业失败风险的学生来自不同的群体，拥有不同的需要，所以没有单一的策略能够帮助他们中的所有人都待在学校直到高中毕业（Christenson & Thurlow，2004；Janosz et al.，2000）。然而，有效的课堂实践对帮助学生争取学习成就、完成高中教育大有助益。在“创造富有成效的课堂环境——鼓励和支持有风险的学生”中提供了一些我们能做什么的具体例子。以下所列则是更加一般化的策略：

- **尽早确认那些有风险的学生。**我们在小学的时候就能发现一些辍学征兆，例如学习不好和经常旷课等。其他一些征兆——例如，低自尊、破坏行为、不参与学校活动等——则经常会在学生正式辍学的前几年出现。因此，在学校学习早期就要识别那些有风险的学生并采取措施防止他们辍学，或者在困难变得难以逾越之前帮助他们脱离这些困境，这都是有可能的。研究者明确指出，对于有风险的学生，预防、尽早干预和长期支持比后来的短期干预效果更好（Brooks-Gunn，2003；Christenson & Thurlow，2004；McCall & Plemons，2001；Ramey & Ramey，1998）。

- **创造温暖的、支持性的学校和班级氛围。**有些老师和学校，他们关心、照顾学生，给予他们好的评价，这样的老师和学校在有风险学生的教育中卓有成效（Christen-

140

son & Thurlow，2004；Hamre & Pianta，2005；Pianta，1999）。在第 14 章中我们将看到很多创造温暖的、支持性的学校和班级的策略。

- **课程要与学生的生活和需要息息相关。**如果学生们发现课程与他们自己的文化价值、生活经历和个人需要息息相关，那么他们会更加喜欢学习，并且更可能取得好的成绩（Knapp，Turnbull & Shields，1990；Lee-Pearce，Plowman & Touchstone，1998；S. M. Miller，2003；Ramey & Ramey，1998）。为了增加学校生活与危机中的学生的相关性，我们应该将学习技能设置于现实任务情景和学生日常环境中。例如，市中心中学的一位数学老师，她一直鼓励学生们从社区中寻找问题并解决问题（Tate，1995）。她教的某个班的学生，描述了在学校周围1 000英尺范围内的 13 家酒铺以及由其所吸引来的潜在的消费者和毒贩。学生们用码尺和地图计算了每一家酒铺与学校之间的距离，收集了关于区域限制和其他市镇的管理规范等信息，明确了潜在的违法行为，他们把这一情况告知了地方报纸编辑（这名编辑在社论中介绍了这一情况），并且最终将这一情况上交州立法委和城市政务委员会。经过学生们的努力，警察们更加紧密监控酒铺，确认了主要的违法行为（导致两所酒铺关闭），并且城市政务会规定，学校周围 600 英尺内不得售酒（Tate，1995）[5]。

- **传达对学业成就的高期望。**尽管许多有风险的学生经历过学业失败，但我们无论如何也不能放弃这些学生。相反，我们应该对他们说学业成功是可能的，而且这是我们所期望的，并且他们也是有能力获得成功的（L. W. Anderson & Pellicer，1998；Garcia，1994；Garibaldi，1993；Ladson-Billings，1994a）。我们可以承认过去的学习问题，*141* 但是要让学生们知道有办法克服这些问题，并且我们会帮助他们来掌握那些取得学业成功所需要的知识和技能（Alderman，1990）。同样，我们应该使他们的注意力集中在如何学好重要科目和技能上，而不要放在与其他同学的比较上。

- **给予额外的学习帮助。**因为有风险的学生常常会有学业失败的经历，并且他们的家人可能很少给予他们学习上的支持，因此这些学生可能需要教师和其他学校人员给予更多的帮助以获得成功。以下几种具体的方式可以促进他们的学业成功：

  ✧ 所给予的指导要适合他们现在的技能和知识。
  ✧ 给他们比较具有结构性的任务，并且告诉他们需要做些什么来完成这些任务。
  ✧ 帮助他们发展出更好的阅读和学习策略，以及更有效的学习技能。
  ✧ 掌握技能，要让他们循序渐进。
  ✧ 经常评价进展状况，并给予具体的标准来衡量成功。
  ✧ 增加一对一的师生互动。
  ✧ 在一般教育课堂中给予尽可能多的指导；在独立的具体教育情境中，给予必要的尽可能简短的指导。
  ✧ 提供结构性的课后作业辅导。
  ✧ 确定社区代理，他们可以在放学后给学生提供学业上的支持。

  （Alderman，1990；Belfiore & Hornyak，1998；Christenson & Thurlow，2004；Cosden et al.，2001；Covington & Beery，1976；Eilam，2001；Garibaldi，1993；Slavin，Karweit & Madden，1989）

正如你可能已经注意到的，这些措施对任何学生都会有所帮助。总的来说，对有风险的学生最有效的方式是那些结合了普遍的、教育上合理的教学实践的方式（Slavin et al.，1989）。

• **让学生们知道，他们已经取得了成功。**当我们帮助有风险的学生们取得学业进步的时候，我们必须还要让他们认识到，他们对自己的成功负责（Alderman，1990）。例如，我们可以对他们说：

> 你的那篇关于社区犯罪的散文写得很有力量。你对这个题目进行了深入思考，并且你已经掌握了我们这学期讲过的一些说服性的写作技巧。我希望你认真考虑一下，将你的文章递交给地区报纸的社论版。明天午饭时间我们是不是可以一起完善一下语法和拼写？

通过像这样的信息，我们让学生们更加了解到，他们的学业成功很大程度上依赖于他们自己的努力——他们学业成功的同学们已经理解了这些（在第12章中我们会看到这种归因）。

• **鼓励和促进学生对学校的认同。**如果学生对学校有情感上的依恋，并且相信自己是学校团体的重要成员，那么他们更少可能选择辍学（Christenson & Thurlow，2004；Fredricks，Blumenfeld & Paris，2004）。有风险的学生可能需要额外的鼓励，他们才会更加积极地参与学校中的学习和社交活动。下面的例子表明了，我们怎样帮助他们变得对学校团体更有参与感，有更多的心理依恋：

✧ 使用指导性技巧来促进积极的班级卷入（例如，班级讨论、合作学习）。

142 ✧ 鼓励他们参与运动项目、课外活动和学生管理。这种策略对于那些有学习困难的学生特别重要，因为这提供了另一种方式来让他们体验学校生活中的成功。

✧ 让学生们参与学校政策和管理决策。

✧ 让学生们担负一定管理学校活动的责任。

✧ 对有良好出勤记录的学生给予奖励（例如，举办游园活动）。（Finn，1989；Garibaldi，1992；Newmann，1981；M. G. Sanders，1996）

当学生们感觉到他们确实属于学校时，他们才更可能留在学校中并努力取得学校活动的成功。

140

## 创造一个建设性的课堂环境——鼓励和支持有风险的学生

• 使学生对刺激的活动感兴趣。

作为一种介绍物理学基本原则的方法，一位4年级老师将学生分成小组，利用冰棍杆来设计桥梁。这些小组将越来越重的物体放在桥上，来检验桥梁的强度。

• 用学生们的长处来促进高自尊

一所低收入城区小学组建了一个叫“爵士猫”的合唱团，学生必须参加合唱团的选拔。合唱团在各种社区活动中表演。合唱团成员表现出自尊提高、其他学校科目进步，更高的团队合作和领导技能（Jenlink，1994）。

• 为学业成功提供额外的支持

一所中学计划每天放学后让学生们在103室完成家庭作业，学生们在那里的架子上找到家庭作业。学生们按照一个特定的步骤来完成每一项作业（装配材料，有某人检查他们的作业等），并且用一个清单来确保没有步骤落下。最初，一名指导老师密切关注他们的行为，但是随着时间的推移，练习次数的增多，学生们可以在最少的帮助和指导下完成他们的作业了。

- 对于学生们长远的个人和职业成功，传达一种乐观的看法。

　　詹姆·埃斯科兰特是一所低收入城区高中的数学老师，他征召学生参加到一项强化数学计划中。老师和学生们在晚上、周六和假期一起努力，他们中的许多人最终通过了跳级微积分考试（Mathews，1988）。

- 让学生们融入课外活动中。

　　一位老师鼓励一名投掷力大的学生加入到校棒球队，并把这名学生介绍给了棒球教练。教练对这名学生加入棒球队表现出他的热情，并且让几名现有的队员帮助他在训练时感觉像在一个家庭。

- 让学生们参与到学校的政策和管理决定中。

　　在一所城区高中，学生和教师们定期举行“镇民大会”来讨论平等、公平话题，为恰当的行为确定规范。会议是民主的，学生和老师各自都拥有一张选票，并且大多数人的意愿都将被采纳（Higgins，1995）。

## 群体内的多样性

在结束关于群体差异的讨论之前，让我们回到本章开头提到的两点：在任何群体内部，都存在着很多的个体变异，两个群体之间会存在很多共同之处。我们绝对不能仅仅依靠群体特征来形成对学生个体的期望。当我们为每一名学生制定课程和教育策略时，我们的首要依据是我们对他们作为个体的了解。同时，我们对他们群体的了解——他们的文化和种族传统、他们的性别、他们的社会经济背景——能帮助我们更好地理解，他们为什么这样做，我们怎样才能更好地促进他们的认知和社会性发展。

### 群体差异和特殊需要

群体差异对于有特殊教育需要的学生具有某种含义。例如，从低社会经济背景来的学生更倾向于被认为是在认知或行为上有困难的、需要特殊教育服务的人（Caspi et al.，2000；G. W. Evans & English，2002；U. S. Dept. of Education，1997）。此外，男孩比女孩更可能会有特殊的认知或学习上的困难（例如，学习障碍），有情绪和行为失调的男生和女生也有不同的问题（Caseau，Luckasson & Kroth，1994；Halpern，1997b；U. S. Dept. of Education，1992）。表 4—2 列举了许多例子，来说明有不同需要的学生中的群体差异以及应对这些差异的课堂策略。

**表 4—2　　在全纳情境中的学生——有特殊教育需要学生的群体差异**

| 分类 | 可能观察到的特征 | 课堂政策建议 |
|---|---|---|
| 有某些认知或学业困难的学生 | • 男性学习困难和多动症发生的概率大于女性。<br>• 高于平均水平的辍学率（对学习困难的学生来说）。 | • 切记，在某一方面有困难（例如，学习困难学生）的学生可能在其他方面有正常能力或高于常人的能力。 |

续前表

| 分类 | 可能观察到的特征 | 课堂政策建议 |
|---|---|---|
| 有社会或行为问题的学生 | • 在各种问题中存在性别差异，男性更容易表现出外显的品行不端（例如，攻击、反社会行为），而女性更容易表现出内心问题（例如，过度的焦虑、沮丧和社会退缩）。<br>• 低社会经济地位学生有更多的社会和行为问题。<br>• 此类（有情绪或行为问题的）学生比有其他特殊需要的学生有更高的辍学率。 | • 当学生（特别是女生）表现得特别安静和退缩时，要注意可能会有情感问题。<br>• 逐步减少学生辍学的可能性（例如，增加课程与学生生活的相关性，为他们的学业成功提供额外的支持）。 |
| 认知和社会机能普遍迟滞的学生 | • 迟滞在男性中比在女性中更普遍。<br>• 迟滞在低社会经济地位学生中更普遍，有时是因为环境中毒素的作用（例如，铅中毒）。<br>• 高于平均水平的辍学率。 | • 为了最大限度促进认知和学业的发展，要尽可能早的确认哪些是迟滞的学生，对于有特殊能力和需要的学生给予专门的指导。<br>• 切记，低社会经济地位学生中的大部分具有一般的或高于一般的智力水平。 |
| 有身体障碍或感知困难的学生 | • 低社会经济地位家庭的学生更易患有慢性病，部分原因是得不到足够的保健。 | • 与校医和社工商议，在学生的社区确立恰当的保健服务。 |
| 认知发展超常的学生 | • 不同的文化中，有才华可能表现在不同的方面（例如，非洲裔美国学生丰富的语言表达能力、美国土著学生对他人观点的格外敏感性）。<br>• 对于能力，女生比男生的自信更低。<br>• 为了维持良好的同伴关系，女孩趋向于隐藏她们的才能。<br>• 在有些文化中，不鼓励女性表现得太聪明或接受很高的教育。<br>• 很少接触表现出高能力的女性或来自少数民族的角色榜样。 | • 认识到不同背景的学生对于才华的认识可能会不同。<br>• 帮助学生准确评价他们自己的能力。<br>• 鼓励女生和男生一样去获得高成就；发现学生可以展示自己才能的途径，这些途径符合家庭和文化的价值观。<br>• 让学生接触有才能的女性和少数民族角色榜样。 |

资料来源：Alderman，1990；American Psychiatric Association，1994；Barga，1996；Barkley，1998；Beirne-Smith et al.，2002；L. A. Bell，1989；Byrnes，2001；Center for the Future of Children，1997；G. A. Davis & Rimm，1998；Eisenberg et al.，1996；Finn，1989；Garibaldi，1993；Halpern，1997b；Knapp et al.，1990；Lippa，2002；Maker & Schiever，1989；McLoyd，1998；M. L. Nichols & Gauschow，1992；Nolen-Hoeksema，2001；Piirto，1999；Sadker & Sadker，1994；Turnbull et al.，2007；U. S. Dept. of Education，1992，1997。

所有学生都有能力和才华来取得成功，所有的学生都有足够的潜能去发展出新的技能和能力。不同的学生带给班级的那些独特特征和背景——例如，许多少数民族学生更喜欢合作而不是竞争，许多女孩更喜欢保持群体的融洽，有些学生拥有关于贫困和无家可归等社会问题的第一手知识——共同创造了我们和学生可以相互学习的情境。

## 概　览

当人们试图去弄清楚新事物时，都会使用他们已有的知识和信念。这一普遍原则不仅仅适用于学业学习，同样也适用于社会互动中的解释，包括师生互动（第6章和第7章中会有更多的讨论）。当与他人交流时，我们往往会从自己的文化视角出发——也就是说，我们会依据在我们自己的文化和族群中这些行为的典型含义来解释他人的行为。并且我们还可能有更深的偏向思维：认为我们文化中的行事方式毫无疑问是最好的。

作为老师，如果我们想要在面对不同背景学生时有更高效的工作，我们必须努力克服这种偏见。具体的行为和活动对于不同文化和种族群体来说具有不同的含义，有时候对于不同的性别和社会经济群体也是如此。考虑这些例子：

- 儿童用眼睛盯着成年人，这种行为在某些文化和种族群体表达的是尊敬的意思，而在其他群体则表示不尊重。
- 成年人演示新技能时，儿童提问题，有些文化中的成年人认为这些孩子极聪明又好学，而其他文化中的成人则认为这些孩子不稳重、不守纪律。 143
- 当要求学生们要彼此竞争时，许多男孩可能会乐于竞争，但许多女孩可能害怕因此会与同伴们疏远而退缩。
- 对大多数中等收入家庭的孩子来说，家庭作业最坏也就是一种他们不愿意做的家务，但是对一些低收入家庭的孩子来说，他们甚至都很难抽出时间找到一个安静的地方来完成作业。

我们需要谨记，有效的工作方式有许多。教师所属文化中的人们并不总是知道什么是最好的，在很多情况下并没有“最好的”。例如：

- 向老师提问对于学习新的技能是好方法，但是安静而反思性的观摩也同样有效。
- 在资本主义社会中竞争可能使学生们为将来从事成人的工作做好准备，但是合作行为也有不同方面的好处：培养社交技能，学生们依靠彼此的长处，最终让学生们完成比竞争情况下更复杂的任务。
- 成长于富有家庭，增加了孩子拥有更多的保健和接受良好教育的机会，但是许多贫困家庭中长大的孩子在学校和生活中也能做得很好，尽管（有时是因为）他们会面临更多的挑战。

我们关于群体差异的知识只有在下述两种情况中才有用：(a) 当我们用它来理解为什么不同的学生那样做时，(b) 当我们用它来修正我们按照自己的理解所进行的教学实践时。下面的练习提供了一些思考这些问题的实践。

### 资格考试练习：主动的和被动的

斯图尔特女士注意到，在她的初中科学课上只有一少部分同学积极参与。当她问一个问题时，尤其是那些需要学生们对课堂上呈现的信息进行推理的问题时，总是那么几个人举手回答。她想了想这个问题，发现所有积极参与的学生都是欧裔美国人，并且大部分是男孩。

她在学生们的实验课上也发现了这种现象。当她将学生们分小组进行实验时，总是相同的学生（欧裔美国男生）负责做实验。女生和少数民族男生更多地扮演被动角色，他们或者是给组长帮忙，或者只是坐在那里看着。

斯图尔特女士有一个坚定的信念，她相信当学生们参与到课堂中，并且亲手去做的时候，他们对科学才能学到更多。因此，她很关心没有参与到其中的学生们。她想知道他们是不是真的对科学课感兴趣。

1. **反应建构问题：**

✧ 好老师会将平等放在第一位，就是说，他们要确信课堂实践并没有出现偏向，这种偏向会使一些学生的成就胜过其他人。在上文的情况中，欧裔美国男孩比他们的同学从教育中获益更多。运用你所学过的知识，对于少数民族学生为什么对课堂学习表现不积极的原因进行总结，至少识别三种可能原因。

✧ 描写三种策略，来帮助斯图尔特女士班里的女生和少数民族学生都能积极参与到课堂中。

2. **多项选择问题：**

✧ 下面的选项中，有三项是对于男生参与课堂比女生更积极的可能原因。其中哪一项与性别差异的研究结果不符？

a. 平均来讲，男生更加希望得到好的等级。

b. 平均来讲，男生在行为上更积极主动。

c. 平均来讲，男生往往对他们的能力更自信。

d. 平均来讲，男生不等提问就回答的情况更多。

## 注　释

1. 老师所持有的关于学生如何表现的预先观念，事实上可能会增加那些学生之间的差异，这种现象我们将在第 12 章中深入探讨。

2. 一些理论家认为，我们使用性差异（sex differences）一词来表示那些基于生理的差异（例如，Halpern，1992）。然而，性别差异（gender differences）成为一个通用词汇来表示所有的男女差异，因此本书中我们使用后面这一词汇。

3. 因为这个原因，有时女孩在同性别班级中有更高的动机，取得更高的成就，特别是在中学（例如，Hidi & Harackiewicz，2000；Shapka & Keating，2003）。

4. 拉斯德指的是一般等价文凭，通过一些成就测验就能获得，而不需要达到高中毕业的要求。

5. 这种方式可能会增强学生们的集体自我效能感，这是一种对集体影响力的信念。

# 第5章

# 个体差异与特殊教育需要

**本章内容要目：**

- 个案研究：提姆
- 在脑海里记住个体差异
- 智力
  - 智力的理论观点
  - 智力的测量
  - 智力的天性、教养和群体差异
  - 在智力和IQ得分上保持明智
- 认知风格与思维倾向
- 在一般教育课堂中教育有特殊需要的学生
  - 公共法94～142：《残疾人教育法案》
  - 全纳对学生是最有利的吗？
  - 将学生分类有好处吗？
- 有特殊认知或学业困难的学生
  - 学习障碍
  - 注意缺陷多动障碍（ADHD）
  - 言语交流障碍
  - 一般建议
- 有社交或行为问题的学生
  - 情绪和行为障碍
  - 自闭症谱系障碍
  - 一般建议
- 在认知和社会功能上普遍迟滞的学生
  - 智力落后
- 有身体障碍和感知困难的学生
  - 身体和健康损伤
  - 视觉损伤
  - 听力丧失
  - 多种严重障碍
  - 一般建议
- 认知发展超前的学生
  - 天才
- 当确定和关注特殊需要时考虑多样性
- 概览
- 资格考试练习：安静的艾米

你认为与你的同学相比，你在哪些方面存在不足？也许你在记忆课程材料时比其他学生有更多的困难，或者也许你太害羞以致你很少跟同学讲话。你还能确认在哪些方面你超越了许多其他学生吗？也许你是一个学习外语比较轻松的人，或者你可能有很好的耐性，让你可以在挫败中面对许多同伴会放弃的挑战。

在第4章中，我们仔细考虑了群体差异——不同种族群体、性别和社会经济背景的学生在许多方面倾向于互不相同。然而任何群体内都存在着明显的个体差异——在认知能力、人格、身体技能等方面的差异。大多数时候我们能在一般的教育实践和活动中适应学生的个体差异。然而，有时学生具有一些特征，需要给予特别适合的教学材料或教学实践；换句话说，他们是有特殊需要的学生。

在这章里，我们将探讨会影响学生学业任务成绩的个体差异的三个重要来源：智力、认知风格和思维倾向。然后我们将更严密地考虑第 1 章所介绍过的特殊需要的类别。我们检验这些主题时，将介绍以下问题：

- 智力包括哪些能力？学生的 IQ 分数提供哪些有用的信息？你可以做什么来帮助学生更有效地完成任务？
- 关于学生认知风格和思维倾向的知识，如何帮助你调整教学来适应他们思考和处理课堂任务的特别方式？
- 为什么许多有特殊教育需要的学生被招收在一般的教育班级而不是进入特殊班级或特殊学校？
- 你可以在不同种类的残疾学生身上看到哪些特征？你可以如何调整你的教学和课堂实践来适应他们独特的优势和局限？
- 你可以做什么事，让表现出异常天赋和才能的学生的成长最优化？

**个案研究：提姆**

17 岁的提姆是个安静而缄默的年轻人。他不是很喜欢外出，也很少参加有组织的俱乐部或者运动队，但他有几个亲密的朋友，很显然，他们喜欢他的陪伴。

读小学时，尽管提姆的阅读理解技能较差，他还是获得了平均水平的等级。并且尽管在课堂活动中他经常看起来恍恍惚惚，但他一般在课堂上表现还较好。在 3 年级时进行的诊断性评估没有发现他有符合特殊教育服务的认知障碍或身体残疾。

148 中学的时候，提姆的评分等级开始下降，老师抱怨他的“空幻状态”以及白日梦倾向。他太缺乏条理以致他完成课堂作业有困难，也很少完成家庭作业。当老师期望在以后几年里增加其独立性时，提姆的学业成绩不断下滑。在 9 年级和 10 年级时，他在几门课都上失败了，不得不在暑期学校重修。

现在，在提姆的 11 年级中期，他妈妈把他带到一个大学诊断门诊部，进行深度的心理学评估。提姆的 IQ 测验得分为 96 分，反映他有中等程度的智力，并且社会和情绪适应的测验也是在中等程度范围，但注意测验一致显示他在这个方面存在缺陷。提姆向门诊部工作人员解释，他在忽略分心刺激上存在困难，并且必须要找个安静的地方来做作业。他说，尽管那样，他经常不得不重读好几遍来领会材料的意义。(Based on Hathaway, Dooling-Litfin & Edwards, 1998, pp. 329—333)

✧ 在前一章里，我们已经讨论了特殊需要的五种一般类别：特殊的认知和学业缺陷、社交和行为问题、认知和社会功能的迟滞、身体和感觉的挑战、超前的认知发展。提姆属于以上类别中的哪一种？你能推测门诊部所得到的明确诊断吗？

✧ 作为一名教师，你会使用什么策略来适应提姆的独特需要？

## 在脑海里记住个体差异

提姆的困难主要是认知的困难：他似乎有良好的社交技能（他的朋友喜欢他的陪伴），并且有适当的课堂行为（老师抱怨他的空幻状态，而非纪律问题）。因此，我们可以将他放入特殊的认知和学习缺陷这一一般类别中。门诊部的最终诊断是，提姆有注意缺陷多动障碍（ADHD）。他们怀疑轻微的学习困难是问题的根源，然而当前可用的诊断技术太不精确，会诊组不能很确定地作出决定。

你可能在想："提姆不是多动的，那他怎么能有注意缺陷多动障碍呢?"我们在本章的后面会看到，用于不同障碍的标签几乎总是参照一组丧失能力的条件状况，而不是特定的、定义明确的障碍。像提姆那样，一些有注意缺陷多动症的儿童表现出注意问题而没有活动过度的情况（Barkley，1998）。提姆实际的诊断结果是注意缺陷多动障碍，注意缺陷为主型（Hathaway et al.，1998，p. 332）。

事实上，任何我们用于学生的标签——无论它是有特殊需要的一类（如注意缺陷多动障碍或者自闭症）还是对认知能力的一种更普遍的描述（如中上的智力）——必然地包含了差异多过相似的学生。不过，这样的标签通常能帮助我们为特定的学生选择适当的教学策略。例如，研究者和实践者已经为注意缺陷多动障碍学生确定了许多有效的策略——将他们安置在安静的地方来阅读和学习，发展组织技能，把复杂任务分成几个更简短、容易的部分——并且这些策略易于帮助 17 岁的提姆将注意力继续停留在学习任务上，并完成作业（Barkley，1998）。

随着本章内容的深入，我们将发现个体差异一般是遗传和环境共同作用的结果。遗传提供了一个大致的蓝图，支配着身体和神经的发育，决定着不同的荷尔蒙水平等；并且这个蓝图使儿童倾向于表现多少有些不同的能力和行为。但是正如我们会看到的那样，环境条件包括课堂中的各种因素，这也对儿童的能力和行为产生重大影响。相应 *149*
的，我们将确定大量的方法，让作为教师的我们可以适应学生的个体差异，并最大限度地促进每个学生的长期认知发展和人际成功。

# 智力

理论家以各种方式定义智力并形成智力的概念，但多数人同意智力有几种特别的性质：

- 智力是适应性的，它能被灵活地应用以对不同的情境和问题作出反应。
- 智力同学习能力有关，在特定领域比较聪明的人比那些在该领域不那么聪明的人能更快、更容易地掌握新的信息和行为。
- 智力包括使用先前知识有效地分析和理解新情境。
- 智力包括许多不同心理过程的复杂交互作用和协调。
- 智力有文化特异性。在一种文化下是聪明的行为在另一种文化下不一定是聪明的（Greenfield，1998；Laboratory of Human Cognition，1982；Li，2004；Neisser et al.，1996；Sternberg，1997，2004；Sternberg & Detterman，1986）。

根据这些特性，我提出一个可能的、比较宽泛的智力定义：将先前知识和经验灵活应用于完成具有挑战性新任务的能力。

对于许多理论家来说，智力同一个人实际学习到什么，例如在学业成就中反映出来的东西，是有些不同的。同时，聪明的思维和聪明的行为依赖于先前的学习。学生对执行任务所需要的环境和任务知道得越多，他们就能越聪明地作出行为。智力不一定是永久的、不变的，它可以通过经验和学习得到修正。

## 智力的理论观点

一些心理学家曾提出智力是一种单一的、一般的能力，人们不同程度地拥有它并将之应用于广泛的任务中。历史上相当多的证据支持了这一观点（McGrew，Flanagan，Zeith & Vanderwood，1997；Neisser et al.，1996）。尽管智力的不同测验得到了一些不同的结果，但它们都是彼此相关的：在一种测验上得分高的个体倾向于在其他测验上也得到高分。即使有着不同类型内容的两个测验——也许一个测验评价词汇知识而一个非言语测验评估分析几何图案的能力——也倾向于彼此相关（N. Brody，1985；Carroll，1992；Spearman，1904）。

然而，不同智力测验间有时只有中等的相关。在一个测验上获得最高分的学生并不总是在另一个测验上获得最高分。例如，一个有着特别高词汇能力的学生，在分析几何图形时只有中等的成功。因此，并不是所有的心理学家都相信智力是一种单一的能力，人们在智力方面有着不同程度的变化。这里我们将在智力的单一实体对多元能力的特性上，考虑关于智力的四种理论观点。我们也将考虑第五种观点——分布式智力——不关注智力的潜在结构，而关注环境如何提升智力。

150 **斯皮尔曼的g概念**

在20世纪早期，查尔斯·斯皮尔曼（Charles Spearman，1904，1927）指出，智力由两种能力组成：(1) 一种单一的、普遍的推理能力（一般因素），应用于很多种类的任务中；(2) 许多专门的能力（特殊因素），参与执行特殊的任务。按照斯皮尔曼的观点，一个学生在任何一个给定任务上的成绩既依赖于一般因素，也依赖于该任务包含的特殊因素。例如，不同语言技能（单词再认、单词意义的知识、阅读理解等）的测验之间有高度的相关，可能是因为他们都反映了一般智力和相同的特殊因素：言语能力。言语技能的测验与数学问题解决测验有较少的相关，因为这两个测验倾向于测量相当不同的特殊能力。

许多当代心理学家相信，充分的证据支持斯皮尔曼在智力中的一般因素的概念——经常被简单地称为斯皮尔曼的g。他们认为，它可能以一种快速而有效的加工信息的一般能力为基础（Bornstein et al.，2006；Demetriou，Christou，Spanoudis & Platsidou，2002；Haier，2003）。例如，快速学习与记住新物体和图案的婴儿在其童年期和青春期参加智力测验时，倾向于完成得更好（Dougherty & Haith，1997；McCall & Mash，1995；S. A. Rose & Feldman，1995）。

**卡特尔的流体智力和晶体智力**

雷蒙德·卡特尔（Raymond Cattell，1963，1987）发现一般智力（g）的两种截然不同成分的证据。第一，儿童在流体智力上存在不同，流体智力是他们快速获得知识和有效适应新环境的能力。第二，他们在晶体智力上也有不同，这是从经验、学校教育和文化中积累的知识和技能。这两种成分与各种不同的任务之间存在或多或少的相关。流体智力同新颖的任务有更多的相关，尤其是那些需要快速作出决策和包括非言语内容的任务。晶体智力对于熟悉的任务更为重要，特别是那些很依赖语言和先前知识的任务。卡特尔认为，流体智力主要是遗传的生物学因素的结果，而晶体智力既依赖于流体智力也依赖于经验的作用，因此受到遗传和环境的共同影响。

最近，其他理论家在卡特尔贡献的基础上，提出智力可能有三层（Ackerman & Lohman，2006；Carroll，1993，2003；Flanagan & Ortiz，2001）。在认知能力的卡特尔—霍恩—卡罗尔理论（Cattell-Horn-Carroll theory of cognitive abilities）中，顶层是一般智力或g因素，它下面是10种更特殊的能力，包括不同程度的流体或者晶体智力，它们是一般推理能力、加工速度、一般性的世界知识、数量知识、对视觉和听觉输入加工的效果等。这些能力下面是70多种非常特殊的能力——阅读速度、机械知识、数字和记忆中联想的丰富性等。很明显，卡特尔—霍恩—卡罗尔理论过于复杂，以致在这里不能详细地加以描述，但你应该意识到，心理学家逐渐发现它在预测和理解学生在不同内容领域内的成绩时很有用处（e. g.，J. J. Evans，Floyd，McGrew & Leforgee，2001；Phelps，McGrew，Knopik & Ford，2005；B. E. Proctor，Floyd & Shaver，2005）。

**加德纳的多元智力**

霍华德·加德纳（Howard Gardner，1983，1998，1999；Gardner & Hatch，1990）认为人们至少有八种截然不同的能力或多元智力，它们彼此相对独立（见表 5—1）。在他的观点中，可能还有第九种智力（存在智力），专门用于哲学和精神问题（如，我们是谁？我们为什么会死?）。但是，因为支持它的证据比支持其他智力的证据都要弱（Gardner，1999，2000a，2003），所以，在表格中把它省略掉了。

**表 5—1　　加德纳的多元智力** 151

| 智力的种类 | 相关行为的实例 |
| --- | --- |
| 语言智力：<br>有效使用语言的能力。 | • 有说服力的辩论。<br>• 写诗。<br>• 注意单词意义的细微差别。 |
| 逻辑——数理智力：<br>进行逻辑推理的能力，特别是在数学和科学方面。 | • 快速解决数学问题。<br>• 产生数学的证据。<br>• 对观察到的现象形成和检验假设[a]。 |
| 空间智力：<br>注意到所见事物的细节以及在心中想象和操作视觉对象的能力。 | • 想起心理表象。<br>• 画出一个对象的视觉相似物。<br>• 在视觉相似对象间作出细致的区分。 |
| 音乐智力：<br>创造、理解和欣赏音乐的能力。 | • 演奏一种乐器。<br>• 创作一个音乐作品。<br>• 对音乐的潜在结构有敏锐的意识。 |
| 身体运动智力：<br>熟练地运用身体的能力。 | • 跳舞。<br>• 打篮球。<br>• 哑剧表演。 |
| 人际智力：<br>注意到其他人行为的微妙方面的能力。 | • 了解另一个人的情绪。<br>• 察觉另一个人潜在的意图和愿望。<br>• 运用关于他人的知识影响他们的思想和行为。 |
| 内省智力：<br>意识到自己的情感、动机和愿望。 | • 区分诸如悲伤和悔恨这些相似的情绪。<br>• 识别引导个人行为的动机。<br>• 使用自我知识来与他人更有效地发生联系。 |
| 自然智力：<br>识别自然界的模式以及各种不同生命形式和自然物体间差异的能力。 | • 识别特定植物或动物的种类。<br>• 对自然形态（如岩石、山脉的类型）进行归类。<br>• 把一个人关于自然的知识应用于像耕种、环境美化或训练动物这样的活动中。 |

a. 这个例子可能让你想起皮亚杰的认知发展理论。皮亚杰描述的许多特定阶段的特征属于逻辑——数理智力的领域。

加德纳提出，各种智力在不同的文化中的表现有所不同。例如，在主流西方文化中空间智力可能在绘画、雕塑或几何学中反映出来。但在喀拉哈里沙漠的“Gikwe”丛林人那里，它可能在大范围面积里辨认和记忆许多特殊位置的能力上反映出来（也许是几百平方英里）(Gardner，1983)。

加德纳列出一些证据来证明多元智力的存在。例如，他描述了那些在一个领域，也许是创作音乐领域相当熟练的人，但他们似乎在其他领域只有中等的能力。他也指出，一些大脑受到创伤的人有时失去主要限定在某一个智力上的能力。一个人可能主要在语言上表现出缺陷，然而其他人可能在需要空间推理的任务上遇到困难。

在心理学家中，关于加德纳理论的评论是不一致的。一些理论家并不相信加德纳的证据足以支持八九种明显不同能力的观点（N. Brody，1992；Corno et al.，2002；Kail，1998；Sternberg，2003)。其他人赞同人们可能有着多种相对独立的能力，但他们对加德纳作出的区分却有争议。例如，这些能力可能表现为刚刚描述过的卡特尔—霍恩—卡罗尔理论中的第二层能力。尽管如此，其他人拒绝接受音乐或身体运动这样的特定领域能力在本质上真正是智力的观点（Bracken，McCallum & Shaughnessy，1999；Sattler，2001)。

152 尽管在心理学领域被不够热情地接受，但因为该理论对人类潜能的乐观观点，许多教育家已经诚恳地采纳了加德纳的多元智力理论。加德纳的观点鼓励我们使用许多不同的教学方法，以利用学生的多种能力（L. Campbell，Campbell & Dickinson，1998；Gardner，2000b；Kornhaber，Fierros & Veenema，2004)。思考一下一个8年级的教师如何利用两个女孩的音乐智力来教授拼写的：

> 两个女孩喜欢弹钢琴。我要她们用字母表的字母来标注钢琴键，这样他们能在键盘上“弹”出单词。后来，在拼写测验中，学生们被要求回忆每个单词的音调和语音，并要写下相应的字母。两位钢琴手不仅拼写的得分提高了，而且她们开始考虑使用其他的“语音”教材来开始弹奏音乐。不久，她们演奏了每个同学的名字并转录了完整的句子。(L. Campbell et al.，1998，p. 142)

无论人类是否具有八种或者更多的明显不同的智力，当他们被鼓励以几种不同的方式——也许用单词、图片、身体运动等——来思考一个特定的主题时，他们的确能获得好处。对于这些方式，我们将在第6章中考虑这些多元的编码形式。

**斯腾伯格的三元理论**

在推测智力的性质中，罗伯特·斯腾伯格（Robert Sternberg）作出大量的区分，因为这些区分包括三个方面的东西——因此用了三元这个术语。第一，他提出人们可能在三个不同领域有不同程度的智力（Sternberg，1998，2004；Sternberg et al.，2000)。分析性智力包括搞清信息和问题的意义，对它们的种类进行分析、比较和评价，这些在学业环境和智力测验中经常会看到。创造性智力包括在新环境背景下对观念的想象、创造和合成。实用智力包括将知识和技能有效地应用于对日常问题和社会情境的管理和反应中。

第二，斯腾伯格提出，聪明的行为包括三个因素的相互影响，以及它们在一种情境到下一种情境间变化：(1) 行为发生的环境背景，(2) 把一个人的先前经验拿来与特定任务相关联的方式，(3) 任务所需要的认知过程（Sternberg，1985，1997，2003)。有关这三个维度的总结请参见图5—1。

**环境背景的作用**　我们前面说过，智力包括适应。在斯腾伯格的观点中，这种适

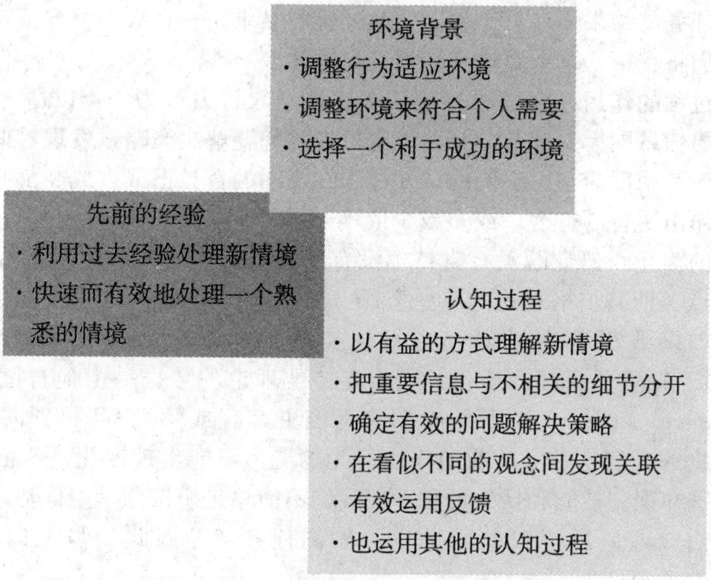


**图 5—1　斯腾伯格的智力三维度**

应可能采取三种形式中的一种：（1）调整一个人的反应来成功应付具体的环境状况，（2）调整环境来更好适合于个人自己的优势和需要，（3）选择一个更利于成功的环境。另外，行为在不同的文化背景下可能具有或多或少的适应性。例如，学会阅读在工业化社会是一个适应性的反应，但很大程度上在某些文化中是没有多大关系的。

斯腾伯格已经确认了在西方文化中特别具有适应性的三种一般能力（e. g.，Sternberg et al.，2000）。第一种是实际问题解决能力，如在一个特殊的情境下准确识别问题是什么的能力，对问题进行逻辑推理的能力，以及产生大量可能的问题解决方案的能力。第二种能力是言语能力，如清晰地表达和书写的能力，发展和使用大量词汇的能力以及理解所读材料并从中获得学习的能力。第三种能力是社交能力，如有效地同其他人建立关系的能力，对他人需要和愿望保持敏感的能力以及提供领导的能力。

**先前经验的作用**　聪明的行为有时包括成功地应付全新的情境。当人们遇到一个新的任务或问题时，他们必须能利用过去的经验，思考在相似情境下曾经有效的反应类别。从过去学习经历中进行适当概括归纳的能力，增加了他们更快适应并克服新挑战的能力。

在其他情况下，智力包括快速而有效地处理熟悉的环境。作为一个实例，试试下面的练习。

## 亲身体验 · $x$ 的求解

在这个问题中，你能多快地求出 $x$ 的解？

$4/5 = x/30$　153

---

如果你能迅速而容易地确定正确答案（24），那么你解决包含比例问题的能力显示出自动化——一种快速、有效并且只需付出最小心理努力来反应的能力。自动化是反复

执行特定任务的结果——就是说，它是经验的结果——在大多情况下，它能大幅度提升成绩。我们将在第6章中更进一步讨论自动化。

**认知过程的作用** 大量的神经认知过程卷入智力行为中：以适合的方式解释新情境，将重要信息同无关细节分开，确定可能的问题解决策略，发现看似不同观念之间的关联，有效使用反馈等。不同的认知过程在不同的背景下或多或少都有重要性，并且一个人可以作出明智的行为，或多或少依赖于那时所需要的特殊认知过程。

到目前为止，研究既没有支持也没有反驳斯腾伯格所描述的智力有不同的三元成分这一观点。斯腾伯格理论的某些方面（如不同因素如何共同作用）以很概括的术语加以描述，以致很难通过研究进行证实或驳斥（Sattler，2001；Siegler & Alibali，2005）。并且斯腾伯格自己承认，大多支持他理论的数据是由他自己的研究团队收集的（Sternberg，2003），而不是由那些可能更客观或更批判的局外人收集的。然而，这个理论提醒我们，学生聪明地作出行为的能力可能出现变化，这依赖于一个任务所需要的特殊知识、技能和认知过程。但我们不能总是想按照学生优势来教学。在一些情况下，我们应该呈现可以鼓励学生去做的任务，并因此增强他们存在不足的方面（Sternberg，2002）。

**分布式智力**

迄今为止，在我们的讨论中暗含了这样的假设，聪明的行为是这样的，人们从他们周围的物体或人获得即便有也很少的帮助来从事某些事情。然而当人们从他们物质的、文化的或社会的环境中获得帮助时，他们更可能作出明智的思考和行为——这个观念有时被称作分布式智力（Barab & Plucker，2002；Pea，1993；Perkins，1992，1995；Sternberg & Wagner，1994）。例如，在$4/5=x/30$求$x$解中，如果他们有纸笔甚至有一个计算器来计算问题，许多学生就更容易操作了。如果学生与同伴合作，为支持一个特殊的观点进行脑力激荡讨论，他们更可能写出一篇令人信服的论说文。

学生至少能够以三种方式“分配”一个挑战性的任务——就是说，他们能把一些认知负担传递给其他事物或其他人。第一，他们可以使用物质对象尤其是技术（如计算器、计算机）来处理和操作大量的信息。第二，他们通过使用他们文化的各种符号系统——单词、表格、图解、数学方程等——和其他的认知工具对所遇到的情境加以表征和思考。第三，他们可以和其他人合作来探讨观念和解决问题——正如我们经常听说的，三个臭皮匠胜过一个诸葛亮。事实上，当学生一起从事复杂的、挑战性的任务和问题时，他们能互相教授思维的策略和方法，帮助他们每个人在将来的情况下进行更聪明地思考（Salomon，1993）。

从这个观点来看，智力不是存在于个人内部的特征，它也不是用一个或更多的测验分数就能轻易地测量和总结的。相反，它是一种非常易变的、情境特异的能力，当获得适当的环境支持时，它可以得到提高。分布式智力这一概念仍然是一个抽象的观念而不是一个得到证明的事实。但是，许多工作需要去做，这些工作既有确定环境可以支持智力行为的特殊方式，还有决定这样的支持可能有多大的效果。

最后，智力既依赖于学生自己的思维过程，也依赖于学生学习于其中的支持性背景（Salomon，1993；Sfard，1998）。作为教师，不仅仅是提“学生有多聪明?”这样的问题。相反，我们应该问，我们如何能帮助学生尽可能聪明地思考？我们能给他们什么工具和社会网络？我们可以教给他们哪些有用的概念和程序？

## 智力的测量

尽管心理学家未能在什么是智力这一问题上达成共识，但在一个多世纪里他们还是 154
试图测量智力。在 20 世纪早期，法国的学校官员请心理学家阿尔弗雷德·比内（Alfred Binet）发展一种方法，来鉴别那些不能从常规学校教学中获得帮助而需要特殊教育的学生。为了完成这个任务，比内设计了一个测验来测量一般知识、词汇、感觉、记忆和抽象思维。这样，他设计了我们现在称之为智力测验的最早版本。为了获得智力测验是什么样的感觉，请尝试下面练习。

### 亲身体验·模拟智力测验

回答下面每个问题：

1. 单词“penitence”（后悔）是什么意思？
2. 山羊和甲虫有怎样的相似？
3. 如果你在一个大型百货公司里同家人分开了，你会怎么做？
4. 当人们说“滚石不生苔”时，他是什么意思？
5. 完成以下的类推： 对  就像  对（　）

a. 　b. 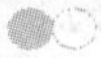　c. 　d. 

---

这些测验项目被许多现代智力测验中的项目所模仿。想一下，成功回答这些问题你所需要的能力。关于世界的一般知识在发挥作用吗？词汇知识重要吗？其中包含了抽象思维吗？所有这三个问题的答案都是“是”。尽管从比内时代起智力测验已经得到了相当大的发展，但现代的智力测验还在继续测量许多比内测验所测的能力。它们通常包括文字任务（例如项目 1 到项目 4）和较少文字较多图像的任务（如项目 5）的混合。学生的分数一般以（1）他们正确回答了多少项目，（2）他们反应有多快两者为基础。

**IQ 分数** 155

智力测验上的分数最初用包含除法的公式计算。因此，它们被称为智力商数，或 IQ 分数。即使我们仍然在使用 IQ 的术语，但智力测验的分数已不再以过去的公式为基础。相反，它们由一个学生在测验上的成绩与同一年龄群体的其他学生的成绩比较而决定。一个 100 分的得分表明在测验上的中等成绩：这个得分的学生比他们那个年级半数的同伴要高，比另一半同伴要低。低于 100 分的得分说明在测验上得分低于平均成绩；高于 100 的得分表明得分高于平均成绩。

图 5—2 说明了在刻度的不同点上获得分数的学生的百分比（如 12.9%的学生得分在 100～105 分）。注意这个曲线在中间较高，而在两端较低，这告诉我们，获得了接近 100 的分数的学生，比得分远高于 100 或远低于 100 的学生要多。例如，如果我们把图 5—2 中不同部分的百分比加起来，我们发现近 2/3（68%）的学生得分在 100 上下 15 分的范围（即在 85～115 分）。大不相同的是，只有 2%的学生得分在 70 分以下，也只有 2%的学生在 130 分以上。分数对称的、可预测的分布是有意出现的，而不是偶然的。心理学家创造了一个给智力测验表现评分的方法，而有意获得这样的一个分布。[1]

在开头的个案研究中，提姆在智力测验上的表现获得96分的IQ得分，我们现在能以更好的立场来解释。你在图5—2中能看到，96分与100分是如此接近，我们应该把它放入“中等”范围更合适。

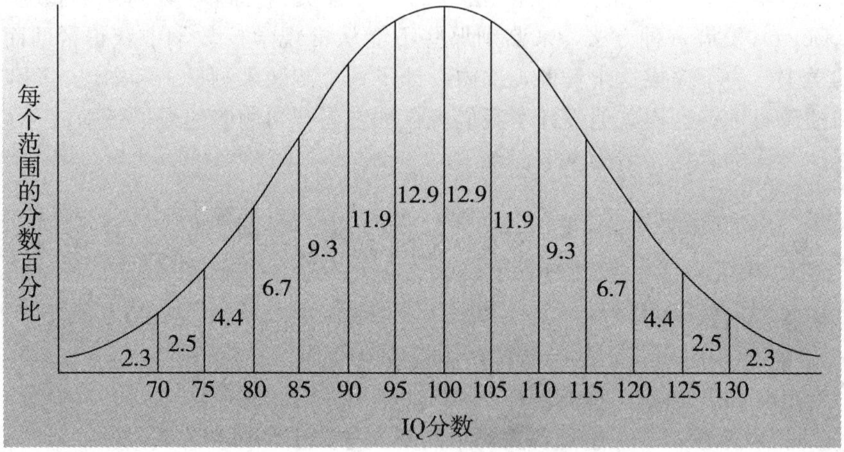


**图5—2　不同范围IQ得分的百分比**

**IQ和学校成绩**

现代的智力测验按比内心目中最初的目的进行设计：预测个别学生在课堂和相似情境中可能做得有多好。研究反复表明，在智力测验上的成绩与学业成绩相关(N. Brody，1997；Gustafsson & Undheim，1996；Sattler，2001)。平均起来，有较高IQ得分的学生在标准成就测验上有较高的学校等级，并且完成更多年的教育。换句话说，尽管不甚严密，IQ得分通常能预测学校成绩。结果是，智力测验被学校心理学家和其他专家经常使用，用来努力鉴别有特殊教育需要的学生。但是，关于智力测验得分和学业成绩的关系有三个观点很重要，需要说明：

- 智力不一定带来成就，它只是与成就相关。尽管有着高IQ的学生一般在学校表现较好，我们还是不能下定论说，他们的高成就实际上就是他们智力的结果。智力可能在学校成绩中起重要作用，但许多其他的因素——动机、教学质量、家庭资源、父母支持、同伴群体的期望等——也非常重要。
- IQ分数与成就之间的关系是有缺陷的，这种规则有许多例外。因为多种原因，一些高IQ的学生在课堂上表现得并不好，而其他学生的成绩比我们单独从他们的IQ得分中预测的要高。此外，IQ测验在传统学业任务上看似比在日常的现实世界任务或在不寻常的多面问题上有更好的预测（J. E. Davidson，2003；Sternberg，Grigorenko & Kidd，2005；Wenke & Frensch，2003)。
- 156 IQ得分有一个有限的“保存期限”。IQ得分在短期里——接下来一两年——预测学生的学校成绩是合理的。用IQ得分长期地预测成绩则有较少的用处，特别是当他们在学前或小学早期就获得IQ测验分数时（Bracken & Walker，1997)。

事实上，当学生年龄增大时，智力的性质多少会有所改变（因此，如何测量它也会改变)，如表5—2所示。两次智力测验的间隔越长，IQ的波动就越大，特别是当早期就进行了初次测验时，这种波动更明显（Hayslip，1994；Sattler，2001)。当儿童是高度动机驱动的、独立的学习者以及当成人提供刺激性的活动和多种阅读材料时，IQ 分数和其他的认知能力测验经常随着时间而提高（Echols，West，Stanovich & Kehr，1996；Sameroff，Seifer，Baldwin & Baldwin，1993；Stanovich，West & Harrison，1995）。

**表 5—2　　　　发展趋势——不同年级水平的智力及其测量**

| 年级水平 | 典型年龄特征 | 建议策略 |
| --- | --- | --- |
| K～2 | • 在含有定义具体词语、模仿几何图形（如正方形、菱形）、记忆短的目录、识别相似与不同等测验项目上表现成功。<br>• 以过分简单化的方式定义单词的倾向。<br>• 较小的注意广度影响测验成绩。<br>• 跨情境下测验得分的变化性。 | • 主要用 IQ 测验来鉴别认知发展的显著迟滞；通过为有这样迟滞的学生寻求适当的干预来弥补。<br>• 不用测验分数对学生的学习能力和成绩做长期预测。 |
| 3～5 | • 在包含定义具体词语、堆积木玩具、记住句子和短的数字系列、认出具体类比，以及识别非逻辑陈述中的谬误等测验项目上获得成功。<br>• 出现定义一般抽象词语的能力。<br>• 跨情境下，总的测验分数有某种一致性。<br>• 一些认知能力比其他认知能力有更高发展的倾向。 | • 采用个别化教学适应学生不同的能力来学习课堂主题。<br>• 不要认为，在一些领域的较差成绩一定预示在其他领域的学习能力是有限的。<br>• 当学生在不同领域表现出戏剧性的成绩差异时（例如，当 4 年级学生理解分数但不能阅读简单的单词时），就可能的学习障碍问题向专家咨询。 |
| 6～8 | • 在包含定义经常使用的抽象词语、从文字描述中作出逻辑推论和识别不相似概念间的相似处的测验项目上获得成功。<br>• 在理解抽象材料的能力上有显著个体差异。<br>• 来自少数民族群体的一些学生有隐藏他们高能力的倾向，因为担心被同伴认为顺从于主流西方文化。 | • 预期学生掌握抽象课堂材料的能力有相当大的差异，并相应地进行个别化教学。<br>• 意识到智力在不同的文化中有不同的形式，例如，它可以反映在特殊的交流、社交技能或创意与问题解决的足智多谋中。 |
| 9～12 | • 在含有定义很少遇到的词汇、识别两个相似的抽象词语间的差异、解释谚语和把复杂的几何图形分成要素部分的测验项目上获得成功。<br>• 大多学生 IQ 得分在跨情境下有相对的稳定性。<br>• 一些学生继续有隐藏高能力水平的倾向，来维持在同伴中的受欢迎的程度。<br>• 在特定领域，学生提高他们才能的机会增加。 | • 记住当他们有适当的物质和社会支持（见分布式智力的讨论）时，所有学生都能更聪明地思考。<br>• 在特定领域为表现出优异能力的学生提供挑战性的活动。<br>• 鼓励来自低收入家庭的聪明青少年接受中高等教育，并帮助他们申请大学后勤（如，申请财政援助）的支持。 |

资料来源：N. Brody，1992；G. A. Davis & Rimm，1998；Maker & Schiever，1989；McLoyd，1998；Neisser et al.，1996；Ogbu，1994；Roid，2003；Salomon，1993；Sattler，2001；Terman & Merrill，1972；Thorndike，Hagen & Sattler，1986；Wechsler，2003。

## 智力的天性、教养和群体差异 *157*

研究告诉我们，遗传在智力中可能起到一些作用。例如，即使同卵双生子在出生后由不同的父母收养并在不同的家庭中长大，他们也比异卵双生子倾向于有更相似的IQ得分（Bouchard，1997；Plomin，1994)。这不是说，儿童遗传了个别的“IQ基因”，决定了他们的智能。更确切的是，他们可能在某个方面遗传获得多种特性，以一种或另一种方式影响着特定的认知能力和才能（Simonton，2001)。

环境因素也影响智力，有时会让智力变得更好，有时则是变得更糟。在发展的早期（包括出生前的九个月）营养不良导致较低的IQ得分，母亲在怀孕期间过度使用酒精一样会有这样的结果（D'Amato et al.，1992；Neisser et al.，1996；Ricciuti，1993)。把一个儿童从疏忽的、贫困的家庭环境中转移到一个有更多教养、更富刺激性的家庭中（如通过收养）可以导致IQ分数提高15分或更多（Capron & Duyme，1989；Scarr & Weinberg，1976；van IJzendoorn & Juffer，2005)。另外，入学对IQ分数有一致的积极影响（Ceci，2003；Ramey，1992)。研究者发现，整个世界范围的人们的IQ得分有缓慢但稳定的增长——这个倾向可能归因于更好的营养，更小的家庭规模，更好的学校教育，增加的认知刺激（通过增加看电视、阅读材料等机会)，还有人们所处环境中的其他改善（Daley，Whaley，Sigman，Espinosa & Neumann，2003；Flynn，1987，2003；Neisser，1998b)。

天性和教养在智力发展中各自起着多大作用呢？多年来，这个问题引起相当大的争论，特别是当在不同人种或种族群体间发现了IQ差异时。一个相当一致的研究结果是，平均起来，非洲裔美国学生比欧裔美国学生有更低的IQ得分（McLoyd，1998；Neisser，1998a)。在赫恩斯廷和默里（Herrnstein and Murray，1994）广为宣传的书籍《钟形曲线》(*The Bell Curve*）中，他们提出，这些差异很大程度上归因于遗传——换句话说，从遗传上来讲，欧裔美国人比非洲裔美国人有生物学上的优势。你可能猜得到，这本书已经引发许多争论和大量诘难。

学者们已经指出在《钟形曲线》的主张和争论中有许多漏洞（e.g.，Jacoby & Glauberman，1995；J. Marks，1995；Montagu，1999)。在调查研究（大多是相关的而非实验性的研究）以及赫恩斯廷和默里作出结论所基于的统计分析中，他们已经发现大量的缺陷。这些学者认为智力中任何先天差异还没有充足的时间出现于人类进化历程中，一些群体比其他群体进化得具有较少适应性（就是较不聪明)，这看似也不符逻辑。他们也指出，尽管种族的概念广泛地用于对我们社会中的人加以归类，但它在生物学上没有简单的基础：通过分析他的DNA来确定一个人的种族，在事实上是不可能的。

大多专家现在认同IQ上的任何群体差异可能归因于环境上的差异，特别是影响出生前和出生后营养品质的经济状况、刺激性书本和玩具的可利用性、教育机会的可能性等（Brooks-Gunn，Klebanov & Duncan，1996；Byrnes，2003；McLoyd，1998)。另外，近些年不同群体的IQ平均分变得越来越近似——一种只能归因于更公平的环境条件的趋势（Neisser et al.，1996)。

渐渐地，心理学家开始意识到，将遗传和环境的作用分开几乎是不可能的。两者交互作用以不能分清的方式影响着儿童的认知发展和智力（e.g.，W. A. Collins et al.，2000；Flynn，2003；Rogoff，2003；Turkheimer，2000)。第一，基因需要适当的环境支持来发挥作用。在一个极端贫乏的环境中——一个缺少充分的营养、即便有也只是很少刺激的环境——遗传可能对儿童智力的增长有很少作用，但在较好的环境下遗传就会有显著的影响（Ceci，2003；Rowe，Jacobson & Van den Oord，1999；Turkheimer，Haley，Waldron，D'Onofrio & Gottesman，2003)。第二，遗传看似影响着儿童对特定环境条件的易感性或抗干扰性（Rutter，1997）。例如，一些学生（如有某些遗传障碍的学生，就像开头个案研究中的提姆）可能需要一个安静、结构良好的学习环境，在其中学生获得良好的阅读理解技能，但其他学生无论环境的质量好坏都可以获得好的阅读技能。第三，儿童倾向于寻找与他们遗传能力相匹配的环境条件（Flynn，2003；Halpern & LaMay，2000；Scarr & McCartney，1983）。例如，遗传获得优异数量推理能力的儿童可以被招收在高级数学班中，并以其他方式培养他们的遗传才能。有中等数量能力的儿童有较少的可能承担这些挑战，因而有相对较少的机会发展数学技能。

## 在智力和 IQ 得分上保持明智

无论智力的源头是什么，在学生学习和在班级中获得成功的能力中，智力似乎是一个重要的因素。相应地，学生的 IQ 分数通常与其他信息一起被用于作出教学的决策，特别是当教师、专家和父母一起为有特殊教育需要的学生确定有成效的干预时。那么作为教师，对于如何最好地促进学生智力增长，如何合理解释在智力测验中的成绩，我们一定要有深刻的了解。以下是几个相关建议： *158*

- **为智力增长和智力行为提供环境支持。**对于学生能完成什么，智力的当代观点给了我们乐观的理由，尤其是当我们积极地促进和支持他们的认知成长时。例如，斯腾伯格的三元理论指出，利用各种认知过程的智力行为，的确可以因经验和实践在一段时间内得到改进（Sternberg et al.，2000）。分布式智力理论提出，当学生在努力过程中有工具、符号系统和社会群体来帮助他们时，实际上所有的学生都可以表现得更聪明。

为了最佳的智能发展，儿童在整个儿童时代需要各种刺激性的经验，包括与年龄相适应的玩具和书籍、与成人和其他儿童频繁的言语互动以及大量观察和实践重要行为与认知技能的机会（R. H. Bradley & Caldwell，1984；Brooks-Gunn et al.，1996；Ericsson & Chalmers，1994；R. D. Hess & Holloway，1984；McGowan & Johnson，1984）。不能提供这些经验的父母和其他抚养者，通常乐于接受学前和课后辅导计划。有规律地参加这些计划能提高学生的认知发展和建设性的生活的潜力，特别是如果这些计划在整个儿童期持续地为学生提供支持（Brooks-Gunn，2003；F. A. Campbell & Ramey，1994，1995；McCall & Plemons，2001；Slaughter-Defoe，2001）。

- **把智力测验看做有用的但尚不完善的测量。**我们已经看到，智力测验不是一个可以神奇测定一个学习者真实智力的神秘工具——事实上，如果有真实智力这个东西存在的话。更确切的是，心理学家已经发展和不断修订问题和任务，这些测验只是问题和任务的集合，以及时地理解学生在特定的时间点上能多好地思维、推理和学习。

同其他信息联合使用，IQ 分数经常可以给我们一个关于学生当前认知功能的一般看法。但是为了恰当地解释 IQ 分数，我们一定要意识到智力测验的局限性：

- ✧ 不同种类的测验可能得到有些不同的分数。
- ✧ 学生在任何一个测验上的成绩不可避免地受到许多暂时性因素的影响——健康、心情、一天当中的时间、分心环境等。这些因素对于精力充沛、注意广度小、对静止坐几分钟有较少兴趣这类倾向的年幼儿童尤其有影响。[2]
- ✧ 测验项目一般关注主流西方文化尤其是学校环境中的技能。它们不一定将在其他背景或文化中有更高价值的技能纳入其中。
- ✧ 一些学生可能对包括在特定测验项目中的内容和任务类型不熟悉，结果是可能在这些项目上表现较差。 *159*

✧ 当智力测验以英语实施时，英语程度不高的学生（如许多新近的移民）明显处在劣势。因此，对于当他们的英语改进后他们能做什么事，IQ得分是一个差的预测指标。

✧ 一些学生（如想避免被认为是对主流白人文化顺从的少数民族群体学生）可能没有动机以最佳状态来表现，因此获得低于他们能力的分数（Dirks，1982；Heath，1989；Neisser et al.，1996；Ogbu，1994；Perkins，1995；Sternberg，1996；Sternberg et al.，2005；Zigler & Finn-Stevenson，1992）。

那么很明显，我们永远不要认为IQ分数是对所有学生智力功能的精确测量。[3] IQ分数给予我们对许多学生的一般活动领域的估计，但当学生来自不同的文化背景，知道很少的英语或在他们还很小时就获得智力测验分数时，我们一定要对IQ分数的精确性保持怀疑。

• **当你准备评价特殊能力时，使用更聚焦的测量。**我们认同这样的观念，无论何时我们获得和使用IQ分数，在学生学校成绩背后都存在一个一般因素。但斯皮尔曼、卡特尔、加德纳、斯腾伯格和许多其他人已经提出，智力有许多方面。因此，从任何一个单一的IQ测验中获得的分数，或许都不能给我们一个关于学生智力的完整图画。如果我们想评估一个学生在一个特定领域——就是说，在数学或机械推理上——获得成功的潜能，我们使用更加特殊的测量可能会更好（Ackerman & Lohman，2006；McGrew et al.，1997；Neisser et al.，1996）。然而，我劝你们只使用从可敬的测验出版者那里获得的工具。你可能在网络上找到的测验——例如，宣称测量加德纳多元智力的测验——一般很少经受过研究审查，他们的结果最值得怀疑。

• **在一个学生的文化中寻找揭示杰出才能的行为。**在一定程度上，智力依赖于文化，聪明的行为在来自不同背景的儿童中倾向于有不同的形式（Neisser et al.，1996；Perkins，1995）。例如，主要在非洲裔美国人社区长大的学生中间，智力可能反映在口语上，如丰富的语言、创造性地讲故事或幽默（Torrance，1989）。在土著美国人的文化中，它可能反映在人际技能或优异的手工技能中（Maker & Schiever，1989）。我们一定要小心，不要把我们的智力概念只局限于学生在传统学业任务中获得成功和在传统智力测验上表现好的能力上。

• **记住许多其他因素也会影响学生的课堂成绩。**大多数智力的测验往往关注学生能做的特殊事情，而很少考虑一个学生可能做什么。例如，学生愿意从多种角度观察环境、用批判的眼光检查数据或积极承担自己学习责任的程度，智力测验对此不加评价。但是，在决定学业和现实世界任务中的成功时，这些特征有时跟智力一样重要（Duckworth & Seligman，2005；Kuhn，2001a；Perkins，Tishman，Ritchhart，Donis & Andrade，2000）。在下一节里，我们将考虑认知风格和思维倾向的形式。

## 认知风格与思维倾向

有着相同智力水平的学生通常不同地处理课堂任务和思考课堂主题。这些个体差异中有些就是认知风格，对此学生不一定有大量的意识控制。另外一些是思维倾向，学生有意用它来达成掌握教育主题的目的。我劝你们不要对这两个概念间的区别感到苦恼，
160 因为在我的想法中，它们的意义有相当的重叠。两者都既包括了特殊的认知倾向，也包括了人格特征（Messick，1994b；Zhang & Sternberg，2006）。思维倾向也有一个动力性的成分——一种“我想以这种方式来做”的特性（Kuhn，2001a；Perkins & Ritchhart，2004；Stanovich，1999）。[4]

过去的一些年，心理学家和教育学家已经检验了多种认知风格（有的使用学习风格这个术语）和思维倾向。他们已经确认的特征和发展出用来评价这些特征的工具，并不总是能经受其他研究者的检验（Irvine & York，1995；Krätzig & Arbuthnott，2006；Messick，1994b）。将学生自我报告的风格同特定的学习环境匹配不一定会在学生的学业成绩中造成差异（Curry，1990；Snider，1990）。

但是，一些认知风格和思维倾向似乎影响着学生如何学习和学到什么。例如，至少两个认知风格的成分看起来是有影响的：

- 分析加工对整体加工：一些学生倾向于把新刺激和任务分成次级的部分（分析的方法），而其他一些人倾向于主要把它们知觉为完整的、不可分割的整体（整体的方法）（A. Miller，1987；Riding & Cheema，1991）[5]。大体上讲，分析的方法似乎在学校学习中更有益处，尽管在这一点上现有的研究并没有完全达成一致（e.g.，Bagley & Mallick，1998；Irvine & York，1995；Jonassen & Grabowski，1993；Shipman & Shipman，1985）。随着年龄增长，大多学生的分析性倾向逐渐增强（Shipman & Shipman，1985）。
- 言语学习对形象学习：一些学生似乎在信息以言语方式呈现时学得更好（言语学习者），而有些人似乎在信息以图片呈现时学得更好（形象学习者）（Mayer & Massa，2003；Riding & Cheema，1991）。这里不一定存在好或者坏的风格。同时使用言语材料和形象材料来呈现重要的观念是适应不同风格的一种较简单的方法。

即使心理学家经常不愿意去确定一些比其他风格更具适应性的认知风格，但在课堂上特定种类的思维倾向很明显是有益的。以下是研究者已经确认了的有成效的思维倾向：

✧ 刺激寻求：急切地与个人的自然和社会环境进行相互作用。

✧ 认知需要：经常性地寻求和从事有挑战性的认知任务。

✧ 批判性思维：一贯地根据信息的准确性、逻辑和可信度来评估信息，而不是根据表面价值来接受它（在第8章中对批判性思维有更多说明）。

✧ 思想开放性：愿意考虑另一种观点以及证据的多种来源，愿意延缓判断而不是贸然地立即下一个结论（Cacioppo，Petty，Feinstein & Jarvis，1996；Halpern，1997a；Kardash & Scholes，1996；P. M King & Kitchener，2002；Raine，Reynolds & Venables，2002；Southerland & Sinatra，2003；Stanovich，1999）。

这些思维倾向通常与学生的学习和成就有正相关，并且许多理论家已经指出，它们在学生学什么、学到多少的问题中起着关键作用（Dai & Sternberg，2004；Kuhn & Franklin，2006；Perkins & Richhart，2004）。例如，那些急切寻求自然和社会刺激的学龄前儿童，在11岁时会是一个更好的阅读者，并且在学校获得了更高的成绩等级（Raine et al.，2002）。有着高认知需要的学生从他们所阅读的东西中学得更多，他们更 161
可能以合理的证据和逻辑推理为基础来得出结论（Cacioppo et al.，1996；Dai，2002）。那些批判性地评价新证据以及对各种观点能接纳并保持开放思想的学生，表现出了更高的推理能力，也获得了更高水平的成就（Matthews，Zeidner & Roberts，2006；Stanovich，1999）。

研究者还没有对不同认知风格和思维倾向来自何处有很好的理解。也许是遗传的特征在起作用。例如，一个学生可能具备精力充沛、好奇的气质或者在形象加工上有生物学上的优势。也许是父母或文化群体鼓励审视和对待世界的特定方式在起作用(Irvine & York，1995；Kuhn，Daniels & Krishnan，2003)。例如，如果口述历史是学生文化遗产中的一个重要部分，学生可能习惯于从以听觉呈现而不是视觉呈现的信息中进行学习(Kirk，1972；Trawick-Smith，2003)。并且很有可能，课堂上教师的举动也会引起差异——例如，教师是否鼓励与课堂主题有关的探索、冒险和批判性思维(Flum & Kaplan，2006；Kuhn，2001b，2006)。在以下课堂互动中，这个教师实际上似乎在阻碍任何对课堂材料进行分析性和批判性思考的思维倾向：

> 教师：把这个写在你的纸上……仅仅记住这个模式。我们有米、厘米和毫米。我们想要确定我们的公制标准是一致的。如果我给你们这个小数，我们说0.234m(对，写下来)。为了用厘米来表示0.234m，有个事情是必须的，就是你们移动小数点。我们如何移动小数点呢？你们把它向右移动两位。(詹森，请站起来)如果我把它移动到右边两位，丹尼尔，0.234m以厘米表示变成什么？它看起来是什么，阿什里？
>
> 阿什里：23.4cm。
>
> 教师：二十三点四。简单的东西。为了明白(毫米)，我们仍来向右移动小数点，但这次，孩子们，我们只要移动一位。那么，如果我移动这个小数点一个位子，用毫米来回答，答案是什么？(J. C. Turner，Meyer，et al.，1998，p. 741)

毫无疑问，这个教师用意明确：她想要她的学生明白如何将测量的一个单位转化成另一个单位。但是注意她的态度，她通过暗示这个任务是“仅仅记住这个模式”。

尽管研究者还没有确定促进建设性的风格和思维倾向有多好，但我们能合理地假定，示范和鼓励思考课堂主题的有效方式可以让学生有个好的开始。例如，作为教师，我们应该始终如一地展示对不同观点的开放思想，并且我们可以习惯性地要求学生评价科学证据的特性(Halpern，1998；Kuhn，2001b；Messer，1976；Perkins & Ritchhart，2004)。“走进课堂——促进有建设性的风格和思维倾向”介绍了我们该做什么的实例。

### 走进课堂——促进有建设性的风格和思维倾向

- 当一个学生一贯地以冲动、非分析的方式来处理任务时，将他们的注意力集中在准确性而非速度上，并教他们在错综复杂的任务中与自己对话。

  为了帮助一个冲动的3年级学生用重新组合(“借数”)来进行两位数的减法，他的老师指导他，在解决每个问题时对自己说这三句话：(1)“将上面数字和下面数字比较”，(2)“如果上面的数字小一些，借数”，(3)“相减”。

- 同时以言语材料和视觉材料呈现重要观念，每种形态都能提供对主题的独特领悟。

  当一个中学历史教师描述重要的第二次世界大战的战役时，他呈现每个战场的地图和照片，并描述一方或另一方用来智胜对方的策略。为了让他的学生对形象信息和言语信息都进行分析性思考，他向他们提这样的问题“当地的地形给军队什么样的挑战?”和“为什么指挥官选择了他们所使用的策略?”

- 传递你自己学习新主题的热情。

  一位中学的科学教师问她的学生：“你们曾对为什么这么多人关心全球变暖问题感到好奇吗？我肯定有过！我介绍一些可以帮助我们理解这种担忧的杂志文章。”

- 示范对于不同观点的开放性思想，并延缓判断。

在一个关于气体性质——尤其是它会占据空间的事实——的课程中，一个 1 年级的教师要她的学生预测，当一个杯子从上面灌入一碗水时，杯子里的气体会变潮湿还是保持干燥。那个杯子被灌水后，对于里面的气体是潮湿还是干燥的，学生们出现了不一致的结论。教师回答到："现在我们有两个不同的观点。我们不得不决定如何来解决这个问题。"她想出一个简单的策略——把皱褶的纸巾塞进那个杯子里，然后再倒入水——来获得更多决定性的证据。

## 在一般教育课堂中教育有特殊需要的学生

在美国，超过 2/3 的有特殊教育需要的学生在全天或部分教学时间被安排在一般教育班级中（U. S. Dept. of Education，1996）。事实上，联邦立法批准一项称为全纳（inclusion）的实践：学区在邻近学校的正规课堂中一定要最大限度地教育有特殊需要的学生，包括那些有严重或多种障碍的学生。

### 94～142 公法：《残疾人教育法案》（Individuals with Disabilities Education Act，IDEA）

1975 年美国国会通过公共法 94～142 条款，现在被称为《残疾人教育法案》（IDEA）。IDEA 已经被修订和重新审定了多次，现在它承认从出生到 21 岁的有认知、情绪 162
或身体障碍的人的教育权。它保证有残障学生的几个权利：

- 免费而合适的教育。所有有障碍的学生有接受特别设计的免费教育计划的权利，以满足他们独特的教育需要。例如，为了获得足够的阅读技能，一个有阅读障碍的学生可能需要特制的阅读材料和一些一对一的教学。
- 公平而无歧视的评价。任何可能适合特殊服务的学生，由一个多学科的团队引导对其进行深入评估。这个团队的构成依学生的需要而定，但一般由两个或更多教师、合适的专家以及学生父母或监护人组成。使用多种测验和其他的评估工具，学校职员对潜在的导致障碍的条件进行完整评定。评价程序必须考虑学生的背景、任何值得怀疑的身体或交流困难。例如，测验必须以学生的主要语言实施。
- 在最小限制性环境中的教育。在最大限度上，有障碍的学生应被放入跟他们无缺陷的同伴同样的学习环境、课外活动和社会互动中。也就是说，他们必须有最小限制性环境，这是最典型的和标准的教育环境，带有充分的附加性帮助和支持服务，这样能合理满足他们的需要。只有当他人的安全可能受到危害，或当在一个一般性的教育环境中，在适当的支持和帮助下学生不能获得可察觉到的进步时，他们才能被允许排除在一般教育之外。
- 个别化教育程序（Individualized education program，IEP）。当一个 3～21 岁的个体确定为患有一种障碍，多学科的团队为其合作发展一个教学程序，被称为个别化教育程序（IEP），来适应学生的优势和缺点（见表 5—3）。IEP 是已经成文的表述，多学科团队不断检查，如果合适的话，一年至少修订一次——如果条件允许可以更频繁。我们在本章后面将检验一个学生的 IEP 的摘录。
- 正当的过程。IDEA 颁布了几种实践，以确保在决策过程中学生和父母的权利得到保护。例如，父母可以给予或保留许可，让他们的孩子接受特殊教育服务的评估，并且在学校采取任何可能改变他们孩子教育程序的行动前，必须以书面
163 形式通报他们。应他们要求，父母可以看关于他们孩子的所有学校记录。如果父母和教育系统就最适合孩子的安排未达成一致，让一个公正的个体（即某个不被学区雇用的人）进行调解和举行听证会可以解决这些分歧。

IDEA 现在执行了 30 多年，对特殊教育的性质已经有了重大影响。越来越多的教师意识到，真正地全纳实践需要针对所有学生的教学个别化，不仅仅是那些有确定需要的学生。并且不是在个别的班级里提供专门化的教学，许多特殊教育教师现在同常规课堂教师一起，共同在部分教学时间或全天对所有的学生授课——那些有障碍的和没有障碍的学生。

**表 5—3　　一个个别化教育程序的典型成分**

这个 IEP 是针对 3～21 岁被确认有特殊教育需要的个体的书面表述。任何一个经过发展和修订的 IEP 应包括以下内容：

- 呈现教育成绩的水平，包括：
    - 障碍如何影响在一般教育课程上的参与和进步（针对 6～21 岁的学生）。
    - 障碍如何影响对适当活动的参与（对 3～5岁儿童）。
- 短期目标和基准（对那些追求成就标准与其他同学不一样的学生）。
- 与下列有关的可测的学年目标：
    - 满足因障碍导致的需要，确保学生参与一个一般的教育课程并能获得进步。
    - 满足每种与学生其他障碍相关的教育需要。
- 如何评估学生在朝向学年目标上的进步，以及什么时候提供有关学生进步的报告。
- 特殊的教育、相关服务、附加帮助、程序的调整和支持都将提供给学生，从而让他们：
    - 适当地向学年目标推进。
    - 参与一般教育课程并取得进步。
    - 参与课外和其他非学业性活动。
    - 与其他有障碍的学生以及没有障碍的学生一道参与一般教育。
- 如果有的话，解释学生不和无缺陷的学生一起参与一般教育班级、一般课程中的课外和其他非学术活动的程度。
- 对全州或者全学区的成绩评估的管理进行调整，以便让学生能参与这些评估，或者如果 IEP 决定了学生不参与部分或全部的评估，如何对学生进行另一种评估。
- 为开始服务和程序调整、参与频率、位置和每个程序的期限设计日期。
- 过渡计划，包括：
    - 不迟于 16 岁开始，并且其后每一年，目标和与过渡服务有关的学生需要的陈述，包括那些与训练和教育有关的陈述。
    - 至少在学生达到法定年龄（通常是 18 岁）前一年开始，学生已经被告知 IDEA 下的那些权利的陈述，这些权利在学生达到法定年龄时，将由父母转交到学生身上。

资料来源：Exceptional Lives（5th ed.）by A. P. Turnbull，R. Turnbull & M. L. Wehmeyer，2007，Upper Saddle River，NJ：Merrill/Prentice Hall. Adapted by permission of Pearson Education。

## 全纳对学生是最有利的吗？

尽管 IDEA 得到明确的执行，全纳在理论家和实践者中仍然是有争议和被激烈争论的一种实践。一些人认为，当学生尽可能充分地参与他们学校的全部社会生活时，他们
164 最可能发展正常的同伴关系和社会技能（e. g.，Hahn，1989；Will，1986）。相反，其他专家担心，当有特殊需要的学生全天地参与常规的课堂中，他们不能得到有力的特殊化教学，而许多人需要通过这些教学来获得重要的基本阅读、数学等方面的技能（Manset & Semmel，1997；Zigmond et al.，1995）。

事实上，许多研究指出把有障碍的学生安置在一般教育课堂中可能比在独立的特殊教育课堂中教育他们有更多的优势：

- ✧ 更积极的自我意识。
- ✧ 更好的社交技能。
- ✧ 同无残疾的同伴有更频繁的互动。
- ✧ 更适当的课堂行为。
- ✧ 学业成绩与在独立课堂上的学生成绩相等（有时要高）。（Halvorsen & Sailor，1990；Hunt & Goetz，1997；MacMaster，Donovan & MacIntyre，2002；Scruggs & Mastropieri，1994；Slavin，1987；Soodak & McCarthy，2006；Stainback & Stainback，1992）

当学生了解他们障碍的种类时，当教学和材料适合学生的特殊教育需要时，我们特别可能看到这些优点。但是很重要的一点需要说明，许多对常规班级和特殊班级设置效果比较的研究是相关性的而不是实验性的，这对于得出确定的因果关系结论很困难（Madden & Slavin，1983；D. M. Murphy，1996）。

没有残疾的学生通常也能从全纳式的实践中获得好处。他们发展出逐渐增加的对人类种族的不同本性的意识，并且他们发现有特殊需要的学生在许多方面与他们一样（Hunt & Goetz，1997；D. Staub，1998）。我想起了我儿子杰夫与埃文的友谊。埃文有严重的身体和认知障碍，在他们 3 年级那年，孩子的老师要杰夫当埃文的特别朋友，在午饭和课表允许的其他时间跟他互动。尽管在很大程度上不能讲话，埃文总是通过手势和表情清楚地表达他喜欢与朋友们在一起，这让杰夫——他比较害羞——在社交自信方面有了相当的进步。几年后，杰夫反思他和埃文的友谊：

> 它让我认识到，埃文也是一个人。它让我认识到，我能和一个有残疾的男孩交朋友。做让埃文高兴的事也能让我感到快乐。我清楚，埃文知道我们是朋友。

## 将学生分类有好处吗？

在如何确定特殊需要的种类问题上，专家没有达成一致。不能根据明显的身体条件进行描述的种类（如，学习障碍、情绪和行为问题、天才）很难用简洁的定义来确切说明问题。专家对于确定这些种类的组成部分的最佳方法也没有达成一致，因此，对于哪些学生有特殊需要，哪些学生没有，存在不同的观点。

尽管有这些困难，许多专家还是发现特殊需要的一般分类是很有用的。虽然同一种类的成分在许多方面彼此很不相同，但它们也倾向于有共同的特点——这些特点让研究者和教育者可以确定有益于学生的教学策略。过去一些年，许多组织大力地支持研究、游说立法和发布有关儿童特殊群体的信息。[6] 但是影响教育者使用分类的最有影响力的因素是联邦基金，至少在美国是这样。联邦基金可以用来支持为超过 12%的学生设计的特殊教育服务，只有在学生已经被正式鉴别为有特殊导致障碍的条件时，才可提供这种基金。 165

由于这些原因，大多数教育者在鉴别那些有特殊教育需要的学生并与之合作时使用分类和标签。但是，他们担心，这些标签可能将其他人的注意力集中于学生的缺点，而没有集中在学生的许多优点和典型的年龄特征上。为了将这种作用最小化，特殊教育者督促我们，无论我们何时谈到有障碍的学生，我们都要使用身份优先语言——换句话说，在提到障碍之前先提到人，例如我们可以说学生有心智迟滞而不是心智迟滞的学生，或学生失明而不是失明的学生。

即将对有特殊需要的学生进行的讨论在全书中按五种一般类别进行，这五种类别出现于内插表格中。表 5—4 列出特殊需要的详细种类，它们属于各自的分类中。注意在这个表格中，天才被作为特殊需要列举出来，但它在《残疾人教育法令》中并未被提出来。[7] 在美国，《1987 年雅各布天才和有才能学生教育法案》（Jacob K. Javits Gifted and Talented Student Education Act of 1987）（在 1994 年和 2001 年被再度批准）鼓励但并不要求针对有天赋学生的特殊教育服务。许多州政府也鼓励或要求这样的服务。

166 **表 5—4　在全纳环境中的学生——有特殊需要学生的一般和特殊分类**

| 总类别 | 特殊类别 | 描述 |
|---|---|---|
| 有特殊认知或学业困难的学生 | 学习障碍 | 在特定的认知过程（如在知觉、语言或记忆中）中的困难不能归因于智力落后、情绪或行为障碍、感觉损伤这样的其他障碍。 |
| | 注意缺陷多动障碍 | 以一个或两个以下特点为标志：（1）集中和维持注意力有困难，（2）频繁的过度行为和冲动行为。 |
| | 言语交流障碍 | 口语（如某些语音的发音错误、口吃、异常的句法模式）或语言理解上的损伤显著地干扰学生的课堂表现。 |
| 有社交或行为问题的学生 | 情绪和行为障碍 | 大量时间段里出现的情绪状态和行为显著地干扰学生的学业和学习成绩。 |
| | 自闭症谱系障碍 | 以损害的社会认知、社交技能和社交互动为标志的障碍，也有对某些刻板行为的重复；与其他领域的正常发展相联系的轻微形式［如阿斯伯格综合症（Asperger Syndrome）］；与延迟的认知与语言发展和极不寻常行为相联系的极端形式。 |
| 认知和社会功能普遍迟滞的学生 | 智力落后 | 明显地低于中等的一般智力和在适应性行为（即在实践和社会智力上）中存在缺陷。 |
| 有身体障碍或感知困难的学生 | 身体和健康损害 | 干扰学校成绩的身体或医学条件（通常是长期的），是有限的精力和力量、减弱的心理警觉或很少的肌肉控制的结果。 |
| | 视觉损害 | 眼睛或视觉神经机能失常，即使有矫正镜的帮助也会妨碍正常的视觉。 |
| | 听力丧失 | 耳朵或相关神经的机能失常，对正常谈话频率范围内的声音知觉产生干扰。 |
| | 多种严重障碍 | 出现两个或更多的障碍，它们结合在一起，需要重要的配合和高度特殊化的教育服务。 |
| 认知发展超前的学生 | 天才 | 在一个或多个领域有不同寻常的高能力或才能，需要特殊的教育服务来帮助学生满足他们的全部潜能。 |

## 有特殊认知或学业困难的学生

一些有特殊教育需要的学生可能没有表现出外显的身体障碍迹象，但可能有认知困难，进而干扰他们学习学业材料或完成一般课堂任务的能力。这些学生包括那些有学习障碍、注意缺陷多动障碍以及言语和交流障碍的学生。

### 学习障碍（Learning Disabilities）

有学习障碍的学生构成了有特殊需要的学生中最大的一个类别（U. S. Dept. of Education，1996）。以下标准一般被用来确认这样的学生（Mercer，Jordan，Allsopp & Mercer，1996；National Joint Committee on Learning Disabilities，1994）：

- 学生在一个或多个特殊的认知过程中存在明显困难。这些困难经常在一个人的生活中表现出来，并被假定为是特定的、可能是遗传的大脑功能不良的结果（J. G. Light & Defries，1995；Manis，1996）。下面的实例列出了学习障碍的可能形式。

**有学习障碍学生认知加工缺陷的实例** 167

知觉困难。学生可能在理解或记住通过特定通道（如视觉或听觉）而接受的信息时有困难。

记忆困难。学生可能有很少的容量来短期或长期地记住信息（即他们可能在工作记忆或长时记忆中出现问题，见第 6 章）。

元认知困难。学生在使用有效的学习策略、监控朝向学习目标的进程和其他指导自己学习的方式上存在困难（第 8 章考虑元认知的性质）。

加工口头语言的困难。学生可能在理解口语或记住自己曾被告知的内容上有困难。

阅读困难。学生可能在辨认印刷的词语或者理解他们所读材料上有困难，一个极端的表现被认为是诵读困难。

书写语言困难。学生可能在书写、拼写或在纸上连贯地表达上有困难，一个极端的表现被认为是书写困难。

数学困难。学生可能在思考或记住包括数字的信息时有困难，一个极端的表现被认为是计算困难。

社会知觉困难。学生可能在解释他人社会线索和信号上有困难，以致在社交情境中可能作出不恰当的反应。

资料来源：Conte，1991；Eden，Stein & Wood，1995；L. S. Fuchs et al.，2005；Hanich，Jordan，Kaplan & Dick，2001；Landau & McAninch，1993；Lerner，1985；H. L. Swanson，1993；H. L. Swanson，Cooney & O'Shaughnessy，1998；H. L. Swanson & Jerman，2006；Turnbull et al.，2007；Wong，1991a，1991b。

- 不能归因于其他障碍如智力落后、情绪或行为障碍、视觉损害或听力丧失的认知困难。例如，许多有学习障碍的学生在智力测验上或至少在一些分测量上，获得中等或中上等的分数。
- 认知困难干扰学业成绩到了一定程度，以致需要特殊的教育服务。有学习障碍的学生在一个或多个特定的学习课程领域总是表现糟糕，但在其他科目上可能有中等或中上等的成绩。

#### 共同特征

一般而言，有学习障碍的学生存在差异的方面比相似的方面多得多（Bassett et al.，1996；Chalfant，1989；National Joint Committee on Learning Disabilities，1994）。

他们一般具有许多优势，但可能面临以下的挑战：

✧ 面临分心刺激时维持注意存在困难。

✧ 较差的阅读技能。

✧ 无效的学习和记忆策略。

✧ 在涉及抽象推理的任务上存在困难。

✧ 较差的自我意识和对学业任务的低动机。(尤其是如果他们在存在困难领域没有得到特别的帮助)

✧ 较差的运动技巧。

✧ 较差的社交技能。(Chapman，1988；Gresham & MacMillan，1997；Mastropieri & Scruggs，2000；Mercer，1997；H. L. Swanson，1993；Wong，1991b)

但是这些特征决不能描述所有有学习障碍的学生。例如，他们中有些人上课很专心并很勤奋地做作业，而有些人社交技能很熟练并受到同伴的欢迎（Heward，2006)。

学习障碍在小学生和中学生身上可能有着一些不同的表现（Lerner，1985)。在小学阶段，有学习障碍的学生倾向于表现较差的注意力和运动技能，并通常在获得一个或更多基本技能上遇到困难。当这些学生升到小学高年级时，他们可能也开始表现出情绪问题，至少部分地归因于他们反复学业失败导致的挫折。

在中学阶段，注意和运动技能上的困难通常会减少，但学生特别容易出现情绪问题。在处理青少年常见的情绪问题（如约会和同伴压力）之外，学生还必须处理更苛刻的学业要求。中学的学习很大程度上依赖于对课本的阅读和学习，但是有学习障碍的一些中学生的阅读水平仅达到3～5年级程度，而且他们没有或只有很少的有效学习策略（Alley & Deshler，1979；E. S. Ellis & Friend，1991)。以下练习可以让你理解，在这样的课程中学生会感觉如何。

## 亲身体验·一个阅读作业

仔细地阅读以下短文。我将在本章后面就它的内容来测试你们。

> 人格研究需要重新关注普遍特质，因为这些特质是日常社交谈论的一个重要部分，也因为它们体现了许多民间智慧和常识，还因为理解和评价特质判断可以提供一个改进社交判断的重要途径。大量支持普遍特质存在的证据包括与行为有关的人格、人格评估中相互判断的一致和人格的跨时间稳定性。未来的研究应该阐明普遍特质的起源、它们影响行为的动力机制以及能对它们作出最正确判断的行为线索（Funder，1991，p. 31)。

你认为你在即将开始的针对短文的测验中能表现得多好呢?

---

168 你刚读到的那篇短文是出自《心理科学》(*Psychological Science*) 中相当有代表性的一篇，《心理科学》是写给接受过心理学高等教育的人的一份专业杂志。因此它的写作超过了一般大学生的阅读水平。我不是真想就它的内容来测试你，但我希望在练习过程中你能体验到一些挫折，而这样的挫折是有学习障碍的中学生每天都会经历的。对于许多有学习障碍的学生来说，学业成功一直就像一场艰难的战役。也许因为这个原因，有学习障碍的学生常常有辍学的风险（Barga，1996)。

**适应性教学**

针对有学习障碍学生的教学策略一定要适合学生的优势和缺点，不过以下几种策略可以让许多这样的学生得到好处：

- **将潜在的分心刺激最小化。**因为许多有学习障碍的学生容易分神，我们应该将其他可能竞争注意力的刺激的出现减到最少。例如，如果其他班级在外面学习或者游戏，我们可以拉下窗帘，并且可以要求学生保持课桌整洁，不要放一些与他们正在解决的任务不相关的物体和材料（Buchoff，1990）。
- **使用多通道呈现信息。**因为一些有学习障碍的学生在通过一个特定通道（如通过视觉或听觉）来学习时有困难，所以在用来交流的信息所采用的形式上，我们需要保持灵活（e. g.，Florence，Gentaz，Pascale & Sprenger-Charolles，2004；J. W. Wood，1998）。例如，当教给学生如何读和拼写一个特定单词时，我们可以写出那个单词，大声说出它的字母，并让学生描画或写那个单词，同时重复它的字母。在对中学生的授课中，我们可以组合视频、图形和其他视觉材料，可以鼓励学生对授课内容进行录音（J. W. Wood & Rosbe，1985）。
- **分析学生的错误来找到加工困难的线索。**例如，一个学生可能以这种方式解决一个减法问题：

$$\begin{array}{r} 85 \\ -29 \\ \hline 64 \end{array}$$

这个学生可能正在运用一条不恰当的规则——总是从一个大一些的数中减去一个小一些的数。或者一个把句子“I drove the car（我驾驶汽车）”读成“I drove the cat（我驾驶小猫）”的学生，可能在使用背景线索来解释意义时有困难。以下练习让你感受一下错误分析应包含什么。

**解释学生的作品和行为——警察**

7 岁的丹尼尔，写了一个句子并用图解释。在小写体里，他的 1 年级教师澄清了他想说的话：“我信任警察。”当你看丹尼尔写的句子时，

- 确认在他的单词拼写中的一个或多个错误模式。
- 推论这些错误可能反映的认知加工困难。

I trust a policeman

在拼写这些单词时，丹尼尔正确地掌握了几个语音，包括在“trust”（信任）中“s”和最后的“t”的语音，以及“policeman”（警察）中所有的辅音语音。但是，他误写了“trust”中的前两个辅音，用一个“N”代替了“t”和“r”。他也忘了写“trust”和“policeman”中的元音语音，他所写的三个元音中两个（I 代替了 a 以及邻近 policeman 结尾的 E）是不正确的。我们可以推测，丹尼尔在口语单词中听到所有这些不同语音以及将它们与在书面单词中看到的字母匹配上有困难。这些困难在有着明显阅读障碍的年龄

较小的小学生身上相当普遍（Hulme & Joshi，1998；Stanovich，2000；H. L. Swanson，Mink & Bocian，1999）。

169 • **教给学生技能和学习策略。**教给学生特殊的完成任务和记住课堂主题的策略，许多有学习障碍的学生可以从中受益（Eilam，2001；Graham & Harris，1996；Wilder & Williams，2001；J. W. Wood & Rosbe，1985）。例如，我们可以教给他们记笔记和组织家庭作业的具体策略。当他们在读故事或课本短文时，我们可以给他们一些要努力回答的问题。并且我们可以教给他们特定的记忆术，或者记忆技巧，帮助他们记住特定的事实（见图 5—3）。在第 6 章和第 8 章中，我们将考虑帮助学生学习的附加策略。

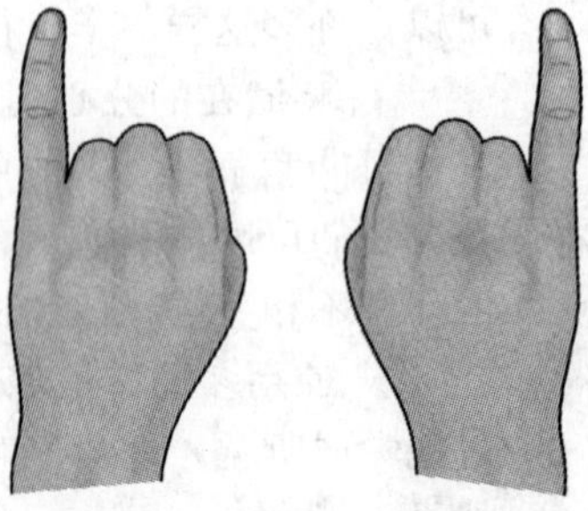

有学习障碍的小孩子经常混淆小写字母 b 和 d。如图所示，通过握紧他们的拳头，并按正常的从左至右的方向“读”手，他们能更容易记住区别：b 在字母表和拳头中都先出现。

**图 5—3 记住字母 b 和 d 的记忆术**

• **提供学习帮助。**当有学习障碍的学生有支架来指导其努力时，他们通常能更有效地学习（Brigham & Scruggs，1995；Mastropieri & Scruggs，1992）。例如，我们可以提供帮助学生识别重要概念和观念并使之相互联系的学习指导、提纲或者图形。我们也可以让学生抄写成绩好的同学的课堂笔记（或获得复本）。

这些策略不仅对有学习障碍学生有帮助，对有注意缺陷多动障碍的学生也有帮助。

## 注意缺陷多动障碍（ADHD）

几乎所有学生在某个时间都会出现注意力不集中、活动过度和冲动。但是有注意缺陷多动障碍的学生典型地表现出这些领域的明显缺陷，并在以下鉴别标准中反映出来（American Psychiatric Association，1994；Barkley，1998）：

- 注意力不集中。学生把注意力集中和维持在指定的任务上有相当大的困难。他们可能在听从和采取指导上有困难，可能频繁而粗心地犯错误，并可能容易因吸引人的另一种活动而分神。
- 活动过度。学生看起来有过量的精力。他们容易烦躁、在不恰当的时候在课堂上走来走去，或者很难安静地解决问题和游戏。
- 冲动。学生在抑制不恰当行为上总是存在困难。他们可能不假思索就说出答案、过早地开始任务或者在没有考虑潜在后果的情况下从事冒险的或破坏性的活动。

有 ADHD 的学生不一定会表现出以上所有的三个特征。例如，有些人是注意力不集中的而没有出现活动过度的情况，在开头的个案研究中的提姆就是这样的。但所有的有 ADHD 的学生似乎都有一个共同的特征：无法抑制不恰当的想法、不恰当的行为或者两者都有（Barkley，1998；Casey，2001）。例如，当应该把注意力集中在课堂时，提姆容易被他的想法和白日梦所分神。

ADHD 被认为有着生物学和可能的遗传上的起因（Barkley，1998；Purdie，Hattie & Carroll，2002；Sabbagh，Xu，Carlson，Moses & Lee，2006）。但是一旦确认了患有注意缺陷多动障碍，许多学生可以从行为主义者的技术（见第 9 章）和对认知困难的矫正中得到帮助。对一些学生而言，药物治疗（如利他林）也是有帮助的（DuPaul，Barkley & Connor，1998；Gulley et al.，2003；Purdie et al.，2002）。

**共同特征**

除了注意力不集中、过度活动和冲动外，被确认有 ADHD 的学生还有下列特征：

✧ 异常的想象和创造力
✧ 认知加工困难以及较差的学校成绩
✧ 课堂行为问题（如破坏、不服从规则）
✧ 对社交情境的解释和推理有困难
✧ 在与同伴互动中有较大的情绪反应（如敏感、敌对）
✧ 很少的友谊，有时完全被同伴拒绝
✧ 在青春期使用烟酒的可能性增加（Barkley，1998；Gresham & MacMillan，1997；Grodzinsky & Diamond，1992；Hallowell，1996；Lahey & Carlson，1991；Landau & McAninch，1993；E. P. Lorch et al.，1999；Milch-Reich et al.，1999；Whalen，Jamner，Henker，Delfino & Lozano，2002）

一些有 ADHD 的学生可能也有学习障碍、情绪或行为障碍，但是有些人可能是天 170
才（Barkley，1998；Conte，1991；R. E. Reeve，1990）。与 ADHD 有关的症状可能在青春期减少，但它们在一定程度上会在整个学龄期持续存在，这让学生处理在高中出现的日益增长的对独立和负责任行为的需要变得困难（Barkley，1998；Claude & Firestone，1995；E. L. Hart，Lahey，Loeber，Applegate & Frick，1995）。相应的，有 ADHD 的学生比一般人有更大的辍学风险（Barkley，1998）。

**适应性教学**

研究者和实践者提供了几条用来帮助有 ADHD 学生的建议：

• **更改学生的时间表和学习环境。**ADHD 的症状随着白天时间的推移倾向于越来越糟糕。那么理论上讲，学生在上午应该比下午有更多的学习科目和挑战性任务。另外，让学生的课桌远离分心刺激（如远离门口和窗户，但不要离同学太近），靠近老师，这样他们的行为可以得到监控，能提高他们的注意力和成绩（Barkley，1998）。

• **教授维持注意的策略。**学习具体的策略来让注意力维持在一个指定的任务上，有 ADHD 的学生通常能从中受益（Buchoff，1990）。例如，当我们要给出指导或提供新信息时，可以要求他们注视我们。并且，如果他们中的一个出现太多的令人注意力分散的景象和声音时，我们可以鼓励他们转移到新场所。

• **为过剩的精力提供出口。**为了帮助学生控制过剩的精力，我们应在安静的学业任务中插入频繁的身体运动机会（Pellegrini & Bohn，2005；Pfiffner & Barkley，1998）。在休息和午餐后，在要求他们从事需要安静专心的活动前，我们也可以给学生一段安静时间——也许是阅读一篇摘录于很有趣的故事书或杂志的文章（Pellegrini & Horvat，1995）。

• **帮助学生变得有条理和有效使用时间。**因为他们的注意力不集中和过度活动，有 ADHD 的学生（像开头个案里的提姆）通常很难完成日常的课堂任务。有几个策略可以帮助这些学生把自己变得有条理，并且更有效地使用课堂时间。我们可以向他们演示，如何建立要做事情的清单，如何确定一个他们粘贴在桌子上的日程。我们也可以把大一些的任务分解成稍小些的任务，然后为每个分任务设定一个短的时间限制。我们还可以提供一个文件夹，这样学生可以把家庭作业放进去，然后从学校带回家（Buchoff，

1990；Pfiffner & Barkley，1998)。

## 言语交流障碍 (Speech and Communication Disorders)

言语交流障碍是在口语或者语言理解上出现损害，它显著地干扰学生的课堂表现。例如，持续的发音问题、口吃、异常的句法模式以及理解其他人话语出现困难。当儿童未能展示出与年龄相当的语言（如一个只能通过指和手势来交流的幼儿园儿童或者一个说着“Him go”而不是“He's gone”的3年级学生）时，就会被怀疑有言语交流障碍。这些障碍中，有些有生物学的起因，但还有许多其他障碍的原因还不清楚（Spinath，Price，Dale & Plomin，2004；Wang & Baron，1997）。

绝大多数有言语交流障碍的学生大多数教学时间或者全天地被安排在一般的教育课堂中（U. S. Dept. of Education，1996）。这些学生中有些还有其他的障碍，但许多人在所有其他方面却是一般的学生（Turnbull et al.，2007）。

**共同特征**

在有言语交流障碍的学生身上，有几个特征尽管不总是，但还是经常能观察到：

✧ 不愿意说话。

✧ 说话时窘迫。

✧ 较高自我意识。

✧ 在阅读和书写上有困难。（Fey，Catts & Larrivee，1995；LaBlance，Steckol & Smith，1994；Rice，Hadley & Alexander，1993)

**适应性教学**

一般来说，一个经过培训的专家会与学生合作来帮助他们改进或克服他们的言语交流障碍。但普通教育的教师可以采用下面几种方式来帮助他们：

• **鼓励常规的口头交流。**因为有言语交流障碍的学生在基于班级的演讲中，需要跟他们同学进行一样多的练习，我们可以鼓励他们在班级中交谈，同时规定不会因此而给他们额外的压力（Patton，Blackbourn & Fad，1996）。

• **耐心地倾听。**当学生在表达有困难时，我们可以试着帮助他们——例如，完成他们的句子。但是当我们允许他们完成他们自己的想法时，我们就更好地帮助了他们。我们一定要学着礼貌而专心地去倾听有言语障碍学生的表达，并且我们一定要鼓励他们的同伴也这样做（R. B. Lewis & Doorlag，1991；Patton et al.，1996）。

• **当信息不清楚时要求澄清。**当我们未能理解学生在说什么时，我们应该说明我们确实理解的部分，并要求他们澄清剩余的内容。诚实的反馈能够帮助学生认识到他们
171 正在进行的交流有多好（Patton et al.，1996）。

## 一般建议

除了前面章节中描述的策略外，还有几个一般的建议可以用于许多有特殊认知和学习困难的学生：

• **在学业任务上促进成功。**一些有着特殊认知障碍的学生，尤其是有学习障碍或ADHD的学生，缺乏将来学习所依赖的基本概念和技能。通过透彻的教学来弥补这个缺陷——越早越好——从长期来看会造成学生成绩上的显著差异（E. S. Ellis & Friend，
172 1991；L. S. Fuchs et al.，2005；Pitoniak & Royer，2001；Tarver，1992）。我们也可以教给学生思考课堂任务的特殊方式。例如，当我们教学生如何写故事或散文时，我们应

该给他们广泛的指导，并让他们在写作过程的每个阶段进行练习：计划、打草稿、校对和修改（Hallenbeck，1996）。

- **布置阅读材料时考虑技能水平。**尽管有深入的阅读指导，许多有特殊认知或学习困难的学生继续表现出很差的阅读技能。因此，有时我们可能需要确定标准的等级水平课本的备选课本来呈现学习内容。例如，我们可以减少需要阅读的数量，用更简单（但不幼稚）的材料来代替，或者通过一些媒体方式而非书面的课本来呈现信息（E. S. Ellis & Friend，1991；R. B. Lewis & Doorlag，1991）。
- **清楚地描述对学业表现的期望。**如果我们用具体的、简洁的术语向学生描述我们期望他们所做的事情，他们会更容易完成课堂任务。例如，在学生开始一个科学实验活动前，我们可以首先提醒他们要仔细地遵循实验单上描述的步骤，然后回顾安全防范，最后重复他们必须要包含在实验报告中的细节。
- **采取措施来提高自信和动机。**有着长期失败历史的学生可能有很少的自信和动机来处理对其他同学来说很容易的学业任务。在这样的情况下，我们可以帮助学生看到他们在取得进步，并且能把有些事做得非常好。例如，我们可以给他们制订每日的或每周能够达到的目标；我们也能让他们坚持写日志，在日志里描述他们每天所获得的成功；而且我们也可以给他们机会来从事他们喜欢的和通常能表现好的任务（Buchoff，1990）。

## 有社交或行为问题的学生

许多学生曾经有轻微的社交、情绪或者行为困难，特别是在有不寻常压力或重大生活改变时。这些问题常常是暂时的，尤其是当学生获得成人的支持时。在其他时候，这些问题更持久，但没有反映出障碍。也许一个学生的气质与教师的教学策略（见第3章）有较差的匹配，或者也许只是教师没有对课堂行为给予清楚的期望和规则（Keogh，2003；Mehan，1979）。在这些情况下，随着教学实践或课堂管理策略的变化，学生的问题可以减少或者消失。

但是，不管教师或课堂环境如何，有些学生表现出的行为模式始终干扰着他们的学习和表现。这里我们将考虑属于这个类别的两个学生群体：有情绪和行为障碍的学生与有自闭症谱系障碍的学生。

### 情绪和行为障碍

当他们的问题对课堂学习有实质性的消极影响时，有情绪和行为障碍的学生开始被确定为是有特殊需要的学生——因此具有接受特殊教育服务的资格。情绪和行为障碍的症状典型地属于两大主要类别中的一种。外向性行为对他人行为有直接或间接的影响，实例包括攻击、挑衅、撒谎、偷窃和自我控制的普遍缺乏。内向性行为主要影响有障碍的学生自己，实例包括严重的焦虑或抑郁、过度的情绪波动、社交互动的退缩以及进食障碍。尽管有外向性行为的学生更可能被提及要接受评估和可能的特殊服务（M. M. Kerr & Nelson，1989），但有内向性行为的学生有同样大的风险面临学业失败。

一些情绪和行为障碍是由环境因素造成，例如有压力的生活条件、不一致的教养训练、儿童虐待，或者家庭酒精或药物的滥用（D. Glaser，2000；H. C. Johnson & Friesen，1993；Maughan & Cicchetti，2002；G. R. Patterson，DeBaryshe & Ramsey，

173 1989)。但是生物学的原因——如遗传的素质、化学不平衡以及脑部伤害——可能也参与其中（Hallowell，1996；H. C. Johnson & Friesen，1993）。一些有情绪或行为障碍遗传素质的学生，在青春期以前即使有也只会表现出很少的问题迹象。就像下面个案说明的那样：

柯克是一个行为良好的、可爱的高中新生，他获得过A和B，并在科学和数学方面很有前途。但是在10年级时，他的成绩等级开始下滑，并且他有时会表现出轻微的敌对或挑衅行为。注意，他的父母和老师对他的行为施加了更严厉的限制，但柯克逐渐抵制任何让他保持秩序的企图。一年内，柯克经常跟那些从事轻微犯罪活动的辍学学生一起消磨时间，并且他的成绩等级下滑到C和D。

当柯克在毕业那年的秋季有三科不及格时，学校的校长召集他、他父母和他的指导教师来讨论如何帮助柯克重回正常轨道。在会议上，校长描述了柯克行事混乱、好斗，似乎在使用大麻或其他违禁品的几种情况。在这一点上，就柯克而言，适当和建设性的反应是出现悔悟，并愿意改变行为，以便能毕业——这个基本目标给了他强烈愿望，希望在随后一年考上大学。然而，柯克在会议上傻笑（似乎对自己的困境感到愉快），并把注意力放在将会议室桌子上碗里的块状物分类上。到会议结束时，校长极为不满，以致校长把柯克从学校开除了。

几天后，柯克因为在校园里携带违法武器（刀具）而被拘留，随后的两个星期过去了，当他在青少年拘留室里等着他的法庭听证会时，他的精神状态迅速恶化，法官把他安排在州立精神院接受治疗。

柯克最终被诊断为双相障碍，一种通常因遗传而得的障碍性疾病，以过度的情绪波动为特征（这种障碍有时被称为躁郁症），并在一些像柯克这样的个案中，以扭曲思维过程为特征。双相障碍通常直到青春期才出现，虽然它的生物学基础从出生就已经存在（Griswold & Pessar，2000）。

学校的因素可能加剧了有情绪和行为问题学生已经面临的挑战。他们不适当的行为不仅妨碍了学业成绩，也妨碍了同伴关系，导致社交和学业的失败。许多学生，尤其是有外向性行为的人，最终从那些愿意接受他们的极少同伴那里寻求友谊，而那些同伴一般会以相似的、不适合的方式行动。反社会的学生通常对彼此的行为提供相互支持，并可能将药物、酒精或犯罪活动介绍给彼此（Dishion，McCord & Poulin，1999；G. R. Patterson et al.，1989）。这些因素毫无疑问促成了有情绪和行为障碍学生较高的辍学率：这些学生中只有不到50%的人从高中毕业（Bassett et al.，1996；Koyanagi & Gaines，1993）。

**共同特征**

尽管有情绪和行为障碍的学生在能力和人格上有相当大的不同，但他们中的许多人表现出如下特征：

- ✧ 低自尊。
- ✧ 较差的社交技能。
- ✧ 难以确立和维持满意的人际关系。
- ✧ 经常缺课。
- ✧ 随着年龄增加，学业成绩退步。
- ✧ 缺乏对他们问题严重性的意识。(DuPaul & Eckert，1994；Grinberg & McLean-Heywood，1999；Harter，1999；Leiter & Johnsen，1997；McGlynn，1998；

Morgan & Jenson，1988；Richards，Symons，Greene & Szuszkiewicz，1995；Turnbull et al.，2007）

一些有情绪和行为障碍的学生也有其他的特殊需要，包括学习障碍、智力落后或天才。（Fessler，Rosenberg & Rosenberg，1991；Turnbull et al.，2007） 174

**适应性教学**

有效的干预一定要适应每个学生的特殊需要，但有几个策略可以让许多这样的学生受益：

- **表现出对学生幸福的关心。** 帮助有情绪和行为障碍的学生很好的第一步，只是表现出我们关心他们（Diamond，1991）。例如，当我们在走廊看到他们时，我们热心地问候他们；当他们看起来心烦意乱或过度紧张时，我们表达关心；当他们想分享他们的观点或挫折时，我们给予支持性地倾听。并且我们可以偶尔泄露点我们自己个人生活的一些方面，因为自我揭露的交流有时可以起宣泄和治疗的作用。
- **让课堂活动与学生兴趣关联。** 当教师考虑了有情绪和行为障碍的学生的个人兴趣时，他们更有可能参与学校活动（Clarke et al.，1995；McWhiter & Bloom，1994）。（我们将在第 12 章更深入探讨这个策略）
- **给予学生对他们的环境有控制的感觉。** 一些学生，特别是那些经常对抗的学生，通过表现更不恰当的行为来对控制他们的努力作出回应。和这些学生在一起，避免权力争斗十分重要，这种情况下只有一个人赢，而另一个不可避免地会失败。相反，我们必须创设这样的情境，在其中我们确保学生能遵从课堂期望，并仍感觉就像他们能对发生于他们身上的事有些控制一样。例如，为了达成发展更有成效的课堂行为这一目标，我们可以教给他们观察和监控自己行为的技术（Kern，Dunlap，Childs & Clark，1994）。在合适的限度里，在特定情境下，我们也可以让他们选择自己希望做什么（Knowlton，1995；Lane，Falk & Wehby，2006）。（这些策略增强了自我调节和自我决定，在第 10 章和第 11 章分别会讨论到。）
- **对学生可能企图自杀的信号保持警觉。** 一些重度抑郁的学生可能想过结束自己的生命，预警的信号包括这些：
  - ✧ 突然从社会关系中退缩。
  - ✧ 对个人外表越来越忽视。
  - ✧ 人格戏剧性地发生改变（如情绪突然高涨）。
  - ✧ 被死亡和恐怖的想法完全占据。
  - ✧ 明显的或隐藏的威胁（如“我不会再活下去”）。
  - ✧ 暗示清理自己事务的行为（如分发珍藏的物品）。（Kerns & Lieberman，1993；Wiles & Bondi，2001）

作为教师，我们一定要认真地抓住任何上述的预警信号。我们一定向潜在的自杀学生显示出我们很关注发生在他们身上的事情，并且我们应该立即从经过训练的专业人员如学校心理学家或咨询师那里寻求帮助（K. McCoy，1994）。

同样重要的是，我们帮助有情绪和行为障碍的学生获得更适当的行为——既有对于有效地与他人互动很重要的行为，还有那些对于维持有益于学习的课堂环境很重要的行为。改进行为的策略也可能帮助有自闭症的学生。在介绍自闭症谱系障碍后，我将进一步描述这些策略。

## 自闭症谱系障碍

大多数自闭症谱系障碍可能是由于脑部的异常造成的（Gillberg & Coleman，1996；C. A. Nelson et al.，2006；Théoret et al.，2005）。所有这些障碍的共同之处是以社会认知（如观点采择）、社交技能和社会互动的损害为标志（Baron-Cohen，Tager-Flus-
175 berg & Cohen，1993；Hobson，2004；C. C. Peterson，2002）。事实上，许多有这些障碍的学生，宁可独自一人，或只与他人形成微弱的情感依恋（Hobson，2004；Schreibman，1988）。重复行为也很普遍，这些行为通常是在该年龄的同伴那里很少见到的古怪行为。

除了在社交损害和重复行为上的相似以外，有自闭症谱系障碍的个体在情况严重性上有相当大的差异（因此用术语谱系）。例如，在阿斯伯格综合征中（这是一种还算轻微的形态），学生有正常的语言技能和中等或中上的智力。在严重的个案中，它们通常只是被当作自闭症，儿童可能在认知和语言发展上有严重的延迟，并且表现出特定的古怪行为——可能不停地摇动或晃动手指，不断地重复其他人曾说过的话，或者表现出对特定物体的不寻常迷恋（如手表）（American Psychiatric Association，1994；Koegel，1995）。这些行为的基础可能是对感觉刺激不敏感或者过度敏感（R. C. Sullivan，1994；D. Williams，1996）。坦普尔·葛兰丁（Temple Grandin），作为畜产设备的设计者曾获得国际突出地位，回忆了一个有自闭症的孩子可能是什么样子的：

> 从我尽可能回想到的久远的记忆来看，我总是讨厌被拥抱。我想体验那种被拥抱的美好感受，但它太过强烈。这个刺激就像是一个巨大的、把人整个吞没的海啸，并且我像一只野兽一样作出反应……
>
> 当我年纪还小时，大的噪声也是个问题，感觉就像一个牙科医生的钻孔机击打着神经。它们实际上会让人疼痛。我害怕像气球爆裂般死去，因为那个声响在我耳中就像一声爆炸。大多数人可以忽略的小声音却总是让我分心。（Grandin，1995，pp. 63，67）

许多有阿斯伯格综合征的儿童是普通教育班级中的成员（Little，2002）。一些带有自闭症极端形式的学生也在全天或在部分教学时间参与普通教育班级活动（U. S. Dept. of Education，1996）。

**共同特征**

除了已经描述的特征外，有自闭症谱系障碍的学生可能有如下特征：

- ✧ 对一个物体或视觉显示的细节有异常的注意。
- ✧ 很强的视觉—空间思维技能。
- ✧ 很少洞察他们自己的想法和感受。
- ✧ 很少跟他人有目光接触。
- ✧ 当受到伤害或心烦时，很少有或者没有从他人那里寻求安慰的兴趣。
- ✧ 异常的姿势和动作（如，笨拙的步法）。
- ✧ 对可预知的环境的强烈需要。（Dalrymple，1995；Denkla，1986；Grandin，1995；Grandin & Johnson，2005；Hobson，2004；Leary & Hill，1996；Schreibman，1998）

有自闭症的学生有时表现出学者综合征（savant syndrome），拥有非凡的能力（如异常的艺术和音乐天赋），这与他们心理功能的其他方面相比是相当显著的（Treffert & Wallace，2002；Winner，2000b）。

**适应性教学**

这章描述的许多课堂策略可以适用于有自闭症谱系障碍的学生。两个附加的策略也是有帮助的：

- **将课堂安排和每周时间安排表的可预知性最大化。**当他们的物质环境维持一致，并且他们能遵循常规时，许多有自闭症谱系障碍的学生能感到更轻松和安全。在学年开始，我们就应该以可以在整个学年长期使用的方式来安排家具和设备，只有当完全有必要时才在后面作出调整。在尽可能大的程度上，我们应该在每天的同一时间或一周的特定一天制订特定活动计划。如果进度表一定要改变，也许是因为一场消防训练或者一次学校集会，我们应该在改变之前让学生做好准备（Dalrymple，1995）。
- **使用视觉方法教学。**因为有自闭症谱系障碍的学生通常有很强的视觉—空间技能，但可能有损伤的语言技能，对视觉材料的重点强调或许是恰当的（Hogdon，1995；C. C. Peterson，2002；Quill，1995）。我们可以使用实物、图片和照片来传递与学业主 *176*
题有关的观念，或者我们可以使用某种视觉线索来预示一个新活动的开始。

## 一般的建议

尽管情绪和行为障碍的原因与自闭症谱系障碍的原因通常相当不同，但有这些障碍的学生都可以从相同的课堂干预中受益。也许通过使用前面呈现的、针对有特别认知或学习困难学生的教学策略，我们能够促进他们在学业任务上的成功。研究者和有经验的教育者也提供了如下的建议：

- **坚持要求适当的课堂行为。**尽管某些有障碍的学生可能比许多同伴更倾向于表现出起不良作用的课堂行为，但教师无疑可以帮助他们以建设性的方式采取行动——例如，通过对他们行为施加合理的限制，并且当他们超出这些限制时就强加一定的后果（Evertson & Weinstein，2006）。"创建一个建设性的课堂环境——鼓励有社交或行为问题的学生的适当行为"部分提供了几种有用的策略。
- **培养社会认知和有效的人际技巧。**一些有自闭症或情绪和行为障碍的学生缺乏最基本的社交技能，还有许多学生在交流、合作或解决人际冲突方面存在困难。这样的学生通常可以从社会观点采择的训练中受益（Hudley & Graham，1993；LeBlanc et al.，2003）。社交技能的清晰教学、示范和指导也相当有效（E. G. Carr et al.，1994；Koegel，Koegel & Dunlap，1996；Nikopoulos & Keenan，2004）。[8] 当然，学生需要机会来练习他们的新技能，也许通过课堂中有组织的互动或者通过社区中与年轻人的组对计划可以提供练习的机会（Slavin，1990；Themann & Goldstein，2001；Turnbull et al.，2007）。
- **坚持，并期待逐步的改善而不是突然的成功。**帮助有社交或行为问题学生的工作通常是一件有挑战性的事情。这些学生中的很多人最初会抵制我们帮助他们的努力。只有当他们看到他们行为改变的自然结果——例如，当他们开始交到新朋友或者与老师更好地相处——他们才可能开始认识到我们的指导和支持的价值。他们的进步可能是缓 *177*
慢的，但是通过关注小的改善，我们以及我们的学生都能被我们所看到的改变所鼓舞，而不会因持续存在的问题而气馁（Gearheart，Weishahn & Gearheart，1992；Patton et al.，1996）。

### 创建一个建设性的课堂环境——鼓励有社交或行为问题学生的适当行为

- 让行为期望清晰而具体。

  一个教师提醒学生："没有征得同意不要借走玛丽的那瓶胶水。首先要经过玛丽的检查以确定你使用她的东西没有问题。如果玛丽不同意，就请求其他人。"
- 详细说明适当和不适当行为的结果并按适当和不适当行为来贯彻结果。

  一位教师告诉学生："萨姆，你知道，某些猥亵语，像你刚才用过的两个，在课堂上是不能接受的。你也知道这个行为的后果，所以请你到暂停区待10分钟。"
- 对特定行为给予相应的反馈。

  一位教师告诉学生："你今天在自修室做得很好。你把注意力集中在你的家庭作业上，并且当杰罗姆在来我办公桌的路上突然碰你一下时，你没有报复。"
- 试着预料问题并防患于未然。

  一个学生偶尔发脾气，让整个班级陷入混乱。尽管它们看似是突如其来的，他的老师后来认识到，在这个学生发脾气之前，他的耳朵总是会变红。这个认识让她把那个学生的怒气转向别处，这样只通过最小限度地转移注意，他就可以发泄他的情绪（Ormrod & McGuire，2007）。

## 在认知和社会功能上普遍迟滞的学生

在"全纳环境中的学生"表格中、贯穿全书的一个类别是：在认知和社会功能上普遍迟滞的学生。我故意使用这个术语来囊括在发展迟滞中有一致模式的所有学生，无论这些学生是否被明确地确认为有障碍。教育者有时使用迟钝的学习者这个术语，来描述在智力测验中得分在70多分以及在大多或者全部学业课程中存在明显困难的学生。

### 智力落后

智力落后的学生在认知和社会性发展的大多数方面表现出明显的迟滞。更特别的是，他们表现出下列两个特征（Luckasson et al.，2002）：

- 明显地低于全体智力平均值。这些学生在智力测验上的得分相当低——通常不高于65分或70分，反映了他们的成绩在他们年龄群体中处在底端的2%（Keogh & MacMillan，1996；Turnbull et al.，2007）。另外，这些学生学习缓慢，事实上在所有的学业科目领域一向表现出较差的成绩。
- 适应性行为上存在缺陷。有智力落后的学生以我们对更小儿童所预期的方式行事。他们在适应性行为上的缺陷包括实践智力和社会智力上的缺陷。实践智力，也就是管理日常生活中的普通活动；社会智力也就是在社会情境中恰当地表现自己。

智力落后常常由遗传条件造成。例如，大多数有唐氏综合征（Down syndrome）的儿童认知发展迟滞。其他的病例是由生物学的但非遗传的原因造成，如在母亲怀孕期间严重的营养不良或过度的使用酒精，或者难产过程中的缺氧（Dorris，1989；Keogh & MacMillan，1996）。在其他情况下，环境因素（如父母的忽略或者处在一个极度贫乏和无刺激性的家庭环境）也可能负有责任（Batshaw & Shapiro，1997；A. A. Baumeister，1989）。

**共同特征**

一些智力落后的学生全天或者在部分教学时间参加普通教育班级活动（U. S. Dept. of Education，1996）。这些学生可能表现出许多或者全部的下列特征：

✧ 真诚地渴望归属于学校并适应学校。

✧ 关于世界的一般知识较少。

✧ 较差的阅读和语言技能。

✧ 即便有，也只有很少有效的学习策略和记忆策略。

✧ 当教学不够完整或模棱两可时，很难填补细节。

✧ 难以理解抽象的观念。

✧ 难以将在一种情境下学习的事物推广到新的情境中。

✧ 较差的运动技能。

✧ 不成熟的游戏行为和人际技能。（Beirne-Smith et al.，2002；Butterfield & Ferretti，1987；Gresham & MacMillan，1997；F. P. Hughes，1998；Kail，1990；Patton et al.，1996；Turnbull et al.，2007）

**适应性教学**

本章前述的许多策略能用于智力落后的学生。这里有些额外的策略需要记住： 178

• **教学速度足够缓慢以确保成功。**当与智力落后的学生合作时，我们应该在新的主题和任务上进行得足够缓慢——并且要有足够的重复——以便让学生可以最终掌握它们。智力落后的学生一般在学业任务上有着长期失败的历史。因此，他们需要通过频繁的成功经历来认识到经过努力学习他们能在学校取得成功。

• **具体、明确、完整地解释任务。**假如我们只告诉智力落后的学生："把缺席者名单带到校长办公室。"那个学生在完成差事后或许并不会回到教室。取而代之，我们可以说："约翰，到校长办公室去，把缺席者名单交给史密斯女士，然后回到这里"（Patton et al.，1996，p. 105）。

• **提供相当多的支架来鼓励注意和其他的认知过程。**因为对于如何最好地学习和记忆新信息，智力落后的学生通常只有很少的意识，在他们学习时，针对他们应该做（心理上）什么提供清楚的指导，是很有帮助的。例如，我们可以使用像"准备"、"看"、"听着"这样的短语来帮助他们集中注意力。我们也可以教给他们几种简单、具体的记忆策略，如对自己复述教学内容（Turnbull，1974）。我们还可以提供简单的学习指导，明确地告诉学生当他们学习时该关注什么（Mastropieri & Scruggs，1992）。

• **课程中包含职业和一般生活技能。**对于多数智力落后的学生而言，高中课程中重要的一部分是训练一般的生活技能和工作技能。当训练发生在现实环境中，这些训练就最有可能是有效的（Turnbull et al.，2007）。

## 有身体障碍和感知困难的学生

一些有特殊需要的学生有明显的身体残疾，它们是由医学上可查的生理学疾病造成的。这些包括身体和健康损伤、视觉损伤、听力丧失以及多种严重障碍。

### 身体和健康损伤

身体和健康损伤是指一般的身体或者医学疾病（通常是长期的），它在某种程度上干扰了学校成绩，以致必需特殊的教学、课程材料、器材或者设备。这个类别的学生可能有有限的活力和力量、弱化的心理警戒或很少的肌肉控制。可能让学生具备接受特殊服务资格的疾病包括创伤性的脑部伤害、脊髓损伤、大脑性麻痹、癫痫症、囊肿性纤维化、癌症和艾滋病。大多数的身体和健康损伤学生全天或在部分教学时间参与一般教育课堂活动（U. S. Dept. of Education，1996）。

**共同特征**

很难归纳出身体和健康损伤学生的特征，因为他们的疾病彼此很不相同。然而，几个显著的特征是相当普遍的：

✧ 正常的学习能力。

✧ 低持久力并且容易疲劳的倾向。

✧ 较少机会以教育上重要的方式经验户外世界和与户外世界的互动（如，较少使用公共交通工具、较少参观博物馆和动物园）。

✧ 可能存在低自尊、不安全感或者过度依赖，这部分取决于父母和其他人过去对他们损伤的反应。（Patton et al.，1996；J. W. Wood，1998）

**适应性教学**

179 尽管我们不一定需要为有身体和健康损伤的学生专门设计学业课程，但我们一定要作出一定的调整：

• **对特殊的需要和残疾保持敏感，并灵活地适应它们。**一个学生可能在完成书面作业时需要额外的时间，并且在整洁性和易读性方面不应该对他持对其他同学同样的标准。另一个学生可能需要对测验问题作出口头的反应而非纸面上的反应。还有另一个学生可能容易疲劳并且需要频繁的休息。

• **在紧急情况下知道做什么。**一个有急性哮喘的学生可能有呼吸困难。有糖尿病的学生可能出现胰岛素休克。有癫痫症的学生可能癫痫突然发作。我们应该提早跟学校医疗职员协商，以便我们准备好在这些威胁生命和健康的情况下适当地作出反应。

• **如果学生和父母允许，教给同学们关于学生残疾性质的知识。**许多儿童友善而尊重地对待有身体残疾的同伴，但另一些儿童则不会这样。有些同伴对残疾的性质一无所知，而正确的信息能帮助他们变得更宽容、更接纳。在一个广为关注的个案中，赖安·怀特是一个有艾滋病的学生，最初他不被准许进入附近学校，因为同学和父母无根据地害怕，害怕其他儿童会被感染（R. White & Cunningham，1991）。只有在让公众确信艾滋病不会通过呼吸或者正常身体接触感染之后，赖安才得以重回学校。虽然如此，对他的接受几乎是不热情的，正如赖安自己揭露的：

> 当他们看到我来了，孩子们就退到存物柜后面，或者扑到走廊的围墙后面，喊道：“当心！当心！他在那儿！”（R. White & Cunningham，1991，p. 118）

只有当他家搬到不同的教学区——那里的教育机构竭尽全力地告诉父母和学生关于艾滋病的真正特点——赖安才发现教师和同伴们很高兴把他留在他们的学校。

## 视觉损伤

视觉损伤学生的眼睛或者视神经有功能障碍，即使有矫正镜的帮助也不能有正常的视力，并且他们的课堂表现也会因此受到负面影响。一些学生完全失明，有些学生只能看到光亮和黑暗中的模糊图案，还有些人的视野有限（有时称之为视野狭隘），视野狭隘让他们在一个时间点只能看到非常小的区域。视觉损伤是由先天的异常、眼部受损或通向脑部的视觉通路受损而造成的。

**共同特征**

视觉损伤的学生倾向于有以下许多或全部的特征：

- ✧ 其他感觉（听觉、触觉等）的功能正常。
- ✧ 一般学习能力与没有该伤残的学生相似。
- ✧ 词汇和对一般世界的知识有限，部分是由于有较少的机会以教育上的重要方式来经验外部世界（如较少接触地图、电影和其他视觉材料）。
- ✧ 模仿他人行为的能力减弱。
- ✧ 不能观察别人的身体语言和其他非言语线索，导致有时误解他人的信息。
- ✧ 没有正在发生事件的视觉知识，结果导致怀疑和焦虑（尤其在混乱环境中，如餐厅或者操场）。
- ✧ 在小学低年级，关于书面语言惯例（书写的指导、标点等）的知识较少。（M. Harris，1992；Patton et al.，1996；M. C. Reynolds & Birch，1988；Tompkins & McGee，1986；Turnbull et al.，2007；Tuttle & Tuttle，1996）

**适应性教学**

专家一般给予学生盲文点字法、定位和能动性方面的训练，以及特别调整的计算机 180
技术方面的训练。另外，几个策略可以帮助有视觉损伤的学生在一般教育课堂中获得成功：

• **提早让学生适应课堂的物体摆放。**在其他学生到达前，学生应该有机会探索课堂——理想地说，在开学的第一天前就要开始。那时，我们可以帮助学生定位重要的物体（如废纸篓和铅笔削刀），指出特别的声音（如墙上闹钟的滴答声），来帮助学生了解方位（J. W. Wood，1998）。

• **使用对比明显的视觉材料。**一些有部分视力的学生可以使用印好的、带有明显区别特征的材料，例如在大多数公共图书馆里可以获得的、用大号铅字排印的书籍。但是学生的眼睛可能会迅速疲劳，所以我们应该限于在短期内使用视觉材料（Patton et al.，1996）。

• **大量依赖其他形式的材料。**我们可以获得必需的书籍和作业的盲文复本或者小说和其他文学作品的录音磁带。我们也能引导包含学生能感觉到和能操作物体的实际动手活动。描绘山脉、山谷和海岸线的塑料三维地形图可以这样来修饰：用小孔区分边境或用少量指甲油定位主要城市。任何专门的视觉材料或许可以由教师助手、父母志愿者或同学以相当详细的方式描述。

• **准许学习和作业的额外时间。**通过听觉来学习通常比由视觉来学习需要更多的时间。当学生看着某物时，他们可以一下知觉到大量的信息。但当他们必须要听信息时，他们就只能按序列地接受，每次只接受一个信息块（M. B. Rowe，1978）。

## 听力丧失

听力丧失学生的耳朵或者相关神经有功能障碍，妨碍了对正常人类语音频率范围内声音的知觉。即使有助听器的帮助，全聋的学生也没有足够的听力来理解任何口头语言。听力困难的学生理解一些语音，但在理解过程中会感到格外困难。有近一半被确认为患有听力丧失的学生全天或在部分教学时间在一般教育课堂中就读（U. S. Dept. of Education，1995）。

**共同特征**

大多听力丧失的学生有正常的智能（Braden，1992；Schirmer，1994）。但他们可能有以下这些特征：

- 因为暴露于口语中的机会减少，语言能力发展迟滞，特别是如果这种损伤在出生时就出现或者发生在生命早期。
- 精通手语，如美国手语（ASL）或者手指拼写。
- 一定的唇读能力。
- 比听力正常的同学使用的口语更少；也许谈话有单调的、空洞的特征。
- 阅读技能发展较差，尤其是如果语言发展已经迟滞的话。
- 因为接触口语的机会减少，有较少的一般性世界知识。
- 由于交流能力的减弱，导致有一些社会隔离、社交技能受到更多限制，并且缺少观点采择能力。（Bassett et al.，1996；Chall，1996；Gearheart et al.，1992；P. L. Harris，2006；C. C. Peterson，2002；M. C. Reynolds & Birch，1998；M. B. Rowe，1978；Turnbull et al.，2007）

**适应性教学**

专家一般在像美国手语、手指拼写和读唇术这些交流技能方面提供训练。外加这些可能在阅读和词汇方面补救性的教学，正规的学校课程对于大多数听力丧失的学生是适合的。但是，几个方面的调整可以促进这些学生在一般教育课堂中获得成功：

181 • **将无关的噪声减到最小。**即便学生使用助听器，他们所听到的东西通常也会被减小或者被歪曲；因此，将潜在的、令人分心的声音减到最小，对他们是有帮助的。例如，毛毯和公告牌可以吸收无关的噪声，并且应该将电风扇和卷笔刀尽可能放得离他们远一点。

• **用视觉信息和亲自动手经历补充听觉表象。**我们可以在黑板上写下要点，用图片来说明关键观念，复制讲课的阅读材料，要求助手或者学生志愿者在课内讨论中做笔记。我们也可以使用实际的活动（如角色扮演）来让听力丧失的学生更好地理解抽象的观念。

• **以有助学生听和唇读的方式来交流。**当我们以正常语调的声音（不要太大声）谈话、正常地对单词发音时，耳聋的学生最有可能理解我们（Gearheart et al.，1992；J. W. Wood，1998）。为了帮助学生唇读，我们应该只面对着他们说话，并且绝不要坐在黑暗的角落里或者站在窗户或亮光前说话。

• **向班级的其他成员教授美国手语和手指拼写。**为了促进与听力损失学生的交流，班级的其他成员（类似于学生和教师）应该学习美国手语和手指语的一些技能。我曾在一个学校授课，这个学校里，每个学生——有听力损伤和没有听力丧失的学生——都接受了手势语的教学。我班上的一个女孩完全丧失听觉，仍很受她同学的欢迎。她和她的朋友在课前和课后都可以很容易地交流——但遗憾的是，有时是在课堂中不恰当的时候。

## 多种严重障碍

多种严重障碍的学生有两种或者更多种上述的障碍，并且在他们的教育计划中需要重大的调整和高度专门化的服务。即便如此，一些有多种严重障碍的学生会在部分教学时间待在一般教育课堂中。

**共同特征**

我们可能在多种严重障碍的学生身上看到许多如下特征：

✧ 程度不同的智力功能障碍（一些学生在受限的交流能力背后有中等智力）。
✧ 对周围刺激和事件的意识有限，有些学生有周期性的警戒和反应。
✧ 交流技能（通常由姿势或者其他非语言方式组成）有限。
✧ 适应性行为（如社交技能、自我照顾的技能）有限。
✧ 轻微或严重的感觉损伤。
✧ 运动发展明显迟滞。
✧ 大量的医学需要（如药物治疗、静脉滴管）。(Guess，Roberts，Siegel-Causey & Rues，1995；Turnbull et al.，2007)

**适应性教学**

如果在我们的课堂上有多种严重障碍的学生，我们几乎毫无疑问地要同一个或更多的专家或教师助手合作，这些人会在他们的教育中提供帮助。虽然如此，如下的策略可以促进有多种障碍的学生成功地融入课堂团体中：

• **教给对于学生一般健康和成功融入课堂很重要的行为和技能。**事实上，所有有障碍的学生都有一些适应新环境的能力。我们身边有这样的学生时，我们应该确认并且教给他们一些可以提高学习和成绩的行为——也许是更有效的沟通方式、基本的单词识别或算术技能，或者是使用特殊的技术设备。

• **在同样的活动中将有障碍的学生和没有障碍的学生配对。**配对活动的学生可以朝向不同的目标。例如，当指导一个科学实验时，配对中的一个学生可以实践科学实验的方法，而另一个可以掌握基本的科学概念或者练习沟通技能（Giangreco，1997）。

• **所有学生可以也应该尽可能充分地参与课堂活动，我们要保持这一心理定式。** 182
许多教师已经发现，当他们对学生能完成什么保持开放的思想时——尤其当他们创造性地、合作地思考他们如何调整常规课堂活动来适应有特殊需要的学生时——学生可以用一些有意义的方式参与几乎任何课堂活动（Logan，Alberto，Kana & Waylor-Bowen，1994；Salisbury，Evans & Palombaro，1997）。

## 一般建议

除了我们已经为特殊身体残疾确定的策略外，几个一般策略应用于所有有身体障碍或感知困难的学生：

• **确保所有学生有机会获得重要的教育资源和机会。**有时这些机会包括调整教学材料，还包括调整教室的物件摆放（如，加宽走廊和把公告牌放在适应坐在轮椅上的学生观看的高度）(Stephens，Blackhurst & Magliocca，1988)。在其他的情形中，这些机会可能包括预先计划和创造性的思考，以让学生可以参与体育活动，可以进行实地考察等。

• **只有当学生真正需要的时候提供帮助。**一些成人很热心地帮助有身体障碍或感知困难的学生，他们未加留意地完成这些学生本来能亲自处理好的任务和问题。对于这些学生，我们的目标之一应该是促进他们的独立性，而不是对他人的依赖。

• **使用科技来促进学习和成绩。**例如，一些计算器当按动按钮和显示答案的时候会"说话"。一些软件能够"读出"计算机屏幕上出现的东西或者将扫描的课文转换成音频信息。一些打印机用盲文点字法打印。特别是采用操纵杆和声音识别系统可以帮助肌肉控制有限的学生使用计算机。被称为增强性交流设备的机器为不能听到正常语音的学生提供合成语音。

前面已经提到，所有有确定障碍的学生应该有个别化教育程序指导教学。我们来审查一项针对名叫哈里的男孩的个别化教育程序，这里运用到我们所学到的关于各种残疾的知识。

183

## 解释学生的作品和行为——看一个个别化教育程序

8 岁的哈里已经被确认患有障碍，并且由哈里的课堂教师、资源教室的教师、学校心理学家、学校辅导员和哈里的父亲组成了一个团队，为他设计一个个别化教育程序。如下摘录只描述了哈里整个个别化教育程序的一小部分。你在读这段摘录时，想想：

- 哈里可能患有的特殊障碍。
- 个别化教育程序在指导教学中可能有多大的帮助。

优势：聪明、有创造性、视觉记忆好、喜爱在计算机上工作、喜欢结构化的活动、被激励时能坚持困难任务。

需要：遵循课堂期望、有建设性、社交更恰当并且在社交情境中有较少焦虑、较少冲动。

策略：

- 在给出指导前建立目光接触。
- 鼓励哈里复述指导，确保他理解了。
- 提供结构来帮助哈里满足成文的期望和让他自己有条理。
- 用一对一的指导来避开潜在的爆发。
- 使用行为技术来帮助哈里控制过多的赘语、准时开始任务和满足课堂期望。
- 把任务分解成哈里能依次进行的更小单元。
- 鼓励哈里增加积极的自我对话。
- 当哈里对自己的工作负起责任时提供积极的强化
- 给予关于过渡和活动结束的先前通知
- 经常和家人沟通来分享积极的成就。

调整

- 在书面语言、行为管理、建设性和满足课堂期望上提供支持。
- 辅导用于支持情绪控制、恰当和有礼貌的语言以及社交技能。
- 调整作业的长度和书面作业的数量。

教学目标：

书面语言：

- 哈里会维持一个专门时间段的独立书写，先写然后绘画。
- 为了在每周拼写测验上有 80%的正确率，哈里要记住基本的符号、语音和内容领域的单词。
- 哈里将能确定和运用正确的标点来结束一个句子。

学习/组织/行为技能：

- 哈里将能遵循教师的指导，在给定数量的时间内开始一项任务。
- 哈里将能在合理的时间内完成一项任务。
- 在先前预告的情况下，哈里能成功地过渡到新活动。
- 在教师指导下，哈里将能在一个小的群体中合作共事，并作出积极贡献。

社会/情绪功能：

- 哈里将能增加对其他人面部表情所展示情绪的意识。
- 哈里将逐渐理解他人可能有合理观点。
- 哈里将增加对他的行为可能让他人心烦（也就是，当他讲话太大声或者行为失礼）这一问题的理解。

哈里有什么样的障碍？你在读这个个别化教育程序时，你可能已经形成几个假设：或许是学习障碍、注意缺陷多动障碍、情绪或行为障碍。实际上，那个团队确定了哈里患有情绪障碍，术语上我们曾把它称为情绪或行为障碍。我们可以看到，把学生归类为患有特殊障碍并不总是一个清晰的过程，像哈里一样，特别是当一个学生在几个方面有缺陷时。最后，最重要的目标与其说是给哈里一个特定的诊断，不如说是调整教学材料和实践来最好地满足他个别化的需要，并帮助他在学业和社会性上获得发展。

个别化教育程序在指导教学中有多大用处呢？上面列出的策略肯定提供了一些有用的对哈里起作用的意见，并且所列出的是完成起来比较合理的目标。但是几个关键的事情在呈现在这里的摘录中遗漏了。例如，哈里在每个领域内的现有成绩水平是什么？该如何评估哈里在每个目标上的进展？团队中哪个成员（如，课堂教师、资源教室教师、辅导员）对哪个目标负责，并在哪种环境下负责？理想地说，一个个别化教育程序应该包括这些信息。哈里全部的个别化教育程序说明了一些但不是全部问题。

## 认知发展超前的学生

许多学生倾向于在特定的学科领域或跨学科领域有超前的能力，这值得我们注意和鼓舞。你应该把认知发展超前的学生看做处在一个能力的连续体上，而不是一个截然不同的分类，并且事实上，我们应该培养所有带到课堂上来的特别天赋和才能。但是，一些学生——那些是天才的人——远远超过了正常人，以致为其提供特殊的教育服务通常也是恰当的。

### 天才

一般来说，天才在某个或多个领域（如在数学、科学、写作、艺术或音乐上）具有异常高的能力或才能，必须有特殊教育服务来帮助其发挥全部潜能。在大多情况下，天才可能是遗传素质和环境教养作用的结果（Shavinina & Ferrari，2004；Simonton，2001；Winner，2000b）。

历史上，学区曾极大地依赖智力测验来确定天才学生（你可能也看到天才的和有才能的这个术语）。但正如我们前面了解到的，智力测验主要关注主流西方文化重视的技能，不一定揭示出那些在特殊学业领域、创造性或艺术上很有前途的学生。许多学校现在使用多种标准来确定接受特殊服务的资格，而特定的标准在各处有相当大的不同。

#### 共同特征

天才的学生在他们独特的优势和才能上有相当大的不同，并且在某个领域表现出异常才能的学生可能在另一个领域只有中等的能力（Winner，2000b）。但是，许多天才的 *184*
学生有这样的一些特征：

- 更超前的词汇、语言和阅读技能。
- 更全面的关于世界的知识。
- 比同伴学得更迅速、更容易，有更独立的能力。
- 更高级和更有效的认知过程和学习策略。

✧ 在观念和完成任务的方法上有更大的灵活性。

✧ 成绩上的高标准（有时到了不健康完美主义的程度）。

✧ 完成挑战性任务的高动机；对容易的任务感到厌烦。

✧ 积极的自我概念，尤其是关于学习努力的自我概念。

✧ 高于平均水平的社会性发展和情绪调节（尽管少数特别有天赋的学生因为他们与同伴很不相同，而可能存在困难）。（B. Clark，1997；Cornell et al.，1990；A. W. Gottfried et al.，1994；Lupart，1995；Parker，1997；Shavinina & Ferrari，2004；Silverman，1994；Steiner & Carr，2003；Winner，2000a，2000b）

有天赋的学生也可能是有障碍的，或许是学习障碍、注意缺陷多动障碍、情绪或行为障碍（Brown-Mizuno，1990；Hettinger & Knapp，2001）。在为这些学生设计教学时，我们一定要关注他们的障碍和他们独特的天赋。

**适应性教学**

回想第 2 章中列文·维果斯基的认知发展观，如果我们把天才学生限制在给其他学生的任务上，我们可以说，天才学生不可能在他们的最近发展区中——最可能促进认知发展的挑战性任务的范围——学习。另外，当他们的学校环境没有提供挑战他们、帮助他们发展独特的能力的任务和作业时，许多有特别天赋和才能的学生会变得厌烦和有挫败感（Feldhusen，Van Winkel & Ehle，1996；Winner，2000b）。在奥姆罗德教师的预备课程中，9 岁的埃琳娜在她对天才学生学习课程（PEAK）的描述中表露出对挑战的渴望：

> 成年人：你最喜欢学校的什么？
>
> 埃琳娜：我喜欢天才学生学习课程……它适合那些对你能做的事可能有着好主意的聪明孩子。因此，对你而言，它们让在校的学习更有挑战性。你学 4 年级数学而不是 3 年级数学。

我们可以用许多方式来培养天才学生的特殊能力和才能，包括下面这些方式：

• **提供个别化的任务和作业。**不同的学生倾向于在不同领域需要特殊的服务——例如，在数学、创造性写作或者影音艺术。一些天才学生，特别是那些有有限英语背景的人，可能甚至需要在某些基本技能上的训练（C. R. Harris，1991；Udall，1989）。

• **形成有相似兴趣和能力的学生学习小组。**在一些情况下，学习小组可以比其他学生对主题做更深入和更完善的探讨（充实方法）。在其他情况下，我们可以仅以更快的进度来完成标准的学校课程（加速方法）。通过增加与有相似兴趣的同伴的接触，学生能够在学业和社交方面从中受益（Fiedler，Lange & Winebrenner，1993；J. A. Kulik & Kulik，1997；McGinn，Viernstein & Hogan，1980）。

• **在特殊的学科领域背景下教授复杂的认知技能。**把复杂思维过程（如创造性、批判性思维）当作完全从教学主题中分离的技能来教授，这样的计划往往对学生认知发展的影响很小。我们在特殊主题的背景下教授复杂的思维技能会更好——例如，写作中的创造性、科学中的推理和问题解决技能（M. C. Linn et al.，1989；Moon，Feldhusen & Dillon，1994；Pulos & Linn，1981；Stanley，1980）。

• **为独立学习提供机会。**因为许多天才学生有很强的动机，并且有高级的学习和研究策略，独立学习有趣的主题可能会更为合适（Candler-Lotven，Tallent-Runnels，Olivárez & Hildreth，1994；Lupart，1995）。如果我们提供这样的机会，我们必须确信学生具备有效使用他们的时间和资源所需的学习习惯和研究技能。

• **鼓励学生设定高目标。**当天才学生目标高远时，他们最可能在高水平上取得成功（Patton et al.，1996；Sanborn，1979）。同时，我们一定要警告他们不要指望尽善尽美：失误和犯错是解决挑战性任务中不可避免的部分，这可以最好地增进他们的认知发展。

• **寻求外部资源。**当学生在我们自己专门的技术领域以外有很高的能力时，在整个学区或社区其他地方确定合适的指导通常也是很有帮助的——也许是在当地的大学、政府机关、私营企业或者志愿者社会团体（Ambrose，Allen & Huntley，1994；Piirto，1999；Seeley，1989）。

## 当确定和关注特殊需要时考虑多样性

悲哀的是，大量被确定为有障碍的学生，不成比例地来自少数民族群体和低收入地区（McLoyd，1998；U. S. Dept. of Education，1996，1997）。许多理论家认为，在特殊教育计划中发现来自不同背景的学生数量不成比例，可由环境中的差异来解释（McLoyd，1998；H. W. Stevenson et al.，1990）。例如，来自一些少数民族群体的学生比他们的同学更可能在低收入地区长大，低收入地区缺乏足够的医疗护理，增加了暴露于环境毒素的机会，有更大压力的生活条件，以及较少机会获得早期教育资源，这些造成更低的智力功能和更严重的行为问题（Conlon，1992；McLoyd，1998）。 *185*

在各种障碍的类别中，特殊群体的不公平表现给教育者造成了两难困境。一方面，对那些课堂成绩和行为可能主要归因于成长所处的不利环境条件的学生，我们不要使用像智力落后、情绪或行为障碍这样的分类。另一方面，特殊教育服务在长时间内可以很好地帮助他们更成功地学习和实现目的，我们不要剥夺这些学生的特殊教育服务。在这些情况下，我们应该引导对学生的需要进行公平的、无歧视的评价，如果学生有资格在一个特殊需要的类别中，创设个别化教育程序来满足那些需要。我们应该把这些特殊需要的类别看做暂时的分类，当学生课堂成绩改善时，这种分类也许不再合适。记住学生被安置在一个特殊教育的类别中是很重要的，因为他们需要专门化的服务。不论有或者没有障碍的类别，随着时间流逝所有学生都有不断改变的需要。

我们一定也要记住，当使用传统智力测验和其他标准能力测验时，来自少数民族群体的许多学生可能没有被确认为天才。在一些文化中长大的学生可能对于在智力测验中普遍使用的一些任务只有很少的经验（Rogoff，2003）。然后，我们要关注表现出特殊能力和才能的其他迹象，并因此可能从丰富的教育经历中受益的那些学生，这很关键。以下是我们要寻找的特征的例子：

✧ 从经验中快速学习的能力。

✧ 非凡的交流技能（如，发音清晰、语言丰富）。

✧ 思维和问题解决中的创见性和机智。

✧ 将概念和观念推广到新的、看似无关的情境中的能力。（Maker & Schiever，1989；Winner，1996）

在长时间内，因为我们社会的发展，对所有文化和种族群体中发现的许多天才和有才能的学生进行培养，这是绝对必要的。

## 概　览

在我们对智力、认知风格、思维倾向和特殊需要的讨论中，我们已经发现在任何单个课堂中，学生在许多方面可能互不相同。作为一个刚上岗的教师，你们一开始可能发现这种差异让人有点难以招架，但随着时间和经验的积累，你将开始从容处理它，并逐渐承认多样性带给一个课堂共同体许多有益的价值。以下是为了在一般教育课堂中适应学生不同能力和障碍的几个策略：

■ 获得关于每个学生尽可能多的信息。不管学生是否被确认有特殊的教育需要，他们首先是个体，每个人有独特的一组优势和不足。我们对于学生特别的特征和需要——学习的、社会的、行为的和医学的——知道得越多，我们就越能有效地帮助每个学生，并且每个学生都能在课堂任务上和活动中取得成功。

■ 不仅对有障碍和特殊能力的学生，也对那些没有障碍的学生进行个别化教学。当所有学生接受适合他们独特特征的教学材料和作业时，学生可能更少将自己的成绩同他人作比较，并且有特殊需要的学生能更容易地与同学协调共处（T. Bryan，1991；Madden & Slavin，1983；M. C. Reynolds & Birch，1988）。

■ 在教学方法上要灵活。教授有不同能力和需要的学生，一些教学方法可能比其他方法有更好的效果，并且我们不能总是预言哪种方法对一个特定的学生将会最有效。如果我们用特定的方法没有成功，我们可以再试一下，但我们要进行不同的尝试。

■ 除非有其他方面的原因，对有障碍的学生要保持与对其他学生一样的期望。有时障碍可能让学生完成特定的学习任务变得困难或者不可能，我们要相应地调整我们的期望和作业练习。但是，除了这些情况以外，我们通常应该对有特殊需要的学生与对其他学生有一样的期望。不要想着一个学生不能做好某些事的原因，我们应该考虑我们如何帮助他们来做好它。许多人虽然有较大的障碍，但他们也取得了巨大成功（Armstrong，1994）。例如，阿尔伯特·爱因斯坦的言语发展迟滞，并且可能有失读症，路德维希·凡·贝多芬甚至在完全耳聋后创作了交响乐，举世闻名的天体物理学家斯蒂芬·霍金不能行走、讲话，也不能使用铅笔和纸。

■ 确认并教授学生因为障碍可能没有获得的先决知识与技能。一些学生缺少对于他们学校成功非常重要的知识和技能，这可能由于缺乏经验或者可能是障碍的直接后果。例如，身体灵活性变弱的学生可能很少有机会去操作他们环境中的物体。相似地，有视觉损伤的学生不能观察许多因果关系来形成学习科学的基础——如当木材燃烧时，它的外表发生的变化（M. B. Rowe，1978）。那些医学条件限制了他们同其他儿童接触的学生，可能在人际技能上有较差的发展。

■ 与专家商讨和协作。学区通常雇用各种专家，包括特殊教育者、咨询员、学校心理学家、护士、言语病理学家、物理治疗和职业治疗家。一些学生离开课堂半天来同这些人合作。但是，在今天的全纳学校中，在一个常规课堂背景下，教师和专家紧密合作，提供许多特殊的服务。

■ 定期与父母交流。依照《残疾人教育法案》，在为有特殊需要学生确定最适当计划的多学科团队中，父母是其中的一部分。学生的父母可以提供无价的信息来帮助我们确定并执行策略，来促进学生的学业和社会发展。父母经常能告诉我们什么起作用和什么不起作用，并且他们能警告我们留心某些可能引发课堂问题行为的条件或事件。另外，如果我们在学校和家里对行为有同样的期待，我们就能更有效地达成想得到的行为改变。但是，我们应记住，一些父母尤其是那些来自某些文化背景的父母，可能认为教育决策由“专家”负责会更好，并且作为父母他们很少起作用（DeGangi，Wietlisbach，Poisson，Stein & Royeen，1994；Harry，Allen & McLaughlin，1995）。于是在一些情况下，我们可能要做出额外的努力，来让父母积极地专注于为他们孩子的教育成功做计划。大家庭在儿童生活中起关键作用的文化中，我们可以让其他家庭成员（也许祖父母、姑母或叔叔）也参与进来。

■ 在计划编制和决策中把学生包括进来。用于大多数有特殊需要学生的教育计划——尤其是有残疾的那些人——是非常结构化的，以至于学生对于他们学什么、如何学有很少的发言权。但是渐渐地，教育者认识到让所有学生对他们的学业目标和课程作出一些选择的重要性（Algozzine，Browder，Karvonen，Test & Wood，2001；Mithaug & Mithaug，2003；Sands & Wehmeyer，1996）。（学生决策可以最终促进更多的自我调节和更强烈的自我决定感，我们将在第10章和第11章分别讨论这些主题。）

■ 留意那些可能有特殊服务资格的学生。当我们的教师阅历不断增加时，我们逐渐能更好地意识到哪些能力和行为对特定年龄群体是典型的，哪些能力和行为通常在鉴别某方面或其他方面是非典型的儿童中有突出的地位。深入的评估对于确定一种独特的特殊需要是必需的，尽管我们必须依赖专家来指导这样的深入评估，但让学生接受这样的评估工作——从而让他们获得可能需要的特殊服务——最终将由我们来决定。在下面练习的个案研究中，举例说明了这个非常重要的任务。

187

**资格考试练习：安静的艾米**

莫汉尼先生在幼儿园已经执教了十五年，并已通过经验认识到，许多幼儿最初在适应学校环境上有困难，尤其是如果他们先前没有上（托儿所）日托或保育园的话。但是艾米还是引起了他的注意。来到他班上几个星期后，与在幼儿园第一天的行为相比，她的行为改变很少。艾米从不说话，不跟他讲话，也不跟其他孩子讲话，哪怕当别人直接对她说话时也是这样。在极少的情况下，她才想交流——也许为了一个目的而表达愿望或者她对发生的事情感到痛苦——她主要通过看和指向房间里的某物或某人来交流。听从简单的指导时她也有困难，好像她没有听到别人要求她做什么一样。并且她看起来在日常故事书阅读和科学课堂上会分神。唯一让她快乐的活动是艺术和手工。她可以花上几个小时的时间来跟设计纸、蜡笔、剪刀、胶水打交道，并且她的创作通常是班上最有创造力、最详细的。

为了确定艾米存在困难的根源，莫汉尼先生拜访了她母亲，她母亲是个单身妇女，还抚养了其他五个孩子。“艾米在家也不说话，”她妈妈承认，“我做两份工作勉强维持生计，我未能在她身上花上我想要的那么多时间。可是她的兄弟和姐妹能很好地照顾她。他们好像总是知道她想要什么，并且他们确定她能得到。”

“我同艾米母亲的谈话没有给我任何关于如何帮助艾米的想法，”在他的拜访结束之后，莫汉尼先生驾车回家时想道，“可是，看起来艾米的主要照顾者是她的兄弟和姐妹，他们可能怀着帮助的态度，总是对她的非言语行为作出反应，而没有做什么来鼓励她讲话。明天早上我到达学校时，我的第一目的将是叫艾米参加一个深入的评定。”

**1. 多项选择问题**

✧ 莫汉尼先生认为艾米可能有特殊教育服务的资格。如果她有，她最不可能属于下面的哪个特殊需要的类别？

a. 听力丧失

b. 自闭症谱系障碍

c. 言语和交流障碍

d. 注意缺陷多动障碍

**2. 反应建构问题**

✧ 毋庸置疑，艾米的评估将要用几个星期的时间来完成。同时，为了改进艾米的课堂行为和成绩，莫汉尼先生可以使用什么策略？至少描述他可以做的三件不同的事情。你们的描述要详细和具体。

在你回答了这些问题之后，将你的答案同列在附录 B 中的答案进行比较。

## 注 释

1. 如果你学过描述统计的课程，你可以想起 IQ 是标准分，它以正态分布为基础。我们将在第 16 章中更深入地讨论这个问题。

2. 这些暂时的因素影响一个测验的信度，我们将在第 15 章中考虑信度的概念。

3. 事实上，任何测验分数都有误差幅度，使得对能力和成就的精确测验变得不可能。大多测验的发布者提供有关置信区间的信息，它能告诉我们典型的误差幅度。我们将在第 15 章中讨论这些区间。

4. 关于认知风格和思维倾向的研究文献已经彼此独立地发展起来了，并且就我所知，理论家没有对这两个概念做比较。认知风格是无意的而思维倾向是有意的，这样的观点似乎成为这两个领域理论讨论的基础。

5. 在研究文献中你可以看到场独立性和场依赖性或者反思性与冲动性的区别。这两种区别落在分析——整体的连续体中（A. Miller，1987；Riding & Cheema，1991）。

6. 实例包括美国智力落后学会（www. aamr. org）、美国言语－语言－听力学会（www. asha. org）、美国自闭症协会（www. autism-society. org）、注意缺陷/多动障碍儿童与成人（www. chadd. org）、行为障碍儿童委员会（www. ccbd. net）、超常儿童委员会（www. cec. sped. org）、美国学习障碍学会（www. ldanatl. org）和全国天才儿童学会（www. nagc. org）。

7. IDEA 也没有特别把注意缺陷多动障碍确认为具有资格的条件，但是如果他们的课堂学习能力显著受到影响，有注意缺陷多动障碍的学生在“其他受损健康”的归类中可以接受服务（Barkley，1998；Turnbull et al.，2007）。

8. 许多有效的干预包括第 9 章中描述的一些行为技术。

# 第6章

# 学习和认知过程

## 本章内容要目：

- 个案研究：达伦在校的一天
- 从不同的观点看学习
- 认知心理学的基本假设
- 认知心理学的关键术语
- 人类记忆模型
  - 感觉登记的性质
  - 把信息转移到工作记忆：注意的作用
  - 工作（短时）记忆的特性
  - 信息转移到长时记忆：将新信息与先前知识联系起来
  - 长时记忆的特性
  - 对三成分模型的批评
- 长时记忆存储
  - 陈述性知识是如何被学习的
  - 程序性知识是怎样被学会的
  - 先前知识与工作记忆在长时记忆存储中的作用
  - 在缺乏相关的先前知识时使用记忆术
- 长时记忆的提取
  - 影响提取的因素
  - 为什么学习者有时会遗忘
- 给学生时间去加工：增加等待时间的作用
- 认知过程中的多样性
  - 促进有特殊需要学生的认知加工
- 概览
- 资格考试练习：时间如何流逝

人类是适应性非常强的生物。我们可以适应各种不同的自然、社会和文化环境并得到良好的发展。换句话说，我们从我们的经验中进行学习。我们在前几章中偶尔提及学习——例如我们在第二章中对顺应和内化的讨论，在第三章中对社会化的讨论。但在这一章以及接下来的四章中，学习将是我们关注的重点。[1] 通过关注以下问题，我们开始对学习的探讨： 191

- 学习的各种理论以何种普遍的方式帮助你们成为一名教师？
- 哪些基本假设和概念对于当代认知心理学中关于学习的观点尤为重要？这些假设和概念对于课堂实践有什么样的含义？
- 人类的记忆系统是如何运作的？有关它的不同成分的知识如何能帮助你促进学生的学习？
- 随着年龄的增长，儿童的学习和记忆过程以怎样的方式发生变化？你如何促进不同年级水平学生的有效认知过程？

- 为什么学生有时会忘记他们在学校曾经习得的重要观念和技能？为了减少遗忘，你能做些什么？
- 你如何适应可能在学生身上看到的认知过程的多样性？

## 个案研究：达伦在校的一天

一天晚餐时，达伦的妈妈问他："今天在学校感觉怎么样？"

达伦耸耸肩，想了一会儿，说："我想，挺好的。"

"你学会了什么？"他爸爸问。

"非常少。"达伦回答道。

确实非常少！让我们回顾一下，看看达伦那一天在加法雷拉女士课堂上的几个片断，来弄清楚他实际上学会了多少。

- 在一堂数学课上，达伦和同学解决各种应用题来帮助他们学习和练习关于9的乘法运算（例如，一个问题是：一队女童军在卖甜饼，如果这队成员中的9个成员，每人卖出8盒，那么这队队员将一共卖出多少盒呢？）。达伦发现，一些乘法问题比较容易学习和牢记，因为他可以把它们同自己已经知道的事实加以联系。例如，9×2＝18就像9加上9，而9×5＝45可以从以5间隔计数来得到。其他的情况如9×4＝36和9×8＝72则相对更困难，因为他不能将它们同自己从前习得的任何数字事实联系。当加法雷拉女士发现达伦和几个同学努力解决该问题时，她教给全班两种技巧来学习9的乘法表：

192 （1）乘积中第一个数字是9被乘的那个数字减去1。例如9×6时乘积中的第一个数字一定是6－1，即是5。

（2）乘积中的两个数字加起来等于9。因为5加上4等于9，9×6的乘积一定是54。

有了这两个技巧，达伦发现了可以帮助他牢记所有9字乘法表的模式。

- 在一堂地理课上，加法雷拉女士描述了去年夏天她去希腊的旅程。她拿起一张帕特农神殿的图画明信片，告诉大家这个建筑完全是由大理石建造的。达伦坐在教室靠后的地方，图画看得不是很清楚。他想象着一个完全由大理石建造的建筑，默默地对古希腊人如何设法将大理石黏合到一块感到疑惑。
- 在体育课上，达伦的班级开始一个足球的教学单元。达伦以前从未踢过足球，他的首要目的是移动和控制足球，这种最初的尝试因显得笨拙而十分困难。他的老师密切观察着他的步法，当他合适地移动脚步时表扬他，最终达伦可以有些熟练地带球和传球。
- 在中午的艺术课上，达伦的班级在制作纸型面具。他的好朋友卡娜在眼洞下面增加一团压皱的纸，然后用几片涂了胶水的纸片覆盖在那团纸上，形成一定的形状，这样就给她的面具做了一个非常大的鼻子。达伦密切观看了卡娜制作的全过程，随后以相似的方式给他的面具做了个鼻子。

✧ 达伦在他的数学、地理、体育和艺术课程中学会了什么？在每个情境下，你能确定一个或者更多的影响他学习的因素吗？

## 从不同的观点看学习

尽管在餐桌旁达伦有明显的遗忘，但他在校的一天中无疑还是学会了许多事情。这些事情有的是新行为——例如一些初步的控球技术和制作纸型面具的策略。但其他的事情更多是心理的而非行为的——如学习 9 字乘法表以及帕特农神殿由大理石建造这一“事实”。

不管人们是获得新的行为还是新的信息或信念，学习主要是心理现象，它可能在大脑内部存在着自己的基础（见第 2 章）。为了便于我们讨论，我们将**学习**界定为由经验引起的心理表征和联结的长期变化。我们把这个定义分成三个部分：第一，学习是一个长期的变化，那就是说，它不仅是一个简洁的、暂时的对信息的使用（如，记住一个电话号码的时间长度只能够保证他拨完电话），但是变化不必持续到永久。第二，学习包括心理的表征或联结——是内部的实体和相互联系，可以保存新获得的知识和技能。第三，学习是一种由经验导致的变化，而不是生理的成熟、疲劳、酒精和药物使用或心理疾病发作而造成的。[2]

过去一些年，研究者们采用不同的方法来研究人类的学习。最初，一些心理学家简单地要求人们往头脑内部“看”，并描述他们在心理上做了些什么。但在 20 世纪早期开始，许多心理学家就因为这种方法太过主观而对它进行批判。取而代之的是，他们开始关注两个可以被观察和客观测量的事物——环境事件（称为刺激）和人们的行为（称为反应）——并确认了两者之间的因果关系。把重点放在行为上，这种学习观点被称为行为主义。我们可以在达伦上体育课时的一些行动中看到行为主义者观点的例子。教师观察达伦的步法（也就是他的反应）和当达伦作出正确动作时给予他表扬（对达伦而言也就是刺激）。 *193*

到 20 世纪 60 年代，许多学习理论家开始意识到除非他们把思想与行为同样看待，否则他们不能完全理解学习。[3] 认知心理学出现了，它关注多种心理现象——记忆、推理、错误观念等——这在解释达伦理解 9 字乘法表和对帕特农神殿的误解时将会很有用处。但是怎么看待行为主义者关心的思想不能被客观研究这一问题呢？认知心理学的观点认为，通过观察人们对不同刺激的反应，是可能进行推断的——这就是据理推测——在行为之下可能暗藏着的内部心理事件。我们可以尝试以下练习，进而理解通过观察人们的行为我们如何了解思维过程。

### 亲身体验・识记 12 个词

请将以下 12 个词只读一遍，然后把这页盖起来，按照你想到它们的顺序写下来：

| | | |
|---|---|---|
| 衬衫 | 桌子 | 帽子 |
| 胡萝卜 | 床 | 南瓜 |
| 长裤 | 土豆 | 凳子 |
| 椅子 | 鞋 | 豆角 |

你是按照阅读这些词的顺序写下它们的吗？也许不是的，如果你跟大多数人一样，你会按类别来记住这些词——可能先是衣服，然后是蔬菜，接着是家具。从你写下这些

词的次序中（也就是从你的行为中），我们可以对你在学习这些词时出现的内部认知过程进行推论：你在心理上把它们组织成类别。

从发表在专业杂志上的文章数量和许多专业会议上的报告数量来看，认知心理学的学习观点在当前最为流行（e. g.，Robins，Gosling & Craik，1999）。因此，我们将采用这个观点开始探讨我们如何才能帮助学生在班级环境中有效学习这一问题，而且从第6章到第8章，我们将基于这一观点进行讨论。当我们将注意力转向第9章的行为主义时，我们会发现，如果我们确认了能促进行为的环境刺激，那么我们就可以帮助学生学习更多适当和有益的行为。我在第10章中保留了第三个观点——社会认知理论，因为它整合了认知心理学和行为主义的要素。除了其他观点，社会认知理论还论述了人们如何从观察他人中进行学习，并能解释达伦是如何通过观看卡娜的行为学会新的纸型面具技术的。[4]

我们在关于学习的这五章中要记住，不存在任何探索人类学习的单一的、最好的方式。我们将要看到的三种观点——认知心理学、行为主义和社会认知理论——提供了有价值的见解来帮助学生学习、获得成就以及在课堂的其他方面获得成功。

## 认知心理学的基本假设

关于人们如何学习，认知心理学暗含着几个基本假设（参见表6—1），具体描述如下：

**表6—1　原理/假设——认知心理学的基本假设及其教育应用**

| 假设 | 教育应用 | 实例 |
| --- | --- | --- |
| 认知过程的影响 | • 鼓励学生以利于自己记住材料的方式去思考课堂材料。 | • 介绍哺乳动物这一概念时，要求学生识别大量的例子。 |
| 对学习内容的选择性 | • 帮助学生识别那些对于他们学习而言是最重要的事情。也帮助他们理解为什么这些东西最重要。 | • 当学生阅读教材时给他们一些需要努力才能回答的问题，包括那些要求他们将阅读到的知识应用到自己生活中的一些问题。 |
| 意义的建构 | • 提供经验以帮助学生赋予他们所学习的主题一定的意义。 | • 当学习纳撒尼尔·霍桑的《红字》时，让学生分成小组讨论亚瑟·丁梅斯代尔牧师拒绝承认是海丝特·白兰孩子的父亲的可能原因。 |
| 先前的知识和信念的作用 | • 将新的想法与学生已经知道的和相信的知识和信念相联系。 | • 当向墨西哥裔美国学生介绍单词“debut”时，将它与“quinceañera”——一种许多墨西哥裔美国家庭为15岁的女儿举行的、介绍她们初次参加社交活动的正式舞会——联系起来。 |

续前表

| 假设 | 教育应用 | 实例 |
|---|---|---|
| 随着年龄的增加，复杂的认知加工能力逐渐提高 | • 考虑到不同年龄水平学生的认知加工能力的优势和局限。 | • 在教给幼儿园儿童基本的数数技能时，通过简化口头解释和让学生参加各种积极的、亲自参与的数数活动来适应学生较小的注意广度。 |
| 积极参与学习 | • 设计课堂活动，让学生积极思考并使用课堂主题。 | • 为了帮助学生理解纬度和经度，要求他们用一系列从互联网上获得的纬度—经度坐标来追踪飓风行经的路线。 |

• **认知过程影响我们所学。**认知过程，我认为是当人们努力解释和记住他们所看到的、听到的和所学时心理上所做的特定的事情。认知过程对学习者的学习和记忆有着 194 极其深远的影响。例如，回想起达伦将 9×2=18 同 9+9=18 联系起来以及将 9×5=45 同以 5 计数联系起来。也可以回想一下，教师描述 9 字乘法表的方式，它是如何帮助达伦记住诸如 9×8=72 这些更为困难的事实的。从认知心理学来说，这些例子阐明了两个原理：

(1) 当人们可以将新信息与他们已经知道的事物联系起来时，对新信息的学习将会更加容易。

(2) 当人们能将新信息的不同部分与整个组织结构联系起来时，对新信息不同部分的学习将会更加容易。

认知心理学家对于人们在心理上如何对信息进行加工提出了多种解释。这些解释中的许多被统称为信息加工理论。一些早期的信息加工理论认为人类的思维和学习以类似于计算机运作的方式进行。但是现在已经很清楚，这种计算机的类比太过简单——相对盲目的、一个事物导致另一个事物的方式是计算机的特征，人们常常思考和解释信息的方式难以用这样的方式去解释（Bereiter，1997；Munakata，2006；Reisberg，1997）。

• **人们对于自己所加工的和所学习的具有选择性。**人们总是被信息轰炸。思考一下你在此刻所遭遇到的许多刺激。你书本的两页内容中出现过多少独立的刺激？除了这本书外，你看到了多少物体？有多少声音传入你的耳朵？有多少物体——可能在你的手指上、你的脚趾上、你的背部或者在你腰部周围？我认为在我特别要求你去想一想它们之前，你刚才已经忽略了大多数这样的刺激。

在感觉——觉察环境中刺激的能力——和知觉——一个人对刺激的解释——之间 195 作出区分是有用的。由于一些原因，你稍后会发现一些原因使得要知觉（解释）我们身体感觉到的每个东西实际上是不可能的。因为在给定的时间内学习者只能应付一定数量的信息，他们必须选择少数的事物加以关注，而剩下的则都会被忽略掉。

作为一个类比，想一想一个成人每年会通过邮件接受数以百计的东西，包括所有的包裹、信件、账单、小册子、目录、传单、广告等。你会打开、检查并处理每个邮件吗？也许不会。如果你像我一样，你会只“加工”少数关键的项目（如，包裹、信件、账单以及一些吸引你眼球的五花八门的事物）。你可能花费足够长的时间检查其他的东西来弄清楚你并不需要它们。你甚至可能会根本没有打开一些邮件就将它们丢弃。

几乎是相同的方式，学生每天会遭遇大量的信息——教师教学传递的信息、教材、公告牌、同学的行为等。他们必须不可避免地对哪些是最重要的信息作出选择。他们选择少数刺激进行检查和深度反应，而只会给其他刺激仓促的一瞥，将其他刺激一起忽略。

- **意义由学习者建构，而不是直接起源于环境。**建构的过程是许多学习的认知理论的核心：学习者接受大量、独立的信息，并利用它们来创造对他们周围世界的理解和解释（e. g. ，Bransford & Franks，1971；Hegland & Andre，1992；Marshall，1992；Neisser，1967）。[5] 主要关注学习者建构知识方式的认知理论被统称为建构主义。

为亲身体验建构的过程，请尝试一下练习。

## 亲身体验·三个面孔

图 6—1 包括三张图片。在每一张图片中你看到了什么？即使它的许多面部特征缺失了，大多数人还把左边的那个图片知觉为一个妇女。能看到的面部特征——一只眼睛、鼻子的一部分、嘴巴、下巴和头发——已经足够，你们可以根据这些特征建构一个有意义的知觉。你在其他两张图中可以获得足够多的信息来构造两个面孔吗？从右边的那张图中构造一个面孔需要一会儿工夫，但还是可以做到的。

**图 6—1　你能从每幅图中构造一张面孔吗？**

资料来源："Age in the Development of Closure Ability in Children" by C. M. Mooney，1957，*Canadian Journal of Psychology*，*11*，p. 220. Copyright 1957 by Canadian Psychological Association，Reprinted with permission。

---

客观来讲，图 6—1 中黑色斑点的轮廓，特别是最右边的那个图，留下了很大的想象空间。中间那个女人缺失了半边脸，而右边那个男人缺失了脑袋的上部。然而，知道
196 了人的面孔一般是什么样的，已经足够让你在心理上把缺失的部分补加上去，并知觉到完整的图片。奇怪的是，一旦你已经从这些图片中构造出面孔，它们似乎就比较明显了。假如你现在合起书本，并在一个星期甚至更长的时间不再翻起它，你也会几乎立即看到这些面孔，哪怕你原来很困难才感知到它们。

我们也可以在开头的那个个案研究中看到建构的过程。当加法雷拉女士描述帕特农

神殿的大理石构造时，达伦想象出一个由跟他家相似的大理石所建造的建筑物。他把新的信息与自己已经知道的结合起来，对加法雷拉女士所做的描述建构出一个对他来说合理的解释。作为教师，我们一定要记住，当我们把信息呈现给学生时，他们不一定会正确地学习它。事实上，他们各自以自己偏好的方式来解释课堂上的学科主题。并且在一些情况下，他们可能会像达伦那样建构错误的信息。

- **以前的知识和信念在人们建构意义的过程中有重要作用。**注意达伦在解释加法雷拉女士关于帕特农神殿的描述时，如何得出有关大理石的知识。同一个班级中不同的学生会学到不同的东西，其中的一个原因是他们有大量不同的知识和信念，他们据此解释新的信息和事件。学生都有自己的个人历史，他们可能来自大为不同的区域和文化背景。大多认知心理学家相信，关于世界的现有理解对人们从经验中如何有效学习以及学习到什么产生重要影响。

- **随着年龄的增长，大脑的成熟变化将使认知加工不断熟练。**在第 2 章，我们发现了儿童大脑随时间变化的几种方式。这些改变使儿童逐渐能更有效地进行认知加工——更宽的注意广度、得到提升的组织和整合信息的能力等——的关键原因（Kuhn，2006；Luna，Garver，Urban，Lazar & Sweeney，2004；C. A. Nelson et al.，2006）。大多认知心理学家认为儿童认知发展最好被描述成渐进的趋势。我们在继续学习这章的过程中，将要鉴别一些儿童认知过程的发展趋势。

- **人们主动地参与自己的学习。**现在，认知心理学家不再认为人们简单地通过不假思索的方式来获取知识。相反，学习者实际上必须是主动地参与他们自己的学习。认知加工和知识建构需要一定量的心理运作，这个我们在后面的内容中会讨论到。

## 认知心理学的关键术语

几个术语——记忆、存储、编码和提取——在我们对认知心理学的讨论中将重复出现，因此事先对它们进行界定是有意义的。记忆是指学习者在心理上保存以前所学事物的能力。在有些情况下，我们用它来表示长时间保存以前所学知识或技能的实际过程。在另一些情况下，我们用它来谈论特殊的位置——也许是工作记忆或者长时记忆——学习者在此处安置他们所学到的东西。

存储这个术语是指将正在学习的内容首先放于记忆的过程。例如你每次去上课，毫无疑问你会存储一些在讲课或班级讨论中出现过的观念。你也可能在课堂上存储其他信息——可能是坐在你旁边那个人的名字（乔治），教室的形状和大小（矩形的，大约 15 米宽、30 米长），或者教师的衬衣式样（橙色和紫色横条纹的糟糕组合）。

学习者很少将信息正好存储为他们接受时的样子。相反，他们会进行编码，以一定的方式来修正信息。例如，当你听一个故事时，你可以想象某些人物的样子——这样就把语言的输入编码成视觉图像。当你看到橙色和紫色条纹衬衫，你可能想："我的老师需要换身衣服了。"——这样就为你们所看到的事物指定特殊的意义和解释。 197

作为编码的另一个例子，试试以下练习。

你反思下面这篇文章，你可能会记得这个人害怕一个一条腿的船员。你也可能会想起，这个人因为故事陈述者密切注视这样的一个海员而支付给他一些钱财，但是你能记住发生事件的每个细节吗？你能回想起作者描述那个人行为的确切词语吗？如果你跟大多数人一样，你会存储短文的要点（也就是它的大意）而无须存储具体的词汇。这种对要点而非逐字信息进行编码的趋势会随着儿童年龄的增大而增加（Brainerd，Reyna，

Howe & Kingma，1990)。

有些时候，你已经在记忆中存储了信息后，你会发现你需要用到它们。回忆起以前存储的信息——就是在记忆中找到它们的过程——被称为提取。以下练习举例说明了这个过程。

## 亲身体验·舰队上的老水手

将以下短文只读一遍：

通常，他是一个十分沉默的人。他整天带着黄铜望远镜，在山谷或者悬崖附近转悠，整个夜晚他就坐在临火的营业室角落里，大口地喝着朗姆酒和水。别人跟他讲话，大多数时候他不说话，只是突然凶猛地向上看，鼻子像一个雾号那样喘着气。我们，还有那些来到我们房子的人很快就知道要听任他那个样子。每天他散步回来时，都会问那条路上是否有航海员已经走了。最初我们以为他是应同伴的要求，来问这个问题，但是最后我们开始明白他是渴望回避航海员。当一个海员出现在“Admiral Benbow”（布里斯托尔港口的沿海道路上)，在进入营业厅前，他就会透过挂着门帘的门缝向里盯着海员看，任何这样的一个海员出现，他一定如同老鼠那样沉默。对于我而言，他至少在这个问题上没有秘密可言，因为在某种程度上，我是他惊吓的分担者。有一天，他把我叫到一边，并向我承诺，如果我留心“那个一条腿的海员”，并让他知道那个海员出现的时间，他将在每个月第一天给我一枚四便士的硬币。当第一个月临近的时候，我向他要我的报酬，他就只会用鼻子朝着我吹气，盯着我；但是在那个星期就要结束时，他确定感觉好点的时候，会带给我硬币，并重复他的程序留心着“那个一条腿的海员”。(摘自罗伯特·路易斯·斯蒂文森的《金银岛》)

现在你已经读完这篇短文，花几分钟时间尽可能写下你能记住的内容。

## 亲身体验·检索练习

看看你能多迅速地回答以下问题：

1. 你叫什么名字?
2. 法国的首都在哪儿?
3. 克里斯多佛·哥伦布哪一年第一次航海通过大西洋到达新大陆?
4. 三年前的今天，你的晚餐吃了什么?
5. 在一个宴会上谈论开胃食物时，我们有时用法国术语代替开胃食物这个词。这个法国术语是什么？它是怎么拼写的?

当你努力回答这些问题时你可能会注意到，从记忆中提取信息有时是一个简单的、毫不费力的过程。例如，毫无疑问你在记起你的名字时只有少许困难。但另外一些事情则要通过一些思索和努力才能被提取出来。例如，你要花上几分钟才能回想起法国的首都（巴黎）以及哥伦布的首次航海年份（1492）。还有一些信息，即使你可能曾经把它们存储在记忆中，你也几乎不可能检索到它们。或许三年前的一个晚餐菜单以及“hors d'oeuvre”（注：开胃食物的法国单词）就属于这一类。

## 人类记忆模型

认知心理学家对于人类记忆的确切性质没有形成一致意见。但是许多人相信记忆有三个关键的成分：感觉登记、工作（短时）记忆以及长时记忆。图 6—2 呈现了一个人类记忆的三成分模型，它大致以阿特金森和谢夫林（Atkinson & Shiffrin）于 1968 年提出的一个模型为基础，但为了反映最近的研究发现，图 6—2 作出了一些修正。这个模型一定程度上将记忆的性质过度简单化了（这一点在以后会多次涉及），但是它为我们提供了一个好的方法来组织起对记忆如何工作的了解。

在论及记忆的三个成分时请注意，我没必要提及大脑的三个独立部分。我在这儿描述的记忆模型来自于关于人类行为的研究，而不是来自大脑的研究。在随后的几页中，我们将着眼于每个记忆成分的特点以及信息是如何从一个成分传递到下一个成分的。

*198*

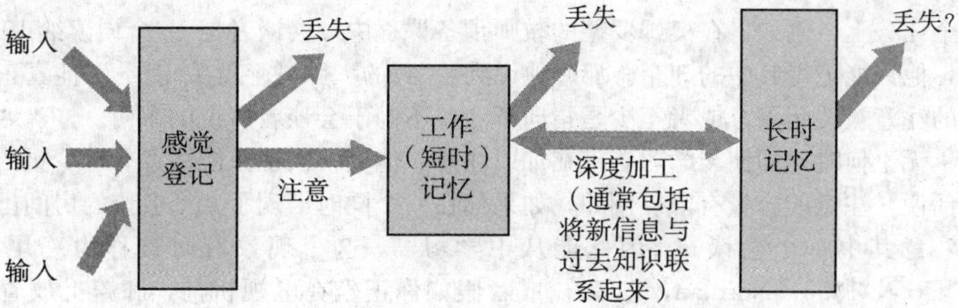


**图 6—2　人类记忆系统的一个模型**

### 感觉登记的性质

假如你在晚上玩过点燃的烟火，当你挥动烟火时，你会在烟火之后看到光的轨迹。如果你在课堂上做过白日梦，你会注意到，当你的注意力回到讲解上时，你仍然能“听到”在你又一次开始注意教师之前的三四个词。烟火留下的轨迹以及那几个犹存的词在环境中没有出现。取而代之的是，它们被记录在你的感觉登记里。

感觉登记是记忆的一个成分，它保持你所接受的信息，是一种输入，或多或少是最初的、没有被编码的形式。因此，视觉输入以视觉的形式保存，听觉输入以听觉的形式保存等（e. g.，Coltheart，Lea & Thompson，1974；Cowan，1995）。感觉登记有很大的容量：它能在任何时间保存大量的信息。

这是好的一面。不好的是，保存在感觉登记里的信息不会持续很久（Cowan，1995；Wingfield & Byrnes，1981）。视觉信息（即你所看到的）可能维持不到 1 秒钟。例如，我还是个孩子的时候，从未能把我的第一个名字（Jeanne）完整地拼出来：不管我写得有多快，在我想到第一个 *n* 前，*J* 字母就消失了。听觉信息（即你所听到的）可能持续得稍微长久一点，大概 2～3 秒的时间。为了在任何时间可以完全保存信息，学习者必须把信息转移到工作记忆。不管是什么信息，不能转移到那里就可能会丢失或者被遗忘。

## 把信息转移到工作记忆：注意的作用

不论我们做什么，感觉信息犹如由烟火带来的光亮不能维持很长的时间。但是我们可以通过以一些细微的方式对它们进行编码以保存在记忆中。这个过程中的第一步是注意：无论人们心理上注意到的什么都转移到工作记忆中。很多认知心理学家认为感觉登记中没有受到注意的信息会从记忆系统中消失。

199 注意不仅包括指引适当的感觉接收器（在眼睛、耳朵、指尖等中），还要把心理指向任何需要学习和记忆的东西上。想象一下你自己为一门课正在读一本教材。你的双眼看完一页，但你同时在考虑一些不同的事情——最近与一个朋友的争论，报纸上登的一份高薪工作的广告，或者你饥肠辘辘的胃。你会从教材上记住什么呢？绝对是什么也记不住。哪怕你的双眼聚焦于书本上的那些词语，但你在心理上并没有注意它们。

年幼儿童的注意经常会从一件事情很快地转移到另一件事情上，并且容易被与当前任务无关的物体和事件所吸引。儿童长大后，他们更能将注意力集中于特定的任务并加以保持，也较少被无关的想法和事件分散注意（S. M. Carlson & Moses，2001；Dempster & Corkill，1999；Higgins & Turnure，1984）。然而，他们很少把心思始终保持在一个任务上。例如，在奥姆罗德的教师预备课程中，会谈者把12个词读给10岁的大卫听，他只能记得其中的3个。那时他说到："我的大脑马上就关闭了。"他真正的意思是他的注意被关闭了，或者至少是指向了一些不同于会谈者所说的东西。

无论何时，即使当学习者正在加以注意，他们一次也只能注意非常少量的信息。换句话说，注意的容量有限。例如，如果你在一个同时出现了几个会谈的房间里，你通常能注意其中一个会谈——因此能从中学习——这个现象有时被称为鸡尾酒会效应（Cherry，1953；Norman，1969）。或者假如你正坐在电视机前，膝盖上放着打开的教材，你能注意到电视屏幕上重播的《老友记》或者你的书本，但是不能同时注意到它们两个。如果课堂上你全神贯注于教师糟透了的衣着品味并且强烈地要求样式上的改变，你就不可能把注意放在讲解的内容上。

人类注意的有限容量确切地说有多有限呢？人们通常可以同时从事两个或三个已学好的、自动的任务。例如，你能同时走路和嚼口香糖，你也可能一边开着车一边喝咖啡。但是当一个刺激或事件是详细而复杂的（教材和重播的《老友记》都是这样）或者当一个任务需要相当多的思考（如理解一段讲解以及在结冰的山路上驾车），人们通常在一个时间只能注意一件事情（J. R. Anderson，1990；Reisberg，1997）。

在一定程度上，我们可以从学生的外显行为中分辨他们将注意放在何种正在进行的活动上（Grabe，1986；Piontkowski & Calfee，1979）。但是表象可能是骗人的。你可能会想起当你是学生时，你看着老师而事实上你没有听到老师说的任何事情的时候。你也可能想起你看着教材却没有了解这页中任何一个单词的时候。记住，注意不仅仅是一种行为，它也是一种心理过程。学生的眼睛和耳朵被指导朝向他们的课堂教材是不够的。他们的心思也需要指向教材才行。

我们如何确定学生是真正在集中注意呢？首先，我们可以问一些检验他们对新观念理解情况的问题：当学生知道他们马上就要为所学内容负起责任时，他们更容易将精神集中于讲解或学习任务上（Grabe，1986；Piontkowski & Calfee，1979）。我们也可以要求学生使用课堂材料——例如让他们通过使用新的概念和观念进行推论或解决一个问题。

最后，我们仍然可以创造一个刺激性的课堂，在这样的课堂中学生需要专心应付。“走进课堂——吸引并维持学生注意”介绍了让学生心神维持于课堂主题的几个有效策略。

### 走进课堂——吸引并维持学生的注意

- 创设学生愿意注意的刺激性课堂。

  在关于营养的单元中，一个中学生物教师让学生计算在一个当地受欢迎的快餐店的各种菜单的营养值。

- 让学生亲身参与课堂主题。

  一位中学历史教师在学年的后期设计一个活动，学生们“及时重回”美国内战。为了准备这个活动，学生花了几个星期的时间学习盖茨堡战役，研究那个年代的典型服装和膳食，收集合适的衣服和装备，预备小吃和午餐。在“战役”的那天，学生担任各种不同的角色：联合同盟的士兵、政府官员、新闻记者、商人、家庭主妇、医生和护士等。

- 在课程中加入多种指导性的方法。

  在解释了如何计算正方形和长方形的面积后，一位 4 年级的教师让她的学生在逐渐增加挑战性的应用题中练习计算面积。然后，她把班级分成合作小组，每组有三四个成员。教师给每个小组一个皮尺和计算器，要求他们确定教室地面的面积，而教室里的几个内置橱柜所覆盖的部分则不在计算面积之列。为了完成这一任务，学生必须将教室分成几个更小的长方形，分别计算每个长方形的面积，然后加起来。

- 为久坐的活动提供频繁的休息，特别是跟低年级的学生一起学习时。

  为了提供字母表的练习，一位幼儿园教师偶尔让学生用肢体来构成字母：一个儿童站起来，向上伸开双臂，形成一个 Y，两个孩子弯曲身子并把手连在一起形成 M，等等。

- 在初中和高中，鼓励学生做笔记。

  在一堂初中的科学课上，几个不同的合作小组专攻和研究不同的濒临灭绝物种。每个小组要面向班上其他同学做一个关于物种的口头报告，教师要求当听众的学生，大致记下他们想知道的动物的一些问题。在完成他们准备好的报告之外，陈述小组的成员要回答其他同学的问题。

- 减少分心，尤其是当学生必须要安静而独立地学习时。

  几个教室的窗户面对着一个正在修建的停车场。这些课堂的教师注意到许多学生因为外面的建筑行为而分心。教师们请校长提出要求，建筑公司在举行重要的全州评估的那天到其他地方施工。

一些策略基于 Di Vesta & Gray，1972；Kiewra，1998；Pellegrini & Bjorklund，1997。

## 工作（短时）记忆的特性

工作记忆是记忆的一个成分，在那里当我们设法弄清信息的意义的同时，会把注意到的信息保存一个较短的时间，同时努力让它变得有意义。我们的许多主动认知加工实际上也出现在那里。例如，我们在那里思考讲解的内容、分析教材的短文，或者解决问 200
题。基本上，这是记忆系统中进行大多数心智工作的成分——因此它的名字被称为工作记忆。

工作记忆不仅是一个独立的实体，而且它在保存和加工不同种类信息——例如，视觉信息、听觉信息以及这些信息的含义——时可能有几个成分——也是整合多种信息的成分。它可能包括一个中央处理器，它集中注意，检查信息在整个记忆系统里的流程，选择和控制复杂的主动行为，以及抑制起反作用的思维和行动（Baddeley，2001；Carlson & Moses，2001；G. R. Lyon & Krasnegor，1996；E. E. Smith，2000）。[6]

存储在工作记忆里的信息不会维持很长时间——大概最多5～20秒——除非人们对这些信息做些其他的处理（Baddeley，2001；L. R. Peterson & Peterson，1959）。相应的，这个成分有时被称作短时记忆。例如，想象着你要给一个朋友打电话，因此你在电话簿上找到这个朋友的电话。因为你注意这个号码，它就出现在你的工作记忆中。但是你发现其他人在用电话，你手边又没有纸张和笔。为了在可以用电话之前记住那个号码，你会做什么？在你可以拨电话之前，为了把号码保留在记忆中，你也许只是对自己一遍又一遍地重复那个号码。这个过程就是保持性复述（maintenance rehearsal），你愿意持续跟自己讲多久，它就能使信息保持在工作记忆中多久。但是一旦你停止了，那个号码就会相当快地消失。因为一些尚不明确的原因，随着儿童年龄的增长，可以保持在他们工作记忆中的信息的数量会稍微增加（Flavell，Miller & Miller，2002；Pressely &
201 Hilden，2006）。然而即使连成人也只有那么点空间来同时保持和思考信息。为了弄明白我的意思，尝试以下练习，会让你的工作记忆运转一会儿。

## 亲身体验 · 一个除法情境

在你头脑里试着计算下面除法问题的答案：

$59\overline{)49\ 383}$

---

当你处理其他部分的时候，你发现自己在计算这个问题某一部分上存在困难吗？你得出了正确的答案837吗？除非把问题写在纸上，很多人不能解决这样一个带有这么多数字的除法运算问题。事实上，工作记忆没有足够的空间既用于保持全部的信息又用于执行数学运算。就像注意，工作记忆有有限的容量，或许只够容下一个电话号码或者一个很短的杂货清单（Cowan，2001；G. A. Miller，1956；Simon，1974）。它只能让你同时保持和思考很少量的材料。

作为教师，当我们设计和管理课程和活动时，一定要牢记工作记忆的有限容量问题。许多新教师犯的一个错误就是呈现信息太多太快，他们学生的工作记忆无法完全保持。相反，我们要放慢呈现新信息，以便学生有时间加工所有信息。另外，我们可以把同样的观念重复几遍（也许可以每次改述它），停下来把重要的观点写在黑板上，提供大量的例子和说明。

即使教育的速度是恰当的，学生也绝不可能在讲解、活动和教材中学到呈现给他们的所有事情。大多数教师和教材提供了超过学生能够存储的太多信息（Calfee，1981；E. D. Gagné，1985）。尽管学生必须不断地作出选择，决定学习什么和不学习什么，但他们不能对什么是重要的作出最佳判断（Garner，Alexander，Gillingham，Kulikowich & Brown，1991；Mayer，1984；R. E. Reynolds & Shirey，1988）。通过给他们关于如何学习和学习什么，以及从课程中忽略多余的细节等指导，我们可以帮助学生作出正确的选择。

我经常听到学生讨论，把教材置于“短时记忆”中，这样可以在即将到来的测验中获得好成绩。这样的表述反应了一个普遍的错误观念，他们认为记忆的这个成分可以持续几天、几个星期甚至几个月。现在你明白不是这样的。很明显，工作记忆不是用来放置几个星期后的测验所需要信息的地方，甚至不是你放置一天中后面课堂所需要信息的地方。对于这些信息，存储在长时记忆——记忆系统的最后一个成分——是合适的。

## 信息转移到长时记忆：将新信息与先前知识联系起来

在图 6—2 所示的记忆模型中，你可能注意到工作记忆和长时记忆之间的箭头是双向的。把新信息存储在长时记忆的过程通常包括了提取已存储在那里的“旧”信息的活动——因此，暂时在工作记忆里对它进行思考（Kirschner，Sweller & Clark，2006）。这里是一些例子：

- 帕特里克在读到《罗密欧与茱丽叶》中关于蒙太古家族和凯普莱特家族的世仇时，他想到：“唔……听起来有些像我家同我邻居家的关系。”
- 帕洛发现五大湖——休伦湖（Huron）、安大略湖（Ontario）、密歇根湖（Michigan）、伊利湖（Erie）和苏必利尔湖（Superior）——的开头字母拼写成单词 HOMES（家）。
- 跟许多小孩一样，普里西拉认为地球是扁平的。当老师告诉她世界是圆的时，普里西拉画出一个扁平、环状的圆盘（当然它是圆的，也是平的）。

每个学生把新信息同他已经知道的或者相信的其他事情联系起来。帕特里克发现罗密欧与茱丽叶同他的邻里关系之间存在相似。帕洛将五大湖跟一个常见的日常词语联系起来。而普里西拉把世界是圆的这一观念与先前认为的世界是扁平的观念以及许多她过去几年曾遇到过的扁平圆状物体（如硬币、比萨）联系起来。

这章的后面部分，我们将更具体地考察信息在长时记忆里的存储过程。现在，我们来关注长时记忆的特点以及存储在其中的信息的特性。

## 长时记忆的特性

长时记忆是学习者存储关于世界一般知识和信念，在学校中所学事情（例如，法国 202
的首都和“hors d'oeuvre”的正确拼写）以及关于他们个人生活事件记忆的地方。它也是学习者存储关于如何执行各种活动知识的地方，如存储怎么骑自行车、挥动棒球棒、做一个长除法等知识。

存储在长时记忆中的许多信息是相互联系的。为了弄清我的意思，请尝试以下练习。

### 亲身体验·想一想一匹马

当你看到单词“马”时，第一个出现在脑中的词是什么？你会回想起哪些单词？从单词马开始，顺着你的思绪，一个单词让你回想起另一个，依次下去至少想 8 个单词或短语。按照单词出现在头脑中的次序，写下你的单词系列。

你也许发现，自己从单词马开始很容易按照一个思考的顺序进行，或许像我列出的以下路线：

马→牛仔→套索→绳索→绳结→女童子军→曲奇甜饼→巧克力

这个系列中，最后的单词可能跟马有很少或者没有明显的关系。你或许能发现在这个系列中的每对项目有逻辑的联系。长时记忆中的大量相关信息通常互相联系，可能处于一个类似于图 6—3 所描述的网络中。

203

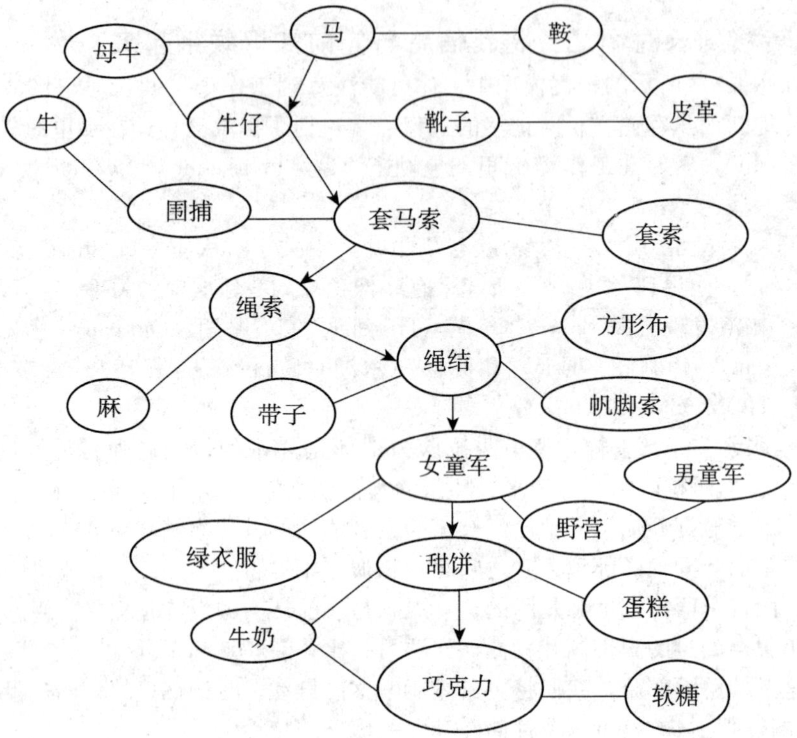


**图 6—3　从马到巧克力的一个思维系列**

很明显，存储在长时记忆中的信息比工作记忆中的信息能够保持更长的时间。但是准确地来说，长时记忆能维持多久？正如大家所知，人们经常在一天、一个星期甚至更长的时间忘记一些已经知道的事情。历史上，很多心理学家认为，一旦信息存储进长时记忆中，它将以某种形式永久保存（Loftus & Loftus，1980）。但是最近，一些心理学家得出结论，信息可以从长时记忆中慢慢衰减甚至最终消失，特别是如果这些信息没有被有规则地加以使用（e. g.，Altmann & Gray，2002；J. R. Anderson，1995：D. L. Schacter，1999）。很有可能我们不可能准确说明长时记忆的精确持续时间（Eysenck & Keane，1990）。

除了不太确定的长期保持时间外，长时记忆似乎能保留学习者需要存储的众多信息。那里似乎有用不完的空间。事实上，我们马上会发现，由于一些原因，存储在长时记忆中的信息越多，学习新的事物会越容易。

## 对三成分模型的批评

早些时候我提到过，三成分模型对人类记忆特性的描述过于简单——或许过度区分。例如，工作记忆（特别是它的中央执行方面）影响着我们注意什么。因此从感觉登记到工作记忆的信息流，不像图 6—2 所示的那样简单，只是单向箭头（Demetriou et al.，2002；Sergeant，1996）。事实上，注意可能是工作记忆的一部分，而不是像图

6—2描述的那样是一个独立实体（R. W. Engle，2002；R. K. Wagner，1996）。

此外，关于工作记忆和长时记忆是否是明显不同的实体，研究得出了混杂的结果 203（Baddeley，2001；Cowan，1995；Crowder，1993；Woltz，2003）。一些心理学家（e. g.，J. R. Anderson，1995；Cowan，1995；Sadoski & Paivio，2001）曾提出，工作记忆和长时记忆只是反映了单个记忆的不同激活状态。根据这个观点，所有存储在记忆中的信息不是处在激活的状态就是处在非激活状态。激活状态的信息包括进入的信息和以前就存储在记忆中的信息，它是人们注意的和思考的信息，我在前面把这些信息描述为存储在工作记忆之中。当注意转换时，记忆中的其他信息变成激活的状态，而先前的激活信息逐步变为非激活的。存储在记忆中的信息块处在非激活状态下，所以我们不能意识到它们，这种信息我在前面把它描述为存在长时记忆中。

尽管三成分模型并不完美，但是，它仍能帮助我们记住学习和记忆的一些特征，这些是我们教学时需要考虑的。例如，它强调学习中注意的重要性，注意和工作记忆的有限容量，学习者获得的知识的相互联系，以及把新信息同以前已学事情联系起来的重要性。

## 长时记忆存储

不管是否真正存在记忆的三个截然不同的成分，记忆的一些方面肯定是长期的。人类肯定可以在一个相当长的时间内记住许多事情，从这种意义上说，至少这些事情是处于长时记忆中的。

看来存储在长时记忆中的信息可以用各种形式进行编码（e. g.，J. R. Anderson，1995；E. D. Gagné，1985；Sadoski & Paivio，2001）。有些也许以文字形式编码成实际单词。你们逐字地记住的事情——如，你的名字、住址、童谣“杰克和吉尔”、哈姆雷特的独白——都是被文字编码的。另外一些信息以知觉形式出现时，可能以表象的形式进行编码。例如，假如在你的头脑中你能“看到”一个亲戚的脸，“听到”那个人的声音，或者回想头脑中的那个人钟爱的香水或须后水的“香气”，你是在提取表象。最后，在长时记忆中的大量信息可能按语义被编码成潜在的意义。毫无疑问，从前面呈现的短文“舰队上的老水手”中你能回想起的东西，就是一个例子。

所有这些例子都是陈述性知识（declarative knowledge）的实例，陈述性知识与事情是什么样子的特征有关。陈述性知识既包括一般性的世界知识，也包括特殊生活经验的记忆。[7] 然而，并不是所有长时记忆中的事情都有陈述的特性。人们也获得程序性知识（procedural knowledge），它是人们学会如何做的知识（e. g.，J. R. Anderson，1983；Phye，1997；Tulving，1983）。你也许知道怎么骑自行车、包装一份生日礼物以及一个三位数和两位数的乘法运算。为了成功执行这些活动，你一定要根据变化的情境调整自己的行为。例如，当你骑自行车时，一个物体挡住你的去路，你一定可以向左或向右拐；并且当你到达目的地时，你一定能完全停下来。因此，程序性知识必须常常包括如何在不同情况下作出反应的信息，在这种情况下，它也被认为是条件性知识（conditional knowledge）。

大多陈述性知识是外显知识（explicit knowledge）：一旦我们记起它，我们就能意识到我们所知道的。但是大量的程序性知识是内隐知识（implicit knowledge）：我们不能在意识层面记起或解释它，但它会影响我们的思维和行为（J. R. Anderson，1990；Bachevalier，Malkova & Beauregard，1996；C. A. Nelson et al.，2006）。另一个差异在 204

于，陈述性知识有时能很快学会，可能在一次信息呈现之后就能学会；但是程序性知识通常会学习得很慢，并且要伴随大量的练习。

## 陈述性知识是如何被学习的

思考以下情境：

在生物学课上，卡尼萨一直在努力学习人体骨头的名称，从头部（头盖骨）到脚趾（跖骨）。她已经很快并且比较容易地学会了一些骨骼的名称。例如，鼻骨靠近鼻子就变得有意义，而且她通过想象肱骨（humerus）正好在一个人的尺骨端（译者注：funny bone，funny 与 humorous 联系）上面记住肱骨（上臂骨）的。但是，她仍然记混了其他的骨骼。例如，胫骨（tibia）和腓骨（fibula）有着相似的发音，在相同的位置（小腿）。并且，她一直认为，跟船的船尾一样，胸骨（在胸膛的前部）在后面。她在记住许多其他骨骼时也有困难——尾骨、尺骨、骶骨、锁骨、膝盖骨——因为以前她从未遇到这些单词，并且不能将它们与自己知道的任何事情相联系。

为了替将要来临的生物学测验做准备，卡尼萨仔细看人类骨骼的图表，并多次对自己低声说着每块骨骼的名称。她也在一张纸上写下每个名称。“如果我复述这些术语足够多的次数，它们一定能被深深印入我的脑中。”她告诉自己说。

但是卡尼萨在生物学测验中只得到了 70 分。当她检查错误答案时，她发现自己混淆了胫骨和腓骨，把尺骨标为“锁骨”，把胸骨放在了错误的位置，也完全忘了尾骨、骶骨和膝盖骨。

卡尼萨用不同的方式回想不同的骨骼。她赋予鼻骨和肱骨一定的逻辑意义。她也努力让胸骨变得有意义，但她的策略事与愿违。她很少关注为什么其他骨骼都有着自己的名称。卡尼萨对学习材料进行心理加工的程度以及她加工的方式，影响着她在生物学测验中的表现。

一个学习者在努力学习新信息时所运用的特定认知加工影响着学习者以后对信息的记忆和运用能力。这里我们将考虑人们把陈述性知识存储进长时记忆时所运用的五种加工——这些加工总结在表 6—2 中。

205 **表 6—2　　对比和比较——学习陈述性知识的五种可能方式**

| 加工 | 定义 | 例子 | 效果 | 教育应用 |
|---|---|---|---|---|
| 复述 | 在内心或者出声地逐字重复信息 | 逐字重复惯性的定义 | 相对无效：存储慢并且提取困难 | • 建议学生只把它作为最后一个手段使用，特别是当他们有先前知识可以同新观念联系时 |
| 有意义学习 | 在新信息和先前知识间建立联系 | 把惯性的定义用自己的语言或先前生活经验中相关的概念来表达（如，当司机踩下刹车时，行进中的汽车上的物体如何继续前移） | 如果同先前知识的联系恰当的话，是有效的 | • 帮助学生将新信息同他们已经知道的关于世界的普遍知识或者他们自身的知识建立联系 |

续前表

| 加工 | 定义 | 例子 | 效果 | 教育应用 |
|---|---|---|---|---|
| 组织 | 在新信息的不同片段之间建立联系 | 考虑一个人在学校生活中的情节如何同剧本的全部故事情节发生联系 | 如果组织结构是合理的，并不仅仅由相互独立的事实组成，它是有效的 | • 以有组织的方式呈现材料，并指出材料的组织结构和材料之间的相互关系 |
| 精制加工 | 基于自己已经知道的给新信息附加上额外的观念 | 思考历史人物所作出的决定的可能原因 | 如果作出的联想和扩充是适当，而又有建设性的，就是有效的 | • 鼓励学生超越信息本身——例如，进行推论和推测可能的含义 |
| 视觉表象 | 形成信息的心理图像 | 想象着一个小说中各种角色和事件的样子 | 效果上存在个体差异；当将之与有意义学习、组织和精制加工结合起来使用时尤其有用 | • 用视觉材料（如图画、地图、图表）阐明口授内容 |

**复述**

早些时候我描述过保持性复述——反复地口头重复——如何不太确定地帮助我们在工作记忆中保持信息。早期的理论家认为复述也是一种将新信息存储到长时记忆中的方式（e. g.，R. C. Atkinson & Shiffrin，1968）。换句话说，如果我们对自己重复一个事实足够频繁，它最终会被深深印入脑海。

运用复述的主要缺点在于，我们很少使用它在新信息和已经存储于长时记忆中的知识之间建立联系。因此我们进行的是机械学习（rote learning）：我们以一种相对未加解释的方式学习信息，我们没有让它变得有意义，也没有给它附加意义。与许多学生想的相反，在把陈述性知识存储于长时记忆的过程中，机械学习是一种缓慢而相对无效的方式（J. R. Anderson，1995；Craik & Watkins，1973；Nickerson & Adams，1979）。此外，你很快会发现以机械方式存储的信息在以后通常很难被提取出来。

口头复述信息可能比根本没有对信息进行加工要好些，当学生只有很少的先前知识可以利用来帮助他们理解新材料时（如当卡尼萨努力学习胫骨、腓骨、尾骨、尺骨等），复述可能是少有的策略之一（E. Wood，Willoughby，Bolger & Younger，1993）。然而，205
理想地讲，在一切可能的时候，我们可以鼓励他们使用其他更有效的方法。

**有意义的学习**

有意义学习的过程包括识别新信息和已存储在长时记忆中其他信息之间的关系。[8] 当我们使用诸如理解或懂得这些词语时，我们就是在谈论有意义的学习。例如，在奥姆罗德的教师预备课程中，16 岁的希拉里描述了一些她在西班牙语和政治课堂上自己所形成的联系：

> 当我努力为一个测验而学习时，我设法将正在努力学习的东西与自己熟悉的东西联系在一起。就像，如果我要进行一个西班牙词汇测验，我会设法……用那些西班牙单词，我努力想到和它发音相似的英语单词，因为有时它的确听起来像是英语单词。我们的政治老师向我们讲授修正草案，而我们设法记住这些。他教给我们一个记住修正案第 2 条的技巧，修正案是关于携带武器权利的。他说到，“熊有两对手臂 206
> (Bears have two arms)，所以这是修正案的第 2 条。”

有意义学习很明显比机械学习更有效（Ausubel，Novak & Hanesian，1978；Bransford & Johnson，1972；Mayer，1996）。当学习者将新观念不仅同他们所知道的世界联系，还同他们所知道和坚信的关于自身的东西联系——例如，同自我描述或者个人生活经验联系，有意义学习就会特别有效（Heatherton，Macrae & Kelley，2004；Rogers，Kuiper & Kirker，1977）。

为了说明有意义学习的效果，尝试以下练习。

## 亲身体验·两个字母串，两张图片

1. 学习以下每个字母串，直到你能准确地记住它们：

AIIRODFMLAWRS　　　FAMILIARWORDS

2. 学习右边两张图片直到你能从记忆中准确地重现它们。

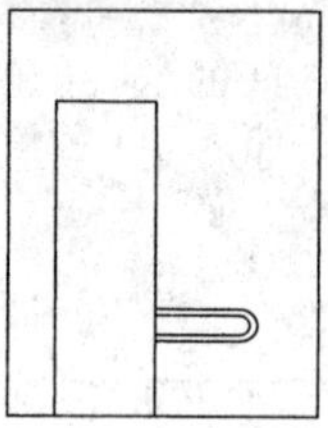

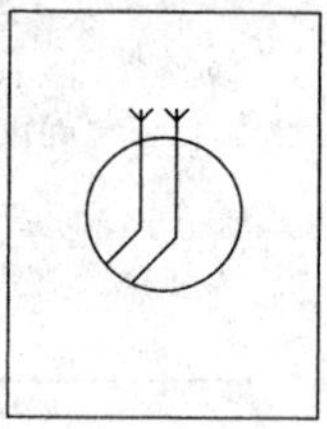

图片来源："Comprehension and Memory for Pictures" by G. H. Bower，M. B. Karlin，and A. Dueck，1975，*Memory and Cognition*，3，p. 217. Reprinted by permission of Psychonomic Society，Inc。

毫无疑问，第二个字母串更容易学习，因为你可以将它与你已经知道的东西——"familiar words"——相联系。你有多容易就能学会那两张图片呢？你认为从现在开始，一个星期后你能从记忆中提取它们吗？如果它们有了一个诸如"一个在电话亭里吹长号的矮人"和"捕获蠕虫的小鸟"这类有意义的标题，你会认为你能更容易记住它们吗？对于最后一个问题的答案是肯定的：有意义的标签能增强人们对简单线条画的记忆（Bower，Karlin & Dueck，1975）。

有些学生在头脑中进行有意义学习来完成作业：他们借助自己已经知道的东西来赋予新信息一定的意义。这些学生容易在班级里获得较高的成就。相反，另外一些学生使用机械学习的策略，如对自己反复复述一些东西，而不想想它们要表达的意思。你可以推测得到，这些学生在学习方面更少获得成功（Britton，Stimson，Stennett & Gülgöz，1998；Novak，1998；Van Rossum & Schenk，1984）。

然而当学生采用相对无意义学习的方法进行学习时，我们不能总是责备他们。许多教学实践不经意地在鼓励学生使用机械的方式进行学校科目的学习。回忆一下你自己在学校中的经验。你被允许采用复述词典定义的方式来界定一个单词，而不是被期望着用你自己的语言来解释它，这种情况发生了多少次？事实上，你有多少次被要求逐字地学习一些东西？又有多少次测验评价了你关于事实和原理的知识，却没有评价过你将这些事实和原理同日常生活或先前课程学习内容联系起来的能力？也许，你参加过类似于下文所示的填空题这样的作业和测验。当学生发现作业和评价集中于对无关事实的回忆——而不是集中于对知识整体的理解和应用时——许多人就依赖机械学习，他们相信这种方法会得到一个较高的分数，而有意义的学习将事与愿违（Crooks，1988）。那么，有意义学习在许多课堂中只是一个例外而非惯例，这也就不奇怪了（J. B. Cooney，1991；McCaslin & Good，1996；Novak & Musonda，1991；Schoenfeld，1985）。

要求 7 年级科学科目的学生在看一段关于恐龙的录像时完成这些填空题。这些问题可能帮助学生注意录像。但是，许多问题鼓励学生机械学习而非有意义学习。

1）关于恐龙最酷的事情之一，是它有数百万种，而我们只知道其中的____种。
2）“化石”一词来源于拉丁语，意指____。
3）化石能告知我们关于恐龙哪四方面的事情？______
4）化石作用过程中的两大步骤是：____。
5）形成化石的一个过程是__________。这意味着矿石代替了恐龙的骨骼。
6）恐龙曾经存在的证据在____中被发现。
7）科学家可以通过观察恐龙化石埋葬____，化石埋得有____，以及____埋在恐龙化石的____，来了解恐龙。
8）恐龙在地球上生活了大约______年。
9）恐龙大约在______年前灭绝。
10）恐龙可能已经灭绝的一个原因是____。

为什么有的学生进行有意义学习，而另外一些人固执地尝试机械记忆呢？至少有三个方面的条件可以促进有意义的学习（Ausubel et al.，1978）：

- **学习者具备有意义学习的心向。**当学生处理学习任务时，相信自己能让信息变得有意义——也就是说，当他们具备有意义学习的心向时——他们更有可能对信息进行有意义的学习。例如，根据熟悉的数学原理识别化学反应的学生更容易赋予那些反应一定的意义。认识到历史事件可以经常按照人格特征解释的学生更容易理解为什么会爆发第二次世界大战。

我的女儿蒂娜从中学回家，带回一个作业，要求学习古希腊的十二神（如，宙斯，众神之王；雅典娜，雅典城与文明的女神；阿波罗，太阳神；阿芙罗狄蒂，爱的女神）。不幸的是，在学校很少有将这些神同蒂娜知道的其他东西联系起来的讨论——例如，同雅典城或阿波罗太空飞行器关联（并且考虑蒂娜的年龄，我不愿意简单地介绍春药这个单词来帮助她记住阿芙罗狄蒂）（译者注：春药单词为 aphrodisiac，阿芙罗狄蒂单词为 aphrodite）。结果是，蒂娜对于十二众神不具备有意义学习的心向——不要指望她将十二众神与他们的那个领域进行有意义地联系。她拒绝了我慈母般给予的帮助，仍决定在即将来临的测验中考出好成绩，她把自己关在房间里，反复地复述这些神的名称，直到她能背诵所有的十二诸神。一个月后，我问她还能记起多少。她说只记得宙斯了。

我们仅仅是为了所学事物自身来呈现信息，还是以帮助学生更好地理解世界来呈现信息呢？我们要求学生用教材上表述的精确定义来界定一个新的术语，还是要求他们用自己的话来定义术语呢？当我们要求学生给出一个概念的实例时，我们期望那些在教材上已经出现过的实例，还是要求学生自己产生一个新的实例呢？我们如何提出学习任务明显地影响着学生以后采用有意义学习心向的可能性（Ausubel et al.，1978）。理想地讲，我们应该传达这样的信念，学生能够也应该赋予他们所学习事物一定的意义。这里有两个实例说明一个教师如何设法让美国内战对于 5 年级学生变得有意义。

如果你考虑人们（在美国内战之前）的生活方式，那么在那个年代，每个人会为自己的家庭做些什么？为了谋生他们会做什么？你认为他们所有人不得不做什么?(一个学生回答到,“务农。”)好极了。他们将不得不务农,不是吗,因为……他们必须要吃饭。

我们已经谈论过奴隶制度。现在我希望你们在头脑里假装自己是一个奴隶……奴隶们面临的第一个问题是,他们希望自由。所以他们要做一些事……而且他们在许多时候对主人感很愤怒,因为他们受到鞭打,他们也没有得到关心就像他们本来就该如此一样。如果你是一个奴隶,你可能会做出一些什么事呢?……你会对主人怎样实行报复呢?(一个学生回答到:“把石头扔进机器里。”)他们破坏设备;我认为耶西所说的只是其中一点点。对,他们会破坏工具。言之有理,不是吗?

• **对于所学新信息,学习者有先前的知识可以联系。**只有在长时记忆里包含着相
208 关知识基础和新观念可以联系的信息时,有意义学习才会出现。例如,如果学生已经在自己生活中或者在实验室里见识过一些科学原理,他们对这些科学原理会有更好的理解。并且,如果他们在一个自然历史博物馆里看到过与实物大小一样的恐龙骨架,他们将更好地理解有些恐龙有多大。学生已经存储在长时记忆里的知识越多,他们学习新信息就越容易,因为长时记忆里有更多的事物可以同新信息相联系。

• **学习者意识到先前学习的信息同新信息是有关的。**即使学生有相关的先前知识,在学习新事物时,他们也不一定会提取它们,因此他们徒然地借助于机械学习。通过提醒学生想起与课堂学习主题直接有关的事物——一种被称为先前知识激活的教学策略(Machiels-Bongaerts, Schmidt & Boshuizen, 1993; L. B. Resnick, 1989; Spires & Donley, 1998),我们通常可以促进有意义学习。例如,我们可以将文学著作同学生自己的想法、情感和经历联系起来。我们也可以指出外语词汇与英语中的一些单词相似的实例。而且我们可以将科学与学生每天的观察和经验连在一起。

作为教师,我们不应仅仅通过课堂活动和作业鼓励学生有意义学习,也要在学生的评语、问题和写作中发现有意义学习的证据。以下练习可以给你一个这样的机会。

独自从黑板上抄下一些东西,只不过包含了机械的学习。但是我们在尼克对他观察的描述中看到了有意义学习的证据。漏掉标点符号,用他自己的话(也发明了几个拼写),他说:“我们倒入了这么多的立方块(以致)杯子的水溢出来了。这些石块占据了所有的空间。”他的解释反映了他理解了这一原理,立方块和水不能在同一时间占据同一空间。

我们只能推测,尼克在描述和解释他的观察时,为什么会往上写,跨越杯子的顶部,而在另一侧则向下写。一个可能的解释是,由于他的语言技巧有限,尼克还没有掌握书面英语的常规方向,但是这个假设看似不大可能,因为在其他的写作样本中,尼克的书写(这里没有显示)明显是由一页的上部开始,并是往下写的。另一个可能是,当
209 他有意或无意按照水溢的方向书写时,他考虑到水溢的方向(向上然后溢出)。这里他有限的工作记忆容量可能也是有原因的:也许在他的工作记忆中没有足够的空间来同时考虑他观察到的资料、单词拼写以及英语书写的惯例。

接着要讨论的两个存储加工——组织和精制加工——也包括将新信息与先前知识进行联系,因此它们也参与了有意义学习。但是每一个加工都有各自的方法。

## 解释学生的作品和行为——物质和空间

在 3 年级课堂的科学活动中，9 岁的尼古拉斯在一张纸上抄下“在一个时间没有两块物质能占据同一空间”这一科学原理。他和一个实验伙伴把一个杯子装满水，在同一时间把几十个金属立方体一个一个投入杯中。在手工作品里有所显示，他用语句和绘画记录下自己观察到的。尼克在书面语言方面遇到困难，这让他具有接受特殊教育服务的资格，但是你或许可以破解他的意思。你仔细看这个手工作品，想一想：

- 在这个活动中，尼克是否进行了有意义学习？
- 尼克为什么会从杯子底部开始往上写下自己对所观察到的描述（“We por so mene QUBS…”），而不是按惯例采取从上至下的方式呢？

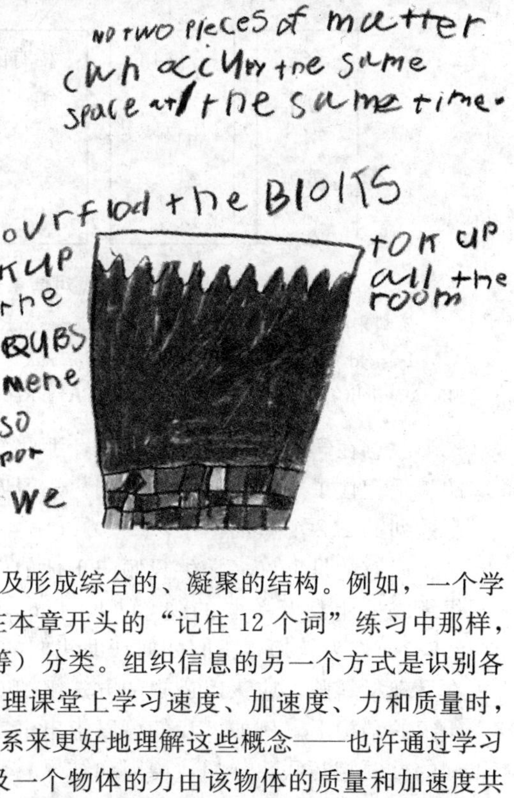


**组织**

你曾经有过这样一个老师吗？他来到课堂上，漫无目的地讲一个小时，以难以预知的顺序从一个观念跳跃到另一个观念。你曾读过做同样事情的教材吗，让你从不知道将一些观念如何同其他观念联系起来？一般来讲，当信息比较紊乱时，你如何才能比较容易地学习呢？

事实是，当我们以逻辑方式（e.g.，Bjorklund，Schneider，Cassel & Ashley，1994；Mandler & Pearlstone，1966；Tulving，1962）把信息整合在一起时，我们更容易学习和记住新信息。这样的组织包括在各种大量新信息之间建立联系，以及形成综合的、凝聚的结构。例如，一个学习者可以把信息分组成各个类别，就像你在本章开头的“记住 12 个词”练习中那样，你可能会把 12 个词（衬衫、胡萝卜、桌子等）分类。组织信息的另一个方式是识别各个部分之间的相互联系。例如，当在一次物理课堂上学习速度、加速度、力和质量时，一个学生通过领会这些概念之间如何相互联系来更好地理解这些概念——也许通过学习速度是加速度和时间的乘积（$v=a\times t$）以及一个物体的力由该物体的质量和加速度共同决定（$f=m\times a$）。这个技巧并不是仅仅记住公式（那会是机械学习），它还要让公式表达的关系变得有意义并易于理解。

如果材料符合学生已经熟悉的组织结构——例如，一个材料很容易被放置于分开的类别或层级排列中，学习者就更有可能组织信息（Bousfield，1953；Bransford & Franks，1971；DuBois，Kiewra & Fraley，1988；Gauntt，1991）。如果新的材料以它自己展示的组织结构来呈现，观念间的相互关系也很清晰，学习者就更有可能对新材料进行组织（Bower，Clark，Lesgold & Winzenz，1969；deLeeuw & Chi，2003）。作为一个说明，让我们来考虑一个经典实验的结果（Bower et al.，1969）。给大学生 112 个可分成四类的单词（如，矿石、植物），进行四次学习。对于一些学生来说，这些单词以有组织的形式排列（图 6—4 列出一个例子）。对于其他学生，单词是随机排列的。看看在经历一个学习时段（大约 4 分钟）和随后三个额外学习时段后，每组能记住单词的平均个数。

| 学习时段的数量 | 有组织的单词 | 无组织的单词 |
|---|---|---|
| 1 | 73（65%） | 21（19%） |
| 4 | 112（100%） | 70（63%） |

210

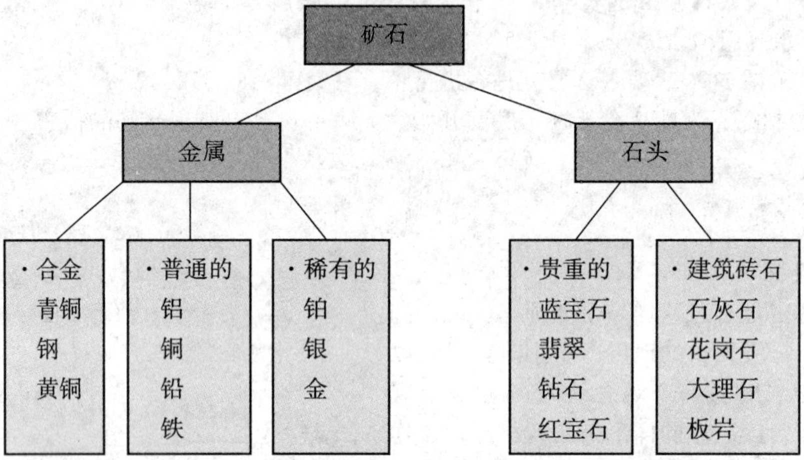


**图 6—4　当按一定方式对信息进行组织时，我们可以更容易记住信息**

资料来源："Hierarchical Retrieval Schemes in Recall of Categorized Word Lists" by G. H. Bower, M. C. Clark, A. M. Lesgold, and D. Winzenz, 1969, *Journal of Verbal Learning and Verbal Behavior*, *8*, pp. 323—345. Copyright 1969 by Elsevier Science (USA). Reproducted by permission of the publisher。

注意在学习一遍这些单词后，那些学习有组织的单词的学生比那些按混乱次序学习的学生记住了三倍还要多的单词。学习四个时段后，学习有组织的单词的学生记住了所有系列的 112 个单词！

遗憾的是，许多学生只倾向于把他们学习的东西组织为一系列分离的事实，而不是组织成一组相互关联的观念（Kletzien，1988，1991；B. J. F. Meyer，Brandt & Bluth，1980）。作为教师，我们如何帮助我们的学生更有效地组织课堂材料呢？很明显，我们在呈现材料前，应该以逻辑的方式组织新材料。然后我们把学生的注意力吸引到这个有组织的结构上。例如，我们可以指出事实能被分成的类别、概念的层级属性和不同观念间的重要相互联系（如，原因和结果）。我们也可以及时把相关联的大量信息一起呈现，因为当学生同时遇到一些概念时，他们更可能把有关的观念联系起来（Glanzer & Nolan，1986；Hayes-Roth & Thorndyke，1979）。我们也可以为学生提供特殊的结构，让他们可以用来自己组织信息。[9]

**精制加工**

人们有时用他们先前的知识来阐述新观念，这样比实际呈现的要存储更多的信息。这种用已经知道的东西来阐述新信息的过程称为精制加工。例如，当我们在高中学习中国普通话的课程时，我们学会汉语拼音"wǒmen"是"我们"的意思。"啊，"我心中暗想，"我们女孩子用的休息室上的符号念 women。"并且当你在开始解释学生作品和行为的练习中，阅读尼克的词意连贯的句子，"We por so mene QUBS the

KUP ovrflod the Bloks tok up all the room。”你也许能够把这句话翻译成两个有意义的句子。

一般来说，学生对新信息进行精制加工越多——也就是说，他们越多地使用已经知道的来帮助他们理解和解释新材料——他们就会越有效地存储和记住信息（J. R. Anderson，1995；Paxton，1999）。因此，经常对他们在学校所学进行精制加工的 211
学生通常比那些只吸收信息表面意义的学生学习得更好（McDaniel & Einstein，1989；Pressley，1982；Waters，1982）。

作为教师，我们可以帮助学生以各种方式对课堂材料进行精制加工。例如，我们可以提出类似这些常见的问题：

- 你认为它为什么发生?
- 你能想到这个概念的一些例子吗?
- 我们如何在日常生活中使用这一观念?
- 从这个信息你能推论出什么?

以下评估活动对另外的一个策略进行说明。

## 解释学生的作品和行为——到俄亥俄州去

在 19 世纪美国的西迁移民这个单元里，3 年级教师要求学生想象着跟他们的家人一起在四轮马车上向西行进，还要他们写下几篇日志记录来描述行程。以下是从 8 岁的谢伊的日志中摘录下来的（诺亚和德鲁是谢伊的弟弟和妹妹，凯文是她的爸爸）。当你阅读这个摘录时，考虑这些问题：

- 这个作业促进的是什么长时记忆存储过程?
- 谢伊写下的什么东西暗示着她正在进行这些过程?

我们都互相看了一会。我感到恐惧。俄亥俄州是什么样的呢？爸爸平静地带上他和我妈妈的东西，把它们放在马车上。德鲁开始哭起来，被妈妈制止了。那时是 8 点钟。我们都穿上最暖和的衣服并且带上我们的东西。诺亚、德鲁还有我爬到马车的后面。用棉被铺成三张床，枕头落在床外掉到马车的地板上。一会儿，德鲁和诺亚就睡着了。我爬到后面，看着熟悉的城镇，我们马上就要离开了。半个小时后，我们离开了北卡罗来纳州。“9 点，我们将到达阿巴拉契亚山，”我爸爸说，“我们将在那停留一个晚上。”“哦，凯文，”我妈妈说，“你确定这安全吗？也许我们该往回走。”“不，”我爸爸坚定地说到，“不要往回走。”

通过提供这个作业，教师大概希望学生将向西移民与自己去某个不了解的地方的经历联系起来（即有意义学习），并在这个过程中得出关于这些早期迁徙者对那次行程可能有的想法和情感的有关推论（也就是精制加工）。在摘录中，我们看到有意义学习和精制加工的证据。例如，从她自己的经历中，谢伊知道了离开熟悉的故土会使人不安，并且能假想出那些移民是恐惧（“我感到恐惧”）而没有确定感的（“你确定这安全吗?”），但他们又是坚决的（“我们不要往回走”）。同时，谢伊关于现代旅行的知识对于 19 世纪的旅程是不适用的。例如，她认为离开北卡罗来纳州只会耗用半个小时的时间（除非那家人住在州边境附近，否则不可能），并且认为家人可以一直行进到晚上 9 点

(这意味着在黄昏和天黑后在行进)。当我们鼓励学生将新材料同他们已经知道的东西联系起来时，我们必须要监控他们对任何不适当联系的思考。

**视觉表象**

早些时候，我们把表象看成是信息被编码进长时记忆的一种可能方式。大量研究显示视觉表象——对物体或观点形成心理图片——是一种很有效的存储信息的方法（Dewhurst & Conway，1994；Sadoski & Paivio，2001；Schwartz & Heiser，2006）。为了说明视觉表象有多有效，在下一页的练习中，我将教给你一些我在高中学习过的中国普通话单词。

*212*

## 亲身体验·五个中文单词

通过我描述的视觉表象，尝试学习这五个中文单词（不要担心学习单词上方的标号）

| 中文单词 | 英语意义 | 表象 |
| --- | --- | --- |
| 房（fáng） | house | 想象一座房子，在屋顶和墙上长着尖牙（fang） |
| 门（mén） | door | 想象一扇休息室的门，上面喷绘着 MEN |
| 客（kè） | guest | 想象一个人给另一个人（客人 guest）一把房子的钥匙（key） |
| 饭（fàn） | food | 想象一盘食物，风扇（fan）在让它冷却 |
| 书（shū） | book | 想象一只靴子（shoe），一本书（book）从里面露出来 |

现在花上几分钟时间来做做其他事情。站起来，伸展一下，喝杯水，或者到休息室休息。但是一定要在一两分钟内回来接着阅读……

现在你回来了，盖住这列中文单词、英语意义和视觉表象，努力回忆每个单词的意义：

客　　饭　　门　　房　　书

---

中文单词让你想起了曾经存储的视觉表象吗？反过来，这些表象帮你记住了它们的英语意义吗？你可能已经很容易地记住了所有的五个单词，或者你只记住了一两个。人们在使用视觉表象的能力上存在差异：一些人很容易也很快地形成表象，而其他人则只能很慢地形成表象，并且存在困难（Behrmann，2000；J. M. Clark & Paivio，1991；Kosslyn，1985）。

在课堂上，我们可以以几种方式来促进视觉表象的运用。我们可以要求学生想象文学作品或历史中某个事件是怎样的（Johnson-Glenberg，2000；Sadoski & Paivio，2001）。我们可以提供视觉材料（图片、图表、曲线图等），来说明重要但可能抽象的观念（R. K. Atkinson et al.，1999；R. Carlson，Chandler & Sweller，2003；Verdi，Kulhavy，Stock，Rittschof & Johnson，1996）。我们也可以要求学生为他们正在学习的东西画出他们自己的图解或图表（Edens & Potter，2001；Van Meter，2001）。当对年幼儿童进行教学时，我们最初可以要求学生用塑料模型和物体（如，让一个玩具农夫走向玩具畜舍），然后要他们想象着演出故事书中的事件（Glenberg，Gutierrez，Levin，Japuntich & Kaschak，2004)。

视觉表象在与其他形式的编码结合使用时特别有效。例如，当学生既以文字形式（如，一个讲稿或教材的短文）又以图解形式（如，一幅画、地图或者图表）接受信息时，学生更容易学习和记忆（Kulhavy，Lee & Caterino，1985；Moreno，2006；Winn，1991）。学生被明确要求同时以文字和视觉来回忆信息时，他们也更可能从中受益。

我们检验过的三种存储过程——组织、精制加工和视觉表象——本质上明显都是建构性的：它们都包含了将多种信息结合成有意义整体的过程。当我们组织信息时，我们给予它逻辑的结构（类别、因果关系等）。当我们对新信息进行精制加工时，我们把它同我们已经知道的事情结合起来，帮助我们赋予信息更好的意义。当我们使用视觉表象时，我们以某个物体典型的外部特征为基础创造心理图片（或许是长着牙的房子或者贴有 MEN 标签的休息室）。

**陈述性信息存储过程的发展趋势**

把新信息与先前知识联系的倾向——有意义学习——可能以某种形式发生在所有的年龄水平上。[10]复述、组织和视觉表象在小学初期相当有限，但在童年期和青春期的整 *213*
个历程中，它的频率和效果都会有所提高。通常直到青少年期，精制加工（特别是作为学习者有意使用来帮助记忆的过程）发生的频率在稍后才会增加，并且在高成就学生中使用得更普遍。表 6—3 提供了更详细的信息，对不同年级水平的长时记忆存储特征作了说明。

**表 6—3　　发展趋势——在不同年级水平的典型长时记忆存储过程** *214*

| 年级水平 | 典型年龄特征 | 建议策略 |
|---|---|---|
| K～2 | • 对物理对象进行组织是记住它们的一种方式。<br>• 出现利用复述来记住口头材料；使用不频繁并相对无效。<br>• 使用视觉表象增强记忆的能力出现，特别是如果成人暗示该策略的话。<br>• 很少有意去努力对口头材料学习、记忆或精制加工；学习和记忆来自于其他的儿童活动（创造、谈论事件、听故事等）。 | • 可能通过亲自参与活动、读阅读材料或想象性游戏让学生积极专注于主题。<br>• 将新主题与学生先前的经验联系起来。<br>• 把复述作为短期记住东西的策略进行示范。<br>• 提供说明文字材料的图片。 |
| 3～5 | • 自发地、有意地、逐渐有效地使用复述来较短地记住事物。<br>• 作为有意学习文字信息的策略，组织的使用增加。<br>• 逐渐提高把视觉表象作为学习策略进行运用的有效性。 | • 强调生成意义的重要性，而不强调记忆和信息的重要性。<br>• 鼓励学生对他们正在学习的东西加以组织；暗示主题的可能组织结构。<br>• 提供各种视觉刺激帮助促进视觉表象，暗示学生对要记住事物创造他们自己的视觉表象。 |
| 6～8 | • 复述作为学习策略存在优势。<br>• 用来组织信息的类别具有更大抽象性和灵活性。<br>• 作为有意的学习策略，精制加工出现。 | • 提出学生在学习时可能会问自己的一些问题；强调可促进精制加工的问题（如，为什么那么做？有什么区别?）。<br>• 在作业和测验中对真正的理解（而不是机械记忆）进行评定。 |

续前表

| 年级水平 | 典型年龄特征 | 建议策略 |
|---|---|---|
| 9～12 | • 作为有意的学习策略，继续依赖复述，特别是低成就的青少年。<br>• 增加学习中组织和精制加工的使用，特别是高成就青少年。 | • 问一些激发思考的问题，吸引学生的兴趣，帮助学生明白主题与自己生活的关系。<br>• 让学生在能力混合的合作小组中学习，学业成就高的学生能为低成就学生示范有效的学习策略。 |

资料来源：Barnett，2001；Bjorklund & Coyle，1995；Bjorklund & Jacobs，1985；Bjorklund et al.，1994；DeLoache & Todd，1988；Fivush，Haden & Adam，1995；Flavell et al.，2002；Gathercole & Hitch，1993；Kail，1990；Kosslyn，Margolis，Barrett，Goldknopf & Daly，1990；Kunzinger，1985；Lucariello，Kyratzis & Nelson，1992；L. S. Newman，1990；Plumert，1994；Pressley，1977，1982；Pressley & Hilden，2006；Schneider & Pressley，1989；E. Wood et al.，1999。

## 程序性知识是怎样被学会的

人们学习的一些程序——例如，烘焙一个蛋糕、排球发球、手动换挡驾驶汽车——主要由外显的行为构成。许多其他的程序——如，写一篇论说文、代数方程中求 x 的解、网上冲浪——还有明显的心理成分。大多程序可能包括了身体动作和心理活动的结合。

**图 6—5　在一个 6 年级的社会学习单元中，学生制作了一个明信片，这个明信片由想象中的朋友从远古文化年代寄来。这是 11 岁的谢伊以视觉和文字的方式描述古代乌尔**

程序性知识的范围从诸如用剪刀剪东西或者正确地握铅笔这些相对简单的动作到更复杂的一些动作。复杂的程序通常不是一下子就能学会的。相反，它们常常只有通过大量的练习，才能在经历一段时间后被缓慢学会（Ericsson，2003；Proctor & Dutta，1995；Tulving，1983）。

研究者正在开始确认学习程序性知识中包含的存储加工。当然在一定程度上，学习者以实际行动存储身体活动程序（Keele，1981；D. B. Willingham，1999；D. B. Willingham & Goedert-Eschmann，1999）。但是许多程序，特别是复杂的程序，也可能把它当陈述性知识来学习——换句话说，可能是如何执行一个程序的信息，而不是执行程序的实际能力（J. R. Anderson，1983；Beilock & Carr，2003）。当学习者使用陈述性知识来指导他们执行的一个新程序时，他们的表现缓慢而费力，活动消耗大量心理上的努力，并且他们常常在动作中自言自语。然而当他们继续执行那个活动时，他们的陈述性知识逐渐发展为程序性知识。这些知识随时间流逝而变得有规则，并最终让学习者快速、有效、不费力地执行活动（稍后我们将更多地讨论这种自动化）。

我们曾经讨论过的一些存储加工在我们获得程序性知识和在陈述性知识中一样发挥一定作用。例如，口头复述运动技能的一系列步骤能提高人们执行技能的能力（Weiss & Klint，1987）。一个程序的说明或现场演示，可能会促进视觉表象（R. M. Gagné，1985；Kitsantas，Zimmerman & Cleary，2000；Zimmerman & Kitsantas，1999）。事实上，想象自己执行一个动作（如执行一个体操技巧或者篮球投篮）可以提高对一个程序的获得，尽管这些想象的行为不像实际练习那样明显有效（Feltz，Landers & Becker，1988；Kosslyn，1985）。

作为教师，我们肯定能鼓励学生在掌握新程序的努力中使用复述和视觉表象。有几种其他的教学策略也是有帮助的。例如，在从事复杂任务时，我们可以把我们自己正在思考的东西表达出来——从而来展示心理过程（Schunk，1981）。如你可能认为的那样，当我们给学生机会来亲自执行程序，并且我们对他们做得如何经常提供反馈时，学生更有可能记住程序（R. L. Cohen，1989；Heindel & Kose，1990；Kladopoulos & McComas，2001；Proctor & Dutta，1995）。当程序相当复杂时，我们开始也许应该把复杂程序分解为更小的任务，并让学生对它们分别进行练习（J. R. Anderson，Reder & Simon，1996；Beilock & Carr，2003）。“走进课堂——帮助学生获得新程序”说明了几种
促进程序学习的策略。 214

## 走进课堂——帮助学生获得新程序

- 帮助学生理解他们所学习的程序背后的逻辑。

  当教师演示挥动网球拍的正确方法时，她问自己的学生：“为什么两脚分开而不站在一起会很重要呢？为什么当你挥拍时保持手臂的垂直很重要？”

- 当技能特别复杂时，把它们分解成学生可以一次一个练习的更简单任务。

  知道最初驾驶汽车的任务有多困难，一个驾驶员培训教师在让学生练习操纵方向盘和在一个空地停车处刹车后，开始倒车的指导。只有学生掌握了这些技术后，再让他们在城市的街道上驾驶。

- 提供帮助学生记住一系列步骤的记忆术。

  一位数学教师向学生演示如何进行以下表达式的乘法：

$(3X+4)(2X+5)=$

她把那些步骤写在黑板上，并在进行解答时解释她的做法："单词 FOIL 可以帮助你们记住要做的事。你们开始把括号里的两个第一项（first）相乘——那就是，$3X\times2X$，等于 $6X^2$。然后你们把外面（outer）两项相乘——$3X\times5$，得到 $15X$。接着，你们把里面的（inner）两项相乘——$4\times2X$，得到 $8X$。最后，把最后的（last）两项相乘——$4\times5$，等于 20. 把这些所有的结果加起来，那么就得到 $6X^2+23X+20$。"

• 给予学生许多练习新技能的机会，并提供他们需要的反馈来帮助提高。

一位科学教师要求学生在每星期的实验活动后，写实验报告，因为许多学生在科学写作方面只有很少或者没有先前的经验，当他给报告评等级时，他写下大量的评论。一些评论描述了他看到的闪光点，而其他的评论提供一些可以让报告变得更客观、简洁和清晰的建议。

## 先前知识与工作记忆在长时记忆存储中的作用

有时候学生先前的知识干扰着他们需要学习的东西。例如，回想一下达伦对大理石帕特农神殿的混淆、卡尼萨记忆胸骨位置时的困难以及谢伊对人们登上马车在天黑后也能行走的设想。但是一般而言，相关的知识基础会帮助学生更有效地对课堂内容进行编码和存储（P. A. Alexander，Kulikowich & Schulze，1994；Schneider，1993；Shapiro，2004）。学生先前的知识以几种方式对他们的学习作出贡献：

- ✧ 帮助学生决定哪些是最重要的要学习的东西以及指导他们恰当的注意。
- 215 ✧ 让他们能够理解——也就是，进行有意义学习——而不是以机械的方式学习。
- ✧ 提供组织新信息的框架。
- ✧ 帮助他们对信息进行精制加工——例如，通过填充遗漏的细节、澄清含糊的地方或者作出推论（Bjorklund，Muir-Broaddus & Schneider，1990；Haskell，2001；Rumelhart & Ortony，1977；P. T. Wilson & Anderson，1986）。

儿童对于世界的知识每年都在飞速增长。增长的知识基础是成人和年龄稍大儿童比年幼儿童能更容易学习新信息的一个原因：他们有更多的知识帮助他们对新观念和事件进行理解和精制加工（Flavell et al.，2002；Halford，1989；Kail，1990）。作为一个例子，考虑下面一名叫托尔的因纽特人（爱斯基摩人）的个案。

216 你可能已经用因纽特人的有关知识来推论，托尔可能在冰冻气温下或者恶劣的暴风雪里，在雪地里捕猎北极熊或海豹。但是，注意这个故事本身没有告诉你这些事情，你必须推论出它们。跟你一样，青少年可能知道相当数量的关于因纽特人如何生活的信息，并能使用这样的信息来帮助他们对托尔的故事进行精制加工和记忆，他们学习的效果比年幼些的儿童会更好（A. L. Brown et al.，1977）。然而当年幼儿童比他们的年长者有更多的知识时，他们通常处于优势地位（Chi，1978；Rabinowitz & Glaser，1985）。例如，当我儿子亚历克斯和我经常一起阅读有关蜥蜴的书籍时，亚历克斯总是比我记住更多东西，因为他自称是一个蜥蜴专家，而我自己对任何种类的爬行动物知之甚少。

但是，如我们在有意义学习的讨论中指出的那样，学生具有需要解释新材料的知识并不足够。他们必须还要意识到知识是相关联的。然后他们思考新材料时必须从长时记忆中提取出它，这样他们在工作记忆中同时有新、旧两种知识，才能建立恰当的联系（Bellezza，1986；Glanzer & Nolan，1986）。

**亲身体验 · 塔卡族的托尔**

托尔是塔卡族的一位年轻人，正在本族人古老的狩猎区打猎。他离开村庄已经许多天了。天气很糟糕，他却还没有设法找到猎物的位置。因为恶劣的天气，他知道必须马上返回了，但是在族民中单独一人追踪和捕杀猎物是一件光荣的事情。只有获得这一成就时，一个男孩才被认为是男子汉。那些失败的人则要跟老人以及妇女一起吃饭，同他们做伴，直到他们可以完成这个任务。

突然，托尔能辨认出远处一个可能存在的猎物轮廓。它独自一个，也比托尔大不了多少，托尔能独自抓住。但是当他走近些时，一个来自邻近部族的猎人闯入视野，也在捕杀那个猎物。这个不速之客比托尔年长，并且脖子上挂着东西，是过去打猎成功的证据。“对，”托尔想到，“他是个真正的男子汉。”托尔没有做好决定。他应该向那个入侵者发起挑战还是空手而归呢？返回则意味着痛苦的失败。部族里的其他年轻人将会嘲笑他的失败。他决定往上悄悄爬到那个人前面，等待机会（A. L. Brown，Smiley，Day，Townsend & Lawton，1977，p. 1 460）。

- 托尔在什么类型的地形上打猎？
- 天气怎样？
- 托尔捕猎的是什么类型的猎物？

---

作为教师，无论何时向学生介绍新主题时，我们都应谨记学生的现有知识，并把它作为出发点。例如，可以通过要求学生描述他们的父母为了保持花卉和蔬菜生长所做的事情，来开始 1 年级关于植物的那个教学单元。在中级英国文学课堂上，我们可以通过要求学生把自己所知道的罗宾汉传说讲述出来，来介绍沃尔特 · 斯科特的《艾凡赫》（*Ivanhoe*）（罗宾汉是其中的主角）。我们也要记住来自不同背景的学生多少有着不同的知识基础，并且要相应地调整我们的教学起点。

## 在缺乏相关的先前知识时使用记忆术

正如我们所发现的，有意义学习——让一些事情变得有意义——远比机械记忆有效。但有些东西很难让它变得有意义。例如，为什么人体骨骼中会有腓骨、尾骨和尺骨这样的名称？为什么要用 Au 来作为金的化学式？为什么奥古斯塔是美国缅因州的首府？从许多学生的观点来看，这些事实中不存在押韵或原因。

当学生容易在发现新材料与先前知识之间的关系上遇到困难时，或者当信息有组织的结构背后却没有明显逻辑时（许多清单是这样的），被称为记忆术的特殊记忆技巧可以帮助学生更有效地学习课堂材料。例如，在奥姆罗德的教师预备课程中，10 岁的大卫描述了他使用的一个记忆术来记住希伯来字母“pay (פ)”：

> Pay，它的写法有几分像这样，写着，写着，写着，写着，那里正好有一个小人。噢，不是一个小人，而是一个圆点……我们假装在圆点的前面是一个柜台，那个圆点是一个头像，那个头像正在“付账”。这就是我们如何记住字母 pay (פ) 的。

三种被普遍运用的记忆术——言语中介、关键词法和添加的意义结构——描述在下框中。

**一般记忆术**

**言语中介**

言语中介是在两部分信息之间创造逻辑联系或纽带的单词或短语。言语中介可以用于像外语单词和它们的英文意义、国家和首都、化学元素与符号、单词与拼写这样的配对信息中。以下是几个例子：

| 要学习的信息 | 言语中介 |
|---|---|
| Handschuh是“手套”的德语 | 手套是手（hand）的鞋子 |
| 基多（Quito）是厄瓜多尔（Ecuador）的首都 | 蚊子（Mosquito）在赤道（equator）上 |
| Au是金（gold）的符号 | 唉（Ay），你偷了我的金（gold）表 |
| 单词principal以字母pal（不是ple）结尾 | 那位首长（principal）是我的好朋友（pal） |
| 肱骨（humerus bone）是肘部以上的大臂骨 | 幽默的（humorous）骨骼正好在尺骨（funny）端上面 |
| 美国宪法第2修正案是拥有武器（bear arms）的权利 | 一只熊（bear）有两个手臂（arms） |

**关键词法**

跟言语中介一样，关键词法通过在两个事物之间建立联系来帮助记忆。在没有逻辑的言语中介来填补差距时，这种技术特别有用——例如，没有明显的句子或短语可以来将外语单词同英文意义联系起来时。关键词法包含两个步骤，我们可以用西班牙单词“amor”和它的英文意义“love”来说明。

1. 确定一个具体的对象来表示每种信息。

对象可以是普遍使用的符号（如一颗心代表“love”）或者一个发音相似的单词（如一套盔甲“armor”表示“amor”），这些对象是关键词。

2. 同时形成两个对象的心理图片。例如，要记住“amor”表示“love”，我们可以画一个穿着盔甲的骑士，胸前涂着一个巨大的红色心。

在完成本章前面的“五个中文单词”的练习时，你用过关键词法。下面是补充的实例：

| 要学习的信息 | 视觉表象 |
|---|---|
| Das Pferd是“马”的德语。 | 想象一匹马驾驶着一辆福特（Ford） |
| Augusta（奥古斯塔）是Maine（缅因州）的首府 | 想象一阵（gust）大风吹过一匹马的鬃毛（mane） |
| Tchaikovsky（柴可夫斯基）谱曲《天鹅湖》 | 想象一只天鹅（swan）在一个湖（lake）里游泳，打着领带（tie），咳嗽着（coughing） |

**添加的意义结构**

更大的信息实体（如一个项目单）经常可以通过在信息上附加一个有意义的视觉或言语结构——一个熟悉的形状、单词、句子、节奏、诗或故事——来进行学习。以下是添加意义结构的例子：

| 要学习的信息 | 添加的意义结构 |
|---|---|
| 意大利的形状 | 一只靴子 |
| 五大湖（Huron，Ontario，Michigan，Erie，Superior） | HOMES |
| 高音谱（E G B D F）上的弦 | 埃尔维斯的吉他在星期五被摔坏了（Elvis's guitar broken down Friday），或每个优秀男孩干得漂亮（Every good boy does fine） |
| Stalagmites（石笋）与stalactites（钟乳石）的区别 | 当“mites”往上长时，“tites”开始下垂。 |
| 每个月的天数 | 九月有三十天…… |

添加意义结构可以应用于记住陈述性信息，也可以用于记住程序。这里有三个例子：

| 要学习的程序 | 添加的意义结构 |
|---|---|
| 篮球的罚球 | BEEF：保持球的平衡（Balance），两肘收拢（Elbows），举起（Elevate）手臂，弧形动作投球（Follow through） |
| 简化代数表达式 | 请原谅我的亲爱的姨妈萨利（Please Excuse My Dear Aunt Sally）：首先，简化括号（parentheses）里的项，然后是有幂次（exponent）的项，接着是要相乘（multiplied）或相除（divided）的项，最后是加法（added）或减法（subtracted）的项 |
| 拧螺丝（顺时针是变紧，逆时针是变松） | 右，紧。左，松 |

研究一致支持记忆术在学生学习中的效果（e. g.，Bulgren，Schumaker & Deshler，1994；M. S. Jones et al.，2000；Pressley et al.，1982；Scruggs & Mastropieri，1989）。除了帮助学生在长时记忆中存储信息和程序之外，记忆术也能帮助学生提取这些东西。

# 长时记忆的提取

你已经发现，存储在长时记忆中的一些信息在以后容易被提取。其他的信息则很难找到，甚至还有些根本就从未被找到过。从长时记忆中提取信息似乎是沿着联想的途径进行的，它差不多是一个沿着记忆通道进行的过程。一个观念让我们想起另外的观念——也就是，一个观念激活另一个观念——第二个观念让我们想起第三个观念，如此往下。这个过程类似于在这章的早些时候，当你从单词马开始，顺着思维向下发生的事 *217*
情。如果联想的路径最终把我们带到我们努力记忆的东西上，我们确实能记住它。如果路径把我们引入其他方向，我们就没那么幸运。

如果在存储过程中，他们将事物同长时记忆中其他事件联系，人们更可能在以后情境下记起它们。理论上讲，新旧事物就会有逻辑的关系。为了说明这个观点，让我们再一次回到你邮箱里的所有邮件上。想象这一场景，你每天收到五种重要的东西——你真正打算保留的东西。每周 6 次的邮政递送，一年 52 周（减去 12 周的假期），你每年将保存1 500份邮件。15 年期间，你家里就有超过22 000个重要的东西隐藏在某个地方。

想象着某一天，你听说服装公司（Mod Bod 裤业公司）的股票涨了 3 倍，你记得你 *218*
富有的姨妈艾格尼丝几年前寄给你一些 Mod Bod 的证券，作为你的生日礼物，并且你大概觉得它们很重要，决定保存它们。但你到底把它们放到哪儿去了呢？你将花多久时间才能在所有的那些重要信件、账单、册子、清单、传单和彩票声明中找到它们呢？

你找到证券的难易——事实上，究竟是否能找到它们——取决于你积累它们时，你是如何保存邮件的。如果你以逻辑的、组织好的形式保存——例如，所有支付的账单放在一个壁橱的架子上，所有的邮件按目录整理好放在旁边的桌子底下，所有亲戚的邮件放在文件柜里（以名字后的姓的字母顺序）——那样你应该能很快地检索到艾格尼丝姨妈的礼物。但是如果你只是把每天的邮件随便地扔在房子里，你会在家里搜索很长很长的时间，可能还发现不了 Mod Bod 股票的踪迹。

就像一个充满了 15 年邮件的房子，长时记忆包含了大量的信息。并且如同你搜寻 Mod Bod 证券那样，从长时记忆中提取信息有点依赖于信息是否存储在逻辑的位置——也就是，它是否与相关的观念相联系。通过与已有的知识建立联系——就是说，进行有意义学习——我们需要信息时，我们知道到哪里去搜寻。相反，以机械方式学习就像把艾格尼丝姨妈的礼物随便扔到成千封杂乱的邮件中一样：我们不可能再一次找到它。

## 影响提取的因素

即使我们把新信息同我们现有的知识基础联系起来，我们也并不能总是在需要时找到它。至少有三个因素促进我们从长时记忆中提取信息的能力：同现有知识的多样性联系，频繁的练习和相关的提取线索。

### 同现有知识的多样联系

当我们有许多种可能路径通向信息时，换句话说，当我们将信息与我们现有知识基础中许多其他事物联系时，我们更可能提取信息。建立多种联系就像在你的邮件存储系统中使用前后参照一样。你可以把 Mod Bod 证券归档，放入来自亲戚项目的文件抽屉里，但你也可以把它们的位置写在便条上，放在其他地方——或许和你的出生证明（毕竟，你在生日那天收到证券）、你的收入缴税收据放在保险箱里。在这些符合逻辑的地方寻找，或许你会发现你贵重的证券。

作为教师，如果我们展示信息是如何跟他们已经知道的其他大量信息产生联系，我们就可以帮助学生更有效地长期记住课堂的主题。例如，我们可以向他们说明新材料同以下事物有怎样的联系：

- ✧ 在同一科目领域内的概念和观念（如指出乘法如何与加法联系）
- ✧ 其他科目领域中的概念和观念（如讨论科学发展如何影响了历史事件）
- ✧ 学生关于世界的一般性知识（如推断 14 世纪的黑死病与现代的艾滋病的相似）
- ✧ 学生个人经历（如发现罗密欧与茱丽叶的家族争执同学生自己人际冲突之间的相似）
- ✧ 学生当前的活动和课堂外的需要（如，指出说明文技巧可以怎样应用于写一篇申请大学的短文中）

**频繁的练习**

我们前面指出，复述——在几秒或者几分钟的时间内心不在焉地反复重复信息——
219 是一种让信息进入长时记忆的相对无效的方式。但是通过频繁练习，我是指长时间的背诵：在几个星期、几个月或几年的时间内以一定的间隔复习和使用信息与技能。当练习以这种方式——理论上说，在各种不同背景中——展开，各种年龄的人都可以学得更好、记得更久（Dempster，1991；Graham，Harris & Fink，2000；Proctor & Dutta，1995；Semb & Ellis，1994；L. A. Shepard，2000）。

当学习者持续地练习他们已经掌握的东西时，他们最终达到自动化：他们能迅速地、毫不费力地提取出学过的东西，并不假思索地进行运用（J. R. Anderson，1983；P. W. Cheng，1985；Proctor & Dutta，1995）。有一个例子，想着驾驶一辆汽车，一个你可能会很容易完成的复杂技能。许多年前，你最初努力尝试驾驶可能需要大量的心理努力。但是，也许现在你能不需要对所做的付出多少注意，你也能驾驶了。即使你的汽车有标准的变速器，对你而言，驾驶可能已经变成一种自动的活动。

练习不一定会带来完美，但它能让知识变得更容易提取、更持久和自动化。当学习者经常使用信息和技能，他们实质上是在铺设他们提取的路径，一些情况下是创造了提取的高速公路。

被学习到自动化程度的知识也有其他的优点。记住工作记忆的容量有限：人类记忆系统中激活的“思维”部分在同一时间只能处理那么多信息。因此，当它容量中的大量空间一定要用于回忆单一的事实或执行简单的程序时，就只剩下很小的空间从事更复杂的情境和任务。那么，把一些事实和程序学习到自动化程度的一个关键原因是，释放工作记忆的容量，留给更复杂的任务和问题（D. Jones & Christensen，1999；Proctor & Dutta，1995；Stanovich，2000）。例如，2 年级学生阅读故事时，如果他们不需要一定读出像以前和以后这样的单词，他们就能更好地将注意集中于理解故事上。4 年级学生面临乘法问题时：

$$\begin{array}{r} 87 \\ \times 59 \\ \hline \end{array}$$

如果他们能快速提取如 9×8＝72 和 5×7＝35 这些基本事实时，他们能更容易解决该问题。高中学化学的学生如果不必停下来思考 Na、C 和 O 这些符号代表什么时，他们就能更容易地解释 $NaCO_3$（碳酸钠）的意义。

很遗憾，自动化只能由一种方式达到，那就是：练习、练习、再练习。这并不是说我们应该不停地布置那些包含孤立事实和程序的训练和练习（例如，见图 6—6）。这些活动促进的是机械学习而不是有意义学习，它们通常是枯燥的，也不可能让学生确信教学内容的价值（Mac Iver et al.，1995）。一个更有效的方法是，经常把基础知识和技能合并为有意义的、有趣的活动——问题解决任务、小组设计、游戏、脑筋急转弯等。

**图 6—6　尽管偶尔对数字和字母进行机械练习利于提高自动性，练习太多则传达这样的信息，学习基本的技能枯燥而沉闷。这是 5 岁的贡纳在幼儿园练习书写的数字。注意他在后面练习写 9 时的写法**

**相关的提取线索**

如果你在北美洲接受教育，你可能在某一时间学习过五大湖的名称。但你最初提取所有五大湖的信息时有困难，哪怕它们仍然存储在你的长时记忆中。或许当你提取了其他四大湖时，密歇根湖你却想不起来。前面提到的 HOMES 记忆术提供一个提取线索，或者提示在长时记忆中的哪个地方去寻找它。记忆术告诉你，一个湖的名称以字母 M 开头，促使你在长时记忆中有 M 的单词里搜索，直到（我们希望能）你找到密歇根（Michigan）。当相关的提取线索呈现出来，以正确的方向在长时记忆里搜寻时，学习者更容易提取到信息（e. g.，Morris，Bransford & Franks，1977；Tulving & Thomson，1973）。

提取线索如何帮助提取信息，以下是另一个例子，尝试下面的练习。

## 亲身体验·回忆对再认

本章前面，我描述了可以让信息模糊地保持于工作记忆的一个过程。你能从长时记忆中提取出那个过程的名称吗？在往下读以前看看你是否能做到。 220

如果你不能记起那个术语，那么试着回答有多项选择的同一个问题。

把信息保持在工作记忆中，你需要保持多久就保持多久，我们把这个过程称作：

a. 促进性建构

b. 内部组织

c. 短时记忆

d. 保持性复述

---

你体验到"啊，我记起来了"的感受吗？正确答案是 d。也许多项选择的形式为你提供了一个提取线索，把你的注意力指向存储在长时记忆中的正确答案。一般来说，在再认任务中更容易记起一些信息，再认任务中，你只需要在不正确表述或无关信息中识别正确信息；而回忆任务没那么容易，回忆任务中正确信息必须全部从长时记忆中提取（Semb，Ellis & Araujo，1993）。

作为教师，我们不要总是希望通过把信息直接放在学生面前来帮助他们提取。但是，有时提供暗示是适当的。例如，如果一个学生问 Au 代表什么，我们可以这样作出回答："课堂上，我们谈及过 Au 来自于拉丁文单词 aurum，你能想起 aurum 代表什么吗?"另一个例子来自于一个我以前的老师杰斯·延森的实习。在她的 8 年级历史课堂上，一个学生在写关于新奥尔良战役的文章，在 1812 战争中这个战役对美国来说是一场决定性的胜利。杰斯和这个学生进行了以下交流：

学生：新奥尔良战役为什么很重要?

杰斯：看着地图，新奥尔良在哪?

[学生找到新奥尔良的位置]

杰斯：它为什么很重要呢?

学生：哦，它靠近密西西比河的入口，对于控制河流上下的运输很重要。

在低年级中，教师一般为学生提供许多提取线索。他们让学生想起他们需要做的任务和什么时候应该去做（"我听到火警，记住，在消防演习中我们都要镇静地行走"；或者"现在该回家了，你们都有校外考察许可证带给父母吗?"）。但当学生稍大点了，他们必须发展更强的独立性，更多依赖他们自己并更少依赖教师来提醒他们需要记住的事情。在所有年级水平，我们可以教给学生一些方式，来为他们自己提供提取线索。例如，如果我们希望 1 年级学生获得许可证的签名，我们可以要求他们在一块胶带上写上提醒语，粘在他们的夹克或午餐盒上。如果我们给初中生布置几个星期的主修作业，我们可以提示他们在床旁边的桌子上记下预定的时间安排，或者在他们厨房的日历上标注日期。

既然你了解了一些关于提取的事情和影响提取的因素，试试这个活动。

**分析教师策略——到加拿大去**

另一个我以前的实习教师，格里·霍莉在给 8 年级地理课的学生教授加拿大这一单元。班上的学生已经复习了关于地形学（山脉、河流等）和该国不同地区的气候。他们也学习了社会、政治和文化的问题（如独立主义运动和在魁北克地区使用法语）。当你读到以下课堂对话时，思考这几个问题：

- 当他提出问题时，格里希望他的学生如何来回答问题?
- 关于提取和使用他们所学的能力，学生的回答揭示了什么?
- 221 下一次格里可能有什么不同的做法?

格里：想象一下，你要去加拿大，你准备到哪儿去？为什么？你的生活将有何不同?

学生 A：我要去安大略的剑桥，因为我有亲戚在那。

学生 B：多伦多，去看猛龙队（篮球队）的比赛。

学生 C：我会去魁北克北部，我就可以在哈德逊海湾游泳。

格里努力帮助学生将他们已经学习的关于加拿大自然和社会环境的知识同他们自己的生活和需要相联系。他希望学生们在做选择的过程中可以想到他们所学到的景色、典型天气、社会环境等加拿大的各个方面。遗憾的是，前两个学生在作出选择的过程中没有检索到任何信息，而第三个学生检索到一组信息（如哈德逊海湾）而没有检索到其他同样重要的信息（如哈德逊海湾太靠北了，游泳会太冷）。一个优秀的实习者，格里很快学会了他应该偶尔提供检索线索，让学生使用他们曾经学过的东西——例如，“倘若你现在已经知道关于加拿大的地形、气候和社会环境，你准备去哪？为什么？”

## 为什么学习者有时会遗忘

幸运的是，我们不需要记住每件事情。也许我们没有理由要记住我们昨天拨过的一个花店的电话号码、上星期《老友记》剧情的大致情节或者我们上学期上交作业的期限日。大多我们碰到的这些信息，就像垃圾邮件，不值得保存，并且遗忘可以帮助我们除掉无用的杂物（D. L. Schacter，1999）。

但有时候我们在回忆我们确实需要的信息时会有困难。一种对遗忘的可能解释是存储的失败：信息本来就从未到达过长时记忆。也许我们没有注意一些信息，所以它从未超出过感觉登记的范围。或者可能是注意到信息后，我们没有继续加工它，以致信息存储不能比工作记忆更深入。存储的失败不是信息遗失的解释，但它是人们认为已学会一些东西，在以后又不能回忆起来的一个可能原因（D. L. Schacter，1999）。

为什么人们竟然会忘记他们先前存储在长时记忆内的东西，心理学家提供了几种解释。这里我们将考虑四种可能：提取失败、重构错误、干扰和衰退。

### 提取失败

超市里的一个人看起来很面熟，但你不能记起他是谁或你在哪儿见过他。他朝你微笑，并说道：“嗨，很高兴见到你。”你拼命地在长时记忆中搜索他的名字，但很明显你已经忘记了他是谁。

几天后，你晚餐时拿起一瓶辣酱。辣酱让你想起慈善晚宴上的辣酱，几个月前你在那工作过。当然，那天晚上，你和超市里的那个人并排站着，为好几百人端上辣酱。哦，对了，你现在想起来了，他的名字叫梅尔维尔·赫尔曼。

我们遗忘的一个原因是不能提取：我们不能找到存储在长时记忆里的信息（e. g.，D. L. Schacter，1999）。有时当我们在寻找其他信息时，却无意发现这些信息。但是有时我们从未能提取它，或许是因为我们以机械的方式学习它，或者没有充分的提取线索来指导我们在长时记忆里搜索。

### 重构错误

提取不一定是全或无的现象，有时候我们从长时记忆中搜寻，我们提取到部分信息，但是不能想起其余的信息。这些情况下，我们用关于世界的一般知识和设想来填补空隙（Kolodner，1985；Roediger & McDermott，2000；P. T. Wilson & Anderson，1986）。但即使这些空隙在逻辑上得到填补，它们也并不能总是被正确地填补——遗忘的一种形式叫重构错误（我们将在第 7 章更详细地考虑提取的重构特性）。 222

### 干扰

有时人们可以提取到他们学到的东西，但是不知道谁跟谁匹配。作为一个实例，试试以下练习。

你发现自己弄混淆了吗，或者忘记了每个中文单词的英文意义吗？如果是，那么你就是干扰的受害者，存储在记忆中的各种信息互相干扰——它们本质上变得混乱。当一个项目与其他项目相似时，并且当它们以机械方式而不是有意义或者基于记忆术被学会时，就特别容易发生干扰（Dempster，1985；Lustig & Hasher，2001；Lustig，Konkel & Jacoby，2004）。

## 亲身体验·六个中文单词

下面有6个中文单词和它们的英语意义。把单词读两到三遍，并努力地把它们存储进长时记忆中。但不要做其他任何事情来学习这些单词——例如，不要有意使用记忆术来帮助你记住它们。

| 中文 | 英文 |
|---|---|
| 中 | middle |
| 听 | listen |
| 送 | deliver |
| 朋 | friend |
| 请 | please |
| 等 | wait |

现在把这列单词盖起来，并检验自己，单词friend、please、listen、wait用什么中文单词表示?

---

**衰退**

前面我们提到过，一些心理学家认为信息可能随时间而衰减，也可能一起消失，特别是如果它没有被经常使用的话（Altmann & Gray，2002；J. R. Anderson，1995；D. L. Schacter，1999）。当描述这个逐渐消失的过程时，理论者经常使用衰退这个词。

所有这些对遗忘的解释，强调先前确定的教学策略的重要性：我们一定要确保学生在集中注意，帮助他们将新的材料与他们已经知道的相联系，并且给予他们机会经常复习、练习和应用材料。“走进课堂——提取最优化和遗忘最小化”提供和说明了几个可能的策略。

## 走进课堂——提取最优化和遗忘最小化

- 对于重要的信息，永远不要认为一次就足够。

  一位语言艺术学科的教师在学生入学的早些时候介绍言语的各部分（如名词、动词、形容词），因为他们在以后的几个年级学习外语时，这些概念对于学生很重要，他在整个学年中不断地回顾它们——例如，经常把它们融入课堂活动中。

- 当信息一定要迅速地被提取时，安排能让学生学习到自动化程度的实践练习。

  一位小学教师在加法和减法方面给予频繁的练习，直到每个学生可以迅速而正确地加减一位数。她做一些事情来让这些练习有激励性和趣味性。有时她提出与儿童或与教室物体有关的问题（如，“在这块黑板上有3个黑板擦，另一块黑板上还有4个，我们总共有多少个黑板擦?”）。有时她让两个学生配对，互相检测知识。每两周一次，她让学生把他们练习的时间记录在数学知识答题纸上，并在方格纸上用图说明他们持续的进步。

- 教学生就他们需要记住的事情发展自己的提取线索。

  一位中学教师向学生展示如何创造和使用日常组织者文件夹，来帮助他们记录作业和到期日。

- 当重要的细节很难在逻辑上填补时，

或当它们很容易互相混淆时，确保学生学得很好。

在困难的单词拼写中，一位教师给学生额外的练习。

- 适当的时候提供提取线索。

当一个高中生苦思如何计算圆的面积时，她的数学老师说："我们上星期学过，你们记得那个公式吗？"当学生摇头时，老师继续说："因为这个问题中涉及一个圆，公式中可能包含 π，是不是？"

## 给学生时间去加工：增加等待时间的作用

即使我们鼓励有效的存储过程，即使我们提供有用的提取线索，长时记忆存储和提取过程也不一定在刹那间发生。学生将新材料同他们现有的知识联系，之后，提取他们学过的全部信息，需要一定的时间。作为实例，考虑下面的情境：

史密斯先生喜欢在课堂上提问。他也喜欢让课堂快节奏地进行。在典型的一天出现了像如下的事情：

史密斯先生：为什么夏天比冬天要暖和？

阿米莉娅：因为太阳更热。

史密斯先生：好，对，太阳感觉更热些。地球上什么变化让它感觉更热呢？ 223

罗纳德：夏天地球离太阳更近。

史密斯先生：罗纳德，这是一种可能。但这里我们需要考虑一些事情。在北半球是夏天时，在南半球则是冬天。当美国北部出现最热的几天时，澳大利亚则是最冷。我们能用地球离太阳的距离来解释吗？

罗纳德：唔……我想不能吧。

史密斯先生：那么……为什么夏天比冬天暖和呢？（没有人回答。）你知道吗，安吉拉？（她摇头。）那你呢，伦尼？

伦尼：不知道。

史密斯先生：你们能想起我们昨天讨论过的、可以帮助我们解释的一些事情吗？（没有人回答。）记住，昨天我们谈及地球在一年中如何改变与太阳有关的倾斜度。地球倾斜度的这种改变说明为什么在冬天和春天，白天变长，而为什么在夏天和秋天白天变短。（史密斯先生继续解释太阳光线的角度如何影响了地球的温度。）

史密斯先生希望他的学生能在他们昨天学的知识（如，地球与太阳相关倾斜度的变化）与今天的主题（如，季节）之间建立联系。不幸的是，史密斯先生从一个问题到另一个问题以及从一个学生到另一个学生的速度太快。他的学生没有建立他所期望的联系，只因为他没有给学生足够的时间来这么做。

史密斯先生课程中的问题也经常出现在许多别的课堂中：等待时间太短。当教师问学生问题时，他们经常等一秒钟或更少的时间让学生来回答。如果学生在这个很短间隔中没有回答，老师倾向于把问题再说一遍——有时是问不同学生相同的问题，有时是改述那个问题，有时甚至是他们自己来回答问题。教师同样不情愿在学生回答问题或在课堂上作出评论后让太多的时间流逝。他们再一次倾向于在回答一个陈述或问另一个问题前允许一秒或更少时间的沉默（M. B. Rowe，1974，1987）。如果我们考虑认知心理学的基本原理——例如，把新信息同先前知识联系的重要性，与从长时记忆中提取信息有关的困难——我们会认识到，让学生把想法整合在一起并作出适当的反应，一秒钟的时间实在是太短了。

224 当教师改为在提出他们的问题和学生的评论后允许至少有三秒钟的时间时，学生的行为可能会发生引人注目的变化。更多学生，特别是更多的女生和少数民族学生将会参与到课堂中来，并且学生开始对彼此的问题和评论作出反应。另外，学生更可能用证据和逻辑支持推理，而且当他们不知道答案时也更可能去推论。此外，他们更有动机去学习课堂的学科内容，也因此增加了实际的学习而减少了行为问题。

这样的变化部分归因于增加了等待时间这一事实，也由于教师行为的改变。教师提更少的简单问题（如，需要回忆事实的问题），而提更多启发思维的问题（如，需要精制加工的问题）。他们也调整讨论的方向来调节学生的评论和问题，并且允许班级对主题进行比他们原来预期的更深入的探索。此外，他们开始提高对许多学生特别是对低成就学生的期望（Giaconia，1988；Mohatt & Erickson，1981；M. B. Rowe，1974，1987；Tharp，1989；Tobin，1987）。

当我们的目标是简单的回忆——也就是说，当学生必须非常迅速提取课堂内容，"彻底地了解它"时——那么，等待时间会较短。学生有时可以从一连串的训练中受益，学习信息和技能达到自动化程度。但是当我们的教育目标包括更复杂的观念和问题加工时，更长的等待时间可以让我们的学生和我们自己对问题进行透彻而全面的思考。

## 认知过程中的多样性

我们探讨认知心理学的基本原理时，我们认为很多因素——注意、工作记忆容量、长时记忆存储过程、先前知识、提取线索等——它们影响着课堂中学生可能学到什么以及学得有多好。自然地，儿童和青少年在这些因素上相当地不同。例如，一般来说，女生在保持对课堂活动的注意和完成像记住名单或特殊生活事件这样特定种类的记忆任务时，比男生有微弱的优势（Das，Naglieri & Kirby，1994；Halpern，2006；Halpern & LaMay，2000）。一般来说，来自低收入家庭的孩子在他们开始入学时，可能有较少的读写和数学技能，但在其他的我们可以依赖的主题上，他们有丰富的知识（见第 4 章）。

另外，来自不同文化背景的学生在不同学习任务上有不同的经验。例如，来自北美洲和亚洲学校的学生可能有学习成系列的事物的经历，而来自非洲、澳洲和中美洲的学生可能被鼓励着去记住口述历史或空间位置（Flavell et al.，2002；Purdie & Hattie，1996；Rogoff，2001，2003）。等待时间的重要性也部分取决于学生的文化。如我们在第 4 章中发现的那样，一些美洲土著学生在回答前可能要等上几秒钟，作为一种向成人表达尊重的表现方式。而在英语方面有着有限熟练程度的学生比那些英语是本土语言的同伴需要更多的心理翻译转换。

然而，群体差异不能解释我们在学生身上看到的所有差异。在任何群体内都存在着显著的个体差异。例如，一些学生能比其他学生更快地对新事件和新观念进行思考、编码和作出反应（Demetriou et al.，2002；Kail，2000）。而且即使是来自十分类似背景的学生也有着独特的知识，以此为基础来吸取我们呈现的观念，引导他们对我们呈现的信息进行不同的精制加工（e.g.，Cothern，Konopak & Willis，1990；Grant & Gomez，2001；R. E. Reynolds et al.，1982）。

表 6—4　　全纳环境中的学生——促进有特殊教育需要学生的认知加工

| 类别 | 可能观察到的特点 | 建议的课堂策略 |
|---|---|---|
| 有特殊认知和学业困难的学生 | • 在一个或更多的特殊认知过程中存在缺陷（如感觉、编码）。<br>• 有些学生容易分神，不能维持注意。<br>• 筛选无关刺激有困难。<br>• 工作记忆容量小或者工作记忆有效使用过少。<br>• 对课堂任务的反应有冲动性。 | • 分析学生的错误，以此作为确认可能的加工困难的一种方式。<br>• 识别特定认知过程的缺点，并提供指导使学生能够弥补这些缺点。<br>• 让分心刺激最小化，并确保在给出指导或呈现信息前吸引了学生的注意。<br>• 以有组织的形式呈现信息，建立信息与学生先前知识的常见联系，作为促进更有效的长时记忆存储和提取的手段。<br>• 教授记忆术来帮助长时记忆的存储和提取。<br>• 鼓励在反应前进行更多的深思。<br>• 在身体练习的活动中穿插需要维持注意的活动。 |
| 有社交和行为问题的学生 | • 因为非任务的想法和行为而缺乏注意。<br>• 较快转移注意有困难（对自闭症学生）。<br>• 专注于小细节的异常能力；可能在异常详细的图画中反映出来（对自闭症学生）。<br>• 冲动；抑制不当社会行为的能力较弱（有时候由于神经学上的缺陷）。<br>• 在其他认知过程中可能有困难（如难以诊断的学习障碍）。 | • 通过把教学调整到学生的个人兴趣上来吸引学生注意。<br>• 把学生交给学校心理学家，对可能的学习障碍进行评估和诊断。 |
| 在认知和社交功能上普遍迟滞的学生 | • 认知加工信息较慢。<br>• 注意有关任务有困难。<br>• 工作记忆容量减少或工作记忆较少被有效地使用。<br>• 用于建立新学习的知识基础较小。 | • 简化教学材料，强调有关刺激，而将无关刺激最小化。<br>• 提供清晰的指导，让学生的注意集中于期望的行为（如，“听”、“写”、“停”）。<br>• 放慢教学的步调，允许学生有充足的时间去充分思索和加工信息（如在提问后提供充足的等待时间）。<br>• 假定少量的、与新主题有关的先前知识（也就是始于起点）。 |
| 有身体障碍或感知困难的学生 | • 大多数学生有正常的认知加工能力。<br>• 因为外部世界经验有限，新信息可以关联的知识基础欠发达。 | • 假定学生在获得新知识和技能方面有相等的能力，但要考虑学生身体和感觉上的困难如何妨碍一些学习过程。<br>• 提供一些由于他们的残疾而可能缺失的基本生活经验。 |

续前表

| 类别 | 可能观察到的特点 | 建议的课堂策略 |
| --- | --- | --- |
| 认知发展超前的学生 | • 更强的能力来更长地关注任务。<br>• 更快的认知加工。<br>• 更广的知识基础，有些特定的内容取决于学生的文化背景。<br>• 长时记忆中的观念间有更多的联系。<br>• 从长时记忆中更快地提取信息。 | • 更快或更深地学习主题。<br>• 创造跨学科的课程，来推进长时记忆中材料的整合。 |

资料来源：Barkley，1998；Beirne-Smith et al.，2002；Bulgren et al.，1994；Butterfield & Ferretti，1987；B. Clark，1997；Courchesne et al.，1994；Grandin & Johnson，2005；J. Johnson et al.，2003；Landau & McAninch，1993；E. P. Lorch et al. 1999；G. R. Lyon & Krasnegor，1996；Mercer & Pullen，2005；Morgan & Jenson，1988；Piirto，1999；Pressley，1995；Rabinowitz & Glaser，1985；H. L. Swanson et al.，1998；H. L. Swanson & Jerman，2006；Turnbull et al.，2007。

为了将课堂上每个学生的学习和学业成就最大化，我们一定要考虑这些个体差异和
226 群体差异。例如，我们应该特别细心地引起那些容易走神学生的兴趣，将分心的刺激减到最小。另外，为了达到促进意义学习和其他有效存储过程的目的，我们应该将课堂主题与学生的不同背景经验相联系。我们也应该帮助学生获得对于不同学习和记忆任务的有效学习策略（我们将在第8章更充分地讨论这一点）。并且，我们一定要在提问和评论后给学生充分的等待时间，让学生能积极地对讨论的主题进行思考和精制加工。

## 促进有特殊需要学生的认知加工

一些有特殊教育需要的学生在以有效的方式关注和加工课堂主题方面存在困难。对有学习障碍的学生（定义为他们在特定的认知过程中有缺陷）来说，这的确是真的，对于有 ADHD 的学生也是如此（Barkley，1998；E. P. Lorch et al.，1999；Mercer & Pullen，2005）。智力落后的学生在专注于课堂任务方面存在困难，并且在以有效方式加工信息和长期记住信息方面也比一般水平的学生有更大困难（Heward，2006）。

比较起来，许多有自闭症孩子的注意力可以十分集中，有时过度集中会使他们将注意转移到新任务上时有困难（Courchesne et al.，1994）。在他们看着目标时，这些学生往往注意到许多细节，而没有这种障碍的同伴则往往注意不到这些细节，结果他们可能画出复杂、详细的图画，这对于他们那个年龄的群体是异常的（Grandin & Johnson，2005；Moran & Gardner，2006）。天才学生通常比他们的许多同学有更长的注意时间——他们也能更快、更精细地加工新观念（B. Clark，1997；J. Johnson，Im-Bolter & Pascual-Leone，2003）。表6—4确认了我们在有特殊教育需要的学生身上可能看得到的这些以及其他的认知加工差异。

事实上，所有学生，包括没有任何确定的特殊需要的学生，在学习和记住课堂材料时有时会有困难。因此，表6—4里的许多教学策略——吸引学生注意、分析他们的错误、教给他们记忆术等——不限于使用在有特殊需要的学生身上。所有学生都能从更加有效加工信息的帮助中受益。

## 概　览

长时记忆看起来似乎具有我们人类所需要的庞大的容量。事实上，我们在那儿存储的信息越多，我们就越容易学习新材料。但是注意和工作记忆有有限的容量（也就是在任何一个时间，我们只可以专注和思考少量的信息），因此在记忆系统中造成了一个主要的瓶颈。不管一个主题可能有多吸引人，我们只能学习这么多、这么快。

为了有效地学习和记忆，我们一定要付出全部的注意——也就是，我们一定要在心理上关注它，并暂时地将它变成认知世界的中心。那么我们必须努力让它变得对我们更有意义、更有组织、更符合逻辑和更生动——例如，识别它与我们已经知道的事情相类似的方面，发现不同信息之间的相互联系，从中作出推论，或形成视觉表象帮助我们更好地理解。为了确定我们掌握了一些程序的操作和确定我们能迅速有效地回忆基本的知识和技能，我们必须以有规则的间隔和在不同背景中通过反复练习使用它们。

有效认知加工的基本原理不仅可以应用于我们，也可以应用于课堂里的儿童和青少年。我们不仅要考虑学生在做什么，也要考虑他们在思考什么。学生解释和理解课堂内容意义的特殊方式，以及他们最终解释和理解意义的程度，都影响着他们有多迅速、多容易地学习以及多成功地提取信息。

作为教师，我们必须持续地强调理解课堂主题的重要性——也就是说，弄清它的意义，从中进行推论，明白它们如何联系在一起，等等——而不是仅仅以相对随意的方式去记忆它们。这个重点不仅在我们的语言中要有所反映，也要在教育活动中、课堂作业和作业练习中反映出来。例如，不是仅仅以课堂讲授方式呈现重要观念或要求学生做笔记，我们也可以提出启发思维的问题，这些问题要求学生对所学的东西进行评价、综合和应用。例如，我们要求学生记住两个两位数相加的方法，我们可以要求他们提出至少三种不同的用来解决像 15＋45 或 29＋68 这样问题的方法，并证明他们的推理是合理
的。这样的方法不仅会让学生的学习更有意义、更有效，还会增强他们的信念，觉得课 227
堂主题是有趣的、快乐的，并在某些方面同他们自己的生活相联系。

在第 7 章中，我们将更严密地考查学生学到了什么，也考察他们为什么没有学会我们认为他们正在学习的东西。

### 资格考试练习：时间如何流逝

卢埃林女士是一所美国高中一年级的社会研究课的教师。她最近完成了美国历史的学位，并对她的学科内容有很好的了解。在九月份，她的历史课以一项西半球早期探险者的研究开始。到十月初，学生们阅读了关于 17 世纪的殖民地的内容。到十二月，他们已经学完了法国——印第安人战争、美国革命战争以及独立宣言。冬季都被用来学习 19 世纪的内容（如，工业革命、南北战争），而春季则用来学习 20 世纪的内容（如，两次世界大战、朝鲜战争、越南战争和中东战争）。

卢埃林女士对于她的学生有很高的期望。在日常的课堂讲授中，她详细地描述历史事件，希望让学生理解许多的事件真正有多复杂。除了让学生阅读平常的高中课本，她还让学生阅读一些自己读过的历史杂志上的文章。

有时候，卢埃林女士在铃声响起前，会将讲课停下几分钟，问一些能检查学生对当天主题回忆的问题。尽管她的学生通常能记住当天讲课的要点，但他们在回忆细节上有困难，要么把它们弄混淆了，要么把它们都忘记了。一些学生记住很少的东西，以致她几乎不相信他们那天在课堂上。她的学生在每个月的论文测验中表现得更差：从他们的书面回答中，很明显看出他们只能记住很少卢埃林女士教给他们的东西。

“我对他们解释得如此清楚，”她对自己说道，“也许这些孩子只是不想学习。”

**1. 多项选择问题**

✧ 为什么卢埃林女士的学生没有如她期望的那样表现得那么好呢？以下是可能的解释，哪一个选项与研究者所了解的关于记忆和认知的内容不一致？

a. 学生可能在注意她的日常讲授上存在困难。

b. 卢埃林女士没有给学生需要记住材料的训练和练习。

c. 学生可能没有充分的背景知识来理解额外的杂志文章。

d. 卢埃林女士呈现材料太快，以致学生不能把它有效地存储在长时记忆中。

**2. 反应建构的问题**

228 ✧ 利用当代认知心理学的概念和原理，与卢埃林女士做法不同，你可以做些什么？请详细而具体地描述至少三个策略。

## 注　释

1. 一般而言，笔者在谈及获得新的行为、表征或联结的过程的时候使用学习这个术语。在谈及学习过程的结果时使用成就这个术语。

2. 发展心理学家在许多学习研究者从很久以前就开始关注心理现象。例如，让·皮亚杰（Jean Piaget）和列夫·维果斯基（Lev Vygotsky）都在19世纪20年代思考过关于认知的过程（见第2章）。

3. 把学习看作建构过程的观点也是皮亚杰和维果斯基关于认知发展理论的关键成分（见第2章）。

4. 正如你所推测的那样，工作记忆的功能主要定位于大脑皮层的前额部，我在前面把它描述为我们大多有意识思考的中心（见第2章。）大脑的其他几个部分（例如海马）也包括在内（Byrnes，2001）。

5. 一般性的世界知识被认为是语义记忆（semantic memory），特殊生活经验的记忆被共同认为是情节记忆（episodic memory）（e. g.，Tulving，1983，1993）。

6. 有意义学习跟我们在第2章中讨论过的皮亚杰的同化概念相似。

7. 其他的组织策略包括概念地图（见第8章）和先行组织者（见第13章）。

8. 例如，想想我们在第2章中对同化的讨论。

9. 第8章描述了在元认知和问题解决背景下的教授心理程序的补充策略。

10. 当学生进行理解监控时，存储失败有很小的可能发生，我们将在第8章中考虑理解监控的过程。

# 第7章

# 知识建构

**本章内容要目：**

- 案例研究：新世界
- 学习和记忆中的建构过程
  - 在存储时建构
  - 在提取时建构
  - 作为社会过程的知识建构
- 组织知识
  - 概念
  - 图式和脚本
  - 理论
  - 世界观
- 当知识建构出错：错误观念的来源和影响
- 促进有效的知识建构
  - 提供试验的机会
  - 呈现专家观点
  - 加强概念理解
  - 促进课堂对话
  - 安排真实性活动
  - 支持理论建构
  - 创建学习者共同体
- 概念转变的挑战
  - 促进概念转变
- 建构过程的多样性
  - 适应有特殊需要的学生
- 概览
- 资格考试练习：视觉单元

回想某个时刻你试图在一个吵闹的房间与某个人进行一次谈话——可能是在一个聚会、一个有乐队演奏的酒吧、或者一个有巨大机器在邻近运转的工作区。你可能不能听清楚对方说的每件事，但是你可能能够将你确实听清楚的和你能够看到的（如手势和面部表情）以及你对讨论中的主题已经知道的内容结合起来理解信息的要点。我们经常通过我们周围的刺激建构意义——这些意义在刺激本身不一定明显，也可能并不准确。

正如我们在前面一章发现的，许多认知心理学家相信学习不是一个从环境中接受信息的简单过程。相反，学习包括从个人的经验建构个人自己的知识。在本章中，我们将聚焦学习与记忆的建构过程，阐述以下问题：

- 在存储和提取中建构过程可能对学生的课堂学习和表现产生什么影响？
- 在学生建构意义的努力中，学生可能从同学的合作中获得什么好处？
- 儿童和青少年使用什么样的不同方法在心理上组织他们学习的内容？在什么情况下学生组织好的知识会促进或阻碍他们理解新主题的努力？
- 你怎样才能帮助学生获得为掌握学科内容提供重要的构造组块的概念？

- 为什么学生有时候获得的是关于特定主题和世界的错误概念？这些信念如何影响他们后来的学习？
- 你能够使用什么策略纠正学生的错误的和起反作用的信念？换句话说，你如何才能够促进概念转变？

**案例研究：新世界**

瑞塔在密歇根州的一所学校上 4 年级。她的班级最近学了关于密歇根州历史的一个单元。瑞塔对于美国历史仍然知之甚少，下一年她上 5 年级的时候将学习历史这门课程。但是尽管瑞塔的历史背景知识有限，她还是欣然回答一个采访者关于新世界的问题。

采访者：我们的国家位于被称为美洲的部分。美国曾经被称为新世界。你知道为什么它被称为新世界吗？

瑞　塔：是的。我们在社会研究中学习了这个内容。

采访者：你学了什么？

瑞　塔：因为他们过去居住在英格兰、大不列颠，而且他们不知道……他们想到达中国，因为中国有一些他们想要的东西。他们有一些杯子或者无论什么——不，他们有毛皮。他们有毛皮和纺织品之类的东西，他们想通过一条更短的路到达中国，于是他们寻找这条路，并在密歇根登陆了，

232

但是它不叫密歇根。我认为是不列颠人在密歇根登陆，他们第一个到达那儿，因此他们试图宣称那块地属于他们，但是因为某些原因没有奏效，因此他们带了一些毛皮回到了英国，把毛皮卖了。后来英格兰人登陆到那儿，他们开垦陆地，他们想使它成为一个州，因此他们与政府或某个大老板签订了协议，然后他们就开始使它成为一个州，因此不列颠人去到上部半岛，他们认为他们可以在那儿待一小段时间。然后他们不得不打一场战争，设法将他们的家重新组织成为一个整体。

采访者：你是今年在州的历史课上学会所有这些的吗？

瑞　塔：嗯。（VanSledright & Brophy，1992，p.849；reprinted by permission）

- 瑞塔回答的哪些部分准确地描述了新世界的历史？哪些部分很明显不正确？
- 密歇根的上部半岛被麦基纳克海峡（Straits of Mackinac）与州的其他部分分离开来，海峡将密歇根湖和休伦湖连接起来。为什么瑞塔认为将密歇根变成一个州导致不列颠人迁移到上部半岛？
- 在不列颠殖民者首先定居密歇根的时候，回到英国的商人正在寻找到达东方的新的贸易通路，以便他们能够更容易地得到茶叶、香料和丝绸。为什么瑞塔一开始认为不列颠人想从中国得到杯子？为什么她然后说他们想得到毛皮？

## 学习和记忆中的建构过程

瑞塔肯定已经学习了关于她的州的一些事实以及历史。例如，她知道一个叫做上部半岛的地方，她知道州的早期欧洲定居者是不列颠人。她使用她知道的内容去编织一个

能够让历史学家心力衰竭的故事。

在某种程度上，瑞塔缺乏关于某些其他事物的信息限制了她对密歇根历史的了解。明确地说，瑞塔不知道不列颠人和英格兰人是同样的人。她认为他们是两个不同的群体，她设想后来到达的群体将先到达的群体赶到上部半岛。有时候瑞塔确实知道的东西也是她理解困难的来源。例如，她将中国与餐具（包括杯子）联系起来，她已经知道一些早期的欧洲探险者寻找外国的动物毛皮送回到他们的祖国。她使用这些信息对为什么不列颠人如此渴望找到到达中国的路线进行了不正确的逻辑推理。

瑞塔可能已经在她学习历史的时候——也就是说，在存储期——建构了她独一无二的历史观点。另一种可能是，她可能在采访者正在采访她的时候建构了它——换句话说，当她在提取她以前学会的东西时建构了它。那么，知识建构可能发生在存储期和提取期间。

## 在存储时建构

作为建构在信息存储期间如何在长时记忆中发生的一个例子，请尝试下面的练习。 233

### 亲身体验·洛基

阅读下面的短文，只读一遍：

> 洛基从垫子上慢慢起来，计划逃跑。他犹豫了片刻，觉得事情没有好转。最让他烦恼的是他被锁住了，尤其是自从对他的控告缺少说服力开始。他考虑他现在的状况。锁住他的锁非常结实，但是他想他能够打开它。然而，他知道他的时间安排必须是完美无缺的。洛基知道正是因为他早先的粗暴导致他受到严厉惩罚——从他的角度来看太严厉了。情况正在变得使人灰心丧气，压力已经压迫他太长时间。洛基变得愤怒起来。他感到他准备好了要开始行动。他知道成功或失败取决于他在接下来几秒所做的事情。（R. C. Anderson，Reynolds，Schallert & Goetz，1977，p. 372）

现在用两三句话总结你刚才读的内容。

---

你能够理解短文吗？你认为它是关于什么的？一个罪犯逃跑？一场摔跤比赛？或者可能是一些其他的事物？关于洛基的短文包括了许多事实，但也遗漏了许多没说。例如，它没有告诉我们洛基在何处的任何信息，什么类型的锁把它锁住了，或者为什么时间安排是最重要的。然而你可能能够使用短文确实包括的信息对洛基的状况建构一个合理的理解（R. C. Anderson et al.，1977）。

不同的人经常通过相同的刺激或事件建构不同的意义，部分是因为他们每个人带着独特的先前经验和知识来到这个情境。例如，当这篇短文在一个针对大学生的实验中使用时，体育专业的学生经常将它解释为摔跤比赛，但是音乐教育专业的学生（他们中的大多数几乎没有或只有很少的摔跤知识）更可能认为它是关于罪犯越狱的（R. C. Anderson et al.，1977）。

而且，人们经常基于他们期望看到或听到的来解释他们看到的和听到的。作为一个例子，试试下面的练习。

## 亲身体验·童谣

这里是三首众所周知的童谣。尽快读一遍，且只读一遍。

1 **嗨，摇铃，摇铃**（Hey Diddle Diddle）

2 嗨，摇铃，摇铃（Hey diddle diddle.）
3 小猫和小提琴（The cat and the fiddle.）
4 牛儿在月亮上跳舞（The cow jumped over the moon.）
5 小狗笑着看运动（The little dog laughed to see such sport.）
6 盘子跟着勺子跑（And tha dish ran away with the spoon.）

7 **这只小猪**（This Little Piggy）

8 这只小猪去了市场（This little piggy want to market.）
9 这只小猪待在家里（This little piggy stayed home.）
10 这只小猪吃着烤牛肉（This little piggy had roost beef.）
11 这只小猪一无所有（This little piggy had none.）
12 这只小猪在家里到处走（This little piggy went wee，wee，wee all the way home.）

13 **小波皮普**（Little Bo Peep）

14 小波皮普（Little Bo Peep.）
15 丢了她的绵羊（Has lost her sheep.）
16 不知到哪儿去找（And dosn't know where to find them.）
17 留下它们不管（Leave them alone.）
18 它们自己会回家（And they'll come home.）
19 摇摆着后面的尾巴（Waggng their tails behind them.）

---

234 你可能已经注意到了童谣中有一处或两处印刷错误。但是你完全理解了吗？总共有5个词有拼写错误：the（第6行）、went（第8行）、roast（第10行）、doesn't（第16行）和wagging（第19行）。如果你没有注意到所有的错误——许多人没有注意到——那么，你对童谣的知觉受到了你期望看到的单词的影响。

当新的信息模棱两可时，先前的知识和期待尤其可能影响学习（e. g.，Eysenck & Keane，1990）。为了理解我的意思，尝试另一个练习。

你看到了一只老鼠的图片了吗？或者你看见了一个秃头的男人？实际上，这幅画的太多细节被省去了。尽管缺失了许多细节，人们通常仍然能够理解图片。他们是否看见一个男人或一个啮齿动物，主要依赖于他们是否期望看见一个人或一只动物（Bugelski & Alampay，1961）。对歧义信息的解释易受偏见和期望的影响，因为人们无法获得对于准确知觉（如果可能）所必需的如此多的信息。

在课堂上，学生几乎在课程的每一个领域建构他们自己的独特意义和解释。例如，阅读过程是一个典型的需要建构的活动：学生将他们先前的知识与他们从印刷材料中获得的观点结合起来，然后得出——至少对他们来说——课本所说内容是什么的逻辑结论

**亲身体验·钢笔画略图**

看一看图 7—1，仔细看细节，注意头的形状、面部特征以及一个部分相对另一个部分的比例。那么你正好看到了什么？

---

（Dole，Duffy，Roehler & Pearson，1991；Otero & Kintsch，1992）。因此，学生也对科学、数学和社会研究获得他们自己的、个人的意义（R. Driver，Asoko，Leach，Mortimer & Scott，1994；L. B. Resnick，1989；VanSledright & Brophy，1992）。而且，他们可能以我们不期望的方式解释非学业交往。在交流学业的或者非学业的事情时，我们必须注意要完全地、无歧义地表达我们的信息，不要为误解留下空间。

**图 7—1　你在这幅图中看到了什么？**

图片来源："The Role of Frequency in Developing Perceptual Sets" by B. R. Bugelski and D. A. Alampay, 1961, *Canadian Journal of Psychology*, 15, p. 206. Copyright 1961 by Canadian Psychological Association. Reprinted with permission。

## 在提取时建构

你是否曾经记住了一个事件，与朋友记得很不一样，即使你们两个同样积极地参与了事件？是否你和你的朋友都肯定自己记忆的准确性，并认为另外一人对情境记得不准确？在提取时的建构过程可以解释这一看法的差异。正如在第 6 章提到的那样，提取并不一定是全或无的现象。有时我们只提取我们以前学习过的事物的某些部分。在这种情况下我们可能将我们能回忆起来的事情与我们关于世界的一般知识和设想结合起来，对一个事件建构我们自己的记忆（Roediger & McDermott，2000；D. L. Schacter，1999）。下面的练习可以阐明这一点。 235

**亲身体验·缺失的字母**

你能够在下面 5 个单词中的每一个的字母缺失处填上字母吗？

1. sep _ rate
2. exist _ nce
3. adole _ nce
4. perc _ ve
5. horsd'o _

---

你能够从你的长时记忆中提取出缺失的字母吗？如果不能，那么你可能已经发现自己在进行合理猜测了，使用你关于单词如何发音的知识或在英语中单词一般如何拼写的知识。或许你对单词 4 使用除了在 c 之后字母 i 在 e 之前的规则。如果这样，那么你就重新建构了"perceive"的正确拼写。或许，你也使用你的关于-ance 是一个普通的单词结尾的知识。遗憾的是，如果你将这一知识用于单词 2，那么你就错误地拼写了"existence"。

当人们对他们已经提取出来的建立在似乎合乎逻辑的事物之上的内容中的空隙进行填补时，他们经常犯错误——一种被称为重构错误的现象。在开放个案研究中，瑞塔的密歇根历史版本就是一个最好的例子：她从她的历史课中提取出某些事实，并将它们整合到一个合理的情节中。我们自己的学生有时也会犯重构错误，将他们能够回忆出来的东西以我们几乎不能识别的方式放在一块（Leichtman & Ceci，1995；Roediger & McDermott，2000）。如果重要的细节在逻辑上难以填上，我们必须保证学生将它们学得足够好，以便能够很容易从长时记忆中将它们提取出来。

到此为止，我们一直在讨论建构作为发生在单一学习者身上的一个过程。关注人们作为个体是如何从事件中建构意义的一种理论观点被统称为个体建构主义。[1]

## 作为社会过程的知识建构

有时人们在一起工作而不是各自建构意义和知识。想一想当你对你的高中或大学某门课程材料感到迷惑的时候。在此时，你曾经与同班同学（他/她可能和你一样迷惑）一起合作弄懂材料的意思吗？很有可能通过分享你们不同的理解，你们共同建构了一个对学科内容的更好的理解，可能比你们中的任何一个各自已经建构的都要好。个别地建构知识可能使各自的建构各不相同。社会建构的知识则不一样，它是由两个或更多的人同时共享的。一种被称为社会建构主义的观点集中关注集体努力建构世界的意义。

在某些时候，意义由两个或更多的人在一个单一的时间点共同建构，如果你和几个同学通过在一个学习小组里一起学习弄懂了令人迷惑不解的课程材料就属这种情况。在另外一些情况下，意义的社会建构可能需要数周、数年，甚至数个世纪，正如在数学、科学、历史、经济学和心理学这些学科的进化中所看到的那样。通过这些学科，人们已经发展出了概念（例如，π、分子和革命）和原理（例如，毕达哥拉斯的定理、供给和需求，以及工作记忆的有限容量）来简化、组织和解释世界或它的居住者的某些特征。文学、音乐和美术帮助我们赋予世界意义——例如，通过设法描绘代表人类经验的思想
236 和感情，使我们看到了文化在知识建构中的重要作用。就不同的人类群体使用不同的概念和原理解释他们的物理经验来说，就他们用独特的文学、音乐和艺术表达他们的心理经验来说，他们必定会使用不同的方式看世界（Hong et al.，2000；O. Lee，1999；Tomasello，2000）。

在许多情况下，知识的社会建构包括学生和教师在一起积极工作，弄懂信息和事件的意义。[2] 在其他情况下，虽然教师可能发动和监控学习活动，学生主要是在一起学习，理解学业主题。

### 与同伴共同建构意义的好处

心理学家和教育家正日益认识到让学生一起学习建构课堂主题意义的价值。例如，去探索、解释、讨论某个主题，或者在一个小组或整个班级里就某个主题进行辩论。通过以这种方式在一起学习，学生实质上是在进行分布式认知：他们分派一个学习任务给许多人，从而能够利用多种多样的知识基础和观点（Kuhn，2001b；Palincsar & Herrenkohl，1999；Salomon，1993）。[3]

学习者通过与他人分享他们的思想和观点，能够从多方面受益：

- 他们必须很好地澄清和组织他们的观点以便向其他人解释和证明这些观点。
- 他们倾向于对他们已经学过的东西进行精制加工——例如，通过推论、提出假

设、形成要回答的问题。

✧ 他们接触他人观点，而其他人可能对一个主题有更准确的理解。
✧ 他们能够彼此示范有效思考和学习学业科目的方式。
✧ 他们可能在他们自己的思维中发现缺点和不一致，从而识别他们理解中的差距。
✧ 他们可能发现来自不同文化和种族背景的人们用不同的，然而可能同样有效的方式解释同一主题。
✧ 他们能够在论证技能上得到锻炼，各学科的专家们用此技能来发展知识的新领域——例如，呈现证据支持结论、检验各种解释的优劣。[4]
✧ 他们可能对知识和学习本质形成更加成熟的看法。例如，他们可能开始意识到获得知识包括获得关于一个主题的一套整合的观点，并且这种知识可能随着时间逐渐演变。[5]（Andriessen，2006；Banks，1991；Bell & Linn，2002；Bendixen & Rule，2004；M. Carr & Biddlecomb，1998；Chinn，2006；Hatano & Inagaki，2003；K. Hogan，Nastasi & Pressley，2000；A. King，1999；Kuhn & Udell，2003；P. K. Murphy & Mason，2006；B. B. Schwarz，Neuman & Biezuner，2000；Sinatra & Pintrich，2003a；N. M. Webb & Palincsar，1996）。

对学业内容进行小组讨论既对社交和动机有益，也对认知有益。与同班同学讨论一个主题能够帮助学生获得更多有效的人际技能（看第 3 章），也会对学生产生激励作用， 237
还能使学生产生一种对主题进行更好理解的真正愿望（Hacker & Bol，2004；P. K. Murphy & Mason，2006）。有争议的主题尤其能够激发人，因为学生可能渴望解决冲突的观点，假定他们能够在不疏远他们同伴的情况下有效解决（Chinn，2006）。那么，很明显，学生将从关于课堂主题的经常的相互交流中受益颇多。

## 组织知识

在建构知识的过程中，不论是独立推导出还是社会推导出，学习者都在他们经历和学习的特定事物之间建立许多联系。在生命的第一年，儿童关于一个主题的知识经常包括独立的少量的信息片段，但随着儿童长大，他们的知识基础逐渐变得有组织和完整（Bjorklund，1987；Flavell et al.，2002）。这里我们将了解学习者组织他们学习的事物——概念、图式、脚本、理论和世界观——的几种方式。我们将花大多数时间了解概念，这部分是因为它们反映组织的更简单和更多的基本形式，部分是因为研究者已经对它们进行了长期研究，因此对它们有更好的理解。

### 概念

一个概念是对某些方面相似的物体或事件进行心理组合或分类的一种方式。许多概念（例如，狗、游泳、热）是全世界的人们所共享的。其他概念（如玉米粉圆饼、蒙住全身的长袍、电子数据表）对某些文化是特异的。正如在前面关于社会建构主义的讨论中提到的那样，不同学科的人们发展出了无数的概念（例如，π、分子）帮助他们更好地理解他们研究的现象。

概念处于我们思维的正中心，一些理论家认为它们是我们“思维的最小单位”（Ferrari & Elik，2003，p. 25）。首先，概念以几种方式促进我们的思维。它们减少世界的复杂性：对相似的物体或事件分类使生活更简单，更容易理解（Bruner，1957）。概念也帮助我们在新情境中进行推论（Gelman & Kalish，2006；Mandler，2000）。例如，如果一个朋友送给你一件你认为是盆栽的礼物，你马上就知道它是活的，你需要经常给它浇水。而且，概念有时候将大量的信息浓缩成一个单一的实体，并因此能够减弱工作记忆有限容量的部分压力（Bruner，1966；Ormrod，2008）。例如，分子的概念在工作记忆中占用的空间非常小，尽管我们知道许多有关分子的事情——它们非常小、它们在物质中的重要作用，如此等等。[6]

人类似乎有一种对他们的世界进行组织的天然倾向，他们在三个月大时就开始这样了（Quinn，2002）。随着儿童开始说话，他们的概念发展在某种程度上反映了他们的词汇量大小。到了上学的年龄，他们一般能够理解8 000～14 000个单词（S. Carey，1978）。

学生在上学期间要学习成千上万个额外的概念。他们很快很容易地获得一些概念，依此逐渐地获得其他概念，并且随着时间的推移不断地修改这些概念。同时，他们可能基本理解而不是十分理解这些概念是什么。下面就是这种部分理解的几个例子：

- 洛尼根认为动物是有四条腿和毛皮的某种东西。当他的教师说鱼、鸟和昆虫也是动物时，他感到非常吃惊。
- 丽莎将长方形正确地定义为由直角连接起来的两组平行边组成的几何图形。这一定义包括正方形作为长方形的例子。然而，当向她呈现各种形状，并要她挑出所有的长方形时，她没有将正方形看做长方形。（P. S. Wilson，1988）
- 238 路易斯学会名词是指“一个人、一个地方或一件事情”。他使用这个定义将你和我这样的词归类为名词，因为它们是指人。稍后，当路易斯学习语言的其他知识时，他才意识到你和我是代词而不是名词。

在有些情况下，学生对概念概括不全：他们对于概念应该包括哪些物体或事件持有过于狭窄的观点。当洛尼根从动物这一概念中排除鱼、鸟和昆虫时，他概括不全。而丽莎的长方形这一概念是一种窄化，因为她没有意识到有些长方形是正方形。在另外一些情况下，学生可能过分概括一个概念，不适当地包括不属于某个范畴的物体和事件。例如，当路易斯将你和我看作名词时，他是在过分概化。直到学生能完全正确地识别概念的正例和反例，他们才算完全理解一个概念。

就如皮亚杰和其他发展研究者发现的那样，随着儿童长大，他们变得逐渐能够思考抽象的观念（见第2章）。这种发展趋势反映在儿童的概念发展中（e.g.，R. M. Gagné，1985；Liu，Golinkoff & Sak，2001）。例如，儿童可能一开始根据他们实际能观察到的事情（例如，叔叔是任何友好并带来礼物的男人）而不是根据关系的本质思考各种家庭成员（堂兄弟姊妹、叔叔等）（Keil，1989）。类似地，儿童可能开始产生对圆的具体理解（即一个圆的物体），在后来的高中几何课上，他们可能获得了圆的抽象概念（即在一个平面上到一个点的等距的所有点）。或者，他们开始可能将夏天看作一个时间，只有后来他们才发现，对科学家来说，是地球相对太阳的倾斜决定季节。正式的教学是儿童获得对概念的抽象理解的关键手段。

**概念间的相互关联**

掌握概念的一个重要部分是学习概念是如何相互联系的。例如，在小学阶段，学生学习一个完整的句子至少包括一个主语（包括一个名词或代词）和一个动词。在初中的音乐课上，他们可能学到华尔兹是一种3/4节拍的优美旋律。在高中，他们可能学到速度等于加速度乘以时间。

在有些情况，概念相互嵌套在一个层级中。例如，作为一个孩子，你学会狗和猫都是哺乳动物，哺乳动物和鸟都是脊椎动物，脊椎动物和非脊椎动物都是动物。更一般的、包含所有的概念（那些接近层级顶部的概念）往往比较抽象，然而更具体的概念（那些接近层级底部的概念）往往比较具体（Flavell et al.，2002；Rosch，Mervis，Gray，Johnson & Boyes-Braem，1976）。当孩子们长大，他们不仅关于这种层级关系的知识变得越来越丰富，而且他们也变得越来越能够思考和讨论它们（Flavell et al.，2002）。[7]

**概念的特征**

当人们获得一个新概念时，他们实际上学到了什么？对此心理学家有不同的看法。他们主张一个概念可能被作为一套特征、一个原型、一系列范例，或者所有这些的结合。

**概念作为一套共有的特征。**有时学习一个概念包括学习描述一个概念范畴成员的具体属性或特征（e.g.，Oakes & Rakison，2003；Ward，Vela & Haas，1990）。这些包括定义特征——出现在这一范畴的所有成员身上的特征，和相关特征——在某一范畴的许多例子中能见到，但对概念成员来说不是关键的。例如，昆虫的定义特征包括六条腿、三个不同的身体部分、两个触角和一层坚硬的给动物一个外形和保护的外衣（exoskeleton，皮骨骼）。翅膀不是必须的——有些昆虫有，但有些没有——因而是相关特征。 239

当儿童第一次遇到概念，他们有时被相关特征弄得误入迷途，尤其当那些特征比定义特征明显的时候（Anglin，1977；Keil，1989；Mervis，1987）。让我们回到洛尼根对动物的理解以及丽莎对长方形的理解。洛尼根生活中的人们特指为“动物”的许多生物可能有四条腿，有毛皮。被丽莎的教师分类为长方形的许多图形可能有显著不同的宽度和长度，使得长不同于宽成为一个显著的相关特征（S. Carey，1985）。

作为教师，我们可以从几个方面帮助学生发现哪些特征对概念成员是关键的。当一个概念的定义特征比较抽象或者不容易被观察到时，我们给出概念的定义对学生特别有用（R. M. Gagné，1985；Tennyson & Cocchiarella，1986）。我们也可以使用突出定义特征，同时忽视相关的或无关特征的方式图解一个概念（可能使用一幅线条画）。此外，我们可以提供各种例子，并将它们与反例进行比较（如，蚂蚁和蝴蝶是昆虫，而蜘蛛不是的）。我们可以通过让学生识别或产生他们自己的概念例子来评定他们对概念的理解（H. C. Ellis & Hunt，1983；R. M. Gagné，1985；M. D. Merrill & Tennyson，1977；Tennyson & Cocchiarella，1986）。

**概念作为原型。**学习者似乎对许多概念构建了一个心理原型，一个典型例子的观念（可能是一个视觉表象）（Rosch，1973a，1973b，1977；Tennyson & Cocchiarella，1986）。为了理解我的意思，尝试下面的练习。

**亲身体验·视觉表象**

1. 闭上你的眼睛，想象一只鸟。仔细看清楚你创造的视觉表象。
2. 现在再次闭上你的眼睛，想象一种交通工具。再一次仔细看看你的表象。

---

当我要你想象一只鸟或一种交通工具时，你的大脑中出现了什么？如果你像大多数

人一样，你可能想象一只小鸟，可能是知更鸟或麻雀那样大小，而不是一只企鹅或鸵鸟。类似的，你对交通工具的想象可能与一辆小轿车或卡车相似，而不是溜冰板或升降电梯。原型通常是建立在学习者经常遇到的概念例子的基础上。儿童和成人一样更多地看到小鸟、小轿车和卡车，而不是大鸟、溜冰板和升降电梯。

一旦学习者已经形成了特定概念的原型，为了决定概念的从属关系或非从属关系，他们可能将新的物体或事件与原型进行比较。与原型相似的物体或事件容易被识别为概念的例子。与原型很不相同的物体或事件很容易（可能是错误地）被识别为非例子。比如你关于动物的原型看上去像一只小狗。你能多快地识别出下列生物也是动物？

马　　鲸　　大灰熊　　蚯蚓　　青蛙　　蜗牛　　人　　海绵

以上生物与你的像狗一样的原型越不相同，你在将它识别为动物时就越困难。

**概念作为一套范例。**我们可能不能严格根据特征或原型解释所有的概念学习。首
240 先，我们怎样对一个物体进行归类有赖于我们发现它的情境。如果一个像杯子的物体放着花，我们可能将它识别为花瓶而不是杯子。如果它盛着土豆泥，我们可能把它看作一个碗（Labov，1973；B. Schwatz & Reisberg，1991）。而且，不是所有概念都有一套明确的定义特征或一个单一的原型（Eysenck & Keane，1990；Hampton，1981；McClos-key & Glucksberg，1978）。例如，我在识别音乐的定义特征或典型例子时就有困难。古典的、摇滚的、爵士的、西部乡村的、打击乐和传统的亚洲音乐都是彼此各不相同的。

在有些情况下，对于一个概念的了解可能很大程度上有赖于知道概念的大量例子或范例（Carmichael & Hayes，2001；Reisberg，1997；B. H. Ross & Spalding，1994）。范例给学习者一种他们在物体或事件的任何范畴中易于看到的变化感。例如，水果的概念可能让头脑想起许多不同的事物。苹果、香蕉、树莓、菠萝和椰子都有可能。如果我

241
## 走进课堂——概念教学

✧ 给出定义。

几何教师将球定义为“在三维空间离一个点距离相等的点的集合”。

✧ 将重要特征变得具体或突出。

教师用一幅清晰的黑色线条画描述昆虫这一概念，突出它的定义特征——如身体的三个部分、三对腿和两个触角。线条画忽视其他的学生可能看到的不相关特征，如昆虫的颜色或者是否有翅膀。

✧ 呈现一个最好的例子或原型。

为了阐述民主的概念，教师描述一个假设的、理想的政府。

✧ 呈现各种例子。

音乐教师用几个键演奏和弦。

✧ 呈现反例——尤其是接近的反例——显示概念不是什么。

当一名教师描述哺乳动物是什么时，他解释为什么青蛙和蜥蜴不属于这一类别。

✧ 要求学生从大量可能性中识别正例和反例。

语言艺术教师给学生一个句子单，要他们识别包含虚悬分词的句子。

✧ 要学生产生他们自己关于概念的例子。

一位教师要学生思考他们在自己的言语中经常使用的副词的例子。

✧ 向学生说明不同的概念是如何相互联系的。

一位科学教师解释速度和加速度的概念意义稍微有点不同，虽然它们都包括速度。

们遇到水果的一个新例子——黑莓——我们会把它与我们已经获得的各种范例进行比较，发现其中一个（可能是树莓）比较类似。

当给学生许多范例而不是一两个时，学生学习概念一般会更加有效。但是我们举出的范例应该描述概念的全貌，以使学生不至于概括不全（M. D. Merrill & Tennyson，1978；Tennyson & Cocchiarella，1986）。例如，我们可能既用鲸和鸭嘴兽，也用猫和狗为例解释哺乳动物这一概念。

特征、原型和范例可能都在儿童概念学习中发挥了重要作用（Andre，1986；Feldman，2003；Glass & Holyoak，1975）。在清晰的情境中，原型或范例可能被用来识别概念的例子，而定义性特征可能在其他更模棱两可的情况下被使用。例如，当决定海绵是否是动物时。也有可能儿童首先依靠概念的范例，然后形成原型，最后建立定义性特征。作为一个学前儿童，我的儿子杰夫坚决否定动物这一概念包括人、鱼和昆虫。当他开始在学校学习动物王国时，他学会了基于生物学的动物定义，包含了动物的主要特征：从其他有机体获得食物、对其环境进行直接反应、能移动其身体的一种生命形式。就在那一刻，杰夫认识到人、鱼和爬行昆虫都是动物。

**分析教师策略——四边形**

一位中学数学教师设计了下面的工作单教她的学生四边形的概念。当你审视这个工作单的时候请思考：

- 四边形的定义特征。
- 教师用来教概念的策略。
- 教师可能用来提高学生理解概念的补充策略。

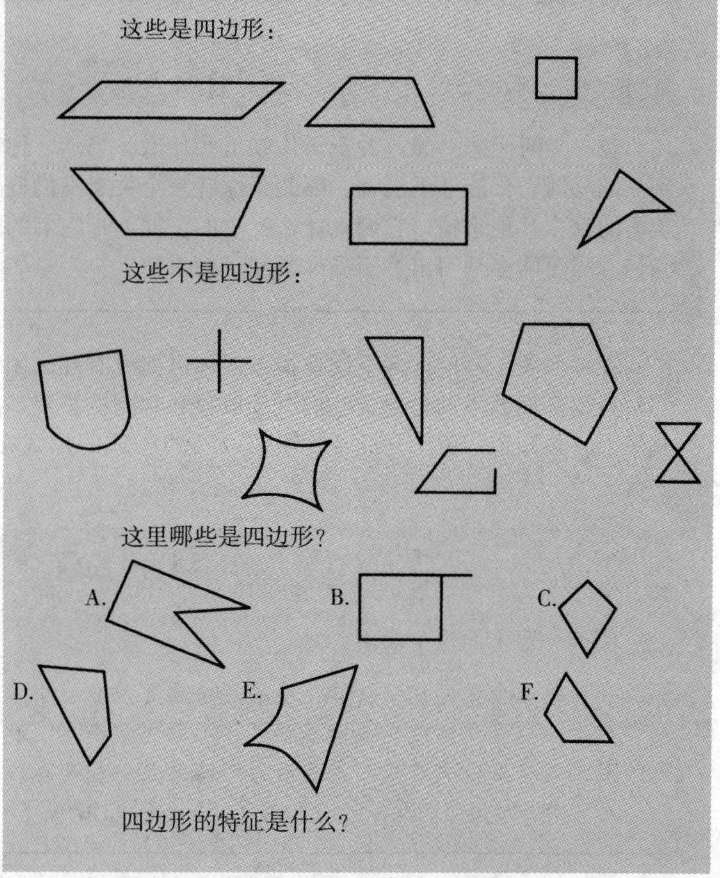

“走进课堂——概念教学”提供了在各门学科促进概念学习的建议。在下面的练习
241 中你会发现一名教师已经使用过的策略。

如果你不能够从你的学校教育中回忆什么是四边形，这个练习可能使你发现四边形是由四条笔直的线段在他们的端点连接起来而不是在其他地方相交组成的封闭图形。在教这个概念时，教师呈现了正例和反例。在举例说明四边形的变化性的过程中，包括了一些非常接近但又十分不同的反例（即接近的反例）。教师也会通过要学生识别新的例子和四边形的定义特征对他们的理解进行评定。

这项教学活动的一个缺点是没有鼓励学生将概念与真实世界的物体联系起来。例如，教师可以要学生在教室的两维物体中识别四边形的例子。第二个缺点是没有鼓励学生将四边形的概念与其他几何图形联系起来。例如，教师可以要学生列举四边形包括的各种形状——正方形、长方形、平行四边形、菱形等。下一步我们要考虑知识的形式——图式、脚本和理论——一般包含至少两个，经常是许多个概念和它们的相互关系。

## 图式和脚本

图式是与特定的概念或现象相关的一套有组织的事实（Rumelhart & Ortony, 1977；Schraw，2006；D. T. Willingham，2004）[8]。图式给我们一种观念，即对一个物体或事件来说，什么是真实的。例如，下面这个有关马的例子。

### 亲身体验·关于马

花一点时间想一想，关于马你知道些什么。当然，你知道马看起来像什么，当你看到一匹马时，你能够识别它。因此，你有一个关于马的概念。但是现在想想你知道的关于马的许多其他事情。它们吃什么？它们怎样度过它们的时间？你最有可能在哪里见到它们？尽可能多地写出关于马你所知道的事情。

---

242 在提取关于马的许多不同事情方面你可能没有什么困难，你写下的内容可能包括它们对燕麦和胡萝卜的喜爱，它们对于放牧和奔跑的喜爱，以及它们经常出现在草原和赛马场上。你知道的关于马的各种事情以马的图式的形式在你的长时记忆中紧密联系在一起。

### 亲身体验·约翰

阅读一遍下面这个段落：

> 约翰今天感觉不舒服，他决定去看家庭医生。他在护士那里进行了登记，然后浏览了几本放在他椅子旁桌子上的医学杂志。最后护士来叫他脱下他的衣服。医生对他非常好。他最后为约翰开了一些药丸。然后，约翰离开了医生办公室朝家走去。(Bower, Black & Turner, 1979, p. 190)

---

理解这个段落你可能没有任何困难，因为你自己去过医生的办公室，而且对于通常如何看医生有了一个图式。因此你可能填充了大量的段落没有告诉你的细节。例如，你

可能推论约翰实际上去了医生的办公室，虽然故事遗漏了这个重要步骤。类似地，你可能断定约翰在检查室脱了他的衣服，而不是在等候室，即使故事没有解释约翰在哪里脱衣服。当一个图式包括一系列与一个特定活动相关的可预测事件时，它有时又被称为脚本。如果关键信息被遗漏，就如关于约翰的故事中那样，图式和脚本经常使学习者以某种合理的方式填充空隙。

许多图式和脚本具有文化独特性。下面的练习解释了这种观点。

## 亲身体验· 鬼之战

阅读一遍下面的故事：

一天晚上，两个来自 Egulac 的年轻人跑向河边去捕获海豹，当他们到达那里时，河上变得雾蒙蒙的，而且风平浪静。随后他们听到战斗的口号，他们想："可能这是一个战场。"他们逃到岸边，藏在一根圆木后面。独木舟出现了，他们听到了划桨的声音，看到一艘独木舟向他们靠近，上面有5个人，他们说：

"你们是怎么想的？我们希望带着你们一起走。我们正在沿着河往上走与人打仗。"

其中的一个年轻人说："我没有箭。"

"独木舟上有箭。"他们说。

"我不会和你们一起走。我会被杀死的。我的亲戚不知道我去了哪里。但是你，"他说着，转向另一个人，"可以跟他们一起去。"

于是一个年轻人跟他们去了，另一个回家了。

战士们沿河而上来到 Kalama 另一边的一个小镇。人们下到水里，开始战斗，许多人被杀死了。但当时年轻人听到一个战士说，"快，我们回家，印度人已经被击中。"他想："哦，他们是鬼。"他没有感到不舒服，但他们说他被击中了。

于是独木舟回到 Egulac，年轻人上了岸，回到家，生了火。他告诉每一个人说："看，我陪着鬼去打仗。许多同伴被杀了，许多攻击我们的人也被杀了。他们说我被击中了，但我没有感到不舒服。"

他讲述了整个过程，然后变得平静下来。当太阳升起时，他倒下了。一些黑色的东西从他的嘴里流出来。他的脸变得扭曲。人们突然起立哭泣。

他死了。(Bartlett，1932，p. 65)

现在把故事遮住，尽可能多地写出你记住的内容。

---

将你对故事的再现与原来的进行比较，你注意到了什么不同？你的版本肯定比原来 243
的短，你可能遗漏了许多细节。但是你是否也发现自己歪曲了故事的某些部分，以使它对你更有意义？

作为一个美国土著的鬼故事，"鬼之战"可能与你获得的有些图式和脚本不一致，尤其是如果你是在非土著美国文化中被养育的。在一项早期的长时记忆研究中（Bartlett，1932），在英国剑桥大学的学生被要求阅读故事两遍，然后在各种时间回忆故事。

学生对故事的回忆经常包括了额外的和歪曲的信息，以使故事与英国文化更一致。例如，在英国的人们很少去河边捕获海豹，因为海豹是咸水动物，而大多数河流的水是新鲜的。学生可能因此说人们去河边捕鱼。类似地，故事的鬼怪成分与大多数剑桥学生的宗教信仰不一致，因而也经常被修改。当要求一个学生在阅读故事六个月之后回忆故事时，他提供了以下解释：

> 四个男人下到水里。他们被要求上船拿武器。他们问：“什么武器?”有人回答“战斗武器”。当他们来到战场，他们听到了巨大的呐喊声。一个声音说：“那个黑人死了。”他被带到他们的地方，躺在地上。他嘴里冒泡沫。

注意学生版本的故事是怎样遗漏许多更加令人迷惑不解的观点——至少从他自己的文化观点看是令人迷惑不解的。

来自各种文化背景的学生通常带着有些不同的图式和脚本来到学校（e. g.，Lipson，1983；R. E. Reynolds et al.，1982；Steffensen，Joag-Dev & Anderson，1979)。结果，他们可能对相同的课堂材料和活动解释不同，在有些情况下，可能在理解特定课程或阅读作业时有麻烦。作为教师，我们需要发现学生是否有合适的图式和脚本用来理解我们正在教的主题。当我们的学生不具备这种知识时，我们有时可能需要在我们全力前进学习新材料之前，支持和帮助他们发展这种知识。

## 理论

从更大规模来说，人类包括年幼儿童构建对于世界的各个方面的一般理解和信念系统，或者理论（Keil，1989，1994；Wellman & Gelman，1998)。人们的理论包括许多概念和它们之间的关系（例如，相关、因果)。试试下面的练习，了解你自己的某些理论是怎样的。

### 亲身体验·咖啡壶和浣熊

考虑下面的每一个情境：

1. 人们拿一个像图A的咖啡壶。他们去掉手柄，把顶部封掉，拿掉壶盖，封掉壶嘴接口，去掉壶嘴。他们也割去底部，贴上一块平整的金属。他们粘上一根小棒，在侧面开一个口子，在金属容器里填满鸟饵。当这些都完成后，它看起来像图B。

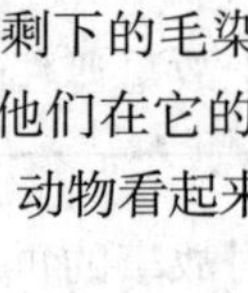
A

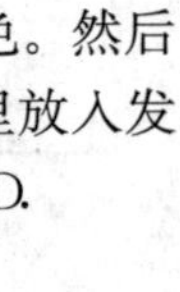
B

在进行这些改变之后，这是一个咖啡壶还是一个喂鸟器?

244 2. 医生们拿出一只图C中的浣熊，剃掉它的部分毛。他们把剩下的毛染成黑色。然后他们将动物背部的中心漂成纯白的条纹。最后，通过外科手术，他们在它的身体里放入发出难闻臭气的液囊，就好像一只臭鼬。在所有这一切完成后以后，动物看起来像图D.

C

D

在手术后，这是一只臭鼬还是一只浣熊?

你可能推断咖啡壶已经被变成了喂鸟器，而浣熊还是一只浣熊，尽管它的毛发翻新，并且进行过大的外科手术。即使4年级学生也会得到这样的结论（Keil，1986，1989）。现在，咖啡壶被变成了完全不同的某个东西，而浣熊则还是浣熊，这是怎样变成可能的？

在儿童达到入学年龄之前很久，他们就开始建构自己关于物理、生理、心理和社会的各个方面的理论（Delval，1994；Keil，1994；Wellman & Gelman，1998）。内在于他们理论中的通常是人造物（如咖啡壶、喂鸟器）和生物体（如浣熊、臭鼬）之间的不同。到八九岁时，儿童似乎使用根本不同的方式将两类物体概念化：人造物主要通过它们体现的功能进行定义（如混合咖啡、饲养的鸟），而生物体主要通过它们的血统（如生它们的父母，它们的DNA）来定义的。这样，当一个咖啡壶开始盛鸟食而不是咖啡时，它变成了一个喂鸟器，因为它的功能发生了变化。但是当一只浣熊通过化妆和外科手术变得看起来和闻起来像一只臭鼬时，它仍然有浣熊父母和浣熊的DNA，因此不可能是臭鼬（Keil，1987，1989）。沿着类似的思路思考，即使学前儿童也会告诉你，你不能通过把一只黄色的金丝雀画成蓝色或把它打扮成蓝鸟而将它变成一只蓝鸟（Keil，1989）。

学生关于世界的理论帮助他们组织和理解个人经验、课堂主题和其他新信息（Reiner，Slotta，Chi & Resnick，2000；Wellman & Gelman，1998）。他们的理论似乎也引导他们努力掌握新概念（Gelman & Kalish，2006；Keil，1987）。

大体上，儿童早期的、自己产生的理论似乎没有或很少是由于更有知识个体的指导而形成——因而，它们有时被称作朴素理论。在许多情况下，这些理论为正式的科学和其他学科教学提供了很好的基础。但是，它们有时包括了严重阻碍新学习的错误信念（稍后有更多关于这一观点的论述）。

学习者的理论往往是独特于特定领域的。例如，它们可能与生物的起源或人类思维的特点有关。[9] 相反，学习者的世界观影响他们在许多领域的意义生成。

## 世界观

世界观是影响学习者理解各种现象的有关现实的信念和假设——事物是怎样的以及应该是怎样的——的总的集合（Koltko-Rivera，2004）。下面是一些例子：

- 生命和宇宙通过自然的随机运动而形成。
- 人类完全受自然力量的支配，或者必须学会与大自然和谐生活在一起，或者应该力争掌控自然力量。
- 人们生活中的成功和失败是他们自己行为的结果，或者是神的干预，或者是命运，或者是偶然的事件。 245
- 人们最有可能通过依靠科学规律和逻辑推理过程，或通过寻求权威人物的指导增进福利。（Kelemen，2004；Koltko-Rivera，2004；Losh，2003；Medin，2005）

在很大程度上，这种信念和假设是文化传递的，不同的文化通过成人与儿童日复一日的互动传递稍微不同的信念和假设（Astuti，Solomon & Carey，2004；Koltko-Rivera，2004；Losh，2003）。[10]

世界观经常构成日常思维的一个不可缺少的部分，学习者往往会认为是理所当然的，通常没有意识到它们。在许多情况下，世界观包含内隐的而不是外显的知识。然而，它们影响学习者对当前事件和课堂主题的解释。例如，学生可能不会将飓风解释为自然气象力量的不幸结果，而是解释为神对他们自己的或其他人的错误行为的惩罚（O. Lee，1999）。学生可能与探索人类怎样操纵和控制自然事件而不是人们怎样努力接受自然以及如何与自然和谐相处的科学课程相抗争（Atran et al.，2005；Medin，2005；again）。

## 当知识建构出错：错误观念的来源和影响

当学习者建构他们自己的理解时，当然不能保证他们一定会正确建构。回忆开篇案例中的瑞塔认为不列颠人想去中国获取毛皮，他们在英格兰人到达之后迁移到了上部半岛。再看看7年级的鲍勃对山是怎样形成的思考：

> 采访者：山是如何形成的？
> 鲍　勃：从外面拿来一些灰尘放在山上，然后山就造成了。
> 采访者：谁造的？
> 鲍　勃：许多人造了山，至少有四个人。他们把灰尘给山，然后他们自己造自己。
> 采访者：但是如果他们想造另一座山呢？
> 鲍　勃：他们把一座山推倒，然后他们就能够造一座更好的。(Piaget，1929，p. 348)

错误观念是与对现象或事件的普遍接受和十分有效的解释不一致的信念。例如，在科学中，学生的错误观念可能与几十年间收集的数据或与几个世纪的科学研究不一致。在历史上，学生对某些事件的理解可能与现有的历史记载和人造物品不一致。研究告诉我们儿童和青少年对于他们周围的世界持有许多错误观念。表7—1呈现了研究者在各年级水平观察到的普遍错误观念。[11]

学生的错误观念可能有各种不同的来源。在许多情况下，他们来自学生自己理解他们看到的事物的意义的努力（Wosniadou，2003）。看看一位教师关于一名小男孩对水蒸发的解释：

> 韦斯利和我因一个被遗弃的空鱼缸而成为朋友。鱼缸确实装着大石子，足量的水淹没了石头。他已经跟我讲过他们每个星期必须在鱼缸放水，而我要他思考水到哪里去了。韦斯利回答到：“到石头里去了。”(Hawkins，1997，p. 337)

246 **表 7—1　　发展趋势——在不同年级水平的普遍错误理解**

| 年级水平 | 年龄相关典型信念的例子 | 建议策略[a] |
|---|---|---|
| K～2 | • 对动物概念概括不全（如只使用这一术语于哺乳动物）。 | • 在各种情况下使用动物一词（如用它指鱼或昆虫）。 |
| | • 认为自然物是人造的，自然物体因为特定目的而存在（如石头有粗糙的边缘以便动物能够给自己瘙痒）。 | • 用简单具体的方式描述自然现象的物理原因（如“当来自河流的水汇聚在比较低洼的地方就形成湖）。 |
| | • 认为世界是平的或者它既是圆的又是平的（即薄烤饼形状的）。 | • 使用地球仪找不同国家，讨论地球是球体而不是薄饼状的。 |
| | • 认为地图上的特征描述了物理实体（如将州和国家分开的线条被画在地球上）。 | • 提供使用局部区域地图的练习，说明一些地图特征怎样不同于物理现实。 |

续前表

| 年级水平 | 年龄相关典型信念的例子 | 建议策略[a] |
| --- | --- | --- |
| 3～5 | • 相信空间有绝对的“上”和“下”，因此站在南极的人会掉下来。<br>• 认为植物“吃”油和肥料的方式和人吃肉和蔬菜的方式十分类似。<br>• 认为在视觉上有些事物从眼睛开始旅行（而不是光旅行到眼睛）。<br>• 相信通过给穷人少量的钱，贫穷问题就能轻易解决。 | • 解释地心引力将人们吸引向地球中心；播放人们生活在南半球的视频。<br>• 探索光合作用的过程，将植物获取它们自己的食物的观点与植物只是像人一样吸收的观点进行比较。<br>• 要学生画线描述当人看见物体时，光旅行的方向；让他们自己解释为什么他们要这样画。<br>• 让学生探索人们贫穷的多方面原因；通过头脑风暴产生更多持久的解决贫穷的方案。 |
| 6～8 | • 认为打开宇宙飞船舱门的宇航员会被“吸”到太空（宇航员实际上是被宇宙飞船内的空气吹入太空）。<br>• 不能将正方形看作长方形。<br>• 认为更多的小数总是表示一个更大的数（如，2.34>2.8）。<br>• 设想在代数方程中，$(x+y)^2=x^2+y^2$，$\sqrt{a+b}=\sqrt{a}+\sqrt{b}$，诸如此类。 | • 开始探索诸如力和真空这样的物理概念，将这些概念和学生的先前经验联系起来（如使用风和真空清洁器）。<br>• 辨别几何图形的层级关系（如，长方形和正方形，长方形是平行四边形，平行四边形是多边形）。<br>• 提供使用多少关系比较小数和分数的练习；将练习嵌入包括实际物体的身边问题情境。<br>• 使用代数表达式学习计算的适当顺序；比较正确结果和从不适当顺序获得的错误结果。 |
| 9～12 | • 认为任何移动的物体都有一个作用于它的力（力实际上只是改变运动方向或速度时才需要）。<br>• 认为除法总是导致一个更小的数，例如，5÷0.65 获得一个小于 5 的答案（实际上答案大约是 7.69）。<br>• 认为克利斯多弗·哥伦布是西班牙人，是第一个宣称世界是圆的，而且登陆北美陆地的人。 | • 介绍惯性概念；揭示惯性如何解释外层空间的行星和太空飞船的运动；探索明显违反这个概念的解释（如，当物体沿着表面运动时，摩擦力使物体运动减慢）。<br>• 提供获得违反直觉结果的数学问题的练习；要学生解释为什么解答是正确的。<br>• 当描述历史事件时，将学生的信念与更加准确的信息进行明确比较（如哥伦布是意大利人，他在加勒比海登陆；亚里士多德在哥伦布出生前 1500 多年就提出世界是圆的）。 |

a. 这些策略只是提供了一个起点。一些错误观念构成了学生信念系统中如此不可分割的一部分，以致他们可能需要多种策略并历经较长的时间（看后面的“概念改变的挑战”部分）。

资料来源：Behr & Harel，1988；S. Carey，1985；Delval，1994；diSessa，1996；J. F. Eaton，Anderson & Smith，1984；Gardner，Torff & Hatch，1996；Haskell，2001；Hynd，2003；Kelemen，1999；Liben & Downs，1989；Piaget，1929；K. J. Roth & Anderson，1988；Sneider & Pulos，1983；Tirosh & Graeber，1900；Vosniadou，1994；P. S. Wilson，1988。

247 像韦斯利一样，学生有时候会从事物表象中得出错误结论（diSessa，1996；Duit，1991；Reiner et al.，2000）。例如，他们可能偶尔推论出两个物体或事件之间的不正确的因果关系，只是因为两个事物是同时发生的（Keil，1991；Kuhn，2001b）。

社会和文化也可能培育错误概念。有时语言中一些通常的表达对物理事件的真实本质进行了错误表征（Duit，1991；Mintzes，Trowbridge，Arnaudin & Wandersee，1991）。例如，当我们讨论日出和日落时，儿童可能很容易推断太阳绕地球旋转，而不是反过来。此外，神话故事和电视卡通节目可能会错误表征物理规律（Glynn，Yeany & Britton，1991）。想想卡通中的坏家伙，跑到悬崖边掉下去还悬在半空中，直到他们意识到没有东西支撑他们。遗憾的是，学生也会从其他人包括教师和权威课本处获得错误观念（Begg，Anas & Farinacci，1992；Duit，1991）。

不管错误观念来自哪里，学生现有的错误观念都会对新学习产生不利影响（Kuhn，2001b；Reiner et al.，2000；K. J. Roth & Anderson，1988）。作为有意义学习和精制加工（通常促进学习的过程）的结果，学生可能解释或曲解新信息以与他们已经“知道”的东西一致。这样，他们继续相信他们总是相信的那些观念。想想巴里的情况，一名11年级学生，他在物理课上正在学习物体本身的质量和重量不影响物体下落速度的观念。教师和学生们设计和构造一个鸡蛋容器，它将保持鸡蛋在从三楼窗口掉下时不被摔坏。在鸡蛋下落时，他们将记录鸡蛋落到地上所花的时间。因为相信更重的物体下降更快，巴里加了几颗钉子到他的鸡蛋容器中。然而，当他丢下鸡蛋时，同班同学记录鸡蛋落地花了1.49秒，和其他同学的更轻的鸡蛋下落的时间差不多。巴里向他的老师将这一结果合理化地解释为“人们没有记录好时间”（Hynd，1998a，p. 34）。

作为教师，我们的工作是双重的：我们不仅要帮助学生建构对他们周围世界的正确理解，而且我们必须鼓励他们放弃他们以前已经建构起来的错误观念。在下面两个部分，我们将考虑怎样促进知识建构和概念转变，并识别完成这两个目标的策略。

## 促进有效的知识建构

知道学习包括建构过程并不必然告诉我们怎样能够最有效地促进这一过程（K. R. Harris & Alexander，1998；Mayer，2004；Nuthall，1996）。认知心理学家相信有许多方法帮助学生建构更加丰富和复杂的知识基础。我们在这里探究几种当代心理学家和教育者已经识别出来的方法：（1）提供试验的机会；（2）呈现专家的观点；（3）强调概念的理解；（4）促进课堂对话；（5）安排真实活动；（6）支持理论建构；（7）创建学习者共同体。

### 提供试验的机会

通过与周围的物体相互作用，用它们做试验，学生可以亲自发现世界的一些特点和规律（Fosnot，1996；Minogue & Jones，2006；Moreno，2006）。例如，在小学水平，我们可能使用珠子和一分硬币帮助学生发现基本的加法和减法事实，或者我们可能使用两个泥球和一把尺子促进他们认识到尽管改变了形状，物体的重量依然保持不变（皮亚杰的守恒概念）。在中学水平，科学实验、计算机模拟以及班内展示这样的活动能帮助学生建构关于他们周围世界的知识。[12]

教师经常教学生清晰地叙述完成某些任务的一步一步的程序。但在有些情况下，让学生通过试验发展他们自己的程序可能会更有益。例如，在烹调教学中，有时把菜谱放在一边，让学生尝试各种成分的不同组合和比例可能更有创意（Hatano & Inagaki，1993）。另一个例子来自一个研究，学前班学生具有饲养动物的两种不同经验中的一种（Hatano & Inagaki，1993）。一些学生在教室养了宠物兔，他们使用教师仔细规定给他们的程序轮流喂养和照顾兔子。其他学生在家里养金鱼。这些学生必须自己决定，在这样做时，可以试验喂养程序、纯净水和其他可能影响金鱼健康的变量。总的来说，在家里养金鱼的儿童似乎对动物的理解更好，能够将他们在自己宠物身上学会的东西应用到其他物种。当问是否一个人能够让一只小青蛙永远保持相同大小时，一个有金鱼的儿童说："不，我们不能，因为青蛙会长得越来越大，就和金鱼长大了一样。我的金鱼以前很小，但现在它们大了"（Hatano & Inagaki，1993，p. 121）。 248

## 呈现专家观点

早先提到，知识不仅是由人们独立工作建构的，也是人们在数年甚至数个世纪的过程中共同合作弄清楚复杂现象的意义而建构的。虽然让学生自己发现基本的原理有时是有益的（就像饲养金鱼的学生做的那样），我们还是应该为学生提供机会去倾听和阅读专家的观点——社会业已提出用来解释人类经验中的物理和心理方面的概念、原理、理论等（R. Driver，1995；Vygotsky，1962）。

然而，我们不需要用说教式的、就是这样的方式呈现他人的观点。我们可以应用维果斯基的观点，在与儿童谈话的过程中，我们可以通过使用某些标签、提供可靠的解释，或者识别潜在的原理，帮助他们赋予物体或事件以意义（Eacott，1999；Feuerstein，Klein & Tannenbaum，1991；John-Steiner & Mahn，1996）。教师凯瑟琳·玛丽亚使用这种方法与 6 岁半的詹妮弗就重力的特点进行了一系列的讨论。凯瑟琳一直试图帮助詹妮弗理解在南半球的人和物体不会掉离地球，就是因为从某个人站的地方看地球，他们都位于地球的底部一侧。凯瑟琳报告了在詹妮弗和她之间的如下互动来显示詹妮弗在理解重力上正在进步：

> 我用一个可充气的地球仪和一个粘贴到南美洲较低部位的人向詹妮弗解释，我已经访问了这个地方，但没有掉离地球。然后我们进行了（这次）讨论：
>
> 凯瑟琳：如果地球里有个洞，这个人（粘贴到南美洲的人）把一个球丢过洞，会发生什么？
>
> 詹妮弗：人们可能会认为如果你丢一块石头到洞里，它可能会出来。
>
> 凯瑟琳：为什么他们那样认为？
>
> 詹妮弗：因为它在地球的底部……他们认为可能是重力弄的。
>
> 凯瑟琳：但是重力把你拉向哪儿？
>
> 詹妮弗：向下。
>
> 凯瑟琳：（把人粘到充气地球仪的顶部）如果你站在这里，向下到哪里？
>
> 詹妮弗将她的手指指向向下的方向。我把人移到南极。

凯瑟琳：但是如果假设这是你。如果你在这里，向下到哪里？

249 詹妮弗指向地球仪中间的一个点。

凯瑟琳：是，它拉向？

詹妮弗：中间。

凯瑟琳：对。那么石头将在哪里停止？

詹妮弗：在中间。(Maria，1998，p.13)

## 加强概念理解

让我们回到开头的案例研究。瑞塔已经获得了美国历史的一些知识，但很显然是把它们当作分离的、孤立的事实来学的，并没有将它们结合起来，直到一个成年人要她解释她所学的。遗憾的是，这种对孤立事实进行学习，而不管事实怎样结合在一起的现象在小学和中学都太普遍了（e.g.，Hollon，Roth & Anderson，1991；Lesgold，2001；Paxton，1999）。

学生在他们正在学习的主题内建立的相互联系越多——换句话说，他们对内容组织得越好——他们就越容易在以后记起和运用这些主题（L. M. Anderson，1993；Bédard & Chi，1992；J. J. White & Rumsey，1994）。当学生在与一个主题相关的特定概念和原理之间建立了许多逻辑联系，他们就达到了对主题的概念理解。例如，学生不是简单地记住数学计算程序，而是应该学会这些程序怎样反映潜在的数学原理；不是将历史事实当作一系列不相关的人物、地名和日期来学习，而是应该将这些事实放在大的社会和宗教趋势、移民模式、经济考虑和人权特征等的背景下。

对任何复杂主题构建一个整合的理解必然要花时间。相应的，许多教育者倡导："更少就是更多"的原理，即将很少的材料学习透彻（而不是表面地），就会学得更全面，而且有更好的理解（Brophy & Alleman，1992；Marshall，1992；Sizer，1992）。

下面是几种我们可用来帮助学生发展对课堂主题进行概念理解的方法：

- 围绕几个核心的观点或问题组织单元，总是将特定的内容与这个核心联系起来。
- 深入探索每一个主题。例如，通过考虑许多例子、检验因果关系、发现具体的细节怎样和更一般的原理相联系。
- 解释新观点怎样和学生的个人经验以及学生以前在学校学到的事物相联系。
- 通过我们说的事物、我们布置的作业，以及我们用来评价成就的标准向学生展示概念理解比知道孤立事实要重要得多。
- 要学生将他们已经学会的教给其他人。这一任务鼓励他们使用理解意义的方式关注主要观点并将主要观点结合在一起。（L. M. Anderson，1993；Brophy，2004；Brophy & Alleman，1992；Hatano & Inagaki，1993；Perkins & Ritchhart，2004；Prawat，1993；VanSledright & Brohpy，1992；J. J. White & Rumsey，1994）

最后两个建议——强调在作业评估中的概念理解以及要学生教给其他人他们学过的内容——反映在下面练习中描述的作业里。

## 解释学生的作品和行为——什么是乘法?

一位 3 年级的老师给他的班级布置了下面的作业：

想象来自遥远星球的一位代表刚刚在你家的院子着陆。他知道怎么数数和相加，但对乘法一无所知。解释你可能会怎样教他乘法的概念。描述你可能教他记住一系列乘法事实的策略。

下面是 8 岁的托尼写的内容。在你读的时候，考虑： 250

托尼是否理解乘法的特征?

托尼的圈和点策略是否会获得对乘法问题的正确解答?

你可能需要阅读托尼的反应两到三次来确定他表达的含义。理解学生的推理常常需要教师的努力和坚持。

乘法是一种像加法的东西。你可以通过使用点代表有多少集合，每个集合里有多少个点，来回答这个问题。

当你乘的时候，你可以通过形成和第一个数所说的一样多的集合来得到答案。然后将第二个数量的点放到每个集合里。下一步，你计算总共有多少个点，那就是答案。

首先你看问题的第一个数，画出那个数量的圆。2×2= 接着将那个数量的点放到每个集合里。然后计算圆里点的数量，那就是答案。

当托尼说乘法是像加法的东西时，我们知道他至少对这个过程有一点理解。他的第二个句子非常含糊，以致我们必需进一步阅读。他马上解释我们应该画出和第一个数表示的一样多的圆（代表集合）。然后我们应该在每个圆里放上和第二个数表示的一样多的点。使用这个例子，我们应该将 2×2 描述成：

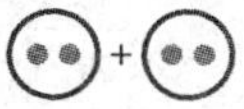

如果我们计算所有的点，我们得到一个正确答案 4。然而，遗憾的是，我们的图片可能描述了 2 和 2 怎样相加而不是相乘。让我们使用这一策略解决另一个问题，即 3×4。我们画 3 个圆，每个圆里画 4 个点，就像下面这样：

这次没有弄错，托尼的方法对乘法奏效，但对加法不奏效（3×4＝12，但 3＋4＝7）。

正如所证明的那样，托尼正在描述一种他的老师教给全班解决乘法问题的策略。他真的理解乘法的本质吗?我们可能需要获得更多信息来证明。一方面，我们可以要托尼将他的策略应用到更大数相乘的问题（如，4×5、7×9）。另一方面，我们可以要他设计一种解决乘法问题的新策略。用自己的方法做乘法这样一个任务可能对他有点难，但如果他与他的同伴交流就很有可能完成。我们的下一个策略涉及让学生就复杂任务和主题进行对话。

## 促进课堂对话

我们已经发现让学生就课堂主题相互交流有许多好处。一般来说，当学生与他人谈论这些事情时，他们确实看起来更有效、更准确地记住新观点和经验（Hacker，1998；Schank & Abelson，1995；Tessler & Nelson，1994；Wasik，Karweit，Burns & Brodsky，1998）。相应地，许多当代理论家建议将学生讨论作为课堂教学的一种常规方法。例如，在一堂英语课上，你可以看到一位高中英语教师如何鼓励学生对纳撒尼尔·霍桑的作品《红字》中的亚瑟·丁梅斯代尔建构更透彻的理解。在学生阅读了描述丁梅斯代尔的一个段落后，她告诉学生：

> 在你们的日志中，记下这段描写中一些重要的特征。哪些措辞对你理解丁梅斯代尔的性格至关重要？你是怎么看他的？如果你要给他画一幅肖像画，你确信哪些是他具备的特征……如果你愿意的话，简单写些东西，或画幅画。

然后她引发各种观点（“穿着体面”、“对自己不自信”、出了很多汗、有点老套、一个卑微的人）帮助学生共同或个别地建构出一个复杂的、多面的丁梅斯代尔的形象。[13]

251 让我们看看学生怎样共同建构意义的另一个例子。在隆巴德女士的4年级班上，学生一直在学习分数。隆巴德女士从来没有教她的学生怎样用一个分数除一个整数。然而，她给学生提出如下问题，必须可以通过以3/4除20得到解决[14]：

> 妈妈做苹果小馅饼，每个小馅饼用3/4个苹果。她有20个苹果，她能做多少个小馅饼？（J. Hiebert et al.，1997，p. 118）

隆巴德女士要学生以小组提出他们怎样解决这个问题。一个由四个女孩组成的小组——珍妮特、利兹、科莉和妮娜——一直在解决这个问题有些时间了，到目前为止她们已经提出了三个答案：15、38和23。当她们认为她们能够使用每个苹果的3/4总共做20个小馅饼时，我们在中途将她们通过讨论联合起来。

> 珍妮特：每个苹果余下1/4。你已经做了20个小馅饼，因此你有20个苹果的1/4。
>
> 利　兹：于是你有20个1/4剩余。
>
> 珍妮特：是的……20个1/4等于5个苹果……因此5个苹果被……
>
> 利　兹：6、7、8。
>
> 珍妮特：但3/4等于3。
>
> 科　莉：但是她不能只做3个苹果馅饼！
>
> 珍妮特：我来告诉你。
>
> 利　兹：不，我已经算出来了。
>
> 科　莉：你得到了多少个1/4？20个？
>
> 利　兹：是的，余下1/4共得到5个苹果，用5个苹果她能做5个馅饼，这会是25个馅饼，然后她将，等等，1、2、3、4、5个1/4，她将有1、2、3、4、5个1/4……
>
> 妮　娜：我得到了一个更好的……
>
> 科　莉：是吗？
>
> 利　兹：26个1/4，还余下一个1/4。（J. Hiebert et al.，1997，p. 121）

讨论和争执还在继续，女孩们最终获得了正确的答案：妈妈可以做26个小馅饼，还余下半个苹果。

正如前述的谈话阐明的那样，课堂对话可以帮助学生达到对课堂主题的概念性理解，在此是对除以分数的含义是什么的概念理解（J. Hiebert et al.，1997；Lampert，Rittenhouse & Crumbaugh，1996）。课堂对话对教师也有益处：通过仔细监控学生的意见和问题，我们可以确定和解决那些可能妨碍他们获得更多的知识和技能的错误概念（Presseisen & Beyer，1994；Sosniak & Stodolsky，1994）。[15]

## 安排真实性活动

一些当代认知心理学家认为，如果学生在真实性活动情境中学习课堂内容，他们就能够建构一个更加整合的、有用的知识基础。真实活动类似于他们在外部世界可能遇到的活动。例如，当学生给真实的人写故事、散文和信，而不是完成短的、人为的写作练习时，他们的写作技能在质和量上都能够表现出更大的进步（E. H. Hiebert & Fisher，1992）。当学生建构他们自己的地图而不是完成包括地图解释的课本练习时，他们对怎样使用和解释地图获得了更彻底的理解（Gregg & Leinhardt，1994）。而且，当学生使用数学完成真实生活中的任务时，他们也更有可能检查他们在数学问题上的答案，尤其是确保他们的答案有逻辑意义（Cognition and Technology Group at Vanderbilt，1993；Rogoff，2003）。

通过将课堂活动置于真实世界情境中，我们帮助学生发现他们学习学科主题的理 252
由。[16]实际上我们也增加他们在以后使用我们教给他们的知识和技能的可能性（A. Collins et al.，1989；De Corte et al.，1996）。当然，我们了解学生的知识和技能，就如下面的练习揭示的那样。

玛丽·林为了用地图描述她所在的地区，必须用抽象符号表征具体的物体特征（如，道路、建筑物、网球场）。她也必须在心理上将她在平地上看到的空间布局“翻译”成鸟瞰图。而且，当她将她所在地区缩小以便它的大小适合一张纸时，她必须将相对距离保持在头脑中（例如，她必须根据一定比例画地图）。从她画的地图来判断，玛丽·林能做所有这些事。而且，玛丽·林已经学会了几种用于地图制作的典型技巧。例如，她对街道和学校建筑物进行标记、提供解释她使用的符号的键，还用罗盘指示主要的方向（北、东等）。

真实性活动对动机的益处很多，正如一个高中学生解释的那样：

> 在9年级，我们进行了这个月球跟踪活动。这是在学校我能够记起的第一次做一些不是课本上的事情。那是真实的，就像我们是真正的科学家一样。我们必须记录数据表、测量一个月里每一天月亮升起的时间和角度。这使我妈妈简直要疯了，因为有时我们在吃饭，而我要看我的手表，跑出门去！我们必须测量在我们附近的河流，看它是否受到月亮的影响。当我在完成那项活动的时候，我花了大量时间在外面，我还认为，我到河边去的次数比我整个人生中已经去过的都多。然后，我们必须进行计算，那是另一个步骤，我们还必须将我们的结果制成图表。测验是要分析我们的结果，并告诉大家关于潮汐和月亮的关系，也就是这些结果意味着什么。这很难，我必须知道我在谈什么，否则我就不能获得学分……我感觉我做了一些真实的事情，而且我能够看到它的好处。[17]

## 解释学生的作品和行为——画出邻近地区的地图

为了完成中学社会研究课的作业，12岁的玛丽·林建构了一个介于她家和学校之间地区的地图。当你看地图时，记住玛丽·林实际上从来没有从空中看过她所在的地区。考虑：

- 地图制作任务需要什么样的认知能力？
- 关于地图和地图制作，玛丽·林学会了哪些东西？

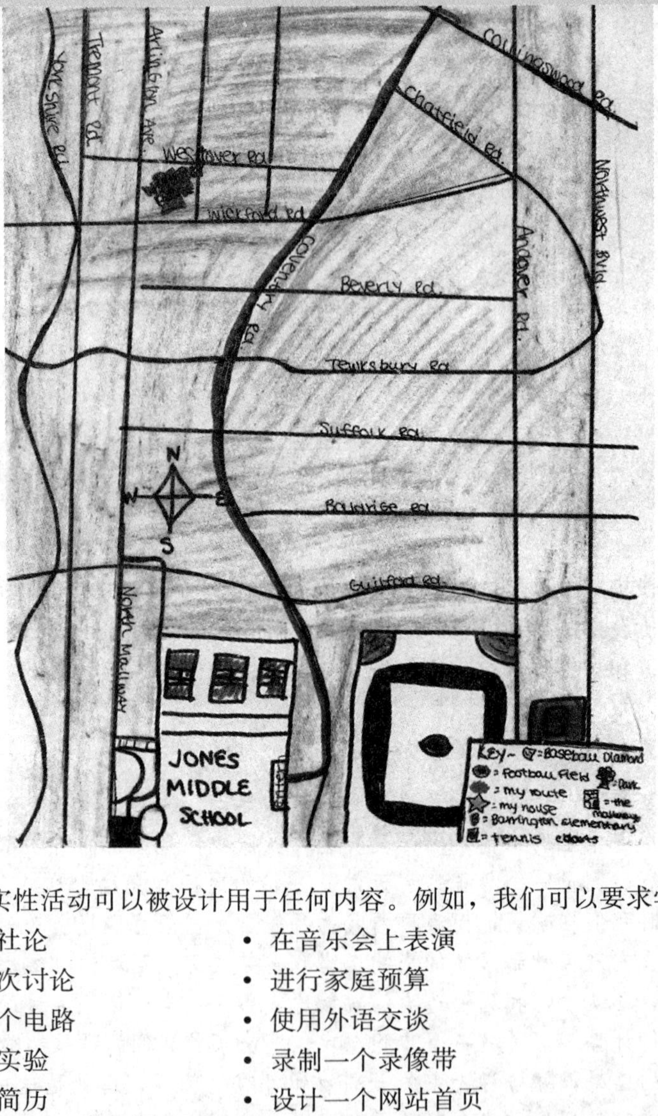


实际上真实性活动可以被设计用于任何内容。例如，我们可以要求学生：

- 写一篇社论
- 参与一次讨论
- 设计一个电路
- 做一个实验
- 写一份简历
- 在音乐会上表演
- 进行家庭预算
- 使用外语交谈
- 录制一个录像带
- 设计一个网站首页

理论家提出当真实性活动促进复杂（高级）思维技能，如综合信息、提出和检验假设，或者解决问题，而且当它的最后结果是多面的、一定程度上不可预测的时，它可能是最有益的（Newmann & Wehlage，1993；Paris & Turner，1994）。“走进课堂——设计真实性活动”呈现和举例说明了几种策略。

## 走进课堂——设计真实性活动

- 选择需要学生整合和应用他们在两个或更多主题所学的任务。

  在一个4年级班的学生经常合作出版一份每月班级时事通讯，这份通讯要送到家里给父母看。一些学生写短篇文章描述班级在数学、科学、社会研究、体育和艺术各门课程中正在做什么。另外一些学生报道学校事件（如，近期学校集会、即将来临的资金筹集会）。还有一些学生当编辑、版面设计员或者档案保管员。学生的角色每月轮换，每个学生都有机会经历时事通讯出版的所有方面。

- 让学生知道对于一个任务没有唯一的最好或正确的方法或答案。

  一位高中生活技能课老师给学生一份写有许多食品（肉、水果、蔬菜、牛奶等）价格的清单。学生必须使用这份清单、食物金字塔和30美元的预算，为一个四口之家计划健康的早餐、中餐和正餐各一顿。

- 鼓励学生试验新的想法和策略。

  一个2年级班一直在学习许多他们地区土生的普通动植物。学生2～3人一组一起工作，为当地博物馆设计几个物种的信息展览。他们的老师帮助每个组就如何向一般公众有效地描述一种特定的植物或动物展开头脑风暴。

- 对学生的表现表达高期望，但提供足够的支持以确保学生的成功。

  在一个中学的92个8年级学生被要求以一种有意义的方式为8年级的年度音乐喜剧表演作贡献。一些学生是演出者，其他学生则承担布景、服装设计或灯光控制。全体成员监督活动的每一个方面，在需要时提供指导和帮助，而且学生们对自己活动的质量承担主要负责。当来自不同社交团体的学生彼此在一起工作时，在受欢迎和不受欢迎的学生之间的社交障碍和不良感觉开始瓦解。到演出的那晚，全班学生已经获得了一种凝聚感和整体的班级精神，而且全体学生都为他们的成功演出感到骄傲。

主要建议基于：Newmann & Wehlage，1993；Paris & Turner，1994. 班级表演例子来自 M. Thompson & Grace，2001，pp. 93－94。

## 支持理论建构

正如我们所见，儿童早在他们开始上学之前已经开始形成关于他们世界的各个方面的理论。任何学科课程的一个重要目标就是要帮助学生扩展和修改这些理论，使之与专家在数十或数百年的系统研究过程中提出的理论一致。心理学家和教育学家提出了几个帮助学生建构有价值的理论的建议：

- **鼓励和回答学生的为什么和怎么样的问题。**年幼儿童问许多为什么和怎么样的问题：为什么天空是蓝的？一个电话怎么知道要去哪一栋房子？这样的问题经常在他们与教师和成人交谈的时候突然冒出来。虽然我们可能有时发现它们很烦人，但它们典型地反映了儿童想理解他们的世界，以及提高他们关于是什么导致了事物为什么是它们现在这个样子的理论的纯真愿望（Elkind，1987；Kemler Nelson，Egan & Holt，2004）。
- **要学生在课堂实验中就将要发生什么进行预测。**尤其是在科学课程中，对具体物体的实验和演示对解释重要的概念和原理常常是十分有用的。要学生事先进行预测能激活与当前主题相关的现有信念和错误信念（A. L. Brown & Campione，1994；diSessa & Minstrell，1998）。例如，在物理课，我们可能给学生一个粘在一根长金属弹簧上的黏土球，并要他们进行预测：

> 254 你们拿着弹簧的另一端，将黏土球的一半放入水中。弹簧将会变短、变长，还是长度不变（Hatano & Inagaki，1991，p. 337）。

在将黏土球浸入水中一半之前，学生往往会用各种方式考虑问题。例如，他们可能说：

> ✧ 水有使物体漂浮的力，因此，我认为水将会使黏土球多少有点漂浮。
>
> ✧（弹簧将更长）因为水将被构成黏土球的细小颗粒吸收。
>
> ✧ 水有使完全进入的物体漂浮的力，但不是在它们半浸入时。（Hatano & Inagaki，1991，pp. 337—338）

实际上，黏土的密度比水大，因此如果没有弹簧的支撑，将完全沉入水中。然而，第一个反应包含了真理的核心，因为水应该比空气提供更多的支持（因而，它将把球推向上），使弹簧变短。第二个和第三个反应揭示了学生的错误理解，即黏土将漂浮在水上以及一半浸入没有影响，这将使讨论和重新考虑变得顺理成章。

• **使用类比帮助学生将新概念和新观点与他们的先前知识联系起来。**尤其当学生不能真正明白行动中的某些概念时，与熟悉的现象类比能帮助学生进行理论建构（Clement，1991；Mayer，1999）。例如，我们可以在蠕动（肌肉收缩推动食物逐渐通过消化道）和从小包装中挤出番茄酱之间进行类比：

> 你在一个角挤压包装袋，沿着包装袋移动你的手指朝向另一角的开口。当你这样做时，你在某个方向推动番茄酱在你的手指前面移动，直到它从开口出来。（Newby，Ertmer & Stepich，1994，p. 4）

• **呈现物理的或符号的模型，模型包含一个实体或一种现象的关键特征。**一个模型就是一种现象的具体表征，它描述某一现象的关键成分及成分之间的重要关系，常常有助于学生像专家一样对现象进行概念化（Glynn et al.，1991；Schwarz & White，2005）。例如，在你自己的学校教育中，你毫无疑问见过太阳系的模型，太阳系由一个太阳和八九个离太阳远近不同的行星组成。模型从来不按比例，在各天体之间的距离比它们之间的实际距离小得多，但模型能帮助你对太阳和行星在太空中是如何排列的以及如何移动的进行概念化。这种物理模型包括可触摸的物体——一个太阳和数个行星、一个分子的各成分、一只眼睛的各部分等。相反，符号模型如图表和程序框图则是画在纸上或在计算机里的图形表征。你可以在这本书的图 2—2（神经元及其相互联系的模型）和图 6—2（人类记忆的模型）中找到例子。

• **选择与学生的认知发展水平一致的解释。**许多被广泛接受的理论都十分抽象，可能对儿童、年龄小的青少年和许多年龄更大的青少年太过抽象而使其不能完全理解。在这种情况下，比较具体的解释，即使与当代科学观点不完全一致，也能帮助学生在实际情境中进行正确的预测（Linn & Muilenburg，1996；Linn，Songer & Eylon，1996）。作为一个例子，让我们思考热是怎样从一个物体传到另一个物体的。一位物理学家会告诉我们热和它从一个物体到另一个物体的传递是原子运动有多快以及它们彼此碰撞程度有多大的函数。一个更加具体的解释就是热从一个物体“流”向另一个物体。虽然这一解释在大学物理课上不达标，但是它肯定能帮助中学生理解当端一锅开水时，为什么使用厚布很重要。

• **要学生反思他们所学，并将他们所学的事物相互关联起来。**当学生在纸上表征 255
相关的概念和相互关系——如通过画图表或者通过用实验报告或日志解释他们观察到的现象——的时候，他们一般能更有效地记住和应用新获得的理论（Edens & Potter，2001；Klein，2000）。在图 7—2 中，9 岁的特丽莎将她在一节课中学到的关于水循环的知识融合在一起。

**图 7—2　在这张图中，9 岁的特丽莎将她所学的关于水循环的知识融合在一起**

## 创建学习者共同体

将对话和其他形式的学生互动的益处牢记心中，出于促进意义的社会建构这一目标，一些心理学家和教育学家建议我们创建一个**学习者共同体**——一个教师和学生积极合作，在学习上相互促进的课堂（A. L. Brown & Campione，1994；Prawat，1992；Rogoff，Matusov & White，1996）。作为一个学者共同体运转的课堂可能具有如下特征：

✧ 所有学生都是课堂活动的积极参与者。

✧ 在两三个学生之间的讨论和合作是常有的事，而且这种讨论与合作往往在学习中发挥重要作用。

✧ 学生兴趣的多样性和进步速度的差异是预料中的，要受到尊重。

✧ 学生和老师协作努力，彼此帮助，共同学习；没有一个人对教其他人负有唯一责任。

✧ 每个人是其他人的潜在资源，不同的个体可能在不同场合作为不同资源，这取决于当时的主题和任务。在有些情况下，学生可能主攻某个特定主题，并在这个主题上成为局部“专家”。

✧ 教师为课堂活动提供指导和方向，但学生也对这种指导和方向有贡献。

✧ 学生经常相互评价彼此的工作。

✧ 和最后结果相比，学习的过程受到同样多甚至更多的重视。（A. L. Brown & Campione，1994，1996；Campione，Shapiro & Brown，1995；Rogoff，1994；

Rogoff et al.，1996)

在怎样建构一个学习者共同体的例子中（A. L. Brown & Campione，1994)，学生被分成小组，学习一个大主题下不同的小主题。例如，“改变人口”主题的子主题可能是“灭绝的”、“有灭绝危险的”、“人工的”、“受援助的”和“城市化的”。每个小组进行研究，并准备与这个子主题相关的教学材料。然后全班重新组合成新的小组，每个小组至少包括来自先前小组的一名代表。在这些新的小组里，学生相互教他们已经学会的东西。[18]

另一种方法就是使用计算机网络促进学习者共同体（Hewitt & Scardamalia，1998)。例如，我们可能让所有的学生将他们的课堂作业（短故事、散文、问题答案等）保存为计算机文件，以便他们的同班同学能阅读和作出反应。我们也可以创建基于计算机的聊天室，在那里学生提出问题，其他人回答问题。在接下来的在线讨论中，思考三个学生是如何相互对其他人的问题进行反应的，“热如何影响固体?”注意学生使用标题“我的理论”和“我需要理解”组织他们的讨论。

> JA：我的理论——我认为热使固体燃烧或熔化。我认为我的预测是对的，因为我曾经见过固体熔化或燃烧。
>
> AR：我的理论——我认为如果固体遇热，它就变热。我还认为固体会改变颜色。一般来说，任何固体如果一遇热，那么它就变热。我认为如果固体能够很好地导热，那么它会热得更快。如果一个物体不导热，那么它就要比导热好的物体花更长的时间热起来。它可能改变颜色。我们认为如果某个物体非常热，它会是白的或红的，有几分热就是橙色或黄色。可能有一些这方面的事实。
>
> AD：我的理论——我认为这有赖于有多少热。我还认为这取决于它是哪种固体。例如，可以熔化橡皮的热不一定能熔化金属。(最后这句话可能是错误的，我只是用它作为一个例子。)
>
> 我需要理解——什么使木头燃烧而不是熔化?
>
> 我的理论——我认为它可能与木头是有机物有关，因为我不能想到任何是有机物的、会熔化的东西。(Hewitt & Scardamalia，1998，p. 85)

这种实时讨论可能对害羞或因其他原因在用更加公开的方式与同学进行交流时感到不自在的学生尤其重要。

学习者共同体整合了几种教学策略（例如，发现学习、基于技术的合作学习)，我们在第13章将进行更详细的讨论。它也类似于科学家和其他学者朝着知识前沿前进时采用的方法。他们进行单独的或合作的研究，分享思想、彼此依赖他人的发现等。因而，这种方法可以帮助学生获得比较复杂的、类似成人的知识建构技能（A. L. Brown & Campione，1996；Hewitt & Scardamalia，1998；Karpov & Haywood，1998)。

研究者还没有系统地比较学习者共同体的学业成就与更加传统课堂的学业成就。但个案研究确实发现组成学习者共同体的课堂有一些积极作用。一方面，这些课堂能够明显促进比较复杂的思维过程，并且常常持续一段时间（A. L. Brown & Campione，1996；R. A. Engle，2006；R. A. Engle & Conant，2002；Scardamalia & Bereiter，2006)。另一方面，它们也高度激发学生的动机，即使当学生生病也坚持去学校，而且当暑假开始时学生会感到失望（Rogoff，1994)。一个8年级英语教师这样描述她与一个学习者共同体的经验：

> 教室变得……像一个餐厅的饭桌，在那里人们能轻松地谈论书、诗歌，交流思想。我会看着我的学生一边离开教室，一边兴趣盎然地谈论着哪本书真正是罗伯特·科密尔（Robert Cormier）最好的书，为什么结局令人失望，他们打算重读哪些书或将哪些书打包放到夏令营的旅行箱里。书籍变成了有价值的货币，在周详的协商后交换书籍："好的，你可以借亚当斯的《拜拜，多谢你们的鱼》，但你必须借给我《赞斯系列》的前两本。"整齐地摆着课本的书架逐渐让位于平装本图书馆，图书馆里放满了学生和家长捐赠的书、来自图书俱乐部的礼品书，以及我用每年的预算拨款订购的书。(S. Moran，1991，p. 439)

学习者共同体除了其带来的认知和动机方面的益处，也能促进有效的同伴关系和社交技能。它还能帮助创造班级集体感——一种我们和我们的学生有共同的目标的、相互尊重和支持彼此的努力、相信每个人都对课堂学习作出重要贡献。[19]

然而，我们应该注意到学习者共同体和小组讨论可能有两个潜在的不足（A. L. Brown & Campione，1996；Hyne，1998b)。一方面，学生学到的东西将不可避免地局限于他们自己获得的和与他人分享的知识。另一方面，学生可能偶尔将他们的错误概念传递给他们的同学。那么，很明显，当我们进行课堂讨论或将我们的课堂组建成学习者共同体时，我们必须仔细监控学生互动以确保学生最终获得对他们正在学习的主题的透彻而准确的理解。

## 概念转变的挑战

257

如果学生没有获得准确理解，我们可能需要采取积极措施鼓励概念转变。概念转变是指以一种新的、不一致的信息能被更好理解和解释的方式对现有的信念或理论进行重大修改的过程。不要让术语概念误导你：在很大程度上，我们在谈论的不是关于改变具体的、孤立的概念，而是改变对各种概念和观念如何相互联系的理解。

教师经常在课堂上呈现新信息，并期望新信息替代学生关于某个主题的错误信念。然而，所有年龄的学生可能都持有关于这个世界的十分顽固的错误概念，即使在经过明显与这些错误概念相矛盾的大量教学之后。理论家已经就为什么学生的错误概念如此能抗拒改变提供了几种可能的解释：

- **大多数儿童和青少年有一种证实偏见。**所有年龄的学习者（甚至大学生）往往寻找能够证实他们现有信念的信息，而忽略或不相信矛盾的事实，这种现象被称为证实偏见（e. g，De Lisi & Golbeck，1999；Hynd，1998b；P. K. Murphy & Mason，2006)。例如，学生在高中科学实验室观察到与他们期望发生的事情相反的结果，他们可能抱怨他们的仪器没有好好工作或者同班同学没有安排好时间（Hynd，1998a；Minstrell & Stimpson，1996)。你可能会看到在第一章提到的"钟摆问题"中的证实偏见。即使四名7年级学生在钟摆的实验中同时变化重量和长度（要得出清晰的结论变得不可能)，至少他们中的两个将他们的结果解释成与他们已经相信的一致：重量影响钟摆的摆动速率。

- **学生的错误概念可能与他们的日常经验一致。**可行的科学理论经常是抽象的，可能看起来与日常现实矛盾（P. A. Alexander，1997；R. Driver et al.，1994；M. C. Linn et al.，1996)。例如，虽然惯性定律告诉我们力是让一个物体开始运动而不是保持运动所必需的，但我们从经验知道，如果我们想要移动一个在地板上沉重的物体，我们必须持续推动它，直到它到达我们想要它到达的地方（R. Driver et al.，1994）。

- **有些信念被融合成一个有内聚力的理论，在各种观念之间存在许多相互关系。**在这种情况下，改变错误概念包括改变一个有组织的知识和信念体系，而不是一个单一的信念（Derry，1996；Sinatra & Pintrich，2003a；C. L. Smith，Maclin，Grosslight & Davis，1997）。例如，太阳围绕地球转的错误概念可能是事物的更加一般的地球中心说的一部分，这些事物可能包括月亮、星星和其他围绕地球转的天体。当然，实际上月亮绕着地球转，地球绕着太阳转，而其他星球没有以某种方式直接涉及地球。但是地球中心说是更容易被理解和接受的一种观点（至少表面上如此）。

- **学生可能没有注意到信息和他们已有信念之间的不一致。**这种情况有时会发生，是因为学生用一种机械的方式学习新信息，没有将其与他们已经知道和相信的事物联系起来。这种情况也会在另外一些情形中出现，因为现有错误概念以内隐知识（学生没有意识到的知识）的形式出现。在两种情况下，学生没有意识到他们学会的新事物与他们相信的东西矛盾，而且他们可能会继续使用他们的错误概念解释新的情境（Chambliss，1994；Hynd，2003；Keil & Silberstein，1996；Strike & Posner，1992）。

- **学生对他们现有的信念有个人和情感投入。**因为某种原因，学生可能对某种信念非常忠诚，可能坚持认为："这个理论就是我相信的！没有人能让我改变它！"（Mason，2003，p. 228）。在有些情况下他们的信念可能是他们的文化或宗教世界观的一个不可分割的部分（Mosborg，2002；Porat，2004；Southerland & Sinatra，2003）。在另一些情况下学生可能将那些与他们的现有理解矛盾的信息解释为对他们自尊的一种威胁（Linnenbrink & Pintrich，2003；Minstrell & Stimpson，1996；Sherman & Cohen，2002）。

258

## 促进概念转变

因为刚刚提到的诸多原因，促进概念转变可能是一项十分有挑战性的工作。我们不仅必须帮助学生学习新事物，还必须帮助他们不学习，或者至少抑制他们的现有信念（Hynd，2003）。

在表 7—1 的最右边一栏，我提供了一些解决大量一般错误概念的建议。下面是一些更一般的似乎有作用的策略。我们可能经常需要使用多种方法的结合，尤其是当学生的起反作用的信念是更加一般的理论或世界观的一个不可或缺的部分时。

- **在教学开始前识别现有的错误概念。**作为教师，当我们知道学生的错误概念是什么时，我们就可能更容易改变学生的错误概念（Putnam，1992；Roth & Anderson，1988）。因而，我们应该在开始任何一个新的主题前评估学生关于那个主题的现有信念，可能只是简单地问几个非正式问题，如果学生的解释不清楚，则进一步探查。下面的对话描述了持续的提问可能揭示的信念类型：

> 成人：雨是什么？
> 儿童：它是云蒸发时从云上落下来的水。
> 成人：你的意思是什么，"云蒸发"？
> 儿童：我的意思是水往上走到空气中，然后它变成云，然后，当它变得太重

时，那么水就产生了，人们叫它雨。

成人：水待在空中吗？

儿童：是的，然后当下雨的时候，它就落下来。它变得太重。

成人：它为什么变得太重？

儿童：因为有太多的水上到那儿。

成人：为什么下雨？

儿童：因为水太重，然后它就落下来。

成人：为什么不是整个事物都落下来？

儿童：嗯，因为当你把它弄翻的时候，它像盐瓶一样以很少次数落下来。它不会马上一次全部落下来，因为洞很少，它刚够出来。

成人：什么是空中的很少的洞？

儿童：嗯，云中的洞，让水出来。(Stepans，1991，p. 94)

把云看作盐瓶的概念与雨的科学观点几乎没有一致性，在教学中肯定应该被改变。

非正式预评估在你教学的头几年将尤其重要。随着你年复一年获得教特定主题的经验，你可能最终发现你能够预见学生关于某个主题的现有信念和错误信念。

• **寻找和巩固学生现有概念中的正确部分的核心。**学生的现有理解常常有部分正确部分错误的特点（diSessa，1996，2006）。例如，在前面关于雨的问答部分，儿童正确地理解：(1) 云有水，(2) 蒸发作用包括在水循环中，(3) 雨是水太重而不能悬浮在空中的结果。这种知识为进一步教学提供了好的起点。例如，解释在水循环中蒸发作用发生在何处（即云的形成），云实际上是水而不是像混合器一样的水容器。

• **使学生确信他们的现有信念需要修正。**当我们指出新信息是如何与他们现在相信的内容矛盾时，以及当我们证明为什么他们的现有概念是不合适的时，我们可以更有效地促进概念转变。用皮亚杰的术语，我们需要创造不平衡，有如下这些策略可以使用：

- 问一些引导学生发现他们现有信念弱点的问题。
- 呈现学生用他们现有理解不能合理解释的现象。
- 让学生做实验检验各种假设和预测。
- 要学生为迷惑不解的现象提供几种解释，并讨论每一种解释的利弊。
- 展示对一个事件或一种想象的一种解释比其他的更可靠（即更有意义）。
- 让学生将新观念应用到现实情境和问题。（Chinn & Brewer，1993；Chinn & *259*
Malhotra，2002；Howe，Tolmie，Greer & Mackenzie，1995；P. K. Murphy & Mason，2006；Pine & Messer，2000；Posner，Strike，Hewson & Gertzog，1982；K. J. Roth，2002；Sinatra & Pintrich，2003a；Slusher & Anderson，1996）

这些策略可能包含各种教学方法，包括展示、动手实验、教师解释，以及小组或全班讨论。在“空气的性质”一课中，1 年级教师使用几种策略——探测学生的现有信念、要儿童进行预测、呈现部分儿童解释起来感到困难的现象——用一种非常具体的方式教给学生：空气是一种物质而且占据空间。

一般来说，只有当学生尽力在新的和旧的信息之间建立联系，换句话说，如果他们进行有意义学习，他们才会注意到在新信息和他们的现有信念之间的不一致。促进这种新旧联系的策略是要学生反思和描述他们关于一个主题的信念如何因为教学而改变(Roth，2002)。

• **激发学生学习正确的解释。**当学生被激励时，他们最有可能进行有意义学习并经历概念转变（Pintrich，Marx & Boyle，1993；Sinatra & Pintrich，2003a）。在最低限度，他们必须对学科主题感兴趣，将之看作有用的，能帮助他们达到他们的个人目标，设定自己的掌握目标，并有足够的自信相信他们能够掌握它（Andre & Windschitl，2003；Hynd，2003；Pintrich et al.，1993）。（当我们在第 11 章和第 12 章讨论动机时，会确定完成这些事情的策略。）

• **当指出学生推理或信念中的错误或弱点时，保护他们的自尊。**理想地说，课堂应该为概念转变提供社会的和情绪的支持（Hatano & Inagaki，2003；Minstrell & Stimpson，1996；Sherman & Cohen，2002）。例如，学生必须感到有信心，相信他们的老师和同学不会因为表达有逻辑但不正确的观点而取笑他，相信一节课的最终目标是理解主题而不只是在小测验或作业上表现好。[20]

• **监控学生为稳固的错误概念所说所写的东西。**尽管我们尽了最大的努力，有些错误概念以及部分但不是全部正确的理解可能仍然不会改变。那么，我们应该在整节课经常检查学生关于即将到来的主题的信念，寻找他们的理解不完全准确的细微迹象并给予纠正性反馈。例如，在一节关于视觉、透明度和不透明物体的课上，5 年级老师拉姆齐女士使用一台高架投影仪给学生展示一个女孩挨着房子站着的照片，房子有一面八英尺的墙，位于她和家庭汽车之间。下面的讨论接着产生了：

拉姆齐女士：女孩为什么不能看到墙的周围？

安妮：女孩看不见墙的四周，因为墙是不透明的。

拉姆齐女士：你说墙是不透明的，你的意思是什么？

安妮：你不能看透它，因为它是固体。

布莱恩：（大声叫唤）光线是不能穿透墙壁的。

拉姆齐女士：这个答案更好。为什么它更好？

布莱恩：光线从汽车反射回来到达墙壁。他们不能穿透墙。

拉姆齐女士：光线最初来自哪里？

学生：太阳。

安妮：女孩看不到汽车，是因为她离汽车不够远。

拉姆齐女士：因此你认为她的位置是阻止她看到汽车的原因。（她翻开遮挡答案的东西）谁的答案更好？

学生：布莱恩。

拉姆齐女士：（对安妮）如果她移动离开墙，能看到汽车吗？

安妮：可以。

拉姆齐女士：为什么？

260 安妮：墙挡住了她的视线。

拉姆齐女士：它是挡住她的视线吗？它挡住了什么？

学生：光线。

拉姆齐女士：光线在做什么？

安妮：如果女孩移动离开墙，那么从汽车反射过来的光线就不会被挡住。（K. J. Roth & Anderson，1988，pp. 129－130）

注意拉姆齐女士对安妮一开始认为墙是不透明的答案不满意。通过进一步提问，发现安妮对不透明的理解偏离了目标：她谈到女孩不能“看透”墙，而不是光线不能穿过墙。随着拉姆齐女士对精确语言的持续坚持，安妮最终开始将光线用于她的解释（Roth & Anderson，1988）。

在课后评估学生的理解也很重要。当我们要学生解释和应用他们所学，而不是仅仅回忆记住的事实、定义和公式时，我们更有可能侦测和纠正错误概念（正如拉姆齐女士在前面的课堂讨论中所做的）（Pine & Messer，2000；K. J. Roth，1990；K. J. Roth & Anderson，1988）。例如，如果我想要学生在社会研究课上理解争论的双方都有有效的和有说服力的观点，而不是相信争论是好的一方对坏的一方，我们可以要学生进行辩论，在辩论中他们必须令人心悦诚服地呈现一种与他们自己的信念相反的观点。

正如你所见，各种策略有助于引导学生朝向概念转变。但是最终，学生自己控制认知过程，使他们能够理解新观点的意义，并获得更准确的理解。他们指导他们自己的学习努力以及理解学习某些东西实际上意味着什么的熟练程度，是他们修正自己关于课堂主题的思维能力中的关键成分。我们将在第8章关于元认知和第10章关于自我调节学习的讨论中更多地考虑这些问题。

## 建构过程的多样性

我们已经探索了学生不可避免地用独特的、特殊的方式来解释课堂主题的许多理由。不同的学生有不同的知识基础，包括不同的概念、图式、脚本、理论和世界观，他们会使用这些知识来理解新的情境。当你完成“鬼之战”练习时，可能首先发现了这条原则。也考虑一下开头的案例，当瑞塔解释新世界的事件时，她怎样关注欧洲定居者正在做什么。相反，美国土著学生可能从土地被自私自利的外国人占领直至最后被夺走的那些人的观点来看这段时期。学生对密歇根的事件的这样一种描述可能反映了入侵而不是定居的主题（Banks，1991）。

在有些情况下，学科主题可能与学生的大多数核心信念矛盾，甚至最终与他们作为个体是谁的本质相矛盾（O. Lee，1999；Porat，2004；Southerland & Sinatra，2003）。例如，其文化将自然事件（如“飓风”）归因于超自然原因的学生可能在进行更加具体的、“尘世的”解释上有困难。另外，强烈相信人类神创观点的学生可能容易摒弃人种是从更加原始的物种进化而来的观点。其文化将某些历史上的战争看作包括了好人战胜坏人的学生可能不重视更加平衡的观点。在这种情况下，更有可能达到的目标可能是帮助学生理解（而不是接受）学者的解释和一系列推理（Southerland & Sinatra，2003）。

当我们帮助学生建构对他们周围世界有意义的理解时，我们可以通过促进他们对相同情境的多重建构增强他们的多文化意识。例如，我们可以从两个不同角度呈现17世纪和18世纪西方移民穿过北美：欧洲定居者的角度和已经居住在大陆的土著美国人的角度。一个简单方法是指出迁移的人们是指在大多数美国历史书中的先驱或定居者，但也可能取而代之被土著美国人称为外国人或入侵者（Banks，1991）。最终，我们必须帮 261

助学生理解人类知识的复杂特点，并且意识到对任何一个事件都可能有几种可能的解释这一事实。

当我们的学生来自不同的人群时，学习者共同体可能尤其有益（Garcia，1994；Ladson-Billings，1995）。这样一个共同体珍视所有学生的贡献，利用每个学生的个人背景、文化视角以及独特能力来提高班级的总体成就。共同体也提供一个背景，学生在其中可以建立跨种族、性别、社会经济地位和障碍的友谊。正如在第 3 章和第 4 章提到的那样，这种友谊对学生的社会性发展和多元文化理解是至关重要的。

## 适应有特殊需要的学生

我们经常在有特殊教育需要的学生身上看到建构过程多样性的证据。例如，有学习障碍的学生可能从他们听到和看到的故事中建构不合适的意义（Pressley，1995；J. P. Williams，1991）。情绪和行为失调的学生可能对社交情境建构起反作用的解释，例如，他们可能将一个单纯的手势看作攻击的动作，或当别人无意时却听到侮辱的话。[21]表 7—2 呈现了研究者在有特殊需要的学生的建构过程中发现的一些模式。此表还呈现了帮助这些学生从学科和社会情境中获得适当意义的一些建议。

**表 7—2　在全纳环境中的学生——有特殊教育需要学生的知识建构**

| 类别 | 可能观察到的特征 | 建议的课堂策略 |
|---|---|---|
| 有认知或学业困难的学生 | • 在学生的知识基础中可能存在缺口，这可能限制他们对一些课堂主题的意义理解。<br>• 对散文的解释偶尔不同寻常或不合适。<br>• 偶尔误解社交情境。 | • 判断学生关于一个新主题的先前知识，提醒他们回忆他们已经知道的内容。<br>• 监控学生对散文的理解，纠正错误理解。<br>• 鼓励对他人行为的其他解释。 |
| 有社会或行为问题的学生 | • 经常误解社交情境。<br>• 对听到和读到的事物大体上进行字面理解（对有自闭症的学生来说）。 | • 鼓励对他人行为进行其他解释，基于对既定情境的最合理解释识别行为的适当过程。<br>• 监控学生对隐含意义、比喻语言以及类似情况的理解。 |
| 认知和社会功能普遍滞后的学生 | • 更小的知识基础可供抽取。<br>• 当信息模棱两可或不完全时，建构准确的解释有困难。 | • 假定关于主题的先前知识如果有的话，也很少，除非你有反面的证据；提醒学生回忆关于某个主题他们确实知道的内容。<br>• 呈现信息并使之清晰、无歧义。 |
| 有身体障碍或感知困难的学生 | • 因为很少有机会与外部世界交往，只有有限的知识基础供学生用来将新信息与之联系。 | • 提供学生理解课堂主题所需要的背景经验（如实地考察）。 |
| 认知发展超前的学生 | • 更大的知识基础可供抽取。<br>• 快速的概念学习。<br>• 对课堂内容更好的概念理解（如，更好地理解因果关系）。<br>• 更好地进行推论的能力。 | • 布置挑战性任务，使学生发展和使用他们对主题的高级理解。<br>• 问一些激发思维的问题以鼓励他们进行推论。 |

资料来源：Butterfield & Ferretti，1987；Graham & Hudley，1994；Hughes，1988；Klin，Volkmar & Sparrow，2000；Lochman & Dodge，1994；Patton et al.，1996；Piirto，1999；Pressley，1995；Schumaker & Hazel，1984；Turnbull et al.，2007；Williams，1991。

262

## 概　览

通过正式的课堂评估和许多非正式的校外学习经验，学生不断增加和修改他们对物理世界和社会世界的理解。在某种程度上，这种知识建构是一项个体的事业，因为学生必须最终创造他们自己关于物理和社会现象的观点。然而，学生的知识和信念也在很大程度上被他们的社会和文化环境所塑造。例如，学生利用前人已经发展的解释——可能是各学科的概念和理论或者他们当地社区的民间智慧——帮助他们理解现在的情境和事件。他们也与父母和教师合作更好地理解一些令人迷惑的现象。而且他们经常与他们的同龄伙伴合作，进行讨论和尝试理解课堂主题和非学校主题的意义。

不管学生是在何种程度上自己独立还是在他人的帮助下获得他们的理解，他们都在某种程度上建构对他们在课堂内外遇到的观点和事件的独特解释。在有些情况下，他们的不同理解可能同样有效和合适。但在另外一些情况下，某些信念可能妨碍学生的长期学业和社交成功，例如，相信地球是平的、机械学习比有意义学习更有效、或者一个同班同学是想打架。作为教师，我们必须帮助我们的学生以长远来说有建设性的方式解释他们周围的世界。

### 资格考试练习：视觉单元

科恩托斯女士正在教 5 年级的学生关于人类视觉的单元。她给学生展示一张人眼各部分的图：晶状体、角膜、视网膜等。然后她解释人们能看见物体是因为来自太阳或其他光源的光从那些物体反射并进入他们的眼睛。为了说明这一观点，她给他们展示图 A。

A

“你们都理解眼睛是怎么工作的吗?”她问道。学生点头示意他们知道。

第二天科恩托斯女士给他的学生展示图 B。

她要他们在图上标示光线是怎样旅行以至儿童怎样能看到树。一半多的学生画出的线就像图 C 显示的那样。

B

**1. 反应建构问题**

◆ 很明显，科恩托斯女士的大多数学生没有学会她认为她已经教给他们的关于人类视觉的内容。

A. 解释为什么许多学生相信科恩托斯女士已经教给他们的观点的反面。将你的反应建立在当代学习和认知的理论和原理之上。

B. 描述两种你可以改进这堂课以帮助学生获得对人类视觉更准确理解的方法。将你的反应建立在当代学习和认知的理论和原理之上。

263

**2. 多项选择问题：**

◆ 许多小学儿童认为人类视觉以科恩托斯女士的 5 年级学生所认为的方式发挥作用，也就是说，一个从眼睛开始，向外到达被看到物体的过程。当学生修改他们的思考，与被普遍接受的科学解释更一致的时候，我们就说他们

C

a. 正在获得一个新的脚本。

b. 修正他们的世界观。

c. 经历概念转变。

d. 获得程序性知识。

案例来自 J. F. Eaton 等人 1984 年的一个研究。

## 注 释

1. 关于组织、精制加工、视觉想象（见第 6 章）等存储过程的观点有个体建构主义的要素，皮亚杰的认知发展理论和关于语言发展的许多解释也如此（见第 2 章）。

2. 例如，见第 2 章中介学习的讨论。

3. 这个概念可能使你想起第 5 章讨论的分布智力的概念，实际上也与分布智力的概念重叠。

4. 他们可能也内化争论过程、获得从多个角度看一个单一问题的能力（见第 2 章对维果斯基理论的讨论）。

5. 这一观点是指更加复杂的认识论信念的获得，这是在第 8 章涉及的一个主题。

6. 如果你已经阅读了第 2 章关于维果斯基理论的讨论，你应该能回忆起概念是有助于儿童更有效地进行思考和行动的重要认知工具。

7. 在它的最简单的形式中，概念层级包括了在第 2 章中讨论过的类包含。

8. 不同的理论家关于图式这一术语有稍微不同的见解（而且许多人可能在使用这一术语时十分含糊）。有些理论家将这一术语粗略地等同于概念加以使用。

9. 例如，回忆第 3 章我们关于心理理论的讨论。

10. 你可以在第 4 章关于文化和种族差异的讨论中找到文化怎样影响世界观的具体例子。

11. 关于心理现象的普遍错误概念，例如，关于思考和学习的本质，呈现在第 8 章关于元认知的讨论中。

12. 在第 13 章关于发现学习的讨论会提供关于哪些最可能有效的活动类型。

13. 这位教师关于《红字》的课程的更多内容出现在第 3 章末尾教师资格考试的练习中。

14. 假使你对怎样除以一个分数的记忆荒疏了，你能够通过倒转分数并相乘解决这一问题，正如：$20\times4/3=80/3=26\frac{2}{3}$。这样，妈妈可以做 26 个苹果馅饼，并剩下足够苹果做另一个馅饼的 2/3。如果她需要 3/4 个苹果做另一个完整的馅饼，她已经有了 2/3 个，那么她剩下 $2/3\times4/3=1/2$，或者半个苹果。

15. 第 13 章呈现了许多通过课堂讨论、交互教学、计算机技术以及合作学习活动促进学生对话的具体策略。

16. 因为这个原因，真实性活动可能对

有风险的学生尤其重要（见第4章）。

17. 来自儿童和学校变革（Kids and School Reform by P. A. Wasley，R. L. Hample & R. W. Clark，1997，San Francisco：Jossey-Bass. Copyright 1997 by Jossey-Bass. Reprinted with the permission of John Wiley & Sons，Inc. ）。

18. 这种方法解释了拼版技术，在第13章中有相关描述。

19. 在第14章我们将确定建立集体感的一些其他方法。

20. 这里我们是在区分掌握目标（理解一个主题）和成绩目标（获得一个好分数）。我们将在第12章探讨这种区分。

21. 关于这一观点的更多内容，参见第3章关于敌对性归因偏差的讨论。

265

# 第8章

# 高级认知过程

**本章内容要目：**



在第 6 章和第 7 章，我们的注意力主要放在低级认知过程，也就是人们经常用来学习和记忆日常信息和学科内容的方法。本章我们将讨论高级认知过程，即人们对他们正在学习的内容做一些相当复杂的事情的认知过程，可能包括主动学习它、将之应用到一个新情境或问题、用它创造一个新产品，或者对它进行批判性评价。

掌握基本事实和技能当然重要。但如果学生不能对他们正在学习的内容做点什么，他们将收获甚少。理想的课堂是经常鼓励学生既进行低级过程也进行高级过程的课堂（e. g.，L. W. Anderson et al.，2001；N. S. Cole，1990）。当我们在后面讨论高级认知过程时，我们将探讨以下问题：

- 学生理解和控制他们自己的认知过程到何种程度？你会如何促进这种元认知的发展？
- 为了提高学生的学习和课堂成绩，你会教给他们什么样的具体学习策略？
- 什么样的教学实践在帮助学生应用——也就是迁移——他们已学的内容到新情境中特别有效？
- 有效的问题解决包括什么样的认知过程？你怎样帮助学生更成功地解决问题？
- 你会怎样培养课堂上的创造力？
- 批判性思维需要什么过程，你会如何促进这些过程？

当我们探讨这些问题时，我希望你不仅考虑你会怎样应用本章内容去帮助你未来的学生学习和取得高水平成就，也要考虑你自己作为一名学生，会怎样学习和获得更大的成功。

**个案研究：接管数学**

在三月，一名 9 年级数学老师休产假，代课老师冈特女士在学年剩余的时间里接管她的班级。冈特女士面临很大的挑战。根据曼彻斯特州的标准，学生要掌握许多数学概念和程序，包括学会指数和无理数、画线性方程、应用勾股定理。但是许多学生还没有掌握更基本的概念和运算。有些学生认为任何小于 1 的正数（如小数 0.15）是一个负数。有些学生不了解百分数。有些学生不会做长除法。还有几个学生甚至没有学会 6×3=18 和 7×8=56 这样的数字事实。

当冈特女士开始与学生们一起工作时，她发现他们不仅在基本的数学知识方面缺乏牢固的基础，而且他们有一些妨碍自身进步的信念和态度。许多学生认为老师的工作就是以他们能立即明白并将永远记住的方式呈现材料。因而，当冈特女士解释时，他们既不努力理解材料，也不做笔记。实际上，有几个学生坚持在课堂时间对他们进行个别辅导。有一次，当冈特女士站在詹森的课桌边讲解一个程序时，她要坐在詹森旁边的马克观察她正在做什么，并认真听她讲的内容。“我不需要。”马 266
克答道，“在你给詹森解释之后，你可以来给我解释。”

另一方面的担忧是大多数学生只对尽可能快地获得正确答案感兴趣这一事实。他们依靠计算器为他们进行数学思考，当冈特女士坚持让他们用纸笔而不是计算器解决问题时，他们抱怨不已。学生们很少检查他们的解答是否符合逻辑。作为一个例子，下面是他们的问题之一：

路易斯一分钟可以打 35 个字。他需要打出他的英语作文的定稿，作文有4 200个字。路易斯需要多长时间打他的作文？

一个学生提交的答案是147 000分钟，连续不断地打 100 多天，他丝毫不考虑答案的合理性（实际上打作文要花路易斯两个小时）。

到四月中旬，随着州数学能力测验的日益临近，冈特女士开始加快课程进度以便她能在学年末教完规定的 9 年级数学课程。“如果学生没有接触要求掌握的一些概念和程序，他们不可能考好”，她说，“此时掌握是不太可能了，但是我应该至少呈现学生需要知道的内容。这可能会帮助几个学生做出部分测验题目。”

✧ 为什么学生在掌握曼彻斯特州认为是 9 年级数学课程的内容上有困难？你能识别出至少 3 个不同的明显妨碍学生学习的因素吗？

## 元认知和学习策略

妨碍学生学习的一个因素当然是他们缺乏必要的知识和技能。大部分数学的复杂概念和程序建立在更简单更基础的概念和程序之上，而有些学生几乎没有什么知识可供依赖。少许学生还没有掌握基本的数字事实，更不用说达到自动化。结果，即使相当简单的应用题也可能超出他们的工作记忆容量。

然而，学生关于学习和问题解决的信念也在起作用。学生认为如果老师做好了她的工作，学习应该来得迅速、容易。他们似乎没有领会到理解课堂内容是一个需要很多努力的建构过程，以及某些策略（记笔记）可以促进他们的学习。而且他们将数学问题解决看作一个快速的、不用思考的事情，只要把数字键入计算器，写下结果，而不是需要逻辑推理和频繁自我检查的一步一步的过程。

这种信念是元认知的一个方面。元认知的字面意思是“对思考的思考”。元认知包括学习者对他们自己的认知过程，对要学习的内容的理解和信念，也包括对他们有意识地尝试将会提高他们的学习和记忆的行为和思维过程的理解和信念。例如，元认知包括以下内容：

✧ 反思思维、学习和知识的一般特征。

✧ 知道自己的学习和记忆能力的不足。

267 ✧ 知道什么学习任务在一定时间期限内能被完成。

✧ 计划完成学习任务的合理方法。

✧ 知道和应用有效的策略学习和记忆新材料。

✧ 监控自己的知识和理解。例如，一个人能够意识到自己有或没有成功学会某些内容。[1]

举例来说，到现在你毫无疑问已经认识到你只能以一定的速度获得一定数量信息，你不可能在一个小时吸收整本书的内容。你也发现如果你将它放到某个有组织的框架中，你能够更快地学习信息和更容易地回忆它。可能你已经记住了第1章的一个建议：定期检查，以保证你记住和理解自己读过的东西。总的来说，你在元认知上意识到你可以做一些事情以便更有效地学会新信息。

学习者对思考和学习知道得更多，也就是说，他们的元认知意识更强，他们的学习和成就将更好（Hofer & Pintrich，2002；Perkins，1995；Schneider & Lockl，2002）。而且，对学习和思考有更好理解的学生更可能经历概念转变（Sinatra & Pintrich，2003a）。

在小学低年级，儿童对他们自己的思维只有模糊的意识，而且往往对他们能记住多少很乐观。随着年龄增长，儿童变得越来越内省。在下面的反思中，9岁的伊蒙对他怎样学习科学中的新观点有异乎寻常的洞察力：

> 我尽力寻找一个适合点。如果它与任何……我头脑中有的任何观点不一致，我会暂时将它放在一边，等待其他观点的出现，以便我可以设法使它们一起与我的观点一致。可能它们会与我的观点一致，然后另一个观点会出现，我可以将它与那个观点以及我的理解继续扩大。（M. G.. Hennessey，2003，p. 123）

当儿童获得各种学习任务的经验，他们发现有些东西比另外一些更难学习，而且，一般来说，他们不可能记住他们看到或听到的每一件事情（Bjorklund & Green，1992；Flavell et al.，2002；Schneider & Lockl，2002）。

让我们考虑针对小学儿童的一个经典的早期实验（Flavell，Friedrichs & Hoyt，1970）。向四个年龄组（从学前到4年级）的儿童呈现画有1～10个物体的纸，要儿童预测他们在很短的时间内能记住多少个物体。每个年龄组的平均预测数和不同组实际记住的物体的平均数如下：

| 年龄组 | 预测数 | 实际数 |
|---|---|---|
| 幼儿园儿童 | 7.2 | 3.5 |
| 学前儿童 | 8.0 | 3.6 |
| 2 年级儿童 | 6.0 | 4.4 |
| 4 年级儿童 | 6.1 | 5.5 |

注意所有四个年龄组预测他们将记住的比他们实际能够记住的更多。但是年龄大的儿童对于他们的记忆的局限有更好的认识。学前儿童预测他们将记住 8 个物体，但实际上他们记住的少于 4 个！

表 8—1 总结了在不同年级水平的学生的元认知的典型特点。

**表 8—1　　发展趋势——不同年级水平的元认知** 268

| 年级水平 | 年龄相关典型信念的例子 | 建议策略 |
|---|---|---|
| K～2 | • 以简单方式意识到自己和他人的思维；反思自己思维过程的具体特点的有限能力。<br>• 过高估计已经学习的内容和有多少在将来能被记住的。<br>• 相信学习是一项比较被动的活动。<br>• 相信关于任何主题的绝对真理就在某个地方，可能是在权威人物的头脑中。 | • 经常谈论思考过程（如，“我想知道……”“你记得当……”）。<br>• 为学生提供对记忆进行实验的机会（如，玩“我将进行一次旅行，并且将打包__。”每个学生重复前面提到的项目，然后增加一个新的项目到表中）。<br>• 介绍简单的学习策略（例如，复述拼写单词、重复练习动作技能）。 |
| 3～5 | • 反思自己思维过程特点的能力日益增强。<br>• 对记忆容量的估计有点过高。<br>• 意识到学习是一个主动的、建构的过程以及人们可能会错误解释他们观察到的东西的能力出现。<br>• 继续相信绝对真理就在某个地方，或者已经被专家获知，或者等着被发现。 | • 提供简单的技术（如自我提问）使学生能够监控学习过程。<br>• 通过亲身参与活动和实验检验科学现象；让学生对将要发生的事情进行预测，并就对于他们所观察的事物的竞争性解释进行辩论。 |
| 6～8 | • 使用学习策略（如复述、组织）的灵活性逐渐增加。<br>• 很少的、相对无效的学习策略（如，较差的记笔记技能、很少或没有理解监控）。<br>• 认为关于一个主题的知识主要是由孤立的事实构成的。<br>• 逐渐意识到知识可能是主观的，以及相互冲突的观点可能各有一定程度的合理性（如，谚语“每个人都有发言权”）。 | • 在各学科领域的情境中教授和示范有效的策略。<br>• 为学生的学习努力提供支持（如，提供一个做笔记的结构、给学生一些问题在他们学习时回答）。<br>• 为结构化小组学习提供课内时间（见后面对有意精细加工的讨论）。<br>• 介绍有关一个主题的多种观点（如，问学生克里斯托弗·哥伦布是一位探寻新知识的勇敢的科学家还是一位寻找个人财富的创业者）。 |

续前表

| 年级水平 | 年龄相关典型信念的例子 | 建议策略 |
|---|---|---|
| 9～12 | • 关于在不同情境中哪些认知策略是有效的知识在增长但不完整。<br>• 有些学生持续使用复述。<br>• 越来越认识到知识包括理解观点间的相互关系。<br>• 逐渐认识到掌握一个主题或一项技能需要时间和练习（而不是作为先天能力的结果突然发生）。<br>• 出现了对冲突观点应该基于证据和逻辑来进行评价的理解（小部分少数民族高中生的特征）。 | • 继续教授和示范有效的学习策略。<br>• 设计强调理解、整合和应用，而不是回忆孤立事实的课堂评估。<br>• 将各学科领域作为随着新的发现和理论而不断发展的动态实体来呈现。<br>• 让学生应用客观标准（如，确凿的证据、逻辑推理过程）去衡量各种解释的利弊。 |

资料来源：Andre & Windschitl，2003；Astington & Pelletier，1996；Barnett，2001；Chandler，Hallett & Sokol，2002；Elder，2002；Flavell et al，1970；Flavell et al.，2002；Haerle，2004；Hatano & Inagaki，2003；P. M. King & Kitchener，2002；Kuhn，Garcia-Mila，Zohar & Andersen，1995；Kuhn & Weinstock，2002；Lovett & Flavell，1990；Markman，1977；Perkins & Ritchhart，2004；Schommer，1994a，1997；Short，Schatschneider & Friebert，1993；Thomas，1993a；Wellman，1985，1990。

## 有效的学习策略

我们的许多讨论大多集中于关于思维和学习的知识和信念。但元认知还包括在某种
269 程度上控制思维和学习。这部分归因于大脑的成熟变化，儿童和青少年逐渐变得更能控制和指导他们在努力学习某些新东西时的认知过程（Eigsti et al.，2006；Kuhn & Franklin，2006）。当学习者有意使用某种方法学习和理解某些东西时，他们是在使用学习策略。

在第6章，我们确定了几个长时记忆存储过程：复述、意义学习、组织、精制和视觉想象。随着儿童长大，他们逐渐发现这些过程的好处，并更频繁地使用它们（见图6—3）。儿童也逐渐获得另外的策略。例如，考虑下面这个简单观点：当你没有学会你第一次尝试的某事物时，你需要再次学习它。这是8岁儿童会使用，但6岁儿童不会使用的一种策略（Masur，McIntyre & Flavell，1973）。随着年龄和经验的增长，儿童也变得更加能意识到哪些策略在不同情境中是有效的（Lovett & Flavell，1990；Schneider & Lockl，2002；Short et al.，1993）。

即便如此，各年龄的许多学生（甚至包括大学生）对有效学习策略似乎知之甚少(Barnett，2001；Pintrich & De Groot，1990；Prawat，1989；Schommer，1994a)。下面的练习中描述的是一名高中学生的元认知反思。

米奇认为当他学习时，他只使用重复（即复述），而且他相信这是最有效的策略（"所有教师的法宝"）。然而，很明显他主要使用这种策略学习历史、外语和科学。对英语（文学），他说他问问题，我们可以合理猜测他的问题反映他试图更好地理解（如，精制加工）他正在阅读的内容。米奇没有意识到他怎样看待数学（"它来得容易"）或写作（"它来得很自然"）。他对数学和写作的熟练意味着他在这些领域有良好的知识基础，因此他能很容易地理解新信息并进行精制加工，从而能够迅速地回忆起他完成数学问题和写作任务所需要的观点和技能。

**解释学生的作品和行为——你做什么……**

在近些年我有时要我的教育心理学课堂的学生就学习策略访谈小学或高中学生。我的一个名叫凯瑟琳·布劳迪赫德的学生报告了一名 16 岁 10 年级高成就学生（我就叫他米奇），他正在修几门有挑战性的课程。当你读下面的对话时，考虑：

- 米奇使用的几种策略以及他使用每一种策略的任务。
- 当米奇学习时，他对他在头脑中所做事情的觉察。

凯瑟琳：当你需要记住一些东西时，你会做什么？

米　奇：我猜就是重复。"重复是所有教师的法宝。"我忘记是谁说的了。

凯瑟琳：你为考试怎样进行学习？当你学习时，你在头脑中都做哪些事情？

米　奇：我为每门课进行不同的学习。我从不对数学进行复习……从来没有，也不会有。它很容易。一旦我第一次学会了，我就知道了。英语（文学）主要是提问。我提的问题越多，我理解得越好。写作来得很自然。历史，嗯，大多数时候是重复。那就是重复产生的地方……历史、外语（拉丁语和西班牙语）和科学。

正如我们在第 6 章发现的那样，复述通常不是学习和记住新信息的最佳方法。真正有效的学习需要对课堂材料进行主动思考和精制加工。研究者已经确定了大量我们将要检验的有效策略。

**识别重要信息**

因为人类的记忆系统没有设定成记住课堂或课本上呈现的每件事，因此当学生学习课堂材料时必须有选择性。他们选择进行学习的事物——是否是主要观点和关键信息，或者相反，是孤立的事实和琐碎的细节——必然影响他们的学习和学校成就（Dee-Lucas & Larkin，1991；Dole et al.，1991；Reynolds & Shirey，1988）。

学生常常在识别一节课或阅读材料中最重要的信息方面有困难。许多学生往往将注意力集中在表面特征上，例如教师写在黑板上的内容或教材作者用斜体或粗体标示的内容（Dee-Lucas & Larkin，1991；Dole et al.，1991；Reynolds & Shirey，1988）。在下面来自我的教育心理学课堂学生进行的访谈摘要中，5 年级的安妮和 8 年级的达蒙展示了他们对于怎样最好地识别重要观点的天真无邪的看法： 270

成人：当你阅读时，你怎么知道什么是重要的内容？

安妮：我的大多数书都有一些单词比其他单词颜色更深。大多时候"词汇"中的单词是重要的。在我的科学书的书页边缘上有一些问题。你能辨别那些内容是重要的，因为它被写了两遍。

成人：当你的老师谈话时，你认为什么是要记住的重要内容？

戴蒙：他们讲话的开始部分或者如果有一个公式或定义。

作为教师，我们可以通过让他们知道我们认为什么是要从讲课和阅读材料中获得的最重要的观点来帮助学生更有效地学习。我们当然可以只告诉他们恰好要学习什么。但是我们也可以通过更加微妙的方式理解同样的信息：

- 提供一节课的目标单。
- 把关键概念和关系写在黑板上。

• 提一些问题让学生将注意力集中在重要观点上。

当将这些提示提供给学生时，学生，尤其是低成就学生，更有可能学会一节课的重要观点（Kiewra，1989；Reynolds & Shirey，1988；Schraw，Wade & Kardash，1993）。当学生变得能够更好地区分重要信息和不重要信息时，我们可以逐步减少指导。

**提取相关的先前知识**

正如在第6章中提到的那样，只有当学生具备与新信息相联系的先前知识，并且当他们知道二者的潜在关系时，他们才会进行有意义学习。虽然我们肯定能让学生想起与他们正在学习的主题相关的先前知识，我们还是必须鼓励他们在学习时主动地提取相关知识。一个办法就是为学生示范这一策略。例如，我们可以大声朗读教材的一部分，偶尔停下来将课文中的观点与以前在课堂上学得的某些东西或与某些我们个人经验中的内容联系起来。然后我们可以鼓励学生这样做，当他们进行学习时给一些建议，指导他们的努力（Spires & Donley，1998）。尤其当在小学与学生一起工作时，我们可能还需要在他们阅读和学习时提供具体的问题提醒学生反思他们的现有知识和信念：

✧ 对于某个主题你已经知道些什么？

✧ 对于某个主题你希望学到什么？

✧ 你认为通过阅读书本学会的东西会改变你关于某个主题已经知道的东西吗？(H. Thompson & Carr，1995，p. 9)

随着时间和练习，学生最终应该在没有或很少需要教师的帮助下形成提取相关先前知识的习惯（Spires & Donley，1998）。

**记笔记**

到学生进入小学高年级或中学时，记笔记的技能开始在课堂成就中起重要作用。一般来说，记笔记更多的学生对课堂主题学习和记得更好（Kiewra，1989）。然而，笔记的质量同样重要。有用的笔记一般反映了一节课或阅读材料的要点（A. L. Brown，
271 Campione & Day，1981；Kiewra，1985；Peverly，Brobst，Graham & Shaw，2003）。好的笔记对那些在当前学习主题上没有什么先前知识的学生似乎尤其重要（Shrager & Mayer，1989）。

尽管记笔记有一些好处，但许多年龄小的青少年很少或不记笔记，除非被特别指导去记（回忆在冈特女士9年级的数学课堂上，学生很少记笔记）。而且他们记的笔记在质量上也参差不齐，下面的练习揭示了这一点。

尤其当学生是第一次学习怎样记课堂笔记时，我们应该告诉他们哪些内容是要包括在内的最重要的，从而为他们的努力提供支持（Pressley，Yokoi，van Meter，Van Etten & Freebern，1997；Yokoi，1997）。一种方法是提供要使用的具体结构，就如芭芭拉在希腊神话单元中做的那样。图8—1中的两个学生没有完全遵循结构（一个忽略要记场景和冲突，两个都没有记解决办法），但是他们至少得到了一些指导，告诉他们在听讲时应该思考的事情。另一种要考虑的策略就是偶尔检查他们的笔记的准确性、合适的重点，并给予建设性反馈，尤其当学生是记笔记的新手时。

**组织信息**

当学生进行有助于他们组织正在学习的内容的活动时，他们学得更有效。一个有用的策略是列提纲，这可能对低成就的学生特别有益（L. Baker，1989；M. A. McDaniel & Einstein，1989；Wade，1992）。另一种方法是画概念地图，一种描述一个单元的概念及概念之间关系的图式（Mintzes，Wandersee & Novak，1997；Novak，1998）。图

8—1 展示的是由两个 5 年级学生在观看澳大利亚的幻灯片之后建构的概念地图。概念用圆表示，概念之间的关系用带有单词或短语的线段表示。右边的概念地图比左边的概念地图显示了概念之间更多的关系，我可以合理推测画出右边概念地图的学生对这一主题学得更有效。 272

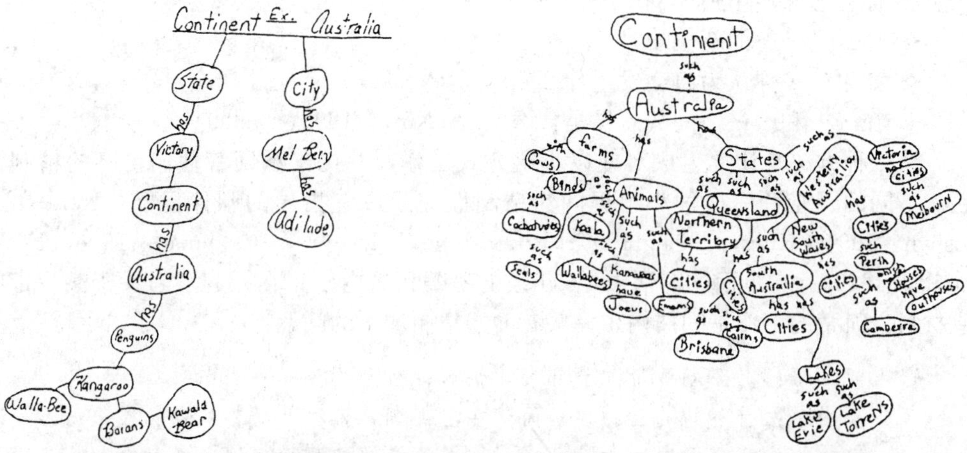


**图 8—1　两个 5 年级学生在观看澳大利亚的幻灯片之后建构的概念地图**

学生从建构他们自己的概念地图中获益颇多。通过集中在关键概念如何相互联系上，学生对材料组织得更好。他们也更有可能注意新概念怎样与他们已经知道的概念相联系；从而，他们更有可能对材料进行有意义学习。而且，当学生对言语材料（如，对演讲或课本）建构概念地图时，他们能对材料进行视觉的和言语的编码。并且，正是画概念地图这一过程可能促进学生对正在学习的内容形成更加完善的观点（Holley & Dansereau，1984；Mintzes et al.，1997；Novak，1998）。学生可能开始意识到学习不仅仅是一个吸收信息的过程，还包括主动在概念间建立联系。（这种意识是认识论信念的一个例子，认识论信念这一概念我们在后面马上就会讨论到。）

概念地图不仅帮助学生，他们也能帮助教师。当我们自己发展一节课的概念地图时，材料的组织结构变得更清楚，给我们提供了一个更好的想法，即怎样将观点按顺序呈现。当我们检查我们的学生建构的概念地图时，他们对主题的理解就如他们关于主题的错误概念一样显而易见（Novak，1998；Novak & Growin，1984；Novak & Musonda，1991）。例如，图 8—1 的两个概念地图揭示了关于澳大利亚的知识的深度和组织的明显差异。而且，左边的概念地图有错误。例如，阿德莱德（Adelaide）不是墨尔本的一部分；它是完全不同的一个城市。如果在此例中关于澳大利亚的地理知识是一个重要的教学目标，那么这个学生显然需要进一步教学去纠正这些错误概念。

**对信息进行有意的精制加工**

作为儿童有意用来帮助他们学习和理解新信息的一种策略，精制加工在发展中出现得较晚，而且在十多岁的阶段逐渐提高（Schneider & Pressley，1989）。然而，即使在高中，也只有高成就的学生经常在阅读和学习时进行精制加工（Barnett，2001；Pressley，1982；F. Wood，Motz & Willoughby，1997）。低成就的高中生在努力记住他们正在学习的内容时，经常依赖比较笨的、表面的策略（如复述）。

我们可以做各种事情教学生——即使小学生——对课堂主题进行精制加工。当我们示范提取相关的先前知识时，我们也可以示范精制加工。例如，我们可以识别有关新概念的一个我们自己的例子，考虑一个新原理的含义等。我们也可以在学生听讲或阅读教材的时候给他们如下一些问题进行思考：

- ✧ 解释为什么……
- ✧ 你将怎样使用……到……
- ✧ 什么是……的新例子?
- ✧ 如果……你认为将会发生什么?
- ✧ 在……和……之间的差异是什么?（A. King，1992，p. 309）

另一种方法是让学生成对或以小组方式工作，并提出和回答他们自己的精制性问题。不同的研究者称这种小组提问为精制性提问或有指导的同伴提问（Kahl & Woloshyn，1994；King，1994，1999；Rosenshine，Meister & Chapman，1996；E. Wood
273 et al.，1999）。在下面的对话中，5 年级的凯蒂和詹内尔正在一起学习关于潮汐带的课堂材料。凯蒂的工作是问詹内尔一些有助于精制加工的问题：

凯　蒂：上部潮汐带和下部潮汐带有什么不同?

詹内尔：有不同的动物在里面。在上部潮汐带和浪溅带的动物能很好地处理暴露（于沙滩的问题）——必须能够使用雨、沙、风和太阳——而且它们不需要那么多水，而下部潮汐带的动物需要。

凯　蒂：因为它们不必撞击石头，因此它们可能更软。

詹内尔：还有捕食者。在浪溅带，因为有像我们人类这样的捕食者和各种各样捕杀动物的工具，因此，它们不会幸存下来，但下部潮汐带没有这么多的食肉动物。

凯　蒂：等一等。为什么在浪溅带的动物必须存活?（A. King，1999，p. 97）

注意两个女孩继续将动物的特征和各种潮带的生存状态联系起来，最终凯蒂问为什么在溅浪带的动物甚至需要存活。这种分析对 5 年级学生来说是非常复杂的。想象抽象思维能力不断提高的高中学生可能会做什么![2]

**创建摘要**

另一种有效的学习策略是对所学材料进行总结（Hidi & Anderson，1986；A. King，1992；Spivey，1997；Wade-Stein & Kintsch，2004）。然而，创建一个好的摘要是一个相当复杂的过程。它至少包括区分重要的和不重要的信息，将细节综合成更一般的观点，确定观念间的重要关系。那么，毫不奇怪，即使许多高中生发展一个好的摘要也存在困难（V. Anderson & Hidi，1988/1999）。

帮助学生获得这一策略的最好方法可能是要他们在常规的基础上总结自己所听和所读的内容。例如，我们可能偶尔布置家庭作业，要学生就教材的一章写一个摘要。或者我们可能要他们进行小组合作学习发展一个简洁的口头报告，报告要对他们所学的关于一个主题的信息进行浓缩。我们应该将摘要作业限制为短小、简洁、组织良好的一段，其中包括学生熟悉的材料；当学生成为更加熟练的总结者时，我们可以分派更多有挑战性的材料（V. Anderson & Hidi，1988/1989）。计算机软件也可用来支持写摘要的过程（e. g.，Wade-Stein & Kintsch，2004）。

**监控理解**

一种特别有效的学习策略是理解监控，这是一个定期检查自己的回忆和理解的过程。你对你自己的理解监控得如何？下面的练习可以帮助你弄清楚。

## 亲身经历·追忆

停下来一会儿，问你自己这个问题：

**我从这本教材此页之前的前 5 页学到了什么？**

在一张便条纸上写下你能回忆出来的内容。

---

现在回过头看看这一页前面的 5 页。你的笔记包括了这些页里涉及的所有要点吗？是否有些东西你认为你理解了但现在意识到你没有？当你的心思在某个完全不同的地方时，是否有些内容你根本没有学习——可能是你正在“读”的某些内容？

成功的学习者不断地监控他们的理解，既在他们学习某些内容时，也在他们学习完之后的某个时候（Dunlosky，Rawson & McDonald，2002；Hacker，Bol，Horgan & Rakow，2000；Weaver & Kelemen，1997）。而且，当他们意识到没有理解时，他们会采取措施调整情境，可能是重读课本的某部分或者是问一个课内的问题。相反，低成就学生很少检查自己，或者当他们没有理解某些内容时很少采取适当行动。例如，差的读者很少重读他们第一次没有完全理解的段落（L. Baker & Brown，1984；Haller，Child & Walberg，1988；Stone，2000）。 274

许多儿童和青少年很少或没有进行理解监控（Dole et al.，1991；Markman，1979；J. W. Thomas，1993a）。当他们没有监控他们的学习和理解时，他们不清楚自己知道什么以及不知道什么，结果，当他们实际上还没有掌握的时候，他们可能认为自己已经掌握了某些内容。虽然这种知道错觉在年幼儿童尤其普遍，但可以在各年龄水平甚至大学生见到（L. Baker，1989；Hacker，1998；Schneider & Lockl，2002）。当纸笔测验在高年级变得很普遍时，知道错觉可能导致学生过高估计他们在这些评估中的表现（e. g.，Hacker et al.，2000）。我自己的学生偶尔到我这里表达由于低分带来的受挫感。“我对材料非常了解！”他们告诉我。但是当我们坐下来开始讨论测验内容时，通常发现他们实际上对一些观点只有模糊的理解，对另一些内容有一些错误的理解。

当然，理解监控并不是一项单独的活动。如果学生在小组里学习，他们可以很容易彼此对他们正在学习的材料进行测验，可以发现在彼此理解中的不足和错误概念（Dunning et al.，2004；Hacker，1998）。然而要成为真正有效的学习者，学生必须最终学会怎样检测自己。一种有效的策略是自我解释，是学生经常地停下来向自己解释正在学习的内容的过程（deLeeuw & Chi，2003）。另一种类似的方法是自我提问，是指学生不时地停下来问自己问题——实际上是对他们从小组学习时间学会的相互提问进行内化（Dunning et al.，2004；Wong，1985）。他们的自我提问当然不仅应该包括简单的、基于事实的问题，也应包括前面提到的精制性问题。

刚刚提到的一些策略，如记笔记、列提纲是我们实际上能看得见的行为。其他的如提取相关的先前知识和监控理解是我们不能看到的内在心理过程。有可能后一套策略——内在心理过程——最终影响学生的学习（Kardash & Amlund，1991）。当我们帮助学生发展学习策略时，我们必须记住只有当行为策略（如记笔记）促进更加有效的认知加工时，它们才在一定程度上有用。

## 影响策略使用的因素

正如我们所见，随着学生成长，他们变得逐渐能够使用有效的学习策略，部分是因为他们能更好地控制他们的认知过程，部分则是因为他们有了一个更大的可以用来建构的知识基础。除了年龄，几个其他因素也影响学生选择和使用各种策略。这些因素反映在下面的原理中：

- **学习策略部分取决于手头的学习任务。**在某些情况下，教师可能布置任务，真正有效的学习策略对这些任务或者有反作用或者不可能起作用。例如，如果我们坚持事实和定义要逐字逐句地学习，可以理解学生将不愿意进行有意义学习和精制加工（J. C. Turner，1995；Van Meter，Yokoi & Pressley，1994）。而且如果我们希望学生为考试掌握大量的内容，他们可能必须将他们有限的时间用于获得每个内容的表面印象，或者学习他们相信能掌握的容易的内容，而不是进行深入理解，并且将学科内容整合成为一个整体（Son & Schwartz，2002；J. W. Thomas，1993b）。

275 - **只有当学生意识到他们先前的策略已经无效，他们才可能获得和使用新的、更有效的策略。**只有当学生在过去的学习任务中经常监控他们的理解，并且已经意识到他们的学习困难时，他们才会得出这样的结论。那么，理解监控不仅仅影响学生对课堂内容的理解，它在其他元认知策略的发展中也起着重要作用（Kuhn et al.，1995；Lodico，Ghatala，Levin，Pressley & Bell，1983；Loranger，1994）。

- **学生对知识和学习特点的信念影响他们的策略选择。**我曾经与我儿子杰夫，一个11年级学生，就当地大学刚刚增加到他们课程表中的加拿大研究计划进行过一次谈话。杰夫的评论解释了对历史是什么的一种过分简单的看法：

> 杰夫：加拿大人没有我们美国人那么多历史。
>
> 我：当然他们有。
>
> 杰夫：没有，他们没有。他们没有那么多的战争。
>
> 我：历史不仅仅是战争。
>
> 杰夫：是，但是材料的其他部分实在是令人厌烦。

一旦杰夫上了大学，他发现历史远远比战争和其他实在“令人厌烦的”东西要多得多。实际上，他主修历史，辅修艺术史。但遗憾的是，他必须等到大学才发现作为一门学科的历史的本质。

学生也有一些关于其他学科的错误概念。例如，在开头的个案研究中，冈特女士的学生认为数学只不过是由一堆获得正确答案的程序的堆集。此外，学生经常持有对学习特征的错误概念。例如，冈特女士的学生认为他们应该能够快速而容易地学会数学概念和程序，不需要或只需要很少的努力，只要他们的老师做好她的工作。

学生关于知识和学习本质的信念被总称为认识论信念。这种信念经常影响学习（Hofer & Pintrich，1997；Purdie，Hattie & Douglas，1996；Schommer，1994b，1997）。例如，当学习者认为学习以全或无的方式发生时（就像冈特女士的学生认为的那样），那么他们倾向于在他们实际学会之前认为他们已经掌握了某些东西。而且，他们往往在面临失败时很快放弃他们正在学习的主题，表现出受挫或讨厌。相反，当学习者认为学习是一个逐渐的过程，常常需要时间和努力，那么当他们学习时就可能使用范围更广的学习策略，并且坚持不懈直至他们理解了材料的意义（D. L. Butler & Winne，

1995；Kardash & Howell，2000；Schommer，1990，1994b）。

另一方面，一些学习者认为当他们读课本时，他们常常是以孤立事实的形式直接从书本上被动地吸收知识到他们的大脑。相反，另一些学习者认为阅读时的学习需要他们通过主动解释、组织、应用信息来建构他们自己的理解。意识到阅读是一个建构的、整合过程的学习者在他们阅读时更有可能进行有意义学习和精致加工，当遇到与他们的现有信念矛盾的观点时经历概念转变（Purdie et al.，1996；Schommer-Aikins，2001；Sinatra & Pintrich，2003）。

认识论信念往往在儿童和青少年期发生变化（Hofer，2004；Kuhn & Park，2005；Schommer，1997）。小学低年级儿童一般相信知识的确定性：他们认为任何一个主题都存在绝对的真理。当他们上高中的时候，一些（但绝不是所有）学生开始意识到知识是一个主观实体，并且关于一个主题的不同观点可能同等有效。一些其他变化也会在高中发生。例如，12 年级的学生比 9 年级的学生更有可能认为知识由复杂的相互关系而不是孤立的事实组成，且学习发生较慢而不是很快。这种发展趋势反映在表 8—1 的部分 276
条目中。

作为教师，我们必须向学生传达关于知识和学习我们自己已经学到了什么（Hofer & Pintrich，1997；P. M. King & Kitchener，2002；Schommer，1994b）：

✧ 知识并不总是意味着对困难的、复杂的问题有清晰的答案。

✧ 知识不仅包括事实、概念和观点，也包括对它们之间关系的理解。

✧ 学习包括主动建构知识，而不只是被动吸收知识。

✧ 掌握大量信息或一项复杂技能有时需要坚持不懈和努力。

在传达这种信息时，不仅要用我们所说，也要用我们所做（如，我们布置什么任务、我们怎样评估学生的学习），从而增加学生应用有效学习策略、批判性地评价课堂内容以及适当的时候进行概念转变的可能性（P. M. King & Kitchener，2002；P. K. Murphy & Mason，2006；Purdie et al.，1996；Sinatra & Pintrich，2003a）。

• **不同的动机和目标要求不同的策略。**动机因素明显影响学生使用有效策略进行学习的程度。有些学生可能对获得一个及格分数比真正掌握课堂材料更感兴趣（P. A. Alexander，Graham & Harris，1998；Nolen，1996；Palmer & Goetz，1988）。另一些学生可能认为有意义学习和其他有效策略需要太多时间和努力，因而不值得。还有一些学生可能对他们的学习能力几乎没有什么信心，以致他们认为不管他们使用什么策略都会做得很差。在第 12 章关于动机之下的认知因素的讨论中，我们将确定许多策略来克服这种阻碍成功学习和成就的障碍。

• **对有效策略的持续教学和指导将促进学习和学业成就。**随着每次向更高教育水平过渡，老师都希望学生学习更多内容，并以更复杂的方式思考它。因而，儿童在小学获得的简单学习策略（如复述）变得越来越无效。然而，常常是教师教授学科内容领域——历史、生物、数学等——却没有教学生怎样学习那些学科内容（Hamman，Berthelot，Saia & Crowley，2000；Pressley et al.，1990；E. Wood et al.，1997）。当把这个任务留给学生自己时，大多数学生发展有效的策略非常慢，从而在数年内，当他们尝试掌握课堂内容时会遇到越来越多的困难。并且当他们没有掌握时，他们可能不知道他们已经失败了或怎样提高 271
他们下一次成功的可能性（Hacker et al.，2000；Loranger，1994；O' Sullivan & Joy，1994）。

学习策略对学生的课堂成绩有很大影响，我们不应该将这些策略的发展置之不理。我们可以怎样帮助学生学会如何学习？研究者已经确定了几条原理，这些原理详细说明学生最有可能获得和使用有效学习技能和学习策略的条件。表 8—2 呈现了这些原理，同时还有它们在课堂实践中的应用。

从表 8—2 学到的最重要的一点是新的学习策略的有效使用需要练习。当学生开始获得一种新策略时，他们往往使用得很少、很费劲，还常常无效。但随着时间和练习，当他们处理挑战性的学习任务时，他们变得越来越擅长使用它，而且是迅速、有效和灵活地使用它。随着他们对更复杂的策略获得能力和自信，他们逐渐将不太有用的策略抛之脑后（P. A. Alexander et al.，1998；Flavell et al.，2002；Siegler，1996）。

278

**表 8—2　原理/假设——促进有效学习的策略**

| 原理 | 教育含义 | 例子 |
|---|---|---|
| 在特定学科领域背景下能最有效地获得学习策略。 | • 当通过讲座、阅读材料等呈现学科内容时，同时教学生怎么学习那一内容。 | • 当学生阅读课本时，给他们一些具体的问题去问自己（从而促进理解监控）。 |
| 小组学习情境常常促进有效策略的发展。 | • 偶尔要学生配对或以合作学习小组学习教学内容。 | • 让学生配对学习，提出和回答需要他们对课本内容进行精制加工的问题（如，通过推测可能的因果关系）。 |
| 当学生开始的努力得到支持并促进成功时，他们更有可能获得复杂的学习策略。 | • 支持学生尝试使用新策略，如通过示范策略、提供何时使用的线索，以及对恰当的和不恰当的策略使用提供反馈。 | • 鼓励学生以特定方式对材料进行组织，提供有组织的图表供合作学习小组填写。 |
| 当学生的学习策略数量众多而且类型多样时，学生的学习更有效。 | • 当机会出现时，在整个学年继续介绍新策略，如记笔记、精细加工、自我提问、记忆术等。 | • 建议学生用言语中介和关键词法这样的记忆术去学习某些国家的首都或者外语单词的意义。 |
| 当学生理解策略为什么有用时，他们更可能使用有效的学习策略。 | • 用学生能理解的方式解释各种策略的用处。 | • 向学生展示记笔记怎样帮助他们在课堂上免于分神，以及理解监控怎样使学生能识别他们知识中的缺口。 |
| 如果学生知道每种策略什么时候使用最合适，策略使用会更有效。 | • 指出特定策略可能有用的情境。 | • 当他们知道以后他们需要将策略应用到新情境中去时，鼓励学生通过得出隐含意义、产生新例子等对材料进行精制加工。 |
| 当学生可以经常在各种任务中练习策略时，最有可能掌握有效的学习策略。 | • 给学生提供在各种情境中应用每种策略的机会。 | • 问学生以前的老师已经教了他们哪些策略，然后解释这些策略如何用到现在的学习任务中。 |
| 只有当学生相信这些策略能最终帮助他们达到更高成就水平时，他们才可能使用有效的策略。 | • 当教学习策略时，确保每个学生最终能成功地应用它们。让学生接触可以示范有效使用策略的同伴。 | • 在讲座后，让小组学生相互看笔记，并创建一个单一的、综合性的笔记。 |

资料来源：P. A. Alexander et al.，1998；Barnett，Di Vesta & Rogozinski，1981；Borkowski，Carr，Rellinger & Pressley，1990；D. L. Butler & Winne，1995；Hacker，1998；Hattie，Biggs & Purdie，1996；Kahl & Woloshyn，1994；A. King，1992，1994；Kucan & Beck，1997；Kuhn et al.，1995；Meloth & Deering，1994；Paris & Winograd，1990；Pressley，Borkowski & Schneider，1987；Pressley，El-Dinary，et al.，1992；Pressley，Harris & Marks，1992；Pressley & Hilden，2006；Rosenshine et al.，1996；Starr & Lovett，2000；J. W. Thomas，1993a；Vygotsky，1978；Weinstein，Goetz & Alexander，1988；Winne，1995；E. Wood et al.，1999。

作为教师，我们不仅应该教学生更有效地学习，也应该监控他们学得怎样。有时我们可以通过问他们在学习时他们在心理上做些什么来了解他们如何完成学习任务。

## 迁移

学生怎样思考和学习学校科目不仅与他们理解和记忆得怎样有关，而且与他们在以后可能如何有效使用有关。考虑这三个学生：

- 艾琳娜是双语者：她能流利地说英语和西班牙语。她在高中开始学习法语课程，并且马上意识到在法语和英语中有许多相似性。“啊，”她想，“我知道的西班牙语将帮助我学习法语。”
- 斯特拉在她的中学历史课上发现，当她记笔记时她在小测验上考得更好。她决定在地理课上也记笔记，这种策略又一次奏效了。
- 特德的 5 年级班学习小数有几个星期了。他的老师问，“哪个数更大，4.4 还是 4.14?”特德回忆他知道的关于整数的一些知识：三位数比两位数大。“更大的数是 4.14,”他做出了错误的结论。

当学习者以往获得的知识和技能影响他们在另一个情境中怎样学习或表现时，迁移正在发生。在大多数情况下，先前的学习有助于在另一情境下的学习和表现。当艾琳娜的西班牙语有助于她学习法语以及当斯特拉在历史课练习记笔记提高她在地理课的成绩时，这种正迁移就发生。然而，在某些情况下，现有知识或技能实际上阻碍后来的学习。这种负迁移的例子就是特德：他将一个与整数相关的原理迁移到一个不合适的情境——比较小数。

当两个情境在内容上重叠时，从一个情境到另一个情境的迁移时常发生。例如，艾琳娜应该轻松地学会用法语数数，因为法语中的数（*un*，*deux*，*trios*，*quatre*，*cinq*）和她已经知道的西班牙语中的数（uno，dos，tres，cuatro，cinco）非常相似。当迁移 *278* 发生在原来的学习任务和迁移任务在内容上重叠时，我们称之为特殊迁移。

现在考虑斯特拉在地理课上记更多笔记的策略，因为记笔记已经使她的历史课受益，历史和地理在内容上并不一定有重叠，但是她可以应用她在一门课获得的策略帮助她学习另一门课。这是一般迁移的一个例子：在一种情境下的学习影响在某种程度上不相似的另一情境下的学习和表现。

从历史观点来说，研究已经表明当涉及学科内容的应用时，特殊迁移远比一般迁移发生得多（W. D. Gray & Orasanu，1987）。实际上，一般迁移究竟是否发生的问题在许多年里一直是一个争议相当大的主题。许多早期的教育者相信某些学科（如，拉丁语、 *279* 希腊语、数学、形式逻辑）对一般迁移有更大的作用：因为这些学科需要对准确性和细节给予大量的注意，它们能够增强学生的心智，从而使学生能更容易地处理其他不相关的任务。这种迁移的形式训练观一直持续到 20 世纪的头几十年。例如，当我在 20 世纪 60 年代上高中的时候，许多大学生被鼓励去修法语和拉丁语（我所在的学校提供的仅有的两种语言）。修法语有许多意义：住在曼彻斯特，我们离说法语地区魁北克开车仅一天行程。“但是为什么我应该修拉丁语?”我问我的指导顾问。“我只有参加天主教集会或偶尔遇到一些拉丁短语时才用它，几乎没有任何人说这种语言。”顾问撅起她的小红嘴唇，给了我一个她最了解的眼神。“拉丁语将锻炼你的心智，”她告诉我，“它会帮助你学得更好。”

研究总体上怀疑这种将心理比作肌肉的迁移观（Haskell，2001；Perkins &

Salomon，1989；E. L. Thorndike，1924)。例如，练习记忆诗歌并不一定使一个人成为更快速的诗歌记忆者（James，1890)。学习计算机程序虽然就它自身来说常常是一项有价值的活动，但不一定有助于一个人完成类型不同的逻辑任务（Mayer & Wittrock，1996；Perkins & Salomon，1989)。

当我们扩展我们的迁移观念，将一般技能的应用包括进去时（例如，阅读、书写和一般学习策略)，它们可以用于各学科，此时我们更有可能看到一般迁移（J. R. Anderson，Greeno，Reder & Simon，2000；Brooks & Dansereau，1987；Perkins，1995)。而且，关于学习和思维的一般信念和态度，例如，认识到学习常常需要艰苦努力、以及对各种观点持开明的心态，可能对后续跨多个领域的学习和学业成就有深远的影响，从而清晰地阐述了学习中的一般迁移（De Corte，2003；Pugh & Bergin，2006；Pugh，Linnenbrink，Kelly，Manzey & Stewart，2006)。[3] 有些学生发展出了应用他们在课堂上学习的内容的一般愿望，也就是说，他们有一种迁移的“精神”，这在后面的教学情境中还会不断重复出现（Haskell，2001；Volet，1999)。

## 影响迁移的因素

理想来说，正迁移应该是各年级课堂的主要目标。当学习者不能将他们的基本数学技能用于计算正确的找零或者平衡开支时，当他们不能用他们的英语语法知识找工作或做商业报表时，当他们不能应用他们的科学知识理解个人健康或环保问题时，那么我们不得不疑惑是否花在学习数学、语法和科学的时间可以更好地用来做点别的事情。

虽然特殊和一般迁移确实会发生，学生常常不会将他们在学校获得的知识和技能迁移到这种知识和技能明显可应用的情境（Mayer & Wittrock，1996；Perkins，1992；Renkl，Mandl & Gruber，1996)。当然，当学习者带着要应用的有意识的目的学习每个课堂主题时，他们更可能迁移他们在学校所学的内容。但是其他因素也影响迁移的可能性，常常是因为他们影响学习者提取他们所学的能力（Halpern，1998；Haskell，
280 2001)。下面的原理确定了几个重要的影响迁移的因素：

- **有意义学习比机械学习促进更好地迁移。**在第 6 章，我们确定了有意义学习胜于机械学习的两个好处：信息存储更快，提取更容易。另一个好处是以有意义学习方式获得的信息更有可能被应用到新情境（Bereiter，1995；Brooks & Dansereau，1987；Mayer & Wittrock，1996)。学生在新信息和他们长时记忆中的不同条目之间建立的联系越多，他们就越有可能在需要用的时候找到或提取出新信息。

- **某个内容被学得越透彻，它就越有可能被迁移到新情境中去。**教学时间很明显是影响迁移的一个重要变量：学生学习一个特定主题花的时间越多，他们就越有可能将他们所学的迁移到新情境（Haskell，2001；Schmidt & Bjork，1992；Voss，1987)。相反，学生学习了许多主题，但对任何一个都没有充分学习，他们不可能在以后应用他们所学。这里我们看看在第 7 章介绍的“更少就是更多”的另一个例子：当学生对少数内容进行深入学习，学得很好，而不是对许多内容进行肤浅地学习时，他们更有可能将他们在学校学得的内容迁移到新情境，包括那些超越课堂的内容。

“更少就是更多”原则在开头的个案研究中很明显被违反了。冈特女士认为她必须快速前进，因为她要覆盖 9 年级数学课程的所有内容，即使这意味着没有几个学生会掌握任何特定主题或程序。假定全州数学测验即将来临，她可能对此没有任何选择，但是她的学生不太可能在将来应用他们所学的。

• **当新情境与以往情境相似或者至少看起来相似时，正迁移和负迁移更普遍。**知觉到相似性增加了新情境提供提取线索的机会，当学习者在长时记忆中搜索潜在的相关知识和技能时，这些线索将学习者指向正确的方向（Bassok，2003；Di Vesta & Peverly，1984；Haskell，2001）。例如，当艾莉娜在她的法语课上第一次遇到数字单词时（un，deux，trios，quatre，cinq），它们应该迅速触发对相似的西班牙语单词（uno，dos，tres，cuatro，cino）的回忆。

然而，我们应该注意两种情况的相似性，虽然通常促进正迁移，但是有时会导致负迁移。试试下面的练习，就明白我刚才说的意思了。

## 亲身体验·除法问题

迅速估计这个除法问题的答案：

20÷0.38

---

你的答案大于还是小于 20？如果这里你应用你的整数除法知识，你毫无疑问推论答案是小于 20。实际上，答案大约是 52.63，一个大于 20 的数。这个练习是否使你想起了特德的错误结论——4.14 比 4.4 大——基于他的整数怎样被比较的知识？在各年级甚至大学的许多学生表现出了将整数原理应用到小数情境中的负迁移（Behr & Harel，1988；Ni & Zhou，2005；Tirosh & Graeber，1990）。学习小数在表面上与学习整数相似。唯一的区别也是一个重要的区别就是一个很小的小数点。

为了防止负迁移，作为教师，我们必须指出在两个表面上看起来相似的主题的区别。例如，特德的老师应该指出小数不像整数的一些具体方面。另一个例子是，我发现我的教育心理学课堂的学生在正确理解某些概念（如，成熟、社会化、短时记忆、强化）经常遇到困难，因为这些心理学词的意义与它们在日常交谈中的意义十分不同。因 *281*
此当我第一次介绍一个这样的概念时，我要费很大的劲对比不同的意义。即便如此，日常意义还是会继续干扰学生对课程内容的思考，尤其是当学生没有持续监控他们自己的思维和理解时（也见：Daì，Gonyea，Malkani，Zhang & Smith，2005）。

• **原理和理论比孤立的事实更容易迁移。**一般来说，一般的原理、规则和理论解释比具体的事实和信息应用更广（J. R. Anderson，et al.，1996；Haskell，2001；Perkins & Salomon，1987；Perry，1991）。下面的练习证明了这一点。

## 亲身体验·中心商业区

考虑下面来自地理的两个观点：

- 波士顿的中央商业区位于波士顿的海港附近。
- 在现代交通发展之前建立的大多数老城市的中央商业区建在紧邻适于航行的水域附近，如大洋或河流。

如果你正要寻找一种环绕一个不同城市的方法，比如说，利物浦、多伦多或匹兹堡，哪种说法对你更有帮助？

---

无疑第二种说法将证明对你更有帮助。第一个是关于一个特定城市的一个事实，而第二个反映了一个一般的原则，可以应用于许多不同的城市。

具体的事实毫无疑问在课堂教学中占有一席之地。例如，学生应该知道二加三等于多少、柏林墙意味着什么、在地球仪上找到非洲在哪里。然而，事实本身在新情境中只有有限的用处。我们对一般原理越是强调（例如，两个正整数加在一起总是等于一个更大的数，一个国家的公民当他们的政府不公正时有时会造反，以及不同国家的文化受到他们的地域和气候的影响等），那么，我们就越能促进学生迁移他们所学的能力。

• **大量变化的例子和练习机会增加迁移的可能性。**如果在教学的过程中，学生将学习的内容与它可能有用的情境联系起来，学生使用他们所学内容的可能性会大大增加(Z. Chen，1999；Cox，1997；Haskell，2001；Reimann & Schult，1996)。例如，如果学生在烹调、将美元兑换成外国货币、按比例画出物体等活动中练习使用分数和比例，他们更有可能将这些知识应用到真实任务中去。在我们给学生的许多例子和练习中，至少部分应该是与学生在将来的学习或在外部世界可能遇到的情境相似的（回忆我们在第7章关于真实任务的讨论）。学校任务与学生日后的生活经验越相似，学生就越有可能
282 将他们的学校学习用于实践（Perkins，1992）。

• **当信息和技能被看作情境自由而不是受情境约束的时，迁移更普遍。**学习者经常将特定行为和思维方式与某些情境而且只与那些情境相联系。这种将某些反应和认知过程根植于特定情境的倾向被称为情境学习或情境认知：知识和技能处于它们被获得的情境中（J. S. Brown et al.，1989；Greeno，Collins & Resnick，1996；Lave & Wenger，1991)。对高中生的一项研究（Saljo & Wyndhamn，1992）提供了一个例子。学生被要求计算他们应该在某个重量的信封上贴多少邮票，并且给他们一张邮资比例表使他们能够判断正确的总额。当在社会研究课上给学生这个任务时，大多数学生使用邮资表寻找答案。但是当在数学课上给出这个任务时，大多数学生忽略了邮资表，而是尝试用某种方式计算，在有些情况下算到了几位小数。因而，社会研究课的学生更有可能正确解决这个问题，我自己作为一名前任社会研究课教师，我怀疑，在那种情境下，他们习惯了在表格中寻找信息。相反，在数学课的许多学生使用与数学相关的策略，利用公式进行计算，反而忽略了更有效和正确的方法。

幸运的是，不是所有学校的学习都留在学校或某个教室。人们经常在外部世界的各种情境中使用他们在学校学得的一些技能，如阅读、算术、解释地图等。然而，许多学生往往认为学校科目的内容是受情境约束的，不同学科完全各自独立而且独立于现实世界（P. A. Alexander & Judy，1988；Bassok，1997；Perkins & Simmons，1988；Renkl et al.，1996)。例如，当烤蛋糕时，11岁的儿童可能问父母："两个1/4就是2/4吗？我知道在数学中是这样，但在烹调中是什么样的？"（Pugh & Bergin，2005，p.16)。

当我们教某个特定学科中的材料时，那么我们应该尽可能多地将材料与其他学科以及与外部世界联系起来（R. E. Clark & Blake，1997；Perkins，1992)。例如，我们可能给学生展示人类消化怎样提供将食物分成几种基本食物群的判断，或者经济学原理如何影响全球变暖。要想最有效，我们应该让学生使用在许多不同背景下学到的知识，以便他们最终将他们的知识和技能变成情境自由的（A. Collins et al.，1989；Cox，1997；Perkins & Salomon，1989)。

• **当文化环境鼓励和期望迁移时，迁移增加。**似乎学生经常被鼓励为各种神秘的

目的获得学校主题（如，“你在大学将需要知道这个”或“它在不久的将来就会有用”），但是很少告诉学生什么时候会有用以及怎样用它。如果教师经常指出在看起来不同的任务和情境中的相似性，并强调迁移的重要性，就会增加学习者将他们所学应用到新情境中去的可能性。理想地说，我们应该创造一种迁移的文化，一种将新获得的信息、技能和认知策略应用到新情境、跨学科情境和真实世界问题中去的学习环境既是期望也是标准（R. A. Engle，2006；Haskell，2001；Pea，1987）。例如，我们可能经常鼓励学生在听讲、阅读和学习时问自己，“我可能会怎样使用这个信息？”（Perkins，1992；Stein，1989；Sternberg & Frensch，1993）。

在牢记前面的原理的同时，让我们来看看一位老师为了鼓励学生将他们的数学知识迁移到真实世界情境和问题中去而布置的一个作业。

## 分析教师策略——应用数学

一名 4 年级教师给她的学生布置了下面的作业：

你看到你的父母和其他成人在他们的日常生活中用什么方式使用数学？列举数学每日被使用的一些方式。例子最多的人将赢得一个小奖品。祝你们好运！

在下边的作品中，9 岁的佩顿（Peyton）通过头脑风暴想出了数学在真实情境中被应用的情况。

当你看这个列表的时候，

- 推测佩顿对数学在真实世界中的应用了解的程度。
- 评价他的反应的质量。
- 识别佩顿的反应优于其他人的可能原因。
- 考虑这个作业对促进迁移的可能的有效性。

1.做饭
2.拼装玩具
3.建筑
4.计算
5.测量高度
6.分数（你能喝多少饮料）
7.购物
8.分类
9.棒球
10.铅笔
11.数数
12.叉子
13.勺子
14.刀子
15.碟子
16.杯子
17.电视频道
18.时间
19.收音机频道
20.数学书

佩顿列出的数学在真实世界中的应用的单子

佩顿识别出了数学被使用的各种情境（如做饭、建筑、购物、测量、计算），意味着他将数学看作情境自由的学科，有许多潜在的应用。遗憾的是，佩顿的反应简短，很难预测他在做饭和购物这样的活动中实际上会应用多少数学。事实上，一些反应（如，叉子、勺子、刀子）太简单以致我们不知道他的意思是什么。可能佩顿只是听到能被计算的物品，这是把他的列表写得尽可能长的一个策略。

几个可能的原因可以解释佩顿的反应的质量。作为 4 年级学生，他的写作技能有限，他可能只是不知道怎样更好地解释。但是作业没有要求他写得详细而具体。实际上，作业鼓励他往相反的方向：产生尽可能多的不同例子。（当我们在第 9 章讨论强化时，会回到这个问题上来。）

要学生通过头脑风暴产生课堂内容的可能应用当然能够鼓励学生将课堂内容与各种真实世界

283

情境联系起来（J. R. Anderson et al.，1996）。然而，如果学生在那些情境中实际使用课堂内容，这种联系将更强、更持久。

## 问题解决

问题解决意味着使用（即迁移）现有的知识和技能去解决一个没有解答的问题或令人烦恼的情况。下面的练习展示了这一点。

### 亲身体验·四个问题

这些问题你能解决多少？

1. 你买两个苹果花了 25 美分，买一个梨花了 40 美分。你给 1 美元需要找回多少零钱？
2. 你正在建一间树房，形状和尺寸见图 8—2。你需要买厚木板建一个斜屋顶。为了让木板从房顶的一头搭到另一头，屋顶木板必须要多长？
3. 作为教师，你想举例说明即使金属比水密度大，金属战舰仍能浮在水上。你没有金属做的玩具船。你可以使用什么替代金属船向学生展示内部空心的金属物体可以漂浮在水上？
4. 热带雨林为许多动物和植物物种（包括一些生产用于现代药物治疗成分的植物）提供了家，他们有助于减少地球大气中二氧化碳的迅速增加。然而，每天都有成千上万亩热带雨林在消失，主要是因为农民想通过猛砍树木和燃烧植被努力建造新的农场（Hosmer，1987）。可以采取什么措施减缓砍伐森林的惊人速度？

---

有时问题直截了当，容易解决。例如，问题 1 只需要简单的加减；你可能毫不费力就能找到答案——10 美分。问题 2（图 8—2）要难一点，部分是因为你可能不经常遇到这种问题。但是如果你已经学过几何，那么你
284 肯定学过勾股定理：在任何直角三角形里，斜边的平方等于另两条直角边的平方的和。再看看树房的顶部（从虚线往上看）为一个三角形，我们可以用这种方法找到屋顶木板的长度（x）：

$$(斜边)^2 = (水平边)^2 + (垂直边)^2$$

$$X^2 = 4^2 + (5-2)^2$$

$$X^2 = 16 + 9$$

$$X^2 = 25$$

$$X = 5$$

**图 8—2　这间树房的屋顶木板需要多长？**

当然，问题并不总是只有一个单一正确的答案。如果你正在寻找一个空心的可浮在

水上的金属物体（问题 3），你可能使用各种物体来解决这个问题，可能是一只平底锅、一个桶或一颗顶针。你可能识别出了几个可能的解决热带雨林被过度砍伐的方案（问题 4），但是你不知道哪一个会是正确答案（即哪些将成功帮助保护热带雨林），直到你实际实施这些方案。

我们大多数人一般将问题解决与数学和科学联系起来，然而问题实际上在任何内容领域都可能产生。例如，热带雨林问题可能出现在社会研究课，需要生物学、经济学、政治学和心理学的知识。一名正在一堂语言艺术课上写一篇论说文的学生必须区分论据和令读者信服的论点。在体育课上，为了赢得一场对抗有挑战性的竞争者的比赛，篮球队可能需要发展保持他们队的明星球员不停地投篮命中的新策略。

问题在清楚明确性和结构化的程度上差别十分大。在清晰和结构连续体的一端是定义明确问题（well-defined problem），这类问题的目标陈述很清楚、解决问题需要的所有信息都具备，而且只有一个正确答案。在一次购买（问题 1）之后计算找零以及决定树房屋顶所需木板的长度（问题 2）就是定义明确的问题。在这个连续体的另一端是定义不明确的问题，在这类问题中，要达到的目标不明确，解决问题所需的信息不全，并且（或）有多种可能答案。找到一个合适的替代金属战舰的物体（问题 3）某种程度上是定义不明确的：许多物体可以作为战舰的替代物，有些可能比另一些更好。雨林过度砍伐问题（问题 4）就更加定义不明确了：目标（减少过度砍伐）是模糊的，我们也缺少了许多有助于解决这一问题的信息（如，有什么选择可以替代农民滥砍滥烧行为?），而且没有唯一正确的答案。你可能会猜测，定义不明确问题比定义明确问题通常更难解决。

大多数在学校呈现的问题是定义明确的。作为一个例子，考虑下面这个典型的数学问题：

> 老麦当劳在一块 100 码长 50 码宽的地里种上了土豆。如果这块地每一平方码平均获得 5 磅土豆，老麦当劳希望从他的地里收获多少磅土豆?

这个问题的目标明确：算出这块地将收获多少磅土豆。我们有解决问题所需的所有信息，也没有无关信息干扰我们。而且只有一个正确答案，没有争论的余地。

但是真实世界呈现的定义不明确问题远远超过定义明确问题，而且学生需要练习解决它们（J. E. Davidson & Sternberg，2003；L. B. Resnick，1988）。作为一个例子，考虑下面的问题： 285

> 老麦当劳的儿子想去 200 英里之外上一所小的、男女合校的大学。老麦当劳不知道他能否支付得起大学的学费，这全赖这个夏天他的土豆收成好不好。老麦当劳应该对他儿子说什么?

注意这个问题的目标陈述相当模糊：决定老麦当劳应该对他儿子说什么。在他给答案之前，它没有确定需要解决的具体问题。它也没有给我们提供解决问题所需的所有信息，譬如麦当劳的土豆地的大小、预期的收成、土豆的可能价格、家庭的日常生活开支或大学学费的费用。最后，可能没有单一正确的答案：老麦当劳是否鼓励他儿子上大学不仅有赖于土豆收成的利润，而且有赖于其他经济来源、他对大学教育价值的看法，以及是否他需要他儿子待在家里帮助他干农活。

帮助学生学会解决问题的一个办法就是教他们对定义不明确问题更好地进行定义的技术。例如，我们可以教他们怎样把大问题分解成更小的定义明确的问题（如，判断土豆收成的可能大小、计算农民的日常生活开支)。我们也可以教他们将他们需要的信息(如，农民土豆地的大小)和不需要的信息(如，大学是男女合校的事实)区分开来。而且我们可以教学生寻找漏掉的信息的技术(如，怎样使用图书馆或互联网找到土豆的市场价格，怎样获得不同大学的学费费用的信息)。

## 问题解决策略：算法式和启发式

有些问题可以通过遵循具体的、一步一步地指导得到解决，也就是说，通过使用算法式(algorithm)来解决。我们能够通过遵循随着包裹来的组装说明正确地组装一个新书柜。我们通过使用勾股定理能够计算出一个斜屋顶的长度。当我们切实地遵循算法式时，我们总是会获得一个正确答案。

然而，这个世界提出的许多问题可能不存在算法式。没有我们可以遵循来确定一个替代的金属战舰的规则，也没有帮助我们解决热带雨林的破坏问题的说明单。在没有算法式的情况下，学习者必须使用启发式(heuristic)取而代之。启发式是一种可能会或可能不会获得成功解答的一般的问题解决策略。例如，我们可以用来解决过度砍伐问题的一种启发式是：确定一种可适当替代问题行为的新行为(即确定农民能够满足他们的生存需要的另一种方式)。启发式的另一个例子，请看下面练习中的加法问题。

### 亲身体验·杂货店购物

尽可能快地解决下面这个加法问题：

你正在商店购买三件东西，它们的价格是：

$19.95

$39.98

$29.97

你要花多少钱?(不要担心可能的营业税。)

---

解决这个问题最快的方法就是四舍五入并求近似值。第一件大约花$20，第二件大约花$40，第三件大约花$30，因此，你大约花$90购物。四舍五入常常是迅速获得
286 数学问题的近似答案的一种非常好的方法。

在学校，学生一般对解决定义明确问题进行的练习比定义不明确问题多得多，而且学校教给他们更多的是算法式而不是启发式。例如，他们可能花更多学校时间学习在决定树房屋顶木板长度中有用的问题解决策略，而不是可用来解决过度砍伐问题的策略。他们往往花更多时间使用物理规律来预测战舰什么时候会漂浮，而不是首先考虑需要防止那些战舰的冲突。但是许多真实世界的问题不能使用事先准备的算法式来解决。而且，没有什么算法式可用来解决数学和科学领域之外的问题。

问题解决策略，就如算法式和启发式，常常是针对特定内容领域的。但是这里有几个一般的问题解决的启发式，学生可能会发现它们在各种情况下都有用：

- 确定子目标。将一个大而复杂的任务分解成两个或更多具体的更容易解决的小任务。

- 使用纸和笔。画一个图，列举问题的成分，或草草记下可能的答案或方法。
- 进行类比。确定一个与问题情境类似的情境，然后从类比中推导出可能的答案。
- 头脑风暴。产生各种可能的方法和答案，包括一些可能一开始看起来古怪或荒唐的答案，不要一开始就进行评价。在产生一个长长的答案列表后，再评价每一个的潜在相关性和有效性。
- “酝酿”情境。让一个问题在几个小时或几天内保持未解决状态，允许花时间为可能的创造性方法从长时记忆中进行广泛搜索（J. R. Anderson，1990；J. E. Davidson & Sternberg，1998，2003；H. C. Ellis & Hunt，1983；Halpern，1997a）。

**教给学生问题解决的策略**

学生偶尔会自己发展出问题解决策略。例如，许多儿童在学校遇到数学之前很久就发明了简单的加法和减法策略（Carpenter & Moser，1984）。但是没有对有效策略的正式教学，即使最擅长创造的学生也可能要求助于无效的尝试错误来解决问题。

要成为真正有效的问题解决者，学生必须有坚实的基础，也就是说对正在被讨论的主题的概念理解。但是他们也从外显的使用算法式和启发式的教学中受益。下面是一些我们可能使用的策略：

教算法式：

- 描述和示范每一种算法式使用的具体的程序和情境。
- 提供解决好的算法式被应用的例子，要学生解释在每一步发生了什么。
- 帮助学生理解为什么特定的算法式在某些情况下是相关的、有效的。
- 当学生应用算法式获得了不正确的答案时，密切关注学生做了什么，并确定问题所在（如图 8—3）。

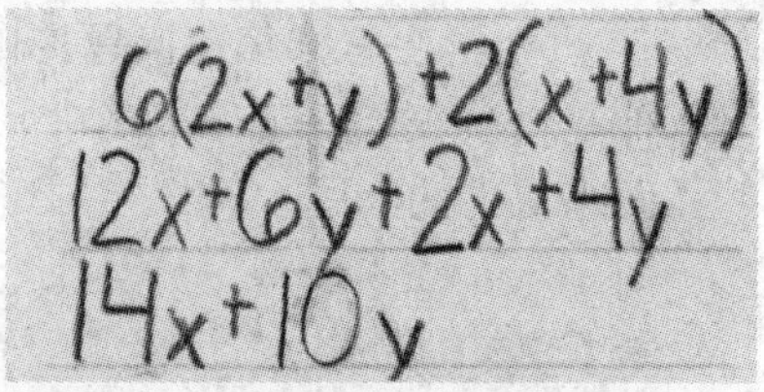


**图 8—3　13 岁的马里凯错误地将表达式 6（2x＋y）＋2（x＋4y）简化为 14x＋10y。正确答案是 14x＋14y。马里凯错在哪里？**

教启发式：

- 给学生机会将定义不明确问题变成更加具体的、定义明确的问题。
- 教学生在没有特定算法式可用的情境中使用启发式，例如，鼓励四舍五入、确定子目标、进行类比。

教算法式和启发式： *287*

- 在具体的学科领域（不是作为一个独立于学科内容的主题）以及真实活动情境中教学生问题解决的策略。
- 与学生进行联合问题解决活动，示范有效策略，并指导学生刚开始的努力。
- 为困难问题提供支架（如，将它们分解成更小、更简单的问题，对可能的策略给予暗示，或者提供部分答案）。
- 要学生解释当他们解决一个问题时，他们做些什么。
- 让学生在小组里解决问题，分享关于问题解决策略的看法，彼此示范各种方法，讨论每种方法的优点。（R. K. Atkinson，Derry，Renkl，Wortham，2000；Barron，2000；Chinn，2006；Crowley & Siegler，1999；Gauvain，2001；Kirschner et al.，2006；Mayer，1985；Reimann & Schult，1996；Renkl & Atkinson，2003；Rogoff，2003）

## 影响问题解决的认知因素

正如我们已经看到的那样，定义明确的问题通常比定义不明确的问题更容易解决，能使用算法式解决的问题一般也比那些需要启发式的问题更容易。我们前面提到的影响迁移的因素（教学时间总量、意义学习等）也影响问题解决。下面的原理揭示了几个其他的因素：

• **工作记忆为学生解决问题时一次能思考多少设置了一个上限。**你可能从第 6 章的一个练习回忆起来在脑中解决一个长除法问题可能是多么困难。记住，工作记忆有有限的容量：它一次只能保持几条信息，就只能容纳这么多认知加工。如果一个问题需要学生一次处理太多信息，或者以非常复杂的方式操纵信息，工作记忆容量可能不足以支持有效的认知加工。当超出工作记忆容量时，问题就不能解决（Johnstone & El-Banna，1986；Perkins，1995）。

学生至少可以用两种方式克服工作记忆的限制。一种明显的方式是对需要的信息创建一个外部记录，例如，将它写在一张纸上（就像我们经常做长除法那样）。另一种方法是学习一些技能达到自动化，换句话说，达到它们能被快速而容易提取的程度（N. Frederiksen，1984；Mayer & Wittrock，1996）。但是在自动化的情况下，可能好过头了，就如我们一会儿将要看到的。

• **学生怎样编码问题影响他们尝试解决它的方法。**任何特定问题或情境可能以各种方式被表征在工作记忆中，也就是说被编码。作为一个例子，看看是否你能够解决下面练习中的问题。

### 亲身体验 · 猪和鸡

老麦当劳有满满一院子的猪和鸡。在院子里总共有 21 个头和 60 条腿（不包括老麦当劳自己的头和腿）。有多少头猪和多少只鸡在院子里到处跑动？

你能算出答案吗？如果你有困难，试着以这种方式思考这个问题：

想象猪只用两只脚以直立的方式站着，它们的前面两条腿被举过头顶。因此，所有的动物——猪和鸡——都是两条腿站着。计算有多少条腿在地上，有多少在空中。从这一点，你能算出老麦当劳的猪和鸡的数量吗？

---

因为有 21 个头，动物的总数肯定是 21，然而，地上必须有 42 条腿（21×2），留下 18 条腿在空中（60－42），因此肯定有 9 头猪（18÷2）和 12 只鸡（21－9）。

当然，你可用各种方法来解决猪和鸡的问题。但是如果你一开始解决它就有困难，你可能一直努力用一种能引导你获得一个简单答案的方式对它进行编码。学生经常在解决数学应用题时感到困难，因为它们不知道怎样将问题转译成他们熟悉的程序或操作

(Mayer，1992；Resnick，1989；Reusser，1990)。例如，你可能一开始对猪和鸡的问题感到困难，因为你的代数技能有点生疏了。 288

在其他时候，学生可能用一种似乎逻辑的方式对问题进行编码，不过不能获得可行的答案。作为例子，看看下面练习中的问题。

## 亲身体验·蜡烛问题

一块布告板紧紧地粘在大约离地面 4 英尺的墙上。你的任务是将一根蜡烛直立在布告板的前面。你不能让蜡烛接触布告板，因为火焰会烧焦布告板。相反，你需要将蜡烛放在离布告板 1 厘米的地方。只使用下面的所有或一部分材料：一只小蜡烛（生日蛋糕蜡烛大小）、一颗金属大头针、火柴、一盒图钉以及一把 12 英寸的尺子，你将怎样完成这一任务？在你进一步阅读之前试着解决这个问题。

Based on Duncker，1945.

---

正如所料，尺子和大头针在解决这个问题时是无用的。如果你用大头针刺穿蜡烛，你可能会将蜡烛弄碎。如果你尝试在几颗图钉上使尺子保持平衡，它可能会掉下来。(这里我是从经验来说，因为我的学生尝试了这两种策略没有成功。) 最容易的答案是将图钉盒颠倒过来或侧过来，用图钉将它钉到布告板上，然后用一颗图钉或一些熔化的蜡将蜡烛粘到盒子的顶部。然而，许多人没有考虑这种可能性，因为他们将盒子编码为图钉的容器，忽略了它可用作蜡烛支撑物。当学习者用排除可能答案的方式对问题进行编码时，他们就成为心理定式的受害者。

当学习者练习解决一种特定类型的问题（如，做数学中的减法，或应用物理公式 $E=mc^2$），而没有同时练习解决其他类型的问题时，心理定式有时会出现。这种重复练习可能导致学生用特定方式编码问题而没有真正思考它们。换句话说，它可能导致自动编码。虽然在解决问题时，所需要的基本信息和技能达到自动化会非常有利，因为它释放了工作记忆空间，但是问题编码的自动化可能会导致不正确地解决问题（E. L. Langer，2000；Luchins，1942）。

下面的策略可以帮助学生对问题进行更有效的编码，而又不至于成为起反作用的心理定式的受害者：

✧ 用具体的方式呈现问题，例如，提供学生可以操控的实物，或呈现一个问题的成分图解。
✧ 鼓励学生自己将问题变得更具体，例如，鼓励他们画图或图表。
✧ 指出学生能解决的问题的任何方面，当那些要素在不同的问题中再次出现时，指出相同的能被应用的信息，或者相同的可被使用的问题解决方法。
✧ 给学生一些表面上看起来不相同实际上需要相同的问题解决程序的问题。
✧ 在任何单一的练习阶段，将学生要解决的不同类型的问题混合在一起。
✧ 让学生合作确定表征一个单一问题的几种方式，可能是一个公式、一张表、一张图。（Anzai，1991；Brenner et al.，1997；Z. Chen，1999；L. S. Fuchs et al.，2003；E. J. Langer，2000；Luchins & Luchins，1950；Mayer，1992?；Mayfield & Chase，2002；Prawat，1989；J. C. Turner，Meyer，et al.，1998） 289

• **当学生有与主题相关的、全面的、整合良好的知识基础时，他们通常能更有效地解决问题。**如果学习者对主题有概念理解，也就是，如果他们已经在长时记忆中贮存了大量关于主题的信息，而且信息的各个片段被合适地组织和相互联系起来，此时问题解决会更成功（P. A. Alexander & Judy，1988；Heller & Hungate，1985；Voss，Greene，Post & Penner，1983）。例如，如果学生已经以有意义的方式学习了勾股定理，并将它与斜的（*diagonal*）和建筑物建造（*building construction*）联系起来，那么学生更有可能应用勾股定理计算斜屋顶。

相反，当学生只有关于某个主题的有限知识时，尤其是当他们没有对它进行概念理解时，他们往往基于问题的表面特征对问题进行编码（Chi，Feltovich & Glaser，1981；Schoenfeld & Hermann，1982）。例如，当我上小学时，我回忆我的一些同班同学在决定怎样解决应用题上有困难。我的老师告诉我们，应用题中的单词剩余（left）意味着要用减法。将一个“剩余”问题编码为减法问题在有些情况下是奏效的，例如下面这个：

> 提姆有7个苹果。他给艾米丽3个苹果。他还剩下多少个苹果？

但在另外一些情况下是不合适的，例如下面这个：

> 安娜去购物。她花了＄3.50，然后当她回家时数她的钱。她剩下＄2.35。当安娜出门时，她有多少钱？（Resnick，1989，p.165）

后一个问题需要使用加法，而不是减法。

概念理解促进问题解决的事实是透彻地教几个主题而不是肤浅地教许多主题（又是“更少就是更多”的观念）的另一个理由。此外，随着迁移的递进，我们应该提供重要原理和程序的各种例子，以及应用它们的机会。而且，在应用上的多样性应该表现在评估任务和教学中（Bransford，Franks，Vye & Sherwood，1989；Sternberg & Frensch，1993）。图8—4呈现了一个评估任务，要学生应用他们的地理原理知识解决几个新问题。通过持续地将课堂主题整合到评估任务和问题中，我们可以清楚地传达出学科内容能在许多不同的情境中被应用。

• **成功的问题解决有赖于相关知识的成功提取。**很显然，除非他们从长时记忆中提取必要的信息和程序，否则学生不能解决问题。学生到长时记忆中的哪里寻找信息部分取决于学生一开始怎样对问题进行编码。例如，如果罗伯特看到应用题中的单词“剩余”，认为是“减法”，那么，即使需要的是加法，他也会提取减法技能。在其他情况下，学生可能成为情境认知的牺牲品：他们可能将一种问题解决策略与某个特定的情境联系起来，从而在其他情况下不考虑也不应用（Lave，1993；Schliemann & Carraher，1993）。例如，学生可能很容易在数学课上使用他们的数学技能，然而可能在解决校外问题，如做饭或建树房时，不使用它们。

我们已经确定的一些教学策略，如对一个问题的可能答案给予暗示、让学生在各种情境中使用概念和程序，能够促进问题解决中的提取。此外，如果学生正在努力解决一个特别难的问题，我们可以让他们暂时把它撇开一会儿（例如，让他们把问题留到第二天解决），当他们不是那么受困于一种特定的推理时，再回到问题上来。我们也可以让他们在小组中共同解决问题：不同的小组成员往往带来不同的观点，增加了提取有用概念和原理的可能性。

290 • **复杂问题的解决需要大量元认知的参与。**元认知过程不仅在学习中发挥重要作

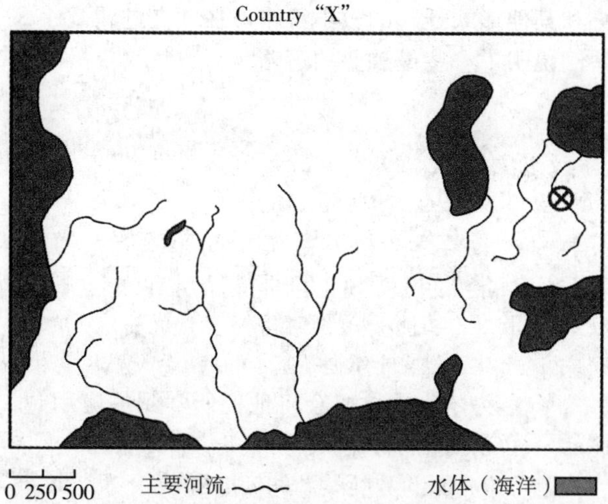


1.如果住在地图上标有"⊗"的点的人们开始迁移或扩张，他们将会去哪里？会向哪个方向？
2."⊗"国的人口分布将会是怎样的，也就是说，许多人将住在哪里？哪里又会很少有人住？
3.在"⊗"国，大城市将在哪里出现？
4.你会怎样判断这个国家的经济潜力；也就是说，什么地区可能是发展最好的，什么地方又是最差的？

**图 8—4　一个要求学生应用他们已学的地理知识解决新问题的评估任务**

资料来源：*Teaching Creatively*：*Learnig Through Discovery* by B. G. Massialas and J. Zevin，1983，pp. 121，127，Malabar，FL：Krieger. Reprinted with permission。

用，在问题解决中也如此（M. Carr & Biddlecomb，1998；J. E. Davidson & Sternberg，1998，2003；Dominowski，1998）。当问题是相当复杂和具有挑战性时，有效的问题解决者往往做下面这些事情：

✧ 确定一个或多个为获得问题答案必须完成的目标。
✧ 将问题分解成两个或多个子问题。
✧ 计划一个系统的、序列的方法来解决问题和它的子问题。
✧ 不断监控和评价朝向目标的过程。
✧ 识别可能阻碍问题解决进程的障碍。
✧ 如果现在的方法行不通，换一种新的策略。

这些行动使学习者能够灵活使用问题解决策略，并且当特定的策略不合适时作出决定。相反，无效的问题解决者往往不加思考地应用问题解决程序，也没有对他们正在做的事情或为什么他们要做它有真正的理解。在开头的案例中，冈特女士的学生很少评价他们的问题答案的逻辑意义，例如，没有认识到打4 200字的论文不可能花100 天。

在某种程度上，学生元认知问题的解决过程取决于他们对学科内容的概念理解（M. Carr & Biddlecomb，1998；J. E. Davidson & Sternberg，1998）。然而，学生也可以从元认知策略的教学和指导中受益。例如，我们可以做下面这些事情：

✧ 当学生解决一个问题时，要学生解释他们正在做什么、为什么要做。
✧ 给学生一些问题，要他们解决问题的时候问自己这些问题（例如，"我们正在接近我们的目标吗？""为什么这个策略最合适？"）（Dominowski，1998；Johanning，D' Agostino，Steele & Shumow，1999；A. King，1999，p. 101；Kramarski & Mevarech，2003，p. 286）

当学生在配对或小组中解决有挑战性的问题，而且必须相互解释，为他们的推理辩护时，这些方法特别有效。 291

我们已经确定了许多促进问题解决和其他形式迁移的教学策略。在“走进课堂——促进成功迁移和问题解决”中回顾和举例说明了一些最重要的策略。

**走进课堂——促进成功迁移和问题解决**

- 对重要主题进行深入教学，并确保学生进行了透彻的学习。

  一名2年级西班牙语教师在整个秋季只教两个新的动词时态（过去时和未完成时），把其他时态留待以后教学。
- 将课堂材料与学生已经知道的内容紧密联系起来。

  在教了水在结冰时会膨胀之后，科学教师解释在乡村公路上看到的许多凸起部位是由于水结冰导致的霜冻隆起。
- 给学生解决定义不明确问题的练习，给他们示范如何更好地定义这些问题。

  一名教师要跨学科课程的学生进行小组合作解决日益减少的雨林问题。他通过问题开始，“保护雨林的最终目标应该是什么?”以及“当你解决这个问题时，需要考虑的一些生物、社会和政治因素是什么?”
- 教给学生基本的解决问题的信息和技能，并使他们达到自动化水平。

  一位小学教师在教长除法之前，确信学生已经完全掌握了基本的乘法和除法事实。
- 为学生提供机会将他们所学到的应用到新的情境和问题中。

  一位教师要学生应用他们关于人类定居模式的知识解释不同国家的人口为什么是现在这样子分布的。
- 使学校任务类似于学生在外部世界可能遇到的任务。

  一位英语教师通过让学生为学校报纸写社论来教议论文写作技巧。
- 在测验和其他评估中，要学生应用他们知道的内容。

  一位科学教师要学生使用物理学原理去描述他们单独一人怎样把一个500英镑重的物体移动到20英尺外的一个地点。

## 使用计算机技术促进问题解决

迄今为止，我们讨论的策略在本质上都是“低技术”的。但是我们也可以利用计算机技术促进问题解决和其他高级技能。下面是几种可能性：

- ✧ 使用基于计算机的辅导程序促进数学、科学推理和问题解决。
- ✧ 给学生示范如何使用电子数据表分析复杂的数据。
- ✧ 使用计算机模拟。它允许学生形成假设、设计实验检验假设、解释虚拟的结果。
- ✧ 呈现学生必须解决的复杂的真实世界的问题（Cognition and Technology Group at Vanderbilt，1990，1996；Vye et al.，1998）

这些建议中最后一条的一个例子——呈现基于计算机的真实性活动——是贾斯伯·伍德伯里探险系列，[4]一个视频光盘课程，中学生在其中遇到许多真实生活问题情境。在一个“雪松河之旅”的片段中，贾斯伯刚刚买了一艘旧船，他希望在当天把船开回家。因为船没有夜航灯，他必须弄清楚他是否能在日落前到家，因为他花光了所有的现金，用完了最后一张支票，他必须计算他是否有足够的汽油可以完成这次旅行。在整个光盘中，需要回答这些问题的所有信息都蕴涵于真实情境中（例如，航海电台播报日落时间、里程标志器显示沿江各路标），但是学生必须筛掉许多无关信息才能找到。

在贾斯伯系列的另一个片段“正确的角”中，十多岁的佩格·利特尔寻找一个洞穴，她的美国土著祖父母在去世前留给她一件特殊的礼物。她的祖父母给了她到达洞穴的方向，但需要地理知识和使用地理原理（如，“从黑鹰崖的最东端开始，朝着 25 度角的方位前进，直到你几乎被石头城堡包围。向平顶城堡走去……你会知道平顶城堡，因为在离它的底部北侧 250 英尺的距离，它顶部以 45 度角上升”）。学生必须使用方位和本地地图找出洞穴。

有许多方法解决贾斯伯问题，学生进行小组合作，通过头脑风暴，找出可能的问题答案。所有能力水平的学生都发现贾斯伯系列十分激发人的动机。而且，他们获得新的问题技能，并常常将这些技能迁移到新问题（Cognition and Technology Group at Vanderbilt，1990，1997；Hickey，Moore & Pellegrino，2001；Learning Technology Center 292
at Vanderbilt，1996）。

当然，像贾斯伯系列问题这样的真实活动可能比较耗时，而且，在有些情况下他们需要设备或计算机软件，而我们可能没有。相应地，教师有时寻找比较容易的方式帮助学生建立与真实世界的联系。下面的练习呈现了一位教师的方法。看看你会怎么想。

**分析教师策略——狗、猫、仓鼠、鸽子和瓢虫**

一位 3 年级教师要学生编写他们自己的减法问题，然后解答。下面是 8 岁的莫里斯写的一个例子。当你看莫里斯的作品时，思考下列问题：

- 这种方法可能有什么好处？
- 这种活动是否让学生进行真实活动？

我有4只狗、3只猫、14只仓鼠、9只鸽子和1 000只瓢虫。我放了46只瓢虫、1只狗、2只猫、3只仓鼠和5只鸽子。我还剩下多少动物。

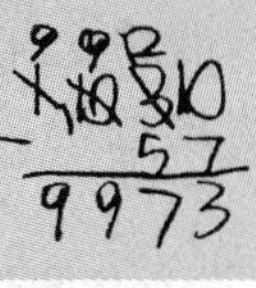

毫无疑问教师希望运用这一活动鼓励学生应用数学到他们自己的生活中，还可能去寻找适合应用减法的情境。然而，正如所见，莫里斯写了一个看起来十分不自然的问题：他有那么多仓鼠、鸽子和瓢虫的可能性十分小。而且，莫里斯没有认识到这个问题的答案“9973”不可能是正确的，因为动物原来的数量是1 030，是一个比较小的数。实际上，莫里斯的应用题与他自己的生活情况几乎没有什么相关。所以，这项活动，至少对莫里斯来说不是真正的真实性活动。

## 创造力

创造力，和问题解决一样，是迁移的一种形式，因为它包含将先前学得的知识或技能应用于新情境。心理学家对创造力的本质提出了各种观点，但总的来说，它有两个成分：

- 新的原创性的行为：行为不是明确从其他人那里学来的。
- 有价值的结果：产品适合自己的文化，并从某方面对自己的文化有价值。（Plucker，Beghetto & Dow，2004；Ripple，1989；Runco & Chand，1995；Sawyer，2003）

为了解释这两个成分，假设我正在做一个关于创造力的讲座，而且想用一种创造性的方法保持学生的注意力。一种可能的方法就是完全赤裸地来到课堂。这种方法当然满足了创造力的第一个标准（它是新的、原创性的），但是没有满足第二个（这在我们的文化中不合适）。另一种策略可能是给我的学生几个具有挑战性的需要创造性思维的问题。这种方法更有可能满足两条标准：它不仅是相对原创性的教学方式，也是恰当的、有创造性的，即让学生通过探索创造力这一过程学习创造力。

许多复杂的任务包括问题解决和创造力。但是两个过程在包括聚合思维和发散思维的程度上有些许不同。为了成功解决一个问题，我们一般将两种或更多信息综合在一起形成一个更加整合的解决问题的整体。这种将信息结合成一个单一观点或产品的过程被称为聚合思维。相反，当我们进行创造活动，我们经常从一个单一的观点开始，然后从各个角度进行思考，至少一个答案是新的、原创性的，并且适合文化的。这一从一个起点开始产生许多不同观点的过程被称为发散思维。为了明白这种差异，试试下面的
293 练习。

**亲身体验·聚合和发散思维**

在一张纸上写出你对下面每一个问题的答案：

1. 为什么房子常常用砖头而不是石头建造？
2. 砖头的可能用途有哪些？尽可能想出许多与众不同的用途。
3. 对四轮车进行改进以便使它玩起来更有趣。

---

为了回答第一个问题，你必须使用聚合思维将你关于砖头、石头和房子的知识综合起来。但另两个问题需要对一个单一物体进行发散思维：你必须思考砖头怎样可以被用在许多不同的情境中，一个儿童的四轮马车可用许多方法进行装饰。

与流行的观点相反，创造力并不是人们或者有或者无的单一实体。相反，它可能是许多具体思维过程、特征和行为的结合。在其他方面，创造性个体往往会做下面的事情：

- 用灵活的方式解释问题和情境。
- 有与任务相关的大量信息。
- 将现有知识和观点以新的方式结合起来。
- 根据高标准评价他们的完成情况。
- 对他们做的事情有热情，因此会投入很多时间和精力。（Csikszentmihalyi，1996；Glover，Ronning & Reynolds，1989；Runco & Chand，1995；Russ，1993；Simonton，2000，2004；Weisberg，1993）

而且，创造力可能在某种程度上因不同情境和不同内容领域而不同（Glover et al.，1989；Ripple，1989；Runco，2004）。学生可能在艺术、写作或科学表现出创造力，但不是在所有这些领域都有创造力。

## 培养创造力

创造性思维的某些方面可能部分根源于遗传因素，但环境因素在创造力的发展中发挥同等重要的作用（Esquivel，1995；Ripple，1989；Simonton，2000；Torrance，1976）。调查研究提出了几种在课堂上促进创造力的策略：

- **告诉学生创造力是有价值的。**当我们告诉学生我们重视创造性思维和行为时，我们更有可能培养创造力。这样做的一种方法是鼓励和奖励不寻常的观点和反应。例如，当学生以独特的和创造性的方式完成一个项目时，我们可以表现出兴奋。当我们评价学生在课堂评估中的表现时，我们应该承认那些虽然不是我们期望的，但合理正确的反应。我们自己进行创造性活动也表明我们重视创造力（B. A. Hennessey & Amabile，1987；Lubart & Mouchiroud，2003；Runco，2004；Sternberg，2003）。

- **将学生的注意力集中在内部而不是外部奖赏。**当学生进行他们喜欢的活动时，他们更有创造性，并会为他们正在做的事情感到自豪（B. A. Hennessey，1995；Lubart & Mouchiroud，2003）。为了培养创造力，我们应该偶尔给学生机会探索他们自己的兴趣，他们会很乐意坚持而不需要督促。我们也可以通过降低分数的重要性、将学生的注意力指向创造性努力带来的内在满足感来促进创造力（Hennessey，1995；Perkins，1990）。[5] 例如，在艺术课上我们可以告诉学生：

> 请不要过多担心成绩。只要你使用的材料合适，并对每个作业给出你最好的点子，你会在这节课做得很好。重要的是找到一种既是你喜欢又能通过它表达你自己的艺术形式。

- **促进对学科内容的掌握。**当学生对主题掌握得非常好时，在某个学科领域的创造力往往更有可能出现（Amabile & Hennessey，1992；Haskell，2001；Simonton，2000）。例如，如果我们想要学生创造性地应用科学原理，可能是当他们完成一个科学实验或产生一个环境问题的答案时，我们应该确保他们已经掌握了那些原理。

- **问一些激发思维的问题。**当我们提高级问题，即需要他们以新的方式使用以前 294
获得的信息时，学生更容易进行创造性地思考。需要发散思维的问题可能尤其有益（Feldusen & Treffinger，1980；Perkins，1990；Torrance & Mayers，1970）。例如，在一个关于小马快递的单元中，我们可以问：

  ✧ 在那时，邮件可能被传送到美国各地的所有方式是什么？

  ✧ 现在你能够想出一些不寻常的没有其他人想到的方法传送邮件吗？（Feldhusen & Treffinger，1980，p. 36）

- **给学生提供进行冒险所需要的自由和安全。**要变得有创造性，学生必须愿意冒险，如果他们害怕失败，他们不可能做某些事情（Houtz，1990；Sternberg，2003）。为了鼓励冒险，我们可以鼓励学生进行某些活动，而不对他们的表现进行评价。我们也可以督促他们将错误和失败看作创造过程的一个必然的、但通常是暂时的方面（B. A. Hennessey & Amabile，1987；Pruitt，1989）。例如，当学生正在写一个创造性的短故事时，我们可以在他们上交最后的产品之前给他们几个机会获得我们的反馈，也可能是他们同伴的反馈。

- **提供创造力所需时间。**学生需要时间实验新材料和观点，进行发散式思考，并偶尔犯错误。那么，促进创造力的一个重要方面是给他们时间（Feldhusen & Treffinger，1980；Pruitt，1989；Sternberg，2003)。例如，当教一门外语时，我们可以要学生小组写作和录制一个完全使用那种语言的商务口语的电视节目。这些项目学生在一天几乎不可能完成。相反，他们可能需要几个星期进行脑力激荡产生各种观点，写作和修改脚本，找到或开发他们需要的道具，进行预演。创造性观点和产品很少一夜之间就出现。

创造力需要发散思维，是创造性思维的一个重要过程。通过分派活动，教师正在向她的学生表明她重视创造性观点。然而，创造力不是一个我们可以用这样简单的练习就可培养的单一实体。相反，他可能在不同的内容领域表现出不同的形式，而学生也往往是在对某个特定领域有充分的掌握之后，在这一领域表现出创造性。因而，从长远来说，活动是不可能促进创造力的。

## 批判性思维

批判性思维过程包括评价信息和推理思路的准确性和价值（Beyer，1985）。它可能表现为各种形式，这要取决于情境。下面的练习呈现了四种可能性。

### 亲身体验·聚合思维和发散思维

阅读下面的每一种情境，并作出反应：

1. 秋天到了，天气变得越来越冷。你在报纸上看到了下面的广告：

295 你是不是厌倦了整个冬天吸鼻子和流鼻涕？是否厌烦总是感到不太舒服？如果想过一个没有感冒的冬天，服用 Eradicold 药吧。(R. J. Harris，1977，p. 605)

   你应该出去买一盒感冒药吗？

2. 你有一辆破旧的小汽车，而且已经投入了几千美元让它能正常工作。以它现在的条件，你可以1 500美元卖掉汽车，或者你可以再投入2 000元进行维修，然后以3 000元卖掉。你应该怎么做？（Modeled after Halpern，1998）
3. 你一直在玩一个六面体骰子（也就是一对骰子中的一个）。你知道骰子没有问题（不是一面比另一面重），然而，在过去的 30 次旋转中，你一次也没有转到 4。你在下一次旋转中转到 4 的可能性是多少？
4. 下面这个研究发现是由埃德蒙·艾默（Edmund Emmer）博士在 1994 年美国教育研究协会的年会上报告的：

   感到快乐的教师在教学时，更有可能培养出行为良好的学生（Emmer，1994）。

   如果你是一名教师，这样的结果意味着当你每天早上进入教室，你应该设法让自己感到快乐吗？

---

在每一种情境中，你必须评价信息并做出某种判断。在项目 1，我希望你不要被诱惑去购买感冒药，因为广告没有提供任何它们能减少感冒症状的证据。

对项目 2，它更多地给人一种现在就要卖汽车的感觉。如果你在花了2 000美元修理之后，卖3 000美元，你将比你现在就卖少赚 500 美元。许多人们错误地认为他们过去的投入是进行了额外的投入，但实际上过去的投入与现在的事情无关（Halpern，1998）。

在项目 3，在一个各面都平整的骰子转出一个 4 的可能性是 1/6。以前的结果是无关的，因为每次转动都是独立于其他次数的。但是当一个 4 在 30 次旋转中还没出现过一次，许多人相信 4 迟到太久，因此大大过度估计它出现的可能性。[6]

现在想象有什么确保你每次进入教室时都是快乐的（项目 4）？人们在解释研究结果时犯的一个普遍错误就是认为在两件事情之间的联系（相关）就意味着那些事物中的一个肯定引起另一个。事实上，正如我们在第 1 章注意到的，相关并不必然表示因果关系。可能教师的幸福感直接影响学生的课堂行为，但也可能不是。对相关关系有其他可能的解释。例如，可能好的学生行为使教师感到快乐（而不是相反），或者感到乐观的教师使用更有效的教学技术，而学生坚持完成任务则成为使用那些技术的结果（Emmer，1994）。

下面练习中呈现的四个情境列举了批判性思维可能发生的几种形式（Halpern，1997a，1998）：

- **言语推理**：用口头和书面语言理解和评价劝说的技术。当决定是否买感冒药时，296
你进行言语推理。
- **论据分析**：区分支持和不支持一个结论的理由。当你投入另外 2000 美元进行汽车修理时，你对论据进行分析。
- **概率推理**：决定与各种事件相关的可能性和确定性。当你决定转出一个 4 的可能性时，你进行概率推理。
- **假设检验**：根据获得数据以及它们与某些结论的潜在相关性对数据和研究结果的价值进行判断。当假设检验包括批判性思维时，它包括考虑下面这样的问题：
  - ✧ 使用适当的方法测量了特定的结果吗？
  - ✧ 其他可能的解释和结论被排除了吗？
  - ✧ 在一种情境中获得的结果能被合理地推论到其他情境吗？

当你评价艾默博士关于教师快乐的结果时，你进行了假设检验。

批判性思维的特点在不同的领域有所不同。在写作中，批判性思维可能包括阅读一篇论说文的草稿，寻找逻辑推理方面的错误或观点没有被充分论证的情况。在科学中，它可能包括修改现有的理论或信念来解释新的证据，也就是说，它可能包括概念转变。在历史中，它可能包括从历史记录中进行推论，尝试决定是否事情一定是以某种方式发生的，或者只可能以那种方式发生。

正如你可能会猜测的那样，批判性思维能力在儿童和青少年阶段逐渐出现（P. M. King，Kitchener，2002；Metz，2004；Pillow，2002）。然而情况常常是，各年级的学生（即使是大学生）表面地采纳他们在课本、广告、媒体报道和其他地方看到的信息。换句话说，他们很少或没有对信息进行批判分析。如果学生相信即使专家对一个主题的理解也要随着新证据积累而发展，那么他们更有可能分析性和批判性地看待新信息。如果他们相信知识是绝对的、不变的实体，那么不太可能进行批判性思维（Kardash & Scholes，1996；Kuhn，2001a；Schommer-Aikins，2001）。因而，学生的认识论信念进入了批判性思维过程。

## 培养批判性思维

可能因为批判性思维包括了如此多的技能，对如何在课堂促进它的研究最多是粗略的。然而，理论家已经提供了一些建议[7]：

- 教更少的主题，但是更深入——又是“更少就是更多”原理。
- 鼓励进行智力怀疑，例如，通过促进学生提问和挑战他们读到和听到的观点，并且传递我们对任何单个课题的知识和理解将随着时间不断改变的信息。
- 示范批判性思维，可能是在分析一篇论说文或科技报告时将思维过程大声说出。
- 给学生大量练习批判性思维的机会，如识别在论说文论据中的缺陷、评价科学发现的质量和有效性、使用证据和逻辑支持他们的观点等。
- 问一些鼓励批判性思维的问题，例如：
  - ✧ 我需要什么额外的信息？
  - ✧ 什么信息与这个情境有关？什么信息无关？
  - ✧ 作者使用了什么论说技术？它是有效的还是被设计成误导读者的？
  - ✧ 什么理由支持结论？什么理由不支持结论？
  - 297 ✧ 我可能采取什么行动改进这个研究的设计？（Questions based on Halpern，1998，p. 454）
- 让学生就来自几种观点的争议性问题进行辩论，并偶尔要他们为一种十分不同于自己的观点进行辩护。
- 帮助学生理解批判性思维包括相当多的心理努力，但它的益处使得这些努力值得付出。
- 将批判性思维技能置于真实任务情境中，并以此作为帮助学生日后在工作场所和其他成人生活的情境中提取那些技能的一种方式。（Derry，Levin，Osana & Jones，1998；Halpern，1998；Kardash & Scholes，1996；Kuhn，2001a；Kuhn & Weinstock，2002；Onosko，1989；Onosko & Newmann，1994；Reiter，1994）

“走进课堂——培养批判性思维”呈现了教师在语言艺术、社会研究和科学课中可以做些什么的几个例子。

## 走进课堂——培养批判性思维

- 教批判性思维的成分。

  在一个关于说服和论证的单元，一名初中语言艺术教师解释一个合理的论据满足三个标准：（1）呈现用来判断论点的论据是正确一致的；（2）论据是与结论相关的，而且为结论提供充足的支持；（3）很少或没有会导致相反结论的遗漏信息。教师然后让学生练习应用这些标准到各种说服和论证的文章。
- 培养鼓励批判性思维的认识论信念。

  一名高中历史教师将这门学科描述为通过知识丰富但不可避免有偏见的学者解释和理解历史事件的一种尝试，而不是将历史作为要记忆的事实集合体进行教学。有时他要学生阅读两三篇不同历史学家对相同事件的解释，然后寻找在每一篇中个人偏见的证据。
- 将批判性技能嵌入真实性活动情境中。

  在一个关于统计和科学推理的单元中，一个8年级科学班研究与概率、相关和实验控制相关的概念。然后，作为一个模拟的法案听证会的一部分，学生进行小组合作发展支持或反对一个关于维生素和其他食品添加物的法律草案的论据。为了找到支持他们论点的证据，学生在阅读和分析关于营养添加物可能的益处和坏处的杂志文章和政府报告时，应用他们已经学得的关于统计和实验的知识。

## 高级认知过程中的多样性

我们已经注意到牢固的知识基础对有效学习策略、成功迁移和问题解决，以及创造性和批判性思维的重要性。不同背景的学生当然会有不同的知识基础，而且这种差异自然而然地影响他们完成高级思维任务的能力。例如，当学生阅读与他们自己的文化经验一致的课本材料时，他们将会使用更加有效的学习策略（Pritchard，1990）。

而且，学生以往的学习经验可能以牺牲其他技能为代价促进某些思维技能。例如，作为情境认知的结果，有些学生可能已经在自己家里和邻近环境中发展了有效的问题解决策略（如，扮演小贩在街道卖口香糖和糖果时，很容易完成复杂的数学计算），但是在把他们已经学会的迁移到更加正式的课堂任务上去就会有困难（Carraher，Carraher 298
& Schliemann，1985；Gay & Cole，1967）。早期学校经历主要集中在操练和机械记忆的学生可能已经学会了以依赖复述作为学习策略，那是在亚洲学校和美国许多低收入以及城中心学区的学校中非常普遍的一种模式（Dahlin & Watkins，2000；Eccles et al.，1998；Purdie & Hattie，1996）。但是不要让这种观点导致你得出这些学生必然是差的学习者的结论。例如，亚洲学生往往相信学业成就需要大量的时间、努力和坚持，一种让他们在教室表现好的认识论信念（Li & Fischer，2004）。

文化价值和期望也明显影响学生进行批判性思考的意愿和能力。在有些文化中，非常重视长者可能促进知识是基于事实的、事先准备的、最好是从权威获得的认识论信念，这是一种差不多不鼓励对课堂内容进行批判性评价的信念（Delgado-Gaitan，1994；Qian & Pan，2002）。此外，强调维持群体和谐的文化可能使儿童不愿仔细考虑批判性思维引发的观点差异（Kuhn & Park，2005）。作为这些因素的结果，批判性思维可能在某些群体中不太常见，例如一些传统的亚洲团体和一些美国的宗教团体（Kuhn，Daniels & Krishnan，2003；Kuhn & Park，2005）。

因为某些原因，有些学生可能需要大量的指导和支持以获得高级思维技能，从而使他们在大学和外面的世界适应良好。在有些情况下，我们在教学生对论点和科学论据进行批判性评价和鼓励学生表现出恰当的尊敬之间必须找到一条中间道路。

### 适应有特殊需要的学生

我们尤其要看到在有特殊需要的学生身上的高级认知过程的差异性。表 8—3 呈现

**表 8—3　　在全纳环境中的学生——促进有特殊需要学生的高级认知过程** 299

| 类别 | 可能观察到的特征 | 建议的课堂策略 |
| --- | --- | --- |
| 有特殊认知或学业困难的学生 | • 对学习的元认知意识和控制很少。<br>• 使用很少的相对无效的学习策略。<br>• 在对策略进行外显教学后，策略使用增加。<br>• 将学得的信息迁移到新情境有困难。<br>• 在问题解决有困难，可能因为有限的工作记忆容量、不能识别问题的重要方面、不能提取适当的问题解决策略，或者有限的元认知问题解决技能。 | • 在关于某个主题的课堂情境中教给有效的学习策略（如，记笔记、使用记忆术、找到阅读材料的主题）。<br>• 支持学生使用新的学习策略（如，提供提纲指导学生记笔记、问一些鼓励提取先前知识的问题）。<br>• 首先呈现简单的问题，然后当学生达到熟练并获得自信时，逐步转向更复杂的问题。<br>• 教给学生在解决问题时将工作记忆负荷降到最低的技术（如，将问题的一部分写在纸上、画出问题的草图）。 |

续前表

| 类别 | 可能观察到的特征 | 建议的课堂策略 |
|---|---|---|
| 有社会或行为问题的学生 | • 对加工困难有有限的元认知意识（对某些学生）。<br>• 很少使用有效的学习策略（对有些学生）。<br>• 缺乏社会问题解决技能。 | • 提供使用有效学习策略的指导（如，示范策略、给学生提供一个指导记笔记的提纲、问一些鼓励提取先前知识的问题）。<br>• 教给社会问题解决的技能（见第10章）。 |
| 认知和社会功能普遍迟滞的学生 | • 缺乏对学习的元认知意识和控制。<br>• 缺少学习策略，尤其在没有策略训练时。<br>• 将信息和技能迁移到新情境有困难。<br>• 有效的问题解决策略很少。 | • 教给学生相对简单的学习策略（如，复述、特殊记忆术），让学生对它们进行大量练习。<br>• 在你想要学生使用的具体背景和情境中教新的信息和技能。<br>• 呈现简单问题并指导学生完成解答的每一步。 |
| 有身体障碍或感知困难的学生 | • 在高级认知过程上没有一致的缺陷；有时缺陷是源于学生对需要高级思维的任务只有有限的经验。 | • 使用你用于非障碍学生的策略关注这类学生在高级思维技能上的任何不足，进行适当调整适应身体和感觉局限。 |
| 认知发展超前的学生 | • 使用相对复杂的学习策略。<br>• 更好地将学习迁移到新情境。<br>• 更有效的问题解决、更复杂的问题解决策略、更灵活的策略使用、对心理定势更少易感性。<br>• 发散思维（如，问不同寻常的问题、给出一些新颖的反应）。<br>• 更有可能进行批判性思维。 | • 在课程内更强调高级思维过程（如，迁移、问题解决）。<br>• 在具体课堂主题背景中而不是孤立于学科内容教高级思维技能。<br>• 接受和鼓励发散思维，包括出乎意料然而合适的答案。<br>• 鼓励对思想、观点和证据进行批判性分析。 |

资料来源：Beirne-Smith et al.，2002；Brownell，Mellard & Deshler，1993；Campione，Brown & Bryant，1985；Candler-Lotven et al.，1994；B. Clark，1997；DuPaul & Eckert，1994；E. S. Ellis & Friend，1991；N. R. Ellis，1979；Frasier，1989；Graham & Harris，1996；Grodzinsky & Diamond，1992；K. R. Harris，1982；Heward，2006；M. C. Linn et al.，1989；Maker，1993；Mastropieri & Scruggs，2000；McGlynn，1998；Meichenbaum，1977；Mercer & Pullen，2005；Piirto，1999；Porath，1988；Pressley，1995；Pulos & Linn，1981；Scruggs & Mastropieri，1992；Slife，Weiss & Bell，1985；Stanley，1980；H. L. Swanson，1993；Torrance，1989；Turnbull et al.，2007；Wilder & Williams，2001；Wong，1991a。

了在这些学生身上普遍表现出来的一些特征。特别值得注意的是在学生的元认知意识和使用有效学习策略上的差异。许多有学习障碍的学生以及一些有情绪和行为障碍的学生往往表现出很少的知识和对有效策略的使用。智力落后的学生可能在元认知技能表现出更大的不足，而且常常很难将他们学会的任何策略迁移到新情境中去。相反，天才学生一般比他们的同班同学有更复杂的学习策略。

对许多有特殊需要的学生来说，我们可能必须明白易懂地教给他们复杂的认知技能，并给予大量的支持。也就是说，在使用具体学习策略时给予密切指导和帮助（E. S. Ellis & Friend，1991；Graham & Harris，1996）。例如，我们可以提供部分填好的提纲指导学生记笔记（参见表8—4）。我们也可以告诉学生什么时候用某种策略（例如精制加工、理解监控）合适，并用具体的课堂内容示范这些策略的使用。最后，我们必须给学生机会练习新获得的策略，同时对他们使用每种策略的情况给予反馈。

表 8—4　　一个可以指导学生记笔记的部分填好的提纲的例子

肌肉

A. 肌肉的数量　300
　人体有将近＿＿＿＿＿块肌肉。
B. 肌肉如何工作
　1. 它们＿＿＿＿＿，或收缩。
　2. 它们＿＿＿＿＿，或变长。
C. 肌肉的种类
　1. ＿＿＿＿＿肌肉通过＿＿＿＿＿连在骨头上。
　　a. 这些肌肉是＿＿＿＿＿（随意的/不随意的）。
　　b. 这些肌肉的目的是要＿＿＿＿＿＿＿＿＿＿＿＿＿＿＿＿＿。
　2. ＿＿＿＿＿肌肉排列在身体的＿＿＿＿＿＿＿＿＿＿＿＿＿。
　　a. 这些肌肉是＿＿＿＿＿（随意的/不随意的）。
　　b. 这些肌肉的目的是要＿＿＿＿＿＿＿＿＿＿＿＿＿＿＿＿＿。
　3. ＿＿＿＿＿肌肉是它这个类别的唯一一块。
　　a. 这块肌肉是＿＿＿＿＿（随意的/不随意的）。
　　b. 这块肌肉的目的是要＿＿＿＿＿＿＿＿＿＿＿＿＿＿＿＿＿。

## 概　览

如果我们将课堂活动集中在学习孤立事实，如果我们还使用强调学生关于这些事实的知识的评估技术，那么学生将自然而然开始相信学校学习是一个用机械方式吸收信息并在以后回忆起来的过程。但是如果我们取而代之将课堂时间和活动集中在用这些信息做一些事情上，例如，理解和组织信息、对它进行精制加工、应用它、对它进行分析和批判性评价，那么，学生应该获得使他们在超越课堂的真实世界中可以应用的认知过程和技能。

贯穿整章，我们已经确定了许多培养有效学习策略、迁移、问题解决、创造力和批判性思维的策略。让我们简要地回顾一下有可能促进各种高级认知过程的几个策略：

■ 强调有意义学习和概念理解而不是进行机械记忆。如果学生获得了对课堂主题的透彻连贯的理解。他们可以更好地应用和批评它，因而，我们反复遇到"更少就是更多"的原理：深入教几个主题总是比肤浅地学习大量内容更有效。

■ 在特定主题的背景中教高级思维技能。作为教师，我们将偶尔碰到打包的课程计划，这些计划被设计用来教复杂的认知过程，如学习策略、问题解决或批判性思维。但作为一条一般规则，我们最好在特定主题的背景中教高级思维技能，例如，当我们学习科学时教批判性思维和问题解决技能，或者当我们学习写作时教创造性思维（M. C. Linn et al.，1989；Porath，1988；Pulos & Linn，1981；Stanley，1980）。

■ 传递许多我们"知道"的关于这个世界的东西是随着新证据的出现而变化的。关于特定学科的认识论信念以及关于知识和学习的更一般的认识论信念对学习者怎样学习、学习什么、怎样应用课堂主题，以及他们对学习进行批判性评价的频率是怎样的有很大影响。一些课堂主题是常识性的，可以相信：例如 2＋2 总是得到 4（只要我们正在使用基数 10 的数字系统），哺乳动物肯定有骨头（即，他们是脊椎动物），哥伦布第一次横穿大西洋的航行被记录为发生在 1492 年。然而，应该说许多其他的事情仍然是许多争论的来源，如大脑如何工作、为什么历史人物做出了他们做的结论、怎样最好地控制森林砍伐等。

■ 通过小组讨论和项目鼓励高级思维。当学生彼此交谈时，他们必须对他们自己正在思考什么及怎么思考进行描述，从而变得更加能够在元认知水平意识到。他们也听取其他（可能更好的）观点、解释、问题解决策略和批判性分析。他们也总是相互支持彼此在高级任务进行的尝试，这种尝试可能对他们中的任何一个要独立完成都很困难。

■ 使用真实活动促进思维技能向真实生活情境迁移。我们没有必要让教学日充满一个接一个的真实活动，学生可能需要时间和机会练习某些事情——基本的数学知识、语法规则、各种化学元素的符号等，而不需要太多干扰（J. R. Anderson et al.，1996）。然而，除非真实活动是学校课程的常规部分，否则学生可能发现以复杂方式对学校学习的内容进行思考与他们在外面世界的生活没有什么关系。

■ 将高级思维融入评估活动。建构用于评估基本事实知识和程序的作业和测验是相当容易的。但最终更重要的是我们要评估学生能够用那些知识做什么。

301 **资格考试练习：会见艾米丽**

在 9 年级和 10 年级，艾米丽在她的班上获得的大多是 C 和 D。然而，当她升到 11 年级时，她开始更勤奋地完成学校功课，到 12 年级的第一学期，她获得的是 A 和 B。第尔曼女士，一名准教师，就学习策略会见了艾米丽：

第女士：你是怎样学会为一次测验进行学习的？

艾米丽：我不太清楚。我从来没有学会为测验进行学习的正确方法。我使用我自己的方法，它们似乎奏效了，因为现在我正在得到我想要的等级。

第女士：当你更小的时候，你怎样为测验进行学习？

艾米丽：老实说，我从没有真正刻苦学习。我从没为数学测验学习过，因为我不知道怎样进行。对于其他的历史这样的学科，我只是浏览课本。浏览课本从没有让材料进入我的脑袋。我猜测我从没有真正有过学习策略。

第女士：既然你正在获得好成绩，你怎样为测验学习的？

艾米丽：嗯，每一门学科都不同。现在当我为数学测验学习时，我做许多练习题。当我正在为历史或科学测验进行学习时，我首先复习我的笔记。我最喜欢做的事情是为重要的事实做一些抽认卡。然后我对卡片进行许多次复习，并设法学习上面的事实。

第女士：你的意思是什么，“学习”上面的事实？

艾米丽：我猜我设法记住事实。我会对卡片进行许多次复习，并在头脑中一遍又一遍地说，直到我记住它们。

第女士：你怎么知道一个事实被记住了？

艾米丽：我会在头脑中一遍又一遍地重复事实直到我认为我已经记住了。然后我会去干点其他事情，如吃点零食。如果我在休息之后仍然记得它，我就知道我已经记住了某些事情。

第女士：你认为你自己是一个好的课本阅读者吗？

艾米丽：实际上不是。课本十分枯燥。我会尽力读课本上的所有内容，但是有时我发现我自己在找课本中的黑体字。黑体字短语很重要。

第女士：为测验学习有哪些好方法？

艾米丽：我实际上喜欢抽认卡方法，因为它帮助我记住事实。我也喜欢重读课本和笔记。另一种好方法是列出课文提纲，但这种方法花时较长，我很少用它。

1. 反应建构问题

✧ 在会谈中，艾米丽揭示了她用来学习和记住学校学习内容的几种方法。

A. 确定艾米丽学习时用的三种具体策略。

B. 对你确定的每一种策略，描述它从长远来说可能对艾米丽记忆和应用学科内容有帮助的程度。将你的解释建立在学习、记忆和元认知等当代原理和理论上。

2. 多项选择问题

✧ 艾米丽说，"我最喜欢做的事情是对重要的事实做一些抽认卡，然后我对卡片进行许多次测查，并设法学习上面的事实。"这个陈述意味着艾米丽将学科内容看作孤立事实的集合。这种观点是下面哪个选项的一个例子：

a. 批判性思维

b. 发散思维 *302*

c. 知道错觉

d. 认识论信念

## 注 释

1. 元认知的一个关键成分是学习者的心理理论，我们在第3章探究了这个问题。元认知的某些方面因学科不同而有差异。

2. 鼓励精制加工的另一种有效手段是交互教学，这将在第13章描述。

3. 看第5章关于思维倾向的讨论，提供了容易从一个主题迁移到另一个主题的一般信念和态度的例子。

4. 关于这个系列的在线信息，请访问 www.peabody.vanderbilt.edu 并进入搜索栏中的"Jasper Woodbury"。

5. 这里我建议我们要鼓励内部而不是外部动机，我们将在11章关注它们的区别。

6. 这种推理被称为赌博者的谬误。

7. 如果你已经读了第5章关于思维倾向的讨论，你应该回忆起有些学生比其他学生更倾向于对学科内容进行批判性思考。即使如此，批判性思维肯定是我们能在课堂上培养的某些东西。

# 第9章

# 行为主义学习观

**本章内容要目：**

- 个案研究：想获得注意的人
- 行为主义的基本假设
- 经典条件作用
    - 情绪反应的经典条件作用
    - 经典条件作用的常见现象
- 操作条件作用
    - 经典条件作用和操作条件作用的比较
    - 课堂上的强化
    - 有效使用强化
    - 塑造新行为
    - 前摄刺激和前摄反应的作用
- 减少和消除不期望行为
    - 消退
    - 提示不恰当行为
    - 强化不相容行为
    - 惩罚
- 应对特别困难的课堂行为
    - 应用行为分析
    - 功能分析和积极行为支持
- 学生行为及对结果反应的多样性
    - 适应有特殊需要的学生
- 行为主义方法的优势和潜在局限
- 概览
- 资格考试练习：充满敌意的海伦

305 从孩提时代到长大成人，我们学到了很多新行为。当我们蹒跚学步时，我们学会自己吃饭，和客人说再见，向大人要我们想要的东西。上幼儿园时，我们学会刷牙、骑三轮自行车、使用剪刀。上小学后，我们开始使用计算器，用草体字母书写，参加团体性运动。到了青少年时期，我们可能还要学会开车，使用显微镜，或是在行进乐队中表演。很多情况下，我们能够学会这些行为，是因为我们周围的环境鼓励我们这样去做。

第 6 章曾简要介绍了行为主义的理论观点，着重介绍的是环境刺激是如何导致人们的行为改变的。在这一章里，我们将要进一步察看行为主义，用行为主义者的观点去理解：作为老师，我们怎样去帮助学生获得那些与他们刚入学时所表现出来的行为相比更复杂、更有成效、更亲社会的行为。当我们这样做时，将要思考以下这些问题：

- 行为主义者关于学习的理论中，其主要的基本假设是什么？这些假设对课堂教学实践通常有什么启示？
- 行为主义者有关经典条件作用的观点如何帮助你更好地理解和处理学生对课堂事件的情绪反应？

- 在哪些情况下你可以使用强化去帮助学生习得有用的学习和社会行为？
- 哪些前摄刺激也能够激发有成效的行为？
- 在什么条件下惩罚是有效的？你可以使用什么样的惩罚替代物来减少不受欢迎的行为？
- 你怎样才能系统地运用行为主义者的原理去应对那些特别难对付的课堂行为？
- 什么时候行为主义者的方法可能是没有帮助的？

**个案研究：想获得注意的人**

詹姆斯在一个有九个孩子的家庭中排行第六。他的爱好广泛。例如，他喜欢摇滚音乐、连环画（漫画书）、篮球和草莓冰淇淋。但是，詹姆斯更喜欢的是得到别人的注意。

詹姆斯是一个非常善于获得别人注意的人。为了得到老师的注意，他会在课堂上不假思索地说出答案，向老师扔纸夹和黑板擦，拒绝交课堂作业。为了得到同学们的注意，他会嘲笑他们、捉弄他们，或是在洗手间的墙上写猥亵的话。到了学年中期，詹姆斯还得到了额外的“奖赏”：他经常会因为做夸张的动作被送到校长办公室，以至于校长助理每周至少会找他一次。

可以确定的是，詹姆斯所得到的注意经常是以老师的责备、同学们的愤怒反击和校长助理的训诫等形式出现的，“我们再也不能有这样的行为，年轻人”。但是，注意毕竟就是注意。

✧ 你认为詹姆斯为什么会选择这些不恰当的行为（而不是更有成效的行为）作为获得别人注意的一种方式？

✧ 实际上詹姆斯学会了什么？你能够从詹姆斯获得别人注意的行为中推论出一种学习理论吗？

## 行为主义的基本假设 306

当你思考詹姆斯的状况时，不妨回想一下你自己在小学和中学阶段的学生经历。哪一种学生能得到最多的注意？是行为良好的学生还是行为不当的学生？当然是那些行为不当的学生能够得到老师和同学最多的注意（Landrum & Kauffman，2006；J. C. Taylor & Romanczyk，1994）。毫无疑问，詹姆斯已经学会了：如果他想得到关注——如果他想在人群中更醒目一些——那么他就必须采用那些别人难以忽略不管的方法来行动。

**表 9—1　　理论/假设——行为主义的基本假设及其教育启示**

| 假设 | 教育启示 | 举例 |
|---|---|---|
| 环境的影响 | ★ 创造有助于学生形成我们所期望的行为的课堂环境。 | ★ 当学生经常在独立学习中遇到困难时，我们要在学生每一次未经催促就能完成作业的时候不着痕迹地加以表扬。 |
| 强调能观察到的事件（刺激和反应） | ★ 确定可能会影响学生行为的特定刺激（包括你自己作为老师的行为）。 | ★ 如果学生经常做出一些干扰课堂的行为，需要思考一下是否是因为他每次干扰课堂时你给予他的注意鼓励了他。 |

续前表

| 假设 | 教育启示 | 举例 |
| --- | --- | --- |
| 把学习看作一种行为改变 | ★ 只有当学生在课堂表现中显现出某种变化时，才能判断学习已经发生了。 | ★ 定期评估学生的行为，并期望学生在知道的和能做的事情上有持续的进步。 |
| 事件的接近性 | ★ 如果你想要学生能够将两个事件（刺激，反应，或刺激和反应）联系在一起，则要确定这些事件在时间上是接近或一起发生的。 | ★ 把既有趣又有教育意义的活动安排在每天的课表中，以此作为帮助学生把学校里的学科学习和愉快的感受联系在一起的一种方式。 |
| 学习理论超越物种的相似性 | ★ 记住对非人类物种的研究常常与课堂实践有关联。 | ★ 过度强化一个活动，例如强化学生连续长时间安静坐着的行为——这个塑造的过程就是基于对老鼠和鸽子学习的早期研究。 |

前面所提到的个案研究描述了行为主义的一个基本观点：人们更愿意学习和展现那些至少在他们眼里是能带来所期望结果的行为。更普遍的是，人们的行为大部分是所经历的环境刺激的结果。表 9—1 已对行为主义学习理论中的一些主要假设作了一个概括，这里再作更充分的解释：

- **人们的行为大部分是他们所经历的环境刺激的结果。**从历史上看，大多数行为主义者认为，个体出生时就像一块“白板”（或者是拉丁文中的“tabula rasa”），只有极少数的简单反射，没有任何以某种方式行动的遗传倾向。随着岁月的流逝，环境会在这块白板上刻下痕迹，慢慢地塑造或者是条件作用于个体，使个体变成一个具有独特的个性和行为方式的人。

作为老师，我们要时刻牢记学生的过去和现在的环境都有可能对他们的行为产生显著影响。我们经常能够运用这个基本理论来创设有利的教学条件：通过改变课堂环境，我们也能够改变学生的行为。

- **根据可观察的事件——也就是刺激和反应之间的联系来描述学习。**正如第 6 章所提到的，传统的行为主义者认为发生在个体内部的现象（思想、信念、情绪等）不能被观察到，所以不能被科学地进行研究。有些行为主义者把人看成是一个不能被打开来进行研究的黑箱。他们建议心理学研究应取而代之地注重那些能被观察到并能进行客观
307 研究的事情上。尤其应注重学习者所做出的反应（Rs）以及导致/引起这些反应的环境刺激（Ss）（Kimble，2000）。

然而，不是所有的行为主义者都坚决支持黑箱假设。最近几年许多行为主义者开始把认知过程及其他内部现象纳入到他们的理论解释中（DeGrandpre，2000；Rescorla，1988）。即使对于行为主义者来说，在对学习和行为加以解释时要剔除思维也是非常困难的，而且这种情况正变得日益明显。在你阅读本章内容时，你将会看到我在讨论行为主义理论时偶尔会提到内部现象。我这样会暴露出我自己的认知心理学倾向，而这是纯粹的行为主义者所反对的。

- **学习包括行为改变。**第 6 章里我们把学习定义为“心理表征或作为经验结果的联想的长时间改变”。但是有的行为主义者并不赞同这一界定，因为我们并不能看到心理的改变。相反，他们建议我们应当把学习看作由经验所引起的行为的改变。这样的一种学习观在课堂教学中特别有用。那么我们不妨设想这样一个课堂情景：

你正在解释一个比较难的概念，学生们都聚精会神地看着你。讲完后你问学生，“有什么问题吗?”你环顾教室，没有一个学生举手。你就会想，“很好，他们都理解了。”

但是，你的学生真的理解了吗？如果是依据你所看到的来判断，你实际上一点都不知道他们是理解了还是没理解。仅仅是所观察到的行为改变——也许是测验成绩的提高，更频繁的独立阅读，或者是攻击行为的减少——最终能够告诉我们学习已经发生了。相应的，在第15章里讨论评估问题时我们会重提这个观点。

• **当刺激和反应在时间上接近在一起发生时就非常有可能发生学习。**要形成刺激—反应联想，某些事件就必须和其他事件同时发生。当两个事件几乎同时发生时，我们就说它们之间有某种接近性。下面举些例子来描述这种接近性：

✧ 你的老师X教授手里拿着她刚改好的一份试卷，并皱着眉头看着你。你发现你试卷上的成绩是D，此时你的胃里翻起一股难受的感觉。下一次X教授又皱着眉头看着你时，这种难受的感觉就会再次出现。

✧ 每次你举起手时另一个老师（Y教授）都会叫你起来回答问题。尽管你在其他课堂上非常安静，你会发现自己在这个课堂上举手和发言的次数会越来越多。

在第一种情况下，X教授的皱眉和你的试卷上的D几乎是同时出现的。在这里我们看到了两种刺激的接近。在第二种情况下，你举手的反应立即伴随着Y教授请你回答问题，在这里我们看到的是反应和先前刺激之间的接近（尽管叫你回答问题是Y教授做出的反应，但这对你来说是一个刺激）。在这两种情况下你的反应是不同的：每次X教授皱眉时你学会了胃里翻起一种难受感觉的反应，而在Y教授的课堂上你学会了越来越多地举手和回答问题。

• **许多种动物包括人类的学习方式都是相似的。**众所周知，行为主义者喜欢用老鼠和鸽子做实验。他们假定许多物种都具有相似的学习过程。因此，他们会把从所观察物种推导出来的学习理论运用到对其他许多物种的学习的理解上，包括人类。

在教育心理学课堂上，学生有时很讨厌将人类的学习与老鼠和鸽子的学习作比较。但事实是，从非人类的动物学习研究发展而来的行为主义理论常常用来解释人类的行为。在以下的篇幅里我们着重关注两种行为主义理论——经典条件作用和操作条件作用——这些理论虽然大部分是从动物研究中推导出来的，但仍然可以帮助我们理解人类许多方面的学习与行为。不过，首先让我们运用目前已学到的知识做一做下面的评估练习。

通过检查杰夫的笔记，我们可以了解到他的一些事情。我们了解到，杰夫在老师授课时，学会了在听讲过程中做精确的、有组织的笔记。我们也看到他已经获得了关于良好倾听方面的一些观点。我们也有理由假设，杰夫并非一个总是能把笔记做得很好的学生，他也不是总能理解他在笔记中所记下的观点。这些结果——他在行为方面的改变——告诉我们学习已经发生了。

然而我们不能知道的是，杰夫实际上能否将所学到的建议运用到实践中去——也就是作为学习结果，他是否能够较好地运用倾听技巧。事实上，我们没有看到他在人际交往行为方面的改变。但是从行为主义的角度来看，杰夫很有可能会通过实践倾听技巧来获得有效的人际交往技能，也许是在角色扮演活动中，或是平常与同学每天的交往中。

### 解释学生的作品和行为——倾听

在9年级的人际交往技能的单元课上，老师给学生讲授了有效倾听技巧方面的内容。有一个名叫杰夫的15岁男生，在听讲过程中做了一个粗略的笔记。在这里摘录了他的笔记中的部分内容。当你检查他的笔记时：

- 辨别杰夫所表现出来的已经学会的东西。
- 辨别杰夫实际上还没有学会的东西。

下面是杰夫的笔记：

Ⅰ. 张开耳朵

a. 如果我们想要能够影响和引导别人，我们首先要让别人知道我们在关注着他们。

b. 让别人知道我们在关注他们意味着我们必须要听他们的故事，(倾听)“人们不会在意你知道了多少，除非他们知道多少。”

Ⅱ. 错误的倾听技巧

a. 间距

b. 假装倾听

c. 选择性倾听

d. 词语倾听

e. 自我中心的倾听

Ⅲ. 正确的倾听

a. 用眼睛、心灵和耳朵去倾听

眼睛（40%）语调

心灵（53%）身体语言

耳朵（7%）词语

b. 站在对方的角度（同感）

c. 加以反馈

## 经典条件作用

请思考以下的情形：

艾伦一直非常喜欢棒球。但在去年的一次运动中，当他挥动球棒向上击球时被投过来的球重重地击伤了。现在，虽然他仍然玩棒球，但无论什么时候轮到他击球时他都非常焦虑，以至于心跳加快，于是他经常回避球而不是击球。

对艾伦行为的一个可能解释就是经典条件作用，这一理论用于解释我们有时是怎样学会新的反应的，而这一反应是两个几乎同时出现的刺激的结果（在艾伦的例子中，看到飞速而来的球和被球击中的疼痛感两者几乎是同时发生）。艾伦目前对投过来的球的反应——他的生理反应和回避行为——是他在被球击中体验到疼痛之前所没有的，因此，此时学习已经发生了。

经典条件作用最先是由伊万·巴甫洛夫（Ivan Pavlov，1927）提出来的，他是俄国的一位生理学家，主要进行唾液分泌方面的研究。巴甫洛夫经常会在他的研究项目中用狗做实验，通过给狗呈现肉让狗分泌唾液。他注意到当狗听到实验助手从大厅走下来，就频繁地开始分泌唾液，即使狗还没有闻到助手拿来的肉的味道。巴甫洛夫对这一现象感到非常好奇，于是设计了一个实验，更系统地检验狗是怎样在对一个新刺激的反应中学会分泌唾液的。他的实验是这样做的：

1. 巴甫洛夫点亮一盏灯。狗并没有对灯光刺激分泌唾液。用 S 代表刺激，用 R 代表反应，我们可以用符号来描述巴甫洛夫的第一次观察结果：

S（灯光）→ R（没有）

2. 巴甫洛夫又一次点亮灯，随后立即呈现一块肉在狗的面前。他把这个过程重复几次后，狗每次都分泌唾液。这时狗的反应是它原来就知道怎样做的——对肉分泌唾液——它仍然没有学会新行为。我们可以用符号来描述巴甫洛夫的第二次观察结果： 309

S（灯光）↘
　　　　　R（唾液分泌）
S（肉）　↗

3. 巴甫洛夫再次点亮灯，但这次没有呈现肉，狗仍然分泌唾液。换言之，狗已经学会了对灯光刺激做出新的反应。我们同样可以用符号来描述巴甫洛夫的第三次观察结果：

S（灯光）→ R（唾液分泌）

概括地讲，经典条件作用的过程如下：

1. 首先从一个已经存在的刺激—反应联系开始——也就是无条件刺激—反应联系。巴甫洛夫的狗无论何时闻到肉味都会自动分泌唾液，艾伦无论何时受到疼痛刺激时都会感到不安和回避，这两种情况下都没有学习的发生。当一个刺激在没有先前学习的情况下能诱发一个特殊反应时，我们把它称之为一个无条件刺激（UCS）诱发一个无条件反应（UCR）[1]。无条件反应通常属于自动的、无意识的反应，学习者对它只有极少的控制甚至没有控制。

2. 当一个中性刺激——即不会诱发任何特殊反应的刺激——在无条件刺激之前即刻呈现时，条件作用就会发生。在巴甫洛夫的狗的实验中，灯光在肉之前即刻呈现。在艾伦的例子中，是在疼痛的撞击之前棒球即刻被投掷过来。尤其是当两种刺激在某些场合中一起呈现时，或是只有当无条件刺激紧跟着中性刺激出现时，条件作用就很有可能发生（R. R. Miller & Barnet，1993；Rachlin，1991；Rescorla，1967）。

3. 不久以后，新的刺激也会诱发一个反应，通常是一个与无条件反应很相似的反应。此时中性刺激就成为条件刺激（CS），而反应也成为条件反应（CR）。例如，巴甫洛夫的狗获得了对一个新的条件刺激——灯光分泌唾液的条件反应。艾伦获得了对投掷过来的棒球感到焦虑并回避的条件反应。就像无条件反应一样，条件反应也是无意识的：每次条件刺激出现时它都会自动发生。

## 情绪反应的经典条件作用

经典条件作用有时也能够解释为什么人类及其他有机体会对特定刺激产生情绪反应。例如，我们可以试着做一做下面的练习。

某些情况下你对一首歌的情绪反应可能仅仅是由于这首歌表达了这种情感。但在某些情况下一首歌会引起你的情感反应，是因为你把这首歌和某些特定事件联系起来了。请思考下面这个关于布伦达的例子：

## 亲身体验·"经典"音乐

有些歌曲会使人们感受到某些情绪体验。例如，韩德尔（Handel）的"水上音乐"（Water Music）总是会诱发出我的特别幸福的感觉，也许是因为这首乐曲曾经在我的婚礼上播放过。但是旧电视上播放拉网（Dragnet）的主旋律时仍然会引发我的焦虑，因为当我还是小孩子时这支曲子曾吓了我一跳。如果你想体验一下以下的各种感觉的话，请花点时间想一想你听起来可能会感到特别的音乐：

感觉　　歌曲
幸福　　________________
放松　　________________
焦虑　　________________
悲伤　　________________

为什么这些歌曲会带来这种感觉？当每一首歌曲响起来时你能够跟着这些感觉追寻你人生路上的那些重要时刻吗？

---

在学校的一次舞会上，布伦达曾经和乔跳过一支舞，乔是一个让她非常心动的男孩。当时他们跳舞的乐曲是"米歇尔"，一首披头士的老歌。之后，布伦达无论何时听到"米歇尔"这首歌，都会感到很快乐。

在这个例子中，乔是布伦达感到快乐的最初源头。另一个刺激即歌曲"米歇尔"，由于和乔联系在一起，因此也能诱发相同的情感体验。根据经典条件作用的观点，我们可以用以下的方法来分析这种情况：

无条件刺激：乔→无条件反应：对乔的快乐反应
条件刺激："米歇尔"→条件反应：对"米歇尔"的快乐反应

以下是更多的关于人们是如何通过经典条件作用学会情绪反应的例子。注意每个例子中的两个刺激都是同时出现的。其中一个刺激已经诱发一个反应，而第二个刺激作为配对的结果也开始能诱发相同的反应。

✧ 贝纳德曾掉进游泳池里几乎被淹死。一年后，他妈妈带他到当地的一个娱乐中心去上游泳课，当她试图把贝纳德拉到水池边时，他歇斯底里地哭了起来。

  无条件刺激：无法呼吸→无条件反应：对窒息的恐惧
  条件刺激：游泳池→条件发应：对游泳池的恐惧

✧ 博比因为生病有一个月没到学校上课。返校后，他不知道该如何解答老师所布置的长除法问题。在作业中接二连三地遭受到挫折体验后，无论何时遇到除法运算问题他都会感到非常焦虑。

  无条件刺激：失败/挫折→无条件反应：对失败的焦虑
  条件刺激：长除法→条件反应：对长除法的焦虑

✧ 上课时贝丝给班上的一个同学递纸条被老师逮住了。老师当着全班同学的面读了这张纸条，纸条上有一些非常个人和隐私的信息，这让贝丝非常尴尬。贝丝现在只要一踏进这个老师的课堂就会感到非常不舒服。

无条件刺激：羞辱→无条件反应：在羞辱反应中的尴尬感

条件刺激：老师/课堂→条件反应：对老师/课堂反应中不舒服的情绪

经典条件作用经常被用来解释为什么人们有时会意料之外地对那些相当中性的刺激产生情绪上的反应。当一个特殊刺激和那些使我们感到快乐或轻松的事物联系在一起时，它也开始会诱发类似的快乐感或轻松感。当一个刺激和那些使我们感到恐惧或焦虑的事物联系在一起时——也许是因为这个“事物”危及我们身体的安全或心理的安宁——它也开始会诱发恐惧感或焦虑感。

作为老师我们应当创造这样的一个课堂环境：尽可能地使刺激（包括我们的行为）能诱发出诸如快乐或轻松之类的反应，而不是恐惧或焦虑的反应。当学生把学校和愉快的情境——积极的反馈、愉快的活动等——联系在一起时，他们很快就会发现学校是一个他们非常想去的地方。但当他们在学校里遭遇到一些不愉快的刺激——诸如在公共场合受辱或是持续的挫折和失败——最终他们可能会学会害怕或不喜欢某个特定的活动、某个学科、老师，甚至是整个学校。

## 经典条件作用的常见现象 311

经典条件作用中两个比较常见的现象是泛化和消退。正如你在本章的后面所发现的那样，在操作条件作用中也会大量地发生这些现象。

### 泛化

当人们学会了对一个新刺激做出条件反应后，他们可能也会用同样的方法对类似的刺激做出反应——这种现象称之为泛化。例如，一个对长除法运算感到焦虑的男孩可能也会把焦虑反应泛化到数学的其他方面。一个在课堂上感到羞辱的女孩，她可能也会把这种尴尬感泛化到其他课堂上去。然而，我们同样可以看到学生为什么会把愉快感和课堂的学科内容联系在一起的一个原因：学生对某个特殊的主题、活动或内容的反应可能会泛化——也就是，他们可能会将反应迁移到类似的主题、活动或情境中。

### 消退

巴甫洛夫发现经典条件作用并不会必然地永远持续下去。通过将灯光和肉配对，他可以让狗仅仅条件性地对灯光分泌唾液。但到了后来，当他反复地亮灯而没有紧接着呈现肉时，狗的唾液分泌就会越来越少。最后，狗对灯光不再分泌唾液。当一个条件刺激在没有无条件刺激的情况下反复出现——例如，当数学不再与失败联系在一起或是当老师不再和羞辱联系在一起时——条件反应可能会降低直至最终消失。换言之，消退发生了。

许多条件反应会随着时间的流逝而消失。但不幸的是，也有许多条件反应并非如此。一个孩子对水的恐惧感或是对数学的焦虑可能会持续数年。恐惧和焦虑持续不退的一个原因是学习者倾向于逃避那些引起消极情绪反应的情境。但如果他们总是回避那些使他们感到害怕的刺激，那么他们就没有机会在不存在那些无条件刺激的情境下去体验那些让他们感到害怕的刺激，而那些无条件刺激最初是与那些让他们感到害怕的刺激相配对的。结果，他们就没有机会去学会不害怕——没有机会去经历消退反应。

作为老师，我们怎样才能减少那些学生可能表现出来的会产生反作用的条件反应呢？心理学家已经发现，要消除人们对某个特殊条件刺激的消极情绪反应，其中一个方法就是在学生感到开心和放松时慢慢地、逐渐地引入刺激（M. C. Jones，1924；Wolpe，

1969)。例如，如果贝纳德害怕水，我们可以在其他让他感到比较容易的地方开始游泳课——也许是在干的陆地上或是在婴儿游泳池里——然后在他感到比较舒适时再移到比较深的游泳池里。如果博比在每次遇到数学问题时都非常焦虑，我们可以返回到更容易的问题上——那些他比较容易解决的问题上——然后只有在他表现出更高能力和更多自信的时候再逐渐提高作业的难度[2]。

没有什么比成功更能让学生在课堂上感觉良好。为了促进学生获得成功，我们能做的事情就是构建课堂环境，以便合适的行为能导致所期望的结果，而不合适的行为则不会导致不期望的结果。这种强化在操作条件作用中扮演着非常重要的角色。

## 操作条件作用

马克是费格森小姐的地理课上的一名学生。这是马克在十月的第一个星期所经历的事情：

- 星期一：费格森小姐请同学们在地球仪上标出哥伦比亚的位置。马克知道哥伦比亚在哪里，于是他微笑地坐着，把手放在膝盖上，希望老师能叫他起来回答问题。然而费格森小姐叫了另外一个同学。
- 312 星期二：费格森小姐问同学们哥伦比亚这个名字是从何而来的。马克知道哥伦比亚是在克里斯多夫·哥伦布发现新大陆后被命名的，于是他把手举得很高。然而费格森小姐叫了另一个同学。
- 星期三：费格森小姐问同学们哥伦比亚人为什么讲西班牙语而不是英语或法语。马克知道哥伦比亚人讲西班牙语是因为这个国家的许多早期的欧洲定居者都是来自于西班牙，于是他把手高高地举在空中，然而老师叫了另一个同学。
- 星期四：费格森小姐问同学们为什么哥伦比亚生产咖啡而加拿大却不能生产咖啡。马克知道咖啡只有在一定的气候条件下才能生产，于是他高高地举起了他的手并使劲地前后挥动。这一次费格森小姐叫了他起来回答问题。
- 星期五：费格森小姐无论何时问到的问题只要是马克能够回答的，马可都会高高地举起他的手并使劲地前后挥动。

我们注意到马克在地理课上的几次举手行为并没有带来什么结果，而使劲地挥手却给马克带来了他想要的结果：得到了老师的注意。于是，吸引费格森小姐注意的反应得以继续，而其他的反应却消失了。

马克的行为改变形象地说明了操作条件作用，一种被众多的行为主义者，其中最为著名的是斯金纳（B. F. Skinner，1953，1954，1968），所描述的学习方式。操作条件作用的主要原理其实非常简单：

> 一个反应被强化——然后非常有可能再次出现——当它被一个强化刺激（强化物）所伴随时。

当行为与一个期望结果相伴随时，行为出现的频率就会增加。当行为没有产生所期望的结果时，这些行为通常会减少甚至完全消失。

学生经常能够学会并表现出新的行为是因为这些行为所带来的结果。有时新行为是恰当的、有效的。例如，如果塞米拉努力地完成作业并获得了她所期望的成绩 A，她以后更有可能努力地完成作业。然而不恰当的行为也有可能通过操作条件作用而获得。如果詹姆斯发现向她身边的女孩扔纸夹能引起她的注意，他扔纸夹的行为就会有规律地出现。

操作条件作用只有在两种条件下才会出现。第一，学习者必须要做出一个反应，也就是学习者必须要做点事情。行为主义认为让学生安静地坐着、被动地听老师讲课是学不到什么东西的。相反，当学生在课堂上做出更积极、更明显的反应时他们才更有可能学会知识（如 Drevno et al.，1994）。第二，强化物必须是与学习者的反应相倚的——那就是，只有当所期望的反应出现时强化物才会出现。一个老师只有当学生的举止恰当时表扬他们才能使得强化与所期望的行为相倚。相应的，老师嘲笑一个长期行为不良学生的滑稽行为，实际上是在可接受的反应还没有出现时提供强化，结果，学生的行为就不可能得到提高。

作为老师，我们一定要去强化那些我们想要学生获得的行为。如果我们想要学生经常阅读书籍、在班上自愿地做事、在篮球比赛中表现出好状态，或是和同学们合作学习，那么当这些行为发生时我们就要强化这样的行为。同时，我们应当注意不要强化那些不恰当的和反作用的行为。如果我们总是同意卡罗尔迟交作业只因为她说她忘记写作业了，如果我们经常放任科林在操场上欺负同学，那么我们就会强化（并因此增加）卡罗尔的不负责任和科林的攻击行为。

## 经典条件作用和操作条件作用的比较

正如经典条件作用那样，操作条件作用也包含有刺激和反应两个方面。但这两者在以下两个主要方面还是有不同之处：

- **条件作用形成的方式。**经典条件作用源自两个刺激的配对，一个是最初诱发反应的刺激（无条件刺激），另一个是开始能诱发相同的或相似的反应的刺激（条件刺激）。相比较而言，操作条件作用是在一个反应被一个刺激（尤其是强化物）相伴随时才会出现。
- **反应的性质。**在经典条件作用中，反应是无意识的：当一个特定（条件）刺激 313
呈现时，反应几乎是自动跟随着出现的。例如，艾伦不是选择对那个向他投掷而来的棒球焦虑；他仅仅是焦虑。然而，在操作条件作用中，反应通常是有意识的：学习者能够控制自己是否做出反应。例如，在本章开头所提到的个案研究中，詹姆斯最终是可以选择是否不假思索地说出答案，在教室里扔黑板擦，或是嘲弄同学。课堂上没有任何事情在强迫他做这些事。

## 课堂上的强化

我们经常谈论要奖赏学生的学业成就和恰当的课堂行为。但是，我在对操作条件作用的描述中，由于一个非常重要的原因没有使用奖赏这个词。这是因为奖赏这个词会使我们想起我们所有人都赞同的、令人愉悦的、值得期待的事物——也许是表扬、奖金、奖品或特殊的权利。但有些个体是因为某些别人没有发现其迷人之处的结果而增加自己的行为。强化物可以是任何能提高某种特定行为频率的结果，哪怕其他人并没有发现这个结果有什么令人愉悦之处。这种伴随着一个特定反应的强化物的行动/程序被称之为强化。

让我们回到前面的个案研究。当詹姆斯在课堂上不假思索地说出答案、向教室四周扔东西以及拒绝上交课堂作业时，我们可以设想詹姆斯的老师并不会对他的这些行为报以微笑或加以表扬。老师可能会皱眉、责备甚至大声喊叫，而这些我们通常不可能认为是奖赏。然而这些结果有可能导致詹姆斯的不良行为的增加，因此，它们显然正在强化詹姆斯的行为。来自于他人的关注，不管这种关注的方式如何，对于某些学生而言却是高度的强化，而且常常会维持反作用的课堂行为（Flood，Wilder，Flood & Masuda，2002；McComas，Thompson & Johnson，2003）。

各种各样的事物都可以成为强化物，而不同的强化物会对不同的学习者有效。在下面的练习中我们只探索其中的一些可能的强化物。

## 亲身体验・它会带来什么?

设想这样的一个场景：

你被顺利地编入我的教育心理学的课堂里。作为你的老师，我问你是否愿意在课后花一个小时的时间辅导一下你的两个同学，他们在理解课程内容方面有些困难。在那一个小时里你没有别的事情，但你真的宁愿在附近的咖啡店里待上一个小时，你的几个朋友也正好在那里吃午饭。花一个小时去辅导你的两个同学而不是和朋友在一起将会给你带来什么？你愿意为了得到我的表扬而去辅导同学吗？你愿意为了得到一个糖果棒而去辅导同学吗？如果我给你五美元怎么样？你会愿意仅仅是因为帮助别人让你感觉良好而去辅导同学吗？写下一个奖赏——也许是我提到的或是我完全没提到的——这个奖赏可以说服你去帮助同学而不是和朋友见面。

314 现在设想第二个场景：

几个星期后，我请你在周末（周六和周日每天 8 小时）还是辅导那两个仍在努力的同学。这次说服你做这件事情会给你带来什么？你会为了我的表扬而去做吗？或是一个糖果棒？或是五美元？或是 500 美元？还是你自己内在的满意感就足矣？请再次写下你会为了什么去帮助同学。

---

在这个练习中答案没有对错之分，不同的人会为了不同的原因去辅导同学，但在每一种能够说服你放弃个人时间去帮助别人的状况中，你可能至少可以确定一种结果。

**初级强化物与次级强化物**

有些强化物，例如糖果棒，属于初级强化物，因为他们能够满足基本的生理需要。食物、水、温暖之源，以及氧气都是一级强化物。从某种程度上讲，身体的情感和拥抱也能满足内在的生理需要。而对于一个沉溺于非法物质的青年人来说，下一次的毒品注射也是一个初级强化物（Harlow & Zimmerman，1959；Lejuez，Schaal & O'Donnell，1998；Vollmer & Hackenberg，2001）。

在前面的练习中，如果你是为了钱去辅导同学，你则是在为次级强化物而这样做。次级强化物并不能满足任何生理需要，但是通过与其他强化物联系在一起，随着时间的推移也变得有强化作用。这样的例子不仅包括钱，还包括表扬、好的成绩和奖品。例如，如果表扬偶然地和妈妈所给的特殊的糖果联系在一起，或是钱经常和爸爸的拥抱联系在一起，表扬和钱最终就会在它们彼此之间变成强化。通过这种方式，看起来不愉快的刺激也能成为强化物。例如，如果詹姆斯经常把老师的责骂和他想要的东西——更多的关注——联系在一起，那么责骂自身确实就会成为强化物。

在课堂上，次级强化物比一级强化物要常见得多。事实上，使一级强化物（例如午餐、在休息室休息）与一定的成绩水平相伴随通常不是一种好的教学手段。然而，当我们使用次级强化物时，我们必须记住它们是学会的强化物，并不是每个人都看重它们。尽管大多数学生都会对表扬或好的成绩这样的结果做出积极的反应，但也有少数学生并不是这样的。

**正强化与负强化**

到目前为止，我们一直是把强化作为某种特殊的强化刺激的呈现加以谈论，但在某些情况下我们也可以通过刺激的消除来强化行为。行为主义者分别用正强化和负强化两个术语来描述这两种情况。

**正强化。**无论何时当一个特殊的刺激在一种行为之后呈现而且以这种行为的增加为结果，正强化就发生了。不要被正字所迷惑，这种情况下呈现的刺激并不是必然伴随着愉悦感和满意感。即使所呈现的刺激是一个无法令人愉悦、满意的刺激，正强化也仍然会发生。这里的正字仅仅是意味着增加了某些东西。例如，有些学生可能会为了得到老师的表扬而做出某种反应，但有些学生（如前面的个案研究中的詹姆斯）却是为得到老师的责骂而去行动。大多数学生会为了 A 等级的成绩而学习，但也有极少数学生却宁愿要 C 等级甚至 F 等级。依据不同的个体，这些刺激中的任何一种——表扬，责骂，A 等级，或者是 F 等级——都可以是正强化物。下面列举一些正强化形式的例子：

- ✧ **具体强化物**是实实在在的物体——也就是能被触摸到的东西（如点心、粘贴物、玩具等）。
- ✧ **社会强化物**是一个姿势或符号（如微笑，注意，表扬，或是一声“谢谢你”），常常传达一种积极的关系。
- ✧ **活动强化物**是指从事某种喜爱的活动的机会。如果做某件事能够让学生去做他们喜欢做的事情，学生就会经常去做这件事，即使这些事他们并不喜欢去做。这种 315
现象有时称之为普雷马克原理（Premack Principle，Premack，1959，1963）。
- ✧ 有时候一个简单的信息，如这个答案是对的或是这个任务完成得很好——即正反馈——都足以强化。当正反馈能明确地告知学习者他们什么方面做得好甚至能更进一步地告知他们为了提高成绩应做什么时，正反馈就会非常有效（Bangert-Drowns，Kulik，Kulik & Morgan，1991；D. L. Butler & Winne，1995；Feltz，Chase，Moritz & Sullivan，1999）。

刚才所列举的强化物属于外部强化物，是由外部环境所提供的（常常是其他人）。相应的，内部强化物则是由学习者自己所提供的或是所完成的作业自身所固有的。当学生在缺乏可观察到的强化物的情况下做出某种行为时——当他们一口气读完整本书，或在老师未做要求的情况下做额外的功课，或是和当地的摇滚乐队练习到凌晨——他们很可能是为了那些使这些行为得以产生的内部强化物而去工作的。内部强化物并不是可观察到的行为，因而并不能完全适合传统的行为主义的理论，然而学生会很清楚地为了某些行为所带来的内在满意感而独自去做这些行为。例如，在前面的“它会带来什么?”这个练习里，如果你仅仅是因为那样做会让你感觉良好而去帮助你的同学，你就是为了内部强化物而做事。为内部强化物而做事反映了内部动机，这个概念我们将在第 11 章和第 12 章里讨论。

儿童对各种强化物的偏爱往往会随着年龄而改变。例如，像糖果或是小饰品这种具体强化物对年幼儿童有效，但青少年可能更重视和朋友交往的机会。表 9—2 呈现的是对不同年级水平的孩子特别有效的各种强化方式。

**表 9—2　　发展趋势——不同年级的有效强化物**

| 年级水平 | 典型的年龄特征 | 建议采取的策略 |
|---|---|---|
| K～2 | • 喜欢小的、即时的强化物而不是大的、延迟的强化物。<br>• 有效强化物的例子：<br>具体强化物（如粘贴物、蜡笔、小饰品）。<br>老师的赞许（如微笑或表扬）。<br>“成年人”的责任（如把旷课者表格带到校长办公室）。 | ★ 对恰当行为给予即时表扬。<br>★ 描述可能伴随学生当前行为的令人愉快的结果。<br>★ 使用色彩丰富的粘贴物指引学生把事情做好，选择符合学生兴趣的粘贴物（如有趣的卡通人物）。<br>★ 在学生做了期望的行为后让他们排队去休息、吃午饭或解散（如“第二桌最安静，可以最先排队”）。<br>★ 轮换履行课堂责任的机会（如喂金鱼、给植物浇水），使这样的责任与恰当行为相倚。 |
| 3～5 | • 增强延迟满足的能力（即为了得到后面的更大的强化物而放弃小的强化物）。<br>• 有效强化物的例子：<br>具体强化物（如糖果、铅笔、小玩具）。<br>老师的赞许和正反馈。<br>好公民证书。<br>自由时间（如画画或玩游戏）。 | ★ 只是偶尔使用具体强化物，可能是为了增加课堂活动的新奇性。<br>★ 在确定学生把事情做得很好后，授予他们本周好公民证书，确保每个学生每学年至少获得一次证书。<br>★ 为那些有良好出勤记录的学生制订到当地游乐园游玩的计划（这对于那些有可能面临学业失败风险的学生特别有用）。 |
| 6～8 | • 越来越希望有与同伴进行社交的时间。<br>• 有效强化物的例子：<br>有空闲时间与朋友在一起。<br>来自同伴的接纳和赞许。<br>老师的赞许与情感支持（特别是转到中学后很重要）。<br>对学业表现的具体正反馈（私下给予反馈更可取）。 | ★ 将与同伴交往的短时间自由与完成所布置作业相倚。<br>★ 一对一地和学生，特别是和那些社交孤立的学生待在一起。<br>★ 对于学生在什么事情上做得好给予明确反馈（如他们在散文中使用精彩的语言或亲社会行为）。 |
| 9～12 | • 具有更强的为得到期望的长期结果而延缓即时满足的能力。<br>• 关注得到好成绩（特别是那些正在申请上大学的学生）。<br>• 有效强化物的例子：<br>和朋友交往的机会。<br>对学业表现的具体正反馈。<br>对群体表现的公共认识（如报纸上关于俱乐部的公共服务工作的文章）。<br>责任职位（如做教职员理事会的学生代表）。 | ★ 承认学生对渴望得到好成绩的关注，但要将他们的注意引导到学习学校科目的价值本身（参见 12 章）。<br>★ 确保好成绩与学生自身的努力相倚；采取防范措施确保欺骗和抄袭不会被强化。<br>★ 在当地的新闻媒体上宣传课外小组和运动队的成绩。<br>★ 为学生提供独立做决定并承担责任的机会，尤其是当学生表示他们能做出明智决定的时候。 |

资料来源：L. H. Anderman, Patrick, Hruda & Linnenbrink, 2002; Cizek, 2003; Fowler & Baer, 1981; Green, Fry & Myerson, 1994; Hine & Fraser, 2002; Krumboltz & Krumboltz, 1972; Rimm & Masters, 1974; Rotenberg & Mayer, 1990; M. G. Sanders, 1996。

根据我们作为教师的观点，正反馈（外部强化物）以及正反馈所带来的愉快感、 315
满意感（内部强化物）可能是最可取的课堂强化方式。但我们必须要记住，只有当课堂讲授被精心地按照学生的技能水平和能力加以安排，也只有当学生学会重视学业成就时，在课堂上采用这种强化方式才会获得成功。当学生没有动力为了任何一种原因而去追求学业成就时，社会强化物、活动强化物甚至具体强化物都可用来增加良好的课堂行为。

**负强化。**虽然正强化包含有刺激的呈现，但是负强化通过刺激的消除（尤其是不愉快的刺激）仍可导致行为的增加。这里的负字并没有价值的判断，它仅仅是指消除而不是增加一个刺激的行为[3]。当人们为了放弃某些东西做出一个反应，他们就是被给予负强化（在本章后面的表 9—3 将对正强化和负强化进行比较，并将正强化、负强化与惩罚加以比较）。

例如，设想一下你要完成某门课中一个比较困难的作业。因为你不喜欢这个作业老是困扰着自己，于是在要求的期限之前完成了这个作业并交给了老师。在上交了这个作业后，你就不再需要去担心它了。因而，你因为完成作业的行为受到了负强化，因为你摆脱了担心这种折磨人的感觉。

在前面的个案研究中，我们可以看到负强化的另一个例子。当詹姆斯表现出不良行为时，他的老师有时会把他送到校长助理的办公室。老师这样做也许会负强化他的一些恼人的行为。特别是詹姆斯离开教室，因此消除了一个刺激——也就是课堂环境的某些 316
方面——那可能正是他所讨厌的（如果詹姆斯喜欢和校长助理待在一起，那么他还是得到了正强化）。虽然有些学生在班上行为不良会得到注意（正强化物），但有些学生行为不良是为了逃避他们不想要的某些东西，例如完成比较难的作业，这种逃避行为就是负强化（e. g.，McComas et al.，2003；Mueller，Edwards & Trahant，2003）。学生可能学会许多其他的逃避行为，正如一个学习障碍学生所揭示的那样：

> 每当要读书的时候，我会做天底下任何一件可以让我逃避读书的事情，因为读书对我来说就像噩梦一样。我会说我要到厕所去，或是我不舒服，或是我马上要到护士那里去。老师并不知道我其实是在校园里闲逛。她认为我会到厕所去而不管我 317
> 的蹩脚的借口是什么。我所做的一切其实都是为了逃避读书。（Zambo & Brem，2004，p. 5）

如果从根本上讲，作为老师我们应当尽可能少地使用负强化。理想地讲，我们要创造一个几乎没有学生想要逃避的刺激物的课堂环境。然而，我们应当认识到负强化确实会对行为产生作用。有些学生完成作业可能更多地是为了摆脱它而不是为了作业所带来的内在的满意感。另一些学生可能会做出各种各样的反应——也许是行为不良，或是为离开教室而编造各种理由——都是作为逃避作业的方法。当某些反应能使学生消除或逃离不愉快的刺激，这些反应就会频繁地增加。

**时间安排的重要性**

在 B. F. 斯金纳最初的操作条件反射的概念里，强化只有在一个期望反应出现后立即呈现才可能会有效。换句话说，反应和强化刺激应紧密相邻地出现。相当多的研究结果显示时间安排会导致不同的后果：强化物紧随着反应出现的时间相距越短，它就会越有效（J. A. Kulik & Kulik，1988；Rachlin，1991）。

然而，当孩子慢慢长大时，他们会变得更善于应付延迟满足：他们会放弃小的、即时的强化物，而愿意通过长期的努力在将来得到较大的强化物（Green et al.，1994；Rotenberg & Mayer，1990）。相反，学龄前儿童和幼儿却倾向于选择小的、立即可用的强化物，而不是选择未来可用的、更大的、更有吸引力的强化物，如一个8岁的孩子可能愿意为一个喜欢的项目等待一至两天，而许多青少年每次延迟满足的时间为几个星期。例如，我16岁的儿子杰夫在当地的一个杂货店里给货架补货（这几乎不是一个内部强化的活动），干了好长时间，只是为了得到足够的钱去支付他在高中舞会中所用豪华轿车的一半费用，这种豪华轿车一晚大约需要支付400美元。

有些儿童和青少年与其他人相比更能延迟满足，结果他们更能经得起诱惑，更能仔细地计划自己未来的行动，并能在学校里获得更高的成就（Durkin，1995；Shoda，Mischel & Peake，1990；Veroff，McClelland & Ruhland，1975）。然而，如果老师说将在一天中的稍后对期望行为（如和同伴一起玩玩具）加以奖赏，甚至4～5岁的幼儿也能学会延迟满足几个小时（Fowler & Baer，1981）。此外，教会孩子有效的等待策略——如在延迟满足的过程中把注意力转移到别的事情上或是用“如果我等的时间越长，我就会得到更好的东西”这样的话来暗示自己——也可以增加他们的延迟满足能力（Binder，Dixon & Ghezzi，2000）。

**动机的作用**

在开头的个案研究中，詹姆斯为了得到老师和同学，有时是校长助理的关注做了很多不良行为。如果他们和其他人的社会交往很少，他们就很有可能行为不良，已有不良行为的学生除外（McGill，1999）。我们有理由这样猜测，詹姆斯愿意和成人及同伴进行更恰当的交往，但由于某种原因他却很少这样交往——也许是因为他的学业表现很少能得到老师的表扬，或者可能是因为他缺乏获得和保持友谊的社交技巧。

## 分析教师策略：纸质奖杯

学年末，幼儿园的老师给每个学生都颁发了纸质奖杯。5岁的凯蒂得到了一个奖杯，如下图所示。当你观察这个奖杯时请思考：

- ✧ 它属于哪一种强化？
- ✧ 这种强化可能会有怎样的效果？

我们将会在第11章和第12章里更详细地讨论动机，但现在我们应当注意到，动机在决定学生得到强化方面扮演着重要的角色（McGill，1999；Michael，2000）。例如，即使绝大部分学生都很讨厌被责备，但有些学生像詹姆斯就经常喜欢惹恼老师去责备他。有些学生很喜欢被老师表扬，但有些学生（也许他们并不想让同伴认为他们是老师的宠儿）却把老师的表扬看作比死还要糟糕的事情（e.g.，Pfiffner，Rosen & O'Leary，1985）。有些学生仅仅是为了
318 活动所带来的成功感和成就感而去完成学习任务，但有些学生勤奋地完成同样的任务只是因为这样做所带来的社会利益——也许是同学的尊重或是和朋友相处的机会。操作

条件作用的一个重要原则就是不同的刺激物强化不同的个体。我们从来都不需要做这样的假设：哪些特定事件强化特别的个体。

让我们暂停一下，去检验一位教师为了鼓励所期望的课堂行为而使用的强化物。

纸质奖杯属于次级的正强化物。如果它是一个真的奖杯，它就是一个具体强化物，但纸质奖杯可能更多地被区分为正反馈。尽管老师的意图是好的，但纸质奖杯可能只会对凯蒂的未来行为产生一些有限的影响。首先是因为纸质奖杯是在学年末颁发的，它既不是及时的，也不与特定行为相倚。其次，因为凯蒂只有 5 岁，她是用具体的而不是抽象的方式来思考世界（参见第 2 章），她很难理解什么是“态度良好”，它与自己的行为有何关联（McMillan et al.，1994）。

## 有效使用强化

尽管学年末颁发的纸质奖杯并没有太大的作用，但强化通常能很好地帮助我们在课堂上努力地去促进那些恰当的、有成效的行为。以下的策略与行为主义原理及研究成果一致：

★ **一开始就明确说明期望行为。**行为主义者建议，我们应当尽早地描述清楚我们想要学生学习和表现的行为。他们还进一步敦促我们用确切的、具体的、可观察的术语去描述这些最终的结果——目标行为。无须谈论学生学习世界历史的必要性，相反我们可能需要谈论的是学生应能描述第二次世界大战的前因后果。我们不需要说学生应该学会负责任，相反我们可能需要谈论学生认真听讲、每天带上必需的学习用品以及按规定时间交作业的必要性。通过一开始就明确说明目标行为，就可以既给我们自己也给学生一个努力的目标，我们就可以更好地判断我们是否朝着这些目标在前进[4]。

★ **确认能真正使每个学生得到强化的结果。**当强化物适合学生个体，而不是对每一个学生都使用同样的结果时，强化的使用就会有效得多（Pfiffner et al.，1985）。但是我们怎样才能判断出来哪一种强化物可能会对特定的学生有效？一种方法就是询问学生（或是学生家长）他们所认为的特别吸引人的结果是什么。然而，我们必须牢记，孩子们并不总是能够很好地感觉到对他们而言哪种结果会真正对他们有强化作用（Atance & Meltzoff，2006；Northup，2000）。另一种方法就是观察学生的行为，监测那些学生似乎欣赏的结果。还有一种方法就是根据学生所说的事情加以推论，下面的练习可以说明这一点。

### 解释学生的作品与行为：足球比赛

319

一天晚上，在家里，11 岁的艾米在班级日志上做了一个记载，这个日志是她和老师用于定期联络的。当你阅读艾米的日志记载时，请思考艾米得到强化的事情和没有得到强化的事情。

> 今天我参加了一场足球比赛，我很想看看谁最终能进入决赛。不幸的是，我们输了。我感到非常失望，并不是因为我们输了，而是因为教练居然把我当作是赢的那一方。我觉得教练很忽视我，他只关心输赢。我希望教练能多关注作为候补队员的我，而不是只关心输赢。

显然艾米很喜欢踢足球；换言之，足球本身对她来说是一种内部强化。另外，这篇记载也表明了艾米很在意教练对她的注意，这也许一部分是因为教练的注意决定了她能否多踢点球，还有一部分是因为她很喜欢教练向她反馈她在哪些方面做得好以及如何提高自身技能。尽管艾米在其他情况下可能很在意胜利以及能否进入决赛，但当她在比赛中的绝大部分时间都坐在边线上时，她对这些事情就不太感兴趣了。

在某些情况下，我们可以让学生选择自己的强化物，也许甚至可以让他们在不同的场合选择不同的强化物（L. G. Bowman，Piazza，Fisher，Hagopian & Kogan，1997；Fisher & Mazur，1997）。对于有挑战性的课堂，一种非常有用的策略就是代币法，所谓代币法就是表现出期望行为的学生都可以得到代币（即纸牌筹码、有特别标识的彩纸条等），然后可以用这些代币“购买”各种各样的支持性强化物——也许是小小的款待，或是在阅览中心自由阅读，或是在等候午餐队伍里的第一个位置。孩子们似乎更喜欢在这些强化物中有所选择（Geckeler，Libby，Graff & Ahearn，2000；Tiger，Hanley & Hernandez，2006）。而代币本身也经常成为有效的强化物（Hundert，1976）。也许这些代币通过反复与其他强化物或强化事件联系在一起变成了次级强化物，或者也许这些代币之所以有效仅仅是因为它们能够向学习者提供他们某些事情做得很好的反馈。

然而，总体来说我们应尽可能地远离具体强化物（如玩具、糖果等）。这样的强化物非常费钱，而且容易将学生的注意力从学校功课转移到强化物上。幸运的是，许多非实物的强化物——如正反馈，特殊的权利，或喜爱的活动——以及在家里对学校行为的强化对学龄儿童和青少年都是相当有效的（如，Feltz et al.，1999；Homme，deBaca，Devine，Steinhorst & Rickert，1963；Kelley & Carper，1988）。

★ **只有当期望行为没有以任何方式出现时才使用外部强化物。**对每一个好的行为都加以强化既不可能也没有必要。而且，反复地使用会使许多外部强化物失去作用（Michael，2000；Murphy，McSweeney，Smith & McComas，2003）。其实最好的强化物是内部强化物，例如从阅读中获得乐趣，在完成一个挑战性任务后感到自豪，或是在帮助他人的过程中感受到内在的满足感。学生非常愿意做那些开心的或是能满足他们的好奇心的活动，他们也乐于表现那些能带来成功、带来掌握感和成就感的行为。

然而，成功并不总是那么轻易地、毫不费力就能实现。学生在学校里所面临的许多学习任务——读、写、解答数学题、演奏乐器等——都有可能出现困难和挫折，尤其是刚开始去做的时候。当学生努力完成学习任务并经常遭遇失败时，我们就应当尽可能地对他们取得的微小进步给予一些外部强化（如表扬、彩色贴纸、自由时间等）。而当我们发现，我们把一个复杂的任务分解为若干易于完成的小任务后学生仍难以完成时（例如，如果我们布置一些操练与实践的活动去培养学生的基础阅读或数学技能），我们可能需要去强化学生的许多似乎无意义的成功。然而，一旦学生对功课和技能的掌握达到一个能给他们带来经常的成功和真正的成就感的水平时，外部强化物可能就不再需要了（Cameron，2001；Covington，1992；Deci，Koestner & Ryan，2001；Hidi & Harackiewicz，2000）。

★ **使反应一结果列联明确。**当学生确切地知道什么样的行为会导致什么样的结果时，
320 强化通常就会更有效。例如，当幼儿园的小朋友被告知“最安静的那一组小朋友可以最先排队去休息”时，他们很有可能会做出恰当的反应。如果高中学生知道定期完成西班牙语作业将能到当地的五月节进行实地考察旅行时，他们就很有可能去完成这些作业。

表达对行为和反应一强化列联期望的一个具体方法就是列联契约。为了发展这样的一个契约，老师就要和学生一起讨论问题行为（如在自习课上和同学讲话、对同学做出

粗鲁的评论），然后老师和学生一起确定学生将要表现的期望行为并达成一致意见（例如在一定的时间限制内完成课堂作业，或是用友好、尊重的方式和同学交谈）。同时，老师和学生也一致认可对于这些行为可以有一个或多个强化物（如一定数量的自由时间或是为了特殊的权利或奖品而去争取学分），然后老师和学生一起草拟描述有学生将要表现的行为以及将要给予的强化物的合同并签名。列联契约在促进各种学业及社交行为方面有着非常良好的效果（Brooke & Ruthren，1984；D. L. Miller & Kelley，1994；Rueger & Liberman，1984；Welch，1985）。

我们还应当在实施强化时尽量使列联更为清晰。在一个 2 年级的课堂上，老师就非常明确地表明她所赞赏的行为。例如，她说，"我喜欢你们安静地学习的样子"和"你们应该看一下里基多有礼貌。谢谢你，里基，你没有去打扰其他同学。"

★ **公开给予强化时，应确保所有学生都有得到强化的机会。**在我们试图改进某些学生的行为时，我们可能会无意中忽略了其他同样值得奖赏的学生。而且，有些学生由于很少或没有犯错误而无法表现出特定的行为。请思考下面这个移民小女孩的例子，她要迅速地从越南学校每天 10：00—5：00 的学习时间调整为美国学校每天 7：45—3：45 的学习时间：

> 每周五放学后，老师就会给那些在一周里表现好的孩子发小礼物。如果你迟到了，就得不到礼物……我从来都没有得到过礼物，因为我上学总是迟到，起初这让我很烦恼。这是可怕的时光。我并不希望上学。（Igoa，1995，p. 95）

从根本上讲，学校应当是一个所有的学生都能用这样或那样的方法使他们的成就得到强化的地方。然而，教室是一个忙碌的地方，可能很容易就会忽略少数的非常想要得到、也需要我们关注的学生。在这种情况下，我们可以明确地教会学生寻求和得到强化的方法——例如，在合适的时候举手或是安静地走到我们的桌子旁提问题（如"我该怎样做？""我下一步该做什么？"），并让我们知道他们的进程（"看，我全部都做完了！"）（Craft，Alberg & Heward，1998；K. A. Meyer，1999）。

★ **当试图在一组学生中鼓励同一种行为时，应考虑使用群体列联。**与这一点相关的是，我们曾讨论过对学生自己的个别行为进行强化。但正强化也可以采用群体列联的方式：只有当某个特定群体（也许是一个合作学习小组，也许是整个班级）里的每一个学生都达到一定的水平或表现恰当时，学生才能得到强化。以下是整个班级列联的两个例子：

- ✧ 4 年级一个有 32 人的班级在每周拼写测验中的成绩总是不理想。在任何一次的周末拼写测验中平均只有 12 个学生（38%）的成绩比较好。老师很希望能够提高他们的成绩，于是在班上宣布：任何一个获得好的测验成绩的学生都可以在本周晚些时候得到自由时间。这个新的强化计划获得了显著的效果：在拼写测验中获得好成绩的学生数提高到每周 25 人（78%）。但随后老师增加了一个群体列联：到周五为止无论何时只要整个班级在拼写测验中获得好成绩，全班同学就可以听 15 分钟的广播节目。结果，群体列联产生了，平均每周有 30 人（94%）在拼写测验中获得好成绩的结果（Lovitt，Guppy & Blattner，1969）。
- ✧ 另一个 4 年级的老师正在对付一个非常难以控制的班级：几乎每一分钟都会有一个或多个学生抢着发言或是离开座位。陷在困境中的老师不得不把班级分成 *321*

了两个小组进行良好行为比赛。每次如果有学生被看到抢着发言或是离开座位，老师就会在黑板上用粉笔给这个学生所在的小组做个记号。在每次课上做记号比较少的那个小组就能得到一个特殊的权利——例如，第一个排队去吃午餐，或是在每天的最后获得自由时间。当两个小组所得的记号都只有五个甚至更少时，班上的每个同学都能得到奖励。结果，班上的不良行为几乎很快就从最初的频繁发生下降到不到开始时的20%（Barrish，Saunders & Wolf，1969）。

在奥姆罗德的教师预备课程中，你可以找到群体列联的另一个例子。在这个例子里，如果合作学习群体的平均测验成绩很高，所有群体成员都可以得到用于“购买”上课期间自由时间的证明[5]。

如果群体里的每一个人都能做出期望反应，那么群体列联在提高学生的学业成就和课堂行为方面就会非常有效（Heck，Collins & Peterson，2001；Kellam，Rebok，Ialongo & Mayer，1994；S. L. Robinson & Griesemer，2006）。在这里同伴压力和社会强化也在起作用。行为不良的学生会被其他学生鼓励着去改变他们的行为，而当他们的行为改变发生时，就会经常得到表扬（D. W. Johnson & Johnson，1987；O' Leary & O' Leary，1972；Slavin，1983）。而且，当学生自己的成功和其他同学的成功捆绑在一起时，那些已经掌握了所学知识的学生就会去辅导那些正在努力的学生（Pigott，Fantuzzo & Clement，1986）。

**★ 一贯地实施强化直到期望行为以所期望的频率出现为止。**正如你所猜测的那样，每次当期望反应出现都能得到强化时——也就是说，当期望反应得到连续强化时，期望反应就会更迅速地增加。当学生第一次学习新的行为时连续强化是非常重要的，特别是当新行为对他们来说不一定很容易学会时。

**★ 一旦一个行为被很好地建立起来，就要断绝对学生的外部强化，但要很缓慢地减弱。**正如被强化的行为出现的频率会增加，没有被强化的行为出现的频率常常会减少，可能最终会完全消失。就像经典条件作用中的条件反应的消失一样，操作条件作用中没有被强化的行为的减少和完全消失也被称之为消退。

当然，内部强化也能长期维持课内外的许多有效的行为。但正如我们已经注意到的，学生并不是必然能够发现所有期望行为自身的令人愉快之处。当某些行为没有内在的吸引力时，间歇强化——对某个行为有时予以强化有时却不予以强化——可提供一个可行的选择。

为了说明这一点，让我们一起来思考莫莉和玛利亚的例子，这两个学生几乎从来不参加班级讨论。他们的老师奥利弗先生决定对这两个女孩的举手行为予以强化。每次莫莉举起手时，奥利弗先生都会叫她起来并表扬她的回答，因此给予她的是连续强化。但当玛利亚举手时，奥利弗先生并没有总是注意到她。无论何时奥利弗只要看到玛利亚举手时都会叫她起来回答问题，但他并不是经常往她的那个方向看——所以玛利亚得到的是间歇强化。结果莫莉举手次数的增加要比玛利亚的快得多。

现在让我们看几个星期后的情形。为了感谢奥利弗先生对自己的注意，莫莉和玛利亚这两个女孩在班上经常会自动地举手。结果，奥利弗先生就把注意力转移到其他几个没有参与的学生身上。糟糕的是，奥利弗先生不再强化莫莉和玛利亚的举手行为。正如你所预想的那样，两个女孩的举手行为开始变少了，换言之，我们看到了消退的迹象。但哪一个女孩的举手行为会消失得更快一些呢？

如果你预测莫莉的自动性的减退要比玛利亚的快得多，那你就猜对了。一旦强化
停止，先前曾经持续得到强化的反应就会倾向于比较迅速地减退。但因为玛利亚得到
的是间歇强化，她习惯了偶尔被忽略。因此，这也使她持久地认识到当她举起手时并 322
不一定会被叫起来回答问题。如果从根本上来看，一旦停止强化，先前断断续续被强
化的行为就会慢慢减退。换言之，间歇强化的行为更能抵抗消退（Freeland & Noell，
1999）。

一旦学生掌握了一个期望行为并经常加以运用，我们就应当持续地给予间歇强化，特别是如果这个行为并没有以任何方式得到内部强化。奥利弗先生不需要在每次莫莉和玛利亚举手时都叫她们起来回答问题，但他一定要偶尔叫她们一次。类似地，即使是对于那些好学生，我们也要偶尔强化他们勤奋学习的习惯、完成家庭作业的行为、亲社会行为等，用这种方式鼓励他们继续这些好行为。

★ **监测学生的进展。**当我们在课堂上运用强化时，行为主义主张我们应尽可能客观地判断我们的努力是否能带来期望的结果。更具体地讲，他们主张我们在试图通过操作条件作用增进期望的目标行为之前及过程中都要去评估期望行为的发生频率。在我们有意开始实施强化之前的行为发生频率被称之为基线水平。有些行为甚至在我们没有明确实施强化时就会非常频繁地发生，相反有些行为则很少发生或是根本没有发生。

通过将反应的基线频率与我们开始实施强化后的频率相比较，我们就能判断我们的强化程序是否确实导致了行为的改变。关于这方面的例子，让我们再次看一下前面的个案研究中的詹姆斯的情况。他很少交课堂作业：这是一个低基线的行为。对詹姆斯所用的一个明显的强化物就是注意，结果直到现在，诸如在课堂上脱口回答问题、向教室四周扔东西等这种无效的行为仍然受到有效的强化。当我们把我们的注意和詹姆斯的交作业列联在一起，而不是和他拒绝交作业列联在一起，我们可以看到詹姆斯向我们交作业的次数差不多立即增加。如果我们不能看到詹姆斯的行为方面的显著变化，则可能需要考虑另外的强化物。我们还应当思考和确定使他难以完成作业的可能原因（如较差的阅读技能）。

但如果期望行为的基准水平是零该做什么？我们该怎样去鼓励一个根本就没有表现过期望行为的学生？操作条件作用理论者们提供了一个可能的解决方案：逐步塑造行为。

## 塑造新行为

请思考下面的这种情况：

> 唐纳德是一个非常害羞和退缩的孩子。他很少和周围的同学交往，不管是在班级里还是在操场上。当他处于必须要和同学交往的情境时，他似乎并不知道该怎样做。

当期望行为很少发生或根本没有发生过时，我们可以运用一个被称之为塑造的程序。塑造是一个强化一系列反应的过程——被称之为连续接近——即越来越类似于目标行为。为了塑造这样的一个新行为，我们需要遵循以下的这些步骤：

1. 强化任何一个在某些方面类似于目标行为的反应。
2. 强化更加类似于目标行为的反应（当不再强化先前所强化的反应时）。

3. 强化更进一步类似于目标行为的反应。

4. 持续强化越来越类似于目标行为的反应。

5. 只强化目标行为。

在这个顺序中的每个反应每次出现时都要给予强化，直到我们看到它经常出现。只有在那个时候我们才能开始去强化更接近于所期望的最终结果的行为。

为了说明这个过程，让我们一起来思考应怎样塑造唐纳德的社会行为。我们可能首先需要强化他偶然去做的一些事情，例如向同学微笑。在经常看到他微笑后（也许是短短的几天），我们只有在他对同学的评论或问题做出口头反应时才能给予强化。当这种行为经常发生时，我们只有在他发起一次交谈时才给予他强化。后面的步骤就是对唐纳德接近一群同伴，提议群体活动等行为进行强化，等等。

通过塑造我们能够帮助学生随着时间的推移获得各种复杂的学习技能和课堂行为。例如，幼儿园的孩子和1年级的学生被教导在有很宽行距的纸上写字母，当他们能把字母写得很美观，字母的低端靠近下面一条线、上端碰到上面一条线时，他们就会得到表扬。当孩子们的等级水平慢慢提高时，线与线之间的空间就会变小，老师对如何写出美观的字母方面会变得非常挑剔。大多数孩子开始都是一致地按一定的尺寸大小并小心地在较低的一条线上写字母，到后来就根本不需要线条了。在图9—1我们可以看到我的儿子杰夫的拼写是如何被一步步塑造的。

323

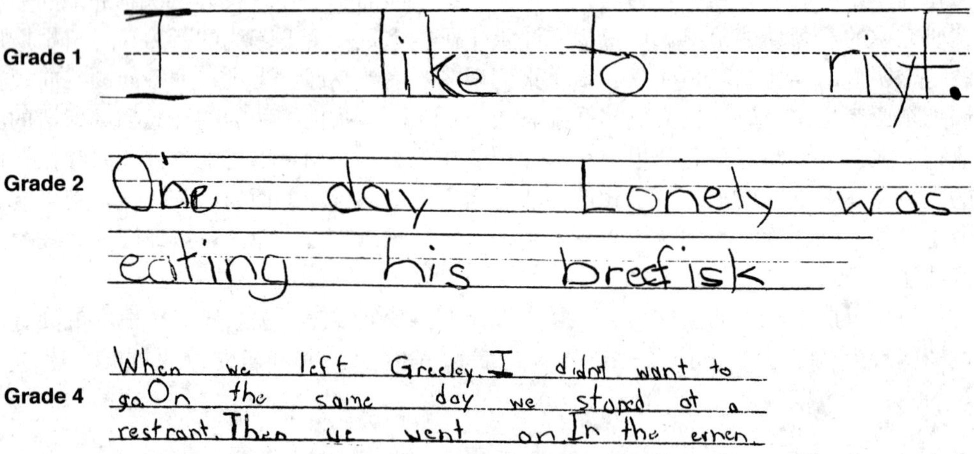


**图9—1　当杰夫读小学时，老师在逐渐塑造他的书写，包括减少线与线之间的空间以及后来删掉几条线**

当把复杂的技能也包括进来时，期望学生一夜之间就有戏剧性的改变是不合常理的。如果我们想要学生表现出和他们现在所做的完全不同的行为，我们可能需要首先通过强化正确方向的一小步来塑造他们的行为，然后进行下一个步骤，直到最终达到期望的目标行为。例如，设想我们有一个名叫伯纳黛特的学生，她似乎不能够长时间安静地坐着去做很多事情。我们希望她最终能安静地坐20分钟，但一开始我们可能必须对她刚好在座位上坐两分钟的行为进行强化，在她取得进步时逐渐增加要求她坐在座位上的时间并加以强化。

在许多类似的方面，我们可以（甚至经常地）使用塑造的方法教会学生独立完成课堂作业。刚开始我们给 1 年级学生只需要 5～10 分钟就可以完成的结构化作业。当学生读了几年小学后，我们希望他们能较长时间的独立学习并开始给他们布置少量的家庭作业。到他们升上高中时，他们就要扩展学习空间，要用课后的几个小时来独立完成大量的作业。在大学里，学生作业需要更多的独立性和自我指导。

## 前摄刺激和前摄反应的作用

迄今为止我们对操作条件作用的讨论主要集中在期望行为的结果方面。但先于期望行为的刺激和反应（即前摄刺激和前摄反应）也会产生影响。在这里我们一起来看看这几种现象——暗示、背景事件、泛化和分化——就包含有前摄刺激，还有一种现象——行为动量——就包含有前摄反应。

### 暗示

当学生被给予某些行为是被期望的这样的提示（通常被称为线索或提示）时，他们就更有可能恰当地行动（Northup et al.，1995；Shabani et al.，2002；B. A. Taylor & Levin，1998）。这种暗示有时包含有非言语信号，例如敲响响铃或者打开或关上头上的灯来提醒学生小声说话而不是大声喧哗。但有时则包含有言语提示，直接地或者是间接地提示学生该做什么。 324

当学生分散在比较大的范围内，例如在操场上体育课，我们可能甚至要使用麦克风和扩音器向学生提醒恰当的行为（S. Ryan，Ormond，Imwold & Rotunda，2002）。当然，当我们面对个别学生时应关掉麦克风。

### 背景事件

在暗示中我们使用特定的刺激提示学生用特定的方式来行动。而另一种方法是创造一个整体环境——一个背景事件——一个易于产生期望行为的环境。例如，在自由玩耍的时间里，如果小孩子们在一个相对小的空间里玩耍，而且提供给他们的玩具（如球类、木偶、过家家的玩具）鼓励他们合作及群体活动，那么他们就更有可能和同伴交往（W. H. Brown，Fox & Brady，1987；Frost et al.，1998；S. S. Martin，Brady & William，1991）。类似地，要求孩子们玩耍的游戏性质也会影响到他们所表现的行为：合作游戏促进合作行为，而竞争游戏促进攻击行为（Bay-Hinitz，Peterson & Quilitch，1994）。

### 泛化

一旦儿童学会了一个反应可能会在一系列环境（这作为前摄刺激）里中受到强化时，他们会倾向于在类似的环境里做出同样的反应。换言之，他们会表现出泛化。例如，当伯纳黛特在幼儿园的课堂上学会了安静、专注地坐着后，她可能会把这个行为泛化到 1 年级的课堂上。而当唐纳德在学校里学会了怎样和别人交朋友后，他可能会把这个技能开始运用到校外活动中。

这个泛化的过程可能会让你想起经典条件作用中发生的泛化：在这两种情况下个体都学会了对某个刺激做出反应，然后用相同的方式对类似的刺激做出反应。这两者最主要的区别是学习者对反应的控制：泛化在经典条件作用中包含着自动的、无意识的反应，而在操作条件作用中则包含着有意识的反应。

### 分化

有时候，人们发现只有当某个刺激（即某个环境条件）出现时，反应才会受到强化。例如，伯纳黛特可能学会只有在得到老师允许时才能站起来离开教室。唐纳德可能会发现有些同学要比另一些同学更有可能强化他友善待人的尝试。当人们学会在某个刺激出现而不是另一个也许非常相似的刺激出现时，反应得到强化，他们就学会了对两个刺激进行分化。

学生偶然地会出现过度泛化，即在反应并不是有效或恰当的情况下表现出已学会的反应。在这种情况下我们必须教会学生辨别适合的及不适合的刺激条件之间的差异。我们应当用非常具体的术语来描述某个行为是有用的、可接受的和无用的、不可接受的情况。而且我们必须确保只有在学生表现出的行为是合适的才去强化学生的行为。

**行为动量**

很多情况下，如果学生已经作过类似的反应，他们就更有可能做出期望的反应——这种现象被称之为行为动量（Ardoin，Martens & Wolfe，1999；Belfiore，Lee，Vargas & Skinner，1997；Mace et al.，1988）。请思考关于这种现象的一个例子：

> 325 艾莉森和罗伯塔是两个成绩比较差的学生，她们都有不做作业的历史。但研究者发现当这两个女孩第一次解答出几道比较简单的一位数乘法问题后，她们更愿意去尝试比较困难的三位数乘法问题（Belfiore et al，1997）。

类似的，我们可能会在学生清洁完自己的桌面后要求他们清扫脏乱的教室，或是在他们成功地完成前滚翻后试着去做后滚翻。总而言之，我们可以要求学生完成相对容易的或有趣的任务来激发他们的行为动量，而这些任务又可以自然地引导他们去完成更复杂的、可能会受挫的任务。

我希望你们已经发现大量可以在你们的课堂上运用操作条件作用的方法。“创造一个建设性的课堂环境——鼓励有成效的行为”的内容评述并表明了我们已经界定的一些策略。现在就让我们看看一个老师是如何将操作条件作用运用到她的课堂上的。

### 分析教师策略——拍卖

我们怎样才能鼓励学生独立阅读？这里所描述的是一个 3 年级老师的教学手段。当你阅读时请思考这两个问题：

- 它反映了哪一种行为主义的策略。
- 它有哪些优点和不足。

每次当学生们阅读了适合他们阅读水平的一本书上某一章的 25 页内容时，老师就会给他们一个代币。当学生读完这本书以及另一本描述对这本书的反映的书时，她就会给学生两个额外的代币。每两个月，老师就会举办一次班级拍卖，学生可以用代币来购买各种各样她买来的并不是很贵的东西（如铅笔、橡皮擦、梳子等）。老师控制着整个过程，以便每个学生都可以在拍卖的第一轮得到他或她想要的东西。在这之后，代币越多的学生就会有越多的购买力。

这个老师是使用代币法来强化学生的阅读行为。强化可能会导致学生比过去有更多的阅读，而她对代币的使用也允许不同的学生受到的强化有一定的灵活性。如果所陈列的候选强化物足够多，也许所有的学生都能买到他们想要的东西。这个策略的潜在缺点是：(a) 学生选择书本可能是基于短暂的而不是内在的兴趣（因为每次他们读完一本书就会得到两个额外的代币）；(b) 学生可能会非常迅速地阅读但不会真正地思考书本的内容（请回顾我们在第 6 章里关于注意的讨论）。实质上，学生可能会变得对阅读中得到的外在强化物更感兴趣，而不是对阅读所带来的内在愉悦感兴趣（在本章末尾我们会进一步看到外在强化的这种缺点）。因此老师需要去检测学生的独立阅读活动——例如，偶尔问学生一些关于他们所阅读内容的问题——以确保使用代币强化的好处要多于可能的坏处。

**创造一个建设性的课堂环境——鼓励有成效的行为** 326

★ 暗示恰当行为。

当学生忙着完成小组合作计划时，老师看到有一个小组的讨论被一个学生掌控了。这时她在班上讲，“请记住我前面所提到的一点，当所有的小组成员都贡献他们的观点时，你们才更有可能创造出一个好的结果。”

★ 强化期望行为。

老师对一个刚完成一篇优秀的口头读书报告的学生说：“做得很好，莫妮卡。你对人物的描述非常生动、精彩。我现在就想阅读这本书，我想你的许多同学也想读。”

★ 记住用不同的事物来强化不同的学生。

老师允许学生每天在他们所获得的自由时间里从事他们喜欢的活动。有的学生写课堂作文，有的学生做艺术设计，还有的学生和朋友聊天。

★ 当期望行为的基线水平比较低时，通常可以随着时间的推移通过强化越来越近似的行为来塑造目标行为。

当一个害羞、退缩的男孩向同伴微笑或进行目光接触时老师就会表扬他。在这种行为变得比较频繁后，老师就会在他回应同学的问题或谈论时才表扬他。当第二种行为出现的越来越多时，只有当他发起一次谈话时老师才会表扬他。

★ 为学生提供在各种情况下练习期望行为的机会。

在教授一组与同伴相处有困难的学生一些社交技能时，学校顾问会组织一些角色扮演活动，在这些活动中学生要练习给定的称赞语，倾听别人的观点，解决人际冲突，等等。然后，当学生在班级、餐厅和校园里练习这些新技能时，顾问会细心地观察他们，并会在下一次的小组会上给予反馈和建议。

★ 要对特定的行为而不是一般的表现给予反馈。

在一次艺术设计课后，幼儿园的小朋友们正在清扫垃圾，这时老师就说：“所有同学都记得怎样捡起自己桌子周围的废纸，这一点我很喜欢。另外我们都来看一下，兰玛和茱莉亚在老师没有要求他们这样做的情况下是怎样收集每组的计分器和胶水瓶的。”

★ 一旦学生经常表现出期望行为，必须间歇性地继续加以强化以免消退。

在三个多月的时间里，老师已经教会了一个容易分心的 2 年级学生能够在学习任务上停留越来越长的时间。现在这个学生在一段时间内可以在学习任务上停留 30～40 分钟，这已经可以让他在班上足以应付大多数需要独立完成的作业。在接下来的时间里，老师至少每周会表扬一次他专注于学习的行为。

## 减少和消除不期望行为 325

目前我们更多的是关注期望行为的促进，但是我们也需要关注那些不期望的行为——那些不仅干扰学生自己的学习和成绩、可能还会干扰同学的学习和成绩的行为。行为主义者提供了几种可能的策略，包括消退、暗示、不相容行为的强化以及惩罚。

## 消退

减少不恰当反应出现频率的一种方法就是仅需要确保它不再被强化。例如，忽略班上那些捣乱分子所作的古怪姿势可以让他们停止将同学的注意力从应该做的事情上转移开。又如攻击性强的孩子从来没有因为碰撞、推搡别人而得到她想要的东西，那么她的攻击行为也许就会少一些。

然而，关于操作条件作用中的消退有两点我们是要牢记的。第一，一旦停止强化，
326 先前被强化的反应并不总是立即就会减少。有时候，行为在最初时还会有一段时间的上升（Lerman & Iwata，1995；McGill，1999）。为了说明这种现象是怎样发生的，我们可以想象你有一个“坏脾气”的电视机，只有当你重重地捶它一两下它才会有清楚的图像，最后，电视机内部的工作系统发生了一点变化，以至于捶击它已经不再有效果了。当你非常想要得到清楚的图像时，在你放弃捶打前你可能会连续地捶打电视机很多次（要比你平时的捶打多得多）。类似地，班上现在被忽略的捣乱分子刚开始可能会做出更多的捣乱行为，而不再获得期望结果的喜欢攻击的孩子起初可能会更频繁地攻击别人。幸运的是，这种上升通常是比较短暂的，但他们一定会试探我们的耐心，也许有时还会诱使我们无意之中去强化这些无效的行为。

第二，我们有时会发现这样的一种情况：当我们移去强化物时反应却并不会减少。在这种情况下——消退没有产生——可能是因为我们没有移去所有的反应强化物。也许行为自然导致了强化结果，例如，即使老师忽略了班上捣乱分子的恶作剧，可他的同伴却一直在窃笑。或者也许反应是内部强化的，例如，学生身体上的攻击行为可以释放郁结的能量（因此可能感觉很好），即使这种攻击行为并没有带给她想要的任何东西。只有当所有的强化物都被移走时消退才会发生。

## 提示不恰当行为

正如我们可以使用暗示提醒学生他们应当做什么一样，我们也可以提示学生不该做什么。例如，我们可以使用身体语言——也许是目光接触，抬一抬眉毛，或者是皱皱眉——来让学生知道我们不喜欢他们的行为、希望他们停止（Emmer，1987；Woolfolk & Brooks，1985）。当身体语言不能引起行为不良学生的注意时，一个更明显的暗示就是身体接近：慢慢靠近学生然后站在那儿直到问题行为停止（Emmer，1987；Woolfolk
327 & Brooks，1985）。特别是如果我们在课堂活动中已经在教室里四处走动，这个策略可以引起不听讲学生的注意但又不会引起其他同学的过分关注。

然而，有时候有的事情并不是很明确，这时我们就需要加以明确。在这种情况下简短的言语暗示是必要的——叫学生的名字，提醒学生正确的行为，或是（如果有必要的话）指出不恰当的行为（G. A. Davis &Thomas，1989；Emmer，1987；Northup et al.，1995）。例如，我们可以简单地说“请把注意力放在你的学习上”或是“露西，把杂志收起来。”

### 强化不相容行为

我们经常会通过强化另一个行为来降低一个无效行为的出现频率。理想而言，这两个行为是不相容行为，即这两个行为不能同时完成。为了让你能够在你自己的生活中发现不相容行为的例子，请试着做下面的练习。

**亲身体验·站着睡觉**

你是否曾经尝试过站着睡觉呢？马就是站着睡觉的，但我们绝大多数人却无法做到这一点。事实上，有许多成对反应是无法同时完成的。当你做下面的这些活动时，花点时间确认一下你可能无法完成的一些事情：

| **当你……时** | **你不能同时……** |
| --- | --- |
| 坐下 | ________ |
| 吃饼干 | ________ |
| 走路 | ________ |

---

显然，在这个练习中并没有唯一正确的答案。其中一种可能是，你会说坐和站是不相容的。吃饼干和唱歌，或者至少是和好好地唱歌不相容的。走路和睡觉是不相容的。在这种情况下，事实上人的身体是不可能在同一时间完成两个活动的。

当我们使用消退或暗示都不奏效时，强化一个或更多个与问题行为不相容的行为通常会非常有效（K. Lane et al.，2006；Lerman，Kelley，Vorndran，Kuhn & LaRue，2002）。这是我们在强化一个活动过度的孩子安静地坐着时所谈到的方法：坐着和离开座位、围着教室闲逛的行为是不相容的。我们也可以用这种方法来处理健忘（当学生记得去做他们该做的事情时就给予强化）、不做作业（强化做作业的行为）和说脏话骂人（强化亲社会的言语）等行为。下面请思考我们该如何应对习惯乱扔垃圾的人：

> 沃尔特是一名初中生，他习惯于把垃圾（如香蕉皮、葵瓜子的壳等）扔在餐厅的地上、学校的走廊里还有操场上。当学院成立反乱扔垃圾委员会时，决定把沃尔特吸收到委员会中，最后委员会还推选沃尔特当主席。在沃尔特的领导下，委员会举办了大规模的反乱扔垃圾运动，开展了张贴标语和监测餐厅卫生等活动，而沃尔特也因为活动搞得很成功得到相当多的认可。说来也怪（或许并不是这样的），学校的全体员工再也没有发现沃尔特把垃圾乱扔到地上（Krumboltz & Krumboltz，1972）。

### 惩罚 328

有些不良行为需要立即予以纠正——例如，它们可能会明显地干扰班级的学习或是从整体上反映出对其他人的权利和幸福的漠视。在这种情况下我们就不能仅仅是等待它们随着时间的推移逐渐改善。请思考下面这个学生的例子：

> 邦妮并不能很好地应对挫折。她每逢遇到不能立即克服的障碍时，就会做出

捶、打、踢或是摔东西的反应。一天，在班级情人节聚会上，她不小心把杯装蛋糕掉到了地上。当她发现蛋糕不再能食用时，就把牛奶盒扔到了房间的另一边，刚好打到了另一个孩子的头。

邦妮的问题行为是难以消除的，因为这些行为不是被强化的，至少不是被外部所强化的。这些行为也没有明显的可被强化的不相容反应。但我们有理由假设邦妮的老师曾经在很多场合暗示过她的不恰当行为。当其他的策略都不适用或无效时，惩罚也许是一个有用的选择。

在本章的前面部分，我们把强化物界定为提高某个特定行为的出现频率的一种结果。相反，惩罚则是降低它所伴随的反应的出现频率的一种结果。

所有的惩罚结果都可以归结为两类惩罚中的一种。呈现性惩罚是指呈现一种新的、假定能让学习者感到不愉快不想要的刺激作为惩罚。如果老师的责骂和皱眉能导致责骂、皱眉相伴随的某个行为的降低，那么这就是呈现性惩罚的例子。剥夺性惩罚是指通过移除一个当前存在的、假定为学习者所喜爱而不愿失去的刺激或事件而进行的惩罚。如失去某个权利、罚款（如罚钱或失去先前获得的学分）、失去训练机会（如限制参加某个有趣的户外活动）都属于剥夺性惩罚的例子。

在过去的几年里我经常看到或听到人们在谈论惩罚时会使用负强化的术语。记住，负强化是增加某个反应的强化，而惩罚的作用刚好相反。表 9—3 有助于你更好地理解负强化、呈现性惩罚和剥夺性惩罚其实是差异比较大的几个概念。

329 **表 9—3　　比较/对照——区别正强化、负强化和惩罚**

| 概念 | 效果 | 举例 |
| --- | --- | --- |
| 正强化 | 当呈现一个新刺激（假定学习者已知这是期望刺激）时反应增加。 | • 一个学生因为用草书写作业受到表扬。于是她在完成其他作业时也用草书。<br>• 一个学生通过欺负女生、让她屈服的方式得到了买午餐的钱，于是他开始更加频繁地欺负同学。 |
| 负强化 | 当移除先前存在的刺激（假定学习者已知这是不期望刺激）时反应增加。 | • 一个学生在比规定时间提前几天完成调查报告后就不再担心这个事情了。后来无论何时只要有可能他都会尽早地完成作业。<br>• 一个学生通过撒谎隐瞒了她在学校最近的搞破坏事件中所充当的角色，从而逃过了校长的责骂。在这个事件之后，无论何时她只要一发现自己处于不利的处境中，就会向老师撒谎。 |
| 呈现性惩罚 | 当呈现一个新刺激（假定学习者已知这是不期望刺激）时反应降低。 | • 一个学生因为嘲笑别人受到了责骂。从此以后他对别人的嘲笑就少多了。<br>• 一个学生因为在一次演讲中问了一个“愚蠢”的问题而遭到同学的嘲笑。结果他在班上再也不问问题了。 |
| 剥夺性惩罚 | 当移除先前存在的刺激（假定学习者已知这是期望刺激）时反应降低。 | • 一个学生因为运动道德风尚不佳被惩罚离开垒球队一个星期。在后来的比赛中她就很少表现出不佳的运动道德风尚了。<br>• 一个学生在一次测验中由于使用了创造性的而不是常规的方法答题而失去分数。结果在以后的测验中他就很少冒险了。 |

严格地讲，惩罚并不属于操作条件作用中的内容。许多早期的行为主义认为，惩罚 328
是一种相对无效的改变行为的方式——它可以暂时地抑制某个反应却从来不能消除该反应——建议老师要着重于努力强化期望行为而不是惩罚不期望的行为。不过，最近也有行为主义发现，有些惩罚方式对降低问题行为比较有用，尤其是当学生几乎没有什么动力去改变行为时惩罚就比较有效。

**惩罚的有效方式**

作为一个通用的原则，我们应当在课堂上使用比较温和的惩罚。严厉的惩罚——例如，持续了几个星期或几个月的事情，或是严重破坏学生的自我价值感的事情——可能会导致愤恨、敌意、旷课等副作用的产生。研究者和教育者们确定了以下几种比较温和的、能有效降低课堂不良行为的惩罚方式：口头谴责、反应代价、逻辑结果、隔离、校内停学。

**口头谴责（责骂）。**尽管有些学生似乎很喜欢老师的责骂，因为这可以给他们带来别人对他们的关注，但是大多数学生、尤其是很少受到责骂的学生会因为老师的口头谴责而感到不开心，会把谴责看作惩罚（Pfiffner & O' Leary，1993；Van Houten，Nau，Mackenzie-Keating，Sameoto & Colavecchia，1982）。通常，即时的、简短的、不带感情色彩的责骂会比较有效。慢慢靠近学生并轻声责骂他往往也比较有效，这可能是因为这种惩罚方式不容易受人关注所以很少引起同学的注意（O' Leary，Kaufman，Kass & Drabman，1970；Pfiffner & O'Leary，1993）。只要有可能，责骂都应当私下进行。
当我们在全班同学面前责骂学生时，有些学生就可以得到同伴的关注，而有的学生（如 329
许多土著美国人和西班牙的学生）则会感到非常丢脸（Fuller，2001）。

**反应代价。**因为它包括或者失去先前获得的强化物、或者失去获得强化的机会，所以反应代价实质上是剥夺性惩罚的一个例子。当反应代价与对恰当行为的强化联结在一起，并且当学生只要在所有的期望行为模式里犯了一点小过失只会失去一点点他们得到的东西时，反应代价可能会更有效（Conyers et al.，2004；Landrum & Kauffman，2006；Phillips，Phillips Fixsen & Wolf，1971）。对于那些有习惯性的问题行为的学生，老师有时会把反应代价融入学分制或代币法中：他们会因为好的行为而获得学分、检验标志、塑料筹码或是老师的喜欢（强化），也会因为不恰当的行为而失去这些东西（反应代价）。

**逻辑结果。**是指学生的不良行为所自然引起的、逻辑上必然出现的结果，逻辑结果实质上是对错误的一种惩罚。例如，如果一个学生损坏了同学的东西，比较合情理的结果是这个学生给别人偿还一个或买一个新的。如果两个坐得很近的好朋友整天讲话、不做作业，比较合情理的结果是把他们分开。如果学生有意把餐馆弄脏，比较合适的结果是要这个学生把餐馆扫干净。逻辑结果的使用会带来逻辑感，大量的调查研究和个案研究验证了它的有效性（Dreikurs，1998；Landrum & Kauffman，2006；Schloss & Smith，1994）。

**隔离。**受到隔离的行为不良的学生会被置于一个枯燥、单调（但不让人害怕）的环境里——也许是专门设计做隔离用的单独的房间，或是很少使用的办公室，或是教室里的一个偏僻的角落。被隔离的学生没有机会和同学交往、也没有机会得到强化。隔离的
时间通常很短（也许是2～10分钟，这主要依据学生的年龄而定），但学生直到停止不 330
恰当行为（如尖叫、踢东西）才能被放出来。隔离已经被成功地用于减少大量的不服从的、破坏的和攻击性的行为（e.g.，Pfiffner & Barkley，1998；Rortvedt & Miltenberg-

er，1994；A. G. White & Bailey，1990)。

然而，隔离只有在进行中的班级活动对学生而言是愉快和强化的来源时才会有效。如果隔离使得学生可以逃脱困难的任务或是无法抵抗的噪音和刺激，它实质上就可能是在强化并会增加不期望行为（Alberto & Troutman，2003；McClowry，1998；Pfiffner & Barkley，1998)。

**校内停学。**和隔离相似，校内停学是指将学生置于学校一个安静、单调的房间里。然而，这种惩罚的方式通常会持续一天甚至好几天，包括密切的成人监督。被校内停学的学生花整天的时间来完成与没有被停学同学所做的相同的作业，这样才能赶上他们的学习进度。但他们没机会和同伴交往——对大多数学生来说这是起强化作用的一个方面。尽管没有通过控制组调查研究的方式对校内停学程序进行过系统的调查，但教育者报告这些惩罚有助于降低习惯性的不良行为，尤其是停学期间有部分时间是用来教会学生恰当行为、训练学业技能，并且监督老师是作为支持源而不是惩罚者时（Gootman，1998；Huff，1988；Pfiffner & Barkley，1998；J. S. Sullivan，1989)。

正如我们要针对不同的学生采取不同的强化物一样，理想而言，我们也要个别化地使用惩罚。例如，有的学生喜欢口头责骂所带来的他人对自己的关注（如前面的个案研究中的詹姆斯)，而有些学生则喜欢安宁、平静的临时隔离。如果我们发现某种惩罚方式对某个学生的行为没有产生明显的效果，就应当推断这种惩罚方式并没有真的惩罚了这个学生，就应当考虑其他的方式。

**无效的惩罚方式**

以下这几种惩罚方式特别不值得提倡：身体惩罚、心理惩罚、布置额外的课堂作业和校外停学。

**身体惩罚。**许多专家反对对学龄儿童进行身体惩罚（W. Doyle，1990；Hyman et al.，2006；Landrum & Kauffman，2006)。而且，许多地方都规定在课堂上体罚学生是违法的。即使是轻微的体罚，如用尺子打一下学生，都有可能导致一些不好的结果，如对老师的愤恨、不爱学习、撒谎、攻击、破坏行为、逃避学校任务和旷课。更严重的，对孩子滥用体罚会产生长期的身体伤害、心理伤害或者两者兼而有之。

**心理惩罚。**任何一种严重挫伤学生的自我价值感的结果都被称之为心理惩罚，这也是不值得提倡的（G. A. Davis & Thomas，1989；Hyman et al.，2006；J. E. Walker & Shea，1995)。恐吓学生、让人尴尬的评价和当众羞辱都会导致一些与体罚相类似的副作用（如憎恨老师、不爱学习、旷课）的产生，而且还会造成长期的心理伤害。通过降低学生的自我价值感，心理惩罚还会降低他们对未来表现的期望、降低学习动机和成就动机[7]。

331 **布置额外的课堂作业。**要求学生利用课外时间完成因缺席而没有做的作业是合情合理、正当的要求。但是，如果仅仅是为了惩罚一个做错事的学生而给他布置一些其他同学并不用做的额外的课堂作业或家庭作业则是不恰当的（H. Cooper，1989；Corno，1996)。这种惩罚方式有一个非常特别的副作用：它无意中传递了“学校作业是令人不愉快的”这样一个信息。

**校外停学。**当老师和管理者让一个问题学生停学时，他们受到了负强化。毕竟，他们去掉了一个他们不想要的问题！但是，课后留校通常并不是一种改变学生行为的有效方式（Fenning & Bohanon，2006；Moles，1990；J. D. Nichols，Ludwin & Iadicola，1999)。首先，校外停学也许正是学生想要的，这种情况下不恰当的行为正好受到了强化而不是惩罚。其次，因为许多有习惯性的行为问题的学生都很少做学校作业，校外停学意味着他们就会失去珍贵的教学时间，妨碍他们对学校的心理依恋。因而，这也会减少学生更进一步获得学业和社交成功的机会，并且会增加学生在毕业前退学的可能性（Christenson & Thurlow，2004；J. D. Nichols et al.，1999；Skiba & Rausch，2006）。

另外有两种惩罚方式需要交杂在一起来谈论它们的作用。拖堂在许多学校都很普遍，但有些学生确实不能在课后还留在学校，他们也许是由于交通问题，或者必须回家照看小弟弟或小妹妹直到父母下班回家，或者是害怕摸黑走过某些地方（J. D. Nichols et al.，1999）。除非我们能处理好这样的一些忧虑，否则拖堂就有可能是不合理的、不公平的。

在某些情况下，对于那些由于与学习无关的行为而导致在规定的课堂时间内未能完成学校作业的学生来说，不能休息是必然的结果。然而研究表明，特别是在小学阶段，当学生偶尔能从学习活动和有规律的学习中摆脱出来以释放郁积的能量时，他们就能更有效地学习（Maxmell，Jarrett & Dickerson，1998；Pellegrini & Bohn，2005；Pellegrini，Huberty & Jones，1995）。也许最好的一个建议就是不规则地收回休息的权利，并且监控这样的结果从长远来看对学生的课堂表现的影响。

**人性化地使用惩罚**

对于使用惩罚的常见批评是认为它是不人道的，甚至有时还是粗鲁的、野蛮的。确实，某些惩罚方式，如身体虐待或当众羞辱，都是不人道的处理方式。当我们在课堂上使用惩罚时我们必须非常谨慎。然而，如果运用得当，有些比较温和的、没有引起身体或心理伤害的惩罚方式还是能导致一些不良行为的迅速减少。而当我们能够迅速地、有效地降低无效的课堂行为时——特别是当这些行为对自己、对个人都造成伤害时——事实上，惩罚也许是我们能够采取的最人道的一种手段（Lerman &Vorndran，2002）。以下是既有效又人性地使用惩罚的一些指导意见：

★ **选择一种确实不是非常严重的惩罚结果。**任何一种不愉快的结果都必须足够强才能阻止学生将来去做那些受到惩罚的行为（Landrum & Kauffman，2006；Lerman & Vorndran，2002）。不必要的严厉惩罚——那些远远超过了错误的严重程度的惩罚——很有可能会导致一些并不期望的副作用，如愤恨、敌意、攻击和逃避行为。而且，尽管严厉的惩罚可以非常迅速地压制反应，一旦惩罚者离开现场学生的反应就会恢复到原有的水平（Appel & Peterson，1965；Azrin，1960；Landrum & Kauffman，2006）。实施惩罚的最终目的是要向学生传递这样一个信息：可接受行为的界限已经被超越了，而不是为了复仇和报复。

★ **提前告知学生某些行为将会受到惩罚，并解释将要受到怎样的惩罚。**当学生提前了解了反应—惩罚列联时，他们就很少会去做那些被禁止的行为；如果实施惩罚，他 332
们也很少会感到惊讶或不满（G. D. Gottfredson & Gottfredson，1985；Moles，1990）。最终，学生应当学会的一点就是他们的行为会影响到他们所体验的结果——也就是，他们可以在一定程度上控制发生在他们身上的事情[8]。

★ **执行指定的结果。**有些老师比较容易犯的一个错误是经常警告要惩罚学生，但从来都没有执行过。一次警告是有效的，但反复警告就没有效果了。请思考一个老师所说的话："如果你再次把橡皮蛇带到教室里，托米，我就把它扔出去"，但她从来都没有扔出去过——老师给学生的信息是反应—惩罚列联其实并不存在。

★ **私下实施惩罚，尤其是当其他学生并不知道有人犯了错误时。**通过私下实施惩罚，我们可以不让学生在公众面前感到尴尬或羞辱。我们也要消除惩罚将会引起班级同学注意的可能性——我们试图要消除这个行为的潜在强化物。

★ **解释所惩罚的行为为什么不能被接受。**我们必须要确切地解释某个行为在教室里为什么是不能容忍的——也许是因为它干扰了同学的学习，威胁到其他同学的安全和自尊，或是损害了学校财产。当给出被惩罚行为不可接受的一个或更多理由时，惩罚就会更加有效（Cheyne & Walters，1970；Parke，1974；D. G. Perry & Perry，1983）[9]。

★ **通常在一个比较温暖、支持的环境中实施惩罚。**当实施惩罚的人先前和学习者建立了良好的关系时惩罚会更有效（Landrum & Kauffman，2006；Nucci，2001）。传递的信息最后应该是这样的："我很关心你、希望你能成功，而你现在的行为却是在干扰你的成功。"

★ **同时教授和强化可选择的期望行为。**当可接受行为同时被强化时，对不良行为的惩罚几乎总是更有效（Landrum & Kauffman，2006，Lerman & Vorndran，2002；pfiffner & Barkley，1998）。而且，通过强化期望反应、惩罚不期望反应，我们就会给学生这样一个积极的、乐观的信息：是的，行为是能够提高的。最后，我们所营造的整个班级氛围必须是一个强化学生所做的好事、弱化学生所做的坏事的积极的氛围（R. E. Smith & Smoll，1997）。

★ **监控惩罚的有效性。**我们要记住惩罚是由其对行为的作用而界定的。真正的惩罚可以降低它所伴随的反应，而且通常是非常迅速地降低（R. V. Hall et al.，1971；Landrum & Kauffman，2006）。如果一个给定结果不能降低它要惩罚的反应，那么这个结果对于被"惩罚"的个体来说并不是让其厌恶的。事实上，它甚至有可能是一种强化。

"创建一个建设性的课堂环境——减少和消除不期望行为"回顾并解释了我们已经确定的一些策略。

333

## 创造一个建设性的课堂环境——减少和消除不期望行为

★ 不要无意强化不期望行为。

一位老师意识到他的一个"问题"学生——总喜欢在课堂上做不恰当评价的一个女孩——似乎是为了引起别人的注意。他也意识到学生的行为变得越来越糟而不是越来越好。于是，他没有继续在课堂上责骂她、给予她强化，而是在放学后和她见面，一起制定了一个意在改进她的行为的列联契约。

★ 当你看到学生的行为不恰当时要提示他们。

当老师在布置早晨的作业时，注意到坐在教室另一边的两个男生正在交头接耳、低声说笑，根本没有注意听讲。于是她一边继续布置作业，一边慢慢踱到教室另一边，站在了那两个男孩旁边。

★ 鼓励和强化那些与不期望行为不相容的行为。

在小组讨论和合作学习中，一个中学生经常会瞧不起其他同学的观点。老师把她拉到一边批评了她，同时也教会她一些表达不同意见的有效方法。"其中一种方法"，他说，"就是先谈谈别人所提的观点中好的方面，然后再建议大家可以考虑另一种观点。例如，你可以说'杰瑞，我很喜欢你能够这么仔细地思考问题。不过，我也希望大家能够一起来思考另一个观点……'"然后，当老师听到这个学生在小组讨论中运用这种方法时，就会看着她并给予她一个赞许的手势。

★ 当我们必须迅速抑制一个不良行为时，可以选择一种比较温和的，同时又能阻止将来的不良行为的惩罚方式。

当学校足球队的几个队员不参加球队训练又没有任何借口时，他们就不能参加那周的足球比赛。

★ 用具体而又明确的术语描述期望行为和不期望行为及其后果。

足球教练提醒学生，不参加训练的学生不能参加下一场比赛，而所有参加了每天训练的学生至少可以参加部分比赛。

★ 强调我们所指的是行为——而不是学生——是不期望的。

当一个幼儿园的小孩生气地把牛奶盒扔向同学时，老师把她放到了教室后面的隔离角里。“我很喜欢你，邦妮，”老师告诉她，“我只是不让你去做伤害苏珊的事情。我喜欢她和喜欢你一样多，我想让你们两人都能在我的班上感到安全。”

★ 帮助学生理解为什么某个行为是不可接受的。

当高中足球队的几名队员在对手学校的露天座位上涂写攻击语言被抓住时，有三种惩罚方式：(a) 他们不能参加即将来临的与对手学校的比赛；(b) 他们必须去拜访对手学校的校长并正式道歉，同时他们还要认识到他们的行为展示了糟糕的运动员精神、也无视别人的财产；(c) 他们必须自己掏钱买所需的颜料重新涂掉原来被他们涂写过的露天座位。

★ 在进行各种尝试纠正不良行为后，它还继续出现，就应寻求专家的建议。

一位老师向学校心理学家咨询应如何帮助班上那三个经常攻击同学的学生。两位专家一起确认了一些帮助那三个学生的策略，同时他们也和校长谈到还可以让校外的机构来提供其他帮助。

## 应对特别困难的课堂行为 332

行为主义原理在处理困难的、习惯性的行为问题方面特别有用。在这里我们认为有三种相应的手段来应付那些特别有挑战性的行为：应用行为分析、功能分析和积极行为支持。

### 应用行为分析

系统运用行为主义原理来改变行为的一组程序通常被称之为应用行为分析（Applied behavior analysis）或 ABA（你可能还看到过这样的术语：行为矫正、行为疗法和 333
列联管理）。应用行为分析基于这样的假设：(a) 问题行为起源于过去和现在环境中的状况；(b) 通过矫正学习者目前的环境可以促进更多有效的反应。当老师和治疗者通过使用 ABA 帮助学生获得更多恰当的课堂行为时，他们所使用的比较有代表性的策略有以下这些：

* 用可观察、可测量的术语描述当前行为与所期望的最终行为。
* 识别一个或多个有效的强化物。
* 设计一个具体的干预或处理计划，计划中应包含有期望行为的强化、塑造、消退、不相容行为的强化、惩罚，或者是这些策略的一些组合。
* 分别在处理前（即基线水平）和处理中对期望行为和不期望行为出现的频率加以测量。
* 通过观察各种行为是如何随着时间而改变的来有效地监测处理过程，必要时还需要调整计划。

* 采取步骤促进新获得行为的泛化（例如，在一系列现实的情境中让学生练习行为）。
* 在期望行为获得后逐渐停止处理（例如通过间接强化的方式）。

数百个调查研究结果告诉我们：系统使用行为主义原理能导致学业表现和课堂行为的
334 显著改进。例如，当我们强化学生的学业成就时，会倾向于关注诸如阅读、拼写、创作、数学等方面比较显著的进步（Piersel，1987）。当我们强化那些恰当的课堂行为——注意、与同学合作、友善地相处，等等——不良行为就减少（S. N. Elliott & Busse，1991；E. McNamara，1987；Ormrod，2008）。许多情况下当其他的方法都无效时ABA却是比较有效的（Evertson & Weinstein，2006；O'Leary & O'Leary，1972；Piersel，1987）。

ABA比较有效的一个可能原因是学生确切地知道期望他们去做的事情。对恰当的反应给予前后一致强化，这就给学生提供了一个清晰的信息：哪些行为是可接受的，哪些是不可接受的。另一个可能的原因是在逐步塑造的过程中，只有当学生真的准备好去获得新行为时他们才会去练习新行为，因此，他们获得强化和学业成就的可能性就很高。

## 功能分析和积极行为支持

传统的ABA大多数着重于改变反应—强化列联以引起更多的恰当行为。最近几年有学者建议我们也应当考虑学生的不恰当行为的目的或功能。特别是，他们建议我们应当收集关于特定条件（即前摄刺激）的数据，在这些特定的条件下学生倾向于表现出不良行为以及伴随的一些结果（即强化物、惩罚或是两者都有）。因此，我们要收集与刺激一反应一刺激序列这三个部分相关的一些数据：

前因→行为→结果

这种方法被称之为功能分析（也叫做功能评定或功能行为评定）。例如，我们推测在开头的个案研究中提到的詹姆斯表现出不良行为是为了获得他似乎用其他任何方法都得不到的注意，也可能是为了逃避课堂作业。功能分析表明，具有习惯性的课堂行为问题的学生经常会在要他们去做比较困难的或不愉快的事情（这就是前因）时表现出不良行为，而他们的不良行为或者是（a）让他们可以逃避去做这些事情；或者是（b）得到老师和同学的关注（这些是可能的结果）（K. M. Jones，Drew & Weber，2000；McComas et al.，2003；K. A. Meyer，1999；Van Camp et al.，2000）。

积极行为支持（Positive behavioral Support，PBS）则更进一步地采取步骤：在确定不恰当行为的目的后，一名老师——更常见的是老师和其他专家组成的团队——制订并执行鼓励恰当行为的计划。特别是，积极行为支持包含着以下这些策略：

* 教会学生达到同样目的的行为，然后用它们去替代不恰当的行为。
* 调整课堂环境，最大限度地减少引发不恰当行为的因素。
* 建立一个可预测的每日常规，作为最大限度减少焦虑、使学生感到更舒适、更安全的一种方式。
* 给学生选择的机会，这样学生经常可以不需要依赖不恰当行为就能得到他们所期望的结果。
* 对课程、教学或是两者进行调整，最大限度地增加学业成功的可能性（例如，建立在学生的兴趣上，慢节奏地呈现学习材料，或是在比较容易或比较有趣的活动中穿插一些挑战性的任务）。
* 监测各种行为的出现频率，以便于决定干预是否有效或者是否需要调整（Crone

& Horner，2003；Koegel et al.，1996；Ruef，Higgins，Glaeser & Patnode，1998）。

为了更好地描述功能分析和积极行为支持是如何结合在一起使用的，让我们一起来思考下面关于 9 岁的萨曼塔的例子：

> 萨曼塔已经被诊断患有轻微的孤独症和中度的言语障碍。她经常会跑出 3 年级 335
> 的教室，并在奔跑中损坏学校财物和同学的东西。当老师或其他成年人试图阻止她时，她就会用咬人、打人、踢人或是抓头发的方式反抗。这种情况下学校经常请她家长来把她领回家去。
>
> 通过系统地收集萨曼塔的课堂表现的情况，老师和专家组发现：常常是在给她布置了一个比较难的作业或是她预期要做这样的作业时，她就会表现出破坏性、攻击性的行为。脱离常规课程表或是没有喜爱的老师上课都会进一步增加不恰当反应出现的可能性。
>
> 专家组假设萨曼塔的不期望行为有两个目的：它们（a）帮助她逃避不愉快的学业任务；（b）使她获得重要成人的关注。专家组也认为，当萨曼塔感觉到她似乎很少或不能控制课堂活动时，她就会渴望和老师、同学有更多的社会交往（DeVault，Krug & Fake，1996）。

根据所掌握的信息，专家组采取了以下几个步骤来帮助萨曼塔根除不恰当的行为并能够获得更多有效的行为：

- ✧ 给萨曼塔一个稳定的、可预测的每日时刻表，这个时刻表包含有频繁地离开潜在的具有挑战性的学业任务，以及大量的与他人交往的机会。
- ✧ 给萨曼塔一个目标清单，她可以在清单上选择她想要做的学业任务，做作业的时间长度，以及当她达到每个目标时想要的强化物。
- ✧ 教会萨曼塔当她需要帮助时如何寻求帮助——用这种方式来代替她以前遇到比较难的作业时就从教室逃走的行为。
- ✧ 当萨曼塔觉得她需要离开作业休息时，她可以要求到放松室里待一会儿，在这个安静而又私密的空间里她可以坐在布袋椅上听有镇静作用的录音带。
- ✧ 如果萨曼塔想要离开教室，老师应立即把她带到放松室里，在那里不需要很多成人的关注她也能安静下来。
- ✧ 明确地教会萨曼塔如何有效地和同学交往。最初，她可以因为恰当的社交行为而获得奖励分，还可以用这些奖励分来换取一些特定的东西（如到冰雪皇后或是录影店的家庭旅游）。最终，她所获得的新的社会技能就会导致自然的结果——与同伴友好相处——这是一个不需要外在强化物的结果（DeVault et al.，1996）。

萨曼塔的问题行为没有在一夜之间消失，但在随后的几个月里这些问题行为却表现出了戏剧性的降低。到萨曼塔 12 岁时，她上 6 年级了，她的成绩为她在光荣榜上赢得了一席之地，她也有一群朋友，她和他们一起参加多个课外活动。她的老师形容她是善于交往的、好奇的、有创造力的。她的校长称她是模范生（DeVault et al.，1996）。

积极行为支持很明显地具有行为主义理论的要素，包括它注重构建一个有利于强化期望行为、减弱不期望行为的环境。同时，它也融合了同时代的动机理论，这主要反映在它总是试图最大限度地降低焦虑、提供做出选择的机会、促进对学科作业的控制[10]。这样做的重要性在第 11 章和第 12 章我们讨论动机时会变得更加清楚。

## 336 学生行为及对结果反应的多样性

当我们采取行为主义的视角时，我们应当认识到每个学生都带着一套独特的先前环境和课堂体验来到教室，毫无疑问这样的差异正是我们所看到的不同行为模式的关键原因。首先，因为各种不同的行为，学生受到他们的父母、兄弟姐妹、先前的老师、同伴等的强化或惩罚。有些学生可能是因为细心、准确地完成作业而被强化，相反有些学生却是因为迅速但马虎地完成作业而被强化。有些学生是因为主动和同龄伙伴交往而被强化，有些学生却是因为类似的主动行为而被惩罚（也许是用同伴拒绝的方式）。学生课堂反应的一些差异也要归因于不同文化在孩子中所鼓励（即强化）和阻止（即惩罚）的行为不同。

在学生获得强化和惩罚的结果中我们也能看到差异。在某些文化中责备常常与关心、情感联系在一起。海地的一个老师在某个场合责备她的学生没有在她的陪伴下擅自穿越停车场就是一个很好的例证。以下的对话可以证实这一点：

老师：我叫你们走了吗？

孩子们：没有。

老师：你们可以自己穿越停车场吗？

孩子们：不可以。

老师：这就对了。这儿有车。你们这样做是很危险的。我不希望你们独自走过去。为什么我要你们等着我，你们知道吗？

克劳德特：知道……因为你喜欢我们。(Ballenger，1992，p. 205)

而来自另外一些文化的学生可能会不习惯老师直接表扬自己表现好，也许是因为他们文化中的成年人用其他方式表达他们的赞扬——例如，通过告诉其他人这个孩子很有能力（Greenfield et al.，2006；Rogoff，2003)。而对于许多美国土著学生来说，当他们作为个体受到单独表扬时会感到很不自在，但当他们因为集体成功受到表扬时则会感到很自豪（Fuller，2001)。这种对集体表扬的偏爱可能和这些学生强烈的合作精神有关（参见第4章)。

### 适应有特殊需要的学生

行为主义原理允许我们从与以往章节相比有某些差异的角度去思考有特殊需要学生的特征。表9—4描述了一些有特殊需要学生在反应、对强化的反应、泛化、分化等方面如何不同。

337 **表9—4　　在全纳环境中的学生——鼓励有特殊教育需要学生的恰当行为**

| 类别 | 你可能观察到的特征 | 建议采取的课堂策略 |
| --- | --- | --- |
| 有特殊认知或学业困难的学生 | • 不恰当的课堂行为（某些学生）。<br>• 缺乏延迟满足能力（注意缺陷多动障碍学生）。<br>• 难以辨别相似刺激，尤其是存在知觉缺陷时。<br>• 难以将反应从一个情境泛化到另一个情境。 | ★ 明确描述并前后一致地强化期望的课堂行为。<br>★ 强调相似刺激间的差异（如字母 b、d、p 和 q)，并给学生提供形成精确分化的练习机会。<br>★ 促进新反应的泛化（如指出不同情境的相似性并教会在现实世界情境中的技能)。 |

续前表

| 类别 | 你可能观察到的特征 | 建议采取的课堂策略 |
|---|---|---|
| 有社会或行为问题的学生 | • 不恰当反应，尤其是出现在社交情境中，难以确定某个特定的行为在何时何地是恰当的。<br>• 有不恰当行为被强化的历史（如内部强化或通过老师注意的方式强化）。<br>• 对老师私下给予的表扬很敏感（对那些有情绪或行为障碍的学生而言）。<br>• 对别人的表扬或赞赏毫无感激之情（对某些有自闭症的学生而言）。<br>• 难以将某个恰当行为泛化到新的情境中。 | ★ 清晰描述恰当行为。<br>★ 对学生行为给予准确反馈。<br>★ 通过使用教师注意、私下表扬、活动强化物、群体列联（对那些有情绪或行为障碍的学生而言）的方式强化期望行为。<br>★ 通过使用具体强化物、活动强化物立即强化成绩，使这些强化物和表扬联系在一起，以便表扬本身最终变得有强化作用（对某些有自闭症的学生而言）。<br>★ 随着时间推移塑造期望行为，期待逐渐改进而不是立即就能表现完美。<br>★ 惩罚不恰当行为（例如使用隔离或反应代价）；对持续的挑战行为考虑应用行为分析或积极行为支持。<br>★ 促进新行为泛化到恰当的情境中（如教会现实世界情境中的技能并提供角色扮演新反应的机会）。 |
| 认知和社会功能普遍迟滞的学生 | • 外部强化物非常有效。<br>• 当强化是立即的而不延迟的时候，行为就更有可能提高。<br>• 在社会情境中有不恰当的反应。<br>• 难以分辨重要刺激和不重要刺激。<br>• 难以将反应从一个情境泛化到另一个情境。 | ★ 提示学生考虑恰当行为。<br>★ 立即强化成就（如使用具体强化物、活动强化物、表扬）。<br>★ 在获得新反应的过程中使用持续强化。<br>★ 随着时间推移慢慢塑造复杂行为，期待逐渐改进而不立即表现完美。<br>★ 责备较轻的不良行为；对于较严重的或习惯性的不良行为则使用隔离或反应代价。<br>★ 强调你希望学生注意的刺激。<br>★ 促进新反应的泛化（如教会现实世界情境中的技能和强化泛化的方式）。 |
| 有身体障碍或感知困难的学生 | • 如果学生有创伤性大脑外伤就会丧失一些已学会的行为。 | ★ 随着时间推移塑造期望行为，期待逐渐提高而不是立即表现完美。 |
| 认知发展超前的学生 | • 对课堂任务有不同寻常的、有时甚至是创造性的反应。 | ★ 对学生完成课堂作业时表现出来的可接受反应保持开放的心态。<br>★ 鼓励和强化创造性反应。 |

资料来源：Barbetta，1990；Barbetta，Heward，Bradley & Miller，1994；Beirne-Smith et al.，2002；Buchoff，1990；E. S. Ellis & Friend，1991；Gearheart et al.，1992；Heward，2006；Hobson，2004；Hoerger & Mace，2006；Landau & McAninch，1993；Mercer & Pullen，2005；Morgan & Jenson，1998；Neef et al.，2005；Patton et al.，1996；Pfiffner & Barkley，1998；Piirto，1999；Pressley，1995；Turnbull et al.，2007。

## 行为主义方法的优势和潜在局限

当我们需要处理习惯性或挑战性的课堂行为问题时，行为主义技术就特别有用。尽管应用行为分析、功能分析和积极行为支持这些方法可能耗时较多（J. N. Hughes，1988），但当其他方法都无效时，这些行为主义技术往往非常有效。

然而，心理学家对行为主义技术在处理学业问题中的价值有着非常混杂的感情。强化和行为主义策略通常可以提高学业表现，但我们也应当在脑海中记住它们的不足之处：

- **试图忽略潜在的干扰学习的认知因素去改变行为。**当认知缺陷（如很少的背景
338 知识、贫乏的阅读技能、无效的学习策略）阻碍了学生获得某些技能的能力时，单单强化可能不足以导致显著提高。作为例证，让我们最后一次返回到开头的个案研究。也许詹姆斯的阅读技能非常差，出于害羞或尴尬，因而想要躲避老师和同学。如果是这样的话，他有时可能为了逃避似乎无法完成的作业而做出不良行为。对于那些在知识或认知能力方面比较弱的学生来说，基于认知理论的教学策略（在第 6 章～第 8 章里曾经描述过）可能会更有效。
- **对完成学业任务的强化可能会鼓励学生快速完成任务而不是很好地完成任务。**在第 8 章的"应用数学"练习中，我们可以看到 9 岁的佩顿会用"叉子"、"汤匙"、"刀子"这样的反应来填写他的数学应用表。答应要强化数量而不是质量（学生的大多数反应将获得奖励），佩顿的老师无意中鼓励了他快速地、不经考虑地完成作业。一般来说，只对完成某个特定的作业加以强化，会使学生的注意力和努力更多地侧重于快速完成作业上（也许是在最低限度的接受水平上）而不是侧重于在完成作业中学习知识。尤其是如果我们想要学生去完成复杂的、高水平的任务——如灵活地、创造性地思考学科问题——那么仅仅是对完成任务给予外部强化可能会适得其反（Deci & Ryan，1985；B. A. Hennessey & Amabile，1987；McCaslin & Good，1996）。
- **对学生已获得内部强化的活动给予外部强化可能会损害学生的活动乐趣。**学生经常会由于行为所带来的内部强化物（如成功感或单纯的乐趣）而去从事那些行为。一些调查研究结果表明，通过外部强化，愉快的活动会增加。但是，一旦移去强化物，活动就会降低到基线以下的频率。当学生将外部强化物看作控制性的、操作性的而不是促进提高和进步的方式时，外部强化就很有可能产生相反的作用。

那么，在使用外部强化物前，我们应当确信这样的强化物确实是必需的——学生几乎没有甚至完全没有内部期望去获得学业成功所必要的学业技能和课堂行为。例如，学生最初可能发现一个新活动是无聊的、困难的、挫败的，需要外部鼓励才能继续。换言之，当学生不愿意用有助于维持课堂有序和有效的方式来行动时，外部强化还是非常有效的。然而，随着不断的练习，他们的能力和技能应当会不断得以提高，然后他们可能会出于自身的缘故开始发现从事某个活动或行为的价值。

## 概　览

很显然，我们通过考察刺激—反应原理可以很好地理解人类的学习和行为。已经存在于学习者环境中的条件——前摄刺激——趋向于唤起某些类型的反应，是非自发的（在经典条件作用中）或者是自发的（在操作条件作用中）。反过来，这些反应也可能会导

致学习者环境的改变，例如，他们可能会导致强化或惩罚。如果我们想要强化和惩罚作为刺激的结果（因为它们确实是刺激），那么我们就可以看到在学习者和他的环境之间的持续的相互作用：

刺激→反应→刺激→反应→刺激→反应→……

通过改变这个事件链的任何一个部分——无论是通过改变课堂环境（刺激条件）的方式还是通过教会学生更有效地对环境做出反应的方法——我们都能够帮助学生获得更有效的课堂行为。例如，我们可以通过只有当学生完成作业时才给予关注（强化）的方式增加学生的做作业行为同时降低学生的不做作业行为。我们也可以通过逐渐教授和塑造学生有效的社会技能来帮助他们获得同伴的注意（强化）。

然而，刺激—反应原理虽然是有用的，但单单这一原理并不能给我们一个人类 339
学习的完整图画。例如，尽管强化可以提高学生学习的时间总量，但它并不必然提高学生学习时间的有效性。关于我们如何才能帮助学生更有效地掌握知识，更长久地记住知识，更容易地应用到新的情境中这些方面，认知心理学可以提供更多的指导。而且，很明显人们不仅可以学会自己被强化的行为，还可以学会他们所看到的被强化的他人行为。在下一章里我们将要探讨的社会认知理论在帮助学生通过观察他人来学习这一方面可以提供更多的指导。

### 资格考试练习：充满敌意的海伦

华盛顿先生在高中职业教育班上有一群联系紧密的学生。在这群学生中，他注意到一个特别的学生，一个名叫海伦的女孩。海伦在班上很少说话。她对华盛顿先生既粗鲁又不尊敬。她嘲笑、辱骂她朋友圈以外的其他同学。而且她还用身体攻击学校的财物——她损坏家具、踢器材、捶墙等。

华盛顿先生试图忽略海伦充满敌意的、攻击性的行为，但这个策略并不能改善她的行为。然后他试图在海伦表现出恰当行为的那些稀有的场合中表扬她，但这个策略似乎也没有任何用处。

1. 多项选择问题：

✧ 华盛顿先生最初试图忽略海伦的不恰当行为。这个方法最恰当地反映了以下行为主义概念中的哪一个？

a. 消退

b. 反应代价

c. 功能分析

d. 负强化

2. 多项选择问题：

✧ 后来，华盛顿先生试图表扬海伦的恰当行为。这个方法最恰当地反映了以下行为主义概念中的哪一个？

a. 背景事件

b. 分化

c. 积极行为支持

d. 强化不相容行为

3. 反应建构的问题：

✧ 无数的调查研究表明，行为主义原理在显著改善学生课堂行为方面可能是很有效的，然而华盛顿先生的策略没有一个是对海伦的课堂行为有效果的。

A. 至少列出三个华盛顿先生的策略没有太大作用的原因。

B. 描述你会如何使用行为主义学习原理去改变海伦的行为。请详细描述你的做法。

## 注　释

1. 正如我在这里用诱发（elicit）这个
340 词一样，行为主义也经常使用这个词，这个词在经典条件作用中所描述的意思是“引起或使出现”，这个词表达了学习者对经典条件作用反应只有很少的控制甚至没有控制的意思。

2. 我们将在第 11 章更详细地讨论焦虑的性质和作用。

3. 你可以在正强化、负强化与正数、负数之间作一个比较。正数和正强化都是增加一些东西，负数和负强化都是减少一些东西。

4. 在第 13 章有关教学目标的讨论中我们将返回到这个问题上来。

5. 在第 13 章我们将会更详细地讨论合作学习。

6. 这些状况可能会让你想起我们在第 6 章里讨论过的提取线索。然而在这里，他们是提醒学生的恰当课堂行为而不是学科内容。

7. 我们将在第 10 章和第 11 章关于自我效能感的讨论中进一步探讨这一点。

8. 我们在第 13 章探讨归因问题时会更深入地思考这一观点。

9. 这一点应当能让你回想起我们在第 3 章讨论过的引导。

10. 如要得到更多 PBS 操作的信息和例子，请登录与积极行为支持相关的网站 www. apbs. org。

# 第10章

# 社会认知学习观

**本章内容要目：**

- 个案研究：你会法语吗？
- 社会认知理论的基本假设
- 强化与惩罚的社会认知观
- 示范
  - 能够通过示范习得的行为
  - 示范如何影响行为
  - 有效榜样的特征
  - 帮助学生从榜样中学习
- 自我效能感
  - 自我效能感如何影响行为和认知
  - 自我效能感发展中的因素
  - 教师自我效能感
- 自我调节
  - 自我调节行为
  - 自我调节学习
  - 自我调节问题解决
- 重温互为因果
- 来自社会认知理论的多样性
  - 运用各种榜样促进成功和自我效能感
  - 促进有风险学生的自我调节
  - 支持有特殊需要的学生
- 概览
  - 比较三种学习理论
- 资格考试练习：教师的悲哀

你通过观察别人所做的事情才能学会的行为有哪些？你能想起你通过观察别人或聆 *343*
听别人才能学会的学习技能吗？也许你学会了一个数学公式或是西班牙语动词“estudiar”正确的词形变化。但你是如何学会社会技能的？你也许是通过观察学会了如何礼貌地接电话，或是如何向那些受到你伤害的人道歉。那你又是如何学会运动技能的？也许通过观看别人的动作，你学会了怎样挥动垒球棒，或是怎样用草体书写字母。我们通过观察生活中和媒体中的人学会了大量的行为。通过观察别人的行为结果，我们也学会了哪些行为可能让我们占优势——哪些行为不能让我们占优势。部分地通过观察别人所做的事情，我们发展了对自己的能力的判断力，并开始指导自己的行为。

在这一章里我们将要探讨社会认知理论，这一理论有助于我们理解人们通过观察别人学会了什么、怎样去学，以及在这个过程中人们是怎样开始尝试去控制自己的行为的。更具体地讲，我们将要解决下面这样一些问题：

社会认知学习观主要的基本假设是什么？这些假设对于课堂实践有什么意义？

学生关于强化和惩罚的观点和信念是如何修正这些结果对学生课堂行为的影响的？

你如何才能有效地运用示范来教授新的行为和技能？

自我效能感在学生的学习和课堂表现中具有什么作用？什么策略最有可能把学生的自我效能感提高到一个有利的水平？

你怎样才能帮助学生掌控自己的行为和学习？换句话说，你怎样才能促进学生的自我调节？

**个案研究：你会法语吗?**

内森自己并不想要去学法语，他只是因为母亲极力要求才不得不学习法语。尽管他其他的高中课程都学得很好，但他却认定自己学不好法语。毕竟，他的三个好朋友去年学法语时在测验和作业中绝大多数的分数都是 D 和 F，有两个好朋友甚至在一学期后就不学了。

在第一天的法语课上，内森注意到他的同学绝大多数是女孩子，而仅有的几个男生他也不太认识。他闷闷不乐地坐在后面一排，认定自己学法语不会比朋友学得好。“我的数学和科学都学得很好，但我并不擅长学语言，”他告诉自己。“此外，学法语是女孩子的事。”

尽管内森每天都去上课，但当老师讲解比较简单的句子结构和示范新单词的正确发音时，他却想着别的事情。他很少尝试着去做家庭作业，在碰到他不能立即理解的问题时，他就会马上把作业扔到一边。

结果足以证实内森是对的：他学不好法语。在第一次测验中他只得了个 D。

✧ 关于法语，内森通过观察别人的学习学到了什么?

✧ 为什么内森的信念导致了自我实现的预言?

344 ## 社会认知理论的基本假设

你最初可能认为内森并没有从观察别人的过程中学到任何东西，因为从外表上看，他似乎没有从老师的讲解和示范中获得收益。但你只要再看一下，你可能就会意识到内森通过观察毕竟已经学会了某些东西：他已经看到发生在他三个好朋友身上的事情，并判断他在法语课上可能也不会获得成功。当我们继续学习这章内容时，社会认知理论将帮助我们确认内森似乎从朋友身上要比从老师身上学到更多东西，而且他的测验成绩与他的期望相一致的几种原因。

社会认知理论最初被称之为社会学习理论，它起源于行为主义，因此在某种程度上关注强化和惩罚的作用。然而，在过去的几十年里，它逐渐地把认知过程结合到对学习的解释当中——因此它现在的名字叫做社会认知理论——现在它已经成为了行为主义和认知心理学思想的混合体。然而，它比认知或行为主义理论更大程度上涉及动机问题，因此可以为我们在第 11 章和第 12 章里讨论动机问题提供一个很好的过渡。

社会认知理论主要是通过斯坦福大学的阿尔伯特·班杜拉（Albert Bandura）的研究努力发展起来的。你会发现整章内容都参考了班杜拉以及建立在他思想上的其他人［如戴尔·申克（Dale Schunk）、巴利·齐默尔曼（Barry Zimmerman）］的观点。

在前面的个案研究中，我们可以看到隐含于社会认知理论中的一个基本假设的证据：人们能够通过观察别人来学习。在表 10—1 中摘要了这一假设及其他假设。在这里我们将进行更充分的讨论：

**表 10—1　　　原理/假设——社会认知理论的基本假设及其教育意义**

| 假设 | 教育意义 | 举例 |
| --- | --- | --- |
| 通过观察来学习 | • 通过你自己示范行为帮助学生更迅速地获得新行为。 | • 示范处理和解决人际冲突的恰当方式，然后请学生在小组里通过角色扮演的方式练习解决冲突，并表扬那些使用亲社会策略的学生。 |
| 学习是一个内在过程，它可能通过行为反映出来，也可能不通过行为反映出来 | • 记住新行为并不总是立即显现出来，相反它可能在学生后来的行动中反映出来。 | • 当某个学生表现出破坏课堂的行为时，要采取适当的步骤来阻止他。否则，那些目睹了不良行为的学生就有可能在将来表现出类似的破坏行为。 |
| 环境、行为和个体变量相互影响 | • 鼓励学生做出会导致有利学习经验的选择。 | • 描述参加高级写作课的好处，不仅是作为提高写作技能的手段，也是作为发现一个人是否喜欢职业写作的方法。 |
| 目标指向的行为 | • 鼓励学生为自己设定有成效的目标，尤其是那些既有挑战性又能实现的目标。 | • 在教学生美国手语以帮助他们和一个聋学生交流时，请他们预测一下他们一星期可以学会多少个新单词和短语。 |
| 行为的自我调节 | • 教会学生一些有助于他们正确行动和有效学习的策略。 | • 给予学生一些关于如何才能提醒自己每天带必需的学习用品到学校去的具体建议。 |

• **人们能够通过观察他人而学习。**从操作条件作用（第 9 章）的观点来看，学习通常是一个尝试错误的过程：人们尝试许多不同的反应，然后增加那些能带来期望结果的反应、淘汰那些无效的反应。而社会认知理论家则认为学习者并不一定要通过尝试错误的方式去"体验"。相反，他们仅仅通过观察其他个体或榜样的行为就可以获得许多新的反应。例如，学生可以仅仅通过首先观察别人就可以学会怎样去解长除法问题，或 *345*
是正确地拼写单词"synonym"，或是在老师面前保持安静。

• **学习是一个可能导致行为改变，也可能不导致行为改变的内部过程。**在人们所学会的事情中，有些事情会立即在他们的行为中表现出来，有些事情会在一段时间之后影响他们的行为，还有些事情根本就不会影响他们的行为。例如，你一学会了正确的姿势就会尝试着挥动网球拍。但是，你可能不会表现出你已经学会怎样巧妙地道歉，直到后来必须要道歉时你才会表现出来。你也可能从来不会赤脚在热炭上走，无论你有多少次看到别人这样做。（像许多行为主义学家那样）把学习界定为行为改变所不同的是，社会认知理论家（像认知心理学家那样）把学习界定为一个内部心理过程，这个过程可能在学习者行为中反映出来，也可能不反映出来。

• **人与环境是彼此相互影响的。**在第 9 章关于行为主义的讨论中，我们主要强调环境是怎样影响学习者的。但反过来也是对的：学习者经常会自觉地、有意地影响他们的环境。在某种程度上学习者是通过他们的行为来影响环境的。例如，学生所做出的反应（如他们所选择的学习班级、所从事的课外活动、所结交的朋友）决定了他们所拥有的学习机会和将要体验的结果。内部认知过程、人格特征以及以某种方式存在于学习者内部的其他东西（社会认知理论家是指那些作为个体变量的东西）也会发挥作用。例如，学生倾向于关注环境的某个方面就只能从环境的这个方面来学习，而他们对自己为何被强化或惩罚的特质性解释将会影响这些结果所具有的独特作用。

最后，所有的这三个变量——环境、行为和个体——都会以图 10—1 中的方式彼此影响。社会认知理论家用术语互为因果来指代环境、行为和个体变量间这种持续不断的相互影响（Bandura，1989，2006；Schunk & Pajares，2004；Zimmerman & Schunk，2003）。在本章的后面我们将会更深入地探讨这一观点。

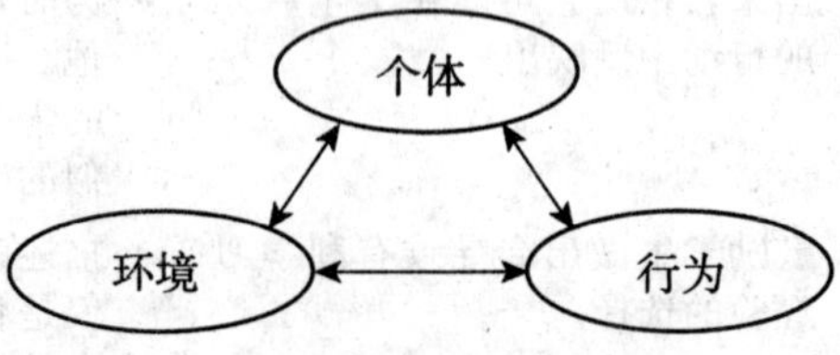


**图 10—1　在社会认知理论中，环境、行为及个体变量间彼此相互影响**

- **行为被指向特定的目标。**你正在阅读这本书，因为你可能想要成为一名教师或从事相关职业，而你正在学习教育心理学课程来帮助你达到这一目标。社会认知理论家建议人们应当经常为自己设定目标并相应地指导自己的行为。实质上，他们被激励着去完成他们的目标。学生可能会有各种各样的目标——也许是名列前茅、或大学奖学金、或在同学中的声望、或运动才能、或是班级诙谐之人的好名声。在整个章节的学习中我们将会看到这种学习目标和行为之间的关联。
- **行为逐渐变为自我调节。**在人生的头几年，孩子们的行为在很大程度上是被别人所控制和指导的——父母、哥哥姐姐、照顾者、老师等。但当孩子们慢慢长大时，他们中的绝大多数人会逐渐掌控自己的生活，不仅会决定自己将要朝哪个目标努力，也会指导和监督自己的行为以及实现目标的思维过程。换句话说，绝大多数孩子会逐渐进行自我调节。

作为例证，我们来思考谢哈一泰的例子，她是一个 3 年级的学生，正在学习草体写字。传统的行为主义学家可能会说，如果老师能够对她逐渐变得更恰当的行为予以强化，通过几个星期或几个月的时间，她会把草体学得很好。但社会认知理论家却建议，通过仔细观察老师在黑板上书写的字母并尽可能地模仿这些字母，然后将自己所写的与黑板上的字母相比较的方式，谢哈一泰可以更有效地学习草体。如果她对自己的学习感到满意，她会私下给自己一个心理安慰；如果她感到不满意，她会继续练习直到她写的字母与老师写的差不多。从社会认知角度来看，人们常常会自己设定可接受行为和不可接受行为的标准，然后努力地依据那些标准来行动。

## 346　强化与惩罚的社会认知观

正如你回顾第 9 章的内容那样，操作条件作用理论家坚信强化对于学习而言是必不可少的，换句话说，反应只有在得到强化时才会增加。也有些行为主义学家认为惩罚是强化的匹配物，因为它会降低它所伴随的行为频率。行为主义学家的理论隐含着这样一个观点：强化和惩罚直接对行为改变和学习负责。

强化和惩罚在社会认知理论中并非是决定性的，但它们确实对学习和行为有一些间接的作用（Bandura，1977，1986；T. L. Rosenthal & Zimmerman，1978）。而在这些间接作用中认知因素也会发挥作用，正如下面的观点所反映的：

- **只有在学习者觉察到列联时结果才会对行为有影响。**从社会认知观来看，只有当学习者想到或认识到行为被强化时，强化才会增加行为频率（Bandura，1986）。类似的，只有当学习者认识到惩罚是他们自己所做的某些事情所导致的直接后果时惩罚才会降低行为频率。那么，作为老师，我们要非常清楚我们正在强化或惩罚的是什么，以便学生知道课堂上所操作的真正的反应—强化列联。例如，如果山姆在一次测验中得了 A，但我们却没有告诉他为什么会得 A，那么他就不一定知道下一次该怎样做才能得 A。为了促进山姆的表现，我们可以告诉他在测验中得 A 是因为他用逻辑思维来支持自己的观点。类似的，如果桑德拉即使在一次篮球比赛中只进了一个球，我们仍然对她说“打得好！”她可能会感到难以理解。相反我们应当告诉她，我们为她在整个比赛中的活力四射以及她与队友的合作而感到高兴。

- **学习者对未来行动的可能结果形成预期并采取相应的行为。**学习者常常是把他们的预期建立在强化、非强化和惩罚的现有模式的基础之上。例如，也许你修了一门课程，它的所有测验题全部都来自课本上的材料，没有一个问题是来自课堂讲授内容。在第一次测验之后，你发现自己很仔细地阅读了课本的内容却时常遗漏课堂讲授的内容吗？或者你修了一门课程，它的测验题几乎全部来自于课堂讲授内容或课堂活动。在这种情况下你会经常关注课堂讲授内容却很少阅读课本吗？当一个特定的反应在每次做了之后都能得到强化，学习者通常会期望将来做出相同的反应时都能得到强化。同样的方式，当一个反应经常会导致惩罚时——当冒犯了老师或是在考试日逃课时就可能会受到惩罚——学习者可能就会认为在以后的场合中相同的反应还是会受到惩罚。

然而，有时候学生会依据非常少的信息形成他们关于什么事情将会被强化或惩罚的预期。例如，一个高中生可能会错误地认为夸大他的测验成绩将会得到同学们的羡慕（强化物）。而另一个学生可能会相信她的同学会因为她的聪明而嘲笑她、拒绝她，不管他们是否真的这样做过。

- **学习者的预期会受到发生在别人身上以及自己身上的事情的影响。**在我读 3 年级时，我打扮得像“幸福的牙齿”那样参加了一个万圣节前夕的服装比赛，这是当时几个牙膏商业广告中的一个角色。我并没有赢得比赛，一个“巫婆”获得了第一名。所以在第二年，我打扮得像“巫婆”那样参加了同样的比赛，并憧憬着自己能够轻易获得第一名。在这种情况下我并没有亲身体验到强化，而是替代地——也就是，通过观察发生在别人身上的事情而体验到强化。

学习者通过观察别人的某个特定行为被强化后，他们自己也可能经常表现出这种行为——这种现象被称之为替代强化。例如，通过观察自己的同学所经历的结果，学生就可能懂得了努力学习可以获得好成绩，懂得了被推选去担任班级职务能带来地位和声望，或是懂得了简便计算。

相反的，当学习者看到别人因为某个行为受到惩罚时，他们自己就不太可能那样去 347
做——这种现象被称之为替代惩罚。例如，当教练让一个表现出不正当行为的足球队员退场时，其他足球队员就不太可能效仿这种行为。不幸的是，替代惩罚既抑制期望行为也抑制不期望行为。例如，当老师因为学生问了一个“愚蠢”的问题而轻视他时，其他学生可能就会不愿意自己去问问题。

作为老师，我们必须非常谨慎，确保我们没有替代强化不期望行为或是替代惩罚期望行为。如果我们对一个行为不良学生给予了太多的关注，其他想要得到我们关注的学生可能也会表现出不良行为。如果我们嘲笑一个自愿回答问题的学生做出了错误回答或是表现出错误信念，学生将会很少愿意说出自己的观点。

• **学习者决定自己是否做出某个反应，不仅取决于他们对反应—强化列联的了解，也取决于他们对自己成功做出反应的能力的信念。**当学习者选择采取某种可能会带来未来强化的方式来行动时，他们是为了诱因而工作，而这个诱因是无法确定的。例如，当学生为了在测验中得 A 而去学习时他们从不知道自己将会得到 A，或是当他们参加万圣节前夕的服装比赛时他们从不知道自己将会赢得比赛。诱因是一个期待的或希望的结果，一个实际上可能会出现也可能不会出现的结果。

学习者不会为了他们认为无法得到的诱因而工作。例如在一个有三十个学生的班级中，被授予最佳短篇小说荣誉的竞赛只能为少数写得好的学生提供诱因。只有当诱因是可获得的而且学生也认为能够得到它时，诱因才会有效。所以，当我们为良好的表现提供诱因时，我们应当确信学生相信自己确实能够达到那样的水平。在后面关于自我效能感的讨论中我们将会返回到这个观点。

• **对于未来结果的预期会影响学习者如何准确地以及采取哪种方式对新信息进行认知加工。**为了感性地认识这是如何发生的，让我们试着做一做下面的练习。

## 亲身体验·提前计划

迅速浏览第 11 章以获知它所包含的基本内容。当你这样做的时候，不妨想象一下下面的每种情形：

1. 你的老师宣布：“第 11 章的内容在测验中不会涉及，但不管怎样请大家还是要阅读一下这章内容。”你会怎样准确、仔细地阅读这章内容？请写下关于这个问题的简短答案。

2. 第二天你的老师宣布：“昨天我欺骗了你们。事实上，下周测验中的一半内容都是基于第 11 章所提到的观点。”现在你会怎样准确、仔细地阅读这章内容？请再次写下关于这个问题的简短答案。

---

如果你并不期望因为阅读第 11 章而得到强化，你很可能就不会仔细地阅读它(你会想，你以后可能会阅读它，但你现在还有很多的事情要做)。相反，如果你发现你想要在教育心理学考试中得 A，就要像熟悉你的手背那样熟练掌握第 11 章的内容，你可能就会慢慢地、聚精会神地阅读，并可能尝试着去学习和记住第 11 章的每一个细节。

当学习者相信他们会因为学习某些东西而得到强化时，他们就更有可能注意它并在大脑里用有效的方式加工它。当他们期望不会因为学习某个知识而得到强化时，他们就不太可能用有效的方式来思考和加工它。作为后一种情形的一个例证，让我们回到开头的个案研究。内森被证实他不能学好法语，很大程度上是归结于他朋友学法语所得到的低分（这对他而言是一个替代惩罚)。结果内森很少关注老师在课堂上说了

348

什么，也不怎么用心去完成家庭作业。他的低预期几乎保证了他的糟糕表现——自我实现的预言。

• **通常只有当学习者期望会得到强化时，他们才会展示新知识和新技能。**人们学会很多他们从来没有展示过的事情，因为他们那样做不会得到任何强化。为了让大家了解我所说的意思，请尝试做一做下面的练习。

### 亲身体验·X 先生

以下关于你的教育心理学老师的问题中，你能回答出多少个问题？我打算称呼你的老师为 X 先生。

1. X 先生是右利手还是左利手？
2. X 先生是一个衣着新潮的人还是一个衣着保守的人？
3. X 先生通常穿什么样的鞋子去上课？
4. X 先生戴结婚戒指吗？
5. X 先生每天带公文包去上课吗？

---

如果你经常去上课，你可能至少知道这些问题中的两个问题的答案，甚至还可以回答所有的五个问题。但我猜想你从来都没有向别人提起过你知道这些事情，因为你没有任何理由相信你会因为展示这些知识而得到强化。当学习者确实期望通过展示这些知识而得到强化时，它就会突然表现出来。例如，每次我在上教育心理学课时，在学期中的某个时候我会花点时间把我的脚藏在讲台后面，然后请学生告诉我，我的鞋子看起来像什么。学生刚开始会很惊讶地看着我，但在几秒钟的尴尬沉默之后，至少有五六个学生（通常是那些经常坐在头两排的学生）开始描述我的鞋子，全部是说波浪形的鞋底、磨损的皮鞋、浅褐色的缝线。

学生在课堂上学会了很多事情。他们学会了事实和数字，学会了获得老师注意的方法，甚至还可能知道哪个同学把奶油夹心蛋糕藏在课桌里、老师穿着哪种鞋子到学校。在他们所学会的所有这些事情中，学生最有可能表现出他们认为能给他们带来强化的事情。他们认为不能被强化的事情可能永远会被隐藏起来。

• **一个期望的结果没有出现——不管是因为自身的原因还是因为别人的原因——其本身就具有强化或惩罚的作用。**当学习者的预期没有得到满足时会发生什么事情呢？例如，当一个期望的强化从没有出现时？在我读 4 年级时，我打扮得像个巫婆一样参加万圣节前夕的服装比赛，结果又一次失败了。（第一名被一个头上戴着金属过滤器的女孩夺走了。她打扮得像一颗人造卫星，就像当时由苏联发射到太空的第一颗人造卫星）。那是我最后一次参加万圣节前夕的服装比赛。我期望得到强化却感觉被欺骗了，因为我没有得到第一名。社会认知理论认为期望的强化没有出现就是惩罚的一种形式（Bandura，1986）。当人们认为某个反应将要得到强化却没有得到强化时，他们不太可能在将来表现出这种反应。

正如强化没有出现是惩罚的一种形式一样，惩罚没有出现也是强化的一种形式（Bandura，1986）。也许某次你违反规则时你以为会受到惩罚，但你却逃脱了罪责。或者，也许你还记得你曾看到别人违反规则却没有被抓住。当一个被禁止的行为出现之后却什么坏事也没有发生，实际上人们也许会感到这个行为似乎已经被强化了。

因此，当学生努力学习以达到某个期望的最终结果——也许是一个表扬，一个高分，或是一个特殊的权利——然而期望的结果没有变为事实，他们在下一次就不可能那么努力地学习。而当学生违反了学校规则却没有因此而受到惩罚时，他们就更有可能再次违反规则。作为老师，我们应对所期望的学生行为及时给予所承诺的强化，这一点是非常重要的。同样重要的是，我们也要给予学生因为不恰当行为而期望得到的结果[1]。“创建一个建设性的课堂环境——社会认知观的执行后果”描述了这个观点以及前面讨论过的几个方面。

**创建一个建设性的课堂环境——社会认知观的执行后果**

★ 描述你要强化的特定行为，以便学生知道课堂上所采取的反应—强化列联。

老师告诉学生，“因为在今天上午的小组合作活动中每个人都持续参与了活动，所以在午餐前我们将有十分钟的自由时间。”

★ 告诉学生在课堂上什么行为是不被接受的，并描述那些行为出现时所导致的结果。

老师提醒学生，任何一个被看到在等候午餐队伍中推挤的人都要到队伍的最后面去。

★ 确保学生相信高成就诱因是在他们能达到的范围之内的。

老师认识到如果她用曲线来划分学生的科学方案的等级，那么只有少数几个学生能得A。相反，她给学生一个将要用于划分科学方案等级的具体标准的清单，并告诉学生任何一个符合这些标准的方案都将得到A。

★ 对于期望的学生行为要始终伴随着你所承诺的强化。对于不期望行为也要始终伴随着学生意识到的不利后果。

当宣布在即将到来的假日游玩中举行选拔赛时，老师告诉学生只有那些在规定时间前报名的同学才可以参加比赛。尽管后来她也很遗憾造成了这种局面——有一些很聪明的学生没有按时报名——在选拔赛期间她坚持自己的意见，删掉了任何一个没有按时报名的学生的名字。

★ 牢记学生可以替代地体验结果——通过观察发生在他同伴身上的事情——也可以通过亲身体验结果。

尽管这个学生会主席很受学生和老师的喜欢和尊重，但当他在考试中作弊时，老师还是根据学校规则给予了处罚。

349

## 示范

作为人类，我们几乎从一出生就具有某种模仿他人的能力（T. F. Field，Woodson，Greenberg & Cohen，1982；Kugiumutzakis，1988；Meltzoff，2005）。事实上，人的大脑似乎装备有某种特殊的模仿装置。在最近几年里，研究者发现，当学习者观察到别人从事某个特定行为或是学习者自己从事同样的行为时，学习者大脑中的某些神经细胞会变得活跃起来。这样的神经细胞，正确地应称之为反射神经细胞，暗示大脑被预设成可以在观察和行为之间建立联系（Arbib，2005；Iacoboni & Woods，1999；Murata et al.，1997）。

我们所学习的许多榜样都是真实榜样——我们所观察到的现实生活中的人所做的事情。但我们也会被象征性榜样所影响——在书上、电影里、电视里和其他的各种媒体中所描绘的真实的或虚构的角色。例如，学生可以从学习历史中重要人物的行为或是阅读关于人们在逆境中取得大成就的故事中得到许多有益的教导。社会认知理论有时会用术语示范（modeling）来描述榜样所做的事（即示范行为），另一些时候会用来描述观察者所做的事（即模仿行为）。为了将这种混淆降至最低程度，当我是指观察者所做的事时，我将会使用动词模仿（imitate）而不是示范（model）。

## 能够通过示范习得的行为

当然，人们通过观察别人的行为确实可以习得大量的心因动作行为——从相当简单的动作（如刷牙）到非常复杂的动作（如表演舞蹈或体操技能）（Magill，1993；Poche，McCubbrey & Munn，1982；Vintere，Hemmes，Brown & Poulson，2004）。但 *350*
观察别人也可以使个体获得许多带有认知成分或情感成分的行为。例如，学习者倾向于做以下的事情：

当其父母经常在家看书时，他们会成为更好的阅读者（R. D. Hess & McDevitt，1989）。

如果别人面对特殊的刺激或状况表现出害怕情绪，他们也学会对这些情景感到害怕（Mineka & Zinbarg，2006）。

当同伴已经示范了抗拒诱惑的策略时，他们会更强烈地抗拒陌生人的引诱（Poche，Yoder & Miltenberger，1988）。

如果学习者周围的人拒绝容忍种族主义者的说法，他们也不太可能容忍这种说法（Blanchard，Lilly & Vaughn，1991）。

当他们看到别人并不是按照性别刻板印象的方式做事时，他们更有可能违背传统的性别刻板印象——也就是说，他们不考虑对男性和女性来说什么是“合适的”的行为（B. E. Carlson，1984；Hoffman，1984；Ruble & Ruble，1982；Selkow，1984）。

已经有大量研究探查榜样在以下三个领域中的作用：学业技能、攻击和人际行为。

### 学业技能

在学生学到的许多学业技能中，至少有部分是通过观察他人的行为而获得的。例如，他们可能部分地通过观察老师或同伴怎样做而学会如何解决长除法问题或写一篇前后连贯的作文（Braaksma，Rijlaarsdam & van den Bergh，2002；R. J. Sawyer，Graham & Harris，1992；Schunk & Hanson，1985）。当榜样不仅示范如何去做作业，还示范如何去思考作业时——换句话说，当这种示范是认知示范时，学业技能的示范就特别有效（R. J. Sawyer et al，1992；Schunk，1981，1998；Schunk & Swartz，1993）[2]。例如，请大家思考一下老师可能会怎样示范解决 276÷4 这个长除法问题的思考过程：

> 首先我要决定用什么数来除以 4。我拿着 276 这个数，首先从左边开始，然后向右边移动，直到我找到一个和 4 相等或比 4 大的数。2 比 4 大吗？不是。27 比 4 大吗？是。所以我首先会用 4 去除 27。现在我需要找一个数，使其与 4 相乘所得的结果要等于或稍稍小于 27。5 怎么样？5×4＝20。不行，太小了。让我试试 6 怎样。6×4＝24。也许可以。让我再试试 7。7×4＝28。不行，太大了。所以 6 是正确的。（Schunk，1998，p. 146）

### 攻击

大量的调查研究已经表明当孩子观察到攻击或暴力榜样时，他们会变得更有攻击性

(Bandura，1965；Goldstein，Arnold，Rosenberg，Stowe & Ortiz，2001；Guerra，Huesmann & Spindler，2003)。儿童不仅从真实榜样，还从他们在电影、电视或录像游戏中的象征性榜样（C. A. Anderson et al.，2003）身上学习攻击行为。事实上，儿童的模仿倾向于采取与他们看到的攻击行为相同的形式（Bandura，Rose & Rose，1963；Mischel & Grusec，1966）。男孩子特别容易模仿他人的攻击行为（Bandura et al.，1963；Bushman & Anderson，2001；Lowry et al.，1995）。

由班杜拉和罗斯（Ross）(1961）等人所做的一个经典研究生动地说明了示范对于鼓励和阻止攻击行为的力量。一些学前儿童被依次带到一个放有各种玩具的游戏室里。他们被要求坐在桌子旁画画。然后一些孩子会看到一个成年人（攻击榜样）走进房间并朝着充气的拳击玩偶做出了很多攻击行为——例如，把玩偶踢到空中，骑在玩偶身上，用大木槌敲打玩偶的头，同时发出诸如“砰!”“踢他”和“打他鼻子”的声音。相反，另一部分孩子会看到一个成年人（非攻击榜样）走进来并用一种建设性的方式来搭积木。还有一部分孩子在游戏室时没有看到榜样。然后孩子们被带到另一个房间，在那里他们会遭受到轻微的挫折：正在他们开始玩那些非常有吸引力而又有趣的玩具时，玩具突然被拿走了。最后，孩子们被带到了第三个房间，房间里放有非攻击性玩具和攻击性玩具（包括充气的拳击玩偶和木槌）。在这三组孩子中那些看到过攻击榜样的孩子最具
351 有攻击性，事实上，他们模仿了许多他们看到的攻击榜样所展示的相同的行为。那些看到非攻击榜样的孩子甚至比无示范组的攻击性还要少。因此，关于攻击行为，榜样会有下面的其中一种影响：攻击榜样会导致儿童攻击性的提高，而非攻击榜样则会导致攻击性的降低。

**人际行为**

通过观察和模仿别人，学习者可以学到许多人际技能。例如，在同伴学习小组里，儿童可能会采纳别人进行文学讨论的策略，也可能学会如何征求别人的观点（“你在想什么，佳丽莎?”)、如何表达赞同或反对（“我赞同科德尔的观点，因为……”）以及如何证明自己的观点（“我认为这不应得到允许，因为……”）（R. C. Anderson et al.，2001，pp. 14，16，25)。患自闭症的儿童在观看了一个无缺陷同伴在游戏活动中使用了很好的社交技巧的录像带后，他们更可能有效地与同伴玩耍（Nikopoulos & Keenan，2004)。

正如第 3 章所提到的，当儿童看到那些展示亲社会行为的榜样时，他们也能学会亲社会行为——表达同情，与别人分享东西，通常也能把别人的需要和快乐放在自己的需要和快乐之前。在一个研究中（Rushton，1980），孩子们观察到一个成年人在玩保龄球游戏并用代币强化自己的出色表现。然后，一部分孩子看到这个成年人把一半代币赠送给了一个画在房间里海报上的名叫博比的穷男孩；另一些孩子则观察到这个成年人尽管看到了海报上的男孩，但还是把所有的代币全部归为己有。然后孩子们也有机会玩保龄球游戏并获得代币。他们获得的代币越多就可以购买越好的奖品（即把代币赠送给博比意味着他们为自己购买的奖品就少一些)。结果，那些观察到慷慨榜样的孩子要比那些观察到自私榜样的孩子更有可能把自己的一部分代币赠送给博比。这种差异不仅在最初的实验研究期间如此，而且在两个月后的追踪研究期间也如此。

## 示范如何影响行为

正如我们前面所提到的，学习者不仅会受到榜样所做的事情的影响，而且会受到榜

样经验——其所做事情的结果的影响。社会认知理论（Bandura，1977，1986；T. L. Rosenthal & Zimmerman，1978）认为示范对学习者的行为有四种可能的作用：

- ✧ 观察学习效应。观察者获得榜样所示范的新行为。通过看和听榜样的言行，学生学会怎样解剖蚯蚓，用基本的仰泳姿势游泳，以及正确地发出"Estudia usted espanol"的音。他们可能也会获得在父母那里听到的父母所拥护的政治和宗教信仰。他们也可能采纳教师的态度，可能对棒球充满狂热、对困惑的科学现象感到好奇，或是害怕数学。
- ✧ 反应促进效应。观察者看到榜样因为某个他以前就学会的行为受到强化后，他会更频繁地表现这个行为（即在受到替代强化之后）。例如，学生更有可能按时完成阅读作业以及与同伴合作学习而不是竞争——这是他们早就已经学会的行为——如果他们看到这样做的人得到强化时。
- ✧ 反应抑制效应。观察者看到榜样因为某个他以前就学会的行为受到惩罚后，他会更少表现这个行为（即在受到替代惩罚之后）。通常，学生会抑制那些给他们周围的人导致不利后果的行为。例如，如果学生看到他们的朋友因为攻击而受到惩罚，他们就不太可能在操场上攻击别人。如果他们的同伴在考试中作弊被抓住，他们也不太可能去作弊。如果他们的同学在课堂上因为回答错误而受到讥笑，他们也不太可能自愿回答问题。
- ✧ 反应去抑制效应。观察者在看到榜样表现某个他以前被禁止或被惩罚的行为却没有不利后果之后，他会表现出这个行为。尽管他们以前就已经因为嚼口香糖、抄袭同学的作业或在走廊里打闹而受到惩罚——因此他们学会了抑制这些行 352
为——如果他们的同学从事这些行为却没有负面影响时，这些行为就会重新表现出来。

## 有效榜样的特征

当然，学习者并不总是受到他们所看到的周围人或媒体人物的行为的影响。那么他们什么时候最有可能采用别人的行为？下面的练习会有助于你发现这个答案。

### 亲身体验·五个人

写下你所敬佩的、并愿意在某个方面模仿他们的五个人的名字。然后，在每个名字下面写下一个或几个你敬佩他们的理由。

---

你所选择的这五个人具有以下的一个或多个特征的可能性是很大的（Bandura，1986；T. L. Rosenthal & Bandura，1978；Schunk，1987）。

#### 能力

学习者一般会尝试着去模仿那些做事情做得好的人，而不是事情做得差的人。他们会尝试着模仿专业篮球运动员的篮球技能，而不是班上的傻瓜的篮球技能。他们也会采用那些清楚地知道自己在做什么的老师的数学问题解决方法，而不是那些经常在黑板上演算错误的老师的方法。即使学前儿童也有一定能力对有能力的榜样和有缺陷的榜样加以辨别（Want & Harris，2001）。

学习者不仅从观察有能力的榜样所做的事情中获益，也从观察有能力的榜样所创造的最终产品中获益。例如，艺术类学生可以通过学习诸如保罗·塞尚和凡·高这样的大师的作品获得有用的策略，而音乐类学生可以通过聆听具有不同音乐风格的才艺精湛的音乐家的作品获得新的策略。在一个7年级的语言艺术班上，学生发现了在喜爱的书上有比喻写作的例子，如下文这些例子就会成为学生自己写作练习中的榜样。

---

芭芭拉·蒂的7年级语言艺术课堂上的学生从他们阅读的书上选择了一些比较好的比喻写法的例子。这样的例子可以成为学生自己写作练习中的榜样。

---

夜幕降临了，像蛇一样环绕着我。

——卡罗琳·库尼（Caroline Cooney)，《渴望》(Wanted)，p. 176

轻快的波浪缓缓地流过布满石子的沙滩。

——莉莉安·杰克逊·布朗（Lilian Jackson Braun)，《看到星星的猫》（*The Cat Who Saw Stars*)，p. 120

水沸腾了，翻滚着白色的泡沫，就像一杯奶茶。

——罗勒妮·麦克丹尼尔（Lurlene McDaniel)，《无论好坏，永远在一起》（*For Better, for Worse, Forever*)，p. 120

固体的火箭助爆药突然迸发出四千四百万的马力。

——本·麦克尔森（Ben Mikaelsen)，《倒计时》(*Countdown*)，p. 148

我试着把雪球吞进喉咙里。

——劳丽·哈里斯·安德森（Laurie Halse Anderson)，《演说》(*Speaker*)，p. 72

---

**声望与权威**

孩子和成人经常会模仿那些著名人物或权威人物。一些有效的榜样——世界领导人、著名运动员、流行摇滚明星——在国家或世界水平上都是非常有名的。另一些榜样的声望与权威——拉拉队队长、高中曲棍球队的队长、帮会头目——也许会更地方化。作为当地影响的一个恰当的例子就是，当孩子们看到那些受欢迎的同学和那些有缺陷的同学交往时，他们也会和那些有缺陷的同学交往。

因此，除了示范我们期望的行为之外，我们还应当向学生展示大量他们可能会认为是有能力、有声望的榜样。我们可以邀请一些受尊敬的专业人员（如警察、护士、报社记者）来展示他们在特定领域的专门技能。我们也可以让学生去阅读或观察在书本或电影等媒体中的正面角色榜样。例如，学生可能会去阅读海伦·凯勒的自传或是看马丁·路德·金的新闻夹。

**“性别合适”行为**

还记得内森认为学法语是女孩的事情吗？学习者更有可能采取他们认为对其性别而
353 言是合适的行为。当然，不同的个体对性别合适的界定会有些不同。例如，有些女孩可能会因为害羞而远离那些她们认为太“男性化”的数学方面的职业。而有些男孩却不能接受打字和键盘，因为他们认为这是秘书的技能，而绝大多数秘书都是女性。而数学和键盘打字对两性来说都是有用的技能。接触大量的从事所谓非传统职业的人的例子——女数学家和女工程师，男秘书和男护士——有助于扩展学生关于哪些行为是性别合适的行为的认识和理解。在这个过程中，这些榜样还可以扩展学生的学科选择，甚至可能会提高他们的职业抱负。

**与学习者自身状况相关的行为**

学习者最有可能采取他们认为在其所处的环境中对其有帮助的行为。例如，如果一个中学生认为她穿上像班上受欢迎同学那样的服装就会变得受欢迎的话，她就更有可能模仿那些受欢迎同学的穿着打扮。但如果她认为不管她穿什么样的衣服，她戴着厚厚的眼镜和脸上的青春痘都会让她不受欢迎的话，她就没有什么理由那样穿。如果一个高中生认为和朋友一起喝啤酒将有助于他获得朋友的接纳的话，他就会那样去做。但如果他已被指派为司机并知道朋友都希望他保持清醒的话，他就不太可能放纵自己。

我们教师每天都会在课堂上示范大量的行为。但只有当学生相信这样的行为确实对他们有用、有成效的时候，他们才会模仿我们的行为。所以，我们必须要向他们展示我们所教的问题解决、所演示的写作技巧或是所倡导的身体健康应如何应用到他们自己的情境中去。

当榜样在某些明显的方面和学生有差异时，学生就不太可能认识到示范行为的关联性。例如，来自其他文化背景而不是我们自己的文化背景的学生可能会认为，我们试图教给他们的某些知识并不能运用到他们自己的文化情境中去。类似的，有缺陷学生可能会认为他们无法完成无缺陷老师所演示的事情。因此，在我们呈现给学生的榜样中应包含有来自少数民族文化背景的学生以及有缺陷的学生，这一点是非常重要的。少数民族学生能够从观察少数民族成功人士中获益，而对有缺陷学生而言，当他们遇到成年人成功地处理和战胜了自己的缺陷时，他们将会对自己的未来更有信心（Pang，1995；L. E. Power，Sowers & Stevens，1995）。

你可能会认为许多老师都是你所敬佩的，并想变得像他们一样。尤其是在小学和中学，学生倾向于认为他们的大多数老师都是有能力的、有声望的、有权威的。所以作为老师，我们“教”的不仅仅是我们所说的还包括我们所做的。因此，我们应示范恰当行为，不应示范不恰当行为，这是非常关键的。我们是对所有学生都示范了公平还是偏袒少数学生？我们是对学科问题示范了热情与激情还是容忍仅仅用一个枯燥无味的主题胡乱应付上课？我们诠释了发明与创造的优点还是年复一年地使用同样的课程材料？我们的行动常常更胜于语言（J. H. Bryan，1975）。

## 帮助学生从榜样中学习

即使榜样是有能力的、有声望的，或是他们所展示的行为是学生认为合适的，成功的榜样学习也并不总是会发生。根据社会认知理论家（Bandura，1986）的观点，在学生能成功地从观察到的示范行为中学习之前应具备四个必要条件：注意、保持、运动再现和动机。

**注意**

在开头的个案研究中，内森很少注意他的法语老师。为了有效地学习，学习者必须注意榜样，尤其是对示范行为的重要方面。例如，当我们在科学实验室演示正确的实验过程或是基础仰泳动作时学生必须仔细地观察，当我们发出“Comment allez-vous”的读音时他们必须聚精会神地听。

**保持** 354

注意之后，学习者还必须记住榜样做了什么。如果你已经读过第 6 章中关于认知过程的讨论，你就会了解到学生更可能用多种方法去回忆他们已经编码到记忆中的信息——也许是用视觉表象和言语表征的方式。因此，作为老师，当我们演示一些行为时可能经常想要描述我们正在做什么。对于一些复杂的行为我们可能也想要给出一些说明性短语，否则学生就难以记住（Gerst，1971；T. L. Rosenthal，Alford & Rasp，1972）。例如，在游泳教学中，要让学生记住游泳时手臂姿势顺序的一个比较容易的方法就是教会他们短语小鸡、飞机和士兵（参见图 10—2）。这也有助于学生模仿榜样的动作时大声地重复短语（R. L. Cohen，1989；Mace，Belfiore & Shea，1989；Schunk，1989c）。例如，请思考以下的这套教给首次学习基本网球打法的学生的自我指令：

1. 说球时自己要记住看着球。
2. 说拍球时自己要记住当球向你接近时眼睛要跟着球。
3. 说打球时自己要记住重点是让球和拍子碰在一起。
4. 说准备时自己要来到下一个可能会向你打来的球的位置（Ziegler，1987）。

学网球的学生被教会给自己这些简单的指令——球、拍球、打球和准备——与那些没有被教会这样做的学生相比，这提高了他们更迅速归位的准确性（Ziegler，1987）。

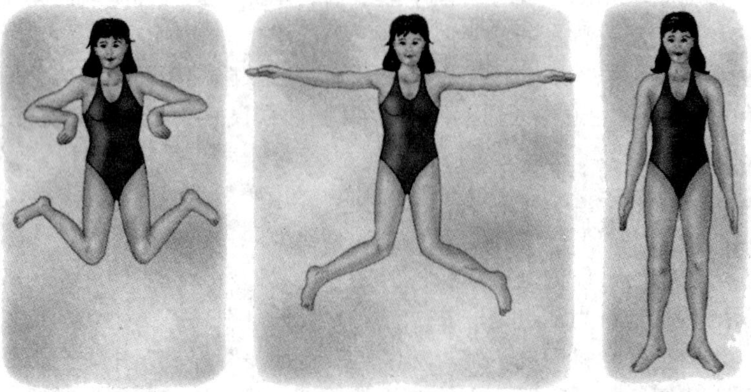


**图 10—2　当复杂的行为有言语标记时，学生常常会很容易地记住复杂的行为，例如游泳时的手臂运动**

**运动再现**

除了注意和记住行为以外，学习者还必须在身体上能够再现示范行为。当学生缺乏再现所观察行为的能力时，运动再现显然也不会发生。例如，一个看到高中生扔垒球的 1 年级学生还不具备模仿扔垒球的肌肉协调能力。而那些还没有学会舌头打滚的高中生就比较难以重复西班牙语老师的舌头扭动：

Erre con erre cigarro，erre con erre barril.
Rápido corren los carros del ferrocarril.

在学生看到一个期望行为被示范后让他们立即模仿这个行为常常是有用的。当他们这样做的时候，我们就能够给予他们所需要的反馈以便提高他们的执行情况。伴随口头指导的示范和经常性反馈——有时被称之为训练——通常比单独的示范更有效（S. N. Elliott & Busse，1991；Kitsantas et al.，2000；Schunk & Swartz，1993）。然而，当我们考虑这一方法时，我们必须在心里记住第 4 章所得出的观点：来自某些人种群体（如许多土著美国人）的学生可能宁愿私下练习新行为，只有在他们充分掌握之后才会向我们展示他们已经学会的行为。

**动机**

学习者必须有动力去展示示范行为。有些学生可能很渴望去展示他们已经观察并记住的行为。例如，他们可能看到因某个行为而受到强化的榜样，因此他们已经被替代地强化了。但另一些学生可能没有任何要展示他们已经看到的榜样行为的动机，也许是因为他们并没有看到榜样的行为适合他们。在第 11 章和 12 章里，为了提高学生展示期望行为的动机，我们将确定大量的策略。

当所有的这四个因素——注意、保持、运动再现和动机——都具备时，示范就能成为一种非常有效的教学技能。作为一个例子，请思考下面的内容。

**分析教师策略——防守地滚球** 355

在我的教育心理学课堂上，我经常会要求我的学生运用所学的知识教小学生或中学生某个主题或技能。其中一个名叫瑞安·弗兰克尔的学生，他刚刚开始成为大学的棒球队队员，就去教他 8 岁的侄儿科林怎样接住一个地滚球（即一个贴地飞来的球）。当你阅读下面摘自瑞安报告的部分摘录时，请思考以下问题：

✧ 瑞安运用到实践中的社会认知理论的原理。

✧ 瑞安所运用的其他理论的原理。

我开始于……录制了科林接住我打过去的一系列地滚球的录像。这是在我教科林之前录制的……然后我还录制了一段“棒球之夜”，这是在职业体育总会的棒球之季期间每天晚上都会播出的。然后我剪辑了一段录像并放给科林看，我觉得这是如何正确接住地滚球的很好的例子……

接下来我给科林示范了如何形成接住地滚球的正确基础以及接住打来的球的步骤。每一次我都慢慢地向科林解释每一个步骤，然后要他把每个步骤做给我看，并让他在他打中球之后告诉我他为什么能打中球。在这点上科林做得很好，我想（他的）这些表现告诉了我为什么他所做的每一个步骤有助于他记住这些步骤……

我发现我的下一步……和科林一起打球非常好，能够明显地提高他的表现……我给他呈现越来越难的任务，而他也能感觉到他能完成这些越来越难的任务……首先我允许科林接球时可以使用棒球手套……接下来，我告诉科林脱掉手套徒手接球。科林不仅在这一步做得很好，而且我还看到他用柔软的手接球，就像接住一个鸡蛋一样，这是令人鼓舞的，因为这个步骤是我先前曾经向他讲解过的。对于科林来说，最后一个任务就是用一块拿在手上的平木板接球——这即使对于棒球好手来说都是非常困难的，因为你不能戴上手套或直接用手握住球。科林在运用这个步骤时也遇到了一些困难，但随着练习的不断增加，他也在不断提高。在完成所有这些任务后，我又录制了科林抓住一系列地滚球的录像。

> 我通过给科林放三段录像完成了我的课程。首先放的是科林抓住地滚球的最初录像，然后放的是科林接受指导后抓住地滚球的录像。我们都非常惊讶于他的提高……最后我给科林看的是“棒球之夜”的录像，这与他先前看到的是一样的。我给科林指出了他在技术上与职业棒球手的相似之处，他也认为这真是棒极了。我确信科林也知道自己仍需努力的地方，而他只需要通过大量的练习来提高自己的技术……
>
> 当我指出与他相关的类比时，科林很喜欢。他真的开始思考把他的手臂、手和手指与鳄鱼的下颚、嘴巴和牙齿进行类比……他也喜欢把他的肚脐类比为吸尘器，吸住球，手套……当我把他所做的和职业棒球手相比较时他感到特别高兴。你可以从他咯咯的笑声中知道他认为这样很酷。

正如你所注意到的，瑞安使用了有能力和有声望的榜样（一个真实榜样——他自己——以及录像中的几个象征性榜样）去教科林怎样接住地滚球。而且，他确保成功示范的所有四个条件都具备了。第一，他用录像来吸引科林的注意，并一对一地教他怎样接地滚球。第二，他通过使用活泼的类比来帮助科林记住他所学的知识（抓住鸡蛋，鳄鱼的下颚，吸尘器)，并要科林解释他为什么要做每一个步骤。第三，瑞安通过采用适合科林能力水平的任务来鼓励运动再现，然后逐渐要求他完成越来越困难的任务。第四，瑞安通过使用有趣的课程和向科林展示他的技术是怎样变得越来越像职业棒球手的来激励他。

在教学过程中，瑞安还借鉴了其他理论的观点。当他给科林一个挑战性的任务（假设在科林的最近发展区内）并在科林越来越熟练时逐渐提高任务难度，他就借鉴了维果斯基和其他认知发展学家的观点。当他要科林将某些动作与其已经知道的事情联系在一起时，他借鉴的是认知心理学——例如，“思考他的肚脐就像吸尘器一样吸住球与手套”。当他给科林一些积极反馈时他还借鉴了行为主义的观点——例如，通过向科林展示他提高了多少并指出他的技术变得越来越像职业棒球手的方式。我们在第6章也注意到，当教师在他们的教学实践中运用了大量的理论观点时，他们的教学就有可能更有效。

瑞安的课程设计得如此巧妙，示范就不仅仅是提高学生的表现，它也能够提高他们

356 完成挑战性任务的自信心。当一个来自低收入地区的学生遇到一个来自相同地区的已成为成功内科医生的人时，或是当一个身体残疾的学生遇到一个已成为当地银行高级主管的患有脑瘫的人时，这些学生也许开始相信他们也能拥有这样的成就。相信自己有能力获得成功的学生会有较高的自我效能感。

## 自我效能感

通常，自我效能感是指一个人自我建构的关于他或她执行某些行为或达到某些目标的能力的判断。为了解你自己对各种活动的自我效能感方面的例子，请试着做一做下面的练习。

当人们认为他们能够成功地执行某些行为时——那就是，当他们有较高的自我效能感时——他们就更有可能去从事这些行为（e. g. , Bandura, 1997)。例如，我希望你能相信只要你仔细地思考你所阅读的内容，你就能理解这本课本里的观点。换句话说，我

### 亲身体验·自我评估

请花点时间回答下面的问题：

1. 你相信你自己能够通过阅读这本课本并仔细思考其内容的方式理解并应用教育心理学的知识吗？或者你相信不管你学了多少，你在运用这些知识时还是会有困难吗？

2. 你认为如果有人向你演示如何从较高的跳水台上用优美的天鹅姿势跳水并给你时间去练习，你就可以做到它吗？或者认为像你这样的人即使有大量的训练和练习也不能帮你学会天鹅式跳水吗？

3. 你认为你能毫无损伤地赤脚从热炭上走过吗？或者你会认为你的脚底会被烤成马铃薯片？

---

希望你有较高的自我效能感去学习教育心理学。你也许相信、也许不相信随着讲授和练习的不断展开，你最终能够完成一个不错的天鹅式跳水。换句话说，对于学会跳水你可能有较高或较低的自我效能感。但你可能非常怀疑你能够赤脚从热炭上走过，所以我的猜测是对于这个活动你可能有较低的自我效能感。

正如我们在第 3 章所提到的，自我效能感是一个人的自我整体感觉中的一个成分。它和自我概念及自尊这样的概念似乎有些相似之处，但它的一些重要特性使得它与它们区别开来（Bong & Skaalvik，2003；Pajares & Schunk，2002；Pietsch，Walker & Chapman，2003）。当心理学家提到自我概念或自尊时，他们常常描述的是相当普遍的自我观念，涵盖了比较广的活动范围（如“我是一个好学生吗?”），可能还包括感觉和信念（如“我如何为自己的课堂表现感到骄傲?”）。相比较而言，自我效能感是更具任务特异性或情境特异性的，并包含几乎是独有的（如“我能掌握长除法吗?”）判断，而不是感觉。

## 自我效能感如何影响行为和认知

学生的自我效能感影响他们的活动选择、目标以及他们在课堂活动中的努力和坚持。然后，最终也会影响他们的学习和成就（Bandura，1982，2000；Schunk & Pajares，2004）。

**活动选择**

想象在你开学注册的那一天，你仔细阅读了学期课程表上的几百种课程。你用你需要的课程填满了大部分的课程表，但仍然有选修课程的余地。这时只有两门课程可以供你选择去填充课表。你是报名参加由世界著名的乔希·卡贝里（Josiah
S. Carberry）博士执教的比较有挑战性的高级心理制陶术这个研讨班呢？还是报名参 357
加整个校园都知道的很容易得 A 的英语文学这门课程呢？也许你发现心理制陶术这个术语有点威胁性，特别是如果卡贝里教授正如别人所说的是一个脾气不好、要求苛刻的人时，你认为你可能无法通过这门课程考试。所以你选择了文学课程，因为你知道你能通过这门课的考试。

人们倾向于选择那些他们认为能够获得成功的任务和活动，回避那些他们认为将会失败的任务和活动。那些认为自己能够胜任学校歌舞剧的学生要比那些对自己的演技和演唱能力没什么信心的学生更有可能去进行尝试。那些认为自己能学好数学的学生要比那些认为自己没有数学能力的学生更有可能选修数学课。

**目标**

当人们对自己在某个领域有较高的自我效能感时，他们就会为自己设置较高的目标。例如，青少年的职业选择和职业水平反映了他们有着较高而不是较低的自我效能感的学科领域（Bandura et al.，2001）。他们的选择通常和传统的性别观念相一致：男孩更可能对科学和技术有较高的自我效能感，所以渴望从事这些方面的职业；而女孩更可能对教育、健康和社会服务有较高的自我效能感，所以会选择从事这些方面的职业（Bandura et al.，2001）。

**努力与坚持**

高自我效能感的人在尝试新任务时更有可能去努力。当他们在成功道路上遇到障碍时也更有可能去坚持（如“试一试，再试一试”）。相比较而言，那些有较低的自我效能感的学生面对任务时可能会做出较小的努力，面对困难时也会很快放弃[3]。例如，在开头的研究个案中，内森坚信他不能学好法语。带着这样的低自我效能感，他在法语家庭作业中遇到他不能立即理解的问题，他就会很快放弃学习。

**学习和成就**

高自我效能感的人要比低自我效能感的人更愿意去学习和完成任务。即使当他们的实际能力水平差不多时也是如此（Bandura，1986；Eccles，Wigfield，et al.，1989；Klassen，2002）。换句话说，当几个个体的能力相等时，那些相信自己能够完成任务的人要比那些不相信自己能够成功的人更有可能成功地完成任务。高自我效能感的学生能够达到较高的水平，部分是因为他们执行了促进学习的认知过程——注意、组织、精制加工等等（Bong & Skaalvik，2003；Pintrich & Schunk，2002）。

大多数4～6岁的孩子对自己完成各项任务的能力非常自信，但实际上他们常常过高估计了自己的能力（R. Butler，1990；Eccles et al.，1998；Nicholls，1979）。然而，当他们升上小学时，他们能更好地回忆自己过去成功和失败的经历，因此变得越来越知道如何将自己的表现和同伴相比较（Eccles et al.，1998；Feld，Ruhland & Gold，1979）。据此推测，作为这些变化的结果，他们会变得对自己能做的和不能做的事情越来越不自信，尽管这通常会更现实（Bandura，1986；Schunk & Zimmerman，2006）。

理想地讲，学习者应当对自己能做的和不能做的事情有一个相当准确的认识，并把自己放在一个合适的位置以扬长避短（Försterling & Morgenstern，2002；Wang & Lin，2005）。但是，适当的过于自信通常是有利的，因为它能鼓励学习者去从事那些有助于他们发展新技能、新能力的挑战性活动（Assor & Connell，1992；Bandura，1997）。在这里我们有必要对学习自我效能感（“如果我用心的话我可以学好它”）和表现自我效能感（“我已经知道怎样去做好这件事”）加以区分（Lodewyk & Winne，2005；Schunk & Pajares，2004）。学习自我效能感（即一个人通过努力最终能做到的）一般偏向于乐观的一面，而表现自我效能感则更多地与当前的能力水平相一致。

358 有时候学生们特别是女生会过低估计自己获得成功的可能性，也许是因为他们曾有过几次糟糕的体验（D. A. Cole et al.，1999；D. Phillips & Zimmerman，1990）。例如，一个女孩经常在科学科目上得C，这主要是由于科学的任课老师采用非常严格的评分标准而导致的，但却会使这个女孩错误地认为她学不好科学。或者是学校里一个新来的男生想要和同学们友好相处，却遭到了两三个轻率的男生的拒绝，使得他错误地认为没有人喜欢他。在这种情况下学生会毫无必要地为自己设置较低的目标，而且即使面临很小的困难也会轻易地放弃。

但一件好的事情也可能有很多方面。当学习者太过于自信时，他们可能会形成不切实际的高期望或是指望不劳而获从而导致失败（Bandura，1997；Paris & Cunningham，1996；D. Phillips & Zimmerman，1990）。而且他们几乎不会去改正缺点，因为他们意识不到自己的缺点（McKeachie，1987；Pintrich，2003）。

## 自我效能感发展中的因素

有几个因素明显会影响自我效能感的发展，包括学习者先前的成功和失败，他人传达的信息，他人的成功和失败，以及在一个较大的群体中的成功和失败。

**学习者先前的成功和失败**

当学习者在过去已成功地完成某个任务或类似的任务时，他们更有可能相信他们能成功地完成这类任务（Bandura，1986；Valentine，Cooper，Bettencourt & DuBios，2002）。例如，如果爱德华已经掌握了分数的乘法，那么他就更有可能相信自己能掌握分数的除法。如果艾莉娜已经掌握了英式足球的技能，那么她会对自己玩曲棍球的能力更自信。然而，我们也可能会看到学生在思考自己先前的成功和失败时能回头看多远这方面的个体差异。也许是因为受到更有限的认知能力的影响，低年级学生在判断自己完成一个特殊任务的能力时，最典型的是他们只能回忆最近的经验。相对而言，较大的儿童和青少年则倾向于思考成功和失败的长期模式（Eccles et al.，1998）。

那么，正如你所看到的，提高学生自我效能感的一个重要策略是帮助他们在不同内容领域的各种任务中都能获得成功。理想地讲，我们设置的任务难度应当适合学生当前的自我效能感水平：就那些对自己完成某个特殊领域任务的能力感到信心不足或没有信心的学生而言，当我们给他们布置的是他们可能可以做好的任务时，他们可能一开始就会更顺利地作出回应（Stipek，1996）。当学生能够成功地完成挑战性的任务而不是容易的任务时，最终他们就可以发展出更高的自我效能感。如果我们能够提供某种程度的结构——也就是支架——去帮助学生铺平成功完成任务的道路，那么在这种情况下我们就能够极大地提高他们的自我效能感。

但是，掌握那些重要的、甚至是相当基础的知识和技能，常常是只能随着时间的推移慢慢进行。因此，用提高这个术语而不是掌握来界定成功有时就变得非常重要了（R. Butler，1998a）。在这种情况下我们可能需要提供一个强调每日进展的具体机制——例如，给学生一个进程表，他们可以自己填写表格并经常为自己做好的每一件小事提供口头或书面的反馈。经验丰富的弗朗西斯·霍金斯老师回忆了她曾经帮助 7 岁的桃乐茜和她的同学学会在小小的、圆形的织布机上织布的事情。在计划刚开始时，桃乐茜总是为她所犯的错误而苦恼，但霍金斯小姐帮助她从另一个角度来看待自己的错误：

> 她哭着，握着她刚织好的小小的、圆形的布，悲伤地倾诉着，“看，”她流着眼泪，指着粉色、蓝色和黄色的布说，“我织的布的开始这部分太糟糕了，我都不知道该怎么办了。我能不能把开头那部分弄掉，让它正好像最后那部分呢？”

其实，如果不去管开始的那点错误，这块布还是非常好看的。这些圆形织布机犯下的错误……突然，我有了一个好主意：“瞧，桃乐茜，这是历史，这是你学习织布的历史。你可以看着这块布说，‘哦，我可以看到我是怎样开始的，这里我没有很好地了解怎样去做，所以越过了两条线而不是一条线；但我学会了，然后——到后来一切都非常完美了！’现在把它放到一边再去织下一块布。”桃乐茜思索着我的话。她停止了哭泣，慢慢地走回到织布小组里，非常专注地投入到她的第二次织布中。下一次上课时她拿了一块非常雅致、完美的圆形织物给我，这块织物是用不同粉色的新颖的纱线织成的——有的纱线是有节的，有的纱线是平纹的——而她所作的这一切都没有和我商量！(Hawkins，1997，p. 332)

359 一旦学生形成了较高的自我效能感，一次偶然的失败不可能极大地挫伤他们的乐观精神。事实上，当这些学生在通往成功的道路上遭受小挫折时，他们认识到如果敢于尝试的话他们是能够获得成功的，而且他们还形成了关于失败的现实态度——最坏的情况是失败带来了暂时的挫折，最好的情况是失败可以带给他们一些关于怎样改进自身表现的有用信息。换句话说，他们形成了有弹性的自我效能感（Bandura，1989；Dweck，2000）。然而，当学生在某项活动中持续失败时，他们就会对自己在未来的活动中获得成功的能力感到信心不足。例如，那些在课堂活动中遭受一次又一次失败的学习障碍学生，常常会对自己掌握学校的学科知识具有较低的自我效能感（Schunk，1989c）。

**他人传达的信息**

有时学生的成功并不是那么明显的。在这种情况下我们可以通过明确地指出他们先前做得好或是现在做得好所使用的方法来提高他们的自我效能感。图 10—3 的“证书”使 5 岁的安东尼想起了他已掌握的游泳技能。相类似的，在实验室操作手册中的“作家之椅”视屏剪辑里，2 年级的任课教师明确地界定了名叫丽丝的学生所写的故事中的某种力量。

游得真棒，安东尼！

★ 看看你能在水里做的所有事情：

| | |
|---|---|
| 跳进水里 | 划水和蹬腿 |
| 屏住呼吸 | 仰泳 |
| 用劲蹬腿 | 在水下走路 |
| 到池底捡鸡蛋 | |

★ 你在水中游得越来越好。我想不久以后你就能完全自己游泳了。

**图 10—3　在这个证书中，游泳教练提醒 5 岁的安东尼想起了他最近掌握的游泳技能，并给予了他对自身游泳技能乐观自信的理由**

我们通过给学生一些理由让他们相信自己能够在未来获得成功的方式，可能也可以提高学生的自我效能感（Zeldin & Pajares，2000）。诸如“如果你愿意去尝试你就能解决这个问题”或“我打赌如果你恰好向朱迪发出邀请她一定会和你玩”这样的说法确实会使学生的自我效能感得到微弱的提高。然而，乐观预言的效果只能是短暂的，除非学生在某个任务中的努力确实能获得成功（Schunk，1989a）。

有时我们给予学生的信息是暗示性的而不是直接说明的，然而这样的信息对于自我效能感可能同样会有影响。甚至消极的反馈也能引发高自我效能感（Deci & Ryan，1985；Parsons，Kaczala & Meece，1982；Pintrich & Schunk，2002）。以下是可能会有这种效果的消极反馈的一些例子：

> 在你的研究论文第一稿中，许多段落都不能从逻辑上推导出后面的内容。少数的标题和过渡句还会导致不同的含义。让我们找点时间一起来讨论一下你应当如何使用这些技巧来提高论文的流畅性。
>
> 你的 100 米短跑时间并不像你应达到的时间那么快。不过，这是在你训练的早期，如果你对自己的耐力加以训练的话，我相信你的成绩会提高的。另外，如果你在开始离开助跑器时能保持一个较低的姿势，我相信你会跑得更快一些。

这种间接的话语传达了这样的信息：“我知道你能做得更好，这里有一些关于如何做得更好的信息。”

在某些情况下我们是通过我们的行动而不是语言来传达我们关于学生能力方面的信念的。例如，如果我们为那些努力去掌握某个特殊的数学计算步骤或音乐技能的学生提供课外辅导，那么我们正在传达这样的信息：只要坚持，就有可能进步。然而，我们必须小心不要做过头了。如果我们给那些正在努力的学生的辅导要多于他们完成某个特殊任务所实际需要的辅导，我们可能就会在无意中传达这样的信息：“我认为你并不能靠你自己的力量来完成这个任务”（Schunk，1989b）。

**他人的成功与失败**

我们经常会通过观察其他人，特别是那些和我们相似的人的成功和失败来形成对于自身能力的观念（Eccles et al.，1998；Zeldin & Pajares，2000）。例如，如果你的几个朋友在卡贝里的高级心理制陶术这门课程中学得很好，你就很有可能会选这门课程。毕竟，如果他们能学好，你也能学好。但如果你那些选修这门课的朋友已经挂科了，那么你可能也会假定你学好这门课的可能性是非常小的。

同样地，当学生评估自己成功的可能性时，他们经常会思考他们的同学，特别是那些和他们的能力相仿的同学的成功和失败。当学生看到与自己能力相仿的同学获得成功 *360*
时，他们就有理由乐观地相信自己也能获得成功。如果他们看到同伴失败了（就像开头的个案研究中的内森那样），他们就不太可能会乐观。

因此，提高学生自我效能感的另一种方法——就是指出和他们相仿的其他人已经熟练掌握了知识和技能（Schunk，1983b，1989c）。例如，一个学化学的班级的学生都非常害怕那些他们必须要学会的大量化学符号，但他们也许会因为这样的说法而消除疑虑：“我知道在这么短的时间内学会这么多符号看起来有点多。我去年的学生也这么认为，但他们发现如果他们每天学习几个新符号，三个星期内就能够学会那些符号。”

但对于学生来说，别人的成功往往是“耳听为虚、眼见为实”。当学生确实观察到那些和他们的年龄及能力相仿的其他人成功地实现某个目标时，他们才更有可能相信他们也能实现目标。因此，有时学生看到同龄的学生示范行为要比看到他们的老师示范行为更能发展出较高的自我效能感。在一项研究中(Schunk & Hanson, 1985),要求一些减法运算困难的小学生去完成 25 道减法运算题。那些看到另一个学生成功完成运算题的孩子平均做对了 19 题,那些看到老师完成运算题的孩子平均只做对了 13 题,而那些没有看到任何示范的孩子只做对了 8 题!对于学生来说,看到一个或多个同伴首先努力地尝试解决任务和问题(就像他们自己所做的那样),并且最终解决了问题,对学生甚至会更有益(Braaksma et al., 2002; Kitsantas et al., 2000; Schunk, Hanson & Cox, 1987; Schunk & Zimmerman, 1997)。

然而,我们不要去做的事情就是按照将学生自己的表现和他们的同伴作比较的方式来定义成功——也许是确认"最好的"作家、科学家或是双簧管演奏家。这样的比较会建立起一个竞争的环境,其中绝大多数学生都不可避免地会输(Deci & Ryan, 1992; Shih & Alexander, 2000; Stipek, 1996)。而且,如果有些学生(如一些来自土著美国人社区的学生)相信他们自身的成功会导致同学的失败时,他们可能会抵制这些竞争活动(Grant & Gomez, 2001)。

如果学生不是按照怎样积累自己去和别人对抗的方式来评价自己的表现,那么大多数学生都会具有更高的自我效能感并能达到更高的成就水平(Covington, 1992; Graham & Golen, 1991)。帮助学生关注自己进步的一种方式就是将他们对同学表现水平的意识降至最低。例如,我们可以使用绝对的而不是比较的标准来评估他们的表现(即所有达到标准的学生都能获得高分,而不是按分数高低来排列等级),我们可以为学生的学习成绩保密,并私下给予反馈。

**在较大群体内的成功与失败**

在前面的章节中,我们已经发现当学习者和同伴合作去掌握和运用课堂上的学科内容时,他们经常能够更聪明地思考问题并对某个主题获得更复杂的理解[4]。与同伴合作学习还有一个潜在的利益:当学习者在群体中学习而不是独自学习时,他们可能会有更强的自我效能感。这种集体自我效能感不仅取决于学生对自己及他人能力的知觉,而且也取决于他们对于如何有效地共同学习及协调他们的角色和任务的知觉(Bandura, 1997, 2000)。

集体自我效能感是一个相当新的概念,而当前的研究大量地集中在对成年人的研究上(e. g., Bandura, 1997; Goddard, 2001; Tschannen-Moran et al., 1998)。然而我
361 们也有理由相信,当儿童和青少年在群体中学习时,如果群体能够顺利、有效地发挥作用,他们也能获得较高的自我效能感。在第 13 章关于合作学习的讨论中,我们将要考虑促进有效的群体学习的策略。

不管我们是要求学生单独地还是在小群体中解决挑战性任务,我们都必须要牢记的一点就是学校的学习并非必须要一个接一个的挑战。这样的情形绝对会让人精疲力竭,而且还可能让人非常沮丧。相反,我们应当在有利于短期内提高学生自我效能感的简单任务和有利于学生长期的高自我效能感形成的挑战性任务之间达到平衡(Spaulding, 1992; Stipek, 1993, 1996)。

"走进课堂——提高学生的自我效能感"描述了我们刚才已确定的一些策略。然而,提高学生自我效能感的另一种方法就是我们老师自己也要有高自我效能感,正如我们接下来所看到的那样。

**走进课堂——提高学生的自我效能感**

★ 教学生掌握基本的知识和技能。

生物老师在讲授细胞有丝分裂和减数分裂之前必须要确定所有的学生都清楚地理解了 DNA 的基本结构，因为这两部分内容都需要 DNA 的结构知识为基础。

★ 帮助学生在复杂技能方面取得显著进步。

在 11 月份，创造性写作的老师向学生们展示了他们从 9 月份以来的习作样例，并指出每个学生在这两个月里写作水平的提高方式。

★ 给学生布置一些他们只有通过努力和坚持才能获得成功的任务。

体育老师告诉学生："今天我们已经测试了你们每个人在跳远时能跳多远。接下来的每个星期我们都会花点时间来不断地练习跳远。一个月后当我再次对你们进行测试时，我要看一下你们每个人是否都能够比原来至少多跳两英尺远。"

★ 使学生相信他们能获得成功，并指出在他们之前和他们相仿的其他人已获得了成功。

起点乐队的学生们纷纷诉说自己在学习演奏乐器时所遭受到的挫折。老师提醒他们：去年的起点乐队学生——就像他们一样——都是从没什么知识开始，但最终都掌握了乐器的演奏方法。

★ 让学生看到成功的同伴榜样。

起点乐队班上的学生聆听学校的高级乐队（去年的起点乐队班）演奏百老汇音乐剧"猫"中的插曲。

★ 分配较大、较复杂的任务作为小组活动。

5 年级的老师要求学生 3～4 人为一个小组一起合作，撰写关于早期的北美殖民地生活的研究论文。老师相信每个小组的全体学生都具备图书馆查资料、写作、文字处理的技能以及完成任务所需的人文知识。她也相信每个学生都有一些独特的技能为小组完成任务作出自己的贡献。

## 教师自我效能感

不仅学生要对自己获得学业成功的能力有较高的自我效能感，而且我们作为教师也应当对自己帮助学生获得成功的能力有较高的自我效能感。正如我们在第一章中所提到的，当老师相信他们能够帮助学生掌握课堂知识时，学生就更有可能达到较高的学业水平。某些教师的自信可能表现为集体自我效能感的形式：当学校老师相信他们作为一个团队能够对学生的生活产生显著影响时，学生自己就会有较高的自我效能感并能达到更高的学业水平（Goddard，2001；Goddard，Hoy & Woolfolk Hoy，2000；Tschannen-Moran et al.，1998）。

当教师对自己的课堂教学效果有较高的自我效能感时，他们就会在以下几个方面影响学生的成绩：

- ✧ 这些教师更愿意去尝试那些能够更好地帮助学生学习的新的教学策略。
- ✧ 这些教师对于学生的表现会有更高的期待，并会为学生设置更高的目标。
- ✧ 这些教师会在教学中倾注更多的心血，并坚持不懈地帮助学生学习。（Bandura，1997；Roeser，Marachi & Gehlbach，2002；Tschannen-Moran et al.，1998）。

这些效果看起来应该是相似的：正如自我效能感会影响学生的活动选择、目标、努 362
力和坚持性，它也会影响教师的活动选择、目标、努力和坚持性[5]。

## 自我调节

尽管高自我效能感无疑会提高学生的课堂表现，但它并不是影响表现的唯一因素。学生还必须要掌握可能获得高成绩的知识和技能。一些知识和技能对于特定的主题和学科领域是独特的，但有一套技能——自我调节技能——则会对学生各方面的成绩都具有普遍深入的影响。为了让你对自己的自我调节技能有一个感性认识，请试着做一做下面的练习：

### 亲身体验·关于自我调节的自我反思

请在下面的每种状况中，选出一个最能正确描述你作为一个大学生的态度、思想和行为的答案。除了你之外没有人会看到你的答案，请诚实作答！

1. 关于我最后的课程成绩，我非常努力地试图要__________
   a. 所有都得A。
   b. 所有都得A和B。
   c. 在大学期间最低限度地使我所有科目的平均成绩保持与可接受的水平等级或在其之上。
2. 当我正在阅读和学习课本时，__________
   a. 当我注意力不集中时我经常能注意到，并会立即让自己的注意力回到学习中来。
   b. 我有时能注意到我注意力不集中，但并不总是这样。
   c. 我经常会迷失在白日梦中，以至于浪费很多时间。
3. 每当我完成学习任务时，__________
   a. 我会记下我完成学习任务所花费的时间。
   b. 我会在头脑中记住我完成学习任务所花费的时间。
   c. 我真的不会太注意我完成学习任务所花费的时间。
4. 当我上交作业时，__________
   a. 我经常认为我会获得好成绩。
   b. 我经常会为我所获得的成绩而感到惊奇。
   c. 我不会考虑太多我所完成的作业的质量。
5. 当我意外地在作业中获得好成绩时，__________
   a. 我会为自己的表现感到高兴，可能还会用某种方式来奖励自己。
   b. 我会为自己的表现感到高兴，但我不会随后为自己做一些特别的事情。
   c. 我的感觉和获得好成绩之前相比没有太大的不同。

---

不管你如何回答项目1，你可能都会为自己制定一个正在努力的特定目标。你对项目2的回答会让你了解到，当你学习时你会在多大程度上监控或尝试控制自己的思想。你对项目3和4的回答则告诉了你有关你评估自我表现的频率和准确性方面的事情。而你对项目5的回答则象征着你是否倾向于对自己符合期望的行为给予自我强化。

我们为自己设定的标准和目标，我们监控和评估自己的认知过程和行为的方法，以及我们因为自己的成功和失败而给予自己的结果——所有这些都属于自我调节的方面。如果我们的思想和行为是在我们的控制之下，而不是被我们周围的人和环境所控制，那么我们就是能自我调节的个体（Zimmerman，1998）。 363

理想而言，学习者随着年龄的增长应该逐渐变得更善于自我调节。事实上，他们中的许多人的表现都如表 10—2 所描述的那样。表中的某些记载，如行为的自我指导和自我评估，反映了行为的自我调节。另一些记载，如控制注意力和自我动机的能力，反映了学习的自我调节。在这个表上我们将会看到自我调节行为和自我调节学习，还有自我调节的问题解决。

**表 10—2　　发展趋势——不同年级水平的自我调节**

| 年级水平 | 典型的年龄特征 | 建议采取的策略 |
| --- | --- | --- |
| K～2 | • 成人行为标准的部分内化。<br>• 设置学习及成绩目标的自我选择能力出现。<br>• 部分使用自我指导（自我谈话）来指导行为。<br>• 对行为的有效性和恰当性进行部分的自我评估；对做错事有羞愧感。<br>• 在冲动、情绪及注意力的自我控制方面存在个体差异；同伴关系及课堂表现受到这些领域的自我控制总量的影响。 | • 讨论课堂规则的设置理由。<br>• 向学生展示某些行为如何帮助他们达到目标而另一些行为如何妨碍他们达到目标。<br>• 对课堂加以组织以便学生能够自己进行活动（如成立一些学生可以自己通过磁带听故事书的阅读中心）。<br>• 给学生一定的余地让他们自己去解决一些小的人际关系问题，如果问题变大了再介入。<br>• 当学生表现出冲动或较弱的情绪控制能力时，为他们提供持续的行为指导。 |
| 3～5 | • 评估自身表现及进步的能力有所提高。<br>• 对不满意的表现及道德违背会有内疚感和羞愧感。<br>• 出现自我调节学习策略（如有意识地尝试去集中注意力，在家独立做少量作业的能力）。<br>• 在某些认知和行为障碍的学生中开始看到自我控制困难的现象。 | • 鼓励学生去评估自己的表现，为他们提供可用于评估自身学习的标准。<br>• 要求学生去完成一些简单的、自我调节的学习任务（如小组学习活动、家庭作业）。<br>• 鼓励学生利用同伴的资源。<br>• 如果学生存在持续的自我控制困难，教会他们一些能够帮助他们控制行为的自我指导的方法。 |
| 6～8 | • 计划未来行动的能力有所提高，这部分归因于抽象思维能力的提高。<br>• 对一些自我调节学习策略的掌握有所提高，特别是那些包含有比较明显的行为的自我调节策略（如在表格上记录作业及完成的时间）。<br>• 自我激励策略（如把分心控制在最低程度，设计一些使枯燥的学习任务变得更有趣和更快乐的方法，自我提醒把事情做好的重要性）。 | • 布置一些需要独立学习才能完成的家庭作业和其他的学习任务。<br>• 提供明了学习任务及作业的具体策略（如给学生提供每月日历，学生可以在上面写下约定日期）。<br>• 提供有关如何有效地学习和研究的具体指导（如给学生一些问题，要求他们在家完成阅读作业时作答）。<br>• 经常给学生一些机会来评估自己的学习；并让他们将自己的评估与你的评估进行比较。 |

续前表

| 年级水平 | 典型的年龄特征 | 建议采取的策略 |
|---|---|---|
| 9～12 | • 更长远的目标设定。<br>• 对内部（认知）学习策略的掌握有所提高（如有意的精细加工、理解监控）。<br>• 自我调节学习能力变异很大，特别是在独立学习活动中（在一些低成就的高中生当中很少运用自我调节学习的策略）。 | • 将课堂学习任务与学生长远的个人和职业目标关联。<br>• 描述及示范有效阅读、学习和研究的认知策略。<br>• 布置复杂的独立学习任务，为那些还不是自我调节的学习者提供必要的结构和指导。 |

资料来源：Blair，2002；Bronson，2000；Corno & Mandinach，2004；Damon，1988；Eccles et al.，1998；Kochanska et al.，2002；Meichenbaum & Goodman，1971；S. D. Miller，Heafner，Massey & Strahan，2003；Paris & Paris，2001；Wolters & Rosenthal，2000。

364 

## 自我调节行为

当我们采取某些特定的方式行动并观察周围环境是如何作出反应时——强化某些行为并惩罚另一些或许令人沮丧的行为——我们开始对期望行为和不期望行为加以区分。当我们发展出关于恰当行为和不恰当行为（至少对我们是这样子的）的理解时，我们中的绝大多数人就会逐渐控制和监控自己的行为（Bandura，1986）。换言之，我们开始实施自我调节行为。图 10—4 呈现的是自我调节行为的六个方面。下面让我们看看每一方面的性质和潜在含义。

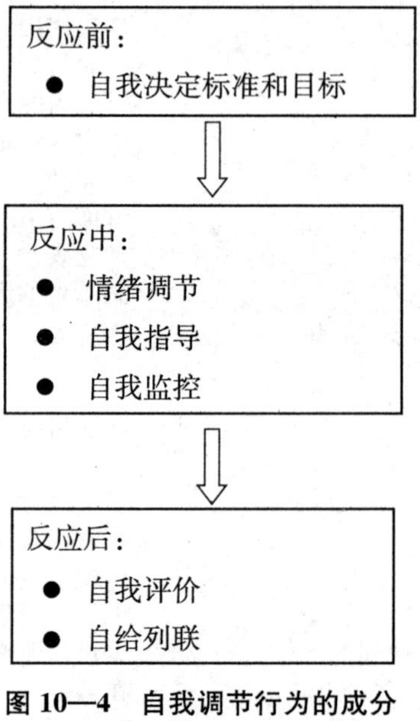


**图 10—4　自我调节行为的成分**

**自我决定标准和目标**

作为自我调节的人，我们倾向于对我们的行为有一个普遍的标准——即对我们在特定情境下的表现进行评价的标准。我们也会建立一些我们所看重的目标及指导我们许多行为的方向。满足我们的标准和达到我们的目标会带给我们相当大的自我满足感，提高我们的自我效能感并激励我们达到更高的高度（Bandura，1986，1989）。

不同的学生必然会为自己设定不同的标准和目标。例如，罗伯特可能会径直为获得 A 等级而努力，理查德得 C 等级就很满意了。丽贝卡可能会交许多同性和异性的朋友，而蕾切尔可能会认为单一的、稳定的男朋友才是最好的朋友。

学习者的标准和目标经常会在他们看到别人采用的标准和目标之后得到示范（Bandura，1986；Locke & Latham，1990）。例如，在我所执教的那所高中里，许多学生都想要到他们能考得上的最好的大学去学习。在这样的环境中，其他人也开始具有相同的学业抱负。但在一所不同的高中，毕业后（或者也许还没有毕业）去工作可能是更普遍的一种由同学示范的抱负。

当学生自己为自己设立目标而不是让目标强加在他们身上时，他们通常会更积极地朝着目标去努力，因而更有可能实现目标（M. E. Ford，1992；Spaulding，1992）。

因此，我们能够帮助学生发展自我调节能力的一种方式就是为他们提供自己设立目标的环境。例如，我们可以请学生自己去决定：他们打算到星期五的时候学会多少额外的内容，他们希望为研究项目做什么主题，或是他们想要掌握哪些特定的体操技能[6]。

理想地讲，我们应当鼓励学生自己去设立有挑战性而又现实的标准和目标。当学生所设立的标准和目标过低时——例如，当聪明的学生只满足于在课堂作业中得 C 时——他们就无法达到最高的水平。但当他们的标准过高时——例如，当他们每次只有达到 100 分才会满意时——他们注定会经常遭遇失败，同样还会经常产生自责感。当他们不能达到他们为自己所设立的不可能的目标时，这样的学生可能会变得过度的焦虑或抑郁（Bandura，1986；Convington，1992）。

为了促使学生设立有成效的目标，我们可以通过描述与他们能力相仿的个体通过适当的努力达到了目标的方式，向学生展示挑战性的任务是可以实现的。在某些情境下我们甚至可能会提供一些能鼓励学生设立和达到挑战性目标的诱因（Stipek，1996）。同时，我们必须帮助任何过分有雄心的学生认识到完美是一个不现实的目标，当我们解决新的困难任务时偶尔的错误是不可避免的。

**情绪调节**

自我调节行为的第二个重要的方面是情绪调节，经常体验或变换情绪——也许是愤怒、憎恨或过度的兴奋——可能会导致产生不良后果的反应。有效的情绪调节通常包括两种不同的手段（Richards，2004；Slik，Steinberg & Morris，2003）。首先，学习者要控制他们表达情绪的程度。例如，在奥姆罗德教师预备课程中的“情绪”视屏剪辑中，10 岁的丹尼尔、13 岁的克丽丝多和 15 岁的葛莱格描述了几种当他们感到过度的兴奋、愤怒或悲伤时可能会使用的有助于他们镇静下来的策略——读书，玩游戏，向那些可以静静地倾听、不会发表任何评论的人倾诉，或者仅仅是坐一会儿。

其次，自我调节的个体经常能够重新解释所经历的事件，以便对那些会导致愤怒或伤心的情况进行积极的转变。例如，一个意外获得很低成绩的学生可能会把这个成绩看作提醒自己将来要更努力学习的一个警钟。而一个没有进入大学足球队的学生可能会想：“也许这是一件伪装过的好事，因为它让我课后有更多的时间在男孩俱乐部给别人帮忙。” 365

在某种程度上讲，学生控制情绪的能力有赖于神经系统的成熟（Lewis & Stieben，2004；Siegel，1999）。然而，作为老师，我们可以鼓励那些有助于学生控制某些情绪的策略，这些情绪可能会导致他们采取将来感到后悔的方式去行动。例如我们可以建议学生在对操场上的挑衅做反应之前数十下以便让自己冷静下来。我们还可以帮助他们在沮丧的情况下想出可能的“一线希望”。

**自我指导**

让我们细想一下前面提到的那个健忘的学生，他每天早上离开家之前都会问自己，“我上课需要用到的每件东西都拿了吗？我第一节课要用到的数学作业，第二节课要用的历史书，第三节体育课要换的衣服……”让我们再来细想那个曾经很冲动的学生，在他开始做一项新作业之前他会停下来，然后问自己：“哦，我应该要做什么？让我看一下……我首先需要去阅读说明。说明告诉我应该做什么？”

有时学生只需要提醒在特定情境下应该做什么。通过教会学生使用自我指导告诉自己如何处理这些情境，我们可以为他们提供一种方法，他们可以通过这种方法自我提醒有关正确反应方面的内容。这种策略对于那些不思考似乎就无法行动的学生来说是非常有效的（Carter & Doyle，2006；Casey & Burton，1982；Meichenbaum，1985)。

教会学生自己给予自己指导的一个有效的方法包含以下五个步骤（Meichenbaum，1977)：

1. 认知示范：教师通过在执行活动的同时大声重复指导的方式示范自我指导。
2. 展开的外部指导：教师在学生执行活动时大声重复指导。
3. 展开的自我指导：学生在执行活动时大声重复指导。
4. 渐弱地展开的自我指导：学生在执行活动时小声说指导。
5. 隐蔽的自我指导：学生在执行活动时默想指导。

表 10—3 生动地描述了这个过程。正如你所看到的，教师最初不仅要示范行为本身，还要示范自我指导。然后执行和指导活动的责任逐渐转移到学生身上。

**表 10—3　　教授自我指导的五个步骤**

| | 任务执行 | 任务指导 |
|---|---|---|
| 步骤 1：认知示范 | 教师示范期望行为 | 教师用言语描述指导 |
| 步骤 2：展开的外部指导 | 学生执行期望行为 | 教师用言语描述指导 |
| 步骤 3：展开的自我指导 | 学生执行期望行为 | 学生大声重复指导 |
| 步骤 4：渐弱地展开的自我指导 | 学生执行期望行为 | 学生小声重复指导 |
| 步骤 5：隐蔽的自我指导 | 学生执行期望行为 | 学生默想指导 |

通过这五个步骤，冲动的小学生们能有效地学会让自己慢下来去思考自己所做的事情（Meichenbaum & Goodman，1971)。例如，我们来看看这个先前比较冲动的学生是如何告诉自己完成配对任务的方法的，在这个配对任务中他需要从几个非常相似的图片中找出两个完全相同的图片：

> 我必须提醒自己要慢一点才能做好。首先仔细地看这张图片，同时仔细地看其他图片。是这张不同吗？对，它有一片多余的叶子。好，我把这张图片淘汰掉。现在，我再来看这张图片。我认为就是这张图片，但首先还是要检查其他图片。好的，我正在慢慢地、仔细地看。好的，我认为就是这张图片了。（Meichenbaum & Goodman，1971，p. 121)

**自我监控**

自我调节的另一个重要的部分就是自我观察行动——这个过程被称之为自我监控或
366 自我观察。为了在重要的目标上取得进步，我们必须知道当前我们做得怎么样。而当我们看到自己朝着目标取得进步时，我们就更有可能继续努力（Schunk & Zimmerman，1977)。

然而，学生并不总是能对自己的行为进行灵活的监控。例如，他们并不总是能了解自己怎样频繁地做错事，而且总是无效，或是为何很少能把事情做好。特定的、具体的过程经常能帮助学生注意他们所做的或是没有做的事情。例如，如果雷蒙德经常乱发言，我们可以要求他每次发现自己乱发言时就在一张纸上做个检查记号。而如果奥利维亚在做作业时坚持学习有困难，我们可以要求她每隔几分钟就停下来思考一下自己的行为（也许可以借助鸡蛋计时器或电子寻呼机），以决定她在每次的空隙中是否正在坚持学习。表10—4提供了一个我们给奥利维亚记录她的观察的一种形式的例子。

**表 10—4　　学习坚持性自我监控表的例子**

奥利维亚的自我观察记录

每隔 10 分钟，做个记号来显示你坚持学习有多好。

+　　代表你总在学习

1/2　代表你有一半的时间在学习

-　　代表你几乎没有学习

| | | | | | |
|---|---|---|---|---|---|
| 9:00～9:10 | 9:10～9:20 | 9:20～9:30 | 9:30～9:40 | 9:40～9:50 | 9:50～10:00 |
| + | + | - | + | 1/2 | - |
| 10:00～10:10 | 10:10～10:20 | 10:20～10:30 | 10:30～10:40 | 10:40～10:50 | 10:50～11:00 |
| 1/2 | - | 休息 | 休息 | + | 1/2 |
| 11:00～11:10 | 11:10～11:20 | 11:20～11:30 | 11:30～11:40 | 11:40～11:50 | 11:50～12:00 |
| | | | | | |

已有研究清楚地表明这种自我聚焦的观察和记录会给学生的行为方面带来一些（有时甚至是戏剧性的）变化。例如，自我监控常常用于提高学生自身的学习（即花在学习上的时间），增加完成作业的次数。此外，它对于减少攻击行为和诸如乱发言及离开座位这样的破坏行为也很有效（K. D. Allen，1998；Belfiore & Hornyak，1998；K. R. Harris，1986；Mace & Kratochwill，1988；Webber，Scheuermann，McCall & Coleman，1993）。

**自我评价**

不管是在家还是在学校，学生的行为经常会被其他人——父母、老师、同学等——评价。然而，为了能够更有效地自我调节，学生必须开始对自己的行为进行评价。换句话说，他们必须进行自我评价。学生比较客观和准确地评价自己的能力对于他们在成人世界中获得长期的成功来说是非常重要的（Vye et al.，1998）。

一旦学生发展起恰当的标准和目标以及观察和监控自己行为的某些客观的技术，我们就会有许多方法来帮助他们评价自己的表现，这里罗列一些可能的策略：

- 让学生写下自己每天或每周所做的事，并记录自己表现的优缺点。
- 安排小组同伴开讨论会，在会上同学们一起来讨论自己对别人的学习的反应。
- 让学生收集一些他们认为最好的学习记载，并对每一个记载进行自我评价（详细内容请参见第 16 章）。（Paris & Ayres，1994；Paris & Paris，2001）

此外，我们也可以为学生提供自我评估教学，向学生显示当他们评价自己的学习时应当寻找什么，我们还可以让他们将自己的自我评价和别人对他们表现的独立评价作比较（DuPaul & Hoff，1998；Mitchem & Young，2001；D. J. Smith，Young，West，Morgan & Rhode，1988）。表 10—5 呈现了一个老师用来帮助学生在合作小组学习中评价自身表现的一种形式。

**表 10—5　　合作小组学习案例**

在以三个同学为一组的小组合作学习中，罗切尔和她的老师使用同样的标准来评价罗切尔及其小组的表现。经过这两套“背靠背”的评价，罗切尔能准确评价其自我评估的准确性。

367 方案描述　旅游指导

请对以下的问题进行判断，其中1代表较差，2代表一般，3代表较好，4代表很好，5代表非常好。

| 学生 | 老师 | |
|---|---|---|
| 4 | 4 | 1. 在整个月的所有工作中对这个任务所付出的努力是最多的。 |
| 5 | 4 | 2. 我们非常好地利用了课堂时间。 |
| 4 | 5 | 3. 工作量分配得非常平均。我做了较好的平衡。 |
| 4 | 5 | 4. 我为小组及优秀的方案作出了自己的贡献。 |
| 5 | 4 | 5. 我的报告很有深度；它并不是只给出了显而易见的、普通的、众所周知的信息。 |
| 5 | 5 | 6. 这个方案提出了一个观点：读者（或观众）能推断所有放在一起的论据是如何帮助形成一个结论的。 |
| 5 | 5 | 7. 这个方案简洁、富有吸引力、整合得非常好。我为这个成果感到自豪。 |
| 4 | 5 | 8. 我们有组织地开展工作；我们对资料进行备份；我们没有遗失任何资料。 |
| 5 | 4 | 9. 我们的工作有大量原创性的思想或其他创造性的工作。 |
| 4 | 4 | 10. 这个方案展示了基本的语言技能——作文、计划、口头交流和写作——的掌握。 |
| 45 | 45 | 总分 |

366 **自给列联**

当你完成一个困难的学习任务时，你感觉如何？——例如，当你在一门挑战性课程中获得A等级、当选为某个组织的负责人或是在篮球比赛中得到三分的篮板球时。而当你的努力失败时你又会感觉如何？——例如，当你由于忘记学习而在一次测验中得D等级、无意伤害了一个朋友的感情或是在足球比赛中错失了一个容易的进球时。

当你完成了你打算去做的某些事情时，尤其是如果这个任务比较复杂、具有一定的挑战性，你可能会为自己感到骄傲并暗暗地给自己一个精神鼓励。相反，当你没有完成任务时，你可能会对自己的表现感到不满意，你可能还会感到内疚、后悔或惭愧(Harter，1999)。当儿童和成人逐渐变得自我调节，当他们完成任务时他们开始强化自己。当他们所做的事情不能满足他们的表现标准时，他们就会惩罚自己。这样的自我强化或自我惩罚就是自给列联。下文由16岁的梅琳达所写的关于骑马的诗就清楚地显示了自我惩罚（“现在我感觉很内疚，因为我让马走起来非常困难”）和自我强化（“现在我内心感到很温暖、很自豪”）。

但是自给列联并不必然会局限于情绪反应。当许多自我调节的个体把事情做好时，他们经常会用很多具体的方法进行自我强化（Bandura，1977）。我曾经有一个同事，她每次完成一篇研究论文或报告时都会去购物（她有这个城市里最好的衣柜之一）。而我自己就节约很多。当我完成了一章的每一个主要内容的写作时，我或者会给自己一块巧克力，或者花半个小时看我最喜欢的智力竞赛节目。

16 岁的梅琳达体验到了内疚和自豪，在这篇关于骑马的诗中列举了自给列联的两个例子。

"坐直， 367
肩膀向后。
俯下你的右肩。"
现在我感觉很内疚，因为我让马走起来非常困难。
"脚后跟向下，
夹住马的两侧，
较低的那条腿向后，
向下、向后俯下你的右肩。"
现在我感觉自己似乎没有学骑马的天分，而且我似乎正在伤害着马。
"左腿再用劲一点！
马缰拉得更紧一点！"
现在我在想，"这真是太复杂了！"
"做得好！
当你做好准备并拉紧马缰时就可以走了。
你感觉到了吗?"
"是的！"
"好的！这真是太棒了！
你和马的姿势都非常完美！"
现在我内心感到很温暖、很自豪。所有的付出都有了回报，我终于认识到我为什么这么喜欢骑马了！

因此，帮助学生变得更善于自我调节的另一种方法就是教他们进行自我强化。当学生开始对一些恰当行为进行自我强化时——也许可以给他们一些自由的时间，允许他们进行自己喜欢的活动，或仅仅是表扬他们——他们的学习习惯和课堂行为经常会显著提高（K. R. Harris，1986；Hayes et al.，1985；H. C. Stevenson & Fantuzzo，1986)。在一项调查研究中，那些算术学得不好的学生被教会当他们的作业做得好时就自己给自己一些绩点，以后他们可以用这些绩点"购买"各种项目和特权。短短几个星期之后，这些学 368
生无论是在课堂作业还是家庭作业中都和他们的同学中做得一样好（H. C. Stevenson & Fantuzzo，1986)。在某些情况下自我强化就像老师给予的强化一样有效（Bandura，1977)。

在课堂里最勤奋的学习者和获得最高的学业成就者有可能是那些能有效地自我调节自身行为的学生（Duckworth & Seligman，2005；Trautwein，Lüdtke，Kastens & Köller，2006)。但我们并不是必须听任自我调节行为的发展。当我们教学生一些控制自己行为的策略时，我们应当牢记以下几点：

✧ 学生必须在认知上能够达到他们自己所制定的目标。
✧ 学生必须有动力去改变他们的行为。
✧ 学生对改变的期望必须是现实的、实际的，戏剧化的一夜之间的提高是很少的。
✧ 学生对做出必要的改变有较高的自我效能感。

获得有效的自我调节技能是一个缓慢的、逐渐的过程，但在合理的指导和帮助下，实质上所有的学生都能掌握这些技能。在下面的练习中我们可以检验学生为调节自己行为所做的努力。

## 解释学生的作品和行为——目标计划

作为中学生活技能课程的一部分，老师要求学生在以下三个领域中的任意一个领域中至少为自己设计一个目标——生理、心理/情绪和社会——然后每天记录自己是否达到了目标。12 岁的拉迪莎设计了几个目标，包括增加体育运动，如果在打网球错过了一个球时要告诉自己再试一次，每天至少要对老师微笑两次，每天至少要赞美别人 7 次，在家倒垃圾……在下面的这篇短文里，她反思五个星期后计划所获得的成功。下面的短文是她所创造的用于记录自己行为的表格的一个例子。当你阅读下面的作品时，请思考：

✧ 拉迪莎是如何较好地达到目标的？
✧ 拉迪莎的目标如何有助于她的身体及个人的发展？
✧ 拉迪莎在设计目标的过程中需要具备哪些自我调节技能？

我在制定目标计划时学到了很多。我认识到要完成全部的运动项目是很难的，尤其是在我伤到脚趾后。而要每个星期在晚上找时间跑三次步也很困难，但我在健身房跑步就很好。倒垃圾也比较难，因为垃圾桶里并不总是有垃圾（当我看到垃圾时就会把它倒掉)。最容易做的事情就是每天赞美别人 7 次。有时不得不去睡觉，我还是会让自己感到很开心。当我赞美别人后我感觉非常好，因为我不仅使别人感觉很好，我自己也感觉很好。

我很快就发现，这个计划非常有利于习惯的养成！一旦我开始这些计划，例如每天至少向老师微笑两次，我就能做到在所有时间都保持微笑。这样的微笑还会延伸到其他方面，如我的社会生活。当我和朋友一起走下走廊时也会微笑。我打网球的技术也越来
369 越好，因为我制定了目标并不断地加以练习。而且，当练习成为一种习惯时，我会更愿意这样做。

正如我前面所提到的，完成这些目标是相当容易的，虽然有一些困难，绝大部分是因为我没有那么多的时间。只有一个目标我以前没有告诉过你，那就是“如果我错过了一个网球，我就会跟自己说再试一次。”这可能是和生活非常相似的：如果某件事做错了，再试一次好了！这可能将是我记得最牢的一个目标。

目标

如果我错过了一个网球，我就会跟自己说再试一次。

| 周日 | 周一 | 周二 | 周三 | 周四 | 周五 | 周六 | |
|---|---|---|---|---|---|---|---|
| 是 | 是 | 否 | 是 | 否 | 否 | 是 | 第一周 |
| 否 | 否 | 是 | 否 | 是 | 是 | 否 | 第二周 |
| 是 | 是 | 否 | 是 | 是 | 是 | 否 | 第三周 |
| 否 | 是 | 否 | 是 | 是 | 是 | 是 | 第四周 |
| 是 | 是 | 是 | 是 | 是 | 是 | 是 | 第五周 |

正如你所看到的，拉迪莎并没有达到所有的目标，这部分是因为她弄伤了脚趾、时间有限，有时则是因为没有垃圾可倒。然而，她所制定的目标似乎正在引导她朝着具有建设性的方向前进。例如，她的网球水平提高了，她向老师微笑的次数在不断增加，并泛化到她与同伴的交往当中。然而，可能更重要的是这样的一个事实，即拉迪莎获得了三种基本的自我调节策略：制定可实现的目标、通过对环境做出积极的解释来调节情绪（“有时不得不去睡觉，我还是会让自己感到很开心”），以及监控自己的行为。

## 自我调节学习

社会认知理论家和认知心理学家同样开始认识到：要真正成为有效的学习者，学生必须要从事一些我们前面所提到的自我调节活动。事实上，学生不仅必须要调节自己的行为，而且也必须要调节自己的心理过程。尤其是自我调节学习包括以下几个过程，其中许多过程本质上属于元认知的过程：

- 目标设定。当自我调节学习者阅读和学习时，他们知道自己想要完成什么——也许是为了学会具体的事实，对某一主题获得广泛的概念上的理解，或者仅仅是为了在课堂测验中取得好成绩而去获得所需的知识。通常，他们会把有关某个特定的学习活动的目标和长期的目标及期望联系在一起（Nolen，1996；Winne & Hadwin，1998；Wolters，1998；Zimmerman，2004）。
- 计划。自我调节学习者提前决定如何最好地利用对他们完成学习任务有利的时间和资源（Zimmerman，2004；Zimmerman & Risemberg，1997）。
- 自我激励。自我调节学习者通常对自己成功完成学习任务的能力具有较高的自我效能感。他们会使用各种策略使自己继续学习任务——也许是对学习任务进行修饰使它变得更有趣，或提醒自己把事情做好的重要性，或自我承诺当他们完成任务时给自己奖励（Corno，1993；Wolters，2003；Zimmerman，2004）。
- 注意控制。自我调节学习者会设法把注意力集中在当前的学科内容上，并理清自己头脑中潜在的干扰学习的想法和情绪（Harnishifeger，1995；Kuhl，1985；Winne，1995）。
- 灵活运用学习策略。自我调节学习者会根据他们所希望完成的特定目标选择不同的学习策略。例如，他们怎样阅读一篇杂志文章取决于他们是为了娱乐或是为了考试而去阅读（van den Broek，Lorch，Linderholm & Gustafson，2001；Winne，1995）。
- 自我监控。自我调节学习者会持续地监控他们的学习进步朝向自己的学习目标迈进，必要时他们会改变自己的学习策略或调整目标（D. L. Butler & Winne，1995；Carver & Scheier，1990；Zimmerman，2004）[7]。
- 适当地寻求帮助。真正的自我调节学习者并不一定要自己去完成每一件事情。相反，当他们需要别人的帮助时他们能够意识到并去寻求这样的帮助。他们尤其有可能去寻求那种使他们在未来能够更独立地学习的帮助（R. Butler，1998b；A. M. Ryan，Pintrich & Midgley，2001）。
- 自我评价。自我调节学习者会判断他们已学的知识是否实现了自己的最初目标。理想地讲，他们也能在未来的情境中运用自我评价来调整自己对各种学习策略的使用（Schraw & Moshman，1995；Winne & Hadwin，1998；Zimmerman & Schunk，2004）。 370

正如你在表10—2所看到的，自我调节学习的少数成分（如有意识地集中注意力和在家完成较少量的学习任务）出现在小学高年级，而其他部分（如计划、自我激励）出现在初中和高中阶段。某种程度上讲，自我调节学习可能是在从事与年龄相符的独立学习活动以及观察别人所示范的有效的自我调节策略的过程中发展而来的（Paris & Paris，2001；Vye et al.，1998；Zimmerman，2004）。但如果我们采用维果斯基的观点，我们可以假设自我调节学习也是根植于社会调节学习的（Stright，Neitzel，Sears & Hoke-Sinex，2001；Vygotsky，1962；Zimmerman，1998）。其他人（如老师和父母）可能会通过制定学习活动目标帮助儿童学习，使儿童的注意力集中在学习任务上，建议有效的学习策略，监控学习过程，等等。然而，随着时间的流逝，孩子们会逐渐承担起执行这些过程的责任。也就是说，他们开始制定自己的目标，几乎不需要他人的督促就能持续学习，确认潜在的有效学习策略，并评价自己的学习。

从发展的角度来讲，他人调节学习和自我调节学习之间的合理的桥梁是共同调节学习，在这个过程中一名成年人与一名或多名儿童共同承担指导学习过程的不同方面的责任（McCaslin & Good，1996；Zimmerman，2004）。例如，老师和学生可能会就某个学习行为的特定目标达成一致意见，或者老师可能会描述代表成功学习的标准，然后要学生根据这些标准来评价自己的表现。最开始，老师可能会为学生的努力学习提供相当多的结构或支架。然后，按照维果斯基的观点，当学生变得越来越能有效地自我调节时这样的支架就要逐渐移掉。

为了思考自我调节学习的普遍特性，让我们一起来看一下它是如何反应在某个特定的学生的学习方法中的。

## 解释学生的作品及行为——学习的不同方式

为了完成我的教育心理学课的作业，我的一个学生，雪莉·拉姆就学习习惯问题采访了她17岁的妹妹贝基。当你阅读她们的对话时，请思考：

- ✧ 贝基所使用的特定的元认知及自我调节策略。
- ✧ 贝基对她学习时所做事情的元认知的认识。

雪莉：你学习采用哪些不同的学习方式？

贝基：我会自己动手去做，而不只是看看而已。我能通过阅读挑出那些杂乱的信息，这些信息比较容易弄明白。当我阅读课本时，我会停下来思考一下，然后理解一个概念。我也能从老师的授课中学到一些东西，但上课时要停下来思考老师所讲的内容比较困难，所以我学到的东西并不多。当老师在黑板上演算例题时，我必须要自己演算一遍、看看是如何演算出来的。

雪莉：当你要考试时，你会怎样背诵、什么时候背诵？

贝基：我通常不背诵，我只是浏览笔记。如果我必须要记住一些东西，我会一遍又一遍地重复或是写下来。我有时会使用“词语联想”、模式和过度单纯化来记忆。我会在晚上看一遍，早上起来再看一遍。我会推算数学公式，从来不去记这些公式……

雪莉：你经常会采用哪些学习技能？

贝基：对家庭作业进行组织。我会重新调整学习任务。我会先完成较小的任务，然后把较大的任务放在一起。我会先做容易的，然后把作文和背诵放在最后做。历时较长的设计我会最后做，如果我想强迫自己去做这些设计时我就会最先做……

雪莉：如果某门科目有很多作业而其他科目的作业很少，你会用哪种顺序完成这些作业？

贝基：我会先做少的作业然后把多的作业放在最后写。那样我会有更多的成就感。

雪莉：一天中的什么时间你学得最好？就你自己而言你“什么时候”学习最好？

贝基：每天早上我的学习效率要好一些。我的心情比较好，也不讨厌学校。而到了晚上，我的脑袋都装满了。我在早上学习最好，早上也是我修改前一天晚上写好的文章的最好时间。

如果你知道贝基是一个高成就的 12 年级的学生，你就不会惊讶了。她使用了大量 371
的学习策略来调节自己的学习和背诵：她对她的作业区分优先次序，并安排最合适的时间做每一项作业（如“我会先做容易的，然后把作文和背诵放在最后做”）；她会选择那些已被证明是有效的学习策略（如“我会在晚上看一遍，早上起来再看一遍”）；她会激励自己去迎接挑战（如“历时较长的设计我会最后做，如果我想强迫自己去做这些设计时我就会最先做”）；她也懂得当她完成作业时如何进行自我强化（如“那样我会有更多的成就感”）。贝基能够从行动上准确地描述当她学习时做了什么，有时也能从认知上知道自己在做什么——例如，寻找模式（反映组织）和推导公式（反映精制加工）。然而她并不总是能够全然了解自己的心理过程：当她不得不“停下来思考问题”或当她决定“只是看看笔记”时，她的头脑中确实存在着大量的疑问。

当儿童和青少年是自我调节学习者时，他们会为自己设立更有抱负的学业目标，更有效地学习，并在班上达到更高的学业水平（D. L. Butler & Winne，1995；Corno et al.，2002；Zimmerman & Risemberg，1997）。在青少年及成人阶段自我调节学习逐渐变得重要起来，这时候许多学习活动——阅读、做家庭作业、网上冲浪等——都需要独立于他人进行，因此需要相当多的自我定向（Trautwein et al.，2006；Winne，1995）。然而，遗憾的是，只有极少数学生形成了较高水平的自我调节学习，也许部分是因为传统的教学实践很少鼓励这种学习（Paris & Ayres，1994；Zimmerman & Risemberg，1997）。

**促进自我调节学习**

为促进学生的自我调节学习，当然我们必须教会学生多种有利于学习和记忆的认知过程（参见第 8 章中有关元认知的讨论）。此外，研究者还建议采取以下的策略：

- 鼓励学生设定自己的学习目标并监控自己朝着这些目标前进。
- 给学生机会，让他们在没有老师指导或帮助的情况下去学习和达到目标：既包括学生自己独立完成的学习活动（如课堂自习作业和家庭作业），也包括学生彼此帮助学习的群体活动（如同伴指导、合作学习）。
- 偶尔布置一些作业（如研究论文或创造性计划），在这些作业中学生对于目标、时间利用等有相当多的余地。

- 需要时为学生提供支架，以帮助他们获得自我调节策略（如向他们展示如何运用检查表去确认他们每天需要做什么、决定什么时候完成布置的所有作业）。
- 通过出声地思考所使用的认知过程的方式向学生示范自我调节的认知过程，然后当学生进行类似的认知过程时给予建设性的反馈。
- 不断地要求学生评价自己的表现，并要他们将自己的自我评价和老师的评价作比较。（Belfiore & Hornyak，1998；Bronson，2000；A. King，1997；McCaslin & Good，1996；Paris & Paris，2001；N. E. Perry，1998；N. E. Perry，Vandekamp，Mercer & Nordby，2002；Schunk & Zimmerman，1997；J. W. Thomas，1993b；Winne & Hadwin，1998；Zimmerman & Risemberg，1997）

## 自我调节问题解决

以有效的方式将自己的努力指向处理复杂问题——也就是自我调节问题解决——包含了许多和自我调节学习相同的成分：目标设定、自我激励、注意控制、自我监控、自我评价，等等（Zimmerman & Campillo，2003）。正如自我调节学习那样，当我们最初给
372 学生很多指导和支架时，学生很有可能成为独立的问题解决者。例如，在问题解决中为了鼓励脑力激荡及可能诱发更大的创造性，我们可以建议学生自己给自己这样的一些指导：

> 我想思考一些别人没有思考过的事情，独特的事情。自由开动脑筋，没有约束。我不在乎别人想什么，只是停止判断。我不能确定我会提出什么，这将会是一个惊喜。这个想法正在我的全身流动。(Meichenbaum，1977，p. 62)

当学生处理复杂的问题时，我们也可以相应地为他们提供一个一般的结构。当5年级的老师要求她班上的同学进行发明来解决每天遇到的问题时，她提出一些能指导学生思考的问题（如“我怎样使这个发明有吸引力?”和“谁使用这个发明会有困难?”）。下文显示了10岁的艾玛诗在设计关掉寝室灯的发明时是如何运用这些问题的。

在这些流水账式的文字中，10岁的艾玛诗描述了她是如何跟随老师所提供的结构去设计一个能帮助别人在睡觉时关掉寝室灯的小发明。

草稿一

为了搞一个发明，你必须从别人曾进行过脑力激荡的问题开始。我就是通过询问老师、父母、兄弟姐妹相关问题的方式开始搞发明的。在我列举了人们所思考的一长串问题后，我选了其中的几个问题。带着这几个问题，我所做的就是看着这些问题并思考能解决这些问题的发明。

(进行脑力激荡的例子)

我看着这几个问题并写下让我感到困惑的问题：

——最突出的一点是什么?

——思考会很容易做出一个模型吗?

——思考它会卖得很好吗?

在我发现了一个发明后，我回答了这几个问题。他们是：

——我如何能使这个发明运用到更多的人身上。

——谁或什么最有可能使用这个发明?

——看着你的发明的每个部分，它们可能会导致什么问题? 你如何解决这些问题?

问题：晚上你在灯下看书，然后你想睡觉但又不想起床关灯。

自我调节问题解决不仅对于解决学业问题是重要的，对于解决社交问题也是重要的。例如，为了帮助学生更有效的处理人际冲突，我们可以教他们采取以下的步骤：

1. 界定问题。
2. 确定几种可能的解决方案。
3. 预测每种解决方案可能出现的结果。
4. 选择最好的解决方案。
5. 确定执行这个最佳方案所需的步骤。
6. 执行这些步骤。
7. 评价结果。（S. N. Elliott & Busse，1991；Meichenbaum，1977；Weissberg，1985；Yell，Robi-son & Drasgow，2001）

这些步骤通常能帮助那些有人际问题的学生（如社交退缩或过度攻击的学生）去发展更有效的社交技能（K. R. Harris，1982；Meichenbaum，1977；Yell et al.，2001）

另一种方法就是在同伴调解中提供训练，在同伴调解中学生能够彼此帮助解决人际问题。尤其是，这种方法能教会学生怎样通过请发生冲突的双方表达自己的不同观点，然后一起设计合理的解决方案的方式去调解同学之间的冲突（M. Deutsch，1993；D. W. Johnson & Johnson，1996，2006；Stevahn，Johnson，Johnson，Oberle & Wahl，2000）。在一项以几个 2～5 年级班级为被试的研究中（D. W. Johnson，Johnson，Dudley，Ward & Magnuson，1995），学生接受训练去帮助同伴解决人际冲突，主要通过要求发生冲突双方做下列事情的方式加以训练：

1. 界定冲突（问题）。
2. 解释自己的观点和需要。
3. 解释他人的观点和需要。
4. 确定至少三种可能的解决冲突的方法。
5. 就满足双方的需要达成一致意见。

学生轮流为同学做调解者，以便让每一个人都能体验到如何为别人解决冲突。结果，训练组的学生能更频繁地使用满足双方需要的方法去解决自己的人际冲突，他们比未经训练的控制组的学生更少要求成人的介入[8]。

然后，在同伴调解中我们还能看到维果斯基关于有效的认知过程通常根植于社会相互作用的观点的另一个例子。在同伴调解环节中，学生彼此示范有效的冲突解决技能，最终他们可能将他们用来解决他人问题的技能加以内化并去解决自己的问题。

当那些处于不同的民族背景、社会经济群体及成就水平的学生都来做调解人时，同伴调解是最有效的（Casella，2001a；K. M. Williams，2001b）。而且，这种方法通常对于那些相对比较小的、短期的人际冲突（感情伤害、在使用有限的学习资源过程中引发的冲突等）是最有用的。即使最擅长调解的同伴调解者也可能不能很好地处理那些根深蒂固的、被情绪所掌控的态度和行为，如对同性恋的恐惧或性骚扰（Casella，2001a）。在这样的情况下教师以及学校其他员工的指导和干预是必要的。

表 10—2 的右边那一栏列出了提高不同年级水平学生的自我调节能力所建议的一些策略。“走进课堂——自我调节能力的培养”呈现的是我们作为老师所做的事情当中的一些额外的例子。

373

## 走进课堂——自我调节能力的培养

★ 帮助学生设立既有挑战性又现实的目标。

老师鼓励一个怀孕的学生待在学校直到毕业。他们一起讨论了处理当母亲与当学生之间关系的策略。

★ 让学生观察并记录自己的行为。

一个患有多动症的学生经常摇摇欲坠地向后倾斜椅子。因为担心他的安全，老师要求他每次出现这种行为时就在一张曲线图上做记录。一旦学生开始意识到自己的坏习惯，老师和学生都注意到他的这种行为很快就消失了。

★ 教会学生一些指令，通过这些指令他们能够提醒自己需要去做什么。

为了帮助学生记住他们正在学的新舞蹈的步骤，舞蹈老师指导他们在练习这些步骤时说这样的一些话："一、二、跑、跑"和"一条腿，另一条腿，旋转，再旋转"(Vintere et al.，2004，p. 309)。

★ 鼓励学生评价自己的表现。

科学老师给学生一个评价自己所写的实验报告的标准单。在评定等级时，她不仅会考虑学生在报告中所写的内容，还会考虑他们评价自己报告的准确性。

★ 教学生对自己的恰当行为进行自我强化。

老师通过鼓励学生开展一些自己最喜欢的活动来发展更多的常规学习习惯——例如，投篮、看电视或给朋友打电话——以首先要完成作业为条件。

★ 给学生机会去练习独立学习新知识和技能。

一位中学的社会研究课老师给学生分发了许多与中东当前局势有关的杂志文章，并确保每个学生都收到一篇适合其阅读水平的文章。老师要求学生利用周末的时间阅读文章并准备一段摘要和班上其他同学分享。他还给学生提供了一些有关摘要中应包含哪些信息方面的指导。

★ 为学生提供一些能用来解决人际问题的策略。

一位老师教学生当他们和同学发生冲突时应按以下的顺序解决冲突：界定冲突的来源，听听彼此的观点，用言语描述彼此的观点，并形成一个能提供合理调解的解决方案。

当学生为自己设定挑战性的目标并通过自身的努力达到这些目标时，他们的学业成就自我效能感会得到提高，并会激励自己迎接新的挑战（Bandura，1989；Bandura & Schunk，1981)。而当学生具有较高的自我效能感并从事自我调节活动时，他们更有可能相信他们控制环境，而不是被环境所控制——这一点将会引导我们回到互为因果的概念中去。

## 重温互为因果

纵观本章，我们已经讨论了各种各样的环境条件是如何影响学习者的行为的。我们也讨论了学习者会带到学习任务中去的一些个人变量（如期望、自我效能感)。现在让我们一起来思考这三个因素——环境、行为和个体——是如何相互影响的。表 10—6 中的一般情况栏目中列举了交互影响的几个例子。

**表 10—6　比较/对比——环境、行为和个体的共同影响（互为因果）** 374

| | | 一般情况 | 罗兰个案中的情况（场景一） | 罗兰个案中的情况（场景二） |
|---|---|---|---|---|
| 环境作用 | 对行为 | 强化和惩罚影响未来的行为。 | 老师对罗兰的忽视导致她未来的学业失败。 | 新的教学方法导致学业表现的提高。 |
| | 对个体 | 他人的反馈影响自我效能感。 | 老师对罗兰的忽视使低自我效能感更持久。 | 新的教学方法吸引了罗兰的兴趣和注意。 |
| 行为作用 | 对环境 | 特定的行为影响所获得的强化和惩罚的量。 | 糟糕的课堂表现使得老师私下找罗兰谈话，然后最终又忽视她。 | 不断提高的自我效能感和更好的学业表现使她从老师那里得到更多的强化。 |
| | 对个体 | 成功和失败影响了对未来表现的期望。 | 糟糕的课堂表现导致低自我效能感。 | 不断提高的自我调节能力和更好的学业表现提高了自我效能感。 |
| 个体作用 | 对环境 | 自我效能感影响活动的选择进而导致特定环境的出现。 | 对同学而不是对课堂活动的注意影响了她所知觉到和体验到的特定环境刺激。 | 对课堂活动的注意导致罗兰从老师的教学中得到更多的收获。 |
| | 对行为 | 注意、保持和动机影响学习者模仿示范行为的程度。 | 对同学而不是对课堂活动的注意导致学业失败。 | 更高的自我效能感和更强的动机强化了更持久的学习习惯。 |

作为对环境、行为及个人因素是如何持续地相互影响的一个具体描述，让我们一起 373
来思考一下场景一中罗兰的情况：

场景一

在布罗德瑞克先生的 7 年级社会研究课上罗兰经常迟到，她通常对每天的学习
没有做很好的准备。课堂上她花在和朋友交流（如窃窃私语、递纸条）的时间比参 374
与课堂活动的时间要多。罗兰在大多数的测验和作业中的表现都是令人不满意的（这时候她的学习已经完全落后了）。

十月中旬的一天，布罗德瑞克先生把罗兰叫到一边，表达了他对罗兰学习不够努力的关心。他建议如果罗兰能够把注意力多放一点在课堂上她一定能做得更好。他也会每周两次在课后指导罗兰，以帮助她理解课堂的学习内容。罗兰却不太乐观，用她自己的话说就是“我没有足够的聪明去学习这些内容”。

在罗兰和布罗德瑞克先生谈话后的一个星期左右，她似乎有所改变，也努力了一些，但她从不会在课后留下来接受额外的帮助。不久以后，罗兰又恢复了老习惯。布罗德瑞克先生最终认定罗兰已没有学习动力，并决定把自己的时间和努力用来帮助那些更有动力的学生。

罗兰的低自我效能感（一个个体因素）可能是她花费过多的课堂时间来从事与学习

无关的活动（行为）的一个原因。她把注意（另一个个体因素）放在同学身上而不是老师身上的事实影响了她所体验到的特定刺激（她的环境）。罗兰的非自我调节行为以及由此导致的作业和测验中的糟糕表现（行为）影响了她的自我效能感（个体）以及布罗德瑞克先生对她的处置（环境）。最终布罗德瑞克先生认定罗兰已没有学习动力，并开始忽略她（环境），这会导致她进一步的失败（行为）和甚至更低的自我效能感（个体）（参见表 10—3“场景一”一栏中所列举的这种相互影响的例子）。显然，布罗德瑞克先生正传达着这样的一个信号：罗兰将会面临着长期的学业失败的风险。

现在我们设想一下布罗德瑞克先生在阅读了几篇有关如何帮助有学业风险学生的研究文章之后，他更乐观地相信他能够打破像罗兰这样的学生的那种互为因果的恶性循环。在学年的中间，他在课堂上做出了以下的改变：

375 ✧ 他清晰地、一贯地表示他希望所有同学都能在他的课堂取得成功。
✧ 他把学生们的个人经验和兴趣融入他的社会研究课程的学习中。
✧ 他确定了一些学生每周末都要完成的明确而具体的任务。
✧ 他给学生提供了一些关于每个任务应该如何完成的指导和结构。
✧ 为教给学生一些简单的自我调节策略，他要求学生给每一个学习任务设定目标，并建议他们在完成家庭作业后奖励自己进行 15 分钟所喜爱的活动，还教会他们如何用曲线图跟踪自己的学业进步。
✧ 在咨询了学校的阅读专家及学校心理学家后，他帮助学生发展了更多有效的阅读和学习策略。
✧ 每周五他都要进行一次小测验，以便让学生能够自我评价每周所学到的知识。
✧ 当学生在每周的小测验中表现不错时，他会提醒他们自己对自己的表现负责。

当我们思考场景二时，让我们一起来看一下接下来发生了什么事情：

场景二

通过将学生的个人经验和兴趣融入自己每天的教学计划中，布罗德瑞克先生开始吸引住了罗兰的兴趣和注意。她开始认识到社会研究课与她的个人生活是有关联的，她变得更愿意参与课堂活动。随着结构性更强的作业的完成、有关如何学习课堂内容方面的更好的指导以及经常性的小测验，罗兰发现她在以前只体验到失败的这门课程中获得了成功。布罗德瑞克先生也同样对她的表现很满意，他经常通过面部表情、言语反馈以及无论何时都愿意为她提供她所需要的帮助等方式告诉罗兰他很满意。

学年末，罗兰能更有效地学习这门课程并能经常完成作业。事实上她非常盼望下一学年的社会研究课，并自信自己能够继续把这门课学好。

在这里，我们又一次看到了环境、行为和个体之间的相互作用。布罗德瑞克先生的新的教学方法（环境）吸引了罗兰的注意力（个体），培养了自我调节，并提高了学业表现（行为）。反过来，罗兰不断提高的课堂表现又影响了布罗德瑞克先生对她的处置（环境）以及她自己的自我效能感（个体）。她不断提高的自我效能感、对课堂活动的更多注意以及不断提高的获得成功的动机（所有的个体变量）都影响了她从布罗德瑞克先生的教学（环境）中受益的能力以及学业成功（行为）（有关这种相互作用的例子请参见表 10—3 的“场景二”这一栏）。

## 来自社会认知理论的多样性

关于怎样才能使得我们的课堂实践更好地适应有不同背景、个性及需要的学生这个问题，社会认知理论提供了不同的视角。示范、自我效能感及自我调节的概念在这种情况下特别有用。

### 运用各种榜样促进成功和自我效能感

当我们讨论课堂的差异性时，本章在前面所确认的两个原则特别有关联：(1) 学生更有可能采取那些他们认为与其自身情境相关的行为，(2) 当看到与自己相似的人成功地完成任务时，学生会有更强的自我效能感去完成任务。

这两个原则都会得出同样的结论：学生需要那些与他们在种族、文化背景、社会经济地位、性别以及（如果适用的话）有缺陷等方面相似的榜样。这样的榜样对于少数民 376
族、女孩以及低收入家庭的学生来说尤其重要，因为绝大多数孩子所看到的大多数在职业上获得成功的成年人是中等收入和高收入的白皮肤男人（e. g.，Eccles Parsons，1984；Howe，1994；Torrance，1995）。

作为老师，我们不可能把所有的事情都教给学生。因此我们必须让我们的学生尽可能多地接触各种成功的榜样——儿童的、青少年的以及成年人的榜样。在有些情况下我们可以在学校里面找到这样的榜样。另一些情况下，我们可以邀请当地社区或地区的人来参观课堂。正如瑞安教他的侄子科林怎样防守地滚球时偶然发现的那样（参见 357 页的“防守地滚球”），我们甚至可能会发现给学生播放有关期望行为的录像并让他们观看自己成功完成期望行为的录像也是很有效的。

象征性榜样——就像科林在录像中所看到的职业棒球手——还可以教会学生很多东西。例如，我们可以要求学生阅读一些成功人士的传记或自传，如玛雅·安格罗（她是在一个贫穷和种族歧视的环境中长大的）、富兰克林·D·罗斯福（他患有小儿麻痹症，并且是一个坐在轮椅上的残疾人）、斯蒂芬·霍金（他患有退行性神经紊乱，只能通过计算机技术“讲话”）。或者我们可以让学生观看电影《为人师表》(Stand and Deliver)，这部电影讲述的是 18 岁的墨西哥裔美国高中生的故事，他们来自东洛杉矶的一个低收入城区，通过努力和坚持不懈，通过了大学预修课程微积分的考试，并获得了大学学分 (Mathews，1988)。

尽管我们在许多方面都不同于我们的学生，我们也可能成为他们有力的榜样。不管我们自己的天赋如何，我们必须总是示范对那些具有不同背景和特征的人的接纳和尊重。

### 促进有风险学生的自我调节

有些学生只有很少的具有有效学习习惯的外部角色榜样——即在他们的校外生活中，几乎没有能向他们展示获得高中和大学教育成功所必需的自我调节学习技能的人。结果，尽管他们希望毕业并进入大学学习、最终成为一个成功的专业人士，但他们可能几乎不知道怎样去完成这些事情（Belfiore & Hornyak，1998；B. L. Wilson & Corbett，2001）。在最近的一项研究中（B. L. Wilson & Corbett，2001），研究者访问了一些来自费城市中心的低收入城区的中学生。他们中的许多人都渴望拥有专业的职业（医生、律师、教师等)，但却没有朝着自己的职业目标努力：他们在课堂上的行为不当，经常不完成作业，经常逃课。他们只有“什么能改变自己的生活”这样一个过分简单的观念，正如这个学生在访谈中所显露的那样：

访谈者：你实现自己的目标了吗?

学生：没有。我还要更努力地学习。

访谈者：你是怎样知道这一点的?

学生：我只是通过我的一些成绩知道的（绝大多数都是C)。

访谈者：你为什么认为你在高中需要更努力地学习?

学生：我不想高中毕业后回家，我想上大学。

访谈者：想要取得更好的成绩你需要做什么?

学生：就是做更多更多的作业。到学年结束时我再休息。(B. L. Wilson & Corbett，2001，p. 23)

这个学生想要上大学深造，但他所理解的想要上大学就是要“更努力地学习”和“做更多更多的作业”。毫无疑问，激励和努力是重要的，但还需要制订计划、管理时间、定期自我监控和自我评价以及适当地寻求帮助——关于这些事情这个学生似乎知道的很少（B. L. Wilson & Corbett，2001）。

幸运的是，自我调节策略的外显教学能帮助有风险的学生开始获得更有效的学习习惯（Cosden et al.，2001；Eilam，2001；Graham & Harris，1996；S. D. Miller et al.，2003）。有时指导可以在有结构的课后家庭作业程序中进行，在这个程序中会有很多的
377 支架帮助学生获得一些基本的技能，如记录家庭作业和预定日期、确认每项作业中的特定任务、形成按时完成所有作业的计划以及搜索有用的资料。但在固定的学校学习时间内我们也可以提供自我调节活动的支架——如分发学生用于记录自己已完成什么以及还需要做什么的表格。例如，表10—7所展示的日志表能帮助中学生关注自己的数学作业并监控自己的表现。这种表格也有它的局限性，因为它强调学生要完全关注他们做对的问题数量。它没有给学生提供位置去记录他们做错的问题类型、他们犯错的形式或任何有助于他们提高的信息。然而，对那些自我调节策略很少的学生来说，这样的方式能够让他们开始对自己进行自我监控。

**表10—7　在这个日志表中，13岁的李·戴蒙丝记录了她的数学作业、预定日期及自身表现**

第一季度

| | 数学成绩记录 | 姓名：李·戴蒙丝 | | 总数 |
|---|---|---|---|---|
| | | | | (需要达到的) |
| | 作业 | 预定日期 | 绩点/可能的绩点 | |
| 1 | 1—1至2—42偶数题 | 8/26 | 5/5 | 10/10 |
| 2 | 你的数学生活 | 8/27 | 5/5 | 15/15 |
| 3 | 1—2至2—52偶数题 | 8/30 | 5/5 | 20/20 |
| 4 | 1—3至2—46偶数题 | 8/31 | 5/5 | 25/25 |
| 5 | 1—5至1—36 | 9/1 | 5/5 | 30/30 |
| 6 | 小测验1—1至1—3 | 9/2 | 20/25 | 50/55 |
| 7 | 4—4的问题 | 9/1 | 6/5 | 56/60 |

续前表

| | 数学成绩记录 | 姓名：李·戴蒙丝 | | 总数 |
|---|---|---|---|---|
| | | | | （需要达到的） |
| | 作业 | 预定日期 | 绩点/可能的绩点 | |
| 8 | 程序 A | 9/3 | 5/5 | 61/65 |
| 9 | 小测验 1—5 至 1—8 | 9/10 | 23/25 | 84/90 |
| 10 | 1—7 至 1—48 | 9/7 | 5/5 | 89/95 |

## 支持有特殊需要的学生

因为有缺陷学生常常是在被牢牢控制和在有结构的环境中长大的，因此他们可能特别需要一些策略和机会去对自己的一些活动进行自我调节（Sands & Wehmeyer，1996）。例如，我们可能需要鼓励那些有缺陷学生制定自己的目标并为之努力，尤其要制定一些具体的、特定的、可以在短期内完成的目标。当我们教给他们一些自我监控和自我强化技术以及自我调节问题解决技能后，他们也能做得很好（e. g.，C. E. Cunningham & Cunningham，1998；E. S. Ellis & Friend，1991；Mithaug & Mithaug，2003；Sands & Wehmeyer，1996；Schunk，1991；J. R. Sullivan & Conoley，2004；Yell et al.，2001）。

表 10—8 从社会认知角度呈现了通常在有特殊需要的学生身上所能看到的一些特征。此表也呈现了大量促进这些学生获得学业和社会成功的策略。正如你所看到的，示范、自我效能感和自我调节这样的概念会反复出现在表中。

**表 10—8　在全纳环境中的学生——社会认知理论在有特殊需要学生身上的应用** 378

| 类型 | 可能观察到的特征 | 建议采取的课堂策略 |
|---|---|---|
| 有特殊认知或学业困难的学生 | • 预测特定行为结果有困难。<br>• 对有过失败经历学科领域的学习任务具有较低的自我效能感。<br>• 很少对学习和行为进行自我调节。 | ★ 帮助学生对自己的行为结果形成更现实的期望。<br>★ 为学生完成学习任务提供支架，以提高成功的可能性。<br>★ 确定学生的优势领域，并给学生机会在那些领域去指导同伴。<br>★ 教授自我调节策略（如自我监控、自我指导、自我强化）。 |
| 有社会或行为问题的学生 | • 从榜样和社会环境的其他方面进行学习（对自闭症学生而言）存在异常困难。<br>• 预测特定行为结果有困难。<br>• 与那些在有效社会技能及亲社会行为方面是不良榜样的同伴建立友谊（对情感和行为失调的学生而言）。<br>• 很少对情感和行为进行自我调节。<br>• 社会问题解决能力缺乏。 | ★ 示范恰当的课堂行为，将示范与明确的言语指导结合在一起，并使用视觉辅助来传达期望行为。<br>★ 当社会冲突发生时讨论各种行为过程的可能的结果。<br>★ 给学生提供机会去和那些能示范有效的社会技能及亲社会行为的同伴交往。<br>★ 当学生展现出恰当行为时把他们的行为录制下来，然后让他们观察他们自己作为这种行为的榜样。<br>★ 教授自我调节策略（如自我监控、自我指导、自我调节问题解决）。<br>★ 帮助学生认识和解释社会暗示和非文字言语。 |

续前表

| 类型 | 可能观察到的特征 | 建议采取的课堂策略 |
| --- | --- | --- |
| 认知和社会功能普遍迟滞的学生 | • 学业任务的低自我效能感。<br>• 为得到怎样行动的指导而去观察别人。<br>• 低成就目标（可能是作为避免失败的一种方式）。<br>• 极少甚至没有对学习和行为进行自我调节。 | ★ 为学生完成学习任务提供支架，以提高成功的可能性。<br>★ 示范期望行为，确定那些也能提供恰当示范的同伴。<br>★ 鼓励学生制定较高同时又较现实的成就目标。<br>★ 促进自我调节（如通过教会自我监控、自我指导、自我强化的方式）。 |
| 有身体障碍或感知困难的学生 | • 很少有机会发展自我调节技能，因为受到健康状况的限制和/或环境的影响。 | ★ 教给学生自给自足及独立的技能。<br>★ 教会学生做积极的自我暗示（如“我一定能做到!”）以提高他们独立行动的自我效能感。 |
| 认知发展超前的学生 | • 对学习任务的高自我效能感。<br>• 追求成绩的高目标。<br>• 更有效的自我调节学习。<br>• 很容易获得成功的经历，因此，对有效应对失败的经验不足（对某些学生而言）。 | ★ 为那些需要实现高目标的学生提供学业支持。<br>★ 提供独立学习的机会。<br>★ 给学生提供一些他们有时可能会失败的挑战性的任务，教会他们处理失败的建设性策略（如坚持不懈，运用他们所犯的错误去指导其将来应努力的方向）。 |

资料来源：Balla & Zigler，1979；Bandura，1989；Beirne-Smith et al.，2002；Biemiller，Shany，Inglis & Meichenbaum，1998；C. E. Cunningham & Cunningham，1998；E. S. Ellis & Friend，1991；Graham & Harris，1996；Hobson，2004；J. N. Hughes，1988；Kehle，Clark，Jenson & Wampold，1986；Lupart，1995；Mercer & Pullen，2005；Mithaug & Mithaug，2003；Morgan & Jenson，1988；J. R. Nelson，Smith，Young & Dodd，1991；Nikopoulos & Keenan，2004；Piirto，1999；Sands & Wehmeyer，1996；Schumaker & Hazel，1984；Schunk et al.，1987；Silk et al.，2003；J. R. Sullivan & Conoley，2004；Turnbull et al.，2007；Yell et al.，2001；Zimmerman，2004。

377

## 概　览

当你回顾我们对潜在的假设、强化与惩罚、示范、自我效能感和自我调节所进行的讨论时，你会发现下面这三个基本的观点渗透在社会认知理论的许多观点中：

■ 观察的力量。正如本章前面所提到的，社会认知理论强调人们是怎样通过观察别人而学习的。通过榜样学习新行为的过程是最明显的例子，但观察还有其他的作用。例如，人们通过观察发生在别人身上的事情，学会什么行为最有可能导致强化与惩罚（即通过大量的经验）。此外，他们还形成了关于哪些事情可以做、哪些事情不能做的信念（即他们形成了高或低的自我效能感），这种信念是部分通过观察他们的同伴做这些事情的成功或失败而形成的。而当人们逐渐变得能自我调节时，在他们看到别人所采用的行为标准后，他们也常常会根据这种示范来制定自己的行为标准。

■ 控制的作用。社会认知理论的很多观点都强调人们是怎样成为自己环境的主人的。例如，人们经常能够选择他们所参与的活动，因而控制了他们所拥有的特定经验。而且，当人们观察到榜样展示某些行为时，他们就通过注意（或是不注意）以及用特殊方法编码他们所看到的（或没看到的）等方式控制自己学到了什么、是否要去学……还有，当他们进行自我调节时，他们就是在掌控自己的行为和学习——例如，通过自我设定目标，监控自己的进步，以及评价自己的表现的方式。而他们对各种任务的自我效能感包含着他们有关自己能如何较好地掌握和控制自己环境的信念。

- 动机的重要性。当我们检验社会认知理论的潜在假设时，我们会注意到人们的行为通常是有目标指向的。而且，人们通过观察行为的典型结果形成有关各种行为未来的可能结果的期望。而只有当他们认为这样做会给他们带来好处时，他们才
有可能展示别人示范的行为。为了真正地受到激发——也就是有意识地选择某些 378
行为，并努力地去完成这些行为，即使面对失败也坚持不懈——人们必须要有高自我效能感并相信他们最终一定能获得成功。最后，许多人会管理自己的动机，如通过利用自己的反应－强化列联以及在自我调节学习活动中运用大量的策略来坚持完成任务。

## 比较三种学习理论

如果你已经阅读了第 6 章至第 10 章，那么你现在就已经检验了这三种不同的学习 379
观：认知心理学、行为主义和社会认知理论。在第 6 章的开头，我曾简要地确定了一些将这三种理论彼此加以区分的方法。现在你已经深入地学习了每一种理论，这将有助于你做出更多的比较。表 10—9 列举了一些区别这三种理论的相似点与不同点的主要方法。

**表 10—9　　比较/对比——三种学习理论的比较**

| 比较内容 | 认知心理学 | 行为主义 | 社会认知理论 |
|---|---|---|---|
| 学习的定义 | 一种内在的心理现象，可能通过行为反映出来，也可能不通过行为反映出来。 | 行为改变。 | 一种内在的心理现象，可能通过行为反映出来，也可能不通过行为反映出来。 |
| 研究的侧重点 | 认知过程。 | 易于观察到的刺激和反应。 | 包括行为和认知过程。 |
| 如何描述学习原理 | 人们对所接收到的信息进行心理加工并根据自身的经验建构知识。 | 人们的行为受周围环境刺激的影响。 | 人们对其周围的人的观察会影响其行为及认知过程。 |
| 行为结果 | 主要不是关注思考。 | 如果要影响学习，必须被直接体验。 | 可以直接地也可以替代地被体验到。 |
| 学习及行为被控制的方式 | 主要通过个体内部的认知过程。 | 主要通过周围环境。 | 部分通过环境、部分通过认知过程（人们逐渐变得能自我调节，因此随着时间推移越来越少受到环境的控制）。 |
| 教育意义（强调我们如何才能帮助学生） | 用有效的方式加工信息并建构正确的、完整的有关课堂内容的信息。 | 获得更有效的课堂行为。 | 通过观察别人而有效学习。 |

反复强调第6章所得出的一个结论是非常重要的：对于人类学习行为的探索，并没有唯一最好的方法。关于如何帮助学生在课堂上获得成功这一点，三种学习理论都提供了很多有价值的方法。例如，认知心理学原理给我们提供了很多关于如何帮助学生记住信息并把它运用到新的情境和问题中的观点。行为主义原理提出了帮助学生形成和保持更多具有建设性的课堂行为的策略。社会认知理论的原理向我们展示了如何才能有效地示范我们想要学生获得的技能以及如何促进更多的自我调节。而这三种理论对于激励学生在课堂上获得成功都是非常有用的，正如我们在接下来的两章里所看到的那样。

**资格考试练习：教师的悲哀**

"有时候老师完全不能成功，"6年级的老师亚当斯先生抱怨说，"在学年初，我告诉学生家庭作业的完成情况将占他们成绩的20%。然而有些学生几乎没有交过作业，即使我不停地提醒他们要交作业。在反复考虑这种情况之后，我决定我可能不应当把家庭作业作为评分的标准。毕竟，在这个贫穷的贫民区里，许多孩子在家里都没有安静的环境学习。"

380 "所以到了十一月份我告诉学生，当我在第一个报告卡上计算成绩时，我不会把家庭作业包括在内。自然地，有些学生——那些没有做家庭作业的学生——似乎就放松了。但那些一直在做家庭作业的学生绝对是很生气的！现在几乎没有一个学生交家庭作业。"

1. 多项选择问题：

以下哪种情况能很好地运用社会认知理论的原理来解释为什么那些按时完成作业的学生会如此生气？

a. 中途改变评分方法，正如亚当斯先生所做的那样，是负强化的一种形式。

b. 期望通过完成作业得到强化却没有得到强化，这是惩罚的一种形式。

c. 没有对家庭作业给予学分，亚当斯先生显然降低了学生关于学业内容的自我效能感。

d. 互为因果在起作用：学生实质上是在反抗他们的老师对评分方法所做出的不被期望的改变。

2. 反应建构的问题：

亚当斯先生可以做些什么来鼓励所有的学生完成作业？在对自我调节原理加以讨论的基础上，请用特定的、具体的术语来描述至少三种不同的策略。

## 注 释

1. 参见第9章中关于惩罚运用的指导方针和注意事项。

2. 认知示范是认知学徒的一个成分，第二章中曾描述过这一观点。

3. 从某种程度上讲，这样的努力和坚持反映了高自我效能感学生的内在动机（关于这个概念在第11章和第12章里有更多的介绍）。

4. 特别要参见分布式智力（第5章）和共同意义建构（第7章）的讨论。

5. 教师的自我效能感及对学生的期望部分地是教师对学生的成功或失败所进行

的解释或归因的结果。在第12章我们将会探讨这种归因的性质。

6. 自我选择目标会促进更强的自我决定感的产生，我们将会在第11章里讨论这个问题。

7. 自我调节学习的这部分内容应当会让你想起第8章谈到的理解监控。

8. 在第14章里我们将看到我们是如何运用调解去解决学校范围内与帮派相关的暴力。

383

# 第11章

# 动机和情感

## 本章内容要目：

- 个案研究：素描
- 动机的本质
  - 动机如何影响学习和行为
  - 外部动机与内部动机
  - 动机的理论观点
- 人类的基本需要
  - 唤醒
  - 马斯洛的需要层次理论
  - 胜任与自我价值
  - 自我决定
  - 相依
- 情感及其影响
  - 情感与学习和认知的关系
  - 课堂中的焦虑
- 动机和情感的多样性
  - 文化和种族差异
  - 性别差异
  - 社会经济水平差异
  - 适应有特殊需要的学生
- 概览
- 资格考试练习：当“完美”还不够好时

刚刚是什么使你打开课本并开始阅读这一章？或许你将面临一场有关动机的考试，或许你想向同学们显示你已经完成了老师指定的阅读任务，也或许你只是对人类动机本身好奇并想知道作为一名教师应该怎样在课堂上提高学生的学习动机。

在先前讨论发展与学习时，我们着重回答了“儿童和青少年能做、能学什么”这一问题，对于动机，我们将把焦点集中在另一个问题上：“他们有多大可能去做他们能做、去学他们能学的？”即使学习者有相关的能力与经验，决定他们是否真正去完成它的却是他们的动机。

本章将探讨动机的本质以及与之相关的情绪（我们将用情感这一更常用的术语）。在讨论的过程中将回答以下问题：

- 动机对学习和行为有什么影响？
- 人类的基本需要是什么？你可以运用哪些策略满足学生在课堂中的基本需要？
- 学生的情绪对他们的学习起什么作用？如何使学生对学校和学业产生更多的积极情绪，减少消极情绪？
- 不同背景的学生有不同的动机和情绪，动机和情绪的这种多样性有多广泛？

在第12章，我们将继续探讨有关动机的问题，主要讨论认知因素对课堂上学生的学习动机、成就动机的影响。

**个案研究：素描**

不像班上其他乐于社会交往的同学，安雅是一个十分安静的学生，大多时间喜欢独处。在教室里，只要有空闲的时间，她就抓起一张纸和一支铅笔开始素描。她对绘画的热爱在课上和课下都会时不时地表现出来。比如，她喜欢在笔记本上涂鸦，为散文和小故事做插图，偶尔也为每周生词表上的单词作画。

毫不奇怪，安雅非常期待美术课，她对课堂上美术老师讲的每一个绘画技巧都非常留心，对每一项绘画作业都非常投入，常常忘记自己是在课堂中。安雅的美术老师对她在绘画技巧上取得的进步也给予了高度的评价。

安雅坦率地承认了她的兴趣，她说："长大了，我想成为一名专业的美术家。"她还强调说，"在这期间，我将一直练习、练习、练习。"

✧ 安雅的哪些行为体现了她对美术的兴趣？这些行为能否提高她的绘画水平？如果能，是如何提高的？

## 动机的本质 *384*

安雅对美术有着极高的学习动机。我们可以依据她在课堂上高度集中的注意力，寻找一切机会画画以及她的职业目标得出这一合理的结论。动机是激发、引导和维持行为的一种内部状态。它促使学生按特定的方向采取并维持行动。我们经常看到学生的动机表现在个人投入以及在学校活动中的认知、情绪和行为的激发上（Fredricks, Blumenfeld & Paris, 2004；Maehr & Meyer, 2004；Reeve, 2006）。

事实上，所有学生都会被这样或那样的动机所激发。一个学生可能对课堂中的某门课程很感兴趣，喜欢寻找一些具有挑战性的课程作业，积极参与课堂讨论，并能在所分配的任务中取得好成绩。另一个学生可能更喜欢学校的社交生活，喜欢与同学交往，几乎每天都会参与课外活动，甚至可能去竞选学生会干部。还有学生可能更热衷于体育运动，体育成绩优异，几乎每天下午和周末都会参加或观看体育比赛，并坚持运动健身。另外还有学生可能由于没有被发现的学习障碍、羞怯的个性，或者身体不协调等原因，导致他们逃避学业、社交以及体育活动。

每天，安雅都是带着她对美术的浓厚兴趣来到学校。但是动机并不一定是学习者带到学校的某种东西，它也可能是来自学校的环境条件。当我们谈到环境是如何提高一个学习者去学习特定事物或某项特定行为的动机时，我们谈的是情境动机（Paris & Turner, 1994；Rueda & Moll, 1994）。在下面的内容中，我们将会发现，作为教师，我们可以做很多事情激发学生以有助于他们长远发展的方式进行学习和表现。

### 动机如何影响学习和行为

动机对学习和行为有多种影响，图 11—1 对此进行了总结：

• **动机引导行为指向某个特定目标。**正如我们在第 10 章里所了解的，社会认知理论指出个体会为他们自己设置目标并据此指导他们的行为。动机决定这些特定目标朝向学习者奋斗的目标（Maehr & Meyer, 1997；Pintrich et al., 1993）。因此，动机影响

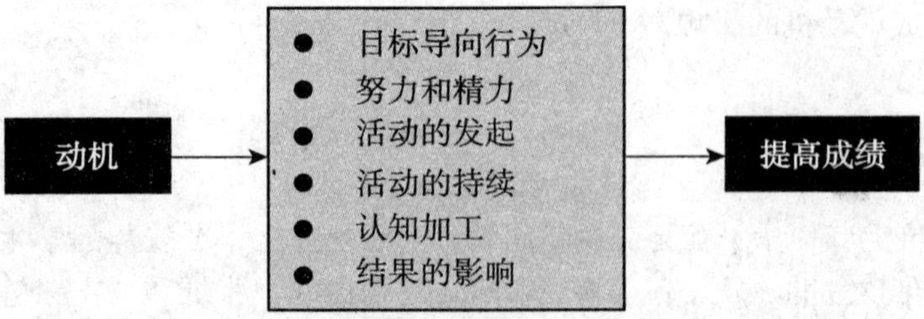


**图 11—1　动机如何影响学习和行为**

学生的选择，如，是去参加物理竞赛还是参加摄影艺术展？是花一个晚上的时间完成一项具有挑战性的家庭作业还是和朋友们一起玩电子游戏？

• **动机导致努力和精力增加。**动机使学习者更加努力，花费更多的精力到与他们的需要和目标相关的活动中去（Csikszentimihalyi & Nakamura，1989；Maehr，1984；Pintrich et al.，1993）。动机决定了学生是满怀热情全身心投入到一项任务中去，还是冷漠懒散地对待。

• **动机促进活动的发起与持续。**学习者更可能开始一项他们真正想做的任务。他们更可能坚持不懈地学习直至完成，即使在活动中被偶尔打断或受到挫折（Larson，2000；Maehr，1984；Wigfield，1994）。通常，动机可以让学生花更多的时间去完成任务，这是影响他们的学习和成绩的一个重要因素（Brophy，1998；Larson，2000；Wigfield，1994）。

• **动机影响认知加工过程。**动机影响学习者注意什么以及如何加工它（Eccles & Wigfield，1985；Pintrich & Schunk，2002；Pugh & Bergin，2006）。如，被动机激发的学生经常会持续地努力以真正理解课程材料，进行有意义的学习，并考虑如何把它们运用到实际生活中去。

• **动机决定强化与惩罚哪些结果。**学生取得学业成功的动机越强，在考试中得到A时，他们就会越自豪，得到低分时就越不开心[1]。学生越想得到同伴的认可和尊重，当自己被接纳时，他们会更重视群体“内”的同伴关系，当被同伴排斥时也会更伤心。对于一个不喜欢体育运动的十几岁男孩来说，加入与不加入校足球队都没有什么关系，
385 但对于一个爱好足球的学生而言，加入与不加入对他则至关重要。

• **动机提高成绩。**由于能引导目标指向行为，增加努力和精力，促进活动的发起与持续，影响认知加工过程以及影响结果，动机经常会导致学业成绩的提高。正如你推测的那样，那些学习动机强烈且在班级活动中表现优异的学生往往就是取得最高成就的学生（A. E. Gottfried，1990；Schiefele，Krapp & Winteler，1992；Walberg & Uguroglu，1980）。相反，那些对学业成绩不感兴趣的学生，在他们高中毕业前退学的风险很大（Hardré & Reeve，2003；Hymel et al.，1996；Vallerand，Fortier & Guay，1997）。

## 外部动机与内部动机

并不是所有形式的动机对人类的学习和表现都有同样的作用。让我们来看一看一所重点高中的两名学生在写作课上的表现：

谢尔乐不喜欢写作，她选这门课的唯一原因是：在这门课上得到A或者B，能帮助她申请到州立大学的奖学金，实现她上州立大学的梦想。

香农一直爱好写作。这门课可以帮助她获得州立大学的奖学金，另外，香农很

想成为一个更好的作者。她的理想是当一名记者，她认为写作对她未来当一名记者的职业非常有用。除此之外，香农正在学习一些新的写作技巧，使她的文章更加生动感人。

谢尔乐表现出外部动机：她的行为受到外部因素的影响，与她正在完成的任务无关。受外部动机影响的学习者，他们可能想获得好的等级、赚钱，或者获得由特定活动和成就带来的认可。实际上，他们被激发去完成一项任务，是把这项任务当作达到目的的手段，而不是为目的本身。

相反，香农表现出内部动机：她的行为受到自身因素的驱动，这些因素内化于她正在完成的任务中。受内部动机影响的学习者可能热衷某项活动，因为它可以给他们带来快乐，帮助发展一项他们认为很重要的技能，或者把它看成一项非常重要而正确的事情去做。具有高水平内部动机的学习者，他们会全神贯注的投入到活动中而忘记时间，完全忽略其他的任务。这就是所谓的流畅感现象（Csikszentmihalyi，1990，1996；Schweinle，Turner & Meyer，2006）。

当学习者被内部动机激发而积极参与课堂活动时，他们最有可能表现出动机的有利影响。具有内部动机的学习者，乐意完成分配的任务，渴望学习更多的课堂知识，更有可能进行有效的信息加工（如，进行有意义学习），也更有可能取得高水平的成就。相反，具有外部动机的学习者，他们可能不得不被动地去做某事，进行肤浅的信息加工，通常只对简单的任务感兴趣，只要求自己达到最低的教学标准（A. E. Gottfried，Fleming & Gottfried，2001；Reeve，2006；Schiefele，1991；Tobias，1994）。

小学低年级的学生，经常很兴奋并渴望在学校学习新事物。但在 3～9 年级之间，他们对学习和掌握教学内容的内部动机会逐渐下降（Covington & Müeller，2001；Lepper，Corpus & Iyengar，2005；Otis，Grouzet & Pelletier，2005）。可能有多种原因导致了内部动机的下降。随着学生年龄的增长，他们逐渐地意识到高分（外部动机）对升学、毕业及大学申请的重要性，导致他们更努力地去获得高的分数。而且，随着认知能力的发展，他们能设定并追求长远目标，并根据学校课程与这些目标的相关性而不是内部动机来对学校课程进行评估。另外，对于他们在学校经常遇到的过度结构化、重复而 386
枯燥的活动，学生会逐渐失去耐心（Battistich，Solomon，Kim，Watson & Schaps，1995；Larson，2000）。

外部动机未必是件坏事。学习者经常同时受到内部动机和外部动机的双重影响（Cameron & Pierce，1994；Covington，2000；Lepper et al.，2005）。例如，尽管香农喜欢写作课，但她也知道一个好的分数可以帮助她获得州立大学的奖学金。另外，高分以及其他的一些对高成就的外部奖励也可以证明她掌握了这门课程（Hynd，2003）。随着时间的推移，外部动机可能逐渐转化为内部动机，这部分内容我们将在第 12 章的内化动机中讨论。

许多研究都表明，外部动机也许就是对学业成就或者创造性行为的一种外部强化形式，可能是使某些学生通向成功的课堂学习以及创造性行为之路的唯一动力。但内部动机却最终决定着行为的持续时间。它可以激励学生寻找所学知识的意义并学以致用，增加他们在毕业之后继续阅读和学习写作、科学、历史以及其他各科知识的可能性。

## 动机的理论观点

研究者已经从许多不同的角度对动机进行了研究，在表 11—1 中已经进行了总结。

一些研究者持特质观点，认为动机或多或少受到人们具有的相对持久的人格特征的影响。一些研究者持行为主义观点，强调不同行为可能带来的后果（强化和惩罚）对行为的影响。还有一些研究者持社会认知或认知观点，关注自我概念以及其他一些直接或间接促使学习者表现出特定行为的认知因素。

在过去的二三十年里，社会认知和认知观点在动机领域的研究和理论中占据主导地位（A. M. Ryan，2000；Winne & Marx，1989），因此，它们也将主导本章和下章的讨论。但我们应该清醒地认识到，任何一种单一的理论都不可能为我们提供人类动机的全貌。表 11—1 对每种观点的总结揭开了一些“动机之谜”，为我们如何提高学生在课堂情境中的学习动机提供了很好的建议。

387 **表 11—1　　动机的四种现代理论观点的比较**

| 理论流派 | 要点 | 概念举例及解释 |
|---|---|---|
| 特质理论 | 相对持久的特征和人格特质在动机中发挥重要作用。 | • 学习者对与他人联系的需要不同（如，他们的归属需要和认同需要）。<br>• 学习者获得持续的特殊个人兴趣。<br>• 学习者有用特殊方式对课堂材料进行思考的特定思维倾向。如，对新信息进行批判性评价还是停留在表面（见第 5 章）。 |
| 行为主义理论 | 动机通常是内驱力的结果。内驱力是一种内部状态，维持躯体最佳功能所需的一些必要物质的缺失都能导致内驱力的产生。行为结果可以增强或者减弱内驱力状态。 | • 学习者倾向采取那些会导致正强化或负强化的行为。<br>• 学习者不可能表现一直受惩罚的行为。 |
| 社会认知理论 | 最初，学生的动机主要受自己或他人行为结果的影响。随着年龄和经验的增长，他们获得了有关自己在不同领域达到预期结果的能力的信念，许多学生的自我调节能力逐渐增强，他们的动机也更多地来自内部而不是外部结果。 | • 学习者形成对许多行为结果的期望。<br>• 学习者设定要追求的目标。<br>• 学习者对各种任务的自我效能感和活动都会影响他们做出的选择、付出的努力程度以及面对挫折的坚持性。<br>• 自我调节的学习者具有自我动机，会采取各种策略帮助他们坚持不断地学习。 |
| 认知理论 | 一系列的认知因素有时候与情绪因素一起影响学生对自己、对很多主题甚至对整个世界的知觉。这些知觉反过来又会影响他们是否会去从事特定的任务和活动。 | • 学习者容易被令人惊奇的或令人迷惑的事件所吸引，如，能引发不平衡的事件（见第 2 章）。<br>• 当学习者对他们正在做的事情有自主感或者自我决定感的时候，他们就更可能是内部驱动的。<br>• 学习者会努力探究他们失败或者成功的可能原因，这些归因又会影响他们后来的行为。 |

## 人类的基本需要

多年来，动机理论家已经推测出了人类有某些基本需要。有些需要对生命的生存至关重要，有些需要则是影响心理健康的重要因素。这里，我们将回顾两种早期的观点：唤醒理论以及马斯洛的需要层次理论。然后我们将讨论许多近代理论家认为的与内部动机相关的三种心理需要：胜任，自我决定和相依。

## 唤醒

20 世纪五六十年代的一些经典研究表明，人类有一种基本的刺激需要——换句话说，一种唤醒需要（E. M. Anderman，Noar，Zimmerman & Donohew，2004；Berlyne，1960；Heron，1957）。作为一个例子，试一试下面的练习：

### 亲身体验：休息五分钟

在接下来的五分钟里，你将作为一个学生无事可做，保持这种状态，把你的书本放到一边，不做任何事情。自己打节拍控制时间来完成这项任务。让我们来看看会发生什么。

---

在这五分钟的休息时间里，你有什么反应？坐立不安，摇晃你疲惫身体的各部分、挠痒痒，或者抠指甲？你会利用某物或者与人交流吗？你可能大声地敲打桌子，打开收音机，或者与房间的另外一个人交谈？你是否完全离开了你的座位——我明确要求你不要去做的事情？我是想通过这个体验告诉你，有事情做要比任何事情都不做要感觉好一些。

一些理论指出，人类不仅有一种基本的唤醒需要，而且他们在寻找一个感觉最好的最佳唤醒水平（e. g.，E. M. Anderman et al.，2004；Berlyne，1960）。刺激太少或太多都会让人感觉不舒服。你可能喜欢看电视节目或者听音乐，但你绝不会喜欢三台电视，五个磁碟机和一支活跃的摇滚乐队同时出现在你的房间里。不同的人有不同的最佳唤醒水平：一些个体是感觉寻求者，他们渴望寻求和享受使人生理上极度兴奋并具有潜在危险性的经历（R. E. Snow，Corno & Jackson，1996）。另外一些人喜欢安静。我，就是其中一个，喜欢一点轻微的物理刺激。我从不进行悬挂式滑翔或者蹦极运动。同时，我 388
喜欢经常接触新观点，偶尔与同事辩论有争议的问题等形式的认知刺激[2]。

唤醒需要解释了学生在教室的一些行为。比方说，它解释了为什么许多学生完成课堂作业后，喜欢在同学面前大声朗读他喜欢的书。它同样解释了为什么学生去做与任务无关的事情——例如，在枯燥的课堂上传递笔记或者搞恶作剧。显然，当课堂活动充分满足学生的唤醒需要，学生不需要寻找新的刺激时，他们就有可能集中精力完成学习任务。

## 马斯洛的需要层次理论

亚伯拉罕·马斯洛（Abraham Maslow）的动机理论是人本主义的核心，人本主义在 20 世纪六七十年代非常盛行。人本主义以临床和咨询心理学为基础，关注个体如何获得情绪、态度、价值观以及人际交往技巧。人本主义理论更多地来源于哲学而不是研究发现，所以这一理论流派没有放在表 11—1 中。但无论如何，人本主义为解释人类动机提供了很好的见解。

马斯洛指出，所有人都有五种基本需要：

1. 生理需要：人类维持生存的需要（食物、水、氧气、温暖等等）。

2. 安全需要：在个体环境中感到安全的需要。

3. 爱与归属的需要：与他人建立亲密关系以及被团体接纳的需要。

4. 尊重需要：自我尊重和受人尊重的需要。

5. 自我实现的需要：实现个体的全部潜能，达到至高人生境界的需要。

马斯洛还指出，这些基本需要组成了一个梯状等级，见图 11—2。具体来说，人们试图首先满足生理需要，然后才是安全需要，接着是爱与归属以及尊重的需要。只有当这些需要都得到满足后，人们才会追求自我实现的需要，探索他们感兴趣的领域，只因学习带来的快乐而学习，等等。例如，当一个男孩有释放被压抑能量的需要（生理需要）时，他可能会在教室里不断捣乱，尽管他这种不当的行为会被老师严厉批评（因此不能实现受人尊重的需要）。一个爱与归属需要没有得到满足的女孩——如果她最重要的一个朋友告诉她代数课是非常让人讨厌的——可能会决定不去上代数课，尽管这个课堂可以满足她更好地学习数学这一愿望。我曾经认识一个住在费城犹太区的男孩，他非常渴望上学，但常常为了躲避在街角出没的暴力团伙而待在家里。这个男孩的安全需要优先于任何一种他曾想有的自我实现的需要。

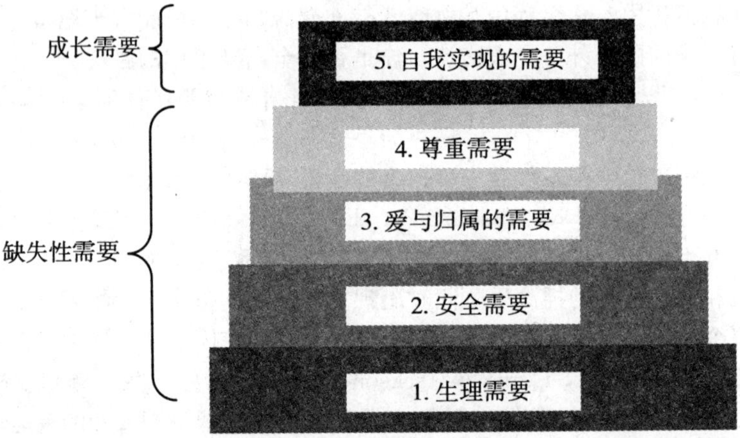


**图 11—2　马斯洛的需要层次理论**

需要层次理论的前四种需要——生理需要、安全需要、爱与归属的需要以及尊重需要，与个体缺失的东西有关，所以马斯洛把他们称之为缺失性需要。缺失性需要只能由外界资源（个体环境中的人或事）满足。这些需要一旦得到满足，人们就不会再继续追求。相反，最后一种需要——自我实现的需要，是一种成长需要：它不由缺失性产生，它促进个体的成长和发展。自我实现的需要是一种永远不会完全得到满足的需要，个体寻求自我实现并继续为长远目标奋斗。自我实现的活动都是内部驱动的：学习者之所以参加这些活动，是因为参与这些活动能给他们带来真正的快乐，并能满足他们成长与求
389 知的愿望。马斯洛认为，能真正自我实现的人是非常少的，即使有，也只有少数成熟的成年人能做到。

遗憾的是，马斯洛的需要层次理论缺少实证研究的支持，因此，很多理论家仍然认

为他的理论只是猜想而非事实。但不管怎样，它为教师们提供了非常有用的提示，在基本需要（如，适当的饮食、安全的课堂环境、老师与同学的友好对待）没有得到满足之前，学生不可能对教学任务产生多大的兴趣与热情。另外，马斯洛需要层次理论中的爱与归属需要和尊重需要，与许多近代理论中的两个基本需要（相依和胜任）非常相似。下面，我们先来看看胜任。

## 胜任与自我价值

许多理论家认为人类有一种基本的胜任需要：一种相信他们能有效应对整个环境的基本需要（Boggiano & Pittman，1992；Connell & Wellborn，1991；Reeve，Deci & Ryan，2004；R. White，1959）。为了获得胜任感，孩子们花费大量的时间探索并试图掌握他们世界中的方方面面。胜任需要可能有进化意义：它促使成长的孩子们发展出更有效地应对各种环境的途径，从而增加他们生存的机会（R. White，1959）。

一位动机理论家指出，人类有一种认为自己很好，很有能力的信念，并把保护这种信念放在第一位。他把这种信念称之为自我价值（Covington，1992）。有时候，人们会更多地关注维持自我知觉的一致性，即使这些自我知觉是消极的（Cassidy，Ziv，Mehta & Feeney，2003；Hay，Ashman，van Kraayenoord & Stewart，1999）。当然，积极的自我知觉会优先出现。

他人的评判与认可对胜任感和自我价值感的发展起着至关重要的作用，特别是在童年早期（Harter，1999）。另一个重要因素是日常活动中的成功体验，尤其是那些新的并具有挑战性的成功体验（N. E. Perry，Turner & Meyer，2006；Reeve at al.，2004）。那些完成挑战性任务的学习者会对他们的成就感到高兴、满足和自豪（Csikszentmihalyi & Nakamura，1989；Shernoff，Knauth & Makris，2000；A. G. Thompson & Thompson，1989；J. C. Turner，1995）。

当然，不断的获得成功是不可能的。当面对一项很困难的任务时，逃避失败是另外一种可以继续保持自我价值的选择，因为失败会给人留下低能力的印象（Covington，1992；Covington & Mueller，2001；Urdan & Midgley，2001）。逃避失败会通过以下一些方式体现：学习者可能会拒绝从事某项任务，最小化任务的重要性，或者对成绩设定过低的期望（Covington，1992；Harter，1990；A. J. Martin，Marsh & Debus，2001）。

当学习者不能逃避他们预期做不好的任务时，他们会想出很多策略去应付。他们可能会为他们拙劣的成绩找出看似合理的借口（Covington，1992；Urdan & Midgley，2001）。他们也有可能做一些真正阻碍自己成功的事情——这就是自我妨碍现象。自我妨碍有各种形式，包括如下一些形式：

- 减少努力：成功所需要的努力程度明显不足。
- 设定不可实现的高目标：设定的目标过高，连最有能力的人都无法完成。
- 承担任务过多：承担的责任太多，以至于没有一个人能全部完成。
- 拖延：把任务放在一边直到没有成功的可能。
- 欺骗：把他人的成果当作自己的。
- 饮酒或吸毒：摄入一些必然会降低成绩的物质。（E. M. Anderman，Griesinger 390
  & Westerfield，1998；Covington，1992；D. Y. Ford，1996；E. E. Jones & Berglas，1978；Riggs，1992；Urdan，Ryan，Anderman & Gheen，2002）

学习者渴望成功，但又采取行动去阻碍成功，这似乎自相矛盾。但如果他们确信不管怎么努力都不可能完成任务，尤其当失败能体现他们的智力和能力不足时，这些行为有助于他们掩饰失败，从而维持他们的自我价值（Covington，1992；Riggs，1992；Urdan et al.，2002）。例如，在下面的采访中，一个叫克莉丝汀的学生解释了努力不足是如何掩饰了她在课堂上表现很差的。

采访者：如果你在课堂上表现不好，你怎么办？

克莉丝汀：我会找一个借口……如果我想是因为我不够努力而导致的，它就变得容易处理了。

采访者：哪些事情变得容易了呢？

克莉丝汀：感觉到失败是因为我不擅长它。说“我失败是因为我没用心”比说“不擅长而导致的失败”要容易得多。(A. J. Martin，Marsh，Williamson & Debus，2003，p. 621)

奇怪的是，当外部环境显示成功的希望渺茫时，有些学生会尽力做到最好，而很少自我妨碍。在这种情况下，失败并不意味着能力低下，因此也不会威胁他们的自我价值感（Covington，1992）。

从5年级开始，学生表现出自我妨碍行为，而且那些经常自我妨碍的学生的成绩要比很少自我妨碍的学生差（Urdan & Midgley，2001）。正如我们在第3章里学的一样，低龄儿童（幼儿园的孩子和1年级学生）会很乐观地看待他们未来成功的机会，因此，他们没有理由自我妨碍。

**修正自我效能感**

从表面上看，胜任和自我价值与自我效能感很相似。但在理论上，二者与自我效能感有着本质的区别。胜任和自我价值需要是人类的基本需要，但相反，尽管社会认知理论已经指出自我效能感是积极的，但他们并未完全推测出它是人类的基本驱动力。

所有的动机理论家达成了一点共识：学生对他们完成日常任务的能力的信心是动机的一个重要影响因素，特别是对于课堂上的内部动机。例如，信心的缺乏会导致兴趣和动机的降低（e. g.，Boggiano & Pittman，1992；Harter，Whitesell & Kowalski，1992；Mac Iver，Stipek & Daniels，1991；Reeve et al.，2004）。

**提高学生的能力感和自我价值感**

在第3章和第10章里，我们已经探讨了一些提高学生自我意识和自我效能感的策略，这些策略对提高能力感和自我价值感同样适用。例如，我们应该采取下面这些行动：

- 帮助学生获得成功，尤其是在一些挑战性任务上。
- 为学生提供一个能让他们清楚了解自己进步过程的具体进程。
- 当学生不乐意与他人比较的时候，我们要尽量减少竞争的可能性。

从理论上讲，学习者的胜任感和自我价值感应该建立在对自我能否完成任务的正确评估上。低估自己能力的学习者，会为自己设定很低的目标，而且一个小小的挫折就会让他们轻易地放弃努力。高估自己能力的学习者——可能是由于经常受到老师或家长的表扬而变得有点自大，也可能是因为学习任务一直都比较简单，缺乏挑战性——他们的期望过高，而又没有付出足够的努力，或是没有克服自身的弱点而以失败告终（Lockhart et al.，2002；Paris & Cunningham，1996；H. W. Stevenson et al.，1990）。

作为教师，当我们能为学生创造一个他们感到舒服并愿意冒险和犯错误的环境时，我们都有可能鼓励学生去尝试现实的挑战性任务，从而提高学生的胜任感和内部动机（Clifford，1990；Fredricks et al.，2004）。当学生完成高难度任务而非获得较易成功时，我们可以给予他们更高的奖励。例如，我们可以让学生自己选择是做简单的还是有难度的但能得到更多分数的题目（Clifford，1990；Lan，Repman，Bradley & Weller，1994）。 391

当学生具有内部动机时，他们似乎更愿意选择具有挑战性的任务，正如奥姆罗德教师预备课程中有关“动机”的视频剪辑所展现的那样。当 9 岁的埃勒娜被问到她最喜欢学校里的什么时，她回答：

> 我喜欢 PEAK（一个确定学生具有天赋的项目）……它能让那些聪明的孩子去实现他们好的想法，因此它让你的学校生活变得更具挑战性。当你 3 年级的时候，你就能学习 4 年级的数学课程。

同样地，15 岁的格雷格被问起学校里的什么事情激励他加倍努力，他说，“挑战。如果它是一堂真正很难的课，我通常会更加努力。”总之，挑战和内部动机会互相促进，导致最期望的“良性循环”。

迄今为止，大多数关于胜任、自我价值以及自我妨碍的研究都集中在学习任务和学业成就上。但我们必须记住，学业成就并不是影响学生胜任感和自我价值感最重要的因素。对许多学生来说，外貌、同伴认可以及社交成功更有影响力（Eccles re al.，1998；Rudolph et al.，2005）。因此，我们应该像支持学业成功一样，支持学生非学业的成功。

## 自我决定

一些理论家认为，人类不仅仅有胜任需要，在做事及学习课程时，他们也想拥有自主感和自我导向感。换句话说，人类有一种基本的自我决定需要（d'Ailly，2003；deCharms，1972；Reeve et al.，2004；Ryan & Deci，2000）。例如，当我们想，“我想做这件事”或者“我将发现做那件事很有价值”时，我们就有很高的自我决定感。相反，当我们想，“我必须做”或“我应该做”时，我们实际上在告诉自己，某人或某事已经为我们做决定了。如下面就是后一情境的一个例子，请试着进行体验。

### 亲身体验・依据规则画画

想象这样一个情景，我给了你一盒水彩涂料，一支画刷，两张薄纸（一张相当小的粘在较大那张的顶端）和一些纸巾。我让你画一张关于房子、公寓或者宿舍的图片，然后我给你如下指导：

在开始之前，我想告诉你一些你将必须做的事情，你必须保持画面干净，你只能在那张小纸片上画，不要在大纸片上留下任何痕迹。在你换颜色之前，一定要清洗并用纸巾擦干画刷，以免颜色混合。总之，我希望你是一个好好作画的学生，不要弄乱那些涂料。（Koestner，Ryan，Bernieri & Holt，1984，p. 239）

这项任务会给你带来多少快乐？在听完我的规则之后，你还有多大的热情开始画画？

我关于作画的规则有一定的限制性，不是吗？实际上，他们相当具有控制性：很明显，我控制了整个情境，你作为一个画画者，对如何完成这项任务几乎没有选择权。由于我的规则降低了你的自我决定感，它也会破坏你可能拥有的画画的内部动机（Deci，1992；Koestner et al.，1984）。更有甚者，你很可能在画画中比在其他任何事情中都表
392 现出更低的创造性（Amabile & Hennessey，1992；Reeve，2006）。

总之，当学生具有自我决定感时，他们参加学校活动的内部动机将更高，更有可能取得高水平成就以及完成高中教育（Hardré & Reeve，2003；Reeve，Bolt & Cai，1999；Shernoff et al.，2000；Vansteenkiste，Lens & Deci，2006）。即使是幼儿园的孩子，也似乎更喜欢参加他们自主选择的课堂活动；他们对自主与控制的知觉经常在“玩”和“工作”的观念中得以体现（E. J. Langer，1997；Paley，1984）。下面这段在佩利女士的幼儿园课堂上与几个小女孩的对话很好地说明了这一点：

> 玛丽·安：那个男孩不喜欢工作。
> 佩利女士：他们正在制造一个巨大的火车装备。
> 玛丽·安：这不是工作，只是玩耍。
> 佩利女士：什么时候女孩子在玩儿？
> 夏洛特：在玩木偶。
> 佩利女士：那在画桌上呢？
> 玛丽·安：那是工作，你有时可以把它叫做玩，但它真的是作业。
> 佩利女士：什么时候是工作，什么时候是玩？
> 克拉丽斯：当你真正画画时，是工作，如果你随意的泼溅出一个鸡蛋箱，那就是玩。
> 夏洛特：它们都是工作，因为那是老师布置给你的任务。（Paley，1984，pp. 30—31）

下面的这几个男孩也有同样的看法：

> 佩利女士：有个女孩认为积木区是用来玩的而不是用来工作的，你认为呢？
> 乔纳森：那是玩的地方，但你可以是一个工作人员。
> 佩利女士：如果你是一个工作人员，你会在那儿做什么呢？
> 安德鲁：把它布置得很整洁漂亮，而且不拆也不玩耍。
> 佩利女士：如果你正在工作或玩的时候，你会怎样说？
> 安德鲁：没有星际大战或超人。什么事也没发生。
> 保罗：没有枪声，也没有盗贼。
> 乔纳森：没有奔跑。
> 佩利女士：那在这个房间里还有什么是工作呢？
> 安德鲁：如果你在纸上写下你的名字或给它涂上颜色。
> 保罗：如果你告诉我们去做什么，它就成了工作。（Paley，1984，p. 31）

**提高学生的自我决定感**

一般情况下，在教室里，我们不会一直给学生全部的自由，让他们自己决定做什么或不做什么。我们也不能一直让他们确信，教学活动都是玩耍而不是工作。但无论如何，我们可以做许多事情提高学生对学校相关任务和作业的自我决定感：

- **提供独立工作和做决策的机会**　独立自主地完成作业和做出决策的机会不仅可

以培养学生自我调节的能力（见第 10 章），也可以提高学生的自我决定感。例如，我们可以让学生以小组为单位完成挑战性的任务，或者通过计算机辅助教学来练习新的技能。当学生参与我们监督的课外活动（俱乐部、社区服务项目等）时，我们也可以给予他们一定的自主权（Larson，2000；Stefanou，Perencevich，DiCintio & Tutner，2004；Swan，Mitrani，Guerrero，Cheung & Schoener，1990）。

在活动中给学生自主权并不意味着完全没有组织（H. A. Davis，2003；Larson，2000；Reeve，2006）。为学生的发展提供一些帮助，不仅有助于他们掌握重要的内容和技能，也有助于提高他们的自我决定感。例如，我们可以为学生建立一般的常规和程序，供他们学习时遵守，从而尽量减少为他们每一项任务都提供明确说明的需要（Spaulding，1992）。如果我们把对成绩的期望表达得非常明确（如，提供进步的评估标准），学生就会对他们需要做些什么才能取得成功十分清楚（Reeve，2006）。实际上，393
当学生在独立完成任务时，为他们提供一些支持，我们就可以传递出我们对他们做出适当的决策并能取得明显进步的能力有信心（N. E. Perry et al.，2006）。

• **以信息而不是控制的方式呈现规则和指导** 事实上，每个课堂都需要一些规则和程序来确保学生的行为恰当以及活动顺利地进行。如何避免将这些规则和程序以一种控制性的方式（就像"依据规则画画"中的体验一样）呈现是相当具有挑战性的。相反，我们可以以信息的方式来呈现这些规则和程序。下面是两个关于帮助学生完成课程目标的例子（Deci，1992；Koestner et al.，1984；Reeve et al.，2004）。

如果我们大家都认真听，想参与讨论的时候就举手，那每个人都会有机会发言。

我将给你一些完成数学家庭作业的格式。如果你按照这种格式完成任务，我将能更容易地找到你的答案并知道该如何帮助你提高成绩。

• **给学生做选择的机会** 有时候，完成教学目标只有一种特殊的途径。但通常，有很多方法可以达到同一个目的。例如，我们可以让学生——不管是个人还是小组——为下面的部分或所有事情做选择：

✧ 让课堂顺利运转的规则和程序。
✧ 研究或写作项目的具体主题。
✧ 要阅读的具体文学作品。
✧ 作业上交的时间。
✧ 在学校完成某些任务的顺序。
✧ 掌握某种特殊技能或展示已掌握技能的方式。
✧ 一些作业的评估标准。（Kohn，1993；Meece，1994；Stipek，1993）

当学生可以为这些事情做选择的时候，他们就会觉得自己对课堂活动拥有了所有权（Schraw，Flowerday & Lehman，2001；Stefanou et al.，2004）。从而，他们会对他们所做的事情更感兴趣，更加勤奋努力，完成任务更快更有效，并为他们的工作感到自豪（Deci & Ryan，1992；Lepper & Hodell，1989；Ross，1988；J. C. Turner，1995）。除此之外，即使是有严重行为问题的学生，如果给予他们选择权，他们也会更少在课堂上捣乱（Dunlap et al.，1994；S. Powell & Nelson，1997；B. J. Vaughn & Horner，1997）。

在有些情况下，学生的选择几乎是无限的。例如，在一个说明文写作单元里，学生选择的许多主题可能都是相当合适的。但在有些情况下，我们需要对学生的选择给予一定的限制。比如，如果我们允许一个班级自己设定上交作业的时间，就必须达成一个协议，使得老师和学生的工作量平均分布在一个合理的时间范围内。还有一些情况下，我们可能需要提供一些选择项让学生自己选，就像下文6年级语言艺术老师布置的作业那样。

394

**选择一个!**

科幻书项目

——写一封题为“亲爱的艾比”的信，在信中为他或她正在解决的主要问题征求建议，然后写一封回信。

——为这本书的主要事件绘制一条时间线索。

——创作一本连环漫画册或为某本书的主要场景创作一个连环漫画页。

——制作一个粘贴画并印上报纸和杂志上的文字，这些文字会让读者感受到这本书的情绪色彩。

——你书中的故事可能发生在一个不寻常的或奇异的地方，所以写一个旅行小册子描述那个地方。

——把自己想象成一名科学家，被要求解释书中的不寻常的事件。用科学的风格写一篇报告。

——和已经读过同本书的其他同学一起，设计一个展览。写一个情节的摘要，人物和地点的描述，以及对特殊章节的讨论。小组的每个成员必须贡献一个艺术作品，如，新书封面、书签、海报、横幅，以及关于这些事物的一些想法。在宣传这本书的彩色标题下排列这些写作和艺术作品。

在这个作品中，一名6年级的语言艺术老师为学生展示对一本科幻书的理解提供了几种选择，这种选择提高了学生的自我决定感。

• **以非控制的方式评估学生的表现** 作为一名教师，我们不可避免地要评估学生的表现。但外部评价可能会削弱学生的内部动机，尤其是当他们以控制性方式交流时(Deci & Ryan，1992；Harter et al.，1992)。理论上讲，我们不应该以一种评判性的，让学生觉得他们应该怎么表现的方式呈现我们对学生的工作的评估，它应该能传递这样一种信息，评估可以帮助学生增进知识和技能（Stipek，1996）。另外，我们可以为学生提供一些他们能自我评估的标准（见第10章和第15章）。例如，一位2年级的老师创造了这样一种环境：在她的课堂里，评估成了帮助学生提高的一个重要部分。当她准备让一些学生起来大声朗读他们的故事时，她就会对全班说：“就如你倾听朋友的故事一样，你可能想给他们一些赞扬，也可能想给一些建议帮助他们把文章写得更好。”

395

• **慎用外部强化物** 在第9章讨论行为主义时，我们强调，我们要尽可能多地利用内部强化物，如，学生对自己所取得成就的自豪和满足感。外部强化物（表扬、小红花、喜爱的活动等）的一个问题是它可能会削弱学生的自我决定和内部动机，特别是当这些强化物被看成是控制行为和限制选择的时候（Deci，1992；Lepper & Hodell，1989；Reeve，2006）。外部强化物也可能传递这样一种信息，课堂任务都是令人厌烦的琐事——为什么一定要有一个强化物？——而不是学生自己选择他们喜欢的活动（B. A. Hennessey，1995；Stipek，1993）。

当学生并不期待外部强化物时，它们就毫无用处——例如，当学生因参与当地社区的一个公共服务项目而获得认可时——或当强化物并不视具体的行为而定时——例如，它们只是简单地用来使一项活动更加愉快（Cameron，2001；Deci et al.，2001；Reeve，2006）。如果这些强化物被用来鼓励学生不仅要做而且要做好某事时，他们的价值就更大（Cameron，2001）。如果那些强化物能证实学生已经做得很好（就像高分一样）或者取得了很大的进步，它们就可以提高学生的自我效能感和胜任感，并让学生把注意力集中到掌握课程内容上（Cameron，2001；Covington，2000；Hynd，2003）。

有时候，学生可能开始发现一个新的主题或技能令人厌烦，或当他们受到挫折时，这时外部奖励可以鼓励他们坚持下去（Cameron，2001；Deci et al.，2001；Hidi & Harachiewicz，2000）。在这种情况下，我们应该如何正确地利用外部强化物，而不破坏学生的自我决定感？以相互交流的方式表扬学生而不表现出控制行为的意图是一种有效的策略（Deci，1992；R. M. Ryan，Mims & Koestner，1983）。下面是一个例子：

在文章中，你对主角的描述使她变得活灵活现。

你的论文清楚地表达了你研究的假设、方法、结果和结论。直方图更清晰明了地说明了实验组和控制组的差异。

另一种策略是教学生学会对他们的成就自我强化，这种练习是学生能够明确自我掌控的（请看第10章中有关自给列联的讨论）。

- **帮助学生适当地控制外部限制** 不管喜不喜欢，学生经常会遇到高难度的测试、班级排名、外部奖励、竞争等。这些活动将校园生活置于控制之下。为了帮助学生在参与重要的学习任务时适当地控制这些外部限制，我们应该提醒学生：尽管有约束，但最重要的是关注他们所做事情的内在价值（Amabile & Hennessey，1992；B. A. Hennessey，1995）。例如，我们告诉他们如下这些事情来鼓励他们：

我喜欢取得高分，因为当我得到高分时，父母会给我钱作为奖励。但这并不重要。我喜欢学习，我对很多未知的知识都很感兴趣，我想学习它们，所以我会更加努力，因为我喜欢它们。（Amabile & Hennessey，1992，p. 68）

我们也可以提供一些枯燥无味但有助于学生长远发展的活动（Reeve et al.，2004）。同时，我们还可以采纳学生提出的一些改善课堂的建议（J. M. Keller，1987）。

## 相依

从一定程度上讲，我们都是社会性动物：我们与他人一起生活、工作和娱乐。一些心理学家已经指出，每个年龄段的人都有与社会相连并获得他人关爱与尊重的基本需要。也就是说，人们都有相依需要（Connell & Wellborn，1991；Reeve et al.，2004；R. M. Ryan & Deci，2000）。正如人类对胜任的需要一样，相依需要也许有着重要的进化意义。特别是，人们聚集在一起生活，合作的社会团体比独居的个体生存繁殖的可能性更大（R. Wright，1994）。

在学校，相依需要通过各种行为得以体现。许多儿童和青少年都把与同伴玩耍放在第一位，甚至不惜荒废学业（Dewson & McInerney，2001；W. Doyle，1986a；Wigfield，Eccles，MacIver，Reuman & Midgley，1991）。他们可能会非常努力地表现出一个公众认可的形象：聪明、受欢迎、有活力或很酷。得到他人的赞赏不仅可以满足学生的相依需要，而且可以提高他们的自我价值感（Harter，1999；Juvonen，2000）。学生也可能以帮助他人的方式来表达他们的相依需要，例如，帮助那些为课堂作业而苦苦挣扎的同学（Dowson & McInerney，2001；M. E. Ford，1996）。

相依需要在青少年期似乎显得尤为强烈（B. B. Brown et al.，1986；Juvonen，2000；A. M. Ryan & Patrick，2001）。在此阶段，许多学生乐意加入集体并十分在意他

396 人的看法，还有部分学生很容易受到同伴的影响（见第 3 章）[3]。

**相依需要的个体差异**

尽管相依需要可能具有很多共性，但研究者已经观察到了相依需要存在明显的个体差异。一些儿童和青少年十分满足于安静的单独活动，就像前面个案研究中提到的安娜。但有些孩子更喜欢与他人一起活动，正如下文中 11 岁男孩本的记叙文中描述的那样。安雅和本有着不同的附属需要，附属需要是指寻求与他人友好关系的持续倾向。

**我的盖茨堡（Gettysburg）之旅**

伴随着汽笛的长鸣，我们终于出发了。这是我生命中最快乐的时光。我的朋友、妈妈、老师和我一起出游。

记得去年春天，我们去了盖茨堡。那时，我们不得不早上 5 点起床。当我们聚集在乘车地时，我兴奋地同每一个人打招呼。尽管车子晚点，但我们还是准时到达了盖茨堡。

当我们到达那儿时，我们首先参观了旅游中心并观看了一个关于盖茨堡的资料说明片。现在，我们准备进军这块同盟军曾经奋力拼搏厮杀的战场了。我们的导游介绍说李（Lee）是一个伟大的将军。他还告诉我们，根据朗斯特里特（Longstreet）自传改编的书和电影的内容都是骗人的。

随后，我们去了蜡艺馆。太酷了！里面的东西太逼真了，我最喜欢的是那幅蜡制沙场图。

我们在史前巨石柱里吃了午饭。然后我们参观了詹妮·威德（Jennie Wade）的居所，在那里有一个打扮成蜡像的人与我们交谈。最后，我们回家了。在回家的路上，我们看了三部电影。

在盖茨堡有许多令人难以忘怀的事情。但最难得的是我和我的朋友们在一起整整待了 18 个小时。我们一起吃饭、一起坐车、一起活动。这就是我为什么把它称之为最快乐时光的原因。

在这篇记叙文中，11 岁的男孩本描述了他到昔日的内战战场的一次实地旅行。在文章的最后，他指出了这次旅行最大价值：获得与朋友相处的机会，满足了他的相依需要。

通常，学生的同伴关系可以提高他们的学业成绩，但有时候强烈的附属需要会干扰最高水平的学习和成就。例如，当选择合作伙伴时，有强烈附属需要的学生会倾向于选择他们的朋友，即使他的朋友能力相对较低。在高中选择课表时，高附属需要的学生可能会放弃他们自己真正感兴趣的和渴望学习的课程，而选择与朋友接触机会较多的课（Boyatzis，1973；Urdan & Maehr 1995；Wentzel & Wigfield，1998）。

相依需要的多样性同样表现在认同需要上，认同需要是指寻求他人的承认和积极评判的持续倾向（Igoe & Sullivan，1991；Juvonen & Weiner，1993；Urdan & Maehr，1995）。许多小学生有得到老师认同的强烈愿望。到了中学时期，学生更看重同伴的认可（Harter，1999；Juvonen & Weiner，1993；Urdan & Maehr，1995）。

那些有强烈认同需要的学生通常都具有较低的自我价值感（Crowne & Marlowe，1964）。他们可能为了取悦他人而改变行为方式，有时甚至为了自己的行为被接受而降低自己的标准（Berndt & Keefe，1996；Crowne & Marlowe，1964）。也许他们坚持完成学习任务只是为了得到老师的表扬，当他们预期自己在活动中表现很差时，就更容易自我妨碍（H. A. Davis，2003；Harter，1975；S. C. Rose & Thornburg，1984）。特别

在青少年时期，学生有非常强的同伴认同需要，由于害怕被同伴拒绝，在同伴压力下很容易让步（Rudolph et al.，2005；Wentzel & Wigfield，1998）。但他们的这种努力往往会起反作用：也许是因为他们努力过度，高认同需要的学生在同伴中并不受欢迎（Boyatzis，1973；Crowne & Marlowe，1964；Rudolph et al.，2005）。

**提高学生的相依感**

作为教师，我们必须记住，大多数学生把社会关系放在首要位置（Dowson & McInerney，2001；Geary，1998）。因此，只有当他们相信同学和老师喜欢并尊重自己时，他们才更有可能取得学业成功，更有可能待在学校而不至于中途退学（Furrer & Skinner，2003；Goodenow，1993；Hymel et al.，1996；A. M. Ryan & Patrick，2001）。

从理想的角度来说，我们应该在帮助学生学习知识的同时满足学生与同伴交流的需要（Wentzel & Wigfield，1998）。小组活动，如讨论、辩论、角色扮演、合作学习任务以及在能力相当的两个或几个小组间的比赛[4]，这些活动既可以让学生学到新知识、新技能，同时又能满足他们的相依需要（Blumenfeld，Kempler & Krajcik，2006；Brophy，1987；Urdan & Maehr，1995）。

学生与老师的关系也是相当重要的。因此，我们要让学生感觉到，我们喜欢他们，乐意与他们在一起并关注他们的幸福（Patrick et al.，2002；Stipek，1996）。我们可以用各种方式来表达我们对他们的喜爱，如，对他们的课外活动表现出兴趣并赞扬他们，在他们需要时给以额外的帮助和支持，或者在他们伤心时倾听他们的心声。这些表示关心的举动对那些来自少数民族文化背景的学生来说特别重要。如果我们对他们的生活感兴趣并关注他们的个人需要，那么，这些学生在学业中获得成功的可能就大得多（Phelan，Davidson & Cao，1991）。

当学生有很强的认同需要时，我们可以不断地对他们好的行为表现进行表扬，从而提高他们的课堂成绩。但我们必须清楚地意识到，许多学生（尤其是中学生）可能更渴望得到同伴的认同，而这些同伴并不喜欢成绩好的同学（Juvonen & Weiner，1993； 397
L. Steinberg，1996；Wigfield et al.，1996）。如果做一个成绩好的学生会受到排斥，许多学生宁愿得到私下的而不是公众的表扬。总而言之，学生对教学目标完成得怎样不是一个人的事情，是他们自己、家长和老师们一起完成的大事。

在“创建一个建设性的课堂环境——满足学生的社交需要”中，为我们提供了一些如何满足学生相依需要的方法，特别是对于课堂中的附属和认同需要。最后，学生在课堂中应该拥有一种集体感，我们将在第 14 章深入探讨这个主题。

### 创造一个建设性的课堂环境——满足学生的社交需要

- 在课堂学习中为学生提供相互交流的机会。

  一个高中的历史老师，在每个月的历史教学活动中都会综合利用课堂辩论、小组讨论和合作学习任务。

- 不断地告诉你的学生：你喜欢并尊重他们。

  一位中学的老师告诉他的一位学生，他周末在广场上看了她在剧团中的舞蹈表演，他说：“我从来没想到你是如此多才多艺。”“你学习跳舞多长时间了？”

- 营造一种课堂文化：尊重每一个人的需要和幸福是很重要的。

一个4年级的老师看到两个男孩正在取笑一个有口吃的孩子，她悄悄地把他们拉到一边，给他们解释：那个同学因自己的语言表达而深感不自在，他正在努力地提高。你们应该鼓励、尊重他，真诚地告诉他，我们大家都和他一样，都有自身的弱点。

- 给予高认同需要的学生更多的表扬。

许多中等水平的学生在独立完成作业时，很难坚持。他们的老师让他们坐在讲台旁，这样她就可以不断对他们的工作给予表扬。

- 当做为成绩优异者不被他们的同伴认同时，私下表扬成绩优异者。

当一位高中英语老师在批阅学生作文时，他发现一个非常在意同伴评价的女孩子的文章非常具有创造性。于是，他就在文章的第二页（她的同学不太可能看到他的评语的地方）写道：你的文章非常精彩，能够参加州作文竞赛。我希望能在这周某天的课前或课后跟你详细地谈谈关于竞赛的事情。

当学生具有多种需要并得到满足时，更容易在他们拥有的各种需要以及已经被满足的需要上表现出显著的个体差异。

## 解释学生的作品和行为——在格里利（Greeley），我们没事可做

当我的女儿蒂娜9岁时，她参加了一项学区作文评估活动。在这次评估活动中，她被要求写一篇题为“在格里利（她的家乡），我们没事可做”的文章。读蒂娜的文章，思考：

- 哪些需要指引着蒂娜对休闲活动的选择？
- 蒂娜在学校里对什么最感兴趣？

在格里利，我们没事可做！我想在这之前，每一位家长都听过这样的话。

我不同意这一观点。我认为这取决于是谁说了这句话。说这句话的人确实谈到了，是他们选择不做任何事情，而不是这里无事可做。

当我没事可做时，我会战胜那些可恶的厌倦而消除这一念头。当我感到无聊时，我通常会打电话给我的朋友，他们也许和我一样无聊。我们在电话交谈中，至少会提出两种以上的解决方案，并最终选择一种方法解决问题。我通常会为我们的问题想出新的办法，但如果事情会使我的好朋友很不开心，我们会一起合作找出解决问题的办法。每个人都可以找到娱乐，只要他真正选择去做。

格里利并不是人们想象中的那么糟糕。我想格里利的同胞是幸运的，毕竟我们没有生活在像奥德伟（Ordway）和美国科罗拉多州这种地方，或者比这好一点的黑卵石（Black Pebble），北卡罗来纳州。我打赌你一定从来没有听过黑卵石！事实上，它几乎不存在。我是从一本称之为《在美国连做梦都想不到的地方》的书上看到的。写这本书的作者一定非常孤独，非常思念他的家乡。

幸运的是，令人生厌的情境往往也孕育着振奋人心的事物。例如，如果你被一群朋友逼着去看一部你已经看了五遍的电影，那为什么不带上针线呢？当其他人都沉浸在电影中时，你就可以忙着缝缝他们的袖子。明白我的意思了吗？如果没有，继续往下读。如果两个人坐得很近很挤，之间几乎没有空隙。最简单的方法就是悄悄地把他们的衣服缝到一起！这样，这场好戏就完成了一半。剩下的一半就伴随着你的哈哈大笑而开始。如果你不喜欢这样做，那就想想其他的办法。你一定能做到的！

总而言之，记住，如果你拥有一个富有创造性的脑袋，那就让它自由发挥吧！这样，在任何情况下，你都会找到事情可做。

蒂娜文章的字面意义和潜在意义都能给予我们很大的启发。注意她是如何完全依靠他人来解决问题的，她并没有提到自娱自乐的方式。从蒂娜蹒跚学步开始，她就只有和其他孩子一起玩耍时才会高兴，当她 10 岁时，这些孩子都成为她的同伴。因此，蒂娜具有强烈的相依需要，特别是附属需要，这使得她永远都把与朋友相处放在第一位，无论是在校内还是在校外。她激惹他人的想法（如，缝他人的衣服）表明她具有一些感觉寻求者的特征。作为她的母亲，我可以告诉你，在青少年时期，她找到了充足的乐趣。我感到十分轻松甚至有些吃惊，她竟然就这样一直到高中毕业。

## 情感及其影响

与动机紧密相随的是情感。情感是指学习者持有并对任务产生影响的感受、情绪和心境等[5]。在一定程度上，学习者的情绪取决于他们的需要是否被满足以及目标是否达成。在奥姆罗德的教师预备课程中，你可以看到许多关于情感和动机关系的例子。例如，10 岁的丹尼尔解释他生气是因为“没有得到自己想要的”。13 岁的克里斯特尔说，“如果有男朋友或者女朋友或者朋友”就会很开心。15 岁的格雷格认为，朋友和高分是快乐的源泉，失败的同伴关系则会导致生气和伤心。 398

情感和动机也会通过其他的方式相互联系。当学习者在他所做的事情中体验到快乐时，就更可能激发他的内部动机（而不是外部动机）（Pekrun，Goetz，Titz & Perry，2002）。另外，正如学习者自己制订计划设置目标一样，如果他们感到高兴而非沮丧，他们对自己能否完成任务会更乐观（Harter，1988）。学习者会根据自己在成功后的积极感受或失败后的消极感受来调整自己的计划和目标（Mellers & McGraw，2001）。

学生在活动结束之后也会产生情感。当然，他们会对成功和失败做出情绪反应。但他们可能会因为出乎意料的成功而更加兴奋，也会因为期望之外的失败（通常是讨论中的活动）而产生更强烈的消极情绪（Bower & Forgas，2001；Shepperd & McNulty，2002）。另外，他们的具体反应将取决于他们怎么解释事情的结果，特别是，他们是否自我负责，他人、环境或者一些其他的事情对这件事有多大的影响（关于这一点，在第 12 章的归因中将进行更多的讨论）。

### 情感与学习和认知的关系

情感反应经常是学习和认知活动不可缺少的部分（Damasio，1994；D. K. Meyer & Turner，2002；Ochsner & Lieberman，2001）。例如，当学习怎样完成一项任务时，学习者同时也会学会他们是否喜欢去做（Zajonc，1980）。当学习者对自己正在进行的任务感兴趣时，他们会更有效地完成挑战性任务，成功的努力会给学生带来兴奋、高兴和自豪等积极的情绪体验（Linnenbrink & Pintrich，2004；McLeod & Adams，1989；Pekrun et al.，2002；R. E. Snow et al.，1996）。相反，当学习者努力学习新材料时，他们可能会有挫折感并开始产生焦虑，由此，他们可能会滋生出讨厌这门课程的情绪（Carver & Scheier，1990；Stodolsky，Salk & Glaessner，1991）。布赖恩是我教育心理学课堂上的学生，梅根是他 16 岁的妹妹，下面是一段关于掌握和没掌握知识对情绪影响的对话。

布赖恩：你怎么知道你是否掌握了知识？

梅根：当我和别人讨论有关这个主题的问题时感到很兴奋，就说明我已经掌握了与这个主题有关的知识。当我没有学到有关知识时，我可能会说我讨厌它，因为我不理解。当我很兴奋且能参与讨论时，说明我在那个领域学到到了足够多的知识且能理解透彻。

399 有时候，特殊的事情和想法也能唤起情绪反应，在下面的练习中你将有所体会。

## 亲身体验·腾飞

读下面的句子，判断哪些句子唤起了你的积极情绪（如，高兴、兴奋），哪些唤起了消极情绪（如，伤心、生气），哪些让你没有任何情绪反应。请将答案写在空格处。

| | 积极情绪 | 消极情绪 | 无情绪 |
|---|---|---|---|
| 1. 1995 年，丹佛开放了一个新的国际机场。 | ______ | ______ | ______ |
| 2. 在最近的一场空难中，90 名乘客和 8 名机组人员全部遇难。 | ______ | ______ | ______ |
| 3. 空难中有 12 名幸存者，其中包括在飞机尾部发现的一名三个月大的婴儿。 | ______ | ______ | ______ |
| 4. 飞机上做饭的地方叫做机上厨房。 | ______ | ______ | ______ |
| 5. 几条飞往阿卡普尔科（墨西哥南部港市）的航线正在提供 69 美元的往返机票。 | ______ | ______ | ______ |
| 6. 69 美元的优惠票仅限于早上 5：30 那趟航班。 | ______ | ______ | ______ |
| 7. 一些飞往北美和欧洲之间的航班提供两餐免费食物。 | ______ | ______ | ______ |

对于第 1 句（国际机场的开放）和第 4 句（机上厨房的定义），你可能会有比较小的甚至没有情绪反应。相反，第 3 句（婴儿的生还）和第 5 句（去阿卡普尔科的低价机票）会让你产生高兴的情绪，第 2 句（多人死亡）和第 6 句（优惠机票的限定航班）会让你感到不开心。而对于第 7 句（航班中两餐免费的事物），你可能会有积极的，消极的，或中性的情绪体验，这取决于你先前对机上饮食的经验。

正如学习者思考、学习或提取信息一样，他们的思想和记忆受到情绪的控制，这就是热认知现象。例如，学习者会因为医学在治疗脊髓损伤、癌症、艾滋病或精神病上取得的进展而兴奋不已。他们也会因为世界上一些贫困地区恶劣的生存条件而感到悲伤。当知道美国内战前非洲奴隶的悲惨遭遇时，他们会非常气愤。

当信息受到情绪掌控时，学习者会对有关信息更加关注，能坚持思考更长时间，并能进行详细的描述（Bower，1994；Heuer & Reisberg，1992；Zeelenberg，Wagenmakers & Rotteveel，2006）。长此以往，与回忆不含情绪色彩的相关信息相比，学习者更容易回忆起那些富有情绪色彩的信息（Barkley，1996；LaBar & Phelps，1998；Reisberg & Heuer，1992）[6]。学生对于课程内容的情绪反应也成为他们长时记忆中的联想网络不可或缺的一部分（Bower & Forgas，2001；Siegel，1999）。

与学习者已有知识或信念相冲突的信息也能唤起热认知（hot cognition）。特别是那些让学习者有一定程度心理不适感的信息。这就是皮亚杰所说的不平衡，但许多当代理论把它称之为认知失调。一般认知失调会导致学习者尝试不同的方法去处理新旧信息之间的不一致。他们可能经历概念转变从而接纳新概念，或者忽略甚至不相信新信息[7]（Buehl & Alexander，2001；Harmon-Jones，2001；Sinatra & Pintrich，2003b）。

课程内容不应枯燥无味，不带感情色彩。为了增加课程内容的情绪反应，我们可以分享自己有关的情绪体验而提高热认知。例如，我们可以与他们共同分享我们在报纸上或其他地方所阅读的文章以及我们自己关注的问题（Brophy，2004；R. P. Perry，1985）。尽管我们不需要让学生觉得功课都是娱乐和游戏，但偶尔，我们也可以把一些类似游戏的任务带到课堂任务和活动中（Brophy，2004）。例如，我们可以利用一些简单的字谜游戏来介绍新单词的拼写，或者以电视游戏节目的形式进行历史课的复习。

当然，并不是所有的情绪对学习和认知都有积极的作用。例如，当学生伤心或沮丧时，他们的学习效率会降低（Bower，1994；Hertel，1994；R. E. Snow et al.，1996）。另一种情绪——焦虑既可能有积极作用也可能有消极作用，它受环境的影响。由于许多学生在学校感到焦虑，而课堂练习和班级环境会严重影响学生的焦虑水平，下面我们将对这一特殊的情绪进行详细的探讨。 *400*

## 课堂中的焦虑

想象一下，你现在是乔希·卡贝里教授的心理制陶术高级班中的一员。今天轮到你做半小时关于心理制陶术的发言。你已经阅读了几本关于这个主题的书和大量论文，毫无疑问，你比班上其他同学都了解得多。另外，你还为发言准备了一套笔记卡片，帮助你做报告时参考。当你坐在教室里等待发言的时候，你应该很自信、很冷静。但你却非常紧张：你心跳加快，手心冒汗，肠胃绞痛。当卡贝里教授让你开始报告时，你不能想起你想说的内容，双手颤抖得厉害，导致你根本无法看讲稿。

在你作心理制陶术的报告时，你并不想紧张，更何况你也找不出你应该紧张的理由。毕竟，你在你所讲的主题方面是一个专家，你今天的发型并不糟糕，如果万一出错，你的同学也不会因此而讥笑你或向你扔烂西红柿。那到底是怎么回事呢？昨晚在镜子前练习时还非常自信的你到底发生了什么事情？

其实你不过是焦虑的牺牲品：你对具有不确定结果的事件感到不安和忧虑。这种情绪状态伴随着一系列的生理反应，包括心跳加速、汗液增加、肌肉紧张。焦虑的强度类似于恐惧，两者都具有相当高的唤醒度。它们之间的主要区别在于：虽然我们经常会对一些特定的事物感到恐惧（咆哮的狮子、暴风骤雨、床下的妖怪），但我们并不知道我们为什么而焦虑（Lazarus，1991）。当我们找不到原因时，就很难消除焦虑。

每个人都会体验到焦虑。有些学生在高难度考试前会变得焦虑不安，大多数学生在同伴面前发言也会十分紧张。这些焦虑是暂时性的，我们称之为状态焦虑。但是，有些学生会持续不断地感到焦虑，即使在不是很危险或没有威胁的情况下。例如，有些学生在非常简单的考试前也很紧张，还有些学生由于对数学太过焦虑而导致连最简单的数学作业也不能集中注意力。个体即使在不具威胁性的情境中也表现出焦虑，这种反应模式就是我们所说的特质焦虑，是阻碍学业成绩的慢性毒药。

**焦虑如何影响学习和成绩**

试想，如果你对卡贝里教授的心理制陶术课的分数一点都不担心的话，你会好好学习准备考试吗？你会按时上交论文吗？如果你毫不焦虑，你可能不会买书或者根本不来上课，当然，你也不会得到高分。

低水平的焦虑即促进性焦虑，能提高成绩。轻度焦虑可以促使学生采取行动。例
401 如，可以激励学生走进教室上课、读书、写作业以及备考。它还能使学生认真完成作业以及仔细思考问题（Shipman & Shipman，1985）。相反，高水平焦虑即妨碍性焦虑往往会干扰有效的表现。过度焦虑会干扰并分散学生对于手头任务的注意力。

> 一种压力情境
>
> 曾经，我有一个科学考试，老师在考前两天告诉我们考试的时间。当然，在这之前我没有想过去读那一章，所以现在我必须阅读和学习它。我感到紧张并开始痉挛。我说我不能一遍又一遍地重复它。
>
> 最终，我深呼吸并尽我所能地去学习。第二天，我参加了考试并得到了 96 分。我感到很意外、很欣慰。
>
> 14 岁的罗雷塔的作文阐明了焦虑有时候是如何提高学习和成就的。

焦虑的作用从什么时候开始由促进转为了妨碍？高水平焦虑能促进非常简单的任务（基本不用思考的活动，例如，跑步）。低水平或中等水平的焦虑对完成高难度任务（需要大量的思考和努力）有促进作用（Kirkland，1971；Yerkes & Dodson，1908）。困难任务中的高焦虑则会干扰认知加工活动的多个方面，而这些认知加工活动对成功的学习和表现十分重要：

- ✧ 关注应学的事物。
- ✧ 有效的信息加工（例如，对信息进行组织或精细加工）。
- ✧ 复述以前学过的信息并展示先前所学的技能。（Cassady，2004；Covington，1992；Eysenck，1992；Hagtvet & Johnsen，1992；Sarason，1980）

在需要大量工作记忆和长时记忆的活动中，焦虑的干扰作用显得尤为明显。例如，当一项任务需要问题解决或创造性时，在这种情况下，学习者可能会陷入焦虑以致在他们需要完成的事情中无法集中注意力（Beilock & Carr，2005；Eysenck，1992；McLeod & Adams，1989；J. C. Turner，Thorpe & Meyer，1998）。

**焦虑的来源**

402 学习者对特殊刺激物产生焦虑感是通过经典条件反射而习得的（见第 9 章）。当学习者面临威胁，相信他们只有很少甚至没有机会成功时，他们可能会体验到更多的焦虑，特别是妨碍性焦虑。而当学习者面临挑战，但他们相信通过有效的、适当的努力依然可以成功时，学习者会有较多的促进性焦虑体验（Combs，Richards & Richards，1976；Csikszentmihalyi & Nakamura，1989；Deci & Ryan，1992）。

在下面的情境中，儿童和青少年都会有一定程度的焦虑体验，不论是促进性的或妨碍性的：

- ✧ 人身安全受到威胁——例如，学校或附近经常发生暴力事件。
- ✧ 自我价值受到威胁——例如，当有人对他们的种族或性别做出不友好的评论。
- ✧ 担心外表——例如，感觉太胖或太瘦，与同学相比，发育得过早或过晚。

✧ 新环境——例如，转到一所新的学校。
✧ 他人的判断和评价——例如，老师给他打了低分或者遭到同伴的排斥。
✧ 课程学习受挫——例如，在一些特定的数学概念有学习困难的经历。
✧ 过分的课堂要求——例如，被要求在短时间内学习大量的材料。
✧ 课堂测验——例如，遇到重要的考试，特别是那些影响升学或毕业的高风险考试（第 16 章有更多的关于高风险考试的内容）。
✧ 担忧未来——例如，高中毕业之后该怎样生存。（Ashcraft，2002；Cassady，2004；Chabrán，2003；Covington，1992；D. L. DuBois et al.，2002；Harter，1992；Hembree，1988；N. J. King & Ollendick，1989；Matthews et al.，2006；Phelan et al.，1994；Sarason，1980；Stipek，1993；Stodolsky et al.，1991；Wigfield & Meece，1988；K. M. Williams，2001a）

随着年龄的增长，学习者关注的事情也会有所改变。表 11—2 描述了焦虑的发展趋势，同时也更概括性地描述了情感在这一阶段的发展趋势。这一趋势表明，焦虑最高的时期是升学阶段（小学升初中，初中升高中）。下面对此进行讨论。

**表 11—2　　发展趋势——不同年级学生的情绪**　　403

| 年级 | 年龄特征 | 建议的策略 |
|---|---|---|
| K～2 | • 开始上学时可能产生文化冲击和强烈的焦虑，尤其是那些很少或没有接受学前教育的孩子。<br>• 父母首次离开教室时可能有分离焦虑（特别是学前班刚开始的那几天）。<br>• 当老师和其他成人温暖支持时，焦虑减少。<br>• 很少控制情绪性行为（如，伤心就哭或遇到挫折就很冲动）。 | • 向父母了解在家中遵守的那些规则程序，并在课堂中适当地利用这些规则程序。<br>• 如果有可能，让学生在上学前的几天或几个星期里见到你。<br>• 温暖、关心、支持所有学生（但要注意学校有关拥抱以及其他身体接触的政策）。<br>• 温和而坚定地处理那些不恰当的行为（见第 9 章和第 14 章中的建议）。 |
| 3～5 | • 逐渐增加对情绪性行为的控制。<br>• 一些学生表现出数学焦虑，特别是很少在数学作业中获得支持或帮助的学生。<br>• 向亲密朋友（特别是女孩子）倾诉并反思那些消极情绪事件，这种情况会一直持续到青少年时期。<br>• 由于他人的种族和大男子主义而感到有压力（如，种族歧视，对第二性征的讥笑），这种压力也会持续至青少年期。 | • 在讲解新的复杂知识前要确保学生已经掌握了与之相关的基本概念和解题步骤（在教数学时尤其重要，数学领域的高级知识和技能都必须依靠基础的学科）。<br>• 对学生严重的焦虑和沮丧行为要特别关注，如果他们焦虑或烦躁，要私下同他们交流，必要时要同学校顾问商量。<br>• 坚持尊重每个学生的个性、感受和文化背景，坚决抵制种族歧视和大男子主义的语言或行为。 |
| 6～8 | • 积极情绪的普遍下降，伴随着青春期荷尔蒙激素的分泌而产生一些偏激情绪。<br>• 由于升入中学或初中而导致焦虑和潜在的沮丧情绪增加。<br>• 对学校的喜爱减少（特别是男孩）。<br>• 更加关注和担心自己在他人面前的形象（假想观众，见第 3 章）。 | • 预料到学生的偏激情绪，但要监控那些长期感到沮丧的学生及其行为。<br>• 与每个学生都建立紧密的关系，让他们相信能通过自己的努力取得成功，并为他们提供一定的支持和帮助。<br>• 在课堂上设计一些学生感兴趣的活动，将学习主题与学生的个人生活和目标关联起来（见第 12 章）。<br>• 为学生提供与同学建立友谊的机会（如，小组合作任务）。 |

续前表

| 年级 | 年龄特征 | 建议的策略 |
|---|---|---|
| 9～12 | • 情绪仍然反复无常（特别是在9年级和10年级）。<br>• 如果转学被延迟到高中，会带来相当高的焦虑。<br>• 面对重大压力很容易感到沮丧无助。<br>• 对毕业之后的生活的不确定感。 | • 给那些刚刚由小学转入的学生给予特别的支持（表达自己对学生幸福的关注，教他们一些有效的学习技能）。<br>• 高度关注那些有自杀倾向的学生（见第5章中的危机讯号）。<br>• 经常对课程进行评估，让学生知道单次考试分数并不是“致命的”，帮助学生为高风险考试做准备。<br>• 为学生毕业之后的职业道路提供多种选择。 |

资料来源：Arnett，1999；Ascrft，2002；Chabran，2003；Dubois et al.，2002；Eccles & Midgley，1989；Elkind，1981；Gentry，Gable & Rizza；K. T. Hill & Sarason，1966；Hine & Fraser，2002；Kuhl & Kraska，1989；Lapsley，1993；Larson，Moneta，Richards & Wilson，2002；Midgley，Middleton，Gheen & Kumar，2002；Roderick & Camburn，1999；A. J. Rose，2002；Rudolph，Lambert，Clark & Kurlakowsky，2001；R. E. Snow et al.，1996；Spear，2000；R. M. Thomas，2005；Tomback，Williams & Wentzel，2005。

**多重打击：小学升中学**

小学的班级是一个很温暖的、精心培育的地方，老师对班上的二三十个学生都非常了解和关心。小学课堂的学生也彼此十分了解：他们经常一起完成学习任务并把自己当作班级这个小“家庭”中的一员。但大概在5～7年级，当学生由小学升入中学或初中时，他们会面临着一系列由学校本身的改变而带来的挑战：

✧ 学校更大、学生更多。

✧ 一个学生会有很多老师，一个老师也同时有很多学生。因此，师生关系表面化，不像小学那样有人情味，老师也很少关注单个学生对课程内容理解和掌握得怎么样。

✧ 整班教学更多，针对每个学生学业需要的个别指导减少。

✧ 班级的凝聚力降低。学生之间也许了解不深，并不勉强要求同伴的帮助。

✧ 学生选择主题和任务的机会减少。同时，他们对学习的独立性和责任心增强。例如，老师可能会布置一些非结构化的任务，要求他们在两三个星期内完成。当遇到困难时，需要自己主动寻求帮助。

✧ 老师更强调学生能力的展示（而非获得），例如，学生不能轻易地犯错误[8]。

✧ 评分标准更加严格，学生的分数会比小学时低。在竞争和比较的基础上评分，只有高成就的学生才能得到A或B。

✧ 高风险考试，那些影响升级的考试普遍增多。（H. A. Davis，2003；Eccles & Midgley，1989；Harter，1996；Hine & Fraser，2002；Midgley et al.，2002；Wentzel & Wigfield，1998；Wigfield et al.，1996）

另外，已有的朋友关系可能会由于进入新的（可能不同的）学校而中断或改变（Pellegrini & Bartini，2000；Wentzel，1999）。当然，学生也要面对伴随青春期和青少年期的发育而产生的生理上的变化。

这些巨大的变化通常会导致他们自信心减弱、自我价值感降低、内部动机减少并产生比较强的焦虑。更注重同伴关系，学业成绩下降，一些学生在情感上逐渐脱离了学校，最终可能会中途退学（Eccles & Midgley，1989；Gentry et al.，2002；Urdan & Maehr，1995；Wigfield et al.，1996）。

如果在青少年早期依然生活在小学里，而非进入初中或高中，那么他们的态度和动机都可能保持积极的状态，更少地体验到焦虑或沮丧（Midgley et al.，2002；Rudolph et al.，2001）。但到 9 年级时，他们几乎必定升入中学，这时他们将面临许多其他学区的同伴在更早的几个年级可能早已经历过的挑战：更多更高的期望、更强调能力的展示、支持性师生关系的减少、班级缺少凝聚力等（Midgley et al.，2002；Roderick & Camburn，1999；Tomback et al.，2005）。低收入的、城市中心学区的学生（特别是男孩和少数民族的孩子）在小学升中学时更容易出问题，他们更有可能中途退学（如，第 404
1 章中的个案研究："开始高中生活"）。

理论上，初中的设立是为了减轻学生向中等学校过渡的压力（Kohut，1998；Lounsbury，1984）。中学的设计应能适应青春期前和青春早期学生的特殊需要，包括学生因为更高学业要求、同伴关系发生变化以及快速身体发育而产生的焦虑。好的中学会像重视学业成就一样关注学生的个人、情绪和社会性发展，尊重个体差异并满足他们的特殊需要。学校教给学生知识和技能，帮助学生提高独立学习能力。在许多中学里，教师们通常四五个人一组，分管一批学生（每批人数大概在 75～125 人之间），统一活动并相互交流学生进步的经验。这些策略可以帮助学生顺利地从小学过渡到中学环境（Hine & Fraser，2002；Midgley et al.，2002）。

那些能适应升学转变的学生更容易取得成功，最终顺利从中学毕业（Roderick & Camburn，1999；Wigfield et al.，1996）。"走进课堂——轻松升入中学"为初中和高中老师提供了一些教学策略。

## 走进课堂——轻松升入中学

- 提供一种方式让学生都感到自己是一个紧密小组中的一员。

  在开学的第一个星期，一位 9 年级的老师让学生三四个人为一组，在整个学年里相互支持与帮助。每节课开始或结束时，他给小组成员五分钟的时间相互帮助解决问题，并关注课程内容和家庭作业。

- 找时间和每个学生单独交流。

  开学之初，当班级正在进行各种合作学习活动时，一个中学社会研究老师就制定了与每个学生个别约见的时间表。通过这种约见，他寻找他和他的学生的共同兴趣并分享这些兴趣，并鼓励那些需要帮助的学生在任何时候都可以找他，不管是学习问题还是生活问题。整个学年，他都坚持与每个学生交流（通常是在午餐时间、上课之前或放学之后），从而了解他们的生活。

- 教给学生成为一个成功的独立的学习者所需的技能。

  发现没有几个学生知道怎样有效地记录课堂笔记后，一位高中科学老师发给学生一个笔记的框架，指导他们如何记笔记。笔记的框架包括"课堂的主题"、"定义"、"重要观点"和"举例"。经过一学年，当学生课堂笔记能力提高之后，她就逐渐简化了她提供的结构。

- 以掌握为依据打分（而不是与他人比较），提供合理的改进机会。

  一位高中的语言艺术老师要求学生上交两篇作文：一篇散文，一个短篇故事，学生也可以上交其他的文章。他以四个标准来评价作文：连贯性、单词用法、语法和拼写。他对每个标准都进行了解释说明，对每个学生的作文都给予了详细的反馈。

405 **将学生的焦虑维持在促进水平**

即使学生没有升学的压力，在学校依然会有许多焦虑的原因。我们可以满足他们的社交需要，例如，教给他们社交技巧并设计一些促进频繁的、有效互动的活动（见第3章），从而减轻他们对同伴接纳和认同的忧虑。同时，我们也可以传授一些实用的谋生手段并为申请他们大学提供帮助，减少他们对未来的担忧。

但可能最重要的是，我们必须采取措施确保学生不对学习任务和课程内容过度焦虑。因为当焦虑（和其他的情绪一样）大大超越了学生的直接控制时，仅仅简单地告诉他们冷静是没有用的。关键是预防，而不是"治疗"妨碍性焦虑。下面是一些将学生的焦虑维持在促进水平的策略：

- 把对成绩的期望表达得非常清楚、具体并符合实际。
- 将教学与学生的认知水平和能力相匹配（如，当学生的抽象思维还没发展时，数学老师就要用具体的材料来教学）。
- 当学生有高度特质焦虑时，提供一些结构引导学生活动。
- 当学生学习挑战性的主题和技能时，提供补充资源，直到学生掌握为止（如，提供一些补充练习、个别指导、记笔记的框架）。
- 传授一些能提高学生学习和成绩的策略（如，有效的学习技巧）。
- 在不与他人比较的前提下，评估学生的表现，并鼓励学生也以这种方式评估自己的表现。
- 对具体的行为给予反馈，而不是笼统地评估全班的表现。
- 给学生改正错误的机会，以致没有任何单个错误是致命的。（Brophy，1986；Hembree，1988；K. T. Hill & Wigfield，1984；L. P. McCoy，1990；Sarason，1980；Stipek，1993；Tryon，1980；Zeidner，1998）

在第15章，我们将识别一些帮助学生将对考试及其他课堂评估的焦虑维持在合理水平的策略。

作为老师，我们必须经常关注学生的焦虑及其他的一些情绪是如何影响他们的学习和成绩的。有时候，学生会很真实地告诉我们他们的感受，例如，他们可能会表达对即将进行的考试的担忧。还有些时候，他们的肢体语言，精力、热情、面部表情等，都可能体现他们的感受。另外，他们的作品可能是一个重要的信息来源，正如下面举例中所表达的一样。

**解释学生的作品和行为——詹姆斯·迪恩（James Dean）和沃尔特·迪斯尼（Walt Disney）**

406 11年级的历史课上，老师要求学生以个人或小组形式对20世纪美国文化中的杰出个人和组织进行一次口头报告。在下面的这篇文章中，16岁的谢尔比描述了她对几个报告的反应并评估了自己关于沃尔特·迪斯尼的报告。读下面的文章并找出事实证明：

- 促进性或妨碍性焦虑。
- 热认知。

我们听的第一个报告是保拉关于埃德加·霍尔（J. Edgar Hoover）的。霍尔是一个总统。他是一个狭隘的种族主义者。艾莉森报告的主题是关于美国宇航局的（NASA），资料翔实，论述详尽。

凯文报告的内容是关于詹姆斯·迪恩的。迪恩是一个演员，在 20 世纪 50 年代非常有名。他扮演了诸如《无理反叛》等许多电影。我还记得我妈妈曾经说过，迪恩长得很帅。凯文带来了《无理反叛》和《东方乐园》中的片段，都非常有趣。看起来他好像在很多影片里扮演了反叛者和懒鬼。我记得他曾经饰演过斗士的角色，很多人都评价他演得很好。看完片段，麦先生问我们，有没有哪个女生觉得迪恩很性感。保拉说，他的确非常性感。尼科尔和我都认为他相当吸引人，并在下面小声嘀咕，但我们都很害羞，没有大声说出来。

人们如此简单地就被电影明星吸引是非常神奇的。我想，那是因为他们看起来很酷、很靓而且很有趣。比如，许多人看到迪恩吸烟，所以吸烟。我想很多人开始穿皮夹克也是因为詹姆斯·迪恩。

凯文说，他从资料中发现詹姆斯·迪恩是一个双性恋者，并说如果这一消息在当时流传开来的话，他的形象可能就不会那么高大了。我同意他的说法。我想那个时代的人对同性恋和双性恋的观念不会像现在这样开放。我想，如果当时的人们知道这一点的话，他绝对不会那么有名。同时我还想，如果公众知道这一点的话，吸烟的人数将大大下降，因为不会有如此多的人喜欢他。

在凯文之前，我作了关于沃尔特·迪斯尼的报告。我认为自己表现得还不错并对所获得的分数很满意。我非常紧张，不知道你能否看出来。尼科尔说她没察觉到。我想这样很好。我本希望得到更多的图像和关于他如何成为种族主义者以及他是如何想到建立这个游乐园的资料。我还希望得到关于迈克尔·艾斯勒（Michael Eisner）如何来到迪斯尼公司的资料，因为他和沃尔特一点关系也没有。作报告的过程非常愉快，因为它让我想起了我最喜欢的一个地方，并让我回忆起了童年的美好时光。

另一个口头报告是科罗作的关于马尔科姆十世（Malcolm X）的。在他作报告之前，我对马尔科姆十世毫无所知。现在，我知道他在民权运动和其他方面做出了卓越贡献。

谢尔比作报告时非常紧张（“我非常紧张”），但她的焦虑属于促进性焦虑而非妨碍性焦虑（她说，“我不知道你能否看出来，尼科尔说她没察觉到。我想这样很好。”）。谢尔比知道她能更有效地完成某件事情，总而言之，她喜欢在班上作报告的那段时间。

谢尔比的文章揭示了在她听凯文关于詹姆斯·迪恩的报告时，她进行热认知的几个迹象。首先，她认为迪恩非常吸引人（“性感”）。另外，她对许多人因为迪恩吸烟而吸烟感到惊奇，她还想象如果迪恩的性取向公之于众的话，他的形象和受欢迎程度可能会有什么不一样。最后，谢尔比对詹姆斯·迪恩的关注程度非常高：她对凯文所说的很多细节都记得十分清楚。相反，她对有关埃德加·霍尔、美国宇航局和马尔科姆十世的报告似乎没什么印象［事实上，她把霍尔总统和赫尔伯特·霍尔（Herbert Hoover）混淆了］。我们有理由猜测，其他的一些报告都没有凯文的报告对她情绪影响大。

## 动机和情感的多样性

在前面的讨论中，我们已经找到了一些学生动机和情感多样性的例证。例如，尽管所有的学生都有维护自我价值感的需要，但有些学生的行为却自相矛盾，他们为了保护自我价值感而自我妨碍，从而减少成功的机会。另外，尽管所有的学生都有相依需要，但有些学生的附属或认同需要更为强烈。还有，有些学生表现出很高的特质焦虑，其他同学在挑战性任务中成功时，他们却由于受到妨碍性焦虑的影响而失败。

许多研究发现，不同文化背景、种族、性别以及社会经济水平下的学生，在动机和情绪上有着比较一致的差异。让我们看一看学生课堂行为和表现中的群体差异。

407 ### 文化和种族差异

事实上，所有儿童和青少年都有相同的基本需要（例如，胜任、自我决定以及相依需要），并会经历相同的人类情绪（例如，高兴、伤心、生气和焦虑）。但他们如何满足他们的需要及表达他们的感受是有相当大的差异的，而且部分取决于他们文化和种族群体所鼓励的行为和价值观（d'Ailly，2003；Reeve et al.，2004；Rogoff，2003）。

研究表明，自我决定是一种具有文化差异的基本需要。比如，土著美国文化中的学生拥有很高的自主权（见第 4 章个案研究“杰克为什么不去上学”），但许多非洲裔美国父母会比主流西方文化中的父母给予孩子更少的自主权，似乎是作为在潜在的敌对环境中保护孩子安全的一种手段（Hale-Benson，1986；McLoyd，1998）。自我决定的文化差异还表现在一个重要方面：作选择的机会。特别是，尽管全世界的年轻人都渴望找到自己作选择的机会，但亚洲学生却喜欢让自己信任的人（父母、老师、钦佩的同伴等）为他们做决定（Hufton，Elliott & Illushin，2002；Iyengar & Lepper，1999；Vansteenkiste，Zhou，Lens & Soenens，2005）。可能亚洲学生认为，他们所信任的人能做出明智的选择，能帮助他们取得更高水平的成就和能力。

另外一些研究发现，在儿童和青少年如何满足他们自己的相依需要方面也存在文化差异。例如，与其他群体相比，亚洲学生往往与同伴交往的时间较少，他们把学业看得更重并希望通过好成绩而获得他人的认同和尊重（Dien，1998；Li，2005；L. Steinberg，1996）。相反，那些少数民族学生（尤其是男孩）感受到较大的同伴压力以致不去取得高水平成就，这可能是由于好成绩反映了对西方主流文化的遵从（B. B. Brown，1993；Graham，1997；L. Steinberg，1996）。此外，影响学生如何满足相依需要的另外一个因素是家庭联系的强度：来自许多文化和种族（例如，土著美国人、西班牙人、亚洲人、一些乡村的欧裔美国人社区）的学生对家庭非常忠诚，从小就被教育要为他们的社区作贡献而不仅仅为作为个体的他们自己（见第 4 章）。一些激励的话语，如“想想你的家庭该有多么自豪!”或“如果你进入大学接受好的教育，你就可以真正地为社会作贡献。”可能对这些文化背景下的学生的影响很大（Abi-Nader，1993；Dien，1998；Suina & Smolkin，1994；Timm & Borman，1997）。

在不同的群体中，情绪的控制和表达程度也是不同的。西方主流文化鼓励孩子表达和倾诉，如果他们的权利和需要遭到了侵犯，以一种非暴力的方式表达愤怒被认为是非常可取的。但在一些土著美国群体和东南亚文化中，愤怒的表达就意味着扰乱社会和谐（P. M. Cole，Bruschi & Tamang，2002；Solomon，1984）。在有佛教信仰的环境中成长的孩子，甚至被要求不要感到愤怒。比如，如果受到了不公平的羞辱或谴责，尼泊尔塔芒（Tamang）地区的孩子可能会说："为什么要生气?"因为事情已经发生，对此感到生气也于事无补（P. M. Cole et al.，2002，p. 992）。

最后，不同文化背景中的学生，他们焦虑的来源也不同。例如，一些亚裔美国家庭中的孩子，由于体验到家庭期望自己在学校表现好的压力过大，而导致他们在考试中体验到妨碍性焦虑（Pang，1995）。一些新移民的学生在新的环境下会对许多事情感到焦虑：如何表现自己的行为，如何理解他人的行为，如何交朋友以及如何理解他们身处其中的新文化（Dien，1998；Igoa，1995）。

焦虑可能源于刻板印象威胁，那些一直被看作低水平群体中的学生，在课程评估中要比他们的实际水平表现得更差，仅仅因为他们意识到他们的群体以往确实表现得很糟糕（Steele，1997）。当学生具有负面的刻板印象，特别是当他们知道他们正在完成的任 408
务反映他们在一个重要领域中的能力时，他们的心跳加速，其他的一些与焦虑相关的生理反应也被唤起，从而导致表现降低（J. Aronson et al.，1999；McKown & Weinstein，2003；Osborne & Simmons，2002）。当学生不把他们在任务上的表现当作对能力和自我价值的评估时，我们就很少看到刻板印象威胁的消极作用（McKown & Weinstein，2003；K. E. Ryan & Ryan，2005）。

### 性别差异

研究者已经发现动机存在某些一致的性别差异。女生更关心在学校表现要好：她们更认真努力地完成作业，取得更高的成绩等级，更多地从高中毕业（见第 4 章）。男生则更有可能表现出学业无关行为和自我妨碍，从而导致他们的成绩远远低于他们的潜在水平（Eccles et al.，1998；Halpern，2006；McCall，1994；Urdan & Midgley，2001）。虽然存在这些差异，但男生对他们的学业能力更自信，对未来的成就也有更高的期望（D. A. Cole et al.，1999；Deaux，1984；Eccles et al.，1998）。

在相依需要方面，女生比男生有更强烈的附属需要。也许正是这个原因，女生在合作项目中会取得更高水平的成就（Block，1983；Eccles，1989；Inglehart et al.，1994）。也许是由于女孩子更愿意与他人建立友好的关系，女生比男生对师生以及同伴之间的相依关系更满意，起码在初中是这样（Furrer & Skinner，2003）。

研究者发现情感也存在性别差异。一般来说，女生比男生更公开地表达她们的情绪。但女生有时候会为了维持与他人良好的关系而隐藏自己的愤怒，男生却乐意表达愤怒（Eisenberg et al.，1996；Lippa，2002；Sadker & Sadker，1994）。女生对她们的课堂表现更为担忧（这也可能是她们学习更为勤奋的部分原因），面对压力事件，她们也会有更多的困难（Frydenberg & Lewis，2002；Pomenrantz，Altermatt & Saxon，2002）。显然，不管男生还是女生，都需要社交和情感支持，但原因不同。

### 社会经济水平差异

许多贫困地区的学生都想在学校表现好（Shernoff，Schneider & Csikszentmihalyi，2001；Wilson & Corbett，2001）。和所有人一样，当他们的需要（胜任、自我决定以及相依需要）得到满足时，他们会有更高的内部学习动机并取得更好的成绩。我们可以表达我们对他们的高而现实的成就期望，并提供支持帮助他们达到目标，从而提高他们的胜任感。另外，我们可以让他们参与课堂决策并教给他们一些改变他们当地社区面貌的有效手段，从而满足他们的自我决定需要。当然，创造一个充满爱与尊重的班级环境将对满足他们的相依需要大有帮助（Becker & Luthar，2002；deCharms，1972；NCSS Task Force on Ethnic Studies Curriculum Guidelines，1992）。

因为来自低收入家庭的学生常常有很大的生活压力（见第 4 章），他们对情感和社交支持的需要可能高于一般水平。同时因为他们几乎没有有效的学习策略和自我调节技能（见第 10 章），所以也常常需要大量的学业支持（L. W. Anderson & Pellicer，1998；Becker & Luthar，2002）。在第 12 章，我们将针对低收入家庭的学生提出一些动机策略。

## 适应有特殊需要的学生

有特殊需要的学生一般是那些表现出了最大动机差异的学生。例如，学习障碍学生
409 很容易在困难中受挫，而当课堂活动没有挑战性时，天才的学生会感到厌倦和烦恼（Bleske-Rechek，Lubinski & Benbow，2004；Mercer & Pullen，2005；Winner，2000b）。另外，有些有特殊需要的学生非常擅长社会交往，而有些学生则因缺乏与同龄人（特别是有生理缺陷的学生）交往的机会或社交技能（尤其是对有情感和行为障碍的学生），或因兴趣和能力水平与其他同学截然不同（特别是对天才儿童），而导致他们的相依需要很难得到满足。表 11—3 鉴别了有特殊需要的学生表现出的与其同伴不同的动机特征及行为，并提供了一些满足这些学生独特需要的建议。

410 **表 11—3　　提高有特殊教育需要学生的动机**

| 类别 | 可能观察到的特征 | 建议的课堂策略 |
|---|---|---|
| 有特殊认知或学业困难的学生 | • 缺乏取得学业任务成功的内部动机，部分原因是自我效能感和胜任感低。<br>• 高考试焦虑。<br>• 不愿意提问或不愿寻求帮助，特别是在中学。 | • 制定挑战性但能实现的成就目标。<br>• 运用外部强化物鼓励学生的努力和成就，当学生表现出内部动机的迹象时，逐渐撤除强化物。<br>• 在考试中尽量减少唤起焦虑的说明和程序（见第 15 章中的特殊具体策略）。<br>• 当你认为学生确实有需要时提供帮助，但当你知道学生自己有能力成功时，则不要给予帮助。 |
| 有社会或行为问题的学生 | • 渴望在课堂取得成功，尽管行为看起来缺乏动机。<br>• 倾向于把表扬看作对他们控制的企图（表现出敌对和反抗行为的学生）。<br>• 有强烈控制其他同学的欲望而不是与他们建立亲密关系（一些有情绪和行为障碍的学生）。<br>• 有可预测的需要，在新的和不可预测的环境下表现出妨碍性焦虑（孤独症学生）。<br>• 过度焦虑和不安（焦虑障碍的极端表现形式）。 | • 提供学生完成课堂任务所必需的指导和支持。<br>• 当学生关注控制问题时，运用微妙的（例如，用短信表扬好行为）而非那些明显的看起来像控制学生的强化物。<br>• 提供为学习活动做选择的机会作为增强自我决定感的方法。<br>• 帮助学生发现与同伴平等友好（而非统治）相处的益处。<br>• 创造一个有结构的可预测的班级环境，特别是为那些有孤独症的学生。 |

续前表

| 类别 | 可能观察到的特征 | 建议的课堂策略 |
|---|---|---|
| 认识和社会功能延迟的学生 | • 内部动机比同龄人低，对外部激发因素敏感。<br>• 面对困难很容易放弃。 | • 利用外部强化物鼓励有效行为，当学生表现出内部动机的迹象时，逐渐撤除强化物。<br>• 强化学生的坚持性和成功。 |
| 有身体障碍或感知困难的学生 | • 对自己生活道路的自我决定感低。<br>• 满足相依需要的机会很少，特别是同伴关系。<br>• 由于不能看到将要发生什么事情，而在混乱的环境中感到焦虑（失明的学生）。 | • 在课程上给予学生一定的选择权。<br>• 教给他们自我调节行为和独立生活的技能。<br>• 指定同班同学作为学习伙伴，在午餐时和在操场上帮助学生完成分派的任务或提供陪伴。<br>• 与家长合作，促进在校外与同伴的交往。<br>• 当学生受到环境的威胁时，提供信息让他们放心（特别是对于那些失明的学生）。 |
| 认知发展超前的学生 | • 高自我效能感和胜任感。<br>• 高内部动机并渴望完成挑战性任务。<br>• 热衷于特定的（特别是自我选择的）任务。<br>• 面对失败坚持不懈（虽然有些不习惯失败的学生可能容易放弃）。<br>• 如果有强烈的与成绩差的同学交往的愿望，可能会自我妨碍。<br>• 社交孤独（天才学生）。 | • 长期为学生提供高难度学习任务和活动的机会。<br>• 给学生布置既有激励性又有挑战性的任务。<br>• 如果学生的朋友不看重高成就，要为学生的优异成绩保密。<br>• 为那些可能在社交上孤独的学生组建特殊兴趣小组。 |

资料来源：Beirne-Smith et al.，2002；Brophy，2004；B. Clark，1997；Covington，1992；Dunlap e al.，1994；Foster-Johnson，Ferro & Dunlap，1994；Friedel，1993；Good & Brophy，1994；A. W. Gottfried et al.，1994；Greenspan，Solomon & Gardner，2004；Heward，2006；Hoge & Renzulli，1993；Knowlton，1995；Mercer & Pullen，2005；Morgan & Jenson，1988；Patrick，1997；Patton et al.，1996；B. N. Phillips，Pitcher，Worsham & Miller，1980；Piirto，1999；S. Powell & Nelson，1997；Renzulli，1978；Sanborn，1979；Sands & Wehmeyer，1996；G. F. Schultz & Switzky，1990；Turnbull et al.，2007；Winner，1997，2000b。

最近几年，特殊教育者开始特别关注有障碍学生对发展自我价值感的需要，即相信他们有能力控制自己生活前进的方向（Algozzine et al.，2001；Sands & Wehmeyer，1996）。许多有特殊需要的学生，尤其是那些有生理或感觉挑战的学生，可能一直生活在被保护的环境中，大多数时候由其他人为他们做决定（Wehmeyer，1996）。但是，我们可以做一些简单的事情帮助他们提高自我决定感。例如，我们可以让他们自己做选择并设定一些目标，帮助他们发展一些使他们获得越来越多独立性的技能，教给他们第 10 章中描述的一些自我调节策略（Abery & Zajac，1996；L. E. Powers et al.，1996）。

## 概 览

我偶尔听到老师、政策制定者或公众谈论“无动机”的学生。事实上，所有年轻人都有激发他们去满足的需要和期望。例如，所有学生都希望有一个安全稳定的环境，相信他们是有能力的，并以某种方式与他人建立联系。有些学生认为学校是一个可以满足这些需要的地方，但另外一些学生却发现自己的一种或多种需要——可能是安全需要、自我价值需要或相依需要——事实上会在课堂上受到阻碍。

作为教师，如果我们的教学策略考虑到儿童和亲少年的现有动机，我们就可以更好地激励他们。当然，我们期望学生发现学校科目是吸引人的、令人愉快的、使人满意的。如果他们并不具有这样的内部动机，我们可以想各种办法来激发它。比如，鼓励学生为确保成功而付出足够的努力，在作业和活动中给他们自主权，在课堂上开展小组活动等。有时候，我们也需要依靠外部动机的力量，可能通过表扬或者其他方式，来强化他们学习那些对他们在课堂内外的长远成功至关重要的知识技能。

学生的情绪在他们的学习和成就中也起着重要作用。如果学生一再发现课堂主题非常有趣并能解答生活中的一些令人迷惑的问题，他们将渴望继续学习这些主题。但如果他们发现学习任务经常导致挫折和焦虑而非快乐，他们就会尽可能地逃避学习。

如果要我为你提供一条有关提高学生动机的建议，那就是：不要想你如何能强迫学生而是要想你如何能诱导学生并在课堂上获得成功。下面是另外三条指导原则（M. E. Ford，1992）：

- **针对不同的学生提出不同的动机策略。**提到动机，它的多样性远远多于它的一致性：尽管学生有一些共同的基本需要，但他们有不同的能力、目标和优先选择，这些差异必然影响那些可能有效诱导学生参与课堂活动的方法。
- **让学生相信他们能够成功。**我们已经反复讨论了成功对学生学习和成就的重要性，但成功对学生的动机是最重要的。正如我们在这一章中看到的，成功经验是维持学生能力感和自我价值感的关键。在下一章，我们将发现，成功经验对促进动机性认知也是非常重要的。例如，成功经验能帮助学生找到掌握课程内容的价值，也有助于学生实现与学校科目的掌握有关的目标。
- **最重要的是尊重所有学生。**作为老师，我们必须记住，每一个学生都是一个人，都有自己合理的信念、观点、需要和目标。当我们关注他们的优点而非不足（每个学生都有许多优点）时，我们就更可能给予学生他们“需要尽全力做到最好”的自信，同时也可能为帮助他们尽全力指明方向。

411 **资格考试练习：当“完美”还不够好时**

卡斯基尔小姐教的2年级学生正在学习怎样用草书书写英语字母。卡斯基尔小姐每天介绍一个新的草书英文字母，并给他们示范如何正确书写。同时，她还给他们呈现一些在拼写中常见的错误。例如，首先她告诉学生，她将写一个标准的字母“f”，但却故意把它写得短得多，并在错误的地方与垂线交叉。这时学生会很高兴地指出她所犯的错误。在全班探索了每个字母的形状后，卡斯基尔小姐就让她的学生开始练习，首先用大的手臂动作在空中书写，然后在四线格纸上写很多遍。

同时，卡斯基尔小姐决定比较两种不同表扬方式对儿童成绩的影响。她把小贴画粘在每个儿童的桌子上表示儿童是两个组中哪个组的组员。当第 1 组学生写得很好时，她会给他们一个画有笑脸的纸片，说“很好”或“好极了”，同时对他们微笑或者轻拍他们的后背。当第 2 组的同学表现好时，她给他们一个画有笑脸的纸片并说，“你很认真”，“你可以把草书写得很漂亮”或“你很有天赋”。当任何一组学生没有达到草书书写标准时，她都会给予他们所需的纠正性反馈。

因此，卡斯基尔小姐对两组处理方式的唯一不同就是，当学生书写正确时，她所给予的言语反馈不同。给予第 1 组相当含糊的反馈，告诉第 2 组的学生他们非常努力或有很高的能力。尽管差异很小，卡斯基尔小姐发现，第 2 组的孩子更喜欢草书书写，并且更多地在其他的拼写测验和其他写作中运用草书。令人惊讶的是，第 1 组的学生在得到积极反馈时却显得很失望。例如，有一个女孩写得很漂亮，不幸的是她被分在第 1 组，有一次她问到：“我真的在写草书方面很有天赋吗?”。尽管她的草书一直能得高分，但在卡斯基尔小姐实验的三个星期里，她从未主动地写过草书字体。（Study described by Gaskill，2001）

1. 多项选择问题：
   - ✧ 下面的选项中，哪个最能说明第 2 组的学生比第 1 组具有更高的内部动机?
     a. 第 2 组的学生得到了更详细的反馈
     b. 当卡斯基尔小姐鼓励他们时，第 2 组的学生显得更高兴
     c. 第 1 组的学生对他们得到的反馈很失望
     d. 第 2 组的学生在其他的作业中更多地运用草书
2. 反应建构的问题：
   - ✧ 为什么类似于“你很认真”或“你可以把草书写得很漂亮”这样的反馈比“很好”或“好极了”更有效? 运用你所学的动机理论进行推测。
3. 反应建构的问题： 412
   - ✧ 如果卡斯基尔小姐给予所有学生第 1 组那样的反馈（例如，“很好”，“好极了”），而不是仅仅针对部分学生，那么给予第 1 组的反馈会更有效吗? 解释你的推理。（参考第 3 章中有关“自我意识的影响因素”和第 10 章中有关“自我效能感发展的影响因素”部分的内容）

回答了以上这些问题之后，将你自己的答案与附录 B 中的相比较。

## 注　释

1. 这点应该使你回想起我们在第 10 章有关自给列联的讨论。

2. 这种认知唤醒需要通常被称为认知需要，在第 5 章已经讲过。

3. 特别是，请看有关小团体、假想观众现象和同伴压力的讨论。

4. 正如你在第 10 章所了解的一样，不同能力水平学生之间的竞争，一般只会激发小组中高能力的学生。但是，当参与竞争的小组能力水平对等时，学生可能会有相当强烈的集体自我效能感，动机因此而被激发。

5. 一些心理学家交互使用情感与情绪这两个术语。但另外一些心理学家建议，我们用情绪只涉及短期状态，而用情感的意义更广泛，既包括短期的情绪也包括长期的心境以及情绪气质。

6. 有时，人们在提取高焦虑唤醒的记忆时可能会有困难，这就是压抑现象，最有可能在回忆重大创伤性事件时发生（Erdelyi，1985；Pezdek & Banks，1996）。在提取课程内容中，这不可能是影响课程内容提取的一个因素。

7. 这种忽略或不相信新信息的倾向体现了第7章中讲过的证实偏见。

8. 这种变化会导致掌握目标转变为成绩目标，我们将在第12章中讨论它们之间的区别。

# 第12章

# 动机的认知因素

**本章内容要目：**



想想近年来你在大学所学的课程，其中有哪些课程你对所得的分数而不是在课堂上可能学到的东西更感兴趣？又有哪些课程你是真的想要学习其学科内容，为什么？是否有些课题令你非常着迷，使你情不自禁地想要了解更多？你是否觉得一些主题与你自身的需要和目标关系特别密切？你的老师会采用什么方法使某些主题更能激发人的兴趣，引人思考，富有意义或者在其他方面让你着迷？ 415

在这一章，我们将考察学生的兴趣、信念和目标是如何影响其动机的。换句话说，我们会关注具有动机作用的认知。我们还会考察教师的认知，尤其是教师关于学生的特征和能力的信念对学生的表现和成绩所产生的影响。在探究这些问题的时候，我们将提出以下这些论题：

- 你能使用哪些策略来激发学生对课堂主题的兴趣？
- 什么情况下学生最有可能相信他们能真正掌握学校课程？什么情况下他们最有

可能发现其所学知识的价值?

- 儿童和青少年会为自己设立哪些类型的目标?你可以怎样帮助他们达到那些可实现的同时又具有挑战性的目标?
- 学生对自己的成功或失败的解释或归因有时会对其未来的表现有怎样的破坏作用?如何能鼓励学生做出更具有建设性的归因?
- 有关学生能力的信念是怎样影响你的教学活动并因此影响学生的课堂成绩的?你能采取什么样的预防措施来确保你关于学生的信念只会促进而不是阻碍其进步?

**个案研究:通过代数考试**

因为14岁的迈克尔在8年级时代数课成绩一直不及格,他的父母让研究生瓦列里·塔克来辅导他。在辅导的第一天,迈克尔告诉塔克,他是没有希望通过代数考试的,因为他在数学方面没有什么天资,而且他的老师教得也不好。在迈克尔看来,他既无力改变自己的能力也无法改变老师的教学策略,因此,接连的失败是无法避免的。

在塔克对迈克尔以后几周的辅导中,她总是鼓励他多想想自己能做些什么来掌握代数而不要老想着老师可不可以做什么来帮助自己。她指出,在早些年的数学学习中迈克尔做得不错。因此,毫无疑问地,如果用心去做的话他是有能力学好数学的。她还教给他一些理解和运用代数原则的策略。当他最终意识到自己的努力在其课堂成功中起作用时,迈克尔向前迈出了一大步:

"也许我可以更努力点……老师仍然很糟糕,但或许其他的什么能起作用。"(Tucker & Anderman,1999,p. 5)

当迈克尔看到自己在代数作业和测验中逐渐进步时,他越来越意识到自己所使用的特定策略与付出努力同样重要:

"我认识到在记住信息之前需要先理解这些信息……现在我在数学学习上一步步来,并仔细听懂每一个步骤。我意识到即使我不喜欢数学老师或者认为他不是一位好老师,听讲仍然是我自己的责任。我现在听课有进步了,而且提问也更多了。"(Tucker & Anderman,1999,p. 5)

接下来的几个礼拜,随着迈克尔的代数成绩继续进步,他对自己最终能够掌握代数
416 有了更大的信心,而且也开始认识到他在课堂上的成功归根究底是取决于他自己的:

"老师尽了他的大部分职责,但这些对我是不起作用的,除非我也做好我的本分……现在我努力去理解、提问并且思考老师是怎么得出答案的……过去我只是听一听,甚至都不做笔记。我总是告诉自己我会记得的,但我似乎总是忘记了。现在我会记笔记,而且即使没有家庭作业,除了周五之外我也每天在家学习。如今我通过学习来知道自己记住了,不是仅仅希望我会记得。"(Tucker & Anderman,1999,p. 6)

最初,迈克尔将其失败归咎于哪些因素?他这些先前的信念对他的课堂行为和学习习惯有何影响?

后来,迈克尔将其成功归因于哪些因素?他信念的转变是怎样影响其学习策略的?

## 认知与动机的相互作用

起初，迈克尔对自己通过代数考试的期望处于最低点：在他看来，他缺少取得成功的能力，而且老师对这一情形毫无帮助。但是，当他看到自己因为努力和使用新的策略而进步时，他获得了信心，开始显露出掌握代数的内在动机。例如，他说："即使没有家庭作业，除了周五之外我也每天在家学习。"

迈克尔开始时认为自己在代数学习中失败是因为不能控制两件事——他自己的能力差和老师糟糕的教学。因此，他没有集中注意力去听讲，或者在课堂上做笔记。然而，在塔克的指导下，迈克尔获得了对代数更好的理解，并学会如何使用它解决数学问题。他还发现，更多的努力和更好的策略（做笔记、不懂的时候提问、定期学习等）能够促进其课堂表现。突然地，是迈克尔自己——而不是他的老师和他身上潜在的某些基因决定的无能——在控制着整个形势。他的自信心飞涨，努力地学习去掌握代数。

迈克尔的戏剧性转变说明了第 11 章中所提出的观点：动机影响认知过程。就像迈克尔一样，有动机的学生更有可能集中注意力，参与有意义的学习，并且在不懂的时候寻求帮助。但这个案例同时也反过来表明：认知过程影响动机。迈克尔最初关于自己数学能力的信念（即他的自我效能感）和他对其糟糕的成绩的解释（低能力和差的教学）是他懒散的学习态度的主要原因：他只是希望他能记得但通常会忘记老师的讲解。后来，当迈克尔对情境的评估改变时，当他的自我效能感增强了并把成功归因于努力和更好的策略时，他变成了一名更投入、更主动的学习者。

对课堂主题的情感反应是学生储存在其长时记忆中的不可或缺的一部分（见第 11 章），而动机的认知方面也一样。例如，兴趣、价值和目标与学生的所知所学都紧密相关（Mischel & Shoda，1995）。当我们探究动机的不同认知成分时，我们将经常看到认知和动机在对学习和行为的影响过程中产生相互作用。

## 兴趣 417

我们说学习者对某一特定的主题或活动有兴趣，是指他们发现该主题或活动使人感到好奇，能吸引人的注意。因此，兴趣是内部动机的一种表现形式。学习者在从事其感兴趣的学习任务时，会体验到相当积极的情感，比如愉快、兴奋和喜爱等（Hidi，Renninger & Krapp，2004；Schiefele，1998）。

尝试做下面的练习，测测你自己的一些兴趣及其潜在的作用。

### 亲身体验·医生诊所

你刚刚来到医生诊所准备接受每年的例行体检，接待员告诉你，医生会晚来，可能得等上一个小时才能轮到你就诊。坐在候诊室里，你注意到最后那张桌子上有六本杂志：《美好家园》、《国家地理》、《新闻周刊》、《人物》、《大众机械》和《体育画报》。

1. 根据你对这些杂志中文章的兴趣对其进行评定：

| | 一点也不感兴趣 | 有点兴趣 | 很有兴趣 |
|---|---|---|---|
| 《美好家园》 | ______ | ______ | ______ |
| 《国家地理》 | ______ | ______ | ______ |
| 《新闻周刊》 | ______ | ______ | ______ |
| 《人　　物》 | ______ | ______ | ______ |
| 《大众机械》 | ______ | ______ | ______ |
| 《体育画报》 | ______ | ______ | ______ |

2. 尽管你认为有些杂志会更有趣些，可你决定每本都看十分钟。估计一下对这六本杂志每一本所读的内容你能记住多少：

| | 几乎不记得 | 部分记得 | 大部分记得 |
|---|---|---|---|
| 《美好家园》 | ______ | ______ | ______ |
| 《国家地理》 | ______ | ______ | ______ |
| 《新闻周刊》 | ______ | ______ | ______ |
| 《人　　物》 | ______ | ______ | ______ |
| 《大众机械》 | ______ | ______ | ______ |
| 《体育画报》 | ______ | ______ | ______ |

现在比较你的两项评定。结果极有可能是你评定为最感兴趣的杂志也是你学习和记忆最多的杂志。

对某一个主题感兴趣的学习者会对其投入更多的注意，对该主题的认知参与也更多（M. A. McDaniel，Waddill，Finstad & Bourg，2000；Hidi & Renninger，2006）。另外，他们也更倾向于用一种更有意义的，组织化的和更精细的方式来学习。例如与先前的知识、有关的观点相联系，进行推论，形成视觉表象，举例以及确定其潜在的应用等（Pintrich & Schrauben，1992；Renninger，Hidi & Krapp，1992；Schraw & Lehman，2001；Tobias，1994）。而且，除非他们与其当前的信念有密切的情感联系，对自己正在学习的知识感兴趣的学习者更有可能在理由充足的情况下经历概念转变（Andre & Windschitl，2003；Linnenbrink & Pintrich，2003）。因此，可以料想，对所学知识感兴趣的学生会表现出更高的学业成就并更可能长时间地记住学科内容（Garner，Brown，Sanders & Menke，1992；Hidi & Harackiewicz，2000；Renninger et al.，1992）。

418 **情境兴趣与个人兴趣**

心理学家区分出两种基本的兴趣类型。情境兴趣是被即时环境中的事物所激发的兴趣。那些新的、不同的、出乎意料的或者特别鲜明的事件常常引发情境兴趣，一些涉及高活动水平或者有强烈情感体验的事情也会产生同样的效果（Hidi，1990；Mitchell，1993；Renninger et al.，1992）。学习者也倾向于被一些与人和文化（例如疾病、暴力、假日）、自然（例如恐龙、天气、大海），以及当前发生的事件（例如电视节目、流行音乐、物质滥用、帮派团伙）等有关的主题所吸引（Zahorik，1994）。文学作品（长篇小说、短篇故事、电影等）如果包含能得到学生本身认同的主题和角色则让他们觉得更有趣，更能引人注意（Hidi & Harackiewicz，2000；Schank，1979；Wade，1992）。教材和其他一些非虚构性的作品使人感兴趣则在于其易于理解并且各个观点间的关系清晰（Schraw & Lehman，2001；Wade，1992）。另外挑战性的任务常常比容易的任务更能激发兴趣和引起注意（Danner & Lonky，1981；Harter，1978；S. D. Miller & Meece，1997）。

其他的一些兴趣种类在于，学习者倾向于对其追求的主题和参与的活动表现出个人偏好，这些就是个人兴趣。个人兴趣一般相对稳定，并且会导致学生所做的选择出现一致的模式。通常，个人兴趣与知识是相辅相成的：对某个主题的兴趣为了解更多有关该主题的知识的探索行为提供能量，因此获得的逐渐增加的知识反过来又会激起更大的兴趣（Blumenfeld et al.，2006；Hidi & McLaren，1990；Tobias，1994）。

许多儿童和青少年有其个人兴趣，这些兴趣指引着他们的行为。这里我们所看的两个例子表明了马特在高中对足球的酷爱：（1）写作课上所布置论文的摘录，（2）两年前在语言艺术课上创作的艺术作品。实际上，马特对橄榄球的兴趣从1年级就开始了，在第14章，你会看到这种兴趣反映在评估练习“双向日记”中。

橄榄球，自豪与激情

22个钢铁战士那刚刚擦亮的铁手套反射出明亮的光芒，刺痛了所有观众的眼睛。战士们戴着钢盔的头低下来，身体微屈着，准备迎接光荣的战斗。拔出武器，举起盾牌，集中精力，集中在他们的敌人身上，集中在他们的对手身上。看台上满是挥舞的彩色小旗，不同的颜色倾注着各自不同的自豪与激情。汗水从勇士们的脸上滴下，欢呼声响彻整个体育馆；牙关紧咬，铁拳紧握，心怦怦地跳着，期待着即将到来的对意志的最终挑战，那是为你的球迷而赢，为队友而赢，为你自己而赢的坚定决心。

“Fussebol，calcio，football，soccer……”一种运动，却有着上百种名称。橄榄球是世界上最受欢迎，也是从事得最多的运动之一，但那并不是我进行这项“美丽运动”的原因。22个球员在一个120码乘以90码的战场上为了一个球而拼搏、战斗，那不是我踢橄榄球的原因。上百万的选手为了跻身成为国家队的一员参加四年才举办一次的世界杯比赛而奋力拼搏，那不是我踢橄榄球的原因。梦想着在成千上万的呐喊着的球迷面前比赛，并踢进制胜的一球，那也不是我踢橄榄球的原因。每天能够走出自己的家门去从事自己喜爱的运动，去为这项运动付出自己的一切，并从中获益——不仅仅作为一名球员，而是作为一个人去取得进步，那种激动与热情——才是我踢橄榄球的原因，才是我从事这项“全世界的运动”的真正原因。

在低年级的时候，兴趣大部分都是情境性的：年少的儿童很容易被新奇的、能引起注意的刺激和事件所吸引。然而，到了小学中高年级，儿童开始获得特定的兴趣——也许是关于爬行动物，芭蕾舞，或者太空等，这些兴趣会随着时间持续下去（Eccles et al.，1998）。大体上说，学习者能够形成兴趣的活动都是一些他们能做好的并且在传统意义上与其性别和所属的社会经济群体相适合的活动（Hidi et al.，2004；Wigfield，1994）。

最终来说，个人兴趣比情境兴趣更加有益，因为它能在较长一段时期维持学习者的参与性、有效的认知加工和学习的改善（P. A. Alexander et al.，1994；Hidi et al.，2004）。但是，情境兴趣也很重要，因为它能吸引学习者的注意力并且常常为个人兴趣的最后形成“播下种子”（Hidi & Renninger，2006；Mitchell，1993）。

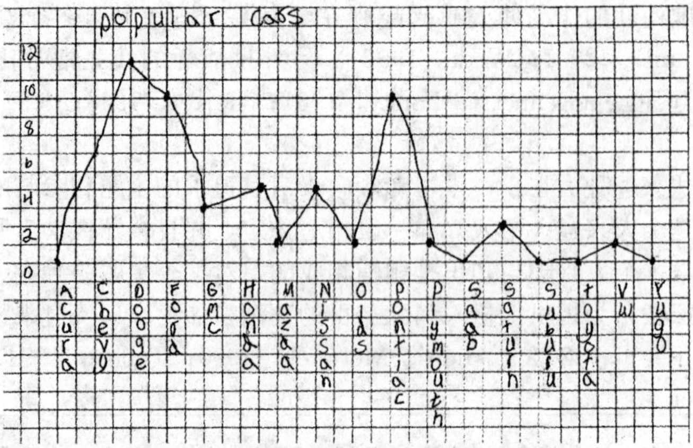

**图 12—1　在学生学习基本技能时，我们常常可以通过允许他们自由地选择想要探索的课题来利用其个人兴趣。12 岁的康纳通过对同学就他喜爱的一个话题——汽车——进行调查，其基本的调查研究和画图的技能得到锻炼。他的研究结果如图所示**

## 419 促进学生对课堂主题的兴趣

几乎所有的学生都是在课堂主题有趣时学到的更多，对于该主题只有很少背景知识的学生尤其可能从中获益（P. A. Alexander，1997；Garner et al.，1991）。然而，学生常常报告说他们在课堂主题中找不到什么兴趣，特别是在他们上初中和高中以后更是如此（Gentry et al.，2002；Larson，2000）。

作为教师，我们当然能通过在有关学生阅读、学习、写作和研究的主题上允许某些变通性和灵活性来对学生的个人兴趣加以利用。在另一些情形下，我们可以通过开展课堂活动和呈现信息的方式来暂时地激起学生的兴趣，这样也许就可以引发学生开始发展更加持久的个人兴趣。以下是常常用来唤起学生对课堂主题兴趣的几种策略：

- 示范对课堂主题的兴奋和热情。
- 偶尔将新奇性、多样性、想象或神秘性与课程和程序结合起来。
- 鼓励学生认同历史人物或虚构的角色，并让他们想象这些人可能会想些什么或者有怎样的感觉。
- 为学生提供机会，让他们积极地对主题做出反应——例如让他们对实物进行操作和实验，创作新的作品，对有争议的问题进行辩论，或者让他们把自己已学得的知识再教给同伴等。（Anand & Ross，1987；Andre & Windschitl，2003；Brophy，2004；Certo，Cauley & Chafin，2002；Chinn，2006；Csikszentmihalyi，1997；Hidi & Renninger，2006；Hidi，Weiss，Berndorff & Nolan，1998；Lepper & Hodell，1989；Levstik，1994；Sheveland，1994；Zahorik，1994）

下面是一个有关我们如何在不同的内容领域中促进内部动机的例子：

**在不同内容领域中激发兴趣的策略举例** 420

- 艺术课：让学生用他们在学校建筑物周围搜寻拾得的物品制作一个镶嵌图案。
- 生物课：就有关在动物身上进行医学研究的伦理意义进行一场课堂辩论。
- 地理课：展示当地没有的日常物品，并让学生猜想这些物品可能来自哪里。
- 健康教育课：在有关酒精饮料的课堂上，让学生进行角色扮演，想象自己在一个聚会中面临喝啤酒或冰镇葡萄酒的诱惑。
- 历史课：让学生阅读儿童对历史事件的看法（例如，安妮·弗兰克在第二次世界大战中的日记，泽拉塔·菲利坡维克在波斯尼亚战争中的日记等）。
- 数学课：让学生玩电脑游戏，促进他们对数字事实的自动化加工。
- 音乐课：在有关乐器的单元，让学生尝试操作各种简单的乐器。
- 体育课：将单脚跳、摇摆舞和乡村队列舞的舞步与有氧练习相结合。
- 物理课：让每个学生制作并放飞几个纸飞机，看看怎样的设计能使之飞得更远。
- 阅读课：将一个短故事改编成短剧，让每个学生都参与表演。
- 拼写课：偶尔离开标准的单词表，让学生学着拼写其最喜爱的电视节目的名称或者班上同学的姓。

资料来源：部分观点来自 Brophy，1986；Lepper & Hodell，1989；Spaulding，1992；Stipek，1993；Wlodkowski，1978。

## 期望和价值

某些理论家（e.g.，Feather，1982；Wigfield & Eccles，2000）提出，完成一项特殊的任务所需的动机取决于两个变量，两者都相当具有主观性。第一，学习者对其取得成功有很高的期待，或者期望。当然，他们以前在某特定任务上的成功与失败的经历——在此基础上产生了自我效能感——对其有很强的影响。但是，还有其他的一些因素也影响着期望的水平：知觉到的任务的难度，资源与支持的可利用性，教学的质量（回忆一下迈克尔对其代数老师的想法），以及必需的努力程度（Dweck & Elliott，1983；Wigfield & Eccles，1992；Zimmerman，Bandura & Martinez-Pons，1992）。正是从这些因素中，学习者对他们成功的机会得出或许正确或许错误的结论。

与期望同样重要，也同样具有主观性的是价值：学习者必须相信一项任务的完成会带给他们直接或间接的利益。理论家指出，价值判断的高低有四种可能的原因：重要性、效用、趣味性和成本（Eccles，1983；Wigfield & Eccles，1992，2000）。某些活动之所以被认为是有价值的，是因为它们与赞许性的个人特性相联系；也就是说，这些活动被看作很重要的。例如，一个想要很聪明并认为聪明人会在学校有不错表现的男孩会把学业的成功看得很重要。另一些活动有较高的价值是因为它们被看作达到期望目标的一种手段，即它们具有效用。举例来说，尽管我的女儿蒂娜认为数学既让人困惑又让人泄气，她还是努力完成了高中四年数学课程的学习，因为许多大学对数学有这样的要求。另外，还有一些活动有价值是因为它们能给人带来愉快和欢乐，换句话说，它们很有趣。你可以回忆一下前一章开头的个案分析中所描写的安雅对艺术的热爱。

然而，我们也可以想象，在某些情况下，学习者可能会认为一项活动并没有什么价值。一些活动可能需要付出比其实际价值要多得多的努力，这就是成本因素。例如，尽管最终你在某些不太为人所了解的主题上能成为一名专家（例如鼠类的梦的性质，婆罗洲的以动物为食的植物等），获得这样一些专业知识可能需要花费超过你想象的时间和精力。另一些活动的成本高是因为其与负面的情感相联系。例如，如果学习者在努力理解数学的过程中经常受挫，最后，只要有可能，他们就会尽量避开这一科目。理所当然地，任何有可能威胁到一个学习者的自我价值感的事情都是必须避免的。

期望和价值是与学生的行为和表现的不同方面相联系的（Durik，Vida & Eccles，2006；Mac Iver et al.，1991；Wigfield et al.，2004）。价值影响学生做出选择（例如他们会选择什么样的课程以及是否参加课外活动）。对比而言，期望则与学生的努力程度和成就相关（例如他们的平均成绩）。

在小学低年级，学生常去从事那些他们觉得有趣并使之愉快的活动，而不考虑他们对成功的期望（Wigfield，1994）。但是当学生年龄稍长时，其价值和期望开始变得有些相互依赖。特别是，他们越来越对那些有较高成功期望的活动和他们认为能帮助自己实
421 现其长期目标的活动赋予价值。同时，他们开始贬低自己做得不好的事情的价值（Jacobs，Lanza，Osgood，Eccles & Wigfield，2002；Wigfield，1994）。令人悲哀的是，学生在许多学校科目中（如数学、英语、音乐和体育）发现的价值随着学年的增长而有显著的下降（Eccles et al.，1998；Jacobs et al.，2002；Wigfield et al.，1991，2004）。就像一个16岁的学生所说的："学校很有趣是因为你可以和你的朋友们呆在一起，但我知道当我离开这里时，这些大部分我都用不上"（Valente，2001）。

## 内化他人的价值

学习者所处的社会和文化环境也会影响他们的价值观念。随着儿童年龄的增长，他们倾向于采纳周围人们的许多优先观念和价值观，这种现象叫做内化动机。

内化动机一般是从儿童到青少年阶段逐渐发展起来的，也许经历了一个如图12—2（Deci & Ryan，1995；R. M. Ryan & Deci，2000）所描述的发展顺序。刚开始时，学习者可能主要因其产生的外部结果而参与某些活动。例如，学生可能会为了得到成人的赞

1. 外在的调节：学习者最初受到激励以某种方式行动，主要是基于行为之后的外部结果。也就是说，学习者是由外部动机所激励的。

↓

2. 摄入：学习者开始以能获得他人赞许的方式行动，部分原因在于通过这种方式来保护及增强自己的自我意识。当破坏了某些行为的标准时，他们会感到内疚，但并不完全理解这些标准背后的关系。

↓

3. 认同：在此阶段，学习者会将某些行为和活动看作是对其自身很重要的或有价值的。

↓

4. 整合：学习者将某些行为和活动整合进其整体的动机和价值观系统中。本质上，这些行为成为了他们自我意识的核心。

**图12—2 内化动机发展的过程**

许或者为了避免因为糟糕的成绩受罚而去完成学校的功课。然而，逐渐地，学生内化了促使他们从事活动的“压力”，自己也开始将这些活动看作很重要的了。如果一切顺利的话，学生最后会将某些行为和活动整合到其整体自我意识，即有关“他们是谁”的总的感觉中去。

动机理论提出有三种条件会促进内化动机的发展（R. M. Ryan et al.，1992）。第一，成长中的儿童需要一个温暖的、应答性的和支持性的环境，在这种环境中，儿童获得与在其生活中起着重要作用并有自己特定价值观的个体（如父母和教师等）之间的一种相依感。第二，他们需要一定程度的自主性，以使他们在做出选择和决定的时候有一种自我决定感。第三，儿童还需要适当的指导和框架，包括期望出现的行为的有关信息和这些行为之所以重要的原因，以及不恰当行为导致的明确的后果。因此，促进内化动机发展涉及努力在给予学生足够的机会体验自我决定感与为期望的行为提供指导两者之间保持微妙的平衡。

内化动机与内部动机在一个方面很相似：两种形式的动机都来自于学习者内部而非身边环境中的外部因素。但有一个重要的区别：因为内部动机似乎是从学习者本身自动产生的动机，其增强或减弱多多少少有些不可预测。而对比之下，内化动机却是持续的社会、文化因素影响的结果，并且最终会整合成为学习者自我意识的一个部分，因此有着相当的稳定性——相应地，也有相当的可靠性（Otis et al.，2005；Reeve et al.，2004）。

学生对学习和学业成功的价值内化得越多，他们在学校科目中的认知参与就越多，并且其总的课堂成就会越好（Otis et al.，2005；R. M. Ryan & Deci，2000；Walls & Little，2005）。内化动机还是自我调节学习的一个重要方面。自我调节学习是一种一般的工作道德，即学习者会主动地参与那些不那么有趣，或无法使人获得即时满足，但对达到长期目标至关重要的一些活动（Harter，1992；McCombs，1996；R. M. Ryan et al.，1992；Stipek，1993）。

## 培养课堂期望与价值

作为教师，我们当然应该让学生有理由去期待其课堂任务会获得成功。例如为其提供必要的资源、支持和策略（回忆一下塔克女士是怎样教给迈克尔一些策略去掌握代数的）。但同时我们也必须帮助学生去发现学校活动的价值。在下面的评估练习中，我们来看看一位教师如何塑造其课堂主题价值，而她的一名学生对之又是如何反应的。 422

### 解释学生的作品和行为——我们为什么学习历史

在 5 年级的一个班刚刚讨论完学习历史的重要性后，老师让学生写一篇论文，对课堂讨论做一个简要的概括和回应。以下是 10 岁的瑞娜塔的论文，阅读时，请你：

- 找出瑞娜塔认为学习历史的主要原因。
- 想一想瑞娜塔确实用她所描述的那种热情来学习历史的可能性。

| 我们为什么学习历史 |
| --- |
| 学习历史最大的好处就在于，我们能避免再犯前人所犯的错误。正如一句名言所说的：不了解历史，你就会重蹈覆辙。一想起这句话，我就能把一本 1 000 页的历史书全部看完。因为，我讨厌犯与过去相同的错误。你应该从过去的历史中吸取教训，而不是去重演。<br>不过，确实也有些事情是你想要“重演”的，例如林肯、富兰克林等许多伟人的历史事迹等。 |

瑞娜塔所关注的学习历史的原因与我多年前所听到的一样——也许你也听到过：历史使得我们能够避免重复我们的祖先所犯过的相同的错误。我怀疑，对于大多数青少年来说，要想培养学生学习历史事件的真正愿望，这样的一个原因是否太过抽象和模糊。尽管瑞娜塔一开始表现出相当的热情——她想把一本 1 000 页的历史书全部看完——我们能够合情合理地猜想，她绝不会真正地去阅读这样一本书。在行动上表现出你对某事物价值的重视比起仅仅口头上说说要有说服力得多。

动机理论和有经验的教师们对于如何在学科中培养真正的价值感已经提出了许多的建议：

- 向学生传达信息，使其了解某些观念和原则能够帮助他们对其身边的世界有更好的理解。
- 把信息和技能与学生当前的关注点和长远的目标联系起来。
- 将基本技能的使用寓于有意义的、现实世界中（即真实的）的任务情境。
- 教师演示自己如何赋予学业活动以价值——例如，描述自己如何应用在学校中学习到的知识。
- 最重要的是，不要让学生参与对其没有长远利益的活动，例如毫无意义地记忆琐碎的事实，阅读明显超出学生理解水平的材料等。(C. Ames，1992；Brophy，2004；Brophy & Alleman，1991；Ferrari & Elik，2003；Finke & Bettle，1996；Newmann & Wehlage，1993；Stefanou et al.，2004)

## 目标

正如我们在第 10 章和第 11 章中所发现的那样，人类的行为有很多是被特定的目标所导向的。某些目标（如，“我想读完那本有关恐龙的书”）是短期的、暂时的；而另一些（如，我想成为一名古生物学家）则是长期的，相对来说更持久的。儿童和青少年通常有着各种各样的目标：幸福和健康，在学校表现好，在同伴中受欢迎，赢得体育比赛，找到一位长期的伙伴等，这些只是众多可能性中的几个例子（M. E. Ford，1996；Schutz，1994)。下面我们来看看与几种常见目标相关的研究，这些目标包括：成就目标，工作回避目标，社会目标和职业目标。

### 成就目标

423 早期的目标理论学家提出，成就目标是学习者在各个领域中一贯表现出来的一种一般特点。相比之下，大部分现代理论家则认为，成就动机可能是因特定的任务和情境不同而相异的。根据人们具体目标的不同，成就目标还会有不同的表现形式。为了说明这一点，让我们来看看，在韦瑟洛夫斯基先生所教体育课的篮球单元的第一天，以下三个男孩各自会想些什么：

**蒂姆：**这可是向所有人展示我好球技的机会。如果我待在离篮近一点的地方，特拉维斯和托尼就会一直传球给我，我就能投进球，得到好多分。我会给韦瑟洛夫斯基先生和我的朋友们留下深刻印象的。

**特拉维斯：**好家伙，我希望自己不要搞砸了。如果投篮不中的话，我会看起来像个笨蛋。也许我应该站在三分线外，只给蒂姆和托尼传球。

**托尼：**我真的想成为一名更好的篮球手。但不知道为什么我不能投进更多的球。我要请韦瑟洛夫斯基先生对我如何提高分数给予一些反馈。或许我的朋友们也能提点建议。

三个男孩都想打好篮球，也就是说，他们都有其成就目标。但他们想打好篮球背后的原因却不同。蒂姆最关心的是在老师和同学们面前有好的表现。因此，他想要使自己在赛场上展示球技的机会最大化。同样，特拉维斯关心的也是他会给别人留下什么印象，但他只想确保自己看起来不那么糟糕。与蒂姆和特拉维斯不同的是，托尼所想的并不是别人如何看待自己的表现，他所感兴趣的主要在于提高自己的球技，而并不期待即刻的成功。对于托尼来说，犯错误是学习一项新技能不可避免的一个部分，并不意味着尴尬和耻辱。

托尼学习篮球的方法向我们说明了什么是掌握目标，即一种获取更多的额外知识和掌握新技能的愿望。蒂姆和特拉维斯所设定的是成绩目标，即想要表现自己，使自己在他人眼里看起来有能力。更确切地说，蒂姆的目标是成绩趋近目标：他想使自己看起来不错并得到别人的赞赏。相反，特拉维斯所定的是成绩回避目标：他试图避免使自己看起来很差劲并得到不好的评价。成绩目标有时包含社会比较的成分，学习者会关心他们的成就与其同伴相比会如何（Elliot & McGregor，2000；Elliot & Thrash，2001；Midgley et al.，1998）。

掌握目标，成绩趋近目标和成绩回避目标并不一定是相互排斥的。学习者可能同时持有两种目标（Covington & Müeller，2001；Hidi & Harackiewicz，2000；Meece & Holt，1993）。再回到有关篮球的那个例子中去，我们可以想象可能有第四个男孩特瑞，他既想提高自己的球技，又想在同学面前好好表现，同时不让人觉得他笨手笨脚，像个傻瓜。

**掌握目标与成绩目标的影响**

在大多数情况下，设定掌握目标是最理想的情形。如表 12—1 所示，持有掌握目标的学习者倾向于参加那些能帮助他们学习的活动：他们在课堂上集中注意，用能有效促进长时记忆的方式来加工信息，并能够从其错误中吸取教训。另外，设定掌握目标的学习者对于学习、努力和失败持有健康的看法。他们了解，学习是一个需要努力并在暂时的挫折面前也要坚持不懈的过程。相应地，这些学习者就是那些最有可能在任务中坚持下来，并从其课堂经验中获益最多的学生（Kumar et al.，2002；Wentzel & Wigfield，1998）。

相比之下，持有成绩目标，尤其是成绩回避目标的学习者可能会避开挑战性的任务，而往往正是这些任务可以帮助他们掌握许多新的技能。此外，这些学生还常常体验到对测验和其他课堂任务的过度焦虑。

424 **表 12—1　比较/对比——持掌握目标的学生与持成绩目标的学生之间的典型区别**

| 典型的掌握目标学习者 | 典型的成绩目标学习者（尤其是持有成绩回避目标的学习者） |
| --- | --- |
| 更可能对连续性的材料感兴趣并在材料的学习中具有内部动机 | 更可能具有学习的外部动机，并为得到好分数而作弊 |
| 相信能力会通过练习和努力不断发展 | 相信能力是一种稳定的特征（即人们要么有能力，要么没有），认为有能力的人不需要非常努力 |
| 表现出更多的自我调节学习和行为 | 表现出较少的自我调节 |
| 使用能促进真正理解（如精细加工，理解监控）、迁移以及有效问题解决的策略 | 使用仅能促进机械学习的策略（如，重复、抄写、逐字记忆等），可能会拖延完成作业 |
| 选择能扩大学习机会的任务，寻求挑战 | 选择最可能证明自己能力的任务，回避使之看上去无能的任务和活动（例如寻求帮助） |
| 面对与当前信念不一致的，更有说服力的证据时，更可能经历概念转变 | 不太可能进行概念转变，部分是因为不能注意到新的信息与已有信念之间的差异 |
| 对简单的任务感到无聊或失望 | 对简单任务上的成功感到自豪或安慰 |
| 寻求能准确描述其能力并帮助其进步的反馈 | 寻求奉承性的反馈 |
| 在有助于学习的情况下，愿意与同伴合作 | 在能使之看起来有能力或者能提高其社会地位的时候与同伴合作 |
| 依据自身取得的进步来评价自己的表现 | 依据与他人的比较来评价自己的表现 |
| 将失败解释为需要加倍努力的信号 | 将失败解释为低能力的表现，并以此预测未来的失败 |
| 把错误看作学习过程中正常的、有益的部分，利用错误来提高成绩 | 把错误看作失败和无能的标志，通过自我妨碍行为为错误和失败提供外在理由 |
| 如果付出了努力并取得了进步，就会对其成绩感到满意 | 只在成功时才对自己的表现感到满意 |
| 把老师看作帮助其学习的资源和引导者 | 把老师看作裁判以及奖赏或惩罚的实施者 |
| 在测验和课堂评估中相对保持平静 | 常常对测验和其他评估感到十分焦虑 |
| 更可能对学校活动表示出热情，并积极地参与其中 | 更可能与学校环境保持距离 |

资料来源：Ablard & Lipschultz，1998；E. M. Anderman et al.，1998；E. M. Anderman & Maehr，1994；Corpus，McClintic-Gilberg & Hayenga，2006；Dweck，1986；Dweck & Elliott，1983；Dweck，Mangels & Good，2004；L. S. Fuchs et al.，1997；Gabriele & Boody，2001；Graham & Weiner，1996；Hardré，Crowson & DeBacker，in press；Jagacinski & Nicholls，1984，1987；Kaplan & Midgley，1999；Levy-Tossman & Kaplan，2004；Linnenbrink & Pintrich，2002，2003；McGregor & Elliot，2002；Meece，1994；Middleton & Midgley，1997；P. K. Murphy & Alexander，2000；Newman & Schwager，1995；Nolen，1996；Rawsthorne & Elliot，1999；A. M. Ryan et al.，2001；Schiefele，1991；Shernoff & Hoogstra，2001；
425 Sideridis，2005；Skaalvik，1997；Southerland & Sinatra，2003；Turner，Thorpe & Meyer，1998；Urdan，2004；Urdan & Midgley，2001；Urdan，Midgley & Anderman，1998；Wolters，2004。

成绩趋近目标是一个混合体：这种目标有时会表现出非常积极的作用，尤其是与掌握目标相结合时，会激励学习者取得更高水平的成就（Hidi & Harackiewicz，2000；Linnenbrink，2005；Rawsthorne & Elliot，1999；Wolters，2004）。但是，就其本身而言，成绩趋近目标不如掌握目标更有益。为了达到成绩趋近目标，学习者可能只需付出最少的努力，使用相对肤浅的学习策略（如机械记忆等），并会进行自我妨碍，且偶尔会在评估中作弊（Brophy，1987；Midgley，Kaplan & Middleton，2001）。当学习者年龄较小（如小学生）并且对课堂任务有较低的自我效能感时，成绩趋近目标的危害性最大（Hidi & Harackiewicz，2000；Kaplan & Midgley，1997；Midgley et al.，2001）。

**成就目标的发展趋势**

儿童在达到入学年龄之前似乎主要关注掌握目标（Dweck & Elliott，1983）。但是，随着儿童在小学与中学的发展，成绩目标变得越来越普遍了（Blumenfeld，1992；W. Doyle，1986b；Elliot & McGregor，2000；Harter，1992）。尽管在学业上有获得成功的动机，许多高中生主要关心的却是取得好分数。他们更喜欢短期的、容易的任务，而不是长期的、有挑战性的任务。成绩目标在集体运动中也很普遍：队员们所关注的常常是赢得比赛并得到公众的认可，而非习得新的技能，以及随着时间推移技能的进一步改进（G. C. Roberts，Treasure & Kavussanu，1997）。

当儿童在五六岁开始上学时，引导他们更多地向成绩目标发展的原因有两个方面（Dweck & Elliott，1983）。第一，他们突然有了许多能将自己的行为与之相比较的同伴。于是，儿童开始以“做得比同学好”而不是对任务的掌握来定义成功。另外，对于评估自己在所学的复杂认知技能上（阅读、写作、数学计算等）的进步，他们可能还存在困难，因此必须依赖他人（如教师）对他们的能力与进步做出判断。

学生进入青春期后，又有另外的因素出现了。这个时期，学生比在年龄小的时候更可能担心别人会怎样看自己（Juvonen，2000；Midgley，1993）[1]。他们会为了提高自己在同伴中的地位、受欢迎的程度以及间接地增强其自我价值感而采用成绩目标（L. H. Anderman & Anderman，1999；Covington，1992；Crocker & Knight，2005）。而且，他们越来越意识到，高水平的表现——特别是得到好的分数——对自己未来的教育和职业机会是至关重要的（Covington & Müeller，2001）。

有许多平常的教学与训练活动也助长了成绩目标的发展（Midgley，2002）。尽管其意图毫无疑问是好的，有些策略却鼓励学生将注意力更多地放在成绩而非学习上。例如，只在得到正确答案的时候对学生进行强化；在公告栏上只张贴最好的成绩；用图表形式报告测验结果；将分数展示出来给每个人看；提醒学生上大学需要好分数以及拼命去超越别的学校或运动队等。另外，这样一些行为除了在学生中助长了竞争的风气之外，还可能促使学生为了保持自我价值感而采取自我妨碍的行为（C. Ames，1984；A. J. Martin et al.，2003；Stipek，1996）。

**培养建设性的成就目标**

在当今学校及广大社会中，成就目标在某种程度上或许是不可避免的。儿童和青少年常常将同伴的表现作为标准来评价其自身的表现。大学院校则会继续使用高的等级排名和测验分数来筛选录取考生，许多成人的任务（找工作，在私企工作，从事职业运动等）在本质上也是竞争性的。然而，最终从长远上看，掌握目标才是最可能导向有效学习和表现的目标。

有时，掌握目标是来自学习者内部的，尤其是当学生对学习某事物有很高的兴趣和高的自我效能感的时候（Bandura，1997；P. K. Murphy & Alexander，2000；Schiefele，1992）。但是，正如下面的策略所显示的，课堂练习也能够激发掌握目标：

- 呈现学生觉得有价值的主题。
- 向学生展示以让他们了解，对某些主题的掌握是与其未来的个人及职业目标息息相关的。
- 426 坚持要求学生理解而非简单地记忆课堂材料。
- 向学生传达一种信念，让他们知道，有效的学习需要付出努力和不断地犯错误。
- 对学生怎样改善其学习提出具体的建议。
- 向学生指出，他们正在取得重大的进步。
- 给予赞扬要关注于信息和技能的掌握，而不是与其他同学的比较。
- 鼓励学生不要将其同伴视作自身进步的参照点，而是作为一种不同观点和帮助的来源。（C. Ames，1992；E. M. Anderman & Maehr，1994；Bong，2001；Brophy，2004；Corpus，Tomlinson & Stanton，2004；Graham & Weiner，1996；Meece，1994；Middleton & Midgley，2002；N. E. Perry & Winne，2004；J. C. Turner，Meyer，et al.，1998；Urden et al.，2002）

将注意力集中在掌握目标上，尤其是当这些目标与学生自己的生活和需要紧密相关时，对于少数民族背景和处于学业失败的危险边缘的学生来说特别有益（Alderman，1990；García，1992；Wlodkowski & Ginsberg，1995）。

此外，学生对于实现自我选择的目标往往比对实现他人为之设立的目标付出更多的努力（Wentzel，1999），这可能是因为自我选择的目标能帮助他们保持一种自我决定感。当自我选择的目标很具体（我想学会如何做“侧手翻”）或具有挑战性（写一首五行滑稽诗看起来很难，不过我确信自己能做到），并且是短期的（到月底之前，我要学会用法语从1数到100）时候，会特别有激励作用（Alderman，1990；Brophy，2004）。通过设定一系列短期的、具体的目标（有时叫做近期目标），并为之努力，学生得到有关其取得的进步的定期反馈，从而获得了相信自己能掌握学校学科并在学习上达到更高水平的更强的自我效能感（Bandura，1997；Locke & Latham，2002；Page-Voth & Graham，1999；Schunk，1996）[2]。当然，我们仍然应该鼓励学生设立长期目标（例如，上大学、成为一名环境科学家等），但是这样一些目标常常太笼统和抽象，无法指导即时的行为（Bandura，1997；Husman & Freeman，1999）[3]。

不同类型的掌握目标可能在学习的不同阶段比另一些掌握目标更加有用，尤其是当学生试图学习某种技能的时候（Schunk & Swartz，1993；Schunk & Zimmerman，1997；Zimmerman & Kitsantas，1997）。开始时，学生可能会集中于过程目标，尽量完善该项技能所包含的形式或程序，而不去考虑其最终的结果。当所期望的形式或程序变得更加自动化时，他们可能会将其注意力转移到某个结果目标上，努力去达到某种成绩标准——例如，正确解决一定数量的数学问题或者将一定比例的球投入篮球筐。从表面上看，结果目标可能更近似于成绩目标而不是掌握目标。然而，即使是关注于最终的结果，学生主要关心的仍是掌握该技能而不是给他人留下好的印象。

## 工作回避目标

正如前面我们所看到的，学习者常常会在完成课堂任务时避免使自己看起来很糟糕。但在另一些情况下，他们甚至想干脆不去完成课堂任务，或者试图只在那些任务中投入尽可能少的努力。换句话说，学习者可能持有工作回避目标（Dowson & McInerney，2001；Gallini，2000；Nicholls，Cobb，Yackel，Wood & Wheatley，1990）。

到目前为止，有关工作回避目标的研究仅仅集中在中学阶段，在该阶段，此类目标相当常见（Dowson & McInerney，2001；Gallini，2000；J. E. Turner，Husman & Schallert，2002）。持有工作回避目标的学生会使用各种策略使自己的工作量减少到最低程度——例如，参与同任务不相关的行为；在简单任务和问题上寻求帮助；对挑战性的任务大声抱怨；当有选择的机会时挑选那些最不费力的任务等（Dowson & McInerney，2001）。这类学生很少使用有效的学习策略，或者在小组活动中尽到自己的职责（Dowson & McInerney，2001；Gallini，2000）。 427

有两种情况似乎助长了工作回避目标的设立。首先，学生倾向于持有很低的自我效能感，通过对任务的逃避，他们就能隐藏起自己的低能力（Urdan et al.，2002）。其次，他们可能看不到掌握课堂主题带来的回报（Garner，1998）。换句话说，当学生对达到教学目标既无内部动机又缺乏外部动机时，最有可能设立工作回避目标。其结果是，具有这种目标的学生可能是我们教育工作者面临的最大挑战，我们必须运用各种动机策略——可能通过外部强化，以及促进兴趣和掌握目标的策略——去引导他们真正地参与并最终承担起掌握学业科目的责任（Brophy，2004）。

## 社会目标

在第 11 章，我们注意到许多学生都很重视与同伴的相互作用。事实上，所有的儿童和青少年可能都有某种程度的相依需要。因此，当学生与他人交往时，他们可能会有各种各样的社会目标，通常包括以下所列的几种或者全部目标：

- 建立并维持友好或亲密的社会关系。
- 获得他人的赞扬。
- 在同龄人中取得相应的地位、欢迎度和威信。
- 成为一个有凝聚力的、相互支持的集体的一员，在班上获得一种归属感。
- 遵守团体的规定和习俗（例如，做一个“好公民”）。
- 承担社会义务和履行人际承诺。
- 帮助并支持他人，保证他人的利益。（H. A. Davis，2003；Dowson & McInerney，2001；M. E. Ford，1996；Hicks，1997；Hinkley，McInerney & Marsh，2001；Patrick et al.，2002；Schutz，1994）

学生社会目标的特定性质影响其课堂行为和学业成就。如果学生希望得到教师的注意和表扬，他们就会努力取得好成绩或以其他方式来达到其成绩目标（Hinkley，McInerney & Marsh，2001）。如果他们希望与同学建立友好的关系或者关心他人的幸福，他们就会积极地参与类似合作学习和同伴指导的活动。关心他人幸福还会促进掌握目标的形成（L. H. Anderman & Anderman，1999；Dowson & McInerney，2001）。如果学生只是希望建立或维持与同伴的亲密关系，他们可能会向其同伴寻求帮助，但是如果他们对利用自己的高能力来给同伴留下深刻印象更感兴趣，他们可能就不会寻求帮助了（A. M. Ryan，Hicks & Midgley，1997）。如果学生希望获得低成就同伴的赞许，他们就不会在学习上很努力，并可能会采取工作回避目标（B. Brown，1990；M. E. Ford & Nichols，1991）。

作为教师，我们必须不断地思考如何帮助学生实现他们的社会目标，同时又让他们为了学业导向的目标而努力。例如，我们可以安排大量的小组活动，使学生在校内及社会服务项目上能够参与协助，并为所有的学生制造机会，让他们各自在某些方面都有自己的“闪亮之处”而赢得其同龄人的钦慕。当然，我们还必须注意自己与学生交往时关
428 系的质量（关于这一点，请参照第 14 章）。

## 职业目标

许多学生把自己的职业目标包含在其长远目标之中。年幼的儿童常常随意地设定这些目标并经常改变。例如，一名 6 岁的儿童一星期前可能希望成为一位消防员，可是到下一个星期又想成为一名职业棒球运动员。不过，到了青少年晚期，有些学生（尽管不是所有）已经对自己想要追求的职业生涯做出了某些实验性的、相对稳定的决定（Marcia，1980）。

在青少年时期，男生为自己设立的抱负要高于女生，尤其是在那些传统的男性领域中（Deaux，1984；Durkin，1995；Lueptow，1984）。但也许现在的情况有了变化：最近的一项研究发现女生有更高的职业抱负（Lapan，Tucker，Kim & Kosciulek，2003）。即使是在低收入的城市旧中心区，许多学生仍然期望在医药、法律、教育或计算机科学等领域展开其职业生涯（B. L. Wilson & Corbett，2001）[4]。

尽管有很高的抱负，很多学生，特别是那些在相当传统的文化中成长起来的学生，都倾向于将自己限制在存在性别刻板印象的职业领域中（Lippa，2002；Olneck，1995；S. M. Taylor，1994）。甚至于当传统的“适合男性”与“适合女性”的职业之间的界限正慢慢消失的时候，大部分填报工科的大学生仍然是男生，而选择教育专业的则大部分是女生。当然，性别刻板印象并非影响学生职业目标的唯一因素，学生的自我效能感，对成功的期望以及价值观都涉及其中。然而，作为教师，最好的帮助他们的方法是：开阔学生的眼界，让他们看到更多可供考虑的有价值的职业，使他们接触到在那些职业领域中获得成功的不同性别、不同民族的成人，并帮助他们获得成功的体验，以使他们确信自己也有在各种职业中取得好成就的能力。

## 协调多种目标

大部分学生会在某一个时候同时持有许多目标并且使用各种策略去设法达到这些目标（Covington，2000；Dodge，Asher & Parkhurst，1989；Urdan & Maehr，1995）。有时候，他们发现有些活动能帮助他们同时达到两种或多种目标。例如，通过成立一个学习小组来为一场考试做准备，他们就可以同时实现成就目标和社会目标。另一些时候，他们会追求一个目标而暂时将其他目标放在身后。例如，为完成一项规定的阅读作业而将更有趣但没有要求阅读的材料搁置下来。并且，偶尔他们还会修改一下头脑中有关达到某个特定目标的意义。比如说，一个雄心勃勃的高中生最初希望自己能在三门高级课程中全部得 A，但最后也许会承认，其中两门得 B 可能更现实一些。

在另一些情况下，学生可能会为了满足一个目标而完全放弃另一个目标（McCaslin & Good，1996；Phelan et al.，1994）。例如，像我们在前面所看到的，有些学生即使希望在学校有好的成绩，但为了与不怎么看重学业成就的同伴保持关系，他们可能会选择不那么尽力地表现自己。而在某些特定学科领域，持有掌握目标的学生会发现，学校的各种要求都在迫使他们注重成绩目标（例如得到好分数），而非完全按照他们的喜好来学习这些科目。布莱恩，一位初中生，为了达到其成绩目标而不得不放弃了掌握目标，他说出了自己的想法：

我坐在这儿，说："嘿，我五分钟就可以完成这个作业，而且还会得 A。"我还是感觉自己可以做得更好，我不用尽最大努力就能得 A，这有点太容易了……我想也许这样最后会降低我的标准，我肯定是不希望看到那个的……尽管我一直知道自己内心存在这个标准，我不会充分地将其表现出来。(S. Thomas & Oldfather，1997，p. 119)

在学生的众多目标中，有一些是核心目标，这些目标引导了学生的大部分行为(Boekaerts，de Koning & Vedder，2006；Schutz，1994)。例如，达到较高水平学业成就的学生通常会把课堂学习放在一个优先的位置，而学业成就水平较低的学生则常常更关心社会关系（Wentzel & Wigfield，1998；Wigfield et al.，1996)。

当然，如果学生的多种目标都导向同一个方向，他们就会是最成功的了(M. E. Ford，1992；Wentzel，1999)。例如，在完成集体项目的环境中（满足学生的社会目标），并且在允许冒险和犯错误的评估标准下（这样也满足了学生的成绩目标），学生通过学习和练习新的技能而发展掌握目标。而当布置的作业太简单的时候（想想布莱恩的低标准），当我们坚持要求学生为了学习资源或高测验分数而相互竞争的时候（因此而影响了他们的社会目标），或者当任何一次失败对他们的最终成绩都有重大影响的 *429*
时候（妨碍了他们对成绩目标的追求），学生都不太可能为了掌握目标而努力。

现在，让我们来看一看一名学生实际设立的目标及其对他课堂成就的潜在影响。

## 解释学生的作品和行为——下一季的目标

在老师的要求下，12 岁的凯文对自己先前制定的目标进行了反思，并确定了一组新的目标。在阅读凯文的自我评估时，请你思考以下问题：

- 凯文所描述的是什么类型的目标？
- 他所制定的目标对于帮助他评估自己的学业进步和指导未来的努力方向有何作用？

| 本季目标与自我评估 |
|---|
| 我希望在阅读上取得进步，成为一名高级拼写者。虽然我在写作方面已经取得了一定的进步，但我想我还能做得更好一些。我应该在资料整理方面下工夫，以便在写作时能想出更好的点子。总之，我已经做得很好了，只是我希望在写作与阅读上更上一层楼。 |

凯文制定的是掌握目标：改善他在阅读、拼写和写作方面的技能。遗憾的是，他的目标太过模糊和笼统，因此在帮他指导其努力方向及监控其进步方面基本不起作用。他如何才能知道自己什么时候是"一名高级的拼写者"或"在写作上更出色"了呢？在此，我们不应该为其目标的不精确而批评凯文，因为，作为一名 12 岁的学生，他可能在目标设置或自我监控方面还缺乏锻炼。当我们要求学生为自己的学习制定目标时，最 *430*
初我们应该对其努力给予支持，为他们提供为之努力的具体标准的例子。例如，不是去变得"在写作上更出色"，凯文可以努力去"使句子结构更富于变化性"；不是去变成一个"更高级的拼写者"，他可以设定"每页最多两处拼写错误"的目标。

目前，对于我们如何增强学生学习学校课程的内部动机，以上讨论的各种主题已经提供了大量的观点。“创造一个建设性的课堂环境——增强内部动机”确定并阐明了几种关键策略。

**创造一个建设性的课堂环境——增强内部动机**

- 把自己对课程主题的兴趣展示给学生。

  一位高中历史老师介绍下一次阅读作业时说：“我布置的这一章作业非常有趣。读这一章时，你会知道美国殖民者是如何不满英国的统治以及美国最终是如何获得自由并取得独立的。这是我百读不厌的一段。”

- 传递你相信学生想学习的信念。

  开学初，一位社会研究的老师说，她的课堂是培养社会科学家的摇篮。她经常提起这一观点，例如，她会对学生说：“如果你是一名社会科学家，你就可以确定哪一些区域是热带雨林，从而推测出该区域盛产的农作物。”或说：“想一想如果你是一名社会科学家，从这些信息中我们将得出什么样的结论。”

- 在课堂活动中偶尔穿插变化性与新奇性，以抓住学生的注意力，激发他们的兴趣。

  在向校长澄清其策略后，一位高中心理学老师将自己性情温顺的长毛狗特菲带到了班上。她以特菲为例（给狗吃饼干），证实能以不同的方式使用强化来影响行为。

- 把课堂材料与学生的个人生活和兴趣联系起来。

  一位小学教师要求学生们带来各自在家用来庆祝节日的物品。他把这些物品结合到课堂中，揭示出节日传统不仅有宗教上的差异，而且在各个家庭之间也是不同的。

- 鼓励学生制定掌握目标。

  一位高中西班牙语教师经常提醒他的学生：“学习这门课最重要的一点就是发音准确，说话流畅。我们将一起努力，直到我们能够轻松地用西班牙语相互交流为止。”

- 明确成功的定义，它不是一瞬间的事，而是经过努力最终对课堂材料的掌握，并且承认偶尔的失败是不可避免的。

  当一位中学生对她在一项很难的作业中的低劣表现感到失望时，她的老师是这样安慰她的：“你其实是一位很有才华的学生，你可能只是习惯了很容易地完成你的作业才会这样。要记住，当你升入高年级时，你面临的作业会更具有挑战性。也正是这种挑战才会让你成长。我相信，只要你多学习，多练习，你会进步很快的。”

- 鼓励学生进行自我比较，而不是与他人比较。

  四月份，一位1年级的老师让学生将自己的笔迹与去年九月份的笔迹相比较。“你们知道自己今年的书写进步有多大吗?”他问道，“你们的字母比去年秋天写得更小更流畅了，而且，现在你们只需要两条线而不是三条线来帮你们对齐字母了。”

431 

## 归因

动机中的另一种很重要的认知因素是学习者在自己所做的事情与发生在自己身上的事情之间所建立的心理联系的程度。学习者关于什么样的行为和其他一些因素会影响其生活中的各种事件的信念——包括他们对自己的成功与失败的原因的知觉——被称为归因。尝试以下练习，了解你自己可能形成的归因方式。

## 亲身体验·卡贝里和塞维勒（1）

1. 在你的高级心理制陶术课上，卡贝里教授刚刚拿回了第一次测验的已评好分的试卷。你发现自己是全班得到高分的少数学生之一：一个 $A^-$。在班上大多数同学都没考好的时候，为什么你却得了高分？将你认为在卡贝里先生的课上得高分的几条可能的原因写在一张纸上。
2. 一个小时后，你得到在塞维勒教授的社会科学课上第一次考试的结果，并得知自己不及格。为什么你考得这么差？写下在社会科学考试中不及格的几条可能的原因。
3. 大概三周之后，你将参加这两门课的第二次考试，你打算为这两门考试各自花费多少学习时间？

---

下面是你在卡贝里课上得 $A^-$ 的一些可能解释：

✧ 你学习很努力。
✧ 你很聪明。
✧ 心理制陶术课对你来说很容易。
✧ 你很幸运，卡贝里先生所考的问题正好是你会做的，要是他问了不同的问题，你可能就考得没这么好了。
✧ 卡贝里很喜欢你，即使连你自己都不知道答了些什么，他还是给了你好成绩。
✧ 你在卡贝里教授的办公室里花了很多时间，问他有关心理制陶术的问题，向他索取他所写的文章的复印件（其实你根本没有认真研读过），这些真的使你收获不少。

相反的，以下是你在塞维勒教授的考试中不及格的某些可能原因：

✧ 你学习不够努力。
✧ 你学习的内容不对。
✧ 考试的时候不舒服。
✧ 坐在你旁边的学生生病了，他不断的喘息声和咳嗽声干扰了你。
✧ 你的运气不好，塞维勒所考的问题你都没有准备，如果她所问的是不同的问题，你可能会做得好些。
✧ 你很笨。
✧ 你向来不擅长这门课。
✧ 这是一个糟糕的测验：题目模棱两可，考的知识都是些琐碎的事实。
✧ 塞维勒讨厌你，出于刁难她故意让你不及格。

在某种程度上，你为即将来临的考试所花费的学习时间，取决于你对自己先前测验成绩的解释。让我们先来考虑一下你在卡贝里教授的考试中所得的 $A^-$ 吧。如果你认为自己取得好的成绩是因为学习努力，那么你可能还会花大量的时间去为第二场考试做准备。如果你认为考得好的原因是你很聪明或在这门课上你是一个天才，你可能就不会过多地去努力了。如果你相信自己的成功只是因为运气好，你可能根本不会再去努力，而是在参加下一场考试的时候穿上你的幸运毛衣。如果你认为 $A^-$ 的好成绩反映了卡贝里有多么喜欢你的话，你可能就会认为花时间讨好他比花时间学习更加重要。

现在再来看看你在塞维勒教授的考试中失败的例子。同样，你为自己的考试成绩所找出的原因会影响你为她的下一场考试做准备的方式——事实上是，如果你会准备的话。如果你相信自己学习不够努力或者学习的内容不对，下次你可能会花费更多时间来学习。如果你觉得自己的低分数是一些暂时性的情境因素引起的，例如你生病了，坐在旁边的学生干扰了你，或者塞维勒所问的问题你没有准备，那么你可能还会像从前那样去学习，并希望下一次你能考得更好。如果你相信失败是因为你自己笨，你在学习社会科学上能力不足，塞维勒不喜欢你，或者她出的题目不好，你可能会比从前更不努力学习了（当糟糕的考试成绩是在你的控制能力之外时，学习又有什么用处呢?）。并且，如果你确信塞维勒不喜欢你，或者出的题目很差劲，你不仅不会好好学习，还会对这位反复无常，不胜任的教授心怀厌恶。

学生会对日常生活中的许多事件做出归因——不仅仅关于他们为什么在考试和作业中表现得好或不好，还包括他们为什么在同伴中受欢迎或不受欢迎，为什么他们能成为熟练的运动员或是笨手笨脚，完全像个傻瓜等。学习者归因的变化主要表现在三个方面（Weiner，1986，2000，2004）：

- 控制点：内在与外在[5]。有时，学生会把结果归因于自身的内在因素。如把好成绩归因于学习努力刻苦，或者相信是能力不够才会成绩不佳。有时，学生们又会把结果归因于外在因素。如认为自己赢得拼写比赛只是因为让你拼的单词很简单或把同学的皱眉理解为她心情不好的信号（不是由你所做的任何事情引起
432 的）。这些都是外部归因的事例。
- 稳定性：稳定与不稳定。有时，学生会把结果归因于稳定的因素，而这些因素在不久的将来是不会发生太大改变的。比方说，如果你相信科学课成绩好是智商的原因，或者你认为是因为自己太胖而在交友上有麻烦等，那么你是在把事件的原因归于稳定、相对持久的因素。但是，有时学习者也会认为事件是由经常处于变动状态的不稳定因素引起的。如你认为赢得网球比赛是运气的缘故，或你认为考试成绩不佳是太疲劳引起的，这样一些归因都包含不稳定的因素。
- 控制力：可控制与不可控制。在一些情况下，学习者会把结果归因于可控制的因素，即归因于他们（或其他人）可以施加影响和改变的事物。例如，如果你认为同学邀请你参加他的生日聚会是因为你一向对他都很友好的结果，或你认为考试失败是由于自己的学习方法有问题，那么你就是在把这些事件归因于可控制的因素。在另一些情况下，学习者会把结果归因于不可控制的因素，即归因于自己或别人都无能为力的事物。如你认为是外表恰好合适才被选为担任学校演出中的主角，或你认为生病才造成你篮球赛中水平失常，那么你就是在把这些事件归因于不可控制的因素。

归因是一个学习者知识结构展现的绝佳范例：学习者根据其有关自身和世界的已有知识和信念来解释新的事件，于是他们发展出一套对于已经发生的事情的似乎合情合理的解释。由于归因是自我建构的，它们对事件情形的反映可能是正确的，也可能是错误的。例如，一名学生可能会将他考试成绩不佳归咎于测验太复杂或者老师不公平，而真正的原因却在于他自己不够努力或者缺乏学习技巧。

一般来说，学习者倾向于把成功归因于内在因素（如能力强，学习刻苦），而把失败归因于外在因素（如运气，他人行为等）（Marsh，1990；Whitley & Frieze，1985）。

通过把自己当作成功完成的事情背后的原因，并把对糟糕表现的批评引向别处，学习者才能够保持其自我价值感（Clifford，1990；Paris & Byrnes，1989）。但是，当学习者在任务中不断地失败，特别是当他们看到自己的同伴在同样的任务上取得成功时，他们倾向于将过失归因于稳定的，不可控制的内部因素，即他们自己的能力太低（Hong，Chiu & Dweck，1995；Schunk，1990；Weiner，1984）。

在这一章开头的个案研究中，迈克尔最初将他在代数中的失败归因为两个稳定的，他自己对之无法控制的因素上，即能力低（内部归因）和教学差（外部归因）。但是，当他在家庭教师的帮助下理解了代数的原理和检验程序，使得他在课堂上有了成功的体验之后，他开始将其成绩的归因转向两个不稳定的，他可以控制的内部因素上，即努力与更好的学习策略：

> 我认识到即使我不喜欢数学老师或者认为他不是一位好老师，听讲仍然是我自己的责任……老师尽了他的大部分职责，但除非我也做好我的本分，否则这些对我是不起作用的……现在我努力去理解，提问并且思考老师是怎么得出答案的。(Tucker & Anderman，1999，pp. 5－6)

## 归因如何影响情感、认知与行为

随着迈克尔归因的转变，他的课堂成绩也有了改变。学习者的归因会对一系列的因素产生影响，而这些因素又会直接或间接地影响到其未来的成就：

- 对成功与失败的情绪反应。很自然，学生在获得成功的时候会开心不已。但是，433 如果他们把成功归因于内在因素，他们同时还会体验到自豪感与满意感。例如，将成功归因于他们自己所完成的某件事。相反，如果他们把成功归因于他人的行为或其他的外在因素，他们就会心存感激而非自豪。与之相似地，学习者在遭遇失败的时候会感到一定程度的悲伤。当他们认为自己应该对其失败负责时会感到内疚和羞耻，而这样一些感受可能会激励他们着手改善自己的不足。但是，如果他们认为失败是别人的过错，他们很可能会感到愤怒，而愤怒是一种不太可能带来建设性后继行为的一种情绪（Hareli & Weiner，2002；Harter，1999；Weiner，Russell & Lerman，1978）。
- 对未来成功与失败的期待。当学习者把成败归因于稳定的因素时，他们期望未来的表现类似于目前的表现。换句话说就是，获得成功的学习者会期待继续成功，而失败的学习者则相信他们还会失败。相反地，当学生把成功或失败归因于不稳定的因素（如，努力和运气），他们目前的成功率在他们对未来成功的期待上影响就较少，对于这些学生来说，几次失败也不太会影响他们的自我效能感（Dweck，2000；Schunk，1990；Weiner，1986）。最乐观的学习者，即对未来的成功有最高期望的学习者，他们常常把自己的成功归因于稳定的，可靠的（而且常是内部的）因素，例如内在能力和持久的工作道德；把失败归因于不稳定的因素例如努力不够，策略不当等（Fennema，1987；Pomerantz & Saxon，2001；Weiner，1984）。
- 未来选择。可以想象，如果学习者的归因导致他们对某一特定学科领域的成功期待，他们就更有可能在该领域继续进一步地学习，而且会更偏爱挑战性的而非容易的任务。而当他们相信在某一领域获得成功的机会渺茫时，只要有可能，学习者就会对这类活动采取回避的态度（Dweck，2000；Eccles，1984；Stipek & Gralinski，1990；Weiner，1986）。

- 努力与坚持性。当学习者相信是自己的努力不够而造成学业失败时，他们就会更努力地学习，在遇到困难时能够坚持下去（Dweck，2000；Feather，1982；Weiner，1984）。但是，如果学习者把失败归因于内在能力的缺乏（例如，即使努力了他们也做不到），他们就会很轻易地放弃努力，有时甚至都不能完成以前能够成功完成的事情（Dweck，1978，2000；Eccles，1983）。
- 学习策略与课堂表现。期待课堂成功并相信学业成功是其自身努力结果的学习者更有可能应用有效的学习策略（尤其是当有人教给他们这些策略的时候），同时，他们更可能采用一种逻辑性的、系统的、有意义的方式来完成问题解决任务（Palmer & Goetz，1988；Pressley et al.，1987；Tyler，1958）。另外，这些学习者更倾向于进行自我调节，并在需要的时候寻求帮助（R. Ames，1983；Mangels，2004；Zimmerman，1998）。相反，预期失败而且相信其学业成就不
434 是主要由他们自己控制的学习者，常会拒绝有效的学习及问题解决策略，而使用机械的学习方法（R. Ames，1983；D. J. Palmer & Goetz，1988；Pressley et al.，1987；Tyler，1958；Zimmerman，1998）。

在了解了以上这些归因的影响作用之后，你应该不会奇怪为什么对课堂成功有着内部、可控性归因（而不是不可控的外部归因）的学生更有可能在学业上达到较高水平并能从高中顺利毕业了（L. E. Davis，Ajzen，Saunders & Williams，2002；Dweck et al.，2004；Pintrich，2003）。

让我们回头看看在本章开头的个案研究中，刚才所讨论的这些因素是怎样发挥其作用的。迈克尔最初将其代数学习上的失败归因于自己的能力差和教师的教学水平低这两个因素，这样的归因有可能唤起的情绪是羞愧与愤怒。此外，因为他所知觉到的失败原因是稳定而不由自己控制的，他预期不管自己做什么，将来仍然会失败，因此觉得没有理由去付出太多努力（例如，他从不做笔记）。当迈克尔获得了新的学习技巧并对代数的概念和程序有了更好的理解后，他取得了更大的成功，并认识到他的成功是自己努力学习的直接结果。他的新的、内部的、可控的归因引导着他使用更有效的策略，并成为一名更善于自我调节的学习者。

## 归因的发展趋势

随着年龄的增长，儿童区分各种归因的能力也增强了。在学前期，儿童对造成他们成功与失败的各种原因——努力、能力、运气、任务难度等的差异还没有清楚的理解（Eccles et al.，1998；Nicholls，1990）。尤其困难的是对努力与能力的区分，儿童逐渐才对其有了更好的掌握。大约6岁时，儿童开始认识到努力与能力是相互独立的两种品质，可仍然认为它们是正相关的：在他们看来，最努力的人能力也最高，并且努力是获得成功的主要决定因素。到了9岁，他们开始懂得能力与努力常常是互补的，能力低的人需要更多的努力。到了13岁左右，他们对能力与努力的区别有了清晰的认识，即他们意识到人们在完成一项任务时的内在能力与付出努力的程度上都是有区别的。青少年还知道，能力的缺乏有时会阻碍成功，而不论你付出多少努力（Nicholls，1990）。

随着儿童对努力与能力的不同有了更好的辨别，认为成功与失败取决于能力而非努

力的信念也在增强（Covington，1992；Dweck & Elliott，1983；Nicholls，1990）。在小学阶段，学生倾向于把他们的成功归因于刻苦学习和不断练习。因此，他们对“只要努力就会成功”抱有比较乐观的态度。而随着年龄的增长，许多学生开始把成功和失败归因于内在的能力如智力，并认为这些能力是相当稳定的和无法控制的。如果这些学生在完成学校的任务上总是获得成功，他们在这些任务上的自我效能感就会比较高，相反，如果经常失败，他们的自我效能感就会降低（Dweck，1986；Eccles，1983；Schunk，1990）。表 12—2 概括了学生归因及动机的其他方面的发展趋势。 *435*

**表 12—2　　发展趋势——不同年级水平的动机**

| 年级 | 该年龄典型的特征 | 建议的策略 |
|---|---|---|
| K～2 | • 迅速地改变兴趣，常被熟悉的经验、幻想或有趣的活动所吸引。<br>• 追求有趣和愉快的活动而不管成功的机会有多大。<br>• 开始出现将努力与能力作为成败的原因加以区分的趋势，认为高的努力意味着高的能力。<br>• 开始倾向于将成功归因于刻苦学习与练习，因而对自己能够取得的成绩很乐观。 | • 通过能动手的、游戏性的活动使学生将兴趣投注到重要的主题中去。<br>• 通过十分有趣的教材与主题（如，动物，超级英雄，王子和公主等）引导学生进行阅读、写作和其他一些基本技能的操作。<br>• 让学生看到自己的进步，指出他们的进步要归功于其努力和练习。 |
| 3～5 | • 出现了相当稳定的兴趣。<br>• 越来越关注成绩目标。<br>• 认识到努力和能力相互补偿，能力低的人需要更加努力才能成功。<br>• 越来越确信内部能力是影响学习与成就的一个重要的、不可控制的因素。<br>• 对于哪种归因能够引起他人积极的反应有了越来越清晰的意识（例如，考试时我不舒服）。 | • 允许学生在独立的阅读与写作任务中追求自己的个人兴趣。<br>• 展示你自己对课堂主题的喜爱和热情，传递给学生这样的信息：有许多主题本身都是值得去了解和学习的。<br>• 找出每位学生身上的长处，为学生在其较弱的领域中取得进步提供足够的支持。 |
| 6～8 | • 对于兴趣上的性别刻板印象进一步加深了。<br>• 越来越趋于对与长期目标及较高的成功期望相联系的活动赋予较高的价值。<br>• 对许多内容领域（如英语、数学、音乐和体育）所知觉到的价值有所下降。<br>• 更加关注社会目标（如，与同伴的互动，留下好印象）。<br>• 开始意识到高的努力并不总是能完全补偿低的能力，某些任务就算再怎么努力也是无法完成的。 | • 通过向学生呈现疑难问题并以其个人兴趣为基础，提高学生对课堂主题的兴趣。<br>• 将课堂主题与学生的长远目标（如通过一些真实的活动）相联系。<br>• 为学生学习过程中的社会交往提供机会（如角色扮演活动、课堂辩论、合作学习项目等）。<br>• 将学生的注意力集中在自己的进步上，使他们对自己与其他同学的成绩作比较的机会最小化。 |

续前表

| 年级 | 该年龄典型的特征 | 建议的策略 |
|---|---|---|
| 9～12 | • 越来越多地将某些兴趣与价值整合进自我意识。<br>• 大部分学生普遍设立成绩目标而非掌握目标（例如，取得好成绩）。<br>• 作为达到成绩目标的一种手段，作弊现象越来越多。<br>• 对毕业后的目标（如大学，职业等）有了更多的关注，对于某些学生来说，还缺乏达到这些目标所需的自我调节策略。 | • 通过一些班外和课外的活动（如社区服务工作）为学生提供表现其兴趣和价值观的机会。<br>• 使学生能够通过适当的努力和有效的策略取得较好的成绩。尽量减少竞争性的评分行为，如用图表来展示成绩。<br>• 劝阻作弊行为（具体策略详见第15章）。<br>• 教给学生自我调节的策略，帮助他们达到其长期目标（具体策略详见第10章）。 |

资料来源：Brophy，2004；Cizek，2003；Dweck & Elliott，1983；Eccles et al.，1998；Hidi et al.，2004；Jacobs et al.，2002；Juvonen，2000；Nicholls，1990；Nicholls et al.，1990；Patrick et al.，2002；Wigfield，1994；Wigfield et al.，1991；B. L. Wilson & Corbett，2001；Youniss & Yates，1999。

智力在多大程度上是环境（能够通过教育和练习来加以改善）或遗传（稳定及不可控制的）的结果，这是一个在心理学家中存在争议的问题（见第5章）。甚至儿童和青少年在这一问题上也有着不同的观点。持智力增长观的学生相信智力能够也确实是随着努力和练习而得到改善的，相反，持智力实体观的学生则相信智力是一种独特的能力，是与生俱来，无法改变的。一位名叫萨拉（Sarah）的学生在解释她为什么在数学学习上有麻烦时，清楚地表明了她持有的智力实体观：

> 我爸爸非常擅长数学，而我哥哥、我和我妈妈的数学却一点也不好。我们从妈妈那儿遗传了“不擅长数学的基因”。我英语不错，但数学不行。（K. E. Ryan，Ryan，Arbuthnot & Samuels，2007，p. 5）

正如你猜想的那样，持有智力和其他能力增长观的学习者可能会将他们的失败归因为暂时的、不稳定的情境状态，而非任何永久性的因素。相反，持实体观的学习者会不断地通过将自己的表现同他人相比较而试图对其自然的、与生俱来的能力进行评估，并且这些学生会更倾向于采用成绩目标而不是掌握目标（Dweck，2000；Dweck & Leg-
436 gett，1998；Weiner，1994）。

## 影响归因发展的因素

为什么有些学生会把失败看作努力不够而造成的暂时性挫折，而另外一些学生则认为失败表明了能力的缺乏并预示着未来更多的失败，还有一些学生则把失败归咎于老师反复无常，无法预料的行为呢？影响学生归因的因素有以下几种：

**以往的成功与失败** 学生的归因部分来源于他们先前成功与失败的经验（Covington，1987；Hong et al.，1995；Klein，1990）。如果学生在任务中只要尽力了就经常获得成功，他们就会把成功归因于内在因素，如努力与能力。尽管已尽了最大努力但仍经常失败的学生则会将成功归因于不可控制的因素——也许是他们所没有的能力或者运气，或者教师的独断专行等外部因素。

这里，元认知有时候也会起到一定作用。在第 8 章，我们发现，对自己认知理解监控不太细心的学习者会产生一种知道错觉，认为他们学会了他们实际上并没学会的知识。当这些学习者在考试中失利时，他们不能将其表现归因于内部的、可控制的因素，因为在他们心目中，自己已经很努力，并学习了要学的材料。反过来，他们倾向于将其失败归结为运气差，试题太难，或者教师的不胜任等外部因素上（Horgan，1990）。

**情境线索**　某个特定情境所独有的特征常会影响学生的归因。一项任务的显著特点在归因时常被纳入考虑中。例如，涉及许多数字的复杂的数学难题会被知觉为非常有挑战性，使人易于将失败归因为任务的难度而非内部因素（Schunk，1990）。同伴的表现也会为学生提供归因的暗示。例如，如果看到其他人都在完成一项任务时表现得很辛苦，学生就倾向于将其失败归因于任务的难度，而如果看到其他人都将获得成功，他们就可能把失败归结为自己缺乏能力（Schunk，1990；Weiner，1984）。

**来自他人的信息**　让我们回到第 11 章结束时的个案研究"当'完美'还不够好时"。对于某些学生（第 2 组的学生），卡斯基尔女士对他们在书写上良好的表现要么归因于其能力（你天生就适合做这个），要么归因于努力（你确实学习很刻苦）。奇怪的是，加斯基尔女士课上的另一些学生（第 1 组的学生）对于自己没有得到这样一些信息（我在这方面是否有天分?）似乎感到有些沮丧。儿童并非总是知道自己为什么做得好，或为什么做不好。在这种情况下，他们可能会渴望获得信息以帮助他们了解自己的成功与失败背后的意义（Weiner，2000）。

父母、老师和其他一些学生生活中的重要个体常常会传达他们关于学生的长处与缺点的信念以及他们对学生的成功与失败的解释。有时候，他们的信息是很明确的，就像卡斯基尔女士的评论那样。另一些时候，这些信息会更加微妙，就像我们在下面的"教师期望与归因"部分将要看到的那样。但不论成人怎样传达他们的信息，当他们传递的信念是学生没有能力掌握一项任务时，学生就会将其失败的原因归结为低能力，并可能因此得出结论，认为即使更加努力，也不会有很大收获（R. Butler，1994；Weiner，2000；D. K. Yee & Eccles，1988）。

**印象管理**　学习者所表达出来的归因并非总是反映了他们对自己成功与失败的真实信念。随着儿童年龄的增长，他们发现不同的归因会引起他人不同的反应。为了维护积极的人际关系（因此而满足其相依需要），他们开始为身边特定的"听众"而变更其归因（Juvonen，2000）。这种现象我们称之为印象管理。

当儿童因为其无法控制的因素（生病，缺乏能力等）而失败时，教师，父母和其他成人常常会表示同情和谅解，但如果儿童的失败是因为他们不够努力，他们就会非常愤怒。到 4 年级时，大部分学生都会意识到这种区别，并对自己的成败做出能得到良好反应的归因（Juvonen，1996，2000；Weiner，1995）。举例说明，如果一名学生很清楚她在一项作业中做得很差是因为她没有尽最大努力的话，她会歪曲事实的真相，并告诉老师说，她"没有理解材料"或者"感到身体不舒服"。

同样，学生在根据其同伴的反应来调整自己的归因上也日益熟练。一般来说，4 年级学生相信他们的同伴会非常重视勤奋和刻苦，并可能告诉同学他们作业完成得好是因为他们很刻苦。然而到了 8 年级，许多学生相信他们的同伴会看不起那些在学业任务上付出太多努力的学生。因此，他们可能常常表现出学习不是很努力的样子——例如，告诉同伴他们在一门重要的考试前也并没有很刻苦地学习，或者当他们的表现水平很高时也"只是运气好而已"（Howie，2002；Juvonen，1996，2000）。

## 掌握定向与习得性无助

随着儿童年龄的增长，他们逐渐发展出可预测的归因及对未来成就的期望模式。比较一下下面这两位实际上学业能力相当的学生的情况：

> 杰拉德是一位充满热情，精力充沛的学习者。他似乎在学校的各种活动中都很努力并乐在其中。他喜欢挑战，尤其喜欢解答老师每天额外布置的思考题。尽管并不是每次都能做出来，他还是不断地尝试并希望第二天还会有更多的难题。
>
> 杰瑞是个容易焦虑与烦躁的学生。他对自己成功完成学习任务的能力信心不足。事实上，他总是低估自己的能力：即使是获得了成功，他也总是怀疑自己是否还能做好。他似乎更愿意练习以提高他已经掌握的技能，而不愿尝试新的任务或问题。对于那些杰拉德非常喜爱的日常的思考题，杰瑞有时会尝试一下，但如果答案不容易得出的话，他就会很快地放弃。

随着时间的推移，像杰拉德这样的学习者发展出一种普遍的乐观精神，他们相信自己能够掌握新的技能并在各种努力中取得成功。他们会把自己的成就归因于自身的能力与努力，并产生了一种“我能做得到”的态度，也就是掌握定向。而像杰瑞那样的其他
437 一些学生，他们要么不确信自己成功的机会，要么相信自己根本做不好，表现出对他们未来成功的机会日益增强的无能为力感。他们产生了一种“我不行”的态度，也就是习得性无助。你可以将掌握定向与习得性无助之间的区别同乐观与悲观之间的区别相类比——这种区别实际上反映的是一种连续体，而不是一种非此即彼的两分法（C. Peterson，1990；Seligman，1991）。

即使持有掌握定向的学习者和那些习得性无助的学习者最初的能力相当，长远看来，前者的行为却会引导他们取得更高的成就。特别是，他们通常会设定远大的目标，寻找挑战性的情境，并且在失败面前能继续坚持。习得性无助的学习者的行为则大不相同。因为低估自己的能力，他们会设立容易实现的目标，回避可能有利于他们的学习和认知发展的挑战，并且以一种无效的方式面对失败（例如迅速地放弃），而这种态度又必定会带来以后的失败（Dweck，2000；Graham，1989；C. Peterson，1990；Seligman，1991）。

如果在某个特定任务上的尝试持续地遭遇失败，即便是学前儿童也会产生习得性无助感（Burhans & Dweck，1995）。到五六岁时，某些儿童开始显示出一种一致的倾向：要么会在一项任务中坚持下来并表达出能够掌握该任务的自信，要么他们就会快速地放弃一项任务，并声明自己没有能力去完成（Ziegert，Kistner，Castro & Robertson，2001）。然而，一般来说，8 岁以下的儿童很少表现出极端的习得性无助，这也许是因为他们仍然相信成功大部分是因为自己的努力（Eccles et al.，1998；Lockhart et al.，2002；Paris & Cunningham，1996）。

到青少年初期，习得性无助感就更为普遍了。一些中学生相信他们无法控制发生在他们身上的事（例如，他们倾向于持有智力实体观），并且对于如何避免未来的失败束手无策（Dweck，2000；Paris & Cunningham，1996；C. Peterson，Maier & Seligman，1993）。在本章开头的个案研究中，迈克尔最初对其在代数课上获得成功的可能性所持的悲观态度就带有一定程度的习得性无助，至少是对数学的习得无助。

很多我们之前指出的能增强自我效能感和能力感的策略也能够促进掌握定向的形

成。这些策略有：提高对挑战性任务的掌握程度，将成功定义为逐步的提高或任务的完成而非对同伴的超越，等等。然而，即使学生有很强的学习动机，他们不可能仅仅依靠自身的力量来遵循这些策略。他们需要各种资源以便在遇到困难的时候能够向之寻求帮助。当然，这些资源包括他们的老师，或许还包括一些补充性的阅读，额外的练习题，自我指导的电脑教程以及外部的辅导（或许来自于同学、年长的学生或志愿者）。总之，学生必须得到足够的学业支持来使他们相信“只要我愿意，我就一定能做得到”。

## 教师期望与归因

教师常常在学年早期就对自己的学生下结论，形成对每名学生的优缺点及学业成功的潜力的不同观念。在许多情况下，教师对学生的评价是相当准确的：他们知道班上哪些学生在阅读技能上需要帮助，哪些学生的注意时间比较短，等等。因此他们可以调整他们的教学并给予相应的帮助（Goldenberg，1992；Good & Brophy，1994；Good & Nichols，2001）。

但是，即使是最好的老师有时候也会有判断失误的时候。例如，教师常常低估以下学生的能力：

- ✧ 外貌不佳者。
- ✧ 常在课堂上调皮捣蛋的学生。
- ✧ 说方言而不是标准英语的学生。
- ✧ 少数民族的学生。
- ✧ 新近移民。
- ✧ 来自低收入家庭的学生。
- ✧ 生活在经济条件较差的城市中心地区的学生。（Banks & Banks，1995；R. E. Bennett，Gottesman Rock & Cerullo，1993；Hughes，Hill & Wong，2005；Knapp & Woolverton，1995；McLoyd，1998；Oakes & Guiton，1995；Ritts，Patterson & Tubbs，1992；Woolfolk Hoy，Davis & Pape，2006）

另外，很多教师还持有一种智力实体观。他们认为学生的成绩通常是由相对固定不变的能力所造成的（Oakes & Guiton，1995；Reyna，2000）。这种实体归因使得他们对学生的表现形成相当稳定的期望，这种期望又导致他们采用不同的方式来对待不同的学生。例如，当教师对学生有较高期望时，他们会对其呈现更多的课程材料和更具挑战性的主题，与学生更频繁地互动，为学生提供更多进行反应的机会，并给予更积极与具体的反馈。相反，当教师对某些学生的期望较低时，他们很少——如果有的话，为他们布置挑战性的作业，问的也是简单的问题，给他们在课堂上提供的发言机会更少，并且对学生的反应很少给予反馈（Babad，1993；Good & Brophy，1994；Graham，1990；R. Rosenthal，1994）。少数民族学生如果曾有过学业失败的历史，就极有可能会接收到这样一些低能力的信号（Graham，1990）。 438

教师对学生表现的原因所持的信念常常在其对学生说的话语中有所体现（Weiner，2000）。请看看下面这些对某学生所取得的成功的解释：

- ✧ 你成功了！你真聪明！
- ✧ 太棒了。你的努力得到回报了，不是吗？
- ✧ 你做得很好。很显然，你知道如何有效地学习。

✧ 太妙了，今天肯定是你的幸运日。

再来看看对一位学生失败的原因的阐述：

✧ 嗯，可能这根本不是你的强项。或许我们应该尝试其他的。

✧ 为什么你不多做些练习，然后再试试?

✧ 让我们看看有哪些学习方法可以帮助你。

✧ 也许今天是你的倒霉日。

假定以上这些评论的原意都是想让学生感觉心里好受些。但是，请注意它们所包含的不同归因——有时候，是稳定并且不可控制的能力因素（天生聪明或无能）；另一些情况下，是可控制因此能够改变的行为因素（努力，缺乏练习，有效或无效的学习策略）；还有一些情况下，是外部的，不可控制的原因（幸运，倒霉）。

教师还会用一些更为微妙的方式来传达他们对学生成败的归因，例如通过其表达的情感（Reyna & Weiner，2001；Weiner，2000）。让我们再次回到开头有关迈克尔的个案分析的例子上来，我们知道，他在8年级代数课上一开始学得很差。试想一下，如果你是迈克尔的老师，并且假设你相信迈克尔的数学能力很低：他在数学上就是缺乏天赋。当你看到他在作业或测验中总是得到D或F时，你可能会合情合理地推断，认为考出这样的糟糕成绩是他自己无法控制的，从而导致你在与其互动的时候传达出你对他的同情和怜悯。但是，相反的，如果你相信迈克尔的数学能力很强：他肯定是具有学好这门课所需要的能力的。当你看到他的作业和测验分数很低时，自然就会推测他不是很努力。在你眼中，迈克尔对他所付出的努力程度是完全可以控制的，因此，在他成绩不好的时候，你可能就会表现出生气或者烦恼。在这样的情形中，有些教师甚至会因此而惩罚他（Reyna & Weiner，2001）。

## 教师的期望与归因如何影响学生的成绩

大多数儿童与青少年都会觉察到其教师对待不同的学生有不同的行为方式，他们会利用这些行为来对自己及他人的能力做出推论（R. Butler，1994；Good & Nichols，2001；R. S. Weinstein，1993）。如果教师重复地给予学生他们能力低下的信息，学生可
439 能就会开始像其教师看待他们那样来看待自己，而他们的行为可能就会反映出其自我知觉（Marachi，Friedel & Midgley，2001；Murdock，1999）。在这样的情况下，教师的期望和归因就会导致自我实现预言：即教师期望学生实现的变成了学生实际所实现的。

有关自我实现预言的好例子，让我们来看一看一项由罗森塔尔（Rosenthal）和雅各布森（Jacobson，1968）所做的经典的早期研究。1964年的5月，研究者在一个低收入社区的一所学校对从幼儿园到5年级的学生实施“哈佛习得变化测验”。就在学校秋季开学之前，研究者给了教师一份学生名单，根据测验结果，名单上的这些学生在该学年中会取得巨大的成就。事实上，研究者对这些学业上“突飞猛进”的学生的选择完全是随机的，即基本上是随意抽选出的名单。然而，尽管研究者的预测是假的，与未被选择的同学相比，被选儿童在学年期间取得了更大的成就，而且教师也会给予这些学生以更为满意的评语（例如，在智力行为上表现得更有好奇心）。这一结果对于1年级与2年级的儿童来说尤为显著。

当然，教师期望不是总会导致自我实现预言的产生。有些情况下，教师会根据其低期望为学生提供其进步所需的指导和帮助，而学生也确实会因此而取得进步（Goldenberg，1992）。另一些情况下，学生可能会产生一种“我就要做给你看看”的态度，激

励着他们不断付出更多的努力，取得比教师所期望的更大的成就（Good & Nichols，2001）。还有一些情况，对自己的孩子很有自信的一些父母也会参与进来，提供证据证明他们的孩子比老师最初所预期的更有能力（Good & Nichols，2001）。

那么，自我实现预言的普遍性又有多大呢？也就是说，教师的期望对学生的课堂表现与其整个学业的成长会有多大的影响呢？对这一问题的研究产生了不一致的结果（Eccles et al.，1998；Goldenberg，1992；R. Rosenthal，1994，2002）。其中一些研究表明，女生、来自低收入家庭的学生及少数民族的学生相比于欧美家庭背景的男生来说，对于教师的期望会更加敏感（Graham，1990；Jussim，Eccles & Madon，1996）。教师期望在小学低年级（一二年级），中学 1 年级以及学校入学的头几个星期，对学生的影响更大。换句话说，也就是在学生进入新的、还不熟悉的环境时，教师期望会对学生有更多的影响（Jussim et al.，1996；Kuklinski & Weinstein，2001；Raudenbush，1984）。

## 对学生的表现形成积极的期望与归因

有时候，教师的期望是基于完全错误的信息之上的。然而，更常见的是，教师对学生的最初印象是相当准确的。尽管如此，如果教师在新的信息下仍不改变其最初的期望，就会出问题了（H. M. Cooper & Good，1983；Good & Brophy，1994）。这里，学习与记忆的建构性常常会起阻碍作用：人们先前的信念和期望影响了他们对新信息的解释（见第 7 章）。例如，如果你已经看过第 3 章的话，会记得开头案例分析中的 6 岁的鲁皮塔，她是移民工人的女儿，从小便交由祖母在墨西哥抚养（Carrasco，1981）。鲁皮塔的幼儿园老师帕迪利亚女士很快地下结论，认为鲁皮塔没有什么学习技能，可能需要再读一年幼儿园。她对研究人员所拍摄到的鲁皮塔非常不同的、有能力的一面感到很吃惊。帕迪利亚女士很快承认，她以前的期望影响了她对鲁皮塔的评估："我早已对她不抱希望……她以及另外三个孩子。他们的表现与我期待的一致，我就没有想到看看他们其他的方面了。"和帕迪利亚女士一样，教师常常会寻找能证实并保留其先前形成的 440
信念和期望的证据，并对任何与之相悖的证据视而不见，听而不闻——这是在第 7 章所讨论过的证实偏见的一个例子。

不幸的是，教师有关学生能力的信念与他们对学生表现的归因有时会受到性别与种族成见的影响（Corbett et al.，2002；Hyde，2005；Reyna，2000）。例如，一位确信"女生在数学方面能力不强"的高中数学老师会倾向于对成绩较差的女生表示出同情并可能让她们解决不太有挑战性的问题。一位 4 年级的老师如果相信某些民族群体或低社会经济地位的家庭很"懒惰"并且"不太关心教育"，他就会将学生在学业上的失败归咎于他们自己及其家庭，因此很少为之提供支持与帮助。即使是我们之中最公正无私的人也可能会受到根深蒂固的偏见及我们没有意识到的刻板印象的影响（Dovidio，Kawakami & Gaertner，2000）。例如，前面案例研究中的学生迈克尔是一名非洲裔美国人。如果在本章的开头我就提供给你这一信息，会不会在你对迈克尔数学成绩差的解释（归因）上造成影响呢？

作为教师，如果我们对学生的成绩抱有乐观的（当然是在一个现实范围内的）期望，并将他们的成败归因于他们或我们能够控制的事情（他们的努力，我们的教学方法等），那我们就最有可能会促进学生的学习，激励学生取得更高的成就。以下列出的是一些能帮助我们形成积极期望与归因的策略：

• **记住教师肯定能施加影响。**当我们对自己帮助学生达到学业和社会成功的能力持有较高自我效能感时，我们会更有可能对学生抱有较高的期望，同样，他们对自己的期望也会更高（Ashton，1985；Roeser et al.，2002；R. S. Weinstein，Madison & Kuklinski，1995）。我们必须牢记第5章中关于智力的一条重要原则：能力可以并且也确实随着时间而改变，尤其是当环境条件有助于改变的时候，正是由于这一原因，我们应该对学生的智力及其他能力持有增长观。相应地，我们必须不断地重估我们对个别学生的期望与归因，在新的证据出现时修正这些评估。

• **找出每位学生的优点。**学生的缺点有时表现得非常明显。必要的是，我们还要找出学生身上定然存在的许多独特品质和优点。例如，许多非洲裔美国学生在谈话时显示出相当的创造力。他们喜欢开玩笑，嘲弄人，说出的故事栩栩如生（Hale-Benson，1986）。我们完全可以对学生言辞中的这些戏谑成分加以利用，如让学生创作歌曲，编笑话或写一些与课堂主题相关的短故事等。

• **有关学生的低成就与不良行为，要考虑多种可能的解释。**学业成就低可能由各种各样的因素引起，其中有许多是我们可以说得出来的，例如，学生可能在有关一个主题的背景知识上储备不足，学习技能与自我调节行为能力差，或者存在未被诊断出的医学问题等。课堂上的不良行为也可能产生于不同的根源，例如，学生可能精力异常充沛或者未被教以恰当的课堂行为（Darch & Kame’enui，2004；B. K. Keogh，2003）。如果我们对学生困难的来源抱着一种开放的胸怀，我们就更有可能成功地找出这些原因。

• **传达乐观和可控制的归因。**作为教师，在对学生的表现做出归因时，我们必须谨慎。也许最理想的策略是：将成功部分归因于某种相对稳定的能力（这样就能对将来的成功保持乐观），部分归因于像努力与学习策略这样的一些可控制的因素（这样就强调只要努力，就会不断取得成功）。然而，在总结失败的可能原因时，我们应该首先考虑那些内部的、不稳定的并可以控制的因素。因此，对于失败的归因应侧重于努力和学习策略，而不是天生能力的低下或外部的因素（Dweck，2000；Schunk，1983a；C. E. Weinstein，Hagen & Meyer，1991）。

441 我们可以通过下列陈述向学生传递对他们学校表现的乐观归因与期望：

> “你做得不错，显然，你很擅长这方面的学习，而且你为了做得更好一直在努力。”
>
> “你的设计显示出了你的才华和你付出的大量努力。”
>
> “练习得越多，你就会做得越好。”
>
> “也许下一回你得再加把力才行。同时，我还可以给你一些建议，让你用稍微不一样的方式来学习。”

当学生的失败被不断地归因于无效的学习策略或缺乏努力，而不是能力差或者不可控制的外部因素，并且新的策略或者更多的付出确实带来了成功时，学生学习就会更加努力，遇到困难时能坚持得更久，并且在需要的时候懂得寻求帮助（Dweck & Elliott，1983；Eccles & Wigfield，1985；Graham，1991；Paris & Paris，2001）。

然而，我们在把成功或失败归因于努力时也必须当心。至少在两种情况下，这样的归因会产生不良的后果。要了解这一点，请试做下面的练习：

## 亲身体验·卡贝里和塞维勒（2）

1. 试想卡贝里教授让你学会正确地拼写单词“Psychoceramics”，他给了你十分钟的时间集中练习拼写这个单词，然后，在你能正确拼写后，他给了你极大的赞扬。对此，你最有可能出现下面哪种反应?

a. 你很高兴他对你的表现表示赞许。

b. 你很自豪地告诉他，你还学会了如何拼写单词“sociocosmetology”。

c. 你很疑惑：“嘿，他是不是以为我只能做这个啊?”

2. 现在再想象：你去塞维勒教授的办公室，想让她帮你分析你在她的社会科学考试中失败的原因。塞维勒教授是一位热情的人，很支持你，她建议你下一次只要多努力就行。但事实上，你这一次已经尽了很大的努力了。你最可能得出下列的哪种结论呢?

a. 下次你还需要更加努力。

b. 下次你还需要同样努力，同时祈祷好运的光顾。

c. 也许她根本就没指望你成为一名社会科学家。

---

很有可能，你在两个问题上都会选择“c”。首先，让我们来分析一下卡贝里花十分钟教你学习拼写“Psychoceramics”的情形。当学生在一项非常容易的任务上成功并因为其努力而受到赞扬时，他们可能会收到一条无意中发出的信息：老师对他们的能力不是很有信心（Graham，1991；Schunk & Pajares，2004）。只有在学生确实付出了大量的努力时，将学生的成功归因于其努力才是有益的。

现在再来想一想第二种情景：即便你在第一场考试时已经相当用功了，塞维勒仍然鼓励你更加努力地学习。当学生付出了大量的努力后仍然在一项任务上失败了，并被告之他们还不够努力时，他们可能会得出结论，认为他们缺乏成功完成任务的能力（Curtis & Graham，1991；Robertson，2000；Stipek，1996）。只有当学生确实没有在课堂任务中尽全力时，将学生的失败归因为缺乏努力才是有帮助的。

如果学生学习刻苦却仍然失败了，我们或许应该把他们的失败归结到缺乏有效的学习策略上（Curtis & Graham，1991；Pressley，et al.，1987）。正如我们在第 8 章有关元认知的讨论中所发现的那样，随着年龄的增长，学生能够并确实掌握了更多的学习策略，尤其是在他们受到特定的训练去使用这些策略的时候。教授学生有效的学习策略，不仅有助于我们推动学生的学业成功，还能增强他们能够控制他们的成功的信念（C. E. Weinstein et al.，1991）。

• **多了解学生的背景和家庭环境。**一旦教师对来自某个特定民族或社会经济群体的学生形成了刻板印象，他们就极有可能对其学业成就持有较低的期望和悲观的归因（McLoyd，1998；Reyna，2000；R. E. Snow et al.，1996）。这种偏见常常来源于教师对 *442*
学生的文化背景和家庭环境的忽略（K. L. Alexander，Entwisle & Thompson，1987）。即便没有生硬的刻板印象，我们中的大部分人也会有一种自然的倾向，偏爱自己的而非其他的文化群体（见第 4 章，特别是有关文化透镜的探讨部分）。这里教育是关键：我们必须尽可能多地了解我们学生的背景和当地社区情况。一旦我们对他们的活动、习惯、价值观及家庭等有了一个清晰的认识，我们就更有可能把学生作为有着独特的个人及文化特长的个体来公平对待。

• **经常客观地评估学生的进步。** 因为我们对学生表现的期望很容易影响我们对其实际学业成就的非正式评估，我们需要找到评估学习与成就的客观方式（我们会在第15章中确定有关的策略）。此外，我们还应经常对学生的进步做出评估（每周或每两周），以便我们能得到持续的、相当确切的信息，并在此基础上做出给予指导的决定(Goldenberg，1992)。

在“走进课堂——促进积极归因的形成”中，强调并说明了我们已确认的一些策略。

**走进课堂——促进积极归因的形成**

• 对学生能够完成任务传达乐观的信念。

九月份，一位高中教师告诉他的学生：“到明年春天，我会要求你们撰写长达15页的研究论文。现在来看，15页似乎很多，但在接下来的几个月里，我们将学习各种有助于你们做研究和写论文的技巧。到四月份，15页纸就根本不算什么了。”

• 将学生的成功归因为高能力与可控制的因素，如努力和学习策略的结合。

在一堂篮球课上，一名中学体育老师告诉学生：“就目前我所观察到的来说，你们都有能力打好篮球，而且，看来你们中间大多数人都经常在课后练习。”

• 在学生确实付出了相当程度的努力时，将其成功归因于努力。

一位教师发现他的学生比他所预料的更快更容易地完成了某次作业，他简短地肯定了他们的成功，并引导他们转入一项更具挑战性的任务。

• 把学生的失败归因于那些可以控制并易于改变的因素。

一位高中生希望其教师给予他一些建议，以改善自己在她课堂上的表现。“我知道你能做得比现在好，弗兰克。”教师说，“我知道你在外面做兼职，课外活动也很丰富，你没有足够的时间去学习，我不知道这是不是一部分问题的所在。在明天上学之前，让我们坐下来，看看你到底在课前准备上做了些什么，做了多少。”

• 当学生努力了结果却仍然是失败时，将其失败归因于缺乏有效的策略，并帮助他们掌握这样一些策略。

在一门高级科学课上，一名学生对教师每周布置的挑战性的小测验感到很头疼。尽管她每晚勤奋学习科学，并参加老师提供的课后辅导，还是没有用。教师注意到她试图用机械的方法来学习材料，而这种方法对回答常出现在测验中的高水平问题往往是无效的，因此，教师教给她一些策略以促使她更有效地学习。

## 在动机的认知方面存在多样性

在这一章的前几个部分，我们已经见过几个有关个体的动机存在差异性的例子。例如，我们已经知道，学生的个人兴趣有很大的不同，并且他们在某些特定的主题领域中所发现的价值也可大可小。此外，学生持有掌握目标、积极归因与掌握定向的程度也会影响他们对挑战的喜爱，在困难任务面前的坚持性及能克服失败的程度。接下来，我们还可能看到来自不同文化、民族背景、不同性别及不同收入层次的学生，以及有着特殊教育需要的学生身上所表现出来的动机的认知因素的多样性。

## 文化及种族差异 443

大部分文化及种族群体对于接受良好教育都赋予了较高的价值（Fuligni & Hardway，2004；Gallimore & Goldenberg，2001；Okagaki，2001）。但是在某种程度上，不同的文化群体似乎会鼓励与学校学习相关的不同种类的价值。例如，很多亚洲国家（如中国、日本）强调为了学习而学习：认为知识能带来个人的成长和对世界更好的理解，学习知识才更有可能为社会作出贡献。对于这些文化来说，同样重要的还有勤奋、努力以及在学习上的坚持性——即使这种学习本身并不使人觉得愉快（Hess & Azuma，1991；Hufton et al.，2002；Li & Fischer，2004）。当课堂主题没有什么内在的吸引力时，有着欧裔美国文化背景的学生就不太可能很勤奋，但是他们常常在能激起其好奇心的学科中，以及需要有创造力、独立思考或批判性分析的作业中发现价值（Hess & Azuma，1991；Kuhn & Park，2005）。

有着不同文化背景的学习者还可能对学业成功有不同的定义，因此会设立不同的成就目标。例如，相比于来自其他民族群体的学生来说，亚裔美籍学生一般会追求更高的分数，部分是因为他们相信，如果自己所得的分数低于 $A^-$，父母会很生气（Steinberg，1996）。即便如此，亚裔美籍学生以及非洲裔美籍学生比起欧裔美籍学生来说更倾向于关注掌握目标（即，真正地学习和理解所学的知识）（Freeman，Gutman & Midgley，2002；Qian & Pan，2002；Shim & Ryan，2006）。并且，在更看重集体成就而非个人成就的文化（例如，许多土著美国人，墨西哥裔美国人，东南亚及太平洋岛居民的文化，见第 4 章）中成长起来的学生，在设立其掌握目标时，会关注他们及他们的同学能够有多大的提高，而不仅仅是他们自己的提高（Kaplan，1998）。

学习者的文化与民族背景同样影响他们的归因。例如，与在西方主流文化中长大的学生不同，亚洲学生更有可能会把课堂的成败归结到一些不稳定的因素上，如学业成就中的努力因素以及判断行为是否恰当时的一些暂时性的情境因素等（Li & Fischer，2004；Lillard，1997；Weiner，2004）。 444

有一些研究显示：非洲裔美籍学生更易于对其取得学业成功的能力抱有较低期望及产生习得性无助感（Graham，1989；Holliday，1985）。另外，这些学生对自己取得成功的机会感到比较悲观还与教师的低期望及整个社会的歧视行为有关（Eccles et al.，1998；van Laar，2000；Weiner，2004）。例如，由于在日常活动中经常遭遇种族歧视，一些学生可能开始相信，因为自己的肤色，不管他们做什么，成功的机会都很渺茫。

## 性别差异

对于不同的学业领域，男生和女生会根据他们是否将其看作传统上与自己的性别相适应的领域而在其中发现不同大小的价值。一部分学生（并非全部）认为，有些领域是女生的领域（如写作，器乐），而另一些是男生的领域（如数学，科学）（Eccles et al.，1998；Pajares & Valiante，1999）。这样的观念会影响他们的努力程度和课程选择。男生与女生在不同内容领域的自我效能感也会影响他们对各种领域的价值大小的评估，而这种自我知觉无疑是受到性别刻板印象及与同性别榜样接触等因素的影响（Bandura et al.，2001；Jacobs et al.，2002）。

正如我们在之前关于职业目标的讨论中所发现的那样，女生在其长期抱负方面正逐渐接近男生。然而，如果我们对学生在实现这类远大目标的信心（即自我效能感）上作更进一步地考察，有时就会发现存在性别的差异。例如，即使女生比男生的课程得分更高，女生仍然倾向于低估自己的能力，而男生则会高估（D. A. Cole et al.，1999；Eccles et al.，1998；Middleton，1999）。另外，女生（尤其是许多成绩好的女生）比男生更容易因为失败而泄气（Dweck，1986，2000）。通过考察归因上的性别差异，对于这种区别我们至少可以得到部分的解释：一些研究表明，男生倾向于将他们的成功归因为相当稳定的能力因素，将失败归因为缺乏努力，因此表现出一种“我知道我能行”的态度。女生显示出的模式则相反：她们将成功归因为努力，将失败归因为缺乏能力。并且认为“我不知道我还能不能继续下去，因为我在这方面不太擅长。”在传统的男性领域如数学和运动方面，男女生之间的这种差异更为常见。即便是在男生与女生先前的成就水平相当时，差异也会出现（Eccles & Jacobs，1986；Fennema，1987；Stipek，1984；Vermeer，Boekaerts & Seegers，2000）。

在激发所有学生的高水平动机时，对于男生和女生，我们可能会在关注的方向上多少有些不同。对于不太关心自己学校表现的男生来说（见第 11 章），我们需要强调课堂成就在实现他们自身的长远目标中具有的重要性；而对于女生，则需要鼓励她们拓宽视野，接受广泛领域中的各种职业选择，包括传统的男性职业，并让这些女生知道，只要她们付出努力并运用恰当的策略，这些选择是完全在她们的掌握之中的。

## 社会经济背景的差异

在第 11 章时我们已经提过，许多有着较低社会经济地位的学生终究也是想要在学校取得好的成绩的。然而，教师的态度，教学行为及其与学生的关系等对这些学生是否会选择追求学业成功起着重要的作用，尤其是那些有高学业失败风险的学生（L. W. Anderson & Pellicer，1998；Kumar et al.，2002；Maehr & Anderman，1993；Murdock，1999）。如果教师对低收入家庭的学生抱以较高的期望，让他们参加感兴趣的活动和科目主题，关注掌握目标而不是成绩目标，并且让学生感受到自己是课堂集体中真正的一分子（关于这种“集体感”的更多讨论，见第 14 章），这些学生在学校中就会“茁壮成长”了。

此外，我们可以把学校的活动与学生自己的生活和经验相联系，以提高这些活动在学生心中的价值感（P. A. Alexander et al.，1994；Knapp et al.，1990；Wlodkowski &
445 Ginsberg，1995）。屡见不鲜的是，在一些低收入地区的学校，学生所接受的教学方法往往关注于机械学习和低水平的技能（如对事实的记忆等），即使是学习动机最强的学生也不太可能被这种教学所吸引（Becker & Luthar，2002；Portes，1996）。下面这段与来自费城一所学校的中学生的谈话就揭示了这一问题：

成人：你们在科学课上做些什么呢？……

学生：我们总结一章的要点。

成人：那么由谁列出提纲呢？

学生：老师列提纲，我们抄下来。有时候是我们自己列。

成人：你们还做些什么？

学生：回答章节末尾的问题。

成人：你们做实验吗？

学生：做得不多。学年开始的时候做过一些。(B. l. Wilson & Corbett，2001，pp. 43，46)

成人：你们上英语课多久有一次写作？

学生：每天都有。

成人：你们都写些什么呢？

学生：我们从黑板上抄笔记，然后查字典。我们还回答书上的问题。

成人：你们自己写过什么吗？

学生：没有。(B. L. Wilson & Corbett，2001，p. 52)

这样一些教学对学生不仅毫无吸引力，同时也不太可能帮助学生为大学课程的要求做好准备（e. g.，Suskind，1998）。

在教授新的知识点时，我们应该将其与学生可能已有的知识相联系，以此增加有意义学习的可能性。我们还应该把课堂任务和活动同学生特定的、日常的需要和兴趣联系起来。例如，尽可能经常在真实活动的情境中教授学科主题，这样就能够提高学生对所学主题所赋予的价值。我们可以偶尔征求一下学生的意见，看看他们喜欢在课堂上学习哪些问题。

帮助学生获取达到其长远的高等教育目标和职业目标所需的技能和策略也是非常重要的，如高水平的思维技能，自我调节学习策略等。另外，如果学生对大学生活或高收入职业很少有直接的接触，我们必须促使学生对大学学业的完成和职业成功的内涵有一个现实的理解。下面是一位研究者同一群中学男生谈话的情景，这群男生很希望上大学，但他们对大学生活的想法相当地天真：

> 当我谈到真正读大学需要具备的现实条件，如填写申请，取得好成绩的重要性等时，他们眼中充满了迷茫。于是我问他们，他们认为的大学生活是什么样子。回答几乎是完全一致的——全都是一些关于聚会的想象：喝酒，抽烟，一群人在一起消磨时间。他们根本没有想过还要上课或者做作业。大学意味着派对，这就是他们想上大学的原因。他们还认为上大学能帮助自己获得一个能赚大钱的工作。这就给了我一个解释：为什么学生口口声声说讨厌学校，但仍然希望上大学。(K. M. Williams，2001a，p. 106)

如果我们想一想电视与电影中是怎样描绘大学生活的，这样一些错误的观念也许就不足为奇了。对于处在青春期的观众来说，比起上课和在图书馆中学习，大学的聚会所引发的故事情节当然要有趣得多了。

## 适应有特殊需要的学生

有特殊或一般学习困难的学生（例如，学习障碍或者智力落后的学生）对于课堂任务可能表现出习得性无助感，特别是在他们过去的努力总是以失败而告终的情况下(Deshler & Schumaker，1988；Jacobsen，Lowery & DuCette，1986；Seligman，1975)。另外，与同学相处有困难的学生（例如，有情绪和行为障碍的学生）会将其社交上的失败不恰当地归因于一些他们无法控制的因素（见第 3 章有关敌对性归因偏见的讨论）。表 12—3 列出了有特殊需要学生的一些动机倾向。

**表 12—3 在全纳环境中的学生——激励有特殊教育需要的学生产生动机性的知觉与信念**

| 类别 | 可观察到的特征 | 建议的课堂策略 |
|---|---|---|
| 有特殊认知或学业困难的学生 | • 倾向于把成绩差归因于能力低而非归因于可控制的因素，倾向于把成功归因于外在原因（如运气）。<br>• 容易放弃，对一些课堂任务表现出习得性无助。 | • 教授有效的学习策略，鼓励学生把成功归因于这些策略。<br>• 鼓励学生对其成绩上的困难形成更有效的归因（例如，鼓励他们将失败归因于努力不够或使用的策略不当）。 |
| 有社会或行为问题的学生 | • 认为课堂任务与个人需要和目标无关。<br>• 倾向于把消极的结果归因于不能控制的因素（事情该发生时总会发生）。 | • 把课程与学生的特定需要与兴趣联系起来。<br>• 传授带来期望结果的行为，强调行为与结果之间的因果关系。 |
| 认识和社会功能普遍迟滞的学生 | • 缺乏形成长期目标的能力或能力有限。<br>• 倾向于把成绩差归因于能力低或外在因素，而非归因于可控制的因素；在有些情况下，表现出习得性无助。 | • 制定特殊的、短期的成绩目标。<br>• 帮助学生意识到他们的行为与由此引发的结果之间的关系。 |
| 有身体障碍和感知困难的学生 | • 假如生活中重要的成人对其克服或补偿缺陷的能力表达信心，就会设立较高的职业抱负和其他一些乐观的长期目标。 | • 对其长远的职业成功表示较高的期望，帮助学生确定与其特殊缺陷相适应的职业道路。<br>• 将学生介绍给尽管有身体的缺陷仍然取得较高成就的成人。 |
| 认知发展超前的学生 | • 渴望挑战，课堂任务简单时感到厌烦。<br>• 兴趣广泛，有时会狂热地追求。<br>• 目标导向高于一般水平。<br>• 对课堂成绩做出内在的、自信的归因。<br>• 倾向于采用智力实体观，早年经常取得成功而之后如果遭遇失败，可能导致习得性无助（尤其是对女孩）。 | • 提供给学生独立追求个人兴趣的机会，如与有着相似兴趣的其他学生一起努力，或者给外面的导师当学徒。<br>• 鼓励学生制定高目标，但不要期待完美。 |

资料来源：Beirne-Smith et al.，2002；M. Carr & Borkowski，1989；B. Clark，1997；Duchardt，Deshler & Schumaker，1995；Dweck，2000；A. E. Gottfried，Fleming & Gottfried，1994；Greenspan et al.，2004；Heward，2006；Jacobsen et al.，1986；Morgan & Jenson，1988；Piirto，1999；Sands & Wehmeyer，1996；Shavinina & Ferrari，2004；Turnbull et al.，2007；U. S. Dept. of Education，1992；Winner，1997，2000a，2000b；Wong，1991a。

446

## 概 览

在第 11 章和第 12 章中，我们知道了动机能从多方面促进学生的学习和成就。例如，动机被有效激励的学生会集中注意，对信息进行有意义的加工，在失败面前不屈不挠，利用错误来提高自己的技能，寻找更有挑战性的任务。同时，我们还看到学习和成就反过来也能促进积极的动机模式：当学生发现自己通常能够成功地完成学业任务时，他们就会产生一种能力感，并渴望在课堂上掌握新的信息和技能。因此，动机和学习是相辅相成的，它们各自在另一方的发展过程中起着至关重要的作用。

对于动机，通常人们有一种错误的观念，认为学习者可以通过意志使之激发或泯灭，就像人们控制一个电灯开关一样。事实上，动机，特别是内部动机是许多认知因素——包括兴趣、期望、价值、目标和归因等——的结果，这些因素常常随着时间的流逝发生缓慢的变化。在本章开头的案例中，迈克尔在接受家庭辅导的过程中发生了两方面的改变：他对于掌握代数课的期望提高了，而他为自己的成绩所做的归因开始反映可控制的而非不可控制的因素。这两方面并不是一夜之间忽然转变的，迈克尔的期望与归因逐渐变得更乐观与积极是因为他发现，只要努力并使用恰当的策略，自己是能够在数学上获得成功的。

作为教师，我们会发现每个学生都有其独特的长处及缺点。不过，我们必须牢记，对于学生，我们自身的行为——我们为学生提供了多少支持，我们所布置的作业有多大的挑战性，在课堂上让学生起来回答问题的频率，以及我们对学生的成败所作的解释等——都在不时地为学生提供一种信息，即我们对每位学生取得学习与课堂成功的潜力是如何评估的。对于学生能力的早期评估应该在我们选择教学策略的时候发挥指导作用。然而，我们的评估不应该成为学生怀疑自己能力的理由，并因此而有损他们在掌握课堂科目上的信心。

让我们回到第 11 章开头所提到的一个概念——情境动机上，即通常从学校的环境条件中产生的动机。作为教师，我们当然不是对学生带到课堂上的，看起来具有阻碍作用的动机（或者在某些情况下不起作用的动机）毫无办法。恰恰相反，许多适当选择的教学活动能够促使学生渴望参与学习主题，渴望掌握那些长远来看对他们相当有益的知识和技能。

能增强学生课堂学习动机的许多策略可以被总结为六个词，即任务（task）、自主性（autonomy）、认可（recognition）、分组（grouping）、评价（evaluation）和时间（time）（J. L. Epstein，1989；Maehr & Anderman，1993）。表 12—4 所呈现的就是这种多方面促进动机的 TARGET 方法。仔细分析一下表中的内容，你会发现其中反映了许多我们在第 11 章和第 12 章中已经提到过的概念，包括：能力与自我价值、自我决定、关系、热认知、兴趣、期望、价值观、目标和归因。

**表 12—4　　原则/假设：动机的六种 TARGET 原则** 447

| 原则 | 教育意义 | 例子 |
|---|---|---|
| 课堂任务影响动机 | • 通过使用学生感兴趣，觉得有吸引力的并可能有情感动力的任务来呈现新的主题。<br>• 鼓励学生进行有意义的而不是机械的学习。<br>• 将课堂活动与学生的生活和目标联系起来。<br>• 为学生的成功提供足够的支持。 | • 要求学生对与他们有关的一个问题进行一项科学研究。 |

续前表

| 原则 | 教育意义 | 例子 |
|---|---|---|
| 学生拥有的自主性影响其动机，尤其是内部动机 | • 对于学什么，怎么学，让学生有一些自我选择的机会。<br>• 教给学生一些自我调节的策略。<br>• 征求学生关于课堂练习与课堂决策方面的意见。<br>• 让学生在某些活动中承担领导责任。 | • 让学生在达到某个教学目标的多种方式中做出选择，并保证任何一种选择都能为成功的可能性提供足够的支持。 |
| 学生所得到认可的次数与性质影响其动机 | • 不仅承认学生在学业上的成功，也承认其个人及社交上的成功。<br>• 对学生取得的进步及知识的掌握都给予称赞。<br>• 只在学生缺乏学习的内部动机或内部动机不强的时候为其成绩提供具体的强化物。<br>• 分析并让学生明白，他们自己的努力与策略的使用是直接影响其成功的。 | • 对学生在一个成功的社区服务项目中的工作表示赞赏。 |
| 课堂中的分组程序影响动机 | • 经常为学生提供互动的机会（例如，合作学习活动，同伴指导）。<br>• 所设计的活动要使所有的学生都能奉献自己的一份力量。<br>• 教给学生与同伴有效互动所需的社会技能。<br>• 营造一种相互关心、相互尊重与支持的课堂氛围。 | • 让学生在小组中共同解决有挑战性的且没有唯一正确答案的问题。 |
| 课堂评估的形式影响动机 | • 制定清晰的评估标准并事先给予详细的说明。<br>• 使学生在成绩上的竞争最小化或完全消除（例如，不用图表来展示成绩）。<br>• 对于学生完成得好的任务给予详尽的反馈。<br>• 对学生如何才能取得进步给予具体的建议。<br>• 教学生如何评价他们自己的工作。 | • 告诉学生具体的标准，以使他们能对自己写作的质量予以评价。 |
| 教师的时间安排影响动机 | • 给学生足够的时间去掌握重要的主题与技能。<br>• 在每周的计划表上留出一些时间让学生做某些自己感兴趣的事。<br>• 使在校时间的安排具有变化性（例如，动静结合地安排课堂活动）。<br>• 在校时间的安排上使学生有独立学习的机会。 | • 对一个新概念做出解释之后，提供能让学生实际动手的活动，使之在实践中理解该概念。 |

资料来源：J. L. Epstein，1989；Maehr & Anderman，1993。

### 资格考试练习：写作者遇到的阻碍

开学第一天，格伦伍德先生在他的英语写作课上告诉同学们，“我希望你们大家在学年结束的时候都能成为熟练的写作者。事实上，到了五月份，除非能写出一篇像样的文章，否则你们是无法及格的。”

格伦伍德先生的这番话引起了许多学生的焦虑。毕竟，高中毕业是要求英语写作课必须及格的。而且，一些学生所申请的大学院校也更愿意选择在写作上得 A 或 B 的学生。另外还有少数学生则开始担忧他们全科得 A 的计划要泡汤了。

格伦伍德先生却远没有他的学生想得那么多，他毫不怀疑地认为，所有的学生在学年结束前都应该能够在写作上达到熟练。每周一，他都会给学生布置一篇写作作业，并且每一篇都比上一篇更有挑战性。周末当他给这些作文评分发现有完成得不好的作业时，他试图用这样的一些评语去激励他的学生：“这一次的成绩低于平均水平——你可以做得更好”或者“下周要更努力一些”。

随着时间的推移，一些学生的写作技能有了提高，而另一些学生却似乎越来越糟。他问其中的一名成绩不太好的学生詹尼斯问题出在哪儿，她的回答让他非常吃惊。

“不管我做什么，在您的课上我似乎总是成绩很差，”詹尼斯悲哀地说，“我基本上已经放弃尝试了，我想我根本就不是写作的料。”

1. 多项选择题：

✧ 下面的选项中哪一个最好地描述了詹尼斯对格伦伍德先生所提问题的回答？

a. 她的掌握定向影响了她在学校作业上使用的方法。

b. 对于自己的写作能力，她已经形成了一种内部的，不可控的归因。

c. 尽管某些课暂时地激起了她的情境兴趣，在学习写作方面她还是没有什么个人兴趣。

d. 她暗示如果格伦伍德先生能在课堂上为她提供更多帮助的话，她在写作上的自我效能感就会更高一些了。

2. 反应建构问题：

✧ 格伦伍德先生在其英语写作课上是如何定义成功的？他的学生又是如何定义成功的？他们的关注点是掌握目标还是成绩目标？

3. 反应建构问题：

✧ 提出三种具体的策略，帮助格伦伍德先生增强其学生在掌握熟练写作技巧上的内部动机。

## 注　释

1. 这种想法应该会让你想起我们在第 3 章中关于假想观众的讨论。

2. 正如在第 10 章中所提到的，这种目标设置也是自我调节学习的一个重要组成部分。

3. 第 10 章“促进有风险学生的自我调节”部分的对话为这一观点提供了很好的例证。

4. 不幸的是，许多来自低收入、旧城市中心地区的学生缺乏自我调节的技巧来实现他们的远大抱负。见第 10 章“促进有风险学生的自我调节”部分。

5. 这一维度有时也被称作“控制点”，然而，正如你在此处的讨论中所看到的，“点”和“控制”其实是两个多少有些不同的维度（Weiner，1986，2000）。

# 第13章

# 教学策略

**本章内容要目：**

- 个案研究：俄勒冈州的踪迹
- 教学策略纵览
- 制订教学计划
  - 确定教学目标
- 进行任务分析
  - 设计一节课的教案
- 讲解式策略
  - 讲座和教材
  - 掌握学习
  - 直接教学
  - 基于计算机的教学
  - 在线研究
- 实际操作和练习活动
  - 发现学习
  - 课内活动
  - 计算机模拟和应用
  - 家庭作业
- 互动协作的方法
  - 教师提问
  - 课堂讨论
  - 交互教学
  - 合作学习
  - 同伴指导
  - 基于技术的协作学习
- 考虑学生的多样性
  - 考虑群体差异
  - 适应有特殊需要的学生
- 概览
- 资格考试练习：合作学习项目

在大学课程的学习中，你在什么教学环境下可以达到最好的学习效果并获得成功？在老师对你所要学习的内容有清楚的描述并据此设计课程的情况下，你是否学到了更多知识？什么样的教学方法（讲座、实际操作活动、课堂讨论、合作学习小组等）可以帮助你有效地理解与记忆课堂内容？课堂的整体心理氛围——例如教师是友好或冷淡，课堂气氛是严谨有效或是松散自在——是否会对你的学习造成影响？教师的评估活动（测验、论文、小组项目等）又是怎样影响你的学习的？

这几个问题是本书最后四章所关注的内容，第 13 章将会涉及怎样设计和实施教学，第 14 章的主要内容为营造一个建设性的学习环境，在第 15 章和第 16 章将会评估学生的表现。这些活动都是有效教学的必要组成部分，对学生最终学到什么、达到什么目标有着重要的影响。然而在我们对这几方面得出结论的时候，还必须牢记对单个的学生我们了解多少。我们会发现教学设计、教学、课堂环境、评估活动会相互影响，并影响到学生的个性与行为，同时学生的个性与行为也会影响到这些活动（见图13—1）。

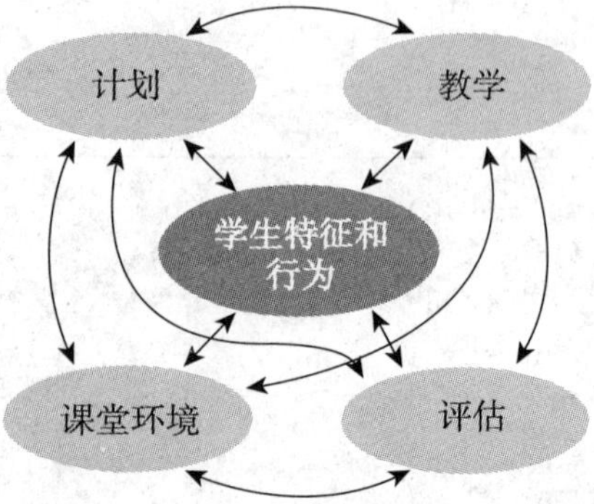


**图13—1　计划、教学、课堂环境、课堂评估和学生特征不是独立的，而是彼此相互影响的**

本章主要讨论以下问题：

- 在为日常教学乃至整个学年制订教学计划时，如何能做到最好？
- 如何有效地利用讲解式教学来教新的内容——即直接把要学生知道、理解、运用的知识呈现出来？
- 如何运用各种实际操作和练习活动来帮助学生获得新的知识和技能？
- 运用什么样的策略，可以使学生向教师学习的同时同学之间也可以相互学习？
- 运用什么样的指导方针可以帮助教师在不同的情况下采用恰当的教学策略？

## 个案研究：俄勒冈州的踪迹

5年级教师米切尔·米妮切洛最近开始了一个新的单元，内容是关于19世纪40年代美国定居者在俄勒冈州西行的踪迹。这节课主要讲的是西行的家庭对这段漫长而艰难路程[1]的准备活动。

米妮切洛女士告诉她的学生“有顶棚的四轮马车为4×10英尺大小”。她让学生把课桌挪开，将教室的中间打扫干净，然后指导学生用遮蔽胶带在地毯上摆成一个4×10英尺的矩形。“这就是一般有顶棚的马车的大小，它会给你的家人和随身物品多少空间呢?”学生们一致认为马车的实际空间比他们想象的要小，不能放置多少随身物品。

“所以他们对自己在旅途要携带的物品有严格的挑选，”米妮切洛女士说道，“我们
452 一起进行头脑风暴想想定居者们可能会要携带的物品吧”。学生们提出了很多可能性：食物、马车的备用部件、锅碗瓢盆、毯子、换洗的衣服、步枪、子弹、几桶水、药物等。米妮切洛女士把所有这些都写在黑板上，并且要求学生说得更详细一些（例如什么样的食物？每种有多少?），然后发放一份阅读材料，上面罗列了一般家庭在这次旅途中实际可能携带的物品。在学生以合作性学习小组的形式阅读和讨论阅读材料的时候，米妮切洛女士在学生中间走动，给他们展示马车里装满了家人和必需品后的旧照片。

学生阅读完了材料之后，米妮切洛女士指导学生对比自己在黑板上列出的物品，并继续讨论，讨论者中还包括也在教室的特殊教育教师贝瑞女士。

米女士：你们认为我们列出的清单准确吗？有什么地方要修改吗？

娜西：我们还需要更多面粉。

简妮：（参考材料上提供的物品）我认为他们不需要带100磅的咖啡。

科特：（也参考材料上提供的物品）我认为他们不需要50磅的猪油。

米女士：你们谁知道“lard”是什么意思？

汤姆：是一种动物脂肪。

贝女士：他们用来做饭的，也做其他的用途。

米女士：你们认为他们会用来防水吗？

贝女士：可能吧。

米女士：有一些东西是这些开拓者们为什么而准备的呢？（她正在提醒学生回忆他们刚刚读过的阅读材料中的信息）

马克：爬山。

瑞内：过河。

贝女士：如果要过沙漠会怎么样？

娜西：会需要很多水。

汤姆：需要牛的食物。

米女士：如果现在你们要准备这样的一次旅行，即你们要离开自己生活的地方去远行，你们会携带什么物品？

米歇尔：计算机。

洛：手机。

戴娜：冰箱。

瑟里兹：我的小狗。

米女士：现在这些开拓者们是去哪儿呢？

科特：北极或者是南极。

汤姆：太空。

米女士：想象一下，如果你家生活得不好，需要搬到很远的星球上去，到那里的费用很高，你只可以带一件物品，假设有食物和睡觉的地方，那么你要从中选择一件物品。给大家五分钟时间来选一件物品，并且解释原因。

米妮切洛女士把索引卡片分发给大家，让学生写下自己的答案。她给学生几分钟时间，然后问道："有哪位同学感到只选一件物品是很难做到的？"基本上所有的学生都举起了手。米妮切洛女士说，"我想让你们意识到的是，如果你是一个生活在那个时候的孩子，让你们抛下自己的大多数东西的确是很难的。"

- ✧ 学生是否都参与到了课堂活动中？有哪些证据表明他们正在学习？
- ✧ 米妮切洛女士用了什么具体的教学策略来使学生参与课堂并激发其动机？她用了什么策略来帮助学生理解 19 世纪中期长途旅行的特点？

## 教学策略纵览 453

米妮切洛班上的学生都积极参与了课堂教学（例如，他们都积极回应她的问题），并且他们也肯定从中学到了知识（他们在读完阅读材料后对自己列的清单进行调整，而且可以回忆那些定居者所面对的困难）。为了调动学生的积极性，使他们参与课堂活动，米妮切洛老师采用了第 11 章和第 12 章已确定的几种教学策略：

- ✧ 她使这节课堂变成一节社交的、互动的课。
- ✧ 她通过身体活动来激发学生对情景的兴趣（学生们把课桌搬开，在教室中间的空地来标出马车的大小）。
- ✧ 她引发了认知失调（阅读材料上列出的清单和学生们在课堂得出的有所差别）。
- ✧ 她提出了一个有挑战性的问题（"你只能选一件物品…"）。

另外，米妮切洛女士还鼓励有效的长时记忆存储过程——有意义学习、组织、精制加工、视觉想象：

- ✧ 她运用遮蔽胶带建造的马车和照片使主题变得具体生动。
- ✧ 她在课堂上让学生考虑因果关系来调整必需品清单（“有哪些东西是这些开拓者们不得不为之准备的呢?”）。
- ✧ 她要求学生设身处地地想象自己可能遇到的困难。

米妮切洛女士在教课的时候使用了多种教学策略，其中很多都反映了教师导向的教学，教师在其中起主导作用，教师选择要讨论的主题，并指导学生进行活动等。即使她提问学生一些有开放性答案的问题（例如在典型的具有顶棚的马车上，它会给家人和必需品留有多少空间？这些开拓者们会用这些物品来做什么呢?）时，她也是在引导学生得出她所希望的有关俄勒冈州当时生活的结论。但是她所采用的一种策略，即组织一个合作性学习小组来学习关于西行的阅读材料，反映了学习者导向的教学，在这种教学中，学生对自己提出的问题及解决问题的方式有很大的发言权[2]。

在传统意义上来说，在大多数小学和中学的课堂中，教学主要是教师导向的。然而教育者越来越意识到学习者导向的教学活动的价值，不仅是为了促进课堂学习和提高学习成绩，而且也为了提高学生在毕生的成功中所必需的元认知能力和自我调节技能。最终，到底是采用学习者导向的教学策略还是教师导向的教学策略，或是像米妮切洛女士那样把两者结合起来，还要取决于教学目标和学生原有的知识技能。当你读过这章内容后，就不会想要选择唯一的最好的教学策略了，相反，会考虑不同的策略可能或多或少适合不同的教学内容，以及如何在一节课中把它们有效地结合起来。

为了组织这章的讨论内容，我在四个大的标题下对教学策略进行了分组。任何一位教师要做的第一步就是制订教学计划——事先决定要教什么和怎样最好地教。然后我们再来看教学方法的其他三个大的分类：讲解式策略（直接呈现要教授的内容）；实际操作和练习活动（让学生积极参与主题活动——可能是学生自己发现一个现象，练习一套新的程序，在一种新的情境中运用一个概念）；互动协作策略（让学生讨论某个主题，或用其他方法在学习上互相帮助）。

454 然而，需要记住的是，这四种策略可能在很大程度上混合在一起。例如，制订教学计划不一定只在教学开始之前，作为教师，我们必须在一节课或一个单元进行过程中不断地修改我们的计划（至少在头脑中）。另外，讲解式策略有时候也会包括实际操作的成分（就如本书的“亲身体验”所展示的那样），也经常包含师生互动，也可能包括学生之间的互动。有的实际操作活动实际上是协作性的。例如，学生会以合作小组的方式来解决挑战性问题或进行真实性活动。

## 制订教学计划

有效的教学在学生进入教室之前早就开始了。好的教师会适当地提前制订计划：确定他们想要学生获得的知识和技能，决定教授这些知识和技能的合适顺序，开发课程和活动，最大限度地促进学习，并让学生持续保持对学习任务的动机。在理想的情况下，他们还会和其他的教师合作来协调其课程计划，例如确定他们要共同实现的教学目标，或者设计两个或更多的跨学科单元，其中包括两个或更多的学科领域。

### 确定教学目标

计划教学的一个必要的部分就是确定学生要在一节课或一个单元要学到的具体内

容，或者学生在整个课程或一个学期、一个学年要学到的内容。教育者用了很多术语来表示这些最终学习结果，如目标（goals）、目的、结果、熟练、目标（targets）、基准（benchmarks）和标准。在这本书中，我们用教学目标（**instructional goals**）来描述一般的、长期的教学结果。用教学目的（**instructional objectives**）来指一节特定课或一个单元的更加具体的教学结果。

不论我们用什么术语，教学期望达到的最终结果将会影响我们教什么，怎么教，以及怎样评估学生的学习和成就。例如，如果一个关于加法的单元的目标是有关数字事实的知识，那么我们就要采用操练的方法（可能是幻灯片，可能是像游戏一样的电脑软件）来提高学生有关这些知识的自动化程度，我们可能要使用限时测验来考查学生迅速而又容易地回忆这些知识的能力。但是如果我们的目标是对数字事实的应用，那么我们就要把教学和评估的重点集中在应用题或者涉及真实物品和动手测量的活动上。

学生在知道了一节课或一单元的教学目的后也会有所受益。当他们知道教师想要他们达到的目标后，他们可以对如何集中精力和分配学习时间做出更好的决策，也可以在阅读或学习时更有效地监控他们的理解（Gronlund，2004；McAshan，1979）。例如，如果教师告诉学生他们希望学生将数学概念和程序应用到日常生活中去，这和告诉他们要记住这些数学公式和定义相比，学生将以十分不同的方式思考和学习数学。

有些教学目标和目的是最低限度上所必需的，即学生在进入下一个单元、课程或者年级的学习之前必须完成（Gronlund，2000）。例如，如果小学生已经掌握了加法，那么他们就能很容易学会乘法，高中生在学习用符号表示化学反应之前必须知道化学元素的符号。相反，许多长期目标实际上被看作不断发展的：它们包括在学校期间甚至到成年期都会继续发展的一些技能和能力（Gronlund，2000）。即使当这些长期目标在学生正式教育阶段不能全部达到，在教师计划课程的时候也应该把这些目标当作最重要的东西留在脑海中。

**根据州、国家及国际标准来调整教学目标**

人们对于学生在小学和中学应该学到什么东西有各种不同的看法。例如，你可能会听到有些父母、纳税人和政策制定者主张增加学生的事实性知识——一种回归基础或文化教养的观点（e. g.，Hirsch，1996）。但是正如我们在第 8 章中看到的，基本的事实 455
和信息很少有或者没有迁移到新情境中的可能，学生最终能从中受益最多的是高级思维技能（如，问题解决、批判性思维）和一般的思维习惯（如，科学推理，从历史事件中进行推论），这些高级技能对各学科都很重要（P. A. Alexander，1997；Berliner，1997；Sawyer，2006）。

在美国，各个州的政府和教育部门，包括一些地方学区，都建立了全面的内容领域标准，来指导从学前班或 1 年级到高中的教学和评估活动[3]。这些标准一般确定了符合各个年级水平的阅读、写作、数学、社会研究的具体目标。有些还确定了在艺术、音乐、外语以及体育等方面的目标。为了更清楚地说明这一点，表 13—1 呈现了印第安纳州针对 1、4、7 和 11 年级所制定的阅读理解的标准。需要注意的是，这些标准主要集中在高级技能上，例如确定文章大意，做出预测和评价信息等。

更多额外的指导来自由代表各个学科的国家或国际组织创立的标准。许多具体学科的专业组织确立了学科领域的标准，这些标准反映了这个领域许多专家的思想的综合。对此，表 13—2 举出了一些例子。

特定内容领域的已有标准对帮助我们将教学集中在几种重要的教育目标上无疑是有益的。例如在表 13—1 最右边一列，我提出了可能符合印第安纳州阅读理解教学目标的一些教学策略（在 15 章内我们会详细说明如何为同一个教学目标确定不同的评估策略）。然而我们也必须记住这些已有的内容领域标准有一些局限性。第一，这些标准是根据不同年级要教授的有代表性的主题和技能来设定的，而不是以学生在不同的年龄能合理地达到什么样的目标的发展性研究为基础的（e. g.，vanSledright & Limón，2006）第二，有些标准的设定经常很烦琐，可能会误导教师只注重片段的、表面性的主题内容，而不是根据我倡导的“更少就是更多”的原则来设定的。或许最重要的是，这些标准忽视了在这些特定教学内容之外的目标——有效的学习策略、自我调节技能以及良好的社交技能等。

456 **表 13—1　　发展趋势——印第安纳州不同年级水平的阅读理解标准**

| 年级水平 | 年级特有标准的例子 | 适合一个或多个标准的策略的例子 |
| --- | --- | --- |
| 1 年级 | • 回答谁、什么，何时、何地、为什么和怎么样的问题，辨认所读材料的主要观点。<br>• 遵循一步写作的指示。<br>• 运用上下文理解单词和句子的意思。<br>• 将先前知识和所读内容联系起来。 | • 阅读很有趣的故事，经常停下来问学生超出文章内容的问题（例如，要求学生推测人物可能的感受）。<br>• 当学生在小组中阅读短篇故事时，偶尔要学生总结至今为止发生的事情。<br>• 在工作表中包括简单的写作指导，旨在提高学生的基本技能（例如，“把押韵的单词用横线标出来”）。 |
| 4 年级 | • 当为不同目的阅读时采用适当的策略。<br>• 通过使用文章中出现的观念，包括插图、标题、主题句、重要词语，预示性的线索（暗示下一步可能要发生什么的线索）以及直接引用得出结论或做出预测并进行证实。<br>• 通过与已知的信息或观点做比较，评价新的信息或假设（理论或假设的陈述）。<br>• 在信息丰富的文本中区分出原因和结果以及事实和观点。 | • 当学生在学校图书馆查资料时，描述用来查找参考书中所需信息的有效策略。<br>• 在学生以小组形式讨论适合其年龄的小说时，要求学生预测情节可能会如何发展，并在文章中找出支持自己预测的线索。<br>• 在学生阅读历史书中的段落时，要求学生确定事件中的因果关系（陈述的或是暗示的）。 |
| 7 年级 | • 理解和分析不同类型的信息材料（例如课本、报纸、教学的或科技的材料）在结构和目的上的不同。<br>• 确定并追踪作者的论据、观点或视角在文章中的发展变化。<br>• 按照技术手册的使用说明来理解和解释简单机械设备的使用。<br>• 评价作者用以支持其主张或断言的论据的充分性、准确性和恰当性，并注意偏见和刻板印象的例子。 | • 要学生分辨那些他们可能用来帮助自己组织和学习内容的标题和组织结构。<br>• 给学生呈现议论文的样例，让他们找出主要思想和支持论据。<br>• 在演示了如何使用显微镜后，准备一些来自当地的有青蛙的池塘里的水的幻灯片，让学生遵循一系列书面指导语重复这一过程。 |

续前表

| 年级水平 | 年级特有标准的例子 | 适合一个或多个标准的策略的例子 |
|---|---|---|
| 11 年级 | • 分析课文的组织模式、主要观点，以及语言的组织、用词选择是怎样影响意思表达的清晰性的。<br>• 通过利用各种不同的消费群体、工作场合和公开文件来核实并澄清几种类型说明文中的事实。<br>• 分析作者关于一个主题的内隐的和外显的假设和信念。<br>• 评论公共文件中提出的论据的力度、效度和真实性；它们对善意的或者敌意的读者的吸引力；论点在何种程度上预期和涉及读者的担忧和反驳。 | • 学诗歌时，要求学生找出单词和短语的多种可能的意义，让学生思考诗音步是怎样影响诗人表达的情绪的。<br>• 要求学生辨明在历史课本对事件的描述文章中隐藏的未声明的观点（例如一个组是“好的”或“正确的”，另一个组是“坏的”或“错误的”）。<br>• 让学生阅读关于同一个事件的几篇社论，评价每个作者说服性策略的有效性。 |

资料来源：Standards（middle column）are from a Web site maintained by the Indiana Department of Education. Retrieved January 2007 from www. indianastandardsresources. org。

**表 13—2　　不同学科标准的网站**

| 内容领域 | 组织 | 网址 | 到那里之后[a] |
|---|---|---|---|
| 公民和政府 | 公民教育中心 | www. civiced. org | 先找到出版物，然后找到资源材料。 |
| 英语和语言艺术 | 全国英语教师理事会 | www. ncte. org | 点击快捷联系菜单，然后选择标准。 |
| 外国语言 | 美国外语教学理事会 | www. actfl. org | 点击出版菜单，然后选择外语学习的标准。 |
| 地理 | 全国地理教育理事会 | www. ncge. org | 点击地理，选择地理标准。 |
| 健康、体育和舞蹈 | 全国运动和体育教育学会 | www. aahperd. org/NASPE | 点击出版菜单，然后选择国家标准和活动指导。 |
| 历史 | 全国学校历史中心 | www. sscnet. ucla. edu/nchs | 点击历史标准：在线版。 |
| 信息素养 | 美国学校图书管理员协会 | www. ala. org/aasl | 点击问题和支持，然后点击信息素养。 |
| 数学 | 全国数学教师理事会 | www. nctm. org | 点击 NCTM 标准。 |
| 音乐 | 全国音乐教育学会 | www. menc. org | 点击国家标准。 |
| 科学 | 全国科学研究会 | www. nap. edu | 打印国家科学教育标准。 |
| 视觉艺术 | 全国艺术教育协会 | www. naea-reston. org | 点击出版，然后点击出版目录。 |

a 这些步骤在我完成 2007 年一月份的草稿中帮助了我，虽然这些网址有很多动态的特征，但是当你进入讨论中的网站的时候，你会发现你必须做点不同的事情。

### 制定有效的目标和目的

由于已有的教学内容标准的局限性，我们不能一味地依靠这些标准，教师也必须设定自己的目的和目标。我们应该确定可以对我们设计教学活动和评估程序提供具体指导的目的和目标。在“走进课堂——选择合适的目标和目的”中提供了一些设计有效目标和目的的建议。

在走进课堂栏目中，一个特别重要的建议就是包括各种不同复杂程度的目的和目标。一个可以帮助我们在辨别学生应该学习什么和能做什么时保持从大处着眼的工具就是最近版本的布鲁姆分类，这个表列举了从简单到复杂的六个一般的认知过程：

**1. 记忆**：再认或回忆以前学过的知识和储存在长时记忆中的知识。

**2. 理解**：从教学材料和信息中构建出意义（例如，进行推理、辨别新的例子、总结）。

**3. 应用**：在相似的或新的情境中运用学过的知识。

**4. 分析**：把信息分解为各个组成部分，找出这几部分的相互关系。

**5. 评价**：用一定的标准对信息进行评价。

**6. 创造**：把学过的知识、程序或者两者结合起来，形成一个连贯的、有结构的，甚至可能有独创性的整体。（L. W. Anderson et al.，2001）

这个分类表并没有全部罗列学生在学习课堂主题时要学的内容。例如，它没有包括心因性动作技能或与主题相关的创造性态度。但是这个分类表可以提醒我们在教学中除了回忆孤立的事实之外，对学校学习和学业成就还有很多事情要做。

458

## 走进课堂——选择合适的目标和目的

- 参考地方、州、国家以及国际标准，但是不能只依靠这些标准。

  一个中学科学老师在设定教学目标时参考了州级的科学标准和由美国国家科学院公布的标准，另外他还确定了两个目标与直接影响市内学区学生的两个问题：空气污染和营养不良联系起来。

- 同时确定短期目的和长期目标。

  一位小学教师要求学生一周学会拼写10个新单词，同时要求学生在学年末写出语句连贯和句法正确的小故事。

- 除了与具体主题和内容相关的目标之外，还要设定与学生的总的长期学业成功有关的目标。

  一名中学的社会研究教师意识到青少年早期是发展学习策略的很重要的时期，这些策略在高中和大学都要用到。在整个学年内他都坚持介绍有效记忆课堂主题的策略——学生可能用到的组织笔记的策略、可以用来帮助他们记忆特殊事实的记忆术、当他们阅读教材时可以尝试回答的问题。

- 包括不同复杂程度的目的和目标。

  一位高中物理老师不仅要求学生知道机械工具的基本类型（如杠杆、楔），还要求学生能在现实生活中识别机械工具，并运用它们解决实际问题。

- 考虑生理、社会和情感性结果的同时考虑认知结果。

  一名体育教师要求学生了解篮球的基本规则，并正确运球和传球。他还想要学生获得热爱篮球的态度，和队友合作的有效方式，以及对保持身体健康的一般愿望。

- 不是根据教师会在课堂上做什么，而是根据学生在教学结束时应该能做什么来描述目标和目的。

  一位西班牙语教师知道他的学生很容易混淆动词“estar”和“ser”，因为他们都能翻译成英语中的“to be”。所以他这样为学生设定目标：要求学生能够正确地变化这两个动词的现在时，并且在合适的情境中使用每个动词。

- 在制定短期目的时，要确定能够反映目的完成的具体行为。

  在学习食物金字塔单元时，一名小学教师为学生设计了以下目标："学生要设计一份早餐、午餐和正餐的菜单，按合理比例把金字塔的所有成分都包括进来。"

- 在设定包括复杂的主题或技能的长期目标时，要列出几个抽象结果，并给出能反映每一抽象结果的具体行为的例子。

  一所中学全体教工为他们学校的所有学生设定这样的目标："学生要表现出有效的课堂听课技能，例如记完整正确的笔记，准确回答教师的提问，在不懂时设法澄清。"

- 为学生提供机会自己设定一些目标。

  一位高中艺术教师要求学生在一个学期内选择自己感兴趣的特定材料，例如彩色蜡笔、油彩和泥土，确定至少三种使用现在的材料想要提高的技能。她帮助学生制定他们将要努力的具体目标以及用来评价他们进步的具体标准。

资料来源：Some suggestions based on Brophy & Alleman，1991；N. S. Cole，1990；Gronlund，2000，2004；R. L. Linn & Miller，2005；Popham，1995。

## 进行任务分析

457

除了确定教学目标和目的之外，我们还需要决定如何最好地把复杂的主题和技能转化为易处理的，让我们参考一下这四位教师的方法：

- 贝格女士计划教 3 年级学生怎样解算术应用题。她还想帮助学生从他们阅读的东西里学到更多东西。
- 马尔扎诺先生是一位中学的体育教师，他正在开始一个关于篮球的单元，他想要学生发展足够熟练的体育技能，无论在有组织的学校篮球队或是在与同学和邻居的不太正式活动中打篮球都能感觉轻松。
- 吴先生是初中的音乐老师，他要教新来的小号队的学生在新年游行时怎样演奏经典名曲《76 支长号》的公认版本。
- 弗洛雷斯女士是一位高中社会研究教师，她准备给学生介绍联邦司法制度的复杂性。

这些教师有共同点：他们想要教复杂的主题或技能。所有这四个都要进行任务分析，识别掌握主题所必需的具体知识和行为。然后任务分析可以在他们选择最合适的方法和顺序来教这些主题时起指导作用。

图 13—2 用图说明了任务分析有三种一般的方法（Jonassen，Hannum & Tessmer，1989）：

- 行为分析。一种有效的任务分析法就是找出要执行复杂任务所需的行为（类似行为主义者那样）。例如，马尔扎诺先生就可以找出具体的身体活动和行为，包括运球、传球、投篮。类似地，吴先生可以找出学生成功演奏小号要掌握的动作：拿住乐器，把手指正确的放在活栓上，正确的向吹嘴吹气，等等。
- 主题分析。另一个方法就是把主题分解为它所包含的具体论题、概念和原理。例如，弗洛雷斯女士可以找出司法系统的各个部分（证明有罪之前是无辜的以及合理的怀疑等概念，法官和陪审团所扮演的角色）以及它们之间的关系。吴先生在教乐器的同时还需要教如何读乐谱，分析学生必须会辨认的乐谱的基本要素：三重音和低音谱号，不同音符相对应的拍子等。

当要教的主题包括很多相互关联的观点和概念时，主题分析尤为重要。从认知心理学 459

的观点来看，我们在教那些观点和概念的同时把其间的关系也教给学生，可以帮助他们更有意义地学习课堂知识，更好地对知识进行组织并放入长时记忆中，更有效地记住它。

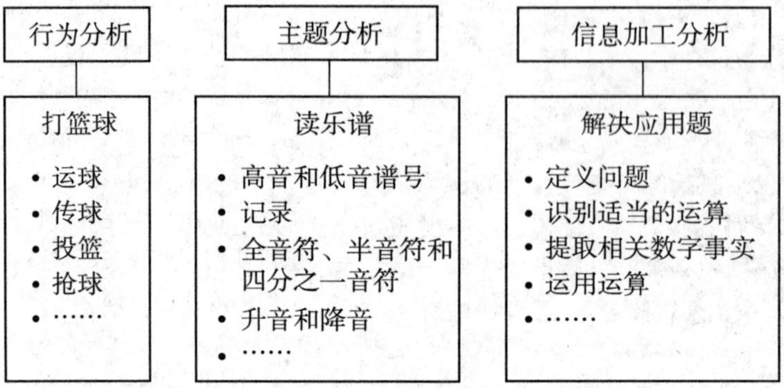


**图 13—2　任务分析的三种方法**

- 信息加工分析。第三种方法就是将具体分析包括在任务中的认知过程中。举个例子，贝格女士可以把成功解决算术应用题的心理过程具体化出来，例如对问题正确分类，编码（确定这个问题是要用加法，还是减法等）以及快速提取基本的数字事实。她也可以确定在阅读理解中有用的具体认知策略，例如找主要观点、精制加工和总结。

为了体会任务分析包括哪些内容，尝试下面的练习。

## 亲身体验·花生黄油三明治

对制作花生黄油三明治的过程进行任务分析：

1. 决定你的方法应该是任务分析，主题分析还是信息加工分析。
2. 使用你选择的方法，把制作三明治的过程分为确切的、可教授的小步骤。
3. （任选）如果你很饿而且手中有现成的制作材料，用你自己的方法步骤来制作一个三明治，你所选择的分析是否遗漏了重要的步骤？

---

如果你选择的是行为分析，那么这是个很好的选择，因为制作一个三明治是一个行为而不是心理过程，例如你必须知道如何拧开装花生黄油的罐子，在刀子上涂抹适量的花生黄油，如何足够轻柔地把黄油摊开，而不把面包弄破，等等。

为复杂的主题或技能选择任务分析至少有两个优势（Desberg & Taylor，1986；Jonassen et al，1989）。第一，当我们确定任务的具体成分的时候（不论是行为、观念和思想或者认知过程）我们对学生需要学到什么以及最有效学习的顺序获得更好的了解。例如吴先生必须在教他的学生如何吹出不同的调子之前要确保他们可以正确地吹气。

第二，就是任务分析可以帮助我们选择恰当的教学策略。例如，如果说从记忆中快速回忆数学事实是解决算术应用题很必要的一个成分，那么重复练习这些事实对发展自
460 动化就是至关重要的。如果解决这种问题的另一个重要的方面是识别相关的运算程序（加减等），那么我们必须促进数学概念和原理的真正理解——或许可以用具体可操作的

或真实的活动。

有时候，任务分析可以引导我们推论出：我们可以通过分别教授复杂任务的全部或部分成分来更有效地教复杂的任务。例如，吴先生可以要求他的初级小号班学生一开始先学习如何正确地向吹嘴吹气而不管会发出什么音调。然而，在其他情况下，在综合的任务背景中完整地教所期望的知识和行为会更合适。这样，我们这个主题对学生会更有意义。例如，贝格尔女士当然应该主要是在真实阅读任务的情境中教学生有效学习阅读材料所包含的过程，包括精制加工、总结等。

### 设计一节课的教案

在确定了教学目标并且进行了任务分析之后，有效的教师就会设计教案来指导他们完成教学。一个典型的教案一般有如下几个部分：

✧ 这节课的教学目标。

✧ 所需要的教学材料（教材、印刷材料）和需要的设备。

✧ 教学策略以及使用这些策略的顺序。

✧ 计划好的评估方法。

当然，所有的教案都要考虑到将要进行学习的学生，他们的发展水平、先前知识、文化背景等。

作为一个新教师，你可能要把教案设计得很详细来描述你准备如何帮助学生学习要教授的主题（Calderhead，1996；Sternberg & Horvath，1995）。例如当我在教中学地理课还有大学心理学课的时候我都会花费几个小时写下下周要讲的信息、要列举的例子、问题和我想要使用的学生活动[5]。但是当你获得了教一些主题的经验之后，你会知道哪些教学策略是有效的而哪些不是，您就会经常选取有效的策略，从长期记忆中提取这些策略会很容易。因而随着时间的推移，你会发现设计教案不再那么费时，你大可在头脑中而不是纸上来准备很多材料（Calderhead，1996）。

我们应该把教案看作一个指导而不是一成不变的照搬，换句话说，作为一个一般的教案应该而且可以随着教学的发展而有所调整（Calderhead，1996）。例如，在我们讲课的时候如果发现学生的先前知识比我们所预期的要少得多，那么我们可能需要返回去把他们没有掌握的那些原有知识补充回来。或者学生表现出对某个特定主题的好奇或特别感兴趣，我们就会多花些时间在这个知识点上面。

随着教学时间的不断推移，我们的长期计划也要随之改变，我们可能发现一开始对要学的知识或技能的任务分析过于简单。或者发现我们对学生成就的期望不切实际地过高或者不必要地过低。随着教学的进行以及课堂评估对学生的学习和成就情况的揭示，我们必须不断修改我们的教案。

## 讲解式策略

461

毋庸置疑，教师运用最广泛的方法就是讲解式教学，信息的呈现方式与所期望的学生学习的过程相契合的一种教学。米妮切洛女士在教授俄勒冈州的西行时多次用到讲解式的方法，她展现了当时的马车的尺寸大小，分发有关这些家庭如何为这次长途旅程装载行李的材料，并且展示了先驱家庭和他们临时住所的照片。

讲解式教学（教材和教育录像）的一些形式主要是单向的，就是信息只从一位专家传递给学生。但是大多数形式是教师（可能是虚拟的教师，例如计算机）与学生之间的信息交换。我们将要讨论讲解式教学的几种形式和方法：讲座和教材、掌握学习、直接教学、基于计算机的教学和在线研究。[6]

## 讲座和教材

一些理论家会批评讲座和教材把学生放在了被动的位置。从行为主义的观点来看，学生必须在积极的反应中（并且从这些反应中获得强化）才能学到东西，但是学生在听讲座或者阅读课本的时候只是安静地坐着，很少做出可观察到的反应（Skinner，1968）。然而许多认知心理学家认为学生在这种看似被动的情况下心理状态常常是积极活跃的（Ausubel et al.，1978；Mayer，2004；Weinert & Helmke，1995）。从认知心理学的观点来看，学生能从讲解式教学中学到多少取决于他们怎样加工信息，也就是取决于他们做出的特定认知反应。学生注意越集中，就越有可能进行有意义学习、精制加工、组织等，他们从听到的讲座和阅读的课本中学到的东西就越多。

遗憾的是，讲座或教材并不是按照能促进学习的方式来呈现的，例如，你可能认为高中或大学教师的讲座是枯燥的、杂乱无章的、难以理解的，或者是不能激发动机的、没有信息含量的。对各种学科例如历史、地理、科学等的教材的分析发现，许多教材关注的是教具体的事实，而很少关注要以一种有意义的方式来帮助学生学习（Alleman & Brophy，1992；Beck & McKeown，1994，2001；Chambliss & Calfee，1989）。

我们可以使用什么策略帮助学生从课堂讲授和阅读任务中学到更多的东西？下面的练习可以给你一些作为学习者可以借鉴的技巧。

**亲身体验·从本书中找到教学法**

1. 返回到本书中前两三章的内容，找到我帮助你们有效学习和记忆材料所做的具体事情。我用了什么样的策略促进你的认知加工？
2. 在同样的几章内容中，你能否发现对所呈现的哪些内容理解有困难？在这些情况下我可以做什么？

---

我希望亲身体验的练习帮助你将新的主题与你自己的知识和经验联系起来，我还希望个案研究以及学生和教师的作品可以使抽象的观念变得更加具体、易于理解。可能一些图解、表格和小结有助于你组织概念和原理。如果你发现书中有什么难以理解的或有什么其他的问题，请让我知道。[7]

462 研究者已经确定了各种可以提高讲解式教学效果的因素。表13—3呈现了不管什么时候当我们需要以单向方式呈现信息时要记住的几条一般原则。在阅读过表格后，把迄今为止你已经学到的知识应用到下面的练习中。

讲座，教材和其他单向形式的教学有一个明显的优势：我们可以把信息快速而准确地呈现出来。但是它的主要缺点就是不允许我们对学生在主题的学习进程中进行评估。当我们需要确定学生是否掌握了对后续学习所必需的信息和技能时，就要考虑下面三种教学策略：掌握学习、直接教学和基于计算机的教学。

**表 13—3　　原理和假设——讲解式教学的原理**

| 原理 | 教育含义 | 例子 |
| --- | --- | --- |
| 先行组织者（呈现将要学习的材料的整体组织框架的一个言语的或者图表介绍）有助于学生在学习的知识间建立有意义的联系。 | • 通过描述要讨论的主要观点、概念，并展示它们如何相互联系来引进一个新的单元。 | • 介绍脊椎动物的单元时先介绍："脊椎动物都有脊椎。然后我们讨论脊椎动物的五个门类：哺乳动物，鸟类，爬行动物，两栖动物和鱼类。它们之间有区别，包括他们是温血动物还是冷血动物，是否有毛发、鳞片或羽毛，是产卵还是分娩产生下一代。" |
| 如果学生的已有知识和信念是正确的（见第 6 章先前知识激活的讨论），那么持续联系先前知识可以帮助学生更有意义的学习课堂材料。 | • 提醒学生回忆他们已经知道的，即激活学生的先前知识，并指出新概念是怎样与先前知识相关联的。指出学生对这个知识点的任何错误信念（见第 7 章关于概念转变的讨论）。 | • 在冰川怎样形成和当原料被倒入平底锅时烤薄饼怎样变化的之间做个类比，当越来越多的原料被加到中间的时候，边缘就扩展得越来越远。 |
| 有组织地呈现材料有助于学生在观点之间建立恰当的联系。 | • 通过使用有组织的结构来呈现信息，帮助学生用一种特别的方式对材料进行组织。 | • 用概念地图描述一个主题的主要概念和观点以及它们之间的相互关系（见第 8 章概念地图的讨论）。 |
| 呈现各种信号（例如斜体印刷、点缀的问题）可以将学生的注意引向重要观点。 | • 强调重要观点——把它们写在黑板上，对其进行提问，或简单地告诉学生什么是要重点学习的。 | • 当布置教材章节作为家庭作业时，确定学生在阅读这一章时应该尽力回答的几个问题。 |
| 视觉辅助有助于学生对材料进行视觉和言语编码。 | • 用图片、照片、表格、地图、物理模型和演示来讲解新材料。 | • 当描述美国内战的主要几场战争时，呈现一个地图并说明每场战争是在哪里发生的，并指出有些战争发生在很有战略性的位置上。 |
| 适当的进度给学生充足的时间加工信息。 | • 要适当慢地呈现知识，以便学生进行推论、形成视觉表象以及以其他方式进行有效的长时记忆存储加工。 | • 用一些解释你正在描述的观点的演示或者动手操作的活动来点缀很长的解释。 |
| 总结有助于学生复习和组织材料、抓住大意。 | • 在一个讲座或阅读任务之后，对一节课的重点进行总结。 | • 在艾米丽·迪更生这一单元的最后，通过描述使她的诗作如此独特和有影响力的特征对她的作品进行总结。 |

资料来源：Bulgren，Deshler，Schumaker & Lenz，2000；Carney & Levin，2002；Corkill，1992；Dansereau，1995；Donnelly & McDaniel，1993；E. L. Ferguson & Hegarty，1995；Hansen & Pearson，1983；J. Hartley & Trueman，1982；Krajcik，1991；J. R. Levin & Mayer，1993；M. C. Linn et al.，1996；R. F. Lorch，Lorch & Inman，1993；Mayer，1989；Mayer & Gallini，1990；M. A. McDaniel & Einstein，1989；Newby，Ertmer & Stepich，1994；Pittman & Beth-Halachmy，1997；R. E. Reynolds & Shirey，1988；Sadoski & Paivio，2001；Scevak，Moore & Kirby，1993；M. Y. Small，Lovett & Scher，1993；Tennyson & Cocchiarella，1986；Verdi & Kulhavy，2002；Wade，1992；P. T. Wilson & Anderson，1986；Winn，1991；Zook，1991；Zook & Di Vesta，1991。

## 掌握学习

想象如果一个有 27 个人的班级（列在图 13—3 中），要开始学习关于分数的单元，学习的进程如下：

第一节课：全班要学习分数的基本概念，分数代表一个整体的一部分，分母就是指整体要被分成多少相等的份数，分子就是指有多少等份呈现。在这节课的最后，23 个学生理解了什么是分数，而莎莉，拉珊，詹森·K 和詹森·M 却是一知半解或完全迷惑不解。

463 第二节课：学习分数简化（例如 2/4 可以简化为 1/2，12/20 可以简化为 3/5）。上完课后，20 个学生弄清了这个过程，爱丽森、瑞奇和詹森·S 没有掌握这个原理，即要把分母和分子同时除以一个最小公分数。莎莉、拉珊和那两个詹森还是不知道什么是分数，所以对这节课没听懂。

464 第三节课：全班学习两个分数相加的过程，现在只看同分母分数相加的过程（例如，2/5 + 2/5 = 4/5，1/20 + 11/20 = 12/20）。到这节课结束时，19 个学生掌握了同分母分数相加的运算规则，马特、查理、玛丽亚·F 和玛丽亚·W 却总是把分母和分子都相加（例如 2/5+2/5=4/10）莎莉、拉珊、詹森·K 和詹森·M 还是不知道什么是分数。

第四节课：把分数相加和简化分数结合在一起讲。先把两个分数相加，如果有必要就把相加之和简化为最小分数式（例如 1/20+11/20 必须把相加之和 12/20 最小化为 3/5）。在这里穆罕默德、爱瑞萨、克伦落下了，因为他们总是忘记要把分数之和简化。当然莎莉、拉珊、爱丽森、瑞奇、马特、查理、玛丽亚·F 和玛丽亚·W 和三个詹森由于在前提知识技能上不足落下了。现在我们班级 27 个人中有 13 个完全理解了他们在做什么，还不到班级的一半（见图 13—3 最右边一栏的数据）。

| 学生 | 第一节课：分数的概念 | 第二节课：分数简化（建立在第一节课之上） | 第三节课：将分母相同的分数相加（建立在第一节课之上） | 第四节课：将分数相加并简化（建立在第二、三节课之上） |
|---|---|---|---|---|
| 莎莉 | ---> | ---> | ---> | ---> |
| 拉珊 | ---> | ---> | ---> | ---> |
| 詹森·K | ---> | ---> | ---> | ---> |
| 詹森·M | ---> | ---> | ---> | ---> |
| 爱丽森 | ⟶ | ---> | ⟶ | ---> |
| 瑞奇 | ⟶ | ---> | ⟶ | ---> |
| 詹森·S | ⟶ | ---> | ⟶ | ---> |
| 马特 | ⟶ | ⟶ | ---> | ---> |
| 查理 | ⟶ | ⟶ | ---> | ---> |
| 玛丽亚·F | ⟶ | ⟶ | ---> | ---> |
| 玛丽亚·W | ⟶ | ⟶ | ---> | ---> |
| 穆罕默德 | ⟶ | ⟶ | ⟶ | ---> |
| 爱瑞萨 | ⟶ | ⟶ | ⟶ | ---> |
| 克伦 | ⟶ | ⟶ | ⟶ | ---> |
| 凯文 | ⟶ | ⟶ | ⟶ | ⟶ |
| 洪里 | ⟶ | ⟶ | ⟶ | ⟶ |
| 马西 | ⟶ | ⟶ | ⟶ | ⟶ |
| 贾内尔 | ⟶ | ⟶ | ⟶ | ⟶ |
| 乔伊斯 | ⟶ | ⟶ | ⟶ | ⟶ |
| 唐明 | ⟶ | ⟶ | ⟶ | ⟶ |
| 乔吉特 | ⟶ | ⟶ | ⟶ | ⟶ |
| 拉维达 | ⟶ | ⟶ | ⟶ | ⟶ |
| 马克 | ⟶ | ⟶ | ⟶ | ⟶ |
| 塞思 | ⟶ | ⟶ | ⟶ | ⟶ |
| 乔安妮 | ⟶ | ⟶ | ⟶ | ⟶ |
| 瑞塔 | ⟶ | ⟶ | ⟶ | ⟶ |
| 肖恩 | ⟶ | ⟶ | ⟶ | ⟶ |

---> =没有掌握主题

⟶ =掌握了主题

**图 13—3　关于分数的序列和层级特征的知识如何影响学生学习**

掌握学习是指学生在继续下一个内容的学习之前必须显示出已掌握某一内容的能力，这样可以最大限度减小我们在向下一个更有挑战性的知识前进时落下学生的可能性（e. g.，B. S Bloom，1981；Guskey，1985）。这个方法是根据下面的三个假设而来：

✧ 基本上每个学生都可以学习一个知识点达到掌握的程度。

✧ 有的学生比其他学生需要更多的时间来掌握一个主题。

✧ 有的学生比其他学生需要更多的帮助。

可见，掌握学习代表的是乐观的教学方法，它假定大部分学生如果有足够的时间和指导都可以掌握学校的主题。[8]

掌握学习一般都包括下面几个成分：

1. **小的、不连续的单元。**主题被分解为许多节课，每节课都覆盖一小部分的知识，每节课完成小量的教学目的（可能是一到三个）。
2. **逻辑顺序。**单元之间的顺序是这样的，在更复杂的概念和程序之前学习基本的、基础的概念和程序。
3. **在每个单元结束时显示出已掌握。**只有在学生掌握了前一单元后才进入一个新的单元。掌握是用具体而详细的术语定义的（例如，正确回答至少 90%的测验题）。
4. **为需要额外辅导和练习达到掌握标准的学生提供额外的活动。**根据学生的个人需要来提供支持和资源。这些资源可能包括不同的教学方法、不同的材料、练习本、学习小组或个人指导。

进行掌握学习的学生经常根据自己的学习速度通过不同的单元，因而，不同的学生在给定的时间内可能在学习不同的单元，但是也有可能整个班级以相同的进度在学习。比其他同学更快地掌握某一单元的学生可以探索更丰富的活动，或者可以作为还正在学习这一单元的学生的指导者（Block，1980；Guskey，1985）。

研究证明，掌握学习相对于非掌握学习来说有几方面的优点。尤其是学生对主题有更好的态度、学得更多、在课堂评估中表现出更高水平。这种优势对低能力的学生更为明显（C. C. Kulik，Kulik & Bangert-Drowns，1990；Shuell，1996）。

另外，掌握学习的成分是和很多理论观点相一致的。操作条件反射理论家告诉我们复杂的行为通过行为塑造常常会更容易学会。而一个简单的反应要多次发生（或者说被掌握）才能受到强化，然后，一个稍微困难的反应受到强化，如此等等。认知心理学家指出，那些在解决复杂问题情境中需要被迅速提取和使用的信息和技能必须进行反复练习和透彻学习从而达到自动化。社会认知理论家认为，那些能够成功而且轻松解决特定任务的能力可能提高学生完成类似任务的自我效能感。 465

当学习内容具有层级特点时，也就是说，当某些概念和技能为下一步的学习提供基础时，掌握学习最合适。如果教学目标是诸如单词再认、语法规则、算术、关键科学概念，那么设计成促进掌握学习的教学是合适的。然而，要注意掌握学习可能对部分长期教学目标不适合，像批判性思维、科学推理和创造性写作等技能会随着从儿童、青少年到成年不断成长而持续发展，而决不会被完全掌握。

## 直接教学

一种综合了讲解式教学和掌握学习的教学方法就是直接教学，它使用各种技巧使学生不断地积极参与学习和应用课堂主题知识（e. g.，Englemann & Carnine，1982；R. M. Gagné，1985；Tarver，1992；Weinert & Helmke，1995）。在一定程度上，直接教学是基于行为主义者的观点，例如要求学生不断做出反应，通过教师反馈对学生的正确反应进行即时强化。但直接教学也考虑来自认知心理学的原理，包括强调注意和长时记忆储存过程的重要性、工作记忆容量的有限性以及学习基本技能达到自动化的重要性(Rosenshine & Stevens，1986)。

不同的理论家以某种程度上不同的方式描述和实施直接教学。但一般来讲，这个方法包含小而细致的步骤、快节奏以及大量的师生互动。每节课一般都包括下面的所有的或大部分的成分（Rosenshine & Stevens，1986)：

1. **复习以前学过的知识。**教师会复习旧课中的相关知识，检查包含那一内容的家庭作业，并且对学生没掌握的任何知识和技能进行再次教学。
2. **陈述这节课的目标。**教师描述学生在新课上需要掌握的一个或多个概念或技能。
3. **用小的但是有逻辑顺序的步骤呈现新材料。**教师通过口头解释、示范或者使用一个或多个例子来呈现少量的信息或具体技能。教师也可能提供先行组织者、提问题和其他方法来支持学生加工和记忆材料。
4. **在每一步骤之后指导学生练习并进行评估。**学生有很多的机会练习他们正在学习的内容，可以通过回答问题、解决问题或者使用模拟程序。教师对学生早期反应给予暗示，对学生表现给予及时反馈，对如何改进学习提出建议，在需要时提供补救教学。在学生完成了有指导的练习后，教师可以通过让学生总结他们已经学过的内容或者回答一系列跟进的问题对学生进行检查，以确保他们掌握了正在学习的信息和技能。
5. **独立练习。**一旦学生已经部分掌握（例如，可以正确回答80%的问题)，就让他们独立或以合作小组进行进一步练习。这样他们就可以向达到学习材料的自动化不断迈进。

466 6. **频繁的跟踪检查。**在整个学年中，教师可以通过布置家庭作业，写作任务或纸笔小测验等方式为学生提供许多机会复习以前学过的材料。

必要时教师要在这些步骤中来回往返，以确保所有的学生正在真正掌握主题内容。

就像掌握学习一样，直接教学最适合教定义良好的、应该一步步进行讲解的材料(Rosenshine & Stevens，1986)。由于要求高度的师生互动，直接教学以小组的形式常常比整个班级的形式更容易实施。尤其是以小组形式进行直接教学时，可以使学生同时在基本技能和高级思维过程上收获颇多，提高学生对学习主题的兴趣和自我效能感，减少学生的不良行为（Rosenshine & Stevens，1986；Tarver，1992；Weinert & Helmke，1995)。如果我们不改变教学方法来保持学生的兴趣和参与，一成不变地使用直接教学方法可能并不一定是有利的（Mac Iver et al.，1995；Wasley et al.，1997)。一个叫汤姆的少年很明显地表现出了对他一个高中教师一成不变的教学方法的反感。

> 我们学的知识一遍遍地重复，我的数学老师不喜欢课本，所以他使用自己的工作单，每天给我们许多，如果我们把所有的都做完了，就会拿到好分数。

那么，即使是在直接教学中，多样化也是激起学生动机的关键和重要来源。

## 基于计算机的教学

基于计算机的教学（Computer-based instruction，CBI)，是指通过仔细设计好的计算机程序来呈现的教学，一般包括很多掌握学习和直接教学的成分。例如，学生会一步步地遇到新信息、对新的技能有大量的支架和练习、不断获得关于他们进展的反馈。

在20世纪七八十年代的最早形式中，CBI主要是基于行为主义的积极反应、行为塑造和强化原理：学生通过一系列前后紧接的计算机框架呈现的少量的新信息，被要求回答问题，并获得反馈[10]。更现代的 CBI 软件一般反映了认知心理学和行为主义的原理。例如，有效的程序会吸引并维持学生的注意、鼓励有意义学习、呈现各种例子和实践练习来促进知识迁移到新的情境中（P. E. Merrill et al.，1996；Moreno，2006；Moreno，Mayer，Spries & Lester，2001）。

一些基于计算机的教学程序提供了基础知识和技能（如，数学事实、打字、音乐基础）的操练，帮助学生在这些内容上达到自动化。有的作为智能家教可以娴熟地指导学生完成复杂的主题，还可以预测和处理各种错误概念和学习困难（Koedinger & Corbett，2006；Lajoie & Derry，1993；Mathan & Koedinger，2005）。还有的可以教授复杂的学习策略、元认知技能和自我调节，并提供支持（Azevedo，2005；Graesser，McNamara & VanLehn，2005；Quintana，Zhang & Krajcik，2005；Wade-Stein & Kintsch，2004）。

在一些情况下，计算机的软件可以当作微型的百科全书，在怎样处理特定主题方面给学生提供相当大的余地。其中一种形式就是超文本，一种基于计算机的言语材料的集合，允许学生随意阅读一个主题，然后继续阅读相关的主题。例如一个学生可能读一篇 467
关于飞机的短说明文，而后选择跳到关于航天动力和飞行历史或军队航天器的具体介绍材料上来。超媒体是超文本的扩大版，它包括其他媒体如图片、声音、动画和音像。例如，一些基于计算机的百科全书使学生可以从文本跳到声音信息，然后跳到关于一个主题的影像。然而，要记住有些学生可能需要大量的教师指导和支持来做出明智的选择，以决定学什么，以及以什么样的顺序学。否则他们会因为有很多可以选择的方向而迷茫，他们会很难辨别重要的信息，或者可能缺乏有效使用程序和决定什么时候他们已经掌握了材料的自我调节技能（Azevedo，2005b；K. Hartley & Bendixen，2001，Lanza & Roselli，1991；E. R. Steinberg，1989）。

用基于计算机的教学方法教出来的学生常常比用更加传统的方法教的学生有更好的学业成就，对待学校课业有更好的态度（e. g.，J. A. Kulik，Kulik & Cohen，1980；Lepper & Gurtner，1898；Wise & Olson，1998）。基于计算机的教学还可以激发学生动机、提高情境学习兴趣、给学生独立和频繁的成功感，从而提高学生的自我决定感和胜任感（Blumenfeld et al，2006；Snir，Smith & Raz，2003；Swan et al.，1990）。

基于计算机的教学的一个弊端就是，没有给学生提供足够的机会进行社会交往，因而很少关心他们的相依需要（Winn，2002）。但是它还是给我们带来了其他方法所不具有的优点。第一，基于计算机的教学程序可以包括动画、影像和口语信息，这些成分是传统印刷材料不可能做到的。第二，一台计算机可以记录和保持每个学生正在进行的数据，包括学生在这个程序的进度如何、对问题的反应有多快、对问题答对和答错的次数等这样的一些信息。有了这些信息我们可以监控每个学生的进度，并判断哪些学生在材料学习上有困难。最后计算机在真实的教师不在的时候也可以进行教学。例如计算机经常用于远程学习，这是指学习者在一个与教师相分离的地方接受基于技术的教学的情境。

## 在线研究

学生通过计算机技术获得新信息不仅限于自己学校和班级的计算机程序。通过电话和有线电缆，现在很多学校的学生都可以进入宽带和互联网、计算机网络、软件程序和计算机数据库（这个数据库只要有适当的硬件和软件就可以连接到任何一个微型计算机上）。例如，我的中学地理课的学生曾经和我一起使用美国地理测量网站（U. S. Geological Survey Web site）追踪飓风沿着加勒比海向上到大西洋海岸活动时的路线。各种各样的政府机关、公共机构、私人协会和教育家个人提供信息、课程设计等，并链接到其他相关的网站上。下面是几个你可能想要用到的网站：

美国地理测量：www. usgs. gov

美国人口调查局：www. cecsus. gov

国家航天和太空管理局：www. nasa. gov

国家自然历史博物馆：www. mnh. si. edu

知识出现：www. knowledgeloom. org

发现频道：www. discovery. com

此外，网络搜索引擎像 Google（www. goole. com）和 Yahoo!（www. yahoo. com），允许学生和教师在网络上查找任何话题。

就像有超文本和超媒体的软件教学一样，当学生探索网络提供的丰富资源时，他们并不总是具备有效学习所需要的知识和自我调节技能（Kuiper，Volman & Terwel，2005）。此外，网络没有一个好的质量监控机制，所以不能保证网络上的信息都是准确
468 的，特别是由个人而不是政府机构和专业组织发布的信息。学生还可能冒险进入不良领域，他们可能在网上查找论文冒充自己的（剽窃），或者在宣扬种族主义或发布色情图片的网站上徘徊，或者和可能会危害到自己幸福的人分享个人信息（Nixon，2005；Schofield，2006）。

显然，当学生进行在线研究的时候常常需要大量的支持，他们进入网站空间需要受到密切监控。例如小学图书馆员卡尔·林肯会详细地一步一步地教学生如何使用 EBSCO 信息服务的“Searchasaurus”搜索引擎，告诉学生点击哪个图标，在搜索栏写什么，等等。当学生搜索到他们想要的网站时，她会给出具体的问题来指导学生的学习（见图 13—4）。通过这样的活动，她不仅增加了学生关于某个特定主题的知识，还提高了学生的信息素养，即寻找、使用、评价、组织和呈现各种来源的信息的知识和技能。[11] 当学生有了更高的信息素养技能时，他们就可以更加独立的或以合作小组的形式对某一主题进行深入地学习和探讨了。

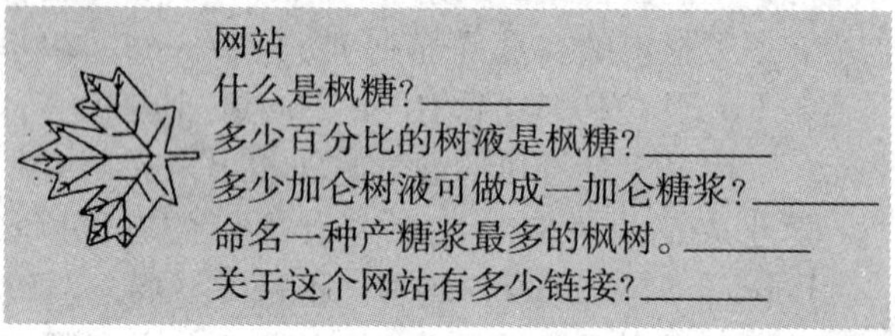


**图 13—4　学生可能需要一些支持来发展他们的信息素养能力，例如，当他们查找关于枫糖的网站时要回答的具体问题**

## 实际操作和练习活动

在一开始的个案研究中，米妮切洛女士不只是让学生们描述一个有顶棚的马车的大小，她还让学生们自己量马车的大小尺寸，获得当时一个家庭的生活空间的第一手资料。一般来说，我们谈到实际操作和练习活动时，指的是让学生就他们正在学习的内容主动做一些事情。现在我们要讨论几个这样的活动：发现学习、课内活动、计算机模拟和应用以及家庭作业。

## 发现学习

想一想你通过自己的研究或实验学到的某些东西。你对这些知识和技能学得有多透彻？你认为你对这些知识的学习和理解比你只是阅读书本或听别人说更透彻吗？

讲解式教学是把信息的最终形式呈现出来，而发现学习与此不同，它是一个学习的过程，在此过程中学生和环境互动，自己获得知识——他们可能是通过随意探索和操作物体，或者是通过进行系统的实验室实验。发现学习有时会被整合到其他形式的教学中。例如，我希望这本具有解释性的书中的亲身体验练习活动已经帮助你自己发现了一些重要的原则。

如果学习者自己建构知识而不是只靠阅读和听说，他们有时就会更有效地记住和迁移信息（de Jong & van Joolingen，1998；M. A. McDaniel & Schlager，1990；D. S. McNamara & Healy，1995）。我们可以用认知心理学的原理很容易地解释这个现象。当学习者自己发现一些现象的时候，他们就会对信息和技能进行更多的思考，从而就更有可能进行有意义学习。此外如果学生能够亲眼看到事情的发生，也读到或听亲耳听到，他们就可以在长期记忆中同时进行视觉的和言语的编码。从发展的观点来看，很多学生特别是小学生，对具体经历的理解要比对抽象观点的理解要更容易（见第 2 章）。

发现学习在课堂上的有效性如何呢？遗憾的是，研究还没有给出明确的答案。理想来说，要想判断发现学习是否优于其他的教学方法，我们需要比较只有一个变量不同的两组学生：发现学习成为他们的教学经验的一部分的程度。但是几乎没有研究对这个至关重要的变量进行比较，已有的研究得出的结论是不一致的。然而，可以从已有的研究结果中得出以下一些一般的结论： 469

- ✧ 当我们考虑总体学业成就时，发现学习并不一定比更多的讲解式教学效果好，关于这一点研究得到了混合的结果。
- ✧ 当我们考虑高级思维技能时，发现学习对促进知识迁移、问题解决、创造性和自我调节学习等方面有时效果更好。
- ✧ 当我们考虑动机的和情感的好处时，相比传统的教学方法，发现学习常常促进学生对教师和课业产生更积极的态度，也就是说学生更喜欢学校。（E. L. Ferguson & Hegarty，1995；Giaconia & Hedges，1982；Klahr & Nigam，2004；Marshall，1981；Mayer，1974；P. L. Peterson，1979；Roughead & Scandura，1968；Shymansky，Hedges &Woodworth，1990；B. Y. White & Frederiksen，1998）

我们也必须注意到发现学习的三个潜在的问题（Karpov，2003；Schauble，1990；B. Y. White & Frederiksen，2005）。第一，学生不一定总是有足够的元认知技能来有效地指导他们的探索和监控他们的发现。第二，学生有时候会从发现学习建构出错误的理解。例如，他们可能误解或歪曲他们在实验中收集的证据、可能发现了支持现有错误概念的证据（回想一下第 7 章讨论的证实偏见）。第三，发现学习活动常常需要比讲解式教学多得多的时间，教师在提供发现经验和覆盖课程的所有主题之间会感到疲惫不堪。就我自己的经验来说，学生在亲自动手的发现活动中所学到的一般要比讲解式教学方法中学到的有效得多，所以我认为我为准备这些活动而花费的额外时间是值得的（“更少就是更多”原理的另外一个例子）。

“走进课堂——促进发现学习”为有效实施发现学习提供了一些建议。下面两个指导方针是最关键的：

- **确保学生有恰当解释他们的发现结果所需的知识。** 学生如果有正确解释他们的观察结果所必需的先前知识，那么学生就有可能从发现学习活动中受益（de Jong & van Joolingen，1998；N. Frederiksen，1984a；Moreno，2006）。例如，如果学生已经熟悉重力和速度的概念，那么让学生做实验来验证重力对下落物体的速度的影响，他们就会从中学到更多。
- **提供一些结构指导学生的发现学习活动。** 年幼儿童经常通过对他们周围环境的自由探索来进行学习。例如，通过实验发现干沙、湿沙和水的特性（Hutt，Tyler，Hutt & Chirstopherson，1989）。总的来说，学生在从周密计划和有支持的活动中受益最大，这些活动可以帮助他们建构恰当的解释（Hickey，1997；Mayer，2004；B. Y. White & Frederiksen，1998）。例如，在科学上这种支架可能以下面的问题方式来引导学生的思维：
  - ✧ 从昨天开始这个陪替氏培养皿的培养菌以什么方式发生了变化？
  - ✧ 我们如何客观地来测量一个物体的加速度？
  - ✧ 当我们把这两种化学物混合在一起并加热，我们如何确定是热而不是其他别的因素在导致我们所观察到的变化？

470 发现学习需要在多大程度上被结构化，部分取决于学生的推理和解决问题的能力（de Jong & van Joolingen，1998；B. Y. White & Frederiksen，1998）。有些学生在处理模糊不清的、定义不明确的问题时有困难（见第8章）。另一些可能还没有获得形式运算思维能力的学生可能在提出和验证假设，或分离和控制变量上有麻烦（见第2章）。当给这些学生的问题很具体且定义良好时，而且对怎样解决给予具体的指导时，有这些局限的学生将会更有效地解决问题（Hardy，Jonen，Möller & Stern，2006；Kirschner et al.，2006；B. Y. White & Frederiksen，2005）。

471

## 走进课堂——促进发现学习

- 确定学生能够通过与周边物理环境和社会环境相互作用进行学习的概念和原理。

  一位5年级的教师意识到，与其直接告诉学生怎样计算三角形的面积，还不如帮助学生自己发现三角形面积的计算程序。

- 确保学生具备发现新观点和原理的必要的先前知识。

  一个高中班级正在物理课上学习速度、加速度和力的基本原理。在接下来的实验活动中，学生把不同重量和大小的金属球放在倾斜的平面的顶端，观察每个球滑落到下面的进程。一个连接在平面上的计算机可以使学生测量每个球的加速度，从而可以让学生辨别重量还是大小影响加速度。从这些数据中，学生可以得出关于重力性质的结论。

- 呈现令人迷惑的结果引起学生的好奇。

  一位科学老师给学生展示了两杯水，在其中一个杯子里，有个鸡蛋浮在水面上，另一个杯子里的鸡蛋沉在杯底。学生对这个差异给了一个简单而有逻辑的解释：其中一个鸡蛋中有更多的空气所以更轻一些。于是教师把这两个鸡蛋调换杯子，结果那个学生认为更轻的鸡蛋沉到杯底而学生认为更重的鸡蛋浮了起来。学生对此感到很惊讶，想要弄明白究竟是怎么回事（一般来说，因为水比鸡蛋密度低，鸡蛋放入水里会很快沉下去的，但是这两个杯子有一个装了盐水，其浓度可以使鸡蛋浮起来）。

- 对经验进行组织以便学生可以如你所愿更有逻辑地进行发现学习。

为了证明偏见对人的影响，一位中学的社会研究教师创造了一种情境，在此情境中由于是根据学生拥有的身体特征被武断地选择，有些学生就经历了其他同学的偏见，在15分钟后（这个时间足够使这些学生感受到偏见又不会破坏同伴关系），他结束了这个活动，要求学生分享自己的经验。

- 要求学生记录他们的发现。

一个生物班级的学生从当地的溪流收集数据，并用手持无线计算机网络装置把数据发送到班级的中央计算机上。一旦回到教室，学生就合并数据，根据数据画图，并寻找溪流的总体概况和走势。

- 帮助学生把发现的结果与学生正在学习的学科中的概念和原理联系起来。

社会研究课班级的学生在收集了他们州不同县的人们的平均收入和投票选举方式的数据后，他们的教师问："假定我们了解了这两个主要政党成员的相对财富，我们如何解释这些数据？"

资料来源：Bruner，1966；N. Frederiksen，1984a；Minstrell & Stimpson，1996；Moreno，2006；Schwartz & Martin，2004；B. Y. White & Frederiksen，1998. Egg example is from E. L. Palmer，1965；stream example is from Pea & Maldonado，2006。

## 课内活动

在学年课程进行的过程中，学生要完成各种各样的课内任务和作业。例如，他们可能被要求完成工作表、解决问题、写短篇故事、练习篮球技能、演奏乐器，还可能是（就像在开头的个案研究中一样）想象为一次穿越全国或到遥远星球的旅行打包。无疑，学生在一个学年内就只能做这么多事情了，那么我们如何决定哪些活动对他们长期学习和成就会最有利呢？

作为教师，我们首先要做的应该是设计可以帮助学生完成我们的教学目标的活动。其中一些目标可能是位于布鲁姆目标分类中的记忆或理解的水平。例如，我们的目标可能是要学生学会变化法语动词"être"（"to be"）、知道不同的生物种类的成员，或熟悉地球上正在发生的事件。其他目标是高级的目标。例如，我们可能要学生写一篇论说文、用科学原理来解释物理现象，或把数学运算运用到真实世界的问题中。

特别是如果涉及更高级的目标，我们就应该选择那些有助于学生以有意义的、综合的方式学习课堂材料的活动。就像前面章节中提到的一样，我们经常会分派真实性活动。例如，我们会分派那些学生必须完成的围绕着大规模的项目或学生要解决的复杂问题的活动，这些活动分别被称为基于项目的学习和基于问题的学习（e. g.，Hmelo-Silver，2004；Krajcik & Blumenfeld，2006；Mergendoller，Markham，Ravitz & Larmer，2006；Polman，2004）。这些活动鼓励学生将学校主题迁移到真实的情境中去（见第8章），并可能提高学生对学业主题重要性的认识（见第12章）。 471

复杂的多面性的真实性活动最好以小组的形式进行，这样学生可以分享各自的观点，互相问问题，为自己的思考提供解释（Hickey，1997；Newmann & Wehlage，1993；Paris & Turner，1994）。此外，由于真实性活动比起传统的课堂活动会更为复杂和缺乏结构，所以这些活动往往需要大量的教师支持（Hmelo-Silver，2006；Mergendoller et al.，2006；van Merriënboer，Kirschner & Kester，2003）。

然而，为真实性活动安排一整天的课程时间是不可取的。第一，当学生将基本技能从更为复杂的活动中分离出来进行练习，他们常常可以更有效地掌握这些基本技能（J. R. Anderson et al.，1996）。例如，在学习拉小提琴的时候，学生必须先学会控制自己的手指才能加入管弦乐队。当在学习打垒球时，需要先练习击球、抛球和接球才能参加一场愉快的比赛。此外，有些真实性活动太过于耗时和花费过高而不适合在课堂内经常使用（Bereiter & Scardamalia，2006；M. M. Griffin & Griffin，1994）。最重要的是这些课内活动可以促进有效的认知加工（例如，有意义学习、精制加工），并且学生理解正在学习的知识和以后将要面临的更大任务之间的关联（J. R. Anderson et al.，1996；Bransford et al.，2006）。

不论课内活动是真实性的还是更为传统的，当我们做下面这些事情时，我们最有可能促进学生的学习和成就：

- 清楚定义每一个任务及其目的。
- 吸引学生的注意和兴趣。
- 472 以适度的难度开始，最好包括可以“扩展”学生的现有知识和技能的挑战性任务（即处在每个学生的最近发展区内的任务）。[12]
- 适应学生能力和需要的多样性。
- 提供足够的支持来促进学生的成功。
- 如果学生已经达到娴熟就增加任务的难度和复杂性。
- 为频繁的教师监控和反馈提供机会。
- 既要用奖赏高质量的方法来评估学生活动，也要允许进行一些实验和冒险活动。
- 鼓励学生对自己的学习进行反思和评价。（Brophy & Alleman，1991，1992；Brophy & Good，1986；Dolye，1983；Edelson & Reiser，2006）

## 计算机模拟和应用

前面我们提到基于计算机的教学是把它作为介绍新的信息和技能的方式来讲的。我们也可以用计算机技术来给学生提供各种学科主题和技能的实际操作经验——例如，通过使用模拟和像文字处理程序、数据库和电子制表软件等这样的计算机工具。涉及的这些任务常常都很复杂、具有挑战性，学生必须以小组形式而不是个人来完成，很多学生发现这种基于计算机的小组工作特别能激发学习动机（Lou，Abrami & d'Apollonia，2001）。

### 模拟

一些计算机程序用类似游戏的情境或真实任务促进学生的高级思维技能（例如问题解决）。一个很流行的软件程序“卡门·圣地亚哥在世界的什么位置?”就在让学生扮演侦探的角色时教授地理知识。其他一些这样的程序也提供这些模拟活动，例如，经营柠檬水小店、解剖青蛙、在各种环境条件下种植植物、探索不同的经营活动的成效等。还有一些活动呈现真实的问题解决任务（例如，见第8章介绍的贾斯伯·伍德伯里系列）。计算机模拟常常既可以激发学生的动机又具有挑战性（从而让学生长时间坚持任务），而且可以显著提高学生的问题解决能力和科学推理能力（Cognition and Technology Group at Vanderbilt，1996；de Jong & van Joolingen，1998；Vye et al.，1998；B. Y. White & Frederiksen，1998）。有时候计算机模拟的操作活动和学生自己操作真实物体的活动同样有效（e. g.，Triona & Klahr，2003）。

**计算机工具应用**

基本的计算机技能在今天的社会是必不可少的，例如，很多职业需要文字处理、桌面印刷系统、数据库和电子数据表等这些计算机工具的专长。所以，我们的教学目的常常要包括计算机技能和传统的学科领域的技能。然而我们在设置教学目的时常常可以同时包括计算机素养和传统的学科领域。考虑下面几个例子：

✧ 数据库程序可以帮学生对树或行星的信息进行组织。

✧ 电子数据表可以使学生预测天气模式的变化或濒临灭绝动物的数量的减少。

✧ 音乐编辑器可以让学生创作音乐作品，并用不同的音符、音调、乐器音和时间符号进行尝试。

✧ 当学生为一次测验进行学习或写一篇研究论文时，概念地图和头脑风暴软件可以帮助他们产生和组织观点。

✧ 文字处理程序可以提高学生写作的文章和短篇故事的质量。 473

✧ 超媒体程序（如超级卡片）可以帮助学生创建使用多媒体呈现。(Guinee，2003；Lehrer，1993；P. F. Merrill et al.，1996；Sitko，1998)

但是我们必须知道，这些技能在学生具备了计算机打字和其他的基本的计算机技能的前提下才会有效。

> 当我小的时候阅读几乎是不可能的。我的一名老师告诉我说，如果我很用功就可以学会阅读。学习阅读就像爬山一样，用了很多时间但是我终于做到了。我母亲感到很骄傲。阅读对我来说很难，我用了 5 年的时间学会了阅读，每天早晨我会去学习中心学习 40 个单词，尽管很难我还是学会了这些单词。阅读是迄今为止对我来说生活中最重要的事情之一。
>
> 5 年级学生丹尼尔努力阅读和写作，在一个文字处理程序的帮助下写出了这个非常连贯的段落。拼写检查器使他能够进行最佳拼写，但不是所有的单词都正确。

## 家庭作业

学生在课堂时间能完成的任务很有限，而家庭作业实际上提供了一种可以延长学校时间的手段。在有些情况下我们可能想使用家庭作业让学生对熟悉的信息和程序进行额外练习（或许作为一种促进复习和自动化的方法），或者给他们介绍新的比较简单的材料（H. Cooper，1989）。在另一些情况下，我们给学生布置家庭作业，要他们把在课堂学到的知识运用到校外的现实生活中去（Alleman & Brophy，1998）。例如，在学习了一个关于生活方式的单元中，我们可能要 2 年级学生做下面的一些活动：

✧ 把自己的家或公寓和不同时代的住所进行对比（如，洞穴、石屋、小木屋）。

✧ 探索自己的家里（或许和自己的父母），找出使现在的生活更加简便和舒服的现代设施（如，水池、电源插座、自动调温器）。

✧ 让父母解释为什么他们决定住在某个地方（如，在租房子还是自己购买房子之间进行权衡）。(Alleman & Brophy，1998)

在另外的一些情况下，我们可能鼓励学生从家里带来一些小物件或者小故事（装有当地池塘里的小蝌蚪的罐子、发生在周末的一些事情），并将它们作为课内活动的基础

(Corno，1996；C. Hill，1994)。当我们在布置家庭作业让学生把课内学到的和现实世界联系起来的时候，我们是在促进学生的迁移。

遗憾的是，研究者对家庭作业对学习和成就的影响很少进行严格控制的研究（H. Cooper，Ronbinson & Patall，2006；Trautwein & Köller，2003）。现有的数据表明家庭作业对中学和高中的学习成就影响很小而对小学基本上没有影响（H. Cooper，Lindsay，Nye & Greathouse，1998；H. Cooper et al.，2006；H. Cooper & Valentine，2001）。尽管在小学阶段家庭作业对学习成就的影响不是很明显，但可以帮助学生发展一些在以后学习中需要的学习策略和自我调节技能（H. Cooper & Valentine，2001；Zimmerman，1998）。毫无疑问，家庭作业的质量（如，是鼓励死记硬背还是有意义的学习和精制加工）对学生学到什么、学到多少以及发展出什么样的学习和自我调节的策略都会有很大的影响（Trautwein et al.，2006）。

学生报告说他们做家庭作业的动机主要是外部的，如他们做作业更多是为了取悦教师和避免麻烦，而不是因为他们喜欢某个主题并且想要掌握它（J. M. T. Walker，2001）。即使有完成作业的动机，也并不是所有的学生都有自我调节能力以使自己在家里专注于作业（Eilam，2001；Trautwein & Köller，2003）。另外，有的学生几乎没有什么资源（如参考书、计算机等），只有很少或没有家庭支持，以致使他们不能完成某些类型的家庭作业（H. Cooper，1989；Hoover-Dempsey et al.，2001）。

我们可以通过遵循下面的一些简单指导把家庭作业的益处最大化：

474
- 主要为了教学和诊断的目的使用家庭作业，尽量少地使用家庭作业评估学习和确定课程总分。
- 给学生提供完成作业所需要的信息和结构，使他们在没有他人帮助或很少帮助的情况下可以完成作业。
- 在布置作业时，把教师要求做的和学生可自愿选择做的结合起来（自愿的作业可以给学生一种自我决定感和控制感，提高他们的内在动机）。
- 在布置作业的第二天就对作业进行讨论，或者尽可能快地进行讨论。
- 当学生在家里自我调节技能很差或只有有限的资源时，建立课后作业监督程序。(Belfiore & Hornyak，1998；H. Cooper，1989；Cosden et al.，2001，Trautwein et al.，2006)

我们还要记住，适当的家庭作业只是为了帮助学生完成重要的教育目标，绝不是对学生的不当行为进行惩罚（见第9章）。

现在我们看一位教师在布置家庭作业时是如何估量我们之前讨论的那些方面的。

**分析教师策略——读书报告**

一位1年级的教师要求学生在家写一篇关于在学校所读书目的读书报告。我们看到的是一个6岁学生凯蒂的读书报告。凯蒂的母亲是一位小学老师，她解释了她是如何帮助凯蒂写每一个报告的："她口述，我来写，然后她照抄。或者她写，我帮助她检查拼写"。请考虑：

- 教师布置的作业可能存在的优点。
- 作业可能存在的缺点。

凯蒂的母亲有效地支持凯蒂来完成对大多数 1 年级的学生来说很有难度的任务。在妈妈的帮助下，凯蒂可以发展她的写作和拼写技能。然而，不是凯蒂的所有的同学都可以像凯蒂一样得到专家的指导。还有一些好心的家长可能会提供错误的帮助。他们可能会用使混乱的教学方法，使用机械的练习方式，或者为孩子提供太多的方向而使孩子们失去对任务的自主感（H. Cooper & Valentine，2001；Gallimore & Goldenberg，2001）。此外，还有一些家长可能缺乏帮助孩子的基本的技能，这种情况在孩子逐渐长大并面对更多有挑战性的任务时会越来越普遍（J. E. Epstein & Van Voorhis，2001）。还有一些家长可能受到其他问题或责任的困扰，以致他们没时间和精力来帮助孩子。

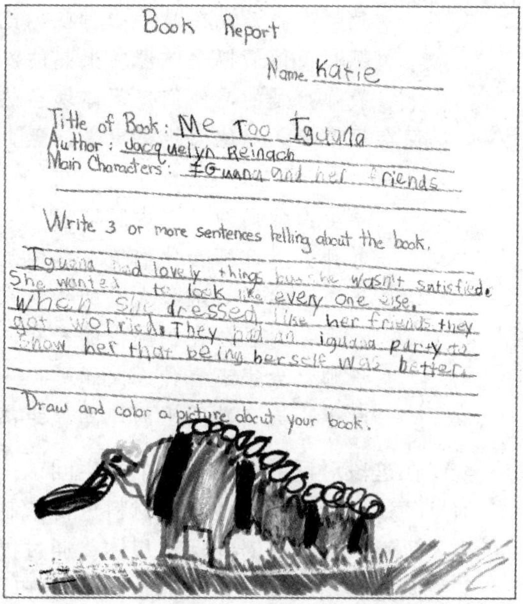


## 互动协作的方法

在第 7 章我们讨论了课堂上社会互动的诸多优点。例如，当学生在课内讨论和交换意见的时候，他们必须对自己的想法进行组织和精制加工，为此可能发现他们的理解中的缺口和不一致，他们还可能遇到比自己更准确和有用的解释。这样学生就可以从互动中学到很多，这种互动不仅是和我们教师之间的互动，还可以是与其他同学之间的互动。

下面我们将会讨论六种互动协作的策略：教师提问、课堂讨论、交互教学、合作学 475
习、同伴指导、基于技术的协作学习。这其中后面五个主要是学习者导向的。只有第一个是教师导向的，但它常常可以为学习者导向的课堂讨论做准备。

### 教师提问

一些教师提的问题是要学生提取他们已经获得的信息的低级问题，这些问题有几个益处（Airasian，1994；F. W. Connolly & Eisenberg，1990；P. W. Fox & LeCount，1991；Wixson，1984）。第一，它可以让我们了解学生关于一个主题的先前知识和错误概念。第二，它们往往可以将学生的注意力保持在正在进行的课上。第三，它们可以帮助我们评估学生是否正在顺利学习课程材料还是对特定要点迷惑不清。第四，它们给学生机会去监控自己的理解——判断自己是否理解呈现的信息还是需要请求帮助或澄清。第五，关于先前学过知识的提问鼓励学生对知识进行复习，可以促进之后更好地回忆。下面是一位 8 年级教师（后面称他为 A 教师）如何通过对关于古埃及的课文提问促进对一节课的复习的例子。

教师：古埃及人认为尸体必须被保存下来，在最早的时候他们是如何来保存尸体的？

学生：他们把尸体弄干并且将尸体塞满东西。

教师：我是说在最早的时候，他们是如何做的？凯利。

凯利：他们把尸体埋在很热的沙子里面。

教师：是的，他们把尸体埋在热沙里面，因为沙子很干，尸体就可以很自然地保存很多年。尸体腐烂得更慢，至少和在这里相比是这样的。在此之后他们又是怎么做的？

学生：他们开始把内脏取出。

教师：对，那么他们把这些内脏叫做什么？

诺曼：除了心脏和大脑的任何东西。

教师：对了，在胴腔内的器官，肠道、肝脏等是最早被拿出来的。

教师：大家还有什么问题吗？

学生：大多数国王的埋葬地距离尼罗河有多远？（Aulls，1998，p. 62）

在这段对话的最后，一个学生问了一个问题，需要用到以前呈现的材料没有提供的信息。这个学生明显地在对材料进行精制加工，或许他推测只有在距离尼罗河很远的地方才足够干燥来长时间保存尸体。通过提出要求学生超越已学知识的高级问题，我们就能鼓励这种精制加工，从而也鼓励新知识建构（Minstrell & Stimpson，1996；Pogrow & Londer，1994）。例如，高级问题可能要学生自己想出一个概念的例子、运用新的原理解决问题，或者推测对因果关系一个可能的解释。为了详细说明，请看一节关于电报的课上的一些问题：

在北美，19 世纪上半叶对快速的信息交流系统的需要大还是在 18 世纪下半叶对此的需求更大？你为什么这么想？（Torrance & Myers，1970，p. 214）

要回答这个问题，学生必须回忆他们所知道的 18 世纪和 19 世纪的背景知识（包括定居者向西边领土的迁移活动的增加），并且把这些知识用一种以前从未用的方法结合起来。

当我们在一节课中提问或者为一个独立的阅读任务提供跟进问题的时候，我们常常会促进学生的学习（Allington & Weber，1993；Liu，1990；Redfield & Rousseau，1981）。在我们提一些需要推理、应用、判断或问题解答的高级问题时，这种效果更为突出。然而，我们必须给学生足够的时间对我们提的问题进行反应，因为学生需要时间来加工新信息，也需要时间来考虑问题和提取与可能的答案相关的信息。正如我们在第 6 章中所讨论的等待时间，当教师在提问后至少给出三秒钟的时间，那么会有更多的学生自愿回答问题，而且他们的答案更为完善。此外，即使学生能够立即提取答案，对那些来自某些文化和种族背景的学生，可能在回答之前需要几秒钟，以此作为一种比较有礼貌和显示对说话者尊重的回答方式（见第 4 章）。

假定你现在知道教师提问和有效学习以及动机的知识，尝试下面的练习。

## 分析教师策略——循环赛

一位 8 年级的社会研究教师（我们称他为 B 教师）使用一种叫做循环赛的技术来对关于古埃及的一个单元进行复习。每排的学生组成一个队，比赛看哪个队对古埃及社会的知识记得最多。教师呈现一个概念的定义或者对一个地方进行描述，要求学生对教师正在描述的进行命名或者说出是哪个地方。不能正确回答的学生必须站在课桌旁边，表示已经从队伍中“出局”，有三个学生出局，这个小队就退出比赛。下面的对话显示了这个教师的方法，在你读的时候，注意有两个叫斯科特的学生，并且考虑：

- 这个教师给学生设定的目标是什么？
- 他的课与刚才 A 教师对古埃及埋葬课程回忆相比起来有何差异？

教师：……斯科特，“一个有先进文化的社会”。

斯科特：过。（一个出局）

教师：请起立……罗伯特？

罗伯特：文明。

教师：……“缺乏食物”，海伦。

海伦：那是干旱。

教师：玛西，“制作纸张的一种物质”。

玛西：羊皮。

教师：弗雷德，“一种抽水的设备”。

弗雷德：（没有回答）（第二个出局）。

教师：斯科特·帕克，请起立想一下我给你们的定义。

斯科特：桔槔（译者注：埃及等地汲水用的）。

教师：鲁尔，“伴随着速度的城市”。

鲁尔：不确定。（第三个出局）

教师：右边一排有三个出局。好的，现在下一排。（Aulls，1998，p. 61；punctuation and italics added）

B 教师很明显地希望他的学生能够学到关于古埃及的基本信息（特别是术语和地名），或许为了达到自动化（注意他明显缺少等待时间）。那么，他所关注的是低级技能。遗憾的是，这个活动促进了机械学习（即对定义的逐字记忆），却不鼓励有意义学习。A 教师关于古埃及埋葬习俗的问答也是关注低级技能，但是他在至少三个方面可以促进学生的学习和成就。第一，他强调有意义学习和观点的整合而不是机械地回忆孤立的事实。第二，他给学生提问的机会。第三，重点不在对学生进行评价，这样能较少引起学生的焦虑，更有可能促进学生的内部动机。

## 课堂讨论

教师提的问题，特别是高级问题经常是以课内讨论的形式开始的，课堂讨论实际上在任何一个学科都会很有成效。例如在语言艺术课中，学生可以讨论对经典文学作品的不同解释、对没有简单答案的问题进行讨论、发现与自己生活相对应的事情的过程（Applebee，Langer，Nystrand & Gamoran，2003；Eeds & Wells，1989；L. M. McGee，1992）。在历史课上，学生可以阅读和讨论有关单个历史事件的各种资料，并因此意识到历史并不是像传统教材上描述的那么枯燥（Leinhardt，1994；van Drie，van Boxtel & van der Linden，2006）。[13]在科学课上，对观察到的现象的各种不同的甚至矛盾的解释 477
进行讨论可以提高学生的科学推理能力，促进概念转变，并且有助于学生理解科学不是孤立事实的集合而是概念和原理的动态的不断演变的有机集合（P. Bell & Linn，2002；K. Hogan，et al.，2000；Schwarz et al.，2000）[14]。在数学课上，对运用变换的方法来解决同一问题的讨论可以促进学生对知识的更完整的理解以及将知识更好地迁移到新的情境和问题（Cobb et al.，1991；J. Hiebert & Wearne，1996；Lampert，1990）。

虽然学生在课内讨论中一般进行大多数的谈话，但是教师也起着关键的作用。理论家对如何有效进行课内讨论提供了一些指导：

• **集中在那些可以引出多种观点、解释和方法的主题。**这些主题看起来有这几个益处：学生更有可能表达自己的观点，寻找可以解决那些看起来似乎相互矛盾的数据资料的新信息，重新评价自己对某些问题的看法，对主题进行有意义的和完整的理解(Applebee et al.，2003；E. G. Cohen，1994；K. Smith，Johnson & Johnson，1981)。

• **确保学生有足够的关于某个主题的先前知识以便进行更聪明的讨论。**这种知识可能是来源于先前的课堂学习，也可能是来源于学生自己的个人经验(Bruning，Schraw & Ronning，1995)。在很多情况下它是来源于对某个特定主题的深入学习(Onosko，1996)。

• **营造一种适于开展公开辩论和有利于对观点进行建设性评价的课堂气氛。**如果教师支持多种观点，如果来自同学的反对是可接受的，学生更有可能分享自己的观点和思想(A.-M. Clark et al.，2003；Cobb & Yackel，1996；Lampert et al.，1996)。为了创造这样的气氛，我们就要做到：

✧ 让学生知道在讨论结束时对主题的理解比在讨论开始时得出一个正确的答案更为重要。

✧ 让学生知道提问反映了好奇心，对一个有争议的问题的不同观点是不可避免的、是很正常的，对一个问题改变想法是有思想的反映。

✧ 鼓励学生解释他们的推理，并且设法理解彼此的解释。

✧ 建议在任何可能的时候在别人的观点基础上得出新的观点。

✧ 鼓励学生对同学要公开表示同意或者不同意。

✧ 通过以第三人的立场来提问使学生在进行推理的时候去个人化。例如“如果一个人说……来回应你，你会怎么办?”

✧ 偶尔要求学生为他自己坚信的观点的反方进行辩护。

✧ 要求学生考虑反对观点得出折中答案。(Cobb & Yackel，1996；Hatano & Inagaki，1993，2003；Herrenkohl & Guerra，1998；K. Hogan et al.，2000；Lampert et al.，1996；Onosko，1996；Reiter，1994)

当学生已经适应了以一种适当的方式来表示不同的意见时，他们就会发现这样的互动讨论很激发人(A.-M. Clark et al.，2003)。一个4年级学生，他的班级经常会有关于文学的小组讨论，他们是这样做的：

> 我很喜欢进入讨论，因为有时候我很雄辩，我喜欢在课堂上讨论，我厌倦了老在空中举着手。我们以前只有在休息的时候才彼此交谈，这个活动给了我们以好的方式进行辩论的机会。(A.-M. Clark et al.，2003，p. 194)

• **把小组讨论作为一种鼓励所有学生参与的方式。**学生在积极参与课堂讨论时可以学到更多(Lotan，2006；A. M. O'Donnell，1999)。而且当自己的听众是一小部分而非全班同学的时候，学生会更倾向于公开发言，这种差异在女生和残疾学生身上更为明
478 显(A.-M. Clark et al.，2003；Théberge，1994)。在有些情况下，我们可能希望学生首先以小组形式讨论一个问题，从而允许学生在相对隐私的环境下对自己的观点进行检验，并可能得到同学观点的支持，然后再把自己的观点带到全班进行讨论(Minstrell & Stimpson，1996；Onosko，1996)。

• **提供一定的结构来指导讨论。**课堂讨论在有一定的结构时会更有成效。例如，我们可以：

✧ 为学生应该做的设置特定目标。
✧ 为不同的班级成员分派不同的角色（如，一些学生可能评价呈现证据的质量，另一些可能评价结论的有效性，等等。）
✧ 在进行试验之前，要求学生对将可能发生什么进行预测和辩解，之后，要求学生解释实际发生的事情并解释为什么。（Calfee，Dunlap & Wat，1994；Hatano & Inagaki，1991；Herrenkohl & Guerra，1998；Palincsar & Herrenkohl，1999；B. Y. White & Frederiksen，1998）

同时，我们必须认识到最有效的小组讨论是学生对讨论的方向有一定控制的讨论，可能是提出自己的问题、提出与主题有关的新问题，或者探索一个有风险但有创造性的问题（Aulls，1998；K. Hogan et al.，2000；Onosko，1996）。学习者导向的讨论也更有可能促进有效的小组互动技能（R. C. Anderson et al.，2001）。例如，当 4 年级学生在小的、自我导向的小组中讨论儿童文学时，他们可能会发展和模仿诸如表达同意（“我同意卡得的看法，因为……”），机智地表达不同意（“对，但是他们可以看到狐狸隐藏在……”），以及评价一个观点（“我认为这个不应该被允许，因为如果他做了国王，谁知道他会对现在的王国做些什么呢?”）以及要求每个人参与（“安静，我们来听泽克的观点”）的技能（R. C. Anderson et al.，2001，pp. 16，25；A. -M. Clark et al.，2003）。

最终，我们提供的结构的量取决于学生进行有效讨论所需的支持。例如，相对于那些学生有效表达、评论和彼此将自己观点建立在他人之上的小组，我们可能想要对那些看起来没有讨论重点并且正在挣扎的讨论小组给予更多的指导（K. Hogan et al.，2000）。

• **在讨论之后提供总结。**虽然学生有时候会在讨论结束时达成共识，但并不是总会有一致意见。所以，课堂讨论应该有不同形式的总结来帮助学生把不同的观点综合起来。例如，在我的课堂上对有争议的话题进行讨论时，我会在讨论结束的时候留出几分钟来总结学生提出的重要问题。另一个策略就是让学生解释一个特殊的讨论是如何帮助他们更充分地理解一个话题的（Onosko，1996）。

## 交互教学

学生讨论不仅鼓励学生更深入地思考和加工课堂主题，而且还可以促进学生在阅读和听讲的活动中发展更加有效的元认知策略（A. L. Brown & Reeve，1987；D. R. Cross & Paris，1988；Paris & Winograd，1990）。交互教学是讨论的一种形式，它在这方面特别有效。它重点促进学生的四种元认知策略：

• 总结：确定阅读篇章的主旨和大意。
• 提问：对自己提问确保自己对阅读内容的理解，也就是说，进行理解监控。
• 澄清：采取积极的步骤把混淆的或模棱两可的部分弄清楚，可能通过重新阅读和进行逻辑推理。
• 预测：根据文章中的线索（例如，标题）和已经提到的观点预测下一步可能会发生什么。（A. L. Brown & Palincsar，1987；Palincsar & Brown，1984，1989；Palincsar & Herrenkohl，1999） 479

在典型的交互教学中，一位教师和几个学生相聚在小组里阅读一篇课文，偶尔停下来大声讨论和加工课文。一开始，教师引导讨论，对课文进行提问来促进对课文的总结、提问、澄清和预测。但是“教师”的角色逐渐被不同的学生取代，然后学生主导讨论，并且相互提各种教师已经示范的问题。最终，学生基本上可以不依赖教师对课文进行阅读和讨论：学生们在一起建构意义，并相互检查对课文的理解和可能会出现的误解，这样他们在如何应用新获得的策略上就变得越来越灵活（A. L. Brown & Palincsar，1987；Palincsar & Herrenkohl，1999）。

为了更好地说明交互教学方式，我们来看6个1年级学生阅读一篇关于穿雪鞋的兔子的课文的交互教学的一个片段。在这个特定例子中，教师将课文分成小段阅读（在高年级，学生轮流阅读）。在读完每个部分之后，教师停下来让学生对段落进行讨论和加工。当你读这段对话的时候，找出有关总结、提问、澄清和预测的例子，每个至少有一个例子。

孩子们正在阅读有关穿雪鞋的兔子的文章，这是对话的第16天。教师刚刚读完了一个描写兔子生育幼兔和兔妈妈如何照顾小兔子的段落。一个叫卡姆的学生是讨论的领导。

卡姆：兔宝宝是什么时候出生的？

教师：这是一个很好的问题，叫一个同学来回答你的问题。

卡姆：罗比？米勒？

米勒：夏天。

教师：如果兔宝宝在冬天出生会发生什么事？大家想想。

几个学生做出了很多的回答，包括“兔宝宝会很冷”，“他们可能会需要食物”，“他们刚出生的时候没有皮毛”。

卡姆：我有另外一个问题，兔妈妈如何保护兔宝宝的安全？

克瑞斯：它把它们藏起来。

卡姆：正确，但是还有其他的看法吗？

教师：兔妈妈会如何把它们藏起来，这是很不寻常的事，对此我很惊讶，我不知道这个。

托瓦斯：它们都在不同的地方。

教师：你为什么会这样想？

米勒：可能我曾经听说过另外一个故事，当它们还是婴儿的时候他们会相互吃对方或相互打斗。

教师：那是有可能的！如果山猫来了该怎么办？

有些学生认为这些兔宝宝会完蛋了。

托瓦斯：如果我是兔妈妈，就会把自己的宝宝藏起来，把兔宝宝都集中起来。

克瑞斯：如果把兔宝宝都藏了起来，兔妈妈要去看它们，它怎么记得兔宝宝在什么地方？

教师：好问题，因为它确实必须去找兔宝宝。为什么？它会给兔宝宝带些什么东西去？

米勒：它需要带一些食物，还可能会给兔宝宝留下一些小树枝或者什么。

教师：你认为它会留下树枝就像我们做记号那样吗？

有的学生不同意，认为它会用嗅觉。其中一个学生想起来不是所有的兔子都是白色的，他认为兔妈妈可能会用不同的颜色来找到自己的兔宝宝。

教师：那么我们认为兔妈妈可以根据感觉来找到它隐藏起来的兔宝宝，卡姆，你现在可以为我们总结一下吗？

卡姆：兔宝宝出生在夏天。 480

教师：兔妈妈……

卡姆：兔妈妈把兔宝宝藏在不同的地方。

教师：它会去看它们……

卡姆：带一些食物。

托瓦斯：它会保护宝宝的安全。

教师：有什么预测吗？

米勒：它会教宝宝什么……像怎么跳？

克瑞斯：它们已经知道怎么跳了。

教师：让我们继续读。

交互教学给教师和学生提供了一种可以示范有效的阅读和学习策略的机制，这种方法包含了社会认知理论的成分。但是当我们考虑到让学生首先在小组中大声练习来鼓励有效的认知加工的时候，我们认识到维果斯基的认知发展理论也在这里发挥作用：学生最终应该将他们和其他人进行讨论时使用的过程内化。而且，交互教学的结构化特点支持学生努力去理解他们所读和所听的事物。例如，在前述的对话中，教师示范了精制性提问和与先前知识的联系（“兔宝宝在冬天出生会发生什么事情?”和“你认为它会留下树枝就像我们做记号那样吗?”），教师还提供一般指导，并偶尔对学生应该如何加工关于兔子的课文给予提示（“卡姆，你现在可以为我们总结一下吗?”还有“它会去看它们……”）。同时，要注意在对话中，学生是如何在他们加工课文的时候相互支持的。

交互教学已经被成功运用到各种学生，从小学 1 年级到大学，用来有效教授阅读和听力理解技能（Alfassi，1998；E. R. Hart & Speece，1998；Johnson-Glenberg，2000；K. D. McGee，Knight & Boudah，2001；Palincsar & Brown，1989；Rosenshine & Meister，1994）。在一项早期的交互教学研究中（Palincsar & Brown，1984），有 6 名 7 年级的有较差的阅读理解历史的学生参加了 20 节交互教学课，每节课大概持续 30 分钟。尽管干预时间比较短，但是学生的阅读理解能力有了很明显的提高。他们变得逐渐能够以有效方式加工阅读材料，而且可以在不依赖课堂教师的情况下进行。此外，他们还把新的阅读策略泛化到其他课程中，他们的成绩有时候甚至会超过他们的同学（A. L. Brown & Palincsar，1987；Palincsar & Brown，1984）。

一些教师已经成功地将交互教学用于全班讨论。例如，在中学科学课上，一些教师要学生阅读教材上的一个短的段落，然后独立写一个总结、问题，并进行澄清和预测。几个学生自愿阅读他们写的东西，全班作为一个整体最终就怎样对课文进行最好的总结、澄清等达成一致。这样一种方法能够显著提高学生的科学成绩（A. L. Brown & Palincsar，1987）。

然而，想要有效使用交互教学还需要一些练习，可能还需要共同努力以确保学生确实能产生和模仿高级的以及低级的问题（e. g. Hacker & Tenent，2002）。

## 合作学习

在你做学生的这么多年的时间里，可能有很多的动机会促使你在课程中表现得好。在下面的练习中你会体验到三种可能性。 481

## 亲身体验·紫缎乐队

假设你分别是这里描述的三种课堂的学生，你在每个情境中会怎么做?

1. 在周一，亚历山大先生告诉他班上的学生："我们要找出哪个学生可以在这一周的单元中学到最多的人体消化系统的知识。在周五的测试上得分最高的三个学生可以免费获得紫缎音乐会的门票。"紫缎乐队是一个很流行的音乐乐队。你在听他们表演的时候会竖起耳朵的，但是，他们的门票在几个月前就卖完了。
2. 伯恩斯坦女士是这样介绍她的课程的："我希望你们在这一周内都可以掌握人体消化系统的基本要素，如果你们在这周五的测验中得到至少 90 分，我就会给你们去紫缎音乐会的门票。"
3. 卡马乔先生是这样开始他的课程的："从今天开始你们要以三个人一组的形式来学习人体消化系统的知识，在周五会有一个测试，如果你们小组的三个人都得到了 90 分以上，我就会给你们去紫缎音乐会的门票。"

那么在哪个课堂上你会更努力地学习来得到门票?在不同的情况下你的表现会有什么不同?

---

第一种情况（亚历山大）的课堂是很明显的竞争性的：只有成绩最好的三个学生才可以得到门票，你会尽力去得到其中之一的门票吗?这完全取决于你认为你有多大的可能性成为周五测试中得分最高的人。如果在整个学年中你这门课成绩都很好，那么无疑你就会在这一周的单元学习中更加努力。相反，如果你在这门课上无论如何努力都表现得很差，那么你就不会为自己不可能得到的去努力。如果在其他情况下你会帮助同学来学习人体消化系统吗?

在伯恩斯坦女士的课上没有对门票的竞争。只要你能拿到 90 分或者以上就可以得到门票。但是你会帮助你的同学来学习胰腺的功能或者学习大小肠的区别吗?可能……如果你有时间并且认为是在做好事?

现在考虑卡马乔先生的课堂，你是否可以得到门票取决于你和另外两个同学在周五测试的分数。那么，你会帮助同学学习唾液和消化酶的知识吗?反过来，你会让他们来帮你学习肝脏在整个消化系统中的地位吗?绝对会的!

在合作学习中[15]，学生以小组的形式学习达到共同的目标，不像伯恩斯坦女士的个人化学习课堂（这种课堂中一个学生的成功与同伴的成绩没有关系），也有别于亚历山大先生的竞争性课堂（这种课堂中一个学生的成功部分取决于其他同学的失败），在合作性学习课堂中的学生就像在卡马乔先生的课堂一样，以小组为形式共同学习来达到共同的成功。

在一些情况下合作学习小组是短期的，为了完成具体的任务——可能是学习新的材料、解决一个问题或完成分派的项目。在另外一些情况下形成小组是为了完成长期课堂目标。例如，基组（base groups）就是在整个学期或者整个学年都共同学习的合作小
482 组。这个小组给学生提供了一种可以彼此帮助其他学生澄清任务、相互帮助做课堂笔记、彼此给予支持和课堂归宿感的途径（D. W. Johnson & Johnson，1991）。

当学生参与到合作学习中来，他们就会收获很多学生对话的益处，包括更好地理解和整合主题知识、接触新的策略、增强观点采择。而且，当学生互相帮助进行学习的时

候，他们为彼此的努力提供了支持，从而学生会有更高的自我效能感去完成有挑战性的任务（Good，McCaslin & Reys，1992；A. M. O'Donnell & O'Kelly，1994；N. M. Webb & Palincsar，1996；Wiley & Bailey，2006）。

很多研究表明合作学习活动——如果设计和结构都很合理的话——在很多方面都很有效。各种能力水平的学生都显示了更好的学业成就，其中女生、少数民族学生和有学业失败风险的学生尤其可能受益（Lou et al.，1996，2001；J. D. Nichols，1996；Qin，Johnson & Johnson，1995；Rohrbeck，Ginsburg-Block，Fantuzzo & Miller，2003）。合作学习活动还可以促进高级认知加工：学生必要地大声思维、彼此示范各种学习和解决问题策略，结果发展了更好的元认知意识（Good et al.，1992；A. King，1999；Paris & Winograd，1990）。此外，合作性学习还会让学生更可能相信自己被同学喜欢和接受，跨种族和民族群体的以及在有障碍和无障碍学生间的友谊往往也会因此产生（Lou et al.，1996，2001；Marsh & Craven，1997；J. D. Nichols，1996；R. J. Stevens & Slavin，1995；N. M. Webb & Palincsar，1996）。

然而，合作学习活动有几个潜在的缺陷。有些学生可能对达到社会和表现目标（如，产生一个好的印象、迅速得到正确的答案）而不是掌握材料更为感兴趣。结果，他们帮助别人或请求帮助的意愿就会打折扣（Levy，Kaplan & Patrick，2000；M. C. Linn et al.，1996；Moje & Shepardson，1998）。此外，做工作最多和发言最多的学生可能比其他小组成员学到的更多（Blumenfeld，1992；Gayford，1992；N. M. Webb，1989）。还有，学生可能偶尔会采纳某个小组成员提出的错误策略或方法，或者他们可能会分享有关正在学习的主题的错误的观念（Good et al.，1992；Stacey，1992）。有时候学生只是不具备相互帮助进行学习的技能（D. M. Hogan & Tudge，1999；N. M. Webb & Mastergeorge，2003）。所以我们必须密切监控小组讨论，在必要的时候提供额外的结构和指导，以最大限度地促进学生的学习和成绩。

可见，合作学习不是简单地把学生分为小组，让他们松散地共同完成任务。下面是几个可以帮助提高合作小组有效性的策略：

• **基于学生可能会彼此有效学习对学生进行分组。**最常见的合作性小组是由 2～6 个学生组成，3～4 个成员的小组最为有效（Hatano & Inagaki，1991；Lou et al.，1996）。在大多数情况下，我们应该对学生进行分组，同时确定这个组合可以有效工作（D. W. Johnson & Johnson，1991；Lotan，2006）。

一些合作学习的提倡者认为小组应该是异质的——包括高成就者和低成就者、男孩和女孩以及不同民族背景的学生（D. W. Johnson & Johnson，1991；Shachar & Sharan，1994；R. J. Stevens & Slavin，1995；N. M. Webb，Nemer，Chizhik & Sugrue，1998）。但是另外一些理论家不同意这个说法，他们认为太多的异质使学生间的能力差异会更加明显。高能力的学生可能会主导讨论而使低能力水平的学生不能充分参与。低能力的学生在不理解的时候 483
不愿意寻求帮助，或者他们可能只是坐在一边让其他小组成员来完成大部分或全部的任务。当小组没有达到目标，小组中贡献多的学生会责备那些对小组没有或很少有贡献的成员（Kumar et al.，2002；Lotan，2006；Moje & Shepardson，1998；A. M. O'Doennell & O'Kelly，1994；S. E. Peterson，1993；N. M. Webb，Nemer & Zuniga，2002）。

关于异质合作小组效果的研究得到了混合的结果。一些研究表明异质小组对高成就的学生和低成就的学生都有益处，高成就的学生可以通过向同伴解释来加深自己的知识，而低成就的同学则从听这些解释中受益（Lou et al.，1996；R. J. Stevens & Slavin，1995；

N. M. Webb, et al., 1998; N. M. Webb & Palincsar, 1996)。另外一些研究则表明高成就学生并不总是从与低成就学生的共同学习中获益，事实上有时候他们会退步（D. M. Hogan & Tudge, 1999; Lou et al., 1996; N. M. Webb et al., 2002)。而且，能力相当的学生在一起学习有时候可以比能力相差很多的学生在一起学习合作得更好（L. S. Fuchs, Fuchs, Hamlett & Karns, 1998)。由于研究得出的结论如此不一致，我们最好是能够检验在合作小组中不同程度的异质性的效果，然后决定哪种方法在我们自己的课堂中最有效。

- **给小组成员设定一个或多个要完成的共同目标。**在合作小组活动开始的时候，我们应该清楚和具体地规定每个小组应该完成的任务（Crook, 1995; D. W. Johnson & Johnson, 1991)。例如，我女儿蒂娜在高中修习西班牙语的时候，他们其中一个活动的目标就是完全用西班牙语写作和录制一集电视肥皂剧。学生们都知道这个电视录像最终会在学生和家长参加的“奥斯卡奖”盛会上展示，“奥斯卡奖”将会颁给最佳图像、最佳表演等各个人选（蒂娜获得了最佳女主角，这个对我来说一点也不惊奇，因为她经常在家里表演情感剧)。下文是另外一个用在一个8年级的社会研究课程上的例子：

484

**殖民地经济**

教材章节：
建立殖民地——第4章

——西班牙建立了一个庞大的帝国（尼可斯先生）
——法国和荷兰殖民地（第一组）
——弗吉尼亚的英国定居者（第二组）
——普利毛斯的朝圣者（第三组）

英国殖民地建立——第5章
——新的英格兰殖民地（第四组）
——中部殖民地（第五组）
——南方殖民地（第六组）
——对殖民地的统治（第七组）

小组任务：
小组由3～4个学生组成。
每个小组都要负责阅读并透彻理解分派给他们的那一节。
每个小组都要准备一份作为最后成稿打印出来的章节的大纲，并为全班每个学生准备一份这个大纲的复印件。
每个小组要创造一个关于材料的艺术范例和一个在展示的最后表演的游戏。
在你们小组要展示的前一天，你们要教全班阅读你们准备的章节，并为全班准备要布置的家庭作业。
材料的呈现要面向全班，其中将会包括讨论布置的家庭作业、大纲和对这章内容的创造性展示进行解释。班级成员会就这章内容向做报告的小组提问。
为了确保学生对材料的理解，在单元结束的时候将会进行一个公开的测试。

为了有效地进行合作学习，小组应该有一个共同的目标。这里一个8年级的历史教师马克·尼可斯确定了几件学生在准备关于殖民地美国报告时应该做的事情。

• **关于怎么行动提供清晰的指导。**当我们为学生的讨论描述适当的行为时，学生会有更多有效的互动（Blumenfeld，Marx，Soloway & Krajcik，1996；A.-M. Clark et al.，2003；Windschitl，2002）。我们可以为合作小组活动提供诸如下面的指导：

✧ 确保每个人有同等参与的机会。

✧ 为你的观点和建议给出理由。

✧ 礼貌而专心地倾听其他人发言。

✧ 当你不理解时提出清楚而明确的问题。

✧ 鼓励其他人，并且当需要时提供支持。

✧ 用尊重和建设性的方式表达不同观点。

✧ 不管什么时候只要可能，确定整合不同观点的妥协办法。

✧ 改变你的想法，如果论据和呈现的证据表明你应该如此。

✧ 确保每个人最终都理解了材料。　（E. G. Cohen，1994；M. Deutsch，1993；Gillies & Ashman，1998；Lotan，2006；Lou et al.，1996；A. M. O' Donnell & O' Kelly，1994；N. M. Webb & Farivar，1999）

• **把任务结构化以便小组成员可以相互依赖来完成任务。**学生必须要相信相互合作学习是对自己有利的，并且所有成员都会做得很好（Karau & Williams，1995；Lou，et al.，1996，van Drie et al.，2006）。那些包括创造性问题解决和有多个正确答案的任务尤其可以鼓励学生彼此协作进行学习（Blumenfeld et al.，1996）。在一些情况下每个学生在小组里都有自己独特和重要的角色功能，可能是作为小组领导、记录者、批评家、和平维护者等（A. L. Brown & Palincsar，1989；D. W. Johnson & Johnson，1991；Lotan，2006）。在其他情况下，拼版技术会很有用：新的信息在所有小组成员中进行均等分配，每个学生必须把他所负责的部分教给其他同学（E. Aronson & Patnoe，1997）。 *484*
另一个方法是布置需要广泛的才能和技能的项目，这样每个成员都会为小组总的成功作出自己独特的和有用的贡献（E. G. Cohen，1994；Schofeild，1995）。

如果学生是合作学习的新手，那么你需要给学生一系列步骤，也就是要遵循的脚本，指导他们的互动，这对小组学习常常是有帮助的（Gillies，2003；A. M. O'Donnel，1999，2006；N. M. Webb & Palincsar，1996）。在一种叫做脚本合作的方法中，学生成对地阅读和学习说明文。其中一个学生扮演回忆者来总结课文段落的内容，而另一个学生则充当倾听者，改正回忆者出现的错误，并回忆其他的重要信息。然后两个学生互换角色进行下一段文章的学习。这种学习方法可以帮助学生改进精制加工、总结和理解监控这样的学习策略（Dansereau，1988；A. M. O'Donnel，1999）。

• **主要担任监督者和资源。**在任何合作学习活动中，我们必须对学生讨论的内容和行为进行监督（D. W. Johnson & Johnson，1991；Meloth & Deering，1999）。例如，我们可以考虑下面的一些问题；

✧ 学生们是在为共同的目标努力吗？

✧ 学生们都在积极参与吗？

✧ 他们的观念和策略是有效的吗？

✧ 他们在不懂时会相互问问题吗？

✧ 他们以尊重的方式对待彼此吗？

在必要的时候我们必须采取正确的行动。例如，当学生好像把别人对某个话题的错 *485*
误观念融入自己的观念的时候，温和的干预可能使讨论向着更好的方向进行。例如，

"当琳达如此这般想的时候，其他的人会同意她的想法吗?"如果学生对同伴的意见发表了伤害性的评论时，提醒他们行为的规则，在有些情况下可以要求道歉，这可能是比较合适的。

此外，在小组成员不能够提供完成小组目标所需的信息或观点时，我们可能偶尔需要提供帮助。然而太多的干预会适得其反，当教师参与小组讨论时，学生往往会更少相互谈论了（E. G. Cohen，1994）。

• **要求学生各自为小组成就负责，但也要因小组成功而强化他们。**当学生知道他们必须要个别地展示对小组目标的掌握或成就时，例如，在课堂上回答问题，参加一个小测试，或者为整个小组的产品作出独特并且很容易辨别的贡献，那么他们更有可能在合作学习活动中学习分配给他们的主题。这种方法就可以把有的学生做大部分或者全部的工作而其他的却坐享其成的可能性降到最低（Finn，Pannozzo & Achilles，2003；Karau & Williams，1995；N. M. Webb & Palincsar，1996）。

除了要让学生为自己的学习和成就负责之外，我们也要因为作为一个整体的小组的成功而强化小组成员，也即群体列联（Lou et al.，1996；Slavin，1990；Stipek，1996）[16]。这种小组奖励常常可以促进更高的整体成就，可能是因为学生对彼此的表现有了既定的兴趣，从而共同努力帮助小组成员理解主题（R. J. Stevens & Slavin，1995）。一种常用的方法就是给学生一个小测试来测验学生对以合作小组形式学习的内容的掌握情况，如果小组所有成员的表现都达到或者超过某个水平，就可以加分。

要注意不是所有的研究者都发现小组奖励在合作学习活动中有用。特别是，有时候学生的注意力集中在使用有效的学习策略而不是获得小组奖励时，他们可以学得更好（Meloth & Deering，1992，1994）。正如我们在前面行为主义和自我决定的讨论中发现的那样（第 9 章和第 11 章），外部强化物有时候会损害学生学习的内部动机。

• **在活动的最后，让小组对自己的有效性进行评估。**一旦合作小组完成了目标，我们就应该让学生对他们有效运用的以及还有待改进的方法进行分析和批评（可能是在我们的帮助下）（E. G. Cohen，1994；M. Deutsch，1993；D. W. Johnson & Johnson，1991）。我们还可以让学生考虑当我们在进行监控活动的时候牢记心头的相同问题，例如，是否每个人都平等参与了，是否小组成员在不懂的时候彼此问问题，学生们是否以一种相互尊重的方式进行活动。

486

## 同伴指导

合作学习能提高学习成绩的其中一个原因就是在学习主题的时候学生互相指导对方。这种同伴指导常常是一种教基本知识和技能的学习者导向方法。例如，我们可以让在同一个班级的学生相互指导。此外我们还可以让高年级的学生来指导低年级的学生——可能是 4 年级或者 5 年级的学生来教幼儿园或 1 年级的学生（A. L. Brown & Campione，1994；Inglis & Biemiller，1997；Kermani & Moallem，1997）。

在有些情况下，同伴指导会比掌握学习或更加传统的整班教学导致更好的学业成绩（D. Fuchs，Fuchs，Mathes & Simmons，1997；Greenwood，Carta & Hall，1988）。同伴指导有成效的一个可能原因就是它给学生许多做出积极反应的机会，而从行为主义者的观点来看，这种反应是学习所必需的。另外，它还提供了一种情境，在这种情境下，那些正在挣扎的学生在不懂的时候问别人问题会感到更舒服。一项研究表明（Graesser & Person，1994），在同伴指导下学生提的问题是在整班教学中的 240 倍之多！

同伴指导一般对指导者和被指导者都有益（D. Fuchs et al.，1997；Inglis & Biemiller，1997；Semb et al.，1993；N. M. Webb & Palincsar，1996)。当学生带着要去教别人的期望学习材料的时候，他们会有更强的内部动机，并且在学习时会进行有意义学习、组织和精制加工（Benware & Deci，1984；A. M. O'Donnell，2006；Semb et al.，1993)。此外，根据维果斯基的方式，在指导和引导别人学习和问题解决的过程中，指导者会把这些过程内化，从而能更好地指导自己的学习和问题解决。也就是说，同伴指导可以促进指导者进行更好的自我调节（Biemiller et al.，1998)。

同伴指导还有一些非学业的好处。如，提高合作和其他的社会技能，行为问题减少，友谊得以在不同种族群体学生之间以及在无障碍和有障碍的学生之间建立（Cushing & Kennedy，1997；DuPaul，Ervin，Hook & McGoey，1998；Greewood et al.，1988；J. R. Sullivan & Conoley，2004)。

正如其他的互动教学方法一样，同伴指导在教师提供一些指导的情况下是最为有效的。下面是一些有效运用同伴指导的建议：

• **确保指导者已经掌握了要教的材料，并且使用合理的教学技术。**好的指导者对所教材料已经进行了有意义理解，能够提供集中于这种理解的解释；差的指导者很有可能只描述程序而不解释程序为什么是有用的（L. S. Fuchs et al.，1996)。好的指导者还会使用教学策略来促进学习，他们提问、给予提示、在必要的时候对反应给予支持、提供反馈等（Lepper，Aspinwall，Mumme & Chabay，1990)。

然而学生并不总是有足够的知识和技能使他们成为有效的指导者，尤其是在小学阶段（Greenwood et al，1988；Kermani & Moallem，1997；D. Wood，Wood，Ainsworth & O'Malley，1995)。因此大多指导应该限制在那些指导者非常了解的主题上（我们会看到一个例外)。训练有效的指导技能也是有益的。例如，我们可以给指导者示范如何与他们要教的学生建立良好的关系，如何把任务分解成简单的步骤，如何以及何时给予反馈等（Fueyo & Bushell，1998；Inglis & Biemiller，1997；Kermani & Moallem，1997)。

• **为学生的互动提供一些结构。**为指导提供结构常常可以帮助学生促进他们同学的学习（Fantuzzo，King & Heller，1992；L. S. Fuchs et al，1996；Mathes，Torgesen & Allor，2001)。例如，在一项研究中（D. Fuchs et al.，1997)，20 个 2～6 年级的班级参与了一项叫做同伴辅助学习策略（Peer-Assisted Learning Stategies，PALS）的项目，目 487
标是为了培养更为有效的阅读理解技能。在每个班级中，学生都按照阅读能力来划分等级，划分等级的名单分为两个部分，在名单上前半部分的第一名的学生和名单上后半部分第一名的学生配对，名单上前半部分第二名的学生和名单上后半部分第二名的学生进行配对，依此类推。通过这个程序，被配对在一起的学生在阅读能力上有中等的而不是极端的差异。每对都阅读组中较低读者水平的课文，并且进行下面的活动：

✧ 同伴阅读并复述。阅读能力更高的学生先大声阅读五分钟，然后阅读能力较差的学生再读同一篇课文。阅读的材料应该是在前面的阅读中认定为对阅读能力较差的学生可以轻松阅读的。在两次阅读之后，阅读能力较差的学生来描述刚才所读的材料。

✧ 段落总结。两个学生都一个段落接着一个段落阅读，然后在阅读能力更高的学生的帮助下，阅读能力较差的学生试着来总结段落的主题和主要观点。

✧ 预测接力。两个学生都阅读课文的一个段落，在能力更高的学生的帮助下，能力较低的学生总结课文并对下面可能要说的内容做出预测。然后学生接着阅读下面的课文，能力较低的学生确定或否定自己的预测，总结新的段落，做出新的预测，依此进行下去。

这个程序使得在PALS项目中的学生比在传统阅读课程上的学生在阅读上取得了更大的进步，即使两者所用的阅读时间是一样多的。研究者认为在PALS项目中的学生之所以表现好是因为他们有更多的机会对他们正在阅读的内容进行言语反应，更频繁地获得关于自己表现的反馈，总的来说，他们更多地被鼓励使用有效的阅读策略。

在中学阶段，通过教学生在共同学习科学、社会研究和其他课程时几种相互提问的类型，我们可以将指导成分融合到配对学习中。在一种方法中（A. King，1997，1999），给学生提供“开始项”来帮助学生形成可以促进精制加工、批判性思维和其他有效的学习策略的问题。下面是一些例子：

✧ 用你自己的话来描述……
✧ ……和……的区别是什么？
✧ 如果……发生了，那么你认为……就会发生什么？
✧ 你是怎么得出那个的？（A. King，1997，pp. 229－231）

下面的例子中，两个7年级的学生在他们共同学习肌肉的时候使用了开始项，他们两个对肌肉这个知识点以前都知之甚少：

乔恩：肌肉系统是如何工作的，凯勒？

凯勒：嗯……在你动的时候他们会收缩。

乔恩：你能讲得详细点吗？

凯勒：嗯……好的……

乔恩：嗯，为什么肌肉很重要，凯勒？

凯勒：它们之所以重要是因为如果我们没有肌肉就不能运动了。

乔恩：但是……它们是怎么工作的？详细地解释一下。

凯勒：嗯。肌肉里面有腱。有的肌肉叫做骨骼肌。它们在肌肉里面就像在你的胳膊里面由腱把肌肉和骨头联结起来，使得他们前后运动，这样你就可以走路和吃东西了。

乔恩：好，非常正确！骨骼肌和心肌在哪些方面相同？

凯特：嗯，心肌和平滑肌？

乔恩：心肌和骨骼肌。

凯勒：好的。它们都是一种肌肉，它们都很强健，它们都支撑东西，但是我不认为它们有多少相同的地方。

488 约翰：好的。为什么你认为它们没有多少相同的地方？

凯勒：因为平滑肌，我是说骨骼肌是随意的而心肌是不随意的。好的，那么我问你，如果我们没有平滑肌会怎么样？

约翰：我们会很难咀爵，我们要花费很长时间来消化食物。我们要考虑一下消化，因为平滑肌——像肠道和胃——是不随意的。

凯勒：你真的是这样想的吗？

约翰：是的。

凯勒：好的，但是你有没有想过如果你没有平滑肌你会受到伤害？

约翰：很好，因为你没有肌肉来推动食物到肠道和胃，你就会被堵住！你就得吃液体食物，只能吃液体食物。（大笑）（A. King，Staffieri & Adelgais，1998，p. 141）

注意这两个男孩子是如何相互问一些促进精制加工的问题的（例如，“骨骼肌和心肌在哪些方面相同?”）。他们还提问可以使自己自我反应和提高元认知的问题（例如“你为什么认为它们没有多少相同的地方?”以及“你真的这么想吗?”）。通过这种有结构支持的互动，同年级和水平相当的学生可以为学习互相提供宝贵的支持（A. King，1998）。

- **注意要高成就学生来指导低成就学生不是多余或剥削。**正如我们所知，指导者在指导的过程中和被指导者的收获是一样多的。我们不能认为指导者总是可以从指导过程中受益；我们要经常监控同伴指导过程的效果以确保所有学生都可以受益。
- **用同伴指导来帮助有特殊教育需要的学生。**同伴指导经常被有效用来帮助那些有学习障碍、情绪障碍或者行为障碍和其他有特殊教育需要的学生（Cushing & Kennedy，1997；DuPaul，Ervin et al.，1998；D. Fuchs et al.，1997）。在一项研究中（Cushing & Kennedy，1997），低成就学生被指定来指导那些有中等或者严重智力或生理缺陷的学生。学生指导者从指导任务中受益颇多：他们在课堂上变得更专心，更经常地完成作业，更多地参与课堂活动。我推测给指导者提供指导那些能力较低学生的机会可能提高了指导者学习课堂知识的自我效能感，这反过来鼓励他们参与可以保证学业成功的各种活动。
- **确保所有学生都有曾经指导其他同学的经历。**这一点常常是说起来容易做起来难，因为有的学生会在很长的时间内持续表现出比大多数同伴要差。其中一个可行的方法就是刚才提到的：让低能力的学生去指导有障碍的学生。另一个方法就是教给低能力的学生以具体的任务或程序来使他们能够和高成就的同学进行分享，但是这应该是在高成就同学不知情的情况下（Cohen，Lockheed & Lohman，1976；N. M. Webb & Palincsar，1996）。还有一种方法就是让学生去教更小的儿童基本技能（Inglis & Biemiller，1997）。事实上，当有明显社交或行为问题（如情绪或行为障碍、自闭症）的学生当有机会去指导比自己小几岁的学生时，他们会在学业或社交技能上获得显著进步（J. R. Sullivan & Conoley，2004）。

## 基于技术的协作学习

有效的学生互动不一定必须是面对面的。通过像电子邮件、网络聊天室和电子留言板等计算机技术可以使学生和同伴在课堂或者任何地方都可以进行交流、交换观点、头脑激荡以及相互支持（e.g.，Fabos & Young，1999；Noss & Hoyles，2006；Stahl，Koschmann & Suthers，2006）。技术还允许学科专家也偶尔参与交流（A. L. Brown & Campione，1996；Winn，2002）。

在多伦多大学设计的软件中，我们发现了技术如何提高学生交流和优化知识结构的 489
例子。这个软件叫做知识论坛[17]，使学生可以通过班级或学院机构的数据库来进行常规的交流，它创建了一个基于计算机的学习者共同体（Hewitt & Scardamalia，1996，1998；Lamon，Chan，Scardamalia，Burtis & Brett，1993；Scardamalia & Bereiter，2006）。学生使用数据库来分享问题、观点、笔记、写作成果和图示结构等。他们的同班同学（有时候是某个主题的专家）定期做出反应，可能是给出反馈、发展观点、提供不同的观点或者综合所学的东西。

对这个方法的初步观察是振奋人心的。学生更为关注对课堂主题的真正理解而不是简单地做完事情，他们设法把新材料和已经知道的东西联系起来（也即他们采纳掌握目标而不是成绩目标），他们表现出很强的记忆、综合和运用主题知识的能力（Bereiter & Scardamalia，2006；Lamon et al.，1993；Scardamalia & Bereiter，2006）。此外，持续不断的互动可以促进学生对主题形成更成熟的认识论信念（Scardamalia & Bereiter，2006）。例如，在5～6年级的人类学“新世界的史前史”这一单元，学生以3～4人为一个小组来学习某个特别的话题，然后通过计算机数据库来分享他们的发现（Hewitt，Berett & Scardamalia，Frecker & Webb，1995）。其中一个研究人类如何从亚洲迁徙到美洲的各种理论的小组，得出这样的报告：

> **我们学到了什么**：我知道我们对这个话题已经研究了很多，但是我们知道得越多，就对什么是事实而什么是假象变得越迷惑。这个问题的关键就是没有任何关于他们是什么时候和如何进行迁移的真凭实据。最为信服的理论就是白令海峡理论（Bering Strait theory），认为从亚洲来的人们穿过了大陆桥。另一个理论认为他们是用皮船穿过两个大洲之间的距离的。我们还很遗憾地发现由那些不喜欢异己的人们得出的带有种族偏见的理论，他们认为新世界的人们是由于人类牺牲而存在的，只有这个种族才会这么做。
>
> 我们根据找到的资料得出自己的理论，并且试图把这个问题搞清楚。我们曾经听有些人说他们是从太空来的，但是这个理论不太可能。我认为这些土著人或者因纽特人不喜欢提到这样的理论。他们到底是怎么来的不是这几个理论可以轻易回答的问题，但是却使白令海峡理论得到了一些验证。（Hewitt et al，1995，p. 7）

注意这个小组的总结揭示的复杂的认识论信念：学生意识到人类学作为一个学科不一定要是事实，而可以由很多可能正确或不正确的各种观点组成。而且，学生认识到不同的理论解释人类学家得到的证据时或多或少是有用的。[18]

## 490 考虑学生的多样性

在一定的程度上，我们选择的教学策略应该要适应学生的年龄和发展水平。例如，包括很多积极反应和频繁反馈的策略（如掌握学习、直接教学、基于计算机的教学）可能尤其适合年龄较小的学生（Rosenshine & Stevens，1986）。讲座（经常会有点抽象）和家庭作业往往更适合年龄较大的学生（Ausubel et al.，1978；H. Cooper et al.，2006）。

还要考虑学生在学习一个主题的时候所具备的原有的知识和技能（Gustafsson & Undheim，1996；Rosenshine & Stevens，1986）。当学生对某个主题不知道或知之甚少时，有结构的、教师导向的方法可能最为有效。但是当学生已经掌握了基本的知识和技能时，特别是当学生是自我调节学习者的时候，学生应该开始指导自己学习的某些方面，可能是在小组讨论中、真实活动中，或者是在使用超媒体和网络时。

然而，一般来说，所有学生都应该经历各种教学方法。例如，虽然有的学生需要很多时间来学习基本技能，但是花费太多时间在有结构的、教师导向的活动课可能会极大减少选择学什么和如何学的机会，因此，可能会阻碍学生发展自我决定感（Battistich et al.，1996）。此外，真实活动可以让各个水平的学生更好地了解课堂主题的关联和意义，尽管这些活动比传统的课堂任务要更加无结构、更加复杂。

## 考虑群体差异

学生的文化和种族背景应该偶尔引导我们对教学策略的选择。例如，刚从一些亚洲国家移民过来的学生可能会更习惯教师导向的教学而不是学习者导向的课堂活动（Igoa，1995）。相反那些来自高度鼓励人际合作文化的学生（例如，许多西班牙和土著美洲社区）的学生会更倾向于在有很多互动和协作性活动的课堂上取得好的成绩（García，1994，1995；McAlpine & Taylor，1993；N. M. Webb & Palincsar，1996）。对英语技能有限的学生来说，技术可以帮助我们，可以是以英语语言指南的形式，也可以是使用计算机程序给学生读电子书，还可以使用有拼写和语法检查功能的文字处理器（P. F. Merrill et al.，1996）。

还要考虑性别差异。男孩在竞争中茁壮成长，而女孩往往在互动和合作的教学活动中表现更好。此外，女生在全班讨论的时候会受拘束而更喜欢参与小组讨论活动（Théberge，1994）。然而，因为有时候男孩会主导小组活动，所以我们有时要成立全女孩小组。这样可以鼓励女孩参与小组活动并且担任领导角色（Fennema，1987；MacLean et al.，1995）。

当我们在低收入、市中心周边地区的学校工作的时候，我们对教学策略的选择尤为关键。这些学校的学生常常经历了比操练基本技能要多的东西，这样的活动几乎对激起学生对课堂主题的兴趣没有帮助（Duke，2000；R. Ferguson，1998；Portes，1996）。掌握基本的知识和技能当然是很必要的，但是我们可以把这些活动加入课程中，要求学生应用正在学习的知识到个人感兴趣的事情和真实世界情境中（Lee-Pearce et al，1998；M. McDevitt & Chaffee，1998）。例如在一门叫做美国儿童选举（Kid Voting USA）的课程中，从幼儿园～12 年级的学生上适合自己年龄的课，来学习选举、政党、政治问题等内容，并且把学到的和当地的选举活动联系起来（M. McDevitt & Chaffee，1998）。根据自己的年级水平他们可以进行模拟选举，分析候选人对对手的攻击，或者候选人在某个特殊的拉票活动上进行演讲。参加课程的学生更有可能经常关注关于选举的媒体报告，发动与家人和朋友对选举的讨论，对候选人和选举结果更有见识。事实上，对政治的知识和兴奋是有传染性的，因为他们的父母也开始更加关注新闻，更多地谈论讨论政治，获得更多关于候选人和政治问题的知识。

当我们的教学目标包括促进社会性发展和学业成就时，互动和协作的策略就尤为有 491
效。正如我们所见，合作学习和同伴指导这样的互动方法鼓励不同种族学生之间的友好关系。此外，合作学习小组，特别是当学生在完成包括有很多不同技能和能力的任务时，可以促进学生更为欣赏与自己有不同背景的学生作出的贡献和不同的优点（E. G. Cohen，1994；E. G. Cohen & Lotan，1995）。事实上任何协作性教学方法——合作学习、交互教学、同伴指导——都有助于学生超越他们之间明显的分歧而意识到最终他们之间的相似性多于他们之间的差异（Schofield，1995）。

## 适应有特殊需要的学生

有时候我们需要根据学生特殊的认知能力或者障碍来调整教学目标。例如，为了确保所有学生都在完成适合他们现有技能水平的任务（也即在学生最近发展区的任务），我们可能需要为一些学生确定更为基本的目标（例如那些智力落后的学生），为其他的学生提高目标（如有天赋的学生）。此外，不同的教学策略对有特殊教学需要的学生来说或多或少都会有用。例如，严格的讲解式教学（如讲座）可以快速有效地呈现新的信息，对那些可以很快且抽象地处理信息的学生来说很有效，但是对于那些认知能力比较低的学生来说就会很难理解。同样，发现学习可以有效提高高能力学生的学业成就，但是对于还没有掌握基本概念和技能的学生来说却是有害的（Corno & Snow，1986）。相反，掌握学习和直接教学对于有学习困难的学生是有效的，但是可能会阻止学得快的学生以与自己的潜力同步的速度前进（Arlin，1984；Leinhardt & Pallay，1982；Rosenshine & Stevens，1986）。

表 13—4 提供的是我们在前几章找出的有特殊需要的学生的一些特征，也提供了一些我们可以用来适应这些特征的教学策略。

491 **表 13—4　　教学目标和尤其适合有特殊需要学生的教学策略**

| 种类 | 可能观察到的特征 | 建议的课堂策略 |
| --- | --- | --- |
| 有特殊认知或学业困难的学生 | • 不均衡的成绩模式。<br>• 在有些内容领域内对复杂认知任务感到困难。<br>• 加工或记忆特定通道呈现的信息有困难。<br>• 较低的听力或者阅读能力，或者两者都有困难。<br>• 在完成家庭作业上有高于平均水平的困难。 | • 设定有挑战性但又可以实现的目标，根据学生的优点和不足来调整目标。<br>• 用信息加工分析来确立在复杂任务中的具体认知技能，考虑独立教授每个技能。<br>• 使用掌握学习、直接教学、基于计算机的教学、合作学习和同伴指导来帮助学生掌握基本的知识和技能。<br>• 在讲解式教学中，通过多种通道（例如，视频、录音、图示材料）呈现信息，提供先行组织者和学习指导。<br>• 让学生使用计算机工具（如语法和拼写检测器）来弥补弱项。<br>• 布置可以提供额外练习基本技能的家庭作业，根据不同学生的独特能力和需要布置不同的作业，提供额外支持（如，请求家长帮助，明确地教授有效的学习习惯）。<br>• 使用交互教学来提高学生的听力和阅读能力。 |
| 492 有社交和行为问题的学生 | • 频繁地离开任务的行为。<br>• 在延伸阶段不能独立学习。<br>• 较差的社交技能。 | • 用小组直接教学和同伴指导作为提供一对一注意的方法。<br>• 把没有监督的课堂作业降到最低。<br>• 使用合作学习来促进社交技能和友谊。<br>• 对与在互动学习中如何表现提供清楚的指导，密切监督学生在小组中的行为。<br>• 如果合适，使用针对有具体认知或学业困难学生的策略。 |
| 认知和社交功能普遍迟滞的学生 | • 完成复杂任务有困难。<br>• 抽象思考有困难。<br>• 学习基本信息和技能需要大量的重复和练习。<br>• 把信息和技能迁移到新情境有困难。 | • 在学业和社交领域内确定可以实现的目标。<br>• 使用任务分析把复杂的行为分解为学生易于学习的更简单的反应。<br>• 尽可能具体地呈现信息（如，通过让学生进行动手体验）。<br>• 使用直接教学和基于计算机的教学来提供基本技能的额外练习。<br>• 把基本技能嵌入真实任务来促进知识向外部世界的迁移。<br>• 使用同伴指导作为促进与没有障碍的同学之间友谊的手段，同时确定学生已经掌握并且可以教给其他同学或比自己小的学生的那些技能。 |

续前表

| 种类 | 可能观察到的特征 | 建议的课堂策略 |
|---|---|---|
| 有身体障碍或感知困难的学生 | • 在大多数情况下有平均水平的智力。<br>• 很容易疲劳（部分学生）。<br>• 有限的运动技能（部分学生）。<br>• 言语困难（部分学生）。 | • 设定和没有障碍学生类似的目标，除非有什么强制性的原因。<br>• 允许在激烈和紧张的活动中有频繁的中断。<br>• 用基于计算机的教学（必需的机械调试）来让学生可以以自己的节奏来处理材料和对教学做出积极反应。<br>• 当学生出现言语困难的时候，用其他方法（可能是技术）使他们积极参与到课堂讨论和合作学习小组中去。 |
| 认知发展超前的学生 | • 对布鲁姆分类表中高水平的问题回答较多（如分析、评价）。<br>• 快速学习。<br>• 很强的抽象思考能力，更早出现抽象思维。<br>• 对课堂材料有更好的概念理解。<br>• 有独立学习的能力。 | • 设定可以挑战学生的目标和标准来激发学生充分发展自己的潜能。<br>• 提供机会来对主题进行更深入的研究（例如，通过分派阅读任务、基于计算机的教学和同质合作小组）。<br>• 教给学生可以独立学习的策略（例如科学方法、图书馆技能、使用超媒体和互联网）。<br>• 主要问高水平问题。<br>• 介绍学生到安全的可以和有共同兴趣和能力相当学生进行交流的网络窗口。<br>• 在确保指导者和被指导者都能获益的情况下让高水平的学生作同伴的辅导者。 |

资料来源：Strategies based on suggestions from T. Bryan，Burstein & Bryan，2001；Carnine，1989；DuNann & Weber，1976；DuPaul，Barkley & Connor，1998；Fiedler et al.，1993；Greenwood et al.，1988；Heward，2006；C. C. Kulik et al.，1990；Mercer & Pullen，2005；P. F. Merrill et al.，1996；Morgan & Jenson，1988；Piirto，1999；A. Robinson，1991；Ruef et al.，1998；Schiffman，Tobin & Buchanan，1984；Spicker，1992；R. J. Stevens & Slavin，1995；J. R. Sullivan & Conoley，2004；Tarver，1992；Turnbull et al.，2007；J. W. Wood & Rosbe，1985。

## 概　览 493

历史上，很多理论家和实践家一直寻找——有时候他们认为自己已经找到了——教儿童和青少年最好的唯一的方法。结果就会造成教育家们提倡一种特殊的教学方法的一系列的运动，几年之后又会提倡另外一种十分不同的教学方法（K. R. Harris & Alexander，1998；Sfard，1998）。我也常常对教育界为什么会经常摇摆不定感到很疑惑，我也曾经得出了几个假设。或许有的人在寻找教学的运算规则—— 一种他们只要遵循就能够保证学生取得好成绩的方法。或许他们混淆了理论与事实，认为最新的理论热潮就是解释学生如何学习和发展的最为正确的理论，所以就得出结论：和这个理论相联系的教学策略一定远比别的方法更为有效。还有可能他们对于教育系统的目标应该是什么只有一个非常简单的看法。

到现在我们应该知道，并没有唯一的、最好的课堂教学方法。我们所讨论的每种策略都有各自的优点，每种教学策略在不同的情境下和对不同的学生都有各自的效果。我们选择教学策略至少要考虑三个条件：这节课的目的、主题的性质以及学生的特征和能力。下面的表 13—5 呈现了总的情况和每种策略最为合适的具体例子。

一个成功的课堂——一个可以让学生真正以有意义的方式学习和使用学校主题的

课堂——毫无疑问，这种课堂中会发现各种教学方法。当你作为一名课堂教师获得经验时，你将会越来越熟练地使用我们在这一章中所讨论的很多或全部的教学策略。我希望你试验不同的教学方法来决定哪一种更适合你的教学目标、你教的学科和学生。就像在第一章中提到的，如果你能够既在你所教授的课程上不断更新，又可以在有效课堂教学的理论和研究观点上不断提高，那么你就可以不断地提高自己作为教师的能力。

493 **表 13—5　选择一种教学策略**

| 教学策略 | 使用条件 | 例子 |
|---|---|---|
| 讲座和教科书 | • 目的是获得新的信息。<br>• 这节课包括在具体组织结构内被学得最好的信息。<br>• 学生有一定的抽象思维能力，有可以与新的材料相联系的知识，具有有效的学习策略（如，在讲座上做笔记的技能，阅读任务中的理解监控技能）。 | • 向一个初中足球队描述和演示一些防守策略。<br>• 为高级历史课的学生布置阅读第一次世界大战中的重要战役的作业。 |
| 掌握学习 | • 目的是学习知识和技能达到掌握（可能是达到自动化）。<br>• 这节课呈现的信息或技能为以后的教学单元提供基础。<br>• 学生达到掌握程度所需要的时间会不同。 | • 让一个学生在器乐课上练习 C 大调，直到他可以完美地弹奏。<br>• 让学生练习 100 个单数相加的例子，直到可以在五分钟内正确回答所有的问题。 |
| 直接教学 | • 目标是要学会大量定义良好的知识和技能。<br>• 这节课呈现的信息或技能为以后的教学单元提供基础。<br>• 学生需要大量指导和练习来成功地完成学习。 | • 在课堂和作业中解释如何把有不同分母的分数相加，并且在课堂和家庭作业中练习这种分数的相加。<br>• 演示如何使用竖锯，并在学生使用锯子切割不规则木头的时候仔细观察学生的动作。 |
| 基于计算机的教学 | • 目的是获取基本知识和技能。<br>• 这节课包括那些学生可以从阅读文本，或者从看和听多媒体呈现可以学会的信息。<br>• 学生对计算机比较熟悉，并且不需要教师提供什么指导就可以进行学习。 | • 使用打字指南帮助学生达到键盘操作的自动化。<br>• 使用设计的教育软件来教授音乐符号，使用音乐编辑软件让学生体验不同音符、调子、乐器声音和时间符号。 |
| 494 在线研究 | • 目的是获得信息素养读写技能，特别是使用互联网。<br>• 这节课需要在课堂中不容易得到的信息。<br>• 学生对互联网软件（如，网络浏览器）和搜索引擎比较熟悉。 | • 要求学生使用来自美国人口普查局的数据来了解美国不同地方的人口统计学差异。<br>• 让学生在国家新闻局和新闻杂志的网站上阅读当前发生的事件。 |
| 发现学习 | • 目的是获得对现象的亲身体验。<br>• 这节课包含那些可以从实验或他人经验中正确推论出的信息。<br>• 学生有足够的知识对结果做出正确解释，但是学习十分抽象的材料可能有困难。 | • 要求学生发现当颜料的两个基本色（红和黄，红和蓝，黄和蓝）混合时发生的现象。<br>• 设计一个模拟活动，让学生亲身体验没有继承财产而缴税的感觉。 |

续前表

| 教学策略 | 使用条件 | 例子 |
|---|---|---|
| 课内活动 | • 目的是练习新的知识和技能。<br>• 这节课需要大量的教师监控和支持。<br>• 学生不能够独立完成任务。 | • 要求学生用不同量的水、肥料和太阳光来种植向日葵。<br>• 让学生画出当地社区的地图，并使用恰当的标志来表示方向、比例、自然景色和人工建筑。 |
| 计算机模拟和应用 | • 目的是获得在虚拟世界中更容易探索的领域的经验或者用计算机工具获得经验。<br>• 这节课包括可以利用模拟软件的任何任务或者适合计算机应用的任何任务。<br>• 学生对计算机比较熟悉，不需要什么教师指导就可以进行工作。 | • 通过计算机模拟提供不同人体解剖结构的内部面貌来让学生探索人体解剖学。<br>• 要求学生使用文字处理器来写一份简历。 |
| 家庭作业 | • 目的是学习新的但是很简单的材料，对熟悉的信息和程序进行额外练习，或把课堂主题与外部世界联系起来。<br>• 学生可以在没有或者很少他人帮助下完成这节课。<br>• 学生有适当的自我调节技能来独立完成任务。 | • 要求学生阅读健康课本的下一章并回答与内容有关的几个问题。<br>• 在关于移民的一个单元中，要求学生找出自己父母和祖父母的出生国家、省或者县。 |
| 教师提问 | • 目的是对一个主题进行深入理解和精制加工。<br>• 这节课包括复杂的材料，对学生的学习进行频繁监控很重要，对观点进行精制加工很有益，或者两者都要。<br>• 学生不能自觉地进行精制加工或者有效地监控自己的理解。 | • 提问学生可以提高回忆和对前一天学过知识进行复习的问题。<br>• 要学生举例说明在他们社区内那些不可再生的资源是如何回收的。 |
| 课堂讨论 | • 目的是获得更好的概念理解，获得对一个主题的多方面的视角。<br>• 这节课包括复杂的、甚至可能有争议的问题。<br>• 学生对主题有充足的知识，能够提供见多识广的观点和看法。 | • 要求学生针对哈里·杜鲁门 495<br>(Harry Truman) 决定在广岛投原子弹的伦理含义进行讨论。<br>• 要求学生以 4 或 5 人为一组来准备将要进行的关于增加最低工资的正方和反方的论证。 |
| 交互教学 | • 目的是为了发展学生的阅读理解和学习策略。<br>• 这节课要求学生以比较复杂的方式对材料进行认知加工。<br>• 学生的阅读理解和学习策略比较差。 | • 在学生大声阅读科学教材的一个段落时，示范四种类型的问题——总结、提问、澄清和预测。<br>• 当学生在阅读小组阅读一个短故事时，要求学生轮流当老师，向同学提问类似教师提出的问题。 |
| 合作学习 | • 目的是发展学生与他人协作完成学业任务的能力。<br>• 这节课包括单个学生难以独立完成的比较大而难的任务。<br>• 学生的文化背景强调合作而不是竞争。 | • 要求学生以 2～3 人为一组共同解决复杂的数学问题。<br>• 要求学生在上法语课的时候以小组形式来合作，完全用法语设计和表演一个独幕剧。 |

续前表

| 教学策略 | 使用条件 | 例子 |
| --- | --- | --- |
| 同伴指导 | • 目的是学习基本的知识或技能。<br>• 这节课包括能由学生有效教授的材料。<br>• 学生对材料的掌握程度有差别，但即使是最好的学生也可以在教别人的过程中增进自己对材料的理解。 | • 要求学生 2 人一组来相互教给对方关于不规则法语动词的变化。<br>• 要求学生帮助其他同学完成简单的数学应用题。 |
| 基于技术的协作学习 | • 目的是以小组的形式建构新知识并对理解进行评估和精炼。<br>• 这节课包括一个多方面的主题，每个学生都可以作出自己的贡献。<br>• 学生有足够的阅读理解技能独立或以小组形式进行学习，同时也有足够的计算机素养进行信息交流。 | • 在学生有条件接触计算机和网络的社区，建立一个电子布告板，允许学生分享有关家庭作业的问题和想法。<br>• 在课堂内的计算机桌面上，创建一些文件夹让学生将文章保存在里面，并相互阅读和评论。 |

496

**资格考试练习：合作学习项目**

米哈拉女士在她的 4 年级班上开始教一个关于其他国家风俗的单元。她听说了合作学习的好处，所以她让学生组成 4 人一组的小组来共同完成这个单元的学习。在周一她给每个小组分派了一个特定的国家：澳大利亚、哥伦比亚、爱尔兰、希腊、日本或者南非。然后她给学生做了这样的指示："今天我们会去图书馆，在那里你们可以查找关于自己负责的国家风俗的信息，并且可以把你们认为有用的材料找出来。在接下来的两周，你们要每天花些时间用于小组学习。你们应该学习你们小组负责的那个国家所有的风俗。从周五开始的一周时间，每个小组要给全班其他人做一个口头报告。"

在之后的几节课上，米哈拉女士遇到了比她预期要多的问题。例如，在学生进行分组的时候，她发现成绩好的学生组成了两个小组，许多社交定向的、受欢迎的学生组成了两个小组，剩余的学生组成了另外两个小组。有的小组很快开始任务，有的小组将时间花在闲谈上并计划即将来临的社交事件，还有的既不进行学业任务也不开展社交活动。

随着单元的推进，米哈拉女士听到了学生对这个任务越来越多的抱怨："我和简在做所有的工作，凯伦和玛丽什么也不做。""艾基尼认为他可以控制我们所有的人，因为我们负责的是爱尔兰，而他就是爱尔兰人。""我们花费了许多的时间，但就是难以达成一致！"在这一单元之后的小组报告也有很大的质量差异：有的精心计划、信息丰富，而有的组织不好，缺少实质性的信息。

米哈拉女士对自己嘀咕道："合作学习的东西就这些，如果我要学生学习什么，我就直接教给他们了。"

**1. 反应建构问题：**

✧ 描述两个你认为可以提高米哈拉女士的合作学习活动的建议。根据与合作学习有关的研究发现或者基于当代的学习、认知或发展的原理和理论来提出你的改进方法。

**2. 多项选择的问题：**

✧ 米哈拉女士从来没有给其他国家的风俗的单元设定一个教学目标。下面这几个教学目标中的哪一个反映了怎样设置教学目标一般要遵守的原则?

a. 教师应该让学生接触在不同的文化中存在的行为和信念的差异（例如，饮食习惯、仪式活动、宗教信仰、道德价值观）。

b. 教师应该使用各种教学方法，包括（但不限于）讲座、直接教学、阅读教材、合作学习活动和基于计算机的教学。

c. 学生应该研究不同的文化行为和信念，包括在世界不同地方的国家的文化和信念。

d. 学生应该展示不同的文化实践的知识，例如，描述与自己文化截然不同的文化的三种不同方式。

## 注　释

1. 当我在米歇尔的硕士课程末督导她的教学实习时观察过她的课，我很高兴她允许我在这儿描述出来。（学生的名字是假名。）

2. 一些教育心理学家使用术语教师中心和学习者中心代替。美国心理学会的 14 条学习者中心心理学原理包括了许多前面章节提到的概念和原理。你可以在 APA 的网站 www. apa. org/ed/lcp2/lcp14. html 找到这些原理。

3. 现在，网站发展教育标准提供链接到所有 50 个州和哥伦比亚特区的标准。你可以在 www. edstandards. org/Standards. html 找到这些链接。

4. 在学习指南与读物中的补充阅读“使用分类法陈述教学目标和目的”呈现了布鲁姆独创的分类以及在心因动作和情感领域的早期分类。

5. 我早期的一节地理课呈现在与本书配套的学习指导与读物中。

6. 有些理论家用讲解式教学这一术语单指讲座和教材。我使用这个术语宽泛地指围绕信息传递从专家到学生的任何方法。

7. 我总是渴望听到我的读者就改进本书提出建议。我的 E-mail 地址是：jormrod@alumni. brown. edu。

8. 不要将掌握学习与掌握目标混淆。我们这里是在谈论一种教学策略。相反，掌握目标反映了学生关注获得学科能力而不只是获得一个好分数（见第 12 章）。

9. From Kid and School Reform（p. 117 by P. A. Wasley，R. L. Hample & R. W. Clark，1997，San Francisco：Jossey-Bass. Copyright 1997 by Jossey-Bass. 这一材料的使用得到 John Wiley & Sons，Inc 的许可。

10. 主要基于行为主义原理的早期教学软件更多地被称为计算机辅助教学（computer-assisted instruction），或 CAI。你可以在学习指南与读物中的补充阅读里找到更多关于 CAI 和它的纸笔前身——程序教学。

11. 关于信息素养的更多信息，参看学习指南与读物中的补充读物“促进信息素养技能”。

12. 为了恢复你的记忆，学习者的最近发展区是指他或她只有在他人指导和支持下才能完成的任务的范围（见第 2 章）。

13. 这一点应该使你想起我们在第 8 章对认识论信念的讨论。

14. 这一点也与学生的认识论信念有关。

15. 有些理论家在合作学习和协作学习之间进行了区分，虽然不同的理论家划出的分界线有些不同（e. g. ，see Palincsar & Herrenkohl，1999；B. L. Smith & MacGregor，1992；Teasley & Roschelle，1993）。我推测，他们的部分推理就是术语合作学习在历史上已经被与特定的理论家和特定的教学策略联系在一起（e. g. ，D. W. Johnson & Johnson，1991；Slavin，1983，1990）。我在这里使用合作学习更广泛地指任何学生以某种程度结构化的方式共同学习以达到一个共同目标的任何教学方法。

16. 群体列联在第 9 章进行了详细讨论。

17. 这一软件的早期版本被称作计算机支持的有意学习环境（Computer Supported Intentional Learning Environment）或者 CSILE（发音像名字 Cecil）。第二代 CSILE 被称为知识论坛，允许在学校和其他机构之间进行协作（e. g. ，see www. Knowledge Forum. com）。

18. 你可以在第 7 章的“创建学习者共同体”部分找到基于技术的协作学习的另一个例子。

# 第14章

# 营造一个建设性的学习环境

**本章内容要目：**

- 个案研究：一个感染性的环境
- 营造一个有助于学习的环境
  - 布置教室
  - 建立和保持有效的师生关系
  - 创造有效的心理氛围
  - 制定约束机制
  - 设计一些维持学生注意力的活动
  - 监控学生正在做什么
  - 修正教学策略
  - 考虑个体的和发展的差异
- 处理不良行为
  - 忽略行为
  - 暗示学生
  - 和学生私下讨论问题行为
  - 教给学生自我调节的策略
  - 和家长磋商
  - 进行有计划的、系统的干预
- 重视学校里的攻击和暴力行为
  - 三水平法
  - 帮派相关问题
- 考虑到学生的多样性
  - 创造一种支持的氛围
  - 对不良行为进行界定和做出反应
  - 适应有特殊需要的学生
- 和其他人共同努力
  - 和其他教职工合作
  - 最大限度地与社区合作
  - 和家长合作
- 概览
- 资格考试练习：好孩子

回想一下你的小学和中学时代，在哪位老师的课堂上你学习最努力，更能投入到你的学习任务中？在哪位老师的课堂上你更容易行为不端？你眼中最棒的老师通常采取哪些策略使你学习更有效。

有效的教师不仅选择一些促进学习和认知过程的教学策略，而且创造一个让学生持续投入课堂学习的环境。当我们思考如何创造一个有利于学生学习和获得较好成绩的课堂环境时，我们要注意下列几个问题：

你能采取一些什么样的策略使学习注意力集中于要学习的任务上，使课堂学习效率最大化？

你对学生的轻微越轨行为将如何反应？怎样有效处理更严重和长期的行为问题？

你将怎样有效地与你的同事和周边的社区合作创建一个安全而支持的学校周边环境，在这样的环境中没有暴力而且大家互敬互爱？

你怎样有效地和学生家长合作?

**个案研究：一个感染性的环境**

康奈尔女士在五月份收到她的教师资格证书。不久她在派因姊妹小学谋得了一个5年级教师的职位。整个暑假她都在计划她的课程，制订教学目标并设计各种活动帮助学生达到这些目标。她觉得她为她的第一年教学做好了充足的准备。

经过一个漫长炎热的暑假，大多学生都高高兴兴地返回学校。开学第一天，康奈尔女士很快就直接进入她准备好的课程教学，但是很快三个问题学生就呈现在她面前——艾丽、杰克和凡妮莎：

这三位学生似乎决定寻找各种机会扰乱课堂。他们不经过允许在教室里随意走动；利用去削笔和倒垃圾的机会故意制造混乱；随意讲话，甚至有时候的话语对老师和同学很不尊敬和粗鲁；有时对老师精心准备的活动不屑一顾。他们很少完成课堂作业，很喜欢开一些胡闹的玩笑，课余时间特别容易行为不端，例如，在课间、午饭前后以及只要康奈尔女士忙着和其他同学有事时他们都会制造麻烦。

康奈尔女士继续按照她的计划进行教学，不管这几位学生，希望他们自己会有改进。可是他们的破坏行为丝毫不减，三个人互相打闹，而且开始影响到其他同学。到十月中旬，康奈尔女士的课堂几乎成了他们三个人的表演场了，她的教学目标根本无法达到。试图想学点东西的极少数学生也无法专心于学习：

500 ✧ 事先康奈尔女士是怎样计划她的课程的呢？她还有哪些没有计划到呢？

✧ 为什么艾丽、杰克和凡妮莎三人从一开始就这样的调皮捣蛋：你能想到与康奈尔女士教学有关的一些原因吗？与她所计划的活动有关的一些原因？与我们以前讨论过的学习和动机相关的一些可能原因？

✧ 为什么这三位问题学生的问题行为会继续？为什么还会蔓延到班上的其他同学？为什么在课余时间尤其频繁？你能用以前学过的一些原理做出一定的解释吗？

## 营造一个有助于学习的环境

作为一名刚刚走上讲台的新老师，康奈尔女士在一些方面做了精心准备，但并不是各方面都做了准备：她仔细制订了她的教学目标，对要上的课程进行精心备课。但她忽视了如何让学生专注于要学习的任务以及如何根据学生的反应调整她的教学，并且她没有考虑到怎样将不良行为在还没有影响到其他同学之前就将其制止。没有考虑到这些，没有紧紧根植于当代的学习、发展、动机等理论基础上的课程都不可能收到很好的效果。

当我们在这一章探讨有关课堂管理策略的时候，我们来分析一下艾丽、杰克和凡妮莎如此捣乱以致带坏了其他同学的原因。总起来说，课堂管理的意思是创造和维持一个有助于学生学习和获得较好学习效果的课堂环境。学生在一些课堂明显的比其他课堂学得更好。我们先来看看以下四个课堂：

- 安瑞根先生的课堂安静而有序。学生们都各自坐在自己的座位上专注于自己的课堂作业。偶尔一些学生去问安瑞根先生一些问题，确认作业内容、把刚完成的作业给安瑞根先生看，安瑞根先生给他们提供反馈，和他们小声磋商。

- 波特诺先生的课堂乱哄哄的。一些学生在做作业，大多数学生在做一些与学习不相关的事。一位女生在竖起的大字典后描指甲，旁边的一位男生从课桌下面掏出大把的口香糖，几个学生正在闲聊学校最近发生的新闻，一群男生正在用橡皮头和纸团重演滑铁卢战役。
- 卡威里尼先生的课堂和波特诺先生的课堂一样吵闹，但是不是闲聊或打架，学生正在激烈争论着（有时很大声甚至很激动）核能源的优缺点。经过 20 分钟的热烈讨论，卡威里尼先生让他们停下来，把他们的各种观点都写在黑板上，然后用浅显的哲学语言给学生做出解释——为什么这个问题没有简单的对和错的解决办法。
- 杜诺切先生相信当学生明确知道行为规范时他们的学习是最有效的，因此他列出各种场合的行为规范，总共有 53 条，以下是其中的几个例子：
  - ✧ 下课铃响之前不能离开座位。
  - ✧ 所有的作业用同一种颜色的墨水笔，要么蓝色要么黑色。
  - ✧ 用白色带横格子的方形纸张，不能用有孔的活页纸或边缘是螺旋丝连接的笔记本。
  - ✧ 要发言请先举手，被许可后才能发言。
  - ✧ 不能问与正在学习的主题不相干的问题。
  - ✧ 未经允许不得离开座位。

只要学生违反这些规定杜诺切先生就予以严惩，直至他们都遵守这些规定。最后他 *501*
的学生都很安静和顺从（也许有些焦虑），但是杜诺切先生知道他们没有尽他们最大的努力在学习。

这些课堂里面两个课堂是安静有序的、两个课堂是吵闹的，但是正如我们已经知道的，从事的活动和吵闹的程度并不是学生学习情况的一个良好指标。在安瑞根安静的课堂里学生在认真学习，在卡威里尼吵闹的课堂里学生也在投入地学习，相反不管是波特诺吵闹的课堂还是杜诺切管理非常严格、死气沉沉的课堂，学生好像都没有学得很好。课堂管理是否有效与吵闹以及活跃水平无关。一个管理很好的课堂是学生始终如一地从事有益的学习活动，并且学习活动有利于教学目标的实现（Brophy，2006；W. Doyle，1990；Emmer & Evertson，1981）。

创建和维持一个使学生始终从事有益的学习活动的学习环境的确是一项富有挑战性的任务。毕竟，我们必须兼顾许多不同学生的独特需要，有时必须在同一时间协调几个活动，对于无法预料的事情必须很快地做出如何应对的决定（W. Doyle，1986a）。而且，必须根据教学过程中应用的教学策略采取合理的管理技巧，例如：让学生自己动手的教学方法和讲解式教学方法的管理技巧就不一样（Emmer & Evertson，2001）。所以许多新教师把课堂管理放在第一重要的位置上毫不奇怪（Evertson & Weistein，2006；V. Jones，1996；Veenman，1984）。

一个有效的课堂管理的一般模式是权威型教养，在第 3 章已经介绍过，权威型教养倾向于这样做：

- ✧ 提供一个爱的支持的家庭环境。
- ✧ 对孩子的行为抱有高标准和期望。
- ✧ 解释为什么一些行为是可接受的而另一些行为不被接受。

✧ 一如既往地执行家庭管理规定。

✧ 和孩子一起做决定。

✧ 提供适合年龄的独立机会。

当我们探讨课堂管理策略时，我们经常看到这些特征中一点或更多发挥作用。

对于课堂管理策略我主要围绕 8 个总策略组织讨论：

✧ 制订一个作息计划有利于使学生的注意力集中于课程和与学习有关的活动。

✧ 和学生建立和保持一个好的工作关系。

✧ 创造一个学生有归属感和受到内部驱动投入学习的心理氛围。

✧ 对学生的行为进行合理限制。

✧ 策划一些活动鼓励学生的学习行为。

✧ 持续监控学生在干什么。

✧ 必要时修正教学策略。

✧ 在课堂管理时考虑到不同的人和个体的发展差异。

接下来的章节我们将确定一些执行这些策略的具体方法。

## 布置教室

好的管理开始于上课之前，当我们布置教室、安排桌椅怎么摆、哪个地方放教学材
502 料和设备、学生坐在什么位置的时候，必须考虑到不同的安排很有可能对学生的行为产生不同的影响。以下 4 个策略是比较有帮助的：

• **安排座位时我们要考虑到鼓励学生进行有益的交流，而不鼓励互相干扰。**当我是个孩子的时候，学生的桌椅一排排整齐地固定在教室里，这种安排对于传统的讲授形式教学是非常适宜的。幸运的是，现在大部分教室都有活动桌椅，为我们布置教室提供了很大的灵活性，需要的时候可以重新布置教室，即使在一节课中间也可以做到。把桌椅分成几个小组，每个小组内互相面对面，这样对于小组合作是很有利的，但是如果是要学生各自完成作业任务时，传统的一排排式的座位是最能使学生注意力集中的座位方式（Carter & Doyle，2006）。可是，这时我们必须对文化差异更敏感：习惯于与同伴合作的学生（如，许多来自美国土著社区的学生）觉得每个人都面对着教师这样的安排是很奇怪和令人不安的（Lipka，1994）。

• **使可能的分心降到最低。**如果斯图尔特到卷笔刀旁削笔时需要和同学擦身而过的话，他很可能会用他的铅笔去戳同学。如果在玛尔妮的座位上能够够着教具和教学资料的话，她会经常在上课期间拨弄这些东西。戴维的朋友如果正好坐在他的附近，他很喜欢经常与他们交头接耳。作为老师，我们在安排座位和布置教室时必须使这些可能的分心活动降到最低。例如，我们要考虑到使每一位同学可以在不打扰其他同学的情况下在教室里走动；把一些有趣的材料放在学生看不到的地方直到要用时才把它拿出来；把爱互相讲话的同学的座位安排得很远（Emmer，Evertson & Worsham，2000；Sabers，Cushing & Berliner，1991）

• **教室的布置便于学生之间的相互合作。**对于桌椅的安排要使学生在必要时的交流很便利（G. A. Davis & Thomas，1989）。把长期爱犯错和不专心的学生安排在离教师较近的位置比较好：离老师较近的学生注意力更能集中，更有可能和教师互动，更能积极投入到学习活动上来（W. Doyle，1986a；Woolfolk & Brooks，1985）。

• **位置的安排要有利于监控学生的行为。**我们在上每一门课或进行各种教学活

动——即使是面对一个人或很小的学习小组时，最好都能看到每一位同学（Emmer et al.，2000；Gettinger & Kohler；2006）。通过对课堂上偶尔发出的混乱、挫折、厌烦等信号的观察，我们能在它们还没有发展成严重问题之前容易探查到少数学生的困难和不良行为。

## 建立和保持有效的师生关系

回想一下在第 11 章中讲到的，人类似乎有需要感觉到在社会上彼此都是相互联系的这种基本需要。在教室里这种相依需要通过各种方式表现出来。例如，当学生做好了某件事时非常渴望我们的赞同。一些同学可能通过一些不好的行为来赢得我们的关注（艾丽、杰克和凡妮莎就是这样）。但是就我作为家长、老师和学校心理学家的经验，我还没有碰到一个不想与教师建立积极友好关系的学生。

许多研究一致地指出师生关系的质量是影响学生在校的情绪状况、学习动机和学习行为的最重要因素之一。当学生与师生有积极的、支持性的关系时，他们具有更高的自我效能感，同时内部学习动机也会增强。他们也进行更多的自我调节学习，更少表现出不良行为，并达到更高的成就水平（Marzano，Marzano & Pichering，2003；Midgley et al.，2002；Pianta，1999；Roeser，Eccles & Sameroff，2000）。

在我们努力与学生建立一个有利的工作关系时，以下这些策略是非常重要的：

• **经常关心学生，把学生作为一个独立的个体予以尊重。**在一定的程度上，我们可以通过我们做的一些细小的事情向学生表明我们像关心和尊重别人一样关心和尊重他们，来帮助学生满足他们的相依需要（Certo et al.，2002；Diamond，1991；Spaulding，1992）。例如，开学第一天的时候我们给学生一个微笑和温暖的问候。当学生理发了、 *503*
在课外活动中表现突出或当地报纸报道了他们的事迹等的时候，我们都可以给他们以问候。当他们在学校生气或气恼时我们做个好听众。一位高年级的学生这样描述关爱他们的老师：

> 你可以看到他们在走廊上，他们问你怎么样了，你的最后一份报告卡是怎样的？你还需要别的什么吗？或者，也许有一天你看起来有点沮丧。他们会把你拉到一边问："你怎么了，有什么是我能做的吗？"能看出他们对我们学生的发自内心的关心。（Certo et al.，2002，p. 15）这些行为对于那些在家较少体会到关爱的同学尤其有效（Diamond，1991；Juvonen，2006）。

• **记住，关心和尊重比简单的关爱所包含的内容多得多。**一些新教师错误地认为，好老师就是表明他们真的很喜欢他们的学生——换句话说，就是对学生"温暖和平易近人"（L. H. Anderman et al.，2002，P. 274；Goldstein & Lake 2000；Patrick & Pintrich 2001）。事实上，向同学们表示我们是真正地关心和尊重他们，我们必须采取如下措施：

✧ 认真备课，并且在其他许多方面都能表现出对教育事业的深深热爱和积极地承担教育责任。

✧ 对学生的学习成绩抱有较高的但切合实际的期望并能给学生提供必要的支持。

✧ 让学生参与决策和作业的评价。

✧ 包容学生偶尔的不够投入，并不以一次表现而否定学生。（Certo et al.，2002；H. A. Davis，2003；H. A. Davis，Schutz & Chambless，2001；Walker & Hoover-Dempsey，2006）

• **努力改善开始不是很顺的关系。**有时候学生会带着怨气来到我们面前，因为以前与他父母、老师或其他成人的不愉快关系使我们之间的关系也开始得不顺畅（H. A. Aavis，2003；Hyman et al.，2006；Pianta，1999）。有时候也由于我们自己的行为而使我们和学生之间的关系开始得不愉快——也许我们不正确地把学习成绩不好归因于不努力而不是缺乏相应的技能，或者也许我们批评一位天生好动的学生为故意不遵守规则（Darch & Kame' enui 2004；B. K. Keogh，2003；Silverberg，2003）。通常和老师关系较差的学生也是最渴望和老师建立良好关系的学生（Juvonen，2006）。

不管一开始关系是多么糟，我们都必须努力改善关系。当然第一步是确认不良的关系，可以通过以下信号来判断：

✧ 我们是否对某位学生有敌意情绪（如不喜欢或愤怒）。
✧ 我们很少和某位学生交流。
✧ 我们对某位学生的反馈信息大多是批评或挑刺。
✧ 我们对与某位学生工作的能力有一种习得性无助的感觉。（Pianta，1999；Sutherland & Morgan，2003）

一旦我们认识到了这种不良关系，可以采取以下这些策略来改善这种关系：

➢ 一个一个地找学生开门见山地谈此问题和解决问题的办法（详细方法本章后面还要讲到）。
➢ 积极想办法或者与一个或多个同事利用头脑风暴法对某个学生的行为提出多种假设，并且相信每一种假设都提供了潜在的解决办法。
➢ 在一个轻松的平等的环境中找学生交流，比如一个有趣的娱乐活动，这个活动允许出现更多的积极情绪。（Pianta，1999，2006；Silverberg，2003；Sutton & Wheatley，2003）

504 一个非常通用的促进师生之间保持良好关系的办法是创办一个双向日志，至少每星期一次，多点更好，学生在日志上面表达他的感情和想法，提问或寻求帮助等，老师读这些日志并对学生列出的条目作出反应。

这样的交流日志既有利于学习又能提高学生的社交能力：它为学生提高对某一具体任务的表达能力和写作能力提供了平台（实际上就是学会和其他人的沟通），同时为老师对学生的无条件尊重和支持提供了机会。它的最大目的是鼓励大家写和敞开心扉，消极的反馈会对目的的达到有不好的影响，所以，老师只是在自己的表述中演示正确的拼写方法，而没有指出学生的错误。

## 创造有效的心理氛围

关爱和支持的师生关系对于总体的课堂氛围的营造非常重要，这种一般的心理氛围渗透在课堂的互动过程中。最终，我们需要有这样的一个课堂，学生感到安全、非常重视学习、敢于冒险、为了长远的学习成功敢于犯错（Brand，Felner，Shim，Seitsinger &
505 Duman，2003；Hamre & Pianta，2005）。这样的环境使纪律问题降到了最低，对有学业失败或辍学风险的学生来说似乎尤其重要（Freiberg & Lapointe 2006；V. E. Lee & Burkam，2003；Pianta，1999）。

下面是营造这种氛围的几个策略：

• **建立一种目标明确、高效、有条不紊但没有威胁的氛围。**尽管关爱学生是很重要的，但我们和我们的学生都必须认识到我们到学校来是要完成特定事情的。因此，在课堂的大多数时间，我们都应该保持一种相对高效的氛围（G. A. Davis & Thomas，1989）。班级活动不应是乏味和厌烦的，相反应该是有趣的、吸引人的甚至是令人兴奋的。但是娱乐和兴奋不应是目的本身，只是达到更重要目标（掌握知识）的手段。

尽管我们的重点是学习，但班级氛围不应该是不舒适和令人恐惧的。正如在第 11 章提到的：学生在极度焦虑的情况下学习不可能展现出最高的水平。那么怎样保持学习气氛浓厚又没有威胁感呢？我们在其他方面还应做到这些：

✧ 让学生自己对实现教学目标负责而不是长期处于监督之下。

✧ 指出学生的错误时不要让他感觉他是失败的。

✧ 学生犯了错，要就事论事地批评，而不要耿耿于怀（有成见）。（C. R. Rogers，1983；Spaulding，1992）

• **跟学生解释并展示学校任务和学业课程是有价值的。**在前面的章节我们已经强调了使学生认识到学校的学习活动和他们的生活密切相关的重要性。但是许多学生把学习活动和布置的作业当成一件很无聊的事情，越快完成越好，而不是作为一件对以后的成功有益处的事情而努力做好（L. M. Anderson，Brubaker，Alleman-Brooks & Duffy，1985；Brophy & Alleman，1991；Stodolsky et al.，1991）。

作为老师，我们不但要通过说教让学生知道学习有意义，而且要通过行动证明确实如此（W. Doyle，1983）。如果我们要学生每天花费大量时间在看起来毫无意义的事情上，并且我们主要依靠死记硬背的考试成绩来评价学生，我们就间接地向学生传递了学校学习就是一个需要你对付过去的任务。而且如果我们不断让学生关注成绩目标，如：他考试得了多少分，与同学相比他们做得怎样等，我们就增加了学生对学校课程的学习焦虑并间接增加了学生的破坏行为的频率（Kumar et al.，2002；Marachi et al.，2001；A. M. Ryan & Patrick，2001）。相反，如果我们不断展示课堂主题如何与外部世界息息相关，如果我们以需要有意义学习和精制加工的方式评估学习，如果我们把关注的焦点集中在学生随着时间如何进步上，我们将向学生表明学校科目能潜在地提高他们的生活质量。

• **让学生在学习活动中有一定的自主权。**为了确保学生完成预期的重要学习目标，我们必须在一定程度上控制课堂学习活动，但是我们也应给学生一种感觉：他们对于课堂学习也有一定的自主权。例如，我们可以应用下面这些策略：

✧ 让学生事先注意到即将进行的活动和要完成的作业，让他们提前做计划。

✧ 制订一个完成作业的时间计划表，让学生只需很少的指导就能成功完成作业。

✧ 允许学生自己确定一些作业完成的期限，让学生自己制订一个合理的时间表。

✧ 偶尔提供一些机会让学生自己决定如何完成作业和怎样安排自己的学习时间，让他们设置自己的一些优先事项。（Spaulding，1992）

通过提供机会让学生独立学习和偶尔自己选择如何最好地进行学习，以及展示对课堂主题的掌握，不仅能提高对于激发内部动机相当重要的自我决定感（见第 12 章），还 506
能促进对学生的长期学业成功非常重要的自我调节学习（见第 10 章）。

• **使学生之间的竞争最小化。**接前面一章，我描述了一个活动，这个活动是我上高中的女儿在西班牙语课堂上进行的：合作小组要编写和录制一个西班牙语肥皂剧。活动进行完毕后，他们的老师为这些肥皂剧颁发了各种“奥斯卡奖”。她找到每个学生各自表现较好的方面并给他们颁发了“奥斯卡奖”牌，但是也给表现最好的一个小组颁发了最好电视剧的“奥斯卡奖”。如果群体之间获得胜利的机会是均等的（例如，如果每个群体都有自己不同的能力和特长的话），并且最后的结果更多的是依靠学生的努力而不是依靠智力和其他无法控制的因素（Stipek，1996），那么偶尔让群体之间进行竞争是有利的。

可是，正如我们在第12章中讨论的那样，总体来说竞争性的课堂环境是不利的。一方面，竞争性的环境使学生更关注成绩目标而不是掌握目标（Nicholls，1984；Spaulding，1992）。因为在这种情境下，学生更可能有担心他在学生和老师面前的表现而不关心他对课堂任务的掌握情况。第二，竞争让许多学生都是失败者而不是胜利者，结果会使他们的自我效能感降低，学习的内部动机也被削弱（Deci & Ryan，1985，1992）。最后，当学生持续看到他的同学比自己表现更好时，他们更容易将失败归因于自己没能力：他们会得出结论说他们缺乏获得成功的天赋（C. Ames，1984）。

理想地来说，学生在合作的环境中比在竞争的环境中更能获益（C. Ames，1984；Deci & Ryan，1985）。在学习过程中他们不仅可以互相支持，而且还能培养对社会性发展和心理幸福感来说非常重要的同伴关系。学生的学业效能感越高，则学习和获得成功的动机也越强，当与同学互相合作完成任务时也更能专注于学习任务上，并且相信同伴会接受和尊重他们，也更少担心犯错或向别人求助时会遭到嘲笑（Osterman，2000；A. M. Ryan & Patrick 2001；A. M. Ryan et al.，2001）。

• **提高归属感和一般集体感。**在第7章我们已经讨论了学习者共同体的概念，在课堂里老师和学生一起学习，互相帮助。最后我们想在课堂创造一种集体感：一种我们和我们的学生有共同的目标，互相尊重、互相支持、相信每个人都对班级学习有重要贡献的感觉（Hom & Battistich，1995；D. Kim，Solomon & Roberts，1995；Osterman，2000），创造一种充满归属感的集体感：每位学生都把自己看成是班级里重要的一员（E. M. Anderman，2002）。下面的一段对话是一位叫巴涅的中学生谈到的对所在学校缺乏归属感的感受：

> 成人：有没有一些时候感觉到你和你的同班同学不一样？
>
> 巴涅：当然，所有的时候……因为他们都能回答的问题，当我举起手来回答时却总是弄错。上星期，我在一个小组，一个非常机敏的小组，但我并不机敏，我大多时候都弄错了，他们朝我吼叫。
>
> 成人：他们说什么？
>
> 巴涅：你是个笨蛋、是个蠢猪！
>
> 成人：你怎么回答？
>
> 巴涅：我是他们说的那样。
>
> 成人：你能告诉我你的一些和这种感觉一样的其他时候吗？
>
> 巴涅：在体育场的时候，我不能像别人跑得那么快，他们都嘲笑我……我感觉我是最差的学生（Kumar et al.，2002，p. 161）。

许多方法能帮助学生建立集体感和提高归属感：

✧ 经常应用互动合作的教学策略（如班级讨论、合作学习等）。

507 ✧ 听取学生的思想和观念，并将这些观念和思想融入课堂讨论和学习活动中。

✧ 制订一个学生参与班级管理的制度，使课堂高效有序地运转（例如轮流安排一些学生充当帮助者的角色）。

✧ 强调分享、合作等亲社会行为的价值。

✧ 提供机会让学生互相帮助（如某某同学遇到困难，有没有哪个同学能帮助解决?)。

✧ 小组活动采取不排除的政策（如不管是谁只要自己愿意都可以加入游戏活动中来）。

✧ 鼓励学生在做活动时留意处于边缘状态的学生（也许是有障碍的学生），邀请这些学生加入。

✧ 和那些人际行为容易伤害别人或使别人疏远的学生一起锻炼社交技能（见第 3 章的特殊策略）。

✧ 对那些对班级的总体成功作出贡献的学生公开予以肯定。

✧ 给学生传递这样的信息：班上的所有成员都值得同学的尊重，都是班集体的重要成员。

✧ 留意欺侮和其他形式的同伴纠纷，给予出击方适当的惩罚（见第 9 章，尤其是"有人道地使用惩罚"这一节）（Emmer et al.，2000；D. Kim et al.，1995；Lickona，1991；Osterman，2000；A. M. Ryan & Patrick，2001；Hom & Battistich，1995；Juvonen，2006；D. Kim et al.，1995；Osterman，2000；M. D. Resnick et al.，1997）

当学生有一种集体感后，他们更倾向于表现出更多的亲社会行为，更能专注于学习任务，对班级活动更加热情，并且能获得更好的学习成绩。而且集体感与低的情感障碍、捣乱行为、旷课、暴力、毒品滥用和辍学等密切相关（D. C. Gottfredson，2001；Hom & Battistich，1995；Juvonen，2006；D. Kim et al.，1995；Osterman，2000；M. D. Resnick et al.，1997）。

## 制定约束机制

在本章开始所举的案例中，康奈尔女士没有给学生提供一个一般在开学第一周就应给出的行为规范。没有一个合适的行为规范的课堂将会陷入混乱，效率低下。学生必须明白一些行为将是不能被容忍的，尤其是那些导致他人身体和心理伤害、损害学校财产、干扰其他人学习和表现的行为。对课堂行为进行合理规范不仅有利于建构一个高效率的学习环境，而且有利于帮助学生发展成为一个有益的社会成员[1]。

可是，当我们制定规范时，我们必须记住：当我们保护学生的自主感和自我决定感时，更能激发他们掌握课堂知识的内部动机。一定要把这点铭记在心，我提供以下一些建议：

• **在学年初制定几项规章制度。**刚开学的几天和几个星期对于制定行为规范和班级规章制度尤其重要。有效的课堂管理者在一开始就会制定明确的规章制度并让大家都知道（Borko & Putnam，1996；W. Doyle，1990；Gettinger & Kohler，2006）。例如，他们会明确说明哪些行为是可以接受的，哪些行为是不可以接受的（见表 14—1）。他们对于完成课堂作业、寻求帮助、上交作业也都制定一致的要求和程序。对于其他的非日常事务，如学校集会、实地考察、消防演习等也有相应的规定。

**表 14—1　　以几项规章制度开始新的学年** 508

| |
|---|
| 有效的教师一般在开学初就制定以下的一些规章制度使课堂活动顺利开展： |
| 所有的学习用具都必须带到教室里来。学生要带齐书、家庭作业本，被允许要带的便条以及其他的活动要用的工具。 |
| 当上课铃响了要坐在座位上准备学习。学生要在自己的座位上，拿出纸和笔，身心都要做好工作的准备。 |

续前表

| |
|---|
| 对所有人都要尊重和有礼貌。当其他人在讲话的时候，学生必须认真听，对代课老师行为恰当，不能有侮辱、打架和其他不尊敬和敌意的行为。 |
| 爱护他人财产。学生必须保持教室干净和整洁，禁止破坏学校财产，借东西必须征得物品所有者的同意，并且及时归还。 |
| 遵守学校所有的规章。学生必须遵守学校以及班级的各项规章制度。 |

资料来源：Emmer et al.，2000，pp. 22—23；Evertson，Emmer & Worsham，2000，p. 23。

最好还要让学生明白这些规章制度不是我们一个人的突发奇想，而是为了课堂顺利运转而精心设计的。增强学生这种理解的一个方法就是让学生参与到制定规章制度中来（G. A. Davis & Thomas，1989；Fuller，2001；Lichona，1991）。例如，我们可以征求学生的建议使不必要的分心降到最低，在课堂讨论中使每个人都有机会发言。通过吸取学生的想法和认真听取他们对于制定规范的建议，帮助学生理解制定这些规范的原因并提高他们的主人翁意识（Evertson，Emmer & Worsham，2000）。

一旦规范和制度形成，我们就必须清楚明白地告诉学生并一如既往地遵守规章制度，以及如果不遵守将要受到相应的惩罚。在小学阶段当学生不知道如何遵守规章制度时，花费一些时间澄清和贯彻这些规章制度是很重要的（Carter & Doyle，2006；Evertson & Emmer，1982；Gettinger & Kohler，2006）

如果规章制度简单而且条目不多就比较容易记住，记住了就能更好地遵守（G. A. Davis & Thomas，1989；Emmer & Gerwels，2006）。高效的管理者更倾向于在开学初就强调最重要的规章制度，其他的规章制度则在随后需要时加以介绍（W. Doyle，1986a）。不过你必须注意到：一些规章制度虽然对于学生是有用的，但是过多的制度规范会使课堂枯燥、单调、缺乏乐趣和生气。我们不必为每件事都制定规章制度。

• **以信息的方式而不是控制的方式呈现规章制度。**正如我们在第 12 章所揭示的，如果把规定作为一种信息传递给学生而不是以控制的形式，则更能维持学生的自我决定感，表 14—2 给出了几个是信息而不是控制的规章制度的例子，每一个申明都包括做出这些规定的原因[2]。下面的例子证明了对于规范的简单说明将收到完全不同的效果：

> 杰瑞德是个挫折容忍度比较低的男孩，每当他向多娜利女士寻求帮助时，他都希望能立即得到。如果多娜利女士不能马上帮助他，他会大叫：“你很坏，你不关心我!”而且当回到自己座位时会猛推其他同学的课桌。
>
> 在学年的教学计划中，课程有一个关于人际技能的单元。这个单元中有一节课就是寻找时机：利用最有利最合适的时间去寻求别人的帮助。
>
> 这节课开完一个星期以后，杰瑞德去问多娜利女士一道数学题，这时她正和另一位学生有事，但是她停下来简短地和杰瑞德说：“稍等一会儿”。
>
> 多娜利女士正等着杰瑞德像往常一样的尖叫，然而，他回答说：“嘿，多娜利女士，我明白了，我另找个时间问你。”他脸上带着微笑回到了自己的座位上。(Based on Sullivan-DeCarlo，DeFalco & Roberts，1998，p. 81)

**表 14—2**　　**以信息的方式呈现班级规章制度** 509

如果将规章制度作为信息告诉学生，学生更容易接受；而如果将规章制度作为控制学生行为的手段，则学生不太愿意接受。

我们更应这样说（信息方式）：

“如果你清楚无误地了解了你要做什么，你将能更快地完成你的独立作业。”

“进行消防训练时，很重要的是我们要立刻排成队，保持安静以便我们能听清指令，并知道该怎么做。”

“这个作业的目的是为了帮助你们发展你们毕业以后所需的写作技能。因为一字一句地照抄别人的文章对该作者是不公平的，我们必须学会用自己的语言表达观点，并标明你借用了某人的观点。如果把别人写的东西或观点冒充是自己的，你在学校方面可能被停学，在商业中可能会引起诉讼。”

“让别人能读得懂你写的东西是很重要的，如果你的书写让人看不清或者划得乱七八糟，我将不能给你的作业实际所能值的分数。”

而不应这样说（控制的方式）：

“安静，做你自己的作业。”

“当消防警报响了，迅速排好队、保持安静，等待进一步的指示。”

“欺骗和剽窃在课堂是不被允许的。”

“所有的作业都要书写工整，错了要小心擦掉并擦干净，书写混乱将要扣分。”

- **定期回顾现有规章制度的有效性。**在学年进行的过程中，我们有时要回顾和修正一下已经制定的规章制度。例如，我们发现对于学生什么时候能在教室走动，什么时候不能在教室走动的规定，总体是比较限制的。但是交作业的规定有可能没有考虑到一些特殊情况，如有些学生要提前离开学校去看医生，或参加学校组织的运动会等。

定期的班会给我们和学生一起回顾班级规章制度提供了机会（D. E. Campbell，1996；Glasser，1969；Striepling-Goldstein，2004）。请看下面的这个例子：

> 每个星期五下午的两点开始定期班会，奥伊塔女士的学生都会把他们的桌子摆成一个圆形。班会的第一个议题是回顾这一周取得的成绩，包括学习成绩和有益的社会事务。第二个议题是小组找出在过去一周出现的问题，然后运用头脑风暴法让大家各抒己见，提出解决问题的办法。最后，同学们讨论现在的班规是否对解决这些问题有利，然后决定是否修订班规或重新制定新的班规。
>
> 在最初的几次班会上，奥伊塔女士带领大家讨论，一旦学生熟悉了这些套路后，她就会让学生轮流来主持这个班会。

通过给学生提供修订班规的机会，也是让学生对班级政策有主人翁意识的另一个有效途径。而且，随着对于要做出抉择的道德两难困境的深入讨论，学生的高级道德推理能力慢慢发展起来。(Nucci，2006；Power et al.，1989；也可以看第 3 章中有关道德发展的讨论)。

- **承认学生对于有些班级规章抱有一定的情绪。**不可避免有时我们会要求学生做 510
某些他们不愿意做的事情，不要装作这些情绪不存在，最好是承认它（Deci & Ryan，1985；Reeve，2006）。例如，我们可以告诉学生：我们理解在一个出乎意料的长时间学校集会上，要求大家安静地坐在那里是多么困难，或者花费一整晚的时间在家庭作业上也是比较困难的。同时，我们向学生解释清楚我们要求他们的行为不可能都是令人愉快的，但是对于他们长远目标的实现却是有利的。承认学生对于任务并不是很愿意干的心理，同时指出做这些事的有利一面，学生更有可能接受对他们行为的限制（Deci & Ryan，1985；Reeve，2006）

• **一贯平等地执行班规。**班规只有始终如一都予以执行才是有效的。正如我们在第10章中谈到的，学习者对于不同行为可能会导致什么结果会形成预期。这些预期不仅是基于老师告诉他们将要发生什么，而且是基于实际发生了什么。在本章一开篇的个案研究中，康奈尔女士没有强加给她的三位麻烦学生的捣乱行为以一些不良后果，那么他们不仅会继续，而且其他同学也会意识到在康奈尔女士的教室里“怎么都行”，故而纷纷效仿。

一贯地执行班规不仅在不同场合要执行，而且对于不同的学生也要一视同仁地执行。如果你回顾一下你的小学和中学时代，你可能至少可以回想起一位学生，他是老师偏爱的宠儿，同时也拥有一些特权。你也能够回想起有些同学，他们经常被责备和受到不必要的惩罚，有时他们并不是罪有应得。例如犯同样的错误，黑人学生和低收入家庭的学生比白人、高收入家庭的学生受到的惩罚更多（Gay，2006；Sikba & Knesting，2001）。

作为老师，我们也不可避免地会更偏爱某些学生一些（例如我们更倾向于喜欢成绩好的学生），但是我们必须克制我们的偏爱。学生对于老师对少数同学的偏爱，尤其是无视班规偏袒少数学生是非常愤慨的（Babad 1995；Babad，Avni-Babad & Rosenthal，2003；J. Baker，1999）。那些被不公正批评或惩罚了的学生当然更加愤慨，以下是一位高中生的表白：

> 如果你过去有不良记录或不管你中学表现怎样，只要你惹上麻烦，他们认为你就是麻烦的制造者，如果你再次陷入麻烦，他们总是……不管在什么地方，如果发生了什么事或违反了班规什么的，他们第一个就想到你，因为你有不良的过去。因此他们不喜欢过去表现不好的学生。（Certo et al.，2002，p. 25）

因此，一贯地平等地对待所有学生对于师生关系和总体的班级氛围有非常重要的影响（Babad et al.，2003；J，Baker，1999；Certo et al.，2002）。

## 设计一些维持学生注意力的活动

正如我们在第13章教学目标和目的中讨论的，有效的教师都要在课前充分地设计好课程。在计划时不仅要考虑到如何促进学生的学习和认知加工，而且还要考虑怎样激发学生去学习。在前面几章我们已经确认了培养动机的一些策略，尤其是掌握学习内容本身的内部动机。但是除此之外，专家型教师也给我们提供了以下几条保持学生注意力的建议。

• **保证学生一直高效地投入有意义的活动。**在第11章的“休息五分钟”亲历练习中，我让你保持5分钟不做任何事，绝对不做任何事。你会发现你不自觉地会做一些事情，也许你会环顾一下房间，敲敲桌子，把玩触手可及的小东西等。和我们一样，儿
511 童、青少年也有一种基本的唤醒需要，一种对一定程度刺激的需要。在教室里他们从正在进行的任务和活动中得到刺激。然而如果他们有许多空闲的时间，他们将自己制造刺激，有时可能就是表现出一些不良行为。

高效的课堂管理者将确保学生无所事事的时间很少，以下是保持学生高效投入的几个策略：

✧ 每一天都使学生有一些特定的事情来做，即使是开学的第一天。

✧ 在课前把材料准备好、设备调试好。

✧ 选择能保证所有学生都能投入和参与的活动。

✧ 每一堂课都保持一个轻快的步调，但又不是太快以致学生跟不上。

✧ 保证学生们的发言都是中肯的、有帮助的，而不要扯的太远，可以把比较长的个别之间的辩论留到私下讨论而把更多的时间留给大家，使大家都有发言的机会。

✧ 只有在其他同学能独立和有成效学习的情况下才花较短的时间帮助个别同学。

✧ 保证较快完成了所布置的任务的学生能有其他事情可做（比如在班级杂志上写东西或看书等）。（G. A. Davis & Thomas，1989；W. Doyle，1986a，Emmer et al.，2000；Emmer & Gerwels，2006；Evertson & Harris，1992；Gettinger，1988；Munn，Johnstone & Chalmers，1990）

• **根据学生的实际知识能力选择合适难度的任务。**当学生进行适合他们目前的知识和技能的任务时，更有可能投入而不易分心（Mac Iver et al.，1995；Moore & Edwards，2003；S. L. Robinson & Griesemer，2006）。当要他们完成过难的任务也就是不能成功地完成的任务时，他们更有可能做与学习无关的事。这样，教室里的不良行为在那些过去就为课程学习苦苦挣扎的学生身上更容易看到（W. Doyle，1986a）。在本章一开始的个案研究中，艾丽、杰克和凡妮莎很有可能就有这样的过去。

避免过难的任务并不意味着我们就要安排很简单的、没有一点挑战性的、不能学到什么新东西的任务。一个可行的方法就是在学年初布置一些学生比较容易完成的相对较容易的任务，这些任务能使学生练习日常的课堂规范，并能使学生体会到一种成功和喜悦，一旦这种支持的课堂氛围已经形成，学生已经习惯了课堂上的一些规范和要求了，我们就可以慢慢地引入比较难的有挑战性的任务（W. Doyle，1990；Emmer et al.，2000；Evertson & Emmer，1982）。

当我们引入一种新的教学策略时我们也采用这种方法，例如，第一次让学生进行合作学习时，我们可以让他们做一些较容易的课题以便他们能集中精力掌握有效的群体合作技巧（寻求帮助、给予解释等）而不会被很难的主题所分心（N. M. Webb & Farivar，1999）。

• **为活动和作业提供一些结构。**即使课程很大程度上是以学生为主导的，学生也还是需要一些结构和指导，从以下这个练习中我们可以看出结构是多么的重要：

## 亲身体验·随堂小测验

拿出一张空白纸和笔，完成以下这两个任务：

任务 A：用几个单词或短语列出有效教师的六个特征。

任务 B：解释上学对儿童生活的一般作用。

不要继续往下读，直到你要么完成了任务 A，要么至少花了 5 分钟在任务 B 上。

做完后，请继续作答下面问题，对每个问题做出任务 A 或任务 B 的回答：

1. 你更能明白哪一个任务具体要你做什么？ 512

2. 在做哪一个任务的过程中你更容易走神？

3. 在做哪一个任务的过程中你更频繁地做其他无关的事（如环顾房屋四周、乱写乱画、离开座位）？

我猜你会觉得第一个任务相对来说更直接，然而第二个任务一点都不明确。任务 B 的模糊性有没有使你更易分心和做一些无关的行为呢?

当活动的结构很松散，学生对于他要做什么没有一个明确了解时，课堂上无关行为的发生是很经常的。高效的教师会给出一些结构化的任务，也会对如何开展任务给予明确的指导，还会给出一些适当的反馈，尤其是在学年的头几个星期。(W. Doyle，1990；Evertson & Emmer，1982；Gettinger & Kohler，2006)

但是我们也需要适可而止，我们不能把任务安排得使学生对于如何进行活动没有一点自主权，或完成任务只需要很低的思维技巧。最后，我们希望学生有一种自我决定感，能进行一定的自我调节，发展和应用一些高水平的思维过程，例如分析、批评、创造等。相应地，我们就需要有一些课堂作业和活动，给学生一定的独立性，促进较高水平的思维技巧的发展。(W. Doyle，1986a；Nichols，2004；Weinert & Helmke，1995)

支架的概念在这里是很有用的：在学年初我们提供大量的任务结构，当学生自己慢慢能自己架构自己的任务时，我们慢慢地把这个支架移走[3]。例如当介绍学生合作学习时，我们可以将每一个小组任务分成许多小任务，对每一小任务要干什么给予清晰的指导，给每一个小组成员安排一个特定的角色。随着学年的进展，学生对于如何与同学合作越来越擅长，我们对于如何完成小组任务的指导就可逐渐减少了。

- **对在校的过渡时间做好计划安排。**在本章开篇的个案研究中，艾丽、杰克和凡妮莎在课前和课后以及午饭前后经常有一些不良的行为。不良行为经常发生在转换时间，当学生们完成一个活动进入另一个活动时，或者从一个教室转到另一个教室时。高效的课堂管理者会采取措施确保快速过渡，不至于削减学生的学习兴趣(W. Doyle，1984；Gettinger & Kohler，2006)，例如，他们对从一个活动转入另一个活动专门制定了一个制度，确保那段时间很紧凑，学生什么也做不了。尤其是在 2 年级，他们大约每小时换一次课，高效的课堂管理者一般会当学生一进入教室就要学生完成一个任务。

那么我们怎样对各种课间休息转换时间做好计划安排呢？下面是一些例子：

- ✧ 一位小学教师要求他的学生每天午饭时间这样安排：(a) 把做完的作业放在讲台的篮子里，(b) 收拾好学习用具，(c) 到寄物间取午餐，(d) 安静地在门边排成一条长队。
- 513 ✧ 一位中学数学教师要求学生一进教室就抄写布置的家庭作业。
- ✧ 一位高中体育老师要求学生在每节课开始要有 5 分钟的伸展运动。

所有这些策略，尽管内容各不同，但都有一个共同的目标，就是让学生从事一些建设性的行为。

一些学生可能从一个活动转到另一个活动会存在一些困难，尤其是他对当前所从事的活动很投入的话(Carter & Doyle，2006)。那么在要转换任务前给他们一些提示是比较有帮助的，描述将要进行的活动是什么，提醒学生从一个活动转到另一个活动通常要怎么做等(Carter & Doyle，2006；Emmer & Gerwels，2006)。

## 监控学生正在做什么

高明的教师让学生觉得他们能洞察一切：他们知道——而且他们的学生也知道

他们总是知道学生在教室里正在做什么。这些教师有规律地扫视教室，经常与一些同学进行目光接触。一些违规行为发生时他们都知道而且知道是谁正在违规（Gettinger & Kohler，2006；T. Hogan et al.，2003；Kounin，1970），看看下面这个课堂例子：

> 在一个 2 年级的教室里，每天早晨有一个半小时的阅读课，部分时间同学们和老师在阅读小组中，其余时间学生们独立完成一些适合他们阅读能力的作业。当老师在教室前面和小组在一起时，她背对着墙坐着，以便能看到所有的学生都在他们的座位做什么。给那些不在做正事的学生一个信号，例如，一个严厉的表情，嘘一下，或点一下那个同学的名字。

尤其当我们在学年初表现出这种洞察力时，学生学习更可能专心一些，并表现出较多的恰当行为。毫不奇怪，他们也更有可能获得较好的成绩（W. Doyle，1986a；Gettinger & Kohler，2006；Woolfolk & Brooks，1985）

## 修正教学策略

正如我们经常看到的，有效的课堂管理者都能娴熟地运用学习和动机的有关原理。当学生正在努力学习并获得成功时，当他们明确地想达到课堂学习目标时，他们往往会投入更多的时间努力从事有益的活动（W. Doyle，1990）。相反，当他们理解课堂主题有困难或对学习没有什么兴趣时，他们更有可能从事一些破坏性的或无效的课堂行为，并导致挫折和厌烦。

研究发现，当学生行为不端时，新教师倾向于经常思考学生哪些地方做错了。相反，专家型教师更倾向于思考他们自己能有针对性地做点什么使这些学生将精力用在学习上，并且相应地修改他们的教学计划（Emmer & Stough，2001；Sabers et al.，1991；H. L. Swanson，O'Connor & Cooney，1990）。因此当行为问题出现时，我们应该像专家一样思考这些问题：

- 我该怎样修改我的教学计划以激发学生对这个主题的兴趣？
- 教学材料是不是太难了或太抽象了以至于学生有挫败感？或是不是太容易了以至于学生厌烦？
- 学生真正关心的是什么？例如，他们是否更关心和同伴、同学的互动而不是获得新的知识技能？
- 在帮助他们达到课堂目的的同时，我怎样满足学生自己的动机和目标（如他们希望和同学互动的愿望）？

回答这些问题，能使我们把我们的精力集中在终极目标上：帮助学生学习。 *514*

国际、国内或当地偶尔发生的一些突发事件（如恐怖袭击、总统选举、发生在同班同学身上的交通事故）可能会吸引学生的注意力。当学生的注意力被偶然发生的一些与教学目标不相关的事情所占据时，他们很难集中精力去学习，学习效果也很差。在这种情况下，我们可能会想放弃教学计划，至少暂时一段时间放弃。

"营造建设性的课堂环境——为学生高效学习创造条件"举例说明了我们已经讲到的一些策略。

**创造建设性的课堂环境——为学生高效学习创造条件**

- 教室的物理环境布置要便于师生交流和使分心降到最低。

  一位小学老师为她的 28 位学生安排座位时，每 4 张桌子排成一个小组，这样这 4 位学生就成为合作学习的基础小组，有时老师也会叫学生把桌子围成一个大圆圈进行全班讨论。

- 向学生表明你很关心和尊重他们，给他们机会表达课堂上将要做什么。

  一位高中老师认识到她一直在劝告一位有离开任务行为的特殊学生。为了和这位同学建立更积极的关系，她每天上课前在走廊碰到这位学生时都会热情地和他打招呼。一天快要放学的时候，这位学生的破坏行为尤其厉害，放学后她跟上这位学生和他说了她的担心，他们两个人商定第二天上午来商量如何帮助他使他的注意力集中在学习任务上。

- 对于学生的行为进行适当的限制。

  开学初第一天的器乐课上，在描述这个课程的目的之后，这位初中老师告诉学生："课堂上有一条规则我们必须严格遵守，那就是你们上课时不能从事打扰你自己或其他同学学习的行为。"

- 课堂上开展一些活动以吸引学生的注意力。

  一位有创意的写作课老师，每次在上课之前都会在黑板上写一个主题（例如，我最大的烦恼，有关呼啦圈发生的事）。她的学生都知道来到教室他们首先就拿出纸和笔，开始围绕这个主题写篇小作文。

- 让学生知道你一直都知道他们在做什么。

  在科学活动课上进行小组合作学习时，一位小学老师站在能看到所有组的学生活动情况的一个位置上。

- 必要的时候修正你的教学计划。

  当老师发现学生很快就完成了计划要一整节课完成的任务，15 分钟后他结束了这个任务，开始进入原本打算第二天要讲的课。

## 考虑个体的和发展的差异

在前面我强调了在执行班规时要一致和平等。但是当在阻止一些分心的行为时，所采用的积极策略恐怕对每个同学都是不一样的。例如，在各自座位上独立完成作业的时候，一些同学即使其他同学挨得很近他也能做好，但另一些同学可能易于被打扰而需要一个安静的地方才能做好，如靠近老师的讲台，然而可能还有一些同学需要老师更多的指导和监控。

个体差异影响课堂行为的一个重要原因是气质——一个学生在精力、适应性、激惹性、冲动等方面表现出的倾向性。在第 3 章我们已经讲了气质的性质和它对课堂管理的含义。[4] 要想成为真正有效的课堂管理者，我们必须认识到学生大量的课堂上的不同行为部分是由于不可控制的生物倾向性的原因（e. g.，W. Johnson，McGue & Iacono，2005）。认识到这点会影响我们对于学生为什么会这样做的信念，并影响到我们对该现象的归因，这些信念反过来也会影响到我们是否很情愿地去调整我们的课堂策略以促进建设性的课堂行为（B. K. Keogh，2003；A. Miller，2006）。

515 同样，发展的差异也必定会在一定程度上对我们的管理策略提出要求。一些小学生还没有足够的正规教育的经验，不知道在课堂上是不能乱讲话的，如当老师和另一个成年人讲话时，学生必须保持安静或必须被点到名字时才能回答问题（Mehan，1979）。另外刚上幼儿园的儿童或 1 年级的学生会感觉他们的新环境不舒适，会使他们焦虑，正如一些青少年进入中学和大学时出现的情况那样（见第 11 章）。当然，随着儿童的成长，他们渐渐获得越来越多的社交技能，这影响他们有效地和老师、同学交往的能力（见第 3 章）。表 14—3 列出了一些发展的差异和在课堂管理中我们怎样兼顾这些差异的例子。

**表 14—3** **发展趋势——不同年级课堂的有效管理** 516

| 年级水平 | 年龄典型特征 | 建议策略 |
|---|---|---|
| K～2 | • 对于没有说出来的恰当课堂行为规则不熟悉。<br>• 在学校有些焦虑，尤其是开学初的几个星期，那些没有上过学前班的学生更是如此。<br>• 注意保持时间短，容易分心。<br>• 很少自我调节。<br>• 强烈需要老师的关爱和认可。<br>• 社会技能方面存在明显的个体差异。 | ✧ 开学之前邀请学生和家长参观教室。<br>✧ 尤其是开学第一个星期，高度重视与每个学生建立一种温暖的支持的关系。<br>✧ 使作业相对短而集中。<br>✧ 设一个可以供全班同学聚拢来的地方（如地毯），学生可以坐在那儿互相挨得很近以便于课堂讨论。<br>✧ 安排一个空间在那里学生可以独立地做自己选的任务（如阅读中心，学生在那里可以各自通过磁带听自己的故事。<br>✧ 对于接受的行为表示明确地接受，对于不当的行为温和地予以纠正而且持续纠正直到不再犯。 |
| 3～5 | • 继续渴望老师的认可，但是越来越关注同学的认可。<br>• 对情绪比较外露的老师更加注意（如经常微笑的老师，在学生苦恼时表示明显关心的老师）。<br>• 日益增强的自我调节技能。<br>• 对自己和他人的思想和动机进行反思的能力日益增强（如日益增强的社会认知）。<br>• 如果遭遇了持续的学习和社交方面的失败，逃学的可能性日益增强。 | ✧ 利用双向日志定期地和学生就学习、社交和情绪方面的问题进行沟通和交流。<br>✧ 在语言和行为方面都要经常向学生表明你对他的学习进步和生活是否快乐很关心。<br>✧ 给学生提供更多的独立完成任务的机会，但是给他们提供充分的指导。<br>✧ 在有不同意见和分歧的时候，让学生互相反思对方的想法和感受。<br>✧ 对于学习动机不强和不够合群的学生要多费心思和他们建立亲密的、支持性的关系。 |
| 6～8 | • 对于进入中学非常焦虑，部分原因是还没有和老师形成亲密和支持的关系。<br>• 对课程学习的内部动机日益下降。<br>• 欺骗行为增多，如果学生觉得老师尊重他们并尽力帮助他们，欺骗行为就会减少。<br>• 非常关心自身能力的提高和是否被同伴接纳。<br>• 欺负行为日益增多。 | ✧ 找机会在课堂外面多和学生接触（如一起参加运动，做学生的舞伴等）。<br>✧ 使课程与学生的生活和需要相关，并联系紧密。<br>✧ 对那些毫无原因就作弊的学生提供学习上的帮助，然而，要防止可能的作弊（见第 15 章）。<br>✧ 不要容忍欺负和其他形式的攻击，并强调不能容忍的原因（见第 3 章有关攻击的讨论）。<br>✧ 多接触那些不太爱与人交往的学生（如，邀请他和你一起吃午饭）。 |

续前表

| 年级水平 | 年龄典型特征 | 建议策略 |
|---|---|---|
| 9～12 | • 对于进入高中感到焦虑，尤其是如果7年级和8年级是小学的一部分（在有些地区是这样）。<br>• 社交活动和两性之间的浪漫关系经常会干扰学习。<br>• 有些学生但不是全部有很强的自我调节能力。<br>• 作弊行为频发，部分原因是同伴接受这种行为。<br>• 鄙视那些极力想得到老师表扬的同学（如奉承）。<br>• 部分学生表现出认为课堂违纪行为能得到同伴羡慕的倾向。<br>• 暴力行为增加，尤其是低收入聚居地附近的学校更甚。 | ✧ 记住即使到了高中，当学生和老师有亲密和支持的关系时，他们能获得更高的学业成就。<br>✧ 定期地开展包括有社会交往的活动，如果可能，把桌椅搬开更便于学生互动。<br>✧ 对于自我调节能力欠缺、不能很好地集中注意于学习任务上的学生给予指导和支持。<br>✧ 描述作弊是什么以及为什么是不被接受的（见第15章）。<br>✧ 私下表扬而不是公开表扬。<br>✧ 严厉地、积极地对待暴力（见本章“处理校园攻击和暴力”一节）。 |

资料来源：Some characteristics and suggestions are based on Blugental，Lyon，Lin，McGrath & Bimbela，1999；Carter & Doyle，2006；Cizek，2003；Emmer & Gerwels，2006；Fingerhut & Christoffel，2002；Hamre & Pianta，2005；Mehan，1979；Murdock，Hale & Weber，2001；Pellegrini，2002；many others are derived from discussions in earlier chapters。

## 处理不良行为

尽管我们非常努力，但是总有学生有时会犯错。有效的教师不仅能计划和结构化课堂以最大限度地减少潜在的违纪行为的发生，还能主动对付已经发生的违纪行为（W. Doyle，1990）。

为了讨论的方便，我们把不良行为定义为打扰课堂学习和计划好的教学活动的行为，损害其他同学的身体安全或心理幸福感，或者违背基本的道德和伦理规范的行为。一些课堂违纪行为比较轻、对同学的影响也比较小，比如插队、上课期间传纸条、推迟交作业等这些行为，尤其是当它们发生得也不是很频繁时，通常都被归为比较轻的一类。其他的一些违纪行为就严重得多，因为会干扰到一个或多个同学的学习和生活，例如有的同学对着老师尖叫、故意撞其他同学、习惯性地拒绝参加集体活动，这样的一些行为就会对自己和其他同学的课堂学习产生不良影响以至会影响到课堂氛围。

正如本章开篇所举的个案研究的例子，班级的绝大多数混乱通常是被少数几个学生造成的（W. Doyle，2006）。这些少数学生通常对我们提出了比较大的挑战，然而我们必须付出很大的精力使他们以建设性的方式进行转变，没有教师和其他监护人的一些积极干预，这些在低年级有较多违纪和不学习行为的学生在以后成长中会继续表现出较多的问题行为（Emmer & Gerwels，2006；Vitaro，Brendgen，Larose & Tremblay，2005）。

作为教师，我们必须对于如何对课堂上所出现的违纪行为做出反应有一个事先计划。虽然我们肯定必须对严重违反规则给予一致的后果，但从长远角度看，许多策略对于减少破坏性行为都是有用的。我们将检验以下六个这样的策略，每一种都是在不同的情境下适用，它们包括：忽略行为，暗示学生，私下和学生讨论问题行为，教给学生自我调节的策略，和家长磋商以及进行有计划的、系统的干预。

## 忽略行为

在有些时候最好的行动就是没有行动（G. A. Davis & Thomas，1989；W. Doyle，2006），例如，以下这些情境：

- ✧ 迪米特瑞很少违纪，但是有一次，你刚刚给他们布置完任务，要他们安静地在各自位置上做作业，就发现她和旁边的女生讲了一会儿话，没有其他同学看到她的违规行为。
- ✧ 赫布不小心在化学实验中意外打翻了一个液体容器（很幸运的是该液体对人体没有伤害），他很快道歉并收拾了残局。这些行为会影响到他们的学业成就吗？ 517
会像在康奈尔女士课堂上的大声打闹一样传染到其他同学吗？可能不会。

任何时候当我们停下教学活动来处理违纪行为，甚至只是几秒钟，我们都冒着打断教学活动的连贯性和吸引学生注意行为不良同学的风险。如果我们对每一次的小违规都做出反应，我们自己做出的行为的不良影响可能比被制止的行为还要大。而且，把同学们的注意力都吸引到了个别同学的不当行为上实际上是强化了该同学的行为而不是打击了该行为。

下面一些情境，可能对违纪行为进行忽略是一个更明智的选择：

- ✧ 当该行为很少发生，而且以后几乎不会再重复发生时。
- ✧ 当该行为不可能传到其他同学身上去时。
- ✧ 特殊情境所造成的暂时的不当行为（如放假前的最后一天或某学生的个人生活中的发生了令人不安的事件）。
- ✧ 当该行为是特定的年龄群体表现出来的时候（如幼儿园的孩子坐的时间太长而变得不安宁；在舞蹈训练时，6 年级的男生和女生长时间手拉手）。
- ✧ 当行为本身的结果（如它的自然结果）是非常令人不愉快的以至于学生不会重复这个行为时。
- ✧ 当行为没有干扰课堂学习时。（G. A. Davis & Thomas，1989；W. Doyle，1986a，2006；Dreikurs & Cassel，1972；Munn et al.，1990；Silberman & Wheelan，1980；Wynne，1990）

迪米特瑞在独立学习时简短地和旁边同学私语几句没有影响到其他同学，因为其他同学没有看到她所做的，并且也有可能她不是有意要违反规定，因为行为发生在她开始做作业之前。赫布打破了一个化学容器瓶，本身给他带来了不愉快的结果，他必须收拾残局。在这些情况下忽略这些行为是最好的办法。

## 暗示学生

在有些与学习无关的行为中，尽管本质上不严重，但干扰了其他同学的学习也必须予以制止，以下这些情境就是例证：

- ✧ 你正在讲解一个很难的概念，马杰里正在忙着写什么，开始你以为他在做笔记，但是后来你发现他把纸传给过道那边的康，几分钟之后，康又把同样的纸传回给马杰里，很显然这两个学生正彼此写私人便条而不是听你讲课。
- ✧ 当你把学生分成几个小组合作完成练习时，一组同学好像正饶有兴趣地讨论即将举行的学校舞会而不是你布置的作业，如果这组成员不立即投入到练习中，将跟不上其他组的步伐或完不成练习。

有效的课堂管理者尽可能不影响到其他人来处理这些小的行为问题：他们不停止讲课、不打扰其他同学、不把注意力吸引到要制止的行为上来（W. Doyle，1990，2006；Emmer，1987），许多情况下，他们用暗示的方法：通过一种或几种信号让学生明白他的不当行为被注意到了，必须停止。

在第9章我们讨论了各种可用的提示：把学生头顶上方的照明灯光开关轻轻一拨、身体语言、空间接近以及简短的言语提示等，能使学生重新回到学习任务上来[5]。理想地，我们应该将学生的注意力集中到应该做的任务上而不是正在做的事情上（Emmer
518 et al.，2000；Good & Brophy，1994）。而且间接要求对年龄大的学生是比较有效的（如我看见一些需要收拾好的工艺用具），而对于年龄较小的学生，直接要求则是必须的（如第三组必须清理干净工艺用具才能吃午饭）。

## 和学生私下讨论问题行为

有时候课堂暗示对于纠正一个学生的违纪行为是不够的，看看以下这些情境：

- ✧ 阿隆佐第三节课的时候老是迟到。当他最后到达的时候，他又花费2～3分钟的时间把教材和其他科目材料从书包中掏出来，你已多次示意要他赶快进入课堂学习中，然而他依然如故。
- ✧ 居迪很少完成课堂作业，实际上他基本不做。你已经多次用直接的语言要求他按时完成作业，但都没有成功（如“你的书要翻到27页”或“你的合作小组正在用很少用的头脑风暴法为一个难题提供答案，他们确实会用到你的想法”）。今天当你用眼睛看着居迪，直截了当地叫他投入到学习中来，他直接和你对抗，说：“我不想做，你管不着。”

在这些情境下，私下找这些同学谈话是比较合适的。谈话必须是私下的，有几个原因：第一，正如以前提到的，吸引同学注意到一个违纪行为上，实际上会增加这个行为的发生而不是减少该行为的发生。第二，同学的关注将使该同学过分沮丧和自卑，这些感受可能使他今后作为班级一员每天面对同学时会感到很焦虑。第三，当我们花费过多时间处理一个违纪行为时，其他学生往往也没有在学习（W. Doyle，2006；Emmer & Gerwels，2006；Scott & Bushell，1974）。

私下谈话还给老师一个机会，向学生解释为什么一些行为是不被接受和必须禁止的。像前面提到的，当知道遵守规则背后的原因时，学生更倾向于遵守规矩。而且，教师一学生谈话也给学生一个机会，说明为什么他会这么做。例如，阿隆佐将会解释说他有糖尿病，每次在第三节到第四节课之间他要去检查自己的血糖。他自己去完成这一切，但是他必须花费几分钟的时间，因为他喜欢到这栋楼的最那头的护士办公室去检查。居迪可能解释说他不愿意完成作业是当他发现他不能像班上其他同学那样阅读和理解问题的意思时他很受打击。一位有阅读障碍的男生一次在一位研究者的调查中这样表达他的挫折：

> 他们（教师）过去常常在星期一发给我们所有的作业本。一天我的老师递给我约一英尺厚的本子，我正好走出教室，那儿有个垃圾箱，当着大家的面（包括老师）我就把它扔进去了，然后走了出去。我这样做是因为我看不明白她给我的东西。我希望老师明白这一点。当我这么做的时候像是一种伤害。因为我实在想做，但我不会，因此事情并不是像我走到垃圾桶把本子扔进去那样（Zambos & Brem，

2004，p. 6）。

学生的解释为我们如何从长远角度解决他们的行为提供了很好的线索。例如，考虑到阿隆佐的糖尿病，他一段时间内迟到是不可避免的，比如我们可以给他换个座位，把他换到靠门边的位置，这样他后进来的时候就不会影响其他同学，也可以叫旁边的同学在他进来的时候，尽量安静地让他进去坐下来。居迪对于课程的挫折感提示我们：他需要额外支持来帮助他取得成功，也可能暗示没有被诊断的学习障碍，这可能需要转交学校心理学家或其他诊断专家。在许多教学案例中，和学生的私下谈话可以发现许多适应不良的问题。例如，一个长期攻击的学生可能觉得她的同学总想挑起打架行为，虽然我们自己知道她的这种知觉是不正确的。遇到这些情况，我们可以就如何帮助这些学生更有效地解释社会交往而向学校咨询员提出咨询。 *519*

可是，学生并不总是做出合乎逻辑的解释。例如，也许阿隆佐迟到的原因是因为他就喜欢和朋友在大厅里多晃悠几分钟，也许居迪说他不想做作业，是因为他对其他人要求他整个时间该干什么很厌烦很累。在这些情况下，我们避免陷入一种力量的斗争——即一个人通过在一些方面居于上风从而赢了另一个人的情境——是很重要的（Diamond，1991；Emmer et al.，2000），以下几种策略可以减少这种较量发生的可能性：

- ✧ 用平静的语气和就事论事的方式说话，而且实事求是地描述事情的发生经过（“过去三周你有一次没有做作业，我和你都希望你在课堂上表现好，但只有我们去努力做才能达到效果”）。
- ✧ 对于学生所说的要耐心、热情地倾听，开放性地接受学生的感受和观点（“我有这个印象，你不是很喜欢班级活动，我想知道你的内心想法”）。
- ✧ 总结一下你对学生所说的话的看法，必要时进行澄清（“听你说的我觉得你好像不想让同学知道你在学习上遇到了麻烦，是这样吗？还是其他的什么问题吗?”）。
- ✧ 描述一下这个问题行为的影响以及你对它的反应（“你每天都迟到，我担心你以后更加厉害，有时甚至觉得是一种伤害，你不珍视我的课堂时间”）。
- ✧ 让学生从两个或多个可接受的选择中进行挑选（“你是情愿在你的小组里安静工作，还是一个人坐在某个地方完成学习呢?”）。
- ✧ 尤其是与处于青少年期的学生互动时，一定要努力确定一种方法使该学生在同伴中有尊严（“我怀疑你害怕你按照我说的去做，同学们会看低你，我们怎么做能解决这个问题呢?”）。（Colin，Ainge & Nelson，1997；Emmer et al.，2000；Keller & Tapasak，2004；Lame et al.，2006）

最终，我们必须把我们沟通的兴趣落到学生的长远的学习成绩上，我们担心的是违纪行为会干扰他们的学习成绩，我们和学生的努力合作都是为了减轻它的影响。

## 教给学生自我调节的策略

当学生表达他们自己对问题行为的担忧时，教育他们自我管理一般是比较有效的，看看以下这些情形：

- 布恩好像在学习上没什么进步，他的作业和测验成绩通常都很低。作为布恩的老师你知道他能做得更好，他的问题根源好像是他的大多心思和时间都没花在学习上。当你要他集中注意于一堂课或做作业时，他却去画赛车和飞机的素描画、摆弄他在地板上发现的任何东西或做白日梦，布恩也的确想提高他的学习成绩，但他似乎不知道该怎么做。

- 奇欧嘉通常不经允许就说话，她首先抢答你提出的问题不让别人先答，粗鲁地打断同学们对她观点的评论，她在最不合适的时间发起和同学的谈话。在几个场合你和她谈了话，她总是发誓以后一定要控制住自己，但她的行为仅在一两天内有所改善，之后又管不住自己的嘴巴而重犯。

布恩的分心行为打扰了他自己的学习，奇欧嘉的过度插话干扰了其他同学的学习。暗示和私下谈话效果不明显，但是他们都是有办法可以改进的：因为他们想改变他们的行为。

在第10章我们讨论了各种提高自我调节行为的策略，其中的几个策略对布恩和奇欧嘉可能有用。当学生对自己行为的严重性有一个非常真切的感受时，自我监控更加有效。布恩也许认为他自己很多时间都在学习而不是像他自己表现的那样，这样我们可以给他一个每隔5分钟就响一下的计时器，当计时器响的一瞬间他记下他是否在学习。奇欧嘉也许没有意识到她打扰其他同学说话是多么频繁，这样我们可以要她每次没经允许就说话时就在一个核查表上面做个记号。事实上，布恩和奇欧嘉的行为问题单单通过自我监控通常就能成功解决（Broden，Hall & Mitts，1971；K. R. Harris，1986；Mace et al.，1989；Mace & Kratochwill，1988）。

如果靠自我监控本身不能奏效，自我指导将能帮助奇欧嘉在课堂讨论中有效地自我约束：

1. 闭紧我的嘴。
2. 举起我的手。
3. 等到有人叫我才说话。

并且这两个学生可以用自给列联的办法来提高自己的兴趣。例如，如果布恩把精力放在学习任务上，每隔15分钟他就可以给自己奖励1分。奇欧嘉每天一开始给自己5分，每次她违反规定就减1分，通过积累一定的分值，就可以获得机会从事他最喜欢的活动。

自我调节策略有几个优势，能帮助我们避免与学生的力量僵持，增强学生的自我决定感，进而可以增强他们在课堂学习和取得成就的内部动机，而且自我管理技术从长远来看对学生是有利的，通过这种方式培养起来的建设性的行为可以保持很长的时间，即使学生班级改变了甚至学校改变了，都可以保持很久。而且当我们教学生自己监控和修正自己的行为，而不是依赖我们时，我们就有更多的精力从事其他事情，比如说教学。

有些培养自我调节技能的方法比其他方法更有效，让我们来看看一个学校的老师是怎样通过自我调节鼓励良好行为的。

**分析教师策略——我做了什么**

一所小学的老师们用下面的表格鼓励良好的行为、减少不良行为。看看这个表，思考：

它的优点何在？

它有什么潜在的不足？

**一所小学的自我监控表**

| 评分标准：<br>2＝很努力<br>1＝较努力<br>0＝需要更加努力 | 9：00～10：30 | 11：00～12：30 | 1：30～3：00 |
|---|---|---|---|
| 当老师或其他成人在讲话时我在听吗？ | | | |
| 我尽我最大的努力，且有一个积极的态度吗？ | | | |
| 听课和做作业时我一直待在座位上吗？ | | | |
| 总体 | | | |

理论上说，至少这种形式能鼓励学生自我监控各种任务行为，可是它也有几个缺点 521 限制了它的有效性的发挥。第一，“尽我最大的努力”和“有一个积极的态度”，实际上是很难客观评价的。甚至“我听了吗”可能都难以精确判断，尤其是较小的儿童很容易把听课认为是安静地坐在那儿不打扰别人，而不是集中注意力并理解别人说了什么（见第 2 章）。第二个缺点是时间间隔：90 分钟比较长，要学生回忆那段时间经历的具体事情有一定的难度。第三个不足的地方是这个表格试图想用一个表格来适合许多情况，实际上不太可能的。如果我们想要学生监督自己的行为，我们必须为每个学生在各种不同情境下定制不同内容的表格。

## 和家长磋商

有些情况下我们必须和家长或其他主要监护人合作，共同磋商如何应对学生的问题行为，请看以下情境：

- 你给你的学生每天晚上都布置一点家庭作业，过去的三个月来卡罗琳仅仅交了 1/3 的作业，你知道她肯定能完成这些作业，而且你也从过去与她家长的交流中了解到，家长给了她充足的时间，也很支持她完成作业，你已经多次和卡罗琳谈了做作业的事情，但她都不以为然地搪塞你，她似乎并不在乎自己在你课堂上的表现。
- 同学们发现只要罗杰来过他们的附近之后，不久就会发现他们的抽屉和个人储藏箱的东西不见了。几个同学还告诉你，他们看到罗杰拿别人的东西，并且他们发现他们的丢失的一些东西后来在罗杰的物品里出现了，但你问他是否偷了同学的东西时，他坚决地否定了，他说他根本就不知道卡米的手套或玛文的棒球球星卡会在他的桌子里。

当学生的问题行为持续时间较长，而且比较严重可能影响到他们以后的学业和社交方面的成功时，和家长磋商是非常重要的（Emmer et al.，2000）。例如，卡罗琳的父母亲也许一直就不知道她没有做作业（她可能一直就跟他们说她没有作业），并且他们能够采取必要的方法保证她完成作业。在有些情况下，在学校开一个商讨会可能是比较有效的办法，例如你可以和罗杰及其父母共同商讨他的偷窃习惯，有的事情当大家面对面地坐在一起商量时更加有效。在本章后面的内容中我们将深入探讨和家长合作的有效策略，以及怎样处理这个棘手的问题——和家长谈论他孩子在学校的不良行为。

## 进行有计划的、系统的干预

有时候学生不愿意或者不能够改变自己的不良行为，并且由于这样或那样的原因，找家长磋商也可能收不到良好的效果，看看以下这些情形：

- 塔克经常离开自己的座位，以至你纳闷他是否知道自己的座位在哪儿。他有许多理由要在教室里走动——“要”削铅笔、“要”从书包里掏出作业本、“要”吸墨水等。自然地，塔克就很少专心于自己的学习了，他的同学也不断地被他的行为打扰而不能安心学习。你尝试了各种方法——定期提醒他专心学习的重
522 要性、他的行为会打扰其他同学的学习、叫他记录他的离开座位的行为等，但好像都没有效果。他的母亲也赞同你的观点，要想办法帮助他，但就是没有好主意。
- 珍妮特的语言伤害好像经常失去控制，她经常用一些低级下流（粗俗）的语言侮辱她的同学。你曾经在她对其他同学友好的时候多次表扬她，并私下找她谈话，她好像很赞同你的观点，但她的行为仍然继续，同时珍妮特的父母坚决否认他们的“小天使”会在学校里变成这样。

当不良行为已经明显地影响到其他一个或多个同学的学习和成绩时，并且单一的策略已经不能有什么效果的时候，精心的、系统的干预也许就应该派上用场了。在第 9 章中描述的那些行为主义的方法在这些场合通常是比较有用的，如果再配合其他方法——如培养观点采摘能力和其他社会认知能力、教一些有效的社交技能、提供自我管理策略的指导等——一起使用效果就更加明显了（e. g. , D. C. Gottfredson, 2001; T. R. Robinson, Smith, Miller & Brownell, 1999）[8]。把行为主义原理和其他更加认知取向的技术相结合，有时被称为认知行为疗法。

我们将怎样运用行为主义技术来改进塔克的课堂行为呢？第一步是确定一个或多个有效的强化物——考虑到塔克经常坐立不安，体育运动将是一个有效的强化物——然后逐渐塑造他坐的行为。另外，因为有些离开座位的行为是正当的（如从书架上拿参考书，把完成的作业放到老师的篮子里等），我们也给塔克一些票，它能用这些票“买”一天中离开座位的次数。另一个可供选择的策略是进行功能分析以判断塔克离开座位行为的特定目的。也许这样做是为了逃避困难任务或消耗他过剩的体力。如果我们发现塔克离开座位是因为挑战性的作业，我们就给他成功完成那些作业提供指导和支持，例如教给他一些有效的学习和解决问题的策略。然而如果我们发现他的过度运动会不分场合地经常出现，我们可能怀疑是生理方面的原因，而提供给他大量的机会释放过剩的精力。

认知行为疗法对珍妮特同样有用。在这个案例中我们怀疑她学习到的与人有效交往的技能很少。因此，我们必须通过模仿、角色扮演等来开始教给她这方面的一些技能。一旦我们知道珍妮特掌握了一些有效的人际交往技能，我们就可以通过表扬、积极反馈等方法，强化她使用这些技能。同时我们也要惩罚（也许使用禁闭）故态复萌的谩骂等行为。

让我们再次回到本章开篇的个案研究，这里有计划的系统的干预措施同样可以用得上。强化适当的行为（如有必要，持续一段时间塑造这些行为）和惩罚不适当的行为是

两个明显的策略。另外，康奈尔女士应该使反应—后果列联清晰明确，也许可以用列联契约法。她也可以确定这些学生的违纪行为的目的（如，也许这三位学生为了引起注意，也许他们为了逃避做作业，因为他们缺乏完成这些作业所需的足够的阅读技能）。她然后要么（a）找到一个能达到同样目的的建设性行为，要么（b）强调学生的不良行为将间接或直接导致学业或社会问题。

表 14—4 总结了刚才提到的六种策略，其中的一些策略对校园攻击和暴力也有用。

**表 14—4　原理/假设——处理课堂不良行为的策略** 523

| 策略 | 适合的情境 | 举例 |
| --- | --- | --- |
| 忽略行为 | • 不当行为不可能重复。<br>• 不当行为不可能传染给其他人。<br>• 不寻常情境诱发的不当行为。<br>• 不当行为没有干扰到学习。 | • 刚要下课时一位同学偷偷把纸条递给另一位同学。<br>• 一位同学把书弄掉了，吓到了其他同学而干扰了大家的学习。<br>• 放春假之前的最后一个下午，整个课堂的情绪都非常高涨。 |
| 暗示学生 | • 不当行为很小但干扰了其他人的学习。<br>• 只需小小的提醒就可以改变的行为。 | • 一位同学在开始测验时忘了合上笔记本。<br>• 一个合作学习小组谈话声音太大干扰了其他小组。<br>• 在独立做作业时间几个同学在讲笑话。 |
| 和学生私下讨论问题行为 | • 暗示没有效果的时候。<br>• 如果搞清楚了不良行为，这种行为的原因可能暗示着减少不良行为的策略。 | • 一位学生经常迟到。<br>• 一位学生拒绝做某类作业。<br>• 没有明显的原因，一位学生的学习劲头骤减。 |
| 教给学生自我调节的策略 | • 学生有很强的改进自己行为的愿望。 | • 一位学生没有认识到他是多么频繁地打扰了其他同学的学习。<br>• 一位学生寻求帮助如何控制他的愤怒。<br>• 一位学生承认他不能专心于要学习的任务上是导致他不能达到他理想的成绩的重要原因。 |
| 和家长磋商 | • 问题的原因也许出在校园外。<br>• 长期的行为问题可能对前途造成影响。<br>• 家长很想和学校合作改善孩子的行为。 | • 一位学生在学校表现不错但很少交布置的家庭作业。<br>• 一位学生几乎每天上课打瞌睡。<br>• 一位学生偷同学的午餐。 |
| 进行有计划的、系统的干预 | • 不良行为持续了很长时间严重干扰了学习。<br>• 其他的非高强度的方法（如暗示、私下交流）没有效果。<br>• 学生好像不能够或不愿意运用自我调节技术。 | • 一位学生安静地坐在那儿持续一段适宜的时间好像异常困难。<br>• 一位学生的粗俗行为一直持续，虽然他的老师在几个场合提醒了他好几次。<br>• 一位足球队员突然非常愤怒并有攻击行为，对其他球员产生潜在的危险。 |

## 重视学校里的攻击和暴力行为

近几年新闻媒体非常关注学校暴力犯罪（例如学生谋杀同班同学），导致许多人认为学校的暴力在上升。实际上，涉及严重伤害和致人死亡的校园攻击是比较少的，至少在美国，过去10～15年以来是呈下降趋势的（DeVoe et al.，2003；DeVoe，Peter，Noonan，Snyder & Baum，2005）。大多数校园暴力是心理伤害，较少身体侵犯或财产损坏。例如，可能包括性骚扰和种族侵扰、欺负同学、破坏储物柜里的东西等（Bender，2001；Casella，2001b；Pellegrini，2002）。

如果我们仅仅考虑导致严重伤害甚至致死的暴力事件，那学校是年轻人最安全的地方（Burstyn & Stevens，2001；DeVoe et al.，2003，2005；Garbarino，Bradshaw & Vorrasi，2002）。但是如果我们把所有形式的攻击，轻微的和重的等都算在内的话，攻击行为在学校，尤其是在那些成年人监管比较松的地方（如走廊、休息室，停车场），比其他场合发生得更频繁（Astor，Meyer & Behre，1999；Casella，2001b；Finkelhor & Ormrod，2000）。攻击行为在学校比较普遍主要有两个直接原因：第一，年轻学生除了家里以外，待得最多的地方就是学校。第二，即使是最小的学校，学生数量也是非常多的，人际冲突几乎不可避免。

524 学校攻击和暴力的根源是多方面的、复杂的。正如我们在第3章讨论的那样，各种认知因素（缺乏观点采择能力、对社会线索的错误解释、较差的社交问题解决技能等）导致一些学生采取攻击行为。而且，也许由于学生生活的家庭和周边邻里环境的影响，一些学生认为攻击是比较合适而有效的问题解决策略。发展因素也起一定的作用，例如，许多年幼儿童和少数青少年控制冲动的能力较差，在青少年早期，向中学的令人不安的转变导致有些学生把欺负弱小同学作为在同伴中获得地位的手段（Bronson，2000；Espelage et al.，2003；Pellegrini，2002）。学校文化也有影响，例如，在一些高中，学生们相信并比较接受，如果某同学想抢占自己的女朋友或男朋友，那么就要攻击他或威胁他（K，M. Williams，2001a，2001b）。最后，攻击也是对挫折的一个通常反应，一些学生在学校的学业和社会方面屡遭挫折，也容易导致攻击行为（G. Bender，2001；Casella，2001b；Miles & Stipek，2006）。

### 三水平法

不管出于什么原因，我们都不能容忍在学校的任何暴力和攻击行为。只有学生在学校感觉到身体和心理上都是安全的，他们的学习和成绩才能达到最佳水平。如果他们感觉到不安全，在高中毕业之前他们辍学的风险会加大（Rumberger，1995）。为了真正有效地对付攻击和暴力，我们必须从三个水平上着手，详细描述见图14—1（Dwyer & Osher，2000；Hyman et al.，2006；

**图14—1 控制校园暴力和攻击的三水平法**

H. M. Walker et al.，1996)。[9]

**水平 1：创造一个没有暴力的学校环境**

短期的突击“反暴力”运动，对减少暴力和攻击的持续效应很小（Burstyn & Stevens，2001）。然而，运用下列策略创造一个平静的、没有攻击的校园环境将有持续的效果：

- 全校范围联合投入支持和鼓励所有学生在学业和社交方面的成功。
- 提供投入的有挑战性的课程。
- 形成关爱信任的师生关系。
- 在同学和教师之间坚持真诚和平等地尊重不同民族、不同背景、不同种族的人。
- 全校范围内制定政策和开展活动培养良好的行为（例如，对行为给予清晰的指导、对违纪行为给予持续一致的惩罚、为有效的社交和问题解决技能提供指导）。
- 让学生参与学校决策。
- 制定机制让学生对他们关心的问题能毫无顾忌的敞开讨论。
- 强调亲社会行为（如分享、帮助、合作等）。
- 和社区、家庭建立密切的联系。
- 公开讨论安全问题。（Burstyn & Stevens，2001；Dwyer & Osher，2000；Dwyer，Osher & Warger，1998；Learning First Alliance，2001；Meehan，Hughes & Cavell，2003；G. M. Morrison，Furlong，D'Incau & Morrison，2002；Pellegrini，2002）

这里面的大多策略大家都很熟悉，在这本书里也经常能见到。以上最后一个策略——公开讨论安全问题还包括更多各种各样具体的策略，请看以下这些具体做法：

- 解释欺负是什么（例如，包括骚扰和恐吓弱小同学）和为什么是不可接受的。
- 提醒学生注意那些需要更多教工监管的潜在的不安全地方（如不经常用的休息 525
  室或后面的楼梯）。
- 表示很乐意倾听学生对于可恼的同学的抱怨（这些抱怨能为哪些学生是否需要帮助和干预提供重要线索）。

**水平 2：对有风险的学生尽早提供干预**

第 4 章对有风险学生的讨论中我们主要关注的是有学业失败风险的学生。但是学生在社交方面也有失败风险。例如，他们很少或没有朋友，公开地被他们的许多同伴欺负或拒绝，或在其他方面发现他们自己是被排除在学校的社交生活之外的（e. g.，G. Bender，2001）。

大约有 10%～15%的学生需要某种形式的干预来帮助他们有效地和同伴交往，和老师建立良好的工作关系，成为学校群体里的善意的一员（Dwyer & Osher，2000；H. M. Walker et al.，1996）。这些干预不是一个放之四海皆准的办法，但是必须适应学生的特定长处和需要。对于一些学生，干预可以采取社交技能训练的方式。对于其他情况，可以采取措施让学生积极参与学校的俱乐部和课外活动，在另外一些情况下，需要计划好的、系统的努力来鼓励和强化有效的行为，可能通过功能分析和积极的行为支持（见第 9 章）。但是不管什么形式的干预，当行为还没有发展到比较严重的程度（比如反社会行为）就进行早期干预会更有效，同时，当干预是教师和专业人员组成的多学科团队利用各自的专长开发出来的时，干预也更加有效（Dryfoos，1997；Dwyer & Osher，

2000)。

**水平 3：为困境中的学生提供集中干预**

由于各种原因，当学生已经有攻击行为和暴力倾向时，轻微的干预已经不能很好地解决问题。例如，有些学生有比较严重的心理问题以至干扰了他们理性思考、适当地应对挫折和控制自己的冲动的能力（例如在第 5 章情绪和行为问题里讲到的案例）。一般来说，学校必须和其他社区服务者（如心理健康临床医生、警察和罪犯感化人员以及社会服务者等）密切合作，以帮助有攻击和暴力风险的学生（Dwyer & Osher，2000；Greenberg et al.，2003；Hyman et al.，2006）。

作为老师，我们频繁地和学生接触，也就成为确定哪些学生需要集中干预和帮助使其回到健康的学业和社会发展轨道上来的最佳人选。当你具备一些教学经验时，你会开始感觉到一个特定的年龄群体哪些特征是正常的，哪些是不正常的。尤其要警惕出现了表 14—5 中列出的暴力信号的学生。

尽管我们必须对那些流露出将要实施暴力行为信号的学生保持高度警惕，但有几点我们必须时刻铭记在心：第一，正如前面提到的，在学校极端暴力是很少的，对于学校暴力潜在的非理性担忧将会妨碍我们有效地工作。第二，出现了表 14—5 中所列的一项或几项特征的学生大多不会发展为暴力。最重要的是我们决不能把表 14—5 中列出的信号作为不公平指责、孤立或惩罚学生的理由（Dwyer et al.，1998）。这些信号提供了一个在必要的时候给学生提供帮助的有效途径，但不能作为把他们排除在所有儿童和青少年都必须接受的教育之外的理由。

**表 14—5　　暴力行为的早期预警信号**

专家已经确认了许多学生可能会寻思着对其他人实施暴力行为的预警信号。就单个信号本身不太可能预示着有暴力攻击，但如果几个信号都出现了那可能性就很大，就需要向学校管理者或受过训练的专家报告。

**社会退缩。**随着时间推移，一位学生和老师以及所有或大部分同伴接触得越来越少。

**过度的孤独感或被拒绝、困扰。**一位学生直接或间接表达了这样的感受：他没有朋友、令人讨厌或不公正地被挑剔。

**学习成绩急剧下降。**一位学生在学习成绩方面出现了急剧变化而且似乎他并不关心学习好坏。认知和生理因素（如学习障碍、无效的学习策略、脑部伤害）都排除在外。

**很差的应对技能。**一位学生缺乏有效应对挫折的能力、不能容忍很小的侮辱，并且某件事令他失望之后很难重振旗鼓。

**控制愤怒的能力较差。**一位学生经常对一个小小的不公平表现出无法控制的愤怒并且可能将愤怒错误的指向无辜的旁观者。

**有优越感、自我中心和缺乏同情。**一位学生认为自己比别人聪明或其他方面比同伴都强，首先考虑自己的需要，很少考虑到别人的需要。

**长期怀恨在心。**一位学生即使过了相当长的一段时间也不能宽恕他人的侵犯。

**在绘画或写作中出现了暴力主题。**一位学生的艺术作品、讲的故事或日记中大量充斥着暴力的倾向，并且在这些虚构中某一特定的个人（如父母或其他的同班同学）是经常的攻击目标（注意：在作品中偶尔有暴力出现是正常的，尤其是男孩子）。

**不能容忍个体和群体之间的差异。**一位学生对一定种族、民族、性别、性取向、地区或某种缺陷的人表现出非常强烈的厌恶和偏见。

**过去曾经有过暴力、攻击或其他纪律问题的人。**一位学生有长达几年的严重不良行为记录。

**与有暴力的同伴有联系。**一位学生经常与一个团伙或其他反社会群体来往。

续前表

**有不良的角色榜样。**一位学生经常带着羡慕的口吻谈论希特勒，本·拉登，或其他男性暴力人物。

**经常酗酒或滥用药物。**一位学生经常酗酒或滥用药物导致自控力降低，在一些个案中物质滥用是有心理疾病的明显信号。

**乱接触武器。**一位学生很容易就能获得枪支弹药并经常使用这些武器。

**暴力威胁。**一位学生公开表示要伤害某人。对这个预警信号需要立即采取有效措施。

资料来源：Dwyer et al.，1998；O'Toole，2000。

## 帮派相关问题

在一些学校，发生攻击行为的主要原因是帮派对立。尽管帮派在一些市内学校的低收入群体中更加普遍，但在城郊和农村学校也有这种情况出现（Howell & Lynch，2000）。

以上提到的对付校园暴力的三水平法对于压制校园暴力团伙的活动有一定的效果， 526
但是还需要其他的一些措施，推荐如下几个策略：

- 对同学安全存在潜在威胁的行为制定出清晰的、能够贯彻执行的相关处理制度。
- 辨明帮派在学生中的活动范围和特殊性质。
- 对于一些可能的帮派标志，如特殊团伙的服装、首饰和行为（比如同一帮派相同颜色的鞋带、手帕、一定的手势语等）予以禁止。
- 对于帮派之间和帮派内部的争端及时予以积极调节。（Kodluboy，2004）

最后一个策略是调解，不管是成年人还是同伴都可以承担调节者的角色，只要他们熟悉帮派文化和章程就可以（Kodluboy，2004）[12]。一所中学的案例说明有效的调解对于处理帮派攻击有时是非常有效的。（Sanchez & Anderson，1990）

> 许多学生都加入一个或多个帮派，这些帮派似乎在校园占主导地位。对立帮派之间的争斗是很普遍的，无帮派成员经常成为骚乱的受害者（受其困扰）。重申着装规范、找他们谈话等对他们的影响都收效甚微[13]。被逼无奈的情况下，两个学校的辅导老师建议学校实施一个同伴调解程序，先从骚乱的主要制造者——三个大的团伙开始。两个乃至更多帮派的交往问题也被考虑到调解中来，干预团队包括 5 位学校教员和 3 位帮派代表。 527
>
> 团队成员必须遵守下列规则：
>
> 1. 诚心实意想解决问题。
> 2. 不骂人或贬低他人。
> 3. 中途不能打扰。
> 4. 尽可能地诚实。
> 5. 不使用武器或其他恫吓行为。
> 6. 所有的环节都必须保密直到目标达到或调解取消。（Sanchez & Anderson，1990，p. 54）
>
> 为了给富有成效的讨论奠定基础，干预团队的教员单独约见三个帮派里的每一个成员，以建立一个良好的信任关系，解释干预过程的实施步骤，寻求学生对计划的配合。
>
> 在干预的第一阶段，倾诉委屈。学生们表达他们不喜欢被压制和恫吓，他们担心他

们的人身安全并希望获得别人的尊重。接下来的两个星期的几次会面，团队达成一致意见：大量的行为在学校是不被接受的：骂人、贬低他人、憎恨的眼神、威胁、帮派诽谤等。在最后一次会面之后，每一个帮派成员被单独叫到咨询室，干预小组的代表表达了赞同意见，其他的帮派成员签字同意。尽管有些怀疑，三个帮派的大多成员都在表决书上签了字。

一个月之后，这个干预的效果明显显现出来，对立帮派成员在通过大厅时愉快地互相点头问好或给出问候，帮派成员感觉不再为了安全起见而不得不在帮派中胜出，一天下午，两个帮派成员在一起踢足球，整个月没有出现与帮派相关的打架斗殴现象(Sanchez & Anderson，1990)。

## 考虑学生的多样性

在我们计划建立建设性的课堂环境时，我们必须将学生的不同特征个性和需要都考虑进去。比如，当我们与来自少数民族的学生或来自附近的低收入家庭的学生一起合作时，我们需要额外地做出一些努力去营造一个支持性的教室环境。我们同样要知道不同的文化和民族可能对什么行为是适当的、什么行为是不适当的看法不完全一样，同时我们需要对有特殊教育需要的学生提供特别的方便。

### 创造一种支持的氛围

本章前面我们提到了创造温暖、支持的课堂氛围的重要性。这样的氛围对于来自少数民族的学生显得尤其重要（García，1995，Ladson-Billings，1994a；Meehan et al.，2003)。例如，在一个8年级的社会研究课上的非洲裔美国学生被问到他们为什么这么喜欢自己的老师，他们的反应如下：

> “他让我们表达我们的观点!”
> “当他和我们讲话时看着我们的眼睛!”
> “他朝我们微笑!”
> “在礼堂或大厅或食堂看到我们时，他和我们打招呼!” (Ladson-Billings，1994a，p. 68)

像这样一些简单的动作和语言就能建立很好的师生关系，而良好的师生关系对创建有效的学习环境非常有利。另外，在班级创造一种集体感也是很重要的，一种我们和我们的学生拥有共同的目标并互相支持达到目标的感觉。这种集体感与在许多西班牙裔、土著美国人、非洲裔美国人团体中比较常见的合作精神是比较一致的（Cazden，1988；Ladson-Billings，1994a)。

528

对于在家里面临许多困难的学生，如贫穷、父母不管孩子或虐待孩子、有一个有暴力倾向的邻居等这些学生，老师的关心、尊重和支持显得更加重要。当这些学生在他们的生活中有一个或更多关心他们、值得信赖的成年人，当他们能进入一个温暖的可以依赖的班级时，他们更有可能有更强的自我价值感和自我决定感，因此，他们就更加努力地提升自己，以超越挑战，在课堂以至社会上获得成功（Becker & Luthar，2002；Juvonen，2006；Masten，2001；Milner，2006；D. A. O’Donnell et al.，2002)。

## 对不良行为进行界定和做出反应

我们在确定哪些行为是在班级中真正不能被接受的时候，我们必须记住我们自己的文化中认为不合适的一些行为在另一文化背景中可能是十分合适的（e.g.，Gay，2006）。在下面的练习中我们看看这些例子：

**亲身体验·确定不良行为**

阅读下面三种场景并思考：

你是否把它界定为不良行为？

哪些群体认为这些行为是合适的（借鉴第 4 章的小组差异的讨论）？

你将如何对待这些行为？

1. 一个学生经常迟到，有时超过上课铃响一个小时。
2. 在一个小测验中两个学生正在对答案。
3. 几个学生正在互相侮辱、贬损对方。

---

例 1 中的迟到干扰了学习，因为学生失去了宝贵的接受指导的时间。但是一个长期拖拉的学生也许生活在一个不严格遵守时间的西班牙裔或土著居民的社区，而且，到校的时间也不能完全由学生自己控制；也许学生有家务事要做或交通工具不便等实际情况，使得准时到达学校很困难，和学生私下谈话或找他的家庭成员磋商是找到问题的根源和确定解决办法的最有效途径。

例 2 中和同学对答案的行为，如果学生被要求独立完成自己的任务，则是一种不良行为，因为测验能使老师判断哪些学生知识掌握好了，哪些学生还没有掌握好知识，不准确的考试结果将会影响教师的教学计划从而间接影响学生以后的学习[15]。尽管这个行为对于大多数学生来说是欺骗，但在一些土著美国人和墨西哥美国人的文化中，这可能反映了合作精神和为了团队的成功。如果我们事先已经用一种学生能理解的方式解释了什么是欺骗，如果我们已经清晰地描述了哪些是合作、哪些不是，换句话说，如果学生明确知道他们违背了班级规定，那就会是另外一个结果。但是如果我们没有做这些基础工作，我们就必须把它作为一种意外、一种阻止这些行为进一步发生的教训。

例 3 中的侮辱对于当事学生来说是一种心理上的伤害，还有可能影响整体的班级气氛。但是，在一些非洲裔社区可能仅仅是比较普遍的好玩的相互咒骂（言语互动）的一个例子。我们如何对待这种情境，取决于当时学生们的表情，他们的身体语言（是微笑 529
的还是讥讽的），他们是轻松还是紧张，将给我们提供很多信息。如果他们的侮辱是敌意升级的信号，立即干预是必要的，如把他们分开，接下来进行一个私下谈话或同伴调解。但是如果这种侮辱反映了一个创造性的口头竞赛游戏，我们就只仅仅需要制定一个合理的边界就可以了（例如关上门，不能进行种族和民族诽谤等）。

## 适应有特殊需要的学生

当我们创造一个有利于学生学习的环境的时候，我们必须考虑有任何特殊教育需要的学生。一般来说，一个井然有序的班级能使有障碍的学生很容易地适应一般教学环境(Pfiffner & Barkley，1998；M. C. Reynolds & Birch，1988；Scruggs & Mastropieri，1994)。

对于那些过去有行为问题的学生（例如有情绪和行为障碍的学生），我们需要提供大量的指导和支持，以帮助他们发展积极的课堂行为。例如，一些有特殊需要的学生可能需要对他们的课堂表现给予明确的反馈。表扬一个得体行为时我们不说“做得很不错”等，我们必须给表扬的行为一个确切的描述，例如我们可以说“今天你的数学作业按照我的指导做得很好。”“谢谢你今天去大厅使用饮水机时记得登记。”同样地，当学生表现不适宜的行为时，我们必须确切地告诉他哪儿做得不对，例如当和一个有长期行为问题的学生谈话时，我们说：“你借奥斯丁的书事先没有经他同意，你知道不经同意就拿别人的东西是违反我们开学初制定的、大家都同意的班规的。”还有一些关于满足有特殊需要学生的建议，见表 14—6。

本章前面我就提到了一视同仁地对待每一个学生，对于建立良好的师生关系和积极的班级氛围是非常重要的。我们怎样将一视同仁和满足有特殊需要的学生尤其是一些有情感和行为问题学生的富有挑战性的行为有机结合起来呢？关键在于我们要知道什么时候以及怎样来满足学生的独特需要。为了行为适当，有时候学习能力较差的学生比其他同班同学需要更多的指导和帮助，但是除非存在情有可原的特殊原因，有障碍的学生违规时必须和其他同学承担一样的后果。

530 **表 14—6　在全纳环境中的学生——为有特殊需要学生创设一个建设性的课堂环境**

| 类别 | 可能观察到的特征 | 建议的课堂策略 |
| --- | --- | --- |
| 有特殊认知或学业困难的学生 | • 难以集中注意于学习任务上。<br>• 在一些学生身上有不良行为（如多动、冲动、破坏、粗心）。<br>• 较差的时间管理能力和/或无组织的完成任务的方法（在部分学生身上表现的）。 | • 在独立做作业时进行密切监督。<br>• 确保学生理解了要完成的任务，如果允许的话给他们额外的时间完成布置的任务。<br>• 对行为做出明确的要求，并一贯地执行规章。<br>• 暗示学生适当的行为。<br>• 对良好行为予以立即强化。<br>• 对于多动的学生，在一段身体运动之后（如课间休息、午餐、体育课后）安排较短的活动使他安下心来。<br>• 对于冲动的学生，教给他们自我指导的策略（见第 10 章）。<br>• 教给学生管理时间和计划任务的策略（如制订一个每天的活动和学习的时间表、提供一个文件夹给学生，便于他们在学校和家里之间携带作业）。 |

续前表

| 类别 | 可能观察到的特征 | 建议的课堂策略 |
|---|---|---|
| 有社会或行为问题的学生 | • 经常明显地表现出不良行为，如行为过激、攻击、不守纪律、破坏或偷盗（部分学生）。<br>• 控制冲动困难。<br>• 由于环境变化或打破习惯或感官上刺激过度（那些有孤独症的学生）而促发不良行为。<br>• 与同伴有效沟通有困难。<br>• 集中注意于学习任务上有困难。<br>• 有和老师进行权力争夺的倾向（部分学生）。 | • 用清晰明确的语言表达在课堂上哪些行为是可接受的以及哪些行为是不被接受的，制定和执行行为规则。<br>• 制订一个可预见的时间表，在要打破常规之前提醒学生。<br>• 用自我调节技术和行为主义的方法促进建设性的课堂行为。<br>• 教给学生社交技能（见第 3 章）。<br>• 独立做作业时密切监控学生。<br>• 关于课堂生活的一些方面给学生一种自我决定感，尽量最少地应用强制技术。<br>• 做出更多努力让学生觉得你把他当成独立的人来关心。 |
| 认知和社会功能普遍迟滞的学生 | • 偶尔打扰课堂的行为（部分学生）。<br>• 如何行动依靠别人的指导。<br>• 如果要求很明确时表现出更多适宜的课堂行为。 | • 对于课堂行为建立清晰、具体的规则。<br>• 暗示学生适当的行为，使指导简单化。<br>• 用自我调节策略和行为主义方法促进期望的行为。<br>• 对于学生哪些做得好、哪些做得不好给以清晰的反馈。 |
| 有身体障碍或感知困难的学生 | • 脱离同班同学（一些学生表现出来的）。<br>• 和其他学生一样快地完成任务有困难。<br>• 理解口头暗示、指导和其他口语信息有困难（有听力障碍的一些学生）。 | • 在班级建立一种强烈的集体感。<br>• 适当的时候，给予额外的时间让他完成任务。<br>• 如果一个或多个学生有听力障碍，把课堂噪音降到最低。 |
| 认知发展超前的学生 | • 一些学生表现出与任务无关的行为，经常由于很容易的作业或活动感到很厌烦。 | • 布置一些和学生的认知能力相适宜的任务。 |

资料来源：Achenbach & Edelbrock，1981；Barkley，1998；Beirne-Smith et al.，2002；Buchoff，1990；B. Clark，1997；Dempster & Corkill，1999；Diamond，1991；Friedel，1993；D. A. Granger，Whalen，Henker & Cantwell，1996；Heward，2006；Koegel et al.，1996；Landau & McAninch，1993；Mercer & Pullen，2005；Morgan & Jenson，1988；Ogden & Germinario，1988；Patton et al.，1996；Pellegrini & Horvat，1995；Piirto，1999；M. C. Reynolds & Birch，1988；Turnbull et al.，2007；Winner，1997。

531

## 和其他人共同努力

当我们努力提高学生的学习和发展时，如果我们和学生生活中的其他人进行合作，效果将大大提高，尤其是，我们要和其他老师合作、和社区合作，最重要的是我们要和家长合作。

### 和其他教职工合作

作为老师，我们习惯于在我们自己的班上花费大量的时间。然而，如果我们做到以下这些，我们的效率将大大提高：

✧ 和其他班级老师以及专业人士如图书管理员、辅导老师等定期交流和合作。

532 ✧ 关于学生将要学会什么和达到什么样的成就形成一个共同目标。

✧ 一起努力确定学生学习方面存在的问题以及解决这些问题的策略。

✧ 建立一套共同的策略鼓励有成效的学生行为。

✧ 整个校园集体承诺促进平等和尊重多元文化。（Battistich，Solomon，Watson & Schaps，1997；D. C. Gottfredson，2001；J. A. Langer，2001；Lewis，Newcomer，Trussell & Richter，2006；Levine & Lezotte，1995）

比较理想的是，我们不仅要在自己班级内建立一种集体感，而且在整个校园建立一种学校集体感（Battistich et al.，1995；Battistich，Solomon，Watson & Schaps，1997；Watson & Battistich，2006）。学生应该在每一位教职员工那里获得同样的信息：我们都在努力工作，把学生培养成为有教养的、成功的、对社会有益的公民，而且学生自己也能够和必须互相帮助。艾丽莎，是一位10年级的学生，当她描述她的高中时流露出了这种校园集体感：

> 学校里老师们都非常友好、非常好接近，如果你需要帮助，他们将不遗余力地帮助你，不管是放学后还是上课前，他们都会这样，我知道这里的每一位老师都这样。
>
> 如果我们现在不在学校，我也有一种团体归属感，这是我努力工作的唯一原因，所以我在工作中收获很大……
>
> 他们不像其他高中那样教学，我可以问一个问题十次、十一次、十二次，他们依然一一回答，没有任何的不耐烦，他们不说："你怎么到现在还没有想出来？"他们会说："为什么我们不用其他方式再试试呢？"

当老师和学生都有一种学校集体感时，学生对学校的态度更加积极，获得较高水平成功的动机更加强烈，表现出更多的亲社会行为，更倾向于与不同文化背景的同伴交往，而且老师也会对他们的学生有更高的期望和对他们的教学有效性持有更高的自我效能感（Battistich et al.，1995，1997；J. A. Langer，2000）。事实上，当老师们集体合作时，他们将有更高的集体效能感——一种通过小组合作肯定能够对学生学习和成绩产生影响的信念，这种集体的自信实际上是与学生的成绩相关的（Bandura，2000；Goddard et al.，2000；Hoy，Tarter & Woolfolk Hoy，2006）[18]。这样的一种团队精神对于新教师更有利：它能给他们提供一个他们需要的支持结构（即支架），尤其是当他们的学生中存在学习失败风险的学生时。当新教师与他们的同事进行定期合作的时候，他们对帮助学生学习和取得较好的成绩表现出更多的自信（Chester & Beaudin，1996）。

## 最大限度地与社区合作

学生几乎无时不和学校周边的组织接触——比如青年小组、社区组织、社会服务部门、教堂、医院、心理健康诊所或当地的司法系统等，并且一些学生可能成长在大多老师都不很熟悉的文化背景里。

作为老师，如果我们能了解学生生活的环境并能把我们自己看成是促进学生长期发展的总团队的一部分时，我们的工作是最有效的。例如，我们必须自学了解学生的教育背景，可以通过下班后的修习课程或参与社区事务（见第1章），我们也必须经常和学生生活中扮演重要角色的其他人或组织保持联系，在任何可能的情况下协调我们的努力

(J. L. Epstein，1996)。

## 和家长合作

首先，我们必须和学生的家长以及其他主要监护人密切合作，我们可以把我们和他们的关系看作促进学生学习和长期发展的伙伴关系（Hidalgo et al.，1995）。这种关系 533 对于来自不同文化背景下的学生尤其重要（Hidalgo et al.，1995；Salend & Taylor，1993)，并且对于有特殊教育需要的学生也非常重要（见第 5 章）。

我们必须记住家庭有各种形式，并且学生的主要监护人并不都是父母。例如，一些少数民族，祖母担负着抚养孩子的重要责任（Stack & Burton，1993；M. Wilson，1989）。为了简单起见，我们用家长这个词来讨论，但实际上包括所有主要监护人。

**与家长沟通**

至少我们必须经常地就学生在学校取得的进步和家长联系，我们必须告诉他们，他们的孩子取得的成绩和提醒他们要注意一些干扰孩子学习和取得较好成绩的行为。定期的沟通也是父母给我们提供信息的一个重要渠道，而这些信息给我们一些参考，我们怎样最好地帮助和激发学生学习。至少，这些信息能帮助我们理解为什么这些学生有时会有这样的表现。另外，沟通能使我们更好地把我们的课堂管理策略和家长在家应用的策略联合起来，如果我们对学生学业和社交行为方面的期望，做到校内和校外一致的话，我们帮助学生成功的努力就能够获得更大的回报。下面我们将会叙述与家长沟通的几种途径。

**家长—教师商讨会**　在大多数学校，正规的家长—教师商讨会每年都定期开一到多次。

我们经常想要孩子也参与讨论会，实际上就是父母－教师－学生商讨会，有些时候我们甚至要学生来主导这个会议（Popham，1995；Stiggins，2001)。通过学生主导会议可以提高家长参会的概率，可以鼓励学生对自己的学业进步进行反思，也可以锻炼他们的沟通和领导能力。而且，在会上，家长、老师、学生都能获得学生在学校取得的进步以及下一步将要怎么做的一些具体信息。关于开一个有效的商讨会的几个建议见表 14—7。

**表 14—7　　开展有成效的家长－教师商讨会的建议**

对家长－教师商讨会的建议：

- 制订一个适应父母工作日程和其他职责的时间表。
- 提前准备，如整理你的记录，回顾你所掌握的学生的信息，给会议制订一个议程，对学生在校表现给出具体事例。
- 创造一种温暖的没有评判的氛围。例如，表示你很感激他们的到来，积极鼓励他们表达自己的观点和想法，并且给予足够的时间让他们表达。记住你的目的是和他们合作，积极地创造最好的教育学生的方式。
- 清晰、简洁、诚恳地表达你的观点。
- 避免使用家长不熟悉的教育术语，用非教育工作者能理解的方式描述学生的表现。
- 用积极的语言结束会议——可以是以总结学生的优点或取得的进步来结束会谈。
- 说到做到。

对学生主导的商讨会的附加建议：

- 提前和学生见面，就适宜的工作模式达成一致意见。
- 示范和角色扮演有效的商讨会形式，给学生时间与同学练习。
- 家长不能参加时，安排一个替代观众（如学生过去的一位老师、信赖的朋友）。
- 如果家长很希望的话，找个学生不在场的机会和家长见面。
- 会后和学生讨论：哪些部分做得好，以后你们将怎样使这种商讨会开展得更好。

资料来源：R. L. Linn & Miller，2005；Polloway & Patton，1993；Salend & Taylor，1993；Stiggins，2001。

当一位学生的家长是讲其他语言而不是英语时，我们还要邀请一位能流利地和这位家长交流的人来参会，最好是家长信任的人。在那些大家庭对孩子的影响比较大的文化中，我们最好还包括其他的家庭成员，比如祖父母、姨妈、叔叔等。

**书面交流**　书面交流可以采取各种形式，可以是在开学初给家长和学生的一封欢迎来到我们班级的邀请信，也可以是老师制作的定期发出的学生学习进步的等级表，还可以是一个临时的非正式的告知取得较大成绩的便条，或是一个刊载有意义的班级活动的新闻信等，所有这些都有一个共同点：既让家长知道学校所发生的事情，同时又表达一种长期与家长保持联系的意愿。

2 年级老师安·瑞利的一封信给我们一个示例（见表 14—8），瑞利女士每周五都会给家长发一封信，下面这一封是在 2001 年 9 月 14 日写的，正好是在世贸中心恐怖袭击事件后的第三天，并且这一周他们的学生进行了一个全区范围内的标准化测验，在这封信里，瑞利女士传递了许多信息：课堂正在学习的主题，从这个测验中家长怎样获得一些信息，为什么课堂上没有多谈恐怖袭击事件，而且她还表达了她的态度：例如，她强烈希望和家长保持联系，她是很随和的（她在信中称自己为“安”），她很关心她的学生做得怎样（例如，在课堂评价中，“我不喜欢告诉他们，他们是孤立的”）。她也提出了家长如何帮助学生学习的几个具体建议：帮助评价孩子的拼写、提供拖把和抹布、指导
534 他们如何做抹布。因为她教的学生的家长大多都能在家或单位上互联网，所以她告诉他们，她的电子邮件地址。注意如果许多家庭没有电脑或家长英语水平有限的话，用电子邮件沟通是不太合适的。

**表 14—8**　　**给家长的信的一个例子**

2001 年 9 月 14 日

亲爱的家长：

尽管每天有一到两次的测验，我们一直希望尽量遵守日常的惯例。即使孩子们对格式还不熟悉，要寻求我们的帮助，但他们的注意力都是非常集中的。我不喜欢让他们觉得他们是孤独的，谢天谢地，我们都在共同努力，我相信你会收到关于他们的很棒的报告单。

家庭作业和拼写下周将继续，我也能让我的志愿者助手对他们的拼写进行评改。如果需要帮助，方便时请尽管给我打电话或发电子邮件。

尽管对炭疽病还没进行讨论，但我们已经完成了《微生物和卫生》这个单元的学习。你们在家似乎和我们在学校一样，尽量不让孩子对可怕信息的细节知道得太多。我们只对他们知道的一般的疾病以及如何注意卫生并加以预防进行讨论。

有几个班已经开展活动为受灾的学生捐款，塞瑞西（实习老师）和我决定不组织活动募捐，因为我们不想让他们进行诱发焦虑的讨论，让孩子理解他们是安全的以及类似的事情不可能发生在他们身上是很困难的。

下周，我们将开始《营养》这一单元的学习，会读一些关于万圣节前夕的故事。我们将继续数学的学习，还会开设常规的发音课和每天的口语练习、阅读、写作和拼写等。

我们的面巾纸已经用完了，可以捐赠一些。我们也想要几盒婴儿湿巾，在没有时间对教室进行彻底洗刷的时候，我们可以用它来擦手和桌子。有人跟我提到说能够家庭自制婴儿湿巾，有哪位家长会做并乐意告诉我吗？

周末愉快！

安

**电话交流**　在小学，电话是老师开学前向家长作自我介绍的很有效的方式(Striepling-Goldstein，2004)。不管哪个年级，在紧急情况下电话都是常用的适宜的联系方式，当学生的行为没有任何明显诱因突然反常，你给家长打电话表达你的担心；当学生取得了一个重要的进步，我们也可以打电话表达我们的喜悦。同样也要让家长感觉到他们可以自由轻松地给老师打电话，因为在上课时间许多父母都在工作，通常在晚上早些时候进行电话交流会比较合适。

**家长讨论小组**　在有些事例中，我们也要召集一些家长共同商讨感兴趣的话题(J. L. Epstein，1996；Fosnot，1996；Rudman，1993)。例如，当我们要选择课堂讨论的主题时，或者也可能是当我们正在思考是否要求学生读一本有争议的却具备潜在意义的文学作品时，我们都可以从这样的一个小组获得意见和建议。另一方面，我们还可以通过这个小组讨论，分享各自在家里怎样最好地促进学生的学业、人格和社会等方面进步的经验。一些老师非常成功地应用了“家长咖啡之夜”，在那里他们可以解释一种新的教学策略，在那里学生也可以读他们写的小诗或短故事。

**请家长参与学校的活动**

刚才上面描述的策略中没有一个策略本身能保证成功地和家长建立良好的沟通关系，商讨会和小组谈论不可能经常开展，书面联系对于文化程度有限的家长无效，而且也并不是每一位家长都有电话。最后，最好的与家长沟通和合作的途径就是让他们和其他家庭成员积极地参与到孩子的学校生活和学习中（G. A. Davis & Thomas，1989；
J. L. Epstein，1996；Levine & Lezotte，1995)。家长参与到学校活动中，学生就会有更 535
高的出勤记录、更好的学习成绩和对学校更积极的态度。尽管它们之间相关的原因还不确切，但家长积极参与学习活动可以更好地使家长在家的努力和老师在学校的努力结合起来，并发挥更大的效果（N. E. Hill & Craft，2003；N. E. Hill & Taylor，2004；Mattingly，Prislin，McKenzie，Rodrigues & Kayzar，2002)。

家长参与学校活动可以采取各种形式，例如我们可以参照以下做法：

✧ 邀请家长到开放性教室或参加晚上的音乐表演。
✧ 请家长在星期六下午的募捐活动上帮忙。
✧ 征集家长做实地考察、特殊项目和个人指导方面的志愿者。
✧ 把家长和其他社区成员作为了解当地多元文化观念的重要资源。（McCarty & Watahomigie，1998；Minami & Ovando，1995；H. L. Smith，1998)

只要他们有一次这样的被邀请或他们知道学校的师生员工很希望他们这样做时，大多数家长都很乐意参加这样的活动（Hoover-Dempsey & Sandler，1997；Serpell，Baker & Sonnenschein，2005)。一些家长（尤其是来自少数民族或低收入家庭的家长），可能不会认真对待一般的、没有人员限制的邀请会。看看一位非洲裔家长为什么很少参加学校活动的解释：

> 如果我们正在谈论奴隶制时代……到处都是奴隶，农场主跑到农场说：“我们正在隔壁主办一个晚会，来吧。”他还说，“来吧，欢迎大家都去。”不需要特别的邀请，非洲裔人，奴隶是不会去的，因为他们知道这种邀请不针对他们……他们是不被期望参加的。(A. A. Carr，1997，p. 2)

单个的邀请就完全不一样，正如以下这位家长描述的：

> 这个事情是这样的，如果没有人走到我这里并专门跟我说，我是不会举起手

说："我来做。"……你同一时间把所有的家长都叫来，黑人家长情愿来，但也许在他们的脸上有一丝羞涩，不会说我的确愿意来参加这个活动，你可能给我一张表格，但我可能永远也不会填，或者我在思考这个事情但并不交回来，但是你知道如果是校长、某位老师、我儿子的数学老师打电话给我或邀请我，我就会……(A. A. Carr，1997，p. 2)

我们还要记住，家长参与他们孩子的学校教育，并不一定意味着参加学校的活动。家长帮助孩子做好家庭作业也是非常有意义的，当他们自己受过很好的教育时，他们能给特殊的作业提供一些帮助——确定适当的研究资源（如百科全书、互联网）、提供基本技能的练习、检查写的作业等，但是即使家长的文化程度不是很高，也可以提供一些有用的帮助——例如，告诉孩子做好作业的重要性，提供一个安静的学习环境，要他们做完作业后才看电视。家长做这些事情做得越多，他们孩子取得的成绩就可能越好 (N. E. Hill et al.，2004；Hong & Ho，2005；J. -S. Lee & Bowen，2006；E. N. Walker，2006)。在他们努力帮助孩子完成家庭作业的同时，许多家长都很乐意接受老师对于如何更好地帮助他们孩子的建议（N. E. Hill & Taylor，2004；J. M. T. Walker & Hoover-Dempsey，2006)。

**鼓励积极性不是很高的家长**

尽管我们很努力，但还是有少数家长仍然不卷入学生的教育，例如，一些家长几乎不（即使有也非常少）参加学校定期举行的家长—教师商讨会，但是在我们下结论认为这些家长对他们孩子的教育不感兴趣之前，我们必须确认是否存在几个他们不愿意和我
536 们联系的原因：有些人可能工作非常忙，一直没有时间来照顾自己的孩子；有些人也许有英语沟通的困难，或想通过学校组织机构找到他们自己的方式，与他们最想交流的对象沟通；也有可能有人认为向老师问一些孩子的问题或向老师提供一些信息或建议会打扰老师的工作，是不适宜的；还有极少数家长可能是自己小时候有不好的学校经历 (H. -Z. Ho，Hinckley，Fox，Brown & Dixon，2001；J. -S. Lee & Bowen，2006；Pérez，1998；Salend & Taylor，1993)。

有经验的教师可以提出很多关于让不乐意参与孩子学校教育的家长参与的方法和建议：

- ✧ 多付出一些努力，获得家长的信任和信心——例如，他们的加入是很有价值的，老师们从来就没有感觉他们笨。
- ✧ 当他们有顾虑时鼓励他们表达出来。
- ✧ 邀请其他的重要家庭成员（如，祖父母、姨妈、叔叔）参加学校活动，尤其是在这个学生生活的文化背景很看重大家庭的情况下。
- ✧ 给家长暗示他们能很轻松地在家帮助孩子完成家庭作业。
- ✧ 了解家长是否有某些方面的专长（如木工、烹饪)，并请他们和学生分享他们的本领。
- ✧ 提供一些不需要他们离开家就可以完成的志愿者工作（例如，如果学生不能确定布置的作业时，可以打电话给他)。
- ✧ 确定一些能帮那些说得很少或不说英语的人翻译的特定家长（如双语者)。
- ✧ 召开家长—教师商讨会或家长讨论会时选家长很方便的时间和地点，如果家访受欢迎的话还可以利用家访的机会。
- ✧ 如家长需要，可以把学校大楼借给他们用（如联系社会和健康服务、上英语课、

读写、家庭修理、艺术和手工课）。（J. L. Epstein，1996；Finders & Lewis，1994；Hidalgo et al.，1995；H. Z. Ho et al.，2001；Howe，1994；G. R. López，2001；Salend & Taylor，1993；Sanders，1996；Striepling-Goldstein，2004；J. M. T. Walker & Hoover-Dempsye，2006）

另外一个潜在的有效的策略是当学生在学校表现好的时候，给予家长和学生积极的强化。一位管理着比较多的移民学生的学校管理者这样做：

> 我们要做的一件事是……我们找出那些全勤的学生，那些参加州范围的所有领域的成就考试并获得通过的学生，我们不表扬这些学生，我们表扬他们的家长，我们给这些家长颁发证书，因为，我们要告诉他们：通过你们的努力和辛苦工作，你的孩子才能取得这样的成绩。（G. R. López，2001，p. 273）

少数家长不管我们怎么努力可能都不会卷入孩子在校的学习，他们中的一些人可能的确对帮助孩子学习没有兴趣[19]，尤其是在这样的情况下，我们不能因为家长的行为而来惩罚学生，我们必须认识到作为老师，我们是这些学生生活中的最重要的学业资源和情感资源。

**和家长讨论问题行为**

正如前面提到的，对于有些长期在学校违纪的学生，我们有时需要与其家长交流。但是有些交流方式的效果明显好于另外一些，请把自己当成是家长来做以下这些练习：

## 亲身体验·假如你就是家长

假如你是 7 年级学生托米的家长，一天晚上当你和托米在餐厅吃饭，电话铃响了，你放下筷子接电话。

你：　　喂？

约女士：嗨，我是约翰逊女士，我能和你谈几分钟吗？

你：　　当然，我能做什么呢？

约女士：我担心你儿子出现了一些问题，我觉得你应该知道此事。

你：　　是吗？具体情况是怎样的呢？

约女士：托米很少按时到校，当他到教室后，大多时间在与同学谈笑而不听讲，我不得不提醒他 3～4 次不要这样做。

你：　　这样持续多久了？

约女士：几个星期了，而且越来越厉害，如果你能和托尼谈一下这个问题，我会非常高兴。

你：　　好，谢谢你告诉我这些，约翰逊女士。

约女士：非常感谢，晚安！

你：　　晚安，约翰逊女士。

花几分钟时间记下这件事的一些信息，作为家长，通话完后将会思考……

---

对于你和约翰逊女士的通话你可能有各种想法，以下是一些可能的想法：

✧ 为什么托米不认真严肃地对待他的学校学习？

✧ 难道托米一点都没做对什么吗?

✧ 约翰逊女士除了斥责他的行为以外还做其他的努力了吗? 她是否把这件事情都放在我的肩上?

✧ 托米是好孩子,是我把他养大的,我知道的,是不是由于什么原因约翰逊女士不喜欢他而挑他毛病呢。

仅仅只有第一个反应对你是有利的。

我们注意到了约翰逊女士把注意力主要集中于托米课堂表现的负性方面,结果,"你"作为托米的家长也有可能对你的儿子感到愤怒或对"你"不是一个很会教育孩子的家长而内疚;另一方面,如果"你"对儿子的学业能力和"你"自己的教子水平很有自信的话,"你"可能怀疑约翰逊女士是否有能力教育好和激励好7年级的学生。

就像约翰逊女士,许多老师找到家长就只谈论他的缺点从不承认他的优点,下面对加摩尔的采访我们可以看到:

> 采访人:你爷爷(加摩尔的主要抚养人)到过学校吗?
> 加摩尔:有,当老师找他来的时候。
> 采访人:他们找他来干什么呢?
> 加摩尔:当我表现不好的时候他们就找他,他就来这儿和老师开会。
> 采访人:如果你表现好他们找他来吗?
> 加摩尔:不会。(Kumar et al.,2002,p. 164)

538 可是作为老师,如果在沟通的时候用积极向上的语气,我们在与父母合作时效果会好得多。并且比较理想的是,对于问题的讨论最好在一种良好的氛围下进行,这种良好氛围是:大家互相信任和尊重,共同关心学生的学习和幸福。

当我们不得不和家长谈论长期问题行为的时候,我们可以采取以下这些策略,提高获得满意结果的可能性。

- **从陈述学生的一些优点开始你的谈话。**这样的开始能为互动定出一个积极向上的互动基调,并给父母以暗示——他们在教育子女的时候有些方面做得不错。
- **描述问题时尽量表述不适当的行为而不是令人不愉快的人格特点。**集中于行为的描述传递着积极、可以改变的信息,而集中于人格的描述则暗示着根深蒂固的性格缺陷。
- **不要指责,承认父母养育孩子是很不容易的。**如果我们不因为孩子的问题而指责家长的话,家长更倾向于对我们的担忧反应积极,并提出有建设性的办法。
- **表达你希望和家长一起解决问题。**如果我们表示只要我们每个人共同关心、共同对待则问题能够得以解决的时候,家长会更愿意合作。
- **询问并仔细聆听家长所说的话。**如果我们显示出我们真正地想听听他们的观点,家长很有可能愿意提出他们对问题的原因和解决方法的意见和建议。
- **如果可能,同意一个方案。**如果孩子生活中的重要成年人对于孩子有着比较一致的期望,如果期望没有达到孩子将要承担类似的后果的时候,这些人最有可能促进孩子的进步。当让他们自己做决定时,一些家长可能会采用过度的或无效的惩罚,对于什么样的后果是合适的达成一致可以避免这种情况的发生。

(Christenson & Sheridan,2001;Emmer et al.,2000;Evertson et al.,2000)

**与家长合作时考虑群体差异**

当我们与学生家长合作时,我们必须注意来自不同文化背景和不同种族的人对于什么行为是不适当的和孩子应该如何行为的观点是不一样的。作为一个例子，让我们来回顾一下第 4 章开篇的个案研究中提到的杰克，一个 7 年级土著美国学生，杰克已经整整一个星期没有上学了，不仅家长不担心，好像他们也没有想到要去找他，直到他们要杰克回去帮他们干农活。只有当我们理解了杰克的家长知道他的儿子和他们的邻居在一起基本是安全的并且相信作为一个青少年，杰克实质上是一个成年人，他应该为自己的决定负责。只有当我们理解了这些的时候，才对杰克家长的行为想得通。相反，来自于亚洲文化背景下的父母认为学校对孩子的表扬太过头了，对要求他们改正不良行为太宽松了（Dien，1998；Hidalgo et al.，1995；Tudge et al.，1999）。在一些文化背景下，包括一些土著美国人和亚裔群体，排斥是很常见的事情：如果一个学生的不良行为被看成是给家庭或社区蒙羞的话，这孩子将会有很长一段时间被忽视（Pang，1995；Salend & Taylor，1993）。

最后，我们必须认识到大多数家长都想把最好的给孩子，并承认好的教育的价值（Corbett，Wilson & Williams，2002；Gallimore & Goldenberg，2001；Okagaki，2001）。然后，这一点是最重要的，当我们关心他们的孩子在学校的表现时，我们没有把家长排除在外。当我们和他们谈论时，我们必须以开放的心态倾听他们的观点和建议，并就发展帮助孩子表现良好的策略找到和家长的共同点（Good & Nichols，2001；Salend & Taylor，1993）。

“走进课堂——和家长有效合作”描述了我们前面谈到的一些策略：

## 走进课堂——和家长有效合作 539

- 利用各种表格和家长交流。

  一名中学的语言艺术教师与他的学生一起制作一月一次的给父母的时事通讯。创作两个版本，一个是英语的，一个是西班牙语的。

- 鼓励父母和其他家庭成员参与学校活动。

  一所小学的几个班级想联合起来帮助邻近遭受洪水灾害的镇，他们请他们的家长捐献旧衣服和其他生活用品，如果可能的话还请他们帮助募捐和组织或发放这些物品。

- 认识到不同家庭背景的优点。

  在准备一堂关于科罗拉多州农业历史课的时候，一位中学社会研究老师邀请一位学生的母亲参加，请她作为移民家庭的一员分享小时候每年夏天收割稻谷的经验。

- 如果多方努力能引发所期望的行为改变的话，要积极和家长磋商。

  在一个父母—老师—学生商讨会上，一位高中数学老师对一位学生经常在课堂上打瞌睡表达出担忧。因为这名学生的卧室里既有电脑又有电话，他父亲猜想可能是该睡觉的时间她还在上网。他狐疑地看着她，她的窘相让父亲确认了他的猜测是对的。在老师的促动下，父亲和学生制定了一个合适的家庭电脑使用制度，其中一个措施就是把电脑从她的房间搬到另一个房间。

- 即使主要目的是与家长交流孩子的一些缺点时，也要告诉家长孩子有许多优点。

  一位老师打电话给一位学生的父亲的时候，先表扬他在几个方面取得的进步，然后就如帮助使孩子更专心、更认真地学习询问建议。

- 了解情况，并做一个好听众。

  当一位老师发现一个学生经常不经同意就从同学的课桌或个人储藏箱里拿东西，

她想约见一下这位学生和他的祖母（学生的主要抚养者）。她说："我很喜欢罗杰，他很幽默，他的笑容令我心情很愉快。但是我不明白为什么他从别的同学那里'借'东西不事先经过别人的同意，他的行为已经使他失去了几个朋友。如果处理这个问题，你们有没有什么建议呢？我愿意尽我最大努力帮助罗杰挽回他在同学中的形象。"

• 敏感地对待家长对他们影响力有限的担忧。

当和一位中学生的妈妈交谈时，老师谈到这位学生好像很喜欢和她的朋友讲话而不是做作业，妈妈说她在家也发现了同样的问题："玛尼有比我过去多得多的朋友，让她放下电话去做作业就像拔牙一样困难，然后就毫无结果地以一顿大吵结束。"老师同情地说："到了青春期的孩子很热衷于社交事务。某天放学后，你、玛尼还有我三个人一起讨论一下这个问题，你觉得怎样呢？也许我们三个人一起努力能找到解决的办法。"

## 概 览

在进行课堂管理的时候，一盎司的防范可以避免一磅的纠正。如果我们提前积极地在思想上做好准备，如，我们事先计划好如何使学生学习的时候把所有精力都集中在学习任务上，我们的课堂管理效果会更好。我们能通过各种方式做到这些：如，计划一些能激发学生学习动机、使其更投入到课堂任务中的活动，创建一种学生感觉身心都很安全的氛围，对学生的行为进行适度的限制等。

但是，尽管我们很努力，学生有时候也会做出一些要么干扰他自己，要么影响同学学习和幸福的行为。不管这些不恰当的行为的根源是因为学生的秉性、家庭环境、同伴的影响或是过去就读学校的某种原因，还是认知和情感方面的某种缺陷或班级最近发生了什么事情等，我们都可以做出许多努力使学生的行为产生积极的改变。换句话说，在学生的行为发展、认知发展和社会性发展方面我们都可以做出一些努力使其有所进步。当然，不同的方法对不同的学生的效果是不一样的：一些学生对于小小的暗示或简单的谈话就可以作出良好的反应，而有些学生却需要长期的、系统的干预。所有学生都真正想在学校获得成功，实际上是所有学生都会对关心他们、尊重他们，并尽力帮助他们的老师反应良好。

作为老师，如果我们认识到：我们仅仅是帮助青少年成为一个合格公民的团队（这个团队包括学校全体教师、家长和其他社区成员）中的一分子（然而很重要的一分子），我们工作的效果会更明显。尤其重要的是，我们要定期与家长交流，和家长分享学生在学校的表现和在家里的情况，把学校的教育和家庭的培养联合起来。而且我们还要克服这样的普遍弊端——因为学生的不良行为和缺点而去指责家长或其他外部因素（A. Miller，2006；Woolfolk Hoy et al.，2006），大多数家长都会在自己的知识、技能和生活环境的限制内尽自己的最大可能帮助他们的孩子。

540

## 资格考试练习：好孩子

沙洛克先生自从他记事起就很想当一名好老师，他过去一些年做了许多志愿者活动，如，给女生篮球队当教练，在童子军部队做助理，教星期天学校课程等，从这些活动中他发现他是多么喜欢和孩子们在一起，孩子们也很乐于和他交往：许多学生偶尔打电话或在他家门前停下来，谈论过去的时光，或者就打个招呼。有些学生甚至直呼其名。

沙洛克先生已经完成了他的大学学业并获得了教师资格，他最终成为他家乡一所初中的一位新教师。他兴奋地发现他的大多数学生他都认识，他给有的学生当过教练，有的教过他们，有的教过他们的哥哥姐姐，开学初的几天他重新联络了一下和他们的友谊。但是到一星期末的时候，他发现他和他的学生只完成了学习任务的很少的一部分。

接下来的星期一，沙洛克先生发誓要言归正传。他的六堂课的每一课都是以介绍这一周的教学目标为开头，然后开始他的第一个内容。他惊奇地发现他的许多学生包括和他关系很融洽的学生都不能安下心来投入学习，他们想到处串座位、和朋友讲话、在教室里折纸团当棒球扔等，除了沙洛克先生关注的学习之外的什么事情他们都干，在沙洛克先生刚刚成为老师的第二个星期，他的课堂完全失去了控制。

**1. 反应建构问题**

✧ 沙洛克先生在维持班级秩序方面有许多困难：

A. 确定沙洛克没能使他的班级有一个好的开端的两个最主要的原因。

B. 描述两个沙洛克先生现在可以用于补救这种局面的策略。

**2. 多项选择问题：**

✧ 沙洛克先生显然已经意识到了好的老师必须关心和尊重他们的学生，下面哪一种关于师生关系类型的描述最有利于促进学生的学习和成就：

a. 老师对学生成功的潜力传达乐观的态度，并给他们的成功提供必要的支持。

b. 课后和周末，老师花大量的时间和学生一起进行娱乐活动。

c. 老师只关注学生做得好的方面，忽略或不重视他们做得不好的方面。

d. 老师要耐心听取学生的意见，但是要提醒他们，他或她自己将最终决定在课堂做什么。

## 注 释

1. 对行为设置合理的限制是社会化的重要方面，一种文化努力塑造它认为适于其成员的行为和信仰（见第 3 章）。

2. 正如第 3 章提到的，对限制行为说明理由。一种被称为引导的程序，能促进对规则的遵守。

3. 第 2 章已经列出了“支架”可以采取的各种形式。

4. 为了唤醒你的记忆，重温一下第 3 章“创造一个建设性的课堂环境——适应学生的不同气质”里面谈到的内容。

5. 特别是，见“前摄刺激和反应的作用”和“提示不恰当行为”。

6. 更多相关信息见第 2 章“听力理解

的发展”这一节。

7. 第 3 章描述的：学生的观念反应了一种敌意的归因偏见。

8. 培养学生社会认知和有效社会技能的专门策略在第 3 章已经描述了。

9. 对于三水平策略的更加深入的讨论建议阅读：Safeguarding Our Children：An Action Guide by K. Dwyer and D. Osher（2000）。你也可以从各网站下载，例如 www. ed. gov/admins/lead/safety/actguide/index. Html。

10. 处理欺负和其他形式的一对一攻击行为的几种策略在第 3 章已经列出了。

11. 这个策略的一个潜在的问题是它可能侵犯了学生的公民自由，对于如何处理好既保证学生的安全同时又给予学生表达的合理自由的指导，见 Kodluboy（2004）和 Rozalske & Yell（2004）。

12. 同伴调解的效果和总特征在第 10 章已经讨论过了。

13. 回忆一下第 9 章中对惩罚的讨论，你就会发现校外停学通常并不是一种改进学生行为的有效方式。

14. 这点应该让你想起了我们在第 4 章中讨论的适应性强的学生。

15. 分享答案也使测验分数的效度降低，我们将在第 15 章讨论这个概念。

16. 在第 4 章的“餐厅里的喧闹”练习中看到相互咒骂的例子。

17. 来自 Kids and School Reform（pp. 11－12） by P. A. Wasley，R. L. Hampel & R. W. Clark，1997，San Francisco：Jossey-Bass. Copyright 1997 byJossey-Bass. Reprinted by permission of John Wiley & Sons。

18. 第 10 章更深入地讨论了集体自我效能感。

19. 有关这一点的更多内容见第 3 章关于冷漠型教养方式的讨论。

# 第15章

# 课堂评估策略

**本章内容要目：**



在你当学生的这许多年里，教师用了哪些不同的方式评估你的成就？一般来说，你 *543*
在课堂评估中的表现准确地反映了你在课堂上学到的东西吗？你能回忆起看上去同重要的教学目标关系很小或根本无关的一个测验或其他课堂评估吗？

可靠的评估实践应该同教学紧密相连：它们应该反映我们的教学目标，指导我们的教学策略，并且提供应该怎样追踪学生在课程上发展轨迹的方法。从某种意义上讲，评估至少是一种教学：它让学生清楚地知道，对他们而言知道什么和能做什么是最重要的。

于是，我们对怎样通过对学生日常行为非正式地观察或比较正式地通过预先安排的任务或测验来评估学生的学习和成就有了可观的想法，这是非常关键的。在这一章中，我们将会检查评估的基本概念和原理，并且辨认各种各样潜在有效的评估策略。为了达此目的，我们将会提出如下的问题：

- 以怎样的方式或基于哪些不同的原因，你发现评估学生的学习是有效的？你的课堂评估以怎样的方式才能真正影响学生的学习？
- 无论何时当你要评估学生的成就时，你头脑中应该牢记的一个好的评估工具必须具备的特征是什么？
- 在哪种情境下，自发的、非正式的评估是最合适也是最有用的？
- 在哪种情境下需要纸笔测量或表现性任务这类预先安排的、系统性的评估？哪些指导方针可以帮助你设计、实施这些好的纸笔或表现性测量并对它们计分？
- 你为什么要使学生积极地投入到评估他们学习的活动中去？应该怎样做？
- 你应该怎样评价你从课堂测验或提问中获得的结果的质量？
- 当你评估不同背景和不同需要的学生时，哪些问题是你应该考虑的？

在第16章，我们将会继续我们对评估的探索，那时我们将重点关注总结学生整体成就的策略。

*544*

**个案研究：数学测验**

福特女士正在教一个数学能力低下的初中班的学生。她刚刚发下去她批改过的试卷，下面是接下来发生的课堂讨论：

福特女士：当我批改这些试卷的时候，我真的为其中某些分数所震惊。我想你们也是如此。我想有些分数还算说得过去，而有些在我的头脑中则是惊人的。

学生：（声音嘈杂起来）能发给我们吗？

福特女士：我马上就发给你们。下面是我希望你们做的：你做错的每一道数学题都是你们今晚和明天的家庭作业，你们的责任是纠正它们并交上来。事实上，我希望至少应在周二之前交回试卷。我要你们把做错的所有题都纠正过来交给我。

学生：有人得100分吗？

福特女士：没有。

学生：没人得100分吗？（嘘！）

福特女士：好！孩子们。我想要说的是，特别是在这个测验上如果你得分低于75分，你确实应该在上面好好下点工夫了。我希望你们交回的试卷上能有你父母的签名。我希望你们的父母清楚你们在学校的表现。

学生：不！

学生：我们必须给父母看吗？不交回试卷，这门课就不能通过了吗？

福特女士：如果交回的试卷没有签名，我会打电话到你们家里。(J. C. Turner, Meyer, et al., 1998, pp. 740—741)

✧ 测验结果给福特女士哪些信息？她基于这样的信息做出了什么推论？
✧ 这样的课堂讨论对学生将来在课堂上的动机会产生什么影响？

## 评估作为一种工具

福特女士很确定地知道的是学生在最近的数学测验上表现差劲。基于这样的事实，她认为学生并没有掌握测验想要评估的知识和技能。福特女士看上去对测验结果感到愤怒而不是同情学生。如果我们考虑到第 12 章对教师归因的讨论，我们可以很合理地断言她将学生的差劲表现归因于学生缺乏努力或其他学生可以控制的因素[1]。

单从这个课堂对话来看，不可能知晓福特女士的评论能否激发学生在数学上刻苦学习的动机。然而，她没有提高学生的内部动机：通过关注学生的测验分数和父母的支持与反对，她培养的是学生的表现目标而不是掌握目标。而且，注意她的一些言辞是在怎样控制、甚至威胁学生的："你们的责任是纠正它们并交上来……如果交回的试卷没有签名，我会打电话到你们家里。"这些言辞毫无疑问地会损害学生的自我决定感，并且不能使学生喜爱数学这门课程。福特女士到底如何同家长交流学生的测验分数是另一回事，我们会在第 16 章回到这个问题。

实际上，课堂评估实践同课堂功能的每个方面都结合在一起（参见第 451 页的图 13—1）。它们影响我们将来的计划和教学（例如我们教什么、怎样教、我们是否回头重新再学一遍）、课堂气氛（例如学生是否感到心理的安全或威胁）以及学生的动机和情感（例如学生是否发展出掌握或表现目标、他们是否感到自信或焦虑）。只有当我们考虑到评估在课堂中扮演的最首要的角色时，我们才能确实利用它的益处来帮助学生达成 545
重要的教学目标。

我们所说的评估到底是什么意思呢？下述定义总结了它的主要特征：

评估（Assessment）是对学生的行为样本进行观察进而推断学生的知识与能力的过程。

定义有几个部分很重要需要注意。第一，评估包括对学生行为的观察。正如行为主义者指出的那样，我们不可能看透学生的脑袋并了解潜藏其中的知识；我们只能看到学生在特定情境中的表现。第二，评估通常只涉及一个行为样本；我们不可能观察并追踪学生在校所做的每一件事情。第三，评估涉及根据学生的行为观察推断学生整体的学业成就。我们选择那些能为我们了解学生知道什么和能做什么提供合理正确估计的行为是非常关键的。

注意我们对评估的定义不包括如何做出决策的内容。相反，人们——例如教师、管理者、父母或政府机构——解释评估结果并用它们做出关于学生的决策，有时也会用来对教师、教学过程或学校做出决策。评估只是一个帮助人们做出决策的工具。当人们将这些工具用于错误的目的，或者以一种不恰当的方式解释评估结果时，是人而不是评估工具应该受到指责。

## 不同形式的教育评估

图 15—1 总结了若干种我们可以采用的不同方法。让我们来仔细看看每一种方法。

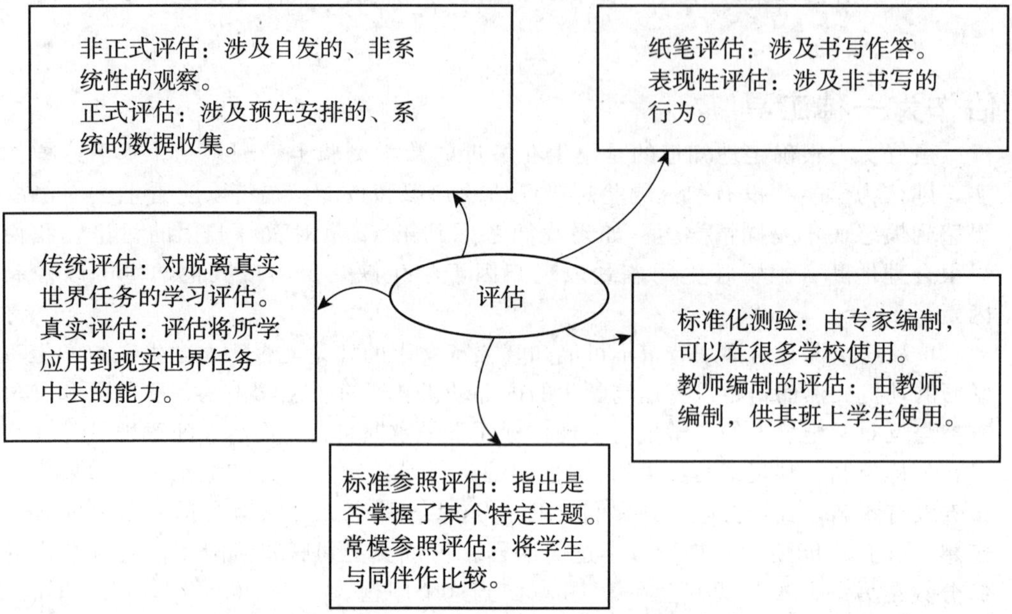


**图 15—1　教育评估可以采用的不同形式**

**非正式评估 vs 正式评估**　非正式评估涉及对学生在课堂上所说或所做的某些事的自发的、非预先安排的观察。例如，当米奇问："为什么澳大利亚不会掉到太空去?"这揭示了他对重力的一个误解。当杰菲持续地斜着眼睛看黑板时，我们可能会考虑她是否需要去看看眼科医生。相对比，正式评估是预先安排好的，并且用于特定的目的——可能是确定学生在地理课的某个单元学到了什么，也可能是他们能否将毕达哥拉斯定理应用到现实世界的问题中去。正式评估是正式的，在某种意义上说是因为专门为它安排了时间，在此之前学生有时间准备，其应用的目的在于产生关于某个教学目标或某个内容领域标准的信息。

546 **纸笔评估 vs 表现性评估**　作为一个教师，有时你会选择纸笔评估。这种评估中我们呈现问题让学生回答、给他们主题去阐述或者给他们问题去解决，学生必须在试卷上作答。我们也可能发现表现性评估是有帮助的，在这样的任务中学生展示（也即表现）他们的能力——例如做口头陈述、跨栏或者在实验室中区别出酸和碱。

**传统评估 vs 真实评估**　在历史上，大多数教育评估工具关注测量那些相对脱离外部世界中通常可发现的任务的基本知识和技能。拼写测验、数学应用题、身体健康检查就是传统评估的例子。然而，学生最终必须将他们的知识和技能迁移到课堂外面复杂的世界中去。真实评估的概念——测量学生在现实生活（即真实的）情境中学生的知识和技能——近些年流行起来。然而，请牢记我前面所说的区别只是连续体上的而不是二选一的：评估任务在不同程度上类似于现实世界情境。

在某些情境中，真实评估涉及纸笔。例如，我们可能要求学生写一封信或者设计一份校园报纸。但是在很多情况下，真实评估是基于非书写的表现的，因此同教学紧密结合。例如，我们可能要求学生烤一个面包、用外语对话或者将车子驶进平行的停车线。作为一名教师，我们必须谨记学生在步入成人世界后应该能做什么，并且我们的评估实践在某种程度上应该反映这些现实生活的任务[2]。

**标准测验 vs 教师编制的评估** 有时课堂评估包括由测验编制专家编制的供不同学校或班级使用的测验。这类测验，通常叫做标准化测验，对于评估学生一般的成就或能力水平是非常有帮助的。但是，如果我们想评估学生与特定教学目标——如他们是否掌握了长除法或能否将他们在社会研究课堂上所学的内容加以应用——相关的学习或成就，我们通常需要编制教师自己编制的评估工具。

**标准参照评估 vs 常模参照评估** 有些评估工具的设计是用来告诉我们，相对而言学生是否达到了预先设定的标准或参照，这就是标准参照评估。其他评估工具可以显示每个学生与其伙伴、同学或者全国的同龄人相比，表现如何？常模参照评估并不能具体告诉我们学生学到或是没有学到什么，只能告诉我们学生与其同年级或同龄伙伴的总体相比，表现如何。

严格来说，任何一个评估都可能同时告诉我们一个学生学到了什么和他相对于同伴的表现如何。然而，事实上，有经验的教育者倾向于以稍微不同的方式设计这两种类型的评估。理想的说，标准参照评估的问题和任务与我们期望学生掌握的特定知识和技能紧密联系。如果所有学生掌握这些内容到同样程度，他们完全可能都得到相同的分数。如果我们希望了解学生之间的差异，我们很快就能找出一些我们想知道的情境——我们必须有一个能在分数上有客观的差异性的工具。在这样的工具中，我们倾向于选择在难度水平上广泛变化的问题或任务，其中有些只有很少的学生能够做对。

## 将评估用于不同的目的

有时我们会进行形成性评价（formative evaluation），评价学生在教学前和教学过程中知道了什么、能做什么。持续的形成性评价可以帮助我们确定学生当前拥有的关于某个主题的知识和信念（例见表 15—1），他们在某一特定的技能上是否需要进一步的练习等，相应地，我们可以编制或修订我们的课程计划。在另一些时候我们进行总结性评 547
价（summative evaluation），即在教学之后实施评估以最后确定学生到达了何种水平。总结性评价用来确定学生是否掌握了某一课程或单元的内容、应该给学生怎样的最终分数、哪些学生可以进入更高阶段的班级进行学习等。

**表 15—1** **评估案例**

有些评估反映了形成性评价，因为它们可以在教学之前或教学过程中为我们提供有用的信息。这里是 8 岁的理查德在学习有关月球的一个单元之前所具有的知识和信念。

我已经知道的有关月球的知识：

1. 日食：太阳、地球和月球在一条线上。
2. 它是大的。
3. 重力引力影响潮汐。
4. 月球上有环形山，人们已经登陆过月球。
5. 它看上去像一张脸。
6. 它可能是黄色或蓝色的。

让我们在头脑中记住这两种基本的评价类型，然后再考虑如何用教育评估来实现如下目的：(1) 促进学习；(2) 指导教师做出教学决策；(3) 诊断学生学习和表现上的问题；(4) 提高学生的自我调节能力；(5) 确定学生最后到底学会了什么。

## 促进学生学习

当我们实施一个形成性评价以发展或修订我们的课堂计划时，我们很明显是在使用评估来促进学生的学习。但是，总结性评价也能通过以下的途径来影响学习：

- **评估能激发学生的动机使之去钻研和学习。**一般来说，告知学生他们将会参加针对课程材料的考试与仅仅告知要好好学习相比，学生对课堂材料学习得更多，更经常地复习，学习效果也更好（Dempster，1991；N. Frederiksen，1984b；Halpin & Halpin，1982）。但是，怎样评估学生和是否评估学生是同等重要的。评估尤其是标准参照评估可以有效地激发动机、更紧密地联系教学目标、挑战学生使其做到最好（Mac Iver et al.，1995；Maehr & Anderman，1993；Natriello & Dornbusch，1984）。学生自我效能感和归因影响其对挑战的知觉。当然，学生需要坚信只要他们适当地努力并采取适当的策略，那么他们在分派的任务上获得成功是可能的。

尽管有规律的课堂评估能很好地激发动机，但我们必须牢记，它们是外部动机。因此，它们有可能将学生的注意力导向表现目标，从而削弱学习的内部动机（Grolnick & Ryan，1987；Paris & Turner，1994）。当学生主要将评估看作对他们表现的评价而非帮助他们掌握课堂所学内容的机制时，更有可能激发成绩目标（Grolnick & Ryan，1987；Paris & Turner，1994；Spaulding，1992）。

- **评估可以影响学生对所从事任务的特定认知过程。**学生可以部分地通过我们评估他们学习的方式来推断我们教学的目标，因此，不同的评估任务可能导致学生的学习很不相同（N. Frederiksen，1984b；Lundeberg & Fox，1991；L. A. Shepard，2000）。例如，学生通常会在他们认为评估中可能会涵盖的内容上花更多时间去学习，进一步说，他们对其即将参与的评估任务和回答问题的类型的期望，一方面会影响他们是否会记忆孤立的事实，另一方面会影响他们将信息作为一个有意义的整体进行学习。然而不幸的是，许多学生（错误地）相信尽力有意义地学习信息——即试图理解所学的知识——会干扰他们在那些强调孤立事实记忆的课堂测验上的良好表现（Grooks，1988）。

我们怎样评估学生的学习也影响他们对不同学科性质的看法，也就是他们的认识论信念[3]。例如，若我们给学生进行测量特定的事实性知识的测验，学生倾向于推断这个学科是这样的：一个没有争议的事实的集合；相反，若我们要求学生处于有争议的问题的一方，并用证据和逻辑证实己方的论点，我们就会给学生一个十分不同的信号：这个学科包括一系列完整的理解，这些理解必须有推理的支持，并且能随时间发生变化。

548 - **评估本身就可以作为学习经验。**一般而言，完成一个课堂材料评估的过程能帮助学生更好地学习材料，特别是如果评估任务要求学生以某种方式对材料进行精制加工时（Fall，Webb & Chudowsky，2000；Foos & Fisher，1988；Roediger & Karpicke，2006）。但是有两个限制性要求非常重要，这里必须一提：第一个是只有在材料被具体地陈述时，评估才有助于学生学习（N. Frederiksen，1984b）；第二，当我们在评估中呈现给学生错误的信息时（就如我们在正误和多项选择问题中常做的那样），学生最终可能把错误的信息记成正确的（A. S. Brown，Schilling & Hockensmith，1999；Roediger & Marsh，2005；Voss，1974）。值得庆幸的是，这些对错误信息的看法对学生后续的理解不会产生很大的影响（Roediger & Karpicke，2006）。

• **评估能给学生提供他们是否掌握知识的有价值的反馈。**一个人仅仅知道他测验或作业的最终结果（如，知道正确回答的项目的百分比）并不是很有用，为了更好地促进学生的学习——最终提高学生在这门课程上的自我效能感，评估反馈必须包括学生已经成功学会什么、在哪些方面有困难以及应该如何提高的正确信息（Baron，1987；Krampen，1987；Pintrich & Schunk，2002）。

“走进课堂——使用课堂评估来促进学习和成绩”提供了几个例子，告诉我们怎样使用课堂评估促进有效的认知加工和提高学习。

549

**走进课堂——使用课堂评估来促进学习和成绩**

• 使用正式或非正式的前测来决定从哪里开始教学。

在开始文化地理的一个新的学习单元时，教师进行了一个前测，用来识别学生关于不同文化群体可能持有的错误概念，这样在教学中他就能纠正这些错误概念。

• 选择或开发一个评估工具，它反映出你希望学生获得的实际知识和技能。

当教师计划如何测量学生的成绩时，他最初决定使用与教材配套的习题集中的题目（如测验题库）。然而，他仔细检查这些测验题目之后发现这些题目只考察了孤立的事实知识，作为替代，他开发了几个真实评估任务以更好地反映其主要的教学目标：学生应该能够将其所学应用到解决现实世界的问题。

• 建构那些能够反映你希望学生学习时如何思考和对信息进行认知加工的评估工具。

一位教师告诫他的学生说：“在你们准备下周的词汇测验时，记住测验题目会要求你们用自己的话给单词下定义，并举例说明每个单词的意思。”

• 使用评估任务本身可以作为一种学习经验。

一名高中科学教师要求学生收集当地饮用水样本并检测其细菌含量。她正在评估学生使用她所教步骤的能力，但她也希望他们能发现保护社区自然资源的重要性。

• 使用评估给学生提供他们掌握了什么以及没有掌握什么的具体反馈。

当教师给学生的论说文评分时，他在论文的边缘也做了大量的标记，用来指示学生在哪些地方对情境分析得合理或不合理、找出了哪些有关或无关的例子、提出了合适或不合适的解决方案，等等。

• 提供学生可以据此来评价自己成绩的标准。

饮食和营养课教师给学生提供一个质量核查表来评价他们烘烤的馅饼的质量。

## 指导教学决策

形成性评价和总结性评价都能指导教学决策。我们按部就班地参加所有的总结性评价——例如，每年一次的全州基本技能测验，必然不可避免地指导我们优先关注某些主题和技能。在我们确定了优先顺序之后，形成性评价可以帮我们选定开始教学的一个比较合适的点。贯穿一堂课或一个单元的形成性评价可以不断地给我们提供教学目标适合性与教学策略有效性的信息。例如，当我们发现几乎所有的学生都能快速轻易完成某项作业时，我们可能要把目标定得高一些；相反，若我们发现学生在我们课堂讲座呈现的材料上陷入困境，我们可能要考虑尝试一种新的教学方法——可能是更为具体的、循序渐进的方法。

## 诊断学习和表现上的问题

为什么路易斯在学习阅读上有困难？为什么格雷特尔在课堂上行为不良？为什么马丁在考试中看起来十分焦虑？当与其他学生相比，我们怀疑某些学生的学习很不一样，并且需要特殊的教学服务时，我们就会问这样的问题。很多专门设计的标准化测验用来识别学生的学业、社交和情感需要。很多这类测验的使用需要经过专门培训，因此经常由专家（如学校心理学家、咨询员、言语和语言病理学家等）来实施和解释。作为一个一般的规则，为了识别学生在某个能力或特征上是高于还是低于其所属的年龄组的平均水平，这些测验往往是常模参照测验而不是标准参照测验。

教师开发的评估工具也能提供重要的诊断信息，特别是当它们能提供学生在哪儿出错以及为何出错时。也就是说，教师开发的评估能够，理想地说也应该为我们提供信息，以便我们利用这些信息帮助学生改进（Baek，1994；Baxter，Elder & Glaser，1996；Covington，1992)。

## 促进自我调节

在第10章对自我调节的讨论中，我们注意到了自我监控（学生对他们在课堂上的
550 表现有多好的意识）和自我评价（学生努力准确评估自己的表现）的重要性。课堂评估实践的一个重要功能应该是帮助学生投入到自我调节的过程中去（Covington，1992；Paris，Ayres，1994；Vye et al，1998)。在本章后面我们将会识别一些达到此目的的策略。

## 确定学生已经学会了什么

我们通常需要使用正式的评估来确定学生是否已经达到了教学目标或某个内容领域的标准。如果我们采用掌握学习导向的教学，那么这类信息是至关重要的，它同我们给学生评定期末成绩是同等重要的。学校咨询员或管理者都可使用评估结果来做安置决策，例如哪些学生更有可能在更高年级的班上做得更好，哪些学生可能在基本技能领域需要额外的课程作业等。

对学生成绩的最终测量对于评价教学质量也是有用的。当大部分学生在学完一个教学单元之后的表现很差劲（像福特女士的学生在开头个案中表现那样），我们不仅必须考虑学生应该有所改变，而且我们教师也应该有所改变。例如，也许我们在教学材料上的进度过快，也许我们没有为学生提供足够的练习关键技能的机会。无论如何，持续很差的评估结果意味着我们对教学做某些修改是适宜的。

让我们应用迄今为止我们的所学来评价真正的课堂评估工具。

## 分析教师策略——地质学测验

一位 6 年级的科学教师针对岩石这一单元进行了一个测验，假设你参加了这个测验，考虑如下的问题：

1. 教师编制这个测验的目的是什么？
2. 这个测验对学生将来的学习努力可能有什么影响？
3. 最后一个问题可能的答案是什么？

A. 写下教室前面呈现的岩石是沉积岩、火成岩还是变质岩：

1. ________　2. ________　3. ________

B. 下列是岩石周期的不同阶段，用 1 到 9 的数字按其发生顺序对其排序。

________受热和压力
________结晶和冷却
________火成岩形成
________岩浆
________风化和侵蚀形成沉积物
________熔化
________沉积岩形成
________压力和胶结
________变质岩形成

C. 在每类岩石前写下表示其正确定义的字母：

________火成岩　　a. 受侵蚀的岩石微粒沉积并胶结在一起
________沉积岩　　b. 在地表下由于高温或高压而形成的
________变质岩　　c. 由地球内部的熔岩材料冷却而成

D. 给每个句子填空：

1. 由流水、冰雪、植被、动物和化学变化作用形成的岩石破坏过程叫________。
2. 所有的岩石都由________构成。
3. 岩石的坚硬程度是由________决定的。
4. 岩石持续风化最终会导致________。
5. 每块岩石都有一个________。

（测验后面还有一些填空和简答题。）

科学课教师使用评估来做总结性评价：在学习其他主题之前评估学生对岩石形成的基本原理的理解和最后知识。A 部分（识别放在教室前面的石头）可能是评估学生的基本知识或迁移能力，这取决于学生以前是否看到过那些特定的岩石。但测验的其他部分明显关注对事实的记忆——岩石形成周期的阶段、术语的定义等。这很有可能会导致学生在准备将来的测验时进行机械学习。例如，考虑一下最后一道题目："每个岩石都有一个________。"学生只有在一字不差地学习了课本材料之后才能正确回答这个题目：这里缺失的单词是"故事"。 551

## 好的评估的重要特性

作为学生，你是否以一种你认为不公平的方式被评估过？如果是这样，为什么它是不公平的？

1. 教师对学生反应的评价是否是不一致的？
2. 某些学生是否在更为有利的条件下接受评估？
3. 评估工具对你已学东西的测量是不是很糟糕？
4. 评估过程是不是耗时很长，以至于不久以后你都不关心你的表现如何了？

按照你的经验，哪些特征对一个高水平的课堂评估工具而言是必不可少的？

刚刚提出的四个问题分别涉及信度、标准化、效度和实用性——即好的课堂评估的RSVP 特征。

### 信度（Reliability）

评估工具或评估程序的信度是指它在多大程度上获得关于我们想要评估的知识、技能或个性特征的一致性信息。为了得到信度是什么的感觉，请尝试下面的例子：

**亲身体验・禽类进化（Fowl play）**

下面是生物学教师福勒女士生活中的一连串事件：

- **周一**：在讲完了鸟类和恐龙的骨骼结构这个单元之后，福勒女士要求学生写一篇文章，解释为什么很多科学家相信鸟类是由恐龙进化而来的。下课后，她在她凯威汽车的后排坐椅上轻易地批改了这堆文章。
- **周二**：福勒女士四处寻找她批改过的文章，家里教室里都找遍了，但是怎么也找不到。
- **周三**：因为福勒女士想通过这些作业来判断学生到底学会了什么，她要求学生再写一篇同样的文章。
- **周四**：福勒女士在她凯威汽车的后备箱里找到了周一学生写的文章。
- **周五**：福勒女士把两次的作业都批改完了，她惊奇地发现两者之间几乎没有什么一致性，周一写得非常好的学生不一定周三写得非常好，有些周一作业很差的学生周三写得很好。

福勒女士到底应该使用哪次的结果？周一的还是周三的？

---

552 当我们评估学生的学习和成就时，我们必须有信心，无论在周一还是周三，无论是在天晴还是下雨，无论我们的心情是好是坏的时候测，评估结果应该基本上是相同的。福勒小姐的评估工具信度很差，因为它一天获得的结果同另一天的完全不同。我们应该用哪一天的结果？这里我问了一个捉弄人的问题——我们无从知晓哪一组数据更准确。

用单一的评估工具在两个不同的场合评估同一个学生时几乎不能产生完全一致的结果，即使所测的知识和能力是相同的。一些与所测知识和能力无关的临时的条件往往会影响学生的成绩和表现，并不可避免地造成评估结果的波动。例如，福勒女士的两组学生论文的不一致可能是由以下一些临时性的因素造成的：

- **学生的日常变化**——如健康状况、动机水平、情绪状态和能量水平的变化。
  24 小时荷兰流感正在福勒女士的班上蔓延。
- **物理环境的变化**——如教室温度、噪声水平和外部分心物的变化。
  周一学生们坐在教室的窗户旁，享受着窗外的平和与宁静，但在周三他们坐在窗边学习时，外面嘈杂的建筑机械正在铲除马路的人行横道。
- **施测步骤的变化**——如指导语、时间以及教师对学生提问反应的变化。
  周一有些学生因为要在上课时间为一个服装比赛做准备，不得不在放学后完成论文。福勒女士向他们更清楚地讲解任务，并给他们充足的时间完成作业。周三另一组学生因为在上课时间要参加一个跨镇音乐会的乐队演奏，他们不得不在放学后完成论文写作，福勒女士很匆忙地向他们说明作业要求，并且在他们完成之前就收了作业。
- **评估工具的特征**——如任务的长度、清晰度和难度（项目较多的测验更可靠，因为在一两道题上的粗心失误对整个评估结果的影响不大；语意含糊和难度很大的项目会增大学生随意猜测的倾向）。
  论文题目"解释为何很多科学家相信鸟类是由恐龙转变而来的"是一个含混不清的题目，学生一天的解释同另一天的可能很不同。
- **评分的主观性**——如依据一个含糊的、不准确的标准来评分。 554
  福勒女士批改两次论文都是在看"中心大街的肢解谋杀案"时完成的，她在看接吻镜头时评分较高，在看潜伏跟踪的镜头时评分较低。

无论何时在我们给学生的学习和成绩下结论时，我们必须确信我们做结论所依据的信息没有因为这些临时的无关因素而扭曲。

**用数学方法计算信度**

只要做出一点努力，我们就能用数学的方法计算出一个评估工具的信度。为了做到这一点，我们开始用同一个工具去测同一批学生得到两组分数。我们能用三种不同的形式产生两组分数，每种方式提供了一种有关评估工具信度的稍微不同的视角。如果我们用同一个工具在两个不同时间去测同一批学生（像福勒女士那样），我们就得到重测信度的信息，即一个工具在一个较短的时间间隔产生相似信息的程度。如果我们要两个或两个以上的人去评价学生的表现（给同一批论文评分，给相同的体操表演评分等），我们就得到评分者信度的信息，即不同专家评分的一致性程度。如果我们计算同一评估工具的两个或两个以上含不同题目的子分数，然后看这些子分数的相似性，我们就能得到内部一致性信度的信息，即一个评估工具的不同部分都测量同种特征的程度。

一旦我们有了同一批学生的两组分数，我们就可以通过计算一个名为相关系数的统计量来确定它们的相似程度，这种情况下它更多地被称为信度系数，这个系数通常从 0 到+1.[4] 一个接近 1 的数意味着高信度：两组测验分数很相似。尽管一个为 1.00 的完美信度系数很少见，但很多标准化的成就或智力测验的信度达到 0.90 及以上，反映它产生的分数有高度的一致性。信度系数的不断降低，意味着评估结果有更多的误差——误差是由于临时的、大多时候是无关因素造成的。标准化的成就或能力测验的出版者通常会计算并报告测验产生的不同分数或子分数的信度系数。

### 评估结果的误差估计

一般而言，一个信度系数可以告诉我们临时性误差在多大程度上导致了学生评估结果的波动？但是在单一的评估分数中存在多少误差？换句话说，一个特定学生的评估分数同他实际应得的分数差距有多大？测量的标准误（Standard error of measurement）允许我们估计两者的误差[5]。

让我们来看一个具体的例子，设想苏珊参加了一个名为基本技能测验（Basic Skill Test，BST）的学业成就测验，同样设想以她目前的阅读能力水平，在理想状态下，苏珊应该在基本技能测验的阅读分测验上得 40 分，苏珊的理想分数 40 分就是她的真分数（True Score）。这是我们完全准确无误地测量她的阅读成就时她在理论上应得的分数。但是在实际做题时，苏珊误解了一些测验项目，答错了一些她知道正确答案的题目，所以她的实际得分只有 37 分。因为我们不能深入苏珊头脑里，所以我们往往无法确定她的真分数到底是多少，我们只知道她在测验上的得分是 37 分。为了估计她的得
553 分的误差的大小，我们查阅基本技能测验的测验手册发现阅读分测验的标准误是 5 分，然后我们就可以猜测苏珊的真分数可能在她的实得分数上下一个标准误之间：37±5 或 32～42 之间。

因为几乎所有的评估分数都包含一定数量的误差，因此测验结果有时不是报告一个具体的分数，而是一个范围或一个置信区间（confidence interval），在实际测验分数两侧分别扩展一个测验标准误的距离[6]。图 15—2 显示了基本技能测验的阅读和其他分测验上我们报告苏珊分数的方式。注意，不同分测验置信区间的长度不同，因为每个分测验的标准误各不相同。

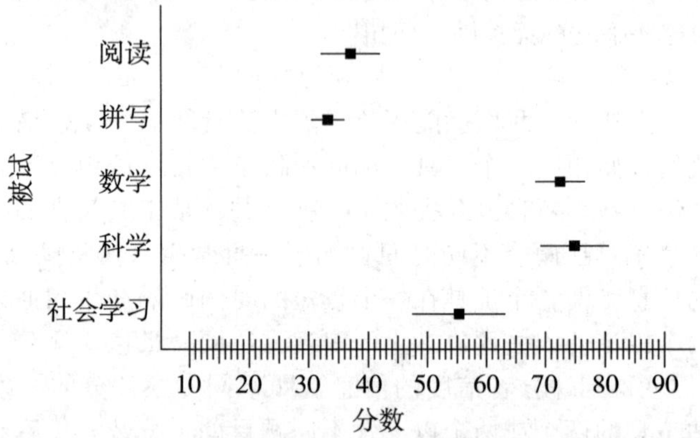


这个图显示苏珊在基本技能测验的五个分测验上的如下信息：

| 分测验 | 分数 | 测验标准误 | 置信区间 |
|---|---|---|---|
| 阅读 | 37 | 5 | 32～42 |
| 拼写 | 33 | 3 | 30～36 |
| 数学 | 72 | 4 | 68～76 |
| 科学 | 75 | 6 | 69～81 |
| 社会研究 | 55 | 8 | 47～63 |

**图 15—2　苏珊在基本技能测验上的分数的图形呈现**

### 提高课堂评估的信度

作为一名任课教师，我们可能没有时间在数学上去计算我们使用的每个评估工具的

信度。尽管如此，我们必须采取措施以最大限度地提高每个评估结果的可靠程度，有如下一些策略可以用来提高一个评估工具的信度：

- 在一个评估工具中包含若干个任务，寻找学生在一个任务上的表现同另一个任务上的表现的一致性。
- 清晰地定义每一个评估任务，确保学生准确地知晓他们所要做的任务的要求是什么。
- 确立一个明确而具体的标准，并以此来评价学生的表现。
- 清晰地意识到自己对学生的表现的期待，力图使其不影响我们对学生实际表现的评价。
- 避免在学生生病、疲劳或不高兴的时候评估他们的学习。
- 在相似的条件下，对所有的学生以相似的方式实施评估。

最后一条策略建议我们的评估程序必须标准化，这是我们马上就要讨论的话题。

## 标准化（Standardization）

好的评估的第二个重要特征就是标准化：评估包含相似的内容或形式，并对所有人以相同的方式实施和评分。在大多数情况下，学生应该接受相同的指导语、完成相同或相似的任务、在同样的时间限制和任务限制的条件下参加测验。此外，学生的反应应该以尽可能一致的方式评分，例如，除非遇到情有可原的情况，否则我们不应该对某个学生使用比其他人更严的标准。

如前所述，由测验专家开发或出版的许多测验都被称之为标准化测验，这就意味着这类测验有明确的实施程序，无论在何处使用测验其评分都应该是一致的。但是，标准 555
化对教师开发的评估工具同样重要：它可以减少评估结果中的误差，特别是由测验实施或评分主观性的变动引起的误差。对所有学生而言，一个评估的标准化程度越高，其信度就越高。公平是另一个考虑，在大多数情况下，只有在相似的条件下去评价所有的学生才是公平的。我们发现，当评估有特殊教育需要的学生时，上述指导原则是一个明显的例外。在本章即将结束的时候，我们会对这一类学生给出一些恰当的建议。

## 效度（Validity）

前面你已经学习了信度，让我们来看一看你能否将你对信度的理解应用（迁移）到下面的练习中去。

### 亲身体验 · FTOI

我曾经开发了一个名为"傻瓜智力测验（Fathead Test of Intelligence，FTOI）"的测验，它只包含一个卷尺和一个常模表，进而告诉我们不同年龄的儿童和成人在测验上的典型表现。FTOI 的施测迅速而容易，你只要简单地测量一下一个人眉毛之上的头部的周长（不要太松也不要太紧），并且将你测量的结果同被试所属的年龄组的平均头部周长相比较。相对而言，头围较大的被试智商分高，反之亦然。

FTOI 的信度高吗？请在继续下面的阅读之前回答这个问题。

无论你测量一个人的头围多少次，你都会得到一个相似的分数：傻瓜将会一直是傻瓜，笨蛋将会一直是笨蛋。所以问题的答案是：FTOI因为产生了一致性的结果，所以有高信度。如果你回答否，可能是觉得它没有很好地测量智力，但这是这个工具的效度问题而不是信度问题。

评估工具的效度是指它测量它所要测量的东西的程度并允许我们就考虑之中的特征或能力做出适当推理的程度。FTOI测量的是智力吗？一个标准化的多项选择成就测验的分数能表明学生在一个学年所学内容的多少吗？学生在校园音乐会中的表现能反映他们在器乐班上所学的东西吗？当我们的评估不能很好地做这些事情时，当它们不能很好地测量学生的知识和能力时，我们就遇到了效度问题。

如前所述，很多无关因素会影响学生在评估情境中表现的好坏，其中一些因素如学生的健康状况、教室的分心刺激、评分的误差等是暂时性的因素，它们使评估结果产生波动而导致信度降低。但是其他无关因素像阅读能力、自我效能感或特质焦虑则更为稳定，因而它们对评估结果产生的影响也会相对稳定。例如，若乔的阅读能力不好，无论她在科学、数学还是社会研究上实际达到的水平如何，她在选择题的纸笔或成就测验上的得分会一直比较低。如果简无论何时在面向听众表演时都会遭受妨碍性焦虑的折磨，那么她在音乐会上的表现就不能很好地反映她大提琴的演奏水平。如果我们的评估结果持续受到相同无关变量的影响，结果的效度就是值得怀疑的。

心理学家区分了三种不同类型的效度，其中每一种在不同情境中都是重要的。教育者或其他从业者感兴趣的三种效度是：内容效度（content validity）、预测效度（predictive validity）和结构效度（construct validity）。

**内容效度**

作为教师，我们通常最关注的是内容效度，即我们测验的问题或任务在多大程度上是我们所要评估的知识或技能的总体的一个有代表性的抽样。无论何时我们基于总结性评价的目的来使用评估工具，也就是说去确定学生最终掌握的哪些知识和技能是与重要的教学目标相关时，高的内容效度都是非常关键的。作为一个说明，我们可以回顾在第13章呈现的印第安纳州阅读理解的标准，表的右边一列提供了可能涉及这些标准的评估策略的例子。

556 为了使我们课堂评估的内容效度最大化，我们必须选择与考虑之中的教学目标有关联的评估任务。例如，在某种情境下，当我们期望的结果仅仅是回忆事实时，我们可能要求学生做纸笔测验的多项选择题或简答题。在其他情境中，当教学目标是评论一篇文学作品或使用物理原理来解释日常现象时，那些要求学生遵循推理的逻辑思路的论述题会比较合适。然而，对某些技能而言，如烹制的鸡蛋、从双杠的前面下杠或是通过显微镜辨认特定的微生物等，只有表现性评估才能为我们提供合适的内容效度。最后，我们可能会发现我们用一个包含了纸笔评估和表现性评估的综合性评估任务可以更好地评估学生的成绩（R. L. Linn，1994；Messick，1994a；D. B. Swanson，Norman & Linn，1995）。

不考虑评估任务的特定性质，评估任务总体必须包含我们所要评估的领域内容的一个有代表性的样本，广为推荐的策略是编制一个我们所要测量的每个内容的题目形式及比重的蓝图。这种蓝图多采用细目表（table of specification）的形式：一种用来指明评估所涵盖的主题及学生在每个主题上应该做什么的两栏表格。表格的每个单元（cell）表明了每一种主题-行为组合的重要性，这种组合可能以一定数量或百分比的任务或测试项目方式包含于整个评估中。图 15—3 给出了两个例子，一个是针对加法的纸笔测验，另一个是关于简单机械的纸笔评估和表现性评估的结合。一旦我们建立了一个双向细目表，我们就能编制出反映我们所要评估的主题和行为的纸笔评估和表现性评估的任务，并且我们有信心认为它对我们所要评估的领域有内容效度。

内容效度不仅对教师开发的评估很重要，对我们在学校使用其他已经正式发表的成就测验也是如此。因为这些测验已经编制好了，通过观察测验题目能辨别所包含的主题和所需的行为（如回忆信息、应用程序或解决问题），我们就能重新建立一个细目表，指明落在每个单元格的测题的数量[7]。然后我们就能确定细目表是否与课程十分匹配，以致测验在特定情况下有良好的内容效度，即测验是否反映我们在真实的课堂里所做的。

| | 使用数轴计算 | 口算求和 | 重新分组 | 估算 | 在应用题中应用 |
|---|---|---|---|---|---|
| 一位数 | 2 | 6 | | | 4 |
| 整十或整百 | | 2 | | | 2 |
| 两位数 | | | 2 | 2 | 3 |
| 三位数 | | | 2 | 2 | 3 |

| | 画出简单的机械图 | 描述机械执行的工作 | 从相似的物体中找出例子 | 使用机械解决问题 |
|---|---|---|---|---|
| 斜面 | 5% | 5% | 5% | 5% |
| 楔子 | 5% | 5% | 5% | 5% |
| 杠杆 | 5% | 5% | 5% | 5% |
| 辘轳 | 5% | 5% | 5% | 5% |
| 滑轮 | 5% | 5% | 5% | 5% |

**图 15—3 细目表样例**

左表提供了 30 道加法纸笔测验的细目表。它给不同的主题一行为组合赋予了不同的权重，而有些组合则根本不涉及。右表提供了纸笔和表现性测验综合的联合测评的细目表，它给每一个主题一行为组合赋予了相同的权重。 *557*

**预测效度**

夏特尔正在考虑以数学为职业，虽然她在 8 年级的数学课上做得很好，但她仍然担心自己会在像三角学或微积分之类的高级课程上遇到麻烦。为了了解她将来在数学上成功的可能性，她参加了一个由学校心理咨询师提供的数学能力倾向测验（Mathematics Aptitude Test，MAT）。夏特尔在数学能力倾向测试上的表现很好，这大大鼓舞了她在数学上成功的信心，但是数学能力倾向测试真的能够测量一个学生将来作为一名数学家成功的潜能吗？这是一个预测效度的问题，即一个评估工具在多大程度上预测学生将来在某个领域的表现。

标准化的常模参照能力测验的出版者常常要确定以测验分数预测随后某个领域成功的准确性。为了达此目的，他先给一组人实施测验，几个月或几年以后，他们测量同一批人在被预测行为（效标行为）上成功或胜任的程度，然后计算测验分数和效标行为之间的相关系数。同信度系数相似，效标系数通常是一个介于 0 到 1 之间的数。取值越大意味着预测效度越高。对特定行为的预测效度较高（效度系数在 0.60 或 0.70 左右就比较高了）的测验可以相当好地预测特定的行为，预测效度低的测验（效度系数在 0.30 或 0.40 左右）不太精确，对行为的预测就不太准确。

记住一个测验没有单一的预测效度，在给定情境下测验的预测效度取决于所预测的特定行为、被测的年龄群体（针对年长学生的预测效度高于年幼的）以及在测验和预测行为之间的时间间隔。

**结构效度**

在心理学中建构是一种无法直接观测但可以从人的行为的一致性中推断所得到的一种假设的内在特质。动机、自我效能感、智力和视觉一空间能力都是建构（construct）；我们实际无法看到它们当中的任何一个，但我们可以根据学生做什么或不做什么做出有关它们的推论。例如，我们可以根据对学生在课堂上完成在线任务或离线任务的行为的观察来推断他们在不同主题或技能上的自我效能感。类似的，我们可以要求学生进行抽象推理的任务来推断他们的智力。

结构效度，也就是指一个评估工具对一个抽象的无法直接观测的特征的实际测量程度。当我们尝试对学生的特质或能力做出一般推论以便更好地采用教学方法或教学材料来满足学生的个别需要时，结构效度是最受关注的。我们先前所述及的傻瓜智力测验（FTOI）的问题就是一个结构效度很差的测验：尽管信度很高，但它产生的信度同智力无关。

我们如何确定一个测验或其他评估工具是否测量了某些我们看不到的东西呢？评估专家为了做到这一点想了很多不同的策略。例如，他们可以根据评估结果与其他相同特质的测验分数的相关系数的大小来判断（例如，一个智力测验同其他智力测验的分数是否有相关）；他们也可以检查年长学生的表现是否在假定随年龄增长而不断提高的特质上好于年幼的学生（例如，12 岁学生在智力测验上是否比 6 岁的学生做对了更多的题目）；或者他们可以比较已知有差异的两个群体在那些考虑之中的特质上的表现（例如，12 岁的智力发育正常的学生是否比同龄的智力发育迟缓的学生表现更好）。当不同来源的数据与我们所期望的是一致的（如果测量工具是对考虑之中的特质的测量），我们就可以推断它有结构效度。

558 适用于这三种效度的一条原则是：一个评估工具对某个目的比其他目的可能更有效度。一个数学成就测验可能是学生加减法计算的一个有效测量，但未必能有效地测量学生在真实情境中加减法的表现。一个对网球规则的纸笔测验可能能够准确评估学生对一盘有几局比赛、平局的意义等知识，但无法告诉我们学生打网球的实际表现怎样。

## 实用性（Practicality）

RSVP 的最后一项是实用性，即一个评估工具或程序易于使用的程度如何。[8] 实用性包括如下的问题：

- ✧ 开发一个评估工具要花多少时间？
- ✧ 评估的实施是许多学生一次测完还是一对一的施测？
- ✧ 所涉及的材料是否昂贵？
- ✧ 评估在教学活动中占用了多少时间？
- ✧ 对学生表现的评价有多快或有多容易？

在实用性和信度、效度等其他特征之间经常有一个权衡。例如，关于网球的一个对错测验会很容易建构和实施，但一个评估学生网球技能实际表现的表现性评估，尽管费时费力，但却毫无疑问是对学生掌握网球技能水平的更有效的测量。

表 15—2 总结了这四种特征 RSVP（信度、标准化、效度和实用性）。在这些特征中，效度是最重要的。我们必须使用评估技术以便更有效地评估学生在教学目标上的成就。但是注意到信度是效度的一个必要条件也是很重要的。评估只有产生一致的结果时才能获得有效的结果，这样的结果很少受到施测、评分的主观性等的变化的影响。如前面提到的 FTOI 那样，信度不能保证效度。标准化能提高评估结果的信度从而间接提高效度。只有当效度、信度和标准化没有受到严重破坏的时候，才应当把实用性考虑在其中。

**表 15—2　　比较和对比——优良评估的 RSVP 特征** *559*

| 特征 | 定义 | 需要考虑的相应问题 |
|---|---|---|
| 信度 | 评估工具或程序产生结果的一致性程度。 | • 与被测特征无关的暂时性因素对学生分数的影响有多大（重测信度）？<br>• 不同人对学生表现评分的相似性如何（评分者信度，也叫评分者间信度）？<br>• 单一评估工具的不同部分对学生成就的推导得出结论的相似性如何（内部一致性信度）？ |
| 标准化 | 评估工具或程序对所有学生是否都是相似的。 | • 对所有学生是否都施测了相同或相似的内容？<br>• 所有的学生都完成了相同的评估任务？<br>• 指导语对所有人都相同？<br>• 所有学生是否都有同样的时间限制？<br>• 对每个人的表现的评价是否都使用了相同的标准？ |
| 效度 | 评估工具或程序在多大程度上测量了它所要测量的东西并允许做出恰当的推理。 | • 评估是否是所要评估内容领域的一个有代表性的抽样（内容效度）？<br>• 学生的分数能否预测他们在该领域的成功（预测效度）？<br>• 工具能否测量某个特定的心理或教育特征（结构效度）？ |
| 实用性 | 评估工具或程序容易使用和便宜的程度。 | • 评估需要花多少课堂时间？<br>• 对学生反应的计分有多快、多容易？<br>• 评估的实施和计分是否需要特殊的培训？<br>• 评估是否需要购买特殊的材料？ |

## 非正式评估

通过对学生的课堂行为的日常观察，我们经常可以做出学生学会了什么或没有学会什么的结论，并做出将来教学应该怎样进行的合理推论，例如，我们可以做如下的事情：

- 在课堂上提出问题（参看“走进课堂——通过提问来非正式地评估学生的学习和成绩”）。
- 听取学生对整个班级或小组讨论的贡献是什么？有多大？将他们提出的问题记录下来。
- 观察学生与同伴在课堂上、午餐中和操场上的交往。
- 学生是否在个人日记中写下每天或每周的项目（entries）。

我们也可以从学生的非言语行为中获取信息，例如，我们可以做如下的事情：

- 观察学生完成身体锻炼任务的情况如何?
- 观察学生在任务中或任务之外行为的相对频率，寻找学生在任务之外的行为模式。
- 辨认学生自愿进行的活动类型。
- 注意那些可以反映学生对特定课堂任务的情感的肢体语言。

非正式评估有几个优点（Airasian，1994；Stiggins，2001）。首先，也是最重要的是，它为我们提供了日常教学任务或活动有效性的持续反馈。其次，非正式评估可以轻易地调整在某个时刻的注意。例如当学生对某个主题表现出错误概念时，我们可以提出后续的问题以探测他们的信念或推理的过程。再次，非正式评估可以提供信息以支持或质疑我们从类似纸笔测验之类的更多正式评估中获得的数据。最后，对学生行为的连续观察能够提供社会、情感或动机因素影响学生课堂表现的线索，并经常成为我们用以评估类似“表现礼貌”或“喜爱阅读”的唯一实用的方法。在表 15—3 的作品选辑摘要中，一个幼儿园老师描述了一个 6 岁儿童摩根在学习习惯和社会技能上的进步，教师可能只能通过非正式的观察来评估这些领域。

560 **走进课堂——通过提问来非正式地评估学生的学习与成绩**

- 直接对全班学生提问，而不是仅对那些热衷于回答问题的学生提问。

  高中科学课上老师提问时，女生很少自愿回答问题。虽然教师经常叫那些举手的学生回答问题，但是他有时也叫那些不举手的学生回答问题，并且他确保每周至少提问每个学生一次。

- 当一个提问只有几种可能的答案时，教师让学生对那些他们认为正确的答案投票。

  当教师开始讲授分数除法时，一个初中数学教师在黑板上写下这个题目：$\frac{3}{4}\div\frac{1}{2}=?$ 她问：“我们讲解如何解决这个问题之前，你们当中有多少人认为答案小于 1？有多少人认为结果大于 1？有多少人认为结果等于 1?” 她记录下每一次提问后举手的学生数，然后说：“你们当中绝大多数人认为结果小于 1，让我们来看一看怎样解决这样的问题。然后你们就知道自己是对还是错。”

- 提出后续的问题来探测学生的推理过程。

  在关于加拿大的一节地理课上，一个 4 年级教师指着地图上的圣劳伦斯河说：“水是从哪个方向流往哪个方向的？流向大海还是流出大海?”一个学生回答：“流出大海。”“你为什么这么认为?”老师问。学生的解释揭示了一个常见的错误观念：河水只能从北向南流，而不是反过来。

**表 15—3　　幼儿园教师对摩根工作习惯和社会技能的评估**

| 群体参与和工作习惯 |
| --- |
| • 通过身体语言或面部表情来表现作为倾听者的注意。摩根的这种技能还在形成中，有时当她坐在朋友身边时，要认真倾听是很困难的。 |
| • 参与到正在进行的讨论话题中去。有时她需要被鼓励才能与别人分享她的观点。 |
| • 为正在进行的活动作出相应的贡献。 |
| • 完成分派的相应活动，摩根对分派给她的任务很负责任。 |
| • 在对话和讨论中通过等待发言表现得很有礼貌。 |

## 非正式评估的 RSVP 特性

当我们用非正式评估来获得有关学生特征或成就的信息时，我们必须对这种方法的局限性有清晰的认识。

**信度**

很多非正式评估都很短。例如，我们可能注意到劳米在活动中并没有投入到任务中去，可能听到了曼奈尔的错误答案，或者可能在放学后与杰克伊有一个简短的对话。但是这类学生行为的片段并不总是他们成就或个性倾向的可靠指标。或许我们刚好看到劳米唯一一次未参加任务，或许我们提问的恰好是曼奈尔不知道的一个答案；或许我们会错误地解释杰克伊放学后所说的话。当我们用非正式评估来做出学生知道什么和能做什么的结论时，我们应该将我们的结论建立在长时间的许多观察的基础上。假设我们长时记忆的事实从来不会 100% 的正确，我们应该对我们所看所听进行持续的笔录 (R. L. Linn & Miller，2005；Stiggins，2001)。

**标准化**

非正式的评估很少会有标准化。例如，这类评估不会为每个学生提供相同的信息。在大多数情况下，我们不能仅仅依靠日常观察来对不同学生做出合法的比较。

**效度**

即使我们看到学生的行为在一段时间内保持一致，这种行为并非总能告诉我们他们知道什么、能做什么的准确信息（Airasian，1994；Stiggins，2001)。例如，汤姆可能会故意答错问题以免被别人当成是百事通，马戈特可能会因为慢性口吃而不愿意说话。一般来说，当我们用课堂提问来评估学生的学习时，我们必须牢记，有些学生——特别是女生或者来自某个少数民族群体的学生——同其他学生相比可能会表现得不太热衷 (B. Kerr，1991；Sadker & Sadker，1994；Villegas，1991)[9]。

我们的个人偏见或期望也会在非正式评估中产生影响（Farwell & Weiner，1996；Ritts et al.，1992；Stiggins，2001)。正如我们在第 7 章对知识建构的讨论中发现的那样，我们人类通常会基于我们已有的知识或信念赋予我们看到的或听到的东西以意义。例如，我们可能期望我们喜欢或欣赏的学生具有学业或社交能力，因此以一种过度积极的眼光来看待学生的行为——一种被称之为晕轮效应的现象。与此相对应，我们会期待 *561*
那些有不良行为的学生表现出不当行为，我们的观察也会产生相应的偏差——一种被称之为尖角效应的现象。

另外，在第 12 章已经提到，教师对学生的期望有时会受到学生的种族、性别和社会经济地位的影响。这些期望可能会使我们对学生的表现进行有偏见的评价。一个针对大学生的实验（Darley & Gross，1983）提供了一个例子，学生被告知他们正在参加一项教师评价方法的研究，并被要求看一个叫汉娜的 4 年级评分者的录像。两个不同版本的录像显示汉娜有不同的社会经济地位：她的衣着，她活动的运动场的类型以及她父母职业的信息间接传递给一部分学生，显示她有很高的社会经济背景。而对另一部分学生则显示她来自较低的社会经济背景。所有学生观察汉娜参加一个口头的成就测验（她的表现处于年级水平)，并要求他们评定汉娜在若干特征上的得分。那些受到诱导相信汉娜来自富有环境的学生认为她的表现高于一般水平，而那些相信她来自贫穷家庭的学生认为她的能力低于一般水平。两组学生还评定了汉娜的学习习惯、动机、社会技能和一般成熟度。

**实用性**

非正式评估的最大优点就是它的实用性。它在评估前和评估后不需要或很少需要花时间（当我们要对我们的观察进行书面记录时除外）。非正式评估也很灵活，我们可以随时调整自己的评估程序，可以随着课堂的改变而改变。

尽管非正式评估很实用，但是我们已经注意到它的信度、标准化和效度都有问题。因而，我们应该将推导得出的结论当成假设，我们必须通过其他的途径来确认或否认它。最后，我们必须更多地依靠正式评估技术来确定学生是否达到了教学目标或某个内容领域的标准。

## 纸笔评估

当我们需要实施一个正式评估时，纸笔评估通常会比表现性评估方便而且省时，因而比表现评估有更高的实用性。那些需要简单反应的题目如简答、匹配、对错判断或多选一的题目很适合用来评估学生单一的、孤立的事实知识。像论文这样的需要进行拓展的纸笔测验题更容易评估像问题解决、批判性思维和观点综合之类的高水平技能(J. R. Frederiksen & Collins，1989；Popham，1995；Stiggins，2001)。

尽管如此，仅靠题目类型还是不能告诉我们评估的是高水平还是低水平的技能。虽然很多教师最初使用多选一的题目来评估基本事实的知识，但我们也可以设计多选一的题目来评估高水平的技能，如下面所示的物理测验题目：

一个发明家设计了一台切割纸张的新设备，现在没有其他任何关于他的发明的信息，你能合理地推论这是什么类型的设备?

a. 杠杆　　b. 动滑轮　　c. 斜面　　d. 楔

(正确答案是 d)

只要有一点点独创性，我们就能开发出评估学生将课堂内容应用到真实世界的能力(Gronlund，1993；D. B. Swanson et al.，1995)。这里有一个例子：

> 你将要扮演尼克松总统在 1968 年执政后总统顾问的角色。作为他的顾问，你要为美国卷入越南战争提出建议。
>
> 562 你的论文由三个部分组成：引言部分通过解释谁卷入了战争及其目的是什么展示你对越战的理解。在引言中，你还要用一两句话清晰地阐述你的建议。
>
> 论文的主体部分应该通过讨论使总统听从你的建议：a. 支持这些建议的证据，包括统计数据、例子和一般信息等。b. 反对这些建议的证据，以便总统知晓建议者已经意识到反对者可能反对什么。c. 预测其他人可能会提出的一两条建议，并解释为什么这些建议不是最好的。
>
> 在结论部分，做出一个最终的呼吁，使总统相信并接受你的建议。(Newmann，1997，p. 368)

选择纸笔测验任务时一个重要的考虑是再认或回忆任务是否更好地反映教学目的和目标。再认任务要求学生从错误陈述或无关信息中找出正确答案，题型包括多选一、对错判断和匹配。回忆任务要求学生自己产生正确答案，题型包括简答、论述和应用题。因为再认任务提供了更多帮助学生从长时记忆中提取相关信息的有用线索，所以再认任务通常更为简单（见第 6 章）。

在评估学生的学业成就时，回忆任务和再认任务各有优劣。学生经常能够在短时间内回答许许多多的再认问题，因此这类问题允许我们抽取一个较大范围的知识和技能。另外，我们能快速而一致地对学生的反应进行评分，因此能满足我们对信度和实用性的要求。尽管如此，再认任务倾向于高估学生的学业成就：学生有时能猜对那些他们不知道答案的题目，进而如前所述的那样，学生看到那些对错判断和多选一题目中的错误选项，以后仍可能把这些错误事实当成事实来回忆。

当我们想评价学生对事实和技能的记忆能力而不想给他们呈现正确答案使之受到启发，回忆任务无疑有更高的效度。而且，回忆任务更适合于评价学生组织信息、遵循推理步骤、设计实验和论证一个有争议问题的某一方面能力。但是由于学生需要较多的时间来做每一道题，所以我们在一次评估中只能呈现少量的题目（因而影响信度），并且只能涵盖有限的内容领域（因而影响内容效度）。另外，我们通常需要更长的时间来评分（一个实用性问题），在评分中还会出错更多（另一个信度问题）。

在确定是使用再认题、回忆题还是两者结合中的任何一种形式时，我们必须权衡利弊。我们必须牢记对某些内容领域而言（如写作技能），再认任务是无法满足我们的要求的（Traub，1993）。

## 建构评估工具

编写好纸笔评估题目，特别是针对高水平思维技能的题目，需要较多的时间且要反复尝试，让我们来看这样一些形式。

再认任务

- ✧ 二选一的题目
- ✧ 匹配题
- ✧ 多选一的题目

回忆任务

- 简答题
- 填空题
- 应用题
- 材料解释题
- 论述题

然后我们就可以找出几条编制纸笔评估工具的一般指导方针。

**二选一的题目**

二选一的题目是那些只有两到三个答案（可能是对与错或事实与观点）的题目，虽然这些题目通常被用来评价具体事实知识，但它们也可以被用来评价像区分观点与事实或找出因果联系之类的高水平技能（R. L. Linn & Miller，2005）。下面所示的题目形式 563
用来评价学生辨认科学中原因与结果的能力：

在下列每一条陈述中，每条陈述的两部分都是正确的，你要确定第二部分能否解释第一部分为何是正确的，如果能解释，在“是”上画圈；如果不能，在“否”上画圈。

是　　否　　1. 树叶是重要的，因为它能为树干遮凉。

是　　否　　2. 鲸是哺乳动物，因为它个头很大。

是　　否　　3. 某些植物不需要阳光是因为它们能从其他植物那里获得营养。

（R. L. Linn & Miller，2005，p. 174）

二选一的题目允许我们在短时间内提大量问题，进而可以提高我们对考虑之中的领域抽样的代表性。尽管如此，我们应该牢记学生仅凭猜测也能做对许多题目，进而，编写好的二选一题目可能比你想的更难。下面是几条指导方针：

• **改变说法，不要把它们从教材或其他学习材料中逐字逐句照抄呈现给学生。**当学生得知我们要评估它们的真实理解而不是死记硬背时，他们更有可能进行有效学习（如有意义的学习、精制加工等）。

• **撰写清晰的可以反映一个或另一个选项的题干（例如，很明确是对或错的题干）。**有丰富知识的学生应该能够很确定地对题目做出反应，而不会有部分正确、部分错误的情况出现。当题目中包含不精确的词（如有时、经常）时，即使最好的学生也必须去猜测我们在出题时到底想说什么。这种猜测会导致学生的总体表现中出现一个更大的误差因素，从而削弱测验的信度。

• **避免过分使用否定的尤其是错误的题干。**考虑下面的判断题：

两块磁铁的南极不会相互排斥。

在人类文明史中，动物驯化的开始同人类的定居方式无关。

这些题目难以回答吗？题干中的否定词（第一个题目中的“不”和第二个题目中的“无”）使你感到困惑吗？对错判断题中的否定词或前缀（如，no，not，never，un-）常会导致困惑，特别是当题干本身就是错误的时（刚才呈现的两个题目都是错误的）。

**匹配题**

匹配题会呈现两列单词、短语或数据，学生必须将第一列中的每个条目同第二列中的适当的条目相匹配。匹配题非常适用于那些容易配对的题目——词和词义、国家及其首都等。当我们的教学目标仅仅是这类事实知识时，匹配题提供了一种有效评估的手段。下面是建构这类题目的两条指导方针：

• **使每一列中的条目同质。**考虑下面这个来自世界史考试的匹配题。

将右边的每一项都同左边相应的描述连起来：

| | |
|---|---|
| A. 击沉很多英国船只的德国战舰 | 1. 乔治·帕顿 |
| B. 日本进攻珍珠港的年份 | 2. 斯匹伯爵号 |
| C. 1939 年被德国入侵的国家 | 3. 波兰 |
| D. 率领美国士兵进入意大利的将军 | 4. 1941 年 |

即使你对第二次世界大战一无所知，你也可以很轻易地做对这些题目。因为每一列中只有一个国家、一个年份、一个人名和一个战舰名称，因此很容易推断出正确的对应关系。相反，如果每一列中条目都是相同类别的成员，提供给学生的用于参考的线索就会很少了。

564 • **使一列中的条目多于另一列。**考虑如下有关人类消化系统的匹配题目：

将下列消化系统的各个部分的功能同其发生的部位连接起来。右边的条目只能使用一次。

| | |
|---|---|
| 1. 悄悄地向口腔分泌酶 | a. 胰腺 |
| 2. 将食物同消化酶相混合 | b. 肝脏 |
| 3. 分泌胆汁 | c. 胃 |
| 4. 分泌胰岛素 | d. 唾液腺 |

即使你对人的消化所知不多，你也能辨认出一些正确答案。并且如果你做对了四个中的三个，通过简单地排除你就能够做对第四个了。但是请你看一下另一种出题的形式。

请将下列消化系统的各个部分的功能同其发生的部位连接起来。右边的条目可以多次使用。

1. 悄悄地向口腔分泌酶　　　　a. 结肠
2. 将食物同消化酶相混合　　　b. 胆囊
3. 分泌胆汁　　　　　　　　　c. 胃
4. 分泌胰岛素　　　　　　　　d. 唾液腺
5. 存储食物　　　　　　　　　e. 肝脏
　　　　　　　　　　　　　　f. 大肠
　　　　　　　　　　　　　　g. 胰腺

这时排除法不起作用了，胃的正确选项是 2 和 5，而右边有三项根本没有同左边有任何对应。

**多选一的题目**

多选一的题目由一个问题或一个不完整的陈述（题干）和一些选项构成。在多数情况下，每个题干或问题只有一个正确选项，其他（不正确）选项是干扰项。

在众多我们使用的再认题型中，大多数评估专家基于以下两条原因推荐多选一的题目。第一，学生单纯靠猜测答对的题数相对较少，特别是同对错判断或其他二选一题目相比。当多选一的题目有四个选项时，学生通过猜测只能猜对 25%。第二，在所有再认题型中，多选一的题目非常适合于测量高水平的思维技能。但是，多选一题目不能评估所有的技能，例如，不能评估学生的组织和有条理地表达观点的能力，也不能评估在真实生活情境中的实际表现水平。

如果多选一的题目适合你想要测的知识和技能，下面是需要牢记的几条指导方针：

• **呈现的迷惑选项对那些掌握了你所要测的知识的学生而言应该很明显是错的，而对那些没有掌握的学生而言，它们应该貌似是正确的。**例如，假设告知学生手铐（manacle）是"一种用以束缚一个人的手或腕的装备"。学生随后考虑一个词汇测验中的如下项目：

下列哪个词或短语的意思更接近于手铐（manacles）?

a. 手铐（handcuffs）　　　　b. 脱离控制（out of control）
c. 矫正单眼视力的眼镜　　　d. 附着在坚硬物表面的海洋生物

（正确答案是 a）

那些没有掌握手铐的真正意思的学生可能会想"manacle"这个词可能和"mania" 565
（躁狂）有一些联系（因此选择 b）；也可能会与"monocle"（单片眼镜）或与一种"barnacle"（北极鹅）弄混，因此误选 c 或 d。

• **避免在题干和选项中同时使用否定词。**在两个地方两次使用否定词会产生一个让学生难以理解的双重否定句。考虑下面的题目，是模拟从出版商推荐的（为教育心理学教材设计的）测验题或题库中找到的一个题目：

下列选项中哪一项不是天才学生（与他们的同班同学相比）具备的特征：

a. 他们没有其他同学年龄大（they are not as old）
b. 他们身体不协调（they are physically uncoordinated）
c. 他们在社交场合不会觉得不舒服
d. 他们在标准化成就测验上的表现不差

觉得迷惑吗？你会发现很难理清句子中的否定词以确定哪个是对、哪个是错（这里的正确答案是 b，与大众的刻板印象相反，平均来说，聪明的学生在身体上同一般的学生一样协调）。

• **少用"以上都对"或"以上都错"。**列出三个正确选项然后加上一个"以上都对"作为第四个选项，这是撰写多选一题目的简便途径。然而，我作为一个学生的经验告诉我，"以上都对"更有可能是正确答案，并且许多学生告诉我，他们已经发现了这一点。当我告诉学生选择"最好"或"最准确"的答案，并给他们"以上都对"或"以上都错"供选择，他们往往会很迷惑不知道该怎么做。

• **避免有提示正确答案的逻辑线索出现。**

下面是消除多选一题目暗示正确答案线索的几条途径：

使一道题的所有选项在语法上都同题干保持一致，以便每个选项放入题干中都能构成一个完整的句子。

所有选项在意义上都是完全不同的词。

• 不要在一道题呈现的信息中泄露另外一道题的答案。
• 使所有选项在长度和概括性上保持相同（测验编写的新手倾向于使正确答案比迷惑选项更长、更具体）。

**简答题和填空题**

简答题是提出一个需要用一个词或数字、一个短语或两三个句子回答的问题。填空题呈现的是一个让学生去填补完整的有空白的句子。这两种题型都要求学生回忆而不是再认，但是非常适合于评估学生的低水平技能，因为对学生反应的评分变得更为主观，因而信度有所降低。下面是编写简答和填空题需要牢记的两条指导方针：

• **指明需要反应的类型。**考虑下面来自中学的科学测验题目：

解释为何冬天比夏天冷？

学生能够就这一话题写上几段话。幸运的是，出题的老师给出了学生如何回答本题及其他题目的指导：为下列每道题给出简要的回答（1～2 句），你必须使用完整而清晰的陈述句，请以题目的一部分作为开头引出你的回答。

• **对于填空题而言，每题只包含 1～2 个空。**过多的空会使题目很难或者无法理解，为了搞清我的意思，尝试完成下列有关本章前面呈现的内容的填空题：

建构一个高________的评估工具可以通过开发一个描述________和________的________来实现。

你觉得做这个填空题困难吗？题目中有太多的空以致我们很难知道应该填什么信息（正确的答案是"内容效度"、"涵盖的主题"、"与每个主题相关的学生的行为"、"细目表"）。

**应用题和材料解释题**

在应用题中，学生必须操纵或整合数据并找到一个解决新问题的方案，我们经常把数学领域的应用题看成这类题型，但我们也可以在其他学科中使用这一题型。下面是科学领域的一个例子：

你有一个装有 4 升 60 度热水的容器和一个装有 1 升 10 度冷水的容器，若将两个容器中的水混合，水温将会是多少？

材料解释题会给出学生新的材料（例如一个表格、图画、地图或文本材料），要求他们分析材料并从中得出结论[10]。图 15—4 是个例子，另外在第 8 章的图 8—6 提供了另外一个例子。

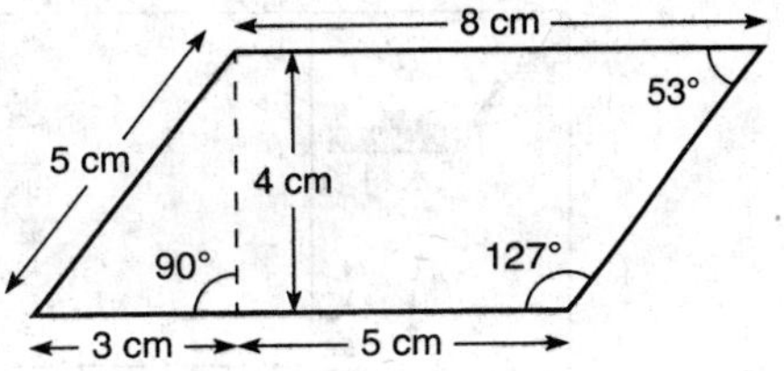


图 15—4 平行四边形

应用题和材料解释题经常涉及高级的思维技能（如分析、综合和批判性思维等），因此特别适合于评估学生将所学迁移到新情境中的能力。这类题型的开发比较耗时，但如果我们能以更高的效度来评估这些重要的教学目标，耗时也是值得的。下面是适用于应用题和材料解释题开发的两条指导方针：

- **使用新的例子和情境。**当你给学生呈现他们先前遇到过的应用题或解释性的材料时，学生会正确地解答，因为他们记住正确答案了。我们只有要求学生将所学应用到新背景中时才能评估其迁移能力。

- **包含无关信息。**在初中或高中的某个时期，你很肯定已经学会了怎样计算平行四边形的面积。如果这样，试着去计算下面平行四边形的面积（见图 15—4）。如果你记得平行四边形的面积公式（面积＝底 * 高），你很容易就能算出正确答案（$32cm^2$），但是如果你忘记了公式，你会被图中提供的信息引得误入歧途。

我们添加无关信息的目的并不是使题目或练习变难，只是为了使评估活动尽可能同真实生活情境相似，外部世界通常会提供大量同当前任务无关的信息，学生最终必须决定哪些信息是有关的。

**论述题**

论述题要求学生撰写一个冗长的言语反应——至少一段，也可能是几页。当我们需要学生表现出他们的写作能力或高水平思维技能时，论述文特别有用（例如分析一篇文学作品或比较两个观点）。然而，论述题有两个严格的限制，第一，学生在一次评估中只能对很有限的几个题目做出反应，因而限制了对某个内容领域的抽样规模（因此限制了内容效度）。第二，评分是一个耗时而且主观（因而有些不可靠）的过程，特别是当题目需要冗长的相对无结构的反应时。下面的指导方针可能有助于在保证信度和效度的前提下从论述文中获得的信息最大化：

- **提出若干个需要简短反应的论述题，而不是只提一个需要长篇大论的论述题。**那些只包含一两道需要长篇大论的题目很少反应某个特定内容领域的代表性的抽样，并且评分的误差会严重影响学生的总分。在很多情况下，我们应该选择下述两种方法中的一种：(a) 包含几道简短的论述题；或 (b) 将一些可以简单迅速回答的题目和一两道论述题结合起来。

- **给学生一个作答的框架。**考虑下面一个来自美国历史课的论述题：

列出美国革命的三个原因。

老师到底要学生回答什么？一个学生可能简单写上几个词“印花税法案”、“波士顿大屠杀”、“《英军驻宿法案》(quartering act)”。但另一个学生可能会写上几页来描述英国与日俱增的航海限制、殖民开拓者对征税怨气冲天却投诉无门、乔治三世皇帝对殖民开拓者的利益漠不关心。学生对无结构任务的反应可能有很多不同的方向，以致评分的一致性和可靠性无从谈起。尤其是在那些有大量材料存在潜在相关的情境中，学生需要获得哪些具体的内容需要阐述的指导。例如要评估对美国革命的原因的掌握程度，我们可以给学生做出如下的指导： *568*

找出 18 世纪六七十年代美国革命爆发的三项政策或三个事件。对每一条用 3～5 句话解释它们为什么增加了英格兰同美国殖民地的对峙。

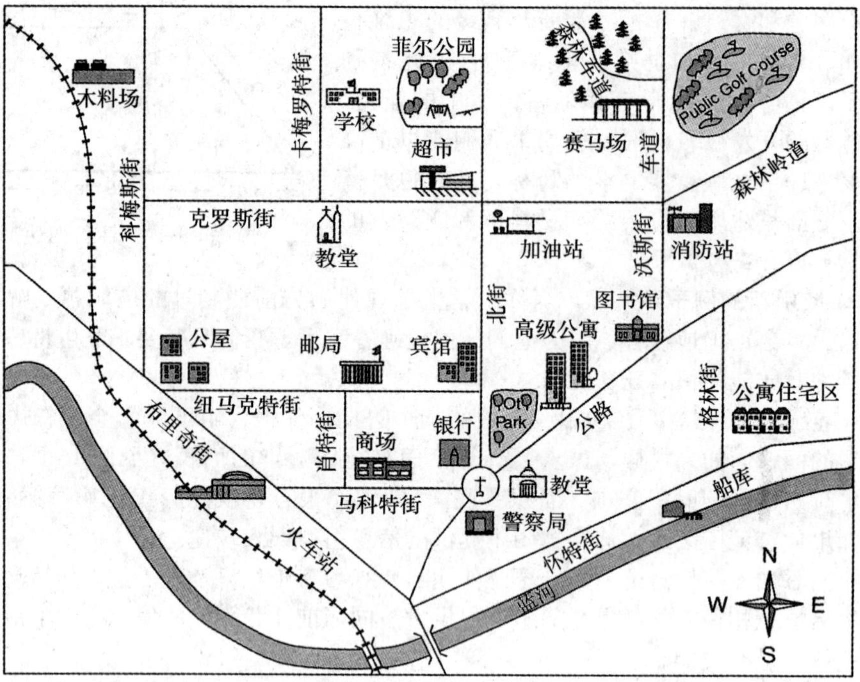


这里有一张名为里维德勒（Riverdale）小城地图。应用地理学的原理回答下列问题并解释你的理由。

1. 在这个城市的哪个地方你最有可能找到一个钢厂？
2. 在什么地方你最有可能发现高收入的家庭的住宅？
3. 城市的哪个区域看起来正在进行城市更新？
4. 你认为城市的哪个区域是交通最拥挤的？

答案：1. 在河流和铁路之间，水运和铁路运输易达的地方；2. 靠近赛马场和高尔夫场，因为赛马和高尔夫是流行且昂贵的娱乐项目；3. 城市的东南部，因为这里有豪华的别墅和公寓；4. 在南部的中心区是中心商业区。

地图来自“Reconceptualizing Map Learning”by J. E. Ormrod，R. K，Ormrod，E. D. Wagner，and R. C. McCallin，1988，American Journal of Psychology，101，p. 428. Adapted with permission of the University of Illinois Press。

**图 15—5　一个解释题的例子**

- **提供一些答案可以清晰地被判别为对或错的题目。**考虑下面的论述题目：

如何最好地解决热带雨林不断消失的问题？

从这个问题上获得的学生观点很难被评为对或错。然而，我们没有必要将我们的论述题限制在只有一个正确答案的题目上。

考虑下面一个修改后的热带雨林问题：发展和阐述一种针对世界上热带雨林不断减少问题的解决方案，从造成热带雨林破坏的经济、社会和政治因素中的至少两个方面入手来提出你的解决方案。

学生的反应可根据他们提出的解决方案在多大程度上结合导致森林砍伐的因素来加以判断，这些因素在课堂上曾被讨论过或可以在教材上找到。

**编制纸笔评估的一般指导原则**

不考虑我们采用的题型，当我们编制和实施一个纸笔评估工具时，应该遵循如下的几条指导原则：

• **清晰而明确地定义任务。**同某些教师所认为的不同，通过给学生分派模糊的任务来评估他们的学习和成就时可以获取的信息很少（Sax，1989）。无论学生是否知道怎样对评估任务做反应，他们至少应该理解我们在要求他们做什么。

• **考虑给学生提供接触某些参考材料的机会。**在某些情况下，当学生完成评估活动时我们可能希望他们只有一个信息资源——他们的长时记忆。但在某些情况下允许他们使用参考材料（可能是词典、地图集或杂志文章）可能是合适的。那些允许使用参考材料的评估任务尤其适合于让学生定位、使用或分析而不是记忆。

• **提前做出评分标准。**我们应该在编制测验的同时找出正确答案，至少应找出好的答案的构成成分。在大多数情况下，我们应该与学生分享我们的评分标准，这样可以给他们提供一些怎样备考、怎样最大限度提高成绩的指导。而且我们应该提出当学生给出部分的正确答案、给出正确答案但包含额外错误信息或者出现许多语法错误或拼写错误时的评分指导。

• **将容易而简短的题目放在评估工具的前面，将更有挑战的题目放在末尾。**有些学生在做测验时很有策略性，先做快捷而简单的题目，不顾及题目的编排顺序；但其他同学则按题目的呈现顺序答题，有时会在一个题目（可能是论述题）上花费过多的时间以至于没有时间做其他简单的题目。通过以短的相对简单的题目开始测验，可以让学生放松些（因而使测验焦虑保持在一个起促进作用的水平上），并能确保学生在陷于很有挑战性的题目之前表现出他们的所知。在其他条件保持不变的情况下，当题 *569*
目按照从易到难的顺序排列时，学生的表现会更好（Gronlund，1993；Sax & Cromach，1966）。

• **设定学生作答的限制条件。**学生不可能总是明白我们期待他们在纸笔评估上做出怎样的反应，所以除了编制题目本身以外，我们应该编写如下具体的测验指南：

➢ 时间限制。例如，学生在每个题目上花多长时间，是否他们只有有限的时间完成整个评估。

➢ 理想反应的特点。例如，学生应该在选择题中选择一个最佳答案还是标出所有正确的选项。

➢ 记录反应的方法。例如，学生是在评估工具上答题还是在单独的答题卡上答题。

➢ 对猜测的接受程度。例如，学生对题目答案不确定时他是否应该猜测，或者将因错误答案而受到惩罚。

## 实施评估

当我们实施评估并对学生的反应评分时，我们必须继续关注纸笔评估的效度。例如，如果我们能将学生的评估焦虑保持在一个起促进作用的水平上，我们就更有可能获得学生知道什么、能做什么的有效指标。下面是评估实施过程中可以增加效度的三条策略：

• **提供一个安静舒适的环境。**学生在温度适宜、光线充足、空间大小适度和分心刺激少的环境中更有可能表现得更好。这些舒适因素对那些易分心、不习惯正式评估或不愿意用心的学生尤为重要。例如，评估环境对那些有学术失败或退学风险参加测验的学生尤为重要（Popham，1990）。

• **当任务不清楚时允许并鼓励学生提问。**即使经过深思熟虑，我们呈现的任务或问题仍有可能会不清楚、有歧义或有误导（尽管我有超过三十年的编制试卷和习题的经历，我有时仍会碰到学生以出乎我意料的方式来解释试题）。为了增大学生以我们期待的方式作答的可能性，我们必须鼓励学生无论在何时对一个题目不确定时都应该以提问的方式来加以澄清，这种鼓励对那些少数民族的学生尤为重要，因为他们当中很多人在正式评估中不愿提问（L. R. Cheng，1987）。

• **采取合理的措施以防止学生作弊。**学生作弊的普遍性会随着年龄的增大而增加，在高中，大部分学生会作一两次弊（Cizek，2003）。学生作弊有很多原因，有些学生对某一学科学习什么不甚关心，而对在评估中表现好更感兴趣，对他们而言，表现性目标远超过掌握目标。其他学生可能认为老师或家长对他们表现的期望太高，除了作弊以外这些目标无法达到，也就是说成功是在他们的掌控之外的。另外，学生可能认为某些评估（尤其是测验）编制的水平很差，评分主观或以其他某种方式不能很好反映他们的真正所学。有时，同伴之间也用言语或动作来表达作弊是可以接受的（E. M. Anderman，et al.，1998；Cizek，2003；E. D. Evans & Craig，1990；Urdan et al.，2002）。

如果学生在评估中作弊，他们的分数就不能准确地反映他们知道什么、能做什么。因此，分数的效度很低或没有效度。而且，如果学生发现作弊能使他们付出很少就能得
570 一个好分数，作弊就会成为一个习惯（Cizek，2003）。最好的方式是预防学生不会有第一次作弊。例如我们可以采取如下的预防措施：

在评估前的几周或几天：

➢ 将学生的注意力吸引到掌握目标而不是表现目标上。

➢ 让不作弊而取得好成绩成为可能。

➢ 编制评估工具使之对重要的教学目标有明显的效度。

➢ 具体解释什么是作弊，为何作弊是不可接受的。

➢ 解释作弊的后果。

在评估时：

➢ 使用两个或两个以上形式和内容等价但答案不同的评估工具。

➢ 任何需要个体工作（而不是团体协作）的评估都由老师指派座位。

➢ 学生之间的座位尽可能远。

➢ 在整个评估过程中，注意全体学生的表现，但不要总盯着某个学生。

尽管有这些合理的措施，如果作弊确实发生了，我们必须实施先前强调的惩罚。这种惩罚必须足够严厉以避免学生再次作弊，但也不能太过严厉以致影响学生长期学习成功的动机和机会（我通常要求学生重做任务，分数通常比他以其他方式获得的少）。然而，学生的最终分数应反映他学到了什么和没学到什么。基于这个原因，有专家（Stiggins，2001）认为作弊的惩罚不应该是整门课上的低分（或不及格），而应该表现在他对这门课的掌握程度上。

## 学生反应的评分

学生在纸笔评估上的评分经常被视为一种挑战，特别是当问题或任务是相当开放的时候。不同老师会给不同的标准赋予不同的权重，不同老师对同样作文的评分不同。事实上，在其他月份的评分可能同今天的也不同。

当我们评价学生在评估任务上的表现时，我们必须继续关注 RSVP 这四种特性。然

而，我们必须牢记我们最重要的目的不是评价而是帮助学生学习。下面所列的策略对于达成这一目的是有价值的：

• **用具体的术语对评分标准进行详细说明。**无论何时评价一个涉及对复杂表现进行主观评分的评估任务（如长篇的议论文、科学博览会海报或艺术项目）时，我们应该罗列出正确反应必须包含的成分或我们评价时将要考虑的特征，这样的列表被称为表现成分表（rubric）。表 15—4 显示的是一个 4 年级教师用来评价学生在数学应用题上表现的表现成分表。注意她是如何为她自己和学生的评价行为提供空间的。

**表 15—4　　评估 4 年级学生数学应用题作答的表现成分表**

| 元素 | 可能的得分 | 得分 | |
|---|---|---|---|
| | | 自己 | 教师 |
| 1. 你强调要解决的问题 | 2 | | |
| 2. 你选择了合适的策略 | 2 | | |
| 3. 卷面整洁有条理 | 2 | | |
| 4. 计算准确 | 2 | | |
| 5. 有解答 | 2 | | |
| 6. 你用文字写出了怎么解题的 | 5 | | |
| 总分 | | | |

• **除非明确评估写作技能，对语法和拼写的评分应同对学生作答内容的评分尽可能分开。**当评估英语熟练程度有限的学生时，这条建议特别重要（Hamp-Lyons，1992；Scarcella，1990）。 571

• **在对学生的作答评分之前，浏览一下几个学生的试卷，找出出人意料的答案，如果有必要则修正评分标准。**作为一个一般的规则，我们应该告诉学生我们将要使用的标准来评分。然而有时，我们可能需要调整一条或多条标准或增删一两条标准，以适应出乎意料的反应，提高我们对学生作答进行一致、公平和可靠评分的能力。任何调整都应该在开始评分之前进行，而不是评分评了一半再调整。

• **一题一题地评分而不是一份试卷一份试卷地评分。**当学生的作答涉及某些主观评分时，一题一题地评分更加可靠。给所有学生的第一题评分，然后给所有学生的第二题评分，以此类推。

• **尽量不让对学生表现的先前期望影响对学生实际表现的评判。**前面提到的晕轮效应和尖角效应会在正式或非正式评估中起作用。学生对纸笔评估工具的反应越复杂多样，我们对学生的反应做客观和可靠评分就越困难，我们对学生表现的期望使我们的评判产生偏向的程度就越大。像看完一题后重新打乱试卷顺序和用便签遮住学生姓名的策略可以帮助我们防止先前期望对评判产生不适当的影响。

• **在给学生报告总分时提供详细的反馈。**在我们对学生的反应评分时，我们应该牢记我们的评估不仅仅是确定学生当前的学业成就水平，还要提高学生将来的学业成绩。相应地，我们应该为学生提供详细的评语告诉他们什么做得好、哪里有欠缺以及怎样提高（Bangert-Drowns et al.，1991；Deci & Ryan，1985；Krampen，1987）。

## 纸笔评估的 RSVP 特性

纸笔评估怎样才能合乎 RSVP 特性的要求呢？让我们依次来考虑每一个特性：

**信度**

当纸笔评估任务有明确的对错答案时，我们对学生反应的评价通常具有高度的一致性。相比而言，当我们必须主观评价学生反应相对的对错时，信度不可避免地会降低。

**标准化**

作为一个一般的规则，纸笔评估更容易标准化。我们给所有学生提供相似的任务和指导语、时间限制、环境条件和以相同的方式评分。然而，我们可能不愿过分追求这一方面。例如，我们有时可能会允许学生选择一个写作主题，以此作为提高其自我决定感的途径（见第 12 章）。我们也可能需要调整评估任务以适应那些有特殊需要学生的特定能力或缺陷。

**效度**

当我们向学生提出一些只需简单反应（如对错判断、选择题和匹配题）的简短问题时，我们可以在一个相对较短的时间内从学生的知识体系中抽取很多主题进行评估。然后，这些题目可以为我们提供更高的内容效度。然而在某些情境中，这类题目无法反映出我们的教学目标。为了评估学生将所学知识应用到新情境的能力和解决问题的能力（特别是成人世界中普遍存在的定义不良的问题）时，我们可能需要使用一些需要长篇大论作答的任务，尽管这类任务提供的内容效度有限。

**实用性**

一般来说纸笔评估比表现性评估更加实用。例如，它通常不需要精心设计的设备，纸笔即可，并且我们可以同时评估所有学生的知识和技能。有些纸笔评估另外还有评分迅速、简单的优点。

因为纸笔评估是如此实用，以至于如果这一形式能够对学生的知识和技能产生有效的测量，它一般应该成为我们选择的方法，但是在那些不能清楚地反映学生已经学到了什么的纸笔评估中，我们不得不牺牲实用性，采用表现性评估来获得高效度。然而，在我们转到这个话题之前，让我们应用我们的所学到一个科学测验中去。

572 **分析教师的策略：生命机能**

下面是高中生物课的一个包括三个部分的测验。看下面的测验，考虑它的RSVP特性如何？

生命机能测验

1. 左边一列是一些术语，右边一列给出了一些定义，将右边一列中最符合的标号填在左边一列的相应位置。

| | |
|---|---|
| ________酶 | a. 简单物质向动植物组织内部分的过渡 |
| ________运动 | b. 从来不会有生命的物质 |
| ________自我修复 | c. 将消化的食物转化为新的生命材料 |
| … | … |

（20 条术语和 20 条定义，其他省略）

2. 草履虫是单细胞生物，找出另外三种单细胞生物____________。

3. 列出任意五条生命机能，并描述草履虫是如何表现这些生命机能的。

这个生物测验相当实用：它很容易施测和评分，它可以很容易地对所有人以一致的标准化方式施测。第一题和第二题因为答案可以有很明确的对错之分，所以可以做一致而可靠的评分。第三题也可以很可靠地评分，草履虫是相当简单的，因而对它的基本生命机能（它怎样繁殖、怎样移动等）的描述是相当直接的。这个测验最大的问题是效度问题：第一题和第二题需要的只是死记硬背，第三题考的是死记硬背还是其他更有效的学习过程（例如，有意义的学习、精制加工）取决于教师在课堂上是否专门向学生讲述过草履虫如何表现不同的生命机能。我们可以做出合理的假定：高中科学课的教学目标不应限于低水平的技能，但这个测验能反映的只有这些。

## 表现性评估

多种表现性任务可以用来评估学生对课堂主题的掌握程度，下面是许多可能性中的几个例子。

✧ 求职面试中的角色扮演。

✧ 演奏一种乐器。

✧ 修理一台坏掉的机器。

✧ 加入到一场关于某个社会问题的讨论中去。

✧ 辨认某种未知的化学物质。(Gronlund，1993；C. Hill & Larsen，1992)

表现性评估非常适合于评价复杂的成就，例如那些涉及对一组数字排序的技能，它也非常适合于评估类似于问题解决、创造力和批判性思维这类高水平的认知技能。而 573
且，表现性任务经常更有意义、更能激发思维、更加真实，因而比纸笔评估更能激发学生的动机（Khattri & Sweet，1996；Paris & Paris，2001；D. P. Resnick & Resnick，1996）。

### 选择合适的表现性任务

当我们为表现性评估选择任务时，我们必须以那些我们希望通过学生的表现推断出什么样的特定结论为指导。我们必须考虑特定任务是否使我们能够对学生在考虑之中的内容领域知道什么、能做什么做出合理的一般化解释（Popham，1995；Wiggins，1992）。让我们先考虑四对不同的概念，这可以帮助我们专注于以下四个方面来选择最合适的任务：产品 Vs 过程；个体表现 vs 团体表现；受限制的表现 vs 扩展的表现；静态评估 vs 动态评估。

**产品 vs 过程。**有些表现性评估关注的是学生创造的具体产品，可能是纸笔绘画、科学发明或是海报展览。在那些没有具体产品的情境中，我们必须关注学生表现的特定行为或过程——例如做一个口头报告、演示一个前滚翻或单独演奏一种乐器。

当我们关注的是过程而不是产品时，在某些情境中我们可能对学生的思维过程感兴趣。例如，我们想确定学生是否形成了某些皮亚杰所描述的具体运算或形式运算的能力（如守恒、乘法分类、变量的分离与控制），我们可以给学生呈现类似皮亚杰使用过的任务，然后要学生解释其推理过程。当我们要求学生操作物体（如化学实验室中的化学物质、物理课堂上的电路板）时，我们可以了解很多学生是如何对科学现象进行概念化和推理的知识，也可以预测在不同情境下会发生什么，并解释他们的结果（Magnusson，Boyle & Templin，1994；Quellmalz & Hoskyn，1997）。

**个别表现vs团体表现。**很多表现性评估任务要求单个学生在没有或很少有他人帮助的情况下完成任务，另外一些任务相当复杂所以需要一组学生来完成。例如，我们可以用一个如下的小组合作项目来评估学生对城市地理的一个单元的掌握程度。

- ✧ 第一，在城市地图上选择一个街区。
- ✧ 第二，通过列一个其建筑、商业、住房和公共设施的清单来找出其当前的特征，当然也找出当前的交通方式及交通量的信息。通过这些信息，找出这个街区的具体问题，如住房的破旧、交通拥堵或犯罪率高等。
- ✧ 第三，作为一个小组，找出改善和提高这个街区居住条件的各种计划。(Newmann，1997，p.369)

这样一个任务要求学生系统地收集数据，从数据中得出结论并做出预测，大体上像一个城市规划专家那样进行思考(Newmann，1997)。

使用团体任务用于评估目的的一大挑战是如何确定每个学生的贡献。通常，老师会分别考虑每个学生的行为和成就，例如，每个学生对团体做出了怎样的贡献？贡献有多大？学生在项目结束时学到了什么？另外还有整个项目的完成情况如何。(Lester，Lambdin & Preston，1997；Stiggins，2001)

**受限制的表现vs扩展的表现**　有些表现性任务很短，也就是说它们涉及受限制的表现。例如，在器乐课开始，我们可能会要求学生演奏C大调(C-major Scale)以确信
574 每个学生都能在自己的乐器上演奏它。在化学课上，我们可能会要求学生在学习实验之前演示基本的安全程序。

当我们要确定学生在几天或几周时间内能做什么时，我们要评估扩展的表现(Alleman & Brophy，1997；De Corte et al.，1996；Lester et al.，1997)。扩展的表现性任务给学生提供收集数据、进行合作式的问题解决及编辑和修改其成果的机会。很多扩展的表现性任务体现了真实性评估。它们与学生在真实世界碰到的问题和情境非常相似，因为扩展的表现性任务需要大量的时间，当且仅当要评估的成就是最重要的且居于教学目标的核心时我们才会用它。

**静态评估vs动态评估**　无论纸笔评估还是表现性评估，大部分评估关注的是学生已经存在的能力和成就。当孤立地使用某个评估工具时，它们并不能具体阐明学生在一段时间内是怎样学习和改变的。你可以把它们看成静态评估，静态评估同维果斯基的实际发展水平(actual developmental level)的概念是一致的。它反映了学生自己能轻易地完成某个任务的能力(见第2章)。

近年来，一些理论家提出一种名为动态评估(dynamic assessment)的表现性评估发展的新方向(e.g.，Lidz & Gindis，2003；L.A.Shepard，2000；H.L.Swanson & Lussier，2001)。这种取向认为教师应该评估学生在成人帮助或某种形式的支持下学习新知识的能力，而不是找出学生已经学会了什么。具体而言，动态评估涉及如下几条：

1. 找出学生一开始不能独立完成的任务。
2. 提供与任务有关的在行为和认知过程方面的深度指导和训练。
3. 确定每个学生从教学中获益的程度。(Feuerstein，1980；Kozulin & Falik，1995；Lidz & Gindis，2003；Tzuriel，2000)

这个取向反映了维果斯基最近发展区的思想，并能告诉我们学生在适当的结构和指导下能做什么。因此它更适合形成性评价而不是总结性评价。当用作形成性评价的工具时，动态评估可以提供学生在认知策略和学习方法方面的大量信息(Feuerstein，1979；

Hamers & Ruijssenaars，1997；Tzuriel，2000）。

## 计划和实施评估

前面所述的编制纸笔评估工具的三条指导方针对表现性评估同样重要：

- 清晰明确地定义任务。
- 事先确定评分准则。
- 当任务不清楚的时候鼓励学生提问。

实施表现性评估有如下额外的三条指导方针：

- **考虑将评估融合到正常的教学活动中去。**如果我们将教学和评估并入同一个活动中去，我们就能更有效地利用与学生相处的有限的时间（Baxter et al.，1996；Boschee & Baron，1993；Kennedy，1992；Stiggins，2001）。进而学生不会轻易将课堂环境看作评价性的和有潜在威胁的，结果他会有更高的自我决定感并更愿意冒险。在下列练习中，我们会看到一个怎样将评估包含到课堂评估中的例子：

### 解释学生的作品和行为——生日表 575

在学年初的一个关于图表的单元，1 年级教师苏珊·欧·布莱恩发放了一个有 12 个月份的表格。她要求学生在教室内随意走动，收集其他每个人的签名，签在相应月份的旁边；这样，学生会完成一个显示一年 12 个月中每个月有多少人出生的表格。一个学生完成的表格如右图所示，观察并思考：

哪些学生理解了问题的本质？哪些没有？

学生完成这个任务时有哪些困难？

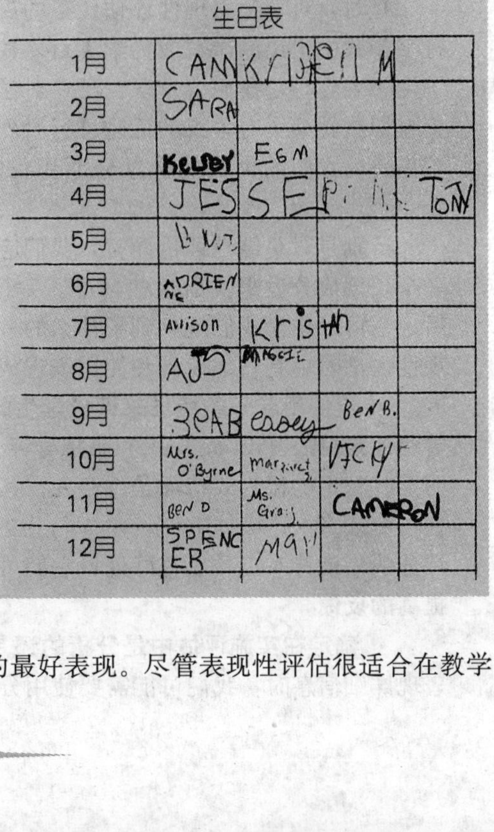


许多学生似乎掌握了过程的窍门。例如，Cam、Sara、Kelsey、Adrienne 和 Spencer 都把他们的名字写在表的一个格子里。然而，有些学生（Kristin、Jesse、Kristah 和 Cameron）用两个格子来写自己的名字。这可能是因为（a）他们没有掌握一个名字占一个格子的要求，（b）他们不能把名字写得足够小到只占一个格子，而且不知道如何解决这个问题。注意有两个名字较长的学生 Adrienne 和 Spencer 通过在一个格子里把名字写成两行解决了这个问题。Mge 有别的问题：以传统的从右到左的方式写下自己的名字。

当我们将表现性评估融合到教学活动中去时，我们必须牢记我们不能对所有学生的施测条件标准化，我们未必能看到学生的最好表现。尽管表现性评估很适合在教学过程中给学生提供反馈和帮助，但是在评价学生达到了什么水平的总结性评价中这样做却并不合适（L. M. Carey，1994)。在有些情境中，我们可能希望实施一个独立于教学活动的评估，提前告诉学生，并提供一些指导，以使他们表现得最好（Stiggins，2001)。

• **给学生提供一个结构以指导他们在表现性评估上付出努力，但这么做的前提是不要太削弱任务的可靠性。**特别是当我们实施一个总结性评价时，我们应该在一定程度上构造一个表现性评估。例如，我们可以给学生提供应该完成什么、可以使用什么材料和器材、用多长时间来完成的详细指导（Gronlund，1993；E. H. Hiebert，Valencia & Afflerbach，1994；Stiggins，2001)。这类结构有助于评估的标准化，因而使我们更可靠地评估学生表现。

576 但是太多的结构会降低表现性任务的效度。当我们要使表现性任务同真实世界情境中没有太多框架的任务更为相似时，给评估任务强加大量的框架是很有问题的。因此，我们必须寻求一种好的形式，提供足够的框架指导学生，但又不会太多导致学生不能在评估中关于如何进行做出自己的决策。

• **计划课堂管理策略为评估活动做准备。**当我们实施一种表现性评估时，我们必须将第 14 章讲的课堂管理的重要原则应用到实践中去：即高效的教师对学生正在做什么有持续的意识（洞悉），并且他们确信学生总是建设性地投入到学习活动中去。当我们一次只能评估一个或几个学生时，我们必须确保其他学生都主动投入到学习活动中去了（L. M. Carey，1994)。例如，在一次英语课上，当一个学生正在做口头报告时，我们可以让其他学生迅速记下他们感兴趣的事实、不同意的观点以及有疑惑的问题。在足球课上，当一些学生展示他们带球和传球的能力时，应该让其他人成对练习步法。

## 对学生反应的评分

有时，对学生表现性评估任务的反应可以客观地评分。例如，我们可以轻易地数出打字测验中出错的次数或为学生百米冲刺上的表现计时。但是更多的时候，当我们评估学生的表现时，我们会发现自己在对学生的表现做主观评定。学生做口头报告、创作黏土雕塑或就某个有争议的话题进行激烈辩论都没有鲜明的对错标准，结果，如果我们一不小心，我们的判断就会过分地受我们对学生期望的影响（L. M. Carey，1994；Stiggins，2001)。

特别是对总结性评价而言，我们应该认真地考虑我们用以评价学生的标准，并编制一个表现成分表来找出这些标准。一个表现成分表可以在评价的过程中指导我们，其后，它可以作为我们观察到了什么的一个书面记录。下面的策略可以帮助我们在实施表现性评估时更有效地设计和使用表现成分表：

• **当使用若干条标准来评价学生的表现时，编制一个或多个核查表（checklist）或等级评定量表（rating scale）来指导评分。**有些任务适合于用核查表，我们可以用它表明某些特定的行为或特征是否存在；其他任务更适合于用等级评定量表，我们可以用它在一个或多个连续体上评价学生行为的某个方面（见表 15—5)。这两种取向都能提高评分的信度并对工具也有好处：它们可以找出具体的难点，并为学生提供他们可以怎样提高的反馈。

• **确定在实施评估中是分析的还是整体的评分更适合你的目的。**当我们需要学生表现详细信息时，我们可能需要使用分析性评分（analytic scoring)，这可以让我们用核查表或评定表分别评价学生表现的某个方面。相反，当我们需要用一个单一的分数总结学生的表现时，我们可能需要使用整体性评分（holistic scoring）。这可以让我们考虑所有相关的标准，但只给一个分数。例如，我们可能有一个 1～5 分的评定量表，这个量表用不同的得分描述一般总体表现。分析性评分在形成性评价和促进学习方面更为有用，而整体性评分常用于总结性评价。

• **为期望反应的最重要的方面限定评分标准。**评分标准应该关注重要的熟练指标的表现，并同教学目标密切相连（Stiggins，2001；Wiggins，1992）。标准应该相对较少（不多于五六条），以便我们在观察学生的表现时能够把握它们（Airasian，1994；Gronlund，1993；Popham，1995）。

**表 15—5　　核查表和评定量表** 577

涂抹清漆的核查表

____磨光并准备好待上漆的表面。
____轻滑地将漆涂到表面。
____从中央到边缘粉刷。
____刷子上有木屑。
____用合适的物品清洗刷子。
____打扫工作场所。

工作习惯核查表

____遵循指导。
____需要时寻求帮助。
____同他人协同工作。
____轮流使用材料。
____同其他人分享材料。
____尝试新的活动。
____将器材放回合适的位置。
____打扫工作场所。

科学实验室使用评定量表

1. 选择合适的器材

| 1 | 2 | 3 | 4 | 5 |
|---|---|---|---|---|
| 需要别人告知使用何种器材 | | 选择时需要一些帮助 | | 不需帮助就能选择合适的器材 |

2. 正确地组装器材

| 1 | 2 | 3 | 4 | 5 |
|---|---|---|---|---|
| 在组装大多数部件时需要帮助 | | 组装部分部件时需要帮忙 | | 迅速而准确地完成组装 |

• **尽可能明确而具体地阐明标准。**类似于“优异”或“需要提高”之类的标准不能 577
告诉我们太多东西，也不能为学生提供很多指导其将来如何努力的反馈。当我们的标准关注具体的可观察的行为或产品的品质时，我们可以更加客观和可靠地对学生的表现评分，也可以提供更多有用的反馈（R. L. Linn & Miller，2005；Stiggins，2001；Wiggins，1992）。例如，第 13 章描述了一个 8 年级历史教师在一个关于美国殖民地的单元使用的合作小组活动（见图 13—6）。表 15—6 呈现了同一个教师使用的用以评价学生表现活动不同方面的表现成分表。

**表 15—6　团体项目表现成分表**

下述的表现成分表将会帮助学生理解团体项目的各个部分的期望，数值代表掌握水平，数值越大代表掌握程度越高。

| | | | | | |
|---|---|---|---|---|---|
| 提纲：在对重要信息进行总结时，提纲既有组织，又简洁。 | | | | | |
| 组织：提纲的格式与课堂上讨论的格式相一致并与书本相一致。 | 5 | 4 | 3 | 2 | 1 |
| 清晰：提纲的文本以一种有助于学生充分理解的方式组织。 | 5 | 4 | 3 | 2 | 1 |
| 信息：提纲的信息切中题意但不会超过一页纸（两面）。 | 5 | 4 | 3 | 2 | 1 |
| 解释的艺术性：创造性的项目显示子章节中的若干重要信息。 | | | | | |
| 创造性：产品反映了先前的想法、努力和艺术性。 | 5 | 4 | 3 | 2 | 1 |
| 解释：产品适当地代表子章节中的材料。 | 5 | 4 | 3 | 2 | 1 |
| 吸引力：最终产品体现了组织性，并用色彩、大小和高品质吸引观众。 | 5 | 4 | 3 | 2 | 1 |
| 棋盘游戏：棋盘游戏是用来娱乐的，每次用大约十分钟来教三四个学生子章节的信息。 | | | | | |
| 信息：游戏提供了一种测试学生掌握分派的子章节知识的方法。 | 5 | 4 | 3 | 2 | 1 |
| 创造性：游戏反映了先前的想法、艺术性和想象力。 | 5 | 4 | 3 | 2 | 1 |
| 应用：游戏可以有效地帮助学生将他们所学的子章节知识应用到游戏的规则和组织中去。 | 5 | 4 | 3 | 2 | 1 |
| 家庭作业：家庭作业在讲课的前一天布置，要求学生阅读书本并完成作业。 | | | | | |
| 组织：布置的作业使课堂上的每个学生都对理解关键知识负有责任。 | 5 | 4 | 3 | 2 | 1 |
| 原创性：作业显示想象力和努力，以创新方式帮助学生学习。 | 5 | 4 | 3 | 2 | 1 |
| 信息：家庭作业陈述清晰，并关注那些有助于学生理解材料的重要信息。 | 5 | 4 | 3 | 2 | 1 |
| 小组报告： | | | | | |
| 做好准备：每个成员都为呈现有关材料的全部知识做准备，他们的准备是以小组介绍时的自信心来表现的。 | 5 | 4 | 3 | 2 | 1 |
| 清晰性：介绍的信息组织合理、陈述清晰，小组成员和其他同学有目光接触并通过对材料的理解来吸引学生。 | 5 | 4 | 3 | 2 | 1 |
| 组织性：小组成员成功地组织小组报告，留有时间和空间（报告既有条理又流畅），使学生能够获得对材料的清晰理解。 | 5 | 4 | 3 | 2 | 1 |

8 年级历史老师马克·尼克斯使用这个表现成分表来评价学生在关于美国殖民地经济的合作式团体项目上的表现，这个项目在第 13 章的图 13—6 上有所描述。

- **对学生表现的任何一个表现成分表没有阐述的重要方面都应该做笔记。**表现成分表很少是完美的，无论何时我们将复杂任务上的表现分解为若干相互分离的行为，我们都可能会丧失一些有价值的信息（Delandshere & Petrosky，1998）。因此我们用表现成分表来帮助我们对表现评分，我们有时需要记下学生表现的有价值的信息。当然，我们的评分过程既没有标准化也不可靠，但它有时对我们找出学生独特的优点和需要是有帮助的，并可以帮助我们筹划将来的教学。

## 表现性评估的 RSVP 特征

同传统的纸笔评估相比，表现性评估技术是教育情境中相对较新的技术。因此，心理学家和教育家只是刚刚开始考虑与之相关的信度、标准化、效度和实用性的问题。

**信度**

研究者报告了表现性评估的不同程度的信度（S. Burger & Burger，1994；R. L. Linn，1994；Shavelson，Baxter & Pine，1992；D. B. Swanson et al.，1995）。评估结果在一段时间内经常不稳定，不同教师对相同表现的评定也会有差别。

可能有如下的原因来解释许多表现性评估效度低的原因（L. M. Carey，1994；Wiley & Haertel，1996）。首先，学生并不总是表现出一致的行为，即使是在一个简单的篮球投篮活动中，学生可能投中也可能投不中。其次，有时我们需要很快地评价复杂行为的不同方面，有些事情发生得很快，以至于我们漏掉了学生表现的重要方面。最后，信度的一种形式——内部一致性（见表 15—2），对复杂的多层面的行为不适合。

有这么多局限性，单一的表现性评估可能不是学生已经获得什么的可靠指标，相应的，我们应该要求学生在不止一个场合表现与重要的教学目标相关的行为（Airasian，1996；L. M. Carey，1994）。并且，无论何时，只要有可能，我们都应该请不止一个评定者评价学生的表现。

**标准化**

有些表现性评估很容易标准化，但其他则很困难。如果我们想评估打字能力，我们能很容易地为每个人设置相同的指导语、任务和时间限制。但如果我们需要评估艺术创造性，我们可能需要在他们使用的材料和创作的作品方面给学生宽松的限制。在这种非标准化的情境中，使用多种评估并考查学生在几个不同场合中表现的一致性是非常必要的。

**效度**

正如前面提到的那样，表现性评估任务有时能提供学生在教学目标相关方面的领域达到何种水平的有效指标，然而，学生在单一的表现性评估任务上的反应通常不是他们整体成就的优良指标（Koretz，Stecher，Klein & McCaffrey，1994；R. L. Linn，1994；Shavelson et al.，1992；D. B. Swanson et al.，1995）。在这里内容效度是一个问题：如果我们的时间仅够评估学生在一两个复杂任务上的表现，我们可能得不到一个学生学会了什么及能做什么的有代表性的样本。并且，任何影响我们判断的偏差（如对特定学生能力的偏见）会扭曲我们对学生表现的评价——尖角效应和晕轮效应可能会不止一次起作用（Airasian，1994；L. M. Carey，1994）。

作为一个一般的规则，接着我们通常需要实施几个不同的表现性任务，或者在不同条件下实施同样的任务，以保证我们的结论有相当的效度（R. L. Linn，1994；Messick，1994a；Stiggins，2001）。从效率的角度看，我们可能需要把这些评估活动的一部分合并到日常教学活动中去（Shavelson & Baxter，1992）。

**实用性** *580*

遗憾的是，表现性评估通常不如传统的纸笔评估实用（L. M. Carey，1994；Hambleton，1996；Popham，1995）。实施一个评估可能是非常耗时的，特别是当我们每次只能观察一个学生或是当他们必须参加相对复杂的任务时。另外，我们可能需要相应的设备来实施评估，可能每个人要有一个个人设置（personal set），但是我们必须仔细考虑表现性评估的收益能否大过其不实用性（Messick，1994a；Tzuriel，2000；Worthen & Leopold，1992）。

正如我们刚刚看到的，表现性评估可能不可靠、不实用，并且它可能提供不了一个学生学到了什么的充分的样本。但是，在很多情境中，它们同我们为学生制定的长期目标更类似，因此是学生成就的一个更有效的指标。随着教育者使用表现性评估获得的经验逐渐增多，无疑会出现对学生表现的日渐有效、可靠并且实用的测量。同时，最好的策略是同时使用纸笔和表现性评估来对学生的成就做出结论。

从这点看，你应该处在一个相当好的位置来辨别有用、可靠的评估和无效、不可靠的评估。在下面的练习中，你可以应用你所学的到实际的评估工具中去。

580 **解释学生的作品和行为：金靴岛**

一个 7 年级社会学研究课的班级正在学习海拔和地形图的技术和公约。下面是一张某个单元家庭作业的海岛图。12 岁的弗朗西斯科在这个作业上的反应也呈现在这里。观察他的作业：

- 用 RSVP 四个特征的术语分别评价这个作业。
- 找出弗朗西斯科的反应的长处和不足。

海岛地图作业

1. 使用 15 英尺的等高间隔（contour interval）和 1 英寸比 1 英里的比例尺，编制一个海岛的等高线图。

   A. 从东到西是 6 英里且从北到南是 4 英里吗？

   B. 最高海拔是 124 英尺，但起伏的最低高度是 105 英尺吗？

   C. 东边是最陡峭的吗？

   D. 有条小溪从海拔 90 英尺的地方起源，然后在西海岸入海吗？

2. 画两张海岛的轮廓图，一张显示海岛从东到西，另一张显示从南到北。

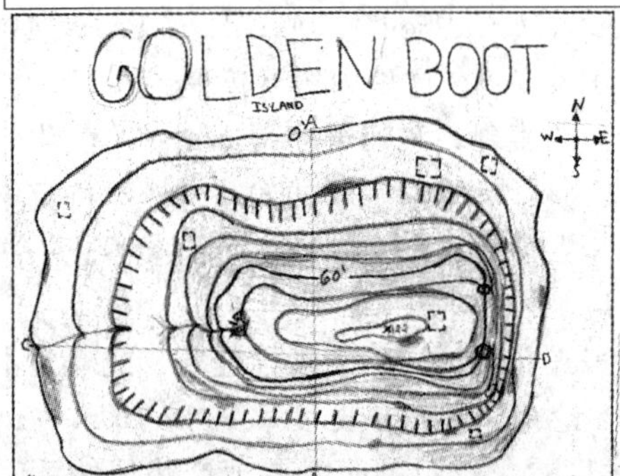


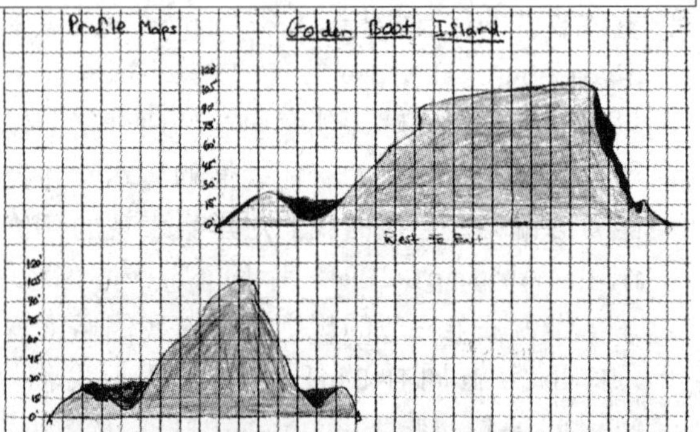


学生做的地图必须遵从某种测量规范，并且教师能够在一定程度上确信它们是客观和可靠的。假如任务允许变异性和创造性，预先确定的评分标准仍然能提高评分者信度。任务在某些方面可以标准化，但不是在所有方面都可以：学生都有相同的作业和指导语，但是在家里完成作业时，有些人有更多的机会接触各种资源（包括家庭成员的帮助）。内容效度可能是一个长处：尽管我们不知道教师的教学目标，但我们可以合理地
581 假定它们不只包括作图技术的知识，还包括应用这些技术到真实情境中的能力。这个任

务当然是实用的，因为它涉及很少的材料、很少的课堂耗时（任务是在家中完成），可能也不需要多长时间评分。

你能回忆出足够的有关作图的程序性知识以评价弗朗西斯科的海岛图吗？他在作图的时候一丝不苟，并且很好地运用图例来显示不同的特征（植物、岩石和遗迹等）。他甚至超过了这个任务对他们的最低要求（例如，他的海岛图有个护城河状的水体）。海岛确实从东到西 6 英里、从南到北 4 英里，最陡峭的地方是东边。但是三个视角的海岛图在总海拔上不一致，显示最高峰分别为 122 英尺、105 英尺和 110 英尺。弗朗西斯科在等高线的使用上也不一致（从空中看是类似不规则矩形和类似椭圆形）：这些标记的低等高线显示 10 英尺的增量，但是在高于 60 英尺的等高线显示 20 英尺的增量。小溪发源地的海拔不清楚，但是看上去低于作业要求的 90 英尺的要求。总体来说，弗朗西斯科看上去对作图技术有了一个比较好的总体把握，但是在比例尺、海拔和等高线上需要一些微调。

表 15—7 给出了一个非正式评估、正式纸笔评估和正式表现性评估在 RSVP 特征上的总结性分析。

**表 15—7　　对比和比较——评价不同类型评估的 RSVP 特征** *579*

| 评估的类型 | 信度 | 标准化 | 效度 | 实用性 |
|---|---|---|---|---|
| 非正式评估 | 单一、简要的评估不是学业成就的可靠指标。我们必须跨时间跨场合寻找学生表现的一致性。 | 非正式观察即使有也很少有标准化。因此，我们不能仅仅依靠非正式评估的结果对学生进行比较。 | 学生在课堂上公开的行为表现并不总是他们成就的可靠指标（有些人可能会在同伴面前掩饰他们的高成就）。 | 非正式评估非常实用，它很有弹性并且可在教学中随时应用。 |
| 正式纸笔评估 | 客观题非常可靠，我们可以通过明确每个题目具体的评分标准来提高主观评分题的信度。 | 在多数场合下，纸笔工具很容易对所有学生标准化。给学生选择的机会（如写关于某个主题的东西或回答相关问题）可以提高学生的动机但会降低标准化程度。 | 大量需要简短作答的题目可以在某个内容领域提供有代表性的样本，但是需要较长的作答的任务有时可能更紧密地与教学目标相联系。 | 纸笔评估通常也很实用：可以一次评估完所有学生，并且不需要专门的材料。 |
| 正式表现性评估 | 对表现性评估任务进行可靠的评分通常很难。我们可以通过明确每个题目具体的评分标准来提高信度。 | 有些表现性评估任务很容易标准化，而其他则很难。 | 表现性任务有时能比纸笔任务同教学目标联系得更密切。但是单一的表现性任务并不能提供某个内容领域有代表性的样本，可能需要几种任务来保证内容效度。 | 表现性评估通常比其他方法更不实用：它可能需要特殊的材料、占用相当的课堂时间，尤其是必须一个接一个地评估学生时。 |

## 让学生参与评估过程

在本章前面我们提到过课堂评估是一种外在动力：它为学生学好学校课程并达到教学目标提供了外在强制性的原因。可是，我们希望学生发自内心地热爱学习并获得好的成绩，如果他们对于课堂活动能够有一定的自我决定感的话，他们更有可能发自内心地热爱学习（见第12章）。如果学生要成为自我调节的学习者，他们必须获得一些自我监控和自我评价的技能（见第10章）。基于这些原因，学生必须有规律地积极参与到对他们自己的课堂表现进行评估的任务中来。作为教师，我们也应该把评估当成和学生共同合作的一件事情而不是仅仅只是对学生的评估（e. g.，Covington，1992；Paris & Ayres，1994；Vye et al.，1998）。

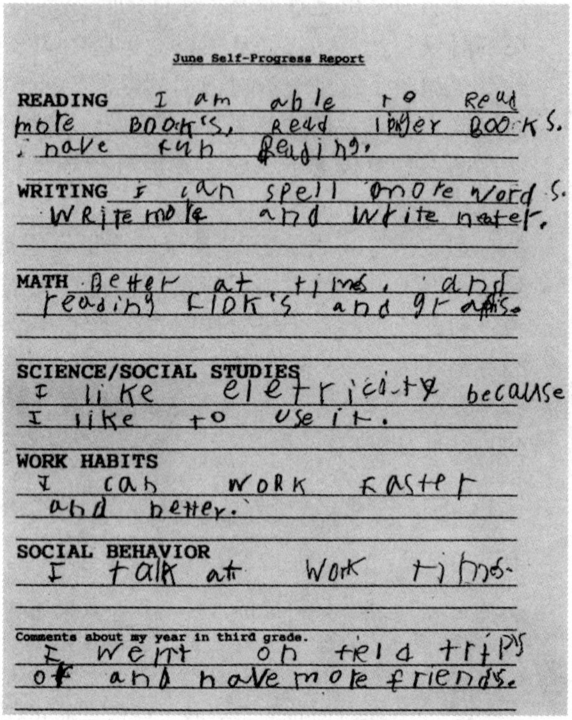

June Self-Progress Report

READING I am able to read more book's, read longer books. I have fun reading.

WRITING I can spell more words. Write more and write neater.

MATH Better at times, and reading clok's and graphs.

SCIENCE/SOCIAL STUDIES I like eletricity because I like to use it.

WORK HABITS I can work faster and better.

SOCIAL BEHAVIOR I talk at work times.

Comments about my year in third grade. I went on field trips and have more friends.

**图 15—6　在3年级期末的时候，9岁的菲利普回顾了他一年中所完成的工作，并找出了自己的优点和不足**

随着学生年龄的增长，他们的自我评估技能变得越来越熟练（van Kraayenoord & Paris，1997），但是即使是小学生也具备一些评价自己表现的能力（例如，见图15—6）。然而，所有的学生，尤其是小学低年级的学生，如果老师对他们的评价活动给予一定的支持和指导的话，他们能对自己的学习进行更有效的自我评估。例如，一位2年级的老师鼓励8岁的基南比较他1年级和2年级的作文，从下面的对话可看到，虽然在评估过程中老师给她提供一些线索，但是基南一直都处于主动地位。

老师：我已经注意到了你是从这儿开始看的。

基南：是的。

老师：为什么把箭头画在这儿呢？

基南：因为我需要缩进去一些。

老师：哦，还有其他的一些什么想要告诉我吗？

基南：嗯，让我看看。哦，首先……对了，在这一部分……我打了……你知道那些小点点。

老师：省略号？

基南：是的，省略号，但是，你知道在这里是不能这么用的。

老师：也就是说现在你知道怎么用省略号了，而过去不知道是吗？

基南：是的。

老师：这就是进步。

下面是一些对于学生参与评估过程比较有效的策略，这些策略还能帮助学生发展自我监控和自我评价能力。 582

- 制定清楚明白且容易观察的评价标准（例如：表 15—6 中的这些标准就是在他们的殖民经济学活动课开始时给出的）。
- 就评价标准表现成分表的制定征求学生的意见。
- 提供好的和不太好的作品范例，要学生根据一些标准对它们加以比较分析。
- 让学生将自我评定和教师评定加以比较。
- 让学生坚持把自己的成绩都记下来，并用图的形式描述自己的进步情况。
- 让学生养成记日记或周记的习惯，在那里对他们一天或一周的学习进行反思，这样他们就能够知道自己学了多少东西，掌握了哪些技能、还有哪些没有掌握好，还能够学会分析哪些学习策略是有效的、哪些是不太有效的。
- 让学生把他们的作品编订成档案袋（我们在第 16 章能清楚地了解档案袋）。
- 叫学生自己编一些练习题，就像小测验或小考试里见到的题一样。
- 让学生自己组织召开家长会（见第 14 章）。（A. L. Brown & Campione，1996；R. L. Linn & Miller，2005；Paris & Ayres，1994；L. A. Shepard，2000；Stiggins，2001；Valencia，Hiebert & Afflerbach，1994）

## 鼓励学生冒险

不仅要让学生积极投身到对自己的学习和成绩进行评估的过程中来，而且要让学生感觉到这个过程是很愉快和轻松的，并且在评估过程中允许自己适当地冒险和犯错误。只有以这种状态去迎接挑战才能最大限度地促进学习和认知发展（Clifford，1990）。当我们的评估策略给予学生犯错误而免受惩罚的余地时，我们就会鼓励冒险，并降低焦虑水平（Clifford，1990）。而且对分数很低的人也不会进行单一评价而出现“一棍子打死”的情况。

教育者已经提出了许多鼓励学生冒险、使课堂评估保持在一个相当适宜的水平上的方法，以下是三个比较通用的策略：

- **经常评估学生成就，而不是很少评估。**经常对学生的学习和成绩进行评估的好处有以下几个：第一，持续不断地向老师和学生提供学生取得的进步和还存在的不足而需要注意的地方。第二，如果有许多次评价，而且每次评估对期末总成绩的贡献量较小，学生将较少体验到妨碍性焦虑（e. g.，Sax，1989）。第三，经常评估还可以激励学生尤其是那些自觉性差的学生，有规律地进行学习（Sax，1989）。第四，随着学生的压力分散到必须把每一次考试和作业都做好上，学生将更少为了取得好成绩而舞弊（E. D. Evans & Craig，1990）。最后也是最重要的，经常接受评估的学生的学习和成就要好于不经常接受评估的学生（Crooks，1988；Glover，1989；Roediger & Karpicke，2006）。

- **给学生提供改正错误的机会。**尤其是当一个评估涉及所学内容和问题的主要方面或所有方面时，通过改正他们在评估任务中的错误能学到很多东西。比如，在一次高中数学小测验中，从考试结果明显看出学生对于一个解题步骤没有掌握好，高中数学教师丹·瓦格纳要他们完成以下作业：

1. **指出错误。**学生必须用一小段话描述他们还不知道如何做的内容。
2. **描述过程。**用语言而不是数学符号解释他们要掌握的在这个解题过程中用到的方法步骤。

583 3. **练习。**学生用三个类似于他们以前解错的题的新题说明自己掌握了解题的方法步骤。

4. **掌握性陈述。**学生用一两句话说明他们已经掌握的方法步骤。

完成了这四步，学生就能够用一个新的更高的分数替代以前的分数，这个方法还有更长远、更广泛的效果：丹告诉我，他的许多学生最终将这四步策略并入他们常规的、内化的学习策略中。

- **适当的时候允许学生收回评估。**正如在第 13 章讨论掌握学习时谈到的，一些学生总是比其他学生需要更多时间才能掌握所学主题，因此可能也需要对同一材料进行多次评估。另外，当学生知道如果他还有第二次被评估的机会时，他们产生妨碍性考试焦虑的可能性更小。但是允许收回过去的评价也有不足的地方，当学生知道如果第一次考试结果不理想他可以收回这个评估时，他可能在学习时就不会非常地努力。而且，被允许收回评估的学生倾向于学习试卷所覆盖的内容，而对同等重要的但试卷里没有涉及的内容却不去理会（记住，大多的评估任务只是所需掌握内容的一小部分）。

如果我们确实很希望学生掌握课程材料，但是也希望他们在学习和课堂表现中敢于冒险的话，我们可能要取消一些常规训练。为了鼓励学生重视第一次评估，防止学生在为收回评价学习时过于关注评估的内容，我们可以针对同一内容出两个平行的试卷，一个在考试时用，一个在重考时用（这就是我现在在我的大学本科班级里经常用的方法）。如果这种方法过于费时，不实用，我们也可以允许学生重做同一份试卷，但是考试成绩是两次成绩的平均分。

## 应用项目分析评价评估工具

我们不仅要对学生的学习和成绩进行评估，而且也需要对我们的评估工具进行评估。用一份试卷来评估学生的学习成绩时，我们会发现有些题目或任务不能提供我们所希望提供的信息。例如，有时我们很明显地发现有些题目没有测量我们所期望的知识和技能(效度问题)，另一个问题是难以一致性地评分（也是间接影响效度的一个信度问题）。

我们并不能总是提前预测哪些项目和任务会是好的，哪些会是不好的。由于这个原因，评估专家经常推荐在评估完成并评分后进行项目分析。这种分析通常包括检验一个评估工具中每个项目的难度水平和区分度。

### 项目难度

我们能通过找出有多少学生正确作答来分析每一道题目的难度。项目难度系数（$P$）为做对这一题的学生数除以做这道题的学生总数。

$$P=\frac{\text{做对该题的学生数}}{\text{做这题的学生总数}}$$

这个公式得到一个介于 0 到 1 之间的数，所得 $P$ 值越大说明该题相对比较容易，例如，0.85 说明有 85%的学生做对了这一题；$P$ 值越小说明该题相对比较难，例如，0.1 说明只有 10%的学生做对了这一题。

根据常模参照评估，$P$ 值告诉我们哪些有比较高的难度的题目最适合用来比较学生成绩。在这种情况下，比较理想的 $P$ 值介于 0.3～0.7 之间，表明这些项目有一定难度，
584 一些学生但不是所有学生能够通过。相反，如果某道题要么大多学生都做错（$p$ 值很低），要么大多学生都会做（$p$ 值很高），则我们几乎得不到关于学生之间差异的任何信息，即很难区分出学生之间的差异。

不过，对于标准参照评估来说，没有一个最优的项目难度。在这种情况下，$p$ 值能帮我们确定有效完成教学计划的情况。如果大多学生都能做对某一题，而且我们又能排除其他因素（如猜测或令人难以置信的分心物），我们就可以得出结论说学生已经掌握了这个项目所代表的知识或技能。比较低的 $p$ 值说明要么学生没有掌握我们正在评估的知识，要么考试题目没有准确反映学生所学的东西。

**项目区分度**

想象你要你班上同学做了一个由 31 道多项选择题组成的试卷，并且你现在正在批改这份试卷。你会注意到最好的学生（那些在这个测验中大多题目都做对的学生）第 12 题做错了。你同样发现那些得分较低的学生却做对了第 12 题。这不合常理，你希望在任何一题都做得好的学生也是在整个测验上做得好的。得分较低的学生某一题做对了，那说明这一题没有准确区分掌握得好的同学和掌握得差的同学，我们遇到了项目区分度的问题。

确定项目区分度（$D$）的方法如下：先把学生分为两组，高分组和低分组，每一组大约占总人数的 20%～30%，然后比较这两组学生在某一题上的通过率，即：

$$\frac{\text{高分学生做对该项目的人数}}{\text{高分学生总人数}}-\frac{\text{低分学生做对该题的人数}}{\text{低分学生总人数}}$$

这个公式得到一个介于 $-1.0 \sim 1.0$ 之间的数，$D$ 为正数说明做对这一题的高分学生多于低分学生，也就是说这一题能区分掌握得好的学生和掌握得差的学生，$D$ 为负数就像上面说的第 12 题，低分学生做对的比高分学生还多。负的 $D$ 值说明这一题目有什么问题，也许它误导了高分学生选择某一错误答案，或者标准答案有误。

让我们回过头去再看在第 12 题那里提的一个假设：在任何单个题目做得好的学生应该在整体上做得不错。这里我们是在讨论内部一致性信度，指的是一个评估工具的不同部分或多或少测量相同事物的程度。但是，当同一评估工具里的项目或任务被设计用来测量各自不同的内容时（在表现性评估时经常会这样），$D$ 值在评价项目的有效性时则帮助不大。

许多老师将很好的题目保存到他们的试题库里以便将来使用。例如，他们可能把每个题目粘贴在一个索引卡上，将评分标准和对试题的分析粘贴在反面，或者将题目放到同一文件夹保存在电脑里。随着他们不断地将题目添加到题库中，经过多年的积累他们就会有一个很大的题库，而不必经常重复出同一道题。

## 在课堂评估时考虑学生的差异

正如我们所看到的，评估工具和程序的标准化对于评估结果的公平性、信度和（间接的）效度是非常重要的。但是标准化也有弊端：它限制了我们适应学生不同的背景和需要、利用学生个人优势、帮助他们弥补不足的能力。 585

如果因为某些原因，我们需要比较一个学生与其他学生，课堂评估实践的标准化则是必要的。可是，在许多情况下，如当我们需要确定教学的适当起点或要知道学生存在的不足以便提供重点帮助时，标准化则是不太重要的。还有许多情况，我们发现用于评估一个学生学习情况的好方法用于评估另一个学生却不怎么合适。

在接下来的部分我们将讨论个体差异的两个方面——考试焦虑和测验技巧——以及一些影响学生课堂评估成绩的群体差异。由于某些特殊教育的需要，我们也考虑在评估时如何兼顾到学生这两方面的差异。

## 考试焦虑

大多学生在考试和其他重要考评时表现得有点焦虑，而且轻度的焦虑实际上可能提高考试成绩（见第 11 章）。但是也有一些学生在考试情境中会极端焦虑，也就是考试焦虑，这导致他们的考试分数显著低估他们所学到的东西（Cassady & Johnson，2002；Hembree，1988；K. T. Hill，1984）。这些学生似乎更关心评估的评价性方面，担心其他人（如老师）认为他比较笨或在其他方面也比较差（Harter，Whitesell & Kowalski，1992；B. N. Phillips，Pitcher，Worsham & Miller，1980；Wine，1980）。考试焦虑不仅对考试时的记忆检索和真实表现产生影响，而且对考试准备期间的信息编码和储存都会产生干扰（Cassady & Johnson，2002；Hagtvet & Johnsen，1992）。因此，考试焦虑高的学生不仅考不好，而且准备得也不好。

考试焦虑在低年级比较少，但在整个小学阶段会不断升高（Kirkland，1971；S. B. Sarason，1972）。妨碍性考试焦虑在那些来自少数民族、低收入家庭的学生和有障碍的学生中尤其普遍（Kirkland，1971；Pang，1995；B. N. Philips. et al，1980）。一般来说，高考试焦虑的学生是那些在过去的学校考试中经历了失败的学生。帮助学生克服过度焦虑的一个重要策略就是一开始就帮助他们获得掌握该门课程所需的技能（Kirkland，1971；Naveh-Benjamin，1991；Tryon，1980）。

我们不必要完全消除焦虑，我们只是想设法使它保持在一个适当的水平。幸运的是，我们对如何实施我们的课堂评估工具有充分的控制。表 15—8 已经区分出了可能导致促进性焦虑的课堂评估练习和可能引起妨碍性焦虑的课堂评估练习。

586 **表 15—8　　比较/对比——在课堂评估中使学生的焦虑保持在促进水平**

| 应该做的 | 不应该做的 |
|---|---|
| • 指出评估的价值是以此作为一个促进学习的反馈机制。 | 强调评价学生的能力。 |
| • 在正式考试之前让学生做一个模拟试卷或进行一个预考试，告诉学生最后的考试形式和这个类似。 | 对考试的形式保密到考试那一天。 |
| • 鼓励学生尽自己最大努力但不是一定要做得最完美，例如，说“我们是来学习的，你不可能不犯一丁点儿错误”。 | 提醒学生如果考试失败将有很坏的结果。 |
| • 当教学目标并不是要学生记住某个信息时，提供或允许使用该方面的信息帮助（如列出需要用的公式或包含关键信息的提醒卡）。 | 坚持让学生记住一些很细小的重要信息。 |
| • 除非速度也是被测技能的一个重要部分，否则取消时间限制。 | 给出的问题或任务超出学生在给定时间内所能完成的任务。 |
| • 不断地环视全班学生，随时回答学生提出的问题。 | 在学生座位间来回走动，学生答题时盯着看。 |
| • 不宣布考试结果，仅仅提供学习信息（例如：决定教学的合适起点）。 | 突然袭击搞测验来激发学生有规律地学习，以及惩罚不好好学习的学生。 |
| • 参考多次评估结果对学生的学习结果进行评价（例如：评定等级）。 | 根据单一的一次评估结果来评价学生。 |

资料来源：Brophy，1986，2004；Cizek，2003；Gaudry & Bradshaw，1971；K. T. Hill，1984；K. T. Hill & Wigfield，1984；Popham，1990；Sax，1989；Sieber，Kameya & Paulson，1970；Spaulding，1992；Stipek，1993。

## 测验技巧

如果你在这一章的亲身体验练习中所给的小测验中做得好的话，说明你有一些测验技巧。你用了一些选择策略来提高你的选择题得分。测验技巧包括以下这些技巧：

- 有效利用时间——给每一道题分配足够时间，同时把难题留到最后。
- 避免粗心大意犯错误——例如，检查一下答案，擦掉计算机答题卡上多余的铅笔痕迹。
- 演绎推理——例如，排除描述同一事物的两个选项，利用一个问题的信息来回答另一个问题。
- 猜测——例如排除完全错误的选项，然后在剩下的选项中猜一个，或者如果时间不够，猜错又不会倒扣分，就在所有的选项中任意猜一个而不会空着不做。(Millman, Bishop & Ebel, 1965; Petersen, Sudweeks & Baird, 1990)

由于你一入学就接受我们的教育熏陶，你可能已具备了相当的测验技巧，部分因为你进行了大量类似的训练和考试而积累了很多经验。但是我们必须记住也有许多学生，尤其是低年级学生和以前在不同文化背景下接受教育的学生可能对于判断正误和多项选择问题形式的评估没有什么经验。在有些情况下我们可以使我们的考试方式与他们以前 *586*
的考试方式差不多，但是当这种方法不可能或不合适时，我们必须让学生进行大量的模拟考试训练（Popham，1990）。

## 顺应群体差异

我们一定要提醒自己注意在第 4 章里提到的几个不同来源的差异（而且这些差异是一般的差异）。

- 男生在课堂上比女生更爱讲话。
- 对于课堂作业，女生会比男生更努力。
- 过去生活在外国的学生对英语的掌握有限。
- 西方主流文化崇尚个人成就，但来自某些文化背景的学生更习惯于合作学习而不是单独学习。
- 西方主流文化背景下长大的许多学生习惯于向别人展示他知道多少、能做什么，而来自某些文化背景下的学生却习惯于私下练习直到完全掌握了某项技能。
- 来自贫困家庭的孩子可能缺乏营养和健康方面的照料，从而在学习上不能表现得很好。
- 有学业失败风险的学生会认为学习与其生活相关不大。
- 而且正如第 7 章提到的来自不同文化背景的学生都有不同的知识基础，他们利用这些知识理解新环境和事物。

当然，以上这些因素可能影响学生的学习能力和课堂学习成绩。但它们也会影响学 *588*
生在独立于他们的学习和成就的正式的和非正式的评估中的表现。这是我们为什么要考虑使用多次评估以及不同类型的评估后综合评定学生等级并做出其他重要决定的诸多因素中的一个。另外，由于每个人过去的人生经历不同，我们必须详细审查我们的考评试卷以防对某些人不利（这方面的不平等反映了教育偏见，这会是在第 16 章中提到的一个概念）。最后我们的评估活动对所有来自不同群体和背景的同学都应该是公平和平等的。

## 适应有特殊需要的学生

正如在第 5 章提到的，在美国《残疾人教育法案》（the Individuals with Disabilities Education Act，IDEA）要求学校必须作出适当的调整以适应有生理的、心理的、社会的和情绪缺陷的学生。这个法令不仅适用于教学实践，也适用于评估实践。因此，有时候我们不得不放弃标准化，以便获得对那些有特殊需要的学生知道什么、能做什么的更有效的评估。例如，当有些学生的个别化教育计划确定的教学目标和目的不同于其他同学时[12]，我们可能经常要不得不单独为这些学生设计评估工具。适应有特殊需要学生的一些其他建议见表 15—9。

587

**表 15—9　全纳环境中的学生——对有特殊教育需要的学生应用课堂评估**

| 类型 | 观察到的特征 | 建议采取的课堂策略 |
|---|---|---|
| 有特殊认知或学业困难的学生 | ◆ 较差的听、读和/或写的技能。<br>◆ 离开任务的行为，表现不一致（对一些学习困难的学生或多动症的学生来说）。<br>◆ 加工特定类型的信息有困难。<br>◆ 高于平均水平的考试焦虑。 | ◆ 使纸笔评估工具易于阅读和作答，比如打印（而不是手写）试卷、题与题之间留出较大的空间，让学生直接在试卷上作答而不是另外弄张答题纸。<br>◆ 如果合适，尽量减少对读写技能的依赖，例如，向学生朗读呈现在纸笔测验上的题目、允许学生口头回答。<br>◆ 让学生在安静的场合答题（如学校的资料室）。<br>◆ 给出一些明确的指导。<br>◆ 确保学生是想尽力考好试而不是过度焦虑。<br>◆ 当学生的注意广度有限时，可以把长的任务分成几个短小任务。<br>◆ 把书写的内容和质量分开评分。<br>◆ 看看学生的错误能否提供特殊认知加工困难方面的线索。<br>◆ 无论是确证还是推翻正式的课堂评估结果，都可以使用非正式评估。 |
| 有社交或行为问题的学生 | ◆ 由于离开任务的行为或缺乏动机而导致课堂评估表现的不一致（对有些学生）。 | ◆ 如果需要，对评估程序做一些修改（参看针对有特定认知或学业困难学生提供的策略）。<br>◆ 无论是证实还是推翻正式评估的结果都采用非正式评估。 |
| 认知和社会功能普遍迟滞的学生 | ◆ 学习和认知处理速度慢。<br>◆ 即使有阅读能力，也很有限。<br>◆ 较差的听力技能。 | ◆ 清楚明了地告诉学生你要他们做什么。<br>◆ 确保阅读材料适合学生当前的阅读水平。<br>◆ 采用很少需要读和写的表现性评估。<br>◆ 给学生充足的时间完成分派的任务。 |
| 有身体障碍或感知困难的学生 | ◆ 运动问题（对一些有身体障碍的学生）。<br>◆ 易疲劳（对一些有身体障碍的学生）。<br>◆ 语言能力发展不是很好（对一些听力丧失的学生）。 | ◆ 用书面考试而不用口头作答（对于听力丧失的学生）。<br>◆ 尽量减少对视觉材料的依赖（对于有视觉损伤的学生）。<br>◆ 用合适的技术以方便学生答题。<br>◆ 提供额外的时间以完成考试。<br>◆ 把评估分成几个小的时间段进行，让他们中间有时间休息。<br>◆ 如果学生有语言障碍，出题时尽量用简单的语言。 |

续前表

| 类型 | 观察到的特征 | 建议采取的课堂策略 |
|---|---|---|
| 认知发展超前的学生 | ◆ 有较强能力来完成非常复杂的任务。<br>◆ 答题时有不同寻常的、有时是创造性的反应。<br>◆ 一些学生为了避免被同伴讥笑，有隐藏自己天分的倾向。 | ◆ 用表现性评估评价复杂的活动。<br>◆ 建立一个允许不同寻常和创造性回答的评分标准。<br>◆ 私下给这些学生提供一个展示他们能力的机会，尤其是他们担心同伴对他的高能力不太喜欢时。 |

资料来源：Barkley，1998；Beirne-Smith et al.，2002；D. Y. Ford & Harris，1992；Mercer & Pullen，2005；D. P. Morgan & Jenson，1988；Piirto，1999；Sireci，Scarpati & Li，2005；Turnbull et al.，2007。

## 概　览 588

评估学习成绩是教师的一项重要工作，当然它也不是一件轻轻松松就可以完成的工作。我们的课堂评估通过影响计划、教学和课堂环境而间接影响学生的学习和成就。例如，评估应该反映我们的教学目标，它产生的信息应该指导以后的教学策略。而且评估对整个课堂氛围也会有影响，例如，学生是轻松地迎接挑战不害怕犯错误，还是对考试的结果感到非常焦虑，以至于他们的学习、表现和心理都受到影响，并影响他们的心情和生活质量等。

课堂评估对学生的学习行为和学习动机也会产生更直接的影响：

- 评估能传达学生应该怎样学习，哪些内容是需要重点掌握的等信息。
- 它们也能提供有关学科性质的信息（例如，是一些具体事实的集合还是一个整体的知识体系）。
- 为学生复习、练习和学以致用提供机会。
- 给学生的学习情况提供反馈以利于进一步改善学习。
- 如果学生积极参与评估过程，评估将能提高学生的自我调节技能。
- 它能培养学生的成绩目标定向（如果一个单一评估有重要后果）或者掌握目标定向（如果评估被当作帮助学生学习的机制，而且学生也投入到评估标准的制定中）。
- 它能提高还是降低学生对某门课程的自我效能感，不仅取决于这个学生考试是考得好还是差，还取决于考试是否给学生提供有利于调高的具体反馈。

当我们编制课堂评估工具时，我们要不断地问我们自己以下这些问题：

- 我们的评估任务能否反映学生长远的学业和个人成功所必须掌握的知识和技能。
- 我们的评分标准是否严到既让学生感到挑战和重要的教学目标已经达到，同时又不至于过严以至于成功是不可能的。
- 评估活动允许学生在学习和考试过程中冒险和犯错误吗？
- 我们经常让学生参与到评估活动中来，让他们正在获得以后成为自主学习者而必须具备的技能吗？

即使当我们是在对学生已学的知识进行总结性评价时，我们的最终目的也是帮助学生学得更好。

589

## 课堂评估总指导

我们考虑了评估学生学习的诸多策略，以下是贯穿整个过程必须遵守的几个一般建议：

- **将评估工具和练习与重要的教学目标和目的相匹配。**如果课堂评估没有告诉我们什么是需要掌握的，那这个评估是无意义的。事实上，如果评估鼓励学生应用无效的学习策略（如死记孤立的知识），而不是从长远角度鼓励有效的策略和过程，那这样的评估将适得其反。
- **考虑每一个评估的 RSVP 特征。**非正式评估、纸笔评估、表现性评估都有各自不同的优缺点。非正式评估实用，花费的时间和精力较少，但是它较少标准化，因此在反映学生的学习成就和一般的学习特点方面不太稳定可靠。由多项选择组成的纸笔评估较易做到标准化而且可靠又实用，但是出题时许多老师主要关注基本事实知识，而对于较高能力水平的测试却做得不够。较多的开放式纸笔测试更适合于考查学生的高水平技能（尤其是当评估包括了扩展反应时），但通常要以牺牲可靠性和实用性为代价。表现性评估一般比纸笔评估更不可靠和不实用，但却是测量某些类型的知识和技能唯一有效的方式。很明显地，我们在一个测试中要做到 RSVP 这几个特征都很好是很困难的，我们最终考虑的是内容效度：评估任务应该提供学生已经完成了与教学目的相关任务的有代表性的样本。
- **尽可能清楚明了地指明评分标准。**当评分标准很清楚时，我们可以更可靠地评价学生的反应，也能更容易地判断学生是否达到了教学目标，另外学生在学习和练习时也有清晰的努力目标。
- **通过学生犯的错误分析他们学习的难点所在。**知道学生学习的难点在哪里比知道他们哪些地方学得好更重要，假若我们利用他们的错误作为帮助他们改进的指导。
- **考完试后对评估工具也要进行评价。**即使有丰富的经验，我们偶尔出的题目也会使学生曲解（比如在项目分析中看到的较低的 $p$ 值和负的 $D$ 值），或者确定的评分标准没有充分抓住需要学生掌握的知识和技能。最后我们必须从我们所犯的错误中吸取教训，避免以后再犯。

学会如何编制一个好的课堂评估工具是作为教师最有挑战性的任务之一，在此过程中你当然可能会犯错误。下面这个练习的事例说明了作为老师还有许多需要学习的。

**资格考试练习：选择**

对学习材料进行经常复习将能获得更好的学习成绩，而且纸笔测试是提供这种复习的一种较好方式。中学的科学课程教师布洛斯卡斯先生告诉学生每周五搞一次小测验。由于是教学第一年，对于编制试题经验不足，于是他决定用与教材同步的练习题库里的试题。测验前一天晚上，他从题库里选了 30 个多项选择和判断对错题，确保它们涵盖了他在课堂上所涉及的特定主题。

他的学生抱怨试题是吹毛求疵的，当他仔细审查那些题时，他发现学生说的是对的。那份试卷除了考学生对一些琐碎细节的记忆以外没考其他什么东西。于是，当他准备第二次测验题时，他抛开那份试题库，出了两道论述题，要求学生把学到的新的科学定理应用到新的、真实的生活情境中去。他很自豪，因为他的测验很明显是在评估较高的思维能力。

接下来的星期五，他的学生更加猛烈地抱怨他的第二次测验，“太难了!”两个学生喊道，其他同学也跟着喊：“我们从来没做过这样的试题。”“我们还是喜欢第一次的测验。”后来，他批改这些论文时，发现他的学生做得非常糟糕，他自言自语地说：“还是用试题库吧。”

**1. 反应建构问题：** 590

在确定课堂评估工具时，老师必须保证评估任务有效度，尤其是有内容效度。

A. 比较一下布洛斯卡斯先生的两次测验的内容效度。

B. 描述出他用于编制班级测验，以使测验有相当的内容效度的方法。

**2. 多项选择问题：**

学生对第二次测验有负面反应的可能解释有以下四个，利用学到的现代学习和动机理论，选出最可能的解释：

a. 多项选择和判断对错比论述题更能提高学生的自我决定感。

b. 学习者更有可能应用他们期望将获得强化的方式进行学习和表现。

c. 多项选择和判断对错往往鼓励学习目标，而论述题往往鼓励表现目标。

d. 多项选择和判断对错考查短时记忆中的信息，而论述题更倾向于评估长时记忆的信息。

## 注 释

1. 为了唤起你的记忆，请参看第 12 章“教师期望与归因”一节的内容。

2. 教育者可能并不完全同意表现性评估和真实性评估这两个术语的使用，许多人多多少少将它们看作同义词。然而，我发现分开考虑一个评估是否涉及表现（而非纸笔）与是否涉及复杂的、真实世界的任务（真实）是有用的。因此，我并没有将这两个术语混用。

3. 为了唤起你有关认识论信念的记忆，请重新阅读第 8 章“影响策略使用的因素”。

4. 理论上讲，信度系数的取值范围在 −1 到 +1 之间。负的系数只有当两组分数之间存在负相关时出现——也就是说，当学生在一次得高分而在另一次时则得低分，反之亦然。这种结果几乎是不可能发生的。

5. 测量标准误从信度系数计算得来，很多评估的教材可以给你许多细节（e. g.，Anastasi & Urbina，1997，or R. M. Thorndike，1997）.

6. 当我们使用一个测量标准误来确定置信区间时，学生的真分数有 68%的可能性落在这个区间。如果我们使用两个测量标准误来确定这个区间时（例如，苏珊的阅读分数区间为 27～47），我们有 95%的把握真分数落在这个区间。如果你有描述统计的某些知识，就可以帮助你了解测量标准误是所有学生可能得的真分数的假设分布的标准差。

7. 这个表有时出现在测验手册里，你

也可以从测验发行商那里得到它。

8. 许多心理学家使用术语可用性（usability），但我认为实用性可能更好地表达这个观念。

9. 正如第 4 章所示那样，来自某些文化背景的学生在面对某些老师已经知道答案的问题时可能会有挫败感。

10. 林和米勒（2005）建议在材料解释题中使用对错判断题或者多选一的题目，以保证高信度和评分中的实用性。

11. 做错题目倒扣分是有争议的，补充阅读请参考学习指南与读物中的“纸笔评估猜测的校正”。

12. 在第 5 章曾讨论过 IEP。

# 第16章 592

# 总结学生成就

**本章内容要目：**



想一想你在经过多年学习后获得的课程总评成绩。关于你的课堂所学，它们提到了哪些？关于你的成就，有哪些是它们没有提及的？你是否认为中学和大学的平均积分点*能很好地指示你迄今为止的学习程度？为什么你会这样认为？ 593

作为教师，每当我们用单个课程成绩来总结学生的学习时，我们会损失大量信息，要是将每个学生的各个课程成绩组合为单一的平均成绩，这种损失会更多（Delandshere & Petrosky，1998）。不过，若出于教育决策的目的，我们必须以某种方式对学生的成就进行总结，比如决定哪些学生能够升入下 1 年级，哪些学生能够中学毕业，哪些学生能上名牌大学等。要想把每位学生所有已知的和会做的都列入清单，这未免太不现

---

* 美国的中学和大学通常采用 4 个积分点（grade point）系统，等级分数与积分点的对应关系为：A=4.0；B=3.0；C=2.0；D=1.0；F=0.0。平均积分点就是各科积分点的加权平均数。——译者注

实，因为如果要达到这个目的，我们得把大部分时间都花在保存记录上，而剩余可供帮助学生学习的时间就太少了。

在这一章里，我们将围绕下列问题来探讨几种总结学生成就的方法：

- 当你要在一次课程评估中对学生的表现进行总结时，有哪几种分数是可供使用的？其中，哪些分数是常用于标准化测验中来报告学生成绩的？如何理解它们各自的意义？
- 当你在决定学生的课程总评成绩时，你要牢记哪些准则？
- 在你的学生档案袋中有哪些表格？档案袋有哪些用途？
- 对你而言，标准化的成就和能力倾向测验在哪些方面有帮助？
- 用高风险测验（high-stakes tests）来使学生和教师对课堂学习负责，这一做法会导致什么样的后果？美国2001年实施的《不让一个孩子掉队法案》对于教师的责任有什么样的含义？
- 在执行标准化测验的过程中，你是如何调节群体差异和特殊的教育需求的？
- 学生的评估分数和课程总分要让哪些人知道？你将如何做到以最好的形式告知这些结果？

**个案研究：历史学科得了B**

12岁的埃莉就读于西部小学（West Elementary School）6年级，她是戴维森女士班上的优等生。她非常聪明、学习动机强，在完成课堂练习和家庭作业时相当自觉。所以过去几年以来，她的成绩单上毫无疑问地一直保持着全A的记录。

在11月中旬的一个星期五，快放学的时候，戴维森女士对全班说："同学们都知道，上周结束了第一学期的成绩评估。今天我会把你们的成绩单发下去，大家带回去给家长看。有一位同学我特别为她感到骄傲，她尽了全力并取得了近乎完美的成绩。"说着，戴维森女士对埃莉投以慈爱的笑容并递给她成绩单："给你，埃莉，你只有历史一门得了B。我敢说下一次你一定能得A。"

尽管被戴维森女士表扬，埃莉还是受到了打击。她没料到历史会得B，一点预感也没有。在戴维森女士分发其他的成绩单时，她忍住了眼泪，目光却禁不住地向
594 下望着桌子。当放学铃声一响，她马上收拾好衣服和书本，甚至都没有和朋友们告别就冲出了教室。

✧ 为什么埃莉会这么烦乱？你能想出至少两个可能的原因吗？

✧ 戴维森女士当众宣布埃莉的成绩合适吗？为什么？

## 自我调节和RSVP特点再认识

尽管埃莉知道自己只是偶尔在历史测验和作业中犯了错误，但她显然并未意识到这些错误会使她的成绩由A变成B。而且过去的全A记录使她为自己设了一个很高的标准——只有完美才是足够好的。据调查，大约25%的高成就的6年级学生有这样不现实的标准（Parker，1997）。此外，戴维森女士在全班同学面前宣告了埃莉的不完美。处于青少年初期的埃莉不知道哪一个会更糟：是她的同学知道了她获得了班上的最高分，还是他们知道了她的历史成绩不完美。戴维森女士的宣告不仅使埃莉极度难受，还

侵犯了她的隐私权。实际上，正如我们在本章后面所讲的，像戴维森女士这样使学生成绩曝光的做法是非法的，至少在美国是这样。

可能你会猜想，埃莉的父母会不会因为这个 B 而对她施加严厉的处治？尽管有一些十足完美主义的父母可能会这样做，但埃莉的父母对女儿偶尔一次得 B 仍然相当满意（他们更担心埃莉的弟弟，一个还在奋力学习基本阅读技巧的 2 年级学生，他可能有某种未确诊的学习障碍）。埃莉对成就的高标准完全是自我设定的，究其原因，也许部分是因为她过去总能达到这一标准，而那时候的课程内容还不是那么难。虽然设置高目标值得表扬，但学生的目标应该同时是可以达到的。完美是几乎不能实现的，为了掌控那些有挑战性的任务，完美将意味着要排除所有不可避免的错误。

为自己设置目标，埃莉展示的是自我调节学习的一个重要成分，这也是她在学校的长期发展和今后的职业生活中必不可少的。但自我调节学习还有另外一个同等重要的成分——自我监控，即评估自己在接近目标过程中取得的进步，这是埃莉所缺乏的，究其原因，可能是她没有追踪自己成就所需的信息。作为教师，我们要在评估学生所有成就的过程中要注意让学生参与，至少要公布打分标准，帮助学生追踪自己在不断接近标准过程中取得的进步。而且这样做时，我们还可以鼓励学生为自己设立较高的目标——不是要达到完美，而是能反映知识技能上的显著进步。

让学生参与成就评估全过程并不意味着我们要把课程总评和其他成就总结过程交给他们去做。无论如何，几乎无一例外，我们教师应当成为学生最终成绩的决定者。在总结和描述他们进步的过程中，我们要注意 RSVP 特点。第一，一个关于成就的总评指标应该是可信赖的（信度），即以一贯的而非不常见的、偶尔的模式去反映成就。第二，它也应该是标准化的，即除了少数情有可原的情况（例如，有学习障碍学生的特殊需求）之外，应该对每一个学生实施相同的标准。第三，成就的总评应该是有效的（效度），即应该准确反映学生所学和所达到的。第四，它必须是实用的，在指标要求的时间和努力方面是符合实际的。

接下来，本章的第一个任务是要了解我们如何用单个评估工具来总结学生成绩。在那之后，我们还将在更广泛的尺度下讨论总结学生成就所采用的各种方式。

## 总结单次评估结果

要总结单个评估工具的结果的一种方法是将其浓缩为简要的口头报告来描述哪些是某位学生已经很好地完成了的，而哪些是该生还需努力的。这种方法能够抓住学生成绩 595
的多面性特点，及时为学生提供反馈以促成他们更好地掌握某个具体领域。然而如果将这种做法常规化，为每份课堂作业写总结将是极其耗时的（一个实用性的问题）。

更普遍的做法是，教师们使用数字或字母等级来总结学生在单个课堂评估上的表现。为简化讨论起见，我们重点关注数字，即常说的“分数”。不过我们必须记住教师们经常会使用字母等级，有时也会把字母等级转换为数字，以便日后能够用来计算课程总分。无论是采用教师自编工具还是标准化测验，所得的个人评估分数一般都是下列三种形式之一：原始分数、标准参照分数以及常模参照分数。

### 原始分数

有时分数仅仅是学生回答正确的题目数或题目比例。在另外一些情况下则是学生在每道题目上所获得分数的加总（这一题得了 2 分，下一题得 5 分，等等）。像这样只基于正确回答的个数或分值的分数叫做原始分数。

原始分数易于计算，而且似乎很好理解。有时候我们却又很难说明白原始分数的真正含义是什么。百分等级为 75 算是个好分数还是差分数？在不清楚评估工具包含何种任务或其他学生在同一个评估中表现如何时，我们无法确定 75 这个分数真正有多好或多坏。正是因为如此，原始分数不如标准参照分数或常模参照分数那样有用。

## 标准参照分数

你可能已猜到，标准参照和常模参照分数的使用要依赖专门的标准参照和常模参照评估工具。具体而言，标准参照分数描述了学生在特定的教学目的或标准方面的完成情况。有些标准参照分数采用单一标准来说明学生单方面的情况：或是通过某一单元学习与否，或是掌握某种技能与否，或是达到某个目标与否。而另外一些标准参照分数则提供了某种能力/成就的多个水平线。举例来说，在地区性写作评比中对 5 年级学生的作文打分时，某个学区制定了写作熟练度的 4 个水平，每个水平的具体特征如下所示：

**未达标**：写作技能还未形成，主题不集中。

**及格**：包含一连串相关联的观点，结构合理，叙述或论据充分恰当。

**熟练**：达到及格标准，而且包含逻辑连贯的系列观点，行文流畅，措辞优美。

**优等**：达到熟练标准，而且包含洞察力、创造性、流畅性、批判性精神或风格等特质中的一个或多个。[1]

如果某个评估工具仅用于单一的教学目的或标准的评估，那么通过它只能得到一个单独的标准参照分数。如果需要同时评定多方面的成绩，那么学生的能力就会以各种技能的掌握与否来衡量。举一个例子，学生在游泳课上的能力常以标准参照形式记录下来（见表 16—1）。

我们通常用标准参照的方法去总结学生的所学，尤其适用于评估那些为后续学习做准备的基本技能。单凭标准参照评估只能够知道学生已达成了哪些具体目标、掌握了何种特殊技能，却无法了解学生之间在知识和技能上的差距。

**表 16—1　　评估标准案例**

临春（Springside）公园暨休闲运动管理部

初级游泳班

学员必须熟练掌握下列要点：

- 跳入深及胸部的水里。
- 在水下屏住呼吸达 8 秒钟。
- 以卧姿漂浮在水面上达 10 秒钟。
- 以浅打水的方式游动起来。
- 仰卧，保持 10 秒钟。
- 仰卧，采用浅打水式游动。
- 学会狗刨，并且能站立在齐胸深的水里均匀呼吸。
- 知晓基本的水上安全规则。

596

## 常模参照分数

常模参照分数是通过将一个学生在某测验上的表现同其他人的表现相比而得到的，

这里其他人可以是他的同班同学，也可以是来自全国性常模群体的同龄人或同年级学生。从用于比较的群体所获得的多个得分组成了该测验的常模。常模参照分数不能很好地反映学生具体的所知所能，不过，它能告诉我们某学生的表现在同年龄或同年级水平中属于典型的还是不寻常的。

许多公开发表的标准测验都采用常模参照分数。有些常模参照分数是将某学生的表现与代表各年级/年龄学生成绩的多个水平相比而得到的，通过这种比较获得的是年级当量或年龄当量分数。另外一些常模参照分数仅仅基于与同龄或同年级学生的比较，这种方法会得到百分等级或标准分。

**表 16—2　　阅读能力测验（RAT）的假设常模群体数据**

| 年级常模 | | 年龄常模 | |
|---|---|---|---|
| 年级 | 平均原始分 | 年龄 | 平均原始分 |
| 5 | 19 | 10 | 18 |
| 6 | 25 | 11 | 24 |
| 7 | 30 | 12 | 28 |
| 8 | 34 | 13 | 33 |
| 9 | 39 | 14 | 37 |
| 10 | 43 | 15 | 41 |
| 11 | 46 | 16 | 44 |
| 12 | 50 | 17 | 48 |

**年级当量和年龄当量分数**

设想学生肖恩参加了一个标准化的测验——阅读能力测验（Reading Achievement Test，RAT）。他在 60 个问题中答对了 46 个，那么 46 就是他的原始分数。我们查阅测验手册发现了代表不同年级和年龄学生水平的平均原始分（见表 16—2）。肖恩的得分与常模群体中 11 年级组的平均得分相同，因此他的等级当量分数是 11。另外，他的得分也恰好位于 16 岁与 17 岁组平均得分的中间，因此他的年龄当量分数是 $16\frac{1}{2}$。实际上肖恩只有 13 岁，上 8 年级，所以显而易见的是，他在阅读能力测验上的表现十分出色。

总的来说，等级和年龄当量是通过用常模群体中的某个具体的年级或年龄组的水平去匹配学生的原始得分来确定的。若某学生在某个阅读测验中的表现恰如 2 年级学生的平均水平，那么无论他实际就读几年级，他的年级当量分数即为 2。若某学生在身体健康检查中得到与 10 岁孩子平均分相同的原始分，那么该生的年龄当量分数即为 10，而不管他实际上是 5 岁，10 岁还是 15 岁。

年级当量和年龄当量分数因其看似相当地简单易懂，而被广泛使用。但是它们也存在一个严重的缺陷：未能提供有关某个特定年级或年龄学生有代表性的成绩范围。例如，某个在 RAT 中原始分为 34 的学生，他的年级当量分数为 8，但是显而易见不是所有的 8 年级学生的原始分都为 34。可能，事实上也极有可能，许多 8 年级学生的原始分会在 34 上下波动——他们的年级当量分数有可能是 9 或 7，也可能是 10 或者更高，是 6 甚至更低。然而年级当量分数常常被不恰当地用作为一种成绩的判断标准：父母、教育者、政府官员以及公众大都会相信所有学生都应该在能力测验中表现得恰如其年级水平。然而即使在大多数变异处于正常水平的班级，这个目标也是很难实现的。

**百分等级**

另外一种常模参照分数是只与同年龄或同年级水平的其他学生相比而得出来的。基于上述同伴比较的分数之一是百分等级，以原始分等于或低于该生得分的人所占的百分比来确定。为了更好地描述它，让我们回顾一下肖恩在阅读能力测验中的表现。因为肖恩是8年级的学生，那么我们需要参考RAT测验手册的8年级常模。假如我们发现原始分为46分的8年级生百分等级为98，那么我们可以得知肖恩的表现要比常模群体中98%的8年级学生更好或一样好。同样地，某学生得到的百分等级为25意味着他比常模群体中25%的人表现得更好，某学生得到的百分等级为60则意味着他比60%的人表现得更好。值得注意的是，百分等级指的是人的百分比，而非正确项目的百分比——这是一种在教师教授学生过程中常见的错误观念（Lennon et al.，1990）。

由于百分等级比较易于理解，因此常常在报告测验结果时使用。但是它也存在一个严重的问题：即容易造成对学生间实际差异的曲解。为了说明这一点，我们来看下面4个男孩在RAT上得到的百分等级：

| 学生 | 百分等级 |
|---|---|
| 埃里斯特 | 45 |
| 弗兰克 | 55 |
| 吉尔吉欧 | 89 |
| 维尼 | 99 |

尽管埃里斯特和弗兰克的百分等级有10点的差距，但就真实的成绩（也是通过RAT测量的）而言，他们可能十分接近。然而，处于这个标尺顶端的一个10点差异却可能意味着在成绩上很大的差距：吉尔吉欧的百分等级为89，这说明他懂得的东西相当多，而维尼的百分等级是99则说明他的知识量多得简直惊人。总之，使用百分等级评估的特质，其中间水平的差异都被过高估计了：差距不大的两个分数所反映的成就或能力其实几乎没有什么差别。而位于两端的极端值之间的差异却往往被过低估计了：差距很小的两个分数所反映的成就或能力实际上会有非常显著的差异。我们采用标准分来避免这一问题。

**标准分**

校医护人员为奥本海默女士3年级班上的全部25名学生测量了身高。他们的身高呈现在图16—1中。护士根据这些身高制作了如图16—3所示的曲线图。请注意这个曲线图中间高，两边低。这种形状告诉我们奥本海默女士班上的大多数学生的身高很接近平均身高，只有少数很矮的学生（例如，帕特、艾米和威尔）和少数很高的学生（例如，哈尔、罗耶和詹）。

很多心理学家相信教育学和心理学研究的特质（包括学业成就和能力）都很典型地遵循我们看到的身高图的这样一个模式：大部分人都靠近平均值，只有极少数、稀疏可数的人离平均值很远。这种教育学和心理学研究的特质所表现出来的理论模式，被称作正态分布（又叫正态曲线）。标准分可以反映出正态分布的特点：大多数学生的得分位于中间一段，只有少数学生的得分是很高或很低的。

597

身高（英寸）

| | | | |
|---|---|---|---|
| 艾米 | 47 | 南 | 49 |
| 本 | 50 | 奥莱 | 49 |
| 卡尔 | 52 | 帕特 | 46 |
| 道 | 48 | 罗耶 | 53 |
| 艾瓦 | 51 | 塞尔 | 51 |
| 菲尔 | 50 | 汤姆 | 50 |
| 吉尔 | 49 | 尤娜 | 50 |
| 哈尔 | 53 | 瓦尔 | 52 |
| 伊瓦 | 49 | 威尔 | 47 |
| 詹 | 55 | 赞恩 | 50 |
| 肯 | 51 | 尤尔 | 51 |
| 赖斯 | 50 | 詹克 | 49 |
| 马克思 | 48 | | |

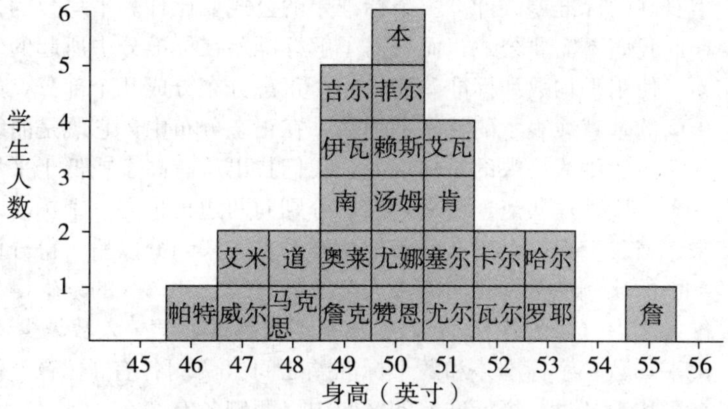


$$平均身高 = \frac{所有学生身高的总和}{学生人数} = \frac{1\ 250}{25} = 50$$

**图 16—1　奥本海默女士所带 3 年级某班学生的身高**

在我们详细地认识标准分之前，先要知道用来得到标准分的两个数量——平均数和标准差。平均数（M）是指一列分数的算术平均值：我们把所有的得分加总再除以得分的个数（或者是人数）。举例来说，如果我们把奥本海默女士班上的这所有 25 个学生的身高加起来然后除以 25，我们就得到 50 英寸这个平均身高。

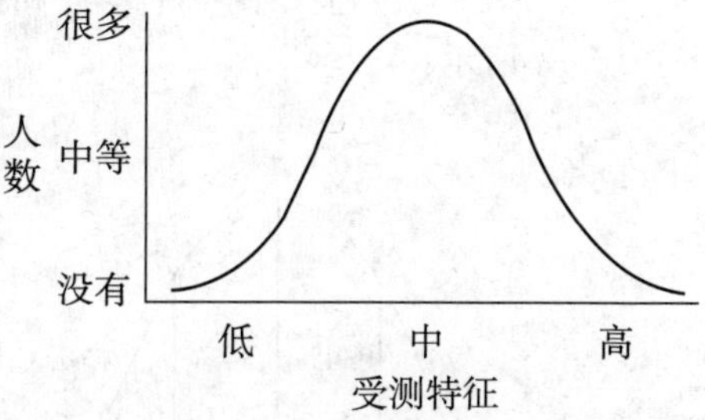


**图 16—2　正态分布**

598

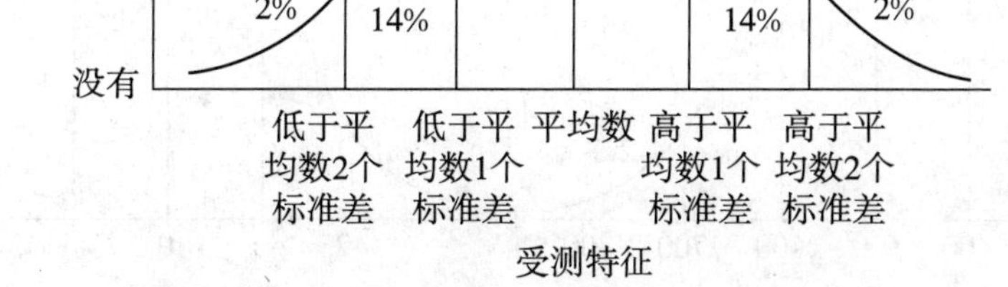


**图 16—3　用平均数和标准差划分的正态分布**

标准差（SD）是指一列分数的变异性。一般而言，标准差数值很小说明该列分数彼此之间都十分相近，数值很大则意味着该列分数分布得很散。例如，比起 8 年级学生，3 年级学生彼此之间在身高上会更接近；有的 8 年级学生身高不足 5 英尺，而另外一些则可能差不多有 6 英尺高了。由此可知，3 年级学生身高的标准差要小于 8 年级学生身高的标准差。计算一个标准差的公式要比计算平均数的公式复杂得多[2]。幸运的是，在此我们不需要公式，而只需了解标准差在标准分中所起的作用即可。

使用平均数和标准差能将一个正态分布分成几个部分，如图 16—4 所示。正态曲线中间的垂直线表示的就是平均数，在正态分布中，它既是曲线的中点也是最高点。平均数两边的细线反映的是标准差：我们找出所有高于或低于平均数一个标准差的点，并用一条线段把这些点连起来，然后分别向两边再扩展一个标准差，也用线段把那些点连起来。当我们把一个正态分布按这样的方式来划分以后，得分位于各个部分的学生在总人数中的比例通常是相同的。大约三分之二（68%）的学生得分在距离平均数正负一个标准差之内（两侧各有 34%）。离平均数越远，学生人数越少，有 28%的学生得分位于距离平均数一个标准差和两个标准差之间（两侧各有 14%），仅有 4%的学生得分位于距离平均数超过二个标准差的区间内（两侧各有 2%）。

现在我们应该对正态分布和两个描述它的统计量有了更好的了解，让我们再回头学习标准分。标准分反映的是每个学生在正态分布中的位置：以标准差为单位让我们了解学生的成绩距离平均数有多远。不过，不是所有的标准分都使用相同的比例尺：不同的测验使用的分数有不同的平均数和标准差。下面是常用的四种标准分的图解说明，如图 16—4 所示：

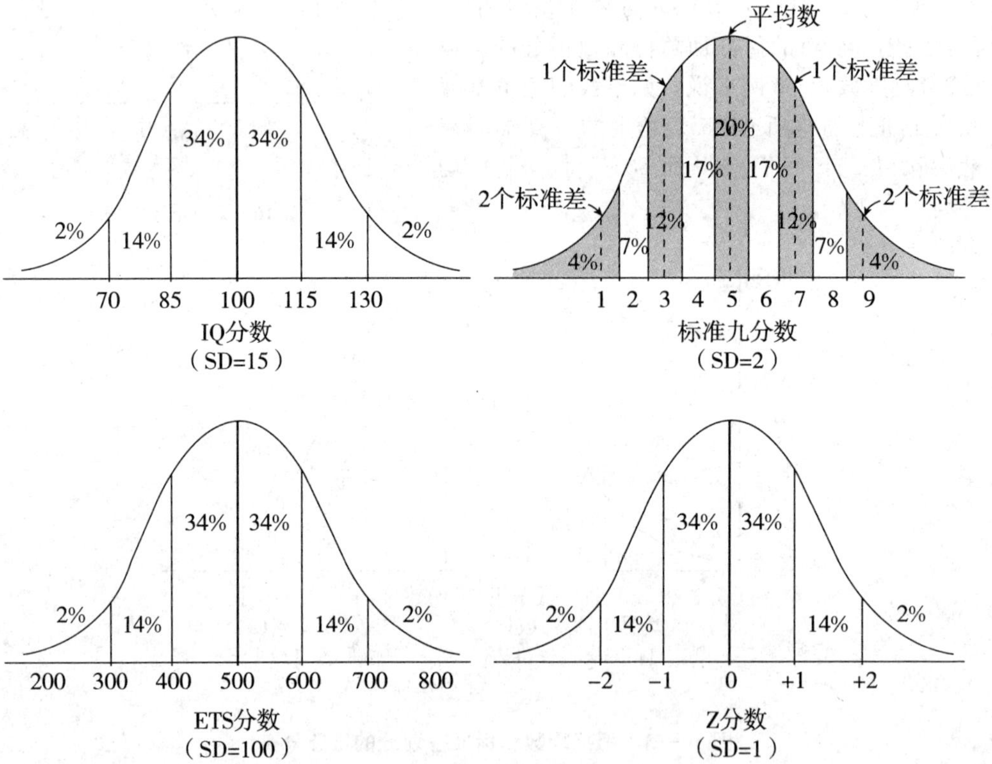


**图 16—4　四种形态的标准分**

599 • **IQ 分数**常用于报告学生智力测验的成绩。大多数智力测验的平均数为 100，标准差为 15。如果你回顾一下第 5 章的图 5—2，会发现正态曲线以标准差为单位，每边各划分为三个部分。标志 85 分和 115 分的两条线距离平均数 100 分都是一个标准差。标志 70 分和 130 分的两条线距离平均数都是两个标准差。

- **ETS 分数**用于美国教育考试服务中心（Educational Testing Service，ETS）主管的测验，例如学术评估测验（SAT）和研究生入学考试（GRE）。这些测验的平均数为 500，标准差为 100，分数范围为 200～800 分。
- 标准九分常用于报告标准化的学业课程总评成绩。其平均数为 5，标准差为 2。由于标准九分常以整数形式出现，因此每个分数实际上反映的都是所测成绩的一个范围，如图 16—4 右上部分的阴影和非阴影面积所示。
- **Z 分数**是统计学者最常用的标准分。其平均数为 0，标准差为 1。

表 16—3 是关于原始分、标准参照分数和常模参照分数的小结。

**表 16—3　比较/对比——单个测验总分的几种形式**

| 分数类型 | 记分方法 | 应用 | 可能存在的缺陷 |
|---|---|---|---|
| 原始分 | 计算正确回答的题数（或百分数），或将各题得分累加。 | 常见于教师自编的测验工具。 | 在缺乏将被试表现与特定标准或某个常模群体相关联的情况下，分数难以解释。 |
| 标准参照分数 | 将测验表现与某个或多个成功准则或标准相比较。 | 可适用于判断是否达到特定的教学目标或规范。 | 测量对复杂技能的掌握时，有时难以给出具体的标准。 |
| 年级或年龄当量（常模参照） | 将某学生所在的特定年级或年龄组的平均成绩视为该生的成绩。 | 可适用于向不熟悉标准分的人解释常模参照测验的得分。 | 分数容易被误解（尤其是家长），可能并不合适作为全部学生必须达到的标准，也不适用于测量青少年或成人的成就。 |
| 百分等级（常模参照） | 以所在年级或年龄组中得分与之相同或更低的学生所占的百分比作为该生的成绩。 | 可适用于向不熟悉标准分的人解释常模参照测验的得分。 | 对平均分附近的差异估计过高，且对两端的差异估计过低。 |
| 标准分（常模参照） | 以标准差为单位，计算测验表现与平均分的差距。 | 可适用于描述某学生在常模群体内部的位置。 | 对不具备基础统计知识的人来说，标准分不太好理解。 |

## 标准参照分数和常模参照分数的课堂应用

大量例证表明，标准参照分数传递给教师和学生一些他们最应当了解的信息：学生在教学目标和内容方面是否达标。标准参照分数关注掌握目标，并以同步展示实时取得的进步的方式，促进学生在所学科目上的自我效能感提升。当标准参照分数很难评定 600
时——可能是因为在一次评估里同时设置了太多的目标——原始分常会成为教师自编评估的备选方案。

如果我们确实需要指出学生之间的相对表现如何时，偶尔采用常模参照分数——通俗点说，叫做成绩曲线转换法 * ——可能比较合适。例如，当要在器乐班上指定首席演

* 曲线评分方法，即不按考试的绝对成绩给分，而就所有考生的表现，给出成绩分布曲线，按每个学生在曲线上的位置决定分数。比如，前 10%的学生得 A，次 40%的得 B，再次 30%的得 C，再次 10%的得 D，最后 10%的得 F。——译者注

奏者（最好的提琴手，最好的横笛手，等等）或者要挑选佼佼者去学习某一科学分支时，常模参照分数会很有帮助。另外，当我们要评定一些不能简单地用“掌握与否”来评价的复杂技能（例如写诗、展现高水平的运动技能、或者文学作品评论）时，也会采用常模参照的方法。

然而在对常规基础内容进行教师自编的评估时，最好不要使用常模参照分数。这种分数将会创设一种竞争环境，因为只有当他们的表现超过同学时才算是做得好。因此，常模参照分数使学生们的注意力从掌握目标转向到成绩本身，并可能会造成学生在测验中作弊的现象增多（E. M. Anderman et al.，1998；Brophy，2004；Mac Iver et al.，1995)。此外，常模参照分数所营造的竞争氛围与第 14 章描述的集体感是相悖的。

## 确定课程总评成绩

一直以来，教师们给学生评分这一做法已经引起了相当多的争论。引人非议的是传统评分程序中固有的几个问题。第一，由于个别评估工具在信度和效度方面不那么完美，由此得出的分数可能就不是那么准确了。第二，不同的教师会用不同的评分标准，举例来说，有些教师比其他的教师要更宽容一些，有些教师要求学生死记硬背而另外一些教师会要求他们掌握更高水平的技能。第三，在混合班级中（如，包含来自各种背景的学生，或有特殊教育需要的学生），不同的学生可能要努力去完成不同的教学目标。第四，典型的评分过程促使学生去追求成绩目标而不是掌握目标，学生只想得到“容易的 A”，而不愿冒险做可能失败的事（Stipek，1993；S. Thomas & Oldfather，1997)。最后，学生迫于要取得高分数的压力可能会采取一些不当行为（如，作弊、剽窃）去获得所要的分数（Cizek，2003)。

尽管存在这样一些问题，课程总评成绩仍将作为用来衡量学生的课堂所学最普遍的方法而被继续沿用，很大程度上是因为学校主管部门想要通过比较经济的方法来追踪学生的成绩表现，以便更好地做出决策及有效地与家长和同行们交流。下面是一些能提高课程总评成绩的有效性和实用性的建议：

■ **严肃对待评分这项工作。**请考虑下列情况：

- 一名高中数学教师在套用公式来确定课程总评成绩时犯了很多计算错误。结果，使得一些学生得到了比实际表现低一些的分数。
- 一名初中西班牙语教师叫她十几岁的儿子帮她计算她学生的课程总评成绩。她制定的其中一项评定依据是只有部分学生才有的小测验重考成绩，而那些在第一次测验中得分较高的学生的这一栏则为空白。由于不了解这位教师的意思，她的儿子把所有空白都作为零分进行计算。结果，那些最优秀的学生——他们在该教师的成绩记录本上有很多空白栏——惊讶地发现他们这学期得到了一个 D 或 F*。

一位数学教师竟然会犯数学计算错误？会有这样一位西班牙语教师放手让青少年去评定课程总评成绩吗？听起来十分荒谬可笑吧，不过，以上都是真实的故事。通常留在学生记录中的课程总评成绩只有等级分数。所以，我们必须要花费时间和精力以确保这些分数是正确的。

---

* 美国字母等级通常分 5 级：A（优）、B（良）、C（一般）、D（及格）、F（不及格），下同。——译者注

现在我们能够方便地使用一些电脑软件包来帮助保存数据和评分。其实，它们也同时为我们提供了存储大容量的评估信息的机会，这使我们更方便与学生交流。不过，我们在使用打分软件时要很小心。否则我们也会犯错误，比如要是我们在录入数据时出错 601
或者忽视了存储系统的某些特性，这便与那个西班牙语教师让儿子评分没什么两样了！

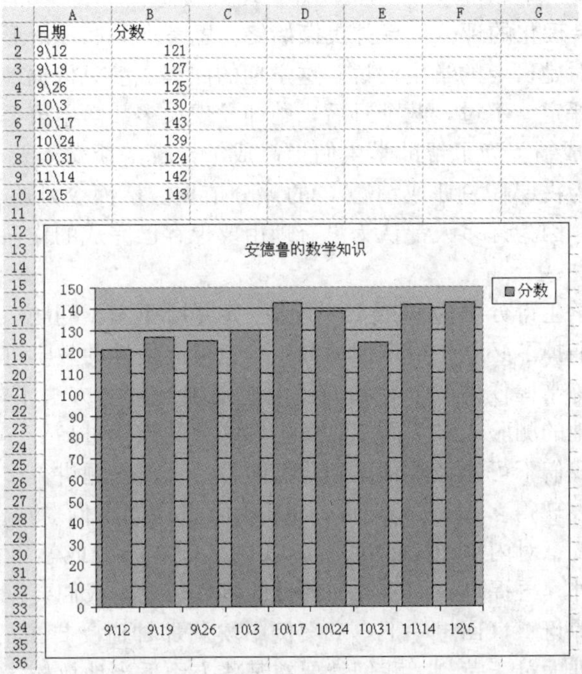


**图 16—5　计算机软件能帮助我们（也是帮助学生）追踪学生在课堂测验上的表现。图上是 10 岁的安德鲁在数学知识平时测验上的表现，每次测验的总分都是 150 分**

■ **评分要基于学习成绩。**给那些行为端正、合作性高的学生评为高等级作为回报，而让那些长期品行不端的学生得到 D 或 F 作为惩罚，这对教师来说极具诱惑。但成绩应该是学生所学的总体反映，而不是作为品行如何的指标。仅仅因为行为端正而使其获得高等级的话，学生及其家长会高估他们的进步（Brookhart，2004）。而让品行不端的学生得到低等级作为惩罚，也许是出于好意，但这样会使教师的分数评定系统显得主观且毫无意义（Cizek，2003）。

■ **评分要基于确实的数据。**主观的教师判断一般与实际的学生表现相关，但完美的测量是不存在的，并且一些教师要比另一些评定得更加准确些（Gaines & Davis，1990；Hoge & Coladarci，1989）。另外，尽管教师对高能力学生成绩的判断通常是比较准确的，但他们对低能力学生成绩的评估却不那么准确（Hoge & Coladarci，1989）。教师们极有可能会低估那些来自少数民族群体和低社会经济背景的学生（Gaines & Davis，1990）。出于上述原因以及为了学生考虑，当我们具体告知学生我们对他们的期望时，他们会学得更多并取得更好的成绩，我们应当依据采用正规测评工具得出的客观而可观察的信息来评分，而不是凭教师对于学生在课堂上表现的主观印象。

■ **评分要从多方面进行，但不是包罗万象。**综合多次评估结果来决定课程总评成绩，能帮助我们补偿单一评估工具不够令人满意的信度和效度。但这并不意味着，我们要把学生所做的所有事情都列入考量。正如前面的章节中所提到的，我们要制造一种氛围，让学生勇于冒险和犯错。因此，我们不应该把学生在学习新任务之初所做的努力考虑进来，因为其中可能会包含相当多次的尝试与挫败（Brookhart，2004；Canady & Hotchkiss，1989)。另外，多次评估更适合形成性评价目的，而形成性评价比总结性评价更能帮助学生学习（Frisbie & Waltman，1992)。

■ **制定一种合理化的评分体系并贯彻始终。**思考下面这种情形：新学年伊始，初中教师吉洛斯女士对她班上的学生们说，这学期的课程成绩只依据他们在平时测验和期末考试上的表现来评定。不过，两个月后，她却发现大多数学生虽努力准备测验但仍然只能得到D或F的成绩。为了帮助学生们提高成绩，吉洛斯女士要求他们上交所有的家庭作业，以此作为占课程总评成绩20%的评分依据。然而令她吃惊的是，此举遭到了学生们激烈抗议。因为许多人都认为没有理由要保存已完成的作业，已丢弃的如今再也无法找回了。

如果大多数学生得分都为D或F，那么一定是哪里出了问题。可能是吉洛斯女士在选择教学起点时漏掉了必须先行掌握的知识；也可能是她的教学进度太快以至于学生根本没有时间去熟练掌握任何一个专题；还可能是她的教学方法不如别人的方法那么有效；或者可能是她的测验太难，而她对学生们能力的期望过高了。

作为教师，我们不可能经常预见到我们能将一个新专题讲得多么好，或者学生会在课堂评估测验上表现得多么好。然而，如果我们想让学生们对成绩有某种掌控感的话
602 (参见我们在第12章对内部归因的讨论)，我们必须在学期或学年之初就告诉他们有哪些评分标准。另外，再提供我们将如何评分的具体信息。我们要避免让学生在看到成绩时产生不愉快的惊讶感（回想一下本章案例中埃莉那种遭受打击的感觉)。倘若我们发现最初制定的标准太过于苛刻，我们就要在某些方面适当地放松一些，比如可以降低及格线或者允许重要测验重考。但是我们绝对不要中途修改标准以至于造成某种不公平，让一些学生因此受损或使另外一些因此获益。[3]

■ **为分数增添质性说明。**无论是以字母或分数来表示，这样的课程总评成绩最多不过是学生已经学会的知识的量的一个一般指标。如果用一些定性的信息来作为分数的补充会很有帮助，例如有关学生的学习特长、做事习惯、态度、社交技能、对班集体的独特贡献等。请看下面的例子，是一位2年级教师写给学生的评语。学生和家长也都习惯去查找类似的质性反馈，它们与课程总分同样能提供信息，甚至有时候它们提供的信息更多。不过，这些反馈信息应该相当明确，像"课堂表现不错"这种评语现在很少出现了（Brookhart，2004，p. 183)。

---

**一位2年级教师在学年末给她的学生所写的定性评语举例**

- 给阿曼达：你是班上所有同学的好朋友。你会留意人们的情绪，并尽力去使别人感觉良好。
- 给安德里亚：你有美妙的歌声、生动的表演。你做任何事都能展现自信。
- 给安格斯：你总乐意对老师同学施以援手。你会听从建议，用合理化的方案解决一些问题和由此引发的其他情况。
- 给夏洛特：你做事非常细致。对每件事你都全身心地投入。你的积极态度和良好的工作理念对全班来说都是锦上添花的。
- 给科琳：我喜欢你的幽默。你讲的脑筋急转弯和冷笑话太棒了，总是引我发笑。你讲的故事总有出人意料的"笑果"，让人听了还想听。

---

## 考虑进步、努力及额外学分

迄今为止，我们的讨论都基于这样一个假设，即课程成绩应该反映学生在教学目标上所取得的成就。但是，一些教育学家建议学生的成绩评定应以他们取得了多大进步，多认真努力，或者课后下了多少工夫为基础。下面我们来分别讨论在确定课堂总评成绩时结合这些因素加以考虑的情况。

**考虑进步**

正如我们在第 10 章和第 12 章中对自我效能感和内部动机所做的讨论，动机理论家强调与其在同伴间相互比较成绩，不如让学生关注自身的进步。但是评估专家提出了两个合理的理由来反对以学生通过一学期/学年课程取得的进步作为课程总评成绩评定的唯一指标。第一，有些学生在开学之前就已经掌握了一些要在那一学年课程上学到的知识和技能，因而他们在该学年的教学目标上可进步的空间就变少了。第二，倘若我们将进步作为标准，那些试图“钻制度的空子”的学生会很快发现他们能很容易地拿到高分——只要他们一开始的表现要多无知就有多无知（Airasian，1994；Sax，1989）。

那么我们该如何平衡动机理论家和评估专家这两方面的观点呢？若我们要承认并强化学生随时间取得的进步，下面有一些建议可供参考：

- 在确保所有学生都有充分机会去完成教学目标的前提下，让学期/学年末的考试成绩在期末课程总评成绩中占较大的比重。（Lester et al.，1997）
- 给学生一个改正错误的机会，以此显示让他们自我掌控（参见第 15 章）。
- 实施重考时，可以使用与第一次考试不同的题目或任务来评估（参见第 15 章）。
- 以其他方式强化进步——比如，空闲时间或某种特权。

**考虑努力** 603

大部分评估专家建议我们不要基于学生在课堂上所表现出来的努力多少来确定课程总评成绩。首先，这会使得那些开学伊始就展现相当高水平的学生处于不利的地位，因为他们也许不必像其余懂得比他们少的同学那样努力去学。此外，要对学生的努力进行评估，充其量也只能做到主观的、不严密的估计（Brookhart，2004；R. L. Linn & Miller，2005；Stiggins，2001）。

一个可供选择的方法是让学生们为适合他们现阶段知识和技能水平的个别化的教学目标而努力（Brookhart，2004；Mac Iver et al.，1991）。在为其量身打造的目标基础上来评定分数，我们考验了全部学生，看他们能否提升自己的能力。如果这种个别化的方法比较可行的话，那么当我们报告学生课程总评成绩的同时，也要报告分数是基于什么样的教学目标之上的。事实上，这种方法现在广泛用于那些有特殊教育需要的学生，为其设置的目标常常在他们的个别化教育程序（IEP）中有描述。[4]

显然，我们对学生努力的认可有助于提高其动机。如此一来，对于通过努力在非正式评估中取得进步的，我们应该经常与学生和家长沟通（Brookhart，2004；Pintrich & Schunk，2002）。有些学校使用多维评分系统，允许教师对学生课堂表现的不同方面分别评分。通过给家长的一封信、家长一教师座谈会和建议书等制度，为从多个方面了解学生课堂表现开辟了新的方式。

**给予额外学分**

多年以来，我时常发现学生们出现在我办公室的门口，请求——有些甚至是乞求——给他一次机会通过完成额外学分的方法来提升他们的成绩。通常这些学生在我的某门课程上没有通过，在最后一刻才拼命想要挽回他们的平均积分点。我的回答总是不行，理由很充分：在我的课程里，成绩都是根据学生在该课程教学目标上所达到的程度，通过他们在测验和作业上的表现而决定的，对所有的学生都一视同仁（这样才符合规范和公平）。额外学分方案只能提供给一两个学生（通常他们得分很低），他们显然没有充分掌握课程内容，也不能代表班级整体水平。

我们的确可以在评分时考虑额外学分，假定这项工作与课程目标相关，而且给所有学生均等的机会去完成（例如，Padilla-Walker，2006）。但是在总评估里加入额外学分，并不是帮助一个没有达到课程目标的学生拿到过关分数的最好方法。

## 选择标准参照分数或常模参照分数

很多专家都建议课程总评成绩应该反映对课堂教学内容和教学目标的掌握程度——换言之，课程总评成绩应该是标准参照分数（Stiggins，2001；Terwilliger，1989）。标准参照分数特别适合于小学阶段，许多小学课程的内容是以掌握与否来衡量的基本技能，这样也就没有必要基于分数来区分学生了。

这个问题到了中学之后就会变得复杂些了：学生分数有时会被用来考虑选择报考什么样的大学、能否申请奖学金等问题。我个人的建议是高中评分制度在可能的范围内尽量遵循标准参照。在决定选择使用哪种分数时——有关升级和毕业的决定——最关键的是要以学生是否熟练掌握了学校课程为基础，而不是以相互比较为基础。另外，由于不同班级学生的能力水平有差异，一个严格的常模参照方法可能会让一个学生的表现在一个班级（比如数学特长班）得C等，而在另一个班里（比如数学普通班）却足以得到A等（在这样的情形下，想要追求高平均积分点却进入特长班的做法是很愚蠢的）。604 最后，只有极少数的学生（即尖子学生）会受到常模参照评分系统的激励；大多数学生会很快放任自己，认为达到平均水平就够了（参见第10章关于自我效能感的影响因素的讨论）。[5]

要设置一个标准参照评分系统时，我们在制定每个分数对应的学生成就水平时要尽可能的具体些。举例来说，如果我们要使用传统的字母等级，可以遵照下面的标准：

**表 16—4　字母等级标准表**

| 字母等级 | 标准 |
|---|---|
| A | 该生已经牢固掌握了该内容领域的基础的与高级的知识技能。他（她）已经为后续学习做好了充足准备。 |
| B | 该生已经掌握了所有基础的知识技能。高级部分也已掌握了一些，但不是全部。他（她）已经为后续学习做了很多方面的准备。 |
| C | 该生已经掌握了基础的知识技能但在该主题的高级内容部分学习有困难。在后续学习必须掌握的部分他（她）还有所欠缺。 |
| D | 该生已经掌握了部分该内容领域的基础知识和基本技能，但不是全部。在后续学习的先行准备方面，他（她）欠缺很多。 |
| F | 该生表现出对教学目标个别部分的掌握，可能有一小部分，但尚不能展示大部分基础知识技能。他（她）缺乏后续学习所需的大部分先行准备。（上述标准基于 Frisbie & Waltman，1992） |

只有当学生的课程总评成绩能够反映如上标准时，它们才能被合理用于教学决策。

## 让学生参与评分过程

让我们回到本章的个案研究，埃莉的历史得了B让她意外受挫。很明显，埃莉已经清楚知道她的历史课平时作业和小测验的分数，但她显然不清楚这些分数是如何组合成为一个课程总评成绩的。可以推测，尽管她的老师在持续不断地追踪着埃莉所取得的进步，而她并没有这么做。

在先前的章节中我们不止一次地讨论过自我评估有利于自我调节和激励。但是应该让学生在多大程度上参与决定课程总评成绩呢？在讨论这个问题之前，我们先来看一个学生的自我评估。

### 解释学生的作品和行为——自我评估

在九个星期的学期快结束的时候，一个高中文学课堂的学生被要求写一篇论文，老师要求他们各自选一首诗并写出这首诗与他们自己生活的联系。在他们完成论文后，教师让他们再写两段话：(a) 评价一下自己对诗的分析，(b) 指出他们觉得这个学期自己能得到的等级并说明理由。下图显示的是学生莱格西的作品，15岁的莱格西评价了她对简·凯尼恩（Jane Kenyon）的诗《植物灭绝》的分析，同时解释了为什么她觉得她能够在这学期拿A（这篇作品也包括了教师的几句评语）。下面请你阅读莱格西的自我评估，并思考：

- 识别她用来评估她论文的标准？
- 识别她用什么标准来给自己指派一个等级分数？

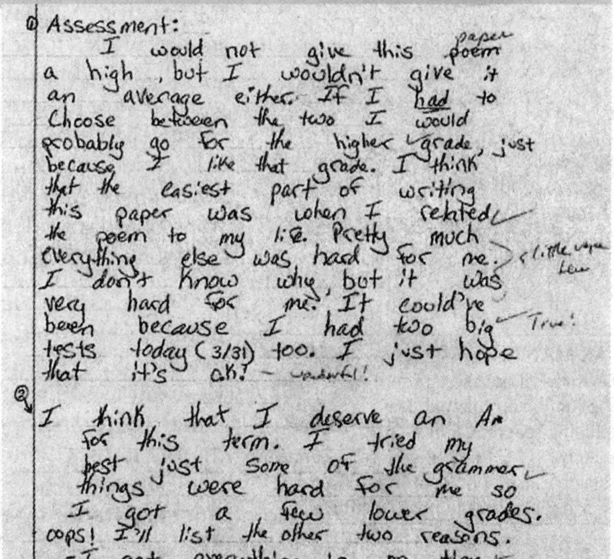
① Assessment:
I would not give this paper a high, but I wouldn't give it an average either. If I had to choose between the two I would probably go for the higher grade, just because I like that grade. I think that the easiest part of writing this paper was when I related the poem to my life. Pretty much everything else was hard for me. I don't know why, but it was very hard for me. It could've been because I had two big tests today (3/31) too. I just hope that it's ok! — wonderful!
② I think that I deserve an A for this term. I tried my best just some of the grammar things were hard for me so I got a few lower grades. oops! I'll list the other two reasons.
-I got everything in on time.
-I tried to participate as much as possible in class.

在评估她的论文时，莱格西知道她将诗联系到她自己的生活中去的技巧将会是一个很重要的标准。不幸的是，这是她唯一会用的标准，同时她也承认其他一切"对我来说都很难"。她认为自己的论文应该得"高"分，但没给出具体分数。她还提出了另外两条与论文质量无直接关联的理由：她想要比较高的分数；与她在同一天进行的另外两门课的测验比较，这篇论文应当得到比较高的分数。在第二段中，莱格西在给自己打课程总分时，她关注的是努力、守时及课堂参与。不可否认，这些都很重要，但它们反映的都不是掌握该课程内容所必需的。 605

正如埃莉的案例所说明的，大多数6年级学生都不能很好地追踪他们自己取得的进步、评估自己的成绩；莱格西的例子也向我们展示了很多高中生的做法。正如在这一章的前面部分提到的，我们教师必须成为决定学生课程总评成绩的人。但是那些成绩的出炉不能让人感到太意外。学生们应该预先知道，评定成绩的具体标准是什么，同时我们要经常为学生提供有关他们在追求自己想要的成绩时如何进步的信息。在这种条件下学生才对他们取得的成绩有了发言权——通过控制他们的努力去掌握课程内容。

## 使用档案袋

档案袋是对于学生在相当长的一段时间里作业情况的系统收集与整理。它可能包括文字作品、学生（手工）建构的东西（例如，雕塑、发明物）、照片、录音带、录像带或者是这些物品的任意组合。举例来说，图16—6是从一个幼儿园档案袋中选取出来的，6岁的梅甘和她的老师在利用图片表现她初现的数学技能。[6]

“梅甘用物品排列出了数字6”　　“梅甘在展示她‘收集100’的作品”

**图16—6　在一个幼儿园档案袋里，梅甘和她的老师用两张数码照片来说明她在数学技能上的进展**

有些档案袋记录是发展性的，它包含一些不同时期的作品，来展现某学生是怎样随着时间的推移不断进步的。另外一种叫做代表作档案袋，是用来说明学生们的知识技能最终达到了什么样的水平（Spandel，1997；Winograd & Jones，1992）。梅甘的档案袋更像是发展性的，因为它被用来记录和交流梅甘在基础技能上的进步。

档案袋有几个好处：第一，它们能捕捉到学生课堂表现中的复杂特点，这通常要持续很长的时间，是用单个字母等级的方式不能实现的。第二，他们提供了一种机制，通过它，我们很容易实现将评估与教学绑定：学生通常会把平时作业放入档案袋，而这些作业本来就是我们根据教学目标布置的。第三，建构档案袋的过程，能促使学生们反思和评估他们已取得的成绩。第四，档案袋有时会影响教学的本来进程，因为档案袋关注复杂技能，教师会因此更多地教授这些内容。（C. Hill & Larsen，1992；Koretz et al.，1994；Paris & Paris，2001；Paulson，Paulson & Meyer，1991；Popham，1995；Spandel，1997）。

然而，RSVP特性会成为人们担心档案袋的一个原因，特别是当它们用于评估（而不是简单地交流）学生所学和成绩时（Airasian，1994；Arter & Spandel，1992；Koretz et al.，1994；Popham，1995）。当档案袋必须要以某种方式评分时，其分数通常信度不高，因为不同的教师评的等级不同。除此之外，这里有一个十分明显的标准化问题：因为每个档案袋包含的都是独一无二的一套作品，我们得在不同信息的基础上对每个学生做出评估。效度可能是，也可能不是一个问题：有些档案袋可能包括足够的样本 606
得以充分代表学生已经完成的与教学目标有关的内容，但是另一些的样本代表性不够。另外，由于档案袋会占用教师很多的时间，所以，它们没有其他总结成绩的方法那么实用。但所有这些并不是说我们要避免使用档案袋。不过当我们要求学生收集作品时，我们应该先确定其潜在价值要超过不利之处（利大于弊）。若要把它们作为学生所学的总评式反映，我们必须非常慎重进行解读分析。

要想有效地使用档案袋，请先阅读倡导者提出的以下建议：

■ **在使用档案袋前先要考虑它的具体目的。**不同种类的档案袋有不同的使用目的。发展性的档案袋，包括整个在校期间，甚至是更长时间的作品，非常适合于检查学生的进步是否合乎长期教学目标。难能可贵的是，这种档案袋可用来展示学生相较于自己取得了多大进步。对比而言，代表作档案袋更适合用来总结学生的最终成绩，也能作为一种同家长、学生以后的教师，或者大学招生人员交流学生成就的方法（Spandel，1997）。

■ **让学生自己选择他们档案袋的内容，提供各种支持来帮助他们做出明智的选择。**在大多数情况下，学生们应该自己决定他们的档案袋要包含哪些作品（Paulson et al.，1991；Popham，1995；Spandel，1997）。这样做能带给学生一种主人公意识，也能增强他们的自我决定感与学习的内部动机。通过定期安排一对一会谈，共同讨论哪些作品最能反映他们的成就，可以帮助学生做出适当的选择（Popham，1995）。我们也可以向他们展示一些由其他学生创建的档案袋范例，但前提是得到这些学生和他们的家长允许或者档案袋创建者可以真正保留隐私（Paulson et al.，1991；Stiggins，2001）。

■ **鉴别出作品被选择和评估的标准。**在接受该如何选择的指导后，学生们更有可能作出明智选择，而且如果可以，让他们了解档案袋最终评估时的标准，这种可能性会更大（Popham，1995；Spandel，1997；Stiggins，2001）。如果我们要使用档案袋来进行课程总评，就得制定并发布一个如何评定分数的表现成分表。有些时候我们可能想要让学生也参与评估标准的制定（Popham，1995）。这样做能进一步增强他们的自我决定感，也提高了他们对未来的任务和作业的自我评估能力。

## 走进课堂——总结学生的课堂成就 607

- 使用标准参照分数，除非有非选择其他方式不可的理由。

  某教师在“代数Ⅰ”课堂上使用标准参数分数来计算学生成绩，以供学校顾问参考，并为下学年上数学课的学生安排合适的课程。

- 课程总评成绩要基于客观的、可观察的数据。

  卡罗琳总是默不作声地坐在教室的后边并且从来不参加课堂讨论。但她在头两次课堂测验中都得到了高分，这让她的老师很吃惊。最终他意识到尽管卡罗琳缺少课堂参与，但她的确达到了教学目标，也应当给她相应的成绩。

- 使用多种数据来源来评定成绩，但不必包罗万象。

  某高中教师经常用布置家庭作业的方法来激励学生练习新技能。她会给学生反馈但在期末总评时不将其纳入考量。实际上，她的评分依据包括五次纸笔小测验、三次正式能力测验、一份研究论文和一些课堂小作业。

- 使用档案袋来总结学生在复杂、多层面任务中的成就。

  某 3 年级教师让学生使用档案袋收集他们写的小说和其他作品。通过这些文档可以了解学生对一些写作技巧的掌握情况，以及他们在其他方面的进步，在学年末还可以与家长一起分享。

- 在评估实际表现时，分别从其他诸如努力、进步和额外学分计划等方面加以考虑。

  在家长-教师-学生见面会上，某 6 年级老师这样来描述斯坦的表现：“斯坦这学期得到的等级都是 B 和 C——这样的成绩已经达标但算不上优秀。我注意到他的课堂表现很不稳定。当他用功努力时，会把课程内容掌握得很好；否则会很差。斯坦，你能告诉我们为什么你不能一直保持在较高的水准之上吗？也许集合我们大家的智慧，可以想到一些办法帮你下次得到几个 A。”

## 标准化测验

课程总评成绩和档案袋都直接来源于学生在课堂上完成的一些任务。与此不同，标准化测验是另外一种总结学生知道什么、能做什么的方法，是由测验编制专家开发的，并且可用于许多不同的学校和班级。标准化测验的标准化从以下几个方面来体现：让所有学生接受相同的指导语，给他们相同的时间限制，让他们解决相同（或非常相似）的问题或任务，对他们所作的反应按照相同的标准评估。随标准化测验一起使用的测验手册包含：给学生的指导语，规定的时间限制，详细的评分标准。若测验是常模参照（大部分都是），它的手册也会提供不同年龄和年级段的常模。而且手册通常会提供对不同人群和年龄组的测验信度的信息，以及我们是如何得出这样的测验信度的。

### 608 标准化测验的种类

目前市面上有很多不同种类的标准化测验[7]。在学校领域常常会用到有四种：成就测验、一般学业能力倾向和智力测验，特殊能力倾向和能力测验，以及入学准备测验。

#### 成就测验

标准化的成就测验被设计用于评估学生学到多少教师教授的内容。测验题目要能反映大多数学校的课程设置。例如，历史测验会侧重于国家或世界的历史，而不是一个具体的州，省或者社区的历史。测验总分反映的通常是很宏观的能力层面：它们能告诉我们一个学生已经掌握了多少数学或语言法则（相对于一个常模群体而言），但是不必让我们了解该生是不是清楚地知道分数该如何相乘或是如何恰当地使用逗号。

标准化成就测验至少有下列两种用途（Ansley，1997）。第一，它能让我们确定，与别的地方的学生相比，我们自己的学生多么好，这个信息也许能够直接说明我们教学安排的有效性如何。第二，它提供了一种方式去追踪学生随时间的总体进步，并对潜在问题点发出警告。例如，想象一下，卢卡斯每年的测验成绩都能得到平均分，尽管测验和常模群体都跟以前一样，但是突然在 8 年级时成绩低于平均分很多。在这个问题上我们也许想断言是否这种低水平是偶然的（也许是因为考试那天生病了或者是因为一些其他的临时状况）或者是否这种能力的相对下降应归因于需要我们注意的其他长期因素。

无论什么时候我们评估成就，内容效度都是我们主要关注的问题，并且我们必须要按照自己的情况来确定每个测验的效度。我们能通过对照说明书（由测验手册中提供或自己建构）来确定一个标准化成就测验的内容效度。我们也应该仔细审察实际的测验项目，去了解它们强调的是较低水平的还是高水平的思维技能。一些常用的成就测验其实主要集中在较低水平的技能上（Alleman & Brophy，1997）。只有当测验的项目所反映的主题和思维技能与我们设定的教学目标或者内容领域标准吻合时，测验对我们的情境才会具有高内容效度。

**一般学业能力倾向和智力测验**

成就测验被设定为评估学生通过学校课程所学到的内容。相比之下，学业能力倾向测验被设定为评估一般的学习能力。传统上，其中一些学业能力倾向测验被称为智力测验。但是，一些专家开始避免使用这一术语，一部分是因为心理学家对智力是什么没有达成一致，另外一部分是因为许多人错误地相信 IQ 分数反映的几乎完全是遗传获得的能力（R. L. Linn & Miller，2005）[8]。其他常用的术语还有一般能力倾向测验、学校能力测验和认知能力测验。

无论我们如何命名，归属于这一类的测验都主要用于预测——也就是说，去评估学生在将来的学业环境中的所学和所做会有多好。一种预测学生在将来学得如何的方法是评估学生已经学到了多少，而且实际上，成就测验能相当好地预测今后学业成绩（Jencks & Crouse，1982；Sax，1989；J. J. Stevens & Clauser，1996）。但比起关注学生已经从学校具体学到了什么，学业能力倾向测验通常是评估学生从一般的、日常的经验中学会、领悟了多少。例如，很多此类测验都包含一种词汇题，用来评估学生掌握了多少历年来从各种偶然机会中学到的词汇。它们有时候也包括一些类比题，想要评估学生从一些熟 609
悉的关系中发现相似点的能力如何。此外，它们可能会要求学生去分析图片或者操作实物。同时很多此类测验还包括对常识的测量以及需要演绎推理和问题解决的任务。

**特殊能力倾向和能力测验**

一般学业能力倾向测验适合于预测学生的总体学业表现。但是当我们要考查学生是否特别适合某个特殊领域（例如数学、音乐或者汽车制造）时，特殊能力倾向和能力的测量——通常叫做特殊能力倾向测验——更恰当。有些能力倾向测验只是为了预测某一特定领域的未来表现而设计的。另外一种，我们叫做多重能力倾向成套测验，可以同时得出多个领域的分测验分数。

校方有时会使用能力倾向测验来挑选学生去开展特殊教学计划——例如，去发现那些很容易在某个特定科目上取得成功的学生。这类测验也可用于给学生提供有关未来教育计划和职业选择的咨询。能力倾向测验建立在这样一个观点上：一个人在某个特定领域上的学习能力是非常稳定的。然而在最近几年，很多教育学者开始主张我们应当重视发展在全部学生身上都存在的能力，而不是去鉴别可能只存在于一些学生身上的特殊能力倾向（Boykin，1994；P. D. Nichols & Mittelholtz，1997）。因此，特殊能力倾向测验现在已经不像从前那样常常出现在多数学校的测验计划里了。

**入学准备测验**

一些标准化测验是为确定儿童是否已经掌握了进入幼儿园或 1 年级所必备的认知技能而设计的——例如，关于颜色、图形、字母和数字的知识。尽管在学校领域用得很广泛，近年来这些入学准备测验却遭到猛烈抨击，原因如下：第一，它们得出的分数最多只与儿童在一年多一点的时间内的学业表现有中度相关（La Paro & Pianta，2000；

C. E. Sanders，1997；Stipek，2002)。第二，很多准备性测验只评估了认知发展，而社会性和情感发展也应该被考虑进来以决定儿童是否做好接受正式教育的准备（Miller-Jones，1989；Pellegrini，1998)。第三，到了 5 岁，儿乎所有的儿童都差不多准备好了可以接受某些形式的结构化教育计划（Stipek，2002)。

把入学准备测验与其他信息组合起来使用，对寻找需要立即受到关注的发展显著滞后的儿童非常有帮助（Bracken & Walker，1997；Lidz，1991)。通过入学准备测验，我们也能粗略了解对个别儿童该从哪里开始教学。然而，一般说来，我们不能把这种测验用于决定哪个儿童该延期进入正式学校上学。与其说是要确定幼儿能否适应某个特定教学课程和环境，入学准备测验更有利于确定我们该如何调整学校课程和环境以适合儿童的发展进程和特定需要（Farran，2001；Lidz，1991；Stipek，2002)。

表 16—5 概述了刚刚叙述的这四种标准化测验。它也提供了信度和效度信息，以及如何恰当使用这些测验的建议。

610 **表 16—5　比较/对比——常用标准化测验**

| 测验种类 | 目的 | 信度和效度[a] | 特殊提醒 |
|---|---|---|---|
| 成就测验 | 用来评估学生经过特定的教学学会了多少。 | • 信度系数通常达到 0.90 或更高，中学生测验的信度要比小学生的更高。分测验的系数可能稍微低些。<br>• 内容效度要根据不同情境来分别制定。 | ✧ 使用这些测验主要是为了评价宽泛意义上的成就，而不是特殊的知识技能。 |
| 学业能力倾向和智力测验 | 用来评估学生学习的一般能力；用来预测短期内他们会达到的一般学业成就。 | • 信度系数通常达到 0.90 或更高，中学生测验的信度要比小学生的更高。<br>• 学业成就的预测效度相当不稳定，视情境和人数而定。典型的效度系数值介于 0.40 和 0.70 之间。 | ✧ 测验分数只能作为近期表现的粗略预测源，而不是长期学习潜能的预测源。<br>✧ 针对存在言语技能缺陷或特殊天赋或怀疑存在明显障碍的学生，建议采用一对一测验。 |
| 特殊学业能力倾向和能力测验 | 用来预测学生在具体内容领域能做得多好。 | • 信度系数通常达到 0.90 或更高。<br>• 学业成就的预测效度通常低于 0.50。 | ✧ 测验分数只能作为近期表现的粗略预测源，而不是长期学习潜能的预测源。<br>✧ 由于预测效度比许多其他测验要低，只能将测验得分与其他有关信息一起组合使用。 |
| 入学准备测验 | 用来确定幼儿已掌握的认知技能是否达到顺利接受一般的学前班或 1 年级课程的条件。 | • 信度系数一般比其他几种标准化测验要低（如，在 0.75 和 0.85 左右），很大程度上是因为被试为年幼群体。<br>• 预测效度相当不稳定，不过通常低于 0.50，对社会性和行为适应的预测效度尤其要低一些。 | ✧ 只能将测验得分与其他有关信息一起组合使用。<br>✧ 测验结果主要是为了教学设计，而不是决定哪些学生可以开始到正规学校学习。 |

a 信度和效度系数参见第 15 章。

## 技术与评估

在过去的几年里对标准化测验实施和评分的应用技术发展得很快，且这种趋势肯定会继续保持。计算机技术和其他技术进展提供了几种备选功能，这都是纸笔测验不可能实现的：

- 可以实现适应性测验，即在学生进行测验的过程中自行调整项目难度，因而能够快速地聚焦到学生特别擅长或薄弱之处。
- 可以播放动画、模拟、视频和音频信息，这样便极大地扩展了可评估的知识和技能的种类。
- 可以方便地评估学生如何着手处理特定问题或者完成特定任务的速度。
- 可以在评估学生能力时提供不同水平的支持（例如，提供一个或多个引导学生推理的提示）。
- 可以对学生表现提供即时、客观的评分与分析。（Anastasi & Urbina，1997；R. L. Linn & Miller，2005；Sattler，2001）

尽管基于计算机的评估仍然处在初级阶段，预测的结果表明它只需要花费较少的时间和题目，就能够得到与传统的纸笔测验差不多的信度和效度系数（Anastasi & Urbina，1997；R. L. Linn & Miller，2005）。当然它的应用局限于那些熟悉计算机并有相应键盘技能的学生。

## 选择和使用标准化测验的准则

作为教师，我们常常要参与我们所属学区的标准化测验的选择和实施，下面是对如何更好地选择和使用标准化测验的一些建议：

■ **选择一个对你的特定目的而言是高效度的和对与我们学生相似的群体而言有高信度的测验。**我们已经讨论了成就、一般学业能力倾向、特殊能力倾向和准备性测验，它们看起来完全不同，但是实际上，它们之间的差异往往并不十分清晰。从某种程度上说，所有这些测验都是评估这个学生已经学到了什么，而且它们也都能用于对学生将来的表现做预测。最好的办法是选择一个对我们特定目的而言效度最高的测验，无论它会用什么名字命名。当然，我们也想要一个对于与我们的学生相似的群体有较高信度的测验。 *611*

■ **确保测验的常模群体与你要测的对象有关联。**仔细查看测验手册中对常模群体的描述，思考下列问题：

- 一般说来，这个常模群体算不算有代表性？在某种具体情形下，对你计划与之比较的群体而言它有没有代表性？
- 常模群体中，是否包括与你自己的学生同年龄、同教育水平和同文化背景的学生？
- 是否男女学生都包括？
- 这个样本是否足够大，它报告的平均分数是否确切描述它所代表的群体？
- 有没有最近收集的标准化的数据？能否反映学生现在典型的做法？

当我们用同不合适的常模群体相比较来确定常模参照测验分数时，这样的分数是没有意义的。举例来说，我记得在一所重点州立大学，教师教育专业的学生被要求参加语言和数学的基础技能测验，由于这个测验是以高中生为常模的，大学生的成绩被拿来与高中高年级的进行比较——这样做实际上毫无意义。

■ **考虑学生的年龄和发展。**正如我们在第 15 章里发现的，各种无关因素（动机、心情、精力等等）会影响学生在各项测验和其他评估中的成绩。当这种因素是相对稳定的特征时，它们会影响评估工具的效度。当它们是处于整天变化，甚至每个小时都在变化时，它们也会影响评估工具的信度，从而间接影响了其效度。这种影响学生测验分数和其他评估结果出现误差的来源在年幼儿童身上更加普遍，他们可能会只有有限的语言技能、注意广度狭窄、尽力做到最好的动机不足、对挫折的忍受力低（Bracken & Walker，1997；Messick，1983）。此外，年幼儿童不受约束的行为会使维持标准化测验条件变得十分困难（Wodtke，Harper & Schommer，1989）。

进入青春期，有另外一些变量会影响标准化测验的效度。虽然小学生也可能会对考试有些紧张不安，但到了初中和高中，他们的考试焦虑明显增加了，有时甚至会影响学生在考试中的注意力集中。而且，尤其在高中，有些学生对这种标准化纸笔测验的效力和价值产生了怀疑，变得愤世嫉俗（Paris，Lawton，Turner & Roth，1991）。当学生对做测验没兴趣时，他们可能会粗略看一下测验题目，如果可以的话，有些人甚至只按某种固定模式填涂答题卡（例如，只选 A 和 B），或者把一些圆圈涂黑让它呈现出某种图画或图案（Paris et al，1991）。表 16—6 叙述了上述几点以及其他影响学生在标准化考试中成绩的发展变异，并提出了适应这些变异的建议。

612 **表 16—6　　发展趋势——不同年级水平影响标准化测验表现的特征**

| 年级水平 | 该年龄典型的特征 | 建议采取的策略 |
|---|---|---|
| K～2 | • 注意力差，专注于测验项目的能力有很大的个体差异。<br>• 力图在测验中表现良好的内部动机很弱。<br>• 在不同场合下测验表现不一致。 | ✧ 不要使用入学准备测验来确定儿童是否“可以”上小学了，相反，计划早些上学可以让学生对将来的学习早做准备。<br>✧ 还在训练阶段时，不要为了诊断而评估（例如，鉴定有特殊需要的学生）。<br>✧ 不要只依据标准化测验分数就对成就进行长期预测。 |
| 3～5 | • 毫无疑问地接受标准化测验，视其为有效测量能力或成就的工具。<br>• 专注在纸笔测验工具上的能力增强。<br>• 使用机读答题纸的能力增强。<br>• 测验技巧有一定的个体差异。 | ✧ 重视标准化测验的价值，追踪学生的进步，鉴定学生在哪些方面需要额外指导和支持。<br>✧ 让学生有机会多练习使用机读答题纸。<br>✧ 详细讲解基本的应试策略（例如，跳过难题，若时间允许之后再回头去做）。 |
| 6～8 | • 妨碍型考试焦虑增加（对部分学生而言）。<br>• 应试策略有很大的差异性。<br>• 出现质疑标准化测验价值的论调（对部分学生而言）。 | ✧ 关于学生知晓多少、会做什么，标准化测验只能提供一个粗略的看法。让学生放心，测验结果并不是唯一会产生影响的。<br>✧ 鼓励学生做测验时尽力而为，向他们保证测验结果不会用来评判他们而是要帮助他们学习更有效率。 |

续前表

| 年级水平 | 该年龄典型的特征 | 建议采取的策略 |
| --- | --- | --- |
| | | ✧ 提供训练应试技巧的机会，不过要记住学生成绩更多依靠他们在内容领域的知识能力，而不是他们的一般应试能力。 |
| 9～12 | • 出现对标准化的效力和价值的冷嘲热讽（低成就学生尤其如此）。<br>• 力图在标准化测验中表现出色的动机下降（例如，学生会毫不用心地在答题纸的圆圈上填涂）；有些学生甚至会考虑自我妨碍，以此为表现不佳辩护。 | ✧ 承认标准化测验并不完美，但同时也要说明它们能帮助教师和管理者。<br>✧ 保持警觉，发现学生有意破坏测验的苗头或者已经这样做了，私下跟他/她谈话，找出焦虑的原因，并帮助他/她提高测验成绩。 |

资料来源：Bracken & Walker，1997；S. M. Carver，2006；Dempster & Corkill，1999；Lidz，1991；Messick，1983；Paris et al.，1991；Petersen et al.，1990；I. G. Sarason，1980；Scruggs & Lifson，1985；Stipek，2002。

■ **确保学生已经做好了参加测验的适当准备。**在大多数情况下，我们可能想要学生提前为任何他们将要参加的标准化测验做准备。举例来说，我们可以这样做：

- 解释测验及可能包含的任务的一般特点（例如，如果可行，提醒学生老师不会期待他们知道所有问题的答案而且许多学生都没有充分的时间回答完每一道题）。
- 鼓励学生要他们尽最大的努力，但不要把测验看成生死攸关的事情。
- 让学生练习测验的题型和形式（例如，演示怎么回答多项选择题和如何填涂计算机计分的答题纸）。
- 鼓励学生在测验的前一天晚上睡个好觉并在测验当天早上好好吃顿早餐。(Kirkland，1971；Popham，1990；Sax，1989)

从某种程度上说，我们也能帮助学生准备，教他们有用的应试策略——比如暂时跳过难题、仔细检查确保答案填到了正确的位置等。不过我们应该心里有数，这些测验技巧一般对标准化测验的分数只能产生很小的影响（Scruggs & Lifson，1985）。而且，应试技巧和学生的成就是正相关的：与应试策略少的学生相比，有很多应试策略的学生通常也是高成就者。换句话说，很少有学生得很低的分数仅仅是因为他们不善于考试 613 （Scruggs & Lifson，1985）。因此，一般说来，与其花过量时间去教学生如何应试，还不如把测验要评估的知识技能教给他们（J. R. Frederiksen & Collins，1989）。

■ **在执行测验时要严格按照指导语来进行，并将所有不寻常的情况上报。**一旦测验开始，我们必须严格遵守测验实施程序，按规定分发测验簿，要求学生完成给定的题目，切实遵守时间，按规定的方式答题。如果我们不照搬常模群体施测的条件，那么测验给出的任何常模参照分数都是没有意义的了。偶尔，我们会遇到一些我们所不能控制的情况（如附近有嘈杂的建筑工程或是突如其来的停电等）。当这种情况严重的改变了学生进行标准化测验的条件时，这会危及测验结果的效度，必须报告出来。我们也应该记录下那些出现可能导致表现不佳的行为方式的学生——比如表现出异常的紧张、长时间凝视窗外或者胡乱作答等。

## 解释标准化测验分数

就像我们前面指出的，大多数标准化考试的分数都是常模参照的。通常这些分数可能会是年级或年龄当量分数、百分等级、标准分，或者这几种分数的某种组合。但是我们必须注意，不能过于看重测验得出的确切分数。下面是在解释和使用标准化测验分数时要注意的几条原则：

■ **制定成绩可接受的分界线时要有一个明确、合理的依据。**如果我们要使用测验结果来做二选一的决定时——例如，某学生能否转到高级数学班、能否免修基础写作课程，或者能否获得教师资格证等——任何分数线的制定都要有一个明确的依据。这个过程对标准参照分数来说相对容易些，如果它们是真实地反映了对科目内容掌握与否的话。对于常模参照分数而言就很有难度了：什么分数才能说明学生的成绩是“可接受的”呢？百分等级为 20？50？标准差为 3 分？6 分？没有太多信息说明上述分数代表掌握了多少知识技能，因此也没有办法知道什么分数算可接受的分数。

■ **当且仅当他们来自相同或相似的常模群体时，才能比较两个标准化测验得分。**因为不同的标准化测验通常都有不同的常模群体，所以我们不能真正比较学生在两个不同测验中的成绩。举例来说，如果苏珊参加了基本技能测验（BST），我们可以比较她在 BST 阅读分测验和 BST 数学分测验上的分数，因为这两个分数都是出自同一个测验，来自同一个常模群体。但是我们不能拿苏珊的 BST 分数和她在另外一个不同的标准化测验的分数去比较，如肖恩编制的阅读成就测验（RAT），因为这两项测验分数是基于完全不同的常模群体的。

如果要比较来自同一测验的两个或多个分数，可以计算其置信区间来使比较更有意义。在第 15 章信度部分，图 15—2 描绘了苏珊 BST 分数的置信区间，这些区间显示了可能影响分数并导致测验信度不完美的误差有多大。测验出版者通常会报告常模参照测验分数的置信区间。任何两个分测验的置信区间有重叠都表示学生在这两个领域上表现得差不多。但是如果区间之间没有重叠时，我们就有理由认为，该生在某个领域表现得比另外一个领域要好。

■ **绝不要只看一次测验的成绩就作出重要的决定。**正如我们所知，无论经过多么精心地编制、使用得多么广泛，没有哪个测验会有完美的信度、效度。每一测验都难免有误差，学生可能因为各种各样的原因而在测验时发挥失常。因此，我们绝不应该（再强调一次是绝不）只通过一个单一评估工具或者单一的测验分数对学生个体作出重要的决
614 定。我们不应该用单一的测验分数去对一大群学生和教他们的教师作出重要的决定。但在更进一步了解这样的高风险测验之前，让我们先来看一看一名学生的标准化测验结果。

英格里德的百分等级和标准九分数是通过把她的原始分与一个全国性的常模群体相比较而计算出来的。依据她的测验分数，在拼写和数学计算上，英格里德表现出平均数或低于平均数的水平；在数学概念方面，她表现出平均数或高于平均数的水平；在阅读理解、科学和社会研究上，她表现出大幅高于平均数的水平。全国百分等级带反映了误差程度（由于并非完全可信）的置信区间，而误差会影响英格里德的百分等级分数。英格里德在拼写和数学两方面的置信区间有重叠，因此尽管她在数学概念上的分数比在拼写和数学计算上的要高些，但这个分数差异还不足以说明她的数学概念比另外两个领域更好。阅读理解、科学和社会研究的置信区间也出现了重叠，因此她在这三个领域的表

**解释学生的作品和行为——一份计算机打印出来的资料**

12 岁的英格里德完成一个标准化成就测验的几周后，她的班主任跟她及她家长一起分享测验的结果。请你一边看下图所示的计算机输出的资料，一边思考：

- 通过标准九分和百分等级分数，我们能对英格里德的成就有哪些了解呢？
- 全国百分等级带（用 X 标示的区域）反映了什么？
- 哪个内容领域是英格里德相对有优势的？哪个是她相对薄弱的？
- 为何底边的数字（1，5，10，20 等）间隔不均？

快速复习一下第 15 章信度部分以及本章前面的百分等级部分有助于回答上述问题。

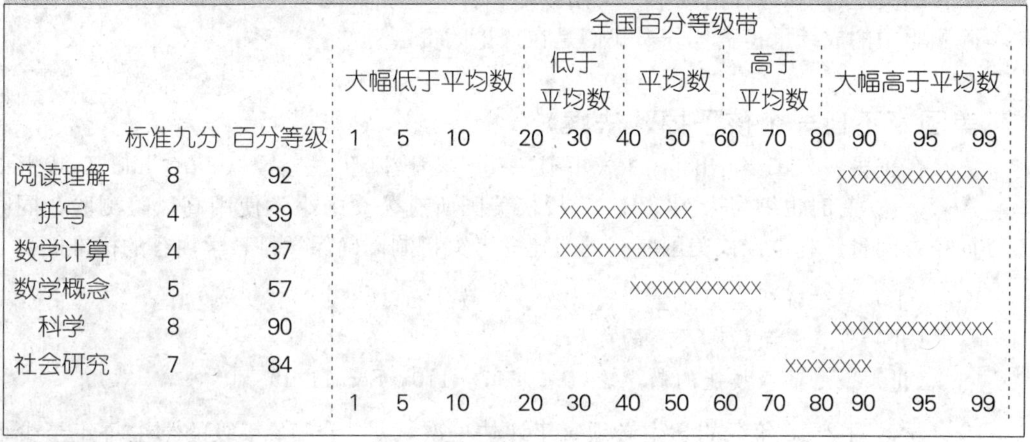


现是差不多的。然而，她的三个高分的置信区间没有和她三个低分的置信区间重叠。所以我们可以说英格里德在阅读理解、科学和社会研究上比较出色，而她在拼写和数学上要差些。

为什么百分等级置信区间的数字（也就是底线上的数字）分布得不均匀呢？要知道百分点等级制趋向于高估了平均值附近的差异而低估了极端值附近的差异。测验编制者正是通过这种不均匀的分布的方式来展现这一事实：把百分等级居中的分数挤压得紧密些而把百分等级较高和较低的分数拉伸开来。通过这种方式，编制者试图告诉学生和家长们：在正态分布中测验分数是处于哪个位置上。

## 高风险测验与职责

最近几年，学生在标准化测验上的成绩被大量强调（在我看来，强调得太过了）。一些政治人物、商业领袖和其他社会公众人物为学生的低成就水平（由标准化测验分数偏低来反映的）感到悲哀，并且呼吁要对我们的教育体系来次彻底检修[9]。

因为各种各样的原因，有些学生随着年级的升高似乎有所进步，但却并没有掌握阅 615
读、写作、数学的基本技能，有时候这些不具备上述技能的学生甚至顺利地从高中毕业了。为了着手解决这样的问题，有些州和学区现在以学生在测验或其他评估中的成绩为基础来决定他们能否升到下一年级或得到高中文凭[10]。教育学者典型的做法是，确定内容领域的具体标准（他们有时用“能力”一词），要求学生期末课程总评成绩必须对其有所反映。在教学结束时再评估学生的表现（有时用“结果”一词），只有那些符合事先定好的标准的学生能够通过。在美国，现在超过 20 个州已经立法要求学生升学或者从高中毕业都需要通过全州或全学区范围的评估（Jacob，2003）。

要是我们仅凭单一的评估工具就做出对学生而言重要的决定，我们就是使用了一个高风险测验。因为高风险测验常常被用于判断学生对学校科目内容的掌握程度，应该更需要标准参照而不是常模参照的测验。举例来说，在前面提到的对写作能力划分的四个水平（不及格、及格、熟练、优等）就是由科罗拉多州格里利学区为其全区评估而制定的。

因为学生在高风险测验上的成功或失败部分取决于他们的课堂经历，所以测验结果在被用于学生的同时，有时也被用来做对学校和教师而言重要的决策（例如有关拨款和工资的决定）。在这种情况下——当教师、管理者和其他学校职员受委托为学生在高风险测验中的成绩承担责任——我们是在谈论问责。

## 美国《不让一个孩子掉队法案》

在美国，2001 年出台的《不让一个孩子掉队法案》（No Child Lelf Behind Act）——有时也缩写为 NCLB——授权美国所有公立中小学使用高风险测验，同时要向校方问责。它也授权美国所有的州建立考察机制以确保学科教学内容的标准能：

（Ⅰ）详细说明期望儿童知道什么、能做什么；

（Ⅱ）包含一致的和严谨的内容；

（Ⅲ）鼓励高级技能的教学。(P. L. 107－110，Sec. 1111)

学区对 3～8 年级的学生必须每年评估一次，对 10～12 年级的学生每年至少评估一次，以确定学生是否已经在阅读、算术和科学方面达到了州立年度进步标准。[11]进步的含义可以由州政府来制定（州与州之间有差异），但评估结果必须能清楚地反映全体学生在知识技能上有显著的精进，不管这个学生是什么种族和处于什么社会经济阶层（具有严重认知障碍的学生可以给予替代性评估，但这些学生必须显示出与他们能力水平相当的进步）。被证明有进步的学校会受到表彰，如给教师发奖金或者增加财政预算。没有被证明有进步的学校将遭受制裁并进行补救措施（例如名声下跌、管理层重组、职工裁员），而且这些学校的学生将有机会选择受到学区财政支持的更好的公立学校就读。[12]

这种监控学校教学效果和学生学业进步的努力是值得肯定的。理想情况下，学校能
616 从中获益，得以明确教学方法是否需要修正、师资队伍是否需要重组。教师也得以明确哪些学生没有掌握进入成人社会所必需的基础读写算技能。而对于长期成绩不好的群体而言，关注并帮助他们提高成绩，是长久以来期盼实现的。不过当前重点是提高学生的测验分数，执行起来还是充满各种困难，而且这些困难的解决方法才刚开始出现。下面让我们来考虑一下这些问题及可能的解决方案。

## 高风险测验面临的问题

专家认为，一味依赖高风险测验来制定有关学生、教师和学校的决策存在一些问题：

■ **测验并不总能反映重要的教学目标。**标准化成就测验对其使用环境而言不总有包含广泛的内容效度。第一，它们只反映了一小部分的学校的课程和教学目标（Stiggins，2001）。例如，《不让一个孩子掉队法案》和一些州级、区级的评估都把重点放在基础学科特定的一些内容领域（举例来说，NCLB 主要集中在阅读、算术和科学上），对其他学科很少关注（Jacob，2003；Siskin，2003a；R. M. Thomas，2005）。第二，在许多标准化测验中，多项选择和其他客观题型占数量优势，这在一定程度上会限制对高级思维技能以及在真实生活任务中表现的评估（Amrein & Berliner，2002b；L. A. Shepard，2000；R. M. Thomas，2005）。

■ **教师花了大量的时间教学生怎么去应付考试。**当教师要对学生在某项测验中的成绩负责时，可以理解其中一部分人会拿出一些上课时间去教授与测验评估内容相关的知识技能，从而学生也会相应地重视自己的学习（Jacob，2003；R. L. Linn，2000；R. M. Thomas，2005）。结果常常是学生在高风险测验中获得了较高的分数而其素质和能力没有得到提升。（Amrein & Berliner，2002a，2002b，2002c；Jacob，2003）。如果某测验真正测量了对学生而言最需要学习的，包括像迁移、问题解决和批判思维等高级技能，那么重视它们是非常合适的。如果测验主要是评估死记硬背的知识和低水平的技能，那么，这种重视会损害我们对学生成就的真实期盼（Amrein & Berliner，2002b；Kumar et al.，2002；R. Ryan，2005）。

让我们简要地回顾一下第 8 章的个案研究。9 年级数学教师冈特女士知道，在学年末她的学生必须参加州级数学能力倾向测验。为了能涵盖考试的所有内容，她最终放弃了她打算帮助学生掌握基本概念和方法的努力——实际上抛弃了"更少即是更多"的原则。"如果学生连一些必需的概念和方法都不知道，在考试的时候他们也不会发挥好的，"冈特女士这样认为，"在这个时候要完全掌握不太可能，但是我至少应该把学生应该知道的所有内容给他们过一遍。也许这对他们当中的某些人碰到某些测验题目时会有所帮助。"当高风险测验的结果位于最优先的位置时，这样表层覆盖的做法就会很普遍了（R. M. Thomas，2005）。

■ **学校方面在执行标准化测验程序以及评估低成就者进步时遇到很多阻碍。**在高风险情境下，教师和校方有时会总结说不诚实为上策。设想下如果你是一个想要最大限度提高某班或某年级学生的测验均分的教师或管理者。你会采取什么策略？你会不会给学生超出规定的时间去完成测验？你会不会给学生提供正确答案的提示甚至是给予正确答案？你会不会找理由使某些学生免除参加测验——也许找个地方让他们参加一个特殊的教育计划或者让他们呆在一个不用评估的年级？当教师和校方迫于压力要尽力提高学生测验分数时，上述做法是会发生的（Amrein & Berliner，2002a；Jacob，2003；R. M. Thomas，2005）。因此，测验均分会被误导，低分数段的学生——那些最需要指导其如何进步的学生——可能会完全被排除在这个过程之外。

我最近和一位朋友聊天，他是新英格兰北部一所乡下高中的校长。尽管他已经看到 617
了在语文和数学两科上对学生的进展进行定期评估的好处，但是他学校的一群少数族群学生在上一学年没有表现出 NCLB 制定的年度进步。"我们学校的少数族群学生非常少，"他解释说，"整个小组只有 5 个人。由于家庭条件困难，其中一个 16 岁的学生是自己谋生的，他来学校的时间只占 40%。他一个人的成绩便把他们小组年度评估的平均分拉低了很多。如果我们真的想把这个组测验结果提上来的话，我们只要让他退学就行了——这也是他自己有可能会做的。实际上，我们尽可能地在挽留他。"学校的决策一定要按照对学生最有利的方式，但是如果一味追逐每学年上报的成就结论，这样做要付出的代价就太大了。

■ **学生和学校达到了怎样的水平才算高水平，不同的标准会导致不同的结论。**当学校经费、工资增长以及其他的激励方式都有赖于学生的测验表现时，应该使用什么样的精确标准呢？一个预先规定的、绝对的成就水平？随着时间的推移不断提高？相对于其他校区更优秀的表现？这个问题不能简单作答。然而随着我们使用标准的不同，哪些学生和学校完成得好或不好，我们会得出不同的结论（R. L. Linn，2000；R. M. Thomas，2005）。综合上述问题，可以发现这样一个事实：来自低收入社区的学生取得的平均成就要低于来自高收入社区学生的平均成就，即使这两组都有优秀的教师和学校（R. L. Linn，2000；McLoyd，1998）。

■ **过分强调惩罚那些表现差的学校，而疏于帮助他们改进提高。**令人感到悲哀的是，有太多学校改革方面的倡导者认为，对一些低成就水平的学生而言，一种快捷、简单的“修理”措施就是奖赏那些学生表现得好的学校而惩罚那些学生表现差的学校（J. Lee & Wong，2004；L. A. Shepard，2000）。这种策略不太有效，尤其是当存在教师和学校管理者无法控制的某些影响学生学业成绩的因素（生理和心理健康、家庭支持、同伴群体行为模式等）时。事实上，还没有令人信服的证据显示：在没有同时提供促使转变的足够支持的情况下，只靠学校方面对学生的高风险测验成绩问责，就可以对教师的教学策略或学生的学习和成就产生显著而积极的影响（Amrein & Berliner，2002b；Firestone & Mayrowetz，2000；R. L. Linn，2000；Stringfield & Yakimowski-Srebnick，2005）。此外，由于在测验分数上进步不够所带来的严重后果威胁对教师的士气有不利影响并可能导致一些教师，包括一些非常优秀的教师，完全离开教职（Amrein & Berliner，2002a；Chabrán，2003；Stringfield & Yakimowski-Srebnick，2005）。

■ **学生的动机影响着他们在测验中的表现，而持续的低测验成绩又会影响他们的动机。**出于各种原因——也许是因为他们自我效能感较低，将成绩不好归因于他们无法控制的因素，又或是故意自我妨碍以解释为何他们成绩不好——有些学生不怎么想在高风险测验中有好的表现，另外一些人则变得非常焦虑，担心自己无法表现出应有的实力（Chabrán，2003；Siskin，2003b）。而且，当学生持续获得较低的测验成绩，尤其是当他们的分数对升级或毕业造成障碍时，他们会觉得待在学校没什么价值。现在，大多数州都对高中毕业的测验分数有一定的要求，近几年辍学率也随之增加了，尤其是那些来自少数族群和低收入地区的学生（Amrein & Berliner，2002a，2002b；Kumar et al.，2002；R. Ryan，2005）。

## 上述问题的可能解决方案

公众对学生的成就水平的关注不会也不应该在短时间内销声匿迹。我们学生中的一些的确是成就水平不高，尤其是那些来自低收入学区的，那些有着不同文化背景、有着
618 特殊的教育需要的学生（参见第4章和第5章）。因此，我提出了一些可能的解决方法，组合使用或许能缓解前面提到的问题：

■ **鉴别和评估那些对学生来说最想知道也最想做的事。**如果我们想根据评估结果来做出对学生、教师和学校而言重要的决定，那么我们必须确保我们所评估的学业成就是对学生长远的、无论是在学校还是在成人世界中的成功起着关键作用的。举例来说，学生不仅应该掌握基本的读写和数学技能，还应该深刻了解政府如何运作、影响

人们福利和行为的社会因素有哪些、怎样才能高效地利用闲暇时间，以及怎样才能对社会的总体改善作出贡献（R. M. Thomas，2005）。我并不是假装评估这些事情很容易，但是如果我们要靠评估结果来决定学校是否真的满足了学生需求的话，这样做是很有必要的。

■ **提倡向那些“失败的”学校提供支持而不是惩罚。**在高风险评估中表现不佳的学生多来自资源有限的学校——预算少、教师训练不够和设备过时等（J. Lee & Wong，2004；Tuerk，2005）。通过降低薪资、减少预算以及其他制裁来惩罚这些学校只会让事情变得更糟，而不会有所改善。

■ **教育公众标准化测验能为我们做哪些事、不能做哪些事。**过去我在媒体的所见所闻让我相信，许多公众人物和政客都过分高估了标准化成就测验能告诉我们的东西：他们以为这些工具能十分准确而全面地测量学生的综合学业成就。的确这些测验通常是由一些在测验建构方面受过相当多培训的专家开发出来的，但是没有完全可信的测验，而效度也很容易随着使用环境而发生改变。理应让我们所有人——包括教师、学校管理者、家长等——都懂得标准化测验的局限可能是什么并据此教育我们的公民。

■ **寻找传统客观测验的替代物。**一个测验越是同时给很多学生施测，它越是会采取客观题和机读计分的方式，多项选择题是常常会用到的。正如我们在第 15 章中所讨论的，高度结构化的多项选择测验能够评估高水平思维技能，但是必然会限制我们对某些技能的评估效果，例如，他们几乎不能说明学生的写作能力很好（Traub，1993）。因此，一些专家认为我们在进行学术评估时应该要么替换要么增加更多传统纸笔测验（e. g.，L. B. Resnick & Resnick，1992；L. A. Shepard，2000）。然而，我们要意识到，那些已经开始使用真实性测验对学生成就进行大规模评估的州和学区已遭遇到信度和效度的问题。因此，如果我们想朝着这方面发展就要十分小心谨慎了（e. g.，S. Burger & Burger，1994；Khattri & Sweet，1996；Koretz et al.，1994；R. L. Linn，1994）。

■ **提倡在任何高风险决策中使用多种测量方法。**不管我们使用什么样的测量工具，没有单凭哪个工具就能对学生所学到的知识和所取得的成就作出全面的描述。即使有一种工具能做到，完美的信度也是一个很难实现的目标：学生的测验结果不可避免地会受到动机、注意、情绪、健康以及其他因素暂时波动影响。基于一个简单测验分数就对学生做出影响一生的决策，是不合理的。

## 考虑学生的多样性

无论何时在我们执行高风险或者其他评估成就和能力的标准化测验时，我们都必须记住学生间可能在许多方面彼此不同以致影响他们在评估情境中的表现。如果两个学生 619
学得相当但在测验中表现不同，我们由此可以知道这个测验的效度是有问题的。举例来说，在第 11 章里我们讨论了刻板印象这种现象，即来自刻板印象为低成就的群体的学生倾向于在测验中有较差的表现，如果他们意识到这种刻板印象的话。另外，在第 15 章，我们讨论的考试焦虑和测验技巧也会影响个体的表现。接下来我们再讨论另外两种影响学生测验分数的因素：文化偏见和语言差异，并考虑一下该如何改写标准化测验和课堂评分实践以适应有特殊需要的学生。

## 文化偏见

如果一种评估工具有任何一个项目在种族、性别或社会经济地位上冒犯或不公平地处罚了某些学生，那么这种评估工具是有着文化偏见的（e. g.，Popham，1995）。为了感受这种现象，你可以试一下下面的练习。

## 亲身体验·预测未来

设想一下你正在参加一项预测你将来能否成功的测验，下面是测验的头三道题目：

1. 当你进入到一间木屋，应该顺着什么方向在火旁走动呢？
2. 为什么要在婴儿的摇篮板上系上绿松石呢？
3. 如果你需要黑羊毛来编织地毯，下面哪个选项可以让你得到最黑的颜色？
   a. 用漆树、赭石和矮松果树胶的混合物给羊毛染色。
   b. 用槐蓝、苔藓和牧豆树的混合物给羊毛染色。
   c. 使用特殊养殖的黑绵羊的天然羊毛。

请先回答上述问题再阅读下面内容。

---

你在回答上述问题时，是不是有一些或全部问题都碰到困难了呢？这三个问题都是出自同一个特定的文化背景（纳瓦霍人）来设计的。除非你对纳瓦霍人文化有过较多的接触，否则你的测验结果或许不太理想。顺便说一下，这三个答案分别是：（1）顺时针方向；（2）为了挡住邪恶；（3）用漆树、赭石和矮松果树胶的混合物给羊毛染色（Gilpin，1968）。

这个测验有文化偏见吗？那得视情况而定。如果该测验用来评估你在纳瓦霍人社区成功的能力时，那么上述问题应该很适合，但是如果该测验是用来评估你能否掌握教学目标规定的、完全与纳瓦霍人文化无关的知识，那么上述问题就具有文化偏见。

关于文化偏见有重要的两点需要指出。第一个要点，有文化偏见的题目不仅包含文化和种族偏见，也包含有关性别和社会经济地位的偏见。例如，思考下列评估题目：

**任务1：**玛丽要把36块方形织物拼成一条被子，如右图所示。每一块方形织物周长都是20英寸。玛丽先把每片织物拼接在一起，接缝有半英寸宽。接下来再把这副方块组合缝到一大块棉布上，做成被子的反面，接缝同样是半英寸宽。那么被子完成后，它的周长是多少呢？

**任务2：**你更喜欢在哪里游泳，是海洋、湖泊还是游泳池呢？写一篇两页纸的论文来解释你的选择。

任务1呈现了不少缝纫方面的知识（例如，知道什么叫做接缝）；对于这种知识通常某些学生尤其是女生，会比别人懂得更多。任务2显然对于那些没有在三种环境中全部游过泳的学生而言会相对困难些，而对于那些完全没有游过泳的学生而言则更加困难；来自低收入、内陆城市家庭的学生比较容易成为上述两类人之一。

第二个要点是由于冒犯了某个特定群体而使该评估工具具有文化偏见。例如，设想一下有一道测验题暗示了男生的能力倾向要比女生更强或者有一个图片显示了某个特定
620 种族群体在从事犯罪行为。这种因题目冒犯了某些学生群体而具有文化偏见的测验会导致学生分心，进而无法在测验中尽力表现。这些学生或许还会记住这种刻板印象，这对他们的自我意识会有不好的影响。

我们绝不会只因为一个群体比另一群体得分更高就认为这个评估工具一定有偏见。只有当我们想要测量的特质在不同群体之间本没有差异，测验分数却出现了群体差异的时候，或者当评估工具对不同群体的预测效度不同时，我们才认为它有偏见。是的，或许我们有时候发现学生在评估工具分数上的群体差异其实反映的是学生们前期经验的不公平，这种不公平将来还会继续影响他们的教育表现。举例来说，假设高中女生在数学成就测验中的分数要低于高中男生（平均而言），这种差异有可能部分因为女生较少玩数学导向的玩具，与男生相比她们的经验少些（P. A. Campbell，1986；Eccles & Jacobs，1986；Kahle & Lakes，1983）。同理，如果来自低收入家庭的学生很少有机会外出远行（更少去科学博物馆参观、更少机会去参加其他州/地区的教育旅行），那么这种接触多元环境的限制就可能影响他们的测验成绩以及他们的课堂成就。

现在大多数出版大规模标准化测验的公司会雇用那些代表少数族群或是主动搜寻任何可能成为偏见来源的项目的人（R. L. Linn & Miller，2005）。此外，许多学业能力倾向测验对不同的种族或文化群体表现出相同的预测效度，只要他们都是以英语为母语（R. T. Brown，Reynolds & Whitaker，1999；Sattler，2001；Zwick & Sklar，2005）。然而，在使用任何标准化测验以前，学校管理者都应该仔细审查看是否存在可能会冒犯其中一种性别或某个文化族群的测验题，而且也要仔细审查是否有那些因与被测特质无关的因素而导致题目难度有群体差异的测验题。同时当然，我们也应持续关注在我们自己编制的课堂评估工具中出于无意的文化偏见。

## 语言差异

在前一段中，我提过多数学业能力倾向测验对不同的种族或文化群体表现出相同的预测效度，前提是他们都是以英语为母语。毫无疑问，学生的英语能力对他们在建立于英语基础上的成就和能力倾向，包括高风险测验中的成绩有影响（Abedi，2004）。阅读与写作技能不好很可能会妨碍他们在纸笔测验中成功，而表达能力可能不利于学生在口语测验中的能力发挥。举例来说，讲西班牙语的学生在做用西班牙语写的数学试题时，会比作用英语写的试题得分更高（Garcia，2005）。对于移民学生来说，“任何用英语写的测验都是对英语的测验”（Garcia，2005）。

在美国，《残疾人教育法案》（IDEA）规定任何用来鉴别特殊需要学生的测验及其他评估必须使用受测学生的母语编写。尽管这样做对于准确判定学生的成就与能力来说很重要，但是对于测验的各种翻译版本，我们通常没有或只有很少的信度和效度资料，也没有合适的可用于比较的常模群体（E. C. Lopez，1997；Sattler，2001）。因此我们在解释和使用供不同语言背景学生使用的标准化测验工具的翻译版本结果时要特别谨慎。

## 适应有特殊需要的学生

我们在总结学生的总体课堂成就时，必须谨记他们独特的需要与缺陷。举例来说，如果某个特殊学生的教学目标不同于班上其他学生的目标时，我们也应该相应调整评分标准，使之与该生的 IEP（个别化教育程序）相一致。然而，有关学生学到了什么、完 621
成了多少，单靠字母等级传递的明确信息很少；如果再对某个学生改变标准，那等级分数的作用会更加有限。档案袋——可能包含教师检核表、图片、录音录像以及学生的书面作业——对于传递有关有着各种残障和特殊需要的学生的进步与成就可能特别有用

(Mastropieri & Scruggs，2000；Venn，2000)。

我们也会修改标准化测验程序以适应特殊教育需要的学生；《残疾人教育法案》规定要向残疾学生提供便利。这种适应可以包括以下一项或多项内容：

- 调整评估的呈现方式（例如，用盲文或美国手语来呈现测验题或其他评估任务）。
- 调整作答方式（例如，口述答案，或使用文字处理软件）。
- 调整时间限制（例如，增加额外时间或频繁休息）。
- 调整评估背景（例如，让学生单独在安静房间中进行标准化纸笔测验）。
- 让学生完成部分而非全部的测验内容。
- 使用不同于健全同学的测验工具，与学生的能力水平和需要相适应。(American Educational Research Association，American Psychological Association & National Council on Measurement in Education，1999)

我们经常使用学生的 IEP 以便为其提供合适的便利措施作指导。表 16—7 是为有特殊需要学生实施标准化测验提供的补充建议。

不论何时当我们为有特殊需要的学生调整教育评估工具时，我们都必须意识到要在其中两种 RSVP 特性之间取得平衡。一方面，我们违背了评估工具必须在内容、实施、评分标准方面做到标准化的思想。另一方面，如我们没有为某些学生的残障提供便利，结果的效度必然很低。对于有特殊需要的学生，没有什么万能公式可以用来确定标准化和效度的正确平衡位置，作为教师，我们必须在每个具体情境中做出最专业的判断（也许也求助专家的建议）。

我们也必须谨记，调整标准化测验的评估工具或程序可能会给出相应的测验常模，因此，我们所得到的一些常模参照分数可能不具有解释力。当我们试图鉴定学生们的学习与成绩困难时，标准化测验程序与常模参照分数往往是比较合适的，但当我们接下来关注于如何调整教学方法与材料以对付上述困难时，标准参照分数与严格检查学生对特定任务和题目的反应会更加有用。

622 **表 16—7　在全纳环境中的学生——对有特殊教育需要的学生使用标准化测验**

| 类别 | 可能会观察到的特征 | 关于课堂策略的建议 |
|---|---|---|
| 有特殊认知或学业困难的学生 | • 听力、阅读和/或写作能力差（对部分学生而言）。<br>• 通过测验分数预测总体成就水平通常会低估（如果是阅读技巧很差的学生）。<br>• 由于任务外行为（例如：多动、不专心）导致的成绩不稳定会影响分数的信效度（对有学习障碍或 ADHD 的部分学生而言）。<br>• 考试焦虑高于平均值。 | ✧ 调整测验施测程序，为学生 IEP 上标注的已确定障碍提供便利（如，在施测全区作文测验时，允许有书写障碍的学生使用文字处理软件或拼写检查程序）。<br>✧ 保证学生测验房间内的干扰物最少。<br>✧ 确保学生明白要让他们做什么。<br>✧ 确保学生被激励去尽力发挥但不要让他们过度焦虑。<br>✧ 使用课堂评估（正式或非正式的皆可）来帮助证实或质疑标准化测验结果。<br>✧ 记录并上报对标准化测验的所有调整内容。 |

续前表

| 类别 | 可能会观察到的特征 | 关于课堂策略的建议 |
| --- | --- | --- |
| 有社交或行为问题的学生 | • 由于任务外行为或动机缺乏而使表现不一致，并影响分数的信效度（对部分学生而言）。 | ✧ 调整测验施测程序，为学生 IEP 上标注的已确定障碍提供便利（如，让很容易分心的学生单独在安静房间中施测）。<br>✧ 使用课堂评估（正式或非正式的皆可）来帮助证实或质疑标准化测验结果。<br>✧ 记录并上报对标准化测验的所有调整内容。 |
| 认知和社会功能普遍迟滞的学生 | • 学习和认知加工的速度慢。<br>• 没有或只有有限的阅读技能。<br>• 听力技能差。 | ✧ 选择适合学生认知能力以及阅读写作技能的评估工具。<br>✧ 尽量不要使用全班同时施测的评估工具，多采用单独施测的工具。<br>✧ 确保学生明白要让他们做什么。 |
| 有身体障碍或感知困难的学生 | • 有行动问题（对有身体障碍的部分学生而言）。<br>• 很容易疲劳（对有身体障碍的部分学生而言）。<br>• 语言技能发展慢，会影响阅读和写作能力（对丧失听力的部分学生而言）。 | ✧ 为视力损伤的学生取得调整过的测验材料（如，大号字体版本或盲文测验册）。<br>✧ 调整测验实施程序以适应学生的特殊需求（如，对丧失听力的学生使用手语说明给予指示，让肌肉控制水平有限的学生口述答案）。<br>✧ 为阅读和写作技能受损的学生朗读测验题目。<br>✧ 将较长的评估隔成几段，分开执行。<br>✧ 当学生感到平静和思维敏捷时，安排测验。<br>✧ 记录并上报对标准化测验的所有调整内容。<br>✧ 当做出明显调整后，不要再将学生成绩与常模组相比较了。 |
| 认知发展超前的学生 | • 对富有挑战的测验非常感兴趣，能融入其中。<br>• 部分学生倾向于掩盖天赋以试图避免同伴嘲笑（如，部分少数族群学生可能想要避免“白人化行为”）。<br>• 有时候，他们的能力水平会超出所在年龄组的典型测验范围。 | ✧ 对评估结果保密。<br>✧ 当学生一直保持得满分或接近满分（如，百分等级为 99）时，需要接受个别化测验以更精确地评估其高水平的能力。 |

资料来源：Barkley，1998；Beirne-Smith et al.，2002；D. Y. Ford & Harris，1992；A. W. Gottfried et al.，1994；Mastropieri & Scruggs，2000；Mercer & Pullen，2005；M. S. Meyer，2000；B. N. Philips et al.，1980；Piirto，1999；Pitoniak & Royer，2001；Turnbull et al.，2007；Venn，2000。

## 评估结果的保密与交流

假如你的教师做了下列事情，你会有何感觉？

- 按照测验分数高低返回测验试卷，于是分数最高的首先拿到，而你是最后拿到试卷的人。
- 告诉你的其他教师你在测验中表现得多么不好，于是他们可能会留心注意你是否会做其他蠢事。
- 查阅你的学校记录时发现你去年做的 IQ 测验得分为 92，而人格测验则显示你有不寻常的性幻想。

如果你的指导老师做了以上任何一项事情，你都可能被激怒。应该对测验结果与课程分数保密。但是究竟如何保密？什么时候该让大家知道学生的评估结果，哪些人应该知晓它们？

623 在美国，美国国会 1974 年通过的《家庭教育权利与隐私法案》(Family Educational Rights and Privacy Act，FERPA) 提供帮助解决以上问题的法律指导。这一法规限制了普通学校主要针对成就和学习能力倾向评估的测验实践，这两个方面显然属于学校管理范围[13]。另外，这部法规规定评估结果仅能被确需知道它们的少数人所知晓：学生自己、父母与直接负责学生教育与健康的学校负责人。当且只当父母或学生自己（18 岁以上的）给出书面允许，这些评估结果才可让其他人分享（如，家庭医生或私人开业的心理学家）。

这部法规对于学校评估的保密工作提出了一些要求，例如，我们不能做出下列事情：

- 要求学生表露他们的政治倾向、性行为或态度、非法或反社会的行为、潜在的令人尴尬的精神或心理问题，或者家庭收入（收入问题有一种例外情况是要确定能否获得财政帮助）。
- 使用让学生得以知晓各自分数的方法公布分数。例如，不能用按照生日、社会保险号，或能反映班上学生名字字母顺序的编码号来排列分数。
- 使用让学生得以看到各人分数的方法分发试卷，例如，不能让学生从一堆试卷中寻找自己的试卷[14]。

保证学生测验分数的机密性既有教育意义又具有法律意义。得分不高的学生会因为被同学知道分数而感到窘迫或羞愧，他们还可能会对其将来的学习成绩比任何其他方面都感到忧虑。得分高的学生同样也会因其分数公开而遭受痛苦：对于许多学校而言这都不算冷静明智之举，高成就者可能会为避免被同伴排斥的风险而表现出较低的水平。自然地，公开学生的评估结果会引起学生重视表现性目标——他们的表现相对于别人如何——而非对科目内容的掌握。

在本章的个案研究中，教师向全班宣读了埃莉的分数。尽管是出于善意，但这个教师的谈论是非法的，已经触犯了 FERPA，这一法案适应于课程总评成绩与个别评估。此外，公开埃莉分数的做法不符合她的最大利益。这样做并不能激励她更努力学习——毕竟，她已经被过度激励了——实际上是让她感到苦恼，她在班中将不再感到舒服。

FERPA 的一项补充条款规定，家长和学生（18 岁以上的）有权复查测验分数和其他学校记录。学校负责人必须出席并使用家长和学生能够理解的方式就上述信息向他们说明。在下一部分中，我们将讨论在这一过程中会用到的策略。

## 与学生和家长交流评估结果

让我们回到第 15 章的个案研究，福特女士把令人失望的数学试卷返还给她的学生。请注意她与学生家长交流测验分数的方法。

福特女士：好的，孩子们，我想要说的是，就这个测验来说，孩子们，如果你的得分低于 75 分，那么你确实应该好好下点工夫了。我希望你们交回的试卷上有父母的签名。我想要让你们的父母清楚你们的表现。 624

学生：不！

学生：我们必须给父母看吗？不交这门课就不能通过了吗？

福特女士：如果交回的试卷没有签名，我会往你们家里打电话。(J. C. Turner, Meyer, et al., 1998, p. 741)

福特女士显然想让家长了解他们的孩子在她的数学课堂上没有表现得很好。然而，她的方法存在三个缺点。第一，一些学生可能会发现与告诉父母坏消息相比，仿冒成人的签名更容易些。第二，那些真正看到了孩子试卷的家长也无法得到更多信息来帮助解释这一结果（得到低分是由于缺少努力？还是学习策略不行？又或是因为某种未确诊的学习障碍？还是缺乏指导？）。第三，福特女士只关注了问题——成绩不好——而没有提供任何解决问题的建议。

总的来说，我们必须把自己看作与学生和家长共同合作而致力于同一个目标——学生的学业成功[15]。我们交流评估结果的主要目的在于分享那些有助于我们达成最终目标的信息，而这正是福特女士所忽视的。另外，由于实际上她所有的学生在测验中都表现得不好，福特女士应该思考这种结果是不是由于她做了什么或没做什么而导致的呢。例如，或许是她对某些概念和技能安排的课堂时间不充分，或者使用的教学方法效果不佳，又或者是出了一份特别难的试卷。

当我们需要报告标准化测验的结果时，我们面临另外一种挑战。我们该怎样向学生和家长描述标准化测验和测验结果呢？他们多半从未读过教育心理学教材上关于评估的一章。以下是许多年前专家们提出的，而今仍然中肯的一般性指导原则（Durost, 1961; Ricks, 1959）：

- **确保你自己了解这些结果。**在向家长告知学生在标准化测验上的表现时，我们应该了解一个测验的信度及在我们施测情境中的效度。我们也应该了解分数是如何确定的。举例来说，我们应了解分数是标准参照分数还是常模参照分数。如果是常模参照的，我们也应了解一些关于测验所采用的常模的情况。
- **记住在很多时候都需要用通俗、一般性术语来描述测验及学生的测验成绩。**为了清楚说明，我们会把成就测验描述为一种在数量上与全国其他学生所学相比某个学生所学多少的总体测量，或者我们会把学习能力倾向问卷描述为让人们对某个学生在某个特定教学计划中可能表现有得多好有一个粗略的认识。有时候可以在完全不提及测验分数的情况下描述某个学生的测验成绩。例如，我们可以说："你女儿与其他在大学数学课程上表现不错的同学得分一样高"，或者"你儿子在成就测验的拼写部分有超出一般水平的困难，在接下来的几年里，他可能需要在这一领域得到额外的帮助。"然而，如果家长想要知道他们孩子的具体测验分数，美国的 FERPA 规定我们应该透露分数，并帮助家长理解它们代表什么意思。
- **在报告具体测验分数时，用百分等级和标准差分数比用年级当量或 IQ 分数更好。**许多家长错误地认为，孩子的年级当量分数反映的是孩子应该入学的年级。结果，他们会认为高成就儿童应该去更高年级，而为低成就儿童跟不上课程而感到苦恼。还有一些父母认为 IQ 分数反映的是永久的、不可改变的能力，而不是对儿童现有认知能力的一种粗略估计。通过报告像百分等级或标准差分数这样的测验分数，我们可以让家长不太 625

可能形成上述错误结论。有些家长很熟悉百分等级，还有一些经过解释能够很容易地掌握百分等级的概念。但是因为百分等级曲解了学生间的实际差异（过高估计了中间区域的差异而过低估计了两端的差异），我们也要提供标准九分数。虽然大多数家长一般不熟悉标准分，但我们通常可以把标准九分数以实体图形的样子来呈现，如图 16—7 所示。

■ **如果你知道测量的标准误，给家长一个测验分数的置信区间。**除了具体测验分数之外，通过报告置信区间，我们交流了关于我们提供的测验的一个重要方面：任何测验分数都会存在一些误差。

无论何时我们要评估学生的成就与能力，我们必须谨记我们主要的目的是去帮助学生更有效地学习和实现目标（Stiggins，2001）。当学生在课堂评估和标准化测验中表现较好时，我们有理由庆祝，因为我们知道我们的教学策略发挥出应有的效果了。但当学生表现不好时，我们主要关心的则与学生和家长一样，应是如何改善这种情形。

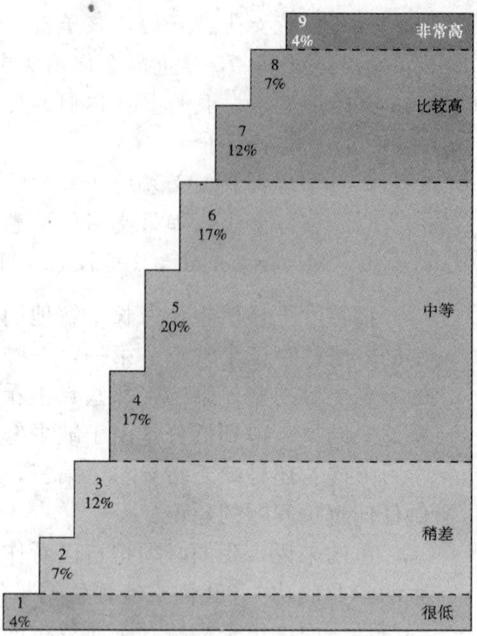


**图 16—7　用图解方法向家长解释标准九分**

Moldeled after Durost，1961

## 概　览

正如我们所知晓的，对学生进步的持续评估是而且一定是我们当教师的一个重要职责，不管是用教师自编的工具还是标准化测验去评估学生的成就与能力，我们必须谨记以下要点：

- 课堂评估工作对于学生学什么、怎么学有重大影响。不管我们评估学生学习和成就的主要目的是什么，评估工具的特点——它们提及了哪些主题、关注的是初级还是高级的技能等——会向学生传递什么是最重要该学的、该如何学习课堂主题的信息。对我们真正希望学生掌握的知识技能进行评估是任何教育评估的关键，特别是对于高风险评估而言，因为它们可能对管理决策、教育政策及学生生活产生重大影响。
- 当仅用单个等级或测验分数来总结学生的表现时，大量的信息被丢失了。由于某些现实或逻辑的原因，我们通常发现用一个数字或字母等级来总结学生成绩非常好用。然而仅用单一的指标来衡量学生成就，我们丢失了有关学生具体优缺点、好恶等重要信息。当我们安排以后的课程，并决定怎样让教学最佳地满足学生的独特需求时，有关学生在评估任务中表现的详细细节——他们知道或不知道的具体事情、他们所犯的错误、他们表达的错误看法——远比总体测验分数和课程成绩有用得多。

- 大多数评估工具关注影响学习和成就的认知因素，而对其他有同等影响力的因素漠不关心。大多数标准化测验以及教师自编评估是为了评估学生在某些特定内容领域上的能力倾向。这些测验也要考察学生的语言技能（如，读写能力）、逻辑思考技能、测验技巧，以及其他认知能力。偶尔非认知因素（如，考试焦虑）也会产生影响，但一般的课堂评估工具是没有反映动机和情绪变量的，如目标、气质、兴趣、态度等，而这些都是影响学生学习和长期成功的重要因素。不论测验多么有效、可信，它们也不可能完整地描绘出我们学生的表现情况以及原因。
- 教育评估是有用但并非完美的工具。教师自编评估和标准化测验都能提供给我们关于学生所知所能、还需继续学习和掌握的大量信息。任何评估工具的效用都取决于我们所选择施测的情境与该情境下工具的信效度间的匹配程度。由于没有任何一个评估工具有完美的信效度，因此我们也不能把任何单个的测验结果看得太重。一般来讲，我们应把所有教育评估工具都看成是一种可以与其他可选工具一起组合使用的工具，从长期来说它们能帮助我们促进课堂教学以及最大化学生的学习与成就。

### 资格考试练习：乔尼能读懂吗? 626

博德里女士在她学区里的一个研究阅读课程的委员会里服务。作为委员会工作的一部分，她计划实施一次标准化阅读成就测验以确定她的 6 年级班上的学生是否已经掌握了她今年一直在尽力教给他们的阅读技能。她可以从地区购买的三种评估工具中选择一份来执行。她详细查看了每份测验手册，并排除了其中一种重测信度低于 0.85 的测验。她审视了剩余两种测验的双向细目表，最终选择了科罗拉多阅读测验（CRT），因为对她的班级而言 CRT 的测量信度和效度最高。

博德里女士在班上进行了这次测验，严格按照规定程序执行。由于测验全部由多项选择题组成，当天晚上她很快很容易地就计算出结果。她算出了每个学生的原始分，然后对比测验手册提供的常模把原始分转换成标准九分数。她学生的标准九分数得分区间在 3 到 8 分之间。

“嗯，现在怎么办?”她问自己。“做完这些之后，我还是不清楚我的学生是否学会了我尽力想教给他们的东西。”

**1. 反应建构问题**

✧ 博德里女士选择了不适合她的目标的测验。具体来说，她做错了什么?

**2. 多项选择题**

✧ 博德里女士使用双向细目表来确定就她的情况而言两份测验的效度如何。下面哪个描述能最好地解释双向细目表?

a. 它描述了对于特定内容领域和年级水平来说理想的课程安排。

b. 它提供了具体、逐一的计分标准，以确保客观、可信的评分。

c. 它指出了一项评估所涵盖的主题，以及每个主题对学生提出的要求。

d. 它呈现了不同年级和年龄学生的平均成绩，从而可以把原始分转化为一个或多个常模参照分数。

**3. 反应建构问题**

✧ 博德里女士排除了其中一份测验，原因是它的重测信度低于 0.85。这是个正确的决定吗？为什么？

## 注　释

1. From "District 6 Writing Assessment, Narrative and Persuasive Modes, Scoring Criteria, Intermediate Level" (working copy) by School District 6, 1993, Greeley/Evans, CO. Adapted by permission.

2. 如果你对计算过程非常感兴趣，可以就"如何计算标准差"进行补充阅读。

3. 如果你需要参考评分系统，可以就"如何合成分数以得出总评成绩"进行补充阅读。

4. 个别化教育程序（IEP）在第 5 章有详细讨论。

5. 在过去几十年中，教师们逐渐从常模参照评分转向标准参照评分了。标准参照评分关注的是对教学目标的掌握程度，而不是学生间的相互比较，这是造成平均积分点不断升高（例如，成绩膨胀现象）以致受到一些社会名流诟病的原因之一。

6. 在以下网站上可以查到几种广泛使用的标准化测验的说明：www. ctb. com (for CTB and McGraw-Hill)，www. riverpub. com (for Riverside Publishing)，www. harcourt. com (for Harcourt Assessment and Psychological Corporation)。

7. 参见第 5 章对智力及其测量、遗传与环境来源的深度讨论。

8. 美国国家卓越教育委员会于 1983 年发表的名为《国家处于危机中》(*A Nation at Risk*) 的报告，引起了广泛的回响。

9. 上述方法有很多名称，基于结果的教育和最低能力倾向测验是最常用的两个。

10. 这种取向有许多名称，基于结果的教育和最小能力测试是两个最常用的。

11. 对科学的评估是从 2007～2008 学年度开始执行的。

12. 要了解更多关于《不让一个孩子掉队法案》，可以访问美国教育部网站 www. ed. gov。

13. 要诊断某种障碍时对其他特征（比如，人格特质）进行评估有时是合适的，例如，情绪和行为失调，这种时候需要获得家长的书面许可。

14. 许多教育者最初将 FERPA 解释为禁止教师让学生给其他人的测验卷打分的做法。然而，在 2002 年，美国最高法院规定上述做法并未违反 FERPA，原因是这样得到的测验分数不会永远留在学生的学校记录中（Owasso Independent School District v. Falvo，534 U. S. 426）。然而，让学生给其他人的课堂评估打分——因此泄露出某些学生成绩特别好或差——会对学生课堂中的心理幸福感产生消极影响。出于这个原因，我强烈地希望你不要让学生之间交换试卷并评分。

15. 第 14 章末尾处的"与家长合作"部分提供了一些与家长交流的策略——最终会与他们形成合作关系——以促进学生的学业成功。

# 术语表

**Accommodation 顺应** 改变已有的图式或建立新的图式以处理新事件的过程。

**Accountability 职责** 教师和其他学校人员对学生在高风险评估中的表现承担责任的义务，该义务常为呼吁学校教育改革的政策制定者们所颁布。

**Action research 行动研究** 教师和其他学校人员针对学校和课堂中存在的问题所进行的研究。

**Activation 激活** 记忆中的信息得到注意和心理加工的程度。

**Actual developmental level 实际发展水平** 学习者能够成功地独立完成学习任务的上限。

**Adaptive behavior 适应性行为** 与日常生活技能相关和社会情境相适应的行为，是鉴别有心智障碍学生的标准之一。

**Adaptive testing 适应性测验** 以计算机为辅助的评估测验，测验中学生在之前项目上的表现，决定接下来哪些项目会呈现。

**Advance organizer 先行组织者** 一门课程的导论，用来提供该课程的完整的组织架构。

**Affect 情感** 学习者在任务中所带的感觉、情绪和心境等。

**African American English 非洲裔美式英语** 某些非洲裔美国社区的方言，与标准英语在发音、习语和语法结构上有所区别。

**Age-equivalent score 年龄当量分数** 一种将某一学生的成绩与某一年龄段学生的平均成绩相比较所得的测验分数。

**Aggressive behavior 攻击行为** 在身体上或心理上故意伤害他人的行为。

**Algorithm 算法** 保证正确解决问题的一系列步骤。

**Analytic scoring 分析式评分** 对学生在评估中的各方面表现进行独立地评分。

**Antecedent response 前摄反应** 能提高另一个反应随后出现的可能性的反应。

**Antecedent stimulus 前摄刺激** 能提高某一个特定反应随后出现的可能性的刺激。

**Anxiety 焦虑** 与具有不确定结果的情境有关的不安感和忧虑感。

**Applied behavior analysis（ABA）应用行为分析** 行为主义原理在教育和治疗中的系统应用。

**Apprenticeship 学徒期** 初学者主要与一名专家一起工作，学习如何操作复杂的新技能的一种师徒关系。

**Assessment 评估** 观察学生的行为样本并对其知识和能力进行推论的过程。

**Assimilation 同化** 采用与已有的图式相一致的方式处理新事件的过程。

**Attachment 依恋** 儿童与其照顾者之间形成的一种强烈的感情联系。

**Attention 注意** 将心理集中于特定的刺激加工。

**Attention-deficit hyperactivity disorder（ADHD）注意缺陷多动障碍** 以注意障碍、多动、冲动性行为或以上特点的综合为标志的障碍。

**Attribution 归因** 个体自我建构的对特定事件如成功或失败的原因的解释。

**Authentic activity 真实性活动** 与学生在外部世界中可能遇到的活动相类似的课堂活动。

**Authentic assessment 真实评估** 在与外部世界相似的情境中对学生的知识和技能水平进行的评估。

**Authoritative parenting 权威型教养** 一种家庭教养模式，其特点是：情感上的温暖，行为上的高标准，对规则的解释和实施的一致性，以及让孩子参与作决定。

**Autism spectrum disorders 自闭症谱系障碍** 一种以受损的社会认知、社会技能和社会交互作用以及重复性行为为特点的障碍，其极端的形式通常与严重的认知、语言上的发育迟滞以及高度不寻常的行为相关。

**Automaticity 自动化** 对任务进行心理加工或身体操作时迅速而有效地进行反应的能力。

**Base group 基组** 整个学期或学年都在一起学习，并提供相互支持的合作小组。

**Baseline 基线** 行为反应在被系统强化之前的频率。

**Behavioral momentum 行为动量** 学习者作出过相似的反应之后再立即作出某个特定反应的趋势的增加。

**Behaviorism 行为主义** 用刺激—反应关系来描述和解释学习和行为的理论观点。

**Belongingness 归属感** 个体对自己是班级中重要的、有价值的成员的一般意识。

**Bilingual education 双语教学** 一种第二语言教学方式，对学生学科领域的教学在母语之外，还同时进行第二语言的读写教学。

**Bloom's taxonomy 布鲁姆分类** 根据复杂程度的不同，布鲁姆将认知过程分为六类。课程设计中应考虑这些分类以促进学习。

**Bully 欺负者** 经常威胁、侵扰或伤害某些同伴的儿童或青少年。

**Challenge 挑战** 学习者相信通过其充分的努力有可能取得成功的情境。

**Checklist 核查表** 教师使用的一种评估工具，通过指出学生是否表现出某些特定的行为或具有某些品质来评估学生的表现。

**Child maltreatment 儿童虐待** 持续地忽略和虐待儿童，使其身体与心理的健康受到威胁。

**Classical conditioning 经典条件作用** 一种学习的方式，在两种刺激同时呈现的作用下出现的一种新的、不自觉的反应。

**Classroom climate 课堂气氛** 课堂的整体心理氛围。

**Classroom management 课堂管理** 建立和维护有益于学习与成就的课堂环境。

**Clique 小团体** 3～10 人组成的较稳定的朋友团体。

**Cognitive apprenticeship 认知学徒期** 一名教师和一名学生共同解决一个具有挑战性的学习任务，并且教师对如何思考该任务给予指导的一种师徒关系。

**Cognitive behavioral therapy 认知行为疗法** 有计划、系统地将行为主义技术和基于认知的策略（例如示范，自我调节等）结合起来，以引起期望行为的一种治疗方法。

**Cognitive development 认知发展** 随着年龄的增长，思考和推理的过程越来越精密与熟练的发展过程。

**Cognitive dissonance 认知失调** 因为新的信息与当前的知识和信念发生冲突而引起的心理不适感。

**Cognitive modeling 认知示范** 对如何思考以及如何完成一项任务进行演示。

**Cognitive process 认知过程** 对信息或某个事件进行心理反应或思考的特定方式。

**Cognitive psychology 认知心理学** 关注学习和行为背后心理过程的一种理论观点。

**Cognitive style 认知风格** 学习者思考任务

和加工新信息的有特色的方式，通常是一个自动化的而非有意选择的过程。

**Cognitive tool 认知工具** 能帮助人们更加有效地对情境进行思考和反应的概念、符号、策略、程序或其他的一些文化上建构形成的心理机制。

**Collective self-efficacy 集体自我效能感** 当人们共同完成一项任务时，对其是否具有取得成功的能力的一种信念。

**Community of learners 学习者共同体** 教师和学生积极、合作地共同努力，以在学习上相互促进的课堂。

**Comprehension monitoring 理解监控** 自我检查以确定自己对新获取信息的理解和记忆的过程。

**Computer-based instruction（CBI）基于计算机的教学** 借助计算机技术的教学。

**Concept 概念** 有许多共性的事物的心理集合。

**Concept map 概念地图** 概念及其关系的图示，用来促进对某一主题的学习和记忆。

**Conceptual change 概念转变** 为更好地理解和解释新的、不一致的信息而对现有的理论或信念所作的重大修正。

**Conceptual understanding 概念理解** 围绕一个主题有意义地习得并很好地整合起来的知识，包括许多具体概念和观点之间的逻辑联系。

**Concrete operations stage 具体运算阶段** 皮亚杰提出的认知发展的第三阶段。在此阶段出现了类似成人的逻辑思维，但仅局限于具体现实。

**Conditioned response（CR）条件反应** 通过经典条件反射作用，由一个特定的条件刺激所引发的反应。

**Conditioned stimulus（CS）条件刺激** 通过经典条件反射作用，能引发一个特定反应的刺激。

**Conditioning 条件作用** 行为主义者常用来指代学习的术语。

**Confidence interval 置信区间** 评估分数的范围，反映了影响该分数真实性的可能的错误。

**Confirmation bias 证实偏见** 寻求能证实当前信念的信息而忽略证伪信息的一种倾向。

**Conservation 守恒** 认识到如果既无增加也无减少，即使在形状和排列上有所变化，物体的量仍是不变的。

**Construct validity 结构效度** 一种评估工具对无法观察到的教育或心理特征能准确测量的程度。

**Construction 建构** 学习者将许多分散的信息整合在一起，形成一个整体的理解与解释的心理过程。

**Constructivism 建构主义** 一种建议让学习者从其经验中建构而非吸收大量知识的理论观点。

**Content validity 内容效度** 一个评估包含的目标内容领域的代表性样本的程度。

**Contiguity 接近性** 两个或多个事件同时发生。

**Contingency 列联** 一个事件仅在另一个事件发生后才出现的情境，即一个事件的发生要视另一个事件的发生而定。

**Contingency contract 列联契约** 教师与学生之间形成的一种正式的协议，用以明确学生要表现的行为和行为之后的强化物。

**Continuous reinforcement 连续强化** 反应一旦出现就给予强化。

**Control group 控制组** 一项研究中不施予任何处理或只施予对因变量不会产生效应的处理（例如安慰剂）的组别。

**Conventional morality 习俗道德** 对于有关对错的社会习俗不加批判地接受。

**Conventional transgression 习俗背离** 违反一个社会关于社会适宜性行为的普遍期望的行为。

**Convergent thinking 聚合思维** 综合各部分信息得出结论或解决问题的过程。

**Cooperative learning 合作学习** 学生与同伴小组合作，学习上互相帮助，以达到共同目标的教学方式。

**Core goal 核心目标** 驱使学习者进行许多学习活动的长期目标。

**Co-regulated learning 共同调节学习** 一名成年人与儿童为指导儿童学习的不同方面共同承担责任的过程。

**Correlation 相关** 两个变量相关联的程度，即当一个变量增加时，在某种程度上可预测另一个变量会增加或减少。

**Correlation coefficient 相关系数** 表示两个变量间相关联的强度和方向的统计量。

**Correlational study 相关研究** 一种探究变量间相互关系的研究。

**Cortex 皮质** 大脑最表层的部分，是复杂的、有意识思维活动的地方。

**Creativity 创造力** 能产生恰当的，创造性结果的新的、原创性的行为。

**Criterion-referenced assessment 标准参照评估** 通过对照预先设立的标准来确定学生知道什么，能做什么的一种评估。

**Criterion-referenced score 标准参照分数** 具体显示学生知道什么，能做什么的测验分数。

**Critical thinking 批判性思维** 评估信息及推理思路的准确性及其价值的过程。

**Crowd 集群** 拥有共同兴趣和态度的大型的联结松散的社会群体。

**Crystallized intelligence 晶体智力** 因以前的经验、教育和文化而累积起来的知识与技能。

**Cueing 暗示** 使用信号来表示对某种行为的赞许或某种行为应该停止。

**Cultural bias 文化偏见** 由于学生的种族、性别和社会经济地位，评估任务冒犯或不公平地惩罚某些学生的程度。

**Cultural mismatch 文化失调** 家庭文化和学校文化对儿童行为的期望相互冲突的情境。

**Culture shock 文化冲击** 学生所遇到的文化对其行为的期待与其之前所接受的文化不同时所出现的一种困惑感。

**Culture 文化** 一个持续存在的社会群体的行为和信念系统。

**Debilitating anxiety 妨碍性焦虑** 其强度足以对成绩产生影响的焦虑。

**Decay 衰退** 储存在长时记忆中的信息由于时间过久，特别是当这些信息不常使用时出现的逐渐弱化。

**Declarative knowledge 陈述性知识** 与“是什么”有关的知识，即关于事物过去、现在、将来是什么样的知识。

**Deductive reasoning 演绎推理** 在其他信息已经假定为真的条件下，做出某事物必定为真的逻辑推论的过程。

**Deficiency need 缺失性需要** 在马斯洛的需求层次论中指因为个体缺少某些东西而产生的需要。

**Delay of gratification 延迟满足** 一种为了得到后来的更大的强化物而放弃小的、即时的强化物的能力。

**Descriptive study 描述性研究** 研究者可以获得有关事物当前状态的信息，但不能作出相关或因果关系推论的一种研究。

**Developmental milestone 发展里程碑** 标志儿童发展中重大进步的新的、更为高级的行为的出现。

**Dialect 方言** 具有某些独特发音和语法结构的语言形式，是某些地域或少数民族群体所特有的。

**Direct instruction 直接教学** 教师通过各种技术（如：解释、提问、指导性和独立性练习等），用一种相当结构化的方式促进基本技能学习的教学方式。

**Discovery learning 发现学习** 让学生直接与环境互动来获得其关于某一个学习主题的知识的教学方式。

**Discrimination 分化** 操作性条件反射中的一种现象。学生学习到当一种刺激出现时，相应的反应会得到强化，而另一种相似的刺激出现时反应却不会得到强化。

**Disequilibrium 不平衡** 在皮亚杰的理论中，指一种无法用已有的图式解决新问题的状态，该状态常常伴有某种心理不适感。

**Disposition 思维倾向** 以一种特殊的方式去探索、思考任务和新信息的一般趋势和期望，常常反映了一个学习者有意识的决定。

**Distance learning 远程学习** 学习者在地理位置上与教师相分离而借助技术手段来实现的教学。

**Distributed cognition 分布式认知** 学习者们一起思考问题，分享观点和合作以得出结论或解决问题的过程。

**Distributed intelligence 分布式智力** 能被物质、技术，个体的文化观念和符号及社会合作与支持所促进的思维过程。

**Divergent thinking 发散式思维** 从各种角度或方向思考同一个问题的过程。

**Dynamic assessment 动态评估** 对学生如何独立地，或在成人及其他形式的支持下获取新知识或技能的系统考察。

**Educational psychology 教育心理学** 系统地研究学习的本质、儿童的发展、动机及相关主题，并将其研究结果与发现应用于确认和发展有效教学实践的一门学科。

**Egocentric speech 自我中心言语** 不考虑听者的观点和知识的谈话行为。

**Elaboration 精制加工** 学习者在已有知识的基础上扩展新信息的认知过程。

**Emotion regulation 情绪调节** 有意识地控制或改变可能导致不利行为的情感的过程。

**Emotional and behavioral disorders 情感和行为障碍** 持续地干扰学生学习和表现的情感状态和行为。

**Empathy 共情（同感）** 当别人处于不利情境时能体验到与其相同的感受。

**Encoding 编码** 将新信息储存进记忆时对其结构的改变。

**Entity view of intelligence 智力实体观** 相信智力是一种相对来说永恒的，不易改变的能力的观点。

**Epistemological belief 认识论信念** 有关知识的性质及知识获得的信念。

**Equilibration 平衡作用** 在皮亚杰的理论中，指从平衡到不平衡，再到平衡的活动，是一个促进复杂思维和理解力的过程。

**Equilibrium 平衡** 在皮亚杰的理论中，指能用现有的图式解决新问题的一种状态。

**Equity 公平** 对特殊的学生个体或群体不存在偏爱或偏见。

**Ethnic group 种族群体** 有着共同的历史根源、价值、信仰和行为并有一种相互依赖感的群体。

**Ethnic identity 种族认同** 对个体在特殊种族或文化群体中成员身份的意识，并愿意采用该群体所特有的行为方式。

**ETS score ETS 分** 平均数为 500，标准差为 100 的标准分数。

**Exemplar 范例** 具体的事例，是构成学习者的一般知识和概念理解的一个部分。

**Expectancy 期望** 在当前的能力水平及有利于或不利于表现的外部环境的条件下，对某活动成功的可能性所持的信念。

**Experimental study（experiment）实验研究（实验）** 操纵一个变量来考察其对另一个变量的可能影响，并允许进行因果关系推论的研究。

**Explicit knowledge 外显知识** 能够被人清楚地意识到并用言语表述出来的知识。

**Expository instruction 讲解式教学** 信息的呈现方式与所期望的学生学习的过程相契合的一种教学。

**Externalizing behavior 外向性行为** 对他人有直接影响的情感或行为障碍的症状。

**Extinction 消退** 已习得反应的逐渐消失。在经典条件作用中反复单独呈现条件刺激（缺乏无条件刺激），或者在操作条件反射中缺乏强化都会导致反应的消退。

**Extrinsic motivation 外部动机** 由个体外部的，与正在进行的任务无关的因素所引起的动机。

**Extrinsic reinforcer 外部强化物** 来自于外

部环境而非学习者内部的强化物。

**Facilitating anxiety 促进性焦虑** 能促进和改善行为表现的焦虑，通常是相对较低水平的焦虑。

**Family Educational Rights and Privacy Act (FERPA) 家庭教育权利与隐私法案** 美国 1974 年通过的一项立法，规定对学生与家长开放有关学校记录，而限制其他人员接触这些记录。

**Flow 流畅感** 内部动机的一种较强表现形式，指在进行挑战性的工作时，完全地投入和集中注意力的一种状态。

**Fluid intelligence 流体智力** 迅速获取知识并将其有效地迁移到新情境中去的能力。

**Formal assessment 正式评估** 有计划地、系统地查明学生所掌握的知识与技能的评估。

**Formal discipline 形式训练** 一种迁移的观点，主张对困难科目的学习会增强学习者学习其他不相关的事物的能力。

**Formal operational egocentrism 形式运算自我中心主义** 在皮亚杰的形式运算阶段，指青少年不能从他人的观点和实际的考虑中区分出自己的抽象逻辑。

**Formal operational stage 形式运算阶段** 皮亚杰提出的认知发展过程的第四个也是最后一个阶段。在这一阶段，逻辑推理过程既用于具体的事物也用于抽象的观念。

**Formative evaluation 形成性评价** 教学之前及教学过程中所作的评估，用来促进教学计划和提高学生学习。

**Functional analysis 功能分析** 考查学生的不恰当行为及其出现的前提和导致的后果，从而判断该行为对学习者所起的作用。

**g 因素** 智力中存在的一种普遍的因素，会影响个体在广泛领域的学习能力与操作。

**Gang 帮派** 一种有凝聚力的社会群体，其特征有：加入时的仪式，区分性的颜色和象征符号，领域范围，与对头的宿怨等。

**Gender schema 性别图式** 自我建构与组织起来的有关男性或女性的特点和行为的整体信念。

**General transfer 一般迁移** 一种迁移形式，表现为原来学习的任务和后来迁移的任务在内容上不相同。

**Generalization 泛化** 个体学会对某种特殊刺激作出反应之后，当相似的刺激出现时，个体也会做出相同的反应的现象。在经典条件作用中表现为个体对一个与条件刺激相似的刺激作条件反应，而在操作条件作用中则表现为个体会对与之前的反应-强化列联相联系的刺激相似的刺激物做出自动反应。

**Giftedness 天才** 在某个或某些领域具有超常的能力或才能，需要特殊教育才能帮助其发挥全部潜能的学生。

**Grade-equivalent score 年级当量分数** 将某个特定学生的表现与某一年级学生的平均表现相比较得出的测验分数。

**Group contingency 群体列联** 在强化出现之前，群体中的每一个体都必须作出某个特殊反应的情境。

**Group differences 群体差异** 不同群体的学生（例如不同性别或不同民族的学生）常见的差异（根据平均标准）。

**Growth need 成长需要** 在马斯洛的需要层次理论中，指能促进个体的成长和发展，并且永远不会完全得到满足的需要。

**Guided participation 指导性参与** 在有指导和支持的前提下让儿童完成成人世界中的某项活动。

**Guilt 内疚** 因为造成了他人的痛苦或悲伤而体验到的一种不适感。

**Halo effect 光环效应** 对于自己喜爱或尊敬的人，人们更倾向于看到其积极行为的现象。

**Hearing loss 听力丧失** 耳朵或相应神经功能失调妨碍了对正常人类语音频率范围内声音的知觉。

**Heuristic 启发式** 可能促进问题解决但不一定总能产生问题答案的一般策略。

**Higher-level cognitive process 高级认知过程** 超出所学具体知识之上的认知过程（例如对知识的分析、应用或评估）。

**Higher-level question 高级一水平问题** 要求学生以新的方式运用之前所获信息来解决的问题，即要求高级认知过程的问题。

**High-stakes testing 高风险测试** 仅根据学生在某个单独测试中的表现就做出关系到学生或学校人员的重大决策的做法。

**Holistic scoring 整体性评分** 采用一个分数概括学生在一项评估中的表现。

**Horns effect 尖角效应** 对于自己不喜欢或不尊敬的人，人们更倾向于看到其消极行为的现象。

**Hostile attributional bias 敌对性归因偏差** 认为他人的行为带有敌意或侵犯性目的的一种归因倾向。

**Hot cognition 热认知** 受情感控制的学习或认知加工。

**Hypermedia 超媒体** 一系列以多媒体、计算机为基础的教学材料，包括文本、图片、声音、动画等，学生可以根据自己的选择顺序来学习。

**Hypertext 超文本** 一种基于计算机的阅读材料的集合，允许学生根据自己选择的顺序从一个主题转入另一个相关的主题。

**Identity 同一性** 一个人关于自己是谁以及生活中什么是重要的等问题的自我建构的定义。

**Ill-defined problem 定义不明确的问题** 目标不明确，解决问题所需的信息不全并且（或）问题的解决存在多种可能性的一类问题。

**Illusion of knowing 知道错觉** 认为一个人知道他（或她）实际不知道的知识的想法。

**Imaginary audience 假想观众** 认为自己在任何社会情境中都是注意的中心。

**Immersion 沉浸式训练** 一种外语教学方式，规定学生在课堂上只听、说该种语言。

**Implicit knowledge 内隐知识** 个体不能有意识地回忆或解释，但其思想和行为却会受之影响的一种知识。

**Inability to retrieve 不能提取** 不能找到当前存在于长时记忆中的信息的位置。

**Incentive 诱因** 一种期望但无法确定的未来的行为结果。

**Inclusion 全纳** 教育所有学生的活动，包括附近学校的和普通课堂中的有多种严重障碍的学生。

**Incompatible behaviors 不相容的行为** 两种或两种以上不能同时完成的行为。

**Incremental view of intelligence 智力增长观** 相信智力能随着努力和练习而提高的观点。

**Individual constructivism 个体建构主义** 关注人们作为个体是如何从其生活经验中建构意义的一种理论观点。

**Individual differences 个体差异** 处于某个特殊年龄和既定群体中的学生在能力和特征（智力、人格等）上的变化性。

**Individualized education program (IEP) 个性化教育程序** 一种适合有特殊教育需要的学生的教学方案。

**Individuals with Disabilities Education Act (IDEA) 残疾人教育法案** 美国的一项行政法令，规定有认知、情绪或身体残疾的人从出生到 21 岁都具有受教育的权利。

**Induction 引导** 对于某些行为为什么不被接受的解释，通常关注于个体给他人带来的痛苦和悲伤。

**Informal assessment 非正式评估** 根据教师对学生在课堂上的行为表现进行自发的，日常的观察所得的评估。

**Information literacy 信息素养** 帮助学习者发现、使用、评估、组织和呈现关于某个主题的信息的知识与技能。

**Information processing theory 信息加工理论**

关注学习者思考、加工新信息与新事件的具体方式的理论。

**Inner speech 内部言语** 在心中不出声地对自己“说”，从而在思维上进行自我引导的过程。

**In-school suspension 校内停学** 一种惩罚的形式，通常让学生呆在教学楼中的一间安静、单调的教室中，在成人的严密监督下完成学校的作业。

**Instructional goal 教学目标** 期望得到的长期教学的结果。

**Instructional objective 教学目的** 期望得到的一课或一个学习单元教学的结果。

**Intelligence 智力** 灵活运用已有的知识和经验完成具有挑战性的新任务的能力。

**Intelligence test 智力测验** 对于当前认知功能的一般测量，常用来预测短期内的学业成就。

**Interest 兴趣** 一种对某活动感到好奇或被吸引的感觉，常常伴有认知的投入和积极的情感。

**Interference 干扰** 储存在长时记忆中的事物妨碍了对其他事物的正确回忆的现象。

**Intermittent reinforcement 间歇强化** 对于反应的强化是随机的，有一些反应出现了却没有得到强化。

**Internalization 内化** 学习者逐渐将社会活动整合到其内在认知过程中去的过程。

**Internalized motivation 内化动机** 采纳他人推崇的行为和价值观并将其当作自己所有。

**Internalizing behavior 内向性行为** 情绪或行为障碍的症状，主要影响学生本人而对他人影响很小或没有直接的影响。

**Intrinsic motivation 内部动机** 由个体内部特征或正在执行的任务所固有的特点所激发的动机。

**Intrinsic reinforcer 内部强化物** 由学习者本身所提供的，或正在执行的任务所固有的强化物。

**IQ score 智商分数** 智力测验的分数。通过将某学生在该测验上的表现与同年龄组其他人的表现相比较而获得，在多数测验中，是一个平均数为 100，标准差为 15 的标准分数。

**IRE cycle IRE 循环** 一种成人—儿童互动模式，以成人发起（通常是提出一个问题），儿童作出反应，成人评价的循环过程为标志。

**Item analysis 项目分析** 关于学生对评估工具的各个项目的反应模式的事后分析。

**Item difficulty (*p*) 项目难度** 在某一特定评估项目上回答正确的学生的百分比。

**Item discrimination (*D*) 项目区分度** 在某一特定评估项目上回答正确的高分学生与低分学生的百分比。

**Jigsaw technique 拼版技术** 一种教学技术。将教学材料分成几部分发给合作组的各成员，每位成员负责学习不同的材料，然后将其内容教给其他的成员。

**Keyword method 关键词法** 一种记忆方法。通过形成一个或多个具体事物（关键词）的视觉形象，让其在发音上与要记忆的观念相似或对之具有象征意义，以此在两个观念之间建立一种联系。

**Knowledge base 知识库** 一个人关于某些主题的具体知识和关于世界的一般知识的集合。

**Learned helplessness 习得性无助** 认为自己不能完成任务，不能或几乎不能控制环境的一种普遍的、弥漫性的信念。

**Learner-directed instruction 学习者导向的教学** 学生对自己提出的问题及提问方式有相当的发言权的一种教学方式。

**Learning 学习** 由经验引起的在心理表征或心理联系上的长期改变。

**Learning disabilities 学习障碍** 在一种或几种特定认知过程而非整个认知功能上存在缺陷。

**Learning strategy 学习策略** 为了某种特定的学习任务而有意采用的一种或多种认知过程。

**Least restrictive environment 最小限制环境** 一种能适度满足有缺陷学生需要的典型和标准的教育环境。

**Lesson plan 课程计划** 教师建构的课程指导手册，以确定其教学目标、所需的教学材料、教学策略以及一种或多种评估方法。

**Level of potential development 潜在发展水平** 在更有能力的个体的帮助下，学习者能够成功完成学习任务的最高程度。

**Linguistic development 语言发展** 随着年龄的增长，对语言的理解和使用越来越熟练的发展过程。

**Live model 真实榜样** 行为被人亲身观察的现实生活中的个体。

**Logical consequence 逻辑结果** 学生的不良行为所自然引起的，逻辑上必然出现的结果。

**Long-term memory 长时记忆** 储存知识、技能的时间相对较长的一种记忆成分。

**Lower-level cognitive process 低级认知过程** 以或多或少类似于最初表征的形式来学习或记忆特定信息或技能的一种认知过程。

**Lower-level question 低级一水平问题** 要求学生用与当初学习时基本相同的方式表达所学知识的问题。

**Maintenance rehearsal 保持性复述** 对少量信息的快速重复，以免其在工作记忆中被遗忘。

**Mastery goal 掌握目标** 对获取新知识或掌握新技能的愿望。

**Mastery learning 掌握学习** 一种教学手段。学生在转入下一个主题之前必须完全掌握当前主题的知识。

**Mastery orientation 掌握定向** 相信自己能够完成挑战性任务的一种普遍的、弥漫性的信念。

**Maturation 成熟** 随着儿童的成长，其基因上控制的变化逐渐地展现。

**Mean（M）平均数** 一组分数的算术平均数。

**Meaningful learning 意义学习** 学习者将新信息与以往知识相联系的认知加工过程。

**Meaningful learning set 意义学习心向** 一个人能理解正在学习的信息的一种状态。

**Mediated learning experience 中介学习经验** 通过与儿童的讨论，成人帮助儿童理解双方共同经历的事件。

**Memory 记忆** 在心理上储存先前所学知识的能力，也指信息储存的心理位置。

**Mental retardation 智力落后** 一般智力显著低于平均水平且适应性行为存在缺陷。

**Mental set 心向** 对问题的编码排除了潜在的问题解决的一种倾向。

**Metacognition 元认知** 有关自己认知过程的知识与信念，及采用能促进学习和记忆的行为和思维过程的有意识努力。

**Metalinguistic awareness 元语言意识** 对语言本身的特征进行思考的能力。

**Misbehavior 不良行为** 扰乱学习和计划中的课堂活动，威胁到学生的身体安全和心理健康，或者违背基本道德标准的行为。

**Misconception 错误概念** 与平常所接受的，关于某现象或事件的有根据的解释不一致的信念。

**Mnemonic 记忆术** 用来帮助学生学习和记忆特定信息的记忆方法或技巧。

**Model 模型、榜样** 科学上指用来描述某一现象的关键成分及其之间重要关系的物质性或象征性的表征；在社会认知理论中，指为他人示范某一行为的个体（现实的或象征性的）。

**Modeling 示范、模仿** 为他人演示一种行为或者观察和仿效他人的行为。

**Moral dilemma 道德两难困境** 双方或多方的权利或需要之间有冲突，道德上正确的行为尚未得到明确划定的一种情境。

**Morality 道德** 一个人关于正确和错误行为的普遍标准。

**Moral transgression 道德违背** 对他人的需

要或权利造成伤害或侵犯的行为。

**Motivation 动机** 激发、导向和维持行为的一种内部状态。

**Multicultural education 多元文化教育** 一种在课程中整合了多个文化群体的观点和经验的教育。

**Myelination 髓鞘形成** 神经元轴突周围髓鞘（髓脂）的生长，可使信息更快速地传递。

**Need for affiliation 附属需要** 寻求与他人友好关系的持续倾向。

**Need for approval 认同需要** 寻求他人的承认和积极评判的持续倾向。

**Need for arousal 唤起需要** 对生理或认知刺激的不间断需要。

**Need for competence 能力需要** 相信自己能有效应对整个环境的基本需要。

**Need for relatedness 相依需要** 渴望感受到与他人的社会关系，渴望得到他人的爱与尊重的一种基本需要。

**Need for self-determination 自我决定需要** 相信自己对其人生道路有自主权和控制力的一种基本需要。

**Negative reinforcement 负强化** 刺激的移除（而非呈现）引起行为的增加。

**Negative transfer 负迁移** 先前所学的知识影响后来的学习或表现的一种现象。

**Neglected student 被忽视的学生** 大多数同伴对其没有什么强烈情感（积极的或消极的）的一类学生。

**Neuron 神经元** 大脑或神经系统的其他部分中将信息传递给其他细胞的一种细胞组织。

**Neurotransmitter 神经递质** 神经元之间传递信息所用的化学物质。

**Neutral stimulus 中性刺激** 不会引起任何特殊反应的刺激。

**No Child Left Behind Act（NCLB）不让一个孩子掉队法案** 美国 2001 年通过的一项法令，规定对儿童的基本技能进行定期评估，以确保儿童在阅读、数学和科学上每一学年的发展与国家规定的标准相一致。

**Normal distribution（normal curve）正态分布（正态曲线）** 教育和心理学特征的理论分布模式，其中大部分个体的分数处于中间段，只有极少数个体处于两极端的位置。

**Norm-referenced assessment 常模参照评估** 通过与其同伴群体相比较来确定学生表现水平的一种评估工具。

**Norm-referenced score 常模参照分数** 通过与其同伴群体相比较来确定学生表现水平的一种评估分数。

**Norms 常模** 在评估中，指描述不同组别的学生在有关某种特征或能力的标准化测验或其他种类的常模参照测量中典型表现的数据。

**Observational learning effect 观察学习效应** 通过观察他人的行为来习得一种新的行为。

**Operant conditioning 操作性条件作用** 得到强化之后一种反应的频率会增加的一种学习形式。

**Organization 组织** 学习者在需要学习的各种信息之间建立联系的一种认知加工过程。（例如，形成分类、区分等级、确定因果关系等）

**Overgeneralization 过分概括、过分宽泛地归纳一个概念所应包含的物体或事件范围。**

**Paper-pencil assessment 纸笔评估** 学生对书面的项目作出书面回答的一种评估。

**Parenting style 父母教养方式** 父母在养育孩子时的一般行为模式。

**Pedagogical content knowledge 教学内容知识** 关于特定内容领域有效教学方法的知识。

**Peer mediation 同伴调解** 一种解决冲突的手段。一名作为调解者的学生让起冲突的同伴各自表达其不同的观点，然后一起确定一个恰当的和解办法。

**Peer pressure 同伴压力** 同伴鼓励一些行为而劝阻另一些行为的一种现象。

**Peer tutoring 同伴指导** 一名学生对另一名学生提供指导，帮助其掌握课堂知识的一种教学方式。

**People-first language 身份优先语言** 学生的障碍在学生身份之后被鉴定的一种语言表达方式。

**Percentile rank (percentile) 百分等级** 一种测验分数，用来表示常模群体中所得原始分数少于或等于某一学生原始分数的同伴的人数百分比。

**Performance-approach goal 成绩趋近目标** 试图让自己看起来不错并从他人那里获得好评价的一种愿望。

**Performance assessment 表现性评估** 学生以非书面的形式展现其知识、技能的一种评估方式。

**Performance-avoidance goal 成绩回避目标** 试图避免使自己看起来很糟糕或者从他人那里得到不好的评价的一种愿望。

**Performance goal 成绩目标** 想要证明自己有高水平的能力并给他人留下好印象的愿望。

**Personal development 个人发展** 随着年龄的增长，个体在独特的行为方式与日趋复杂的自我理解上的发展。

**Personal fable 个人神话** 认为自己与他人完全不同因此不能为别人所理解的一种想法。

**Personal interest 个人兴趣** 对某一特定主题或活动的一种长期的相对稳定的兴趣。

**Personality 人格** 个体在广阔环境中的有特色的行为方式。

**Personal space 个人空间** 由于个人偏好或文化习惯所形成的两人在人际交往中的空间距离。

**Perspective taking 观点采择** 从别人的观点出发看问题的能力。

**Phonological awareness 语音意识** 在听力上区分口语单词不同发音成分的能力。

**Physical aggression 身体攻击** 可能引起躯体伤害的行为。

**Physical and health impairments 身体和健康损伤** 由于身体或健康上的状况严重影响学生的在校表现而不得不采取一些适应性措施的情形。

**Popular student 受欢迎的学生** 受到许多同伴的喜爱，并被认为是友善的、值得信赖的一类学生。

**Portfolio 档案袋** 对于学生在相当长一段时间的作业情况的系统收集与整理。

**Positive behavioral support 积极行为支持** 对传统应用行为分析的修正，包括找出学生不受欢迎的行为背后的目的，并提供能让其达到同样目的的更为恰当的替代性行为。

**Positive reinforcement 正强化** 通过刺激的呈现（而非移除）增加行为出现的频率。

**Positive transfer 正迁移** 先前所学的知识有利于后来的学习或表现的一种现象。

**Postconventional morality 后习俗道德** 与自我发展起来的有关正确与错误的抽象原则相一致的思维。

**Practicality 实用性** 评估工具或程序价格上经济实惠，使用上简单，施测与评分费时较少的程度。

**Pragmatics 语用学** 指导语言交流的具有文化特异性的社会习俗的知识。

**Preconventional morality 前习俗道德** 判断正误缺乏内化的标准，仅仅根据是否对自己最有利来做决定。

**Predictive validity 预测效度** 一项评估的结果预测个体在特定领域中未来表现的程度。

**Premack principle 普雷马克原理** 学习者为了从事其所喜爱的活动而做不太喜爱的活动的一种现象。

**Preoperational egocentrism 前运算自我中心主义** 在皮亚杰的理论中，指处于前运算阶段的儿童不能从他人的观点来看问题。

**Preoperational stage 前运算阶段** 皮亚杰认知发展理论中的第二个阶段，这一阶段的儿童可以超越对物体或事件的直接观察来对其进行思考，但还不能像成人那样进行逻辑推理。

**Presentation punishment 呈现性惩罚** 呈现一种新的，假定能让学习者感到不愉快的刺激作为惩罚。

**Primary reinforcer 初级强化物** 满足基本生理需要的刺激。

**Prior knowledge activation 先前知识的激活** 唤起学生对有关新主题的先前知识的记忆的过程。

**Proactive aggression 主动攻击** 为达到期望的目的而故意攻击他人的行为。

**Problem-based learning 基于问题的学习** 通过解决复杂的、类似于真实外部世界的问题使学生习得新知识和新技能的一类课堂活动。

**Problem solving 问题解决** 运用已有知识和技能来解决未解答的问题或摆脱使人烦恼的情境。

**Procedural knowledge 程序性知识** 关于如何“做事情”的知识（如一项技能）。

**Process goal 过程目标** 对一项技能包含的形式或程序进行完善的愿望。

**Product goal 结果目标** 通过技能的完成试图达到某个具体的优秀标准的愿望。

**Project-based learning 基于项目的学习** 通过执行复杂的、多方面的、能最终产生一个具体结果的项目而使学生习得新知识和新技能的一类课堂活动。

**Prosocial behavior 亲社会行为** 目的在于促进他人幸福的行为。

**Prototype 原型** 一个概念的典型样例的心理表征。

**Proximal goal 近期目标** 短时期内能够达到的具体目标，是达到一个长期目标的手段。

**Psychological punishment 心理惩罚** 对学生的自尊产生严重威胁的结果。

**Punishment 惩罚** 减少随后反应发生频率的后果。

**Rating scale 等级评定量表** 教师通过在一个或多个连续体上对学生行为的不同方面进行评定来评估学生表现的一种评估工具。

**Raw score 原始分数** 仅以正确回答的项目的个数或分值为基础的一种评估分数。

**Reactive aggression 反应性攻击** 对挫折或激怒的一种攻击性反应。

**Recall task 回忆任务** 个体在最少的提取线索下从长时记忆中提取信息的记忆任务。

**Reciprocal causation 互为因果** 环境、行为和个体变量在影响学习和发展时三者间的相互依存性。

**Reciprocal teaching 交互教学** 学生间相互轮流进行教师式的提问以进行阅读和听力理解教学的一种方法。

**Recognition task 再认任务** 在无关或不正确的信息中区分出正确信息的一种记忆任务。

**Reconstruction error 重构错误** 通过将长时记忆中提取出的信息与个体有关世界的一般知识和信念相结合而构建出一个符合逻辑却不正确的“记忆”。

**Recursive thinking 递归思考** 通过多次重复思考别人对自己的想法。

**Reflective teaching 反思性教学** 定期、不间断地对自己的教学设想和教学策略进行自我审查与批评，并进行必要的修正，以促进学生的学习与发展。

**Rehearsal 复述** 为学习和记忆某信息而不断快速地对其重复背诵的一种认知加工过程。

**Reinforcement 强化** 在特定反应之后紧跟一个强化物以提高行为反应频率的过程。

**Reinforcer 强化物** 引起反应频率增加的反应的结果。

**Rejected student 被排斥的学生** 被许多同学认为是不受欢迎的社交同伴的一类学生。

**Relational aggression 关系攻击** 对人际关系会产生不利影响的行为。

**Reliability 信度** 一种评估工具在测量知

识、技能或心理特征时所得信息的一致性程度。

**Removal punishment 剥夺性惩罚、负惩罚** 通过移除一个当前存在的，假定为学习者所喜爱而不愿失去的刺激而进行的惩罚。

**Resilient self-efficacy 有弹性的自我效能感，适应性的自我效能感** 即使经历过挫折，仍然认为自己能够成功地完成任务的一种信念。

**Resilient student 适应性强的学生** 即使家庭环境艰辛，仍然能在学校和生活中取得成功的学生。

**Response (R) 反应** 个体所表现出的某种特定行为。

**Response cost 反应代价** 失去以前获得的强化物或者以后得到强化的机会。

**Response disinhibition effect 反应抑制解除效应** 观察者发现先前被禁止或被惩罚的行为在他人身上出现而没有产生不利的后果时，这类行为的频率会增加。

**Response facilitation effect 反应促进效应** 当观察到别人因为某个行为而得到强化时，这一先前习得的行为出现的频率会增加的效应。

**Response inhibition effect 反应抑制效应** 当观察到别人因为某个行为而受到惩罚时，这一先前习得的行为出现的频率会下降的效应。

**Retrieval 提取** 找到先前储存在记忆中的信息的过程。

**Retrieval cue 提取线索** 在长时记忆中寻找某个信息的提示。

**Rote learning 机械学习** 学习某个尚未得到解释的信息时，对之既不加以理解也不赋予任何意义的一种学习方式。

**Rubric 表现成分表** 学生在一项评估中的表现所应包含的成分表。

**Scaffolding 支架（支架作用）** 帮助学习者在其最近发展区内成功完成任务的支持机制。

**Schema 图式** 有关某一特定主题的一套有组织的事实。

**Scheme 图式** 在皮亚杰的理论中，指个体反复用来对环境进行反应的一组有组织的相似行为或观念。

**Scholastic aptitude test 学业能力倾向测验** 用来评估学生的一般学习能力并可预测学生未来学业成就的一种测验。

**School readiness test 入学准备测验** 用来评估在幼儿园或小学 1 年级的课程学习中起重要作用的认知能力的测验。

**Script 脚本** 一种图式，包括与一项日常活动有关的一系列事件。

**Scripted cooperation 脚本合作** 一个小组遵循一系列指导其成员进行言语交流的步骤或脚本进行合作的技术。

**Secondary reinforcer 次级强化物** 通过与另一个强化物多次结合而自身成为强化物的一种刺激。

**Self-efficacy 自我效能感** 对自己有能力完成某些行为或者达到某些目标的信念。

**Self-evaluation 自我评价** 一个人对自己的表现或行为的评价。

**Self-explanation 自我解释** 不时地停下来对正在阅读或研究的材料进行自言自语的表达，以便更好地理解这些材料的过程。

**Self-fulfilling prophecy 自我实现预言** 对某一结果的期望直接或间接地导致该结果出现的情形。

**Self-handicapping 自我妨碍** 在完成困难的任务时，破坏自己的成功来保护其自我价值感的一种行为。

**Self-imposed contingency 自给列联** 行为之后的自我强化或自我惩罚。

**Self-instructions 自我指导，自学指导** 完成一项复杂任务时学生自己给自己的指导。

**Self-monitoring 自我监控** 观察、记录自己行为的过程。

**Self-questioning 自我提问** 为检查自己对某一主题的理解而向自己提问题的过程。

**Self-regulated behavior 自我调节行为** 能实

现个人设定的标准和目标的自我选择的行为。

**Self-regulated learning 自我调节学习** 为成功地学习而对自己的认知加工进行调节的过程。

**Self-regulated problem solving 自我调节的问题解决** 使用自我指导的策略解决复杂的问题。

**Self-regulation 自我调节** 为自己设定目标，并通过行为和认知加工活动来实现这些目标的过程。

**Self-socialization 自我社会化** 与个体所认为的他人对行为的期望保持一致的一种自我激励的倾向。

**Self-talk 自我谈话** 为指导自己完成一项任务而自己对自己说话的过程。

**Self-worth 自我价值** 认为自己很好，很有能力的一种信念。

**Semantics 语义学** 单词或词组的含义。

**Sensation seeker 感觉寻求者** 渴望寻求和享受使人生理上极度兴奋并具有潜在危险性的经历的一类个体。

**Sense of community 集体感** 教师与学生有共同的目标，相互尊重与支持，并且都在为课堂学习作着重要贡献的一种共同信念。

**Sense of school community 学校集体感** 学校中教职人员与学生一起努力，以帮助每个人学习并获得成功的一种共同信念。

**Sense of self 自我意识** 有关自己作为一个人的知觉、信念、判断和情感，包括自我概念与自尊。

**Sensitive period 敏感期** 儿童发展的某一方面对环境条件特别敏感的一个年龄范围。

**Sensorimotor stage 感觉运动阶段** 皮亚杰认知发展理论中的第一个阶段。在该阶段，图式的形成是以行为和知觉为基础的。

**Sensory register 感觉登记** 记忆的一个组成成分，指对输入的信息以一种未经分析的形式保持一个非常短暂的时间（最长2～3秒，依据信息的形式而定）。

**Service learning 服务学习** 通过帮助改善他人及大众的生活而促进学习和发展的一种活动。

**Setting event 背景事件** 某一特定行为最有可能发生的复杂环境状况。

**Severe and multiple disabilities 多种严重障碍** 学生身上存在两种或两种以上的障碍，因此要求提供有效的课堂适应计划和高度专业化的教育服务。

**Shame 羞愧** 因为未能达到成人设定的道德行为标准而感到困窘与羞辱的一种情绪。

**Shaping 塑造** 对于越来越接近所期望的最终目标的行为进行连续强化的过程。

**Situated learning and cognition 情境学习与认知** 主要在某些特定情境中习得并运用的，不能或仅能有限地迁移到其他环境中去的知识、行为和思维技能。

**Situated motivation 情境动机** 个人所处环境的某些方面会增强其学习某一特定事物或以某种特殊方式反应的动机。

**Situational interest 情境兴趣** 由环境中的事物所暂时激发的兴趣。

**Social cognition 社会认知** 对于他人是如何进行思考、行动和反应的思维过程。

**Social cognitive theory 社会认知理论** 关注人们如何通过观察他人进行学习以及其如何最终对自己的行为进行控制的一种理论观点。

**Social constructivism 社会建构主义** 关注人们共同努力赋予周围世界以意义的一种理论观点。

**Social development 社会性发展** 随着年龄的增长，对于他人与社会整体的日益成熟的理解和越来越有效的人际技能以及更加内化的行为标准的发展。

**Social information processing 社会信息加工** 有关社会事件的理解与反应的心理加工过程。

**Socialization 社会化** 对儿童的行为、信念加以塑造使之适应儿童所在文化群体的过程。

**Sociocultural perspective 社会文化观** 强调社会与文化在促进认知发展上的重要作用的一种理论观点。

**Socioeconomic status（SES）社会经济地位** 一个人在社会中所处的总的社会、经济地位，包括家庭收入、职业和教育水平等。

**Specific aptitude test 特殊能力倾向测验** 设计用来预测学生未来在某一特殊领域中成功学习的能力的一种测验。

**Specific transfer 特殊迁移** 先前所学的任务与迁移的任务在内容上有所重叠的一种迁移。

**Speech and communication disorders 言语交流障碍** 严重影响学生课堂表现的口语表达或语言理解上的障碍。

**Stage theory 阶段理论** 将发展的过程描述为一系列相对分离的时期或阶段的一种理论。

**Standard deviation（SD）标准差** 用来反应一组分数离散程度的统计量。

**Standard English 标准英语** 被学校所普遍接受的一种英语形式，主要反映在课本和语法教学中。

**Standard error of measurement（SEM）测量标准误** 估计一个测验分数或其他评估结果的错误总量的统计值。

**Standardization 标准化** 一种评估工具包含相似内容和形式的程度，以及对每个人来说其施测和评分程序的一致性程度。

**Standardized test 标准化测验** 由测验指导专家编制的，出版后在许多不同的学校、课堂中使用的测验。

**Standards 标准** 对于学生应该掌握的知识和技能以及当其达到要求时反映出的特征的一般陈述。

**Standard score 标准分数** 将学生的表现与平均水平之间的距离以标准差为单位显示出来的测验分数。

**Stanine 标准九** 平均数为5，标准差为2的一种标准分数，总是以整数的形式出现。

**State anxiety 状态焦虑** 由威胁性情境引发的暂时性的焦虑。

**Stereotype 刻板印象** 对一个特定群体的人形成的机械的、过分简单化的、错误的认识。

**Stereotype threat 刻板印象威胁** 因为意识到有关自己群体的负面的刻板印象，担心自己低水平的表现会证实该刻板印象而导致实际表现降低（通常是无意的）。

**Stimulus（S）刺激** 影响个体学习或行为的具体事物或事件。

**Storage 储存** 将新信息“放入”记忆的过程。

**Student at risk 具有风险性的学生** 在获取成人世界中的成功所必需的、最低限度的学业技能上很有可能失败的学生。

**Students with special needs 有特殊需要的学生** 与其同伴很不相同的一类学生，他们需要特别改编的适应性的教学材料和活动。

**Subculture 亚文化** 抵制主流文化并采用自己的行为规范的群体。

**Summative evaluation 总结性评价** 教学完成之后进行的评价，用来评估学生的最终成绩。

**Superimposed meaningful structure 添加的意义结构** 附加于信息之上以促进回忆的熟悉的形状、单词、句子、诗或故事等。

**Symbolic model 象征性榜样** 会影响观察者行为的，大众媒体中真实或虚构的人物。

**Symbolic thought 符号思维** 在头脑中对外界的物体或事件进行表征和思考的能力。

**Sympathy 同情** 关心他人的幸福，为他人的痛苦和问题感到悲伤和遗憾的一种情绪。

**Synapse 突触** 神经元之间的联结，可使信息从一个神经元传到另一个神经元。

**Synaptic pruning 突触修剪** 大脑发育中的一个普遍过程。这一过程中，许多以前形成的突触会逐渐衰弱并消失。

**Synaptogenesis 突触发生** 早期大脑发育的一个普遍过程。这一过程中，许多新的突触会自然地出现。

**Syntax 句法** 用来将单词组合成句子的一套规则（其使用常常是无意识的）。

**Table of specifications 双向细目表** 显示某评估所包含的主题和关于该主题学生能够做到的事情的一种双向表格。

**Task analysis 任务分析** 确定掌握特定的学科或技能所必需的具体知识、行为或认知加工的过程。

**Teacher-developed assessment instrument 教师编制的评估工具** 教师个人编制的在其自己课堂上使用的评估工具。

**Teacher-directed instruction 教师导向的教学** 课程的内容与过程主要由教师来控制的一种教学方式。

**Temperament 气质** 个体以特定方式对其物理和社会环境作反应的一种遗传倾向。

**Terminal behavior 目标行为** 教师希望通过操作条件作用形成的一种反应的形式与频率。

**Test anxiety 考试焦虑** 对特定的考试或一般的评估过度地焦虑。

**Test bank 测验库** 有关特定内容领域的测验项目的集合，常由课本出版商提供。

**Testwiseness 测验技巧** 能促进测验成绩的有关如何考试的知识。

**Theory 理论** 为解释某种现象而发展出的一套整合的概念和原理。

**Theory of mind 心理理论** 对自己和他人的精神和心理状态（思维、情感等等）的一般理解。

**Threat 威胁** 学习者相信成功的机会很小或完全没有可能获得成功的一种情境。

**Time on task 任务时间** 学生积极地参与一项学习活动的总时间。

**Time-out 隔离** 一种惩罚的方式。将学生置于一个单调、枯燥的环境中，使其没有机会得到强化和社会交流。

**Token economy 代币法** 用代币来强化所期望行为的一种技术。学生可用代币“购买”各种其他的强化物。

**Traditional assessment 传统评估** 强调测量基本知识、技能的一种评估。这类知识技能是相对独立于外部世界的典型任务的。

**Trait anxiety 特质焦虑** 即使在不具威胁性的情境中也会焦虑的反应模式。

**Transfer 迁移** 学生先前所学的知识影响后来情境中的学习和表现的现象。

**Treatment group 处理组** 研究中被给予特殊实验处理（例如某种特殊的教学方法）的组别。

**True score 真分数** 假定某种评估工具能完全精确地测量一种心理特征或能力时学生所应获得的分数。

**Unconditioned response（UCR）无条件反应** 之前没有学习而由某种特殊的（无条件）刺激引发的反应。

**Unconditioned stimulus（UCS）无条件刺激** 之前没有学习而能引发某种特殊反应的刺激。

**Undergeneralization 词义缩小、概括不全、归纳不足** 对一个概念所包含的事物或事件的范围所持的一种过分狭窄的观点。

**Universals 普遍原则** 不管成长的具体环境如何，随着时间的推移，儿童的变化和发展有着相似的模式。

**Validity 效度** 一种评估工具确实测量到其所要测量的事物的程度，以及对所考察的心理特征或能力进行适当推论的程度。

**Value 价值** 有关一种活动是否有直接或间接利益的信念。

**Verbal mediator 言语中介** 在信息之间形成逻辑联系或“桥梁”的词或短语。

**Vicarious punishment 替代惩罚** 当观察到他人因为某个反应而受到惩罚时，该反应出现的频率下降的一种现象。

**Vicarious reinforcement 替代强化** 当观察到他人因为某个反应而受到强化时，该反应出现的频率增加的一种现象。

**Visual imagery 视觉表象** 对物体或思想形

成心理图片的过程。

**Visual impairments 视觉损伤** 眼睛或视觉神经的障碍，使得学生即使佩戴矫正镜也不能正常视物。

**Visual-spatial ability 视觉—空间能力** 想象并在心理上操作二维或三维图形的能力。

**Wait time 等待时间** 教师提问或听完学生的意见后，在发表自己的看法之前的一段停顿时间。

**Well-defined problem 定义明确的问题** 目标陈述很清晰，解决问题需要的所有信息都已具备，并且只存在一个正确答案的一类问题。

**Withitness 明察秋毫（洞悉）** 一种课堂管理策略。教师使学生形成一种印象，认为自己不论在什么时候做什么事都能被教师所洞悉。

**Work-avoidance goal 工作回避目标** 期望能逃避课堂任务或者只用最少的努力就完成这些任务的想法。

**Working memory 工作记忆** 一种保持并积极地思考与加工有限信息的记忆成分。

**Worldview 世界观** 一种有关现实的以文化为基础的普遍性假设。这些假设会影响个体对各种现象的理解。

**Zone of proximal development（ZPD）最近发展区** 学习者尚不能独立完成，但在他人的帮助和指导下能够完成的任务范围。

**z-score Z 分数** 平均数为 0，标准差为 1 的一种标准分数。

# 译后记

我一拿到美国心理学家珍妮·埃利斯·奥姆罗德教授的《教育心理学》一书，很快就被书中的内容和写作风格吸引了。第一，这本教材的内容紧跟时代，作者不仅用通俗易懂的语言系统阐述了教育心理学的基本理论和概念，还引用了大量的新近研究结果。第二，理论紧密联系实际。作者将教育心理学的理论和学生学习以及教育实践紧密结合起来，理论不再枯燥，例子也不再是简单的事实。第三，编排风格新颖。作者运用了许多学生作品，帮助读者更好地思考和理解学生的学习心理。同时，作者不仅在每章的开头和练习中引入案例，还在每章引入亲身体验、走进课堂、将理论和概念运用到有特殊需要儿童的全纳环境中的教育等栏目，既让读者在体验中学习，也帮助读者将教育心理学的理论和概念应用于教育实践。虽然是一本典型的教材，但读起来是一种享受。

参与本书翻译的人员有：龚少英（前言、第1章、第7章、第8章），龚少英、韩亚平（第13章），莫书亮（第2章），陈雪莲（第3章），张陆（第4章），李涛（第5、6章），梁宇颂（第9、10章），徐先彩（第11章），李燕（第12章），宋淑娟（第14章），张影、范士青（第15章），张影（第16章）。此外，李燕翻译了词汇表，韩亚平翻译了主题索引初稿，徐先彩、张伟娟、李显芳、贾世超、徐婧婧、张瑜颖等翻译了人名索引初稿。龚少英逐章逐句对全书进行了多次审校。感谢所有参与翻译的人员，感谢我的先生彭炯在翻译期间给予的大力支持，也感谢中国人民大学出版社的闫景和李俊峰编辑及其他工作人员为本书出版付出的辛劳。

**龚少英**

2011年夏于桂子山

**图书在版编目（CIP）数据**

教育心理学（第六版）/［美］奥姆罗德著；龚少英主译．
北京：中国人民大学出版社，2011.9
（教育学经典译丛）
ISBN 978-7-300-14224-1

Ⅰ.①教…　Ⅱ.①奥…②龚…　Ⅲ.①教育心理学　Ⅳ.①G44

中国版本图书馆 CIP 数据核字（2011）第 166303 号

教育学经典译丛
褚宏启　主编
**教育心理学**（第六版）
［美］珍妮·埃利斯·奥姆罗德（Jeanne Ellis Ormrod）　著
龚少英　主译
Jiaoyuxinlixue

| | | | |
|---|---|---|---|
| **出版发行** | 中国人民大学出版社 | | |
| **社　　址** | 北京中关村大街 31 号 | **邮政编码** | 100080 |
| **电　　话** | 010－62511242（总编室） | | 010－62511398（质管部） |
| | 010－82501766（邮购部） | | 010－62514148（门市部） |
| | 010－62515195（发行公司） | | 010－62515275（盗版举报） |
| **网　　址** | http：//www. crup. com. cn | | |
| | http：//www. ttrnet. com（人大教研网） | | |
| **经　　销** | 新华书店 | | |
| **印　　刷** | 涿州市星河印刷有限公司 | | |
| **规　　格** | 185 mm×260 mm　16 开本 | **版　　次** | 2011 年 9 月第 1 版 |
| **印　　张** | 42.25 插页 2 | **印　　次** | 2011 年 9 月第 1 次印刷 |
| **字　　数** | 1 036 000 | **定　　价** | 76.00 元 |

PEARSON

北京培生信息中心
中国北京海淀区中关村大街甲 59 号
人大文化大厦 1006 室
邮政编码：100872
电话：(8610) 82504008/9596/9586
传真：(8610) 82509915

Beijing Pearson Education
Information Centre
Room1006，Culture Square No. 59 Jia，Zhongguancun Street
Haidian District，Beijing，China100872
TEL：(8610) 82504008/9596/9586
FAX：(8610) 82509915

尊敬的老师：

您好！

为了确保您及时有效地申请教辅资源，请您务必完整填写如下教辅申请表，加盖学院的公章后传真给我们，我们将会在 2—3 个工作日内为您开通属于您个人的唯一账号以供您下载与教材配套的教师资源。

**请填写所需教辅的开课信息：**

| | | | |
|---|---|---|---|
| 采用教材 | | | □中文版 □英文版 □双语版 |
| 作　　者 | | 出版社 | |
| 版　　次 | | ISBN | |
| 课程时间 | 始于　　年　月　日 | 学生人数 | |
| | 止于　　年　月　日 | 学生年级 | □专科　□本科 1/2 年级<br>□研究生　□本科 3/4 年级 |

**请填写您的个人信息：**

| | | | |
|---|---|---|---|
| 学　　校 | | | |
| 院系/专业 | | | |
| 姓　　名 | | 职　　称 | □助教 □讲师 □副教授 □教授 |
| 通信地址/邮编 | | | |
| 手　　机 | | 电　　话 | |
| 传　　真 | | | |
| official email（必填）<br>（eg：×××@crup. edu. cn） | | email<br>（eg：×××@163. com） | |
| 是否愿意接受我们定期的新书讯息通知：　□是　□否 | | | |

系/院主任＿＿＿＿＿（签字）

（系/院办公室章）

＿＿年＿＿月＿＿日

Please send this form to：Service. CN@pearson. com

Website：www. pearsonhighered. com/educator